書目題跋叢書

# 五十萬卷樓羣書跋文

上

莫伯驥 著

曾貽芬 整理

中華書局

圖書在版編目(CIP)數據

五十萬卷樓群書跋文/莫伯驥著;曾貽芬整理. —北京:中華書局,2019.3
(書目題跋叢書)
ISBN 978-7-101-13727-9

Ⅰ.五… Ⅱ.①莫…②曾… Ⅲ.私人藏書-題跋-中國-民國
Ⅳ.①I266②G256.4

中國版本圖書館 CIP 數據核字(2019)第 006444 號

| 書　　名 | 五十萬卷樓群書跋文(全二冊) |
| --- | --- |
| 著　　者 | 莫伯驥 |
| 整 理 者 | 曾貽芬 |
| 叢 書 名 | 書目題跋叢書 |
| 責任編輯 | 李肇翔 |
| 出版發行 | 中華書局 |
| | (北京市豐臺區太平橋西里 38 號　100073) |
| | http://www.zhbc.com.cn |
| | E-mail:zhbc@zhbc.com.cn |
| 印　　刷 | 北京瑞古冠中印刷廠 |
| 版　　次 | 2019 年 3 月北京第 1 版 |
| | 2019 年 3 月北京第 1 次印刷 |
| 規　　格 | 開本/850×1168 毫米　1/32 |
| | 印張 28¼　插頁 4　字數 1170 千字 |
| 印　　數 | 1-2000 冊 |
| 國際書號 | ISBN 978-7-101-13727-9 |
| 定　　價 | 98.00 元 |

五十萬卷樓羣書跋文

胡適題

# 書目題跋叢書出版説明

　　書目題跋,是讀書的門徑,治學的津梁。

　　早在漢成帝時,劉向奉詔校經傳、諸子、詩賦,每一書成,"輒條其篇目,撮其指意,録而奏之"(《漢書·藝文志》),並把各篇書録編輯在一起,取名《别録》。這裏所謂的"條其篇目",就是在廣泛搜集版本、考證異同的基礎上,確定所録各書的篇目、次序;所謂的"撮其指意",就是撰寫各書的書録。劉向所撰書録,在内容上應該包括:書名篇目、版本鑒别、文字校勘、著者生平、著述原委、圖書主旨及學術評價等,實際上就是我們今天所説的書目題跋或提要之濫觴。劉向死後,其子劉歆又在《别録》的基礎上,"撮其指要,著爲《七略》",對後世書目題跋的發展産生了深遠的影響。

　　此後,隨着圖書事業的日益繁榮,官私藏書的日趨豐富,圖書目録的著録形式也變得多種多樣。在官修目録、史志目録之外,各種類型的私家目録解題也大量涌現。

　　南朝劉宋時,王儉依劉向《别録》、劉歆《七略》之體,撰成《七志》。《七志》雖無解題或提要,却在每一書名之下,爲撰著者作一小傳,豐富了圖書目録的内容,開創了書目而有作者小傳的先河。梁阮孝緒的《七録》則增撰了解題,繼承了劉向《别録》的傳統,是私家解題的創新之作。唐代的毋煚撰有《古今書録》,其自序云

"覽録而知旨，觀目而悉詞"，可知，《古今書録》也應該是書目解題一類的著作。

到宋代，官修《崇文總目》，不僅每類有小序，每書都有論説，而且在史部專列目録一類。這不僅説明圖書目録的高度發展，而且説明當時對書目題跋的重視，此後的許多官私書目也大都有書目解題或題跋。尤表的《遂初堂書目》，羅列版刻，兼載版本，爲自來書目之創格。而流傳至今、最爲著名的是晁公武的《郡齋讀書志》。晁公武曾接受井度(字憲孟)的大批贈書，加上自己的收藏，"躬自校讎，疏其大略"，撰成《郡齋讀書志》，成爲我國現存最早的私家書目解題或書目題跋；稍後的陳振孫(號直齋)利用自己傳録、積累的大量書籍，仿照晁公武《郡齋讀書志》的體例，撰爲《直齋書録解題》，並首次以"書録解題"名其書。晁氏《讀書志》、陳氏《書録解題》是書目解題的傑作，號稱爲宋代私家圖書目録的"雙璧"。《四庫全書總目》評價《書録解題》説："古書之不傳於今者，得藉是以求其崖略；其傳於今者，得藉是以辨其真僞，核其異同。亦考證之所必資，不可廢也。"(卷八五)

到了明代，隨着藏書、刻書事業的發展，私家題跋也日見增多，如徐𤊺的《紅雨樓題跋》、毛晉的《隱湖題跋》，都是當時的名作；又如高儒(自號百川子)，所撰《百川書志》，也部分撰有簡明提要。

入清以後，由於文禁森嚴，許多文人學者埋頭讀書，研究學問，私人藏書盛況空前，私家解題的撰述也豐富多彩。明末清初，錢曾的《讀書敏求記》，專門收録所藏圖書中的宋、元精刻，記述其授受源流，考訂其繕刻異同及優劣，開啓了以後編輯善本書目的端緒。稍後，黃丕烈的《百宋一廛書録》和《藏書題識》，注重辨別刊刻年代，考訂刊刻粗精，成爲獨闢蹊徑的鑒賞派目録學著作。瞿鏞的《鐵琴銅劍樓藏書目録》每書必載其行款，陳其異同；楊紹和的《楹書隅録》在考核同異，檢校得失的同時，又詳録前人序跋，間附己意。周中孚號鄭堂，其《鄭堂讀書記》仿《四庫全書總目》的體例，著録圖書四千餘種，被譽爲四庫提要的"續編"。至於藏書家張金吾所撰《愛日精廬藏書志》，把"宋、元舊槧及鈔帙之有關實學而世鮮傳本者"，逐一著明版式，鈔録序跋，對《四庫全書》不曾收入的圖書，則"略附解題"。陸心源仿照張氏的成規，撰成《皕宋樓藏書志》，專門收録元代以前所撰序跋，"於明初人之罕見者"，亦"間録一二"，陸氏"間有考識，則加'案'字以别之"。上述諸書，既著録了衆多古籍善本，又保存了前人所撰大量序跋，其中，間有著録原書或本人文集不見記載的資料，不僅查閱方便，而且史料價值很高。丁丙的《善本書室藏書志》，既著録明人著作，又留意鄉邦文獻，鑒賞、考證兼而有之。沈德壽的《抱經樓藏書志》則仿張、陸二氏而作，收録範圍延至清代。繆荃孫的《藝風藏書記》、耿文光的《萬卷精華樓藏書記》也都各有所長。所有這些，都可歸之爲藏書家自撰的書目題跋。

此外，有些藏書家和學者，不是爲編撰書目而是從學術研究入手，邊收集圖書，邊閱讀、研究，遇有讀書心得和見解，隨得隨記，這便是類似讀書劄記的書目題跋。清人朱緒曾性嗜讀書，邊讀邊記，日積月累，被整理成《開有益齋讀書志》，其内容皆與徵文考獻有關，被稱爲"方駕晁、陳，殆有過之"。除了藏書家自撰或倩人代撰書目題跋之外，有些學者或藏書家在代人鑒定或借觀他人藏書時，也往往撰有觀書記録或經眼録，有的偏重於記録版本特徵，有的鑒定版本時代，有的則兼及圖書内容、作者行實，這些文字，也可以歸於書目題跋之内。

總之，書目題跋由來久遠，傳承有緒。書目題跋，既可以説它是伴隨圖書目録而産生，又可以説它是圖書目録的一個流派。有書目不一定都有題跋，有題跋也不一定有相同的體例、相同的内容。書目題跋既是一個相當寬泛的概念，又是一種相對靈活的著録形式。不同的撰者有不同的背景、不同的學問專長、不同的價值取向，因此，所撰題跋又各有側重、各有特色，各有其參考價值。與普通圖書目録相比，書目題跋具有更廣的内容、更多的信息，更高的參考價值，對讀者閲讀、研究古籍，也更能發揮其引導作用。一部好的書目題跋，不啻爲一部好的學術著作。而且，近人自撰或編輯他人題識、札記，也往往以“題跋”名書，如陸心源所撰《儀顧堂題跋》《儀顧堂續跋》，潘祖蔭、繆荃孫等人所編黄丕烈《士禮居藏書題跋記》，吳壽暘所編其父吳騫所撰《拜經樓藏書題跋記》，今人潘景鄭先生所編錢謙益所撰《絳雲樓題跋》，可見，“書目題跋”之稱，已被學者廣泛采用。

　　有鑒於此，我局於一九九〇年出版了《清人書目題跋叢刊》十輯，二〇〇六年又在該叢刊的基礎上，增編爲《宋元明清書目題跋叢刊》十九册，雖説還不夠完善，但已爲讀者提供了重要而有價值的參考資料。由於上述叢刊所收書目題跋僅至清代爲止，晚清以來的許多重要書目題跋尚付闕如，而已經收入叢刊的，也有個别遺漏，加之成套影印，卷帙較大，不便於一般讀者參考，於是決定重新編輯出版這套書目題跋叢書。

　　這套書目題跋叢書與上述叢刊不同，以收集晚清以來重要、實用而又稀見的，尤其是不曾刊行的書目題跋爲主，同時適當兼收晚清以前重要題跋專書的整理本或名家增訂本、批注本；以提要式書目和題跋專著爲主，同時適當兼收重要學者和著名藏書家所撰題跋的輯録本；以圖書題跋爲主，同時適當兼收書畫題跋及金石、碑傳題跋。在出版方式上，不采用影印形式，而是按照古籍整理的規範，標點排印，以方便廣大文史研究者、愛好者，尤其是年輕的讀者閲讀和使用。

　　我們希望，這套叢書的出版，能够得到國内外學者的支持和協助，並受到廣大讀者的歡迎。

中華書局編輯部

2018 年 10 月

# 目　録

# 整理説明

《五十萬卷樓羣書跋文》，莫伯驥撰。

莫伯驥（1878—1958），字天一，廣東東莞人。弱冠即入縣學爲生員，後就學於廣州光華醫學堂，畢業後從事商業經營，同時又助其兄做日報編輯，而性喜購古書，藏於福功書堂，練積三四十年如一日，藏書達五十餘萬卷，有"上企瞿、楊，無愧丁、陸"之譽，遂改藏書處爲五十萬卷樓矣。莫氏所藏善本甚富，其間包括宋刻、元刻、明刻、影宋、精鈔、舊鈔、舊校、精校，以及孤本、稀見本、精刻本、古活字本、名家寫本、名家藏本等。莫氏不僅是位藏書家，而且是位兼學中西的淵博學者，"收得之書，每爲題記"，義兼述作，"書之内容亦由兹可攷"，他認爲這樣做，"似經籍有所發揮，道器有所疏證"。三十年代初，莫氏將部分題記編爲《五十萬卷樓藏書目録初編》二十二卷二十二册出版，收經部 124 篇、史部 200 篇、子部 261 篇、集部 335 篇，計 920 篇。對於其他積稿，亦有"賡續而隨出"的計劃。不幸的是，七七事變爆發，日軍大舉入侵中國，不久攻陷廣州，"倉黄兵火間，五十萬卷書藏，竟爲絳雲樓之續，縹緗之帙或作帷囊，而善本精裝大半灰飛煙散矣"。抗日戰爭勝利之後，莫氏"仍曩者發揚民族精神，研究鄉邦文化之旨"，爲"立民族之自信"，用科學方法整理發揚中國"固有文化精粹之文史哲藝"，在《初編》的基礎上"刪補增訂"編成《五十萬卷樓羣書跋文》。是書著録典籍 405 部，所撰跋文包括經部 39 篇、史部 77 篇、子部 106 篇、集部

183 篇,所涉宋本 20 種、元本 32 種,餘下多爲明本。

《五十萬卷樓群書跋文》撰述形式靈活,可以按提要式目錄的程式,介紹典籍的撰者、編者、校者、刊刻者、行款、序跋,以及内容和流傳狀況等,也可以有所側重,有所捨棄,甚至可以馳騁聯想,抒發自己的情感。所以,這樣的跋文内容豐富,特點鮮明。

首先,《跋文》對所著録典籍原有序跋、題識很重視,或是全文照録,或是摘引主要部分,這對於瞭解典籍内容、撰述宗旨、刊刻流傳歷程很重要,尤其是在莫氏藏書基本散佚的情況下,這些在《跋文》中保存下來的序跋、題識更爲珍貴。

其次,徵引豐富,材料翔實。以《跋文》子部爲例,據不完全統計(不包括自注所引典籍),引書 150 餘種,其中經史子集四部書皆有,有方内書,也有方外書,有國人著述,亦有外國人的著作,有古代典籍,也有近人文集等。如史部二著録的《大金國志》,對於此書之真僞,歷代多有爭論。莫氏引元蘇天爵《滋溪文稿》、宋岳珂《愧郯録》中范成大《攬轡録》之言、清陳僅《捫燭脞存》,又引王國維《南宋人所傳蒙古史料考》中提到的西人多桑《蒙古史》、日人那珂通士《成吉思汗實録注》,以此衆多材料證明《大金國志》不是僞書,令人信服。

第三,《跋文》所涉内容寬泛、深入,有厚重的知識内涵。指著述之謬:集部三著録《雙溪醉隱集》,集中引《唐開元闕特勤碑》稱"闕特勤,骨咄禄可汗之子、苾伽可汗之弟也,名闕"。莫氏指出《北史・突厥傳》大官有葉護次特勒,《周書》亦云。《唐書・突厥傳》子弟曰特勒。近世在蒙古地方發見《闕特勤碑》,方知前史文字之誤。此集亦作特勤,或特謹,更足與遺碑相證矣。不僅如此,莫氏還記述了清末以來中俄官方及學者對《闕特勤碑》的研究概況,介紹了岑仲勉、張元濟的研究新成果。又如集部五著録《弇州

山人四部稿》，引錢大昕《潛研堂集》卷三一言，指出《四部稿》第四
〇卷《庚午元日日食詩》有誤，並考之史志，試以大統術推算，皆證
有誤，稱"元美（王世貞）以一代文獻自命，不應差誤乃爾，蓋失於
檢照"。莫氏取錢氏說，意在提醒讀者勿盲目迷信名人。考釋特
別詞語：子部一著録《孫子》三卷寫校本，書中有王懿榮"廉生登
來"藏章，廉生爲其號，自不必言，而"登來"何意？莫氏按："《公羊
隱五年傳》云，登來之也。何休《解詁》云，登讀爲得，得來者，齊人
語也。齊人名求得爲得來，作登來言，其言大而急，由口授也"。
王懿榮山東人，用"登來"爲藏章語即明矣。考名號：子部二著録
《玉壺清話》十卷，明范氏天一閣寫本。考范欽爲何號東明？根據
《鄞縣志》《四明文獻集》《東四明山脈説》《四明談助》等書言，東
四明脈七十峰之正派爲鄞，又有東明山，黄東發、方達材諸賢曾讀
書于此。范欽所居適在此山之東，故別自號東明。又如史部三著
録《武林舊事》六卷，寫本，黄蕘圃題記。是書前題四水潛夫輯。
"正德中浙江巡按御史宋廷珪之跋語云，潛夫不知爲誰"。莫氏知
黄蕘圃別有十卷校本《武林舊事》，此本首有元人跋語云，"《武林
舊事》乃弁陽老人草窗周密公謹所集也，刊本止第六卷。山中仇
先生所藏本終十卷，後歸西河莫氏家"。"張氏《愛日精廬書目》所
藏鈔本，亦有此識語，亦十卷也"。莫氏"考《七修類稿》載元人周
密，字公謹，居齊，作《齊東野語》。居杭癸辛街，作《癸辛雜志》，自
號泗水潛夫。又嘗居華不注，號弁陽老人。以周子窗草不除，號草
窗。《類稿》不言其作《舊事》。余考泗水潛夫即密也，當是居杭日
所著耳"。《四庫全書總目》著録《武林舊事》，題周密撰，但未提及
其有潛夫之別號。補闕：集部一著録《宋之問集》，上捺有"求古
居""繆荃孫藏"兩章，莫氏根據繆氏藏元刊曾世榮《活幼心書》封
面蕘圃題云，五硯樓舊藏，求古居重裝。黄氏跋此書，蓋謂得於五

硯樓,重付裝池,而識其緣起。以證求古居爲黃氏齋名,而"葉鞠
裳列葉圃齋名頗富,尚未及此也"。且可補葉氏缺也。考釋地名
沿革:集部四著録《白沙子》八卷,爲禦兒呂氏舊藏。莫氏稱嘉興
崇德縣有禦兒鄉,有水名語水,語與禦通。引《至元嘉禾志》"水在
郡西南,去崇德縣東南一里,舊名禦兒中涇,俗名流渚塘,吳越時棲
兵於此。《左傳》《吳越春秋》皆作禦,《史記·年表》作籞,西漢易
爲語,而《年表》又作葝。《水經》曰,由拳西鄉有産兒便能語,因詔
爲語兒鄉。後又引宋朱文長《吳郡圖經》卷六、宋史炤《通鑑釋文》
卷八、明黃省曾《五嶽山人集》卷三對禦兒的有關記載。莫氏不惜
筆墨考辨禦兒,其原因在于禦兒呂氏乃呂留良也。介紹藏書家:莫
氏跋文多提及藏書家,然風格各異。如史部二著録《貞觀政要》,
王西莊舊藏。莫氏綜合《湖海詩傳》《蒲褐山房詩話》以及錢大昕
撰墓誌銘,介紹了王鳴盛的生平著述,而且還通過自己所見西莊藏
章以及多種書目,知王西莊曾收藏趙小山堂鈔《太平寰宇記》、顧
校影寫宋本《資治通鑑釋文》等,王西莊是知名學者,他收藏過的
典籍,其學術價值是勿庸置疑的。史部三著録《大明一統志》,朱
漁村舊藏。因大字本末有稼翁二字朱文章,"當是秀水朱氏遺
書"。莫氏依《鶴徵後録》介紹了稼翁乃朱稻孫之字,號漁村,著有
《六峰閣集》。引集中卷二其祖朱彝尊之詩,"秘閣心勞久,沙隄手
澤存",指出"詩所謂沙隄者,蓋遠溯其先世文恪公",並引李肇《國
史補》解釋沙隄的含意,稱唐以後文人以"沙隄"二字爲作相故實。
又引《王文簡文集》所陳朱文恪公事,稱"浙西言文獻者,必首朱
氏"。以解釋沙隄追溯朱氏淵遠、深厚的家學傳承,其藏書的珍貴
是不言而喻的。聯繫國外歷史文化,表明自己對中國歷史文化的
認識:子部一著録《論衡》,提及王充有《問孔》《刺孟》,"言論解
放,不爲古今人束縛,表現懷疑派哲學精神,王氏實開其端"。而

"歐洲中古教會專制人群，文藝復興後，大哲如卜魯諾、笛卡爾皆以著述科學之言致蒙殺身焚書之酷"。"泊達爾文《種源論》、雷能《耶穌基督傳》兩書先後行世，全歐心靈始爲盪動，雄鷄一聲天下白，大海風生紫瀾，思想界因之大搖，基督教尤受其影響"。這以後歐洲發生巨大變化，得到迅速發展。而"吾國幸無此種教例鉗抑，然帝王之力尤有加焉。吾嘗怪元太祖集諸方瑰異人才，以謀軍略之進行、行政之發展，而曾不以之教國人。吾尤怪清聖祖延諸方絶特學人，以求自身學藝之日新、知識之日益，而不以此設科開校以智我漢蒙諸族"。帝王專制，長期愚民，使中國因貧弱遭受日軍侵略，莫氏對此極爲不滿。集部五著録《北園蛙鳴集》，莫氏從集中《均貧富論》《井田不可復議》《井田不可不復議》諸篇，聯想到中國自井田至均田、限田皆不易行。王安石變法"擬以財權集於國家，由當局酌盈劑虛，均諸全國，使國人有所藉手以從事生利。當時卒以阻撓者多，未易推行"。而"歐人今日行之而有利者，乃我國大政治家於近千年試爲敷施，轉多窒礙，蓋改革之難如此"。面對中國的歷史和現狀，莫伯驥這樣的有識之士更多的是無奈。集部一著録《楚辭》八卷、《後語》六卷，引趙景深語，"屈子與意大利之但丁可相對照，舉四例爲比巧合也"。"四例云，一，二人地位相等，均是偉大詩人；二，二人地域相同，均生長於花光愛的南國；三，均關懷政治，但丁是擁護皇帝之吉柏林派，受擁護教皇之歸爾富派反對，屈原則爲親齊派，受親秦派反對；四，但丁《神曲》是一首長詩，上天下地無所不屆，《離騷》也是一首長詩"。莫氏認爲但丁與屈原雖遠隔萬里，但他們有很多相通之處，應把屈原置於世界文化的範圍內看待他的影響和作用。子部一著録《新刊補注釋文黃帝內經素問》等書，這些書的真僞尚有爭論，莫氏以爲可以借鑒西洋哲學史家審訂柏拉圖著作的做法，"以爲哲學上之蓋然論、論理學之比論，此時實爲合用。蓋然論爲懷疑論之一種，謂吾人不能得到絕對正確認識或知識，所可獲得者秖是較爲確實者而已；比論又謂之類比推論，以兩物之相同點或相似點爲根據，而推論其信於此者亦信於彼，故斯二者皆足以審訂古人遺説之一助也"。有正確的理論指導辨僞，才能還典籍一個真實。《跋文》所涉内容遠不止此，如集部二著録《擊壤集》，列出汲古閣本較元本脱落五十餘首詩；著録《石室先生丹淵集》，批評《四庫總目》著録此集，舘臣無所發明；著録《竹隱畸士集》，指出四庫舘臣編纂群書，每於内容多未繙閲。又如集部四著録《陸聘君海桑先生集》，提及"文貞於明初開臺閣體之先，而不知實源於聘君，此亦談文學史者所宜考及矣"。

第四，不拘程式，突出重點。集部六著録《樂府詩集》，明汲古閣刻本，用公牘故紙印。故此跋文除簡單介紹此書流傳軌迹及現狀外，用大量篇幅記述有關公文背紙印書的實例，如"黃蕘圃藏宋刊本《北山小集》四十卷，皆用故紙印刷，驗其紙背，皆乾道六年官司簿帳，其印記文可辨者，曰湖州司理院新朱記，曰湖州户部贍軍酒庫記，曰湖州監在城酒務朱記，湖州司獄朱記，曰烏程縣印，曰歸安縣印，曰監湖州商税朱記，意此集板刻於吳興官廨也"。又"陳仲魚所藏《周易集解》係用明時户口册籍，上有'嘉靖五年'等字。近日江安傅氏藏《忠文王紀事實録》四卷，爲咸淳七年刊本，用洪武官册紙印，蓋清乾隆乙酉賜禮部尚書紀昀者"。又"王修《貽莊樓書目》著録萬曆二十年廣東軍政掌印署刻戚繼光《紀劾新書》十四卷，藍色印本，以廣東海陽縣舊試卷反面印之，背紙寫試士制藝，並有海陽縣印"。用公文背紙印的書，不僅能推測出印書的年代，而且那些正面的公文也能得以保存，莫氏詳細的介紹無疑提供了資料和綫索。史部三著録《咸淳臨安志》，梁山舟烏絲欄寫本。這篇跋文除"海鹽張氏燕昌藏"外，幾乎通篇都是講述梁山舟的生平以及書法的，引《簡松堂文集》言，"近時論書者多云南梁北孔，謂山舟與孔谷園也。大都梁用弱翰，孔用强筆，翰弱則力全於腕，筆强則力半藉乎手。梁性靈在功夫之先，孔性靈在功夫之後。性靈勝者如仙，功夫勝者如佛。人樂於遨遊四海，而憚於面壁九年，亦自然之情也"。又引吳縣李福言，將梁山舟與翁覃溪相比，稱之各有其美。還引述清杭世駿、王昶對梁山舟書法的淵源、發展的中肯評論。又通過嚴元照《致山舟書》"伏閱閣下校勘精到無比，復備録盧學士、孫監察校語，不愧爲叔重之功臣，楚金之諍友"，表明梁山舟寫本不僅有很高的藝術價值，同時又有相當的校勘價值，"故此本尤足珍也"。從典籍跋文的角度看此二跋文內容涵蓋不完備，但就有關典籍某一方面的內容則是系統全面的。

《群書跋文》有自注，這也是一重要特點。自注可以在不影響正文體例和結構的情況下，容納很多的內容，使得正文更爲充實豐富。如經部三著録《明會通館活字銅板校正音釋春秋》，跋文重點講述雕板印刷、活字版印刷的起源和發展過程，"謂雕本肇自隋時，行於唐世"，下有一自注，"明陸深《河汾燕閒録》云，隋文帝開皇十三年爲雕板印書之始，但美人加脱爾（按，T.F.Carter，今譯爲卡特）所著《中國印刷術發明與其向西方傳播》則辨其非是。英人斯坦因在敦煌發見唐懿宗咸通九年四月十五日印刷《金剛般若波羅蜜經》，遂有以此爲最古者"。此注介紹了明人和外國人對中國雕板印刷源于何時的不同説法。此跋文結尾處有一自注，説"德國書業博物院藏古登伯發明活字板以來所印之書，皆用玻璃櫃寶藏之，中有古登伯活字版耶穌《聖經》一部，即自公曆一四五〇年、一四五五年間所印成者，蓋當中國明初"。此注襯出中國文明之先行，對世界文明發展的貢獻。集部七著録《批點稼軒長短句》，此書版本流傳比較複雜，正文提到“信州舊本視長沙本爲多”，爲何如此？不便在正文中一一列出，而在自注中不僅將此不同解釋清楚，而且説明《文獻通考》所言四卷本尚在，四卷本是其門人范開在稼軒生前編就的，梁啟超爲其撰跋語，作《稼軒年譜》每據此本。還提到四卷本在范開時即多有贗本，而集中丙、丁二集不如甲、乙二集精嚴。自注羅列的資料，爲以後深入研究此書版本提供了寶貴的綫索。史部二著録《鄂國金佗稡編》，跋文言“（岳）珂居在嘉興金佗坊，故以書名”。下有自注引曹侍郎《倦圃圖記》，稱曹溶之別業倦圃，即岳珂當年所居金佗坊，使讀者了解金佗坊的變遷。集部二著録《晞髮集》，援引徐渤序，序中提到與作者齊名的鄭思肖，自注根據黃節《黃史》介紹鄭思肖的生平著述，其中提到，“當是時，趙孟頫才名重當世，所南（即思肖）惡其以宋宗室而受元官，故孟頫數往請見不可得”。還引全祖望云“所南《錦綫集》，明崇禎中尚存，梨洲先生曾見之，今求之不得，但從《永樂大典》中得奇零者云”。不惜篇幅，字裏行間表露出莫氏對鄭思肖的崇敬。子部一著録《論衡》，提及“馬哥孛羅反國，歐人遂連袂東漸，而我漢族之蒙陋如故”，下有自注，“法國史學家之主張馬哥孛羅撰《遊記》一書，其關係不讓哥倫布之西航。美洲歐人讀《遊記》，見所繪羅盤針圖，有謂此物作於中國，而歐洲述之式樣已比馬圖爲精，意作始者數百年，進步當逾百倍，及游中國過市買之，則與書之圖無差焉，乃孛然興嘆而反”。自注反映莫氏對中國近幾百年科學技術停滯不前的不滿，以及對中國因落後遭受日軍侵略的憤慨。以上數例足以證明自注是正文的縱橫延伸，使得整篇跋文的内容更爲充實豐滿。

對於《五十萬卷樓群書跋文》，著名學者容肇祖有非常精辟的概括。“先生之書五述而有三長”，“五述者：一曰述人，著書者之小傳，書之序跋人有可述者述之，刻書、鈔書、藏書，亦必明考其人，連類附及。二曰述事，著書之緣起，以至書林掌故，談之觀纋，不厭其詳。三曰述考，文字、史蹟、典故，可資考證者詳述之。四曰述學，專門之學，經史、理學、文學等間有闡述，史學如遼、金、蒙古、滿洲，以及色目人之漢化，西北之地理、社會生活、風俗、文學、史料等，有裨學者之取益。五曰述文，書之佚篇佚句，新奇雋永之文，以及傳奇、志怪，足資談助者，間亦援引。三長者：一曰博徵，以科學之法治舊學，事必舉證，語必求因，此一長也。二曰讎校，校傳本之誤，必求善本，一字之得，冰釋理順，此二長也。三曰明通，説古而不泥於古，理有獨得，必求通今，此三長也"。確實，《跋文》的內容遠遠超過了典籍本身，這也就難免有繁複之嫌，但就整體而言，不過是美玉之點滴瑕疵而已，何況莫氏對於這些典籍"多能獨心得，可輔前世經學大師所不逮者也"。這則是給予讀者的有益啓迪。

　　這次整理用的是一九四七年印本，因莫氏藏書已基本散佚，對原書文字無從考對，僅對書中引文疑似之處做了他校，直接作了更改，未出校記。不妥之處，請讀者鑒察。

　　爲便於讀者檢索，書後附有四角號碼書名索引。

曾貽芬
二〇一七年四月於北京京師園

# 五十萬卷樓群書跋文序

廣東濱海潮濕，書籍之保存不易。唐宋間號爲瘴癘區，文化之進步，蓋在近百年而始盛也。然而前代奇才異能之士，每有獨創之異想、瑋麗之天才，蓋所謂戛戛獨造，不由書本，而迥異乎章句之儒者，如唐之慧能、明之陳獻章，皆由自悟創立宗風，以風靡一世。至近百年間，阮元、張之洞督粵，創學海堂、廣雅書院，一時學風爲之丕變；而陳澧、桂文燦、李文田之倫研經道古，學術日新；又如康有爲、梁啓超異軍蒼頭突起，別有創獲，海內所號爲博學通儒者也。往昔廣東風習界在五嶺以南，時趨之漸染較遲，宋詩盛行之後，而粵詩人之被稱者，因有唐音漢學盛於乾嘉之説，而道、咸以來，粵人始言樸學，輓近歐風美雨，自東南而入西北，維新革命之政論，大率創自粵人，而廣東之文化有可言者。

余讀天一先生《五十萬卷樓群書跋文》，不能無欣幸焉。先生弱冠，即以案首入縣學爲生員。時先君子與先生從兄任衡先生伯伊同選丁酉科拔貢，三人盱衡時局，握腕興嗟。任衡先生因創辦日報，而先君子丁外憂，遘痼疾卒至棄養。戊戌政變，改革未成，國事益不可問。先生冠儒冠，兼習西洋醫學，同時經營商業，又助其兄爲日報編輯，而性喜購古書，書叠如山，丹黃爛然，而獨甘飯蔬衣，練積三四十年如一日，藏書達五十餘萬卷，所謂上企瞿、楊，無愧丁、陸，蓋指其善本言之，非過譽也。先生所藏之善本，有宋刻、元刻、明刻、影宋、精鈔、舊鈔、舊校、精校，以及孤本、稀見本、精刻本、古活字本、名家寫本、名家藏本等。民國二十年，余始獲見先生於其寓齋，蒙以故人子相款，一瓻無吝，往返遂多。今讀《群書跋文》，緗帙牙籤，猶隱隱在目也。先生初著《五十萬卷樓藏書目錄初編》二十二卷成，摹印既畢，即遇倭寇肆虐，遽陷廣州，倉黄兵火間，五十萬卷書藏，竟爲絳雲樓之續，縹緗之帙，或作帷囊，而善本精裝大半灰飛煙散矣。余於二十九年南歸，道經香港，於冷攤購得先生所著《目錄初編》，頗憶趙明誠《金石録後序》所記，曾以書問慰。及香港淪陷，余之隨身書卷、稿件、字畫，盡成過眼雲煙。三十四年勝利後，予自連縣回廣州，舊書肆上猶偶有五十萬卷樓之本存者。

及余重至北平，先生寄示《五十萬卷樓群書跋文》，蓋《書目初編》之改訂本，增删補益，皆多年來僑寓澳門心摹手追之所訂定。余校讀一過，以爲先生之書五述而有三長，擬於今人則有二似可得言焉。五述者：一曰述人，著書者之小傳，書之序跋人有可述者述之，刻書、鈔書、藏書，亦必明考其人，連類附及。二曰述事，著書之緣起，以至書林掌故，談之覶縷，不厭其詳。三曰述考，文字、史蹟、典故，可資考證者詳述之。四曰述學，專門之學、經史、理學、文學等間有闡述，史學如遼、金、蒙古、滿洲，以及色目人之漢化，西北之地理、社會生活、風俗、文學、史料等，有裨學者之取益。五曰述文，書之佚篇佚句，新奇雋永之文，以及傳奇、志怪，足資談助者，間亦援引。三長者：一曰博徵，以科學之法治舊學，事必舉證，語必求因，此一長也。二曰讎校，校傳本之誤，必求善本，一字之得，冰釋理順，此二長也。三曰明通，説古而不泥於古，理有獨得，必求通今，此三長也。至於二似，余以爲先生治學有似於陳援庵師垣，而目錄之學則畧似余季豫先生嘉錫。先生與援庵師早有三同之目，一同爲案首秀才，二同習西洋醫學，三則同精國學也。季豫先生爲湖南名舉人，著《四庫提要辨證》，積四十年不懈，已印行十二卷，與先生之《書目跋文》淹博精審，約署相似。先生亦有《四庫提要舉正》之作，尚未完成。今閱《群書跋文》，每獲覩其隻鱗片羽。先生今年七十，略長於援庵師及季豫先生，好書者多壽，宜均得大年也。余治學無似，略舉所知，以諗先生。先生其亦以爲知言乎！

中華民國三十六年九月九日，同邑後學容肇祖序。

# 五十萬卷樓羣書跋文自序

《墨子·耕柱篇》"譬若築牆,然能築者築,能實壤者實壤,能欣者欣"。王氏念孫曰:"欣與睎同。"伯驥案:《説文》:"睎,望也。"揚雄《方言》:"東齊青徐間曰睎。"足證睎爲望之古俚言。今則須重譯而始明其誼,故王氏稱《墨子》書最古,假借之字亦最多,古字之借,古音之通,他書所未有也。築,許君訓擣,蓋爲巢效鳥,穴處效畜。野居既久,再進化,則以土實版中,擣爲牆而成室,三百篇中言築室、築場圃是也。晉張華《博物志》曰:"南越巢居,北朔穴居,避寒暑也。"蓋巢居在南方保持尤久。清錢澄之《田間詩學》言西北多窟窟,皆於峭壁鑿窟,内開屋舍,此則南部尠有,但西北則最近猶多焉。梁任公先生述其族尚存千年土築之牆屋,宗子居之,可證前代南方曾用此法,此時距巢居之俗已遠矣。《大雅·綿篇》説周先世古公亶父遷岐山下,築室有皋鼓聲。時賢顧頡剛最近《周人的崛起及其克商》一文,謂打鼓是建築時約束工人節奏,其言良確,殆三千年舊俗矣。今按:皋鼓爲兩面鼓,見《周禮·地官·鼓人》鄭注。宋陸游《入蜀記》説放船時,舟人以鐃鼓助興,意亦近是。《墨子》言欣者,當是匠頭臨場督造,如今畫則師然。日本伊東忠太《中國建築史》謂,陝西臨潼驪山秦始皇陵,較埃及金字塔尤大,知吾國古工學固無多讓也。蓋堵牆與築各盡其分,實取譬以形容天壤間,人人應有職責焉。迄李唐而大鑑禪師復宣斯理,《高僧傳》述忍師問大鑑曰,汝作何功德? 答曰,願竭力抱石而舂,供衆而已。可知盡力非獨盡己,而自助即以助人。七七肇始寇禍,吾華衙頭徧地,戰血玄黃,北自萬里長城以外,南暨萬里長堤以來,遠訖于五管。第一之關鑰已開,四大之河流欲立,有大人先生,率同羣以一包血、一柵骨。二語見《陳白沙集》。挾孝弟忠信,與堅甲利兵相持於原野，男子戰鬬，婦人轉輸，不得休息。三語見《列女傳》。又《商子·兵守篇》云，壯女爲一軍，使盛食負壘陳而待令，客至而作土，以爲險阻及耕格阱，發梁撤屋而從，從之不治而燋之，使客毋得以助攻備。此可見周時已有用婦女助兵役者矣。漆室遺言，怒焉在目，而伯驥久過兵役之年，得以甌息於流離寥落間，會集朋游，研朱讀書，間與同人縱論前明倭患。倭爲何種民族，吾國前史已著之，但日本人之考論，則與此有異。即如西村真次《日本文化史概論》則云，倭人有以爲日本人，有以爲印度納西亞人，有以爲印度支那人。我以爲，倭人是印度支那系的苗族，同共祖先之民族，是其證也。飯餐差健，盾墨待磨，寧非幸事。鄰牛既蹂我之田，但殺牛尚易，而田田實難。周原膴膴，江漢湯湯，終俟澄清上策。吾人絃歌與攷覈，縱在舟車或簡牘之中，而精神實周匝於海隅蒼生、巖阿野老，是則平時之衢尊一勺，與今茲之綴寫成編，均前文所云盡已也。元郝陵川曰，能救百萬生靈於水火之中，則吾學爲有用矣。明清鼎革之交，餘姚朱舜水、大興劉獻廷，皆所謂魁壘骨鯁之士也。朱曰，唯巨儒鴻士，始足經邦宏化，康濟艱難。劉曰，人苟不能斡旋氣運，利濟天下，徒以其知能爲一身一家之謀，則不能謂之人。蓋朱則鄙夷明季理學，劉則謂吾輩當存心利物，不宜以學者爲名。凡若此，皆事的學問也。往者，顏習齋以爲經籍本身非學問，而考校經籍亦非學問之塗徑。蓋經籍爲紙的學問，開卷縱了然，乃若操以施諸世，輒有如漢徐幹所謂鄙儒博學，不能統其大義之所極，以獲先王之心，勞思慮而不知道，費日月而無成功。又如清魏禧所謂源之不濬，其流必竭，已則枯槁，乃思潤物也。查理·達爾文研究生物學狀態踰三十年，資料日積，而答案渺然。一日讀馬爾薩斯《人口論》即爲解悟，故凡學須求答案也。是以《墨子》又曰：“傳受之，聞也。方不㢓，説也。身觀焉，親也。”蓋化學試驗室之工夫，與山程水驛之游涉，有同等價值，皆親知也。聞或説則圖書舘工夫，與友朋及新聞紙之傳述也。讀萬卷書，然後行萬里路,則游涉之最宜者也。徒讀書,則齊桓公堂下人朽骨之説也。大較天才之發展,有直綫式與球形式之二種。從事專門之業,鑽而愈入,汲而彌深,如莎士比亞之文學,則直綫式也;若球形則肆應無窮,萬流咸納,明之王陽明可爲代表,漢諸葛忠武、元耶律晉卿則其次也。梁任公、嚴又陵固近代有名之學者也。唯世之論二人者,每惜其入官多年,而不然者,則所造必更精,而澤於人群者必更大。梁著《清代學術概論》亦頗嘗言之,蓋由顏、朱諸公之道非不能復學藝於秦漢以前,當其時或可按此敷施,今之世須別啓新門,並轡邁征,使國家有終身學者、有終身官,俾盡其球綫之良能,而總攬人才者正宜劑酌,其間用短、用長,皆適厥性,於是學可興而國政可得,而理既不奪倫,則事益治,而世界第一流人物或可由此而源源挺出也。伯驥之爲此編也,似於經籍有所發揮,道器有所疏證。章實齋語。道吾曰三家村裏賣卜,東卜、西卜,忽然卜着也不定。《傳燈錄》。究其極,則圖書舘之落實取材焉耳矣。其於前文所舉之大哲,殆豪芒之與泰山也。《史記·龜策傳》:"天尚不全,故世爲屋,不成三瓦而陳之。"區區之意,將同於此。《莊子·田子方篇》,孔子見老聃曰"丘之於道也,其猶醯雞歟?微夫子之發吾覆也,吾不知天地之大全也"。此則伯驥盤辟而蘄於達碩者也。稿有取之舊者,但每篇刪補增訂頗繁,抑新撰者更不尠也。最新出版書,亦得讀尤幸矣,間取證焉。我不可不監於湯盤也,對吾國固有文化精粹之文史哲藝,用科學方法整理發揚,以立民族之自信;我又不可不監於陳部長之設施方針,今庶幾其無沚也。謹第錄。漢人桐柏宮文,開著作自注之例。清顧氏炎武爲文,有述南史事者記於句下,學人譏之,實則偶然注記,並無傷於事理。吾家得聊城楊氏舊藏宋刻《孫可之集》,文中每有夾注,或引申本文之義,或攷核他事附記之。清人梁氏《玉劍尊聞》、朱氏《無邪堂答問》亦多如此。是以伯驥著書,每沿其例。又宋陳氏《書錄解題》不少涉及其身世者,此編亦間襲之。

中華民國三十年秋八月，東莞莫伯驥。

《舊唐書·地理志》永徽後，以廣、桂、容、邕、安南，皆隸廣府都督統攝，謂之五府節度，名嶺南五管。作此序時，適日軍侵至安南，故有五管之句。伯驥記。

附録《五十萬卷樓藏書目録初編序》：
大抵吾人學古不可無工具，而工具之切要者有三：曰經籍，曰古代流遺之器物，曰地中之新發見。蓋古人言語存諸文字，而書本即載之以流傳，古之史事、輿地、文學、哲理可攷而知也。然宋鄭漁仲謂，方册者古人之言語，款識者古人之面貌。方册所載，經數千萬傳，款識所泐猶存其舊，以兹稽古，庶不失真，故金石學在學術上實占重要位置，其後又擴拓而爲古器物學。若夫生面别開，而新近布露者，如前代沉霾之古城老屋，以及墟墓間之遺文，山川蘊藏之彝鼎，其中孤據單證，每足破前哲之疑惑，而開絶特之新紀元，則發掘爲綴學之要圖矣。唯後二者既非多有而恒觀，則册牘圖譜之編摩相須尤亟。隋顏之推曰：“當以眼學，勿以耳受。”書本者，考辨之源泉。故自古以來既有辟雍、蘭臺之儲寫，《詩正義》引《韓詩》説，辟雍者，天子之學，五經之文所藏處，蓋以草茅，取其潔清。按：此當爲官書之始。復有精廬、僧舍之收藏，胥是道也。顧我國古世，厥初衹有官書而無私書，宋蘇叔黨撰《夷門蔡氏藏書目序》，曾舉數事以證之。《斜川集》卷五。而私家鳩集權輿何人，蘇氏則未有述及。伯驥以爲，私人藏書實始於孔子，如莊子稱孔子繙十二經以見老子。《公羊傳疏》稱孔子得百二十國寶書而作《春秋》，即其確據。孔穎達《尚書正義》引《尚書緯》云，孔子得黄帝玄孫帝魁之書，迄於秦穆公，凡三千二百四十篇，亦是一證。緯書晚出，前人已多議之。近世崔東壁諸儒尤以爲疑，然既爲康成所稱述，故特據其説。《後漢書·鄭康成傳·戒子益恩書》云，"粗覽傳記，時覩祕書緯術之奥。"《世説》注，《鄭氏別傳》曰，博覽群書，精曆數、圖緯之言。可見康成深通緯學，故注經論學，恒述緯書。清段氏玉裁曰，漢之大儒若鄭康成、何邵公，時以緯注經，名流抄不甄綜，故緯不可廢。其文沈博淵奥，苟羅之也富，擇之也精，則有裨於經，夫豈淺鮮。見《經韻樓集》卷九。蓋繩甲以後，竹木繼之，書契發明，禮樂爰作，文物典則，咸藏王府。孔子始綜聚官書，用資研討。前清胡竹村有六經皆出周公之説，《研六室文鈔》卷一。考覈頗精，言之成理。蓋孔子以前，簡策所存，官守柱下，唯周公以勳勞輔弼之尊，廼得從容籀繹，若尋常百姓祇官學所授，可以聞之其家，固無所謂藏本也。故官學以外，聚徒講學，孔子實爲魁首；官書以外，私有擴摭，亦以孔子爲最先焉。嬴秦滅學，劉漢求書，盛衰之際，可得而數。自是以還，官私典籍，鴻溝乃畫。中祕所掌有賜讀、賜本之分，民間所儲有進本、寫求之辨。然官書之富，每不逮民間。陸游《南唐書·徐鍇傳》云，江南藏書之盛，爲天下冠，鍇力居多。《青箱雜記》稱，太平興國間，三舘六庫書籍正副八萬卷。伯驥考宋人遺著，知人民奔庌恒有踰越此數者，而後世稱述私藏，每曰其富與天府埒，又曰過於祕閣所儲，朱氏《曝書亭集》卷六十六云，自唐以前，書多藏於官，民間所藏，賜書之外，無多焉爾。雕本盛行，而書籍易得，民間鏤板，未貢天府且十之九，由是官書反不若民間之多。非其證歟！蓋私家藏器，實以宋劉原父導其先路；自録其藏器而加以考訂，亦以原父爲先河。著録其私藏之書，而闡明旨要，則濫觴於宋晁子止，而直齋陳氏遂沿其波。緜歷明清，代有撰著。伯驥無似，所以有藏書目録之作也。吾家上世，以力田讀書爲彝訓，陳編世守，蟬嫣不絕。先君子研精宋學，所藏宋、元、明名臣大儒之遺書，森森連屋。當是時，吾縣人張德圃布政、倫棣卿大令，游宦歸來，擁書不尠，而陳提學子勵執經於東塾之門，蒐蓄尤備。提學與先君子爲友，每多商兌。數縣中藏書者，皆品覈此三數家。伯騤幼奉槧書，弱冠來游都市，奉手於巨子俊人，益毅然有儲藏之志。桑海多難，斯願不渝，八方風雨，沛然來會。漢韓嬰《詩外傳》云，好一則博，博則精。謂先世所藏爲不足，則益收所欲覽之編；謂吾粵爲不足，則汎摰於江河南北、浙水東西。而前人所謂外藩本，亦不時問諸鄰交，恣意兼收，以充其無窮又之欲。曠翁一巧，夾漈八求，昔聞其言，今實其事，由是心力所抛，時間所費，遂以逍遥於緗素爲最多，而函電朋興，益與書船估客日相接締。或謳歌敝藏卷軸之繁博，聞之固媿不敢承。或甲估頗以乙估之書呼顔標爲魯公，恒有贗本羼入，歧虎稱帠，蒙鼠作璞，請留意財擇。甲訐乙，而丙復謂甲言之不公。伯騤肆應於從容笑語之間，而善本未嘗不集。《鶡冠子》曰，中流失船，一壺千金。當斯文絶續之交，書價奇昂，至可駭怪。乾嘉精刻已甚珍異，朱明槧本恒以十金易一册。有清中葉，宋板書直以葉計，不過銀幣二三錢，見於前人載筆，近則一葉須二三十兩。若得天水、蒙古兩朝遺刻之部帙嚴整者，厥價比失船之壺，尤浮至倍蓰焉。蓋五厄之丁於今爲烈，金淵玉海多付劫灰，故國人恒視舊本爲骨董，豪家大賈固不惜厚貲競買，飾以綈函文木，借爲附庸大雅之階，而東西人士益喜搜求，載以大車，每多祕笈。《泰晤士報》記者毛利生君，久旅吾華，身後遺本直累巨萬，其最彰彰者也。伯騤以匹夫之力與之周旋，雞刀屠牛，未免爲王仲任所誚。張孝達昔督蜀學，嘗以“節衣縮食，尤當購書”訓於多士。伯騤既法其所爲，又稱貸而益其所負，有諼可借，無莊可割，以較王弇州之買《漢書》，法時帆之易裴甗，與夫近日江安傅先生藏書目序所述，其興趣似有過之。於是北如意園之盛氏、臨清之徐氏，南如揭陽之丁氏、南海之孔氏、巴陵之方氏、江陰之繆氏、茂苑之蔣氏，長沙葉氏之觀古堂、獨山莫氏之銅井文房、揚州吳氏之測海樓,最近蒙難之聊城海源閣,昔日皆萬籤帳祕,赫赫有聲,然其散出之舊槧、精鈔,往往爲伯鷹所得。而天祿琳琅之遺珍,《永樂大典》之零本,亦乘風而下,至於南國,來止寒家。以訪求點勘之工夫,易飲食男女之大欲;以蟫叢蠹食之殘斷,擲租庸搏制之泉刀。御布素而致美乎裝潢,省游豫而盡力乎整比。槐花舉子遜其匆忙,青鐙兒童乏其滋味。人皆謂我負華夏文化之重任,然默自思念,則深有似於搬薑之鼠、塗金之龍,諡爲至愚,甚可閔笑矣。巨浸淵淵,茫無涯涘,龍伯大人一釣而連六鼇,然漁人垂綸則尠有所獲。學藝之深廣,冊府之豐美,蓋猶海也,買之藏之,既庶且多,倘讀之不得其方,則我亦潤谿之老漁耳,魴鱨且不可得,鼇云乎哉!然昔者葛稚川又嘗比讀書爲入山伐木,顧亭林以著述譬諸采銅鑄錢。伯鷹采山釣海亦既有年,懷鉛提槧,露斠月鈔,薰習已深,當資其益,陸沉聾瞽,庶幾免之。此則如《列仙傳》所云,摘綏山一桃雖不得仙,亦足以豪。異時山房作記,共讀開樓。滿人索綽絡氏國英,字鼎臣,有《共讀樓書目》。慕效宋李公擇、清國鼎臣之遺則,而舉宿素會最之篋衍,與國人公共研摩,茲尤豫爲尉薦,而當有卿雲輪囷覆護其上者也。抑猶有憾者,近世葉郎園氏以不得讀《道藏》及敦煌石室書爲恨。予之所恨,尤以不明梵藏文字,至不得究心釋典諸書。蓋佛陀哲學爲世界三大支之一,而經、律、論三者之東來,古德大師證義潤文,袞然龍藏。吾國自六朝迄今,學問文章多襲其說,華印搆精,搆不作搆,從海寧陳簡莊《跋宋本周易本義》之說。已生別子。唐之昌黎、宋之道學,陽肆詆排,暗攘緒論,均匪通方。溯自佛滅度後數百年間,彼中所傳唯小乘,故李唐後印度實無佛學,求大法者此土已足,不必侈言五印,其說固無以易矣。顧近頃如美國國會圖書舘得西藏兩大佛書,謂可求得原文意義,比其他鈔本爲佳,且佛法流貽於漢族,多爲顯教,而真言乃金剛智、善無畏兩大師,在那爛陀寺所講授者,西藏喇嘛得衍其傳。日本弘法大師空海亦聞其説,著有《秘密曼荼羅十住心論》十卷,爲海東眞言宗所崇奉。吾漢族則因缺乏梵文及巴利語之認識,故無盡之秘密法窟,仍當求之藏中。法國政府近遣黛娀妮勒夫人往藏尋求佛學,實由於此,可知梵藏遺編正須究肆。是以伯夔尤欲潛研吾國及日本、高麗古譯內典,以暨梵藏文字之群籍,期獲新知。尺波如電,度無可爲,豈非南面書城所引爲隱憾者哉!傳布印度北部及中國與西藏、日本等處之佛經,多屬大乘教,與南方小乘不同,故分爲南方佛教、北方佛教。蓋傳布印度南部及錫蘭、暹羅、緬甸等處佛教經典皆爲巴利語,屬小乘教也。中印度摩揭陀國王阿輪伽,曾於各山巖石柱間宣揚佛道,此種誥文亦用巴利語,曰丹馬力帕,沈霾已久,今所發見者,有經三十四章,頗能研窮其義理。我國元至大中,西藏僧法光曾與西藏、蒙古、中國及回鶻之學者共譯西藏藏經爲蒙古語,當時朝廷又嘗命刊西藏文《大藏》。迨清康熙二十二年,重刊西藏文《大藏》於甘肅之河州,惜其板已燬,書本尚可尋求也。《翻譯名義集》引通慧《鷲嶺聖賢錄》稱,佛生之年月有八別,若西藏則有十二種異説,而日本荻原雲來、堀謙德、馬田行啓諸子所爲《印度佛史》,亦曾著巴利、藏、漢之異同。其他與漢族所傳《藏經》,及我佛一切之事理,當更不尠差池。能鉤稽而勘比之,固大業也。伯夔固嘗有志焉,未能逮也。大凡伯夔所得三十餘年舊本新刊、古今纂述,都五十萬卷有奇,今所編目,先得若干種綜若干卷,邦人諸友促付寫官,謂之《初編》,屬先發布,餘將以耽翫閒暇次第觚綴,使藏其事焉。清季王益吾氏序刻《郡齋讀書志》謂,子止所作大者在於明經術,維世教,小者亦足沾益後來箋注、考訂之士。晁氏宏識孤懷,自非伯夔所敢望,然持鄙著以衡論乎私家諸簿録,或汎列其目,或徒以精槧自翹而示人以富者,則有間矣。蓋晁、陳二家,皆古今新舊並蓄,後之嫭壹於宋槧、元刊者,縱云板本、校讎之交資,審美愛古之同嗜,然今山不及古高,今海不及古廣,今日不及古熱,今月不及古朗,俗士之見也。而《抱朴子》非之,如謂舊刻之外即無書,是郊天之鼓必當麒麟之皮,寫《孝經》本當曾子家策也，《太平御覽》卷六百八。君子無取焉。故茲目實宗晁、陳，爰告長恩，永永福之，方聞耆碩，幸教督之。

中華民國二十年秋八月，東莞莫伯驥。

初成此序時，北平國立圖書館館刊來函，徵取其文，以便入録，獲登第六卷第一號，並加識語於其上云，莫先生藏書之富甲於西南，精本祕笈，幾可以上企瞿、楊，無愧丁、陸。最近有《五十萬卷樓書目初編》之作殺青可待，當亦爲承學之士所樂聞云云。其後，國立圖書館館刊陸續刊登敝處《群書跋文》，國內有名雜誌相繼函徵拙撰文稿。不虞之譽，附記之以自勵。伯驥記。

# 經　部　一

## 御定補刊通志堂經解百四十種

一千七百八十六卷清刻朱筆校本，汪龍莊舊藏。

　　原書清康熙間徐乾學編輯，納喇成德鐫板，乾隆五十年敕館臣
訂正補刊。此本得之杭州，紙墨甚精。全書均有前人朱校，字小如
蠅，考訂甚有家法，惜不知其爲何人也。前有乾隆五十年二月二十
有九日高宗御旨云：朕閱成德所作序文，係康熙十二年，計其時，成
德年方幼稚，何以即成淹通經術。向即聞徐乾學有代成德刊刻
《通志堂經解》之事，茲令軍機大臣詳查成德出身本末，乃知成德
於康熙十一年壬子科中式舉人，十二年癸丑中式進士，年甫十六
歲。伯驥按：徐乾學撰《墓志》、韓菼撰《神道碑》，謂成德中舉人時年十八，明年癸丑中
進士年十九，與此旨不符。徐乾學係壬子科順天鄉試副考官，成德由其
取中。夫明珠在康熙年間柄用有年，勢焰薰灼，招致一時名流，如
徐乾學等，互相交結，植黨營私，是以伊子成德年未弱冠，夤緣取得
科名，自由關節。乃刊刻《通志堂經解》，以見其學問淵博。古稱
皓首窮經，雖在通儒，非義理精熟畢生講貫者，尚不能覃心闡揚發
明先儒之精蘊，而成德以幼年薄植，即能廣搜博採，集經學之大成，
有是理乎？更可知爲徐乾學所哀輯，伯驥按：康熙二十四年有詔購采遺書，
徐乾學以《宋元經解十種》、李燾《續資治通鑑長編》及《唐開元禮》或別行繕寫，或仍古
本面目奏進，得旨所進藏書善本，足資考訂，俱留覽。家有傳是樓儲藏之，富甲海內。

令成德出名刊刻,俾藉此市名邀譽,爲逢迎權要之具耳。夫徐乾學、成德二人品行本無足取,而是書薈萃諸家,典贍賅博,實足以表章六經。朕不以人廢言,故令館臣將版片之漫漶斷闕者,補刊齊全,訂正訛謬,以臻完善,嘉惠儒林。但徐乾學之阿附權門,成德之濫竊名譽,則不可不抉其隱微,剖悉原委,俾定論昭然以示天下後世。着將此旨録載書首。得此旨而此書原編,及後來補刊之原由可以大白。按:高宗喜誇大,頗以經學自詡,集中嘗及之。乾隆間敕撰《四庫全書考證》卷二十七云,《舊唐書·曆志》麋角解,按《月令》所載,是麈非麋。詳見《御製麋角解記》,第沿訛已久,姑仍其舊。又卷六十七,《御定子史精華》卷二十七,冬麋角解考證,大畧如前說。阮氏《詁經精舍記》云,經非詁不明,漢人之詁去賢聖爲尤近,譬之越人之語言,吳人能辨之,楚人則否。高、曾之容體,祖、父及見,云仍則否。蓋遠者見聞終不若近者之實也。錢大昕《臧玉林經義雜記序》云,三代以前文字,聲音與訓詁相通,漢儒猶能識之,故訓詁必依漢儒,以其去古未遠,家法相承,異於後人之不知而作。陳壽祺《答翁學士書》云,漢儒近古,其傳注出七十子之徒,宋後學者好非古,其臆斷在千載之下。盧見曾《經義考序》云,通經當以近古者爲信,譬如秦人談幽、冀事,比吳、越間宜,稍稍得真。必先從記傳始,記傳之所不及,則取之兩漢,兩漢之所未備,則取諸義疏,義疏之所不可通,然後廣以宋元明之說。勿信今而疑古,至有兔園册子之誚。可知經學以漢人之說爲長,漢後則去古較遠,易近武斷。其說良是。然前清漢學家訾朱子《中庸注》"性即理也"一語,不知實由鄭君《樂記》注"理猶性也"而出。宋呂本中《紫微雜說》解《論語》"四體不勤,五穀不分,孰爲夫子",曰"四體不勤"二語,荷蓧丈人自謂。其說得之,言四體不勤,則五穀不分,田間野老不能舍己之業,而具知道塗往來之人也。而清《四庫總目提要》述之。元包希魯撰《說文解字補義》,儀徵阮氏謂爲議論多宋學，然於古文制字審音之法，時出新意，補前人所未及，似亦小學中可存之書。可見宋元遺説不盡無根，又可見吾人藏此書之意旨，亦不盡關於經學史之一節，而各書可資研究者亦不少也。其中如金氏仁山撰《尚書表注》二卷，推當日著述之意，實係論文，並非解經。全書皆白文，止句畫段，而於每葉之上下左右，皆以細字標識，略爲詮解語意，亦爲論文而作，自無庸列入經説中。後來《四庫全書》重其人品，著録解經之内，實沿其謬。又宋胡士行撰《初學尚書詳解》，於名物象數明易可曉，每以《蒙求》《通俗文》之例釋之，題曰"初學"，蓋謂如此。而《通志》删去首二字，前人謂其鹵莽，宜矣。《周易程朱先生傳義録》十七卷，爲宋天台董楷纂集，凡例後有"至正壬午桃溪居敬堂刊行"木印，伯驥藏之，分卷又與《通志》本異，知其刻書時未嘗廣爲校訂矣。各經解首葉多有序文，據張氏雲章言，知其出自朱氏彝尊之手。張與朱書云，每見通志堂近刻《經解》弁首之文，詞簡而義賅，表彰先儒，其出處、爲人之大概，與著書之微，本末具舉，每讀之，竊歎以爲非我朱先生不能，未知信否？恐海内亦别無此巨手。見《樸村文集》卷三，題爲《與朱檢討書》是也。王文簡稱朱氏篤好經學，所録多鄞范氏天一閣、禾中項氏、曹氏倦圃、温陵黄氏千頃堂祕本。而獨山莫氏藏明嘉靖本《書經纂言》，卷首有朱氏題識云，"是書購之海鹽鄭氏，會通志堂刊《經苑》，以此畀之，既而索還存之篋"。伯驥按：此可爲朱氏與《九經解》有關連之證，得張書，而納喇氏攘竊朱名，其實據乃更明顯。張，嘉定人，縣志稱其游京師，以校勘《宋元經解》客尚書徐乾學所，故悉此事爲確也。方氏苞嘗用力多年，删取各經解之精要者，事詳《望溪集》中。而《經笥堂文鈔》卷下《方望溪行狀》稱，其删訂崑山《經解》有成書未刻，藏於家。韓氏《理堂文集》卷三，則謂望溪所删《宋元經解》，聞吳門書賈已刻行。姚氏鼐云，韓理堂誠爲好手，其論宋太宗事，與常州惲敬旨同，而文勝惲，惲亦今一作手也。又云，理堂文讀之甚可喜。見姚氏書牘中。按：理堂，名夢周，濰縣人，乾隆進士。知來安縣，文屬整飭一派。又《敬孚類稿》卷七《跋望溪與雷副憲手札》云，侍郎湛深經術，世所知者，不過《抗希堂十六種》所載諸經耳。斯云三十年精力用於崑山《經解》，《易》《詩》《書》《春秋》已編定成書，《詩》所刪取甚少，又取《呂氏讀詩記》《嚴氏詩緝》以附益之。此四經既刻，則三禮各一部，流傳者多，即不刻亦可，刻之亦易矣。已作字告石東村與濟齋公商，若不能，則賢與可齋異日更勿忘。又五札："前所留鈔書之資，持爲賢寫崑山《經解》，可得《易經》一部，將來愚有暇更督諸孫爲鈔《春秋》《尚書》，則藉此存一稿本於宇宙間，賢將來有便使人刊刻，可省學者許多心力。"是侍郎於崑山《經解》刪定已有成書，副憲當時即未刊刻行世，亦當出示同人更録副本，存於宇内也。咸豐癸丑冬，賊陷城，凡世家書籍，邑人後多竊取，售於鄉間或他都邑，而文君鍾甫搜藏至三十萬卷，侍郎刪定崑山《經解》底本得百餘册，後數年陷於兵火，而張文和公有侍郎《宋元經解刪要序》云，有欲刊布其書以益後學者，乃序而導之。今此序載《澄懷園文存》，言之甚詳。若當時刊布未成，更無他人多録副本，恐此書亦終不能存於宇宙。又唐鄂生《重刊毛詩要義序》云："兵燹之後，方氏原書散軼已久，雷副憲亦無力及此，其所藏諸經鈔本，倘尚流落人間，所願同志之君子勉付梓，則有功於藝林大矣。方氏刪其繁蕪，所存不過三分之一，而明理詞達，學者易於觀覽，實遠勝今書。惜當日未及刊行，而原本亦無由得見。"據上二説，是不特未刊，且原本亦久佚矣。此亦言清初經學史者所當攷也。納喇氏爲滿洲著姓，其氏族散處於葉赫、烏喇哈達輝發及各地方，雖係一姓，各自爲族。見《八旗滿洲氏族通譜》卷二十二。韓氏菼、徐氏乾學集中述成德事頗詳。顏氏《尺牘姓氏考》云，成德氏納喇，字容若，

後更性德,奉天遼陽人,官侍衞。有《合訂删補大易集義粹言》《通
志堂集》。又《四庫全書總目》云,性德生長華閥,勤於學問,鄉試
出徐乾學之門,遂受業焉。《九經解》即其所刻,而徐乾學延顧湄
校正之。以書成於性德歿後,板藏徐氏,世遂稱徐氏《九經解》,並
《通志》而移之徐氏,實相傳之誤也。《提要》謂顧湄校正《通志經
解》,而《嘉定志》則謂張雲章,意當時校書不止一人矣。張氏祥河
《關隴輿中偶憶編》云,《飲水詩詞集》爲長白性德著。世所傳賈寶
玉者,即其人。詞以小令爲佳,得南唐李後主意。余嘗刻於粵西藩
署,原本殘缺,其有不合者,或傳鈔之訛,余爲更易數十處,周稺圭
中丞之琦稱爲善本。祥河,婁縣人,嘉慶進士。歷官陝西巡撫,工部尚書。工詩
詞,著有《小重山房集》《粵西筆述》等書,並工畫山水花卉。《輿中偶憶》,官秦時所撰
也。伯驥按:容若實以詞令爲優,至其號稱著撰《易義》外,又有《陳
氏禮記集説補正》三十八卷,專爲糾駁陳澔《禮記集説》而作。凡
澔所遺者謂之補,澔所誤者謂之正,皆先列經文,次列澔説,而援引
考證,以著其失。《四庫簡明目錄》卷二,謂其往往愜理饜心。伯
驥考此書爲嘉定王氏老儒所作,當亦與《經解》同一攘善而無足稱
者。嚴氏元照《蕙櫋雜記》稱,《通志堂經解》徐健菴尚書隸刻,三
月而成,納喇氏畀尚書四十萬金,故告成甚速。伯驥按:《禮記集
説補正》亦出資購稿,余別有考證,至四十萬之數,恐非其實也。
伯驥所撰《滿人漢化史》,於容若事實言論述之頗多,此略之。明
珠,滿洲正黃旗人,順治初由侍衞授鑾儀衞。康熙中,歷官吏部尚
書、武英殿大學士。聖祖詔纂《清一統志》《會典》《明史》等書,均
奉命充總裁,向用方殷,嗣爲郭琇所劾,按:御史笪重光曾以劾明珠去官。
遂革大學士,仍任内大臣。其叙功復原級,則在從征噶爾丹還朝之
後矣。納喇氏嘗據有葉赫之地,明初内附中國。明珠曾祖養汲努
女爲清高皇后,而清太宗則后所生也。清太祖侵明,葉赫爲明外

捍，數遣使諭，不聽，因加兵克葉赫，養汲努第三子金台什死焉，卒
以舊恩存其世祀。按：元旭烈兀之子阿八哈汗娶東羅馬王之女馬利亞，人稱脱司
配那哈敦；其孫合爾班答汗亦取東羅馬王安鐸魯尼克司之女，人稱小脱司配那哈敦；合
贊汗曾娶小阿昧尼亞王森巴德之女爲妻。人謂此亞歐通昏，黄白通昏，回耶通昏，爲元
時特創之局。成吉思汗有妻室五百人，見近人新譯之《成吉思汗史》，其中想更包涵萬
象，不名一家也。——清太宗之孝端皇后、繼室孝莊皇后、世祖之孝惠皇后，皆蒙古人。
故魏氏源云，科爾沁從龍佐命，世爲秭附，與國休戚，是以世祖當草創初，冲齡踐阼，中
外帖然，繫蒙古外戚扈戴之力。大抵尋常百姓昏娶，每尚攀援，而舉非常之事者則思得
此爲輔助擁戴，其義一也。舊恩云云，則紙上文章耳。金台什次子倪迓韓，是
爲明珠之父，赫然新朝之外戚，口含天憲，市恩樹黨，夫豈無因。乾
學，號健庵，崑山人，康熙進士。官至刑部尚書，告歸，詔許書局自
隨，乃開局洞庭山，所延纂脩皆東南名士。徐氏兄弟竝掇高科，獵
顯仕，洊躋尚侍大學士，當時有三徐之目。華膴梯媒，豈盡由帝心
簡在。乾學著《讀禮通考》《憺園集》等書，集中於容若有膏蘭之
惜，朱氏集亦每及乾學暨容若兄弟。朱氏送梁某《還南海詩》云，
“合昏花開暑雨微，故人留君解驂騑。合昏花謝故人死，燕市酒徒
看漸稀”。自注謂納臘侍衛，性德也。大抵容若倚徐、朱等爲標
榜，而徐、朱等則恃容若爲繫援。卷首王言自非無的放矢，黿拜、明
珠皆足爲朝家炯戒，惟“和珅以出枡毁櫝”一語，偏契宸衷，特需殊
恩，官居鼎鼐。天子龍飛於上，權臣虎翼於中，御史雖未燒車，言官
豈無奮筆，而曾不之省，卒賴嗣皇赫怒，大憝斯殲，此則難爲高宗解
釋矣。竊嘗以謂高宗斯旨，實有禁戒滿漢往來及染習漢化之意，讀
《清朝聖訓》《東華録》及各種筆記，每可推而知之。即如崇德元
年，曾集諸王、貝勒、大臣等於翔鳳樓，使内宏文院大臣讀《金世宗
本紀》，且諭之曰：世宗即位，奮圖法祖，惟恐子孫仍效漢俗，預爲
禁約。後世之君漸至懈廢，至哀宗國遂亡。儒臣巴克什達海、庫爾
禪等屢勸朕改滿洲衣冠，效漢人服飾制度。朕試設爲比喻，如我等

於此聚衆，寬衣大袖，左佩刀、右挾弓，忽遇碩翁科囉、巴圖魯薩挺身突入，我等能禦之乎？訓諭至爲明顯。其後如鄂爾泰之從子鄂昌所爲《塞上吟》中稱蒙古爲胡兒，嘗以忘本黨逆罪之。旋降旨禁八旗滿洲學習漢文，及與漢人唱諭，暨同年行輩締交，即其例證。又前清所頒通禮，不設朝士通謁諸王、貝勒節文，而其後每多違制。如何焯、秦道然皆以王府賓禮躬膺大譴，而誠親王允祉招延陳夢雷、楊文言等編纂《圖書集成》《律曆淵源》。世宗即位之初，允祉即被幽禁，楊、陳亦遭斥逐。蓋清初親貴頗有心儀漢化，禮羅文學優長之士，贈答詩文，撰集經籍，以爲名高者，其中不無別有用意，然忌刻之主，輒艾蘭弗辨，不免有履霜之感，而羅織之事遂興。明太傅雖與支幹强弱之理無關，但家法如斯，仍當追溯既往，豫救將來，以防堅冰之至。此次諭旨，明責納喇氏及乾學二人。伯驥檢讀前人遺書，知朱氏於此事亦有連染，故稍稍言之。蓋乘乾者以爲蘭生當門，不得不鋤，而司馬文正所言樹枝礙帽，尤當剪折，若其他附和者，則不見之綸綍之中。此又古人縛虎頭不縛虎尾之説，與吾人旁搜別采，以冀史迹之益彰，其用心固有別也。朱氏以文學述作稱，然誦其遺著，則朱固不僅文人也。朱彝所撰《貞毅先生墓表》云，山陰朱士稚，字伯虎，更字朗詣。少好游俠，所最善者曰張宗觀，字朗屋，時號山陰二朗。朗詣遭亂，散千金結客，坐繫獄，論死。朗屋欲重貲賄獄吏，既而論釋。夜渡江，馳見朗詣，未至，爲盜所殺。朗詣放蕩江湖間，至歸安得友二人，至長洲交陳三島，已，交予里中，交祁班孫於梅市，後先凡六人。歲己亥，陳君以幽憤卒，朗詣亦病膈死於家。壬寅，二人坐法死，祁亦株繫，戍極邊以去。今按：祁氏事頗見全氏《鮚埼亭集》卷七，文中述祁氏五六公子，建複壁大隧之屋，與張宗道、魏野等讀壬遁劍術之書，思得一當，以爲毫社之桑榆。未幾爲人告變，遂至捕縛遣戍，每及先朝則掩面哭。謝山言之歷歷，朱則隱約其詞耳。三島字鶴客，有《雪圃遺稿》。朱氏《靜志居詩話》云，鶴客志士，所居蓬戶席門，而求友若不及，中懷孤憤，恒露於眉宇之間。其詩華整之中，間о清商變徵之調，惜乎早逝，未盡其才。朱氏詩集於三島諸人屢有詩，而對祁氏尤篤友誼。《送祁六出關詩》大含憤慨。又《梅市逢魏璧詩》云"山陰祁生賢地主，好奇往往相傾許。豈無上客朱與姜，齊向高堂飯雞黍"。

朱下注用調,姜下注廷梧,當是一時同志也。蓋祁與朱先世皆前明顯宦,既更玉步,不無故國之思,而二朗諸人孤懷,又適與之同揆。吕晚村年十六身際國變,以萬金爲交結豪俊之資,往來湖山間,意欲有所爲,不幸而爲怨家所訐。祁、朱、二朗意未嘗不與吕從同。清初,悲歌熱烈,先後如晚村所爲者,當不一其人。乾隆朝,頌聖德神功者日多矣。顧灰雖死而可熱,草經燒而又生,仍當遏其萌而防其漸。然則高宗之訓斥納喇氏父子及徐氏,其用意固不淺與。近人劉師培《書朱集後》云,甲申以還,螯居雒,誦高栗里之節,卜梅市之居,此一時也;及其浪游嶺嶠,回車雲朔,亭林列爲知音,大均高其抗節,此一時也;至於獻賦承明,校書天禄,軺車秉節,朵殿承恩,此又一時也。以此校量其先後之志節,則上文所考論,殆不誣矣。大均謂吾粤番禺屈氏,在關中交結亭林,有贈答詩。王氏士禛《賦秋柳》,曲阜鄭鴻舊注之,順德羅瘦公曾加删削。南雁謂南中諸遺老,蓋皆不忘故國者。西鳥則指曾寓山西雁門、久居陝西華陰之顧亭林也。夜飛非暗中鼓動而何,鄭氏注謂閏於王氏後人超峯氏談述,固是傳信之詞,而雁鳥則彼物此志,非屬之忠肝熱腸之遺民,終無以得其詩旨也。張氏謂世以容若爲賈寶玉,蓋謂《紅樓夢》一書與容若《飲水詩詞》有文字關聯。近人王氏國維《静庵集》亦曾及之。王云《飲水詩·别意》六首之三曰,“獨擁餘香冷不勝,殘更數盡思騰騰。今宵便有隨風夢,知在紅樓第幾層”。又《飲水詞》中《雨中好》一闋云,“别緒如絲睡不成,那堪孤枕夢邊城。因聽紫塞三更雨,却憶紅樓半夜燈”。又《減字木蘭花》一闋《新月》云,“莫教星替,守取團圞終必遂。此夜紅樓,天上人間一樣愁”。紅樓之字凡三見,而云夢紅樓者一。又其亡婦忌日作《金縷曲》一闋,其首三句云,“此恨何時已,滴空階、寒更雨歇,葬花天氣”。葬花二字,始出於此,詩人與小説間之用語其偶合者固不少,然執此例以求之,吾恐其可以傅合者,斷不止容若一人而已。王氏蓋不以容若即賈寶玉之言爲然也。今世考定《紅樓夢》爲曹霑撰,霑爲康熙間江南織造寅孫、頫子,説者謂是書即其隱叙家世盛衰之事,寶玉即爲其自况之人,後四十回爲乾嘉間人高鶚所續,是則謂此書與容若不相干,固不獨王氏一人矣。王字静安,號觀堂,海寧人。所著有《忠慤公遺書》,忠慤者,清室所以謚王氏,書爲上虞羅氏集刻,故題署如此。其有名之述作,則爲《殷虛甲骨卜辭之研討》《敦煌塞上及西域各地簡牘之考釋》《西北地理元代掌故之校注》，又如《古史新證》《殷周制度論》《叔本華尼采諸家學說論》及《宋元戲曲史》《人間詞話》諸種，每有特見。梁任公論其學曰"知類通達"，人以爲定評。中華民國十六年，方任北平清華研究院導師，夏間自沉於頤和園之昆明湖，學人多悼惜之。十九世紀之初，歐人每喜究心印度哲學，德人叔本華爲大哲學家，嘗因歌德之介而習之，故其學頗有東方色采，王氏好研哲理故及之。集中《紅樓夢》評論，已可略窺其紬繹哲學之精神矣。尼采亦德人也，思想本於叔本華，但叔以解脫爲宗，尼則以權力意志爲人間最高原理，謂善即是力，力弱爲惡，君主道德在剛健勇斷，奴隸道德爲服從恭謹，人由動物進化，更進則有超人，故以憐憫爲弱者之道德。清儒焦循著《論語通釋》，其釋仁云，不使天下之學皆從己之學，不使天下之立達皆出於己之施。忠恕之道至此始盡，聖人之仁至此始大。時賢錢氏謂尼采之說不如焦氏之深厚，而人情亦各有是非也。《通釋》仿戴氏《孟子字義疏證》體例，焦氏曰，循讀東原書，最心服者惟此作。清李氏葆恂云，陽湖惲伯初言，其曾祖子居先生有手寫《紅樓夢論文》一書，用黃朱綠筆，仿震川評點《史記》之法，精工之極。子居爲文自云，司馬子長以下，無北面者，而於曹君小說傾倒如此，非真知文章甘苦者，何能如是。見《舊學庵筆記》。王氏以哲學談《紅樓夢》，子居則以文學讀之，惜不得其本也。《王氏遺書》全部已於近日重編新印。容若所爲詞，專學晚唐、北宋，故小令居多，意含悲感，辭氣超逸。東瀛之談吾國文學者，有格高韻遠，纏綿婉約之評，尚能道着。蓋容若與李雯、沈謙、陳維崧、宋徵輿、錢芳標、彭孫遹、王士禛、顧貞觀、沈豐垣，爲清初詞壇十家。嘉、道、同、光間詞人，有張惠言、張琦、周保緒、龔自珍、項鴻祚、許宗衡、蔣春霖、姚燮、王錫晉、蔣敦復，稱後十家。而項鴻祚、蔣春霖，又連容若，稱三大家，故張氏刻其詞。周氏，祥符人，曾官蜀、桂諸省，有《金梁夢月詞》上下卷。張、周當是同時官桂，故周見張刻容若詞而許之。寒家所藏桂刻之書最舊者，爲明代清源呂圖南序刻《柳子厚集》，刻諸桂林，板實柳州。若張刻容若詞，則清世善本也。容若詞固是佳作，然當時所薰習者皆漢族卓絶之文人。王豹、縣駒鳳傳軼事，貴游閒燕尤易有成觀。於北平流傳，由鼓詞變化之《子弟書》實爲八旗子弟手筆。近人李氏《北平俗曲略》所述羅松窗、韓小窗及鶴侶氏、雲崖氏、竹軒、漁村、煦園諸作，均可表現其飲酒、博弈而外，無所用心。別有遁逃，而爲此態者，則容若之一編流布與。此將毋同“羊溝之雞，三歲爲株，相者視之，則非良雞也，然而數以勝人者，以貍膏塗其頭也”。《莊子》逸篇。夫嚴繩孫、顧貞觀、陳維崧、吳兆騫、姜宸英、朱彝尊諸人，殆容若之貍膏矣。嚴等咸爲容若文友，而姜、顧似尤契厚。姜號西溟，容若曾從之學。明珠有幸僕曰安三，頗竊權，姜不少假借。容若嘗以爲請，姜益怒，安三知之，愈憾。姜以故連蹇不得志，人謂姜七十始通籍，亦安尼之云。容若集目多題西溟，別目則曰送別德清蔡夫子。似姜衹以年長爲講習之友，尚非受業於門也。姜《祭容若文》有云，兄一見我，怪我落落，數兄見知，其端非一。嘉慶間，楊芳燦鈔容若詞而序之，序有云：“或謂高門華胄，未必真嗜風雅，當是其時貢諛者代爲操觚。今其詞具在，當非他人所能代擬，且所交皆詞場名宿，人人有集，亦正少此一種筆墨也。”是從前有認容若詞爲《呂氏春秋》出於門客者，若予上文所云，則頗與楊氏合，而其意則非也。許刻納蘭詞附楊序。容若《通志堂集》流傳不多，道光間，趙函謂吳門彭桐橋家有之，數十載未有顧而問之者。若《九經解》則原印本在，今日尤尠。雖全屬宋元説經之遺，乾隆末年，翁氏方綱撰《經義考補正》十二卷，後又補《通志堂經解目録》，共一百三十八種，並加考訂焉。又其後，嘉定錢氏所訂之《經苑》，則補《通志》所未備。且廣州又有重刻，然湘潭葉氏《讀書志》謂得此原書，喜爲鎮庫之寶。蓋舊槧日稀，專就楮墨而言，已是可貴，況此本復經先民校筆，所爲辨訂多漢學家言。則伯驥之把卷流連，正與前賢符契。文簡《居易録》稱近年金陵蘇杭書坊刻板盛行，建本不復過嶺，蜀更兵燹，城郭丘墟，都無刊書之事，京師亦鮮佳手。數年以來，石門即崇德縣。呂氏、崑山徐氏，雕行古書，頗仿宋槧，坊刻皆不逮。比來有以《通志堂經解》原刊貿充宋本者，無惑乎文簡當時之稱許矣。卷首有“秋鐙校字”朱文章。檢余氏集《憶漫菴賸稿》，有《題汪龍莊明府秋鐙校字卷詩》，此當是汪氏輝祖遺書。余氏於《賸稿》外有《秋室學古録》《梁園歸櫂録》。輝祖，蕭山人，乾隆進士。知湖南寧遠縣，有循吏稱。罷官歸，老幼泣擁輿前，不得行。著《元史本證》《讀史掌錄》《史姓韻編》《九史同姓名畧》《二十四史同姓名錄》《二十四史希姓錄》《遼金元三史同名錄》《病榻夢痕錄》《龍莊四六稿》。子繼培，著《潛夫論箋》。

## 兩蘇經解六十二卷明刻本，鮑氏道腴堂舊藏。

宋蘇軾、蘇轍撰。凡東坡《易傳》九卷，按：陸游《跋蘇氏易傳》云，此本先君宣和中入蜀所得也，方禁蘇氏學，故謂之毗陵先生。《書傳》二十卷；穎濱《詩傳》十九卷，《春秋》十二卷，按：東坡《答張嘉父書問》曰，《春秋》一書自有妙用，學者罕能領會，多求之繩約中，乃近法家者流，惟丘明識其用，終不肯盡談，微見端兆，欲使學者自得之。故僕以為難，未敢輕論也。見《施注蘇詩》。《論語拾遺》一卷，《道德經附》一卷。其刻書之序略云："余弱冠，得子由《老子解》，奇之。尋于荊溪唐中丞得子瞻《易》《書》二《解》。己丑，檢中秘書，始獲《論孟拾遺》。壬辰，奉使大梁，于中尉西亭所獲子由《詩》及《春秋解》。丁酉，侍御畢公衷而刻之，而子瞻《論語》卒佚不傳，刻成而余為之序。序曰，六經者，先儒以為載道之文也，而文之致極于經，何也？世無舍道而能為工者也，道載于經，而謂舍經術而能明，無是理也。兩蘇氏以絕人之資，刻心經術，沉浸涵泳之餘，妙契其微旨。若見夫六通四闢無之而非是者，故發之為文，要以道其所欲言而止。二子既以文章顯於世，及其老而多難也，思深見定，始徘徊而詮次先聖之文。世方守一家言，目為文人之經而絀之，而傳者稀矣。夫道非一聖人所能究，乃談經者，欲暖暖姝姝於一先生之言，而以為經盡在是也，豈不謬哉！"伯驥按：宋之蘇氏如明允，雖近於縱橫家言，而亦未嘗不有志於經術。二子非全出家學，而經學亦夙喜鑽研。東坡官黃州時，曾著《易傳》，故其詩有曰"廢興古郡詩無數，寂寞閒窗《易》粗通"。子由孫有名籥者，所著《雙溪集》曾載子由言："先君晚歲讀《易》，玩其爻象，以觀其辭，皆迎刃而解。作《易傳》未完，命二子述其志。"初，二公少年，皆爲《易説》，既而東坡成書，乃送所解與坡。先君謂明允也。朱子作《雜學辨》一卷，爲駁斥當代諸儒雜以佛老者而作。凡蘇軾《易傳》、蘇轍《老子解》、張九成《中庸解》、吕希哲《大學解》四種。東坡晚年自言熟讀《易》《書》《論語》三書，即覺此生不虛過，故《書解》爲生平得意之書。以墓誌及年譜考之，此書乃在海南時作，多駁正介甫之説。其餘子由作述，亦多自負之言。蔡沈《書集傳》於"三江既入"，述蘇氏謂岷山之江爲中江，嶓冢之江爲北江，豫章之江爲南江，即導水，所謂東爲北江，東爲中江者，既有中北二江，則豫章之江爲南江可知。今按，此爲三江，各可依據。然江漢會於漢陽，合流數百里至湖口，而後與豫章江會，又合流千餘里而後入海，不復可指爲三矣。蘇氏知其説不通，遂有昧别之説，禹之治水，本爲民除害，豈如陸羽輩辨烹茶爲口腹計耶！亦可見其説之窮矣。以其説易惑人，故詳及之。見卷二。是前人頗以蘇説爲不當。然前清鄧氏廷楨《雙硯齋筆記》鄧字嶰谷，江寧人，嘉慶進士。歷官兩廣、兩江、閩浙、陝甘總督，鴉片戰爭之役曾參與。著有《許氏説文解字雙聲疊韻譜》《詩雙聲疊韻譜》《雙硯齋詩鈔》十六卷、《詞鈔》二卷。卷一云，《禹貢》"雍州織皮"以下十二字，蘇氏謂當在"琳球琅玕"之下"浮於積石"之上，簡編脱誤，不可不正。林氏非之。胡朏明云，參以梁州之文，則此錯簡明甚，推尋事理，蘇説爲長。楨按：以韻讀之，亦可以證蘇説之是。蓋《禹貢》多作韻語，如冀州之陽與漳韻，兗州之繇與條韻，揚州之豬與居韻，夭與喬韻，豫州之豬與壚韻。而雍州獨多"漆沮既從，灃水攸同"，從同爲韻。"荆、岐既旅，終南惇物，至於鳥鼠，原隰底績，至於豬野，三危既宅，三苗丕敍，厥土惟黄壤，厥田爲上上，厥賦中下"。旅、鼠、野、宅、敍、下皆韻，則"西戎即敍"之敍，正與上文相蒙爲韻，不當間以他語也。又孫氏詒讓《尚書駢枝序》云,《大誥》"民養其勸弗救"。民養,《僞孔傳》無釋,《蔡傳》引蘇氏説,釋養爲厮養,《公羊·宣十二年傳》,厮役扈養。甚確。民養謂人民及僕隸二字平列,亦與考翼父兄文列同。《僞孔傳》,考翼爲其父敬事創業,鄭注亦略同,皆失其義。民養,《漢書》王莽擬《大誥》作民長。顏師古注云,長養彼心,反勸助之,弗教其子。尤迂曲難通,蓋其誤解久矣。由是以言,知宋人經説,亦有時不容薄視,而足爲參證之資者也。半葉十行,行廿一字,每卷前有小方形朱文章曰"鮑鉁",當是前清鮑氏道腴堂物。鉁,應州人,隸漢軍,字冠亭,一字西岡,號辛圃,自號夢崦居士,晚號待翁。乾隆間,官至嘉興府海防同知。江都唐紹祖序《鮑氏詩編》曰,西岡鮑君家世簪紱,群從子弟習爲豪侈,盛飾車輿服御,聲色狗馬以相誇尚,逐逐者至尤而效之。西岡以弱冠宰長興,乃獨與單門寒素深沉好古之士遊,及西岡以罣誤去官,而手一編自如。伯驥按:鮑詩多有談藏書雅事者,蓋亦媚古之士也。歸氏有光《與王子敬書》云,東坡《易》《書》二傳在家,曾求魏八,不予。此君殊俗惡,乞爲書求之,畏公爲科道,不敢秘也。見《震川文集》。録此,以見明代蘇氏著作流傳之不多,又可徵當時借書之不易。

## 周易兼義九卷略例一卷

### 音義一卷明閩刊,前人校本,半畝園舊藏。

首行題《周易兼義上·經乾傳》第一,次行題魏王弼注,三行題唐孔穎達正義。《繫辭》以下題晋韓康伯注,唐孔穎達正義。《略例》題魏王弼撰,附刻《音義》。首行題《經典釋文》,次行題唐國子博士兼太子中允贈齊州刺史吳縣開國男陸德明撰。經文每節提行,下連注疏,次低一格,注則夾行。前有《周易正義序》,蓋明李元陽巡按福建時所刊,後來謂之閩本,又謂之九行本者也。閩本《十三經》已著録,此爲校本,故別録焉。兼義者,儀徵阮氏謂兼併

正義而刻之，以別於單注本。陳仲魚謂他經音義附每節注後，獨
《周易》總附卷末，故題爲《兼義》而不稱附音，以阮説爲長。按阮
氏《禮記注疏校勘記序》云，古人義疏皆不附於經注而單行，猶《春
秋三傳》《詩毛傳》不附於經而單行也。單行之疏，北宋皆有鎸本，
今僅存者《儀禮》《穀梁》《爾雅》，間存藏書家，而他經多亡。正義
多附載經注之下，其始謂之兼義，其後直謂之某經注疏。其始本無
釋文，其後又附以釋文，謂之附釋音某經疏，最後又去附釋音三字，
蓋皆紹興以後所爲，而北宋無此也。有在兼義之先爲之者，今所見
吳中藏本有《春秋》《禮記》二種。《春秋》曰《春秋正義》卷第幾，
《禮記》曰《禮記》卷第幾，皆不標爲某經注疏，蓋以單行正義爲主，
而以經注分置之，此紹興初年所爲，非如兼義、注疏之以經注爲主，
而以疏附之，既不用經注之卷數，又不用正義之卷數，遂使唐人正
義之卷次不可知，蓋古今之遷變如此。又臧氏《拜經堂集·校宋
槧板爾雅疏書後》云，邢叔明序稱凡一十卷，《宋史·藝文志》、王
氏《玉海》並同，鄭樵《通志》載《爾雅兼義》十卷，即此書，因以經
注本並合義疏，故名之曰《兼義》，仍十卷之舊。得此愈可證阮氏
之當矣。此書有前人校筆甚精細，首葉有“見亭過目”章。麟慶，
字振祥，號見亭，内務府鑲黃旗滿洲人。嘉慶己丑進士，官至江南
河道總督。著有《黄運河口今古圖説》《河工器具圖記》《鴻雪因緣
圖記》《凝香室詩文偶存》。孫澐《餘墨偶談》卷七謂，其《鴻雪因
緣圖》耗板資三千餘金，家有半畝園，極林亭幽適之趣。太夫人爲
惲南田裔。《正始》《正雅集》皆在園中輯刊，宜其圖記雕刻之精
工矣。

**周易程傳十卷**明嘉靖丙辰廣東崇正堂刊本。

　　宋程頤撰。頤字正叔，洛陽人，世稱伊川先生。與兄顥同學於

周敦頤，游太學，胡瑗異其文。哲宗初，官崇正殿説書，以忤蘇軾，出管勾西京國子監。紹聖初，削籍，竄涪州。徽宗即位，徙峽州。學本於誠，專主窮理，從學者多。攷《朱子大全集》有《書伊川先生易傳板本後》云，《易》之爲書，更歷三聖而制作不同。若庖羲之象、文王之辭，皆依卜筮以爲教，而其法則異。至於孔子之贊，則又以義理爲教，而不專於卜筮也。然自秦漢以來，考象辭者，泥於術而不得其弘通簡易之法。談《易》理者，淪於空寂而不適乎仁義中正之歸。求其因時立教以承三聖，不同於法而同於道者，則惟伊川先生程氏之書而已。伯驥按：陸游《渭南集》二十九云，《易》學自漢以後寖微，晋後與《老子》並行，其説愈高，愈非《易》之舊。宋興，有酸棗先生以《易》名家，同時种豹林亦開門傳授，傳至邵康節遂大行於時。然康節欲以授伊川程先生，乃拒弗受。而伊川每稱胡安定、王荆公《易傳》，以爲今學者所宜讀惟此二家。王公乃自毀其説，以爲不足傳，著論悔之。由陸氏之言推之，知程氏尚未甚自信其所著《易傳》。後來胡、王之説不行，朱子乃推尊程著耳。程氏之不受邵《易》，與朱氏之尊程《易》，皆宋人經學史中之要著也。此傳有云，未濟三陽皆失位，此義聞之成都隱者，可證程氏有獨抱遺經，究終始之態度矣。華山皇甫氏嘗讀其書而深好之，嘗大書深刻摹以示人，來請其所以讀之之説，書此遺之云云。蓋漢儒以後之《易》學，不言緯候者惟王輔嗣，宋儒之中不言《圖》《書》者惟程子。朱子《本義》每曰《程傳》備矣，可知朱子實重《程傳》。後之學者謂程子不明象數，以至微言大義湮没不明，故《程傳》因之稍晦。顧氏炎武謂洪武初頒五經天下，儒學《易》，兼用程朱二氏，亦各自爲書。永樂中，修《大全》，乃取朱子卷次割裂附《程傳》之後，而朱子所定之古文，仍復淆亂。其《彖》曰、《象》曰、《文言》曰，皆朱子本所無，復依《程傳》添入。後來士子厭棄《程傳》繁多，專用《本義》，而《大全》之本，乃朝廷所頒，不敢輒改，遂即監板傳義之本，削去《程傳》，而以程之次序爲朱之次序。伯驥按：董楷《周易傳義附録》割朱義以附《程傳》，宋時已然。吾家藏元刊本，可知實不始

於永樂，而後有此混沌也。顧說似尚失考。顧氏之言曰，昔之説
《易》者，無慮數千家，如僕之孤陋而所見及寫録唐宋人之書，亦有
十數家，有明之人之書不與焉，然未見有過于《程傳》者。見《亭林
文集》卷三。又《答汪苕文書》曰，弟方纂録《易》解，程朱各自爲
書，以正《大全》之謬，而桑榆之年，未卜能成與否，不敢虛期許之
意，而仍以望之君子也。可知當時於《程傳》仍甚尊重。清順治十
三年，武英殿大學士兼兵部尚書傅以漸、内翰林秘書院侍讀曹本
榮，奉勅纂修《易經通注》九卷，未及刊行，原稿藏諸曹氏族裔。乾
隆年間，有詔求書，湖北巡撫陳輝祖乃繕録進呈，當時館臣以五朝
國史傅以漸舊傳有纂修《易經通注》之文，乃據以補題是書。光緒
間，宗室成都將軍歧從内府録有副本，因未付刊，乃於丙戌歲校刊
行，然傳本亦稀。書中卷首有諭進《易經通注》表文、傅以漸序文，
卷末有曹本榮序。蓋當時編纂之意，以永樂《易經大全》繁而可
刪，華而寡要，乃刊其舛訛，補其闕漏，勒爲是書。可知因《大全》
而《程傳》微，亦因《大全》而《程傳》復顯，訂《大全》之繆，正所以
表程朱之微，蓋乾嘉以前之《易》學皆宋學也。漢魏以來，説《易》者有象
數、義理二派，其後遂有漢學、宋學之分，間有兼采兩派，如宋陳瓘之《了齋易説》、鄭剛
中之《周易窺餘》、元黃澤之《易學濫觴》、董真卿之《周易會通》、明陳祖念之《易用》、魏
濬之《易義古象通》，多不守家法，清初則以宋學爲歸。朱子《答詹帥體書》云，
頃嘗見楊子直説晁景迂，嘗言先儒經解之題，例不敢以己之姓名加
之經上，如《春秋左氏傳》《尚書孔氏傳》《周禮鄭氏注》，此爲得
體，鄙意舊亦嘗謂如此，故亦每題程先生《易傳》必曰《周易程氏
傳》，後來以告伯恭，伯恭亦深以爲然，爲换卻婺學《易傳》簽字。
此書雖明刻，仍題《周易程傳》，蓋猶舊稱也。聞京估言，此書爲桂人張子
武其鍠買入，旋復退出，予遂由是得張書十餘種。張著《墨經通解》四卷，病歿之前，作
函連書稿送梁任公家中，請爲序首。今此四卷之書，已見排印本，卷首張函、梁序赫然

在目。予既獲《墨經解》，而漢川劉載賡《續墨子閒詁》四卷亦得本閒讀，吾家於是得近人《墨子》校注本踰十種矣。計有曹鏡初、王壬秋、劉申叔、王晉卿、尹候青、伍非百、樂調甫、張純一、梁任公諸家。任公夙治墨學，固子武同調。子武書於任公說，每有所疑辨正處也。桂人藤縣蘇爻山著《墨子刊誤》，見稱於陳蘭甫、孫仲容、張子武，其後起之英乎。亞歷山大里亞人有西利埃納者，爲新柏拉圖哲學派，嘗注疏亞里士多德《純正哲學》一書，相距之時不大遠，當能得其真意，而清世及當今爲諸子之學者，相去二千年，墜緒茫茫，卒能尋獲，尤難能矣。子武曾奉令長廣西，似未到官。寓舊京時，頗收書本。

## 周易傳義十卷 元刊本，韓雨公舊藏。

首題程朱二先生《周易上經傳義》卷之一，伊川先生程頤傳、晦庵先生朱熹本義，前有程頤序及朱子《易圖》，圖後有“延祐甲寅孟冬，翠巖精舍新刊”木記。每半葉十一行，行二十一字，注二十五字，卷末有“雨公”二字朱文章。吾家舊藏寫本《墨華通考》十六卷，載各省碑刻，至明而止。前署山陰王應遴董父輯，晉絳州韓霖雨公訂。此本嘗是韓氏舊藏。《山西通志》有韓氏傳，稱雨公於天啓辛酉中式鄉試，少從兄游雲間，得接婁東諸老，學兵法火器於徐、高諸先生，嘗佐蔡忠襄公撫晉。太原破，陷於賊，歸，爲人所殺。著《守圉全書》《救荒全書》《祖絳帖考》《礮臺圖説》數十種。傅青主《叙靈感梓經》，謂其慾恿學西方事天之學，蓋雨公固從外教者也。仁和趙魏《竹崦菴書目》載有韓霖撰《西士書目》二卷，當即雨公所撰。近人王韜撰《泰西著述考》，梁啓超撰《西學書目表》，徐維則、顧燮光撰《東西學書錄》，雨公蓋爲前導矣。趙氏《脈望舘書目》有“太西人術”一門。

## 周易本義四卷 明汲古閣據成化本重刊，清錢湘靈批校。

宋朱熹撰。前有成化己丑洪常序，略云，《周易本義》有古經、今經之異，程子因今經作《傳》，朱子因今經作《本義》，後世以《本義》附於《傳》而一之，故今《本義》之序亦今經也。奉化邑庠教諭成君矩謂世之讀《易》者，先《本義》而後《傳》，故獨刻《本義》行於世。今成君致政還姑蘇，板隨以行，寧波郡庠胡生儔與其弟信乃重校成本，一遵聖朝頒降《大全》，捐己貲以刻諸梓。此爲毛氏汲古閣本，書中有“崇禎十四年三月初二日海虞毛晋訂正本”一行，當由成化本出。程子《易傳》依王輔嗣本，變更古《易》次第，自朱子作《易本義》乃析爲十二卷，仍《漢志》也。元董楷輯《易傳義附錄》一書，復《易本義》次序，以就《程傳》之文。明初取士因之，科舉之士專主《本義》，於《程傳》漸廢置不講，遷流至成矩，遂毅然削《程傳》而去之，仍依《程傳》次序，以歸納朱子之辭。清四庫舘臣謂人皆知成氏之非，而積重不可復返，以爲怪事。朱子此書，前人久有定論，唯前清洪氏騰蛟所著《壽山叢録》，攷論《本義》頗多中肯之言，如云《家人》“王假有家”，《萃》《渙》“王假有廟”，《本義》訓假爲至，諸訓作感格，似亦可通。然至《豐》之《彖》曰“王假之”，則諸儒之説窮矣。即此可見朱義之精。《大有》九三曰：“公用亨于天子”，諸家以亨爲亨通，費盡氣力，終屬牽強。《本義》據古傳訓作享，與王用享於岐山一例。又云《隨》之《彖》“澤中有雷，君子以嚮晦入宴息”，程《傳》謂雷震於澤中，澤隨震而動，爲《隨》之象，頗與嚮晦息文義不協。《本義》則云雷藏澤中，隨時休息，上下語意融洽。以上均見《叢録》卷一。書爲乾隆間刊本，節録於此，以備考辨。此書自始至末，均爲前清錢氏、陸燦朱墨筆批點，以宋本勘對，細行密字，無復縫隙，不足則別紙書之。卷首《朱子圖説》，有朱筆記云，圖與宋本略異，宋本七行，行十五字。右《繫辭》云云，在《洛書圖》後低一字，行十四字。蔡元定云云，又低二字，行十二字。伏羲八卦次序，宋本太陽、少陽皆黑文，太陰皆白文，乾、離、巽、艮黑文，兌、震、坎、坤白文。伏羲四圖之後有墨記云，右四圖自漢世傳經以及程子《易傳》諸書皆無之，而獨見於《本義》，蓋朱子所得於《易》學如此。伯驥按：清王氏懋竑謂《易本義》前九圖、筮儀及《家禮》，皆後人依託。見《朱子年譜》《白田草堂集》。王氏著作以《朱子年譜》爲最有名，知漢初甲子因《三統曆》屢亂，錯誤四年，亦爲前人所未及。彭元瑞云，宋本無《八卦象象歌》《分宮卦象次序》《上下經卦名次序歌》《上下經卦變歌》，不知何時羼入，并《象》上傳《履卦》，《象》下傳《夬卦》，《文言》傳《坤卦》三處所引程《傳》，亦宋本所無，蓋後人所附益。卷首十四葉後，朱筆記云：讀朱子是經，始知伏羲、文王、周公、孔子之爲《易》，截然分明，不知何人復以程朱兩家合爲一處，使朱子精意不明於後世，其罪甚大。宋人有疏朱《本義》者，其書甚精密，惜未之見也。或云，朱子《本義》實本之邵康節父子。卷四有墨筆録宋陸放翁識語四行，云"《易》道廣大，非一人所能盡，堅守一家之説，未爲得也。元晦遵程氏佳矣，然其爲説亦大異，讀者自得之"。以上皆錢氏讀《本義》之意見，故既書己意，復録陸氏之言以足之。卷四末有朱筆記云"丙辰年七月廿日，雨色陰晦，理完《周易》一部，時年六五，鐵牛居士識"。書之末有墨筆記云，"丁巳年九月，湘靈讀《易》識，時年六十有六也，常州寓齋"。又有墨筆三行云，"甲子年，歸自秣陵，臥病東城，連雨失檢，讀《易》爲水所厄。十月病起，始重加裝緝，因識日月，十月之初八日也，年七十有三"。觀燦此識語，可見錢氏白首窮經，鐵摘韋編，庶幾折絶矣。下經第二末葉，有朱字三行云，"丙辰六月九日，讀經文完。是日，易農載酒同往鶴莊看蓮花"。有墨筆二行云，"丁巳九月二十七日，晴窗，墨筆對完。時鯤培常州回，膠山道中"。可證其先用朱筆批校，後用墨筆批校也。陸燦，字爾㷱，一字湘靈，江南常熟人。以副貢舉順治丁酉鄉試第二，教授毘陵、金陵間，弟子通籍甚衆，學者稱圓沙先生。晚年偕徐乾學、尤侗等爲耆年會，年近九十，兩眸青碧似仙。手校之書，每押以"明經別駕書經解元臨濟三十四彭祖九十七世"一印，又曰"陸終彭祖後人"。有《圓硯居士集》《調運齋集》及《邑志》二十六卷。見王士禛《感舊集小傳》《常熟昭文志》《海虞詩苑》《蔣氏東湖叢記》等書。《常熟昭文志》謂其子名蜚熊，而此《易經》識語屢言鯤培，則不知何人。蔣氏藏錢氏手批《元遺山集》，稱爲老年筆，故書法縱橫。吾家所藏錢氏遺筆之書，此《易經》外，有韋蘇州詩，均朱字，恣肆無甚檢束者，蓋皆晚歲爲之，老而劬學，至可敬也。湘靈批《左傳》，《養一齋集》有跋。又，明張之象撰《韻經》，湘靈注之，稿本藏王氏頌蔚家，每字孫出處，蒐采頗富，斜行旁上，丹黃爛然。卷末有題識二行，云"丁卯九月念有七日，鐵老又校畢此本，時七十有六，老人心力所寄，誓不借人抄閱"。見王氏集。張氏之洞列錢氏爲《文選》學家，上述各書尚未道及錢氏《文選》之學，當再致之。書前後各印章曰"湘靈"，曰"好夢翁"，曰"錢印陸燦"，曰"調運齋"，曰"景福樓"，曰"一字爾戡"，曰"圓沙"，曰"鐵牛"，曰"臣燦頓首言"，曰"生平不作縐眉事，出入幾重雲水身"，曰"光禄河陽里第"，曰"玉齋藏"，曰"杜子美、白樂天同壬子生"，曰"書經解元"，曰"紡車涇上人家"，纍纍印記，與朱墨筆相映，未能詳録也。

## 周易玩辭十六卷大字精寫本，葉郋園舊藏。

前題宋直龍圖閣江陵項安世平父撰。慶元四年自序，嘉泰二年重題。平父學《易》於程子，此書自言無一字與之合。陳氏振孫謂，伊川專言理而略象數，此書未嘗偏廢，而於爻象尤貫通，徧考諸家，斷以己意，至爲精博。又，葉適《上西府書》及《執政薦士書》所舉陳傅良以下三十四人，如劉清之、陸九淵、章穎、呂祖謙、楊簡、項安世，皆一時賢傑，則項氏固不僅以經學名矣。錢氏大昕曰，説《易》之書，莫盛於南宋，伯驥按：前人謂自漢以來，説經者惟《易》義最多，《隋經籍志》六十九部，《唐志》增至八十八部，《宋志》則二百一十三部，今之存者十之一二而已。紹興、乾道、淳熙之間，以《易》義進者，令秘書看詳，敕所司給筆札繕寫，上者除直舘閣，次者伸一官，或差充文學教授，今其書多不傳。蓋其中未必無空疏雷同，希世以求知者，班孟堅所謂利祿之路然也。若項氏此作，則非其倫矣。全書用極精之紙，端楷寫錄，大字嚴整，審其紙墨，斷非百年以內之物，舊藏長沙葉氏德輝家，有"觀古堂郋園過目"朱文章捺於卷首。按：許崇熙《郋園墓志》云，德輝字奐彬，號直山，一號郋園，長沙湘潭人。光緒間成進士，以主事用，觀政吏部。戊戌政變將作，與王祭酒先謙訟言孔子改制之誣，幾蹈不測。壬子以後，不常厥居，北覽燕雲，東遊吳會，藏書既富，著述滋多，所著及校刻書凡數百種，多以行世。又吳氏《蕉廊脞錄》云，宣統二年春，湖南省城米價騰貴，群情洶洶，當事者措置弗善，大街罷市。巡撫岑氏上疏自劾，遽以巡撫關防授莊布政，總督瑞澂惡湘中三司之不先電聞也，又中讒遷怒于湘紳，疏劾官紳若干人。先是湘紳黃自元等電總督，請以莊布政爲巡撫，總督遂怒，而王氏先謙以電文中首列名，遂遭嚴譴，奉旨降五級調用，而列名之孔憲教、葉德輝、楊鞏皆革職，永不敘用，德輝交地方嚴加管束。又近人劉氏《萇楚齋筆記》云，光緒年間，湖南一省以販運安化紅茶至俄國出售，後皆成巨富。其中尤以湘潭葉奐彬德輝、余介卿金聲、長沙朱雨田爲巨擘。武進董氏《書舶庸譚》云，湘省赤焰頗熾，士紳被戮凡廿人，葉德輝與焉。葉喜藏書，曾於宣南一晤其人，談詞風激，眸子露光太甚，初疑其不獲令終，今竟罹禍，爲之惋惜。以上皆葉氏之事略也。葉氏藏書吾家得之頗多，其章有曰"麗廔"，有曰"觀古堂藏"，有曰"郋園過目"，有曰"觀古堂鑒藏善本"，有曰"葉德輝奐彬甫藏閱書"。伯驥按：婁空，古語也。《説文》女部"婁，空也，從母、從女，婁空之意也"。凡物空者無不明，故以人言則曰離婁，以屋言則曰麗廔。離與麗，皆婁字之雙聲也。《論語·先進》"回也，其庶乎，屢空"。此言顏子之心通達無滯，若窗牖之麗廔闓明也。《史記·伯夷列傳》"回也屢空，糟糠不厭"，則西漢經師已失其解，而屢空之語，獨見《說文》，乃歎許君之書，有裨經學不淺。見于氏《香草校書》卷七。葉氏之意或取乎此。《玉篇》作盦廔，廔屋盦廔也。《廣韻》作廲廔，綺戶也。葉氏《北遊文草》中有《郎園字義說》云，余別號郎園，垂四十年。按《說文解字》邑部，郎，汝南召陵里，從邑㐭聲。《繫傳》臣鍇曰，李陽冰云即許慎所居之地。余少時先大夫教之識字，以十三經集字檢《說文》。余秉承庭訓，篤嗜小學，先以元尚署書齋名，又取《大戴禮》《爾雅》以觀於古之義，名其堂爲觀古堂。其後蜀中有人刻《石經彙函》，前署"元尚居"，余恥苟同，毅然撤去其額。拙刻《觀古堂叢書》，流行市肆，意欲避歙人鮑康閣名，而不能改。郎在春秋時屬魯地，《春秋左氏傳》桓十有七年經，"夏四月丙午，及齊師戰於奚"。杜注：奚，魯地。《公羊傳》經文同，何休《解詁》不詳何地。《穀梁傳》經作"戰於郎"，范甯《集解》不詳何地。按：郎爲郎之誤，灼然無疑。鍾文烝《穀梁補注》云，《左氏》《公羊》作奚。張壽恭曰《說文》郎，汝南召陵里，從邑，㐭聲，讀若奚。凡《說文》讀若之字，皆可通假。《穀梁》蓋假郎爲奚，後人少識。郎以其與郎相似，故誤爲郎耳。鍾說是也，此蓋葉氏取號郎園之誼。

## 誠齋先生易傳二十卷明瘰鶴亭刊本。

宋楊萬里撰。萬里字廷秀，號誠齋，吉水人。韓侂胄召之不起，開禧間聞北伐，憂憤不食死。《宋史》有傳。前有淳熙戊申自序，略云：《易》之爲言變也。《易》者，聖人通變之書也。然則學者將欲變通，於何求通？曰道，於何求道？曰中，於何求中？曰正，於何求正？曰易，於何求易？曰心。後世或以事物之變爲不足攖吾心,舉而捐之於空虛者,是亂天下者也;不然以爲不足以遁吾術,挈而持之以權譎者,是愈亂天下者也。次有嘉靖壬寅開州王崇慶《刻誠齋易傳序》略云,觀其取程朱而旁引曲證於歷代也,勸勸懲懲,雖以爲友程朱,而得進君子退小人之遺意可也。辛丑之秋,尹公始來守郡,其行之剛健也,蓋得諸《乾》;其志之含弘也,蓋得諸《坤》;其視聽之明而不蔽也,蓋得諸《離》;其樹立之勇而不懼,蓋得諸《大過》;可謂不負其生平之學矣。遂命梓人,因且謀及不肖相訂確,蓋未幾三月,而周之完《易》盡在開矣。次有朔野尹耕撰序。次有刻書序云,誠齋《易傳》,宋人曾取置秘省,無聞者三百年,明守臣尹耕乃爲刻諸開之郡齋。小子生十歲年受《易》家君,每於指示之餘,見家君凝神湛慮,遐思永歎,若有及於簡策之外者,而不敢請。自得先生此傳,耳目開豁,神爽飛越,一旦洒然。往余在南宮時,讀是書未覺有人,及以罪干國憲,謫充移開,反躬思過,悼改無從。展閱是編,至於用誨白茅之戒,先生必前後反復,引諭諄切,未嘗不自抉無良,而徵倖於愆者尚多也。至於句讀簡策之間,釋語命字之類,先生所見聞有異於晦翁《本義》者,讀者莫之異可也。次有宋臣寮《請抄録易傳狀》。末有《朔野耕識語》云,上二狀迺《傳》之所以存也,後狀出承議君,味其辭旨,能讀父書者也,用是知先生有子,故刻於此。伯驥按:承議君者,謂誠齋之子、承議郎前權道州軍州兼管内勸農營田事長孺也。錢氏大昕謂楊《傳》長於以史證經,譚古今治亂安危賢姦之故,反覆寓意,有慨乎言之。《繫辭》"夫《易》何爲者也"以下,以意易其次第。又輒補"《易》曰高宗伐鬼方,三年克之,小人勿用。子曰,非天下之至仁"凡二十三字"其孰能與於此哉"之上,此則師心之失。見《潛研集》二十七。蓋誠齋説《易》多本之伊川,而多引史傳事實以爲據,後儒以門户之見多不滿其書。若錢氏之言,則固深中其得失也。王氏

《函雅堂集》二十八云,誠齋以十有七年之精力以成《易傳》,其於陰陽吉凶消長之理,君子小人治亂之所由,多引史傳以證明之,反覆引喻,示人事之所從,作君臣之誥誠,固已深切顯著矣。然篇中推闡本旨,於取象亦不盡廢。篇中所引《程傳》爲多,間引舊傳,如荀爽、韓康伯、王弼、郭子和、郭子儀、呂氏之義,而獨于輔嗣多所匡正。宋時甚重其書,與《程傳》並行。胡一桂《纂疏》獨不采一字,抑又何也? 又,明葉山撰《八白易傳》十六卷,專釋六十四卦爻詞,即宗誠齋《易傳》,出入子史,佐以博辨,蓋借《易》以言人事,不必盡爲經義之所有,然所言亦往往可昭法戒。見清《四庫簡明目錄》卷一。此又推衍誠齋之緒者也。元吳文正澄嘗跋此《傳》曰,此書初名《外傳》,後去外字,謂宜從其初,蓋以經之本旨未必如是,猶之人以《國語》爲《春秋外傳》云云,今人多不知其朔矣。傳是樓徐氏有宋刻本,爲楊氏門人張敬之校刻,可證宋時已板行。前序謂宋僅秘閣有之,三百年無聞,蓋未見宋本也。此本卷一前題宋寶謨閣學士楊萬里廷秀著,板心有"療鶴亭"三字,半葉九行,行廿二字。吾家別有一寫本,繕寫殊率,卷首有"黍谷山樵"章,當是前清吳麟藏本。吳麟,滿洲鑲黃旗人,字子瑞,別號黍谷山樵。乾隆中舉博學鴻辭,與修《明史》,本紀出其手,著有《黍谷山房集》,兼工畫山水。《明史》由史館諸公分撰,如《刑法志》出於姜宸英,《土司傳》出於毛奇齡,其熊廷弼、袁崇煥、李自成、張獻忠諸傳,則萬斯同手筆,本紀則黍谷稿也。伯驥嘗編《明史分撰紀事》一册子,稍備此事始末。

## 易源奧義一卷周易原旨六卷

寫本,江震滄舊藏。

元保巴撰。保巴色目人,居洛陽。《元史·選舉志》,蒙古、色目人作一榜，漢人、南人作一榜。陶宗儀《輟耕録》氏族條，所列色目人計三十一種，有哈剌魯、欽察、唐兀、康里、回回、乃蠻、歹乞失迷兒等目。其所謂蒙古者，蓋元人之本族。色目者，即當時藩屬。至"色目"二字，亦根據古代文字成此名辭。《禮記·王制》祝一、史二、射三、御四、醫五、卜六、百工七並列，見其色目是也。畏吾兒即唐之回紇，唐文宗時國內大亂，部衆西奔，散居今新疆東南部，元時服屬蒙古，乃爲此稱。錢氏《養新録》曾將《元史》關於色目人列傳，有所考論。卷九詳之。柯氏《新元史·氏族表》，則分色目人爲畏吾兒氏、唐兀氏、康里氏、乃蠻氏、雍古氏、欽察氏，又爲伯牙吾氏、阿速氏、迦葉彌兒氏、賽夷氏、烏思藏綴族氏、族穎氏、突甘斯人、回回氏等。柯氏書當時頗得榮譽，然於蒙古史未必真有益也，當今學者頗嘗論之。伯驥蒙陋，亦不見其能突過前人處。日本箭内亘有《元代色目待遇考》。卷首有《進太子箋》，自署太中大夫前黄州路總管兼管内勸農事臣保巴上。又牟巘序。黄氏《千頃堂書目》稱其書有方回、牟巘二序，稱之曰普庵者其號，曰公孟者，其字也。是本方回序缺，《經義考》載任士林序，此亦無之。按：太子者疑即元仁宗。《元史本紀》，武宗即位，立帝爲皇太子，受金寶。遣使四方，旁求經籍，識以玉刻印章，命近侍掌之。有進《大學衍義》者，命詹事王約等節而釋之，與《圖象孝經》《列女傳》並刊行，賜臣下。意者普庵聞而興起，遂以此書進之青宮，未可知也。是書原名《易體用》，分三種，此本僅有二種，學出程朱。《進太子箋》曰，皇帝聖旨裏，太中大夫前黄州總管兼管内勸農事臣寶巴言，伏以光奉詔書，甫正儲貳之位，敬敷《易》道，少裨熙輯之功，天啓昌期，時逢至治。竊自龍圖之畫既洩，而象數之舉肇開，至六十四卦以成書，爲百千萬年之明鑑。蓋羲、文、孔子發先天之妙，京、費、王弼廣後世之傳。豈但求言語之筌蹄，又當參胸中之關鍵。則蠡測管窺，以探精義；皆銖積寸累，以用深功。苟得其真，敢私以秘。臣寶巴誠惶誠懼，叩頭叩頭，敬維皇太子殿下英姿岐嶷，茂德淵冲。民望具瞻，共仰重離之照；政機多暇，式昭幹蠱之勤。方恢邦家太平之宏基，宜得帝王相傳之要領。用師諸古，有益於今。幸際清時，輒申

丹悃。不揆淺膚之素學，冒干投進于青宮。冀虎闈齒胄之間，特
加披閱；在鶴禁延儒之頃，更賜表章。臣寶巴無任瞻仰抃躍、激
切屛營之至，謹奉牋以聞。寶巴誠惶誠懼，叩頭叩頭，謹言。卷
前有“江筠”二字朱文章。筠字震滄，江蘇吳縣人，前清舉人。著
《讀儀禮私記》，未經行世，人亦罕有知之者，訂其是非而亦時出
新意。稿本藏陳氏夗家，見《國朝經學名儒記》。清世言《易》者可分
爲三家，元和惠棟著《易漢學》《周易述》，武進張惠言著《周易虞氏義》，抱殘守缺，斷斷
以爲古《易》學復明。唯江都焦循以此爲專業，著成《雕菰樓易學三書》，當時王伯中稱
爲鑿破混沌，掃除雲霧，可謂精銳之兵，要其法則，比例二字盡之。所謂比例者，固不在
他書而在本書也。梁任公則謂爲確能脱出二千年傳注重圍，表現他極大創作力，用考
證家客觀研究的方法得來，卻非憑空臆斷，所以可貴。故三家中要以焦氏爲明通，近人
言之尤悉。至侯官嚴氏譯赫胥黎《天演論》，曾據《易》理以資闡明，尚非推論周治。海
寧杭辛齋藏前人論《易》書至六百餘種，似爲專門著書，亦傷蹖駁。大抵宋以後至今，固
以焦氏易學，爲足障狂瀾而復舊物矣。此編著録宋《易》諸書，蓋所以見程朱之真面
目也

## 讀書叢説六卷潛采堂、謙牧堂舊藏寫本。

　　元許謙撰。前題東陽許謙。謙字益之，金華人。延祐中，以講
學名一時，儒者所稱白雲先生是也。見《元史·儒學傳》。清《四
庫總目提要》謂自蔡沈《書集傳》出，解經者大抵樂其簡易，不復參
考諸書。謙獨博覈事實，不株守一家，故稱《叢説》，其間得失雜
出，亦不盡確。然宋末元初説經者多尚虛談，而謙於《詩》考名物，
於《書》考典制，猶有先儒篤實之遺，是足貴也。按：戚雄《金華縣
志》作《書傳叢説》。張樞序稱，朱子於《書經》屬之門人，先生恐學
者無所折衷，乃爲之圖説，以示學者。引傳疏諸家之説，或采綴其
詞而易置其次，蓋有所裁定，非徒隨文援引而已。雖其説稍異於蔡
氏，而異所以爲同也。書刊於元至正六年，明時有傳鈔本，《通志

堂經解》有此書,此則朱氏家藏鈔本也。卷末題點校人名,門人余實叟、葉儀、方麒、唐懷德、范祖幹、孤子元。前有"朱彝尊錫鬯父"方形白文章,又長方形朱文章曰"別業小長蘆之南,芟史山之東,東西峽山大紗橫山之北",又有"謙牧堂藏書記"白文章、"結一廬藏書記"朱文章,又有"謙牧堂書畫記"朱文章。彝尊字錫鬯,號竹垞,晚號小長蘆釣魚師,秀水人。康熙己未,以布衣薦博學鴻詞,授檢討。著《曝書亭集》等書,藏書之室曰潛采堂,凡八萬卷。見李香子《鶴徵後録》。又,《曝書亭集》卷六十一云,予入史舘,以楷書手王綸自隨,録四方經進書。綸善小詞,宜興陳其年見而擊節。按此可知朱氏鈔本之多矣。謙牧堂者,滿人揆叙所捲。揆叙原名容德,字愷功,自號惟實居士。歷官議政大臣、左都御史兼翰林院掌院學士。有《益戒堂集》。《益戒堂集》有續稿,楷寫疏行,字精墨妙,與《隙光亭雕識》板式相同,其後有永壽者所爲書,刻亦甚工。蓋永壽撰《事物紀原補》十卷,題納蘭永壽增補,又其後有《受宜堂集》四十卷,題納蘭常履坦著,板刻與通行本無大異,但紙墨較佳耳,凡此皆可見漢化之感人易入也。吾家之收諸本,實以其人,不以其書,殆史家意見矣。然如《益戒詩》亦可誦,張氏《詩人徵畧》曾述及。朱竹垞又稱其游輞光句云,"三面臨江一面山,誦君清詩不去口"。蓋愷功遺朱人倓,朱歌此以呈之。蓋納喇太傅明珠之子也,成德弟。鈕樹玉《匪石日記》,書賈錢聽默謂,傳是樓書大半歸於明珠。又,《茶餘客話》稱成德擁書數萬卷,而查氏《敬業堂集》卷四十六《挽愷功詩》亦有"宮內稱才子,嗜苦餘千卷"之語。胡氏會《清芬堂存稿五·贈愷功詩》云,"惆悵風前日夜思,謝家芳樹本聯枝。鴒原舊雨關心處,夢裹猶吟側帽詞"。可想見其兄弟以書卷文章自娛矣。愷功撰有《隙光亭雜識》,卷二云"余向藏宋刻《書經》,《牧誓篇》既戊午師逾孟津,今本逾皆作渡"。卷三云"元時刊書尚襲宋世避諱,即今時下所刻若依宋本者,仍其缺筆。或乃據此以定宋刻之真僞,陋矣"。此可爲愷功喜談板本之證，生平留心内典，故有"謝客終成佛"之句，此其所以堂名謙牧歟。其後以事獲譴，則此文不詳焉。朱學勤字脩伯，仁和人，好書。長子澂，字子清，著《結一廬書目》，蓋録其兩世所藏也。

# 經 部 二

## 詩總聞二十卷<sub></sub>清四庫底本。

宋王質撰。質字景文,興國人,紹興三十年進士。官至樞密院編脩,通判荆南府,改吉州。質本鄆州人,後徙興國。張浚、虞允文皆辟爲屬,後奉祠居湖州東林山。見《宋史》本傳。《雪山集》自署汶陽,著舊望也。其書取《詩》三百篇,每説其大義,復有聞音、聞訓、聞章、聞句、聞字、聞物、聞事、聞人,凡十門。每篇爲總聞,又有聞風、聞雅、聞頌冠於四始之首,廢小序,與朱子同,而説則各異。前人謂雪山登第,後於朱子十二年,其著此書,當亦在朱子後,觀《魯頌·閟宮》《商頌》"苞有三蘗",皆引朱子之説可見。而朱氏德潤序鄭夾漈先生《詩傳訓詁》,引慈溪黄氏謂,文公朱氏、雪山王公質、夾漈鄭公樵,去美刺以言《詩》,以朱子廢序,本之此書。然攷之《日鈔》,上言去序説《詩》則兼王、鄭,下言晦庵先生因鄭公之説盡去美刺,探求古始,未嘗復及雪山,以此可證其誤。錢氏衍石嘗校此書,謂書中如《曹風·鳲鳩》"其弁伊騏",注云,《説文》騏作琪,攷今《説文》未嘗引此句。惟綥字下引《詩》"縞衣綥巾",<sub>俗本《説文》綥從界聲,誤。今從段説。</sub>乃《鄭風·出其東門》之文。而《周官·弁師》"王之皮弁會五采玉璂",鄭君璂讀綦,引《詩》"其弁伊綦"。陸氏《釋文》璂本亦作琪,蓋綥是正字,綥弁、綥衣,皆當作此體,綦乃或體,騏、璂、琪皆假借字也。然則雪山此文,或援《周官》

之琪,而傳本誤爲《説文》邪？抑當時所見許書,別有引《鳲鳩》句,而今本佚之邪？《小雅·四月》"亂離瘼矣,奚其適歸",注疏本作"爰其適歸",朱子《集傳》元時刊本亦作爰,注云《家語》作奚,未知何時妄改本文,直作奚字。雪山書中嘗引朱説,此或同於朱子作奚,然注中何以不言？竊疑是本録自《永樂大典》,或當時尊宗朱子之學,胡廣等輒依《集傳》徑改經文如此邪,皆不可攷矣。以上見錢氏記事稿中,可與前説相證也。又王氏詠霓云,王景文言,近有講《葛覃》詩者,縱言及以妾爲妻之事,遺本旨而生他辭,竊取其美,以覆苴其不知,此談經之大病也。時人以講葛覃爲葛藤,雖戲語亦切中。按宋人説《詩》不宗小序,自爲新意,如此類者多矣,景文説《詩》亦多未免。如説"麟趾公子",謂生公室而出爲人婦者也,古謂女爲子。説"燕燕于飛",以爲國君送女弟適他國,而辨鄭氏以婦妾爲戴嬀之非,言戴嬀既生桓公,烏有絶其母子之理,既稱先君,則莊公已没,桓公已立,尤非人情也,不知此《詩》作于州吁弑子完之後,故戴嬀大歸於陳,而莊姜送之,事處其變,不得以尊卑迎送之禮繩之。固哉,高叟之爲《詩》也。景文説"交交黃鳥"一詩,止見三人從穆公之迹,不見穆公收三人之狀,秦人尚義重恩,不勝所感,而忘其軀,亦未可知。余按:陳思王《三良詩》"秦穆先下世,三臣皆自殘。生時等榮樂,既没同憂患。誰言捐軀易,殺身誠獨難"。子建被文帝責黜,悔不隨武帝死,故託爲此詩,亦以見漢魏以來説《詩》者,固不以穆公爲殺士也。秦武公没,從死者六十六人。穆公尤爲禮賢下士,故從死者百七十五人之多。以是推之,知非穆公所殺,景文可謂先得我心矣。見《函雅堂文集》卷廿八。此又可見景文説《詩》雖有悖古,而今人以其説爲合者,亦不少矣。

伯驤按:顧亭林云,朱子作《詩傳》至於秦《黃鳥》之篇,謂其初特出於戎翟之俗,而無明王賢伯以討其罪,於是習以爲常,則雖以穆公之賢而不免論其事者,亦徒閔三良之不幸而歎秦之衰。至於王政不綱，諸侯擅命，殺人不忌，至於如此，則莫知其爲非也。歷代相沿至老朝，英廟始革千古之弊。正統四年六月，與祥符王有爛曰，周王薨逝，深切痛悼，其存日嘗奏葬擇近地，從儉約以省民力。自妃夫人以下，不必從死，年少有父母者，各遣歸其家。蓋上御極之初，即有感憲王之奏，而亦朱《傳》有以發其天聰也。亭林此説，可爲吾國婦女史資料故述之。又以見羅馬古史與吾國不少從同之點，此固其一也。聞羅馬史家李維著《羅馬民族史》百四十二卷，上起建國以迄公元前九年，現世僅存三十五卷。今吾國所譯述者亦尠見繁博之本，蓋古事之湮没者多矣。至《直齋書録解題》於《雪山集》下云，富川王質景文撰。嘗著《詩解》三十卷，未之見也。直齋已編王氏《詩總聞》於詩類，而不知即王氏之《詩解》，轉謂未見，則不免訛誤。此本前有“翰林院”滿漢篆書九疊文大方印。廿暘《印章集》説國朝官印用九疊而朱，以曲屈平滿爲主，不類秦漢制。品級之大小，以分寸別之。《復初齋詩集》自注云，乾隆癸巳，開四庫舘，即於翰林院藏書之所分三處，凡内府秘書發出到院爲一處，院中舊藏《永樂大典》内有摘鈔成卷、彙編成部者爲一處，伯驥按：鄒氏《午風堂集》卷二云，翰林院所貯《永樂大典》二萬二千八百七卷，一萬一千九十五册，目録六十卷，彙集古書，分韻散編，體例未善，卷册亦歲久闕佚。乾隆癸巳二月，上命大學士劉統勳等將《大典》内散篇纂集成書。總纂則紀編修昀、陸刑部錫熊，纂修二十人。余時爲庶常，亦膺是選，日於原心亭校纂。原心亭當即摘鈔彙編《大典》之處也。各省采進民間藏者爲一處。又沈氏家本《枕碧樓偶存稿》卷六云，四庫舘於各省進呈書籍謄録之後，皆發還本家，故於卷面加一朱記，卷首又蓋以翰林院印，以便檢查。余所見之本，大抵有翰林院印，而無卷面之朱記，疑各書流傳人間，歲月經久，翰林院印在卷内，尚不致盡行毁損，卷面易毁損，藏書家重付裝池，故朱記鮮有存。某本卷面朱記猶存，其爲當時舘本，毫無可疑。伯驥按：沈氏此言當有誤。蓋覃溪所列之三項，既均存翰林院，則有翰林院印者，未必皆各省進呈之書。若卷面有朱記，簽明年月及何省進呈、册數若干，則皆爲各省採進。其餘有印之本，或是前二類書耳，不能專屬之進本。

沈氏久官京曹，練習掌故，此事偶未洞明，不足爲異。《東華録》乾隆五十三年十月諭旨云，編輯《四庫全書》，各書底本原貯翰林院以備查覈。嗣後詞館諸臣及士子等有願睹中秘書者，俱可赴翰林院，白之所司，將底本檢出鈔閱。院署非禁地可比，既便於披覽，於體制亦昭慎重，然則除發還進書原本外，其餘皆藏於院中矣。

### 詩集傳二十卷<sub>寫本，盧氏抱經樓舊藏。</sub>

　　宋朱熹撰。此書《宋志》作二十卷，明正統重刻宋本時猶二十卷，四明范氏著録即此本。清四庫已不得正統舊槧，僅據通行之本著録，檢《天一閣見存書目》，則正統本已不全，僅存卷一至十二、卷十七、十八。今距薛氏編目時又數十年，恐亦益加殘缺矣。范書一散亡於洪、楊之役，二盜失於民元以還，最近整理訂目，得九百六十二種、七千九百九十一册，其中完整者三百十種。丁氏善本室藏殘宋本八卷，外有正統本；瞿氏鐵琴銅劍樓藏殘宋本一卷，外有校宋本。此舊寫本，未悉從何本出，然鈔手甚舊，亦可貴也。朱子舍小序説《詩》，其於《鄭風》十之九皆指爲淫邪之詞，黄東發、馬端臨諸儒辨正不少。《鄭風·子衿》序謂刺學校之廢，而朱子謂淫奔。他日作《白鹿洞賦》，有“廣青衿之遺問”語，則仍從序。宋葉紹翁《四朝聞見録》稱考亭晚注《毛詩》，盡去序文，以彤管爲奔淫之具，以城闕爲偷期之所。止齋得其説而病之，謂以千七百年女史之彤管與三代之學校爲淫奔之具、偷期之所，私竊有所未安，獨藏其説不與考亭辨。考亭微聞其然，嘗移書求其《詩説》。止齋答以公近與陸子静鬪辨無極，又與陳同甫争論王霸矣。且某未嘗注《詩》，所以説《詩》者不過與門人學子講義，今皆毁棄之矣。蓋不欲佐陸、陳之辨也，是同時之人，已不心服朱《傳》，其後定爲官書，始多崇信。宋人説《詩》，往往推翻漢唐之説,清人則尊崇漢學以推翻宋説。若姚際恒《詩經通論》、崔述《讀風偶識》、方玉潤《詩經原始》等,則有兼漢宋而推翻之者,蓋論學之疆域既廣,則古籍之遺留與前人之考論,此時每有新領悟,而過去之訛誤亦因之而闡明。倘世界文學、史學、民俗、社會等學,討究日多,材料日積,則三百篇之滋味愈無窮。漢唐宋明清諸儒爲縱的討究,上文所言則橫而縱之討究也,鄭康成以漢制説禮,則縱之討究。直至前清,《欽定詩經彙纂》用朱《傳》,而附錄序説,乃表示兼宗小序。至於《集傳》音叶用吳棫《毛詩叶韻補音》,後人以不敢議朱子,并不敢議棫,又因《毛詩叶韻補音》而並不敢議其《韻補》。迨顧氏炎武作《韻補正》一卷,始加辨論,而南宋以來隨意叶讀之誤始正。清《四庫提要》於《集傳》攷訂至詳,而葉氏之説未見稱引。爲述之如上,以見考亭之虛懷,止齋之謙遜焉。戴氏震《東原集》三云,朱子《詩集傳》於《陳·東門之枌》云,枌,白榆也。本《毛詩》於《唐·山有蔄》云榆,白枌也。殆稽《爾雅》而失其讀,前人以《集傳》不少訛誤。又俞氏《癸巳存稿》稱陳氏兆崙、金氏甡進呈《詩義折中》稿本時,《魯頌·閟宮》分"秋而載嘗"至"如岡如陵"十六句爲一章,此章朱子《集傳》謂有缺句,蓋欲補"鐘鼓喤喤"一句於"籩豆大房,萬舞洋洋"之下,始爲十七句,陳、金覺其非,不用此句,乃依《集傳》署章句云五章十七句,亦舘中不檢之過,是前清儒生尚用《集傳》之證。書前有盧氏抱經樓藏章。按:錢氏大昕《潛研堂集》有《抱經樓記》,謂四明盧君青厓,詩禮舊門,自少博學嗜古,尤喜聚書。遇有善本,不惜重價購之,聞朋舊得異書,宛轉借抄,晨夕讎校。三十年得書數萬卷,爲樓以貯之,名曰抱經。君家召弓學士藏書萬餘卷,皆手校精善,而以抱經自號。青厓與學士里居不遠而嗜好亦略相似,浙中有東西兩抱經之目。《藝風堂藏書記》謂盧氏舊藏,乙卯、丙辰間散出上海坊市,此書蓋青厓遺本矣。《鄞縣志》云,盧沚,字青厓,諸生。博覽嗜古,又喜聚書,建抱經樓藏書數萬卷,幾出天一

閣上，羨天一閣之有《圖書集成》也，竟至北京購得《圖書集成》底
稿以歸，以爲抗衡范氏之資。當時一爲底稿，一爲賜書，競美一時。
錢竹汀來甬之初，甬人引以爲藝林佳話。伯驥按：《四庫全書總目
提要》卷首，揭録乾隆三十九年五月十四日上諭云，内府所有《古
今圖書集成》爲書城巨觀，人間罕覯。鮑士恭、范懋柱、汪啓淑、馬
裕四家，着賞《古今圖書集成》各一部，以爲好古之勸。蓋其時進
書最多者，賞此種書，次多者賞《佩文韻府》。諭中第二人，則天一
閣原主人司馬公欽之後也。

# 吕氏家塾讀詩記

**三十二卷**宋巾箱本，嘉興項氏、虞山毛氏、豐順丁氏舊藏。

　　宋吕祖謙撰。祖謙，字伯恭，金華人。隆興進士，復中博學宏詞科，官至直秘
閣著作郎、國史院編脩。著《春秋左氏傳説》《大事記》《歷代制度説詳》《少儀傳》《東萊
集》等書。此書前半每葉二十四行，行二十四字；後半每葉二十六
行，行二十五字。有"項氏萬卷書樓"、"項德棻"、"毛子晉"諸印，
後爲吾粤豐順丁氏所藏。《持静齋書目》卷一經部四第六葉，著録
之前後行欵不同，與丁《目》相符，故可定爲丁氏遺籍，不徒據廠估
之言也。丁氏藏書，吾家邵亭曾爲之《舉要》，係著録其宋元明本
及鈔本，此本不見於《舉要》内，蓋丁《目》此書有續得二字，是明斯
本於邵亭編録《舉要》後乃得之者也。同治六年秋，邵亭游浙還及吴門，丁
氏請其檢理齋書三百餘匣，記其撰述人代、卷帙鈔刊。至九年，《紀要》成二卷。丁氏歸
田後，復編成書目，得四卷，續增一卷，書未成而丁氏卒，故書内多墨釘，印本流傳至罕。
光緒廿一年，江氏標客粤，見丁氏遺目于汪氏鳴鑾架中，病其雜糅，爲之擇要，成一卷。
分宋、元、校、鈔、舊刻五類，謂備吴中藏書掌故，然宋本經部如《吕氏家塾讀詩記》誤作
《讀書記》，《禮記集説》作《集釋》之類，不無訛誤，而邵亭《紀要》，汪氏則未之見也。
前清天禄琳琅有此書宋本數種，其一有題語見于目内。略云，按陳

振孫《書録解題》謂，自《公劉》以後，編纂以備，條例未竟，學者惜之。此本《公劉》首章下有識語云，先兄己亥之秋復修是書，至此而終。自《公劉》之後章訖於終編，則往歲所纂輯者，皆未及刊定，如小序之所有去取，諸家之編次先後，與今編條例多未合，今不敢復有所損益，始仍其舊，以補是書之闕。伯驥按：此識語見呂氏本書卷二十六。丁《目》云，然則此書爲其弟祖約所校刊，與朱子序合是也。天禄此本所記行欵，半葉十二行，行廿二字。與日人島田翰所云，淳熙壬寅尤延之所刻，四周雙邊，注雙行，低頭一字，細楷端正，揭刷如新，其楷刻之純，絶似宋小字本《太平御覽》及宋紹興刻七十卷本《史記》，而謹嚴過之。前有朱子序，無目録，卷端題《呂氏家塾讀詩記》卷第一，次行以下載綱領，卷末有尤袤跋。殷、玄、禎、慎等字宋諱闕末畫，板心有刻工姓名者相同。張氏愛日精廬藏宋殘本，自卷一至十九，其行款亦與之相若也。《天禄目》稱，別有一宋巾箱本，則每半葉十四行，行十九字，且註中引諸家姓氏，皆用白文，確非一本，或即尤跋所云建寧刻云云。此則明嘉靖覆刻之祖本，或誤以嘉靖本爲祖本也。《儀顧堂續跋》卷一第二十一葉云，嘉靖覆宋本《讀詩記》，前有陸鈇序、諸家姓氏、引用書目。每葉二十八行，每行十九字。經頂格，注低一格，注中有注旁行，而字略小，不作雙行。各家姓氏，以黑質白章别之，書法以篆作楷，陳啓源《毛詩稽古編》所由濫觴也。書賈往往割去陸序，以充宋本，世亦有受其欺者。蓋陸氏以前，盧抱經亦以嘉靖本爲難得矣。《群書拾補》云，《呂氏讀詩記》，明御史傅應臺氏刻於南昌，從宋本出，今其本頗不易得，世所通行者，乃神廟癸丑南都所刻本。余曾借得嘉靖本以相參校，始知神廟本脱去兩葉，其他亦有遺脱。卷一《詩樂》，《禮記》“天子五年一巡狩”之前脱一段，卷二十七《蒸民》第六章，“鄭氏曰袞職者不敢斥王之言也，王之職有闕能”，此下，嘉靖本後印者脱去兩葉,神廟本竟無從補完。嘉靖本係每葉二十八行,行十九字,今鈔補於後。神廟本卷二十八第八葉,自"彼成康奄有四方"下脱誤十四字,今補之。第十二葉後三行"牟大麥也"下多訛脱,今補正之云云。蓋嘉靖本流傳甚罕,其行款與《天禄目》所云宋巾箱本同,則天禄本之爲宋、爲明,固未能確定矣。大抵《讀詩記》之付雕,有建寧本,有丘宗卿重鋟江西漕臺本,又有眉山賀春卿刻本,魏鶴山序之。宋世所刊,大略如此。今檢尋前人簿録,天禄之外,惟罟里瞿氏有宋本,陸存齋無之,張月霄則殘本矣。島田氏《古文舊書考》又著録別一宋槧本,所云首有目録,行、字與尤刻同,惟幅界署廣,審其纖維墨光,大異元、明,當是宋末刻本是也。前明嘉靖,四明陸鈛覆宋本外,又有萬曆蘇程君刻,比陸本稍爲近祖,然《烝民》六章"鄭氏曰仲山甫"以下二章亦屬闕佚,唯標明脱簡,不强爲相接,差爲不妄。萬曆間,又有陳龍光刊本。陸存齋云,陳本前有萬曆癸卯顧起元序,其書亦源出嘉靖刻,而改其行款,變其字體,易旁行小注爲雙行注。嘉靖本之後印者,卷二十七缺二十九、三十兩葉,當此本三十六、三十七葉之間,故三十五葉末留墨釘一行,三十六、三十七兩葉空其張數,俾閲者有迹可求,尚無明人羼亂惡習。卷一《詩樂》奪一條,卷二十八奪數十條,皆抄手佚脱,校勘不精,尚非大謬。惟卷二十七所缺千餘字,當嘉靖本之兩葉又四行,實不止兩葉也。因何奪落,令人不可思索。盧抱經以爲止脱兩葉,蓋未覆勘原書耳。以上見《儀顧堂續跋》,蓋皆存齋攷論明本《吕氏讀書記》之言也。尤氏跋東萊書,謂後世求詩人之意於千載之下,議論紛紜,莫知折衷,伯恭病之,因取諸儒之説,擇其善者萃爲一書,間或斷以己意。吕氏著書之旨,此數言可括之矣。其後宋戴溪撰有《續吕氏家塾讀詩記》三卷,謂吕氏於字訓章旨已悉,而篇意未貫,故以續讀爲名,前人謂其自述己意,實與吕氏宗旨小異。其謂《有狐》爲國人憫鰥夫，《摽有梅》父母之心也，"求我庶士"乃擇壻之辭，未免好爲新説。清四庫從《永樂大典》録出，張氏《墨海金壺》因而付雕。又宋信安劉克撰《説詩》十二卷，克之學出於東萊吕氏，其例雖與《讀詩記》相同，而去取之間，究别異也。其子坦録梓，乃盡删舊解，獨存克説，已非原本矣。明永樂間曾刻之，吾家有藏本。毛晋原名鳳苞，字子晋，常熟人。父清，以孝弟力田起家。晋奮起爲儒，好古博覽，構汲古閣，藏書數萬卷，刻十三經、十七史、古今百家書，手自讐校行于世。爲人孝友恭謹，與人交有終始，又好施與。推官雷某贈以詩曰："行野漁樵皆謝賑，入門童僕盡鈔書。"所著有《和古今人詩》《野外詩題跋》《虞鄉雜記》《隱湖小志》《海虞古今文苑》《毛詩名物考》《宋詞明詩記事》《明詞苑英華》《僧宏秀集》《隱秀集》《閨秀集》，共數百種。汲古閣在虞山郭外十餘里，今析隸昭邑界，剞劂工陶洪、湖埶、方山、溧水人居多，開工於萬曆中葉，至啓禎時，留都沿江觤觤，毛氏廣招刻工，其時銀串每兩不及七百文，三分銀刻一百字，<small>伯驥按：明邵經《讀史筆記》載，《宏簡録》刻費九百餘金，計字三百四十萬有奇，每百字爲銀二分七厘，爲錢二十文。原注，今刻字中價，每字約一分半。</small>所刻經史子集、道經釋典，品類甚繁。當其時盜賊蠭起，毛氏賴工多保家，至國朝初年，家亦以此中落。<small>伯驥按：阮氏《茶餘客話》謂，子晋書爲吴三桂女壻王駙馬以金輦去，其板多在昆明，蓋子晋身後事矣。</small>有子三：曰扆，曰褒，曰表。扆字斧季，最著名。<small>伯驥按：魏禧《叔子文集》云，常熟毛扆承其家學，好搜輯古槧本，考訂討論。於是首告先聖，頗得五經古本訓正世俗。未幾，得元板《春秋胡傳》于書賈，丁巳巳從錢君頤得元板《詩集傳》，從馮君班得元板《易傳義》，從陸君廷保得元板《書傳》，輯録纂注，久之，從震澤葉君樹蓮、陸君貽讜得元板《禮記集説》。於是五經咸具，募工補綴裝璜，以五色紙分護，五經既成，肆几以拜先聖及告其先君晋。自是每藏元旦，設先君遺像，則必陳五經而拜之。見《蘇州府志》、徐氏《前塵夢影録》。</small>此書當爲汲古舊藏，故有其藏章，毛氏之前當爲嘉興項氏秘笈。姜紹書《韻石齋筆談》

上，項子京家藏書，三吳珍秘歸之如流。然己酉歲，大兵至嘉禾，項
氏累世之藏，盡爲千夫長汪六水所掠，蕩然無遺。至德棻項氏未甚
著名。今按：陸氏、丁氏著録，嘉禾項德棻宛委堂刻元陸友仁《研
北雜識》。繆氏著録天啓甲子校印《奇姓通》，亦德棻刻，當是風雅
好古之士。長沙葉氏遂疑德棻爲篤壽兄弟之子。葉氏云，篤壽兄
名元淇，弟元汴，字子京，流傳書畫名蹟，所謂項墨林天籟閣也。篤
壽子德楨，萬曆己未進士。見《嘉興府志》進士題名。元汴子穆，
字德純，穆季弟德明字鑑臺，見府志列傳。又，德新字又新，見朱彝
尊《明詩綜》小傳。又，德宏見朱《曝書亭集・蘭亭神龍本跋》，均
以德爲名，則德棻必其從子行也。見《書林清話》。今按：此書卷前則
捺項氏德棻章，卷末多有"萬卷樓"朱文章，葉氏之言當可信。丁氏名日昌，號雨
生，豐順人。官至江蘇巡撫，喜藏書，齋名初爲實事求是，繼爲百蘭
山舘，終而以持靜爲題，知實事求是爲初名者，邵亭《宋元本經眼
録》云，《儀禮鄭注》十七卷，宋淳熙本，同治甲子署蘇松太道丁雨
生獲之上海肆中，客道署借讀，審定爲實事求是齋經籍之冠，知繼
名百蘭山舘者，林達泉《太僕文鈔》卷下《百蘭山舘藏書目録序》
云，雨翁都轉，博雅好古，藏書甚富，暇日盡出所藏，屬某編爲目録，
因仿《四庫全書》例，分爲經史子集四部，復約分數類以便檢查。
其類無可歸，或叢殘零本，及一本、二本自爲部者，統歸雜集一類，
按部、按類檢查不獲，於雜集檢之無不獲也。自兵燹以來，大江南
北、兩浙東西，所謂文宗、文匯、文瀾三閣庋置秘本，都已化爲灰燼，
無有存者，都轉乃蒐羅薈萃，收拾於委棄瓦礫之餘，購集之多，幾及
三四萬卷，洵所謂壹其所好，好之而有力者也。都轉從政之暇，日
手一編，清俸所入，盡以購集圖史，故得蔚爲大觀。某，寠人也，屠
門大嚼，亦且快意，編校之餘爲誌其緣起云。至持靜之目，則最後
所編，今所傳之五卷本是也。《百蘭山舘詩集》中有《以書贈坡樵

廣文約來樓觀書詩》，其自注云，吳門黃蕘圃百宋一廛所藏宋槧
書，歸予者甚多。又《園居雜詠》云，“中歲嗜古籍，簡編時在手。
佞宋復佞元，第恨乏科斗”。畫人以烟霞爲供養，藏書家以簡編自
怡悦。物聚所好，雨生有焉。又《汲庵詩文存》稱雨生于同、光之
間廣招譯客，延聘文士，譯成西人《六大洲地球圖説》，成書一百餘
卷。秀水舉人楊利叔象濟嘗爲潤色，而未見傳本，或未付刊也。雨
生以通洋務知名于時，湘陰郭筠仙嵩燾《養知書屋文集》中有《自
倫敦上李文忠書》云，今時洋務，中堂能見其大，丁雨生能致其精，
沈幼丹能致其實。譯此書時，或亦以通知洋務之故，今此百餘卷稿
本，不悉流入何處矣。按：雨生著作，已刻有《持静齋書目》《撫吳公牘》《百蘭山
舘詩》。清光緒間，元和江標嘗以《持静齋目》節本刊入《靈鶼閣叢書》，則目中善本也。
未刻者《藩吳公牘》《淮齕紀畧》《丁雨生奏稿》，此三種，番禺徐教授紹棨有寫本，教授
藏書處曰南州書樓。其世父子遠先生灝著《通介堂經説》《説文段注箋》等書，固卿先
生紹楨嗜收書，鼎革時散佚不尠，著作多刊行，勳績照耀國史，則教授從兄也。教授喜
搜粤中先哲遺書，晤時輒問其收得土貨若干。郎園稱，雨生收書在江蘇巡撫
任内，于時亂事甫平，江南故家藏書，賴有雨生與仁和丁松生、歸安
陸存齋共相搜訪，幸未罹于劫灰。此語未確，以丁氏之書不盡官巡
撫時所得也。甲子一周，遺藏四散，壬子、癸丑間，往往流入滬市，
説者重提存齋舊事，謂報應宜然，此更苛論矣。繆氏撰《華亭韓氏藏書
記》中有云，上海郁氏宜稼堂之精本，半爲丁豐順中丞豪奪以去。今丁氏書漂流市
肆，蟲傷水濕，觸目驚心。此記見《藝風堂文漫存》。又光緒二十年，陸存齋在籍逝
世，傳説雨生往弔，登樓挾其珍異之遺本而行，存齋夫人葛履麻衣倉皇躝間。此種風
聞情節，小山何故見之於文，道聽之言，尤不足置信。聚散之故，固理數當然，正不必
多所傳述也。

## 吕氏家塾讀詩記三十二卷明嘉靖本。

宋吕祖謙撰。前有《刻吕氏讀詩記序》兩葉云，余嘗讀《吕氏

讀書記》《大事記》，未睹《讀詩記》也。近得宋本於友人豐存叔，讀
而愛之。其書宗《毛詩》以立訓，考注疏以纂言。剪綴諸家，如出
一手，有司馬子長貫穿之巧；研精殫歲，融會渙釋，有杜元凱真積之
悟；緣揚醜類，辯正名義，有鄭漁仲考據之精。茲余之所甚愛焉。
廼柱史應臺傅公刻於南昌郡，刻成，或問余曰，今《詩》學宗朱氏
《集傳》矣，刻呂氏何居？余應曰，子謂朱、呂異説，懼學者之多歧
所，夫三百篇微詞奧義，藐哉邈矣。齊、魯、韓氏譬則蹊徑始分也，
其適則同也。註疏所由以適也，譬則轍也。朱氏、呂氏蓋灼迷而導
之往也，譬則炬與幟也。呂宗毛氏，朱取三家，固各有攸指矣。朱
説《記》采之，呂説《傳》亦采之，二子蓋同志友也，非若夫立異説以
求勝也。善學者審異以致同，不善學者反同以求異，是故刻呂氏以
存毛翼朱，求合經以致同而已矣。雖然，余於是竊疑焉，三家之
《詩》，唐人已失其傳，存焉者訛矣。《毛詩》固未嘗亡也，然後世經
生尋墜緒之三家，不啻珠璧，棄未亡之毛氏，直如弁髦，何哉！三家
廢，君子既已惜之，《集傳》出而毛氏之學寖微，又奚爲莫之慨也。
夫去古近者，言雖頤而似真；離聖遠者，雖説詳而易淆。故曰冡尺
雖斷，不定鐘律，毛氏殆未可輕訾也。曰，然則將盡信毛氏，可乎？
曰，余觀其釋《鴟鴞》合《金縢》，釋《北山》《蒸民》合《孟子》，《昊
天成命》合《國語》，《碩人》《清人》《黃鳥》《皇矣》合《左傳》，《由
庚》諸篇合《儀禮》，其可尊信，視三家獨多。故呂氏之言曰《毛詩》
與經傳合，最得其真。朱子亦曰其從來也遠，有傳據證驗不可廢
者。是故刻呂氏以傳毛翼朱，求合經以致同而已矣。呂氏凡二十
二卷，乃《公劉》以後編纂未就，其門人續成，茲又斯文之遺憾云。
嘉靖辛卯孟冬既望，古鄞陸鈇撰。此序文字方整，與全書之用篆作
楷者不同。次朱子叙，次目録，次姓氏，次引用書目。卷之一，綱
領、詩樂删次大小序、六義風雅頌、章句、音韻、卷帙、訓詁、傳授條

例;卷之二,詩篇名,正風周、商;卷之三,召南;卷之四之十六,變風,從邶訖豳十三國,並變風也;卷十七之二十四,正小雅;卷二十五之二十七,正大雅;卷二十八之三十,周頌;卷之三十一,魯頌;三十二,商頌。姓氏,首毛氏萇、鄭氏康成、孔氏安國,次陸氏璣。璣作機。伯驥按:清丁晏《毛詩陸璣疏校正序》云,《隋書·經籍志》"《毛詩草木蟲魚疏》二卷,烏程令吳郡陸璣撰",《唐書·藝文志》"陸璣《草木鳥獸蟲魚》二卷"。宋《崇文總目》云,世或以璣爲機,非也。機本不治《詩》,今應以璣爲正。案:《初學記·燭類》引陸士衡《毛詩草木疏》,唐人已誤爲機,幸有陸氏《釋文》,璣字元恪,爵里甚明。阮芸臺《毛詩校勘記》陸璣疏下注云,毛本機誤璣,《釋文》序略同,唯《資暇集》有當從玉旁之說。宋代著録元恪書多采之,毛本因此改璣,其實與士衡同姓名耳。又於《釋文》下注云,通志堂本、盧本機作璣。案:璣字誤改也。盧文弨云,《隋志》璣作機,不云影宋本,失校也。《正義》所引亦皆作機,誤改作璣者,始于李濟翁《資暇録》,兩公同時宿學,而其說不同如此。今案《隋志》《釋文》實作璣,阮謂《隋志》作機,實沿盧氏之誤,且盧謂《隋志》作機,並未改《釋文》之璣爲機,阮遂謂《釋文》亦作機,失檢甚矣。考梁元帝《古今同姓名録》,載二陸機注云,一吳人,字士衡;一名璣,字元恪。注《本草》者,録中於其餘同姓者,第二人不書名但書鄉貫事蹟,此獨云一名璣,與宏下注云一名閎同例。據此,則字元恪之陸璣,當從玉,可知隋杜臺卿《玉燭寶典》、唐釋慧琳《一切經音義》已引作陸機,則作機者,蓋始於隋。《唐書》在《璿璣玉衡堯廟碑》《周公禮殿記》並作旋璣。《易略例》璇璣,《釋文》云璣本作機,機皆璣之假。陸士衡名機,蓋即假機爲璣,故陸元恪名璣,俗亦假機爲璣字,要以作璣爲正。次何氏休、杜氏預、郭氏璞、韋氏昭、韓氏愈,次明道程氏、伊川程氏、橫渠張氏、藍田呂氏、山陰陸氏、南軒張氏、晦庵朱氏等,明道下皆宋人。按此書所列說《詩》姓氏,首述毛萇,自是仍前人之誤。清《四庫總目提要》攷證最確,實足正之。《提要》云,《漢藝文志》"《毛詩》二十九卷,《毛詩故訓傳》三十卷"。但稱毛公,不著其名。《後漢書·儒林傳》始云趙人毛長傳《詩》,其長字不從草。《隋書·經籍志》載,《毛詩》二十卷,漢河間太守毛萇傳,鄭氏箋。於是《詩傳》始稱毛萇,然鄭玄《詩詁》曰,魯人大毛公爲訓詁,傳於其家,河間獻王得而獻之,以小毛公爲博士。陸璣《毛詩草木蟲魚疏》亦云，孔子删《詩》，授卜商，商爲之序，以授魯人曾申，申授魏人李克，克授魯人孟仲子，仲子授根牟子，根牟子授趙人荀卿，荀卿授魯國毛亨，毛亨作《訓詁傳》以授趙國毛萇，時人謂亨爲大毛公，萇爲小毛公。據是二書，則作傳者乃毛亨，非毛萇，故孔氏《正義》亦云大毛公爲其傳，由小毛公而題毛也。《隋志》所云殊爲舛誤，而流俗沿襲，莫之能更。朱彝尊《經義考》乃以《毛詩》二十九卷，題毛亨撰，注曰佚。《毛訓故傳》三十卷，題毛萇撰，注曰存。意主調停，尤爲於古無據，今參稽衆說，定作傳者爲毛亨。以鄭氏後漢人，陸氏三國吳人，併傳授《毛詩》，淵源有自，所言必不誣也。蓋亨實作傳而非萇，舘臣之言固有據矣。至《毛詩正義》卷一之一引《六藝論》云，河間獻王好學，其博士毛公善說《詩》，獻王號之曰《毛詩》，是獻王始加毛也。《提要》以其非本文之當說，故不述之，然《詩》於何時題毛，此又言經學史者所宜知也。宋刻《讀詩記》不易得，此嘉靖本書價亦大昂，極爲藏家所重，故頗詳之。前人評此書，謂從宋本翻雕。盧氏《群書拾補》則校出其勝於萬曆本者有數處。半葉十四行，行十九字。伯驥藏《讀詩記》有宋本，有明嘉靖本及萬曆本，人頗以書癡笑之，實則板刻有善不善之分，印本有遲與早之辨，卷葉多少、文中之詳畧真僞，尤須研求。例如明永樂元年奉詔編《大典》之解縉，其集子予既收《解學士先生集》三十卷本，爲金城黄諫編輯，又收《解春雨文集》十卷本，亦明刻。至清初刻之《解文毅公集》復入書囊。後繙阮氏《石渠隨筆》，知解氏詩尤有在題畫中而未入集者，固當戒自滿而納衆流也。然則多蓄善本數種，蓋與金釵成行，輕侮坤德，固自不同，與張子野年八十而買妾，見笑於蘇子瞻又有異矣。清季松江太守袁漱六收宋元刊本《漢書》多至十餘部，藏書家不當如是耶！

### 慈湖詩傳二十卷寫本。

宋楊簡撰。簡號敬仲，慈溪人。乾道五年進士，官至寶謨閣學士,《宋史》有傳。前有楊氏自序,附樓鑰答書。是書焦氏《經籍志》《千頃堂書目》尚載其名,《經義攷》則云已佚。清《四庫》鈔自《大典》中,然殘缺者則無從補錄。大旨本於孔子無邪,而反覆申論之。據《後漢書》以小序出自衛宏不足信,又謂《左傳》不可據,《爾雅》亦多誤,陸德明多好異音,鄭康成不善作文,以《大學》之釋《淇澳》爲多牽合,尤爲當時學者所駁異,然考證頗詳,大要仍不悖經義。卷二《羔羊》傳委蛇者,徐行委曲之狀。相者有曰鵝行、鴨步爲貴人相,鵝鴨亦委曲,蛇行亦委曲。此説則近於人象大成矣。蓋楊氏之學出於陸氏九淵,往往與時賢別異,前人每以爲資性高明之過。近人章太炎云,得明刻《慈湖遺書》,觀其論議能信心矣,故于《孔叢子》所稱“心之精神是謂聖”一語,無一篇不道及,蓋明儒所謂立宗旨者,實始于此。而又以“心本不亡不須存,心本無邪不須正”詆諸儒。此殆有《壇經》風味,其後羅近谿輩大抵本之。然宋儒不滿思孟,極詆《大學》者,唯慈湖一人,舉《孟子》“必有事焉而勿正”一語,以詆《大學》正心之説,此亦他人所不敢言者。然觀其自叙,則仍由反觀得入。云少時用此功力,忽見我與天地萬物、萬事、萬理澄然一片,更無象與理之分,更無間斷。此正窺見藏識含藏一切種子,恒轉如瀑流者,而終不能證見無垢真心。明世王學亦多如是,然則金谿、餘姚一派但是吠檀多哲學耳,于佛法猶隔少許云。伯驥按:蓮池尊者《竹牕隨筆》云,新建良知之説,是識見學力深造所到,非彊立標幟以張大其門庭者,然好同儒釋者謂即是佛説之真知,則未可。又云,《孔叢子》云心之精神是爲聖,楊慈湖平生學問以是爲宗,然更淺於良知,均之水上波耳。伯驥按:明季釋子最有名者三:曰蓮池袾宏,曰憨山德清,曰蕅益智旭。蓮池注《楞嚴楞伽經》,著《彌陀疏鈔》《雲棲法彙》《竹窗三筆》《緇門崇行錄》數十種行世。憨山著《夢游集》。智旭著《靈峯宗論》,注《楞嚴經》《起信論》《唯識論》,而《法海觀瀾》《閲藏知津》二種,則可見其讀經甚熟也。蓮池嘗與利瑪竇遊處,有書札,見利氏《辨學遺牘》中。錢牧齋晚年受業憨山,故有《楞嚴蒙鈔》之作。蓋萬曆中蓮池宏淨土之教,一時學士聞風響應,多著書,羽翼蓮宗。蓮池西逝後,餘風所被,代有述者。清長洲彭紹升序《荊溪周氏淨土晨鐘》嘗言之,蓮池名袾宏,杭沈氏。嘉靖丙辰薙染,隆慶結茆杭州雲棲,陸光祖、張元拚、馮夢禎、陶望齡輩,皆心折皈依。萬曆中,慈聖太后遣中貴詢法,賜紫衣黃金。云三人之意頗欲空口談禪者,從事淨土宗。猶之明清之交,方以智、顧炎武諸儒反對向內的主觀的學問,而倡導向外的客觀的學問,風會之轉,儒釋相同,固巧合矣。此說可與太炎相證。又慈湖説《易》,亦略象數,談心性,議之者謂其多入於禪。朱氏《經義考》載《慈湖易解》十卷,今四庫本則與之有異。伯驤嘗讀之,書中所言,與太炎之説相符者不尠,蓋其主旨固如是也。《慈湖遺書》十八卷,前六卷雜文及詩,七卷至十六卷爲家記,雜録經史治道之説,十七卷紀先訓,十八卷爲行狀。楊氏論治道頗迂闊而遠於事情,不達時務,然其歷官治績乃多可紀,至有實效。章氏所謂吠檀多哲學者,蓋印度哲學分爲彌曼差派、吠檀多派、數理派、勝論派、瑜珈派、尼耶夜派,共六宗。吠檀多者,婆檀拉耶那所創,所以訓釋《吠檀多經》之義蘊,以爲最高之精神即是梵,能與梵一致,即能脱離業縛,超越輪迴。瑜珈派亦與佛之瑜珈有別,此派爲東印度之婆羅門巴盾甲利所創,其歸宿在於凝心一處也。吠檀多派亦稱後彌曼差派,即吠陀究竟目的之義,根據吠陀聖典而注重於知識方面之詮釋,以梵爲唯一無二之實在,是造物主,亦是宇宙本體。《吠檀多經》亦名《梵經》,又曰《根本思維經》。吠陀者,印度最古之經典,公元前三千年至八百年間,爲移居五河地方之雅利安所作,中分四吠陀,大抵以贊神詩歌爲要義,祭祀儀典、祈禱文章及咒文,此經典均詳之,蓋印度宗教、哲學、文學之源泉也。吠陀之義,漢譯爲智。此書每卷均有"吹網"二字朱文章。池州南泉普願禪師云:"心尚無有,云何出生?諸法猶如形影,分別虛空,如人取聲,安置篋中,亦如吹網,欲令氣滿。"葉氏廷琯撰《吹網録》,實取義於此。調笙夙嗜典籍,此本或其所藏歟！

## 毛詩要義二十卷 鈔宋本，沈曉滄手校。

宋魏了翁撰。了翁字華父，邛州蒲江人，慶元五年進士。開禧元年召試，時侂胄謀開邊釁，了翁對策，獨言不可。遷校書郎，親老乞外，知嘉定府，奉親還里。侂胄誅，史彌遠相，力辭召命，築室白鶴山下，授徒。差知漢州。丁母憂，免喪，知潼州府。被召，言甚剴切，時相不樂。理宗立，求退不得。屬濟王黜削以死，有司治葬弗虔，了翁請厚倫紀。李知孝、朱端常相繼劾之，降靖州居住。紹定四年復職，進華文閣待制，遂上章論弊，分別利害，上感動。權禮部尚書兼直學士院。首論彌遠十失，又言和議不可信，北軍不可保，軍實財用不可恃。又奏乞收還保全彌遠家御筆，乞定趙汝愚配祀寧廟，上嘉納之。以端明殿學士督視京湖江淮軍馬，五辭不獲，乃受命，賜御書“鶴山書院”四大字，旋召爲僉書樞密院事。時以疾辭不拜，尋改福建安撫使。卒後贈太師，諡文靖，累贈秦國公。著有《鶴山集》。此書無序跋。《宋史》本傳稱魏氏有《九經要義》百卷，《藝文志》則云二百六十三卷。元方回跋其《周易要義》云，前丁酉歲，以權工部侍郎，忤時相，謫靖州，取諸經注疏摘爲要義。《宋史・藝文志》分載其書，而《讀書附志》《讀書後志》《書錄解題》《文獻通考》皆未著錄。明張萱重編《內閣書目》，有《周易》《尚書》《春秋》《儀禮》《禮記》《論語》《孟子》七種，其二種已佚。前清時，《毛詩要義》始出於錫山鄒氏，後藏上海郁氏。《周禮要義》舊藏汪氏，後爲虞山張氏所得。其《周易》一種，天一閣范氏、崑山徐氏均有鈔本，而清四庫所采，祇有《周易》《尚書》《儀禮》《春秋左傳》四經，《周易》《儀禮》尚是全書，《尚書》《春秋》皆不完。其後儀徵阮氏撫浙，乃得《尚書》闕卷，及闕首二卷之《禮記》，進之。《毛詩》一種爲郁氏收藏，所推爲宜稼堂諸宋本之冠者，後乃歸吾粵丁氏持静齋焉。此《要義》存佚及流傳之大略也。虞集《九經要義序》云，取諸經注疏正義之文，據事列類而録之，與方回跋合。張氏編《内閣書目》則云，考究九經中義理、制度，實則删節注疏，存其簡當，去其煩冗，每段之前各有標目，以便讀者之省覽，魏氏並不附己見。阮氏謂萱未詳核，其説是也。讖緯之書，《唐志》猶存九部四十八卷，孔氏作《正義》往往引之。宋歐陽脩嘗欲删而去之，以絶僞妄，使學者不爲其所惑，言不果行。伯驥按：歐陽脩《奏議集》卷十六，有論删去九經中讖緯劄子。又《集古録跋尾》卷二《後漢魯相晨孔子廟碑》云，孔予乾坤所挺，西狩獲麟爲漢制作。故《孝經援神契》曰，玄丘制命帝卯行。《尚書考靈曜》曰，丘生倉際，觸期稽度爲赤制。讖緯不經，不待論而可知。甚矣，漢儒之狡陋也。孔子作《春秋》豈區區爲漢而已哉。迨魏氏作《九經要義》始加黜削，而其言始微，此前人之説也。嘉興錢氏泰吉謂，唐人義疏，讀者每病其繁，魏氏《九經要義》以删讖緯爲主，然於繁文未能盡節。武進臧氏琳欲仿《史通》削繁之法，裁剪義疏，别爲《九經小疏》，舉《禮記·樂記》《周禮·大司樂》二則以爲例，見所撰《經義雜記》卷十一。此可證魏氏著書之主見，又爲後人啓讀書之新途徑矣。蓋魏氏著此書時，所見《正義》猶是善本，虞山瞿氏藏《周易要義》舊寫本，謂第一卷“彖辭統論一卦之體”一條，所采《乾·彖傳》疏文，若貴賤、壽夭之屬是也，即接“保合大和，乃利貞”者，此二句釋利貞也云云。是猶未分裂於各節之下者，其字句足訂今本之訛，每與家藏大字八行本《周易注》相合，不與十行本同，已可證其善。而《毛詩要義》之寫本，瞿氏亦嘗校其異同於十行本，而實有勝處者，即如卷第一鄭氏箋疏詁訓傳，毛自題之，不脱“傳”字。《關雎》傳“若雎鳩之有别焉”，“雎鳩”不作“關雎”，箋“雄雌情意”，“雄雌”不作“雌雄”，並同岳本。《葛覃》末章疏《南山》箋“文姜與娣姪"，"南"上不衍圈，"文"不訛"云"，據此知十行本"云"即"文"之訛，浦氏鏜謂脫"文"字，非也。《卷耳》疏"衛侯饗苦成叔"，不重"成"字。《螽斯》疏"股鳴者也"，"股"不誤"肱"。《鵲巢》疏"婦車亦如之有帷"，"帷"不誤"俱"。《采蘩》疏"於俎南西上"，"俎"不誤"菹"。案少牢作被錫，注云被錫，兩"錫"字皆不誤"裼"。《采蘋》箋"此祭祭女所出祖也"，不脫下"祭"字；"祭禮主婦設羹"，"禮"不誤"事"。《行露》箋"紡帛不過五兩"，"紡"不作"純"。《小星》疏"知三爲心者"，"心"不誤"星"。《野有死麕》箋"皆可以白茅裏束以爲禮"，"裏"上不衍"包"字。《何彼襛矣》疏"謂以如王龍勒之韋"，"王"不誤"玉"；"其始嫁之衣"，"嫁"下不衍"其嫁"二字。全書中足以訂訛者甚繁，惜阮氏作校勘記未見之云云。瞿《目》又謂其書録疏爲多，傳箋則間取之，析其辭爲各條，每條自撰綱領，亦有一條中不能截分者，則以綱領書於眉間。大抵意取故實，不主説經，故不求詳備，第録之以備遺忘，足徵宋儒亦不忽漢唐實事求是之學，此則是書之價值也。此本爲桐鄉沈氏炳垣主郁氏時，從宋本録出，而手校之。全書精勘，間附識語。丁氏所藏宋本，不審流傳何所，此從宋本原書精寫，實比後來之刻本爲優。炳垣一名潮，字魚門，號曉滄。嘉慶庚午舉人，官江蘇海防同知。有《斲硯山房詩鈔》。錢氏《甘泉鄉人稿》有《沈曉滄寄贈徐君渭仁新刻思適齋集詩》云："沈侯嗜好別流俗，休沐逍遥辭劇務。好事近得郁與徐，異書校勘爲點注。"自注云，上海郁泰峯松年所刻《宜稼堂叢書》，曉滄亦曾相贈。徐、郁兩君所刻書，皆曉滄精心爲之校定。又，曉滄有臨何義門校本《剡源集》，現藏江安傅氏雙鑑樓。沈炳垣，字子卿，浙江海鹽人。道光乙巳進士，官中允，任廣西學政，殉難。贈内閣學士，諡文節。有《祥止室詩鈔》六卷。此則別有其人，在曉滄之後。

## 詩外傳十卷明沈與文野竹齋本。

漢韓嬰撰。明沈與文刊。與文,字辨之。元錢惟善序後,刊亞字形圖記,有"吳郡沈辨之野竹齋校雕"十字,是其標識。孫淵如以錢爲元人,遂以此書爲元刻,爲葉郎園所笑。見其所著《觀古堂書目序》中。伯夔按:沈不特能刻書,更富收藏,觀各家書目及吾家所收之本,每見其圖記。黃蕘圃《跋邵氏聞見録》稱,吳中杉瀆橋嘉靖時有沈與文頗蓄書,刻《詩外傳》。其最明證孫氏誠誤也。《郎園讀書志》五,著録顧璘《近言》一卷,亦辨之刊本,有"吳郡沈氏繁露堂雕"八篆字。葉云全書方體字近宋刻,沈固喜刻善本書存之,以見明時刻書風氣。伯夔謂此書刻畫精好,與宋元本有虎賁中郎之似,去錢序以欺佞宋者蓋有之矣。日人森立之《經籍訪古志》著録高麗本《詩外傳》亦由此本翻刻者,則此本板刻之精,不益可見乎!此書誤字自宋元已有之,《容齋續筆》八云,《韓詩》今惟存《外傳》十卷,慶曆中將作監主簿李用章序之,命工刻於杭。其末又題云"蒙文相公改正三千餘字",即其證也。前清顧氏廣圻《與趙味辛論韓詩外傳誤字書》云,《詩外傳》元槧本第五卷,用萬乘之國則舉錯而定一朝之自,《詩》曰,周雖舊邦,其命維新,可謂白矣。謂文王,亦可謂大儒已矣。此本《荀子·儒效篇》文,袛作舉錯而定一朝而伯,無《詩》曰以下云云。故尊校依楊倞注,伯讀爲霸,而改自爲伯,删去"可謂白矣謂"五字。今以廣圻攷之,則自當爲白之譌,即《荀子》伯亦白之誤,楊所讀非也。何以言之,有二書之本文可證也。《荀子·儒效篇》又云,則貴名白而天下治也。《王霸篇》云,仁人之所務白也句屢見。又云,故曰以國齊義,一日而白,湯武是也。《君道篇》云,欲白貴名。《致士篇》云,而貴名白,天下願。《天論篇》則功名不白,《外傳》卷一同。《榮辱篇》

云,身死而名彌白。《堯問篇》末云,是其所以名聲不白。然則白也者,固荀卿習用之語,唯此處傳寫誤爲伯耳。楊倞注或云顯白,或云明白,或云彰明,其義皆是,而此據誤字望文生義則非。幸《外傳》未誤,尚可證之。乃元槧既以形近訛爲自,後來刻本又輒改爲間,遂無由知其爲白者矣,下文可謂白矣云云。若依此説而作申説上文之白解,則不須復删而已,無不可通也。又《荀子·王制篇》云,名聲日聞天下願,文與《致士篇》略同,而白作日聞者,誤也。《外傳》第四卷云"欲白貴名",又云"貴名果白",即《荀子·君道篇》文。荀欲白不誤,而果白作果明,亦誤也。第五卷又云則貴名自揚天下願焉,即《荀·致士篇》文,"自揚"者,"白焉"之誤。二句以焉字爲對文,荀無而《外傳》增之,始亦訛白爲自,後又改焉爲揚,失之甚者也。凡此各條,參互鈎稽,而誤者與未誤者,皆可洞若觀火。抱經盧氏校刊《荀子》,於《致士篇》著校語云,貴名白,《王制篇》作名聲日聞,此恐有訛,緣盧不了貴名之解,故其所説顛倒,當附訂之。《思適齋集》卷六。蔣氏《南漘楛語》卷二云,《詩外傳》無使群臣縱恣,則支不作拙,所謂支,四支之病也。支即肢字,《易·坤卦》"美在其中,而暢於四支"。《詩,周南》"漢有游女,不可求思",《外傳》作"抽觴以女,不可求思"。《秦風》"顏如渥丹",《外傳》作"顏如渥頳"。《周頌》"自羊徂牛",《外傳》作"自羊來牛"。鄧氏《雙硯齋筆記》卷一云,《樂記》"則易直子諒之心,油然生矣"。陳澔《集説》曰,子諒從朱子説,讀爲慈良。朱子曰,《韓詩外傳》子諒作慈良字,謹案子與慈同音,諒與良同音,故子諒得假借爲慈良。《文王世子》曰,"庶子之正於公族者,教之以孝弟睦友子愛"。《緇衣》曰,"故君民者子以愛之"。子愛即慈愛也,並借子爲慈。此則攷訂其文字之異同,及形聲之假借者也。本書卷第五,"豐交之木,有時而落",孫氏詒讓謂豐交義難通,疑支字之誤,支、枝字通。見《札迻》二。伯驥以爲交字不誤，《玉篇》謂兩木交陰之下曰樾，《淮南子·人間訓》"武王蔭暍人於樾下"，蓋盛暑之時，人思陰涼，以資休憩，木既交陰，得其所也。豐交之誼實如此。俞氏《諸子平議》三十二云，《淮南內篇》四，武王蔭暍人於樾下。注曰，"樾下，衆樹之虛也"。此注未得。《精神訓》曰，當此之時，得茠樾下，則脫然而喜矣。注曰："楚人樹上大本小，如車蓋狀爲樾，言多蔭也。"樾，讀經無重樾之樾也。此注得之。《東方朔畫象贊》《神交造化交字碑》作友，即交字，古之碑版多有之。歐陽公以爲朋友之友誤矣。交之改爲支，與交之改爲友，其無謂同可不必也。本書卷第八"越王句踐使廉稽獻民於荊王"，周本已引《說苑》，謂獻民爲獻梅，惟未詳其說。王氏紹蘭《讀書雜記》云，古諸侯相聘問，無獻民之事。《周禮》獻民數，《曲禮》獻民虜，皆非越所宜獻於荊王者，蓋古文"民"字與篆文"每"字相似，《外傳》本作獻梅，"梅"壞爲"每"，因誤作"民"耳。《說苑·奉使篇》"越使諸發執一枝梅遺梁王，梁王之臣魏子曰，惡有以一枝梅遺列國之君者乎"？即其事也。兩書下文皆言越翦髮文身，欲令冠而禮見之事，其說正同是獻民爲獻梅之誤。古書中一事而異說者，此類多矣。伯驥按：王氏之言較周尤審，且本書卷第十，亦有"齊使使獻鴻於楚"之言，鴻與梅均爲使物，則民當爲梅，益有徵矣。《南滸楛語》又稱書中三公者何？曰司空、司馬、司徒也。司馬主天，司空主土，司徒主人。司馬主天之說，他書未聞，僅見于此。伯驥按：《漢書·百官公卿表》以丞相、太尉、御史大夫爲三公。光武中興，則以司徒、司馬、司空爲三府，而未聞有主天之故實。是《外傳》於所遺古說多載之，故可貴也。《焦氏筆乘》云，佛典引《韓詩外傳》有"孔筐爲雀老"、"蒲爲葦"二語，又引《外傳》曰死者爲鬼，鬼者歸也。精氣歸於人，肉歸於土，血歸於水，脈歸於澤，聲歸於雷，動作歸於風，眼歸於日月，骨歸於木，筋歸於山，齒歸於石，膈歸於露，毛歸於草，呼吸之氣復歸於人。今本俱無之。卷三。近人楊氏遇夫撰

《韓詩外傳疏證》十卷，分別其書上四卷爲《内傳》，下六卷爲《外傳》，取證《漢書·藝文志》，復據五卷首章"子夏問《關雎》何以爲風始"，斷爲六卷之首。長沙葉氏德輝序之。惟善字思復，錢唐人。領元至正元年鄉薦，官至儒學副提舉。洪武初年卒，有《江風松月集》十二卷。吾家所有爲謙牧堂舊藏寫本，錢唐丁氏、南潯劉氏近刊之，前此多傳抄也。上云周本，蓋周廷寀所校，前清專校此書者有周廷寀、趙懷玉，而盱眙吳氏則合此兩校本，而會刻於望三益齋。其俞氏樾、孫氏詒讓則祇校其一支一節耳。日本岡本保孝有《韓詩外傳考異》，見蕭穆《敬孚類稿》卷六。此外東瀛好古君子亦多此類著作，伯驩頗有收藏。前明焦氏《説楛》卷六云，姑蘇沈辨之至山東，買得一車螯，上畫男女淫褻狀，聞彼中發一墓，其中不下數十石。何氏朗云，不知作何用。按邢子才《齊宣帝哀册文》"攀蜃輅而雨泣"，王筠《昭明太子哀册》"蜃輅峨峨"，江總《陳宣帝哀册》"望蜃輅而攀標"，謝朓《齊敬王后哀册》"懷蜃衛而延首"。沐竝戒子曰，"壙穴之内，錮以紵絮，藉以蜃灰"。《物類相感志》云，大蛤作灰，葬處通用，百蟲不近尸也。其畫男女狀，取厭勝之意，可見辨之不特藏書，而且博古。焦氏所引據，又可見古代營葬遺俗。録之以資博聞。《禮記·檀弓》有虞氏瓦棺，始不用薪，周以蜃灰。注：蜃灰者，將葬，先塞灰以禦濕，使棺不朽。《左傳·成二年》宋文公卒，始厚葬，用蜃灰。注燒蛤爲灰，以瘞葬。至《周禮·秋官·赤龙氏》"掌除牆屋，以灰洒毒之，凡隙屋除其狸蟲"。又《考工記》"夏后氏世室，九階，四旁兩夾窗，白盛"。《地官》以"共白盛之蜃"。鄭注：白盛，蜃灰也，謂飾牆使白。此又與用之葬霜者不同。大抵焦氏所述兼用蜃之完整者，周於棺槨之外，《檀弓》《左傳》云云，則附着於棺内也。清魏禧《叔子集·辭墓詩》有"楄柎隱蜃灰"句，文集内又有"灰槨記事"九條，詳灰槨葬法。然則灰榔、粉牆之風尚綿歷已二千年矣。厭勝爲吾國舊俗，意與羅馬之禁厭戲曲畧同。此曲多唱和於秋收及釀熟時，鄉村人聚以爲樂，但喜樂時易招羨妬，故思有以禳之。大事如凱旋，小事如昏婆，皆歌此類曲。本羅馬人之意，謂褻語可破不祥，而畫男女狀於墓間者，亦以此爲房中秘事，媟瀆可鎮諸惡，即如盜發等事是也，此中外古俗之用意相同者。寒家藏舊刻《詩外傳》尚有多種，俟再詳之。

## 儀禮集説十七卷元刻本，季滄葦、秦敦夫、<br>葉郋園舊藏。

　　前題"敖繼公集説"，蓋元人説經之舊也。繼公字君善，長樂人。寓居湖州，築一小樓，冬不鑪，夏不扇，邃於經術，規行矩步，吳下名士咸出其門。見《菰城文獻》。趙孟頫師事繼公，平章高顯卿薦於朝，授信州教授，命下而卒。見《明一統志》。烏程倪淵，字仲深，官承務郎、富陽縣尹，以繼公深於三禮，而尤喜《易》，從之遊，於節文度數之詳，辭變象占之妙，靡不博考洞究。見《黃溍文集》。至《敖氏文集》二十卷，則黃氏《千頃堂書目》著録之。《儀禮》十七篇，古無異議，惟宋章如愚《山堂考索》載樂史有五可疑之言，後儒亦無信之者。至宋楊氏復序《喪祭禮通解》云，近世以來，儒生誦習，知有《禮記》，而不知有《儀禮》；士大夫好古者，知有唐開元以後之禮，而不知有《儀禮》。朱子作《謝氏文集序》云，謝綽中，建之政和人，先君子尉，政和行田間聞讀書聲，入而視之，《儀禮》也。以時方專王氏學而獨能爾，異之，即與俱歸，勉其所未至。是此經在宋時已不爲學人重視。繼公之作，蓋亦空谷之足音。書中多採鄭注、賈疏，以及朱子之説，此外惟馬季良、陳用之、李微之數條，宋人言論頗少。每卷後有正誤數則，近於後世校勘記之類，惟卷一、卷十一獨無，似以無所校正而缺。何義門疑之，可不必也。顧氏

《日知録》舉監本脫誤各條，此本皆不脫，則出於宋時善本，可無疑矣。日人島田翰《古文舊書考》稱，元時理學盛行，以傳注章句之書進呈，不足當翰林諸公之意，故丁易東《周易象義》，劉玉汝視爲異說，不宜官刊，而諸路刻本存於今者，秘本尚收《文獻通考》《文類》及《陵川集》，至敖繼公《儀禮集說》之類，其官板乃更無所經見。夫卓說如丁、敖猶不刊，其餘述作又可知矣。是島田以此書當元世無官刊爲憾，然察視此本行、字，則饒有宋人風格，當與俗刻不同。前清經生於此書，則每加以引申及駁論，如嘉定金日追著《儀禮注疏正訛》十七卷，王氏鳴盛序稱，此書以朱子《通解》爲主，附以宋楊復圖、元敖繼公說，及陳鳳梧、鍾人傑兩鄭注本，並參吳江沈彤、山陰馬駉之說，考訂最備。杭氏《道古堂集》卷十九則稱，老友吳監州廷華著《儀禮章句》一書，分章離句，謂《燕禮》“公又舉奠觶，唯公所賜，以旅於西階上”一節，疑在“席工于西階上”之前，錯簡于此。“辨獻士，士既獻者立于東方，西面北上，乃薦士”此十八字疑在“乃薦司正”之上，此皆據朱黃《集解》、楊《圖》、敖氏《集說》而得之云云。《士相見禮》“執玉者則唯舒，武舉前曳踵”。注，“唯舒者，重玉器尤慎也。武，迹也。舉前曳踵，備躓跲也”。是鄭君讀唯舒絕句，明甚。賈疏云，“唯舒者，重玉器尤慎也”。引《玉藻》《曲禮》經文云云，以申鄭意，似無異讀。宋陸佃曰，容彌蹙同唯武則舒，則以“執玉者則唯舒武”爲句。繼公於注唯舒者，改作唯舒武者。阮氏元校勘記，既以敖本爲不足憑，而引《玉藻》“君與尸行接武，大夫繼武，士中武”，皆以“武”字爲句。江氏《讀儀禮私記》則取敖氏、郝氏、萬氏諸家之說之異於注疏者，訂其是非。朱大韶《實事求是齋經義》有駁敖氏左還說，謂其有意違鄭，而不知其不可通。蓋敖氏每詆鄭，疵多醇少，故所撰《集說》雖云採先儒之言，實則皆自逞私見，學者厭注疏之繁重，往往從之。清初漢學未盛,如方苞、沈彤亦頗稱其善,其後糾正者則不少其人。近人曹元弼《禮經校釋》其序稱,敖氏襲王肅故智,務與鄭立異,或隱竊疏義而小變之,即成巨謬,改竄經文,以就其私。編中述《鄉飲酒》,記"若有北面者東上"敖改"東"爲"西";《大射禮》"以耦左還上射于左",敖于《鄉射》改爲"于右";《喪服記》"公子爲其妻縓冠",敖改"縓"爲"練";《特牲饋食禮》"三拜衆賓答再拜"敖改爲"一"。褚氏寅亮《儀禮管見》均有辨論,故曹氏舉以爲證,曹氏又有駁胡氏申敖繼公爲人後者,爲本宗服説,謂學者以繼公有無親之心,然後有非聖之説,觀於諸儒之攷訂,而此書之瑕盡掩瑜,自可垂爲定論。此本購自長沙葉氏,以所撰《讀書志》於此書衹論板本,凡書中旨要,敖氏行略,均未詳明,故述之如上,並以葉氏題記附録如下。葉氏云,元大德辛丑刻本《儀禮集説》,大題《儀禮》卷第幾,次行《敖繼公集説》,每半葉十二行,行二十八字,白口大版,版心上記字數,下記刻工姓名,黑魚尾下《儀禮》卷幾,每卷末附正誤考辨字句。此元大德辛丑刊本,《通志堂經解》本即從此出,何焯《評注通志堂目録》于此書下云,每卷後有一紙最善,惜尚殘缺幾卷,失記其詳,應訪求補足。所云卷後一紙,即正誤考辨字句也。卷一《士冠記》、卷十一《喪服》、卷十五《特牲饋食禮》末皆殘缺數葉,後人鈔補,故此三卷無後一紙,餘則全存,前敖序殘缺半葉,亦鈔補。有"季振宜印"四字朱文篆書方印,"滄葦"二字朱文篆書方印,"秦伯敦父"四字白文篆書方印,末有"石研齋秦氏印"六字朱文篆書長方印,蓋經泰興季滄葦侍御、江都秦敦夫編脩藏過者。又有"箓竹堂藏書"五字白文篆書方印。考箓竹堂爲先祖崑山文莊公子孫藏書印記。箓、緑字本通,但文莊遺書從未鈐有此印,則又別一緑竹堂也,姑識以待考。按:葉氏識語於滄葦、敦夫事略亦未備,爲補攷之。滄葦名振宜,泰興人。順治丁亥進士,官至御史。

前清王氏友亮記季、亢二家事，稱國初巨富，有南季北亢之名。泰興有季家市，相傳市乃其先一家所居，環居爲複道，每夕行掫六十人，蓄伶甚衆，又有女樂二部，服飾皆值巨萬，及笙或自納、或贈人。季氏知課子，有登第官侍御者。其家雖替，子孫藉儒業自存，所謂官侍御者，當即滄葦。《述古堂藏書目序》有云，舉家藏宋刻之重複者，折閱售之泰興季氏。蓋季氏書半出錢氏，而季氏藏書目錄於古書面目較錢氏所記更詳。滄葦有《奏疏》二卷，皆前後居臺所上，朱氏《國朝文徵》曾錄其序。《揚州府志》云，秦恩復字近光，號敦夫，江都人。乾隆五十二年進士，改庶常，授編修。嗣丁內艱，疽發于背，醫治就痊而體弱不支，由是閉戶養疴。橫屋東偏築室三楹，顏曰“五笥仙館”，藏書極富，家居幾十載，宿疾盡蠲。嘉慶間，阮文達公撫浙，延主講詁經精舍，兩淮鹽政又延主講樂儀書院，復聘校刊《欽定全唐文》。性喜填詞，每拈一調，參考諸體，必求盡善，無一曼聲懈字，有《享帚詞》三卷。平居收藏書畫法帖，泊瓷銅玉石之類，鑑別精確，勘定古書，慎選良工以剞劂，海內争購。曾刊《列子》《鬼谷子》《揚子法言》《駱賓王集》《李元賓集》《吕衡州集》《奉天錄》《隸韻釋》諸古本行世。卒年八十有四。又李祖望《鍥不舍齋文集》三云，秦敦夫《石研齋書目》多藏宋元舊本，昔曾見之，分經史子集四册，列欽定各書冠于首。“欽定”二字用朱書出格寫，餘以歷代分類編序于後。景刊宋元本皆精于校讎，多出顧澗薲手。道光乙未春燬於火，後書籍亦頗亡失。

## 禮記集説三十卷 明白口九行本，孔氏紅荳軒舊藏。

元陳澔撰。澔，東昌人，字大可，號雲莊，又號北山。博學好古，隱居不仕。前有陳氏自序，略云，《儀禮》十七篇，《戴記》四十

九篇,先儒表章《庸》《學》,遂爲千萬世道學之淵源,其四十七篇之
文,雖純駁不同,然義之淺深同異,誠未易言也。鄭氏祖讖諱,孔疏
爲鄭之從,雖有他説,不復收載,固爲可恨,然其灼然可據者不可易
也。近世集解於《雜記》、大小《記》等篇,皆闕而不釋,關於人倫世
道非細故而可略哉。先君子師事雙峯先生十有四年,所得於師門
講論甚多,中罹煨燼,隻字不遺。不肖孤僭不自量,薈萃衍繹,而附
以臆見之言,名曰《禮記集説》,蓋欲以坦明之説,使初學讀之即了
其義,庶幾章句通,則藴奧自見,正不必高爲議論,而卑視訓故之辭
也。前人於陳氏之書久有抨擊,前清嘉定陸氏元輔所撰《禮記陳
氏集説補正》三十八卷,即《通志堂經解》假名納喇性德者,尤足箴
其膏肓,訂其疏陋。陳氏澧云,雲莊《集説》可取者絕少,《三年問》
"因以飾群,別親疏貴賤之節",孔疏讀"因以飾群"四字爲句,下七
字爲句,非也。陳氏云,人不能無群,群不可無別,以"群"字對
"別"字,得之矣。此陳氏説之最精者。陳氏又云,則親疏貴賤之
節明矣,此以上五字爲一句,下六字爲一句,亦非也,當連讀十一字
爲一句。見《東塾讀書記》。桐城方氏苞謂,少時見陳氏《集説》,
於《記》之本恉,時有未達而反蔽晦者,及得徐司寇《集説補正》,而
惑之解者過半,念此必老儒勤一世以爲之,恨子孫不能守而流傳世
家,又怪司寇聽其假託而不辨也。後叩張樸村,始知爲陸翼王所
述,以是知無實而掠美者,必有物焉以敗之。清《四庫提要》謂《補
正》一書,糾駁陳氏《集説》,遺者補之,誤者正之,先列經文,次列
澧説,援引考證,愜理厭心。伯驥嘗謂,陸氏此書既出,陳氏原著當
可不存,然自明永樂中胡廣等脩《五經大全》,《禮記》始用澧之《集
説》爲主,垂爲定制,數百年來科舉以之取士,考經學之史者當有
取焉,故著録之。乾隆二十九年諭,《禮記》一書,學官所頒,僅有陳澧《集説》,其
論議雖合乎先儒,而訓釋未能該洽。欽命儒臣纂輯《禮記義疏》。乾隆五十八年議覆,

貴州學政洪亮吉奏，《禮記》陳澔《集説》本爲科舉起見，鄭康成注最爲詳備，請改爲鄭注等語。陳澔《集説》於鄭注菁華采擇大備，且簡明便於章句，是以列在學官。數百餘年恭讀《禮記》義疏，鄭康成注、陳澔《集説》，兼收並列。原以漢宋諸家義各有當，惟擇其是者而從之，未嘗稍示軒輊，所有該學政奏請，改用鄭注，應毋庸議。元輔字翼王，著述甚富。樸村名雲章，有《樸村文集》。半葉九行，行十七字，夾注雙行，亦十七字。卷首有“紅蕚軒印”，當是曲阜孔氏藏本。檢孔憲彝《對嶽樓詩録》卷下，有“先高祖六十八代衍聖公紅蕚軒印歌”，其自注云，公著《三傳合纂》十二卷、《禮記摛藻》一卷、《讀古偶志》一卷、《安懷堂文集》二卷、《纂脩廟盛典》五十卷，又有《申椒集》二卷、《盟鷗草》一卷、《繪心集》二卷、《紅蕚詞》二卷、《炊香詞》三卷。《詞韻鈔本》分選、輔、商、禁四格，最是精審，有《紅蕚軒印記韻》爲柏芳叔母所藏，以此可證爲孔氏物矣。據程氏《嘉定縣志》，元輔一字默庵，《國朝詩別裁集》稱翼王爲黃陶庵入室弟子。伯驥檢顧張思《寓暸雜詠》，知元輔又號菊隱。顧云，陸菊隱先生酷嗜讀書不輟。一夕友某訪之，見燈下方閱《儀禮》，丹黃鈎乙，汗流至肘，謂曰：“暑甚，何自苦乃爾？”先生笑曰：“若熱耶？”有《十三經注疏類鈔》，客授吾邑太原家所成，没後，爲人所購去。見《張樸村集》。近見餘杭盧抱經先生云，其書嘗見之，菊隱與桴亭同集云。又嘗譔《禮記集説補正》，本名《辨疑》，《黃忍菴集》有序。納蘭侍衛以白金三百兩購之，易己名刻入《經解》中。見陸稼書《三魚堂隨筆》。今書中尚存菊隱字數處，疑容若得之而參以己説。稼書《隨筆》又云，翼王長於三禮，又有《儀禮集説》，而《藝文》未見，當亦流入人手矣。案：又有《明季爭光録》，《藝文志》亦未載，疑其書有違礙處。令子維水，號能讀父書者，舉先人手澤棄若弁髦，何哉？抱經先生云，菊隱《續藝文志》凡數十册，每一書必録其序，余抄得數卷，因字甚草，學徒不易識其稿，現在案，即《藝文志》所載《續經籍考》是也，家先以爲此菊隱未竟之書。此節所言陸氏著述尤詳，故録之，以資屬學。伯驥按：陳氏鱣有《禮記參訂》十六卷，專訂《集說》之誤，以上夾注，皆顧氏原文。

## 禮經會元四卷　元至正間刊本，
### 孔氏三十三萬卷堂舊藏。

前題宋龍圖閣學士光禄大夫、贈開府儀同三司南陽郡開國公、食邑二千一百户實封一百户、諡文康葉時著。時字秀發，錢唐人。淳熙甲辰進士，與紫陽朱氏友善，尤精《周禮》，晚居嘉興，著此本授門人三山翁合。時自號竹埜愚叟，博學善屬文，有《竹埜詩集》。今按：《橋李詩繫》卷二，有《時還桑澤卿蘭亭考》二首。此書前有至正二十六年陳基序，略云，文康公取經文之所存者，蒐羅櫽括，曲暢旁通，達事覈理，當如指諸掌。其《補亡》一篇，以經補經，盡洗漢儒之陋。陳氏言雖過當，然此書亦當日有名之著作也。次有潘氏序，略云，余蒞政之暇，就文康公六世孫江浙提學廣居得其書而讀之，其出入諸經，援引明贍，比事漢唐，考核精詳，誠有裨於治化者。舊板之廢已久，因重鋟梓以廣其傳。至正乙巳，榮禄大夫江浙行省右丞兼同知行樞密院事海陵潘元明序。伯驥按：此書不見《宋志》，晁、陳、馬諸家目録亦不載，意當時必未嘗刊行，而潘序謂舊板之廢已久，當是考之未確也。“元明”，他書作“允明”，《七脩類稿》記元明事，謂爲史所未載，見之實録、聞之先達，故記之。前清夏氏荃撰《退庵筆記》，於潘氏事實及刻印此書之始末極詳，爲照録之以資考證。夏氏云，錢竹汀先生《跋通鑑總類》曰，宋詹事沈樞撰《通鑑總類》分二百七十一門。嘉定元年，樞之季子守潮陽，梓板以行，樓攻媿爲之序。元末，江浙行中書省左丞海陵蔣德明分省於吳，命郡庠重刻，且令都事錢逯求序於周伯琦，則至正二十三年秋事也。方是時，吳中丁兵燹之餘，日不暇給，而行省猶知

崇尚古學，懼故書之失傳而表章之，亦可謂賢矣云云。攷淮張於至
正二十三年秋七月自立爲吳王，治宮室、建官屬，改是年爲吳王元
年。德明蓋泰州人，而臣於吳者，計其鋟版之歲，正淮張自王之日
也。當是時，王開賓賢舘，卑禮厚幣，招致東南才雋之士，一時如楊
廉夫、陳敬白、王元吉之徒，號稱傑出，率皆從容幕府，珥筆陪從，王
悉厚遇之，故士樂爲之用，彬彬乎開國之規模，有足觀者。而其時
在廷諸臣，如蔣君輩，能篤學嗜古，留心故籍，蓋亦當時之賢士夫
也。同時有潘原明者亦泰人，官浙江行省右丞，與蔣爲同官。至正
二十五年秋，亦有《禮經會元》之刻，或僚佐相勗而爲之，抑其時好
尚同然歟！蔣君事蹟無可攷，案陶南村《輟耕錄》云，誠改至正十
六年爲天祐三年，除丞相以下官，以蔣輝爲右丞居內省，理庶務。
潘原明爲左丞鎮吳興云云。德明疑即輝，殆以字行。州志稱原明
與李伯昇俱起鹽徒，疑皆亡命梟黠，乘亂竊取富貴者，非能望其敦
《詩》説《禮》，徵文攷獻，慨然以搜殘補缺爲己任也。今讀原明所
撰《禮經會元序》，立言體要，加惠來茲，殆有古大臣風焉。竹汀賢
蔣君，余於潘公亦云，特惜其專城授敵，所事不終，吾無取焉爾。又
一節云，蘇州七姬墓，乃淮張壻浙江行省左丞潘元紹妾也。七姬殉
節事，具張羽所撰《權厝志》內。伯驥按：七姬事自以張羽所撰《權厝志》爲
詳，此外如朱象賢《聞見偶錄》、楊鐵崖《金盤美人歌》、陳基《群珠碎》皆記述，歌咏之。
王鏊《姑蘇志》亦述張志，嘉靖間志石始出土，文氏徵明有跋語，稱僞周據吳日，開賓舘
以致天下豪傑，海內文章技能之士，悉萃於吳。其陪臣潘元紹禮下文士，故此石出於倉
卒之際，而張羽文、宋克書、盧熊篆，皆極天下之選。三公俱號高邁不爲所屈者，亦不免
爲之俛首執筆。昔人謂時衰代替，武人所好涉於衣冠，觀此有深感焉。見《文氏文集》
卷五。又《晉書》記張天錫妾閻氏、薛氏，咸有寵。天錫寢疾，謂之曰："汝二人將何以報
我？吾死後，豈可爲人妻乎？"皆曰："尊若不諱，妾請效死，供洒掃地下，誓無他志。"及
其疾篤，二姬皆自刎。天錫瘳，追悼之，以夫人禮葬焉。見卷九十六。比來海上所印
《婦女生活史》，頗駭怪於七姬事實，則張固似爲之前導矣，因並述之。卞氏，海陵

人,《明州志》採入列女。《堅瓠集》謂潘原明名元紹,爲僞吳行省左丞,不知原明泰州人。見原明所撰《禮經會元序》署銜,及《七脩類稿》《明州志·武勳》載之。元紹字仲昭,本姓趙.宋魏王廷美之後裔,其先以避禍易今姓,滎陽人。見《明志》。《堅瓠集》合爲一人,誤矣。況原明以平章守杭,非官左丞,及李文忠攻杭,原明納款,乃至正二十六年十月事也。史稱是年八月,吳王朱元璋命徐常規取平江,士誠遺呂珍、朱暹及五太子屯城東之舊舘,其壻潘元紹屯烏鎮,爲珍等聲援,達兵乘夜擊,元紹遁去。九日,右丞徐義與潘元紹以赤龍兵屯平望,乘小舟潛至烏鎮,欲援舊舘。十月,遇春攻烏鎮,徐義、潘元紹敗走。次年丁未九月八日,平江破,而七姬之死在七月五日。史又稱平江破,達遺士誠舊將李伯昇諭誠降,又命潘元紹共曉之,往反數四,士誠不答。計元紹降吳,當在平江未破之先,七姬既死之後,此確然可攷者。二潘賣國則一,然事屬兩年,一在杭,一在吳,安得牽合爲一人耶? 卷首有“南海孔氏嶽雪樓章”,蓋三十三萬卷堂遺物。孔繼勳,字熾庭,清道光進士。遺著有詩集。子廣鏞、廣陶。廣陶字懷民,官分部郎中。粵人謂之南關孔家,以其居城南,業鹽致富,且豐收藏也。書有宋、元及明嘉靖前佳本,書目尚有流傳,爲草本未刊者。其銅字印《古今圖書集成》一萬卷,聞用巨貲,由宮監秘密運出,爲一時佳話。此書後歸南海康氏萬木草堂,比者海上影印本即從之出。康先生自述,前嘗寓樓中三月,檢讀斯本,此時以三千金易得,爲之驚喜,孔藏精粗本已先後盡數流出,先生因請以樓之殘本及片紙零葉亦歸其所有云。蓋粵中傳説如此。孔氏刻《北堂書鈔》最有名,據孫星衍、王引之、王石華、錢既勤、嚴可均諸家勘本,由周季貺所藏原本景録付之善槧,書序爲廣陶手寫刻,筆法雅近翁覃溪。孔氏撰《鴻爪前游記》六卷,頗有述收書事實者,爲北游後刻本。洪、楊事定,浙人丁丙、丁申兄弟補鈔浙江文瀾閣被兵燹而失燬之書，亦嘗求本於孔氏及丁氏持靜齋，蓋雙丁此舉，費數萬金，徧訪南北藏家，大抵當時粵中以兩家藏儲爲最有名矣。宣統間，廣東提學使嘉興沈子封曾桐創省立圖書舘，嘗購孔氏傳鈔文瀾閣書三百餘種真舘中。沈氏又自購若干卷，去官時收入行篋，後質諸都中某氏，久之，廠估介伯驥出財贖之。田歸汶陽，珠還合浦。郵人以車來睨余而笑，蓋郵人與余家如親知，每數日即以書至，有若遺物，脩好來時，轔轔聞於道啊，余輒登時立而迎書，興致殊勃勃，少則以褚囊致之，多則非輕輪大車無以助力，又郵例也。此次孔氏書近千册，惟原書未經勘對，讀之頗令人不懂，外用丹紙爲護葉，粵裝如故，圖記捺於書之卷首，略如粵市楷字小條木印，所謂書東者，然何其無文歟！余嘗謂印識不精嚴，裝訂不莊雅，即非讀書者之藏書，不得比豐臺賣花之女，若耶浣紗之兒，天然去雕飾，以自文其陋也。最近某名士謂不經三峽不得謂爲畫家，亦是此意。子封爲子培曾植叔弟，祖維鎬有《補讀齋遺稿》，從伯曾祖叔埏有《頤綵堂詩文集》，《頤綵》刻於廣東，中多書本題記之作，爲子培來粵觀叔父時付雕者。光緒十一年，子培代擬廣東鄉試策問，問《宋元學案》及蒙古史，當時傳説場中無能對者。康先生自編年譜及此事，謂知子培自此始。光緒三十四年，子封署廣東提學使，宣統間並署布政使，是沈氏與吾粵若有前緣，余所編清代家學史詳之。所謂傳鈔文瀾閣本者，文瀾爲七閣之一，閣書例任人借録，擇所好而鈔之，當時有聯合數人派人往鈔者，亦有駐閣常鈔，聽人雇繕指明何種者，皆洪、楊未發難前事也。然當時學者多從事制舉之業，不須讀書，鈔者聞亦殊少。章實齋曰：予十七歲時，購得朱崇沐校刊《韓文考異》，塾師於舉業外禁不得閲他書，得此集匿藏篋笥，燈窻輒竊觀之，尚不盡解，但愛好不忍釋手。又清季廣西巡撫史公，因事覓《大清通禮》檢閱，求徧省中而不可得，遑論古書。史名念祖，江都人，有《俞俞齋稿》。

## 五服圖解一卷 元刊本, 述古堂錢氏、 士禮居黃氏舊藏。

　　元龔端禮撰。前人著録此書者, 惟常熟錢氏絳雲樓, 及錢曾
《述古堂書目》《讀書敏求記》, 遵王之本, 當亦出於牧齋也。朱氏
《經義考》已云未見, 儀徵阮氏《四庫未收書目》本, 係從元至治刊
本景寫進呈。此爲至治原刊, 錢氏舊藏, 蓋海内孤本也。《敏求
記》云, 端禮以布衣上書闕下, 蓋有心世道之士。阮氏云, 端禮祖
名頤正, 宋時宣教郎, 充樞密院編脩官, 嘗著《服圖》。端禮家學淵
源有自, 又復精勤參攷, 越十載而後成書。劃圖分章, 展卷釐然, 頗
足爲參攷禮制之助。前有自序云, 夫有國者莫不以刑法爲治統, 有
家者莫不以服紀別親疏, 是故禮有五禮, 服有五服, 刑有五刑。聖
人以禮制而定服紀, 以服紀而立刑章。然服有加降, 刑分重輕, 欲
正刑名, 先明服紀, 服紀正則刑罰正, 服紀不正則刑罰不中矣。此
迺萬古不易, 治國齊□□□□□□彎小才, 不學無術, 貌不足以動
時, 言不足以警世, 俛仰天地之間, 如白駒之過隙。昨自大德八年
春, 欽奉詔書, 内一款節該, 三年之喪, 古今通制。三年, 實二十七個月。
今後除應當怯薛人員征戍軍官外, 其餘官吏, 父母亡喪, 丁憂終制,
方許敍仕, 奪情起復, 不拘此例。庶民父母及夫亡之喪, 一遵前制。
欽此。伏覩通例, 典賣田宅, 先儘有服房親, 及親族相盜減等科罪,
或有毆緦麻之長, 詈小功之尊, 皆須以服制而定論。故讀先大父襲
宣教傳《五服圖》本, 求採馬氏圖書, 精勤參攷, 始知其服原於舜,
備於商周, 歷代相承, 初非世之闕文, 爲其去古逾遠, 紛紜異同, 若
有若無, 而實若虛也。謂如兄弟之妻與己本是平交往復, 小功, 諸
圖變古, 多作大功。似此差舛, 何以齊刑? 縱傳之者訛, 未免失於
推究也。又如苴枲二麻, 雌雄子實, 不克辨明, 非古之文不載, 此亦

工夫之不到也。而況《服圖》上有族曾祖父姑、從祖祖父姑、族祖父姑、從祖父姑、族父姑，中有從父兄弟、從祖兄弟、族兄弟之類，似非逐章細解，俗難卒省。余以五服列五門，每門分立男女已未成人之科，分正、加、降、義四等之服，分章劃圖，窮理究義，推古詳今，兼通世俗，逐一辨正。拈放十年，始編成集。欲不私之於家，期與衆共，故不辭衰老，細字夜書，厥始厥終，皆出一筆。用倒羞囊之餘，以資鍰梓之費，非惟便於人觀，其於指以從宜從俗而未究其源者，亦可以少補於萬一云。時至治壬戌嘉平月既望，檇李龔子端禮仁夫叙。有木刻"檇李子龔氏仁父章"。

伯驥按：龔氏序中述大德詔書，謂應當怯薛人員不拘三年喪制，攷《元史·兵志》有所謂四怯薛。怯薛者，猶言番直宿衛也，每三日而一更。又，《食貨志·歲賜篇》別有也可怯薛，有忽都荅兒怯薛，有帖古迭兒怯薛，有目赤察兒怯薛。也可，蒙語大爲也可，凡官名也可者，第一之稱。又《輟耕録》卷一云，國朝有怯薛太官。怯薛者，分宿衛供奉之士爲四番，番三晝夜。凡上之起居飲食，諸服御之政令，怯薛之長皆總焉。中有云都赤，乃侍衛之至親近者。《輟耕録》又云，杜清碧先生本應召至錢唐，諸儒者爭趨其門。燕孟初作詩嘲之，有"紫藤帽子高麗靴，處士門前當怯薛"之句，聞者傳以爲笑，用紫色椶藤縛帽，而製作高麗國樣，<sub>按：宋葛禄權衡《庚申外史》云，自至正以來，官中給事使令大半爲高麗女，以故四方衣服、鞋帽、器物皆倣高麗樣子，此關係一時風氣，豈偶然哉</sub>！皆一時所尚。怯薛則内府執役之譯語也，蓋元制怯薛之職及怯薛之義如此。又元成宗時，鄭介夫奏云，怯薛古稱侍衛。《周禮》膳夫、庖人、内饔、外饔、漿人、烹人、籩人，今之博兒赤也；幕人、司服、司裘、内宰，今之速占兒赤也；掌舍、掌次，今之阿察赤也；閽人，今之哈勒哈赤也；縫人、屨人、典婦功，今之王烈赤也；宮人，今之燭剌赤也。不限以員，不責以職，但挾重貲，有梯援投門下，便可報名字，請草糧，獲賞賜，皆名曰怯薛。屠沽下隸、市井小人及商賈之流、軍卒之末，甚而優倡奴賤之輩，皆得之跡涉宮禁。又有一等流官胥吏，經斷不叙，無所容身，則夤緣投入，以圖陞轉。趨者既多，歲增一歲，久而不載，何有窮已。按此時怯薛之弊已深，故鄭氏言之切至如此，原其朔則以貴游子弟擇而充內衛近侍也。龔氏序又謂，不辭衰老，細字夜書，然則此書全本皆仁父自寫，其結體能於圓整之中有活脫之致。與鷗波伯仲，蓋好學深思之士，餘藝亦足千古也。

　　次有葉氏序云，愚少年學於西蜀，先季明先生嘗曰，吾儒之學，有關於民彝世教者，皆當講明。一日論喪禮曰，喪服之制，降殺五等，聖人之意淵矣哉。人以仁爲心，仁莫大於孝弟，推其孝弟之心，則尊媚內外、大小、尊卑之別，其恩義之輕重、厚薄，聖人皆於五服見之，非聖人强爲之也。蓋因人心天理不容已者，而品節之以立教耳。烏有反哺之愛，雁有終身之孤，蚨有相戀之感，禽蟲猶爾，而況於人乎！宋時監察御史李定不服所生母喪，東坡諸賢指爲不孝。混一後，江南俗薄，儒官有不服父母喪者，近人爲吏，急於進取，執唐律八母之説，皆所生母爲無服，豈知《文公家禮》明載齊衰條下，匿而不用，是禽犢之不如也。夫喪制有正有從、有義有報，禮疑從厚，皆出于人心之天，不然，雖衰絰在身，亦不免蠶績蟹匡之譏也。自喪服不修，家不知有恩義重輕而彝倫斁，民不知有孝弟禮義而風俗壞，官不知有綱常名教而刑法繁，可嘆也已。先皇帝龍飛在天，首命爲臣者得封贈其祖若父母，在官者得居憂終制，蓋甚欲以孝治天下也。知本嘗作《萬言書》，中間一事乞班行五服，使民知孝義以厚風俗。草茅書成而身廢，鼎湖龍去而莫攀，席稾閭閻，終天抱恨。忽有隱君子下訪，袖出巨編，示愚曰，此《喪服五服圖》也，家居十年，蒐羅攷證而成。此集匪以求名也，將以正人心也，幸子叙之。試使讀其凡而聽之,作而嘆之曰,是可尚也,是有補於國家之政教者也。吾以賤且貧,不足爲子重。昔漢司馬長卿著《大人賦》,不過駕説鈴繡擊悦耳。狗監楊得意一薦,而召爲近臣。方今右文敦孝,公卿林立,必有賢於狗監者,子之書與身其遇必矣。子無吝鏤板之費,取經傳中居喪之禮,參之《朱子家禮》所載,俾爲全書。庶阮籍、趙光之儔,或有所警,則子之書庶有功於民彝世教,司馬長卿之文立下風矣。鶴鳴於九皋,聲聞於天,謂予不信,請質之詩。君龔姓,端禮名,仁夫其字,宋儒紳之胄也。時至治癸酉端陽日,廩民葉知本叙。有木刻“竹岡”二字圖章。伯驥按:葉氏序於文公朱子二處皆離一字,蓋是時朝章已有四書五經皆用程朱訓義之規定。元孫華贈日本僧詩有“也知中國尊朱子”之句。見《大雅集》卷八。明薛文清瑄引元人詩云“不宗朱氏原非學”。二詩蓋即代表其時尊朱之風氣,葉氏之意亦猶是也。

次有龔氏《上萬言書》,首題至順元年四月一日嘉興布衣臣龔端禮,次進服書呈文,次劄嘉興路總府,次服例,次五服,標目總共一百九十二章,目後列錢唐顧道方、蘇臺胡惟一評論,敕授嘉興路儒學教授羅應龍校正,承事郎江西等處榷茶都轉運使司經歷侯邦考正,敕授杭州路儒學教授何庚孫校勘,承事郎江浙等處儒學提舉宋元士保勘,文林郎江浙等處儒學提舉楊剛中重保、朝引大夫僉江浙南西道肅政廉訪司事當師簡覆考。次《五服八圖》分本族、外族、嫁女爲父族,次《漢制雞籠之圖》,次妻爲夫家,夫爲妻家,次《禮制六父十二母圖》《本族三殤之圖》《泰定三年新易注曉之圖》,次《喪服圖式》。又有《雞圖源》云,元康二年,西漢宣帝登石渠閣,集群臣講論喪服,帝問曰:“《古宗枝圖》列九族,世猶難曉。”諫大夫王章奏曰:“臣詳古之法律,其間多是王言,事罕通俗,似非精議,不克備知。臣觀《廣雅》云,昔日巴蜀有咮、𧏟上音朱,下音祝。

二姓之家養鷄,之始甚衆,大高三尺,名曰鶤鷤鷄。自一至九,取陽極之數,每種鷄雛名曰蜀子雜,<sub>音餘</sub>。各籠罩大小,不相烏雜。臣今當以鷄籠爲圖曉之也,故以禮制書中有此圖。"《上萬言書》前有"汪印士鐘"白文章,"閬源真賞"朱文章。汪氏,長洲人,名士鐘,閬源其號也。藏書室曰藝芸書舍,撰有書目。《蘇州府志》云,黃丕烈藏書盡歸汪士鐘。潘氏祖蔭跋汪目云,嘉慶時,黃蕘圃、周香岩、袁壽階、顧抱冲,所謂四大藏書家也,盡歸汪閬源觀察,而顧千里亦許汪爲海內好古敏求之士。按:陸存齋稱,汪爲布商,大抵其家爲業布致富者。人以存齋題記及此語近輕蔑,實爲不厚,然存齋非翰林出身,閻不學之人亦頗薄之。予嘗得《儀顧堂集》初印本,中有題字,頗論存齋居官有氣矜及自滿處。題者爲其舊館客,集亦存齋手贈也。《蕘圃題識》嘗稱閬源父厚齋都轉,捐資數萬脩文廟,以爲可與言者,故以北宋本《漢書》歸其收藏,今此書尚存盔山圖書館。蕘圃又嘗稱閬源英年力學,厚價收書,可知汪氏仍世儲藏,深可敬慕。泰興季氏家世富商,而滄葦以藏書著名,官諫垣能不負其職。施氏國祁備於棉業肆中,而斐然述作,人固以家世職業論耶!存齋過矣。清初李二曲顒著《觀感錄》,述明季真儒起自賤業者,若鹽丁、樵夫、吏胥、窰匠、商賈、農夫、賣油備、戍卒、網巾匠各一人。見《二曲集》二十二,尤足見平等之意義。末有黃氏蕘圃墨筆跋云,龔端禮《五服圖解》一卷,見《讀書敏求記》。其《述古堂書目》以爲元板,此冊即遵王舊藏也。因墨敝紙渝損而重裝,復以襯紙副其四圍,不能覩舊時面目矣。裝成並記。嘉慶丁卯除夕前四日復翁。有"丕烈之印"白文章,末葉有"士禮居藏"白文章。護葉有蕘圃墨筆題字云,"述古堂藏書,士禮居重裝龔端禮《五服圖解》,元刻,一卷。半葉十三行,行廿五字,大冊子"。錢曾,字遵王,常熟人。少學於族叔牧齋,謂能紹其緒。絳雲樓燼餘,書籍及詩文稿悉付藏弆,述古堂藏書多善本。見《蘇州府志》卷一百。遵王詩學晚唐,牧齋撰《吾炙集》,以遵王《宿破山寺詩》爲壓卷,并書其後云,每觀吾越間名流詩,句字襞積,殊苦眼中金屑。今觀遵王新句,靈心慧眼,玲瓏漏穿,本之怡性,出乎毫

端。推許如此。遵王爲牧齋注詩，庾辭隱語，悉發其覆，梵書道笈，
各溯其原。著有《讀書敏求記》《懷園》《鶯花》《交蘆》《判春》《奚
囊》等集。莪圃名丕烈，更號復翁、求古居士。乾隆己酉科舉人，
挑發直隸知縣，未就，加捐主事，假歸，傾資購宋刻及精鈔舊本書，
收藏甲於海内，題其所居曰讀未見書齋。見瞿中溶《練祁藁》卷
一。又瞿氏《金昌集》卷二云，莪圃得《儀禮》宋版注疏各一本，因
以“士禮居”顏其齋。得宋刊書百餘種，顧蒓顏其室曰“百宋一
廛”。先後得北宋本、南宋本陶詩，名其居曰“陶陶室”。其藏詞曲
之所曰“學山曲海居”。著《求古居宋本書目》《汪本隸釋刊誤》。

## 大戴禮記十三卷明嘉趣堂翻宋本，
繆氏藝風堂舊藏。

　　漢戴德撰，後周盧辯注。戴東原《大戴禮記録目後語》云，注中徵引漢魏
之儒，有康成、譙周、孫炎、宋均、王肅、范寧、郭象及楊孚《異物志》，然則爲景宣注甚明
云云。景宣，盧字也。前有宋淳熙乙未潁川韓元吉序云，以范太史家本
刊置建安郡齋，明嘉靖癸巳吳郡袁氏嘉趣堂據以重雕，爲《大戴
記》佳本。二十行，十八字，目連正文，宋諱缺筆。上海商務印書
館四部叢刊即以此影印。清曲阜孔氏廣森補注所云宋本，即此本
也。《大戴禮》一書，在漢時統稱《禮記》。《後漢書·桓郁傳》竇
憲疏所引《禮記》，楊終《與馬廖書》所稱禮制，均屬《大戴禮》也。
清武億《與桂未谷書》云，昨語及《説文序》，魯恭王壞孔子宅，而得《禮記》《尚書》《春
秋》《論語》《孝經》，足下按此《禮記》非今之《戴記》。據《漢志》有《古禮經》，當是《儀
禮》，某以足下言是也。《爾雅·釋言》郭景純注，引《禮記》曰扉用席。《釋詁》注引《禮
記》曰安而後傳言，邢氏證之《有司徹》《士相見禮》文，悉以稱《禮記》者爲誤。或云疑
傳寫之訛。《釋草》注引《禮記》曰，苴麻之有蕡者，邢氏又以此爲《儀禮·喪服》傳文。
傳所以解經，故亦謂之《禮記》，其説凡數歧，未有從而衷于一者，某固以心疑之矣，然終
未解其所以。後檢宋張淳《儀禮識誤序》云，出於孔氏之宅壁者曰《禮記》，河間獻王之

得先秦古書者曰《禮記》。禮者今之《儀禮》，記者今《儀禮》之記。時未有《儀禮》之名也，乃以見郭氏之所引定名，指歸實有所自。蓋迄兩漢以來，皆指《儀禮》爲《禮記》。鄭康成箋《詩·采蘩》，引《少牢饋食禮》，主婦被裼亦作《禮記》，亦其證也。見《授堂文鈔》三。後周盧氏注多有缺略，孔氏所爲補注，較爲詳贍。王文簡引之《大戴禮記》《經義述聞》務求其當，又在孔注之上。阮氏序孔氏書，謂其於《大戴禮》亦有所作，惜未見也。又，王氏聘珍亦有《解詁》一書。劉氏恭冕《廣經室記》云，今世治經者言十三經尚矣，金壇段若膺先生謂宜益以《國語》《大戴禮》《史記》《漢書》《資治通鑑》《說文解字》《九章算術》《周髀算經》爲廿一經。嘉興沈匏盧先生又以五經合諸緯書，取周續之言爲十經。冕則取《國語》《大戴禮》《周髀算經》《九章算術》《說文解字》，而益以《逸周書》《荀子》入焉。見《廣經室文鈔》。蓋至清世而學人之於《大戴禮》益加研求，亦益加重視矣。前人謂《大戴禮記》本無蹐駁，自小戴之書單行，而《大戴記》遂束之高閣，世儒明知《月令》爲呂不韋作，乃甘棄《夏小正》篇不用，殊不可解。伯驥按:《史記·夏本紀》孔子正夏時，學者多傳《夏小正》。《索隱》云，《夏小正》，《大戴記》篇名。正，正、征二音。予樓中藏前人校注《夏小正》有多種，均清代學人遺著。王詠霓《函雅堂集》卷三十六云，西王母之名，始見於《大戴禮》，《少間篇》。《爾雅》，《釋地》。而致詳於《山海經》，後之談者皆以爲神人之稱。以予觀之，蓋西戎之女子也。西戎貴女而賤男，故以女爲王，母死則傳之於其女，其國或稱昆侖，或稱夭野，而皆以女爲王，故稱之爲西王母，嘗列十六證以明之。又按:西王母，漢人皆以爲女仙人，見司馬相如《大人賦》及揚雄《甘泉賦》。後乃謂爲西方一國名。梁玉繩曰，西王母，西方一國名。如《周書·王會篇》，東方有姑妹國，《後漢·桓帝紀》姜勒姐，《西羌傳》夗姐之類。其名見《爾雅·釋地》《大戴禮·少間篇》，云舜時獻白琯。《竹書紀年》云，舜時西王母來獻白環玦。賈子《修政語上》云，堯西見王母。即《穆天子傳》叙西王母事，與曹奴、巨蒐諸人無異。《竹書》亦但言王西征見西王母，其年來朝賓於昭宮而已。自《山海·西山經》撰爲豹尾、虎齒、蓬髮、戴勝之説。至《漢武内傳》，又有天姿絕世之説，嗣後神仙家遞相附會，詭設姓名，何足述哉。《史記志疑·趙世家》。近人丁謙《穆天子傳地理考證》謂，西王母邦，上古時名加勒底，炎黄時名巴比倫，商周時名亞細利亞。顧氏實《穆天子傳西征今地考》謂，西王母之邦，蓋即今之波斯，或亦足備一説。伯驥按：《漢書·律曆志》張壽王言，驪山女爲天子。德清俞氏以爲其人必有非常材藝，爲諸侯所推服。當亦與前説異同。丁氏篤信歐洲少數學人所假設中國人種西來之説，實援據《穆天子傳》。卷首有"藝風審定"朱文小章，當是繆氏藏書。槧刻紙墨均臻精妙，所謂與宋板衹隔一塵者，此類是也。繆荃蓀，江陰人，字炎之，一字筱珊，晚號藝風。清光緒進士，授編修，歷主南菁、鐘山、濼源、經心諸書院講席。中華民國八年卒，年七十六。纂《順天府志》《湖北通志》，《清史稿》内《儒林》《文苑》《孝友》《循吏》《隱逸》等傳，其《藝風堂藏書記》《藝風堂藏金石目》《藝風堂文集》等均有刊本。

## 大戴禮記十三卷 明刻本，
### 日照許氏、江都汪氏校本。

卷二末有朱筆題記云，右篇謹依王君萱齡手臨宋本校勘一過，並録其序於左。《隋書·經籍志》既列《大戴禮》十三卷，而《夏小正》别爲卷。《唐志》始無《夏小正》之目，古本遂不可考。宋傳崧卿又别出之，經爲經，傳爲傳。近時畢秋颿、孫淵如、孔蕘軒各有刊本，然經或爲傳，傳或爲經，各以私意增損其間，不足據也。余得淳熙間韓元吉建安郡齋所刻《大戴禮》本，録出原文用存其真，以貽同志。古人云，"誤書思之，更是一適"，茲有取焉。昌平王萱齡，伯驥按：萱齡，昌平人，字北堂。道光副貢官，新安、柏鄉兩縣教諭。嗜漢學訓詁，著《周秦名字解詁補》。龔自珍曰，昌平州之人才，漢有盧植，唐有劉蕡，今有王護齡。王好積

書,鐘然長者,以孝廉方正徵授牘禮部,則奮筆言當世事。其言有曰,今士習尤譁囂小
慧慧上,宜崇樸學以勵下。見龔集。道光九年己丑五月晦日。日照許瀚録
于東門客舘,廿九年四月,又自据宋本校。卷四有墨筆題字云,甘
泉汪喜孫据《群書治要》校。卷五有墨筆題字云,道光九年六月大
暑,病疽,力疾校于京師寓舘。喜孫。伯驥按:喜孫又名喜荀,容甫
子也。劉氏《青溪老屋集》有其墓志,頗詳其爲人。又按:阮氏元
《曾子十篇注釋序》曰:"近時爲《大戴》之學者,有仁和盧召弓學士
文弨校盧雅雨見曾刻本;有休寧戴東原吉士震校刻武英殿聚珍板
本;有高郵王懷祖給事念孫、江都汪容甫拔貢中,在朱竹君學使筠
署中同校本;有歸安丁小雅教授杰本"。而檢討補注亦其一也,出
入於盧、戴之間,搜索於王、汪之外,亦拔戟而自成一隊者。又按:
戴氏《東原集》,其中辨正盧校頗多。其《與盧侍講書》云,《大戴禮
記》刻後校俗字太多。明嘉靖癸巳袁氏依宋本重刻之《大戴禮記》
齊皆作亝,後人不識古字,遂訛參,而夙字不可通矣。又暑而渴,宋
元本渴並作喝,《通解》載此文作喝,注曰,喝傷暑也。渴皆字形之
訛。《武王踐阼篇》於百姓未文,端本作十百世,蓋十訛作于,轉而
爲於,妄改者不知此解,其量十世、百世也。《本命篇》人資始焉,
袁氏本作人莫違,焉、始二字似後人所改入云云。蓋汪氏於《大戴
禮》實爲家學,故喜校之,而印林又欲於盧、戴之後致力此書,故亦
有校筆也。印林名瀚,山東日照人,道光舉人。官嶧縣教諭,深於
訓詁,好金石文字,校勘宋、元、明本書,尤爲精審,並著有《別雅訂
攀古小廬文》《韓詩外傳勘誤》。印林幼承庭誥,復以專精許、鄭,
受知於高郵王文簡、道州何文安、蕭山湯協揆。王氏《説文釋例》
引王汾泉《説文音義》,及劉申受、何願船、許印林諸家説,而與印
林辨論尤多。印林蓋精治《説文》者,護葉有墨筆題字云,日照許
印林先生批校本,壬子春坊記。坊姓徐,字士言,又字矩菴,號梧

生,山東臨清直隸州今改臨清縣。人,前清曾官學部國子丞,歷充京師圖書舘副監督、禮部禮學舘顧問官。辛亥改革,清皇室授毓慶宮行走,授遜帝讀書。丙辰年卒,清皇室贈太子少保銜,予謚忠勤。遺詩文詞集若干卷。《藝風堂藏書記》卷一云,宋本《周易正義》先藏徐星伯先生家。見《程侍郎遺集詩註》。近聞由長沙何氏歸吾友徐梧生戶部,惜南北隔絶,未能借校異同。又《藝風堂藏書記緣起》云,通籍後供職十六年,搜羅群籍,考訂版本,邇時談收藏者,潘吳縣師、翁常熟師、張南皮師、文冶庵丈、汪郎亭前輩,蔡松夫、黃再同兩同年,盛伯義、黃廉生兩祭酒,周薏生編修,王莘卿、徐梧生兩戶部,陸純伯中翰,互出所藏,以相攷訂,似此可想見其收書之富矣。江安傅氏以徐氏無書目爲可惜,見其所著《雙鑑樓書目序》中。徐氏遺書散出時,伯羲得有若干種。

### 大戴禮補註十三卷孔氏家刻本,龔孝拱手校。

清曲阜孔廣森補註。前有阮氏序,稱從其子昭虔得觀是書,其弟廣廉以乾隆五十九年春付刻。孔氏自序稱《大戴》全篇八十有五,今所存見,劣及四十,文句訛互,卷帙散亡。唯北周僕射范陽公盧辯景宣始爲之注,但經記綿褫,詞旨簡略,大義雖舉,微言仍隱,不揣淺聞,輒爲補注,更釐亥虎,參證爪穀。其第一、第二、第七、第九、第十二凡五卷,舊注既逸,稍以己意,備其訓詁云。最近以孫詒讓《大戴禮斠補》、王樹枏《校正孔氏大戴禮補注》爲最可讀,市上易得之。近人溫州玉環戴女士禮著《大戴禮集注》十三卷已行世,伯羲曾求得其本。女士並著《清列女傳》七卷,嘗上之國史舘,《女小學》一書亦上之學部。均章一山梣代呈云。吾家曾收某女士《易義》一種,郝懿行、王照圓《詩問》一種,及戴氏書《女子經學》書共三種,《易義》不合家法,已剔之。此書卷末有墨筆題字云,庚申四月寓上海,從英吉利官威妥瑪借得朱高安本對一

過，高安本即重刊淳熙本，而與孔校不同，蓋高安有從他本改者，即
幼時讀本，爲武英殿戴校本。癸丑之災，後來不得戴校，實亦未盡
善也。橙。時月之十二，賊陷蘇州。此墨筆共六行，當爲仁和龔氏
遺蹟。從英人借中國古經書本，亦新聞也。橙，字昌匏，更名公襄，
字孝拱。有遺書手稿，雜用古籀爲今隸，曰《理董許書》、曰《象
篇》、曰《詩三百五篇》，即《詩》本誼之學，曰《古器文錄》、曰《石刻
文錄》、曰《秦漢金石文錄》、曰《秦漢金石篆隸記誤》、曰《漢石刻
文補遺》、曰《魏晉南北朝隋唐石刻錄》，又曰《六經傳記》《逸詩用
書》《音韻表》《易韻表》《論語》《諸子》《屈原韻表》，詳見《復堂日
記》。孝拱有校元本《汲冢周書》見於某家書目。其題記云，同治
元年，在上海購得此袁校元刻本。五年冬書賈以黃藏元刊本來，無
泉得之，因復校一過，知袁校有遺誤，或袁所據又一元本。元本誤
缺甚多，惜不獲見惠定宇所見宋本也。橙志。孝拱又有校《韓詩
外傳》通津草堂本。此本出自元劉雁軫本，某家書目著錄之。其
題記云，孝拱學問淹貫，而性情乖僻，觀其字可知也。孝拱頗非禮
部之文，有大令之風，制行豪縱。伯驥按：禮部謂其父定庵也。清
咸豐季年，英法聯軍入北京，放火燬圓明園，大事劫掠，有人謂孝拱
爲導，近人金兆豐亦述之。金嘗供職清史館，有《清史略》。

## 吹豳錄五十卷寫本。

　　清吳穎芳撰，蓋論樂之作也。穎芳，仁和人，府志入《文苑傳》
中。王氏《春融堂集》有其家傳，傳云，杭有績學篤行安貧樂潛之
儒，曰臨江吳西林先生，名穎芳，西林其字也，居仁和之臨江鄉，因
自號臨江鄉人。初攻舉子業，嘗一赴童試，場中爲役隸所訶斥，曰
是求榮而先辱。自是不復應，惟一志於稽古。嘗怪鄭氏夾漈之著
書，務與先儒爲難，詆諆過當，而持論反有所偏，於是取《二十略》

中之《六書》《七音》《樂略》，一一尊先儒而探其原，其用力則自樂
始，謂律管器調，其理本顯，諸儒但能致其說而不能習其器，俗工則
能習其器而不能得其說，遂成不可究詰之學，乃案曲籍證衆器，百
試千推，引繩批根，而後成《吹豳録》五十卷。次及六書，則尊許氏
之説，而於轉注一義，尤闡其奥。先爲凡例，暢論其指，後疏許説，
謂今本《説文》取一字爲篆書，而細書其説爲注，不知許氏原文上
下相連，皆當作大書。如鵹黄爲倉庚之名，後人誤讀爲黄倉之類。
又，許氏所列文字間有未備，每於説中見之，如某字從某，即可補爲
正文，成《説文理董》四十卷。因六書而及音韻，謂字讀有古音、有
正音，經傳反切，皆經先儒審定，頒之學官，垂爲功令，不可執後人
口音以取證，成《音韻討論》四卷。又因《説文》而考製字之原，分
字之類爲六：曰觀象於天，曰觀法於地，曰近取諸身，曰遠取諸物，
曰視鳥獸之文，曰與地之宜，各溯其源之所從始，而沿其孳生之流，
成《文字源流》六卷。又取鐘鼎文字有成篇可讀者，皆釋其文、箋
其義，詳論於前後倒互之例，讀之皆能文從字順，成《金石文釋》六
卷。此皆著述之大者，功在先儒，教施來學，孜孜矻矻，垂數十年而
後成也。卒乾隆四十六年，年八十。此書有乾隆間自序及朱氏文
藻識語。朱氏稱西林窮數十年精力，從事音律之學，顧曲試器，證
驗無憾而後成之。凡分義例、律解、管解、管議、器考、調論、樂述，
而以《半字譜》附於調論，即今樂工所用五六工尺上等字也。《別
樂曲》附於樂述，即唐宋以來曲譜也。曾爲盧抱經之弟匏盧校閱
一過，改正誤字。自序謂命爲吹豳者，蓋取祈年吹豳雅之義云。西
林著有《周易類經》《金屑録》《詩稿》等書，《周易類經》《金屑録》，
著録丁氏《善本書室藏書志》。金屑者，蓋摘新奇典句著之于編，
實類書之屬，未見傳本。《詩稿》最流行，所謂《臨江鄉人稿》者也。
按：沈氏廷芳《隱拙齋集》卷二十云，西林本碩學，于音樂更洞其

微，旁通內典道籙。雷學使貫一，題其齋楣曰盛世鴻才。又沈氏大成《學福齋集》卷六《金壽門遺集十種序》云，浙之西有處約名高之士三人：曰金壽門，曰丁龍泓，曰吳西林。三人者生同方、學同志，壯而或游或處，其蹤跡若不同，而芒然徜徉於塵垢之外，而消遙於無事之業，浩浩蕩蕩乎！機械之巧，弗載于心，則無不同。吳君于書無所不究，而尤專象緯、樂律、《說文》、音韻之學，撰著能補古人。可知西林于樂律夙所研精，故當時學人深加折服也。又杭氏世駿曰，厲君太鴻、吳君西林皆予與晴江畏友也。又《詞科餘話》云，西林居艮山門外，足不入城市，熟精選理，兼長史學，深自韜晦，不求世知。吾鄉有三布衣，以其所詣律之于古，誠可以不愧，皆辭榮守貞，其品尤可尚也。見卷七。蓋西林固遺世獨立之士，故其能為世人不為之學耳。此錄未見刻本，傳鈔亦罕。北平圖書館目載有舊鈔本，或即朱跋所云程易田屬其覓友傳抄之第二本，亦未可定。中央大學圖書館《松軒書錄》則著錄殘存二十六之三十卷、四十六之五十卷，共十卷，為嘉慶九年武林汪璐過錄振綺堂藏朱文藻抄本。末葉有"嘉慶九年秋九月，向天潛四弟借原本，覓鈔胥影寫，九一翁汪璐識"一行。又"嘉慶十一年夏六月，借原本，屬表弟葉載歐校對一過，十村汪誠識"一行，并過錄乾隆五十一年朱文藻跋二則。伯驥此本，則《北平書友錄》以見示者也。清人論樂之書，如凌氏廷堪《燕樂攷原》、陳氏澧《聲律通攷》均有名，然番禺徐氏灝曾致書東塾，摘正其誤，可知今人說古樂，其中固多隔閡也。徐氏之說見其《通介堂集》，徐別有《樂律攷》二卷，若毛氏乾，乾之樂述則詳備不若吳書矣。昔黃梨洲稱明韓氏《苑洛志樂》一書，始刻之日，九鶴飛舞於庭，傳其術者為楊椒山，手製十二律管，吹之而其聲合。《潛研堂集》卷三十八云，惠士奇撰《琴篆理數考》四卷，書成，惟嘉定王進士恪見而喜之，餘皆莫能辨。西林之作，孰槧刻

是,孰研求是,此則不能無望於好事者爲之耳。梁任公論陳氏之書
曰,今所當問者,衹有兩點,一蘭甫所解荀勗笛制是否無誤? 二朱
子所傳《開元十二詩譜》是否可信? 若誠可信而無誤也,則復古樂
於今世,可拭目而待。音樂爲國民性之表現,而國民性各各不同,
非可强此就彼,譬之摘鄰圃之穠葩綴我園之老幹,縱極絢爛,越宿
而萎,以無内發的生命,雖美,非吾有也。若能循凌、陳兩書所示之
塗徑,以努力試驗,或從此遂可以知我國數千年之音樂爲何物,而
於其間得國民音樂生命未殰之卵焉,未可知也。蓋清儒所治樂學,
分古樂及近代曲劇兩者,任公之意,則欲由古樂以通於歐樂,取中
外融冶之,因附記焉,以告世之談音樂學者。

# 經　部　三

## 明會通館活字銅板校正音釋春秋
## 十二卷一册子。

　　大板，半葉九行，行十七字，前無序文，銜名後附陸氏《釋文》。雙行注，摺口，板心中上有小字二行云，"弘治歲在彊圉大荒落"，下有二行云，"會通館活字銅板印"，蓋錫山華氏所印行也。華珵，無錫人，字汝德。富藏書，所製活板，印書甚精速，築尚古齋，以藏玩好。華璲，字文輝。少時多涉獵經史，且喜藏書。中歲好鑒別，手録成帙，繼之以活字板，曰吾能會而通之矣，乃名曰會通舘，人稱之曰會通君。明人某氏集有《會通君傳》，拙著經籍，故嘗采録之。考我國雕印經籍，前明胡氏元瑞徧綜諸家之説，謂雕本肇自隋時，行於唐世，明陸深《河汾燕閒録》云，隋文帝開皇十三年爲雕板印書之始，但美人加脱爾所著《中國印刷術發明與其向西方傳播》一書則辨其非是。英人斯坦因在敦煌發見唐懿宗咸通九年四月十五日印刷《金剛般若波羅蜜經》，遂有以此爲最古者。擴於五代，精於宋人。伯驥按：清乾隆間，洪氏騰蛟所撰《壽山叢録》，則述《北史》揚俊之位常侍，嘗作六言歌，其詞淫蕩俚拙，村市流傳，名爲《揚五伴侶》，書賈梓而賣之。謂印書不始於隋文帝開雕釋氏遺經。其後伯驥讀明益藩莊王《勿齋集》卷一，謂漢靈帝時詔刊章捕張儉等，是刻印之法漢已有之，既有刻印之法，而書籍乃日用不可缺之物，却乃抄寫，恐無是理，則刻書實始於漢人，其説亦未嘗無據。《勿齋集》著録黃氏《千頃堂書目》，此外尟見。伯驥所有本爲巴陵方氏功惠藏本,集中雖無高文妙論,然亦有可資研討者,集末有隨筆若干葉,以上所述,則其中之一節也。此本爲墨格寫録,行闊字大,端楷不苟,板心有"碧琳琅館"字樣。大抵罕傳本,則用此類格寫之,竹紙無格者,則次要也。余所見方氏遺本不少,畧可以此别之。吾家收得益王潢南道人選録《盛明十二家詩選》十二卷,未悉爲勿齋何人,待再考。上虞羅氏《跋山左出土濰縣陳氏所藏秦瓦量》,謂其文字精絶,每行二字,每二行共四字,作一陽文範,合十範而印成全文。每範四周必見方郭,觀此知古代刻字之術發明甚早。古金文有陰欵、有陽識,皆先作範而鑄成之,欵之隆起者用陰範識之,凹下者則用陽範。此等之範,即雕板之濫觴。又如近代所出龜卜文,以刀筆刻字於上,及古金貨石範、石鼓文之刻石,均爲三代已有雕刻之明證,且不但有陰刻,且有陽刻也。此量亦陽範,故印成陰文。近人考中國經籍雕板始於五代,不知三代時已有雕字,又謂活字板始於宋之畢昇。見《夢溪筆談》。至元代而用益廣,見王禎《農書》。今此量以四字範多數排印而成全文,此實是聚珍板之原始云云。蓋吾國文明開發最早,既有雕金刻石之發明,自有削槧刊本之制作,羅氏攷論雖未有三代木刻之實物足供證明,而其理未嘗不塙也。前人謂活字印板經籍,創作於北宋慶曆中畢昇,沈氏存中頗詳言之,蓋燒膠泥而爲字,遂用以排列成文。近人所撰《扶桑百八吟》則述東京文科大學講師黑板勝美出示一小木塔,腹藏小經卷,高二寸許,長不盈尺,乃活字板所印,字體絶類隋造像云。神龍、景雲間造塔藏經大率類此,今已星鳳矣。此爲唐時已有活字板之證,又在畢氏之前,其是否用膠泥製字,則未見詳及。我國宋時活字之書今尚有流傳,如前清《天禄琳琅後編》二,有《毛詩》四卷,云宋活字本,因《唐風》内有字横置可證。又江陰繆氏《藏書續記》載范祖禹《帝學》八卷活字本,末有印書緣起,爲嘉定辛巳季夏望日青社齋礵書。其字之爲泥、爲銅,則未有攷證,唯畢氏遺法至清世猶多仿製。乾隆間,御製武英殿聚珍板《十韻詩序》，有"埏泥體粗"之語，趙紹琴《祖士詩鈔》卷四說，盛春谷以黃泥鐫字，草火煉之，即古活字遺制。秋夜出詩盤，各取數千，分賦微蟲於盤上，排列成詩，余得三首，皆是法也。清張爾歧撰《蒿庵閒話》二卷，乾隆間益都李文藻跋稱，此書向有真合齋磁板印本，予假鈔於歷城。周永年携至嶺南，始校而刊之。所謂磁板，不知如何。若夫鑄銅成字，則宋岳倦翁《九經三傳沿革例》已述及晉天福銅板本，知其起源已古。《常州志》云，安國字民泰，無錫人。居積諸貨，人棄我取，贍宗黨、惠鄉里，嘗以活字銅板印《吳中水利通志》。又陸氏《儼山外集》稱近時毘陵人用銅鉛爲活字，視板尤巧便。此二者皆明事也。清初亦沿用其法，《京師坊巷志》卷一云，內務府冊，乾隆三十八年創置活字版，賜名聚珍，置局西華門外北長街之東，排印各書。按此是爲木刻字，武英殿聚珍板書皆木刻活字也。乾隆間御製武英殿聚珍板《十韻詩》注云，康熙年間，編輯《古今圖書集成》，刻銅字爲活板，排印蕆功，貯之武英殿。歷年既久，銅字或破殘缺少，司事者懼干咎。適值乾隆初年，京師錢貴，遂請毀銅字供鑄，從之。所得有限，而所耗甚多，已爲非計，且使銅字尚存，則今之印書，不更事半功倍乎，深爲之惜，故明、清兩朝銅版之法，均不廢焉。前明則安氏、華氏每以銅板印書，吾家藏之頗多，不獨此一種也。羅氏所述元王禎之活字板，伯驥曾於《農書》詳之。德國書業博物院藏古登伯發明活字版以來所印之書，皆用玻璃櫃寶藏之，中有古登伯活字版耶穌《聖經》一部，即自公曆一四五〇年、一四五五年間所印成者，蓋當中國明初。益藩之集、壽山之書，皆近人言雕板者所未考及也。

## 古文春秋左氏傳賈服注十二卷

曲阜孔氏寫本。

卷前題浚儀王應麟撰集。應麟，宋慶元人，字伯厚，淳祐進士，官至禮部尚書。著《詩考》《詩地理考》《漢藝文志攷證》《通鑑答問》《小學紺珠》《玉海》等書。此書搜輯賈氏逵、服氏虔舊注，並鄭康成、馬季長、王子雍之説，諸家書目均未著録，惟吳中惠氏藏有鈔本，虞山瞿氏藏十二卷，亦鈔本。惠氏所輯《左傳補注》，如丘賦卒兩之説不從杜，遂扶以下作遂跽以下，爲燕飲解韈之證，皆源於此。《鐵琴銅劍樓書目》卷五所録之本，未審與惠本有無異同。此本得之燕京，審爲曲阜孔氏遺書，是可珍也。伯驥按：漢初，《左氏》之學不立，自劉歆治《左氏》，而章句義理始備。和帝時，鄭興父子創通大義奏上，始得立學，遂行於世。至章帝時，賈逵上《春秋大義》四十條，以詆《公羊》《穀梁》，帝賜布五百疋，蓋《左氏傳》以劉歆章句爲最古，《正義》《釋文》引之。賈逵、潁容、許淑三家，皆祖述劉氏，故賈逵《解詁》，《隋志》三十卷。王氏輯《古文春秋》載賈佚説，馬氏以爲疏漏，更補綴爲二卷。賈逵《春秋經章句》，《隋志》二十卷，本傳載奏一篇，章懷注《公羊疏》皆引其説。王肅注則漢魏時之古本也，肅父朗有《傳注》十二卷，肅因父書增多十八卷，其字與杜氏異，杜《集解》非一家，則異字或由杜而改。晉孫毓《義注》，《隋志》十八卷，大旨申賈而駁服，蓋服注受於康成，王肅説由於賈逵，孫則朋於王。《南史・儒林傳》云，崔靈恩先習《左傳》服解，不爲江東所行，改杜義。每文句常申服以難杜，遂著《左氏條義》以明之。時助教虞僧誕又精杜學，因作《申杜難服》以答靈恩，世並傳焉。又《王元規傳》，自梁代諸儒相傳爲《左氏》學者，皆以賈逵、服虔之義難駁杜預，凡一百八十條。元規引證條析，無復凝滯。《隋志》云，服虔、杜預注俱立國學，而後學惟傳服義，至隋，杜氏盛行，而服義浸微，今佚。王氏所輯服注，馬氏補其缺漏爲四卷，凡此皆漢魏六朝隋唐賈、杜、服、王《春秋左氏傳》注盛衰之大略也。王氏後起，始爲輯佚。至清世而攻杜之著作遂滋益多，顧氏、惠氏其先河也。惠氏《九曜齋筆記》二云,《左傳》不用服虔而用杜預,此孔穎達、顏師古之無識,杜預創短喪之説以媚時君,《春秋》之罪人也。杜預注《左傳》遠不逮服子慎,唯地理勝於服。當時有京相璠撰《春秋土地名》三卷,預資取其説,故其書可觀,預貴而璠賤,故璠書不傳。又嘉興李氏著《左傳賈服注義》,援引甚博,字比句櫛,於義有未安者,亦加駁難。序之者謂使冲遠復生,終未敢專樹征南之幟,而盡棄舊義也。劉氏恭冕《廣終室文鈔》亦有李氏《春秋左氏傳賈服注輯述跋》云,漢儒注《左氏》者,自賈誼始,其後劉歆、鄭衆、賈逵、馬融、延篤、彭汪淑、潁容、謝該、服虔、孔嘉,各爲之訓釋,而諸家中以賈、服爲最備,故學者多竝稱之。顧自杜氏《集解》、孔氏《疏》出,而二家遂亡。近時金谿王氏謨始有輯本,次白輯此注稍後王氏,而搜采較多,抉擇尤慎,蓋《春秋左氏經傳》自國朝以來,爲此學者若顧氏炎武之《杜解補正》,沈氏彤之《小疏》,惠氏棟、馬氏宗槤之《補注》,洪氏亮吉之《詁》,雖昌言古註,而遺略實多,又無所發明,均未有能及此書者也。次白同時有吳沈文起、儀徵劉孟瞻兩先生,皆專治是經,俾古注爲杜乾没者得以衆著於世,使及見此書,當必説服稱爲同志,則劉氏亦未讀深寧此書矣。段氏玉裁曰,今所謂十三經者,《左傳》用杜元凱《經傳集解》,自唐人作《正義》而然,前此之注皆亡矣。其書説天子諸侯喪服最爲非聖,其他訓詁名物、地理、曆法時多疵纇。自唐以來,多有相訾謷者,蓋亦未盡得真是與。鄭氏之於三禮得真是者最多,杜氏之於《左傳》得真是者較少。今張君阮林有《左》癖,蘊積既久,乃取自漢以來及於國朝諸儒説異杜者,匯集其成,參以己説,爲《刊杜》若干卷。見《經韵樓集》卷四。是賈、服古註,清世不敠輯佚,征南疏略訛繆,亦已暴露無遺。王氏此書實爲大輅椎輪,本可不讀,然前清經術鈎沈搜逸,勞苦功高,胡竹村撰《朱氏經學文鈔序》已言之。深寧當宋、元之交，已有此手眼，則其遺著與經學史尤有關係焉。此伯驥著録之意也。清世馬國翰《玉函山房輯佚書》得六百三十種，黄奭《漢學堂叢書》輯得二百十六種，則不獨經學。馬書有謂出自章宗源，無實據也。前有“孔氏繼涵”、“葒谷”兩章。繼涵，字體生，號葒谷，山東曲阜人。乾隆三十六年進士，官户部郎中，爲孔子六十七代孫。篤於内行，天性過人，校刻《算經十書》《戴氏遺書》，著《春秋閏例》《日食例》，又著《考工車度記》《林氏考工記解》《勾股粟米法釋數》《同度記》各一卷。在京師七年，所手校之書數千百帙，集漢唐以來金石刻千餘種，悉攷覈其事，與經義史志相比附。遇藏書家罕傳之本，必校勘付録，以廣其傳。所著名《紅櫚書屋集》。見《國朝經學名儒記》及翁方綱《孔君墓誌銘》。

## 春秋公羊傳二十卷 明刊本，蕭夢松、丁儉卿舊藏，伯驥手校。

　　此爲明隆慶間《公》《穀》合刻本。前有長洲孫獻翼序，略云，隆慶改元之日，客有好事者以《左氏》事詳而義疎，《公》《穀》義精而事略，有不能相通，乃別取《公》《穀》並梓而傳。此雖隆慶所刊，然字體頗大，板刻尚佳。伯驥曾取《唐石經》及各善本校之，知其多有可取焉。石經完備者，有兩種流傳，一存西安府學，爲唐開成二年刻石，乾符修改，後梁補刻，迄明而王堯惠又補其缺。一爲清乾隆五十八年奉詔刻，立於北京國子監，十三經皆具。《唐石經》原無《孟子》，明人始補入也。唐刻較古，清刻益精，文字多與通行本異。吾家所儲，則開成本，高文巨册，古芬襲人矣。其與《唐石經》宋景德本、宋鄂泮官書本不合者，如隱公元年三月，公及邾婁儀父盟于眛。以上各本皆作“眛”，而此本則作“眜”，蓋“眛”之音爲妹，目不明也，“眜”則地名，固自不同，此本之誤可知矣。桓公十有五年，祭仲存則存矣，祭仲亡則亡矣。《唐石經》“存”下無“矣”字，此則有之。莊公七年，列星不見，何以知夜之中。《唐石經九經誤字》“見”字下有“則”字，此本無之。莊公二十有六年，公伐戎。《唐石經》“年”字下有“春”字，而此無之，《武英殿本考證》云，《春秋》從未有去“春”字者，當爲刊本脱落是也。僖公十有九年，鄫子會於邾婁。《唐石經》作“鄫子會盟于邾婁”。文公十有三年，周公白牲。《唐石經》則作“白牡”，《武英殿本考證》曾引《詩·魯頌》《禮·明堂位》《春秋繁露·郊事對》篇，以證“白牡”其義長矣。成公十有六年，成公將會厲公。《唐石經》“會”字上有“晋”字，此則無之。襄公二十有七年，獻公曰，子苟納我。《唐石經》、宋景德本、宋鄂泮官書本作“子苟欲納我”，此無“欲”字，且“苟”亦誤“荀”；又携其妻子而與之，《唐石經》則作“携其妻子而去之”。昭公二十有六年，盟於剸陵。《唐石經》作“鄟陵”。其與《唐石經》合。而勝於監本、坊本者，如桓公二年，隱賢而桓賤，監本作“桓賊”，何注既云，賤不爲諱，自當以賤爲長。桓公三年秋七月壬辰，坊本作“壬申”，此與《唐石經》合。桓公十有一年，鄭伯有善于鄾公者。監本作“鄶公”，此與《唐石經》合。莊公九年，辭殺子糾也。“殺”，監本“役”，《唐石經》作“殺”。僖公四年，桓公救中國而攘夷狄，卒怗荆。監本作“帖荆”，《唐石經》、唐元度《九經字樣》皆作“怗”。《干禄字書》怗，怗服；帖，卷帖。怗誼爲長。僖公二十有一年，吾不從子之言，以至於此。《唐石經》、宋景德本、宋鄂泮官書本皆同，唯監本作“此乎”。宣公八年，公至自會。坊本作“自齊”，此與《唐石經》同。宣公十有六年，成周宣謝災。監本作“宣榭”，此同《唐石經》。成公五年，梁山者何，河上之山也。《唐石經》作“河上”，監本作“江上”，《乾隆御定石經考文提要》云，按晋地不得至江，且下明云壅河三日不流，據此更可證此本校勘之善矣。成公六年秋，仲孫蔑、叔孫僑如率師侵宋。監本無“率師”二字,此尚是據《唐石經》。成公十有一年,有“冬十月”三字,與《唐石經》同,若監本則無之矣。襄公十有二年春王三月。與《唐石經》同,監本則作“正月”。昭公二十有一年,葬薛獻公。監本作“晉獻”,諸本與此本皆作“薛獻”。定公四年,用事乎河?坊本作“用是”,以此爲長。哀公十有四年,有麇而角者。《唐石經》作“麕”,與《石經》郭注合。半葉十行,行十八字,護葉有白文“柘塘居士”白文章、“閩中蓼亭蕭夢松圖史之章”兩方形印,“藏之名山,傳之其人”朱文方形章,“名山草堂,蕭然獨居。門無車馬,室有圖書。沈酣枕籍,不知其餘。俯仰今昔,樂且晏如。蕭蓼亭銘”白文大印。前有“松雲古夢”、“九仙山裏人家”、“山陽丁晏之章”三印,序上有“閒中日月醉裏乾坤”大方印。卷第一前有“蘭話堂書畫印”長方形章,“蕭氏夢松”、“靜居氏”兩章,“山陽丁晏藏書”章。是此書先爲閩人蕭家所藏,後歸丁儉卿頤志齋者。柘塘爲淮安聚落,《淮安藝文志》卷十録李氏鎮《柘塘詩》有云,“尋河五十程,柘塘千萬家。家家事耕種,蔽野多桑麻”。即其地也。儉卿,山陽人,此章當亦丁氏所捺。“蕭蓼亭銘”一印,葉氏《藏書紀事詩》卷四稱,曾在潘氏滂喜齋見明刻《劉屏山集》有之,又有“蕭蓼亭四世家藏圖籍”印,而此書“藏之名山”等章,則葉氏未及,故稍詳記。葉氏據林吉人《樸學齋稿》知蕭君爲康熙間人,而事實則無可考云。儉卿之子壽昌《睦州存稿》有《頤志齋藏書目》,叙中有云,聚書之難,不以貪多爲富;藏書之善,必以識詑爲先。則丁氏所藏,當不陋矣,而葉氏之詩何以遺之?晏,字儉卿,道光辛巳舉人。《山陽縣志·文苑》有傳。

### 春秋胡氏傳纂疏三十卷　元刊本。

前題新安汪克寬學。克寬,字德輔,號環谷,祁門人。環谷之

學，得諸黄勉齋門人雙峯饒氏，又與胡炳文、吴仲迁、許謙諸君子相
師友，宜其學之有本也，别有《環谷集》八卷。前有引用諸儒姓氏、
先儒格言，又有《春秋胡氏傳附録纂疏凡例》，後有克寬自序，至正
辛巳虞集、至元四年汪澤民序，末有至正八年吴國英跋。此書以胡
氏傳爲主，雜引各家之説以疏之。胡傳在《春秋》家中爲無本之
學，此又從而揚其波，本不足重，以其古刻存之。黑口，板半葉十一
行，行廿字。孫氏志祖曰，胡安國一生，大節本多可議，其始由秦檜
薦用，得預講筵。吕頤浩謀逐檜，引朱勝非爲助。安國言，勝非不
可用，安國求去，檜三上章留之。頤浩問去檜之術於席益，益曰，黨
魁胡安國在瑣闈，宜先去之。安國嘗言檜賢於張浚諸人，檜亦力引
安國。事見《宋史·秦檜傳》。則爲秦檜之黨明矣。明人無識，徒
以《春秋》用胡《傳》，遂從祀兩序，然胡《傳》借《春秋》指陳時事，
本不合於筆削之旨，其論亦多迂謬。近科場功令已斥胡《傳》不
用，俱以《左傳》本文爲主，參用《公羊》《穀梁》之説，則從祀之典，
亦所當議罷也。見《讀書脞録》續四。前清初用胡《傳》試士，乾隆
壬子，禮臣紀昀言於朝，謂胡氏解經主義當宋紹興時，特借以託諷
時事，於聖人之意不相比附。嗣後治《春秋》者竝從三傳，繇是遂
廢不用云。明陸粲撰《春秋胡氏傳辨疑》二卷，謂胡氏説經，或失
於過求，詞不厭煩，而聖人之意愈晦，故著此以辨論之。有明二百
數十年，昌言以糾正胡《傳》者，自此書始，直至清代，始罷其書。毛
奇齡作《春秋毛氏傳》，專斥胡氏，在紀昀前。

**爾雅二卷**從元刻巾箱本景寫，滁山堂舊藏。

前題郭璞注，首載郭序，後有音釋，其中字句與吴本略異，序後
有墨長記，題“大德己亥平水曹氏進德齋謹誌”。全書有校筆，瞿
氏亦藏此種刻本，以宋本覆勘一過，知其全書無後人竄亂處。郭注

中某音某者，完善無闕。其經文不同於《唐石經》者，如《釋宫》屋上薄，“薄”不作“簿”。宋刻《廣韻》三十五，笑筵屋上薄也，亦從草。《釋天》“何鼓”不作“河鼓”，與郭氏擔荷之訓合，蓋古擔荷之“荷”，實作“何”也。《釋水》“縣”不作“縣出”。《釋文》縣音元，是古本作縣之證。又《釋畜》騋牝驪牡，不同雪窗書院本，作“騋牝驪牝”。武進臧氏謂，高密孫叔然本作“驪牡”，郭作“驪牝”。《釋草》其萌蘿，注音繼綹，不同雪窗本，訛作“丘阮”。近之釋經家，皆以吴本、雪窗本爲單經之善本，當是未見此本。伯羲按：愛日精廬所記《釋訓》，“綽綽、爰爰也”以下重語及小註，雪窗本及閩監毛本俱脱，又釋文私改各條，此本俱不誤，與海源閣楊氏藏本同，是可貴也。武進董氏嘗以敦煌本、六朝本《爾雅》一卷存《釋天》八、《釋地》九與阮刻互校，除别體字及註語尾增加助詞從略外，可以是正刻本者，約卅四條。如“十月爲陽”下註云，純陰用事，嫌於無陽，故以明之。今本作“純陽”，則與下句抵觸，此訛之顯然者也。又古本形似之字每多通用，如唐人寫本“循”、“備”、“脩”三字互書，閲者繹其文義，當可明晰。此本“戴”、“載”二字雖近似，然“戴”則注之於首，屬於上，“載”有載重之義，屬於下，本卷各“戴”字皆含注於首之義，刻本作“載”非是，以是知《禮記》之“載鴻”、“載鳴鳶”亦宜從“戴”。此爲《爾雅》最古之本，當勝於元刊，惜殘缺耳。卷末有“滁山書堂”大方章，當是盱眙吴尚書棠遺本。棠號仲宣，官蜀最久，致仕寓滁州，故有此章，平時則以“望三益齋”章捺於各藏本也。張氏之洞《廣雅堂詩集》有《滁山書堂歌》，中有云，“忽憶家園萬牙籤，蛛絲蠹迹無人掃”。注云，藏書甚富，率皆善本、舊槧。又云，“滁山深蔚滁泉香，中有尚書讀書堂。宋槧明鈔四羅列，朱履白髮中徜徉。不惜餅金購一軸，充棟都曾經手觸。狄座牙旗十五年，長物止此堪誇目”。伯羲按：張氏詩刻本有若干種，此據袁刻，近年則編入全集，内題曰《張文襄公全集》，計二百二十九卷,最通行之《輶軒語》《書目答問》亦在其中矣。文襄之政事、文學可考而知,治晚清之史者,尤爲重要典籍也。吳又嘗聘秀水高均儒校勘經籍,見《嘉興府志》五十二。葉氏《藏書紀事詩》未及尚書事實,當補之。吳刻書有《望三益齋叢書》十八册,其自著者有《望三益齋爐餘吟》二卷、《存稿》四卷,別刻《望三益齋詩文鈔》《計謝恩摺字》一卷、《詩集》四卷、《雜體文》四卷。

### 爾雅二卷 明從宋出郭注單行本,揚州阮氏舊藏。

晋郭璞注,上下卷,別有《音釋》。《釋訓》綽綽、爰爰,緩也。注云,皆寬緩也。悠悠、稱稱、丕丕、簡簡、存存、懋懋、庸庸、綽綽,盡重語。雪窗本、閩監本俱脱,此本有之。《釋草》莬雀弁,不作"茬",與《唐石經》《釋文》合。又晢無實棗,不作"哲",與單疏本合。《釋魚》鰧鰧蛇首,"鰧"不作"騰",亦與單疏本合。以上各條,日本翻宋本亦如此,可知此本來源之古矣。又瞿氏《書目》載有《音釋》之宋本,如《釋詁》縱縮,亂也。注,縱放絜縮,"縮"不作"緒"。《釋言》馹遽傳也。注,皆傳車驛馬之名,"傳"不作"轉"。《釋宮》開謂之槏。"開"不作"關"。《釋天》在壬曰玄黓。"黓"不作"黕"。《釋水》穴出仄出也。"仄"不作"庂"。又,所渠并千七百一,川色黃。注,汩漱沙壤,"壤"不作"壞"。《釋草》羊棗。注,曾皙嗜羊棗,"嗜"不作"蓍"。"棟"作"楝"。注,葉細而歧鋭,"歧"不作"岐"。《釋蟲》蜪蚅蚥蝝。注,俗呼蟒蠕,"蠕"不作"蟒"。《釋鳥》注,憨急尋飛,"憨"不作"慼";又,鳲鴶叔,"鴶"不作"鵠"。《釋畜》尾本白驔。注,尾株白,"株"不作"林"。此本皆與之合。郭注單行皆出宋刻,前人所云,殆不誣矣。半葉十行,行二十字。卷上下前有"文選樓"長方形章,"家住揚州文選樓隋曹憲故里"方形章,上墨而下朱,此爲前清阮氏元藏本。考阮氏有藏章云,"揚州阮伯元氏藏書處曰琅嬛仙舘,藏金石處曰積古齋,藏硯處曰譜硯齋，著書處曰揅經室”，此章曾見於他家藏書，然阮氏藏本則以用“文選樓”一章爲最多。“文選樓”章銅質爲之，今歸南海黃氏劬學齋，伯驥曾摩抄及之。王培荀《鄉園夢憶録》卷三云，阮芸臺母林太夫人性躭墳典，繪有石室藏書小照，獨坐石上，芸臺執書侍立。主事郝懿行室王氏照圓題詩有云，“齋名積古從公定，室有藏書是母留”。芸臺績古齋後改積古，故云。<small>伯驥按：照圓字瑞玉，博涉經史，當時品題著書家有高郵王父子、棲霞郝夫婦之目。照圓每與夫辨學，著《詩說》一卷、《列女傳補註》八卷，而《詩問》七卷，則懿行、照圓以詩答問也。清光緒八年，進著作六種，奉旨着留覽。郝，山東棲霞人，有《郝氏遺書》行世，種類頗多。葉氏《藏書紀事詩》未及此節，爲照録之，以彰母教焉。</small>張穆《月齋文集》卷八云，阮氏於嘉慶十二年進呈四庫未收書六十餘種，仁宗命庋其書於天壇前殿之西廊，御題額曰“宛委別藏”，原本則阮氏悉弆之文選樓。道光癸卯夏，阮氏内書室被火，生平所蓄宋元舊袟灰燼無餘。又道光三十年，《儀徵縣志》阮氏序云，嘉慶己巳，余在翰林院，檢《永樂大典》，見其中有《紹熙儀徵志》《嘉定真州志》，命小史鈔一副本，藏諸篋笥。道光癸卯春，里第爲鄰火所焚，此書遂遺失。是文達藏本曾遭大厄，然吾家所藏文達遺書，固有多種，最佳者則爲宋刻史炤《通鑑釋文》，此書則其次也。<small>譚古瑧著《爾雅綱目》一百二十卷，見朱彝尊撰《小譚大夫墓志》。如此巨編，當有可取，但未見其本。清世新疏以邵晉涵、郝懿行二家爲最善。陳氏澧曰，邵、郝二家之疏，度越前人。郝氏之學，出於阮氏。阮《與郝論爾雅書》云，今子爲《爾雅》之學，以聲音爲主，而通其訓詁，余亟取之。文達集中《釋門》《釋且》《釋鮮》諸篇，旁推交通，妙契微茫，尤有以開其門徑也。見《東塾讀書記》。近年王氏國維撰《爾雅草木蟲魚鳥獸釋例》一卷，則受嘉興沈氏曾植之指導，沈嘗語王曰，郝氏《爾雅義疏》於詁、言、訓三篇，皆以聲音通之，善矣。然《草》《木》《蟲》《魚》《鳥》《獸》諸篇，以聲爲義者甚多，似未能觀其會通，君盍爲部分條理之乎，并告以文字有字原、有音原。王乃推其説而成，此王又曾質古音韻於沈氏云。</small>

## 爾雅新義二十卷伊蒿學廬黑格寫本。

宋陸佃撰。佃，字農師，越州山陰人。少遊王安石之門，熙寧三年擢進士甲科，授蔡州推官，選爲鄆州教授，召補國子監直講，歷轉至左丞，後出知亳州，卒於官。《宋史》有傳。卷首有元符二年自序，其説《爾雅》之義曰，萬物汝故有之，此書能爲爾正，非能與爾以其所無也，名之曰《爾雅》以此。以爾爲爾汝之爾，蓋其所創，此其所以取名新義也。據陳氏《書録解題》謂，佃孫子遹嘗刻此書於嚴州，然元、明以來，藏書家絕不著録。《經義考》亦云未見。張氏《愛日精廬藏書志》謂《永樂大典》不收，然據清《四庫總目》卷四十則云，散見《大典》中，文句訛闕，不能排纂成帙。月霄蓋誤也。嘉慶間，丁杰、嚴元照等始有傳鈔本，阮氏嘗以進呈。嚴氏謂全書穿鑿荒鄙，難以言喻。其註履帝武敏，引武未盡善，注大者謂之枑，引大舜有大焉，何不經若是！覺陳氏所譏玩物喪志，未足蔽辜也。佃又號通小學，宜稍知識字，閔字從門，《經典釋文》《開成石經》皆作門内之事，則竟以爲從門。其所讀破句亦不少，狄臧槔貢綦，郭不分句讀，《釋文》《廣韻》以狄臧槔爲句，佃以槔字屬下讀。樸枹者，謂檄，采薪。佃以謂字爲句。蟥蚚螫蠠，莫貈蟷蜋，虹蛵負勞，各以四字爲句，虹屬蟷蜋爲句。皆由杜篡，絕無所本，然則奚取乎此書而存之。曰《爾雅》文字多訛，毛晉所刻注疏本訛誤多至不可枚舉。此書乃北宋本，經文多可是正俗本。如《釋詁》厎、底、尼、定、曷、遏，止也，與《釋文》《石經》合。《釋文》厎，丁禮反；底，之視反。後人妄疑是重文，輒改"底"字爲"廢"。《釋言》楷柱也，楷從木旁，《説文》楷訓柱砥。《玉篇》楷，柱也，皆在木部，《釋文》《石經》亦同，近本誤從手，《説文》《玉篇》手部無此字。華皇也，與《釋文》《石經》合，近本倒其文，作皇華也，誤。《釋訓》忯恇、惕惕,愛也。《説文》恇,愛也,从心氐聲,巨支切。《玉篇》恇敬也,亦愛也。近本誤从氏,《説文》無"恇"字,近本誤連上"濩"字,亦从水。《釋天》四氣和謂之玉燭,李善注《文選》屢引皆同,《石經》亦同,後來誤作"四時",不知下有"四時和謂之通正"之文,不可混也。《釋地》珣玗琪,从于;枳首蛇,枳从木,皆與《釋文》合,近本誤作"玕"、作"軹"。《釋丘》當途梧丘,邢氏疏云,當道有丘名梧丘,言若相遇於道路然也。近本誤作"堂途"。《釋水》河水清且瀾漪,瀾从蘭,與《釋文》合,近本誤从闌。《釋艸》孟狼尾,與《石經》同,近本"孟"訛"盂"。澤烏蕵與《釋文》《石經》同,郭注云,即土藭也,近本竟作藭,則重文矣。杬魚毒,杬从元,《釋文》同,近本訛作"杭"。還味棯棗,棯旁从木,《釋文》《石經》同,《玉篇·木部》《廣韻》"棯"字注皆引此文,近本誤从手。蔽者翳,近本"蔽"訛"弊",《釋文》《石經》作"蔽"。祝州木,《釋文》《石經》祝皆从示,近本誤从木。鷐白鷢,《釋文》《石經》同,《玉篇·鳥部》《廣韻》"鷐"字注引此文,近本誤分爲兩字,作楊鳥、白鷢。清朱氏學勤云,《爾雅·釋鳥》楊鳥、白鷢,《釋文》《石經》俱作鷐,鷐字始見于《玉篇》,梁、陳間俗字爾。攷《古今注》楊鳥,白鷢也。《廣韻》十月白鷢,一名楊鳥,《兼明書》亦引作楊鳥。而《太平御覽·禽類》獨列楊鳥部,則古本《爾雅》與今本不異矣。邵氏《正義》好奇,定從鷐字,云監本誤分爲二字,是未悟《説文》無此字也。張參於群經所有之字,備載《五經文字》中,獨無"鷐"字,又安知《石經》之非誤耶! 見《結一廬遺文》。此又以分二字爲不誤矣。凡此皆宜據以正俗本之訛也。嚴氏所舉甚詳,此略述之。張氏月霄又舉其《釋木》㡾木符婁,注云,木病傴僂臃腫,本樊光注。《釋樂》小者謂之棧,注云,棧云淺矣,本李巡註。《釋天》東風謂之谷風,注云,谷風生物之風,本孫炎注。《釋宮》四達謂之衢,注云,交道四出,本郭璞注。《釋訓》子之子爲孫,注云,子又有子,於是當遜矣,則義本《釋名》。《釋宮》九達謂之逵,注云,逵,馗也,似龜背,故謂之逵,則義本《説文》。江之爲貢,園之爲援,此《風俗通》之説也。訓父爲矩，訓姊爲咨，此《白虎通》之説也。祖者且也，則本之《檀弓》。子者孜也，則本之《廣雅》。小以大爲丕，則本之《法言》。處獨之美曰絅，則本之《中論》。可以援人曰媛，則本之鄭氏《詩箋》。知其擇善而從，所採不止荆公《字説》也。陳振孫曰："大率不出王氏之學"，斯言過矣。清《學部圖書館善本書目》有此書，嘉定陳氏《詩庭跋》，稱其中精核者不可枚舉，謂嘗以常州臧氏拜經堂翻宋本及家藏永懷堂本注疏本手自校核，與宋本合者居多。内如《釋親》篇宗族等各小題，俱在每章之後，卷末小題有"六畜"二字，俱與古本合，而與今本異者，又其讀每與之異，如樸枹者謂四字爲句，則錢宫詹《答問》已主此説。又《釋詁》台、朕、賚、畀、卜、陽，予也，注，予一名而兩讀，台朕陽予也，賚畀卜予也。近儒錢宫詹、王石臞先生甚發此義。豈知此書先已言之，則余序所稱，爲良足寶貴，比於十五連城，果不誣云。此書全部用黑格精寫，欄外有"伊蒿學廬鈔本"一行。伯驥按：《詩·小雅·蓼莪》篇"蓼蓼者莪，匪莪伊蒿"。《毛傳》蓼蓼，長大貌。鄭箋云，莪已長大，視之以爲匪莪，故謂之蒿。由行役憂思，心不精識。顧承《吴門耆舊記》云，張德榮字充之，號伊蒿，長洲縣學生，艮思之子。家貧力學，平生好古，手鈔書數百卷藏於家。此書或爲張氏鈔本。又，清咸豐間，盱眙王效成有《伊蒿集》五卷，前有魯一同序，謂君與吴山尊、李申耆友善，時桐城之學盛行，君獨經世綜物，出入賈董間，與可之、牧之相出入，竟其身名不出百里，卒自沈於淮以死。今檢其集卷四，有《伊蒿室記》，此本是否爲其鈔録，亦一疑問，蓋二人均未聞其用學廬字以爲標目，故仍俟攷定也。清嘉慶十三年，陸氏芝榮、陳氏培得、宋氏大樽手校此書，審定鏤板，王氏宗炎序之，世所謂三間草堂本也，亦精善可讀。

### 埤雅二十卷明仿宋黑口本，顧河之舊藏。

宋陸佃撰。葉氏郎園亦藏此種黑口本，其識語云，《埤雅》明本甚多，而以此本爲最善。孫星衍《平津舘鑑藏書籍記續編》明版類所稱黑口版，每葉二十行，行二十字，每卷後皆有音釋。別本《釋天》後有"後闕"二字，此本無之者，即此本也。郎園又云，《四庫全書總目·經部·小學類》著録爲浙江巡撫採進本，《釋天》之末，注"後闕"二字，然則併此書亦有脱佚，非完本矣。是舘臣未見此刻本，故亦不知有音釋。近人丁丙《善本書室藏書志》載有重刊《埤雅》二十卷，明刊黑口本；朱學勤《結一廬書目》載有《埤雅》二十卷，明初細字本；瞿鏞《鐵琴銅劍樓藏書目録》載有《埤雅》二十卷，明刊本。均未詳記行、字。惟繆氏《藝風堂藏書記》有明仿宋本，云每半葉十行，行二十字，與此行、字合，殆即一本，所謂明仿宋也。伯驥按：晁氏《客語》云，神廟問陸農師，疏布以冪八尊，畫布以冪六彝，何必疏布？對云，疏取其氣達，非密布也。又一條云，農師上殿，神廟問洛河何以不凍？奏云，臣聞之有礜石焉，礜石之力比鐘乳十倍。是陸氏固嘗以博通名世者，宜其著述此書。又按：《三輔決録》世祖與百僚大會靈臺，得鼠身如豹文，熒有光澤，惟竇攸以見《爾雅》對，詔諸侯子弟從攸受《爾雅》。清世訓釋《爾雅》之郝氏，亦嘗取證實物。郝有《爾雅義疏》十九卷，嘗曰，余田居多載，遇草木蟲魚有弗知者，必詢其名，詳察其形，考之古書，以徵其然否。今茲疏中其異於舊説者，皆經目驗，非憑胸臆，此余書所以别乎邵氏也。按，如此則與科學之生物學爲近矣。胡氏培翬撰郝墓表亦嘗述郝語。郝有《蜂衙小記》《燕子春秋》，人以此證其喜博物之學。農師，佃字也。伯驥又按：明《王遵巖集》有《讀埤雅》一文，云陸農師於名物可謂多識矣，然其爲書有自亂其法，所引雖博，而非其著書本旨，不足相證而反以自病者亦多矣。釋罿雉而釋后服，釋馬而釋車，釋騏而釋服，釋龍而釋占，釋蓍而釋重卦,皆非其著書本旨。釋竹而釋衛武公之德,已去之遠,而又及於明器。釋倉庚摘引《月令》可耳,而全録其文。釋艾則因五十曰艾之文,而録禮文全篇。釋《蓼斯》《甘棠》,既不當釋《詩》,而復旁引莊子華封之祝、劉歆宗廟之議。釋臺漢其説尤迂緩,謂之"詩箋"義可也。苹之爲籟蕭,知其爲在野之草,而鹿之所食也,顧不從箋而從毛與《爾雅》,則水萍豈野生,而亦豈鹿之所食耶?白華之爲菅,菅其名而白華其詞也,乃立白華一名而釋之,由《箋》有"白華於野"之文而誤,不思《毛傳》已明也。蒲盧之爲野蜂,則不當爲草,乃兩立其名,而兩引《中庸》之文。伯驥按:《四庫全書考證》四十七,《埤雅》釋草本謂蜂名蒲盧,取象於蒲;蒲名果蠃,取象於蜂。其兩引《中庸》,皆指蜂言。王氏慎中駁之,非是。羊之始生曰達,小曰羔,未成羊曰羜,既成曰羊,則羔與羜乃羊之小與未成之通名,不當各立以爲名也。木之自斃者曰橛,蓋斃木之通名,而非一木之名也,而乃有釋橛。豕者豬之通名,豝其牝,豚其牡,牡之去勢曰豶,而其牡者豭,今乃釋豕與豚不爲明也。豝、豵、豣並見於《詩》,毛、鄭皆以爲小豕,惟毛以羱紀數,鄭以生紀數爲異,要之皆野豬也。若爲豢獸,則豈狩獵之所射,且虞人致獸,亦不當驅家畜以待田,雖有一歲豵、二師、一特之異釋,知其當爲獸者,以《詩》之文義推之當然也,今乃釋豬而遺其他,與豕聯釋,疑於爲豢畜歟!大抵所釋者多而所取者博,固不能無失歟!至其釋貓,引《畫譜小言》;釋芍藥,全録《花譜》,此無異童兒之識。農師之學,不宜其陋至此,或其家子弟、或他人誤增入之,是王氏固不以農師爲然也。卷一雨而晝晴曰啓,按吳人謂晝晴曰啓,讀如欠聲。《廣韻》"啓"字在霽韻中,作去戰切。注云,雨而晝止是也,陸誤。此焦氏《説楛》駁正陸氏之説也。見卷五。新城王氏謂農師受經荆公,爲禮部侍郎,持議多爲之隱諱,山谷目爲佞史。予讀其《埤雅》,《説魚》、《説木》二篇,元豐間經進御覽,首一條云，今相士謂曾公亮得龍之脊，王安石得龍之睛。夫姑布之言，何關故實，況進御之書，尤乖理體，此之爲佞，不既多乎？此亦抨擊陸氏者也。此本卷末有"河之顧氏"白文章，當爲吳縣顧家遺物。顧瑞清，字河之，吳縣人，千里孫也。咸豐三年舉人，會試薦不售，名心遂淡，性好聚書，乃祖零星手澤，珍重藏之，不輕示人。《思適齋集》付刻，君之力也。同治二年夏，歿於上海，年四十七，著作甚富，惜多未成書。見張氏《仰蕭樓文集》。

## 説文解字義證五十卷<small>桂氏底本，有諸名人手校。</small>

清桂馥撰。前清《説文》之學，莫盛於乾嘉間，而最著者有三家，南則金壇段玉裁之《説文解字注》，北則安丘王筠之《説文解字句讀》及《釋例》，曲阜桂馥之《説文解字義證》。王、桂皆山東人也。段氏之書早已風行，而桂書藁本久而未付刊刻。陳氏慶鏞謂，己亥夏，從漢陽葉丈東卿假得寫本謄録。壬寅冬，余門生楊生子言又從余假鈔，於是桂先生之書都中藏寫本三部。又謂，楊氏已於沛上開雕一册，尋以遷任，事不果行。蓋此書之字幾及二百萬，刊板爲難。諸城李方赤得其藁，延許印林、許珊林、王菉友諸小學家校訂，頗欲删節，菉友以爲不可，譚復堂則稱《義證》緐引載籍無甚裁制，大似類書，蓋稿本未寫定，身後刻者欲商略校删，其子姓必欲全刻，以上二説不同。然丁艮善引菉友記，謂桂氏引徵雖富，脉胳貫通，前説未盡，則以後説補苴之，前説有誤則以後説辨正之。凡所稱引皆有次第，取足達許説而止，故專臚古籍，不下己意，讀者乃視爲類書，不亦昧乎！則謂菉友主張全刊似較有理，而當時學者門户之私，亦因刊此書而表現。張氏穆《𦠿齋集》云，桂書遹頗有大力者謀爲刊行，工既勾矣，以有所撓而罷。菉友批其上云，指汪孟慈，以孟慈意恐未谷奪茂堂之席也，不知未谷却茂堂甚遠，惟嚴鐵橋足以奪其席，次之則我耳。蓋此節則近來新發見者也。道光乙酉，聊城楊至堂河帥駐清江，平定張氏爲山右楊墨林刻《連筠簃叢書》，願以此書刻入。初浼汪孟慈校讎，後交印林獨校，即在清江集工開雕。孔氏《對嶽樓詩鈔》卷三云，袁江訪許印林，知其扶病重來校刻《說文義證》，慨然賦贈。又云，山右楊墨林以刻書事君屬。又云，桂書屢次付梓未成，今又幾至中輟。《月齋集》三又稱，印林以校刊此書客淮。可知當時於校刊桂書一節，皆爲屬目。繆小山氏稱，印林爲此書立校例三：一曰補例，一曰刪例，一曰改例。又撰汪孟慈校語條辨，復增校例七條。印林因父病不能遠離，再移局於戇榆之清口鎮，距印林家止百里，俾之照料。咸豐辛亥始蕆事，未印多書，而墨林、石洲前後歿，未能移板入都，板即庋印林家。辛酉八月，捻逆竄日照，印林家破，室廬書籍均燬於寇，桂板亦燼焉。逮南皮張文襄公刻於鄂局，海內乃得讀桂氏之書。文襄公序言，楊氏書板質於廠肆，不知桂書並不在內。臨清徐君梧生又言，板燬於拳匪之亂，皆傳聞之辭，不如印林與高伯平書爲可據。蓋同治九年湖北官書局始以桂書復版。文襄謂此書世少傳本，余奉使來湖北，乃從布政使香山何君許得見之。會江南、湖北各行省奉詔開局雕印經典，時武昌書局已刻經史數種，議刻段氏《說文解字注》。余語何君曰，段本固善，然聞元板未燼，其原書收入《學海堂經解》中，是不必重複也，宜刻莫如桂氏書，何君謂然，乃以此本付書局翻刻。夫以張公當日覓原刻如此之難，則楊氏印本之不多，已可概見。葉郋園氏稱，光緒丙申，余重入都中，見廠甸翰文齋插架有其書，索價貳百金。鼎革後甲寅春，再至都門，見其書猶在，落價式百元。余問主人韓姓云，此書插架二十餘年，既無買者，亦不減價，此何理也？主人云，此書原刻本極難得，余父子業兩世書行，廠肆僅有此一部在余，可賣不可賣，實無心居奇，不過不得高價，寧留以壯觀瞻耳。後於道州何氏散出之書，乃購入楊氏原刻，可稱鎮庫之寶笈。
伯驥得此本於舊京，實爲原刻之底本，全書一人手寫，到底不懈，小
篆整峻，亦非俗筆所能，必出當時名手。所有校筆有署名、有不署
名，校語皆精審。丁氏稱道光、咸豐間，印林爲楊氏校刻，分校者薛
君壽、汪君士鐸、田君普實，未畢而止，後印林獨任校讎，數年乃成，
蓋其始則合力校之，其後則印林一人獨任也。陳氏慶鏞序此書，謂
桂氏自諸生以至通籍，垂四十餘年，取諸經之義與許說相發明者作
爲《義證》。蓋著書固糜攷證之工夫，校讎亦費丹黃之究討矣。馥
字未谷，一字冬卉，曲阜人，乾隆進士，官雲南永平知縣。以分隸篆
刻擅名，精於考正碑版，署其書室曰“十二篆師精舍”，有《繆篆分
韻》《札樸》《晚學集》。名此書爲“義證”者，桂氏引《梁書·孔子
祛傳》，高祖撰《五經講疏》及《孔子正言》，專使子祛檢閱群書，以
爲義證。馥爲《說文》之學，亦取證於群書，故以“義證”爲題。桂
氏未刻書，尚有《說文諧聲譜考證》若干卷，本欲與《義證》並行，草
稿尚未繕清，兵燹之後，散失數卷，尋繹揚雲難付之言，至可惜矣。
印林有《校〈說文〉桂氏注條辨》，自謂右廿條本無須辨，恐有誤信
其說者，則於桂書大有害，不得已而辨之，懼得罪於先達也，姑隱其
名，庶幾後有悔云。許氏事蹟已詳《大戴禮》校本中，此略之。《藝
風堂文漫存》謂，京師圖書舘亦只藏有桂氏《義證》大字寫本，卷三。
又未審有校筆否。小山、郎園皆以得楊刊本爲幸，則吾家校本之儲
藏，不更可貴哉。

### 通雅五十二卷 清康熙刻，前人朱筆批校本。

　　明方以智撰。以智，字密之，桐城人，翰林院檢討。晚爲僧，名
宏智，字無可，別號藥地和尚。有《浮山全集》，別有《博依集》十
卷、《聞過集》十卷。見黃氏《千頃堂書目》。明福王監國，阮大鋮

用事,商丘侯方域、宜興陳貞慧、如皋冒襄與密之於酒座中辱大鍼,
使聞,幾被禍,世稱爲四公子。見前清易氏順鼎《國朝文苑傳》。
密之殁於清康熙壬子年。王船山《自定六十稿》,壬子年有《聞極
凡翁凶問輒吟》七律二首,又有《哭李雨蒼詩》,自注言密之閣老以
是年棄世。極凡翁,即密之別號也。容教授筆祖爲余校閲此書,謂密之實殁
於康熙十年辛亥十月七日,舟次萬安,年六十一。見《方中通陪詩》。自較薑齋之説爲
確,因薑齋匿居萬山中,所聞當有誤也。密之僧號藥地,有《莊子》解名《藥
地炮莊》,共九卷,蓋以莊子之説爲藥而已,解爲藥之炮,故有此
名,殆亦雷公炮製之義。清《四庫總目》嘗論及之。伯驥按:密之
著述頗多,文氏震孟《博依集序》稱,方氏爲桐城世族,余所交最厚
善者仁植先生,又今覘其鳳毛,蓋年甫弱冠,已著書數十萬言。樂
府古歌行直追漢魏,筆陳縱橫,亦在晉唐人間云云,可見其概略矣。
又按:《博依集》中有詩目曰,取稽古堂各種雜録合編之,曰《通
雅》,詩云"少駭新都博,後來知不然。魯魚空薈蕞,真贗各訛傳。
幸以三冬力,抄成五雅箋。輶車時借問,鐵硯莫辭穿"。此詩又見
《桐城方氏詩輯》卷二十六。按:《詩輯》後又有《桐城方氏七代遺書》,吾家收
入刻本,則範圍稍狹矣。明代著作以新都楊升庵爲最富,密之欲與之抗
衡,故詩云爾也。《道古堂文集》卷二十六云,方密之撰《通雅》,顧
景范輯《方輿紀要》,時時竊取《通鑑地理通釋》之説,輒嘆學人著
書必有藍本,則方氏已爲大宗所平議矣。按:徐氏《煙嶼樓集》記杭董浦篇
謂,《全謝山集》爲杭匿置多年,今日所刻者,已非全氏完璧,然則杭或以全爲藍本耶。
朱氏洊《文選集釋》又多抨擊之,卷四云,張平子《東京賦》"龍雀蟠
蜿,天馬半漢",薛注云,蟠蜿、半漢皆形容也。方氏《通雅》讀"半
漢"爲"盤桓",而謂漢與觀焕叶韻,不當讀平聲,不知漢以前無四
聲之分。卷十二云,王文考《魯靈光殿賦》"鷦鷯鸒而睽睢",案方
氏《通雅》云,盧照鄰文用鷦鷯,即凹磽也。皮、陸唱和皆押此。鷦

字，《説文》作贅，頯云高也，實即頔頯，古用碻碻，皆不平也，借以狀面部不同。余謂《説文》頯高長頭，贅字下，段氏以爲當云頭高也。幽與敖音可通，《詩·碩人》敖敖，《毛傳》敖敖猶頎頎也。又，頎長皃。《説文》無頔字，則正當作贅。方氏轉據唐人所用以駁《説文》，非是。卷十五云傅武仲《舞賦》"眄般皷則騰清眸"，引《通雅》云，《昌覽》曰帝嚳作鼙皷之樂，鞞舞不起自漢，以此證般皷意，蓋謂鼙即般，般、鼙聲之轉，然《禮記·投壺》鄭注，圓者擊鼙，方者擊皷，則鼙亦皷也。《樂記》君子聽皷鼙之聲，則思將帥之臣。《隋志》曰，鞞舞、漢巴渝舞也，是鞞舞乃武舞，非般舞矣。又云，鞶舞漢曲，晋加之以杯，謂之世寧舞。鞶與盤通，則盤即杯盤之盤。余謂鞶、盤似，皆爲般、旋之借字，然此注引王粲《七釋》曰，七盤陳於廣庭，是實有盤也。皷者所以爲節，故《七釋》又云，睨皷下伉音赴節也。至加以杯，則《前西京賦》已云，"振朱屣於盤樽，奮長袖之颯纚"，樽，即杯也，是亦非始於晋時。卷十九云"卜居安能以皓皓之白，蒙世俗之塵埃乎"？案《史記》塵埃作温蠖。又案《朱子集注》云，白音薄，與蝶叶韻，然或漢時楚人改之，必當時解温蠖爲塵埃也。此説是。而《通雅》云，北人讀白，幫該切，正與埃叶，不必以《史記》之是。《膠言》駁之，以爲不可援北人之言證南人。伯驥按：《膠言》當是張氏雲璈所撰之《文選膠言》。《魏都賦》云，"牽膠言而踰始"，注引李克書曰，言語辨聰之説，而不度於義者，謂之膠言。張氏蓋用此語。又明陸深撰《停驂録》，解《論語》《詩》《書》執禮，疑執即蓺字，執、蓺古通用，所謂游于蓺也。古稱六經亦謂之六蓺，此之雅言，或是詩書禮樂耳，穿鑿不當于理。密之作《通雅》又本其説，後來多以爲誤，是學人每有不滿於《通雅》者。清《四庫總目》云，明之中葉，以博洽著聞者稱楊慎，而陳耀文起與之爭，然慎有僻説以售欺，耀文好蔓引以求勝。次則焦竑，亦喜考證，而習與李贄游，動輒牽綴佛書，傷於

蕪雜。惟以智崛起崇禎中，考據精核，迥出其上。舘臣此言，似得
其允。《提要》又謂風氣既開，國初顧炎武、閻若璩、朱彝尊等沿波
而起，始一掃懸揣之空談，然閻、朱之學固未嘗受密之孕育也。舘
臣實謂其先諸人而談考據耳。閻氏曾根據《禮記·曾子問》，稱孔子從老聃遇
日食一條，用算法推得昭公二十四年夏五月乙未朔日食，是以孔子適周，次定在此年。
朱氏則博綜於閻，而精密遜之。蓋《通雅》實依仿《爾雅》前例，別類分釋，
以考證、訓詁、聲音爲主，兼及名物、度數、藝術等類，分四十四門。
密之創發聲、送氣、收聲之説，後來江永、陳澧等沿用之。梁任公括
其治學之法有三：一曰尊疑，二曰尊證，三曰尊今。密之云，古今以
智相積，而我生其後，考古所以決今，然不可泥古也。古人有讓後
人者，韋編殺青，何如雕板。龜山在今亦能長律，南極下之星，唐時
海中占之，至泰西人始爲合圖，補開闢所未有，則尊今之説也。此
書爲近代聲音訓詁學第一流作品，高郵王氏父子而外，無以加之，
其最大發明，則爲以音求義，故書中最留意方言、諺語。有《諺原》
一門，其小序云，叔然作反切，本出於俚里常言，方音乃天地間自然
而轉者。上古之變爲漢晋，漢晋之變爲宋元，勢也。上古之音，見
於古歌三百；漢晋之音，見於鄭、應、服、許之論注。至宋漸轉，元周
德清始起而暢之，《洪武正韻》依德清而增入聲也。六書之道，原
以適用爲主，未可謂後人必無當，文繁不具録矣。任公摘出其駭人
之言曰，字之紛也，即緣通與借耳。若事屬一字，字各一義，如遠西
因事乃合音，因音而成字，不重不共，不尤愈乎！是創造拚音文字
之議，三百年前密之已提及，故謂其發明之可驚異也。任公又別述
密之他種學術，此弗詳焉。密之又有《物理小識》十二卷，子中通
有《陪古》三卷、《陪詩》三卷、《數度衍》二十四卷、《附録》一卷，中
履撰《古今釋疑》十八卷，則一家述作尤勝楊、陳。伯驥撰《清代家
學史》頗詳密之父子學術淵源，桐城學人不從方密之，而從方望

溪，則任公所太息而道也。伯驥以謂，望溪負時文、古文重望，其時又奉令撰輯四書文，爲制義墠的，年大官高，四方之士歸之如流，太夫人病，御醫臨診，人羨恩榮。元人元明善《節婦馬氏傳》云，大德七年十月，節婦乳生瘍，或曰當迎醫，不爾目危。節婦曰，吾楊氏寡婦也，寧死，此疾不可使男人見。竟死。方集亦言御醫來，母不允診視。二事皆授受不親之例。子篤守古禮教而過焉者也。著書滿家，群倫仰服。密之則風骨稜稜，草衣黃冠，寡諧難合，彼此原自差池。密之述作雖誦習者尠，然二人所詣，卒俟嘉道以後公論稍明，阮氏編刻《經解》不采望溪著作。外如息翁破碎，淹貫不及師門，惜抱文章旁通，倍踰薑塢，予又以爲與望溪殊途，而不逮密之通識者也。息翁名世犖，以詩名，著作多種，亦涉細碎。予嘗得其手校《百川學海》全部，批訂甚詳，字小而工，曾錄成小册，中有述其師朱氏言者，尚待審校付刊。可知任公之拳拳於密之者，初非舘臣之應聲，實具論學之特見矣。《物理小識》分天曆、風雷、雨晹、地、占候、人身、飲食、衣服、金石、器用、草木、鳥獸、鬼神、方術、異事凡十五門，所言與今日科學符合者頗多，雖迷信或臆測處亦不少，然能臆測即爲用腦之據，能用腦即可由虛而實，今日迷信，明日其理或可洞明，人之患在飲食男女外，即無思無爲耳。《清稗類鈔》言，徐壽於同治丙寅造木質輪船一艘，長五十餘尺，每小時能行二十餘里，曾文正錫名黃鵠。江慎修以一竹筒用玻璃爲蓋，有鑰開之，開則向筒說數千言，言畢即閉，傳千里內。江，乾隆壬午卒，發明時，尚在留聲機、電話之前也。吾鄉人有能自製手搖機，裝之小舟中，以速度而渡河者，初亦衹惑於《山海經》之說。如俞曲園《四書文》所謂青天行霹靂之車，黑水鼓祝融之浪而已，而其舟行之速，率卒能見之實事。時維清光緒初元，群衆方齮齕承平，以能作時文爲賢，無由鼓之、舞之擴而充之，爲可惜也。《小識》爲明清間撰作，所謂氣映差及轉光隔聲等說，今日視之，覺平平無奇，但在方時，則赫然驚人之論矣。架上藏此書，題"長白瓜爾佳氏嵩崑書農校刊"，吾撰官史考索至清代，每見滿族瓜爾佳不少高官，而不意即物窮理之君子，亦憑生於果勒敏珊延阿林下也，誰謂蒙、滿之林林總總，終不可與言耶！此本爲前人精校，書眉間滿布識語，引申考證，正訛發疑，密行細字，至爲不苟。卷前有陳仲魚象章、"陳鱣校讀"章，或陳校而後人傳録，或前人校而陳藏，未可遽定，蓋其字畫頗不類陳鱣手迹也。陳鱣，謂仲魚。吳氏騫《愚谷文存》卷五云，嘉慶癸亥春，予遊陽羨將返，陳君景辰相與連舫至金昌，與仲魚脩士相見禮，予爲之介，蓋以予昔有《兩鱣行》之作也。二君皆美鬚髯，而力學嗜古，亦大略相伯仲，仲魚一見更相傾契。又吳振棫《杭郡詩輯》云，陳鱣，字仲魚，號簡莊，海寧人，嘉慶丙辰孝廉方正，戊午舉人。營別業於硤川之果園，購藏宋雕元槧甚夥。又蔣光煦《東湖叢記》云，吾鄉陳仲魚徵君向山閣藏書，大半歸馬二槎上舍，其藏書印記云"得此書費辛苦，後之人其鑒我"，又刻仲魚圖像鈐于上，今觀其像，固豐於鬚髯者也。

## 經傳釋詞續編上中下卷胡甘伯手編精寫本。

清孫經世撰，胡澍編。經世，字濟侯，一字惕齋，惠安諸生。嘗謂不通經學，無以爲理學；不明訓詁，無以通經；不知聲音文字之原，無以明訓詁。著《説文會通》十六卷、《爾雅音疏》六卷、《釋文辨證》十四卷、《韻學溯源》四卷、《十三經正讀定本》八卷、《經傳釋詞附録》八卷。見《福建省志》。又《桐西話舊》云，乾嘉以來，考據日盛，於是有漢學、宋學之名，別户分門，若冰與炭。孫氏經世亦治漢學之表表者也，所著説經之書，多至百三十餘卷，陳恭甫先生極爲傾倒。陳碩士督閩學，以優貢攜之入都，詡於人曰，吾歸裝得一孫惕齋，可敵笥河三百石矣。今所刊者，惟《續經傳釋詞》及《讀經校語》二書而已。又杜彦士《輓孫惕齋》詩云："一代江王戴，如君足抗顏。書窮秦漢上，學在鄭毛間。大業能旁紹，浮名付等閒。影徂心尚在，千古重藏山。"見《溫陵詩紀》卷第九。又日本高田忠周《學古發凡》卷一下，引孫憭齋曰，六書之有假借也，本無其字，而依聲託事，後聖所爲。濟指事、象形、形聲、會意、轉注之窮，而通其用於無窮者，舍是末由也。按：《學古發凡》八卷，題東京高田忠周編述，共十冊，吾家有之。此皆憭齋行略著作之可考者也。按：憭齋遺書多未傳世，長洲蔣氏有孫氏《經傳釋詞補》附爲錄之緒餘，成都書局亦有刊本。此爲胡氏編定之本，卷首有其志語云，右《經傳釋詞續編》，惠安孫憭齋明經經世繼續高郵王文簡公《經傳釋詞》而作，王氏書所載各字，其義已著，如與猶以也、與猶爲也之類，本其義而詳證焉；義有未備，如與猶幷也、與猶因也之類，則下己意，以推廣之；又補其未載之字，曰必、曰縱、曰未，凡三字。合二書以觀，語詞義恉，大略備矣。涇包氏慎伯撰《明經墓誌》云，著《經傳釋詞續篇》八卷，昨歲趙撝叔同年得刻本於京師，實衹二卷，而排比失次，今依王氏書叙次寫定。必、縱、未三字退置簡末，釐爲上、中、下三卷。伯驥按：高郵王氏之書，後儒多有校訂，例如王氏《史記雜志》曰，《蘇秦列傳》王何不使辨士，以此苦言説秦。念孫按，苦當爲若之誤，此若言猶云此言。上文云王何不使辨士，以此言説秦，下文云秦王聞若説，若亦此也，説亦言也。連言此若者，古人自有複語耳。《管子·山國軌篇》曰，此若言何謂也，《地數篇》曰，此若言可得聞乎，《輕重丁篇》曰，此若言曷謂也，《墨子·尚賢篇》曰，此若言之謂也。《禮記·曾子問篇》曰，子游之徒有庶子祭者，以此若義也。《荀子·儒效篇》曰，此若義信乎人矣。皆竝用此若二字。近人湘鄉陳士芑《黃學廬雜述》則謂此若言猶云如此言，古人自有倒字之例。《燕策》作若此言，其明證也。所引各書，此若言，竝當讀爲如此言。俱訓爲此，於文頗不詞，雖古人自有複語，要不如訓如此之義較長也。卷二。孫氏之詳證訂補，亦猶斯意。澍，字甘伯，號石生，績溪人，清己未舉人，官郎中。詩學太白，工駢體文，通聲音、詁訓之學，工篆書，得秦漢人遺意。著有《釋文疏證》《內經校義》。見《昭代名人尺牘續集小傳》。又鄭文焯《醫故》上云，績溪胡氏澍，纂《素問校義》，謂素者法也。鄭注《士喪禮》曰形法定爲素，宣十一年《左傳》曰不愆于素，並訓素爲法。素問者，法問也。猶揚雄著書謂之《法言》也。伯驥按：鄭氏所謂《素問校義》，當即上文所云之《內經校義》。胡又嘗言，汪容甫、魏默深、龔定庵爲清朝文三大家。見某氏批校龔集。又四明吳省盦《清代名人手札》景印本甲集，戴望《致勞韠卿書》，有"胡荄甫爲竹村先生族孫，具有家學"之語，蓋甘伯又字荄甫也。甘伯以能書名，故此本所寫至精工。目前有"胡氏長守閣藏書印"，每卷前有"胡澍校讀"朱文方形章。

## 六書故三十三卷明博羅張氏刊本。

元戴侗撰。前題永嘉戴侗著，明嶺南張萱訂。侗，字仲達，淳祐中登進士第，由國子監簿守台州。德祐初，由秘書郎遷軍器少監，辭疾不起。見《姓譜》。萱，字孟奇，博羅人，萬曆壬午舉人，授殿閣中書官、戶部郎中。著有《西園存稿》若干卷、《彙雅》二十卷、《續編》二十八卷。《靜志居詩話》稱孟奇熟於典故，周見洽聞，著書頗多，其在西清重編《文淵閣書目》，具載卷帙，補前人之闕漏，惜夫香厨所有已失其什九。《畫史會要》稱孟奇雖不以繪事名家，偶一爲之，頗饒別趣。伯驥藏《洞天清錄》亦孟奇所刊，集中頗言搜藏書畫雅事，則其筆墨之揮灑，固有淵源矣。孟奇號清真居士，故所刊《雲笈七籤》版心有"清真舘"三字。此書亦孟奇所刊，察其規模，固留神槧印者也。前人謂孟奇自平越守鐫職，歸處林下者四十年，手不釋卷，嘗謂寒可無衣，飢可無食，病可無藥，不可一日無書，當時謂爲書淫傳癖。爲園榕溪之西，極水竹池臺之勝，以奉母夫人歡。東莞張仲師嗣聞孟奇多奇書，至博羅就讀。新城王氏謂孟奇嘗譔《西園聞見錄》一百二十卷，又《西省識小錄》《西園彙史》各若干卷。張氏振綺堂著錄孟奇《彙雅前集》三十卷，係景鈔本，而未見續編，其存佚不可知矣。《聞見錄》一種，聞閩人陳氏寶琛韜菴有其書，吾粵順德李氏泰華樓藏寫本，卷帙極富，伯騫嘗登樓讀之。李文田，號若農，一字仲約，清咸豐進士，累官禮部侍郎，喜收書，構樓藏之，縣志詳列其著述類目。侍郎得秦泰山石刻及漢《華嶽廟碑》斷本，斷本出自馬氏小玲瓏山舘，即世所稱長垣、四明、華陰三本外之半本，其名樓以此。錢氏大昕曰，《華嶽廟碑》著於歐陽氏、趙氏、洪氏之錄者凡四，惟《西嶽碑》後亡，然自明嘉靖地震以後，拓本之存於世者，已與赤刀天球同珍云云。近日游華某君謂，搜華廟而不得碑，蓋未知明時石已碎也。阮氏元著《漢延熹西嶽華山碑考》四卷，刻《文選樓叢書》中。阮集中有云，予以商銅角、周齊侯罍、漢晉八甎、唐貞觀塗金銅碑、宋王復齋鐘鼎欵識、宋尤延之板《文選》舊搨未剪本、《華山廟碑》及仿鑄漢鼎、銅尺貯積古齋中，列爲八觀。此本前有延祐庚申古汴趙鳳儀序，略云，自篆籀禪而隸楷行，刀筆廢而毫楮用，傳寫轉易，訛謬滋甚，有求正於六書之故者蓋鮮。戴公侗獨能探索於千載之下，因許氏遺文釐其舛戎，弟其部居，傅以義訓，群經子史百家之書，莫不爰據，折爲部九，卷三十有三，約而不遺，通而不鑿。公之父蒙從學於武夷，兄仔舉郡孝廉，父子昆弟自爲師友，是書之成淵源有自。延祐戊午，予來領郡，命其孫出諸家藏，郡博士與諸儒咸謂是書誠有益於經訓，宜傳以惠後學。明年捐俸廩以倡刻，而庋諸閣。徐騎省有言，非文字無以見聖人之心，非篆籀無以見文字之義，通經者舍是書何以哉！次有自序，略云，由秦而下，六書之學遂廢，雖有學焉者，往往支離傅會，而不適於道，至與曲藝小技，下爲曹伍，故士益不屑，而其學益不講，千載而下，殆無傳焉。先人既以是教於家，欲因許氏之遺文訂其得失而不果，小子懼先志之墜，爰摭舊聞,輯成三十三卷,通輯一卷,姑藏家塾,以俟君子。次有張氏題辭,略云,蘇子瞻自言我聰明不及曾子固,子固能一日識九字,我一日祇能識五字。余按其語,不知張生終日能識一字否?我朝右文而治,載籍極博者,代不乏人,獨於六書,闕焉弗講,縉紳先生每操觚伸紙,往往文與音乖,音與義乖,點畫偏傍,位置判合,惟俗是襲,豈考文之世所宜有乎?余爲此懼,通籍西省日,獲請祕閣所藏古今言六書者數十百家,而捃摭之爲《字觿》,凡三百卷,因得元儒戴侗《六書故》於秘閣塵編中,則抄本也。一時縉紳先生始知有《六書故》,競相抄謄,費至二十餘金。歲戊申,余典榷吳關,還里迎母。八年,橐筆諸所著述幾簏,寓於白門舊館,爲祝融氏所妬,並《字觿》而舉群失之。數欲再爲捃摭,而古今成言六書在秘閣者,弗獲再請,乃攜此抄本授梓榷署中,即吾子行數相抨射,第較之《復古篇》《六書精蘊》《六書索隱》諸書數十百家,猶爲此善於彼,是書行亦巾車中不可闕也。伯驥按:張氏《西園存稿·朱未央印署序》中有云,嶺南文藝出其下駟,皆可以走海内上駟。惟六書之學,則虛而無人,故梓行元戴侗《六書故》,藏家塾以示兒輩。大蘇詩云,杜陵評書貴瘦硬,此論未公吾不憑。余讀西園以上數言,曾誦此。末題"嶺南張萱孟奇甫題於榷署之懸塵齋"。次目録第一數,第二天文上,第三天文下,第四、第五、第六、第七地理,第八、第九、第十、第十一、第十二、第十三、第十四、第十五、第十六、第十七、第十八、第十九、第二十動物,第二十一、第二十二、第二十三、第二十四植物,第二十五、第二十六、第二十七、第二十八、第二十九、第三十、第三十一工事,第三十二雜,第三十三疑。末附識語三則,次《六書通釋》。清《四庫提要》稱此書大旨主於以六書明字義,謂字義明則貫通群籍,理無不明。凡分九部,盡變《説文》之部分,實自侗始。其文從鐘鼎,其註既用隸書,又皆改從篆體,非今非古,頗礙施行,然其苦心考據,亦有不可盡泯者,略其紕繆而取其精要,於六書亦未嘗無所發明。伯驥按:元時極重侗書,如曾氏所撰《書史會要序》已盛稱之,蓋有元之世如包希魯之《説文解字補義》、楊桓《六書統》等作,皆欲於六書之學有所整理。包氏之書後世亦有稱道者,如張月霄《藏書志》述其釋"位"字云,《論語》曰不患無位,患所以立。故有位者,人之所當立,故從人立。釋"利"字云,天以美利利人乎,莫大乎五穀。禾,五穀之總名也,然必銍乂而後成其利也,故從刀、從禾。張氏極謂其精核。釋"王"字云,普天之下莫非王土,一土爲王。張氏謂其雖與《説文》違異,然有説可通,亦資參攷。近世番禺徐氏灝著《説文段注箋》,亦多采侗説,蓋亦此意也。至楊桓《六書統》,象形、會意、轉注、形聲四例,大致因戴氏門目而衍之,蓋變亂古文,始於侗而成於桓。迄明魏校諸人不根古學,穿鑿尤多,偭錯之罪彌甚,而其源則導自侗。然此書可取之處則舘臣已言之,且存此以考小學之源流,亦學人所勿棄也。每卷後題"男張元光校"。或題"男張元煥校"。大字寫刻,半葉七行,行十七字。清乾隆間,綿州李鼎元重刻此書,序稱書分九部,盡變《説文》之部分,其論假借之義,謂前人以令、長爲假借,不知二字皆以本義而生,非由外假,若韋本爲韋背,借爲韋革之韋,豆本爲俎豆,借爲豆麥之豆。凡義無所因,特借其聲者,然後謂之假借,説最詳辨。前明嶺南張氏曾刻於辯墅,後板歸嶺南,流傳於世者甚少,購之書肆,絶不可得,則此本亦希有矣。

## 五侯鯖字海附五經難字

**二十一卷**明刊本,前清天禄琳琅舊藏。

不著撰人姓名,著録前清《天禄琳琅書目續編》卷十三。首卷列製字之始,及六書、八體、諸篆,次四聲、平仄、翻切字母、五音六體、五星五姓,次四聲輕清重濁,次字義辨異,凡十八門;次二類字辨,凡十二門;次夷語、夷字音釋。其一卷至二十卷,始金部終爻部,凡八百五十七。每字皆用直音,間注字義,其書粗淺不倫,八體、諸篆,多出杜撰,至有倉頡、伏羲之字,又鈔禮部譯字生所習之書,自詡異聞,彌形荒鄙。前有陳繼儒序謂,取海若原本,遵《洪武正韻》參合成書,則其脱胎之處畢見矣。後附《五經難字》一卷,經註不分,字多習見,標五經而有四書,標《春秋》而實《左傳》,皆坊賈倩不學人所爲,標題俱稱海若湯先生校訂。考湯顯祖號若士,亦曰海若,臨川人,萬曆癸未進士,以忤張居正,降遂昌知縣。《明史》有傳。顯祖當日勝流,必不至此。書中有潭陽蕭鳴盛校,又譯字後有劉孔當跋文,亦粗淺,或若輩所爲,嫁名顯祖耳,而鐫刻極精雅,故存之。以上皆原目編録者之言也,《四庫全書提要》其言亦與之略同。伯驥按:《石墨鐫華》卷五云,黄魯直稱李龍眠得金銅載於市,漢製也,泥金六字,字家不能讀,於今諸家未見此一種,乃知唐玄度、僧夢瑛皆妄作耳。然則今所傳十八體,出英公杜撰欺世,非古實有之可知。《字海》所列之字體,前代頗有傳習者。張氏《適園藏書志》著録宋刻《忠經》一卷,舊題漢馬融撰。張氏謂此書以玉筯、倒薤、芝英、古文、垂露、墳書、柳葉、纓絡、垂雲、懸鍼、剪刀、奇字、轉宿、雕蟲、金錯、大篆、龍爪十八體書之,經既僞作,字亦離奇,昔人以宋版推之。錢天樹跋云,此係宋刻本,以各體篆文書刻,尤爲不可多得之祕笈。李兆洛跋云,《漢書・藝文志》有六體、八體之辨,三十六體之説,乃六朝人妄言之,實未嘗有是書也。宋僧夢瑛始創爲之,緣名造狀,遂成魔道,又其證也。盧氏《抱經堂文集》十五云,當南北朝多有世俗創造之字,如《顏氏家訓》之所譏者,此類斷不可以涉筆。邇來士君子多知崇尚《説文》,凡古書相傳之舊,非許慎氏之所有者,一切改令復古,又似未免矯枉過直,此則學人之標準矣。卷前後有六璽文,曰"古稀天子之寶",曰"八徵毫念之寶”，曰“五福五代堂”。按：前清江藩《舟車聞見録》上有五福五代堂一條，稱五福堂乃聖祖御書賜世宗者，乾隆甲辰，高宗因有玄孫，增“五代”二字。又江浦陳氏《匋雅》第二卷云，乾隆有五福堂，御製文以記之，堂內所藏盌，萬花攢繞，所畫皆外國奇卉，“天青堆料”四字篆款。盌係黃地，內畫紅蝙蝠五尾，猶五福之義也。伯驤按：洪氏亮吉《西苑祝釐集》有《萬壽樂歌》三十六章，第十爲《八徵璽》，第十一爲《五福堂》。《皇清文穎續編》卷首二，高宗御製《古稀說》云，余以今年登七褭，因用杜甫句刻“古稀天子之寶”，其次章即繼之曰“猶日孜孜”，蓋予宿志有年，至八旬有六即歸政，而頤志於寧壽宫。其未歸政以前，不敢弛乾惕，猶日孜孜，即以答天庥而勵己躬也。伯驤按：趙氏翼云，其以天下傳子而稱太上皇者，各史所載共十四君。趙撰《廿二史劄記》，故能數之，人謂此書由一老儒來，趙用其本以著己名，恐非。趙好學高壽，乾隆間官廣州府，捕獲海盜百八名，其後臺灣民林爽文作亂，總督李侍堯赴閩治軍事，趙亦多所策劃。所著《簷曝日記》述珠江艇船有婦女七八千，皆以脂粉爲生，制府禁令，趙亦保存之，其事實多關政治史、社會風俗史也。趙又嘗言元賈魯治河之法，今猶行用，然四百餘年河之爲患，又百出不窮，則以魯但救之於既潰決之後，如何使之常由地中行，不至潰決，則未計及也。今欲使河身不高，海口不塞，則莫如南北兩河互相更換，此雖千古未有之創論，實萬世無患之長策。按：趙氏之說不審爲時間性所限制否，然在當時或爲碩畫也。是其人固神明完固、思慮周浹者，則其所著書外別有此《劄記》，固不足爲異。帝王享年七十歲以上者，高宗已考之，太上皇則趙氏考覈合。附記：中國黃河爲今日世界河海疑難問題之一，嘗有中國顧問、美工程師某，以其治理黃河意見就教於德蘭斯敦高等工業學校河海工程教授恩格氏，氏謂非從上流登源一帶脩濬不可，並同時固其兩岸，然後下流積沙之弊可以消滅。氏謂中國倘有試驗室，則當親臨研究，凡水工試驗室可以實驗河海工程之種種雜題，而求解決云。正壽之慶，群臣例當進獻辭賦，於是彭元瑞有《九稀之九頌》，既以文房等件賜之，以旌其用意新而遺辭雅。顧一再翻閱，頗有不得不爲之說以申予意者，三代以上弗論矣，三代以下爲天下而壽登古稀者，纔得六人，已見之近作矣。原注，自三代以下，帝王年逾七十者，漢武帝、梁高祖、唐明皇、宋高宗、元世祖、明太祖凡六帝。作七旬慶典，詩有"七旬屈指數古今，六帝因心驗法懲"之句。且前代所以亡國者，曰强藩、曰外患、曰權臣、曰外戚、曰女謁、曰宦寺、曰奸臣、曰佞倖，今皆無一彷彿者，即所謂得古稀之六帝。元、明二祖爲創業之君，禮樂政刑有未遑焉，其餘予所不足爲法，而其時其政亦豈有今日哉！是誠古稀而已矣。夫值此古稀者，非上天所賜乎。又高宗《繙譯全藏經序》云，予所舉之大事多矣，皆賴昊乾默佑，以底有成。武功之事，向屢言之，若訂《四庫全書》及以國語譯漢全藏經二事，胥舉於癸巳，年六旬之後，既而悔之，恐難觀其成。越十餘載而《全書》成，茲未達二十載，而所譯漢全藏經又畢藏。夫耳順古稀，已爲人生所艱致，而况八旬哉！茲以六旬後所創爲之典，逮八旬，而得觀國語大藏之全成，非昊乾嘉庇，其孰能與於斯云云。蓋以爲天子萬年至可慶幸，故云爾也。

## 七經孟子考文補遺周易十卷尚書二十卷毛詩二十卷左傳六十卷禮記六十三卷論語十卷古文孝經一卷孟子十四卷<sub></sub>高郵王氏舊藏，寫本。

日本國掌書記山井鼎之原輯，東都講官物觀又據足利學所有《周易》三通，《毛詩》二通，《尚書》《禮記》《孝經》《孟子》各一通，《論語》二通，《魯論》、皇侃《義疏》各一通，活字板《周易》《尚書》《毛詩》《左傳》《禮記》各一通而彙校之，謂之《考文補遺》。每條各四目，曰經、曰注、曰文、曰疏，仿前書之舊合而成編。攷日本足利學活字本七經實印行於慶長時，當我國明萬曆年間，原據其國古鈔本，或去其注末虛字，又參校宋本，故其不與宋本合者，皆出古鈔本也。日本刻經，始見正平《論語》及翻興國本《左傳》，又有五山本《毛詩鄭箋》，其全印七經者，實始自慶長活字本，故日儒據之以著書也。彭氏元瑞藏此書爲鈔本，其言曰，祕書多寫本，惟是正文字之書，不可不刻，傳寫既多，展讀訛誤，恐歸於無可考正。此本鈔自海估，猶可見唐時經典舊文，足與陸氏《釋文》、張氏《文字》、唐氏《字樣》參互，其中傳寫之誤，以舘中橅取刻本校正之。歐陽公《日本刀歌》"徐福行時書未焚，逸書百篇今尚存。令嚴不許傳中國，舉世無人識古文"。觀卷中《尚書》與中國本無不同者，足徵詩人託興之語不可泥鑿。至《四庫》著録則爲汪啓淑家藏本，阮文達重寫付刊，據文瀾閣傳鈔本，即世行文選樓巾箱本也。日本原刻初流入江浙間，旋登内府，外間所傳多阮刻，陽湖《孫氏祠堂書目》所載亦僅阮本，無原本也。陳增《月墀遺稿》題，周松靄藏日本人《古梅園墨譜詩》，注云，揚州江氏隨月讀書樓藏日本國人所著《七經孟子考文補遺》，是以原刻爲可貴。阮氏重刊序稱，所見爲江氏隨月讀書樓舊藏，乃日本元板茗紙印本。蓋阮氏以江氏爲外家，江刻詩集載文達撰墓志，盛稱其文采風流，與江浙大藏書家比美，宜其有此原刻也。前清乾隆中，海舶帶日本所刻梁皇侃《論語集解義疏》及《七經孟子攷文》至，好事者皆以翻刻通行，具載《四庫提要》中。又《詁經精舍文集》有洪頤煊《七經孟子考文補遺跋》，言頗詳，不具述。日人松崎復嘗以《開成石經》益以《孟子》《大戴記》考訂，以授梓。其國天保十三年，大朝命列侯十萬石以上，各刻典籍，復因注古典善本，僅皇朝當急鐫者題曰擬刻書目，獻諸當路。明年，肥後國主亦召見，即建言請借足利所藏宋槧《五經注疏》而梓。又《經籍訪古志》稱，慶長丁未活字本《文選六臣注》與足利學藏宋本同，蓋依足利活字刷印者，是足利藏本，至爲可據。宜都楊氏謂《考文》一書，山井鼎校之於前，物觀又奉敕校之於後，宜若彼國古本，不復有遺漏，不知《考文》刊於享保中，當我康熙末，故所傳《易》單疏本、《尚書》單疏本、《毛詩》黄唐本、《左傳》古鈔卷子本皆爲《考文》所未見，其他遺漏何怪云云。然其國足利所藏鈔本，多出舊刻，其可據固甚多矣。阮氏云，督學浙江，偶於清暑之暇，命工寫刊小板，以便舟車，印成卷帙，諗於同志，用校經疏，可供采擇，至於去非從是，仍在吾徒耳。錢氏大昕云，《七經孟子考文》補録趙氏《章指》，可以訂疏文之誤。蓋《孟子疏》本南宋人僞作，託名於孫宣公，其每章之下有此章言云云，皆掇拾趙氏《章指》，而又多芟削，且没趙氏之名，蓋於諸經疏中最爲淺妄，故朱氏《集注》絶不采取隻字。朱所引諸條皆出於《章指》，朱猶及見原本也。《潛研堂集》卷九。此則前人指示讀此書之徑路也。夫古錢半兩、誤正醫方、小魚相連、謬匡石鼓，校勘一事，今古稱之，槧刻日多，承訛益廣，綿歷既久，遂以此爲專家之學。前人論清代學術之大凡，每盛推此種藝業，雍、康之世，涂徑漸開，迄於乾、嘉，蔚爲大國。南皮張氏列舉已不一家，何、盧、戴、顧刊出之書，亦不一其門類，咸爲精力所聚，更或一字驚人，迺同文之國，妮古君子，當吾國清初已有此哀然巨編，則珠船泛海而來，寫入秘書，傳諸鴻博，固其宜矣。俞氏樾云，余謂校讎之法出於孔氏，子貢讀《晉史》，知三豕爲己亥之誤，即其一事也。昭公十二年《公羊傳》伯于陽者何？公子陽生也。子曰，我知之矣。何劭公謂，知公誤爲伯，子誤爲于。杜子春治《周禮》，每曰字當爲某，即校字之始。見孫氏《札逐序》。又金王若虛《文辨》卷三《歐公謝校勘啓》云，脱絢組之三十，簡編多前後之乖，并《盤庚》於一篇，文章有合離之異，以仲尼之博學，猶存郭公以示疑，非元凱之勤經，孰知門、王而爲閠。可知校勘固當慎矣。此爲舊鈔本，字字端穆，當出學人手筆，與字匠殊科，察其結體，蓋乾嘉間風尚也。卷前有“淮海世家”朱文章、“高郵王氏”白文章。吾家有舊刻《昭明文選》，亦捺有此兩章，當爲高郵王文簡仍世遺書。

# 史　部　一

**史記一百三十卷**明嘉靖震澤王氏據宋本重刻。

漢司馬遷撰，宋中郎外兵曹參軍裴駰集解，唐朝散大夫國子博士宏文館學士河内司馬貞索隱，諸王侍讀宣義郎守右清道率府長史張守節正義。前有《索隱序》《補史記序》《正義序》《集解序》《索隱後序》。此爲明嘉靖王延喆摹刻，始嘉靖乙酉臘月，迄丁亥三月刻成，精美與宋本等。目録後有"震澤王氏校刊"篆書兩行，多有割之以充宋刻者，蓋此書刻字至精，前賢已多稱其善，如四庫館臣及王西莊等均譽之。新城王氏《池北偶談》云，明尚寶少卿王延喆，文恪少子也。其母張氏，壽寧侯鶴齡之妹，昭聖皇后同産。延喆少以椒房入宮中，性豪侈。一日有持宋槧《史記》求鬻者，索價三百金。延喆謂其人曰，姑留此一月，後可來取值。乃鳩集善工就宋板本模刻，甫一月而畢工。其人如期至索值，故紿之曰，以原書還汝。其人不辨真贗，持去，既而復來曰，此亦宋槧，而紙差不如吾書，豈誤耶？延喆大笑，告以故，因取新雕本數十部散置堂上示之曰，君意在獲三百金耳，今如數予君，且爲君書幻千萬億化身矣。其人大喜過望。今所傳有震澤王氏摹刻印，即此本也。此説前人已多辨其誤，聊述之以資談柄耳。錢氏泰吉《王刻史記跋文》云，文恪後人有居海昌者，假其家譜觀之。延喆，字子貞，爲文恪長子，以蔭入官，由中書舍人擢太常寺右丞副，出爲兗州府推官，謝病歸。

子有壬爲尚寶丞，贈如其官，故王氏稱子貞爲尚寶公。今觀跋尾述文恪語，謂吳中刻《左傳》，郢中刻《國語》，閩中刻《漢書》，而《史記》尚未板行。延喆因所藏宋刻重加校讐，翻刻於家塾，則宋本爲文恪舊藏云云。是此本出於宋，而世人遂以此冒宋刻也。丁氏持静齋藏此本，吾家邵亭爲編紀要云，其書以黃柏染棉紙，凡序目或卷尾有“王氏校刊”木記處悉裁去，以冒宋本。《周本紀》第二十七葉，王氏所據宋本失之，以意補綴，失載《索隱》數條，此正相合，然宋本不可得，得王本如此者，亦宋之次矣。伯驥按：明刊《史記》以王本、柯本爲最善，然柯本《秦本紀》第三十一葉脱《索隱》一條、《正義》五條，當兩本互勘以歸於善。邵亭之言祇論王本之脱誤，尚未及柯本之誤處，王本正可補苴也。半葉十行，行十八字，注雙行二十三字。柯本比王本少訛字。聞南潯劉氏前仿刊宋本，意欲得柯本參校而未可得，則傳本之稀不可見哉。

## 史記一百三十卷明柯氏校刊本。

漢司馬遷撰。前有費氏《題新刻史記》一葉，云司馬遷《史記》，近時苦乏善本，雖陝西有翻刻宋板本，江西有白鹿書院新刻本，差强人意，然藏之官司，非權門要津弗可輒得。余家故近白鹿，然猶未能購之，他可知矣。金臺汪諒得舊本遂重刻焉，間質余求正其訛謬，余未之承諾。諒遂懇諸大行人柯君奇徵，君佳其志，欣然從之，遂徧求諸家舊本，參互考訂，反覆數四，焚膏繼晷，歷兩歲而始就。視陝西之刻，尤號精絶，由是而窮儒寒畯揮金往市，亦可得之，而二刻不足觀矣。柯君篤學嗜古，於事無所苟且，校閲之精，覽者當自得之，向微君，則是書雖成，猶未刻也。白鹿本無《正義》，陝西雖有之，而《封禪》《河渠》《平準》三書特缺焉，柯君悉爲增入。刻既成，因書此以識歲月云。大明嘉靖四年秋九月既望，鉛山費懋中書。有"求我齋費氏民受"木刻章。次裴駰《史記集解序》，次司馬貞《史記索隱序》，次小司馬《補史記序》，次張守節《史記正義序》，次目錄。《史記》《漢書》書前之有目錄，自有板本以來即有之，爲便於檢閱耳，然於二史之本旨所失多矣。夫《太史公自序》即《史記》之目錄也，班固之《叙傳》即《漢書》之目錄也，乃後人以其艱於尋求，而復繕之條列以繫於首，後人又誤認書前之目錄，即以爲作者所自定，致有據之妄訾謷本書者。夫《孟荀列傳》以兩大儒總括之，何嘗齒淳于髡、慎到、騶奭於其列哉！《貨殖》等傳以事名篇，與八書差相類，固未嘗一一標姓名也。乃譏《漢書》者，謂范蠡、子貢、白圭非漢人而入《漢書》，以爲失於限斷，其實班氏何嘗爲范蠡諸人立傳，即彼蜀卓宛、孔閭里猥瑣之流，亦豈屑屑爲之標目，與夫因人立傳者同哉！明毛氏梓《史記集解》、葛氏梓《漢書》正文，其前即據自《叙傳》爲目錄，亦爲便於觀者，而尚不失其舊，在諸本中爲最善矣。古書目錄往往置於末，如《淮南》之要略，《法言》之十三篇序皆然，吾以爲《易》之序卦傳非即六十四卦之目錄歟！《史》《漢》諸序殆昉於此。見盧氏《鐘山札記》。前題漢太史令龍門司馬遷著，目後題"明嘉靖四年乙酉金臺汪諒氏刊行"。《三皇本紀》前題"莆田柯維熊校正"。後有嘉靖六年上元日維熊自跋，云凡一百三十卷，五十二萬六千五百言，并其注内讐校之者，亦未暇悉數，蓋信者正、疑者闕，蔑敢苟焉耳矣。伯驥按：明嘉靖刻《史記》，柯本、王本均刻於四年乙酉，秦藩刻於甲午，則遲九年。費序言，陝西三注本缺《封禪》《河渠》《平準》三書者，白鹿本止兩注，均宋刻。錢辛楣《養新錄》以白鹿本爲三注者，誤也。三書中《正義》爲柯君所補，意是另得別本補之，而語意含混，則似柯君自補《正義》矣，言之不可苟如此。半葉十行，行十八字。

## 史記題評一百三十卷 明刊本。

此爲嘉靖十六年丁酉太和李元陽刊本。元陽，字中谿，按閩時所爲也。明楊升庵慎在滇時，從游者衆，有楊門六學士之目，蓋以比黃、秦、晁、張諸人。張半谷愈光、楊宏山士雲、王純菴延表、胡在

軒廷禄、李中溪元陽、唐池南錡，所謂六學士也。又合吳高何慭，爲
七子。升庵謂七子文藻皆在滇南，一時盛事，即指此。《升庵集》
有《己未六月病中訣李張唐三君詩》，李謂元陽也。吾家邵亭云，
此書亦具三家注，惟《索隱述贊》不録，而集諸家評語于書眉，其不
係名氏者，則中谿説也。每卷題“明李元陽輯訂，高世魁校正”，亦
有不題者，亦有數卷李元陽上增題楊慎名者，此本蓋即升庵輯本，
因增益以付雕，故題云爾。明人好尚評論，是書刻有評者，蓋昉于
此。後凌稚隆爲《評林》，則又因此增益。伯驥按：元陽又嘗校刊
宋倪思《班馬異同》。洪氏頤煊謂《史記‧司馬相如列傳》相如乃
與馳歸成都，家居徒四壁立，今本無“成都”二字，惟李氏此本與南
宋大字本有之，然則李氏刻本固甚善矣。鄭康成注《周禮》稱鄭大
夫、鄭司農，述衆、興之説也。<sup>宋宋庠《元憲集》卷三，贈司徒兼侍中。宋宣獻</sup>
<sup>挽詞下注云，案宣獻，宋綬謚。庠與綬同姓不宗，見于《景文筆記》，故稱不去姓。案語</sup>
<sup>當是四庫館臣附記，蓋伯驥所藏此集，爲武英殿本。</sup>三國時，楊脩則曰，脩家子
雲。宋歐陽修撰《集古録》每曰吾家率更、吾家蘭臺，蓋謂詢、通父
子。前清孫淵如衍《冶城遺集》内《題家頤谷侍御深柳勘書圖詩》
有“天與吾家難王蕭”之句。伯驥謂邵亭爲吾家，蓋從後例也。<sup>近</sup>
<sup>世人詩文標目，於同姓人輒稱家某人。考宋元以前文字，皆無此稱，若杜詩於位，韓文</sup>
<sup>於重華，皆其子姪，猶直稱姓，其於疏遠可知稱家之失，殆始於明之中葉。成、宏以前，</sup>
<sup>猶不失唐、宋人家法，至嘉靖，諸人乃率意杜撰。見前清李紱《穆堂集》。此又一説。</sup>

## 漢書一百二十卷後漢書

**一百二十卷**<sup>明嘉靖間廣東崇正書院刊本。</sup>

　　宋監《漢書》始淳化，次景德，次景祐二年，余靖、王洙重校定，
下則熙寧、嘉祐、宣和、紹興，先後凡七刻，今世流傳已極稀有，官
刻、私刻均多散軼。范書宋本完整者，亦寥寥焉。<sup>順德李氏文田有《四</sup>

朝書刻紙板板考》，聞稿本存萍鄉文素松許。番禺范氏公詒有《漢書宋元刊本考》，已刻。
明世則有重修宋福堂本、正統翻淳化本、汪文盛本、重刊元大德本
各種，而嘉靖丁酉，廣東崇正書院重修本則存在無多。中華民國二
十一年冬，伯骥得此本於京估之手，班、范兩書皆備，爲之狂喜。往
者，伯骥嘗點讀二十四史一過，二書則用先人所遺之毛刻十七史
本，未能多取善本以爲校勘也，於是略覆讀之，覺其善處甚多。嘉
興錢氏泰吉嘗借拜經樓宋本《漢書》校其與汲古閣本異者，撰攷異
詳之。《外戚傳》童謡云“燕毛涎涎”，師古曰：“涎涎，光澤之貌也。
音徒見反。”《五行志》中之上同。按：《玉篇·水部》“涎”字，徒見
切，涎涎好兒。《廣韻》三十二霰電紐下，“涎”字注，涎涎，美好貌，
與口液之涎迥殊。《類篇·水部》，“涎”又堂練切，涎涎，光澤貌。
《集韻》三十二霰電紐下，正“涎”字注，涎涎，光澤貌。正用顏氏
《漢書》注文也。近刻《漢書》誤作涎涎，《經籍纂詁》於一先“涎”
字下，列《五行志》及《外戚傳》，亦沿近刻《漢書》之誤。伯骥按：朱竹
垞《詩集》中《河豚歌》已云“或如燕子尾涎涎”，而乾隆間桐鄉馮氏浩撰《玉谿生詩詳
注》則云，顏注“涎”，音徒見反，涎與見叶，史文與注甚明，乃有謂當作“涎”，“涎”音
“挺”。《爾雅·釋水》直波爲徑，注言徑涎也。又音電，涎涎，美好貌；一曰光澤貌，義
或類，而音大殊，不可從也。朱、馮皆在《經籍纂詁》之前，蓋此字之沿誤已久矣。編《纂
詁》時，咸爲好學深思之士，此亦千慮之失也。明刻陸游《渭南集》，予曾檢讀其中《長
歌行》一首，“燕燕尾涎涎，橫穿乞巧樓，低入吹笙院”。“涎”亦作“涎”，明人勘對不若
前清，固宜如此。《杜鄴傳》“昔文侯寤犬雁之獻而父子益親”，他本
《漢書》俱作“大雁”，獨此正文及註皆作“犬雁”，真可謂一字千金
矣。今按崇正本“涎涎”不作“涎涎”，“犬雁”不作“大雁”，實與宋
本合，不與俗本同，此其可貴者一也。歸安陸氏藏宋槧湖北庾司本
《漢書》爲慶元間刻本，陸氏嘗略校之。《宣帝紀》“夏四月庚午，地
震。詔内郡國舉文學高第各一人”。韋昭注，汲古閣本誤作師古。
“地節三年自丞相以下”，汲古閣本奪“自丞相”三字。《哀帝紀》

“元壽二年”，各本皆衍元壽二字，此本不衍。《高惠高后文功臣表》“曲成侯蟲達”下二格，大書“位次日夜侯恒”六字，各本皆誤作小注。《百官公卿表》“竟寧元年，安平侯王章子然爲執金吾”，“安平”皆誤作“安年”。“鴻嘉元年，平臺侯史中爲太常”，“平臺”各本皆誤作“平喜”。“孝哀建平三年，右將軍公孫禄爲左將軍，三年免”。今本“三”皆訛“一”。錢氏竹汀曰，《何武傳》哀帝崩，武爲前將軍，與左將軍公孫禄相善，武舉禄可大司馬，而禄亦舉武。有司劾奏武、禄互相稱舉，皆免。事在元壽三年，距建平三年四歲矣，當以此本作三年免爲長。《人表》上中“廖叔安”，師古注，《左氏傳》作“飂”，與《左氏傳》合，各本“飂”皆訛“戮”。以上皆存齋校語也。伯驥今按：崇正本皆與宋慶元本合，此其可貴者又一也。陸氏藏宋蔡琪一經堂本《後漢書》，蓋嘉定戊辰刻本，其校語云，《和帝紀》諱肇，其字從戈、從肁，與從攴從肁之字不同，見許氏《説文》。今通行本誤作“肇”，此本不誤。《鄭康成傳》“師事京兆第五元先”，通行本奪“先”字。“吾家舊貧，爲父母群弟所容”，唐史承節《鄭公碑》同，言爲父母所優容也。今各本妄加“不”字，作“不爲父母群弟所容”，蔡本不誤。伯驥按：陸氏之前，已有陳氏鱣元本《後漢書跋》證明“不”字之誤。《金石萃編》七十六所載史氏碑文及阮氏《山左金石志跋語》云，爲父母群弟所容者，言徒學不能爲吏，以益生產，爲父母兄弟所含容，始得去厮役之吏，遊學周秦，故傳曰，少爲鄉嗇夫得休歸，常詣學官，不樂爲吏，父數怒。夫父怒之而已，云爲所容，儒者之言也。蓋宋元本范書皆無“不”字，未審何時妄加，非得舊刻，則康成之心事不得白，善本之足寶蓋如此。《潛研堂集·金承安重刻唐萬歲通天史承節撰後漢大司農鄭公碑跋》云，承節之文乃兼取謝承諸史，非蔚宗一家之學，實足補正范書，昭雪古人心迹。范書因爲父怒而妄加不字，與司農本意相反。

按：錢氏此節尚未考索舊本《後漢書》，故歸獄蔚宗，又誣前人矣。有人謂舊本爲骨董非通論也，今崇正本獨無“不”字，與宋、元同，此其可貴者又一也。《宋史·廖德明傳》稱，德明在南粵立師悟堂，刻朱氏《家禮》。而黃勉齋《書晦菴正本大學後》又云，榦嘗獲受業於晦菴先生之門，竊觀先生訓釋諸書，皆虛心平氣以玩其詞，研精覃思以究其旨，字尋句索，縷析毫分。《大學》修改無虛日，諸生傳録幾數十本，《誠意》一章猶未終前三日所更定，既以語門人曰，《大學》一書至是，始無憾矣。今惟建陽後山蔡氏所刊爲定本，潮倅廖君德明得之，以授潮陽尉趙君師恕，趙君鋟板縣庠。又清世《天禄琳琅書目》卷三著録宋刊《九家集注杜詩》，刻於宋孝宗淳熙八年至理宗寶慶元年，曾噩爲廣南東路轉運判官，重爲校刊，序稱蜀本紙惡字缺，不滿人意，兹摹蜀本刊於海南漕臺，會士友以正其脱誤。書後有承議郎通判韶州軍州事劉鎔、潮州學賓辛安中、進士陳大信同校勘銜名，列于噩銜之右。又明成化、弘治間，張習亦曾刻明初四大家楊基《眉庵集》、張羽《静居集》、徐賁《北郭集》、高啓《槎軒集》于廣東，密行細字，至爲精善。習字企翱，曾官廣東僉憲。又，明南監經史板多由各省徵集，《南雍志》云，四方多以書板送入是也。《宋史》四百九十一卷，成化中巡撫兩廣都御史朱英刻於廣州。嘉靖初，南京國子監祭酒張邦奇等請校刻史書，上命將監中十七史舊板攷對修補，仍取廣東《宋史》板付監。以上皆廣東前代官刻書之有明徵者，隻鱗片羽，猶見流貽。崇正書院之本則傳布不廣，嘗檢范閣書目，祇著録崇正《後漢書》而無班書，皕宋樓亦然，即其一證。皕宋樓范書爲何義門校本，有手跋曰，初讀此書，嫌其訛謬爲多，及觀劉氏《刊誤》諸條，乃知在北宋即罕善本，緣前人重之不如班書故也。嘉靖中，南京國子監開者注經删削，此猶完書，故是一長。崇正書院所在地，考明嘉靖本《田叔禾集》及清《道光南海縣志》引黃氏省志，知其原在藥洲，所謂西湖故址也。其後遷至都府街西察院故基,則見於《乾隆廣州府志》及《乾隆南海縣志》,遷時當在嘉靖以後,蓋田氏藝蘅爲其父叔禾刻集、黃文裕撰省志,均嘉靖間事,咸謂此院在西湖藥洲也。按:《乾隆南海志》知遷址爲萬曆年間事,《道光南海志》則云都府後街即郡西朝天衖。中山黃君慈博曾以此見告,慈博爲文裕後人,熟於廣東遺事,曾編《廣州城坊巷志》。此書刻於嘉靖十六年,蓋自明以來,今九曜坊等處,皆刻書之聚矣。平江黃氏《刻博物志跋》云,去歲謀刻是書,命兒子玉堂依影宋鈔者錄一帙,與粵東賈人往古藥洲開雕。據田集所列叔禾著述,如《藥洲先生詩文集》《學約》《試約》《講章》等書,均謂板存崇正,可知當時雕槧必多,今已不見,唯兩《漢書》有崇正本流傳,如唐棣朱氏結一廬、江陰繆氏藝風堂,其目均著錄之。往者上海涵芬樓亦有其本,今想已遭劫灰矣。明晁氏《寶文堂書目》有廣東刻兩《漢書》,殆亦此種,此外藏家則尟有焉,蓋罕見之秘笈也。牌子所謂重脩,當是翻刻余襄公靖校定之本,故能如此精善。襄公粵人,崇正粵地,田氏粵官,洵書林之雅談矣。田氏於嘉靖十三年官廣東提學僉事,李氏《閒居集》云,國初學無多端,教有成法,立儒學足矣,乃又有書院,設教官足矣。乃又有提學,提學始於正統中年,書院盛於嘉靖初年,今則多不可言矣。提學、書院,俱不可無,而書院似不宜多,多則災土木、費供應,而紛立門牆,長院設教者,安得一一得人耶。自予所傳聞者,海內書院十餘處,其不及聞者何啻數十餘處哉! 故能於崇正刻書實板。范《目》卷四又著錄陳塏《輯名家表選自序》稱,刻之崇正書院,以與嶺海諸士共之,又與田氏同一例者也。吾家《郘亭知見傳本書目》著錄明刻崇正堂本《周易傳義》,寒家有其書,勘其字畫與此不類,當是別刻。明錫山華麟祥校刊吳淑《事類賦》,版心上方刊"崇正書院"四字,寒家亦有其本。考《常州府志》,宋寶祐中,無錫令袁從爲祠,以祀楊時、陸九淵、張栻、楊簡、袁燮、袁甫、喻樗、尤袤、蔣重珍,曰九先生祠。元教授虞薦廢去陸九淵、張栻、楊簡、袁燮、袁甫,益以李祥,名五先生祠。嘉靖八年,邑人華雲益以李綱、邵寶,爲七賢祠，而榜曰崇正書院。華氏既爲錫山人，此書自是刊於錫山之崇正，其後之寧壽堂刊本，即由此出，蓋與廣東之崇正同名，言板本者所宜分別也。《皕宋樓藏書志》著録明崇正書院刊《亢倉子》《元真子》《天隱子》，此又未審其爲廣東抑常州矣。此本《漢書》前列序例五葉，次列景祐二年秘書丞余靖上言一葉，高似孫《史略》引《宋會要》，咸平中真宗命晁逈覆校兩《漢書》板本。景祐元年，余靖又以監印文字舛訛，詔翰林學士讎對，二年九月畢，爲景祐刊誤本。次目録十七葉，目録後有牌子曰"嘉靖丁酉冬月廣東崇正書院重脩"。半葉十行，行二十二字，小注雙行，行亦二十二字。《後漢書》前列景祐元年九月祕書丞余靖上言二葉，板心有"後漢序"三字，牌子在第二葉之末，文與上同，次列目録二十五葉，全書行、字與《前漢》不異。伯驥記。

## 漢書一百二十卷後漢書一百二十卷

明汪文盛刊本。

《漢書》漢班固撰，《後漢書》宋范曄撰。此爲明汪氏文盛刊本。文盛，字希周，崇陽人。正德間進士，歷官僉都御史巡撫雲南，進大理卿。《明史》附見《毛伯温傳》中。有《節愛府君遺詩》二卷，見清《四庫總目·集部·別集存目》三。吾家藏明刻《鄭善夫詩集》十二卷，伯驥按：鄭，閩人，以詩著名。吾家有其集，題曰《鄭詩》，明刻本，《書目初編》已著録。《焦氏筆乘》三云，余家有鄭善夫批點《杜詩》，嘗觀其數則，一云詩之妙處，正在不必説到盡，不必寫到真，而其欲説、欲寫者，自宛然可想，雖可想而又不可道，斯得風人之義。杜公往往説到盡處、真處，所以失之。一云長詩沉着頓挫，指事陳情，有根節骨格，此杜老獨擅之能，唐人皆出其下，然詩正不必以此爲貴，但可以爲難而已。宋人學之，往往以文爲詩，雅道大壞，由杜老起之也。一云杜陵祇欲脱去唐人工麗之體，而獨占高古，蓋意在自成一家，不肯隨塲作劇也。如孟詩云"當杯已入手，歌伎莫停聲"，便自風度；視"佩玉仍當歌"，不啻霄壤矣。此詩終以興致爲宗，而氣格反爲病也。説杜詩如此者頗尠，爲附録焉。亦汪氏編集，是汪氏固好詩者，故朱氏

《明詩綜》亦録其詩。汪氏生當正、嘉之間,爲前明刻書最盛之時,所刻兩《漢書》《五代史》均有盛名。徐氏康《前塵夢影録》稱,明汪文盛等覆刊兩《漢書》,祖本爲湖廣嵯務官校刻。予於劫後游虞山,見於楊濠叟案頭,卷首有元人字及葉石林墨迹,紙薄而韌,極可愛玩。聞之老輩云,汪文盛尚有《史記》及《三國志》,惜罕見矣。是其校雕之本,久爲前人所重。拜經樓吳氏藏宋刻《漢書》殘本十四卷,盧氏抱經跋云,誤字不多,今所通行者顏注尚有脱落,何論蕭賅、子京、三劉,而此獨全,可寶也。汪文盛本當從此出。杭氏世駿《欣託齋藏書記》云,宋刻兩《漢書》,板縮而行密,字畫活脱,注有遺落,可以補入,此真宋字也。汪文盛猶得其遺意,盧蓋謂其淵源之善,杭氏則謂其板刻之精矣。半葉十二行,行二十二字,注雙行二十八字。

### 漢書一百二十卷<sub></sub>明高麗本。

漢班固撰。《叙傳》第七十下云,班固《前漢書》几百篇,總一百二十卷,十二帝紀一十三卷,八表一十卷,十志一十八卷,七十列傳七十九卷。二年九月校書畢,凡增七百四十一字,損二百一十二字,改正一千三百三十九字。次有詳定所准慶曆二年三月初一日轉運司牒、禮部貢院牒,准勅命指揮毁弃淫僞浮淺俚曲穢辭,并近年及第進士一時程式文字不可行者,除已追取印板當官毁弃外,有《前漢書》一部百二十卷,可以印行。今於元印板後録略詳定條制,照會施行。詳定官登仕郎、試秘書省校書郎、守杭州司法參軍潘説,重詳定宣德郎、守秘書省著作佐郎、監杭州裝御斛升錢帛綱運兼糧料院權書記廳公事馬元康。末有跋語云,鑄字之設,可印群書,以傳永世,誠爲無窮之利矣,然其始鑄字樣有未盡善者,印書者病其功不易就。永樂庚子冬十有一月,我殿下發於宸衷,命工曹参、判臣李蕆新鑄字樣，極爲精緻，命知申事臣金益精、左代言臣鄭招等，監掌其事，七閱月而功訖，印書便之，而一日所印多至二十餘紙矣。恭惟我恭定大王作之於前，今我主上殿下述之於後，而條理之密，又有加焉者。由是而無書不印，無人不學，文教之興當日進，而世道之隆當益盛矣。視彼漢唐人主規規於財利兵革，以爲國家之先務者，不啻霄壤矣，實我朝鮮萬世無疆之福也。宣德三年閏四月日，崇正大夫、判右軍都總制府事、集賢殿大提學、知經筵春秋館事兼成均大司成世子貳師臣卞季良拜手稽首敬跋。伯驥按：高麗本《國語》韋昭注有跋語，於高麗活字印書史頗詳，爲照錄之以資參考。跋云，我東活字印書之法，始自太宗朝癸未，以經筵古注《詩》《書》《左傳》爲本，命判司平府事李稷等鑄十萬字，是爲癸未字。世宗朝庚子，命工曹參判、李蕆等改鑄，是爲庚子字。甲寅以《孝順事實》《爲善陰隲》等書爲字本，命集賢殿直提學金墩等鑄二十餘萬字，是爲甲寅字。英宗朝壬辰，正宗大王在東宮，仰請大朝以甲寅字所印《心經》《萬病回春》二書爲字本，鑄十五萬字，藏於芸閣，是爲壬辰字。正宗朝丁酉，命平命道觀察使徐命膺以甲寅字爲本，鑄十五萬字，儲之內閣。又於壬寅命平安道觀察使徐浩修以本朝人韓構書爲字本，鑄八萬餘字，亦儲之內閣。壬子，命仿中國四庫書聚珍板式，取字典字本，刻大小三十二萬餘字，名之曰生生字。甲寅，命內閣銅字移藏於昌慶宮之舊宏文館，稱以鑄字所。丙辰，整理《儀軌》將印行，命奎章閣直提學李晚秀、奎章閣原任直閣尹行恁監董，以生生字爲本，鑄大字十六萬、小字十四萬餘，名之曰整理字，分儲七欌，藏於鑄字所。後六十三年，當貯丁巳字。鑄字所失火。戊午，命奎章閣檢校提學金炳冀、奎章閣提學尹定鉉、奎章閣提學金炳國主館鑄整理大字八萬九千二百三字、小字三萬九千四百十六字，韓構字三萬一千八百二十九字，與燼餘完字十七萬五千六百九十八字，藏於鑄字所。己未，命以整理字印《國語》，蓋鑄字成，試印一書，例也。此種《漢書》爲高麗舊活字本，實當我國前明所印所據之本，甚善。卞氏所舉鑄字之李藏，亦與《國語跋》合。日本元和七年六月，鑄造銅字數萬，刷印宋江少虞《皇朝事實類苑》七十八卷，賜幕府公卿諸臣，此例亦與高麗相同。《經籍訪古志》稱，永樂初，朝鮮王命造活字，又著錄朝鮮活字本《纂圖互註周禮》，是此類活字本書，日人固重視也。黃伯思《東觀餘論·跋章草雞林紙卷後》云，政和丁酉歲五月，於丹陽城南第暴書，得此雞林小紙一卷。伯驥按：雞林者，唐時新羅國，本弁韓之苗裔，其國在漢氏樂浪之地，東南濱海，西接百濟，北鄰高峯，其後新羅漸有高麗、百濟之地。唐龍朔三年，詔以其國爲雞林州都督。蓋雞林即新羅，新羅王脱解九年，當東漢明帝永平八年，其都徐羅伐城之，始林有雞怪，遂更名雞林，並以爲國號。唐時以劉仁軌爲雞林道行軍總管，以伐新羅，平後置雞林州於新羅，以新羅王爲大都督，後世遂以雞林爲朝鮮之別稱。又有以雞林爲吉林者，則由音近致誤，不足據。依黃氏之所謂雞林紙，即高麗紙也。前清滿人揆叙《隙光亭雜識》卷一云，高麗紙堅緻光澤，人言是搗繭爲之。余昔年奉使朝鮮，詢之土人云，是楮皮所作。按《本草·釋名》，穀亦作構。陸機《詩》疏云：構，幽州謂之穀，桑或曰楮桑，荆、揚、交、廣謂之穀。李時珍曰，楮本作柠，其皮可績爲紵故也。楚人呼乳爲穀，其木中白汁如乳，故以名之。陸佃《埤雅》作穀米之穀，訓爲善，誤矣。陶弘景曰，南人呼穀紙亦爲楮紙。陸氏又云，江南人績其皮以爲布，又擣以爲紙，長數丈，光澤甚好，用之最博，楮布不見有之。由斯以觀，則楮皮爲紙其來遠矣。然今江南罕得其法，蓋中華失傳流於外裔者，往往有之。又近人稱武英殿板，如《朱子全書》、二十四史、《全唐詩》，當時初印俱用開花紙，綿質光緻，似高麗紙之雜以蠶絲者,其紙往往有褐斑,蓋如織緞者之澤以江豬油,此則未諳製紙之理者也。此本紙質大佳,故附論之。

## 漢書地理志補注一百三卷<sub>寫本。</sub>

清昭文吳卓信撰。此書安徽包氏有刻本,此爲李氏兆洛鈔本。兆洛,武進人,字申耆。嘉慶進士,官鳳臺知縣,主講暨陽等書院。著《李氏五種》《養一齋集》等書,病當世治文知宗唐宋,而不知宗兩漢,謂欲宗兩漢,非治駢體文不可,因輯《駢體文鈔》。乾隆中葉後,爭治訓詁音韻之學,兆洛則以《通鑑》《通考》爲歸,謂能疏通而知遠云。此本前有李氏識語云,常熟許氏伯堅留心邑中文獻,爲我借得此書,搜輯該博,大致備矣。因以訂證訛舛,補其缺略,爲檢稽者所藉手,其爲利益甚大,亟録副而藏之,并録伯堅所爲小傳於首。道光十七年七月既望,武進李兆洛識。又附《吳傳》云,吳卓信,字立峯,一字項儒,居常熟縣之何家市。合河康中丞基田器賞之,勖以習制舉業,一試輒冠其曹,年三十餘矣。再與鄉試,即厭棄去,以客授歷,游齊、魯、燕、趙、秦、晋間,六十餘卒。所著曰《漢書地理志補注》、曰《三國傳補注》、曰《廣親説》,<sub>伯驥按:日本岩崎静嘉堂藏吳氏《釋親廣義》二十五卷,鈔本,計分宗族、母黨、婚姻、方言、夷語、俗呼、假號各門,當即《廣親説》。</sub>凡百許卷。邑人有陳揆者,爲刻其古文,甫竟,而陳亦卒,未印行,所著皆散佚,惟《漢書地理志補注》存焉。<sub>伯驥按:吳氏別有《漢三輔考》二十四卷,未見傳本。又,全氏祖望撰《漢書地理志稽疑》六卷有刊行,吾家所得則爲陳仲魚校鈔本,前藏湘中葉氏邱園家。</sub>《昭代叢書》刊吳氏《約喪禮經傳》一卷,梁氏啓超謂,其合《儀禮》《戴記》經文、注疏而序次之,於極複雜中得其條貫,洵善於治經者。若用此法,施諸群經及子史,其省後學心力之勞,豈有量哉!卓信之學,通粹乃爾,而清儒不甚推挹之,何耶? 見梁氏《飲冰室書目》。<sub>梁號任公,新會茶坑鄉人。</sub>

父蓮澗先生爲鄉中老儒，授以舉業。任公嘗自述少時家境不豐，欲得《漢書》，亦至艱困。年十六，蓮澗挈之至省城，髮辮尚垂紅線。時番禺石星巢開門授徒於府學，以所藏書實館中石室，畀門人檢閱。任公往謁爲弟子，於是始得讀古書。大抵當時省會之號稱大館者，咸以八股爲教，若導之經訓詞章，及以所藏四部公諸後進，石先生外，固無其人也。久之，任公復見南海康先生於長興里鄺家祠，先生亦以雲衢書屋所藏爲同門恣讀。先生上世十三代繼繩爲儒業，多有集流傳，又嘗出九江朱氏之門，生平積書當不尟，後以雲衢書實之府學孝弟祠，所謂萬木草堂者，爲書藏焉。守書有綸，借書有時，好讀者當更獲其益，蓋其時先生之館已由長興而遷府學矣。其後任公講學湖南，辦報上海，當亦隨時得本。旅日本、遊歐美時，則不得其詳也，唯最能藏書而讀書則在罷官寓津時。先是任公嘗回粵，予在坊肆中曾見其得明刻明印《事文類聚》一種，此書張氏《書目答問》不載，非買書人所急求，故市上間有之。陳慶笙《漢官答問》亦於是日買去，坊估小高頗殷殷於接待。析津之屋聞由某公使專請僦居，不收賃直，蓋寓德必有鄰之意。以蘄日致丰昌，屋中書連牆接室，廊廡亦無隙地，此目所載是也。中華民國十九年二月，天津黃律師代表梁氏親屬會其函北平圖書館，證明任公口頭遺囑，願將生平所藏書籍借與該館，並附簡章十條，其第三條祇八箇字，曰“永遠寄存，以供衆覽”。全部藏書共二千八百三十一種四萬一千四百七十四册，尚有墨蹟未刊稿本及私人信札，均爲重要史料。該館在新建築中，別闢一室以置之，爲永遠記念。論者謂梁氏此節可稱中國創舉，藏書家應以爲法云。維時距任公先生逝世已二年矣，回憶中華民國八年，番禺梁氏以藏本六百餘櫥，捐之廣東省立圖書館。越十年，而新會梁氏復有此美意，今以册數覈之，當可得二百餘櫥，皆堪敬慕者也。慶笙，名樹鏞，清同光間新會諸生，從番禺陳澧學，遺著《漢官》一種，外有文集。順德簡朝亮志其墓，粵督張人駿奏准以其學行付史館立傳。

# 後漢書一百二十卷

明正統翻宋淳化本，沈十峯舊藏。

劉宋范曄撰，唐章懷太子賢注。案：宋初淳化中，國子監曾刊《五經正義》，而《麟臺故事》又稱，淳化五年七月，詔選官分校《史記》、前後《漢書》，命太常博士直昭文館陳充、國子博士史官檢討阮思道、著作佐郎直昭文館尹少連、著作佐郎直史館趙況、著作佐

郎直集賢院趙安仁、將作監丞直史館孫何校前後《漢書》既畢，遣
內侍裴愈齎本就杭州鏤板。是當時雕刻此書，至爲不苟。景祐間，
余襄公靖校正兩《漢書》，即由淳化本出，而元大德本又從景祐本
出。黃蕘圃云，《漢書》宋刻佳者淳化本，不可得見。景祐本殘者
有之，此外，如建安劉原起本，又有一大字本皆名爲宋，而實則不及
元明刊本，何以明之，蓋所從出異也，惟正統本最稱善，以所從出爲
淳化本，蓋祖本真出北宋耳。是黃氏絶重此本也。卷末有刻字，云
"右奉淳化五年七月二十五日勅，重校定刊正"。半葉十行，行十
九字，小字二十七字。《漢書》行格皆如此，惟《後漢》則夾注小字
二十五爲多。紀傳後有志，分《律曆》上中下卷、《禮》上中下卷、
《祭祀》上中下卷、《天文》上中下卷、《五行》六卷、《郡國》五卷、
《百官》五卷，《輿服》上下卷，共三十卷，則題劉昭注補。蓋范氏握
筆作書時，原以志屬謝瞻，范氏敗後，志竟無傳。今本八志實原於
司馬彪之《續漢書》，而梁劉昭補注之。《隋書·經籍志》《唐書·
藝文志》著錄彪書，而《宋志》不錄。陳氏《書錄解題》謂宋乾興初，
判國子監孫奭建議，校勘以昭所注司馬彪《續漢書》志，與范書合
爲一編。伯驥按：唐太宗有《詠司馬彪續漢志》一篇，清邵位西氏
云，酈道元《水經注》嘗引司馬彪《州郡志》，疑彪之諸志在六朝已
有單行之本，故昭獨爲之注。杜祐《通典》述科舉之制，以《後漢
書》《續漢志》連類而舉，則知以司馬志附見范書，實始於唐人。陳
氏謂案乾興初校勘合爲一書者，攷之不審也。《宋史·藝文志》亦
祇載昭書，而彪名不復見於志內，後來凡引述後漢各志者，每渾稱
范書，而並不著昭之名，殊可異也。昭撰注補本有總叙，何義門
《讀書記》謂，諸本多失載，而此本有之，略云昔司馬遷作《史記》，
爰建八書，班固因廣，是曰十志，至乎永平執簡東觀，記傳雖顯，書
志未聞。司馬續書總爲八志，王教之要，國典之源，粲然略備，廼借

舊志注以補之，分卷三十卷，以合范史。昔褚生補子長之削，少馬氏接孟堅之不畢，相成之義古有之矣，引彼先志又何猜焉。讀此叙，則前後撰述之端緒固可考矣。明吳安國《甒瓦編》云，昭字宣卿，梁武時嘗爲剡令。《梁書》有傳。今有《補志注》存，且別本亦有題梁剡令劉昭注者，實爲讀范書所應知也。清《四庫提要》謂今於此三十卷，並題司馬彪名，庶以祛流俗之訛，益爲核實矣。王氏先謙《後漢書集解》九十卷，《續漢書志集解》三十卷，分別卷帙，庶復其初。近日南潯劉氏重翻宋本兩《漢書》，《前漢》白鷺洲書院本，《後漢》一經堂本，其行款相同，此二種宋本，初爲郭氏嵩燾所藏，洪、楊之役幸逃劫火。繆氏藝風謂此兩本皆嘉定時翻淳化本，據海源閣跋，錢虞山所藏兩《漢書》，亦南宋翻雕，如諸經單疏藏本，昔人推爲北宋，無不南渡重刻，不害其爲佳作也。何義門詆爲惡本，儀顧竭力揚之，本書實佳，惟以司馬志署范曄，則不能掩其失。見《乙丁藁》一。據繆氏之言，知南宋刻本已不能無玼累，此雖翻雕北宋原槧，然張燔《漢紀》曰，虎賁士有貌似蔡邕者，融每酒酣，輒引與同坐，曰雖無老成人，尚有典型。《三國志》十二裴注引。細翫斯編，則北宋規模猶可見也。版心上記大小字數，下記正統八年刻工姓名，書估挖去“正統”字樣，謂爲元刻，冀得厚直，而不知此刻爲北宋本之子，元槧爲北宋本之孫，時代先後不同，而血統反分遠近。目錄板本之學，又豈游談無根者所能知耶！前人謂路愼莊子端藏書甚富，其後人筮仕於淮，捆載遺本求售，有正統本兩《漢書》，陳簡莊嘆爲至佳者，爲丁泳之所得。於此本之藏散留意如此，其可貴亦可想矣。丁氏《善本書室藏書志》著錄此書，今據寫本江都梁公約《盇山書錄》卷二謂，丁本有刊配、鈔配，有“尚寶司卿袁氏家藏”方印。伯驥有友某君謂，袁氏，明洪武、永樂間人，不應藏正統刻本之書，不知袁氏自生至卒，實歷洪武、建文、永樂、洪熙、宣德、正統、景泰、天順八朝。據《今言類編》，知袁氏年八十三歲乃始就木，時天順二年也。
除正統十四年不計外，中間尚隔景泰八年，是刻印此書，尚在其卒
前多年，則丁氏所藏袁氏遺書當是初印，而入篋之時，袁氏亦年屆
古稀矣。此本有“宗伯”、“永以爲好”、“沈慈”、“十峯”、“曾在雲
間歡園沈氏”等章，蓋有名之藏書家也。宗伯或爲虞山錢氏所捺，
黃蕘圃《唐宋婦人集跋》云，往年沈君綺雲有《唐宋婦人集》之刻，
皆借本於余家，復欲刻《斷腸集》以儷之，一時苦無善本，遂不果
行。及余購得元刻注本，而綺雲已歸道山。頃其令弟十峯訪余，
以《綠窗遺稿》屬爲付梓，沈氏昆仲好風雅，留傳昔賢著述，洵爲
藝林佳話。又徐氏康云，宋板《魚玄機集》只二十餘葉，大字歐
體，乃宋槧之最精者，黃蕘翁得之，裝潢爲蝴蝶式，後爲一達官某
所賞，倩許翰屛影橅上板，又託改七薌補繪玄機小象於卷首，橅
本鏤工，不下原刻，時爲嘉慶中葉，惜其時袛印一次，流傳甚少。
達官歸田後，板亦攜去，余僅收得一冊，聞壺園汪氏亦購藏一本，
此外不多見也。江氏標云，此書爲松江沈十峯慈古倪園所刻，余
有印本二種，一初印、一後印。初印本名《三婦人集》，乃同刻明
本《薛濤詩》、宋鈔《楊太后宮詞》也。後印本又附《綠窗遺稿》，
兩種皆沈氏刻。按：綺雲名恕，十峯名慈，雲間人。嘯園、古倪園
皆其家所有也。莫伯驥記。

## 舊唐書二百卷 明嘉靖間聞人氏刊本。

明餘姚聞人詮校刻，蘇州學儒學訓導門人嘉興沈桐同校。詮，
《明史》無傳，按朱彝尊《明詩綜》小序，詮字邦正，餘姚人，嘉靖丙
戌進士，除寶應知縣，擢山西道御史，巡視兩關，歷湖廣按察副使。
有《芷蘭集》，今觀書中列銜，稱督學畿內。彝尊作小序時，或未經
考及。《浙江通志》又稱其從事陽明之學，云邦正立意重雕。此書

宋刻,稱吳令朱子得列傳於光禄張氏,長洲賀子得紀、志於守溪公,乃紹興初年刊本,因督蘇庠司訓沈桐校刊,自爲序,楊循吉、文徵明並序之。嘉靖十八年,沈桐詳紀惠借藏書、捐俸助膳、分番校對、出資經費諸人姓名於後。文氏序略云,初,御史紹興聞人公視學南畿,以是書世無梓本,他日按吳,遂命郡學訓導刊置學宮,工未竟,而公以憂去,及是書成,以書來屬徵明爲序。《新書》出於宋景文、歐陽文忠二公之手,故朝野尊信,而《舊書》遂廢不行,然議者則以用字奇澀,刊削詔令,爲不若《舊書》。是書嘗刻於越州,卷後有越州教授朱倬名。倬忤秦檜,出官越州,當是紹興初年,四百年其書復行,而公又出於越,其事豈偶然哉!先是書久不行,世無善本,沈君僅得舊刻數十册,較全書才十之六七,於是徧訪藏書之家,歷三寒暑乃就緒,此序又見《甫田集》三。是此書校刻固頗費心力。比年海鹽張菊生先生得讀虞山瞿氏所藏宋刊《舊唐書》殘本,南宋初刊,鈐有"紹興府鎮越堂官書印"者,共數卷。近刻《校史隨筆》頗詳其事,先生謂前清沈德潛校刊殿本,其跋語稱,核異同、廣參訂,是此書無異重修。而道光中,揚州羅士琳、劉文淇輩,嘗校明刊是史,其異於今之殿本者,往往轉與《太平御覽》《册府元龜》《唐會要》諸書相合。按此可知殿本尚非精校,而聞人刻固勝一籌矣。溯辛未間,上海涵芬樓彙集宋元古本及明槧舊鈔二十四史校印行世,迄丁丑告成,讐勘精能,實先生一人之力。蓋先生屢嘗遠訪陳編,船脣馬足不以爲勞,萬里郵傳並多函問,賤子無似,亦曾偶辱咨詢,今讀校記足解疑滯者至多。即如《遼史》鈎魚、汋者二條尤爲有趣。鈎魚事,予往讀馮道《使契丹詩》,所謂"曾叨臘月牛頭賜",嘗摘識筆記中。宋人《叢苑》稱,天福間與戎和,道爲使,戎賜臣下牙笏及臘月賜牛頭,皆爲殊禮,道皆得之,以詩謝云"牛頭偏得賜,象笏更容持"。象笏,珍物也,故以偶殊異之;牛頭魚,前人每以牛頭當如本文所謂等於豚肩，不知實爲魚類，重百觔，不易釣。臘月，北方水中堅冰，又非絲緡可以網獲，蓋鈎魚實於釣魚、畫叉魚之外，別有技能，亦必爲契丹典章所係，故瀛王形諸吟咏。宋祁《元憲集》稱，州驛亭下是梁山泊，水數百里，泊中漁舟數百艘，各擊瓦缶以驚魚，然後衆舟若合圍狀，卷十。是則取魚之法，古今來固不一其狀態矣。或疑魚烏能在冰下，故蘇子瞻詩“冰下寒魚漸可叉”，子由謂須易下爲解，然王祥軼事傳之晋史，繪之圖畫。元張光祖《言行龜鑑》又稱“查道鑿冰，取得鱖魚尺餘以饋母”。卷四。律以適者生存之理，何嘗有冰無魚，南北極冰魚生息趣聞，尤今人所樂道也。近人陳槃撰《春秋公矢魚于棠説》謂，此爲以弓箭射魚，歷引《卜辭》《周易繫辭》《周金文》《周禮》《禮記》《公孫龍子》《説苑》等書以爲證，定射魚爲古世因宗廟祭祀而舉，秦漢之際尚有行之，與古制祭必親射牲爲近，見民廿五《歷史語言研究所集刊》。從可知契丹鈎魚實屬一種隆重禮制，以所得之巨魚而奉當前之皇華使者，固爲得宜耳。古者牛酒多爲犒軍及致意之用，至於特別風俗，則如晋時重牛心炙。王羲之年十三謁周顗，顗陳此物，坐客未噉，顗先割啗羲之，羲之於是始知名。《晋書》八十。蘇子瞻自嘆宴客寒酸，爲詩擬取八百里之牛，剖其心以爲享，亦是此意。八百里謂其日行路程，牛於耕犁外，其此絕技，故可貴。晋苟晞多所交結，每得珍物，即遺都下親貴。兗州去洛五百里，恐不鮮美，募得千里牛，每遺信旦發暮還。見《晋書》六十一。尤神駿矣。《北齊書·尒朱文暢傳》，平秦王有七百里馬，文略敵以好婢，賭而取之。馬行七百里已可異，而況於牛。夫牛酒之犒爲全牛，隻雙可有差等，牛心則全牛祇此一物，有似猩脣、熊掌，且炙時又可用腰胸好手以式燕嘉賓也。若牛頭則於口腹之欲，似無甚饜飫裨益，何取乎是！倘以詒大邦專使，胡能表慺慺之誠忱，於以知牛頭之必非一元大武之首也。《隨筆》據厲氏《遼史拾遺》，厲氏據宋人《演繁露》。伯驥上述，則臆見贅言也。汋者，前人讀如酌，酒尊中之酌，斟酌盜取國家密事。孫詒讓《周禮正義》云，斟酌有求取之義，故盜取邦國密事者謂之邦汋。伯驥按：阮氏元《揅經室一集》卷十一《與洪筠暄論三朝記書》則云，《千乘篇》曰，誘居家室，有君子曰義，子女專曰娱。元謂誘讀如“吉士誘”之之誘。誘，進也。君子即《詩》吉士，謂主其婚者，故曰義，若子女自專，則爲奸。此記文八節，與《周禮・秋官》八成相應，此一節屬《秋官》邦汋。汋當讀爲媒妁之妁，由記文推之，可見鄭司農注《周禮》爲“斟酌刺探尚書事”之誤。此邦汋如今律之姦律，《周禮》列在賊盜之前，《三朝記》列在盜後賊前，甚明晰也。阮氏之言正可爲前賢及張先生旁證。然如元刊《遼史・刑法志》所云，皇妹秦國公主生日，帝幸其第。伶人張隋本宋所遺汋者，大臣覺之以聞，召詰款伏。覈其文義，自當以張隋充宋遣至遼之間牒爲解釋，宋豈無端而命媒求婚於公主耶？《春秋左傳・宣十五年》杜注云，《兵法》因其鄉人而用之，必先知其守將左右謁者、門者、舍人之姓名，因而利道之。洪詁云，按杜注三十一字，皆見《孫子・用間篇》。曾公《孫子注》曰，因敵鄉人知敵表裏虛實之情，故舊而用之，可使伺候守有官職者。謁，告也，上告事者也。門者，守門者也。舍人，守舍之人也。又先知爲親舊，有急即呼之，則不呵止，亦因之以知敵情。讀此，知用間爲敵國要務。明人覆元本，以“汋”爲“的”，清殿本亦沿其誤，蓋校者固經訓未通矣，因附記之，以見舊槧可珍，而腹有詩書三到爲足貴也。清乾嘉間，安康董詔《正誼堂遺集》云，《五代史》，劉昫以明宗長興三年拜中書侍郎，廢帝入，遷門下監修國史。蓋沙陀自附唐餘，所謂國史，即此書。故《哀紀》及諸方鎮傳每云事在中興也。又考《宋史・張昭傳》，晋天福五年以唐史未成，詔與呂琦、崔棁等續修，迨開運三年始成，則此書實藏於晋矣，乃細閱全編，諸帝紀體例不同，列傳父子祖孫每多斷代，蓋全襲當時實録之舊耳。至若《竇參》《吴通玄傳》於萱公加萋菲之誣，《李贊皇》《牛奇章傳》於維州無持平之論，當時史官不無門户，易代之後，並矤發明，不亦慎乎！且《王求禮》《楊朝晟傳》皆再見李光進二人也，而臨淮之弟之事載於光顏之兄傳中，亦失於檢點矣。《新唐書》廓清、糾正之功所以不可少也，顧力黜駢辭，遂使一代詔令、奏議湮没不傳，則此書又何可廢哉！聞人氏刻是書自云，博訪家藏，始復舊觀，其搜羅綦勤，乃沈氏身任校讐，而《蕭紀》貞元、寶應之間缺字幾於四百，《代紀》永泰數年錯亂至不可讀，則亦難與成人之美矣。乾隆中，勅命儒臣重加校刊，亦以此刻爲底本，是聞人氏之有功於是史，固不可没云云。此論頗確，特附於此。按：《舊唐書》之成，據《册府元龜》稱，爲户部侍郎張昭遠、起居郎賈緯、秘書少監趙熙、吏部郎中鄭受益、左司員外郎李爲光等脩，上並賜繒綵銀器，並及前朝劉昫。當時避晋高祖嫌名，或謂之李氏書，蓋監脩則趙瑩之功居多，纂脩則張昭遠、賈緯、趙熙之功居多，而《劉昫傳》并不載經畫修書之事。今人但知此書爲昫所撰，而不知成之者乃趙、張、賈等也。前人已攷論及此，後唐長興中詔脩唐書，至後晋開運二年方纂成奏上。宋嘉祐五年，頒《新唐書》於天下，而《舊書》遂不甚行，《舊書》之流傳於明代者，以此刻爲最，聞人板久亡，其書尤爲難覓。江安傅氏云，錢氏曉徵博極群書，然觀其《舊唐書考異》言，關內道地理於今本多所致疑，似於聞人本未全寓目。此書宋刻本流傳尤尠，季滄葦《與梁蕉林書》稱，向聞嘉興高氏有宋刻《舊唐書》歸之鄴架，門人不揣冒昧，求見賜，倘得遂此願，不敢忘重報。道遠數千，望夫子憐而慰之。見《庚子銷夏記》卷五。然則聞人刻之足貴，又以宋板之難求矣。半葉十四行，行二十六字。前清揚州有重校刻本頗精，附《逸文》十二卷，《勘校記》六十六卷。

## 五代史記七十五卷元刊本，程魚門舊藏。

前有建安陳師錫序，次目錄，前題歐陽修撰，徐無黨注。目錄共十八葉，其第十二第十三兩葉明補，目後有徐無黨雙行識語。陳序略云，五代距今百餘年，故老遺俗往往垂絶，無能道説者。史官秉筆之士，或文采不足以耀無窮，道學不足以繼述作，使五十餘年廢興存亡之迹，姦臣賊子之罪，忠臣義士之節，不傳於後世，來者無可考焉。惟盧陵歐陽公慨然以自任，蓋潛心累年而後成書，其事跡實録詳於舊記，而褒貶義例仰師《春秋》，由千古而來，未之有也。至於論朋黨宦女、忠孝兩全、義子降服豈小補哉！豈小補哉！按：宋刻《五代史記》原有慶元五年刊本，有魯郡曾三異校本，版縮而字略小。此本則爲元刊，板匡闊大，實大德乙巳丙午九路刊本，半葉十行，行二十二字。前有“桂宦”二字朱文章。按：程晉芳，字魚門，又號蕺園。乾隆辛卯進士，由吏部薦入詞館。爲人秀眉方頤，髯飄飄然左右拂，吟咏意得，闊步搖搖，袍襇風生，與人言暖暖姝姝，雖臧獲無所凌誶。遇文學人愀然意下，或出己下者，亦必推轂延譽，使滿其意。故京師語曰，自竹君先生死，士無談處；自魚門先生死，士無走處。竹君者，大興朱學士筠也。程氏先世以鹽莢起家，及魚門以聚書好客而中落。見袁牧撰《墓志銘》。又有《桂宦書目群書題跋》，見《振綺堂書目》中，故此本知爲魚門舊藏。

## 五代史記七十五卷

### 從元宗文書院本傳録，馬遠林舊藏。

宋歐陽修撰，徐無黨註。前有陳師錫序。伯驥按：薛居正所纂梁、唐諸史，本謂之《梁書》《唐書》《晉書》《漢書》《周書》，各自爲部，其稱五代史者，以十志言之，五書與十志並行，因從志謂之《五代史》。歐陽修則自別名之，曰《五代史記》。李心傳《建炎以來朝野雜記》，嘗言范季才作《五代史正誤》，又如吳縝《纂誤》，汪文盛刻本均有記字。舊刻藏於今者，止有宋十行十九字本、元宗文書院本、明南監初印本、汪文盛本。唯藝風堂得一小字本，與丁氏八千卷樓小字《晋書》，爲自來收藏家所未見之書，其本爲宜都楊氏所藏，輾轉歸之繆氏者，此外甚少著録。此本從元時宗文書院刻本傳録，首卷有字一行可證也。吾家汪刻兩《漢書》《五代史記》同時得自舊京，《漢書》清潔，足見前藏者不妄下筆，但《五代史》則署有朱點糊漫處，想不是一家所藏，坊中得此，以合成《兩漢》耳。既惜《史記》《三國志》之無從訪求，尤愛《五代史》之筆畫較肥，宜吾目力也。《郡齋讀書志》謂，皇朝歐陽修以薛居正史繁猥失實，加修定，藏於家，修没後，朝廷聞之，取以付國子監刊行。蓋《舊五代史》之作，在宋開寶中，奉詔者盧多遜、扈蒙、張澹、李昉、劉兼、李穆、李九齡諸人，而薛居正則爲其監修也。厥後歐公約尹師魯重修，既而不果。師魯別撰《五代春秋》，而諸帝紀實取其材。晁公武謂，修没後始呈於朝，然《新史》實自金泰和中始立于學官，《舊書》因而逐漸散佚，此新舊兩史顯隱之大凡也。伯驥按：《齊東野語》稱，舊傳焦千之學於歐陽公，一日造劉貢父，劉問五代史成耶？焦對將脱稿。劉問爲韓瞠眼立傳乎？焦默然。劉笑曰，如此亦是第二等文字耳。《唐餘録》者，直集賢院王皥子融所撰，寶元二年上之，時惟有薛居正《五代史》，歐陽書未出也。此書有紀志傳，又博采諸家之説，倣裴松之《三國志註》，附見下方，表韓通於《忠義傳》，且冠以國初褒贈之典，新舊史皆不及焉。其後呂伯恭編《文鑑》，制詔一類，亦以褒贈通制爲首，蓋祖子融之意云。清趙翼謂歐公《五代史》不立韓通傳，爲本朝諱也，而以李筠、李重進並列爲周三臣是矣。又按：《後山叢談》嘗譏歐公《五代史》以拓跋思恭、拓跋思敬兄弟二人誤合爲一人。清人孫志祖謂歐公史法謹嚴，不應有此巨謬。今攷《五代史》止有拓跋思敬，無思恭之名，後攷《李仁福傳》及《通鑑》卷二百六十，知思敬、思恭判然二人，而歐公誤合之，蓋緣宋人避敬字諱，多以恭字代之，後人展轉改易，遂誤合爲一。見《脞録續編》

三。蓋《宋史》作《周三臣傳》以補歐史不爲韓通立傳之闕，實爲史家之變例，而孫氏又爲歐陽公解辨誤合拓跋二人之失。夫執簡者之不能無誤，固自古爲然矣。邵氏晉涵撰《五代史記提要》，謂朱子已譏其張居翰爲失實，陳師道譏其李思恭、李思敬爲失考。又如王彥章則過事推崇，元行欽、烏震則過爲詆毀，褒貶之不平，復爲李心傳諸人所譏議。伯驥上述二條，或可補邵氏之不逮也。前人謂《公羊傳》，眣晉大夫使與公盟。注謂以目通旨曰眣，即今俗語所謂眼色也。《史記》項梁將殺會稽守殷通，詐召籍入，梁眴籍曰，可行矣。籍遂斬守。眴義與眣同。又《楚辭》曰，"滿堂兮美人，獨與予兮目成"。《樂府·子夜歌》云："賣眼拂長袖，含笑留上客。"《獨酌謠》云："眼語送杯嬌"。《五代史·韓建傳》云，天子與宮人眼語。皆此意也。又，"伮"即"奴"字，此字屢見《五代史》中。蘇鶚《演義》古之奴字，從人邊作女。清鄞陳僅《捫燭脞存》謂，在江西幕，閱吉安各邑育嬰堂名册，"奴"字皆寫作"伮"，則"伮"字實歐陽公鄉里俗書。此又讀此書者所宜考論也。無黨，永康人，登皇祐癸巳進士第，官金華府教授，嘗宰河南屬縣。見《敬鄉錄》。其姓名又見歐陽公《送歸序》。吳師道曰，無黨蚤從歐公游，後舉進士。歐公稱其文詞日進，如水涌出山。又謂史註甚簡，或終卷不出一字，間特發明其書法而已。吳縝作《纂誤》稱，公授徐子爲註，而牾牴缺略者不能辨釋，以是其過。又以洪興祖記五代史，歐陽公未及考正而薨，其家遽以進御，後人刻傳舛謬增多。今按其說良是，亦不得過徐子也。俞氏正燮謂，歐書本有注，署其甥徐無黨名，其註於新義隱義，以一二語抉之甚精到，但未整理文詞耳，疑歐自註而署徐名者，後人譏其淺陋，似屬非是。又近代好古之士，往往以徐註於義無補，曾再有作矣。卷首有"馬釗"二字方形白文章。釗字燕郊，號遠林，長洲縣人，道光二十四年舉人。嘗從陳碩甫夑遊，通六書、音韻,於群書中用力《集韻》最久,手校數過,成《集韻校勘記》若干卷。見《仰蕭樓文集》。道、咸間,江浙算學之風極盛,遠林與顧尚之、劉融齋、張嘯山等同有時名,傳疇人者及之。

## 漢紀三十卷 明弘治間呂氏校刊本,汪稚川舊藏。

漢荀悦撰,明呂柟校正。目録後有悦序,前有何大復序。悦字仲豫,穎陰人,獻帝時官秘書監侍中。前清天禄琳瑯藏宋本前後《漢紀》,末有紹興十二年汝陰王銍後序,稱二書祥符刊板錢唐,版廢幾百年,今始以二書用諸家傳本校刊。兩書合刻,由此始也。悦書本名《漢紀》,因合刻,故以前別之。瞿氏藏影鈔宋本,其目云,前行題曰《漢紀目録》,越數格曰荀氏,以後低一格,列漢帝目,次接自序篇,畢即接本書。首標高祖第一,越二格曰荀氏,末有“右通直郎時添差充紹興府會稽縣丞莊革校正”一行,每半葉十三行,行二十四字,當是從紹興間錢唐刻本影寫者。案:此書祥符、天聖中皆有刊本,昔人每謂不若紹興本之善。明黃姬水亦得宋本以刊,相較則此本爲勝。如《高祖紀》,武臣自號爲武信君,黃則誤“君”爲“軍”;今卒少惰矣,誤“卒”爲“年”;別將銆功多封萬户侯,誤“萬”爲“舊”;漢即挑戰慎勿與戰,勿令得東而已,脱下“勿”字;吾今日知爲皇帝之貴,拜通爲常奉,誤“奉”爲“泰”,皆足訂正云云。此爲前明弘治中涇陽呂氏刻本,僅刻《前漢》,而無《後漢》,前有何氏大復序,略云,往在京師觀荀氏《漢紀》,其書則準諸《左氏》之例,而取于《史記》之一體,括倫鑒之要,深墳素之情,足以上班良史。伯驥按:顧氏炎武云,《漢紀》改紀表志傳爲編年,其叙事處索然無復意味,間或首尾不備,其小有不同,皆以班書爲長,其中惟一二條可采。善讀者仿裴松之《三國志》之體,取此不同者注於班書之下,足爲史家一助。是書余得之侍讀徐子容氏。徐子謂吳下世家録此書珍藏之,而恡于傳,以故世無刻本。余至關中,涇野子吕仲木氏移書求之,乃遂請吕子校正,而付高陵令翟清氏刻布。此本已脱去何序,伯驥從明本《何仲默集》卷二十三補録,復節大略如上。《隋書·經籍志》云,漢獻帝雅好典籍,以班固《漢書》文緐難省,命悦仿《春秋左傳》之體爲《漢紀》。校其自序,始於建安元年,成於五年。尚書給紙筆,虎賁給書吏,其鄭重如此。漢人所著存者無幾,此獨完善,至足珍矣。獻帝謂班書文繁。伯驥按:班書《楚元王傳》云,德字路叔,少修黄老術,德常持老子知足之計。妻死,大將軍光欲以女妻之,德不敢取,畏盛滿也。而《漢紀》十八云,宗正陽成侯劉德者,辟彊之子,好黄老術。二文相校,自以《漢紀》爲簡。《楚元王傳》又云,向字子政,本名更生。淮南王有《枕中鴻寶苑祕書》,言神仙使鬼物爲金之術,更生父德治淮南獄得其書。更生幼而誦讀以爲奇,獻之。上令典尚方鑄作事,費甚多,方不驗,乃下更生吏。又《漢書·郊祀志》,大夫劉更生獻淮南《枕中洪寶苑秘書》之方。注,苑秘者,言秘術之苑囿也。《劉向傳》注則云,《鴻寶苑秘書》,並道術篇名。藏在枕中,言常存録之不漏泄也。蓋秦漢間儒家者流,每雜入黄老方士之説。近人夏氏曾祐言之頗詳。又《苕溪漁隱》曰,《後出塞詩》云"借問大將誰,恐是霍票姚"。《陪柏中丞宴將士詩》曰"漢朝頻選將,應拜霍票姚"。按《漢書》霍去病再從大將軍受詔,予壯士爲票姚校尉。服虔曰,音飄摇。師古云,票音頻妙反,姚音羊召反。票姚,動疾之貌也。荀悦《漢紀》作票鷂字。去病後爲驃騎將軍,尚取票姚之字耳。今讀者音飄遥,不當其義也。余謂子美今以平聲用此兩字,蓋從服虔音耳。見卷九。此則後來考訂家之言論也。荀氏此書,清世有蔣氏刻本,然孫氏《平津館鑒藏書籍記》卷二已糾其失二條。《高帝紀》蕭何無有汗馬之勞,徒恃文墨議論而已。《史記》《漢書》皆作文墨,蔣本改作文物。《宣帝紀》昔周公躬吐握之勞,故有周室之隆。蔣本反據俗本《漢書》作圉空,皆不及此本。半葉十行,行二十四字,卷首有"汪肇龍章"。肇龍字稚川，精禮學。程氏瑤田《通藝録·五友記》稱，肇龍於三禮多心得，能補先儒所不及，未嘗著書。其弟慎川哀其所常披讀之書付予，其書上下方丹墨所記，余將爲録出，若不能成一書，則條舉件繫，揚榷存之云。此當是其藏本。

## 前漢紀三十卷後漢紀

**三十卷**明嘉靖刊，前清果親王點讀、番禺陳蘭甫批校本。

《前漢紀》漢荀悦撰，《後紀》晋袁宏撰。悦略歷見前。宏字彦伯，陽夏人。兩紀各三十卷，各自有序。此爲明嘉靖戊申刻本。黄姬水序略云，何景明曾刻《前漢紀》，袁氏書尤罕覯，得雲間朱氏宋本，輒復梓行。此書明刻，復有萬曆二十六年夏四月南京國子監鏤版者，版心上分記帝王廟號，如高、惠、高后、文、景等，下記字數及刻工姓名，則不及黄本之善矣。按：錢氏泰吉云，余讀荀悦《漢紀》，苦其太簡，欲求王氏益之《西漢年紀》，不可得。丁酉夏日，屠筱園爲傳鈔於文瀾閣。益之字行甫，東陽人，其弟象之撰《輿地紀勝》。行甫於《漢書》不去手者三十年，始考置官、置兵本末爲總録，晚歲乃成《年紀》。《四庫》從《永樂大典》搜輯成書，《考異》十卷幸散附《年紀》各條下，參稽互覆，實有出於三劉《刊誤》、吳氏《補遺》之外者，於《荀紀》亦多所訂正，讀《漢書》者有徐氏《會要》以考一代之掌故，有王氏《年紀》以觀一代之事蹟，則事半古人，功必倍之。荀氏《漢紀》，康熙年襄平蔣毓英與袁氏《後漢紀》同刊，後附《字句異同考》一卷，號稱精審，然此書自宋時已鮮善本，故王氏《困學紀聞》據顏注《漢書》謂，壺關三老脱令狐茂姓名。巽巖李氏跋語謂，衍文助語，亂布錯置，蓋荀紀雖出於班書，而時有改易，況今所見班書與荀氏所見本當有不同，校者但據所見班書以改荀《紀》，彌失荀氏之舊矣。應劭等註，後魏崔浩所撰《音義》，俱見《新唐書·藝文志》。今亦不傳，更無從考其文字異同，所以校荀《紀》倍難於班書也。若其確然沿訛者，余讀《史》《漢》注、《通鑑考異》《西漢年紀考異》，凡有所得，筆於簡端，亦未敢遽改，以俟考定。據錢氏之説，可知校勘此書至爲不易。即清初蔣氏兩紀合刻本、光緒間南城蔡學蘇合刻本、潮州鄭氏龍溪精舍合刻本，恐亦未能勘對精審。此本爲前清果親王用朱筆點讀，番禺陳京卿澧用紫筆批校，極爲不苟，卷中並夾字條多張，蓋精心讐勘之本也。卷前有兩人藏章。果親王頗嗜收藏，亦有刻本，葉氏《藏書紀事詩》已及之，惟距西康三十里之武侯祠中有《刻石之七筆鈎詩》，爲果親王入藏巡視時所吟者，今此石尚存，未審即其人否耳。澧字蘭甫，番禺人，道光舉人，後以耆年碩學賞京卿銜，著有《漢儒通義》《東塾讀書記》《聲律通考》《切韻考》《漢書水道圖説》《説文聲統》《東塾集》等書。粵中耆舊嘗傳東塾先人從事官鹽，不無蓄積，洎東塾著書，守業頗蕩所遺，時有《讀書記》一本，須銀一萬兩之説。蓋自讀書至著書，自著書而刻成，此記已糜產數萬金也。南皮張氏之洞持節蒞粵，欽敬其人，下車越日往拜之。嘗對朋僚言，廣東祇箇半人，殆謂東塾與番禺梁鼎芬，專就學詣言也。伯驥按：宋馬永易《實賓錄》卷十三云，魏孟選字八悌，博學有知人鑒識。在荆州目龐統爲半人。又，《晉書·習鑿齒傳》襄陽陷於符堅，堅素聞習名，與釋道安俱興而致，以其有蹇疾也。堅與諸鎮書：昔晉氏平吳，利在二陸；今破漢南，獲士纔一人有半耳。《高僧傳》以謂安公一人，習氏半人。《襄陽耆舊傳》亦及此事。毛西河《詩話》云，亡兄爲仁和廣文嘗曰，仁和祇一學者，猶是新安人，謂姚際恒也。姚，休寧人，寄籍仁和爲諸生。《五代史·陳保極傳》，今歲有三箇半及第，桑維翰褊幹短陋，故保極以半人稱之。此則非以學言，笑其侏儒耳。凡此當是張語所本，饒有風趣。伯驥兄子自都中南歸，偶與舟中某省籍客譚，便問陳先生後嗣何如，足見其學之爲人悅服矣。此書舊藏順德辛氏，辛號仿蘇，喜收書畫。光緒間，北游京津齊魯，並獲書本，得程瑤田《芊花圖》，有紀昀、翁方綱題詠者，因自號芊花庵主人。購心賞之物，能出重直。舊都書客頗懷之，嘗向伯驤候問辛翁，告以物故多年，深致惋惜。吾家頗得庵中書，此爲舊刻史部名作，且有東塾校筆，故先著録。

## 資治通鑑二百九十四卷<sub>元刊本。</sub>

前題朝散大夫右諫議大夫權御史中丞充理檢使上護軍賜紫金魚袋臣司馬光奉勅編集，後學天台胡三省音註。前有興文署刊版翰林學士王磐序、《元史》王磐，字文炳，廣平永年人。至大四年擢經義進士第，累官翰林學士，遷太常少卿，以年老屢乞骸骨，進資德大夫，致仕，年九十二卒，贈端貞雅亮佐治功臣、太傅、開府儀同三司，追封洛國公，諡文忠。仁宗御製序、胡三省音註序。後有溫公進書表，同修劉攽、劉恕、范祖禹，檢閲文字司馬康等銜名，及元豐七年獎諭詔書，元祐元年奉旨下杭州鏤版校定范祖禹等銜名。紹興二年，兩浙東路提舉茶鹽司公使庫王然等，紹興府餘姚縣刊板銜名，校勘監視張九成等銜名。考至元間立興文署，元姚燧《牧庵集》稱，宋社既屋，詔令湖南盧摯籍江南諸郡四庫精善書舨舟至京師，付興文署。召集良工刊刻諸經子史，以《通鑑》爲起端。王磐序謂，興文署刊諸書，以《資治通鑑》爲始，故近人以此元人胡注刊本謂之興文署本，相沿無異説，惟王氏國維則以此説爲誤。王云，興文署之立未知何年，然《祕書監志》言，至元十年十一月初七日，太保大司農奏過事内一件興文署掌雕印文書，交屬秘書監呵。是至元十年已有興文署，而是年署中已有雕字匠花名四十名，印匠一十六名，則刊刻《通鑑》當在是時，而胡梅磵《通鑑注》成于至元二十三年，王磐致仕亦在至元二十一年以前，且王氏序中無一語及於梅磵，則興文署所刊王氏所序，自爲溫公原書，非胡註也。梅磵自序初撰《通鑑廣注》九十七卷，本用陸氏《經典釋文》例，與本書別行。丙子避地越之新昌，失其書，亂定反室，復購得他本爲之注，始以《攷異》及所注者散入《通鑑》各文之下。案：丙子即宋亡之歲，梅磵丙子後所購得之他本，蓋即興文署本，即注於是本之上，後來刊注時，遂並王磐序刊之，實則與胡註無與也。王氏攷論甚爲有據。《台州府志》云，三省字身之，<small>伯驥按：錢氏大昕云，身之一字景參。見《本堂先生集》。</small>寧海人，寶祐間進士，終朝奉郎。因《資治通鑑音義》《釋文》各本乖異，刊正爲《廣注》九十七卷，著論十卷。以薦參賈似道軍，言輒不用，歸而遇亂，失前書，復購他本爲之註，始以《考異》及所著散入《通鑑》各文之下。別有《辯誤》十二卷，又有《行素稿》一百卷。前清張氏宗泰《魯巖所學集》卷一云，胡氏註《通鑑》，或云館賈相館三十年，説爲未確考。胡氏鑑注自序云，咸淳庚午，從淮壖歸杭都，延平廖公見而韙之，禮致諸家，廖轉薦諸賈相國。德祐乙亥，從軍江上，言輒不用，既而軍潰，間道歸鄉里。丙子，浙東始騷，避地越上之新昌。計三省與似道庚午始相識，至乙亥始歸里，中間纔五六年耳，則三省之依似道不過偶然失擇木之智，既而知其人之不足與共功名，遂脱然遠去，又安有三十年館賈相之事乎？又云，宋理宗寶祐四年《登科録》所以流傳至今者，以文文山、謝叠山、陸秀夫三人足重也。若三省者殫畢生之精力爲《通鑑》之功臣，徵引宏富，考訂精詳，讀其書者，如仰江河之流，令人挹取不盡，亦是榜之琤然有聲者也。又云，胡注屢言《通鑑》不語怪，則不盡然，如卷七、卷十三、卷二十四、卷三十四、卷五十一、五十七、一百十四、二百四十七，有數條皆尋常不經見之事。又云，胡註多附以史評，然有以輕於持論而失之者，如梁簡文帝大寶二年，湘東王繹謂將佐一事，蓋不曾參驗前後情事而云云者，皆足爲讀是書者之攷論，蓋胡氏之註，前人每多訂正。閻氏若璩《與劉超宗三札》云，胡三省注《通鑑》其於地理最詳確，於敗之于壽河之下亦無註。錢氏大昕云,予嘗有《通鑑注辨正》二卷,於地理糾舉頗多。勞格《晋書校勘記》云,《王徵傳》劉琨謂澄曰,卿形雖散朗,内實動俠,以此處世,難得其死。動俠,《世説·讒險篇》作勁俠。劉注引鄧粲《晋紀》亦作勁俠。胡三省《通鑑音註》曰,其性輕易動,又豪俠自喜,未免迂曲。見卷二。蓋二三百卷之史事,生於古人之後,從而注釋,自不能無缺誤,固其勢也。明正嘉以來,元板歸入南廱,遞有修補。清嘉慶間,鄱陽胡氏仿元刻,固稱善本,唯未能畢似。今元本尚有流傳,此本雖有明修之葉,然尚不多。半葉十行,行二十字。

## 資治通鑑二百九十四卷考異

### 三十卷明嘉靖間孔氏據宋本刻。

　　宋司馬光奉敕撰。前有《治平資治通鑑事略》兩葉,版心題"袁電刊"三字,次司馬光《進資治通鑑表》兩葉,版心題"袁電"二字,次孔天胤題辭兩葉,次目録八葉。卷一第一行題"資治通鑑卷第一",次行題"朝散大夫右諫議權御史中丞充理檢使上護軍賜紫金魚袋臣司馬光奉敕編集",版心題"袁電刊"三字,以下或題"袁"字,或題"袁電",或題"章言",或題"言"字,或題"王朝鳴"、"丁恩",或無字不等。孔氏題辭略云,自温公善述此編,而《綱目》《紀事》《詳節》等書,咸探珠璿淵而不匱,搴芳桂林而有滋,則編纂之中要述事之善,焉可誣也。猶有拘方臆見,恣不滿於三國事者,則難以語述而不作矣,《綱目》可也。世傳少微《通鑑》,乃學究爲淺近求應舉者,取譬不遠,殆今卜者之百中經爾,非所以論歷也,使學者祇如百中以希賣卜,安可問也。余謬領提調,與諸生修《大學》之道,居經史之業,遂私以前説質諸有道,僉謂不愆,乃狀其事。先巡按雲川舒公、今嬴山高公、先巡鹽小江陳公、今南山高公,並承準裁從事雕繕,用布學官子弟,擇善而多識之。乃委付杭郡太守陳君一貫總其紘要，仁和令程良、錢塘令龔雲從、縣丞周璡、歸安學諭浦南金、錢塘學諭張鳴鶴、仁和學諭梁木桐、鄉學諭謝明德、武康學訓鄔緡、錢塘學訓林公惠、秀才王文祥、邵文珮、李東瀛、錢昕、鈕經、李敬孫等，分其校理。自嘉靖甲辰六月開局，明歲春三月完，其書凡二百九十四卷，另《考異》三十卷，俱從唐太史家宋板文字。中憲大夫提督浙江學校按察副使河汾孔天胤題記。此記末有"姑蘇章仕寫並刻"一行，半葉十行，行二十字，板心魚尾下"通鑑卷幾"，下列刊工姓名。天胤字汝錫，號文谷，又號管涔山人，汾州人。嘉靖壬辰進士第二，故事當授編修，以藩戚外補陝西提學僉事，官至浙江布政司參政。有《文谷詩文集》。清《四庫》存目。胤為清諱，以允易之。近人豐城熊氏羅宿曾得明成化中三原王端毅公舊藏元本《通鑑》，取校胡刻元本，固可證胡刻之誤，亦有元本誤而孔刻本不誤者，則此本之可貴豈讓宋刻。蓋以其同出於宋故也，惟此本則無註耳。陸氏心源嘗以元刊胡三省註本校此本一過，知胡本頗多奪落，而此本不奪者甚多，據天胤序以唐荆川家宋本付雕，故皆與紹興監本同，此外字句脫落，尚不下數千字，而以周赧王五十一年缺文二十二字為尤謬，或疑所缺各字于文義無礙，當為梅磵所刪，然梅磵據紹興監本作註，刊本于紹興，刊板諸臣銜名全載不刪，豈有反刪《通鑑》正文之理，蓋由卷帙繁重，校對不易耳。宋刊孤本僅存，世所通行皆胡梅磵注本，若非此本，安知胡注竟非全本乎？當與宋本同觀可也，則此書之價值，陸氏已有定論矣。明嘉靖己酉，張松刊小字本《藝文類聚》，鄭先溥序稱，巡按莆田黃公翠巖出所得於汾陽文谷氏處《藝文類聚》一部，凡十二册，授知平陽府事前溪張子松，命工校刻，以永其傳。文谷當時並刻有《文獻通考》《三輔黃圖》等書，意亦藏書家之好刻書者。嘉靖癸丑，唐霽軒刻《三輔黃圖》，前有謝少南序，稱先一年壬子有孔天胤刻，蓋孔氏刻本固有名於世，前人未詳，特著之。伯驤嘗以元刻《通鑑》與此本互校，積成校記若干卷。前人校司馬公書者，除《胡刻資治通鑑校字記》四卷外，有常熟張瑛《通鑑宋本校勘記》五卷，《元本校勘記》二卷。伯驤步武前賢，別有徵述，既可讀《鑑》，兼檢他書，殊樂事也。

## 資治通鑑釋文三十卷　宋刊本，阮文達舊藏。

宋史炤撰。每卷第一行題"資治通鑑釋文第幾"，次行低二格，題"右宣義郎監成都府糧料院史炤"，前有紹興三十年縉雲馮時行序，略云，《通鑑》之成殆百年，未有釋文，學者讀其書，間有難字，必舍卷尋繹，淹移晷景，一字既通，則已忘失前覽矣。於是眉山史見可著《釋文》，字有疑難，求於本史，本史無據，則雜取六經、諸子釋音，《説文》《爾雅》及古今小學家訓詁，辯釋地理、姓纂、單聞、小説，精力疲疚，積十年而書成。見可名炤，嘉祐、治平間眉州三卿，爲縉紳所宗，東坡兄弟以鄉先生事之，見可即清卿之曾孫也，温恭誠信，見於言貌，年幾七十，好學之志不衰。馮之結銜曰左朝散郎權發遣黎州軍事主管學事。蓋胡氏未註《通鑑》之前，爲之音釋者曰司馬公休、曰廣都費氏，其一則爲見可。公休本海陵郡齋刊之，襲見可書以爲資料，費本則全采史書，而稍下己意，世謂爲龍爪本。公休本二十卷，史本三十卷，兩書在當時均各自爲書以行。其後海陵本《通鑑》附公休書於後，蜀費氏註《通鑑》附見可書於中。自元刻音註本出，而前二本皆不顯於世，藏書家尠有著録，明以後流傳甚尠。歸安陸氏謂《升庵外集》一再徵引，蓋以楊氏之閎博始見其書，他家則罕傳本矣。前清中葉，王西莊氏曾於吳興書估購得見可《釋文》秘鈔本，喜古籍之尚存，而惜其未能鏤板。平江黄氏所藏則宋刻本，與王氏鈔本未審有無異同，然《百宋一廛賦》所謂見可釋《鑑》，音訓是優，行明字纇，終卷無修。蕘圃蓋甚愛此種秘籍矣。其後黃氏本輾轉歸於陸氏，遂刻於《十萬卷樓叢書》，所謂完善無缺，因仿雕以廣其傳者也。光緒十五年，長沙胡氏元常以楚南重刻《通鑑》，因取陸本重寫刻之，謂陸氏校刻雖善，仍有誤字，今無他本可校，其的然知爲誤者則改之。比年海上據烏程蔣氏密韻樓所藏黃、陸相傳原本景印，傳布至廣，雖屬化身，然買王得羊亦足快意。吾家得此宋本，則爲揚州阮氏琅環仙館舊藏，有其藏章。絲帙木函，猶是舊物，函外題字實爲文達分書，附刻馮序景寫，前錄嘉定錢竹汀氏跋文，次錄文達題語，行欵與前本不同，蓋史氏之書在明時甚行，板刻當不止一種也。王西莊鈔宋本後歸虞山張氏，今則不知流傳何所。瞿《目》著錄亦景宋鈔，竹汀所跋則爲顧校景寫宋本，今亦不知藏於何家，然則吾家之宋刻宋印本，求之海內，不亦如天球河圖弘璧琬琰哉！瞿《目》謂，宋時史炤有二人，一眉山人，字見可，咸淳中官利路統制，見《度宗紀》，即作《釋文》者。一潁昌人，嘉祐中提舉常平，乃文彥博嘗從受學者也。錢氏《養新錄》卷十二攷之至詳，瞿《目》尚略。陸氏謂馮序作於紹興三十年，已云見可年幾七十，好學之志不衰，其人當生於元祐末，而終於孝宗時。瞿氏以《度宗紀》之利州路統制當之，實爲謬誤。伯驥檢《尚友錄》，謂炤字子熙，其父清卿，蘇氏兄弟以師事之，亦謬。蓋馮序已明云見可爲清卿曾孫也，天祿琳瑯藏宋刻《資治通鑑考異》有“史氏家傳翰林收藏書畫圖章”，以爲即史炤，理或有之。《朱子大全文集》卷七十一、卷七十二均有論及馮氏者。略云，馮當可字時行，蜀人。博學能文，其集中有《封事》云，願陛下遠便佞、疏近習，清心寡欲，以臨事變，此興事造業之根本。《洪範》所謂皇建其有極者也。此紹興庚辰、辛巳之間所上。其謀畫議論皆奇偉的當，而所論皇建有極，又深明治本而略識經意，古今論《洪範》者少能及也。余嘗作《皇極辨》與之暗合，因筆其語，以證余舊見。時行之文號《縉雲集》云，馮序自題時行，而朱子則謂時行名當可，蓋以字行矣。陸氏跋時行《縉雲文集》爲景寫明李璽刊本，陸稱時行事蹟詳《宋史》補傳，《宋史·藝文志》載時行文集五十五卷，今所存不及十之一。史炤《通鑑釋文》前有時行序，《繫年要録》載時行奏議三首，今本皆不載，其佚多矣。時行卒於隆興元年，見集後附録蹇駒《馮侯廟碑》，而廟碑之後附李璽公移，稱時行嘉熙間狀元及第，豈知嘉熙在隆興後七十餘年乎！明人不學至此。陸氏又藏宋郭印《雲溪集》四卷，謂印與蒲大受、馮時行、何耕道爲詩友，見馮氏《縉雲集》《雙流縣志》，可知馮氏之聲華在宋時亦甚盛矣。陸氏稱宏覽，而朱子所舉時行事實似未詳述，故及之。伯夔記。

## 資治通鑑釋文辨誤十二卷

元刊本，王文敏舊藏。

　　元胡三省撰。後有自序，略云，《通鑑釋文》世有史炤本，有公休本。史炤本馮時行爲之序，公休本刻於海陵郡齋，無序、無跋，録公休官位姓名而已。又有成都府廣都縣費氏進修堂版行《通鑑》，於正文下附注，多本之史炤，間以己意附見，世人謂之善本，號曰龍爪《通鑑》。要之，海陵《釋文》龍爪注大同小異，皆蹈襲史炤者也，訛謬相傳。今爲公休辨誣，以公休本爲海陵本，龍爪本爲費氏本，先舉史炤之誤，二本與之同者，則分注其下曰同，然後辨其非，而歸於是，如直音之淺謬，皆略而不録云。此書爲福山王文敏懿榮所藏，有其藏章。中華民國十八年冬，伯夔以國幣四百圓得之北平。按：樊增祥《王文敏公奏議序》云，公少承家學，受業於周夢白先生，篤嗜金石，精於考訂，三代而後彝器、泉幣、銅玉、陶瓦、碑刻之屬，廣蒐博識，於其真贗灼然也。自漢及今之學派，洞澈源流，《漢學師承》《宋學淵源》二記，並能提其意而補其所不及，宏總萬流，

貫穿百家，言之鑿然也。宋元以來，迄於本朝之精鈔、舊槧，目覽手
覯，靡所不窺，凡板本之佳惡，點畫音訓之淆訛，鉤攷詳密，洞若觀
火，廠肆諸估奉若嚴師，勿敢欺也。作院體書而有金石氣，嘗云作
一字須含十二意。一箋一扇，世人得之以爲奇寶。自入翰林值南
齋，尚方貼絡所需其章幅較大者，孝欽皇太后必降口敕曰，令王懿
榮書。醇賢親王栗主，特旨命繕寫供奉。又李氏云，庚子夏，拳民
亂作，王文敏公奉命爲團練大臣，知事不可爲，志在必死。錫鑱胡
同寓舍舊有井，以口隘，命鑿而大之。至七月，乘輿出狩，公聞之，
具衣冠投井死焉。見《舊學庵筆記》。

## 通鑑前編十八卷舉要二卷元刊明脩本。

　　元金履祥撰。前有天曆元年門人金華許謙序，略云，《通鑑前
編》者，仁山先生之所著也。先生姓金氏，諱履祥，字吉甫，婺州蘭
溪人。幼知嚮方，長而好學，天文、地形、禮樂、刑法、田乘、兵謀、陰
陽、律曆之書，靡不畢究。及壯，事文憲王先生柏，從登文定何先生
基之門，講貫愈精，造詣益邃。何先生蓋受業於黃文肅公榦，文肅
則朱子之高弟子也。先生嘗一舉進士不利，遂絕意進取，以布衣游
諸公間，率以文義相處。當宋季年，睹國勢阽危，慨然欲以奇策匡
濟，爲在位所沮，議格弗上，其語秘不傳。德祐初，以迪功郎召，解
巾褐入史館編校，蓋將漸進用之，而國已不可爲矣。中年以來，遺
落世務，築居仁山之下，顓以講學著書爲事，所著述有《書表註》
《論語孟子集註攷證》《大學章句疏義》，文集若干卷。先生嘗謂司
馬文正作《資治通鑑》，秘書丞劉恕作《外紀》以記前事，顧其志不
本於經，而信百家之説，是非既繆於聖人，此不足以傳信。自帝堯
以前不經夫子所定，固野而難質，夫子因魯史以作《春秋》，始於魯
隱之元，實周平王之四十九年也，然則王朝列國之事，非有玉帛之

使，則魯史不得而書，非聖人筆削之所加，況左氏所記或闕、或誣，凡若此類，皆不得以避經爲辭。迺用邵氏《皇極經世曆》、胡氏《皇王大紀》之例，損益折衷，一以《尚書》爲主，下及《詩》《禮》《春秋》，旁採舊史、諸子，表年繫事，復加訓釋，斷自唐堯以下，接于《通鑑》之前，勒爲一書，名曰《通鑑前編》，凡十有八卷。《舉要》二卷，既成，以授門人許謙，而門人御史臺都事汝南郭炯嘗刊行，有志未果。今肅政廉訪使平陽鄭公允中載閱是編，謂宜立於學官，迺詢之監憲左吉公暨僚列賓佐，罔不協從。亟命有司錄諸文梓，共捐秩錄以佐其費，厥功告備，將表上送官，而命謙爲之序。次《進書表》。板心有弓日華、王清谷、翁子和、沈君玉、詹仲亨等，當是元時刻工姓名。其題“成化十二年南京吏部重刊者”，則明時修板也。《前編》卷十八末，有“門人御史臺都事汝南郭炯校正、門人金華許謙校正”兩行。末有金氏自爲後序，略云，起帝堯元載甲辰，止周威烈王二十三年戊寅，凡一千九百五十五年，二帝三王之事，粗見首尾，大抵出於《尚書》諸書者，爲可考信，其出於子史雜書者，不失之誕妄，則失之淺陋。劉道原《外紀》之作，《尚書》不入，雖曰尊經避聖，然帝王之事，舍《尚書》，則諸家真稗官小説之流耳。今不敢從，而從胡氏《大紀》之例，子史雜書之不棄者，則以古今共傳，不可盡廢。周平王以後，《春秋》自有全書，獲麟以後事多亡逸，欲備古今以接《通鑑》，則於《春秋》所不能避，亦不敢盡入也。伯驥按：邵氏晉涵曰，金氏援據既博，論古有特識，如解《國語》十五王而文始平之，謂自公劉數至文王，以《世本》爲據；而辨《史記·周本紀》稱后稷子爲不窋，曾孫爲公劉者，殊誤。《春秋》書尹氏卒，即與隱公同歸於魯之鄭大夫尹氏，而不主《公》《穀》之説，皆其證也。陸氏心源曰，是書集傳經史子之文，按年編次，曰《通鑑》，每年各爲表，題曰《舉要》。雖名《通鑑》，實仿《綱目》之例，惟《舉要》低三格，《通鑑》皆頂格，此則小變乎涑水、紫陽之例者也。或謂《舉要》即《通鑑》中之綱，何必別爲一書，不知《舉要》二卷專爲注明每條出處而作。如帝堯甲辰元載乃命羲和，注曰，用邵氏《經世歷》，漢、晋《天文志》《春秋文耀鈎》《尚書》修。二載定閏法，注曰，用《尚書》朱子小傳修。餘皆如此。明人重刊不刻《舉要》，豈以《舉要》爲重複乎？大失作者本旨矣。或謂《舉要》《通鑑》《訓釋》三者，錯出其間，始于明人重刻者，良由未見《舉要》，亦未見元刊耳！邵、陸二氏之説如此，則此書之價值可知。明朱舜水云，俗儒金履祥不佞鄉人也，乃取李燾《長編》及龍門《史記》以冠《通鑑》之首，名爲《前編》，此賣菜傭之見耳，徒使讀書厭觀，《舜水集·答奥村庸禮書》。此則別有所見。蓋許衡、吴澄輩皆事胡元，舜水固不謂然，或誤以金氏入元，亦曾受官也。舜水名之瑜，明浙江餘姚人，府學生員。弘光、永曆間奔走國事，自舟山至日本，欲借援兵，並曾至安南、暹羅。當時日本不許外人居住，以其國之志士援救，得破例留止長崎。後日本宰相德川光國延至東京，禮以賓師，光國請爲弟子。此外藩侯、藩士受業者日多，國人亦不少敬重舜水者，因而養成儒教風習二百年，日本維新之潛動力實基於此。遺集二十八卷，題門人水户侯權中納言從三位西山源光國編。日本正德五年，其子綱條刻於西京，比之加賀侯文學五十川源剛伯《朱徵君集》十卷本爲富，其後稻葉岩吉乃取水户、加賀二本合而校刊。伯驥收藏即此本，吾家所得日本人編著之書頗不尟也。朱集之流傳我國者，則爲癸丑馬浮校寫本，有中華民國二年湯壽潛序，略云，竊悲先生齎義長没，乃獨區區名傳裔土，事不編於惇史，行不綴於耆舊。嗟彼遐外猶知寶其遺物，守其祠墓二百餘年。謂胡運一日不終，一日不顧歸葬。中國既革命，先生族裔復往日本躬拜其墓，彼中多閎碩理先生遺言。浙人之私淑者，先於杭地立一學社，堅推壽潛爲之長，特建專祠於清泰門側，而謀分其所藏器物，於日入歸而爲衣冠之墓云。梁任公以舜水配船山，名曰兩畸儒。朱先生之見於我國學術史者，當以此爲始。任公並有《舜水年譜》。吾東莞宋時李竹隱浮海至日本，亦有日人從學，喪歸故里，日人以其地之樂送回。李名用，當宋末，使其壻熊飛起兵勤王，已則東行，以詩書教授，日人多被其化，稱夫子。見屈氏大均《廣東新語》。此則不如舜水影響之大矣。舜水亡命東瀛，常祕密入内地運動，近二十年無所成就，爲學重實踐，日本二百年來文化受其浸灌甚深。久保天隨撰《日本近世儒學史》，嘗採其詩以張之。又前明有南軒者，撰《通鑑綱目前編》二十五卷，實合金履祥、陳泩諸作，删削爲一書，所引《爾雅》《左傳》各條，本無其文，至爲可笑，前人已辨論及之，此不詳。半葉十行，行二十二字。

## 資治通鑑綱目集説五十九卷前編二卷

明刊本。

　　明扶安原輯，晏宏補校。是書首列朱子序例，次朱子《與趙師淵論〈綱目〉書》，次元汪克寬《攷異序》、徐昭文《攷證序》、宋王幼學《集覽序》、明陳濟《正誤序》、馮智舒《質實序》、尹起莘《發明序》、元揭傒斯《書法序》，按：陳蘭甫謂，刻《綱目》者當盡删《書法》《發明》《質實》之類，使不爲《綱目》累。此語甚的，至《綱目》原書之爲人議，則由來久矣。明李氏《六硯齋筆記》云，《綱目》乃朱子門人趙師淵奉師命依《資治通鑑》纂錄，而師淵史學本無所長，句字割截不成文理，如《陳平》本傳云，陳平雖美如冠玉耳，其中未必有也，蓋謂玉綴於冠衹是外美，如後人所云，繡花枕之類也。《綱目》節去數字，直云陳平美如冠玉。《唐補闕》喬知之有婢碧玉，美而善歌舞，知之爲之不昏，蓋言知之惑婢，不正娶也。《綱目》乃云知之爲之昏，按此爲最可笑者矣。李風雅中人，乙部本非夙學，偶舉其説耳。次歷代先儒姓氏，次景宏識語，次朱子《綱目凡例》及《綱目目録》。前有户部尚書致仕關中劉璣序云，《通鑑綱目》，朱子本司馬温公《資治通鑑》而修。此又今鎮守陝西束齋晏先生以音注、謚法、正統、地理，《綱目》所未載者，則集胡三省、吕東萊、少微《通鑑》、《大明一統志》、丘瓊臺《世史正綱》諸家之説合而爲一者也。其書法雖本《綱目》，然中間亦有應書主而書帝，應書死而書卒，悉攷正之。且集説、質實、正誤多在逐段之末，則移之於各句之下，及字有難識、一字數音而義各不同者，則遍攷《洪武正韻》《玉篇》《五音集韻》《篇海韻府》諸書，亦標諸簡端，以便後學觀覽。稿雖師馬平扶先生手自創立，然實先生自閒居至鎮守，凡閲二十餘寒暑而成。王振，蔚州人，少以閹選，入内書堂。英宗時掌司禮監，專權放恣。帝常呼曰先生，廷臣稱爲翁父。作序之劉氏，則以尚書而呼宦者爲先生也。宏字約之，號束齋，以宦者鎮守陝西。伯驥按：明人著作每稱宦官爲公或先生，劉序以先生稱晏，蓋亦一時之通例也。王元美曰，高帝初，中人不得預外事，見公侯大臣，叩首惟謹。至永樂初，狗兒諸奄稍稍見馬上之績，後以倦勤朝事，漸寄筆札，久乃稱肺腑矣。太監鄭和等以奉命率舟師下海中諸夷，而中人有出使者矣。西北大將多洪武舊人，意不能無疑，思以腹心參之，而中人有鎮守者矣。王振時上春秋少，不日接大臣，而中人有票旨徑行者矣。明陸容《菽園雜記》卷五云，本朝自己巳之變，各邊防守之寄，益周於前。如各方面有險要者，俱設鎮守太監、總兵官、巡撫都御史各一員，下人名爲三堂。近來添設鎮守内官、守備内官於各處，武官稱是。武官分布要害，遇有警急，各任其責，内官之設，特眉目而已。晏爲鎮守，蓋即三堂之一，儼然與於方鎮之列，從而先生之固亦宜矣。又，明高明《區大相詩集》中有云，“聞道貂璫革，由來爲掃除。先朝煩鎮守，重任典方輿。責采山川竭，徵輸井邑虚。明明皇祖訓，宫府意何如”。亦足見宦者聲色。又明伍袁萃《貽安堂稿金集》云，世廟潛龍時，稔知鎮守内官之横，故元年從大司農孫公交之請,已裁經通諸倉監督矣。未幾,給舍張公翀請查革鎮守,雖不即允,而上心已動,既而悉行裁革焉。此中興聖主第一英斷也。讀此可見鎮守內官之可畏。然其中內官又每近文墨,明萬曆中蘇杭等處提督織造,乾清宮近侍、司禮監管監事太監三河孫隆刊《通鑑總類》。隆在朝,嘗以是書進御神宗,欲鏤之,上方不果,及出督織造,乃刊之吳中。清天禄琳琅著録《群書集事淵海》有劉健序,稱內官監左少監賈公性近於貨書,家得書四十七卷,若類聚合璧之比,愛而重之,因新諸梓。編者謂明季中官資饒而工審,宜其摹印獨精。又崇禎四年,總督東廠司禮監太監宋晉重刻《説文字原》《六書正訛》,晉有序,墨印二,一曰“癸未選士”,一曰“司禮視篆”,是以士人浄身,論者謂足見明綱之弛,輒因晏氏刻本而附記之。犧牛駬毛宜於廟牲,其於致雨不若黑蜧。《淮南子》之言也。此書誠陋,本不足存,然以之攷明代宦者之史迹,亦庶幾有小補耳。

# 史　部　二

## 大明實録殘本三十卷

明寫本，明晁氏寶文堂舊藏。

此爲明人藍絲欄寫本，前無序目及撰人年月，檢《平津舘鑒藏書籍記續編》有云，《大明實録》六册，不著撰人名氏，前後無序跋，載明太祖初生及乙未起兵，至洪武二十三年五月止，中缺洪武九年至十六年止，蓋殘缺之本。此與《成祖實録》，余從天一閣寫得之。《明史·藝文志》、焦氏《經籍志》、王圻《續文獻通考》俱不載。伯驥按：孫氏之本，首載明祖誕生之初，此本第一葉則云，一日仁祖坐東室簷下，上侍側。有道士長髯朱衣，排垣柵直入，遽揖仁祖曰，好箇公公，八十八當大貴。仁祖異其言，留之茶，不顧而去，既出門不及見。上即位，上尊號，扣其年數，適符其言。後即續述壬辰上與徐達等二十四人南略定遠，遇疾而還一事，是與孫本稍有同異。卷首不詳撰人名氏，則伯驥所見實録多同。攷《皇明大紀》稱纂脩《太祖高皇帝實録》，以公徐輝祖爲監脩，侍郎兼學士董倫、侍郎兼侍講王景彰、侍郎方孝孺爲總裁，太常寺少卿廖昇、侍講學士高巽志爲副總裁，脩撰李貫、博士王紳、教授胡子昭、訓導羅恢、審理副楊士奇、吏目程本立等爲纂脩官。見卷九。又《孤樹裒談》卷三云，國朝《太祖高皇帝實録》，永樂初命曹國公李景隆暨翰林學士解縉等脩，後命户部尚書夏原吉等凡經筵進二次。解縉表内開一

百八十三卷,計一百六十五册,以元年六月十五日進。夏原吉表内
開二百五十七卷,計二百五十册,又《寶訓》十五卷,計十五册,以
十六年五月一日進。解《表》今載《皇明文衡》,夏《表》刻其家集,
可考也。夏《表》乃是約解《表》爲之者,其云頒修史之詔,在嗣位
之初,爰纂成書,實由聖斷。謂事貴直而文貴簡,理必明而義必彰。
乃敕命乎儒臣重編,劇於歲月,可以見再修者,此數言耳。實錄既
出再修,而《文衡》乃載其初進之表,殆有深意云云。伯驥按:顧氏
炎武云,《太祖實錄》凡三脩,一脩於建文之時,則其書已焚不存於
世矣。再脩於永樂之初,則昔時大梁宗正亭有其書,而汴水滔天之
後,遂不可問。今史戚所存,及士大夫之家諱實錄之名,而改爲
《聖政記》者,皆三脩之本也。然而再脩、三脩所不同者,大抵爲靖
難一事。如棄大寧而並建宗之制,及一切邊事,書之甚畧,是也。
至於穎、宋二公,若果不以令終,則初脩必已諱之矣。集中《與湯荆峴
書》。朱氏彝尊曰,明太祖草昧之初,徵群儒脩禮樂書,實錄系之洪
武二年八月,以予考之,乃吳元年六月事也。實錄經永樂兩次改
脩,漸失其實爾。朱集四十三。前人多言再脩實錄,云三脩者,則顧
氏也。此本未悉果爲初編,或再脩,惟其中所載事實,間與其他各
書所述明事不同,蓋前朝實錄,其編撰諸臣,每有不能舉其職者。
《郡齋讀書志》曰,《太宗實錄》八十卷,皇朝錢若水等撰。至道三
年命若水監脩,不隸史局。若水即引柴成務、宋度、吳淑、楊億爲
佐,咸平元年書成,上於朝。初,太宗有馴犬常在乘輿側,及崩,犬
輒不食。李至嘗作歌紀其事,以遺若水,其斷章曰“白麟赤雁君勿
書,勸君書此懲浮俗”。而若水不爲載。吕端雖爲監脩,而未嘗蒞
局,書成不署端名。至抉其事,以爲專美。若水援唐朝故事,若此
者甚衆,世人不能奪。又傳億子娶張洎女而不終,故洎傳多醜辭。
嗚呼,若水及億,天下稱賢,尚不能免於流議若此,信乎執史筆者之

難也。晁氏所言如是，則明代所編，當亦同斯例耳。明海寧談遷
謂，史之可憑者實録耳，但實録見其表尚不見其裏。況革除之事，
楊文貞未免失實；泰陵之盛，焦泌陽又多醜正。神、熹載筆者皆宦
逆奄舍之人，至思陵一十七年憂勤而史亦隨滅，於是汰十五朝實
録，搜崇禎邸報，補其缺遺，著成一書，名曰《國榷》。遷字孺木，著
述有刊行者，《國榷》則其本不多見，粵中順德李氏泰華樓有之，吾
家所藏則爲殘卷缺葉，蓋此書正可與實録互爲參訂也。邵廷寀曰，
明季稗史雖多，惟談遷編年、張岱列傳兩家，具有本末，谷應泰並采
之以成《紀事》。而遷於君臣、朋友間，天性篤至，其著書皆覆瓿，
不騁奇鬭文以作者自居，故爲儒林所宗，追配荀悦《漢紀》焉。是
談氏述史固可據也。卷首有晁瑮《藏書銘》楷字章，云“曹誠廣舍，真
廟賜名。丁顗聚書，子孫緜興。匪學胡成，匪書胡學。蓄斯貽後，珍
如渾璞。龜蒙緝借，張公却鸎。咨我同志，遵此軌躅。鸎爲不孝，借
爲一癡。咨我後昆，戒之、敬之。春陵晁瑮藏書銘”。此銘僅見於是
書，前人著述似未及也。瑮字君石，號春陵，開州人，宋太子太傅迥
之後。嘉靖辛丑進士，官至國子監司業，有《寶文堂分類書目》三卷，
以御製諸書冠首。今所傳嘉靖間刻本之《晁氏客語》《法藏碎金録》
《具茨集》等書，板心標“晁氏寶文堂”字樣，或卷末刻“裔孫瑮東吳
重刊”字樣。瑮子東吳，嘉靖癸丑進士，選翰林院庶吉士，亦嗜收藏。
明章丘李中麓《開先閒居集》有《寄題晁春陵藏書屋詩》，謂春陵父
子俱官翰林，其詩有“牙籤悉付傒奴掌，緗帙頻勞使者將”之句，此事
關於藏書家雅故，稍詳之。

## 明太祖實録二百五十七卷 明藍格寫本。

　　實録之名，六朝以來定爲帝制。《隋書·經籍志》所録，班班
可攷也。《隋志》著録《梁皇帝實録》三卷，記武帝事，《梁書·周興

嗣傳》稱興嗣撰《皇帝實錄》當即此書，而《唐志》則作二卷，入實錄類。《隋志》又著錄梁中書郎謝吳撰《梁皇帝實錄》五卷，亦記武帝事，而《唐志》亦入實錄。《唐六典》云，史官本起居注以爲實錄，故唐時修實錄者凡二十一，宋時脩實錄者凡十七，莫不本於起居注。歐陽文忠云，實錄起於唐世，自高祖至於武宗，其後兵盜相交，史不暇錄，而賈緯作補錄，十或得其一二。見《崇文總目敍釋》。蓋宋自真宗修實錄後，而起居注缺，嗣後遞舉遞廢，至明而每帝皆有實錄，直無起居注之制矣。顧氏炎武《文集》卷三云，先朝之史，皆天子之大臣與侍從之官承命爲之，而世莫得見。其藏書之所曰皇史宬，每一帝崩修實錄，則請前一朝之書出之，以相對勘，非是莫得見者。人間所傳，止有《太祖實錄》。國初，人樸厚不敢言朝廷事，而史學因以廢失。正德以後，始有纂爲一書，附於野史者，大抵草澤之所聞，與事實遠，而反行於世，世之不見實錄者，從而信之。萬曆中，天子蕩然無諱，於是實錄始稍稍傳寫流布，至於光宗，而十六朝之事具全，然其卷帙重大，非士大夫累數千金之家不能購，以是野史日盛，而謬悠之談徧於海內。餘姚邵氏《南江書錄》云，鄭曉《吾學編》、鄧元錫《明書》、薛應旂《憲章錄》、何喬遠《名山藏》，實有志於正史，彙累朝之詔誥，與夫名臣言行之見於州郡志乘、諸家文集，裒萃成書。然曉等未嘗得見實錄，凡夫碑傳誌狀之虛詞、說部流傳之訛舛，及年月先後、爵位遷除之乖互，皆懵然莫辨，毀譽失真，編排無法，識者病之。至王世貞史料始據實錄，以考正諸家之失。據顧、邵二氏之言，可知實錄之價值，明時傳寫綦難，清世又爲禁本，流布頗希，雖以范閣之宏富，其著錄者，僅《明成祖文皇帝實錄》九卷、《仁宗昭皇帝實錄》十卷、《寧宗章皇帝實錄》一百十五卷、《英宗睿皇帝實錄》六十六卷、《憲宗純皇帝實錄》一百九十三卷、《孝宗敬皇帝實錄》二百二十卷、《武宗毅皇帝實錄》一百九十

七卷、《世宗肅皇帝穆宗莊皇帝實録》七十卷,共九種。今相去數
百年,則此本洵宜珍襲矣。吾家除此種外,別有《太宗實録》等本,
藍格綿紙本子甚厚,亦明寫也。清《四庫總目》六十二謂,明焦竑
撰《熙朝名臣實録》二十七卷,自序謂,明代諸帝有實録,而諸臣之
事不詳,因撰此書。自王侯將相及士、庶人、方外、緇黄、僮僕、妾伎
無不備載,人各爲傳。蓋宋人實録之體,凡書諸臣之卒,必附列本
傳,以紀其始末,而明代實録則廢此例,故竑補修之云云。伯驥
按:明代實録亦多有大臣本傳,舘臣之言似誤。《顧亭林文集》
稱,聞之先人實録中,附傳於卒之下者,正也,不係卒而別見者,
變也。當日史臣之微意,此説當得其實。然王褘《忠文公集·國
朝名臣傳序》云,古者作史之體,大要有二,曰實録,曰正史是已。
實録之體,倣乎編年,而臣僚之得立傳者,其傳皆系乎月日薨卒
之下。及爲正史,然後記、表、志、傳,門雖品別,而傳又分名定
目,各以類相從焉。然傳之在實録者,不過具其行能勞烈之始
末,而正史之傳,加以論贊之詞者。實録修於當時,正史撰於後
代,因其體有不同故也。國朝沿襲舊制,其修累聖實録,咸有常
憲,而名人之當附傳其間者,文猶闕如,蓋自大德丙午迄今至正
戊子,屢詔使使臣纂修,以補實録之闕,而金匱所藏,人無由窺
之。則是元時已罕附傳,似又不始於明矣。柴夢梵《天盧叢録》卷十八
《青布實録》條云,道光末,仙居楊氏藏《明思宗實録》七十六軸,修録者爲倪鴻寶元璐,
皆以青布寫之,堅厚光潔,炫耀人目。軸長二丈五尺,寫三千字,字大徑寸,兩端錦裱,
似古人卷子。聞於壬子、癸丑間,陸續鬻諸碧眼胡夷矣。識者謂明思宗之密詔、密件,皆
以青布書之,上蓋朱璽,命近侍持至臺閣,經諸宰跪讀後,別以青布一軸謄出,藏諸謹身
殿,凡實録稿亦以青布爲之。蓋紙脆易壞,而布則年代較久,亦可如新。此係鴻寶創
議,帝樂從之。洎鴻寶殉國時,謹身殿中青布稿已數千軸,李自成盡取以出,付坊複染,
以作軍士衣袴。

## 通鑑紀事本末四十二卷

宋刊元印本，硯山堂舊藏。

　　宋袁樞編撰。前有元延祐六年陳良弼序，略云，《通鑑紀事本末》有功於温公《通鑑》者，不可無也。誠齋叙之於前，節齋叙之於後，發明盡矣。節齋患嚴陵本字小且訛，於是精加讐校，易爲大字刊板而家藏之，凡四千五百面，可謂天下之善本也。頃年，士學陋、藝苑蕉，此板束之高閣者四十餘年，又慮其爲勢家所奪也，祕不示人。一日，節齋孫趙明安者，始出所藏書板示余曰，昔有雲間好事者，出中統鈔三百定求市，吾不忍售，願貢之嘉禾學宫，償吾半值，亦無憾矣。余集學之士議之，或曰，此書幸矣，然挾貴勢而覬覦者，得毋爲學校累歟！或曰，合是書以惠後學者厚德也，挾貴勢而不償直者，賢者不爲。議未決，良弼白其事於御史宋公、僉憲鄧公，二公喜曰，其速成之。學宫方有助創試闈之費，力不能如趙所需，乃出中統鈔七十五定償之。伯驥按：元沿金制，以中統、至元兩鈔子母相權，害略減于金源，然至末葉，料鈔十錠，亦不能易斗粟，則以七十五定易此繁重之板片，亦廉甚矣。次有宋趙與𥤐序、楊萬里序。楊序“進有行而無徵”，“徵”字缺末筆，卷一第五葉，魏桓子之“桓”字，卷一第十二葉“願以甲子合戰正殷討事”之“殷”字，卷一第三十葉“完璧而歸趙”之“完”字，卷一第四十一葉“雖往請媾秦”之“媾”字，第三十一卷“姦臣聚歛”一條，楊慎矜之“慎”字，皆缺末筆，其餘亦多缺避。半葉十一行，行十九字。板心魚尾上記字數，魚尾下刻“通鑑紀事本末卷幾”，次記葉數，次記刻工姓名。嘗見元刻《金陵新志》，爲張鉉撰本，《序例》有云，此書一十五卷，一十三冊，分派溧陽州學刊五卷，溧水州學、明道書院各三卷，本路儒學刊造三卷及序文圖本，照依元料工物，合用價錢於各學院錢糧內破除,共中統鈔一百四十三定二十九兩八錢九分九釐。蓋陳序所舉中統鈔數,則爲買舊板之費,《金陵志》所舉中統鈔數,則爲新刊板用款,細覈之可得當日經籍靡費之狀況,附記於此,以資攷核。此板明初歸南監,成化間重爲脩補。《南雍志》云,《通鑑紀事本末》四十二卷,版完,計四千四百面。此本卷首有"硯山堂"朱文章。按:吳文溥字澹川,嘉興人,家世務農讀書。曾祖遜庵嗜硯,建硯山堂以貯之。此本當是吳氏所藏。

## 通鑑紀事本末殘本五卷宋嚴州原刊小字本。

宋袁樞撰。樞字機仲,建之建安人。隆興元年登進士第,淳熙十四年手詔權工部侍郎,兼國子祭酒。因論大理獄案,既而貶兩秩,寢前旨。開禧元年卒,年七十五。《宋史》有傳。淳熙二年,樞爲嚴州教授,嚴州即建德府,屬兩浙路,見《宋史·地理志》。本傳稱張説自閤門以節鉞簽樞密,樞方與學省同僚共論之,上雖容納而色不怡,乃求外補,出爲教授,即在此時。樞常喜誦司馬光《資治通鑑》,苦其浩博,乃區別其事而貫通之,是此書爲教授嚴州時所著,故摹刻亦在嚴。今讀《景定嚴州續志》,郡有經、史、詩文、方書八十種,而經史十六種,此書即占其一矣。本傳稱,參知政事龔茂良得其書奏於上,孝宗讀而嘉歎,以賜東宮及分賜江上諸帥,且令熟讀,曰:"治道盡在是矣"。《玉海》又言,令皇太子與陸贄《奏議》熟讀,以求治道。大抵此書初則爲摹本,如寄朱熹與呂祖謙皆是,蓋請求參酌俾成定本者,其後則刊於嚴也。龔奏進此書後,他日,上問袁樞今何官? 茂良以實對,上曰可與寺監簿。於是以大宗正簿召登對,即因史書以言曰,臣竊聞陛下嘗讀《通鑑》,屢有訓詞,大哉王言,垂法萬世。遂歷陳往事,自漢武而下,至唐文宗偏聽姦佞,致於禍亂。且曰固有詐僞而似誠實,憸佞而似忠鯁者,苟陛下日與圖事於帷幄中，進退天下士，臣恐必爲朝廷累。上顧謂樞曰，朕不至與此曹圖事帷幄中。樞謝曰，陛下之言及此，天下之福也。是樞以此書遷官，且因此進言。梁任公謂司馬公之作，爲皇帝教科書，固不誣矣。樞於淳熙七年兼國史院編修官，分修國史。趙雄等上神、哲、徽、欽《四朝國史志》，章惇家以同里之情，宛轉致意，請樞文飾其傳。樞曰，子厚爲相，負國欺君，吾爲史官，書法不隱，寧負鄉人，不可負天下後世之公論。雄嘆其無愧良史。見《資治通鑑後編》。是其人固不苟於下筆者也。清《四庫提要》謂此書於編年、紀傳而外，以《通鑑》舊文每事爲篇，各排比其次第，而詳叙其始終，命曰《紀事本末》，遂又有此一體，爲前古之所未見。任公謂今日之西史，大率皆紀事本末之體也，袁氏創於中國，功在史界不少，以千六百餘年之書，約之爲二百三十有九事，其始亦不過感翻檢之苦痛，爲自己研究此書，謀一方便耳。及其既成，則於斯界別闢一途徑，與吾儕之理想的新史最爲相近，抑亦舊史界進化之極軌也。至謂樞所述，僅及於政治，其於社會他部分之事項，多付缺如，夫《通鑑》於社會他部分固甚尠及矣，樞鈔節《通鑑》者也，何責焉！《玉海》云，淳熙三年，參政龔茂良言，袁樞所編《紀事》有益見聞，詔嚴州摹印十部，仍先以印本上之，故後世所得宋刻小字本《通鑑紀事本末》，稱爲嚴州本。此本半葉十三行，行二十六字，當是嚴州遺刻。考陸氏皕宋樓、清學部圖書館均有宋刊小字本，繆氏稱爲書法秀整，體兼顏、柳，訛字極少者也，惜皆不全。大字本尚多見於各家藏目，蓋板刻之保存或較易矣。江安傅氏藏小字本一卷，可見流傳不多。《思適齋集》卷十四云，大字之板前明尚在南監，故外間印本不少，小字本則僅有宋印，道光癸未得見崑山徐尚書遺本，可以證矣。《松江詩話》稱，華亭諸生林子卿撰《通鑑紀事本末箋注》一百卷，蔡仁莽借刻行世，罕傳本，附記待攷。又《通鑑紀事本末補後編》，清張星曜編，以袁氏《本末》未有專紀崇信釋老之亂國亡家以爲篇者，乃雜引正史所載，附以稗官雜記，及諸儒明辨之語，條分類集，以爲此書。

## 周書十卷<sub></sub>元刊本，有校筆。

前題晉孔晁注。此書曰《逸》，曰《汲冢》，爲宋元以來通稱。至清修四庫書則題曰《逸》，《提要》云，是書《隋志》稱《汲冢》，然《晉書·荀勗》《束晳》諸傳，有《汲冢書》無《周書》，《漢志》乃有《周書》七十一篇，與今本合，是《隋志》誤也。今從郭璞《爾雅注》題曰《逸周書》。清道光間，海康丁氏宗洛撰有《逸周書管箋》，攷之頗詳，謂此書分兩大派，一《漢志》、一《隋志》。晉以前以《漢志》爲據，晉以後應以《隋志》爲據，然均有可疑者。《漢志》無“逸”字，至《說文》始曰逸也，而鄭氏、蔡氏在許氏後，則不言逸，張氏在魏言逸，而杜氏在晉則不言逸，郭氏與杜氏同時而略後，卻又言逸，是則《漢志》以來，稱逸一派之可疑也。《隋志》曰《周書》，本符《漢志》，其註曰《汲冢書》，遂成歧出矣。《唐志》正文曰《汲冢周書》，則此書號《汲冢》牢不可破矣，但隋、唐諸儒凡引述此書，均未有稱《汲冢》者，至宋其號始熾，則是《隋志》以來，稱《汲冢》一派之可疑也。見其書內提要中，此不備述。此元刊本，則題曰《周書》，自《度訓》至《器服》七十篇，序一篇居末，與陳直齋《書錄解題》合。若京江本以序散在諸篇者，則不符矣。前有至正甲午黃玠序、嘉定十五年東徐丁黼序。是書南宋以前無刻本，寧宗時丁文伯得李巽巖家本，脫誤頗甚，後得陳正卿本參校脩補，遂於嘉定十五年序而刊之。至正中，劉廷幹覆刊于嘉興學宮，黃玠爲之序。《程寤》《秦陰》《九政》《九開》《劉法》《文開》《保開》《人繁》《箕子》《耆德》《月令》十一篇原缺，《酆保》《酆謀》《大開》《小開》《文儆》《度邑》《武儆》《五權》《嘗麥》《本典》《官人》《周月》《時訓》

《武紀》《銓法》《器服》《周書序》十八篇無注，脱簡尤多，以空圍識之。觀《文獻通攷》引李巽巖説，則自宋時已如此。丁氏又云，七十一篇併序爲數，唐劉氏《史通》與《漢志》同，但序之在前在後，未曾辨晰。至宋陳氏已言序一篇在其末，是爲明證。吾獨怪李巽巖、劉后村皆博洽多聞，何以皆言缺一？意者京口刊本倣孔安國《尚書》，以序散各篇首，李、劉二公所見皆此本，故爲此言耶。然元黄氏玠尚言叙後，不應元時本，又與宋時異也。伯驤按：此本其序實在十卷之末，即次《器服》解後，序後題《周書》第十卷終，蓋書序本在十卷内，而程氏刻《漢魏叢書》移於卷首，失其舊矣。此本每卷有總目，而程本亦無，其他字句之異，足正程本者甚夥。清王氏頌蔚嘗據元本以校他本，卷七第八葉，《王會解》自"卜人以丹沙"至"其西魚復鼓鍾鍾牛"注，程本全脱，是尤足資補正者也。清世如王念孫、洪頤暄於《周書》均有校釋，盧氏校本則分列惠定宇、沈果堂、趙敬夫、張芑田等各校筆於書内，其餘陳逢衡之《補註》二十四卷、朱右曾之《集訓校釋》十卷，則斐然巨册矣。朱氏自序此書，並述與丁氏宗洛同時並治，梁任公先生謂未見丁書。伯驤所獲者，亦由京估以此見寄，予往者固未得其本也，蓋著述之不彰而湮没者多矣。非得好者聚之，又烏能永其年耶！作注之孔氏，《晋書》無傳，攷《册府元龜》，知晁曾撰《尚書義問》，而宋庠《國語序》又稱，晋五經博士孔晁注《春秋外傳國語》凡二十卷，則固淹雅之士矣。清《四庫書目》則不詳也。歸安陸氏藏此書亦元本，曾攷丁、劉二人行述甚詳，此不著。半葉十一行，行二十字。

## 東觀漢記二十四卷寫本。

漢班固等撰，原本一百四十三卷。漢明帝時，班固等奉詔撰述，至獻帝時，楊彪復有所增補，實熹平中始成書。錢氏大昕謂，

《續漢書·郡國志》今錄中興以來郡縣改異，及《春秋》、三史會同征伐地名。三史謂《史記》《漢書》及《東觀記》也。《吳志·呂蒙傳》注引《江表傳》，權謂蒙曰，孤統軍以來，有三史、諸家兵書，大有益。又《孫峻傳》注，引《吳書》，留贊好讀兵書及三史。《晋書·傅休奕傳》撰論三史故事，評斷得失。《隋經籍志》有《三史略》二十九卷，吳太子傅張温撰，皆指此。自唐以來，《東觀記》失傳，乃以范氏者當三史之一。竹汀考論此節，至爲詳確。又按，宋邵氏《聞見後錄》云，神宗惡范曄之名，欲更修《後漢書》，求《東觀漢紀》久之不得。後高麗以其本付醫官某來上，神宗已厭代矣。元祐中，高麗使人言狀，訪于書省，無知者，醫已死，于其家得之，藏於中祕。予嘗寫本于吕汲公家，亦棄之兵火中。今荀悦《漢紀》與袁宏《後漢紀》皆傳於世，而此獨缺如。前清錢唐姚魯斯之駰掇拾殘文，僅得八卷，刊入《八家後漢書補逸》二十二卷中。乾隆間，四庫舘從《永樂大典》所載，補輯成書，編爲二十四卷，較之原本，不過十分二三而已。此本分卷與庫本同，當從庫本出。桐城姚氏柬之任大定府知府，得一北宋刊本，全書共五十册，姚氏祇得四十八册，初擬進呈内府，未果。咸豐間，桐城有兵事，此書被燬，至可惜矣。

## 古史六十卷宋刻本。

宋蘇轍撰。清《四庫總目》作六十五卷，據殿本。然檢轍序，實七本紀、十六世家、二十七列傳，計六十卷，云六十五卷者，舘臣誤也。吾粤人潘君明訓寓居上海，藏有北宋刊本《古史》，半葉十一行，行二十二、三、四、五字不等，避宋諱至哲宗止，宜都楊氏定爲紹聖原刻。潘，南海人，寓上海日久，嗜宋板書，有《寶禮堂宋本書錄》。張菊生元濟序之，署云，苟爲善本，重值勿吝，但非宋刻，則不屑措意。伯駟按：此書流傳宋元本頗多，天禄琳瑯有宋刊小字本一部，大字本二部，未知與潘氏及吾家藏本如何？惟吾家藏本則與虞山瞿氏鐵琴銅劍樓本相若，首葉明補亦同。楊氏所刻《留真譜》有元刊《古史》，半葉十四行，行二十四字。楊氏又有明初刊本，曾於題記潘書時及之。伯夔攷明陸氏《中和堂隨筆》，稱洪武二十三年福建布政使司進《南唐書》《金史》、蘇轍《古史》。初，上命禮部遣使購天下遺書，令書坊刊行。至是三書先成進之，楊氏之本當即此時所刻，然流傳極尠。伯夔收書三四十年，尚未一見，惟見南雍本、掃葉山房本而已，然則此本不益可貴哉！子由此書，每爲朱子深許，讀《大全集》及《語類》自知之，故《古史》自序所云，古之帝王，其必爲善，如火之必熱，水之必寒，其不爲不善，如騶虞之不殺，竊脂之不穀。朱子尤爲歎服，以謂非子長所及。惟明陸深則以爲東坡《范文正集序》所云，其於仁義禮樂忠信孝弟，蓋如飢渴之於飲食，如火之熱、水之濕，天性有不得不然者。其言與子由如出一轍。若其名理，則當以水之濕爲勝，世有溫泉、湯泉，寒固不足以盡水也。見陸所著《續停驂錄》。楊氏慎云，太史公信戰國游士之說，載子貢一出，存魯、亂齊、破吳、強晉而霸越，其文震耀，其辭辨利，人皆信之。雖朱文公亦惑之，獨蘇子由作《古史》而知其妄。考《左傳》齊之伐魯，本于悼公之怒季姬，而非田常；吳之伐齊，本怒悼公之反覆，而非子貢。其事始白。若如太史公之言，則子貢一蘇秦耳。又宋人《漁隱叢話》曰，子由《古史》云，二世屠戮諸公子殆盡，而後授首於劉、項。余按《史記》，二世爲趙高所殺，子嬰立，降漢王，漢王以屬吏。項王至，斬之，則授首于劉、項者，乃子嬰，非二世也。又云，陸遜之于孫權，高熲之于隋文，言聽計從，致君于王伯矣，而忮心一起，二臣不得其死。余按《吳志》《北史》則與此言牴牾，子由譏司馬遷作《史記》淺近而不學，疎略而輕信，乃反若是。而《庶齋老學叢談》中述潁濱《古史論》曰，善乎子夏之教人也，始於洒掃、應對、進退，而不急于道,使來者自盡於學,日引月長,而道自至。今世之教者非性命道德不出乎口,雖禮樂刑政有所不言,而況于洒掃、應對、進退也哉!蓋有所謂也,是前人於子由此書毁譽不一,《古史》删《黃帝紀》,而增入醫家,删《老子傳》而附入佛家。以光武爲不如高祖,是拾馬文淵、石季龍之唾餘;以霍光爲不能調護昭帝,是猶顔淵早亡而責孔子不教以養生也。此爲前清錢唐袁枚之説。後世學人每以子由此書爲提倡道家而作。清《四庫提要》謂其書去取不苟,與遷書相參攷,固亦無不可。伯驥以爲子由著作,如潁濱《詩傳》《論語拾遺》《道德經解》等編不無可采,此書尚爲下駟耳。范氏《天一閣書目》有蘇氏《史拾》六十卷,爲明陳子龍鑒、吳宏基箋,鍾禾士校本,所録子由序,與《古史》同,當即此書,而其下又列《古史本紀》三十五卷,謂自序與前不同。又有《古史》七卷,未審與前二本同否,范閣書多殘缺,不可得而詳矣。子由序有云,季子遜侍予,紬繹往牒,知予去取之意,學爲之註。《提要》乃云,以葉大慶《考古質疑》考之,謂書中間有附註,蓋其子遜之所作。豈舘臣於此書序,尚未之讀耶!伯驥有清《四庫書目舉正》若干卷。楊氏謂元明本或有前序,無後序,遂不知其註爲其子遜作,然萬曆本則皆有後序者也。半葉十一行,行二十二字。

## 藏書六十八卷續藏書二十七卷 明刊本。

明李贄撰。前有萬曆己亥焦竑序,略云,卓吾先生之爲人與其所爲書,疑信者往往相半。余謂此兩者皆遥聞聲而相思,未見形而吠影耳。先生高邁蕭潔,如泰華崇嚴,不可昵近,聽其言泠泠然,塵土俱盡,而實本人情切物理,一一當實不虚。吾慨學者沈錮於俗流,而迷沿於聞見。先生程量今古,獨出胸臆,無所規放。聞者或河漢其言,無足多怪。夫孔翠矜其華采,顧影自耀,人咸惜之,固矣。若蛟龍之興雲雨,雷電皆至,霆霹百里,即震驚者不無而卒賴其用,豈區區露細巧媚世好而足哉! 先生之言,何以異是,總之衆人之疑,不勝賢豪者之信,疑者之恍忽,不勝信者之堅決。余知先生之書當必傳,久之學者復耳熟於先生之書,且以爲衡鑑,且以爲蓍龜。余又知後之學者當無疑,雖然,此非先生之欲也。有能抉腸剔腎,盡翻窠臼,舉先生所是非者而非是之,斯先生忻然以爲旦暮遇之矣。書三種:一《藏書》,一《焚書》,一《説書》,《焚書》《説書》刻於亭州。今爲《藏書》刻於金陵。次有劉東星序,略云,予爲左轄時,獲交卓吾先生於楚,先生手不釋卷,終日抄寫,自批自點、自歌自讚,不肯出以示人。兹遊金陵,聞其書已爲好事者所梓,業與四方人士共之。次有衡湘梅國楨序,略云,余友李禿翁,豪傑之士也。當其時,士方持文墨,矩步繩趨,談性命之糟粕。獨一禿翁,其識趣議論,孰從而信之,故官至二千石,輒自劾免。取漢以來至金元君臣名士,撮其行事,分類定品,一切斷以己意,不必合於儒者相沿之是非,知其與世不相入。而曰吾姑書之而姑藏之,以俟夫千百世之下有知我者。次有祝世禄、耿定力撰序。目録前有《藏書》紀傳總目前論,則卓吾自標之主旨也。論云,人之是非初無定質,人之是非人也,亦無定論。然則今日之是非,謂予李卓吾一人之是非可也,謂爲千萬世之公是非亦可也,謂爲顛倒千萬世之是非,而復非是予之所非是亦可。前三代吾無論矣,後三代漢、唐、宋是也,中間千百餘年,咸以孔子之是非爲是非,故未嘗有是非耳。然則予之是非人也,又安能已。半葉十行,行十一字,有圈點旁批。卓吾、禿翁,皆李氏別號也。《續藏書序》李維楨撰,略云,卓吾先生没,而其遺書盛傳,有《説書》、有《藏書》、有《焚書》。《説書》以制義發孔、孟、曾、思之精蘊;《焚書》所雜著詩文,談經史大義微言;《藏書》始周末迄胡元,筆削諸史,斷以己意;《續藏書》則自明興及慶、曆諸臣列傳也。其目有功臣,有名臣。功臣有開國、有靖難;名臣有開國、有遜國、有靖難、有内閣、有勳封、有經濟、有清正、有理學、有忠節、有孝義、有文學、有郡縣,蓋王侯、將相、士、庶人、方外緇黄、傭僕、妾妓無不載矣。名臣或有功高,功臣不必有名,抑或以功封而不書,或於傳附見其名,或名兩見,而從其所重,或殁未久而得傳,或負俗之議,而爲分明之。秉權衡,破拘攣,發微闡幽,標新領異,與《藏書》略同,惟一於揚善不刺惡爲異耳。先生出入三朝,勤學好問,博古通今,所師友正人君子,故其甄别去取,若奇而正,若嚴而恕,若疎而覈,若朴而藻,可謂良史。先生生平與焦太史揚挖爲多,而絶筆趙人馬侍御家,閩人蘇郡伯得之,金陵王維儼行之,新都江似孫校之,兩君雅意文獻,使名山之副流布人間,有功於李先生,庶幾揚子雲之桓譚矣。又焦氏譔序,略云,宏甫《藏書》於國朝事未備,因取余家藏《名公事跡》緒正之,未就而之通州。宏甫殁,遺書四出,學者争傳誦之。其實真贋相錯,非盡出其手出。葳己酉,眉源蘇公弔宏甫之墓,而訪其遺編於馬氏,於是《續藏書》始出。余鄉王君維儼梓行之,而屬余引其簡端。前史有紀、有志、有列傳,其體乃具。宏甫前後二編,列傳獨詳,於紀若志缺如也,而列傳之中又獨存其美者。按:宏甫亦李氏别號,李氏名贄,晉江人,嘉靖壬子舉人。初名贄,後更名載贄,與耿天台講學京師,知名士多從之游。周柳塘曰,天台重名教,卓吾識真機,蓋其學尚元遠,機鋒迅利,焦弱侯、陶石簣之流也。漁洋《居易録》云,卓吾寓通州馬城所經綸别業,多謾罵,縉紳輩相接,或終日不與語。有袁住者,通州人,日與馬侍御家傭水,一見輒曰,好男子,好男子。一日不見,輒曰目中何無袁住? 卓吾死詔獄,方暑,尸腐,馬氏諸僕亡敢近者,獨住日夜抱持,痛哭殮含,曲盡其事。今墓在通州,當時葬之者馬御史,表之者某中丞,而書者麻城丘坦,迄今巋然無恙。據此,則卓吾身後之事,皆能豫知,而三尺孤墳保全至今,豈得佛學之報歟! 此前人所記李氏之略歷也。又，張雲鸞字羽臣，從顧憲成、高攀龍遊，以經師教授里中，謂贊用異學蠱惑人心，爲《四書經正録》闢之。崇禎中，齎書自獻於朝，特旨充貢。疏云，國朝設科取士，聖賢之書，家習户誦，而其説一宗先儒，學者守之。神祖時，有舉人罷官李贄，猖狂淫恣，首倡邪説，所刻有《焚書》《藏書》《説書》，及批點諸書，隨被參劾，奉旨挐問，搜毀其書，嚴禁私藏。詎意天啓年間，其書復行，人心、士習皆壞於此，略舉其一二言之。如李斯者，燔詩書、坑儒生，矯詔爲逆者也，而稱之爲才力名臣；如吕不韋、李園者，陰用姦謀潛移國姓，此萬古臣盜大猾也，而稱之爲智謀名臣；如曹操者弑伏后、篡漢帝，此亂賊之最慘惡者也，而津津稱其才智；如馮道者，歷事五朝，朝爲君臣，暮爲讐敵，而稱之爲吏隱。至於詆毀聖賢，則謂孟子執一害道，又謂孟子舛謬不通，又曰孟子願學孔子，此吾所不足於孟子者也。又謂孔子之事功，非有嘉於管仲，又曰以孔子之是非則無是非。其書之妄誕悖戾一至於此，乃士子見其書如飲狂藥，既喜其新奇，又樂其放肆，舉業文字染此習氣，寖入邪詭，識者憂之。伯驥按：明林希元撰刊《全補四書存疑》十二卷，嘉靖中有詔焚其書，事見沈德符《野獲篇》。嘉興袁黃批削《四書集註》，名曰《删正》刊行，陳幼學駁正其書，抗疏論列。見《明史·幼學傳》中。伏乞聖明採納。蓋當時攻擊李氏者固甚多也。武進董氏撰《書舶庸譚》云，明時小説家撰述最富者，無過李卓吾、馮夢龍二人，余亦素喜收購，今見《日本内閣書目》録二家之書頗備，姑誌于後。《異史》第五卷，《李氏藏書》六十八卷，《續》二十七卷，《皇明三異人録》，俞允諧編評。《墨子批選》四卷，《坡仙集》十六卷，編。《李子文集》十八卷，《李温陵集》二十卷，《李氏焚書》六卷，《帖式手鏡》一卷，《家中書札》一卷，《三異人文集》《方正學》十二卷，《于簡闇》九卷，《楊椒山》五卷，評選。《明詩選》二卷，《續》二卷，選。《千文印藪書鏡》，編。《枕中十書》十卷，

《李氏叢書》十一種,《李氏逸書》十三卷,《指掌雜字全集》一卷,《士民指掌雜言》二卷,《初潭集》三十卷,《世說新語補》二卷,評。《忠義水滸傳》一百卷,評。《繡像龍圖公案》十卷,評。《開卷一笑》十四卷,《英雄譜》二十卷,《圖像》一卷《目》一卷,評,熊飛編,一名《三國水滸全傳》。《西遊記》一百回,評。《西遊真詮》一百回,評。《水滸全書》一百二十回,評。《讀升庵集》二十卷。董氏所錄,蓋依日本原目次第,僅係編選,或評點者注其旁,其中明清刻本俱有之,上列皆李氏著作也。

## 十八史略二卷舊刊本。

元曾先之撰。卷端葉頭題云,勤德書堂刊增修宋季古今通要《十八史略》。通略之書行世久矣,惜其太簡,讀者憾焉。是編詳略得宜,誠便後學。□梓與世共之。目錄首題《新增校正十八史略綱目》,本文首題《古今歷代十八史略》,前進士曾先之編。半葉十四行,行二十六字。所謂《十八史略》者,於十七史外,益以宋事也。伯驥按:明初臨川梁孟益以元事稱《十九史略》。高麗金忠文《楓皋集》卷十六云,曾先之《十九史略》不著於藝文志中。可知書非中國所傳,而先之非負名之士也,且其所載歷代文字太脫落,如今人抄錄人家世譜,殊無可觀者。東人必以此教初學,與小學相先後,不讀此謂無入頭處,良亦可笑,然中國所不傳之書,獨遍于一隅海中,遂爲業文者權輿,書之顯晦,亦有其地耶!又日人安重繹《成齋文集》云,塾師課童之書,概皆前儒所校刻,如《文選》《唐詩選》及《十八史略》是也。諸書布世之久,幾乎家貯户藏,然近世文盛,而昭明之選將替,宋明詩行,而滄溟之選殆廢,獨曾氏《史略》二百餘年如一日,今諸學又以此課生徒,則其行倍蓰昔日。於是鏤版屢改,而箋註加精,大鄉穆卿之副詮,亦其一也。是此書殆流行于東國矣。

# 西晉新語不分卷

揚州吳氏測海樓舊藏，寫本，四厚册。

　　前題宋熊克撰。克字子復，建陽人。見《宋史·文苑傳》。其父蕃嘗著《宣和北苑貢茶錄》一卷，有抄本流傳，子復有跋語。子復所自著有《九朝通略》《鎮江志》《中興小紀》等書，而未見此編。《清波雜志》卷九云，克所著《九朝通略》，書富弼繳還遂國之封，實錄、本傳不載，止見于蘇轍《龍川別志》。而《宋史·藝文志》則著錄克撰《鎮江志》十卷，至《中興小紀》一書，則吾粵刻之。南海廖氏廷相跋云，《宋史》稱克好學，善屬文，尤淹習宋朝典故，然觀此書所紀，多詆抑李綱、趙鼎諸賢，而傅會和議，是非已繆於當時。君臣諛頌之辭，瑣屑必錄，而韓、岳戰功反略，武穆之冤未能表白，所徵引如汪伯彦《時政記》、朱勝非《聞居錄》等，尤屬誣辭，殊少別擇，文語亦復艱澀。陳伯玉譏其書往往疏略多牴牾，非苛論也。《雜志》載克以上所著《九朝通略》遷官，而此書未嘗進御。乾道八年秋，商人戴十六者私持渡淮，盱眙軍以聞，遂命諸師道帥憲臣察郡邑書坊所鬻，凡事干國體者，悉令毀棄，則當時已少傳本，《要錄》所引，類多摘瑕訂誤，以其爲宋人舊帙，於中興事蹟亦有可備參攷者，故刊而存之。凡上所云，皆未嘗及子復此書。又陳氏《書錄解題》云，日本獻鄭注《孝經》，世少有其本。乾道中，熊克子復、袁樞機仲得之，刻於京口學宮。是子復又喜刻書矣，而亦未見子復曾著《新語》之證。伯驥得此本於揚州吳氏測海樓，屢思爲之論訂，考《五朝名臣錄》卷四，引《蓬山志》稱，真宗詔選官校勘《三國志》《晉》《唐書》，或言兩晉事多鄙惡，不可流行者。上以語宰相畢士安，畢曰，惡能戒世，善以勸後，善惡之事，《春秋》備載。上然之，命刊刻。而葉氏《習學記言》又述朱子説，謂《晉書》皆爲許敬宗胡寫入小説，多改壞了。清南昌彭氏知聖道齋藏有《兩晋南北奇談》一種，文勤跋稱，朱子謂《南北史》除却《通鑑》所採，衹是一部小説，此正朱子所謂小説耳，且裁截無法，不足貴也。從可知《晋書》已與小説爲鄰，外此如奇談等作，尤爲榛楛不剪，是以修改《晋書》者明蔣之翹《晋書》別本一百三十卷，茅國縉《晋史》删四十卷，清郭倫《晋記》六十八卷，周濟《晋略》六十六卷。而《江寧府志》又稱，黟縣諸生湯球讀史用力，於《晋書》尤深，廣蒐載籍，補晋史之闕，成書二十三種。曰王隱、虞預、朱鳳、何法盛、謝靈運、臧榮緒、蕭子顯、沈約九家《晋書》，皆正史也。曰陸機、干寶、曹嘉之、鄧粲、劉謙之、王韶之、徐廣、裴松之、郭季彦九家《晋記》，曰習鑿齒《晋春秋》、孫盛《晋陽秋》、檀道鸞《續晋陽秋》、杜延業《晋春秋》、蕭方等《三十國春秋》，皆編年也。又輯常璩、和苞、田融、王度、陸翽、范亨、張詮、王景暉、高閭、裴景仁、姚和都、張諮、劉昞、喻歸、車頻、段龜龍等所譔偏霸各史。而崔鴻《十六國春秋》百卷爲巨觀，又補譔《年表》一卷，校定《纂録》十卷，其所删訂足正屠喬孫之失，尤稱精核。又旁輯《兩晋詔鈔》、《晋起居注鈔》、庾説《晋朝雜事》、張敞《東宫舊事》、車灌《修復山陵故事》、《八王故事》、盧琳《四王起事》、應詹《陶公故事》、《桓玄訛事》、傅暢《晋諸公叙讚》、《晋公卿禮秩故事》、荀綽《晋後略記》、《晋百官表注》、《晋百官寮屬名》、杜預《律本》、賈充《晋令》、張斐《漢晋律序注》、摯虞《決疑要注》，皆典午一代掌故所資。其區宇則輯《太康地記》《鄴中記》《林邑記》三種，其言行則輯《晋諸公別傳》、袁宏《名士傳》、郭頒《世語》、裴啓《語林》、《山公啓事》五種，又著録晋別集三百家，晋文集五百家，裒輯閎富，卓越一代。以上皆嘗致力於《晋書》者，未審有無述及子復此書，皆當細觀，而後事實可定。郭氏倫曰，初，倫祖任之嘗爲《晋書摘謬》二卷，倫習聞其説，又嘗讀《荀勗傳》，見"高貴鄉公欲爲變"一語，以爲大悖於理，以君欲誅臣而曰爲變，則倫常汩矣，因悉取原書删正之，以成祖志。且謂原書蕪謬甚多，約舉其失，如宣、景、文及身不帝，而列諸本紀；諸助亂孫旅、牽秀之徒，附見足矣，而反與繆播、閭鼎同類列之；其《賈充》《姚萇傳》傳鬼神事，竟如優俳者之所爲；諸國載紀，不年不月，複雜無章。北魏雖有本史，自力微通貢猗盧封代，以至道武稱帝百十五年之間，皆有當時戰伐之事，譙登、許甫忠義之臣皆闕而不書；潘岳諸人之文無關治亂之數，而盡臚之本傳；又如武帝平吳，混一區夏，其間謀臣碩士如華、祐、預、濬、琨、逖、導、侃、嶠、安之謨猷經略，至今猶想見其人，而本傳蕪宂，曾不足以發其不可磨之概。今所定論事，必達其要，記言必覈其實，於詳略分合間多更易舊文云云。近歲吳氏士鑑、劉氏承幹又輯刊《晋書注》，皆當與蔣、茅、郭、周諸作徧爲披覽，他日當别爲此書攷異以發之。往者陳氏文述嘗欲哀孫盛、何法盛以來十八家之遺文，仿裴氏《三國志注》以注《晋書》，有章曰"注晋書齋"，周雪客有《晋碑》之作，亦此意也。熊氏博學有文，王季海守富沙日，漕使開宴，命子復譔《樂語》，季海讀之稱善。詢司謁者曰，誰爲之？答曰，新任某州熊教授也。自此甚見前席。别後，子復一向官湖湘間，不聞者幾二十年。及改秩作邑滿，造朝謁光範。季海時爲元樞，詢子復曰，近亦有著述乎？子復以兩編獻。一日，後殿奏事畢，阜陵從容曰，卿見近日有作四六者乎？時學士院闕官，上不訪之趙丞相而訪之季海，於是以陸務觀等數人對。上云，朕自知之，今欲得在下僚未知名者耳。季海即及子復姓名。上云，此人有近作可進來。季海退以所獻繳入。翌日，上謂季海曰，熊克之文，朕嘗觀之，可喜。蓋欲置之三館兼翰苑也。季海奏云，如此恐太驟，不如且除院轄，徐召試。使克之聲著於士大夫間，則人無間言。阜陵然之，遂除提轄文思院。他日，趙丞相進擬，上曰，朕自有人。趙曰，何人？上曰，熊克。又曰，陛下何以知之？曰，朕嘗見其文字。又問，陛下何從得其文字，此必有近習爲道地者。上曰，不然。季海雖知由己所薦，以上既不言，亦不敢泄。而趙終疑之。未幾，召試。故事，學士院發策，率先示大略，試者得爲之備。趙乃以喻周子充云，此非佳士也。克屢造詣求問目，子充不答，及對策殊略，克大以爲恨。故在玉堂，每當子充制詔，輒無美辭，後竟出知台州。《齊東野語》。克家素儉約，除起居郎，嘗愛臨川童子王克勤之才，將妻以女而乏資遣，會草制獲賜金，遂以歸之，人稱其介。《宏簡録》。以上兩則，爲子復軼事，附記之。測海樓主人爲吳氏引孫，刻有藏書目數册，宋元舊本似不見於目中，然難得之書亦不尠。藏本多捺朱文“真州吳氏有福讀書堂”長形小章。目前之序，主人所撰也。中華民國十九年，北平書客王某盡買其書，并以活字覆印吳氏原目。聞由揚運出時，地方人士有謂揚書不能他運，楚弓應由楚得者，其後多方斡旋，始能如意。予所得亦有多種，則自南而北，復自北而南矣。王以吳氏原書櫝實貨箱中寄粤，關員啓箱，以日用之長鐵桿插入書内，被傷破者有之。某旦戶爲予報關請驗，回時手持寫本書數册繳予，書中亦蒙不潔，有如前人所謂殺風景者。予之意頗不欲以書本爲他人接觸，實由於此。且經眼之本，多以簽條夾記，以待覆讀，及鈔繕，他人又未必能如原狀。至珍秘之意，予則夙以前人爲非矣。經籍爲世間公有之物，不宜敗毀，不宜私秘，固公理也。張菊生先生嘗莊書“宋司馬文正訓其子康愛護典籍”一節，裝成掛幅寄予。蓋海鹽張家自清初已富收藏，康熙間有與新城王氏同官者，風雅好事，遂成家教，二三百年猶未歇絶，故先生之愛書，固家風也。

## 宋史新編二百卷明嘉靖刊本，吳氏測海樓舊藏。

明柯維騏撰。維騏字奇純，嘉靖癸未進士，授南京户部主事。此書前有嘉靖乙卯泰泉黃佐序，略謂宋舊史始於元至正己酉，丞相脱脱爲總裁，契丹、女貞亦各爲史，與宋並稱帝，謂之宋、遼、金三史，是非不公，冠屨莫辨。景泰間，翰林學士吉水周公叙嘗疏于朝，自任筆削，羈於職務，書竟弗成。今吾友莆田柯子維騏筮仕户曹，輒謝病歸,乃能會通三史,復參諸家紀載可傳信者,補其闕遺,歷二十寒暑,始克成書,合二百卷,名之曰《宋史新編》,示不沿舊也。本紀則正大綱而存孤危,志、表則略細務而舉要領,列傳則崇勳德而誅亂賊,先道學而後吏治。遼、金與夏皆列外國傳,等諸四裔焉,於是《春秋》大義始昭著於萬世,而論贊之文迨非因襲。予竊謂是編行則三史廢,稽天運,陳人紀者,其誰舍諸!佐字才伯,香山人,嘉靖進士,官至少詹事。學以程朱爲歸,惟理氣之說頗與之異,嘗謂王守仁與論知行合一之旨。王稱其直諒。在都謁大學士夏言,與論河套事,不合,尋罷歸。學者稱泰泉先生,卒,諡文裕,著述二百餘卷。論河套事,朱氏《湧幢小品》頗詳。伯驥於《桂洲詞》述之。末有同邑康太和序。卷一百六十一、卷六十二卷,仍編道學列傳,計周敦頤、程顥、程頤、張載弟戩、邵雍子伯溫、劉絢、李籲、謝良佐、游酢、張繹、蘇昞、尹焞、楊時、羅從彥、李侗。註云,劉絢以下俱程子門人。朱熹、張栻、蔡元定子沉、黃榦、李燔、張洽、陳淳、李方子、黃灝。注云,蔡元定以下俱朱子門人。伯驥按:道學之目,乃賈同、胡紘諸奸創之以攻朱子者,故前人多謂《宋史》不宜立道學傳,然焦氏《易餘籥録》卷八云,《宋史》分道學于儒林最精善,道學乃宋儒特創一門户,異乎唐以前之儒林,分之是也。且鄭丙立道學之名以斥諸儒,即用其名以爲傳,猶范史之有黨錮也。惟蔡元定不入道學,則未畫一。又按,章實齋謂欲作《宋史》成一家言,當以維持宋學爲命意所在。又謂,《周官》師儒本分師者道學、儒者儒林。《宋史》分立道學、儒林,爲合由焦、章二氏之言,道學傳固宜有矣。降至明,而又有理學、心學之分,黃氏宗羲謂始自鄧潛谷,言心學者則無事乎讀書窮理,言理學者其所讀之書不過經生之章句,其所窮之理不過字義之從違,薄文苑爲詞章,惜儒林於皓首,封己守殘,摘索不出一卷之内。見《南雷文定前集》卷一。此則酒醴之末,變爲澆漓,於學術豈有補哉!潛研錢氏曰,柯氏書義例有勝於舊史者,惜其見聞未廣，有史才而無史學耳。吳門陳黃中和叔《宋史稿》二百十九卷，較柯史當在伯仲之間。見全集卷二十八。又曰，柯氏論崔公度諸人，引高尚毋以政事殺百姓，毋以學術殺天下後世。兩語誤以高尚爲人姓名。劉卞功字子民，濱州安定人，徽宗嘗三往聘之，辭疾不至，賜號高尚先生。費氏《梁谿漫志》、趙與峕《賓退錄》俱載其事。見《養新錄》卷七。錢塘袁枚曰，岳飛改諡忠武，《全皇后傳》陳、朱二夫人死節，范文正先憂後樂之言，趙清獻皐夔稷契之謔，高宗防秦檜逆謀，理宗黜王安石從祀，皆《宋史》不載，而《新編》補入之，蓋其書之得失，前人論之如此。伯驥得此書於揚州吳氏，先檢其目，則蔡氏傳在焉，焦氏如見此，當謂得我心之同然矣。吾家藏明刻《宋史·道學傳》四卷，槧印古雅，前有陳氏獻章序，此爲別行本。前人謂柯氏著此書，欲專一心志，因發憤而自宮，見沈德符《敝帚軒剩語》。與前清羅茗香士琳撰《四元玉鑑細草》四卷，致疽發於背三次將毋同，皆可謂之拚命著書者也。南海曾氏面城樓藏此書，有缺卷，謂不易補鈔，然則傳本固不多矣。半葉十行，行二十一字。

## 大金國志四十卷 寫本，翁季霖舊藏。

宋宇文懋昭撰。前有《金初興國本末》云，金國本名朱里真，番語舌音訛爲女真，或曰慮貞，避契丹興宗名，又曰女直，世居混同江之東長白山下，其山乃鴨綠水源，南鄰高麗。伯驥按：蒙古博明《西齋偶得》云，遼爲契丹，金爲女直，契丹本音乃契塔物，女直係由女真，女真由朱里真迭改，其本音乃朱里扯特。見《元秘史》蒙古文，今蒙古人猶以是呼之。又云，蒙古人呼漢人爲契塔特，蓋蒙古初爲忙古部，越在大漠北，至後五代時，始通中夏，時燕雲十六州皆屬契丹，故以遼國名稱之，較其世次，尚在朱里真未以金號其國之前云云。近人游蒙者多謂蒙人識蒙字者極少，識漢字者尤少，蓋經清世壓抑使然，其說良是。有清一代，求如博明、松筠、法式善其人者，亦不易易。予撰《滿人漢化史》末附蒙、藏人頗寥落，如晨星三五也。蒙文《元秘史》，博明能讀，清季萍鄉文廷式嘗以寫本蒙文《秘史》寄贈日儒，今尚藏彼中，但求之吾國内，恐傳本已尠，能讀者更罕其人矣。撰述蒙古事實者，謂其中貴游子弟多誦滿文，各寺喇嘛多識藏字。蒙文書籍流傳者，祇有《成吉思汗傳》《清理藩院則例》《蒙古則例》《蒙古源流》《蒙古王公表》《清聖諭廣訓》《三字經》《小學》《三國志》《列國志》《金剛經》諸書，按前清《會典》，蒙古不得延請漢人教讀文牘，不得擅用漢文，姓名均取滿洲、蒙古名義，不許擅用漢字，違者治罪，此則否塞之所由也。次有端平元年宇文懋昭《經進大金國志表》云，臣偷生淮浦，竊禄金朝，少讀父書，因獲清流之選。日親文苑，粗知載紀之詳，迹其所以興亡，是以可爲鑑戒。其《金國志》起自武元天輔至于義宗九主，百一十七年，裒集成編。次目録，次《金國九主年譜》，次《金國世系之圖》。伯驥按：元蘇天爵《三史質疑》謂葉隆禮、宇文懋昭遼、金《國志》皆不見及國史，其説多得之傳聞，蓋遼末、金初稗官小説，中間失實處甚多。至於建元改號，傳次征伐，及將相姓名，往往杜撰，絶不可信。見《滋溪文稿》卷二十五。《潛研堂集》云，新城王尚書貽上謂《大金國志》爲宋人僞造。予讀其詞，稱蒙古爲大朝，曰大軍，曰天使，而於宋事無所隱諱，蓋元初人所撰。其表文則後之好事者爲之，而嫁名於懋昭。卷二十八。至于金之年號，亦多聚訟，岳珂《愧郯録》引范成大《攬轡録》曰，金本無年號，自阿骨打始有天輔之稱，今四十八年矣。《小本曆》通具百二十歲，相屬某年生，而四十八歲以前金年號，乃撰造以足之。重熙四年，清寧、咸雍、太康、太安各十年，壽昌六年，乾統十年，大慶四年，收國二年，以接天輔。珂按：此年號皆遼故名，女真世奉遼正朔，又滅遼而代之，以其紀年爲曆，固其所也。豈范未之見耶？清陳氏僅謂，岳説誠然，然重熙二十四年，此作四年。太康、太安、壽昌、大慶，遼號自作大康、大安、壽隆、天慶。天慶五年，金主旻始號收國元年，至三年正月稱帝，始改元天輔，收國自是金主年號。見《捫燭脞存》卷四。王氏國維曰，金天會、皇統間，蒙古寇金及金人款蒙一事，在蒙古上世史中，自爲最重大之事項。宋時記此事者有二專書，今雖並佚，而尚散見於他籍，其中《大金國志》一種，傳世尤廣。西人多桑作《蒙古史》於千一百四十七年，書蒙古忽都剌伐金，金與議和而退，與《國志》所記年歲相合，蓋即本諸《國志》者也。嗣後，洪侍郎鈞、屠敬山寄、柯學士劭忞，伯驥按：柯氏字鳳蓀，膠縣人，光緒進士，官侍讀。入民國，曾任清史館館長。日本東京帝國大學贈與文學博士。著《春秋穀梁傳註》《新元史》《清史天文志》《蓼園詩鈔》。皆參取宇文《國志》及多桑書，以記此事。日本那珂博士通世於《成吉思汗實錄注》中，引宇文氏書，但以宇文氏書中之熬羅字極烈爲蒙古之合不勒罕，而非忽都剌罕，然其信宇文氏書與諸家無異。伯驥按：《成吉思汗實錄》，明治四十年出版，那珂謂明治三十二年文廷式來游時，鹿角之内藤湖南在東京，請廷式歸國後，以蒙文《秘史》寫寄一部，余亦望切。廷式歸未久，拳匪亂起，音信久絕。三十四年之末，忽託人寄到，哀然六大册之寫本於大阪湖南家。湖南即雇鈔胥寫一部送東京，即今師範學校之藏本也。明治四十年，即清光緒三十三年。余去歲草《遼金時蒙古考》，亦但就《國志》錄之，當時雖未敢深信，顧未得其所本，姑過而存之，亦未加以辨證。嗣讀李心傳《建炎以來繫年要錄》及劉時舉《續宋編年資治通鑑》，並記此事，而《要錄》尤詳，始知《續鑑》《國志》皆本李氏。據王氏之言，則宇文氏書其中正多可取也。一八九八年，即清光緒二十四年，法人沙畹曾將《宣和乙巳奉使行程錄》譯成法文，加以注釋，載諸《亞細亞學報》，其注釋之一部分，即以《大金國志》爲根原，知東西學人均多取證此志矣。擇妃嬪選秀女之事，實見於歷代史傳。此志有云，熙宗皇統七年，遣使挾相士下兩河諸路，選民間室女，十三歲至二十歲得四千人。章宗泰和五年，詔大興府擇民間女子十三歲以上三百人，有姿色點慧者進入禁中。按相士之挾、人數之多，前史罕聞，此婦女史之絕好資料，實蹂躪人權之痛史也。近人王靜如《宴臺女真文進士題名碑初釋》云，開封府城東十五里宴臺河關王廟中有碑，非楷書，非八分，點畫波磔頗具古意，惟日月不變，文精於六書者，莫知爲何代人也。西華王怡謂筆法絕類《金天會中部毓郎君碑》，此亦金人書無疑。此碑定名署見王氏《金石萃編》及劉師陸《女直碑字考》，而碑文之譯釋，國內則僅有羅君美氏，曩所著之《宴臺金源國書碑考》，及《釋文》二首，斯碑譯釋之難可知矣。前歲余游英倫，獲見此碑全文，當時欲爲譯釋，未果。今返舊都，遇君美先生，暢談夏遼國書，兼及女真文字，先生力勸予著文論之。爰就近日所得爲此初釋云云。金源遺事，得此種石刻，當可獲益不少，更薪再有出土也。王又云，譯釋女真文字，應借助於滿語。見《史學集刊》第三期。此書行世各本，上方多無小字標目，而此有之，實與平江黃氏所藏元本《契丹國志》同，則此本可證爲從元刊傳錄。各家著錄有天一閣鈔本，有五硯樓鈔校本，有掃葉山房刻本，安得借而校之。每卷均有"季霖"二字白文章。按：翁澍字季霖，東洞庭山人，博學知名，家多藏書，能詩文，喜結納，所交率當世賢士大夫。與下堡金侃交最善，延至家塾，晨夕相對，商榷古今，著《具區志》一編。自謂經濟之學，有以補蔡、王二書之未逮云。見《吳門補乘》。

### 貞觀政要十卷明成化刊，王西莊舊藏。

前題唐衛尉少卿兼修國史修文館學士吳兢撰。元戈直集論。兢，浚儀人，累官太子左庶子，貶荆州司馬，歷洪、舒三州刺史，入爲恒王傅。天寶初，年八十卒。《唐書》有傳。兢淹貫經史，詔直史館脩國史。初與劉知幾撰《武后實錄》，叙張昌宗誘張説誣執魏元忠事。及説爲相，屢以情懇改，終不改。撰《貞觀政要》《樂府古題要解》。晁氏《讀書志》謂其悉漢魏以來古樂府詞，又於傳記及諸家文集中采樂府所記本義，釋解古題。唯清《四庫存目》則謂今書爲後來僞撰，非兢所作。所傳《樂府古題要解》二卷，疑兢原書久佚，好事者因《崇文總目》有《樂解題》，與吳兢所撰樂府頗同語，因捃摭郭茂倩《樂府詩集》所引者謂爲吳書。前有自序，次有吳氏序，略云，三代以後，享國之久，唯漢與唐。唐之可稱者三君而已，太宗文皇帝身兼創業、守成之事，納諫求治，其效至于米斗三錢，外戶不閉，故貞觀之盛，有非開元、元和之所可及，而太宗卓然爲唐三宗之冠。史臣兢類輯朝廷之設施、君臣之問對、忠賢之諍議，萃成十卷，曰《貞觀政要》，事覈辭質，讀者易曉。唐之子孫奉爲祖訓，聖世亦重其書。澄備位經筵時，嘗以是進講焉。庶士戈直考訂音釋，附以諸儒論說，又足開廣將來進講此書者之視聽，其所裨益豈少哉！前翰林學士資善大夫知制誥同脩國史吳澄題辭。次有郭氏序，略云，唐太宗以英武之資，克敵如拉朽，所向無前。天下甫定，魏鄭公排封德彝之繆，以仁義進，雖太宗未能允迪，其實有愧於脩齊。然四年之間，内安外暇，貞觀之治亦仁義之明效歟！史臣吳兢類爲《政要》，凡命令政教，詢謀之同，謇諤之異，所以植國體而裕民生者，赫赫若前日事。江右戈直集前賢之論以釋之，翰林草廬吳公叙其首，以屬於余。道廣陵，謀於憲使日新程公，即以學廩之羨鋟諸梓。至順四年，前中奉大夫江南諸道行御史臺侍御史奎章閣大學士郭思貞書。次有戈氏序，略云，是書傳寫謬誤，竊嘗會萃衆本參互考訂，而其義之難明、音之難通，字爲之釋，句爲之述，章之不當分者合之，不當合者分之。自唐以來，諸儒之論莫不采而輯之，間亦斷以己意，附於其後，然後此書之旨頗爲明白。雖於先儒窮理之學不敢妄議，然國家政治之方，未必無小補云。後學臨川戈直書。卷前有王西莊藏章。按：王鳴盛字鳳喈，號禮堂，嘉定人。乾隆十九年進士，殿試第二人及第，官光禄寺卿。與惠松崖交，深究群經古義，著《尚書後案》及《軍賦考》，皆發鄭君之說。嘗取杜少陵詩句，以西莊自號，學者稱西莊先生，後更號西沚。撰《十七史商榷》百卷，又有《蛾術編》百卷，蓋仿王深寧、顧亭林，而援據尤博贍云。見《湖海詩傳》《蒲褐山房詩話》，錢氏大昕所撰墓志銘。伯驥自收書以來，所見西莊藏章不尠。按：《遜志堂雜鈔》云，余好藏書，借鈔於盧抱經學士、王西莊光禄、吳槎客明經、楊列歐進士，

當時稱道,想必不虛。今日披覽前人書目,亦恒見王氏藏章,如
《太平寰宇記》二百卷,趙氏小山堂抄校本,卷一百五十末有王西
莊朱筆校記並印,卷一百八十八末有西莊記。見江蘇第一圖書舘
史部。《五代會要》三十卷舊抄本,舊爲紅豆齋惠氏藏書,後歸西
沚王光禄,復歸黃氏士禮居,竹汀錢氏嘗借自黃氏。見瞿氏《書
目》十二。又顧校影寫宋本《資治通鑑釋文》,有錢氏大昕跋云,自
胡景參之註行,而史氏《釋文》學者久束之高閣,近代藏書家鮮有
著録者,西莊光禄偶得之,詫爲枕中之秘,不肯示人。又《元和郡
縣志》四十卷,舊鈔本,王西莊手跋。見《傳書堂善本書目》四。
《春秋穀梁傳注疏》明刊本,有“王鳴盛”白文方印、“鳳喈”朱文方
印。見瑞安黃氏《蕘綏閣舊本書目初編》。是西莊固深嗜藏書者
也。其弟名鳴韶,號鶴溪子,生平喜鈔書,所收多善本。葉氏《藏
書記事詩》稱之而不及西莊,未免寶莛而遺楹矣。日本有足利棉紙大方
册《貞觀政要》,歙縣汪允宗德淵曾藏之,當可資校勘。

## 唐大詔令集一百三十卷

明寫本,謙牧堂舊藏。

宋宋敏求編。敏求字次道,趙州平棘人,參知政事綬之子,進
士及第,官至史館修撰,龍圖閣直學士。事蹟具《宋史》本傳。宋
初,綬家藏書過於秘省,《宋史新編》稱其家書三萬卷。《孫公談
圃》稱章獻明肅太后稱制,未有故實,於其家討論,盡得之。沈氏
《夢溪筆談》又述綬校書如掃塵,一面掃一面生,故有一書每三四
校,猶脱繆之言。敏求亦善於校勘,朱氏《曲洧舊聞》、葉氏《過庭
録》皆可證也。前有熙寧三年自序,此本爲其父綬原編,未次甲
乙,亡後,敏求重爲緒正釐十三類,總一百三十卷,目録三卷。此本
無目録,《四庫全書》所收本中,闕卷十四至二十八、八十七至九十

八,共二十三卷,此本闕卷正同。敏求嘗預修《唐書》,又私撰唐武宗以下實錄一百四十八卷,於唐代史事最爲諳悉。自序稱繕寫成編,會忤權解職,顧翰墨無所事,第取唐詔令目其集而弆藏之云云。蓋其以封還李定詞頭,由知制誥罷奉朝請時也。其書前世無刊本,輾轉鈔傳,訛誤頗甚,且有脫佚。清《四庫提要》謂唐有天下三百年,號令文章粲然明備。敏求父子復爲裒輯編類,使一代高文典册眉列掌示,頗足以資考據。其中不盡可解者,如裴度門下侍郎彰義軍節度使宣慰等使制,據《舊唐書》,其文乃令狐楚所草,制出後,度請改制內翦其類爲革其志,改更張琴瑟爲近輟樞衡,改煩我台席爲授以成算,憲宗從之。楚亦因此罷內職。是當時宣布者,即度奏改之辭。今此集所載,尚仍楚原文,不從改本,未詳何故。又《舊唐書》所載詔旨最多,今取以相較,其大半已入此集,而亦有遺落未載者。敏求博洽不應疏於蒐採,或即在散佚之中,亦未可定也。然唐朝實錄今既無存,其詔誥命令之得以考見者,實藉有是書,可稱典故之淵海云。潛研錢氏謂,此書《敬宗寶曆元年南郊赦文》有"亞獻嘉王運賜物一百匹"之語,知《唐書·十一宗諸子傳》及《德宗紀》俱書嘉王運薨於貞元十七年之訛。錢氏《養新錄》又謂,《唐大詔令》載元微之撰《嗣虢王潨太僕少卿制》、錢珝撰《宗正卿嗣鄭王遜大理卿制》,此兩嗣王之名,《宗室世系表》皆闕而不載,蓋唐中葉以後,宗室嗣王入仕之途益狹,譜牒散亡,史家無所徵信。伯驥又按:宋景文《筆記》云,文有屬對平側用事,供公家一時宣讀施行似健快,然不可施于史傳,惟拾對偶之文近高古者,乃可著于篇。大抵詔令宜近古,對偶宜今,以對偶之文入史,如粉黛飾壯士,笙匏佐鼙鼓,非所宜施。可知此集足爲新、舊《唐書》考證者,當不少也。南昌彭氏曰,昔人每譏《新唐書》諸志太略,猶幸《六典》《會要》《元和郡縣志》《唐律疏義》諸書尚存,《唐大詔令》與《文苑英華》所收亦可考見當時典章制度,補《新書》所未及,不徒以其文也,斯言允矣。卷前後有謙牧堂章,蓋出滿人揆叙家藏。藍格棉紙,鈔手樸雅,當是明代遺書。

## 歷代名臣奏議三百五十卷明永樂官刊本。

明永樂十四年奉勅編。黄氏《千頃堂書目》卷十三云,初,帝諭翰林院儒臣黄淮、楊士奇等,採古臣如張良對漢高、鄧禹對光武、諸葛亮對昭烈,及董、賈、劉向、谷永、陸贄奏疏之類,彙集以便觀覽。永樂十四年十二月書成,進覽,帝嘉之,命刊印,賜皇太子、皇太孫及諸大臣,即此本也。《千頃堂目》所列書名,於歷代之上冠以“成祖詔輯”四字,後來著録家則多簡稱。攷明魯鐸《文恪公集》卷十,有《賜百官名臣奏議贊》略云,明明我皇,萬邦之君。示我周行,古有謨訓。爰集奏議,率古名臣。由師尚父,至趙天麟。梨棗成書,凡若干卷。聿考前脩,相觀爲善。責難陳善,人臣之職。導之使言,其可緘默。開卷正襟,莫非我師。百官君子,庶幾勉之。可知當時對於此事,極爲隆重,故崇禎間,太倉張溥節録之本,其序首有“生長三十年,未嘗一見此書”之言,蓋刊成之後,僅印數百本,藏板禁中,故流行頗尠,至於今日,則更鳳毛麟角矣。原書分爲六十四門,曰君德、聖學、孝親、敬天、郊廟、治道、儲嗣、内治、宗室、經國、守成、都邑、封建、仁民、務農、田制、學校、風俗、禮樂、用人、求賢、知人、建官、選舉、攷課、去邪、賞罰、勤政、節儉、戒佚、慎欲、謹微、名器、求言、聽言、法令、慎刑、赦宥、兵制、宿衞、征伐、任將、馬政、荒政、水利、賦役、屯田、漕運、理財、崇儒、經籍、圖讖、國史、律算、謚號、襃贈、禮臣下、巡幸、外戚、寵倖、近習、封禪、災祥、營繕、弭盜、禦邊、外域。清《四庫目提要》謂其收羅大備,凡歷代典制沿革之由,政治得失之故,爲古今奏議之淵海,實可與《通鑑》、

“三通”互相攷正，非虚語也。半葉十二行，行二十六字。世行多見張氏節本，而此本絶少流傳，故藏書家矜重之。伯驥按：《丹鉛録》稱寧宗時，武學生華岳，池州人，上書極論韓侂胄之惡，並程松之納妾、倪儧售妹、蘇師旦獻妻。書奏，侂胄大怒，下之大理，貶建宣圜土中，死於獄。近觀《歷代名臣奏議》可謂詳矣，而岳不在其中，故表出之。又宋趙善括《應齋雜著》六卷著録。清四庫館臣稱，善括集中諸劄子，如論紛更之弊，糾賞罰之失，皆深中時弊，而永樂中修《歷代名臣奏議》，乃不載其一字，未明何故。見《四庫總目》一百六十。又宋時海陵周麟之有集名《海陵》，尤氏《遂初堂書目》、陳氏《書録解題》、馬氏《經籍考》、《宋史·藝文志》、徐氏《傳是樓書目》、清《四庫全書》皆著録之。麟以文章受知，洊歷通顯，故其集中制誥、樞奏居多，其間見《玉海》及《歷代名臣奏議》者，皆有目無文。近則海陵韓氏刻行其集，然則此三百五十卷之書，搜羅雖富，而遺漏亦多，其待後人之補闕者，當不尠焉。伯驥正從事乎此也。

### 鄭端簡公奏議十四卷　明寫本，葉雲素舊藏。

明鄭曉撰，門人項篤壽校梓。曉，海鹽人，字窒甫，一字淡泉，嘉靖進士，授職方主事。撰《九邊志》，於全國地形瞭如指掌。以事忤嚴嵩，貶官，復遷兵部右侍郎，總督漕運。倭寇撓漕運海道，曉連破倭寇於通州、如皋、海門等處，累官兵部尚書。時嚴嵩勢盛，惡曉，卒坐事落職。遺著有《禹貢圖說》《吾學編》《名臣記》《古言》《今言》等書，除《禹貢》一種外，吾家皆得本其自藏之書。伯驥亦屢見篋中有之所鈐之印，曰“大司寇章”、曰“淡泉”，皆筆畫粗厚，印面之圍亦不小。姜紹書《韻石齋筆談》上，列曉爲藏書家，想所儲必富。前清乾隆間，軍機處奏准抽燬書目，曉長於史事，所撰

《吾學編》，述明九朝事迹，畧仿正史，分記表述考，凡十四篇，當時頗稱其簡當。所載皆在嘉靖以前，尚無干礙，惟《四夷考》內《女直》一篇，有誣罔失實之處，應抽燬，蓋於建虜有所論述也。曉，《明史》有傳，端簡其謚也。此書卷一至十爲淮陽類，卷十一爲兵部類，十二至十四爲刑部類。曉之子墀項篤壽叙而梓之，蓋項之於端簡以女夫而兼門人，猶之黃榦之於朱子矣。文公之有李漢，朱子之有黃榦，皆甥舅，然見於文集者，皆稱門人不稱壻，蓋師生尤重也。《天一閣書目》止載曉《謝恩疏》一卷，清《四庫》祇著録《端簡文集》，而無十四卷之《奏疏》，或未見也。卷首有“葉印繼雯”四字章，當是漢陽葉氏藏本。繼雯，號雲素，乾隆庚戌進士，官刑科給事中。梁氏章鉅《師友記》卷六云，君在樞值，年資較深，博學雄文，一時無出其右。每當直務填委，輒絮談書畫，以此爲同輩所嫉。又篤信道家言，於道教南北二宗言之了了。嘗應同人觀劇之集，遇純陽真人登場，必拱立以俟其入，殊可笑也。又《揅經室四集》有葉氏《廬墓詩文卷序》云，乾隆歲庚戌，元與葉雲素相識於京師，先生學術深厚，至性過人，篤於實踐，執親之喪，疏食廬墓。嘉慶歲辛未，先生子東卿以尺牘詩文屬序之。卷二。按：東卿名志詵，以子名琛督粵來東，築長春館於花埭，研求神仙道術。名琛遇時事巨變，因受仙術影響，致貽辱家國。《晉書》記會稽王氏世事張氏五斗米道，羲之子凝之官會稽内史。孫恩攻會稽，凝之入净室祈禱，出，語諸將，謂已請大道出鬼兵相助，不必設備。卒爲孫害。葉氏事關大局，波動邦交，比王羲翅霄壤。但東卿平安館所刻書，如《狀元圖考》《梅花喜神譜》《瘞鶴銘考》《焦山鼎銘釋》、劉跂《泰山秦篆譜》《遂啓諆鼎銘考》等，均板刻紙墨甚精，復有《神農本草經贊》《御覽集》流傳於世。吾家藏《平安館雜鈔》十餘册，當是東卿筆記。東卿又有子名澧，亦窮經學古，《橋西雜記》《敦夙好齋詩集》，余嘗藏

焉。當時葉氏一家之學如此，余所撰《清代家學史》已詳之。阮氏
謂雲素學術深厚，梁氏則謂其博學雄文，然雲素著《讀禮雜記》《朱
子外紀》《欲林館詩集》等書，余尚未見。扶母柩南歸，舟裂，抱柩
長號哀動，河岸遇救而鬚髮爲白。則阮氏所云至性過人也。梁所
撰屬筆記類，故頗誹其好道。東卿嘗以仿鑄漢建安銅尺贈阮氏及
翁覃溪，生平頗嗜金石文字之學。其後光緒間，吳大澂亦攜古物至
關外軍中，聞敗績時，猶摩挲不已，惟東卿兼研仙道，以此貽謀尤害
事耳，人不可無識如此。

## 敬鄉録二十三卷結一廬藍格寫本。

元吳師道撰。師道字正傳，蘭谿人，至治登進士第，延祐間爲
國子博士，以禮部郎中致仕。著《易詩書雜説》《春秋胡傳附辨》
《戰國策校注》《敬鄉録》。《禮部集·前録自序》略云，師道曩侍
先大父傍，及見故時遺老談鄉里前輩事，頗竊聽一二，遺文殘稿，借
玩傳鈔，每樂而不厭。比年諸父淪喪，衣冠道消，出里門無與言儒
者，時時番閲故藏，則近因里中火後散佚已多，俛仰四十年，欲質其
事而無從。因念蘭溪縣漢隸會稽，後爲三河戍，唐咸淳始置縣，迄
宋季上下千數百年，其間豈無名世者？而郡志所載僅六人，且仙佛
之徒半之，則記載缺略可知已。南渡都杭，近在畿甸，文學之風，何
啻什百於前！碩儒才士、名卿賢相相望輩出，易世來未有紀者，若
其人名位論著顯然，固不可泯，不幸而不爲人所稱，今遂浸微，更數
十年，豈復有知之者哉！因此次得若干人，略識本末，閒采詩文附
焉，無則缺之，非徒尚詞藻也。因其言論風旨，而其學問志節，與夫
當時風俗人物亦可概見，而祠廟碑志，則又是邦故實之所存，如
《東峯亭記》《進士鄉飲題名》之屬，亦當在所考，并置於前，名之曰
《敬鄉録》焉。君子之學，上希聖人，生乎吾前者之所以階而至於

聖也,善往而弗存,歸求有餘,行遠自邇,況朱、呂之傳有在是者乎！
彼其閥視六合而狹小一鄉,凌厲千古而厭薄近代,則與重鄉土尊前
輩之意不類,非某所敢知也。《後録序》曰,宋紹興二十四年,婺通
守洪遵修《東陽志》,其紀當代人物,僅僅數人,蓋斷自渡江以前理
則宜然,而其所記有下及紹興者,又不盡用此例,則所遺固多。仙
釋之徒,與賢士大夫執愈,若滕章敏、宗忠簡輩,又皆出於其前,而
不見列,何也？最後《事類》一卷,凡稗官小説怪誣猥褻之事,涉於
婺者悉不棄,博則博矣,無乃詳於所不必録,而略於所當録者乎！
按吾婺昔隸會稽,後爲東陽郡,以至於今,千幾百年矣。晉魏以前,
如江治中、王徵士,非劉孝標之文則莫得而知,郡志亦失考,而賴是
以傳,然猶不得其名,信乎紀載之不可闕也。況自宋中葉以來,材
賢繼出,其顯於靖康、炎、紹之際者,皆生於嘉祐以後,涵濡之深,風
氣之開,豈苟然哉！忠義功名,宗公當爲第一,下逮乾道、淳熙,呂
太史道德文章鄒魯一方,師表百代,視前世又遠過焉。於是名卿、
賢相、大魁、碩儒、名人、偉士肩摩踵接,蓋不可勝數。而其季年,北
山何公、魯齋王公,則又紹紫陽之的傳,至今私淑者獨不失其正,亦
盛矣哉！夫其名爵在史編,論著在天下,章章傳頌之,決不遂泯没,
無俟纂集可也。特沉微不著者,遺文逸事,稱道殆絶,或地望舛錯,
文亦失真,逝者有知,豈無憾於冥冥耶！愚不自量,既集録蘭溪諸
賢,因及一郡,兹事體重而聞見單寡,不能盡知,故所録僅止此,方
且與同志博考而具載之,非敢有所舍取也。然初意主於表微而并
及顯者,其或人文俱顯,録所弗及者,亦不無微意焉。伯驥按:此書
所記人物,自梁迄宋末,每人先次其行略,而附録其所著詩文,亦有
止著其目者。清《四庫提要》謂所編輯宋人小傳,猶在《宋史》未成
以前,故記載多有異同。又謂,元好問《中州集》以詩存史,爲世所
重。師道此書,殆與相埒。以其因人物以存文章,非因文章以存人

物，與好問體例略殊，故隸之於傳記類云。惟按《吳禮部集》附錄張樞撰墓表、杜本撰墓銘、宋濂撰碑，皆云二十三卷，今《四庫》中止十四卷。又《吳禮部集》卷十五，有《敬鄉前錄》《敬鄉後錄》二序，是原書分前後二錄，而庫本與之有異。明章楓山作《蘭谿縣志序》，即稱此書亡逸不存。屬樊榭謂，《吳禮部詩話》邗江馬半槎得元刊本，方與予同輯《宋詩紀事》，獲覩南宋諸賢逸唱，獨《敬鄉錄》無從訪求。陸氏皕宋樓據文瀾閣本傳鈔，丁氏八千卷樓據鳴野山房鈔本，均訛舛甚多，校讎不易。吳興張鈞衡《適園叢書》以《駢體文鈔》校駱賓王文，《唐文粹》校馮宿文，《宋文鑑》校俞紫芝文，《中州集》校滕茂實文，又以《宋元學案》《宋詩紀事》《姑蘇志》《陳龍川集》互相參校，自稱十得其七。胡氏宗懋又據各家原集互校，紕繆仍多，因成《考異》一卷，又作《辨疑》一篇，亦讀是書者所應取資也。此書歸安陸氏刻之《十萬卷樓叢書》中，此爲仁和朱氏藍格精寫，蓋出舊本。繆氏《藝風堂藏書記續》云，朱澂字子清，江蘇候補道，仁和人，太常寺卿脩伯先生長子也。脩丈官京師時，正值庚申之變，舊刻名鈔散落廠肆，不惜重值所得獨多。子清家學涵濡，嗜古尤篤。《結一廬書目》高出尋常收藏家萬萬。己丑相遇滬瀆，子清曾言，續有所得，出此目者幾及一倍。近代書目自以怡裕齋爲佳，宜仿爲之，並有代編書目之約。別去未久，子清即歸道山，書亦盡歸張幼樵前輩。辛亥，張氏書籍流出東洋。蓋朱氏固兩世藏書者也。脩伯名學勤，有《結一廬遺文》。

## 伊洛淵源録十四卷續録六卷 明刊本。

《伊洛淵源録》，宋朱熹撰。《續録》，明謝鐸撰。鐸字鳴治，浙江太平人，天順進士，官至禮部右侍郎，管祭酒事，卒，諡文肅。有《赤城論諫録》《赤城新志》《桃溪净稿》及此書。前有成化癸巳浙江等處承宣布政使司左布政孝感張瓚重刊序。次至正癸未黃清老序,略云,大參趙郡蘇公志在斯文,藏此本唯謹,既而嘆曰,詞章之盛,性命之衰也,盍廣吾傳乎!時湖北道貳憲仲溫公見之曰,是録天命在焉,人不可以不聞道,豈獨學者哉!乃以公帑鋟於鄂宮。次至正癸未蘇天爵序,略云,《伊洛淵源録》者,新安子朱子之所輯也。朱子既輯《八朝名臣言行録》,復輯周、程、張、邵遺事以爲是書,則汴宋一代人材備矣。天爵藏是書有年,及來鄂省,謀於憲府諸公刊置郡學,與多士共傳焉。我世祖皇帝既定天下,惇崇文化,首徵覃懷許文正公爲之輔相。文正之學,尊明孔孟之遺經,以及伊洛諸儒之訓傳,故當時學術之正,人材之多,而文正之有功於聖世蓋不可及。夫伊洛之書,固家傳而人有之,然學之者欲以見諸實用,非徒誦習其文,以爲決科之計而已。《續録》前有成化庚子黃巖謝鐸序,略云,晦庵先生既没,其遺言緒論散見六經、四子者,固已家傳而人誦矣。獨其授受源委與夫出處履歷之詳,窮鄉下邑之士,或有所未究。鐸僭不自量,於是竊取先生之意,具録勉齋所撰《行狀》,與其師友之間凡有預於斯道者,定爲《續録》六卷,以見先生繼往開來之功,於是爲大。半葉十行,行二十字。伯驥按:遠西諸邦有學史,朱子之書,實爲吾國學史之先導。明馮從吾之《元儒考略》、劉元卿之《諸儒學案》,則承其流風而興起者也。周氏汝登之《聖學宗傳》、孫氏鍾元之《理學宗傳》,又與黃梨洲《明儒學案》並有名,然而梨洲宏博矣。梨洲又有《二程學案》二卷。吾家藏舊寫本,先君子遺書也。

## 唐才子傳十卷　陳仲魚手校,三間草堂本。

元辛文房撰。文房字良史,西域人,能詩。王氏《居易録》云,元代文章極盛,色目人著名者尤多,如馬祖常、趙世延、孛述魯翀、康里巙巙、貫雲石、辛文房、薩都剌輩是也。顧氏《元詩選》、錢氏《補元史藝文志》、陳氏《元人華化考》專述此事，應檢尋之。此書前人頗尟著録，鄒氏《午風堂集》卷七云，《楊東里集》載《唐才子傳》，總二百九十七人，皆有名當時，其見於《唐書》者百人。《池北偶談》惜其書之無傳，《永樂大典》載此書，尚存二百七十八人，輯成八卷，視計有功《唐詩紀事》較見詳備，傳後論斷亦往往切中利病，余録得一本藏之。清《四庫》著録本即源於此，所謂采撼繁富，不無少舛者也。庫本析爲八卷，《指海》本則十卷，日本《佚存叢書》活字本與此本亦十卷。前有自序曰，魏文帝著論，稱文章經國之大業，不朽之盛事，年壽有時而盡，未若文章之無窮。唐興尚文，衣冠兼化，無慮不可勝計，擅美於詩，當復千家。歲月苒苒，遷逝淪落，亦且多矣。況乃浮沉畏途，黽勉卑官，存没相半，不亦難乎！崇事奕葉，苦思積年，心神游穹厚之倪，耳目及晏曠之際，幸成著述，更或凋零，兵火相仍，名遝於此，談何容易哉！夫詩所以動天地感鬼神，厚人倫移風俗也，發乎其情，止乎禮義，非苟尚辭而已。遡尋其來，國風、雅、頌開其端，《離騷》《招魂》放厥辭。蘇、李之高妙，足以定律。建安之遒壯，粲爾成家。爛熳之江左，濫觴於齊梁。皆襲祖沿流，坦然明白。鏗鏘愧金石，炳焕却丹青。理窮必通，因時爲變。勿訝於枳橘，非土所宜；誰別於渭涇，投膠自定。蓋係乎得失之運也。唐幾三百年，鼎鐘挾雅道，中間大體三變，故章句有心焦之人，聲律至穿楊之妙，於法而能備，於言無所假。及其逸度高標餘波遺韻，臨高能賦閑暇微吟。舊格近體、古風樂府之類，芳沃之忌，猶金碧助彩，宮商自協，端足以仰緒先塵，俯謝來世。清廟之瑟，薰風之琴，未或簡其沈鬱，兩晋風流，不相下於秋毫也。余遐想高情，身服斯道，窮其梗概行藏，散見錯出，使覽於述作，尚音昧容，洽彼姓名，未辨機軸，當切病之。頃以端居多暇，害事都損，游目簡編，宅心史集，或求詳累帙，因備先傳，撰擬成篇，班班有據，以悉全時之盛，用成一家之言。各冠以時，定爲先後，遠陪公議，誰得而誣也。如方外高格，逃名散人，上漢仙侶，幽閨綺思，雖多微恐有誤考實，故別總論之。天下英奇，所見略似，人心相去，苦亦不多。至若觸事興懷，隨附篇末。異方之士，弱冠斐然，狃於見聞，豈所能盡，敢倡斯盟，尚賴同志相與廣焉。庶乎作九京於長夢，詠一代之清風，後來奮飛可畏，相激百世之下，猶期賞音也。傳成凡二百七十八篇，因而附錄不泯者，又一百二十家，釐爲十卷，名以《唐才子傳》云。元大德甲辰春引。此爲嘉慶乙丑三間草堂校刊，陳氏加以校正，朱筆精寫，近人嘗錄其校語，活字印之，此則原本也。卷末有陳氏朱筆跋語，前有陳氏圖象章，有白文章，云“得此書費辛苦，後之人其鑒我”，末有“海寧陳氏向山閣圖書”一章。

## 關王事迹五卷玉泉志三卷舊刊本。

元巴郡胡琦撰。關王謂漢關羽，考宋大觀二年加封羽爲武安王，宣和五年加封爲義勇武安王，建炎二年加封爲壯繆義勇王，元文宗天曆元年加封爲顯靈義勇武安英濟王，至三界伏魔大帝神威遠鎮天尊關聖帝君字樣，則明萬曆四十二年始封。作者爲元人，故題關王也。見《燕在閣新知錄》《春明夢餘錄》。前有至大元年琦自序云，予初讀《三國志》，至《漢壽亭侯關壯繆傳》，未嘗不釋卷而歎，想見其爲人，而哀其志之不伸也。後在當陽，訪求其所謂章鄉，章鄉者，侯死所也，每過之，尚凜凜如生，未嘗不徘徊瞻顧，慨然感動，而嘉其大節之不可奪也。嘗謂漢自中平以後，天下大亂，曹操遷天子於許都，孫權擅土地於江表，二人用心可知矣。是時群材並出，從而附之者，莫非漢臣。漢危不扶，而佐魏、吳傾覆之人，迹其所爲，遺臭於天下。孰若雲長大勇憤發，心不忘義，事漢昭烈，誓同生死。守荆州九年，賊畏之如虎。討樊之舉，鼓忠勇之氣，破奸雄之胆，可不謂壯哉！惜乎事機垂成，禍生於所忽，乃守其志始終不回，卓然爲漢忠臣，獨見稱於後世。廟食玉泉，至今不絶，四方祈謁，靈應如響，不亦盛乎！及考其事迹本末，具存《國志》，所不載者散在衆籍，文字交錯，難用檢尋，覽之者不無病焉。而世俗所傳，道聽塗説，鄙俚怪誕，予竊笑之，故嘗有刊正之志，而未能也。舊令尹孫君吉甫，燕山之彦也，好古而文，大德丙午之春，過予漳濱，因問三國所以興亡，又問雲長成敗之由，及玉泉靈顯之迹，予一一據實以對。吉甫喜甚，且曰，先生盍裒爲一家之書？予應之曰，此僕本心也，不敢以愚淺辭。於是退而具草，以本傳爲主，旁搜前史，互閲故書，校其同異差次而推衍之，編爲實録，其文則因於舊，其事則詳於前。遂乃因而論之，以備遺忘。又輒用己意，稽古驗今，列爲八圖。有《神像圖》，有《世系圖》，有《年譜》，有《司馬印圖》，有《亭侯印圖》，有《大王塚圖》，有《顯烈廟圖》，有《追封爵號圖》。又廣覽載記，採事撮實，析作四門，曰靈異，曰制命，曰碑記，曰題詠。積年而後成立，名曰《關王事迹》，凡五卷，别爲《玉泉志》三卷，以附其後。雖不足傳之將來，且欲抄之山房，以成吉甫之美意焉。卷第一、二實録、論説，卷第三圖，卷第四靈異、制命，卷第五碑記、題詠。卷一第六葉小註有云，《雲長辭曹書》，予得其本於荆門故人家，其文義不似漢時文字，蓋後人擬而作之也，兹不録，蓋撰者固頗矜慎矣。半葉八行，行十六字。此書之後，明有吳瀋、呂枏、薛三省、戴光啓諸人，皆於關氏事實有所述作，戴氏之《關帝紀》定本，則清《四庫》著録之。清初孫苪有《關帝文獻會要》八卷，海鹽崔應榴又著《關帝事蹟徵信録》，大抵清人之尊崇關氏，蓋受朝廷影響也。前明李贄著《疑耀》，有《關侯諡辨》一則，畧云，漢關侯之諡壯繆也，陳壽以諡法名與實爽，曰繆，傳之謂侯剛而自用，庶以取

敗也,千載而下,卒無一人出半語爲侯表暴者。余竊寃之。壽曰樊
鄧之敗,侯實自取,荆州一失,蜀之大事去矣。以繆爲謬固宜,不知
穆、繆古文通。余友人謝少連者,譔《季漢書》,輒復因沿壽説,故
詳辨之以貽少連。卷七。清姚範著《援鶉堂筆記》亦謂繆與穆同,
而近日有言壯繆非美謚者,其説似非。三十一。但清殿本二十四史
《三國志·蜀志》卷八,關傳末有乾隆四十一年諭旨云,關帝在當
時力扶炎漢,志節凛然,乃史臣所謚並非嘉名。陳壽於蜀漢有嫌,
所撰《三國志》多有私見,遂不爲論定。從前世祖章皇帝曾降諭封
忠義神武大帝,然正史猶存舊謚,非所以傳示萬世也。今當鈔録
《四庫全書》,不可相沿陋習,所有志内,關帝之謚應改爲忠義。第
本傳相沿已久,民間所行必廣,難於更易,着交武英殿,將此旨載刊
卷末,其官板及内府陳設書籍,並着改刊。此旨一體增入殿本《蜀
志》,有"追謚羽爲忠義侯"七字,當亦清帝之意。特述此諭,以著
纂輯庫書之謬。又道光四年,劉逢禄官禮部時,越南貢使陳請爲其
國王母請人葠,得旨賞給,而諭旨有"外夷貢道"之語,其使欲請改
爲"外藩"。逢禄草牒覆之曰,夷從大弓,考東方大人之國夷俗仁,
仁者壽,故有東方不死之國,是以孔子欲居之。且乾隆間奉上諭申
勅四庫館不得改書籍中夷字作彝、裔,我朝六合一家,盡去漢唐以
來拘忌嫌疑之陋,使者毋得以爲疑。伯驥按:上節之妄加、妄改,實
出宸衷,彝、裔代夷,則是舘臣以建虜之嫌,一切夷字皆欲滅迹改
題,圖媚聖意矣。《曾文正家訓》云,《關帝覺世經》五百張,須公車回南,乃可付
歸,《陰隲文感應篇》亦然。蓋前清士大夫每以杜撰之《文昌關帝經訓》爲日常自脩功
課,謂信能行此,則科名禄命均可有神。文昌教之名目,已見《洪北江集》中。章實齋作
《太上感應篇書後》,惠氏棟作此書注,尤爲可傳。朱石君身爲大臣,亦每於文字及實事
間發闡《文昌關帝》理論。此時之關氏,居然夫子,亦儼然明神矣。曾氏之言,何足爲
異,大抵風氣漸成,謹飭者容易附和,率爾者更容易盲從,所謂陽翟之民,不知瘦之爲醜
也。近者印度詩哲泰戈爾來游吾華,赴北平某校演講,嗤吾人以歐學爲偶象。余頗同

情泰氏，以謂新方舊病，其間不少機宜，歐學固應急求，但適市須不令欺，審勢貴知其大耳。《太上感應篇》爲道家古籍佳書，與《覺世經》同視，失於審矣。

## 鄂國金佗粹編二十八卷

### 續編三十卷 元刊本，清成哲親王舊藏。

宋岳珂撰。前題“孫奉議郎權發遣嘉興軍府兼管内勸農事岳珂”十九字。珂字肅之，號倦翁，一號亦齋，忠武王之孫，敷文閣待制霖之子，官管内勸農使，知嘉興府，權户部侍郎，淮東總領兼制置使，通城縣開國男，封鄴侯。所著有《金佗粹編》及《續編》《籲天辨誣録》《桯史》《愧郯録》，注解《小戴記》，又著《刊正九經三傳沿革例》，唯所刻古注五經流傳至廣，明有翻刻本，清武英殿又有翻刻附考證焉。乾隆四十八年《御製五經萃室記》署云，岳珂所刻之五經爲何，蓋自乾隆甲子時薈宋元明三代舊板藏之昭仁殿，名曰天禄琳琅，其時即有岳氏所刻之《春秋》，未詳其所由來，亦不過與别部一例，載之天禄琳琅而已。前後得岳氏《易》《詩》《書》《禮記》四種，而獨闕《春秋》，因思天禄琳琅或有其書，命細檢之，則岳氏所刻之《春秋》固在，其板之延袤分寸，無不脗合，而每卷之後，每有本刻亞形“相臺岳氏刻梓荆溪家塾”印，大小篆、隸文、楷書不等，且每葉之末旁刻篇識，如《易》之《乾》《坤》卦，《書》之《堯》《舜》典之類，其用心精而紀類審，即宋板之最佳者，亦不多見也。茲撤出昭仁殿之《春秋》，以還岳氏五經之舊，仍即殿後廡所謂慎檢德室者，分一楹名之曰《五經萃室》。按：前清如江南、貴陽、廣州、成都均嘗翻刻岳氏五經。此書前有陳氏序云，宋高宗承祖宗之緒，雖間關播越，退保江南，然與漢光武不階尺土者異矣。而靖康之敵，又非新室赤眉之比。南渡將相，肺腑爪牙之臣，亦非若曩時馮異仗劍而崛起者。加以重熙累洽之漸摩浸漬，淪膚浹髓，垂二百年，一旦兩宮蒙塵，宗社爲墟，中原父老日夜欷歔思宋，不減三輔。然光武弟兄徒步南陽，左祖一呼，盡復高皇帝舊物，其故何哉？蓋光武知人明見萬里，高宗舉國聽於權臣。故回溪之敗，馮異之罪小；朱仙鎮之捷，岳飛之功大。光武不以一挫之失忘遠圖，故卒以再造之功興漢室。高宗不能因戰之鋒用岳飛，而徇主和之失任秦檜，故以恢復自任者適足以媒忌嫉之口，以忠貞許國者卒無以逃鍛鍊之禍。夫所貴乎中興之主者，不以其能雪父兄之恥，光祖考之烈乎？今舉垂成之業而棄之，使馮異君臣專美於千載，岳飛父子唧寃於地下。此孝子忠臣所以讀《金佗粹編》者，未嘗不爲高宗惜也。飛父子歿餘二十年，孝宗受禪，其孫珂實始以《籲天辨誣錄》詣闕訴上，由是詔賜墳廟，復爵位，頒封諡，禄遺孤。時高宗爲太上皇，猶及見之。吾意其北望舊京，必恨不誅秦檜以謝天下。嗚呼，已無及矣。編總若干卷，今浙行中書平章政事兼同知行樞密院事吳陵張公，命斷事官經歷吳郡朱元佑重刻。且曰西湖書院，岳氏故第也，宜序而藏諸。至正二十三年三月甲子，左右司郎中臨海陳基序。後有戴洙序，略云，此書舊有嘉禾刻本，歲久脱壞。至正間，朱元祐求得其本，參互考訂，重刻于西湖書院，較舊刻爲詳，即是本也。中有闕文，一仍其舊，蓋無從補輯。珂居在嘉興金佗坊，故以名書。伯驥按：前清朱氏《曹侍郎倦圃圖記》云，倦圃距嘉興府治西南一里，宋管内勸農使岳珂嘗留此著書，所謂金佗坊是已，地故有廢園，户部侍郎曹先生潔躬治之，以爲別業。曹名溶，潔躬其字也。《粹編》成于嘉定戊寅，凡《高宗宸翰》三卷，《鄂王行實編年録》六卷，《鄂王家集》十卷，《籲天辨誣》五卷，《天定録》三卷。《續編》成於紹定戊子，凡《宋高宗宸翰摭遺》一卷，《絲綸傳信録》十一卷，《天定別録》四卷，《百氏昭忠録》十四卷，缺葉存空紙在内，印本尚早，某家書目謂爲宋板，並云《文集》十卷俱全，是最足之本，不知《家集》編入初編，非附録之書也。編者似欠分曉，當是序跋脱去，以爲宋槧耳。半葉九行，行十七字。清《四庫》本於此書所云兀尤，改爲烏珠，虜改爲敵，此其顯著者，餘尚未細校，故讀此書，應得舊本。清世有刻本，予嘗見及，所據何本未詳，卷末有"詒晋齋章"，當爲前清成哲親王藏本。親王名永瑆，高宗第十一子，有《詒晋齋集》，集中有詩目云，家有書積漸多矣，以經史子集次其目，題以長句。又，李林松《易園集》卷六云，錢坤一先生載，手鈔元蘇宏道書延祐甲寅科江西鄉試第二場《石鼓賦》，李丙奎、徐汝士、王與玉、陳祖義、李路、羅曾、吳舜凱及宏道凡八篇爲一册，先生亦題一章。翁覃谿、錢竹汀、姚姬傳、程魚門諸先生並有作，成邸《跋》考據尤詳，於此可見其媚古好書矣。

## 紹興十八年同年小録不分卷

景宋本，傅節子舊藏。

《宋志》載，樂史《登科記》三十卷，又二卷，起建隆至宣和四年。崔氏《登科記》一卷，不知作者。洪适《宋登科記》二十一卷。《書録解題》載，李椿《中興登科小録》三卷，今俱佚。惟寶祐四年榜尚存，以文文山、陸君實、謝疊山三公之故，而是榜則以朱文公名在五甲第九十之故。前載紹興十七年手詔，及次年策問，次載執事各官姓名，又次載進士姓名、字號、出生年月日、三代鄉貫，凡一甲十八人，二甲十九人，三甲三十七人，四甲一百二十二人，五甲一百四十二人，特奏一人。清《四庫提要》稱，執事官姓名後尚有進士榜名，又有附録，記董德三十二人之事，及狀元王佐等三人對策之語，蓋後來附益之，本非其舊矣。洪武四年，爲明代第一次開科，有《進士登科録》一卷，所録如制策執事官、恩榮次第、諸進士一甲、二甲、三甲俱詳，其籍貫、年歲、所治何經，次詳其三代、母妻、鄉會、名第及所授官職於名下。《藝海珠塵》有刻本。前人有《紹興録跋語》云，《述古堂目》不題刊本或鈔本，黃蕘圃謂其非宋本可知。近聞張東畲藏明弘治本，而張之跋語則云宋刻，需直二十四兩，惜價太昂，難以求易。可知此書宋本，甚不易見。三數百年來，惟邵青門言有宋刻本，藏武林朱氏，蓋奉考亭爲始祖者。《天祿目》亦有宋本，青門非板本當家，而天祿所藏亦未必真確，然則此景宋抄本，亦可貴矣。《范氏天一閣目·史部》第六十一葉云，宋紹興十八年，晦庵朱先生登狀元王佐榜，第五甲第九十人。《同年録》後有弘治莆中鄭紀識語，稱紹興在宋南渡之初，於今三百有餘年矣，其中科甲之録，不知有幾，而是本獨存於世，狀元不知若而人，而王佐獨見稱於今，殆必有故矣，科甲果足恃耶！茲以欽差巡視學校，侍御王君明仲將梓，以示南畿士子，故著之，有志科目者，尚勉圖之。此即前跋所云之明本也。伯驥按：《三國·魏志》，司馬朗年十二，試經爲童子郎。監試者以其身壯大，疑朗匿年。朗謂捐年以求速成，非志所爲。故後世應舉多注年貌，而漢、晉間，同時薦舉者，謂之同歲。《後漢書·李固傳》有同歲生得罪於冀。《風俗通》云，南陽五世公爲廣漢太守，與司徒長史段遼叔同歲。《晉書·陶侃傳》，侃與陳侃同郡又同歲舉吏。至唐謂之同年，唐憲宗謂李絳曰，人於同年固有情乎？即其證也。李氏《養一齋集》云，宋元《登科録》藉是可知當時科場制度、試人履歷之式，寶祐之制已不如紹興之詳。元統更不著編排、點檢、詳定、參詳等官，而履歷則俱著其字，宋元之典略可覩矣。見卷七。若夫會試題名録，宋人謂之小録，見《靖康湘素雜記》卷九。王氏箓友《蛾術篇》卷下曾述之。伯驥又按：録中所謂特奏者，攷《宋史》載，開寶二年三月壬寅，詔禮部閱貢士十年舉以上曾終場者，具名以聞，特恩各賜本科出身。此特奏之名所由始，而《獨醒雜志》載董德元《登第詩》云"故鄉若問登科事，便是當時老榜官"。老榜，蓋即特奏，可以考見當日故事，而其中所載小名某某，又足徵一時風俗，殊可珍也。此

爲大興傅氏以禮舊藏，末有傅氏識語，稱此書乃景鈔宋槧之最佳
者，己巳秋日，從三山陳氏買得。季川道兄喜儲書，與余有同嗜，時
將應京兆試去閩，爰檢是書以贈其行，不僅爲插架之助，且寓一舉
登科之頌云。以禮字節子，大興人，官於閩，博極群書，有《華延年
室題跋》，曾以莊氏史案事實，備錄同時人筆記，以具原委，共二
卷，藝風堂有抄本。節子又號節庵，見周氏所跋史案中。節子喜刻
書，吾家有《傅忠肅集》，即其刻本。

## 御製紀非錄一卷<small>明寫本，潘氏淵古樓舊藏。</small>

　明太祖御撰。前有《御製序》云，朕觀曩古之列土者，其數該
萬，自黃帝至於堯、舜、禹、湯、周，其諸國在堯、舜時尚全，自禹後漸
削，至周存者甚寡，爲何？爲上乖天意，阻君爲奉天勤民之道，茫然
無知，奢侈無度，淫佚無厭，以致神人共怒，身亡國除，至秦盡滅之
矣。惟漢、隋、唐、宋南北諸國以子孫列土異同，占制損益，授之以
福，然其諸受封之子，放肆不才，殺身亡國，具載史册，善者能幾人
哉！今朕諸子列土九州之内，朕願藩屏家邦，磐固社稷，子子孫孫，
同始終於天命，何期周、齊、潭、魯擅敢如此非爲！此數子將後必至
身亡國除，孝無施於我，使吾垂老之年，皇皇於宵晝，驚懼不已，爲
何？噫，軍功者皆英俊也，撫有餘則可宣有辱之用爲羽翼乎？急之
必變民，天命也。有德者天與之、民從之，無德者天去之、民離之。
今周、齊、潭、魯將所封軍民一槩凌辱，天將取而不與乎！是子等恐
異日有累家邦，爲此册書前去朝暮熟讀，以革前非，早回天意，庶幾
可免，汝其敬乎！洪武二十年春二月十有六日序。原序文頗有訛
誤，無從校正，錄中叙歷代藩王爲惡，叛逆自殺十二人，叛逆被誅者
十六人，專權亂政被誅者二人，謀叛貶死者一人，殺人幽死者一人，
廢爲庶人除去原封國土因循絶滅者九人，貶爵削地者十二人，罪惡

昭著宥罪復國者十三人。伯驥按：明洪武六年，輯成《宗藩昭鑒錄》十一卷，初命禮部尚書陶凱、主事張籌等采録漢唐以來藩王善惡以爲鑒戒，後凱因事編輯未成，于是詔秦王傅文原吉等續修之。《明史》作五卷，而《浙江采進遺書總録》則十一卷，寫本也。又，潞王常芳撰《古今宗藩懿行考》十卷，蓋皆取法戒之義。今此録又歷指當時諸王罪惡，有嫌本處女子脚大，差人於蘇杭收買女子者，當時風氣蓋極重小足歟！劉辰《國朝事蹟》云，太祖選用宫人，訪知熊宣使有妹年少。員外郎張來碩諫曰，熊氏已許參議楊希聖，若取之，於理未當。太祖曰，諫君不當如是。令壯士以刀碎其肉。讀明人傳記此類甚多，草偃風從，又何足怪耶！有擅將山東府州縣學生員揀選在府使唤者，可見當時頗重士人流品矣。其餘過失，諸王各自不同，皆分列之，明藩罪惡可謂不一而足。書爲前清潘元祉藏，有“潘叔潤圖書記”、“古吳潘元祉叔潤氏攷藏印記”、“潘氏淵古樓藏書紀”各章。此書各家藏書目少見著録，惟《讀書敏求記》有之，考明事者，能勿珍之乎！叔潤爲吳縣文勤公族子，藏書至富，買書時恒見其圖記也。

### 通鑑類纂五十四卷寫本，王惕甫舊藏。

清芮琪撰。此爲長洲王氏藏本。卷首有惕甫識語云，往年主講真州，歲暮歸休，書估小高以此書求售。余家無《資治通鑑》，因以銀十六兩得之。其時張古餘敦仁方在吳門，一日遇余見之，謂此書尚苦疏漏，子何不再與增補，自成一書，即藉是爲稿本，亦已得一半之功。余亦有意，其言侵尋十餘年，迄未下筆，而書爲蟲耗，手自裝綴，識之於此。惕甫嘉慶壬申三月二日，漚波舫燭下。次有臧氏序，略云，吾友芮子玉，其自幼穎悟，讀書稽古，具經濟才。其爲文千言立就，學識超人一籌，每膾炙人口。雖艱於遇，屯於棘闈，而文章聲價，自有真也。跡其心，知篤好者，唯史爲甚。凡聖帝、明王及

賢宰輔與名公卿大夫事蹟所垂，輒探索不忍釋手。但其中紀載紛
紜，參錯不一，最難入目，非取而條貫之，無以綜核其名實，況乎君
臣縱恣，奸邪僨事，以至氣化盛衰，人事得失，足以垂戒後世者，尤
當一一星列而詳晰之。芮子因《類纂》一編，爲之權其輕重，摘其
大要，分其品類，合其源委。庚午嘉平擬刊布其集，誌之永久，郵寄
披閱。庚午陽月年家眷弟臧錫眉介子撰。惕甫記曰，按庚午爲康
熙二十九年，乾隆十五年始有“年家眷弟”之稱，殆是乾隆中人爾。
《漚波舫記》又有惕甫識語云，按此書之原序似業已刻行，然未見
諸家稱述，或甫欲刻之而未成，或已刻而不行於世，皆未可知。就
溫公《通鑑》分類編輯者，已有宋袁樞之《通鑑紀事本末》一書，於
事蹟極爲該貫。今亦無事重儓，然用《通鑑》原文依類分排，却是
前賢展齒所未到，唯此中分目尚少，不足以賅舉《通鑑》之全。又
溫公本意專爲君臣行事標治術理亂之源，其他事迹亦可從略，苟藉
是爲篳路藍縷之資，而補其闕遺，正其疏舛，其諸儒議論亦勿專主
南宋，未嘗不可於《紀事本末》之外，自立一家。計寒士爲之，一手
經理，非十餘年不得，即公卿之家，力能致賓客，分手纂録，亦自須
四五年工夫。僕老矣，頭顱如許，不能復爲，當傳付後來。異日果
有成此志者，愼勿去芮君名氏。當明著所由，存其草創之役，其終
身不獲一第，仰屋梁於荒江寂寞之中，僅留此稿，意自有足悲者也。
嘉慶壬申禊日，幼子嘉禄檢理家中藏帙及此，輒與識之。楞伽山人
書於漚波舫，時年五十八。自序題庚午吉旦，苕溪芮琪玉其甫撰。
玉其，當是芮號也。第一卷賢君類一開創，第二卷賢君類二守成，
第三卷賢君類三中興，第四卷賢君類四春秋、戰國、三國、晋、五胡
南北朝、隋、五代，第五卷賢相類一，第六卷賢相類二，第七卷暴君
類，第八卷奸相類，第九卷名將類，第十卷翰林類，第十一卷諫議
類，第十二卷后妃類，第十三卷太子類，第十四卷外戚類，第十五卷

宦官類,第十六卷賢奸類,十七循良類,十八節義類,十九道學,二十使臣,二十一隱逸,二十二篡逆,二十三夷狄,二十四義門,二十五賢父母,二十六孝子孝女,二十七建都,二十八郊祀,二十九封禪,三十封建,三十一民數,三十二刑名,三十三財賦,三十四錢法,三十五禮樂,三十六曆法,三十七學校、選舉,三十八銓衡,三十九信史,四十黨錮,四十一兵刑,四十二屯田,四十三邊防,四十四藩鎮,四十五水溢,四十六旱乾,四十七災異,四十八祥瑞,四十九釋教,五十道教,五十一神仙,五十二公子,五十三游説,五十四盜賊。《敬孚類稿》卷四謂,徐俟齋有《通鑑類聚》一百卷,未審即用《通鑑》原文,依類分排,如玉其此書否,當再訪之。惕甫名芑孫,字念豐,惕甫其自號也,長洲人。乾隆五十三年,召試舉人,候補國子監博士,有《淵雅堂集》。秦氏瀛稱惕甫以詩聞於時,遇公卿若平交,人以是病惕甫狂,吾謂惕甫狷耳。輦下人士以萬數,其遊於公卿者,大都借援聲勢,務爲關説。惕甫介然無所苟,舘穀之外不名一錢,嘗欲買田築室於其鄉之楞枷山,又號楞枷山人云。見《湖海詩傳》及秦氏所作墓志。吾家嘗收新刻本《通鑑類纂》三十九册,題長白馬佳松椿峻峯甫纂。吾以此種書無關宏旨,擱之架上,正在萬花環繞蜂蝶沈酣中,未暇與芮氏稿本勘對,以知其如何,嗣刻本爲友假讀久而不歸,亦遂置之矣。

## 南詔野史一卷 寫本,前人手校,曾剛甫舊藏。

　　前題昆明倪輅集。此書有明成都楊慎校刻本,此或從之録出。按:前清大理府文殊寺僧同揆撰《洱海叢談》一卷,紀滇南未入版圖之初,引《隋書》西海阿育國王仲子封蒼洱之間,爲南詔之始祖,其後世滅而復興者,有段氏、蒙氏、高氏,相承至明初,始皆内附。又桂氏馥於南詔事頗嘗研究,所著書中多述之,桂氏曰,《南詔傳》坦綽酋龍僭稱皇帝,建元建極,自號大禮國。疑理之誤。案:事在宣宗既崩之後、懿宗即位之初，當是咸通元年。今太和崇聖寺大鐘有建極年號，保山縣有巡檢駐防之地曰杉木和，此六詔舊名也。《南詔傳》云，夷語山坡陀爲和。案：開元末，南詔逐河蠻取大和城。貞元十年，韋皋敗吐蕃，克峨和城，施浪詔居苴和城，施各皮據石和城。西爨有龍和城，南詔碑石和子丘遷和，皆羌夷稱和之證。點蒼山有草類芹，紫莖辛香可食，呼爲高和菜，亦南詔舊名。太和城北崇聖寺，開元元年南詔盛羅皮所造，外起三塔，長慶二年晟豐佑更改之，工倍於初。咸通十二年，佑世隆鑄大士像高丈餘，又鑄大鐘，上有諸佛像，并建極紀年，今俱存。太和城南感通寺本名蕩山寺，南詔隆舜重修，因改名。寺有楊升庵畫像，其《轉注古音略》成於寺中，官路旁有明人書“靈鷲”兩大字刻石。六月二十五日夕，家家樹火於門外，謂之火把節，蓋祀鄧賧詔夫婦也。五詔於是日同爲南詔焚死，鄧賧詔妻慈善夫人又畏逼死，土人哀之，故歲祀至今不絕。鄧川州城東有渠潭，潭上有故城遺址，即鄧賧所居，今名德媛城。以上皆未谷所攷論也。火把節又名星回節，漢元封間，楪榆有曼阿娜爲漢裨將郭世宗所害，併欲得其妻阿南。阿南約以三事，一設幕祭故夫，二焚故夫衣易新衣，三令國人遍知郭以禮娶。郭皆如其言，於六月二十五日聚國人，張松幕，置火其下，阿南祭夫畢，俟火熾，焚故夫衣，遂躍入死焉。國人哀之，每歲於是日燃炬火，謂之弔阿南。其後唐開元間有鄧賧詔者，六詔一之也，南詔欲併五詔，因星回節構松明樓，召詔酋會飲，鄧賧酋妻慈善懼難，尼弗行，不可，乃以鐵釧約臂而別。比至南詔，火其樓，諸酋燼骸不可辨，獨慈善以鐵釧爲識，負骸以歸。南詔異其慧，以幣聘之，辭以未葬，葬則嬰城固守，圍之三月食盡，慈善盛服端坐餓死，臣民從死者數千人，南詔旌其城曰德源。德源，桂氏作德媛。今自建昌以南滇省全境，均以是日爲星回節，家家取松明然燎火，蓋舊俗也。以上爲前人所述鄧賖詔事，比桂氏爲詳，因照録之。六詔者：蒙舍詔、浪穹詔、鄧賖詔、施浪詔、摩些詔、蒙巂詔。據宋周煇《清波雜志》則有八詔，《志》云，八詔者六詔外，傍、矣川羅識二族，通號八詔。其後二族爲閣羅鳳所滅，獨有六詔。夷語，謂王爲詔。或曰當八詔皆在，歲有事，天子各賜一詔，故曰八詔。《讀史方輿紀要》引《滇記》云，又有時旁詔、矣川羅識詔，謂之八詔。名與《清波雜志》異。溫庭筠詩"詔客先開二十雙"，雙五畝也，二十雙一百畝也。《唐書·南詔傳》官給田四十雙，爲二百畝也。《輟耕録》則謂一雙爲四畝，此皆前人攷論南詔之見於各書者也。伯驥按：蒙舍，唐時南蠻六詔之一，在六詔中最南，又曰南詔，其遂併六詔，概稱南詔。今雲南蒙化縣，即唐時蒙舍所居之陽瓜州，其後攻陷雲南，即今大理縣，則舊日所謂羊苴咩城也。《唐書》有《南詔傳》，當考。此書朱筆批校，識語頗多，有曾氏藏章。曾習經字剛甫，號蟄庵居士，吾粵揭陽人。光緒進士，累官度支部左丞，積廉俸至萬餘金。時事多故，不欲仕，盡以金買天津軍糧埕之田，乃斥鹵不堪耕種者。生平律己至嚴，詩學至深，有《壬子八九月間所讀書題詞》十五首，實論詩絕句也。遺著《蟄庵詩存》，番禺葉遐庵部長爲序印行，猶是蟄庵手跡。梁任公述曾事狀，冠於書首。遐庵爲南雪先生衍蘭文孫，好古博識。伯驥撰《清代家學史》嘗述先生學行而附及之。曾詩序中記二人交好前事，情文備至，蓋篤於友誼者。抗戰軍興，致意寒家，運藏本達安謐之域，以資保存，事出倉卒，未之能行，深負高義，附識之，以志吾過。

## 朝鮮史略六卷寫本。

不著撰人名氏，蓋明代朝鮮國人作也。萬曆丁巳刊本，本名《東國史略》，振綺堂有趙清常鈔本，附《百夷傳》，此則從之傳録者也。卷之一檀君朝鮮、箕子朝鮮、衛滿朝鮮，四郡、二府、三韓、三

國、新羅、高句麗、百濟;卷之二新羅紀;卷之三高麗紀;卷之四高麗
紀;卷之五高麗紀;卷之六高麗紀。目後識語云,高麗太祖以後梁
末帝貞明四年戊寅即位,都松岳郡,至恭讓王四年壬申,明太祖高
皇洪武二十五年而亡,合三十二王,共四百七十五年。卷五有云,
初徵職税,六品以上布帛五十匹,七品以下百匹,散職十五匹。聞
令下,或挈家登山,或乘舟而遁,民甚怨之。時慶尚道有一散員同
正貧甚,盡賣家産不充其額,其女斷髮貿布以納,父及女搵死。初,
嬖人審夫金承命往江陵道索人參,參貴不多得,懼罪擅徵職税。
還,説王曰,見有職者退居鄉里,病民頗衆,故爲徵其職税,藏諸州
郡,以待上命,非獨江陵,五道皆然。王納之,代言閔渙勸之,於是
分遣徵之,此可見其横征之弊。卷四有云,毅宗莊孝王禁親族相
婚。卷五有云,忠烈王元年,大府卿朴楡上疏言,我國男少女多,而
尊卑止于一妻,其無子者亦不敢畜妾,異國人來娶妻,無定限。臣
恐人物皆將北流,宜令臣僚許娶庶妻,隨品降殺,庶人得娶一妻一
妾,其庶妻所生子得仕于朝,怨曠以消,户口日增。疏上,宰執有畏
妻者,寢其議。此又可見其昏姻之制矣。卷六有云,以判開城府事
李穡兼大司成,增置生員,選經術之士,金九容、鄭夢周、朴尚衷、朴
宜中、李崇仁等,皆兼學官。初,舘生不過數十,穡更定學式,每日
坐明倫堂,分經授業,講畢,論難忘倦,於是學者坌集,程朱性理之
學始興。時京書至東方,只朱子《集註》耳,且夢周講説發越,超出
人意,聞者頗疑,及得胡炳文《四書通》,無不脗合。穡曰,夢周論
理横説竪説,無非當理,推爲東方理學之祖。此則理學濫觴之始
也。卷三云,仁宗恭孝王詔云,廐焚,孔子曰,傷人乎? 不問馬,此
聖人貴人、賤畜之義也。今法官論殺牛准人之罪,鈒面配島,此非
律文本意,自今以本罪罪之。卷六云,定喪服制,一依大明之制,唯
外祖父母、妻父母服與親伯叔同;無後人以三歲前遺棄兒冒姓付籍

者,即同己子;其同宗之子以親近繼後者,許行其服;唯軍官只可行
百日喪,三年内不許娶婦及宴飲。此又律文改革之可考者也。吾
國桐嚴有九姓漁船嫂之陋俗,今讀此書,知東國亦有故事,稍近乎
桐嚴,而事實不同者。如卷四云,楊水尺者,太祖攻甄萱時所難制
之遺種也,多居雲中道。初,李義旼子至榮爲朔州將軍,以水尺等
本無賦役,乃招諭屬於率妓紫雲仙,盡籍其名徵貢。及至榮死,崔
忠獻又以紫雲仙爲妾,計口徵貢滋甚,水尺等大怨,故丹兵至,迎降
鄉導之。水尺本無籍,好逐水草,遷徙無常,唯事田獵,又編柳爲
器,販鬻資業,凡妓種多出柳器匠家云。其足與吾國前史相證者,
如燕人衛滿誘逐箕準據王儉城,今高麗平壤即其地。此作王儉,
《漢書》則作王險。又卷三云,《高麗紀》定宗文明王始行後漢年
號,皆可考也。前有萬曆庚戌海虞清常道人趙琦美伯驥按:明常熟趙用
賢,字汝師,官至吏部侍郎。子琦美字元度,官刑部郎中。兩世藏書,琦美尤精於校勘,
没後,家中書歸之牧齋趙氏,有《脉望舘書目》,蓋取《酉陽雜俎》"蠹魚三食,神仙字則
化爲脉望"之説也。今世所傳之《鐵網珊瑚》十六卷,舊本題明朱存理撰,實爲趙琦美得
無名氏書畫題跋,又以所見真跡補輯成書,託名朱氏者。年希堯跋稱,别有一本十四
卷,爲存理原本,然今亦不見。題字,云《東國史略》六卷,不著作者姓名,
于燕京馮滄州仲縷齋頭見之,因借録一册。其書雖簡略,而上下數
千年間事,歷歷可指諸掌,可謂東國之良史。滄州别有《東國通
鑑》三十册,爲東明石大司馬星取去,聞其史更精於此,惜不得覯。
此書後有戚氏識語,此略之。伯驥按:高麗李氏世宗時,設諺文廳,命鄭麟趾、
申叔舟等製一種文字,謂之諺文,係以母音十一、子音十七組合而成,共爲字母二十八。
既成,世宗命之曰,訓民正音、通俗、行用,唯士大夫則多用漢字,故著書作文與我國同。

# 史 部 三

元和郡縣圖志四十卷<sub>精鈔本，</sub>
陳仲魚手校，黃蕘圃題記。

　　唐李吉甫撰。海寧陳仲魚全部點勘，後有黃蕘圃及仲魚跋語。
黃跋云，《郡縣志》近始有聚珍本及岱南閣刻，前此則惟鈔本流傳，
然鈔必以舊爲佳，此本出冶坊浜陳冶泉家。冶泉名樹華，承累代書
香之後，由茂才作宦，官至司馬而止。居平手自鈔校諸書，猶及與
惠松厓、余蕭客諸君相周旋，故所藏書皆有淵源。罷官後，予猶及
見其一面，身後書籍零落，半歸他姓，聞有蜀石經《左傳》殘本，見
質諸葑門宋于庭孝廉家，宋又隨父任貴州作縣，其物攜行篋中，物
主屢欲贖而無由，未知其作何歸結也。今仲魚從坊間易得，不知其
書之何來？余悉其原委，因志數語，並著物之聚散，亦甚無定也，爲
之慨然。蕘翁書於石泉古舍，乙丑六月十日。陳跋云，是書爲冶泉
司馬鈔本，吾友黃君蕘圃既識其原委矣。越二年，又見錢獻之別駕
所藏鈔本，每卷題武陵文弨校閱，蓋從吾郡盧抱經學士校本傳錄，
而誤書武林作武陵也。中有孫淵如觀察跋語及評校處，知觀察曾
校閱一過，後即刻入《岱南閣叢書》者，然脱誤甚多，不及此本遠
甚，因互爲一校，而並錄錢、孫兩家之説，雖寥寥數則，究屬通人之
筆，非憑空臆撰比耳。嘉慶十二年秋日，海寧陳鱣記。又云，校後
數日，有書賈持鈔本來，係吳中周有香孝廉手校，蓋以孔葒谷農部、

翁覃谿學士、戴東原吉士各家藏本彼此相參,補正千有餘處,可稱
善本。孫觀察亦據以付刻,因嘔對校,於是本復補得第十七卷所缺
一葉,然是本亦有勝於周本者,知舊鈔正不可偏廢也。鱣再筆。閱
者以堯圃跋語衹稱《郡縣志》而不冠"元和"二字爲不合。伯驥謂,
此自是黃氏一時疏誤,實則此書初本有圖,應題爲《元和郡縣圖
志》,單稱《元和郡縣志》尚非其朔也。吉甫自序云,謹上《元和郡
縣圖志》,凡四十七鎮,成四十卷,每鎮皆圖在篇首,冠於叙事之
前。其後宋程大昌、洪邁、張子顔等跋此書,亦皆稱《元和郡縣圖
志》。程跋稱,圖已亡,獨志存焉。《中興書目》及《晁公武讀書志》
皆云,圖闕不存,蓋亡於宋矣。故陳氏《書録解題》惟稱《元和郡縣
志》,而清《四庫目》因之,至嘉慶間,陽湖孫氏刻本及光緒間局本
則仍題《圖志》也。

## 太平寰宇記一百九十三卷

寫本,錢竹汀手校。

宋樂史撰。史,宜黃人,字子正,太平興國進士,嗜著述。太宗
時獻所著書四百餘卷,授著作郎直史舘,累擢太常博士。史嘗爲三
舘編脩。雍熙三年,獻自著《貢舉事》三十卷、《登科記》三十卷、
《題解》三十卷、《唐登科文選》五十卷、《孝弟録》二十卷、《續卓異
記》三卷。後又獻《廣孝》五十卷、《總仙傳》一百四十一卷。咸平
初,復獻《廣孝新書》五十卷、《上清文苑》四十卷,此外尚有《總記
傳》一百三十卷、《坐知天下記》四十卷、《商顔實録》二十卷、《廣
卓異記》二十卷、《諸仙傳》二十五卷、《神仙宮殿窟宅記》十卷。又
編所著爲《仙洞集》一百卷,傳奇則有《緑珠傳》一卷、《楊太真外
傳》二卷。此書我國無宋槧本,藏家多屬舊鈔。若朱氏潛采堂、若
趙氏小山堂,清《四庫》據江氏啓淑進本著録,皆寫本,皆有缺佚,

惟江氏則佚七卷，且有校語，故舘臣以爲最善焉。吾粤曾氏面城樓藏汲古閣舊鈔本，内闕第四、八十二、一百十一至百十九，凡十一卷，題記稱毛本所附校勘，間有脱誤，不如近刻之詳，然以其舊鈔終有佳處，故並存於笥，以俟考云。至日本所藏宋槧，楊氏訪書時，始據以補刻。楊氏言，此爲北宋刊本，存三十三卷，半葉十一行，行二十一字。卷中府縣名以白文別之，板式横闊，中縫特爲寬展，寫刻工麗，字體豐華。從官庫借出校勘一過，卷一百十三至一百十八，中土所缺，遂重刊《古逸叢書》中。近年則武進董氏亦嘗赴日本讀宋刊《太平寰宇記》，謂原書二百卷，二十五册，内缺卷甚多，如有訛誤，付校勘于後，並非每卷有之，僅閲前後各五册，餘不盡悉云。惜未嘗借校以傳于世也。蓋宋太宗時，閩越、北漢初平，而幽、嬀、營、檀等十六州尚屬遼疆，樂氏因太宗志復燕雲，探知意志，遂合輿圖所隸，尋究始末，起于東京，迄于四裔，採繁取博，於列朝人物、古蹟、題詠一一並載。後來方志體例，實祖斯編。在地志中，實爲要籍，前人久已論定。其書前清葛廷蘭重刊本前序畧云，樂史官南唐及宋初，其時漢唐以來載籍，猶未散佚，故太宗脩《御覽》等三大書，及史撰此志，徵引繁富，多南宋以後未見本，即以地志論，如《晋太康土地記》等，多至百數十種，史雖不善抉擇，然零篇斷簡，藉是書以存者實多，此其所長也。至若地理外，又編入姓氏、人物、風俗數門，因人物又詳及官爵及詩辭、雜事，遂至祝穆等撰《方輿勝覽》，寧畧建置沿革，而人物瑣事必登載不遺，實皆濫觴於此，此其所短也。然地理書自吉甫後，藉以考鏡古今，聯綴前後，實無踰此書，宜其傳之久，而必不能廢矣。洪亮吉序。北江所評非空論也。《文獻通考》作《太平寰宇志》，庫本所據汪本，標題實作《太平寰宇記》，諸書所引，名亦兩歧。考樂氏進書原序，亦作“記”字，則《通考》爲傳寫之誤，不足爲據，故庫本仍題《太平寰宇記》也。此爲舊

寫本，嘉定錢氏大昕手校，護葉有墨筆題字。日人《經籍訪古志》
稱，羽倉用九藏有錢少詹手校《安南志略》十九卷，錢氏喜校古地
志，又一證也。

## 大明一統志九十卷明官刊本，朱漁村舊藏。

明李賢等奉勅撰。初，成祖命文淵閣大學士陳循等編纂《寰
宇通志》一百十九卷，至景泰間始成。英宗復命儒臣約前書爲《一
統志》，自此志行，而前書遂晦。前有天順五年《御製序》，署云，朕
惟我太祖高皇帝受天明命，混一天下，薄海内外，悉入版圖。顧惟
覆載之内，古今已然之跡，精粗巨細，皆所當知。雖歷代地志具存
可考，然其間簡或脱略，詳或冗複，甚至得此失彼，舛訛殽雜，往往
不能無遺憾也。肆我太宗文皇帝慨然有志，于是遂遣使徧采天下
郡邑圖籍，特命儒臣大加修纂，惜乎書未就緒，而龍馭上賓。朕念
祖宗之志有未成者，謹當繼述，乃命重加編輯，泛求約取，參極群
書，三閱寒暑，乃克成編，名曰《大明一統志》，既藏之祕府，復命工
鋟梓以傳。《進書表》署云，京師爲四方之極，方岳爲諸郡之綱。
疆域必系于九州，分野悉稽乎列宿。形勝、風俗奠遠邇之分，物產、
山川靡大小之間。藩封著維城之固，公署嚴禦侮之威。書學校書
院以重育賢，書宫室關梁以昭資世。信方來則寺觀祠廟之兼録，鑒
已往則陵墓古蹟之並存。述宦蹟備舉夫諸司，取人才不遺於一善。
列女彰節行之異，仙釋見方技之奇。計所列之官，有總裁、副總裁、
纂修、催纂、謄録等，有太常寺卿、順天府府丞、禮部郎中員外等。
又云，元氏内立中書省一，以領腹裏諸路，外立行中書省十，以領天
下諸路。今則列十三布政司，爲山西、山東、河南、陝西、浙江、江
西、湖廣、四川、福建、廣東、廣西、雲南、貴州。伯驥按：顧氏炎武
云，《明一統志》舛謬特甚，略摘數事以資後人之改定。如王文公

《虔州學記》曰，虔州江南地最曠，大山長谷，荒翳險阻。《一統志·贛州府·形勝》條下，摘其二語曰，"地最曠，大山長谷荒"句讀之不通，而欲從九丘之書，真可謂千載笑端矣。見《日知錄》。又顧氏祖禹云，《明一統志》於戰守攻取之要類，皆不詳山川條列，又復割裂失倫，此所以別撰《方輿紀要》也。見卷首。而朱氏士端又謂，《明一統志》以漢臧、陳二烈士列于淮安人物傳爲不合。據《後漢書·臧洪傳》云，廣陵射陽人也。注云，射陽故城在今楚州安宜縣東，是今之射陽聚，即射陽故城也。在縣治東六十里，地多漢時古墓，如孔子見老子畫象石闕，前賢金石諸書，得之寶應射陽聚者，即此地也。是安宜爲寶應舊治，其徵一也。《前漢書·地理志》廣陵國江都有江水祠，渠水首受江，北至射陽入湖。高郵、平安。士端按，安宜縣前漢爲平安。志云，北至射陽入湖，即今吾邑射陽故地。《後漢書·郡國志》廣陵郡江都、高郵、平安。士端按，志於射陽下注，引《地道記》，有博支湖。考湖與射陽通，亦隸吾邑。先九江太守《山帶閣集》有《贈湖上博文子歌》，據此射陽本屬安宜。其徵二也。前明熊公尚文官整飭淮陽兵備，特建專祠以垂祀典。碑云，臧、陳皆寶應産也。如係淮安人，決不於寶應立祠建碑，大書深刻。其徵三也。乾隆七年，程公國棟重修《鹽城縣志》云，臧、陳並歐陽澈俱非本縣人，鄉賢祠祀典雖存之，而不以入人物傳，體例謹嚴。其徵四也。汪容甫先生《廣陵通典》列射陽臧洪，其爲信史。又云，唐嗣聖元年十月，楚州司馬李崇福率山陽、安宜、鹽城應敬業。按：唐初，三縣屬楚州，章懷注稱楚州安宜，其時去漢未遠，舊蹟不至訛謬。縣志晋置廣陵郡射陽縣，齊置陽平郡，領縣四，安宜縣屬焉。魏置臨杜郡，領縣二，其一曰安平。隋文帝置安宜縣，屬揚州，煬帝時屬江都。唐武德四年，立倉州，領安宜縣，尋廢州以縣屬楚州。又，《廣陵對》云，漢室傾危，董卓干紀。其有區區郡吏，義感邦君，結盟討皋，升壇慷慨，必死爲期。則臧洪説張超起兵，糾合牧守，以誅賊臣也。又，《答錢少詹事》云，承問《陳書》宣帝太建五年、六年、十二年所云廣陵，皆在今揚州府治之北四里，漢之廣陵國，隋之江陽縣也。其徵五也。宋秦觀《揚州集序》，廣陵在二漢時嘗爲吳國、江都國、廣陵郡，凡稱廣陵者，皆今之揚州也。又按：陳壽《三國志》列陳琳亦係射陽人，乃李賢于《揚州人物傳》稱，琳爲廣陵人，於《淮安人物傳》，又稱琳爲射陽人，一人重出，其紕繆可想，朱氏之言如此，蓋糾其失也。按：士端著《説文定本》《宜禄堂收藏金石記》《吉金樂石山房集》，此文見集中。又按：《孤樹裒談》卷六云，纂修《寰宇通志》，舘中諸公日多不至，閣老乃令吏具報到否，揭不至者職名于東閣上。又云，景泰中，初修《寰宇志》，采事實凡例，一準祝穆《方輿勝覽》，予以爲祝氏此書趙宋偏安之初，未可爲法，如地圖、道里、户口之類，皆未可闕，必永樂中志善凡例而益之可也。太和陳先生不從曰，此非造黄册，子何用户口？后聞此書，竟以屢題狀元之名可厭，而改爲之。此非科舉科，何爲而詳列進士之名？由此觀之，可見官書之未能盡善矣。後志與前書雖詳略不同，然亦互有長短，不能併爲一談。前志有關隘各門，後志删之，恐亦未當。吾家藏《大明會典》二百二十八卷，則無懈可擊，所收者爲萬曆本，尤善於他本也。張氏《書目答問》列弘治十年本，則一百八十卷。此書半葉十行，行二十二字。大字本末有"稼翁"二字朱文章，當是秀水朱氏遺書。《鶴徵後録》云，朱稻孫字稼翁，一字芊陂，晚號漁村。著《六峯閣集》。伯驤按：集中卷二有云，"祕閣心勞久，沙隄手澤存。一經餘舊業，七録此重編。原注，先文恪公賜書，兵後盡失，先大夫於甲申、乙未間復爲搜輯。簡蝕神仙字，籤題甲乙年。三冬期盡讀，忍廢《蓼莪篇》"。此曝書詩句也。按：《定香亭筆談》述阮氏元修復曝書亭事，阮有詩。《稼翁集前序》稱，稼翁少隨其祖竹垞左右，薰習經籍，宜其有此雅尚矣。詩所謂沙堤者,蓋遠溯其先世文恪公。按:李肇《國史補》云,凡拜相,禮絶班行,府縣載沙填路,自私第至於城東街,名曰沙堤。清新城《王文簡文集》云,秀水朱文恪公,以名德著。萬曆中諸子姓彬彬繼起,號能文章,四十年來,浙西言文獻者必首朱氏。文恪之曾孫曰彝尊最晚出,文章之名播海内,一旦出諸父之右。蓋“沙堤”二字,唐以後文人以爲作相故實。朱詩蓋追溯文恪之遺,而文簡則歷陳竹垞之家世也。白居易新樂府“一石沙幾斤重,朝載暮載將安用? 載向五門官道西,緑槐陰下舖沙隄。昨日新拜右丞相,恐怕泥塗污馬蹄”。此尤足形容沙隄之事實矣。

### 方輿勝覽七十卷　宋刊本,吳耘石舊藏。

宋祝穆撰。穆字和父,建陽人。幼從文公諸大賢游,性温行淳,學富文贍。嘗往來閩浙、江淮、湖廣間,所至必登臨訪風土事,經史子集、稗官野史、金刻石刊、郡志,有可采摭,鈔録無倦,所紀僅浙西及利州十七路州郡。首叙建置沿革,次爲事要,以白質黑文別之。事要之中,分郡名、風俗、形勝、山川、宮殿、宗廟、舘閣、學校、井泉、堂亭、佛寺、道觀、祠廟、古迹、名宦、人物、題詠、四六,各類以黑質白文別之。陸存齋謂,王象之《輿地紀勝》亦成於理宗時,與穆同時,不相謀而相似,象之繁而和父簡。象之意在備作詩之用,故所採詩幾倍於和父;此則意在備四六之用,故所採四六倍於象之。觀李壼《輿地紀勝序》及穆自序可見。《提要》謂名爲地理實類書,誠篤論也。穆爲朱子母黨,曾從末子游,而沾沾於兔園册子,亦淺之乎爲丈夫矣。楊氏守敬以此書字多減畫,定爲麻沙坊本,謂各標題於浙西路之嚴州改稱建德府,浙東路之温州改稱瑞安府,廣西路之宜州改稱慶遠府,夔州路之忠州改稱咸淳府。按和父自序,書成於嘉熙己亥,而改嚴、温、宜、忠等州爲府,在咸淳元年,相去三十六年，其爲後人改編可知。書中亦多所增添，非祝氏之舊，然其所增，亦皆據方志舊記編入，猶有知識者所爲，不似坊賈之羼亂妄作，故亦可貴。每半葉七行，小字雙行，行二十三字，大字一字占二格，線外註州名。流傳尚多，著録家謂元明來無翻本，然東瀛有元槧本，每半板十四行，行二十五字。又某氏藏舊槧本，與此板式有別，卷端題"日新書堂新刊"六字，日新堂則固元之坊賈也。前有"耘石"二字方形朱文章。《寒松閣談藝瑣録》卷一云，吳若準字次平，一字耘石，錢唐人，崧圃相國之孫。相國晚年卜居平湖北門内之趙家濱，流水到門，園林幽邃，遂家焉。若準少孤，奮志力學，官京曹日，研究典墳，長於攷據，兼通六法，所作山水，與海鹽李乾齋相頡頏，著有《洛陽伽藍記集證》一卷。

## 乾道臨安志三卷<sub>精寫本，倪米樓舊藏。</sub>

　　宋吳興周淙彦廣撰。當是從宋槧録出者，原書十五卷，此三卷，則佚存者也。末有杭氏世駿、厲氏鶚跋。杭跋引《直齋書録解題》，譏其首卷爲行在，於宮闕、殿閣全不記載，其他沿革亦多疏略。又謂此書世所罕傳，孫晴崖得宋槧本於京師故家，祇一卷至三卷，所載園亭、坊巷及職官、姓氏，爲潛君高《咸淳志》藍本，其他惜無從更覓云。卷首有"米樓所藏"方形白文章，當是仁和倪氏稻孫物。黄土珣《北隅掌録》卷下云，稻孫字穀民，號米樓。十齡以《河伯觀海賦》受知於學使朱文正公，補諸生。米樓工隸書，雅擅倚聲，刊有《翦雲樓詞》及《蘆中秋瑟譜》，皆吳祭酒菊人爲之序。又梁氏同書《頻羅庵集》有《秋鴻館記》，謂米樓與歸安嚴元照、錢唐何元錫、仁和汪家禧等游，則其人蓋雅士也。書内多朱筆批校，或亦出米樓手歟。

# 咸淳臨安志九十六卷

曲阜孔氏青曬書屋寫本。

宋潛說友撰。前有朱彝尊、杭世駿、張燕昌、孔繼涵等題字。朱氏云，南宋咸淳四年，中奉大夫權户部尚書知臨安軍府事縉雲縣開國男處州潛說友君高葺正府志，增益舊聞，凡一百卷，予從海鹽胡氏、常熟毛氏先後得宋槧八十卷，又借鈔一十三卷，其七卷終缺焉。宋人地志幸存者，若宋次道之志長安，梁叔子之志三山，范致能之志吳郡，施武子之志會稽，羅端良之志新安，陳壽老之志赤城，每患其太簡，惟潛氏此志獨詳。合之《吳越備史》《中興舘閣録》《續録》《都城紀勝》《武林舊事》《夢梁録》《大滌洞天志》，庶幾文獻足徵，惜後之作通志者，目未覩此，以致舊聞放失，可歎也夫。小長蘆彝尊跋。孔氏云，乾隆乙未之冬，自周書昌編修許得見浙江省經進遺書，壽松堂孫仰曾家鈔本云缺七卷，即從秀水朱氏本録出，假歸寫之。所缺之卷，則六十四之志歷朝人物，六十五、六十六之志本朝人物，九十之記遺事，九十八、九十九之紀遺文，一百之志歷代碑刻目也。丙申二月，將爲襄緝，因識得書之由，并録朱跋於上。十八日春陰欲雨，孔繼涵記。杭氏云，縉雲潛說友君高撰。說友，史家不爲立傳，其序末列銜，可以見說友官閥。書凡百卷，舊藏花山馬氏，吾友吳尺鳧以二十千購鈔其半，其半得之王店朱檢討家，碑刻七卷，仍闕如也。好事者往往從吳氏借鈔，鈔胥憚煩，每削去長文大記，以是世鮮善本。辛亥歲，同在志局，尺鳧攜是書來，予與趙子誠夫共相參校，乃得悉睹真贋，輒歎求書之難，適簡討孫稼翁以宋槧十七册求售，亟從臾誠夫以三十金易之，山川、古跡、祠廟、寺觀，湖志全弋獲于此。吾郡之文獻，又無論也。施愕《淳祐志》已佚不傳，說友間一稱引之，序所謂漏且舛者，亦藉是見梗概云。

仁和杭世駿跋。張氏云,《咸淳臨安志》凡百卷,潛説友撰,世鮮傳本,茲鈔爲濚江黃先生三易寒暑所成,裝二十四册。乾隆辛卯長至前五日,余遊杭,寓居龍泓舘,先生見過,珍重出示,備言手鈔辛苦,今幸得告成,願君飛白書其前,不欲以人間墨汁污之耳。噫,自五代以來,圖籍不雕本,不知得書之艱,惟前賢好學,多手自鈔校,而讀書亦百倍於今。先生之手鈔是書,可謂無愧前賢之讀書矣。燕昌自幼好書,展對是鈔,覺三十年來皆虛度也,於古人讀書之法,全未有合,先生其有以教我矣,即爲蘸墨揮灑,用報謬賞。海鹽張燕昌謹識。伯驥按:杭州古志南宋有三種:《乾道志》十五卷,惟壽松堂孫氏藏宋槧殘本三卷,前清采入《四庫全書》,其後凡有三刻。《淳祐志》存者僅六卷,見阮氏《四庫未收書目》,胡書農從《永樂大典》錄出,分爲十六卷,見《學士崇雅堂詩集》自注,丁氏《武林掌故叢編》本八卷,題曰《淳祐臨安志輯逸》,則原稿已佚其半矣。《咸淳臨安志》百卷,流傳僅得九十六卷,前清著錄於藏書家者僅傳鈔本,其後汪氏刻之。此鈔本每葉板心有“青矑書屋”四字,當是孔氏繼涵遺書。翁氏方綱集有《過漢谷齋同觀石鼓文舊拓本詩》云,“積雨青櫺潤,苔花似古文”。自注,青櫺,漢谷齋名。此書板心有“青矑”字樣,是可證也。卷首有“孔氏繼涵”白文章、“漢谷”朱文章。至《兩浙輶軒錄補遺》云,倪象占字九山,象山優貢。著有《青櫺館詩》,此則別一青櫺矣。卷首有張氏燕昌飛白題字。伯驥按:李氏兆洛稱,飛白書相傳出于蔡邕,見役人堊帚,因以成字。六朝人多能之,而流傳絶少,惟墨池堂帖刻“江南之人兮”五字,云衞夫人書,然無確證。唐宋後所傳則多帝王所書者,亦尠見遺蹟也。《玉海》謂,宋真宗見飛白筆遂爲飛白書,是飛白別有筆矣。飛白之白,古文原作帛。厥後代有其人,見於前人著錄者甚多,匯爲專書,以資考證者,若前清吳越陸白齋紹曾、海鹽張文魚燕昌同輯

《飛白録》二卷，後附張燕昌《論飛帛文》一篇，海鹽黄椒升錫蕃參訂，寧化劉星高爲之序，蒐輯頗詳，古今人之工飛白書者略備。書爲海鹽黄氏校刊於三山官舍之擘荔軒，雖有刊本，流行不廣云。文魚，名燕昌，字芑堂，手有魚文，因號文魚，又號金粟山人，海鹽人。嘉慶丙辰，薦舉孝廉方正。

## 咸淳臨安志三卷梁山舟烏絲欄寫本。

此三卷爲清嘉慶間梁氏同書手寫，海鹽張氏燕昌藏。前有張氏章，後有梁氏八十歲時朱字題記二行，謂此爲五十歲時握筆。按張雲璈撰《翰林學士梁公傳》云，公諱同書，字元穎，錢唐人，嘗得元貫酸齋書"山舟"二大字，遂以自號，并顔其齋，學者稱爲山舟先生。後自以不生、不滅、不垢、不净，因稱不翁，晚年又號新吾長翁。公書法超絶前後，名滿天下，雖兒童走卒皆知公書。《簡松堂文集》卷三。近時論書者多云南梁北孔，謂山舟與孔谷園也。大都梁用弱翰，孔用强筆，翰弱則力全於腕，筆强則力半藉乎手。梁性靈在功夫之先，孔性靈在功夫之後，性靈勝者如仙，功夫勝者如佛。人樂於遨遊四海，而憚於面壁九年，亦自然之情也。《簡松堂文集》卷十一。又云，摹刻山舟先生手書衺然成集者，濮院陳氏之瓣香樓、海鹽吳氏之青霞舘，外又有鳴和馮氏。先生没，後世之寶真蹟，甚於辨才之藏《蘭亭》，祕不可見。伯驥按：張氏爲山舟中表親，集中言山舟書事甚多，蓋心醉其翰墨者。又言文莊相公書法，早年師文待詔，終致力於顔魯公，其手録蘇詩，似初由文入顔者，故端莊中時露秀逸之氣，平日所鈔書，成帙甚多。《簡松堂文集》卷十一。文莊謂詩正，蓋山舟之父，家世夙以寫書稱，此三卷之字裏行間，正符端莊秀逸之評語，洵趾美而有餘也。據吳縣李氏福之言，則當時又有翁梁並駕之美稱。李氏云，近日書家輒推北翁南梁，而兩先生論書輒不相合,翁尚學力,梁取性靈也。兩先生非標榜者,殆各自道其得力之處,而不覺其言之稍偏歟! 見《花嶼讀書堂文鈔》卷二。翁謂覃溪也,《世説新語》述劉太常之言曰,櫨梨柚橘各有其美。上文所論,蓋前清書史之故實也,故稍詳焉。杭氏世駿撰《文莊墓志》,謂其臨池初學誠懸,繼參文、趙,晚師顔、李,格凡三變,山舟之書,似亦如此。故王氏昶撰《山舟八十壽序》,謂其法書獨出冠時,上溯鍾、王,下兼趙、董,聰明如故,眠食有加,明燈矮紙,猶復能書細楷,與歐陽信本、文衡山並傳千古。王氏《又跋山舟書賢首經後》云,雪窗梵莢,蕭然滌筆。可想見其寫書興趣。然山舟不獨以其翰墨之工,讀嚴氏元照《悔庵學文》卷一《致山舟書》,略謂蒙以手校《説文繫傳》見賜,喜快何如? 伏閲閣下校勘精到無比,復備録盧學士、孫監察校語,不愧爲叔重之功臣,楚金之諍友。又可想其勇於校勘矣,故此本尤足珍也。

## 吳郡圖經續記三卷黃蕘圃校乾隆刻本。

宋朱長文撰。長文字伯原,蘇州人,未冠,登進士乙科。以足疾不仕,後以蘇軾薦,充本州教授,召爲太常博士,遷祕書省正字,樞密院編脩。吳郡先有大中祥符間官撰《圖經》,長文於元豐中續之,上卷爲封域、城邑、户口、坊市、物産、風俗、學校、倉務、海道、亭館、牧守、人物,中卷爲橋梁、祠廟、宮觀、寺院、山水,下卷爲治水、往迹、門第、冢墓、碑碣、事志、雜録,凡二十八門。前有自序,後有元祐元年常安民、元祐七年林慮、元符二年祝安上、紹興四年孫祐四序。又,蘇軾薦長文劄子。世傳張海鵬《學津討原》本出於明嘉靖錢穀刻本,兩本訛奪相同。咸豐中,仁和胡珽得宋刻本,以活字排印,彙入《琳琅祕室叢書》,後附校勘記,於錢、張兩本之繆誤一一比勘,使讀者益知宋本之足貴,有功是書不少。此爲清乾隆間刻

行平江黃氏手校本，卷首有蕘圃題字云，壬子春仲，假得錢罄室校
刊《吳地記》《吳郡圖經續記》二書，合裝一册，爰以吳琯所刻《古今
逸史》中《吳地記》校訖，思欲傳録《吳郡圖經續記》，余家未有其
書，遂從同年沈書山借得此本，臨校一過，魚豕之訛，有錢本更甚於
此本者，可知新刻之書亦未始無佳處也。黃蕘圃識。又云，蕘圃
案，凡事必求其古，如書之原序，亦必照舊式，如序中擡頭及序後結
銜，皆古式也。後人重刊，不可妄易舊觀，如錢叔寶本猶知此義，因
據以改正。蕘圃別藏此書宋刻本，其題語云，余向聞任蔣橋顧氏有
宋刻《吳郡志》，倩人訪求，得諸華陽橋顧聽玉家，蓋華陽即任蔣之
分支也。聽玉之祖雨時先生，喜蓄異書，手自讐勘。余從其裔處得
舊鈔本《續圖經》，有跋云，雍正十二年夏五月既望，於崑山徐氏購
得葉文莊宋刻本校勘一過，始知顧氏所蓄宋刻地志之書，范成大
《吳郡志》而外，又有朱長文《吳郡圖經續記》。一日觀書華陽，適
覯是書，楮墨精良，實勝范志，爰詢其值，需白鏹六十金，心愛甚，而
未之得也。閱載餘，以他事故至聽玉家，聽玉云，此書於子爲雙璧
之合，吾且非子不售矣。子曷歸之，以比延平劍乎！余重其書之不
易覯，遂以五十金得之。卷中有鈔補處，皆明人錢罄室手迹。余嘗
見錢氏有刊本云，是從宋本校勘者，今取宋本對之，不特本弗同，且
訛舛誠復不少，則宋本之可珍益信。卷中又有新刻以僞亂真者兩
半葉，亦後人過於求全，固無損宋刻面目。今而後搜輯吾郡故實
者，得此益徵詳備焉。附録於此，以資對勘。

## 嘉靖彰德府志八卷明刊本，

虞山瞿氏鐵琴銅劍樓舊藏。

目録前題崔銑輯。卷一，二地理，卷三建置，卷四田賦、祠祀，
卷五官師，卷六人物，卷七選舉，卷八鄴都宮室，雜志附焉。目後有

崔氏敍曰,正德己卯,太保湯陰李公於中祕得宋《相臺志》十二卷、元《續志》十卷。郡守陳公萬言令所部各以其志送官,是歲冬以予輯而正之。明年春,銑遭先母淑人憂,又兩閱歲,既禫祔矣,始啓書讀之。宋志事略具,而文義蕪鄙,元以下止觀焉。乃別爲例作九志,凡八卷,其事兼采諸史,其文則删潤者過半矣。夫志者郡史也,備物垂軌,不軌不物,眩觀惑鄉,雖文奚用哉!故地理稽實而黜附會,建置遵制而明則,田賦以恤隱,祠祀以正典,官師均列,而信教人物,選舉上行而下秩,宮室刺奢,雜志輔化,崇正義而黜異端,損浮冗而要簡確,然後府事稍可誦覽,斯竊取諸君子之志焉。銑也,才淺能薄,意長力短,況府居衝衢,海内兵作,先被荼棘,今土著之家,十不存一。舊典湮滅,後學寡聞,循長鄉哲,靡由殫述。舊志涉誤近諛者,並以義删之,不能登載。孔子曰多聞闕疑,慎言其餘。夫述不師聖,其胡用訓,罪我者其以是夫!嘉靖改元歲,後渠崔銑書。崔氏著此志外,有《崔文敏洹詞》十二卷,吾家有舊刻本,題相臺崔銑仲鳧著。前清《抽毁書目》中有《洹詞記事鈔》一本,下注云,書中載《明太祖祭元幼王文》一篇,語多偏謬,應請抽毁。此志中有云,今府城外西北有開元寺,寺後有河亶甲冢,冢在洹水南岸,有故城曰畿城,一曰亶甲城,又有地曰商亭。《城冢記》曰,亶甲所居,夫湯居亳,仲丁遷囂,亶甲自囂徙居相,祖乙居耿,盤庚歸治亳,凡五遷,商之諸王以十日互爲帝號,惟亶甲加河者。《漢書·地理志》魏郡有大河,有滏有洹,今府東永和及鄴、臨漳之間,尚多卑下,必水圮其都,祖乙乃遷耿爾。又云,安陽縣本殷墟及邯、郿、衛之地,亶甲、祖乙之王畿。又云,有黄堆冢,在亶甲冢西南,亶甲后也。宋元豐二年夏,亶甲冢穿,野人探取得古銅器,質文完好,衆疑觸法,碎而鬻之。伯驥按:前清光緒己亥,彰德府西北五里之小屯,發見龜甲文,世人稱爲近世四大發見之一,較元豐所得爲創獲矣。

清光緒二十五年，河南安陽縣發見甲骨文字，其地當殷代故都，學者遂定此爲殷人卜事之辭，取獸骨、龜甲而刻之者。清末瑞安孫詒讓始著《契文舉例》以釋其文，其後羅氏、王氏及日本林泰輔坎拿大明義士賡續研求，益多收獲。三十年間，中外學人大爲探索，卒成專家之學，而殷虛文字、殷虛書契、貞卜文字、殷虛卜辭、契文諸名，遂流布於世界。初，劉鶚藏殷墟龜甲至五千片，由氈拓轉付景印得一千六十一片，名爲《鐵雲藏龜》，爲此類文字流行之始，其後諸儒逐漸考釋，則爲進一步之工夫也。《續安陽志》有《殷墟古物發現年月考》，日本梅原末治所謂鍬的考古學。卷八云，世傳鄴城古瓦硯，皆曰曹魏銅雀瓦塼硯，曰冰井，蓋狗名而未審其實。魏去今千有餘歲，若此物者已毀碎爲飛塵，齊磚至今未及千年，村夫剖土求之，踰年不得，鄴民乃僞造以紿遠方。王荆公詩曰“甄陶往往成今手，尚託虛名動世人”。此又足爲收藏家箴正矣。卷八又云，鄴都比城，自曹操基構制度，壯麗奢淫，未終，旋遭篡奪。石虎異類，藉勒威業，攘神器、興宮室，復命徙洛陽鐘簴九龍、銅駝飛廉，置諸殿庭，起一橋而費億萬之功，築一苑而役六十萬人，可見當時營造之宏壯矣。湯陰爲彰德屬縣，古傳文王囚於羑里，即此地，而又爲宋岳武穆所降生者也。讀此志，知哲人挺生於彰德者不尠，而此志亦無攀附影響之談，考證極確，其中且有訂正前人附錄來歷者。如卷一志劉神川墓云，神字京叔，渾源人。閉户讀書，務窮遠大，涵蓄鍛淬，後復講明六經，推於踐履。自注云，出《王秋澗集》。卷六陳薦，武安人，墓在武安靳固里。自注云，《宋史》載薦爲沙河人，蓋沙、武接境，武安嘗隸邢州也。卷六《胡景崧傳》，自注云，舊志作胡嵩，今據《遺山集》正之。正德末，孝明村民得胡氏志石，亦作景崧，皆可證也。卷五云，趙準官趙府紀善，門人常數十。時太守有子驕縱甚，一日，聞趙先生矩矱嚴，領其五子來，且遺一仆，書其面曰，專治五子，毋及餘生。諸子畏趙先生，皆折節學。銑家君未冠時，從趙先生。予家今皆治詩，趙先生傳也。此又仿馬、班之例，因史而及其家世矣。卷八末有“生員任秀謄寫，武安縣儒學訓導蘇則曾校勘,儒學教授劉昆、彰德府安陽縣知縣韓得理工"四行。半葉八行,行十八字。崔志流傳極罕,此本舊爲虞山瞿氏鐵琴銅劍樓藏,有其藏章。按:瞿氏《書目後序》稱,其藏書適遭咸豐庚申之難,綑載書籍,轉徙流離,最後渡江而北藏之海門,中更兵燹波濤之險,其書十亡六七,然則此本或在此時流出也。清道光間,常熟瞿紹基字蔭棠,廩貢生,喜藏書,築恬裕堂爲儲積處,凡十餘萬卷。擇金氏文瑞樓、張氏愛日精廬、黃氏士禮居之善本,爲插架。子鏞克承父志,今刻有《鐵琴銅劍樓書目》。某年《中國新書月報》一卷四號云,光緒間,派京朝官四人赴瞿氏家,擬擇樓書爲内府未有者,借出備覽。有一書爲德宗銘心絕品,渴欲傳之,如進呈,則賞三品京堂,並發帑三十萬,以爲易費。瞿氏後人以先朝頒有詔書爲詞卻之,德宗亦以格於祖訓而罷。此語恐是傳訛,既賞官又發歝,此何書而直得如是耶! 近日編清史者頗謂德宗不愚,當時翁氏爲師傅,人以此間之,每語言聖聰,輒不置答,免觸后黨之忌,此說則近理。若以高官、巨帑而易一古本書,殊不然也。近日,瞿氏宣穎所撰《方志考稿》,搜羅極備,著錄《彰德府志》祇乾隆本,謂志中有崔氏序,並述及萬曆辛巳,清順治十六年,康熙丙子,乾隆五年、二十五年皆嘗重脩,而不得崔志,攷崔志見稱於徐元文,而《日下舊聞考》《四庫提要》亦皆許其謹嚴,可與康氏武功相比,蓋瞿氏深慕崔志而未得見,故論及之耳。瞿氏之言曰,方志者,地方之史。有通史以觀其會通,有斷代之史以析其時代,則縱貫與橫剖之象皆具焉。有地方之史以覘其區畫,然後於縱貫之中,得橫剖之象焉。古昔國史不可詳,然自常璩《華陽國志》以來,大至方州,小至村鎮,禹域之廣幾無地無志者,雖其良穢不齊,然吾曹生於載籍荒缺之日,猶得勉執殘編以蘄吾所云。明其層累之跡,及其感受所由者端,唯此林林數萬之方志是賴。見其所著《方志考》稿中。梁任公曰,我國幅員之廣,各地方之社會組織、禮俗、習慣、生民、利病各不相侔,欲傳過去、現在之真相,而史文簡畧,猶幸有蕪雜不整之方志,供吾披沙揀金之藉憑,斯則地方志之所以可貴也。任公歷舉佳本方志之可爲準則者,以告後學,言之至詳。伯驥按:近世以國立北平圖書舘、上海東方圖書舘最富於地方志,北平舘有方志目錄四册,故宮方志目亦一册。

## 上虞縣志二十卷明萬曆本。

前有萬曆三十四年知上虞縣事徐待聘序,略云,虞於浙爲望邑，襟江負海，陂澗四集，水之功用，尤洽於邦。邦之生齒，含囁膏腴，奚啻鉅萬，輸庚奏帑，以佐大官，分毫皆灌注之力，宜莫急於水利者。余受事之初，數延見父老問疾苦，爰討夏蓋、上白、皂李、漳、汀諸湖之故道，暨玉帶諸溪之廢趾。按湖而爲之周覽，陂渠高下之勢，一視漢南、臻南、北堤與石閘、陰溝之法，脩築閘堰，旱則蓄以沾溉，澇則決而注之海。不令湖額侵於豪右，漫自瀦溢，水之權遂爲我民操。夫諸湖幾爲禾黍之場者以無徵，無徵以無志，況枚舉邑務，則典故之因革，俗尚之淳漓，戶口、錢穀之數，山田盈縮之額，關梁險易之由，水陸物產之宜，以至丘陵、祠廟、災祥、變故之紛賾，又無一非當究心者，奈何視志弗講乎！輒不量膚魯，不避勞怨，敦請學博當湖馬君明端、虞徵士葛君曉、車君任遠總其成。編內最條析者，則水利爲重，指撝鑿鑿，將湖利盡歸之民，意固有獨至也。次有萬曆丙午山陰朱敬循序。計分輿地、建置、食貨、官師、選舉、人物、典籍、古蹟、叢林、雜紀各門，而雜紀又分軼事、方伎、災祥三類。夫方伎豈不可以入人物志乎？《風俗志》有云，世廟時分宜當國，權傾中外，虞人仕籍者，輒毅然首斥其姦，雷霆震加，殫至踵接至其父子。有云，天下容我，獨虞人不能容我，此可槩其俗矣。亦軼聞也。又云，四民之中有戶以丐稱者，例不得與良民等，相傳爲宋罪俘之遺，然遠不可攷。《會稽志》謂其如人身之瘤，蓋其男女業非四民之所業，而四民亦恥爲其業也，此亦社會史之資料矣。半葉九行，行十九字。

### 南嶽總勝集三卷<small>宋刻本，元人王元伯舊藏。</small>

宋陳田夫撰。此書《宋史·藝文志》不載，晁氏《郡齋讀書志》有之，自元迄明不見刻本，清乾隆時，修《四庫》書未嘗著錄。儀徵阮氏巡撫浙江，始得明人影宋本，鈔錄進呈。阮氏《揅經室外集》

云,田夫字耕叟,居南嶽九真洞老圃庵。首卷列總圖一、分圖五,及五峯靈迹,又洞天福地,以至歷代帝王,爲類二十有七;中卷叙寺觀及所產珍禽、雜藥、異花、靈草,纖悉畢載;下卷叙唐宋異人、高僧,末附以隱逸之士。徵引博而叙述簡,深有體要。前有隆興甲申拙叟序,稱耕叟居南嶽,往來七十二峯間,三十餘年訪求前古異人、高僧靈蹤祕迹,考其事而紀之。按:宋《地理志》傳者頗希,此則較唐李冲昭《南嶽小録》更爲詳備,尤足以證。《文淵閣書目》作《南嶽集》三册,乃傳寫脱誤耳。其時孫氏星衍亦有此書,亦屬宋寫本,孫氏《平津館書籍題跋》云,宋本每葉二十行,每行二十字。嘉慶壬戌,善化唐陶山仲冕,曾假孫本刻於金陵,行數如舊,而易其字爲二十一,蓋已有變更矣。阮,孫二氏之本,不知流傳何所,而唐氏重雕者,亦因亂板失,人間尠見。清季,溵陽端方得此宋本於京師,貽諸長沙葉氏德輝,於是《郋園讀書志》始著録之。葉氏云,此爲溵陽尚書端方公所贈,聞其去白金七十兩得之京師估人。常熟龐劬庵中丞鴻書見而歎賞,助資屬余影橅刊行,二公稽古尚文有同好也。余刻此書,一依宋本舊式,爲余摹寫者零陵老友艾作霖,刻成,余以日本繭紙印十許部。宜都楊惺吾校官守敬見之,書估去余前序,紿以爲宋本,竟獲番餅八十元之善價。楊喜告江陰繆筱珊學丞,荃孫不覺大笑,楊殊驚詫,繆述其爲余刻,始懊恨而去。然余刻雖精,終不及原本之古色古香,無怪世間好宋版書之人,雖斷簡殘篇,亦視爲零金碎玉之珍重也。楊每以舊刻偪充宋本售人,此次乃竟爲書估所紿矣。楊集宋元明本書之首葉或序跋,摹爲《留真譜》一書,楊固素精版本學者,老孃倒繃,伯驥按:張師正《倦遊録》云,三十年爲老娘倒繃孫兒,而瞿氏《通俗編》引多年做老娘婆,錯剪臍帶以爲證。又《事文類聚》云,苗振召試館職。晏殊曰,君久從仕,久疏筆硯,宜稍温故。振曰,豈有三十年爲老娘而倒繃孩兒者乎? 既而試《澤宮選十賦》,振曰,普天之下,莫非王土。遂不中選。晏曰，苗君竟倒繃孩兒矣。聞者無不開顏，因記於此，以資後人揮麈云。《郎園志・晏子春秋》條下又稱，光緒戊申三月，余回蘇州洞庭展墓，道出江寧，因訪陶齋尚書端方公於金陵節署。時方有買仁和丁氏八千卷樓藏書儲之江南圖書館之議，居間媒介者爲江陰繆小山夫子荃孫，所有宋元舊本，均取頭本呈送。活字本《晏子春秋》亦在其內，當時均以爲元本，余力證其爲明時活字印本，且告以余有藏本與此無異。陶齋曰，即是明活字印，亦見所未見，能割愛以貽我乎？余曰，公前年贈余以宋本《南嶽總勝集》，余正未有以報也，是直可謂抛玉引磚矣。五月還湘，遂郵寄歸之。然則此書蓋以明本《晏子春秋》易得，斯文雅尚至足慕也。葉氏以此欲絕未絕之書，因校勘以傳刻之，行欵悉依宋本，宋諱缺筆及缺文、墨塊皆仍其舊，原文誤字以別紙附識卷末。卷上四十五葉龍字以下脫簡，唐刻本同，因無別本可校，並從闕如。卷下《隱逸傳》及叙古蹟四葉，唐刻有之，爲仿寫補入，其中尚缺二百餘字，則孫本相傳如此，無從校補也。葉氏又謂，推驗孫氏原書實即從此本傳録，今有數處可以證之。如卷上四十四葉二十行“我”上缺一字，審係板損脫文，唐刻本作墨塊；卷下一葉十八行，“遺”下缺一字，作墨塊，唐刻本同；又卷上四十四葉十行，“檢較”二字，因紙近板心，損其半字，唐刻臆補爲“險餃”，尤足證孫氏所藏景宋寫本確從此書出也。至卷下《隱逸傳》以下四葉，缺於何時，則不可考。江陰繆筱珊太夫子贈余以所撰《藝風堂藏書記》，載有此書校宋本，行字與此本同，而云前缺圖六葉，後缺《隱逸傳》及《叙古跋》共四葉，其本假之徐梧生戶部，證以此本一一符合，則其缺佚由來已久，唐刻前有圖六葉，以其改易宋本之舊，未可信以據補，以待完本續刻，然恐海內衹此孤本，不復再遇矣。以上皆葉氏重刻此書之序言也。唐人《南嶽小録》，著録清四庫，其後順德龍氏曾刻之知服齋，惟其書甚簡略，得此庶可掩襲前編，蓋數百年祕笈、若隱若見，葉氏有所不知，何時流出，展轉入廠估手，竟歸吾家，書福可云不薄矣。每卷第一葉均有“王氏元伯”朱文章、“王氏家藏”朱文章，葉氏未有論及。伯驥檢《江南志》，知王氏實爲元人，細察圖記其文字，刀法亦是元時風氣也。《志》云，王元伯，金壇人，四世不異爨，家人百餘口無間言，日使諸女婦聚一室爲女工，畢斂貯一庫室，無私藏。兄宣伯卒，以家事付兄子軌，軌辭。元伯曰，若宗子也，宗子宜主之，相讓既久，卒以付軌。縉紳之家，咸自謂不如。至元間，旌表其門。噫，淳行可風，遺書不益可寶乎！端方，託活絡氏，號午橋，又號陶齋，涇陽人，藏金石、經籍至富，金石曾編目，而經籍闕如。丁氏八千卷樓之書得歸於江南圖書舘者，陶齋力也。所遺《忠愍公奏稿》十六卷中，亦有言圖籍事者，葉鞠裳《藏書紀事詩》應續斯人。伯驥所撰《滿人漢化史》則已詳之矣。至葉氏謂惺吾誤新刊爲舊槧，恐未必實有其事，文人相輕，自昔云然，蝕腦蠛肝，其細已甚。《晏子春秋》曰，東海有蟲巢於蠓睫，再乳再飛，而蠓不爲驚。臣嬰不知其名，而東海漁者命曰焦冥。孟子曰，戒之，戒之，出乎爾者，反乎爾者也。此書每卷一册，上中下三卷，共分三册，册首題字，陶齋以泥金絹手書之，蓋與宋周密《癸辛雜識》所言廖群玉諸書之裝襯畧同，旌寵此書，亦云至矣。東莞莫伯驥記。

## 茅山志十五卷 明永樂重刊元本，錢青文舊藏。

前題上清嗣宗劉大彬造。大彬，元道士也，錢唐人，號玉虛子。前有趙氏序，略云，皇慶改元，制賜茅山四十五代宗師劉大彬洞觀微妙玄應真人。後五年，襃封三茅真君，徽號各加二字，曰“真應”、曰“妙應”、曰“神應”。仍敕三峯爲觀，曰聖祐、曰德祐、曰仁祐。明年，傳壇之玉印久湮，至是復出，有司上其事，奉旨嘉畀本山，於是神人以和。凡經錄、棟宇百廢之宜飭治繕完者，宗師得以悉其力焉。又病夫《山志》前約而後闕也，乃囑諸入室弟子采集成書，來徵予序。閱其所載，詔誥之隆，仙真之異，洞府之邃，壇籙之傳，人物之偉，樓觀之盛，山水之清，草木之秀，碑刻之紀，題詠之工，莫不臚分類析，粲然大備。按，茅山本句曲山第八華陽洞天，第一地肺福地。漢茅君昆季栖真，風靈蹟鬱，爲寰宇之名山，神靈之區奧也。皇元治尚清静，自版圖歸職方氏，主壇席者徵至闕下，優降璽書，金湯其教，至宗師始顯被恩數，度越前躅。蓋山水之氣，發舒於休息既久，亦宗師之道行升聞，寂通之妙，其在斯乎。顧《山志》不可不輯，而丕覬不可無述也。泰定甲子，集賢大學士光禄大夫西秦趙世延序。次有吳氏序，略云，欽惟皇元之有天下也，首崇清静之道，以開泰平之基，是以方外祠臣特蒙簡注，恩輝炫焯，表章山林，若不著爲成書，後世何以考見！顧余斯語，名山實聞。至大庚戌，予以祀事至茅山，因閱其山之舊志，遺闕甚多，嘗以語之四十四代宗師牧齋王真人。未幾，真人傳真，《山志》无所聞。後五年，復祀其山，又以語之嗣宗師劉真人。十又三年，爲泰定丙寅，今天子用故事醮其山，予實代理，始獲覩其成書，凡十有五卷。自漢、晉而下及齊、梁、唐、宋之書，搜括无遺。其首篇曰誥副墨，則國朝所封三真君制詞、三峯觀賜額勅書具在，皆予所奏請者。其末篇曰雜著，則有仁皇用先開府張公所奏，還賜玉章始末，前後凡二十年始成。泰定丁卯，特進上卿玄教太宗師吳全節序。次有劉氏叙録，略云，句曲有記尚矣，宋紹興二十年，南豐曾恂孚仲、昭臺道士傅霄子昂脩《山記》四卷，所書山水、祠宇，粗録名號而已，考古述事則尤略焉。大彬登壇一紀，始克修證傳宗經籙，又五載而成是書，凡十二篇，十五卷，題曰《茅山志》。大元天曆元年，嗣上清經籙四十五代宗師洞觀微妙玄應真人劉大彬序。全書以漢、齊、梁、唐詔誥爲第一篇上卷，即卷第一；宋、元詔誥爲第一篇下卷，即卷第二；茅君

真胄爲第二篇,即第三卷;以山水、洞山、磴、橋、亭爲第三篇,即卷
第四;以壇井、池臺爲第四篇,即卷第五;以道經、圖錄、道書爲第五
篇,即卷第六;以聖師七傳宗師四十五傳系代,虛其左方,即卷第
七;男真、女仙爲第七篇,即卷第八;高士、女官爲第八篇,即卷第
九;宮觀、山房、庵院爲第九篇,即卷第十;神芝、奇藥、名木、異卉爲
第十篇,即卷十一;梁、唐碑爲第十一篇上,即卷十二;宋、元碑爲十
一篇下,即卷十三;齊、梁、唐詩爲十二篇上,即卷十四;宋詩、元詩、
雜著爲十二篇下,即卷十五。半葉十三行,行二十三字。第十四卷
後有“吳興朱德明刊行”,末有“金華道士錢唐西湖隱真庵開山何
道堅施梓”一行。明李氏日華《六硯齋筆記》云,《茅山舊志》前元
四十五代宗師劉大彬編,句曲外史張伯雨手書,刻之甚精,國初燬
于火,此則從元本重雕者也。徐康《前塵夢影錄》云,元代不但士
大夫競學趙書,如鮮于困學、康里子山,即方外如伯雨輩,亦刻意力
追,且各存自己面目。其時如官本刻經史,私家刊詩文集,亦皆摹
吳興體。至明初,吳中四傑高、楊、張、徐,尚沿其法,即刊板所見,
如《茅山志》《周府袖珍方》皆狹行細字,宛然元刻,字形仍作趙體,
沿至《匏庵家藏集》《東里文集》,仍不失元人遺意,是徐氏固心愛
此種刻本矣。各卷首有“錢印王炯”朱文章。王炯,蓋竹汀祖也。
《嘉興縣志》卷十九云,王炯字青文,一字陳人,諸生,博學好古,旁
通術數,尤精音韻之學。或舉《滕王閣詩序》“蘭亭已矣,梓澤丘
墟”,爲屬對不倫。王炯謂已矣叠韻,丘墟雙聲,各自爲對。如庾
子山《哀江南賦》云,“陸士衡聞而拊掌,是所甘心,張平子見而咞
之,固其宜矣”。掌與心對,之與矣對,亦即此例。

## 武林舊事六卷 寫本,黃蕘圃題記。

前題四水潛夫輯。末有跋云,杭郡地卑隘不可以國,宋高宗南

播，樂其湖山之秀、物產之美，遂建都焉，傳五帝，享國百二十有餘年，雖曰偏安，其制度禮文，尤足以彷彿東京之盛。可恨者當時之君臣忘君父之讎，而沉酣于湖山之樂，使中原不復，九朝爲墟，數百載之下讀此書者，不能不爲之興歎。書凡六卷，四水潛夫輯。潛夫亦不知爲誰，其紀武林之事，較他書爲備，因命工刊置郡庠，俾博雅者有攷焉。武林，杭郡名。正德戊寅孟夏，巡按浙江監察御史奉天宋廷佐題。次有杭州知府留志淑跋云，《武林舊事》凡若干卷，南宋氏百二十餘年之典章、儀物、習尚、風流盡於此矣。而其彌文之勝情，宴安之溺志，固非有國者所以昭德而塞違也。天下大事，卒不可復圖，果天耶！人耶！侍御奉天宋公命志淑鋟梓以傳，豈特備參訂、資博洽，補史記之遺而已，蓋有風人之義存焉，觀斯集者，當有得之。護葉有蕘圃墨筆題字，云《武林舊事》六卷，本爲明正德宋廷佐所刻，余向亦有之，因非十卷本，與坊友易書，不知流落何所矣。既而校勘群籍，始知書舊一日，則其佳處猶在，不致爲庸妄人删潤，歸于文從字順，故舊刻爲佳也。此本出宋廷佐本，雖不知影鈔與否，而佳處尚存，是可信矣。近校錢述古本，取此相勘，如祭埽條之“淚粧”，禁中納涼條之“御笠”，諸字未經泯滅，故特表而出之，以著此本之善云。辛未秋日，復翁識。又云，鮑氏刻入《知不足齋叢書》中之《武林舊事》，據惠紅豆家鈔本，然參校者，六卷以前據宋廷佐本，七至十卷則據《寶顏堂祕笈》本。余欲尋訪《祕笈》本，坊間竟蔑如也。昨歲大除，往五柳居晤語，主人以新收全部《祕笈》對，即從之借《武林舊事》歸。自一至六，題曰《前武林舊事》，末載留跋，所據亦宋廷佐本也。其續刊者，別標《後武林舊事》，分卷一至五，末附弘治人跋，其書起綦待詔已下爲一卷，以乾淳奉親之事起至末，爲二、三、四、五卷。余玩鮑叢書跋，知綦待詔云即卷六文而佚之者，因誌其《祕笈》卷第如此。壬申歲初二日，

丕烈識。伯驥檢繆刻本蕘圃題識,知黃氏別有十卷校本,首有元人
識語云,《武林舊事》乃弁陽老人草窻周密公謹所集也,刊本止第
六卷。山中仇先生所藏本終十卷,後歸西河莫氏家。余就假於莫
氏,因手鈔成全書以識歲月。至元後戊寅正月,忻厚德和父。讀
此,知此書有六卷、十卷之別。張氏《愛日精廬書目》所藏鈔本,亦
有此識語,亦十卷也。此書撰人題曰泗水潛夫者,實爲周密別號。
徐氏《紅雨樓題跋》云,《武林舊事》六卷,題曰泗水潛夫輯。正德
中浙江巡按御史宋廷珪刻之跋語云,潛夫不知爲誰。余攷《七修
類稿》,載元人周密,字公謹,居齊,作《齊東野語》。居杭癸辛街,
作《癸辛雜志》,自號泗水潛夫。又嘗居華不注,號弁陽老人。以
周子窻草不除,號草窻。《類稿》不言其作《舊事》,余考泗水潛夫
即密也,當是居杭日所著耳。又朱竹垞云,周公謹氏寓居西吳,自
稱弁陽老人,而《武林遺事》題曰泗水潛夫者,《研北雜誌》謂即公
謹。見朱氏《樂府補題序》,可參證也。又鄭元慶《湖錄》云,四水
者,湖城以苕水、餘不水、前溪水、北流水合而入於郡霅溪,故名四
水,舊人詩“四水交流霅霅聲”是也,是泗水又可稱四水矣。興公
謂刻此書者爲宋廷珪,而蕘圃則云廷佐,待考。目錄前有“玉音潛
心著述”、“静觀樓”、“麋見亭讀一過”、“歸安陸樹聲叔桐父印”
章、“翼詵堂法書名畫記”、“張公之束”各章。公束名鳴珂,一字玉
珊,嘉興人,拔貢,官江西知縣。有《説文佚字考》《寒松閣集》。

## 中吳紀聞六卷 何義門、馮雲伯校毛刻本。

宋龔明之撰。明之字希仲,號五林居士,崑山人,紹興間以鄉
貢爲高州文學。淳熙初,舉經明行修,授宣教郎,賜緋魚袋致仕。
是書成於淳熙九年,明之年已九十有二矣。其自序略云,幼事王父
母,每講論鄉之先進誨化當世者,未嘗不注意景仰。少長,從父黨

游，皆名人魁士，從事虞庠，同舍亦多文人行士，揭德振華，咸可以紀，口授小子昱鈔其大端，不惟可稽往迹資談柄，其間有係王化關士風者，皆新舊圖經及《吳郡志》所不載者，至於鬼神、夢卜、談諧、嘲謔亦録而弗棄云。書久罕傳，元至正二十五年，武寧盧熊訪得之，明崇禎時毛晉校刻，然有脱誤。此爲何義門、馮雲伯校毛本，改正一百三十餘處，多翟超一則，遂爲此書善本。焯字屺瞻，晚號茶山，江蘇長洲人。先世以義門旌，學者稱義門先生。康熙中，官編修、直武英殿修書，長於攷訂，所居曰賚硯齋，多蓄宋元舊槧，互證參稽評校之書，爲世推重。所傳者《義門讀書記》十八種五十八卷，文集十二卷，其校定兩《漢書》《三國志》最有名。乾隆五年，從禮部侍郎方苞請，令寫其本付國子監，爲新刊本所取正。見沈氏《果堂集》卷十一。又，徐松《義門小集跋》云，曩者覃谿先生與予論虞永興廟堂書，言國朝人善學虞書者惟何義門，嘗欲表章其著作而未果。因言義門生於順治十八年二月二十七日，初字曰潤千，一號無勇，因哭母更字屺瞻，而印章則作“峓瞻”。爲人短小麻鬚，綽號袖珍曹操。又有“焄”字紅文圓印。幼時頗魯，因遊道院，見胡蝶飛而心開，始學於邵僧彌。年二十四，延閻百詩主其家，刺取閻氏之説以箋《困學紀聞》。其書法得虞山馮定遠氏父子之傳，後有姚薏田最私淑義門云。義門嘗從常熟翁叔元學，翁承明珠意，劾湯斌而奪其位。義門以此登翁門謾罵，索回門生帖乃已，亦可見其風裁之嶽嶽也。叔元號鐵庵，官至刑部尚書。六十五歲時，撰《年譜》一卷。生平佞佛，邀福以往生西方告二子，誰謂其知大體乎？記此以見其時所謂大臣者。江藩《舟車見聞録》所記何氏事實亦詳，此略之。馮登府字雲伯，號柳東，浙江嘉興人，嘉慶進士。官至寧波府教授。著《石經補考》《三家詩異文疏證》《論語異文攷》《金石綜例》《浙江甎録》《石經閣文集》《拜竹詩龕詩存》。前人謂其早歲潛心古學，於《易》悟爻辰，

《書》信今文，《詩》總三家，《禮》兼《大戴》，《春秋》參《三傳》，以至《論》《孟》《爾雅》之屬，皆各有成書，而聲音詁訓尤爲深邃，能發前人所未言，而并糾其紕繆，成《十四經詁問答》六卷。儀徵阮氏深重君經學云。有《柳界勘書圖》，《繼雅堂詩集》十八有《趣圖詩》，他文集亦有之。蓋雲伯固長於校勘也。

## 宣和奉使高麗圖經四十卷彭氏知聖道齋寫本。

宋徐兢撰。護葉有彭文勤朱筆識語，云宋與高麗往來由登州，後以遼阻，改用明州。今寧波。兢奉使在宣和四年，進書在六年，時已得燕山，而北道不通，故書中約署其詞曰，由燕山路陸走三千七百九十里而已。方王俣病，求醫於宋，留二年遣還。楷附言約金滅遼之不可，當時外邦議論如此。而採風入告者，方侈言天德地業，萬國畢朝，庸詎知越一年，而金師至汴城下，道君内禪，南走以循，至靖康之事也。考《朝鮮史略》，與書中世系不同，武弟曰堯，曰昭，伷爲武子，誦爲伷子，而運之子曰昱。《宋史》與此合，而無隆、欽、亨三王，蓋當仁宗以後，絕不通者四十三年中事也。庚子九月望，校竣漫記。芸楣。按：彭元瑞號雲楣，南昌人，乾隆進士。曾充四庫全書舘副總裁，官至工部尚書，協辦大學士。卒，諡文勤。著有《恩餘堂稿》，附刻書跋。此書前有奉議郎充奉使高麗國信所提轄人船禮官賜緋魚袋徐兢自序，略云，臣聞天子元正大朝會，畢列四海圖籍於庭，而王公侯伯萬國輻湊，此皆有以揆之。故有司所藏嚴悆特甚，而使者之職，尤以是爲急。所以一人之尊，深居高拱於九重，而察四方萬里之遠，如指諸掌。乘軺軒而使邦國者，其於圖籍固所先務。矧惟高麗在遼東，非若侯甸近服，可以朝下令而夕來上，故圖籍之作，尤爲難也。皇帝天德地業，畢朝萬國，乃眷高麗，被遇神考，益加懷悚，遴擇在廷，將命撫賜，恩隆禮厚，前未之有。

時給事中臣允迪以通經之才、超世之文,取甲科,耆宿望,中書舍人臣墨卿學問高明,見於踐履,恪守忠孝,臨事不回,並命而行,非獨其執節專對,不減古人之睿使,而風采聞望,自足以壯朝廷之威靈,聳外人之觀聽。命拜未行,會聞王俁薨,遂以奠慰之禮兼往。臣愚猥承人之乏,獲聯使屬之末,事之大者固從其長,而區區得以專達者,又不足以補報朝廷器使之萬一,退而自訟曰,周爰咨詢,歌於皇華之詩,則編問以事,正使者之職。謹因耳目所及,博采衆說,簡汰其同於中國者,而取其異焉,凡三百餘條,釐爲四十卷。物圖其形,事爲之說,名曰《宣和奉使高麗圖經》。臣嘗觀崇寧中王雲所撰《雞林志》,始疏其說而未圖其形,比者使行,取以稽考,爲補已多。今臣所著《圖經》,手搜目覽,而遐陬異域,舉萃於前,蓋倣聚米之遺制也。臣愚在高麗緫及月餘,授館之後則守以兵衛,凡出館不過五六,而驅馳車馬之間,獻酬尊俎之上,耳目所及,亦粗能得其建國立政之體、風俗事物之宜,使不逃於繪畫紀次之列,非敢矜博洽飾浮剽,以塵冕旒之聽,蓋撮其事實,以復於朝,庶少逭將命之責也。有詔上之御府,謹掇其大槩,爲之序云。宣和六年八月日。次有兢姪藏識語,謂刻是留澂江郡齋,來者尚有考。蓋乾道間,嘗有刻本也。伯驥按:文勤識語稱,高麗往來由登州,後改由明州。攷《唐書·地理志》,玄宗開元二十六年,江南東道採訪使齊澣奏以越州之鄮縣置明州,《唐會要》亦載其事。《宋史·高麗傳》,高麗往返皆自登州,其臣金良鑑來言欲遠契丹,乞改途由明州詣闕,從之。而《寶慶志》稱,明州始困供頓。《玉照新志》云,熙寧間,中書省劄子:奉使高麗船,第一隻號凌虛致遠安濟神舟,第二隻賜號靈飛順濟神舟,亦造於明州。元豐三年,高麗使朴寅亮至明州。見《澠水燕談》。元豐七年,明州置高麗司,墾州之廣德湖田。見《寶慶志》。欽宗靖康元年,高麗遣使入貢,既至明州,會京師多難。見

《宋史·欽宗紀》《衛膚敏傳》皆可證也。前清天禄琳琅有宋乾道三年刊本，即兢從子葳鏤版，置澂江郡齋者，卷一第四葉、卷八第五、六葉並缺，前人補鈔，其見於各家藏目者，多是寫本。昭文張氏愛日精廬有毛斧季校宋本，後歸常熟瞿氏，書末有毛跋，所云闕葉亦與此同。聞高麗有槧刻，若吾國刊本，則有海鹽鄭休清、長塘鮑渌飲二家，鄭本不知何出，鮑本則依舊鈔，參之鄭刻，錯簡脱漏往往有之。蔣生沐《斠補隅録》曾及此書，今則故宮所藏宋本已付景印，可取以爲校訂矣。近人段氏有宋刊《宣和奉使高麗圖經校記》二卷，知不足齋本以宋乾道本校，計第二十七卷西郊條，補入二十字，儒學條脱二百七十三字。吾家藏高麗人鄭麟趾撰《高麗史》，衰然巨編，藏家稱爲秘要，亦爲知聖道齋寫本，當再詳之。

## 東國通鑑五十六卷從日本刊本傳録。

　　明高麗純明亮佐理功臣崇政大夫達誠君兼弘文館大提學藝文館大提學知經筵春秋館成均館事徐君正等撰。前有徐氏等《進東國通鑑箋》，略云，歷觀條史之規，或以編年爲本。《通鑑》託始於涑水，祛馬《史記》傳之冗長；《綱目》發揮於晦菴，得麟經袞鉞之奧妙。少微因之作《節要》，劉剡述而著《長編》，雖紀載詳略之殊，其體裁、義例則一。念我朝鮮有國，古稱文獻之邦。檀君並立於唐堯，民自淳而俗自朴；箕子受封於周武，過者化而存者神。然古籍之無徵，豈空言之可載！迨罕郡瓜分之後，及以府幅裂之餘，諸韓蜂起而寖衰，三國鼎峙而割據。新羅肇基東土，三易姓而歷年最長；麗、濟皆出朔方，兩立國而境壤相接。然各誇强而詫大，曾不息兵而善鄰，時干戈之相尋，日疆場之自戚。考隆替有遲速之異，論得失無彼此之分。第國乘之僅存，而文理之或鑿，事涉不經而荒怪，語多無稽以繆悠，雖再經先儒之校讐，猶是襲本史之疎漏。泰

封自絕，麗祖乃興，經營四方，剗羣雄而耆定，削平二國，合三韓以
爲家，二十代籙既傳子而傳孫，五百歲期間或治而或亂，簡策俱在，
臧否焉逃。時運已窮於前朝，曆數竟歸於真主。太祖康獻大王握
符興運，稽古彌文，法漢祖收秦圖書，體唐宗購隋典籍，命搜勝國之
史，以備祕府之藏。逮三宗之相承，宣重光而致治，乃設史局，乃掌
編摩，有全史既蒐剔而包羅，有節要復研劇而簡切，更數紀而告訖，
爲一代之成書。世宗惠莊大王慨我國雖有舊籍，無長編可擬前修，
方金櫃之欲紬，遽鼎湖之云邈。恭維主上殿中，研窮至理，恢廓先
猷，《通鑑》之成，適當今日。臣等俱讁薄之孱質，叨奉撰述之綸
音，博採羣書，裒爲巨帙。凡例皆倣於《資治》，大義實秉乎《春
秋》，上下千四百年，前者覆而後者戒，彙粹五十六卷，義欲正而辭
欲嚴。成化二十一年乙巳七月二十六日。次有成化乙巳李克墩
序。伯驥按：《進書箋》稱檀君並立於唐堯，今據高麗人李敬一《聽
軒遺稿》卷二云，《東京志》所載六部大人，皆從天降，蓋因神人降
于太山檀木下，而爲檀君，與蘿井部卿遂爲佐命功臣之說，沿襲而
爲此云云，然則此事固彼中之神話也。又《東國史略》卷一云，檀
君名王儉。《古紀》云檀君與堯並立，至商武丁八年爲神壽四千十
八，然《權近應制詩》云"傳世不知幾，曆年會過千"。蓋傳世歷年
數，非檀君壽也。唐言雞貴，即高麗國也。共事雞神，首戴雞翎，故
云雞貴。見慧琳《音義》。可證彼邦神奇之說，固不少矣。

## 職方外紀五卷 明刊本。

　　前題西海艾儒略增譯，東海楊廷筠彙記。艾儒畧，義大利人。
明萬曆四十一年東來，清順治六年，卒於我福州。遺著有二三十
種，其中《楊淇園行畧》，當是廷筠事狀，利瑪竇始進《萬國圖志》於
明廷，而龐迪我奉命翻譯，旋由艾氏以龐舊本增補潤色成此書。

《職方外紀》者，蓋以所言皆中華以外之風土，爲自古輿圖所不載，"職方"二字，則采吾國《周禮·職方氏》辭意。今我國國立歷史博物館尚藏利氏繪《坤輿萬國全圖》、利氏畫象，及湯若望、南懷仁所制儀器，而此書除原刻外，更有《守山閣》《墨海金壺》《龍威秘書》諸叢刻本，頗不負諸賢當時千里而來告之以善之厚意也。呂調陽重刊《海録序》稱，中國人著書談海事遠及大西洋，自謝清高始。《嘉應州志》卷二十九記謝事，蓋距利艾述作已二百年矣。意大利羅雅各、葡萄牙馬若瑟著《楊淇園行跡》，二人皆以前清乾隆三年卒於澳門云。題西海者，《漢書·西域傳》大秦國在海西，亦曰海西國。其人民皆長大，正類東國，故謂之大秦，又稱秦海。注：大秦國在西海西，故曰秦海。《後漢書·西域傳》，桓帝延熹九年，大秦王安敦遣使自日南徼外獻象牙、犀角、瑇瑁，始乃一通焉。按：安敦，古羅馬帝名，即奧理畧。《北史·西域傳》，大秦國一名犁軒，都安都城。按：安都即安提阿，爲叙利亞之古都，南北朝時地屬東羅馬，皆可證也。魏魚豢《魏畧》云，大秦國在安息、條支之西，其國在大海之西，故俗謂之海西。至《職方外紀》之拂菻，亦即東羅馬帝國。《唐書·西域傳》，拂菻，古大秦也，東接波斯，地方萬里，若《後漢書》永寧元年，撣國王雍由調復遣使者詣闕朝賀，獻樂及幻人，自言我海西人，則泛言之。《隋書·倭國傳》所云，大業三年，其王多利思北孤遣使朝貢。使者曰，聞海西菩薩天子重興佛法，故遣朝拜。明年，上命文林郎裴清使於倭國，其王與清相見大悦，曰，我聞海西有大隋，禮義之國，故遣朝貢。此則以吾國爲海西矣。利艾等以爲四海皆兄弟，天涯若比鄰，種族何分，疆域偶别，故自題海西，而以東海目華夏人士，此或當時真意也。清初，比利時人南懷仁撰《新製靈臺儀象志》十六卷，則題治理曆法極西南懷仁著，極西二字，似不如西海之有歷史意味矣。今日渡大西洋者橫斷地中海而西，約七八日即至直布羅陀海峽,地中海之西極也。署曰極西亦云實情,惟以此爲名詞,固不如西海。先是意大利人利瑪竇爲耶穌會之傳教師,萬曆八年至廣東,易華名利西泰,後入北京,建天主教堂,從事傳教。朱氏《曝書亭集・書馮尚書題首善書院詩後》云,萬曆二十九年二月庚午朔,天津河御用監少監馬堂進大西洋利瑪竇所貢土物,時先文恪公以禮部侍郎掌本部尚書事,疏言《會典》祇有西洋瑣里國,無所謂大西洋,其真僞不可知。又寄住二十年方行進貢,與遠方慕義獻琛者不同,且所貢天主、天主母圖既屬不經,而行李中有神仙骨,夫既稱神仙,自能翀舉,安得遺骨。乞速勅還歸國,勿許潛居兩京與内監交往,以致別生支節,眩惑愚民。疏進,不報。迨天啓初元,鄒忠介、馮忠定同官都察院,都人建首善書院於大時雍坊,爲講學之所。二年,御史倪文煥詆爲僞學,是歲毀先聖栗主,燔經籍於堂中,踣其碑。西洋人湯若望以其國中推步之法證《大統曆》之差,徐宫保光啓篤信之,借書院作曆局,遂踞其中,更名天主堂。按朱氏言,當是其時實事,我無講學之爭,彼或須再施强聒之力。阮氏元云,自明季空談性命,不務實學,西人起而乘其衰,其言是矣。神仙骨當是利氏欲以新醫學教人,骨蓋實習時要品也。讀朱氏疏言,頗憶清季天津妄傳挖目於孩體以爲藥之教案。阮語見《疇人傳》。**利通中西文字、天算、輿地、醫藥之學,神宗甚器重之。大臣中徐光啓、李之藻與爲友,著譯《乾坤體義》《幾何學原本》等書,中國之有西算,自利氏始。**《幾何原本》六卷,利氏口譯,徐氏光啓筆述成書,尚在徐任曆事之前二十三年。歐人有名著作譯爲漢文,此書其先河也。漢人許可歐人學術之確有價值者,亦以此書爲最先。徐之序此書也,有曰由顯入微,從疑得信,不用爲用,衆用所基,真可謂萬象之形囿,百家之學海,可謂之上加一真字,與詩人之詞,文家之筆,區以別矣。幾何學發明在二千五百年前,作者歐几里得約與我國孟子同時,生於埃及之亞歷山大里亞。幾何學,名爲大量田地之意,希臘文也,蓋希臘人退科斯時代,已成專科。《墨子經上篇》有幾何界説若干條。清錢塘袁牧謂,西洋國有算法,書名幾何,乃春秋時冉求所造,今在海外,而中國無之。真囈語也。**利之在都也,神宗命給廩賜第,時徐氏官禮部尚書,乃率湯若望等**,湯若望,德人,字道未。從天主教,精曆算學。明天啓二年,傳教來華,習中國語言文字。由徐光啓薦官翰林,入清爲欽天監監正,改曆法,自此始著曆法西傳新法表異。順治初,湯與比人南懷仁供職欽天監,以西洋新法頒行時憲書。歙縣楊光先上書攻其謬,乃罷湯等。湯怨之,知曆算非楊所長,乃搆通朝臣,請以楊爲欽天監以陷之。

楊輯前後所撰書狀論疏爲上下卷,名曰《不得已録》,蓰任後,斥西法不用。康熙間,卒因論閏法不合,遣戍。借首善書院修曆,署曰曆局。而義人龍華民又與利、湯等先後同撰《新法算書》,崇禎末始成,此書則天啓間脱稿也。前有楊廷筠序,略云,方域大矣,其間位置馮生,日新富有,在一方即有一方物用,滿足周匝,不相假貸,是孰使之然哉!有大主宰在也。《楚辭》問天地際,儒者不能對。西方之人獨出千古,開創一家,攷圖證説,歷歷可據。揆厥所由,西國有未經焚劫之書籍,有遠游窮海之畸人,其所聞見,比世獨詳。是編所摘,猶是圖籍中之百一,即彼國圖籍中所紀,又是宇宙中之萬一。次有海虞瞿式穀識語云,吾夫子作《春秋》攘夷狄,亦謂吳楚實周之臣,而首奸王號,故斥而弗與,非謂凡在遐荒,盡可夷狄之也。試觀嵩高河洛,古所謂天下之中,自嵩高河洛而外,皆四夷也。今其地曷嘗不受冠帶而祠春秋,何獨海外,不然,則亦見之未廣也。常試按圖而論,中國居亞細亞十分之一,亞細亞又居天下五分之一,則自赤縣神州而外,且十其九,而戔戔持此一方,胥天下而盡斥爲蠻貃,得無紛井蛙之誚乎!次有錢唐許胥臣識語。次有天啓三年西海艾儒略識語云,昔神皇盛際,聖化翔洽,無遠弗賓。吾友利氏齎進《萬國圖志》,已而吾友龐氏又奉繙繹西刻地圖之命,據所聞見,譯爲圖説以獻,都人士多樂道之者,但未經刻本以傳。迨至今上御極,駸駸乎王會萬國之盛。儒略不敏,幸廁觀光,慨慕前脩,誠不忍其久而湮没也,偶從蠹簡得覩所遺舊稿,乃更竊取西來所攜手輯方域梗概爲增補,以成一編,名曰《職方外紀》。淇園楊公,雅相孚賞,又爲訂其蕪拙梓以行。所願戴天履地者,溯流窮源,循本求末,言念創設萬有一大主宰,而喟然昭事之是惕,則卮言薈粹,其不貽説鈴之誚乎!伯驥按:前明天啓元年,南京禮部部員余懋孳、徐如珂等參劾徐光啓、李之藻、楊廷筠爲邪教首領,蓋楊初與佛教頗相接近,以之藻誘掖,乃奉天主教焉。《正教奉褒》卷一云,統計奉教者有數千人,其中宗室百有十四,内宦四十,顯要十四,貢士十,舉子十一,秀士三百有奇。其文定公徐光啓、少京兆楊廷筠、太僕卿李之藻、大學士葉益蕃,右參議瞿汝說、忠宣公瞿式耜爲奉教中尤著者。楊氏《代疑編》云,利氏入貢已五十年,乙卯以前朝貴咸尊利氏學,以序贊相贈,如同文紀所載,推評楊詡,且擬於聖,何曾有疑。楊氏《龐迪我七克序》云,夫崇欽天主,即吾儒昭事上帝也。愛人如己,即吾儒民吾同胞也。而又曰,一曰上見主宰之權至尊無對,一切非鬼而祭,皆屬不經,即夫子所謂獲罪於天,無所禱也。《代疑編》又云,西洋典籍最重者爲聖學,其次人學,皆格物窮理之事。其次憲典、曆法、醫理、兵事,大都非説理則記事,所以有益民生,可資日用。其詩賦詞章雖亦兼集,上不以此取士,士不以此自見。蓋楊時之崇外教者,率以教義爲先,而諸學其後焉者也,故其言如此。康熙二十年,張廣、韓霖合撰《聖教信證》一卷,光緒九年,黃伯録《正教奉褒》二卷,皆可證中國天主教史跡。若錢氏《絳雲樓書目》中有天主教一類,則目録學也。楊序所謂大主宰,蓋亦此意。清惲氏敬《大雲山房初集》云,《職方外紀》言極北有魚鳥國,半年無日,其地離南陸甚遠,日行南陸爲地氣所障,故秋分後無日。《臺郡雜志》言海中有暗噐,亦半年無日,蓋其地極南,離北陸甚遠,日行北陸則爲地氣所障也。北史稱,北方日入,尚見博烹羊肼,熟,日已東升,地當在魚鳥國之南,地氣尚不障日,而地之圜體漸迤漸小,故日行空中之時多,入地平之時尚少耳。卷一。按古游記及談瀛遺著,如晋法顯《佛國記》,近日岑仲勉則考釋之。宋趙汝适《諸蕃志》,則沈曾植、馮承鈞等迭有考論。錢塘丁謙撰《地理學叢書》,其第二集爲《穆天子傳》,法顯《佛國記》、辨機《大唐西域記》、耶律楚材《西游録》、長春真人《西遊記》、圖理琛《異域録》等之地理考證。光緒間,丁氏贈稿於浙江圖書館板行，艾氏此書倘再得如岑、馮諸君子者加以改攻精研，亦吾人所延頸鶴望也。《佛國記》一種，據僧佑《出三藏記集》著録，則題《佛遊天竺記》。岑氏謂，清嘉慶末，德人克氏獲見其本，爲法儒黎氏草譯稿後半部。黎氏法繙，遂以道光中葉在巴黎行世，於是始傳於歐洲云。《大唐西域記》爲世界名作，各國學者與《慈恩法師傳》同有譯注，蓋此數種皆爲印度史料之可寶者也。沈氏於《佛學記》及唐樊綽《蠻書》、元朱德潤《異域説》、元汪大淵《島夷志畧》等書，均有校注箋釋。黄遵憲詩“懷仁久熟坤輿志，法顯兼通佛國言”。蓋懷、沈之作，沈氏爲學大綱，海寧王國維頗詳集中著述細目，其弟子王蘧常編之成册，日人西本所爲小傳，則似未能明確也。近時研求域外地理者，每依據《諸蕃志》，幾成專學，以其與諸書無大牴牾。即如日本條云，亦有中國典籍如五經、《白樂天集》之類，皆中國得之，而《宋史》四九一《日本傳》則云，國中有五經書及佛經、《白居易集》七十卷，並得自中國，是其一例。聞沈氏於此書寢饋有年，惜已散佚。德人夏德嘗爲歌侖比亞大學設中國學講座，任教授，著有《諸蕃志譯注》、馬驌《繹史》譯本等書，歐人頗喜讀之。此又東學西漸之一事矣。吾國《僞古文尚書》有《胤征》一篇，記夏仲康時日食。數十年前，歐人漢學家嘗因此而爭辨，當時彼中漢學研究者，不知此篇爲東晉晚出之書，屢爲清初太原閻若璩及元和惠棟諸人疏證其僞，已成定論，故有此無謂之斷斷。又比利時之柏應理，曾於公曆一六六二年在我國江西建昌印行其所著之《中國箴言》，此書以《大學》及《論語》中之要言譯成拉丁文字。當時陳確之《大學辨》，柏或未聞其説，故有此作。陳氏之言曰，《大學》首章非聖經，其傳十章，非賢傳，決非秦以前儒者所作。蓋陳卒於公曆一六七七年，年七十四歲，而此書則著於卒前二十年上下，其時書雖已成，知之者鮮。陳，海寧人，全謝山稱之爲畸士。此種言論雖迭經黄梨洲、張楊園、劉伯繩等駁斥，然此外朋游固甚寡，且此新説又未必示諸人人也。儒家之政治主張，以倫理之道德爲本，《大學》則以自己之脩養爲本，專從心理之建設言之，與孔子平時之言頗異，與孟、荀二大派亦歧趨。由今日觀之，宋儒采爲四子書，其研究態度亦殊可佩，然按以陳氏之考論，則爲僞之迹至明。但柏氏之書，當時亦至有價值，與辨論日食者自不同。竊嘗謂明末、清初之歐人，喜談我國哲學，後則頗嗜攷據，以此二事可畧知其概，安得通學綜貫而表解之！又，清光緒間，廈門辜鴻銘嘗以《春秋大義》及《中庸》《論語》譯成歐文，傳諸海外，孔孟之理，西哲不逮，辜之言也。王光祈《旅德存稿》稱，辜與德人某合著一書，提倡中國文化，一出而人多推服，儼然以辜爲中國文明代表。某學者並謂於戰前已察西洋文化之弊，大聲疾呼，而吾歐人始終不醒，以至今日，夫復何言？云歐美之中國學，已與埃及學、亞西亞學、印度學同一有味之研究。王氏之言蓋實事也。明之季，西洋人之航海東來者，皆喜以其國之學輸入吾國，而各書多所譯述。利氏言天地間有三行：曰水，曰火，曰土。又以氣爲一行，時人頗以爲誕妄。然吾國古籍，如歧伯對黃帝曰，大氣舉之。其後如葛稚川、鮑景翔均祖此説。宋邵子則曰，天依形，地附氣。與利説實無甚出入，而水、火、土三者，正相循環於無窮焉。不得以其説出自外人而不納也。清開四庫館，以紀昀爲總裁，紀曾函高麗人洪氏曰，西洋書入中國者祕閣皆有，除其算法書外，餘皆闢駁。見洪氏《耳溪集》中。此函正可爲當時拒絕外學之證，蓋主持學統者所謂微旨也。按：紀雖仰承上意，排詆新書，然亦不能禁人之全不繙讀，如上文所述之惲子居及後來作《元秘史》注者，皆嘗引及《職方外紀》，可知好新書者未嘗無人。然以帝王雷霆萬鈞之力，專制研究自由，而杜塞閼滯之，紀未嘗不分任其咎。梁任公稱，先後翻譯世界地理，乾嘉學者視同鄒衍談天，目笑存之，其説不大確。如歐人蔣友仁所譯《地球圖説》一卷，何國宗、錢大昕奉敕潤色，而阮氏文選樓刊之，知瀛海新聞固不尠樂道也。《説文》段注從木之字四百十九，從草之字四百四十二。清嘉、道間，固始吳其濬撰《植物名實圖考》，計一千七百十四種，已逾此數，現全世界植物總目可知者，則四十萬種以上，爲問漢人所撰字書何能名之。《墨子·經上下》諸篇，因有歐人哲學與印度因明學參證，其理始豁然大明，是則不獨益所知，且可通舊學矣，何爲拒之！美國總統羅斯福曾探險南非，其後遊南美時，發見新河流一，新人種一，獲鳥類一千五百餘種，獸類五百餘種，鱗介昆蟲之屬不可勝計，此行絕糧遇險，其事甚艱，然不以爲悔，人方患宇宙之隘，我反嫌知識之多，真奇聞矣。乾隆距今雖二百年，然國民性固振古不同，故成就因之而異也。讀此書諸序，復憶洪集、紀函，頗感於余心，輒嘗有所深瞋太息焉。往者佛學之入吾國也，其影響舊有之哲理與禮俗固甚多矣。然健陀羅之藝術，溯公元前二世紀間，曾盛行於印度河流域者，當吾國南北朝時，亦嘗隨佛學灌輸而藝術上頗多挹注。如宮庭寺宇之建築、銅鍮土石之雕刻，凡佛菩薩及人物形象，皆雄健豐碩，於是吾國故有爲之改觀，蓋由印度傳統之伎藝，加以孕育波斯、希臘之作風而後有此，而吾國乃保其舊而又其新是謀也。又以吾國明清間之學藝言之，如明時莆田曾鯨工寫真容，自利瑪竇來華後，每繪耶穌聖母象，曾氏目睹神游，參照其法，加以折衷，較初時尤增工妙，蓋重墨骨而後傅采，自成宗派。又常熟人吳曆，字漁山，號墨井，以畫名世，亦參采西法者，與四王及惲格號清初六大家，嘗居澳門三巴寺，著《三巴集》《澳中雜咏》。錢氏《疑年録》稱，漁山浮海不知所終，《琴川志》諸書亦如是，今其墓在烏程南城外。有碑載，康熙五十七年卒於上海，壽八十七。周中孚《鄭堂讀書記》載之。周，烏程人，當不誤。又徐渭仁《題漁山小像》云，余嘗於邑之大南門外，所謂天主墳中，見卧碑有“漁山”字者，因剔叢莽細視之，乃知爲道人埋骨處，命工扶植碑，中間大字文曰“天脩學士漁山吳公之墓”，兩旁小字文曰“公諱歷，名西滿，常熟縣人。康熙二十一年入耶穌教會，二十七年登鐸教，行教上海，疾卒聖瑪第亞瞻禮日，壽八十有七。康熙戊戌季夏，同會修士孟由義立碑”。徐字文臺，號紫珊，工畫花卉山水及竹，善漢隸，富收藏。而清初劉氏廷獻作《新韻譜》，能去等韻重叠之失，而兼攝萬有不齊之聲，取證四方土音，易於印正，其審音、定韻之法，多取資於域外，故於吾國舊音韻學頗多革新之論焉。《隋書·經籍志》云，自後漢佛法行於中國，又得西域胡書，能以十四字貫一切音，文省而義廣，謂之婆羅門書。劉氏所見與此頗有同異，然劉書不傳，僅全氏《鮚埼亭集》言其略。蓋創立新字母具其條理，則繼莊先生實有功績，今注音字母，采其遺意固不少也。凡此皆足證東西海之聖人心理相同，而閉拒黨妬，實有妨於融和翕受。老子曰，江海能爲百谷，王者以其善下而能容也。《楚辭·九歎》“同駕贏與乘駔兮”，注，馬母驢父生子曰贏贏者，馬牝驢牡所生似驢，而健於馬，則《爾雅翼》所釋也。蓋三王不同龜，四夷各異卜，然皆以決吉凶説。見《史記》。此一説也。唐白文公詩曰“大圭廉不割，利刀用不缺。當其斬馬時，良玉不如鐵。置鐵在洪爐，鐵銷易如雪。良玉在其中，三日燒不熱”。此又一説也。是以清聖祖頗采西來曆算之學，測天量地，不特官司用其術，並且躬爲研習，而喇提諾文字並能識之。喇提諾，今日拉丁文。當時法人之白進、凡爾堂人之張誠、留賚人之巴多明，每能操滿語，而爲學術政治之助。康熙二十八年，中俄訂尼布楚條約，立石黑龍江之西，以滿、漢、拉丁、蒙、俄五體文刻之，倘非西方人贊襄，恐不克辦。此大學士陳元龍著《格致鏡原》一百卷，自乾象以迄昆蟲凡三十門，每紀一物，必究其原委，考其制作，以資實用，與尋常類書不同。雍正初，漢軍鑲黃旗人年希堯，爲羹堯弟，著《視學精蘊》一卷，謂中土繪樓閣、器物，非取則於泰西，萬不能窮其理而造其極。因與郎廷極研究其源流，始知定點引線之法，於是苦思力索，補繪五十餘圖，並爲説以附之。其法或繪成一室位置，各物儼若所有，使觀者不知其爲畫。或繪成一物，若懸中央，高凹、斜正，面面可見，借光臨物，隨物成形，觀者皆指爲真物。希堯官至工部侍郎，精數學。而刑部尚書新城王氏亦通西算，喜讀迻譯之書，嘗與南懷仁把臂談海外大銅人，今讀其遺著，頗足見究討外學之精神，專就此節而言，倘四庫館開於康熙之世，得如文簡者爲之綜攬大綱，必能冶今古於一爐，本其平素虛懷，容納歐人學術，當不致《靈臺儀象志》一編亦遺，而不登於册府也。康熙末年，諸王相競耶穌會黨、太子喇嘛黨，雍正既失敗於外，又遭讒於羅馬，而傳教一事，乃竟爲西學輸入之一障害。此爲夏曾祐、蔣方震兩先生之言，見中華民國十年蔣序梁先生《清代學術概論》。曉嵐識力固甚，慚於徐文定，且不及於王文簡。伯驥嘗撰《佛學與西洋學輸入中國比較史》所由，對於紀氏，責賢者備歟！此書半葉九行，行十九字，既藏舊寫本《天學初函》，此爲刊本之一種，因別著録之。

## 職官分紀五十卷 舊寫本，
### 陳妙士、張石州、何子貞舊藏。

宋孫逢吉彦同撰。前有元祐七年秘書省校對黃本舊籍秦觀序云，職官之書，前世所著爲《漢官儀》《魏官儀》《唐六典》之類，而附見類書中者，如《御覽》《通典》《會要》之類又十餘家。咸平中，華陰楊侃采諸家之書,次有《職林》十一卷,號稱精博而斷自五代以前,不及本朝之事。元豐中,富春孫彥同取《職林》廣之,具載新制,又增門目之亡闕,凡五十卷,號《職官分紀》,古今之事備矣。范氏《閣目》史部第四十二葉,著録此書,略存秦序。清《四庫提要》以逢吉隆興元年進士,紹熙五年代朱子講詩,距元祐一百三年,秦序當出僞託,且《淮海集》亦無此文,顯然謬誤。陸氏心源以爲此五十卷所採各書,及所叙官制,均至神、哲時止,徽宗以後無一字,頗疑爲北宋人作,因而遍攷各書,知宋時孫逢吉有三:一蜀人,孟昶時爲國子《毛詩》博士,附《宋史·句中正傳》。一吉州龍泉人,字從之,隆興元年進士,官至權吏部侍郎,諡獻簡。《宋史》四百四有傳,生紹興五年,卒慶元五年。著有《静閟居士集》七十卷,《外集》三十卷。樓攻媿撰神道碑,不字彥同,亦不言著有《職官分紀》。一杭州富春人,字彥同,《浙江通志》有傳,即著此書者。伯驥按:宋王明清《揮麈録》云,李定同時有三人:其一字仲求,洪州人,晏元獻之甥,欲預賽神會,蘇子美以其任子拒之,致興大獄者;又李定,字資深,元豐中御史中丞,揚州人;又李定,嘉佑、治平以來以風采聞,徧歷諸路計度轉運使,官制未行,老於正卿,則濟南人也。同姓名録爲學古工具之一,存齋所考至確,足爲讀此書者之助,偶憶前聞附記之。所採《五代史·職官志》,爲薛《史》舊文。邵二雲輯薛《史》時,僅校内職一條,其餘尚未詳校,其採宋代事迹頗有出《宋史》外者,亦攷《宋史》者所當知也。是書宋以後無刊本,傳鈔多訛。順德李若農侍郎從南書房借鈔半部。光緒己丑,典試浙江,攜其所鈔屬爲校正補完,行欵與此同。余命兒子樹藩爲之校對,李鈔尚多脱落云。按:此書自前朝已無善本,清常道人惜舊鈔訛謬,借金陵焦太史本讐勘,而焦本亦多殘缺,清常又從書賈搜得宋槧本第七卷補訂,而第三十八卷内有錯簡。錢氏大昕嘗以意改正,矜爲無縫天衣。見《潛研堂集》。足證存齋之言不妄。此本鈔手樸雅,非近世物,惜略有殘觖。順德李氏藏本，伯驥曾讀之泰華樓中，倘得閒緣，互爲勘對，亦佳事也。侍郎遺書每多題識，朱墨燦爛，攷覈精嚴，咸循乾嘉遺軌。文子文孫珍護拳拳，經艱苦而如昨，非其人不易登樓，家風淳篤，至足敬矣。侍郎文孫勁庵，游學北平，好書，饒有祖庭風味。南歸時，曾來伯驥處觀書，並見其攜家中善本北行，聞頗欲以先人所得朝廷賞賜之江綢，裁爲裝璜佳刻護葉，蓋賜物例珍藏不用，篋儲日久，此時用以裝書，固佳事也。唯江綢性頗硬，然行而後知，且吾家所得清世刻本，固有以織團龍之江南緞爲護葉者，殊美觀也，通行則以綾絹爲多焉。書中每官先列周官典章，次序歷代制度沿革，名姓故事，根據經注，沿考史傳，搜采繁富，引用書凡三百二十種，多已佚者。《直齋書録解題》謂此書條理精密，事實詳備。《曝書亭集》四十四云，予既爲史官，思於《詞林典故》《翰苑須知》外，別撰一書題曰《瀛洲道古録》，晚得孫逢吉《職官分紀》、陳騤《中興館閣録續録》、元王士點《元祕書志》，頗快於心。近人又得洪遵《翰苑群書》足本，於詞臣之典故略備，是前人固絶重其書。陸氏謂足補史尤確，蓋存齋固嘗編《宋史翼》，語當有據也。清《四庫》以此書列子部二十一類書類，伯驥謂，宜編入職官類中，以備考古官制者之研討。清世讀此書者無幾人，查氏補注蘇詩，曾博采之。伯驥則嘗手校斯編，惜藏者頗尟，無從借勘，而史傳及唐宋各朝著作可爲《分紀》援據者正多，是以伯驥草創《官史》一書，取材於彦同遺作者實繁，千金頷珠，往往探得，比之朱、查諸公尤以爲幸。跬步不休，跛鼈千里，假我歲月，繼事編摩，倘丹鉛之長勤，庶汗青之有日。此本前爲陳氏詩庭、張氏穆及道州何氏先後收藏，有藏章及題字可證。詩庭字令華，一字妙士，嘉定人，嘉慶己未進士。精心六書，謂作書之初，依類象形謂之文，形聲相益謂之字，而聲亦有義，聲同義同，聲近義近，文字、聲音、訓詁一以貫之。如《易》"井谷射鮒"，子夏傳鮒謂鰕蟇，《淮南子》謂之去蚓，鮒即蚓也。《書》"時暘若"，暘與雨對文，即雨晴之晴，暘可讀爲晴，猶餳可讀如晴也。《詩》"吉蠲爲饎"，蠲從益聲，音圭。《説文》哇讀若醫，醫益聲轉，故圭、益相通也。《左傳》"五雉夷民"，夷即雉字古文，雉作鮧。《爾雅·譯詁》，夷弟同訓易也。《祭法》"堯能賞"，賞、讓聲近，賞從尚聲，讓從襄聲，徜徉字作襄羊，是賞可讀作讓也。討論經義，精審詳確，多前人所未及，嘗與吳凌雲同校《説文解字》。見程其珏《嘉定縣志》卷十九。詩庭著《讀書劄記》《詩文集》，並工畫，喜藏書。《潛研堂集》云，嘉慶丁巳，假同邑陳孝廉妙士所藏舊鈔本楊譓《崑山郡志》。卷二十九。

## 文獻通考三百四十八卷元刻本，

### 紅蘭主人舊藏。

　　元馬端臨撰。端臨字貴與，咸淳中漕試第一，以父廷鸞蔭補承事郎。元初，起爲柯山書院山長，終台州學教授。此書外又有《大學集傳》《多識録》。前有至大戊申李謹思序、延祐六年王壽衍《采進表》，饒州路達魯花赤總管府准江浙行中省劄付轉行公文、端臨自序、目録。後有余謙分書跋。自壽衍進書之後，泰定元年，江浙行省始刊版于杭州之西湖書院，尚有訛缺。至元初，余謙爲江浙儒舉提舉，乃命貴與之壻就馬家借本，與西湖山長同校，始成完書。其版明時在南京國子監，諸家藏書編目於刊刻時代頗不明瞭，實則延祐進書，至治發刻，而刻成則在泰定元年也。是書以杜佑《通典》八門廣爲一十有九，而增經籍、帝系、封建、象緯、物異五門，共爲二十四門。分條排纂，具有鑒裁，前人久有論定。壽衍字眉叟，杭州人，出家爲道士，受知晉邸，後以宏文輔道粹德真人管領開元宮。見《輟耕録》。而《忠文集·王真人碑》又稱，壽衍家世以武顯，壽衍少好道，年十五，張道陵後裔留孫之弟子陳義高爲梁王文學，見而器之，度爲道士。從至上京，備受艱苦。成宗時，屢與張留孫建醮受賞賚。延祐甲寅，授弘文輔道粹德真人，領杭州道教，居開元宫。壽衍屢辭真人之號。戊申，表上戴侗《六書故》及此書，移疾居餘不溪上，自號溪月山人。至正十年卒，年八十一。版式闊大，每半葉十三行，行二十六字。卷首有"紅蘭主人"四字朱文章，當是前清滿人岳端遺物。岳端爲安親王子、安節王弟，善詩詞，其邸中多文學士，安王命教諸子弟，故康熙間宗室文風，以安邸爲最盛。主人嘗選孟郊、賈島詩爲《寒瘦集》行世。見錫山拙翁寶鎮《師竹廬隨筆》卷一。

# 文獻通考三百四十八卷

明嘉靖三年司禮監刻本。

元馬端臨撰。明嘉靖三年司禮監刻，大字黑口，所謂經廠本也。明宦官劉若愚撰《酌中志》載《内版經書記》略云，《文獻通考》一百本，一萬八百三十六葉者，即此本。經廠者，通俗稱爲經板庫，又稱大藏經廠。又，《金鼇退食筆記》云，大藏經廠在玉熙宫遺址之西，貯經書典籍及釋藏諸經，今仍舊制。又，《燕都游覽志》云，《藏經廠碑記》言廠隸司禮監，寫印上用書籍，造制敕龍箋，藏庫則堆貯經史文籍、三教番漢經典，及御製書詩文印板。建自正統甲子，歷嘉靖戊午世宗造玄都宫殿，將本廠大門拆占，隆慶改元都拆毁，其後内監展拓舊基，重加修飾，始萬曆三年二月，落成於五月云。《經廠書目》一卷，清《四庫》著錄明内府刊本。《提要》謂明世以宦官主内繙經廠，書籍刊板皆貯於此，所列書一百十四部，凡册數、葉數、紙幅多寡，一一詳載，蓋即當時通行則例，好事者錄而傳之。然大抵皆習見之書，甚至神童詩、百家姓亦厠其中，殊爲猥雜。今印行之本，尚有流傳，往往舛錯貽誤後生。蓋天禄、石渠之

任,而以寺人領之,此與唐魚朝恩判國子監何異! 長沙葉氏曰,明
嘉靖時,刻書頗爲藏書家所珍重,惟司禮監以内閣主其事,校勘訛
誤,爲士大夫所輕,往時京師書估一言及經廠本書籍,則攢眉搖首,
若視坊刻書爲尤賤者然。故其書無不字大如錢,且兼白棉紙精印,
而列之插架,塵封漏濕,等于廢紙殘編。乃聞近二三十年聲價頗
增,廠甸列肆中,幾無一册之存在,詢之書友,則云邇來一干部員,
相與爭購明板白紙印本書,不問有用無用,但求裝潢精好,列屋壯
觀,故昔年極不行之明人書,今皆有俄空之勢。繆筱珊學丞嘗與予
戲言,今日買書人多,讀書人少,真咄咄怪事。然則此書雖爲司禮
監本,余以爲康瓠,人且以爲寶鼎矣。郎園此言爲四五十年前情
況,然最近此種書價亦未嘗稍貶也。半葉十行,行二十字。

## 慶元條法事類八十卷附開禧重修
## 尚書吏部侍郎右選格二卷寫本,洪倦舫舊藏。

　　不著撰人名氏。《直齋書録解題》曰,《嘉泰條法事類》八十
卷,天台謝深甫子肅等嘉泰二年表上。初,吏部七司有《條法總
類》,淳熙新書既成,孝宗詔倣七司體,分門修纂,别爲一書,以事
類爲名,至是以《慶元新書》修定頒降。伯驥案:《宋史·寧宗本
紀》,嘉泰二年,謝深甫等上《慶元條法事類》。而《書録解題》則云
《嘉泰條法事類》者,蓋奉詔之時則爲慶元,成書之日則爲嘉泰,實
一書而異名也。惜闕卷一、卷二、卷十八至二十七、卷三十三至三
十五、卷三十八至四十六、卷五十三至七十二,共缺四十四卷,已逾
半數。末附《開禧重修尚書吏部侍郎右選格》二卷,《宋史》所載
《開禧重修七司法》即此。前人謂此書雖殘缺,可以補史志之缺者
尚多。如《玉海》載建隆考課條,有四善四最,而四最僅有其三,
"至民籍增益,進丁入老,爲生齒之最"一條則惟見于此書。他如

十科薦舉之合，由于紹興三年，三省樞密請復舉行元祐司馬光之法。見《宋史·選舉志》。武臣薦舉之格，由于隆興元年正月，三省密院所奏。見《玉海》銓選類。其沿革損益，不及此書所載之詳云。每冊首均有"倦舫"二字白文章，當是臨海洪氏遺書。蓋倦舫爲洪氏頤煊晚年自號。《光緒台州府志·經籍攷八》著錄《倦舫書目》九卷、《補遺》三卷。有道光十二年洪氏自序云，少年即好聚書，後舘孫淵如觀察德州使署七年，觀察富於藏書，屬予撰書目。又取宋元版本并明刻之佳者撰《平津書記》，於是盡窺書之藩籬。迨服官廣東，始稍稍購集。廣東風氣醇樸，市上時多舊書，而收藏人少，價值亦不甚昂，歷年既久，因得積有卷册。歸里後，復多方購求，漸臻富有。《志》又云，咸豐辛酉，其書悉災於寇，今存者無幾。伯驥按：洪氏著作有刊行者，藏書之富，則葉氏亦未之述也。

## 大元聖政國朝典章六十卷

**附新集□卷**景寫元刊本，璜川吳氏、嘉定錢氏、獨山莫氏舊藏。

此書大綱，分詔令、卷一。聖政、卷二。朝綱、卷一。臺綱、卷二。吏部、卷八。户部、卷十三。禮部、卷六。兵部、卷五。刑部、卷十九。工部卷三。十類。其目則詔令，爲世祖、成宗、武宗、仁宗、今上；謂英宗。聖政二十四；朝綱二；臺綱六；吏部四，子目凡五十一；户部十五，子目凡七十五；禮部四，子目凡二十三；兵部五，子目凡三十九；刑部十四，子目凡一百三十二；工部二，子目凡七。總計目爲八十一，其六部之子目別爲三百二十七。清《四庫總目》稱其凡三百七十三，與此本不甚相應，豈別有一本歟！《新集》之綱，分國典、朝綱、吏、户、禮、兵、刑、工八類，其目三十九，子目九十四，與《前集》不盡同。前有記七行云，大德七年中書省劄節文，准江西奉宣撫呈，乞照中統以至今日所定格例，編集成書，頒行天下。照得先據御史臺比及國家定立統建元至今聖旨條畫，及朝廷已行格例，置簿編寫檢舉。是此書當日乃官刊，以資遵守，刻於江西，故有江西奉劄之語。《新集》目前有記云，《大元聖政典章》自中統建元至延祐四年，所降條畫，板行四方已有年。今謹自至治新元以迄今日頒降條畫，及前所未刊新例，類聚梓行。目後有“至治二年六月日”字樣，是此書初刊於大德，嗣後隨時續增各朝法令，分門臚載，至爲詳悉。蒙古故事得以考見。館臣謂其所載，皆案牘之文，兼雜方言、俗語、浮詞妨要者十之七八。又體例瞀亂，漫無端緒，乃吏胥鈔記之條格，不可以資考證，是何言歟！杭氏世駿《道古堂集》卷二十六云，至治條例，爲英宗即位以來頒降條畫，訖於至治二年，而延祐七年之事亦備其中。吾友屬君太鴻嘗欲取以爲《元史補遺》，嫌其語句多質俚，不可入史志。如稱俺、稱呵、如那裏、如可憐見，皆出自聖旨，蓋據當時頒降原文，未經儒臣潤色者，然一代之制，可因此以得梗概。此言庶得其允，若徒以文字之故，蔑視古書，則惑之甚矣。又考《四庫總目》於政書類法令之屬，收錄不多，沈氏家本謂《隋書・經籍志》於前代法令雖亡逸，猶存其名，唐宋《藝文》亦皆甄取隋唐天府書目不傳，所傳者僅有宋《崇文總目》，其於歷代法令，錄之甚詳。惟《明史・藝文》始以秘書已亡，無憑記載，第就當代爲斷，實非古法。《總目》既以蒐羅古籍爲宗旨，自無取乎明《志》之例，且瑣語稗編，猶不以冗雜廢之，而典章之大者，多歸屏黜，殆百思而不得其故。見《寄簃文存》卷八。蓋古之法律書，既以刑措高談，廢棄不録而無文，如《元典章》又僅存其目，弗寫其書。是識春香之爲馥，而不知秋蘭之亦芳也。伯驥檢讀此書，既取其可愛好者寫之，以備著作資糧，而其中所載之俗語，如一路過去、上頭百姓及擭掇段匹之類，則別紙記録，以與他事參證焉，庶幾無負重直買書之意。此書明清間無刻本，至寫本亦流傳甚稀。嘉定錢氏大昕求借於友而不得，後入都始從吳氏企晉得之。見《潛研堂集·題識類》中，即此本也。不知何時爲獨山莫氏所有，捺有"銅井文房章"，蓋吾家楚生先生棠藏本。楚生上承眄叟，竹素殊豐，冢柏方新，遺珍遽出。伯驤以友人之介得之海上。楚生爲邵亭從子，邵亭名友芝，一字眄叟。據胡長新《籀經堂文鈔》，知其於道光中嘗號紫香，世多稱其精研板本目録，然伯驤特愛其詩。先德名與儔，號猶人，以翰林改官府教授，遺集曾刊行。《曾文正集》有其墓表，表稱邵亭與鄭珍當時同有聲於西南，皆猶人公之教云。曾文正《家訓》述邵亭爲貴州辛卯舉人，學問淹雅。丁未年在琉璃廠與予相見，心敬其人，其學於詞章、考據。二者皆有本原，義理亦踐脩不苟，蓋曾欲命其子從邵亭學，故先函稱其品詣也。伯驤藏《邵亭詩鈔》六卷、《遺文》八卷、《附録》二卷。其《遵義府志》，則邵亭與鄭氏合撰，可稱爲現有府志中第一佳本，予曾徧檢之，以知其義例及異於他志處。檢日人島田翰所著《古文舊書考》，其《訪書餘録》所載，謂江浙間所見祕要，有此書元末刻本，及鈔本二通，並有竹汀疏本。按島田所謂疏本者，或即從此本別爲抄出，以備下筆考訂之資，頗與漢人秘書之副爲近。其原日吳氏景寫元刊本，則留爲藏篋之珍，是此本固吳、錢、莫三家遞傳之景元秘籍也。至所謂元刊本，則吾國前人著録多未之見，其後乃發見於故宮，時在島田來游吾國之後多年矣。島田又稱《元典章》起世祖，終英宗，分爲詔令、聖政、朝綱、臺綱、吏、户、禮、兵、刑、工各門，五朝典章燦然具備，可以訂補明脩《元史》之草漏，錢氏史稿多采之。《典章》之流布，始於余所獲錢塘丁氏善本書室之德清許宗彦鑑止水齋抄本。伯驤按：宗彦字積卿，嘉慶進士，喜購異書，學綜漢宋，所居名鑑止水齋，有集若干卷，亦以此爲題。集中《周廟祧考》《世室考》等，每於康成遺説多所詰難，此外並有詆諆近人經學、小學過於篤信漢學者，蓋許氏著書，每取宋明人之説，可證其時已漸有漢宋兼采之機矣。阮元撰《焦理堂群經宫室圖序》云，儒者之於經，但求其是而已矣。是之所在從注可，違注亦可，不必定孔、賈義疏之例也。歙縣程易田《説考工戈戟鐘磬》等篇，卒皆與鄭注相違，而證之於古器之僅存者，無有不合。蓋株守傳注，曲爲附會，其弊與不從傳注，憑肛空談者等。按：株守則漢學之弊也，憑肛則宋人説經多有此病，故阮氏欲破除此流弊，而借此言之。

許之學與阮氏同符，故其言如此。阮氏在史館時撰《儒林傳》，合師儒異派，而持其平，不存門戶之見，是早見及此矣。武進董綬經借至北京法律學堂，取以入梓，但其書爛脫訛壞，實非一處，其出於繆藝風之知聖道齋抄本者，亦略與丁氏同，錯倒極多。竹汀疏本則就舊抄本行間欄上蠅頭細注，多未發之祕。按：島田所謂北京法律學堂，實清末奏辦之校，主其事者爲沈氏家本，即校刻此書者。當是時伯夔正從事新聞業務，每見報牘載子敦從公之勤、著述之銳，而敬慕之心，未嘗不油然以生。子敦，沈氏字也，遺著有《沈寄簃先生遺書》八十六卷，王氏式通撰《吳興沈公子敦墓志銘》，見閔氏《碑傳集補》六。聞近人有爲撰年譜者，未之見也。遺書多種，皆有用，伯夔得之北平。近世搜集漢律者，如楊樹德等，皆有成書，而薛氏允升則編著《唐明律合編》三十卷，與其所著之《讀例存疑》五十四卷並行於世。考古知今，洵足爲鉤距及論學之助，其餘諸君子則專知清律而已。寄簃所著至精博，蓋以法學言，可方薛著，而古學及文章則寄簃尤絕倫也。薛，長安人，咸豐進士，官至刑部尚書，所著除上述二書外，尚有《漢律輯存》《服制備考》。島田謂竹汀細注書眉，多發秘奧意，沈氏當時或未見疏本，否則沈爲法家者流，而又多讀古書，胡以不附刊錢氏遺筆歟！陳援庵垣曾來樓中閱書，謂錢本今在英倫。書前有璜川吳氏、嘉定錢氏、獨山莫氏各章，並有楚生識語一葉。有清摽季，楚生官粵中，聞楚生來粵時攜書篋頗多，到粵後，亦喜訪書。予於肆中恒遇之，燕語帶吳音，予未能盡聽受也。一日贈予舊本若干，予酬以小詩，破題云，"羨君刺史廣州材，書卷牛腰捆載來"。宋明帝謂沈憲曰，卿廣州刺史材也。見《南齊書·良政傳》，偶用其事也。伯夔嘗與之論流略之學，備承嘉與，其後遯居滬濱，所好群書，恒以易米，吾家頗有采獲。寫本宋鄭獬《郧溪集》三十卷初印本、清宋琬《玉叔集》等書，均有楚生題識及校筆，其餘尚多，未及詳數。此書則楚生没世後而歸於我者也。曾氏釗《面城樓集鈔》卷三云，吳成德號懶菴，其父號容齋，藏書甚富。北宋《禮記》單疏本，其最著也。與惠松崖徵君遊，世偁璜川吳氏，容齋卒後，書稍散佚。懶菴重自蒐羅，築書樓三楹，題曰樂意軒。其孫名志忠，號有堂，亦好刻古書，余藏正德本《孫可之集》，有堂手校，字小如蜉蟻，端楷可愛，然則吳氏讀書蓋數世矣。伯驥按：容齋名銓則，字璜川，長洲人，爲吉安太守。罷官歸築遂初園於木瀆，插架萬卷，皆秘笈也。其藏章有曰“璜川吳氏探梅山房印”，有曰“璜川吳氏收藏圖書印”。懶菴有《樂意軒書目》《懶菴偶存稿》《讀史小論》。至錢氏題識所云企晋者，名泰來，號竹嶼，企晋其字也。乾隆庚戌進士，官內閣中書舍人，有《硯山堂集》。見王氏鳴盛《苔岑集》卷一。蓋企晋，固容齋後人之能繼志誦芬者也，後主大梁、關中兩書院，著述以老。

## 舉業正式六卷 明官刊本。

前有禮部萬曆十五年題，爲士風隨文體一壞，懇乞嚴禁，得以正人心事。略謂近年科場文字漸趨奇詭，而坊間所刻及各處士子之所肄習者，更益怪異不經，致誤後學，轉相視效，及今不爲嚴禁，恐益灌漬人心，浸尋世道，其爲洪水，甚於異端。洪武二年詔頒取士條格，五經義限五百字以上，四書義限三百字以上，論亦如上，策限一千字以上，惟務直述，不尚文藻。自臣等初習舉業，見有用六經語者，其後以六經爲濫套，而引用《左傳》《國語》。又數年，以《左》《國》爲常談，而引用《史記》《漢書》，《史》《漢》窮而用六子，六子窮而用百家，甚至取佛經道藏，摘其句法口語而用之。鑿朴散淳，離經叛道。文體則恥循矩矱，喜創新格，以清虛不實講爲妙，以艱澀不可讀爲工，用眼底不常見之字謂爲博聞，道人間不必有之言謂爲玄解。苟奇矣理不必通，苟新矣題不必合。斷聖賢語脈以就己之鋪叙，出自己之意見，以亂道之經常。及一一細與解明，則語語都無深識，白日青天之下，爲杳冥魍魎之談，此世間一怪異事也。臣等不以文爲重，而爲世道人心計，心竊憂之。嘗以爲古今書籍有益於身心治道，如四書五經、《性理》、司馬光《通鑑》、真德秀《大學衍義》、丘濬《衍義補》、《大明律》《會典》《文獻通考》，皆諸生所宜講習。其間寒素之士不能徧讀者，臣等不能强；博雅之士涉獵群書，臣等不敢禁。但使官師所訓廸、提學所課試、鄉會試所舉進者，非是不得旁及焉。仍乞容臣等會同翰林院掌印官，將弘治、正德及嘉靖初年一、二、三場中式文字，取其純正典雅者，或百餘篇或十數篇，刊布學宮，以爲準則，恭候命下。容臣等咨都察院行兩直隸提學御史及各省巡按御史轉行各提學憲臣，相率以正文體，端士習，轉移世道爲己任。如復有於經義中引用《莊》《列》、釋、老等書句語者，即使文采可觀，亦不得甄錄。次凡例七則，計卷一、二四書義，卷三論，卷四表，卷五、六策。所錄之文，衹書某年某科鄉會試，而不書撰人。惟成化十年應天鄉試、成化十一年會試王鏊，嘉靖八年會試唐順之，嘉靖二十三年會試瞿景淳，皆題名，蓋以此數人均制義名家，特著之以爲程式歟！《四書義》內有《事君敬其事而後其食》一首，爲嘉靖二十三年會試第一名瞿景淳作。其末云“善乎，張子敬夫之言曰，無所爲而爲者義也，必如是而後可以正學者之心”。此蓋引用宋儒之言，以爲文之結論，若前清之八股文，則例不可於文內見春秋以後人之姓名矣，此亦經義之沿革史也。半葉十二行，行二十五字，大本精刻，蓋官書之善槧也。

## 七録輯本上下卷 前清臧鏞堂輯寫本。

前題梁阮氏，此爲武進臧鏞堂輯本。標目下云，載梁釋僧佑《宏明集》、唐終南山釋道宣《廣宏明集》。上卷爲序，序稱孝成之世，使謁者陳農求遺書於天下，命光禄大夫劉向及子俊、歆等校讎篇籍。臧氏引莊氏葆琛云，俊當作伋。鏞堂按，《漢書・藝文志》但言向、歆，不云劉伋，而《楚元王傳》曰，向三子，皆好學，長子伋，以《易》教授，官至郡守。則漢成校書，兼用劉伋矣。阮録可補班志所闕。下卷爲阮氏《七録》，附考述。《梁書》列傳四十五，及《南史》列傳六十六之《阮孝緒傳》、《廣宏明集》本傳與《隋書·經籍志》亦並録焉。末有鏞堂按語云，《隋志》雖王、阮並稱者再，然簿録部載梁目録，有殷、阮、二劉四家。朱氏《經義考》，凡於《隋志》所言"梁有者"，皆鑿指爲阮氏《七録》，失之不審矣。壬戌正月七日，鏞堂識於拜經家塾。最末題"臧禮堂録"四字，是此編爲鏞堂編訂，而禮堂手録者，編中按語極多，當亦全出鏞堂手也。臧庸，字在東，號拜經，初名鏞堂，江蘇武進人，諸生。琳之玄孫。琳蓋撰《拜經雜記》者也。庸與弟禮堂同師盧氏文弨，盧稱庸校書天下第一。其爲學具有家法，根據經傳，剖析微茫，所著書擬經義雜記爲《拜經日記》，又著《拜經文集》《月令雜記》《樂記二十三篇注》《孝經考異》《臧氏文獲考校》，輯經傳十餘種。許氏宗彥嘗謂其爲學深造，如皇侃、熊安生，當求之唐以上也。阮氏元《研經室集》有臧氏《拜經別傳》。禮堂字和貴，師事其兄庸，後問學於錢氏大昕。時段玉裁、丁杰、孫星衍皆譽禮堂，謂之二臧。禮堂著有《説文解字經考》《增訂孫氏倉頡篇》《重編通俗文》《尚書集解案》《三禮注校字》《春秋注疏校正》《補嚴氏蔚左傳賈服注》《南宋石經考》《小徐説文纂補》。

### 遂初堂書目一卷寫本。

前題晉陵尤袤延之撰。前有毛并序，後有魏了翁跋、陸友仁跋。《書録解題》云，延之，淳熙名臣，藏書至多，法書尤富。李文簡云，延之喜鈔書，每公退日計鈔若干葉，其子弟諸女亦令鈔之。其好書如此，故所藏甚富。後遭鬱攸之厄，此本殆燼餘之目矣。且《放翁集》亦録入，是出尤氏後人所輯，非原書也。袤字延之，紹興十八年進士。爲泰興令，進將作監。大宗正闕丞，人爭求之。陳俊

卿曰,當與不求者。乃除袤。歷秘書丞著作郎,兼太子侍讀,出守
台州。有毀袤者,上使人密察,民誦其善政,不置。累進樞密院正
兼左諭德,除太常少卿。會高宗崩,自南渡後,恤禮散失,事出倉
卒,上下罔措,每有討論,悉付之袤。袤與禮官定號高宗,洪邁請號
世祖。袤抗疏力陳其不可,邁議遂屈。靈駕將發引,忽定配享之
議,袤引典故請自既祔之。後進禮部侍郎,同修國史。淳熙十四
年,將有事于明堂,詔議升配,袤奏方在几筵不可配享,歷舉郊歲在
喪服中者四,唯元祐明堂用呂大防請,升配神考,時去大祥不遠,且
祖宗悉用以日易月,故升侑無嫌。今陛下行三年喪,百官猶未吉
服,不宜近違紹興遠法元祐。從之。孝宗嘗語宰執曰,尤袤甚好
,前此無一人言之,何也? 權中書舍人兼直學士院,力辭,不許。時
內禪議已定,上諭袤曰,旦夕制冊甚多,故處卿以文字之職。袤乃
拜命,一時內禪制冊,人服其雅正焉。光宗即位,進禮部尚書。上
屢不省重華宮,袤前後極諫,駕亦隨出。兼侍讀,致仕歸,卒,諡文
簡。袤嘗取孫綽《遂初賦》以自號,光宗書扁賜之。有《遂初小藁》
六十卷、《內外制》十卷。《宋史》有傳。尤集久佚,清康熙中,尤西
堂侗自謂延之裔孫,搜集各書編爲《梁溪遺稿》一卷,後收入《四
庫》,舘臣所謂片羽一鱗,猶見龍鸞之章采者也。《梁谿遺稿序》畧云,宋
南渡後,以詩齊名者四家,楊廷秀詩所稱尤、蕭、范、陸是也。千巖詩曾刊於永州,歲久
散失。而尤公《梁谿集》五十卷,公之孫藻鋟木新安,焚於兵火,故范詩盛行,而尤作流
傳者寡,蕭特見其數首而已。蕭西江人,諱德藻,字東夫,別字千巖。伯驥按:千巖詩誠
挺見,曾於查氏《得樹樓雜鈔》讀之。又按:《續清言》云,延之潛心理蘊,所
著《梁溪集》長短句尤工,其《詠落梅瑞鷓鴣》云:"清溪西畔小橋
東,落月紛紛水映空。五夜客愁花片裏,一年春事角聲中。歌殘玉
樹人何在,舞破山香曲未終。却憶孤山醉歸路,馬蹄香雪襯東
風。"又按,《梁溪文鈔》錄延之《攻道學之非疏》云,夫道學者,堯舜

所以帝，禹湯武所以王，周公孔孟所以設教。近立此名，詆訾士君子，故臨財不苟得，所謂廉介安貧守分，所謂恬退擇言顧行，所謂踐履行己有恥，所謂名節，皆目之爲道學。此名一立，賢人君子欲自見於世，一舉足且入其中，俱無得免。此豈盛世所宜有，願徇名必責其實，聽言必觀其行，人才庶不壞於疑似。吾家藏宋本《呂氏家塾讀詩記》有延之撰序，亦可誦也。前清閩縣陳蘭鄰徵芝《帶經堂書目》中，載有延之《梁溪集》五十卷，元刊本並注云，此元大德刊本，與宋時卷數相合。前有曾幾序，及"杭州聚德堂鋟梓"一條。明建安楊榮曾經收藏，陳氏書久已散佚，莫可尋求，真憾事矣。因録延之書目附記之。

## 千頃堂書目三十二卷<sub></sub>舊寫本，有校筆。

明黃虞稷撰。前題溫陵黃虞稷俞邰彙輯。蓋俞邰本閩人，後乃寓上元耳，溫陵固舊籍也。所録皆前明著作，經部十一類，曰易、曰書、曰詩、曰三禮、曰春秋、曰孝經、曰論語、曰孟子、曰經解、曰四書、曰小學。史部十八門，曰國史、曰正史、曰通史、曰編年、曰別史、曰霸史、曰史學、曰史鈔、曰地理、曰職官、曰典故、曰時令、曰食貨、曰儀注、曰政刑、曰傳記、曰譜系、曰簿録。子部十二門，則儒家、雜家、農家、小説家、兵家、天文家、曆數家、五行家、醫家、藝術家、類書、釋家、道家。集部八門，則別集、制誥、表奏、騷賦、詞典、制舉、總集、文史也。每類後附宋、金、遼、元人之書，意欲補三史藝文之闕略，五代以前撰著則不及也。前清大學士張廷玉等奉詔撰《明史》，而《藝文志》多采録是書，其詳備可想。俞邰承其父明立之遺，家富藏書。《静志居詩話》所謂歲增月益，太倉之米五升，文舘之燭一把，曉夜孳孳，不廢讎勘者也。其父有《千頃齋集》，故錢牧齋爲虞稷作齋記，亦題千頃齋，而此目則名千頃堂，何時改易不可考矣。金陵《朱氏家集》云，南仲公朱廷佐入吳郡庠，與周忠介友善。南渡後，面折馬、阮，不求仕進，手寫古今書目，爲黃俞邰、龔薵圃所得，以備史料。《千頃堂書目》蓋即參取南仲公書目而成，公之原書不可得見，是此目或即以朱氏本重編，亦未可定，然別無他證也。各家著錄此書多是鈔本，近年適園張氏刻之，是爲刊本之始。此爲舊寫本，前後有杭氏世駿序跋，序見於《道古堂集》，而後跋則集中似未見。跋云，右《千頃堂書目》，俞邰徵修《明史》，爲此書以備《藝文志》采用，橫雲山人刪去宋、遼、金、元四朝，刺取其中十之七八爲史志，史舘重修仍而不改，失俞邰初旨矣。元修三史獨闕藝文，全在《明史》網羅，如後漢晉五代不列此志，《隋書》特補其闕，不必定在一朝也。歲在辛亥，從曝書亭購得此書，亟錄出，以箴史官之失，說者得無笑其迂乎！戊辰六月一日舊史杭世駿。全書有前人朱筆點勘、條籤、句注，字小如蠅，極爲詳贍，不知何人手筆，行間曾有“某案”二字，亦不審其爲誰某也。脩《明史》時，史官倪燦闇公有《明史‧藝文志稿》與《千頃堂目》相出入，當其時長洲尤侗亦有述作，黃氏、倪氏以《宋志》自咸淳後缺略不具，而遼、金、元三史又無《藝文志》，頗欲補述於《明史》，惟尤氏則堅持斷自朱明，史舘諸公韙其說，傅以黃、倪所著就西堂五卷之稿，重爲編修，今《明史‧藝文志》是也。尤氏撰志稿收朱公遷、史伯璿、程端禮、王惲、楊元孚、王禎、張養浩、李冶、范梈、周伯琦、陸輔之、李存、吳海諸作，皆以爲明人。潘昂霄《河源志》，誤作潘昂，其後經舘臣舉誤焉。陳簡莊《隨筆》又稱董浦先生輯歷代藝文志，用數十年之功，搜羅記注，誠鉅觀也，稿存於家，其子以半部質於維揚馬氏玉玲瓏舘，半部質於武林孫氏壽松堂。今馬氏藏書俱散，不知歸誰何云？此志今未見傳本，不審尚在人間否也？濟寧李氏鈔本《礪墨亭叢書》有《千頃堂書目》三十二卷。前有乾隆乙未吳騫序，杭氏序跋皆全,此書見存江安傅氏家。

## 萬卷堂藝文記一卷<sub>舊寫本。</sub>

明朱睦㮮撰。前有隆慶庚午八月仲秋東陂居士睦㮮自序曰,
余宅西建堂五楹,儲書其中,倣唐人法,分經史子集,用各色牙籤識
別。經凡十一類、六百八十部,史凡十二類、九百三十部,子凡十
類、一千二百部,集凡三類、一千五百部,編爲四部,人代姓名各具
撰述之下。余喜收書,然無四方之緣,不能多見多致,大梁又自金
元屢經兵燹,藏書之家甚少,間或假之中吴、兩浙、東郡、耀州、澶
淵、應山諸處,或寫録或補綴,蓋亦有年,所得僅此,信積書之難也。
庚午秋日,出曝編記。伯驥按:睦㮮嘗因宋章氏《山堂考索》之經
學圖而增訂之,首叙經學世系,次記諸儒列傳,次録授經世系,次録
諸儒著述,及歷代經解名目、卷數,共録經解一千七百九十八部。
清初黄虞稷、龔翔麟補校之,又增七百四十一部。睦㮮又撰《經序
録》,取諸家説經之書,各采篇首一序編爲一集,後來朱氏之《經義
考》畧師其意。《藩獻記》云,鎮國中尉睦㮮,周鎮平王諸孫也。父
奉國將軍安㳿以孝行聞,嘉靖十二年正月,賜敕嘉奬。㮮字灌甫,
博洽文雅,好著述,尤深于經,家故饒資財,僮奴數百人,皆逐嬴車
屑麥執藝自給。㮮傾身游諸貴顯間,名譽藉甚,自督撫重臣以下,
莫不敬禮之如上賓。嘉靖四十二年六月上疏,請以資爲父安㳿建
祠廟,令有司歲時崇祀,詔許之。第令㮮自主祠事。已而舉㮮文行
卓異,爲周藩宗正者十餘年,以經義督課宗生,大興宗學,周藩宿習
焕然改觀,凡國中有大製作,皆屬㮮具草,㮮名動海内。撰《河南
通志》《中州人物志》若干卷。見卷一。又按,前明之制,太子外則
分封一字王,王之嫡長襲王,次封二字王,二字王嫡長襲封,其次封
鎮國將軍,鎮國將軍之子封輔國將軍,輔國將軍之子封奉國將軍,

奉國將軍之子封鎮國中尉，鎮國中尉之子封輔國中尉，輔國中尉之子封奉國中尉。灌甫之爲鎮國中尉，固定制也。

## 山陰祁氏藏書目不分卷<sub>精寫本，</sub>
二厚册，楊雪漁舊藏。

此爲明代祁氏《澹生堂書目》，經之目凡十，曰經總，曰易，曰尚書，曰詩，曰春秋，曰禮，曰孝經，曰四書，曰理學，曰小學。小學又分爲四類，一爾雅、二字學、三音韻、四書法。史之目凡十，曰正史，正史之一爲別史，正史之二爲節史。曰編年，曰裒輯，曰記傳，曰典故，曰政實，曰外史，曰評論，曰譜録，曰圖志。子之類十，曰諸子，曰釋家，曰道家，曰兵家，曰五行家，曰醫學家，曰雜家。雜家之一爲農圃食貨。雜家之二藝術圖象，曰類家，曰稗乘家。稗乘又分爲四，説彙、説叢、雜筆、演義。曰樂府家，樂府之一爲評譜、二爲傳奇、三爲雜劇、四爲散詞。集之目凡八，曰文總，曰詩總，曰章疏，曰尺牘，曰騷賦，曰詩餘，曰前代詩文，曰國朝詩文。經史子集四部之外，又有四部彙，如邵寶之《經史全書》《劉須溪九種》《范子雜彙》《漢魏叢書》《遠山堂雜彙》三百一種之屬。考明正統六年，楊士奇等奏上《文淵閣書目》，其編列門類已非四部前規，洎後如高儒、朱睦㮮、胡應麟、焦竑、徐𤊹、祁承㸁諸家，沿四部名，而別增類目。茅氏白華樓則以學術分部，祁氏比諸家爲能，決破前人羅網，稱爲確當。證之《庚申整書略例》，推闡分類之法有四，一曰因，一曰益，一曰通，一曰互，後二法尤適當。其後會稽章學誠別裁、互著之説，即導源於此，殆隋唐以來異軍特起，爲分類之新法門也。祁目刻本與此寫本有異同，當取校之。祁承㸁字爾光，紹興山陰人。萬曆甲辰進士，歷官至河南按察僉事副使、江西右參政。有《澹生堂集》。見《明詩綜》卷五十九。又，《静志居詩話》云，參政富於藏書，將

亂，其家悉載至雲門山寺，其手録群書目八册，今存古林曹氏，所儲
已盡流轉於姚江禦兒鄉。又黄氏宗羲《天一閣藏書記》云，祁氏曠
園之書，初庋家中，不甚發視。余每借觀，惟德公知其首尾，按目録
而取之，俄頃即得。亂後，遷至化鹿寺，往往散見市肆。丙午，余與
書賈入山，翻閲三晝夜，余載十捆而出。又全謝山《祁氏遺書記》，
初，南雷黄公講學於石門，吕氏以三千金求購澹生堂書，南雷亦以
束脩之入參焉。吕氏使者中途竊南雷所取衛湜《禮記集説》、王偁
《東都事略》以去，則吕氏所授意也。又沈玉清《冰壺集》云，冰壺字
玉心，山陰人。乾隆間舉博學鴻辭，喜博涉，以古樂府著名，有《古調獨彈集》《抗言在背
集》。石門吕晚村與梨洲先生素善，延課其子。既而以事隙，相傳
晚村以金託先生買祁氏藏書，先生擇其奇祕難得者自買，而以其餘
致晚村，晚村怒。又晚村欲刻劉蕺山遺書，致刻資三百金，先生受
金不刻，而嗾姜定庵刻之，坿晚村名於後。晚村慍甚，輒於時文評
語中，陰詆先生爲僞學，甚且遷怒陽明，而先生亦蚖之爲紙尾之學。
兩家子弟門人各樹幟而爭，幾於讐仇，而先生之名亦爲之稍減矣。
以上可見祁氏書聚散之蹟，全氏、沈氏二説不同，故兩存之。沈氏
之説，葉氏《藏書紀事詩》未之及也。此書前有“侯官楊浚”白文
章、“太史之章”朱文章，閩中楊氏雪滄舊物也。雪滄於清季官京
師，友何蝯叟、張石舟諸人，修祭顧亭林祠堂，曾與其役。伯驥收書
時，每見其印識，蓋富於儲藏者也。陸存齋撰《丘釣磯詩集序》，稱
温陵楊侍讀雪滄，博學嗜古。存齋藏宋刊明補本《賈子新書》，官
閩時，曾借雪滄藏正德十年吉藩重刊本校之，而金陵鄧氏所藏楊氏
遺本《釣磯集》有雪滄識語，謂向存齋借得足本照鈔一過，是其人
與歸安陸氏爲友，書本固互相通假矣。其藏章曰“雪滄所得”、曰
“雪滄手校”，則見於他書者也。雪滄有《冠海堂集》，計《駢體文》六卷、《賦
鈔》四卷、《詩鈔》八卷、《楹語》三卷，吾家有其本，集中有及儲藏經籍者。

## 法帖刊誤上下卷葉德榮黑格精寫大字本，
黃蕘圃題記。

前題左朝奉郎行祕書省祕書郎黃伯思撰。按：伯思，元符庚辰進士，年四十而卒。好古博雅，喜神仙家，著文集一百卷，然世未見，所見惟《法帖刊誤》《東觀餘論》耳，別有《博古圖說》十卷。王氏《宣和博古圖》實基於此，然王書頗涉牽合，《容齋隨筆》嘗論之。而陳氏《書錄解題》謂，《圖說》有牽合者，亦因宣和時有所刪改，非盡出於王氏也。見明文徵明《甫田集》。此爲葉氏德榮寫本，前後有其識語。前云，予不善書，而喜翫法書古帖，蓋自先世藏書幾數萬卷，秦漢以來碑碣，無不搜購摹揭，垂二百載矣，歲辛卯一朝散盡，可勝嘆惋。今存者僅僅先大父手葺之書，然亦十亡其五，中有宋板《東觀餘論》，聞已轉入富室，而架頭止留十數葉爲宋板之精善者，予欲覩其全不可得也。獻歲從友人借歸，愛其《法帖刊誤》一卷，考鑒洞確，足供臨池之助，輒呵凍錄之。戊午春正月二十六書於娛齋，德榮氏。後云，宋黃伯思考據辨析，津津中窾，且鑿鑿可證，再三玩之，不覺心花爲頓開。此載《東觀餘論》中，僅摘出而錄之，俟覓全抄可也。當時董氏彥遠之精博，亦可與伯思相上下焉者。前上陳眉公語次秘笈中，何以不及黃、董所著，彼亦深以爲恨耳。末有平江黃氏跋云，余借小讀書堆所藏葉文莊抄本《金石錄》，見有文莊六世孫國華跋，筆墨淋漓，古氣溢於故紙，余絕愛之。今春友人顧澗薲歲試玉峯，從書攤購得德榮甫手抄《法帖刊誤》一冊，因余素愛名抄秘冊，遂以歸余。思伯思爲吾宗先哲，以博雅校秘書，可謂遭矣，勝朝項子長曾稱之。子長取宋本文字校而刻之，《東觀餘論》其一也，《法帖刊誤》者，即《東觀餘論》之綱領，故列在《東觀餘論》上，別刊行世者，見諸《百川學海》。德榮摘出而録上，亦其例耶。余於去冬得項氏本，係伯思全書，既又得舊抄本《東觀餘論》，惜《法帖刊誤》無有，方謂其非全璧，茲得此册，不啻爲兩美之合，爰什襲藏之，而著數語於後。嘉慶歲在己未孟夏四月中澣二日，書於士禮居，棘人黄丕烈。半葉七行，行十六字。卷首有"德榮""葉印國華"、"葉德榮甫世藏"、"葉氏藏書章"。末有"與古爲徒，錢氏祕笈章"。明世葉文莊公盛菉竹堂藏書至富，流風餘韻，至孫曾而未沫。其五世孫恭煥，字伯寅，刊有《雲仙散録》《清異録》等書，爲此二僞書之佳刻，蓋隆慶間本也。伯驥按：《墨莊漫録》云，近有《龍城録》，非柳子厚作也。又，《雲仙散録》尤爲怪誕，又有李歊注《杜甫詩》及注《東坡詩》事，皆王銍性之一手僞爲之，殊可駭笑。洪《容齋隨筆》云，俗間所傳淺妄之書，如《雲仙散録》《老杜事實》《開元天寶遺事》等，皆絶可笑。《孔傳續六帖》采摭唐事殊有工者，而悉載《雲仙録》事，自穢其書。六世孫則爲國華，當其時菉竹書已流出人間矣，而清芬不墜，猶有一綫之流，貽詩書之澤，不亦遠乎！蕘圃又有舊鈔本《東觀餘論》三卷，其跋語云，戊午冬所得，惜《法帖刊誤》未録，不爲完璧，今得葉德榮手鈔《刊誤》一册，與此可稱並美，遂并儲之。見繆刻黄氏《題識》。此《刊誤》上下二卷，當是繆、章、吳諸氏所未見，故所刻題識未之及也。江蘇王教授函來徵蕘圃題跋，以補繆刻所未及，伯驥嘗以此寄之。《東觀餘論》，吾家藏范氏天一閣棉紙藍格寫本。

## 隸續殘存八卷黄蕘圃手校，
### 汪氏樓松書屋翻元本。

　　宋洪适撰。此書原二十一卷，據《盤州文集》洪氏自跋，此書謂乾道戊子始刻十卷於越，淳熙丁酉姑蘇范至能增刻四卷於蜀，後二年靈川李秀叔又增刻五卷於越，明年錫山尤延之刻二卷於江東，其板始備。洪跋尚曰，未能合數板爲一書，以歸嚴整。故明末崑山

葉九來奕苞家藏此書僅七卷。長洲趙凡夫有此書,亦失第九、第十
兩卷。毛氏汲古閣本雖尚完好,而第十二、十五、二十一三卷,尚多
闕葉。後曹棟亭揚州使院刻本,係二十一卷之全書,其中尚多闕佚
參錯,而第九、第十兩卷仍缺。瞿木夫有照元鈔本,衹得四卷。是
此書完本已不可得,汪氏刻本亦缺九、十兩卷。伯驥少時曾藏汪
刻,今得蕘圃校本,衹前八卷,其下則付闕如。余重其爲名校,一並
藏之。卷第七武梁殿碑圖下有"無鹽醜女"四字,蕘圃以朱筆乙
之。有案語云,元刻《隸續》無此四字,余友顧建屏云,約略記得
《列女傳》上,無鹽醜女與鍾離春是一人。後檢宋刊《列女傳》有
云,鍾離春者,齊無鹽邑之女也,則言無鹽醜女不必言鍾離春,言鍾
離春不必言無鹽醜女矣。觀此書十八載荆州刺史李剛石室殘畫
像,有云無鹽醜女、齊宣王,益可信顧之説,確此處之誤也。其餘所
校亦甚信確。蕘圃校此書係據影宋本及元本,故點勘至精。清
《四庫》著録者,則爲明萬曆間王雲鷺刻本,而王之所據,則爲元人
手鈔本,可知此書在宋元間傳本甚稀,得此校筆,直可作宋元本讀,
而惜乎其僅有此數卷也。長沙葉氏《郋園讀書志》有《隸續跋文》,
謂得明刻王本,未始非買王得羊之比,以無宋本可繙之故也。若見
此黃校,其忻慰又不知何如矣。蓋《隸釋》二十七卷,黃氏嘗有刊
誤之刻,其序據《讀書敏求記》,謂遵王尚未見此書宋槧本,故據崑
山葉九來、貞節居袁氏、周香嚴藏隆慶間錢氏各舊鈔,以刊錢塘汪
氏新刻之誤,偕顧千里訂諸本之異同,並資婁彦發《字源》爲證,摘
記千有餘條,今所傳刻本是也。惟《隸續》則述古堂有元版七卷
本,宋板書目又列一目,卷數亦同。今蕘圃此本,當是依此宋元本
而下筆焉。蓋《隸釋》刊誤僅據舊鈔,而手校《隸續》則有宋元本以
爲資糧,更足貴矣。又朱文藻有《校定存疑》十八卷,藏江蘇省立
國學圖書館。校書凡七種,其第七種則爲宋洪氏《隸續》,朱氏謂

從汪氏欣託山房新刊本校閲一過，而録其可疑者。按：汪氏所據以刊者，一曰金風亭長鈔本，曰棟亭曹氏刊本，而自卷一至卷六，則又據泰定乙丑寧國路儒學重刊本，鈔本之誤多於棟亭，然頗足補棟亭之闕，泰定本最爲精善，而亦不免有數處難從云。伯驥謂當以此本勘之。

## 絳帖平六卷郁氏東獻軒寫本。

宋姜夔撰。夔字堯章，鄱陽人。此書據《宦游紀聞》卷七目爲姜夔《絳帖評》。清《四庫提要・目録類》本書條下謂，宋之論法帖者，米芾、黃長睿以下，互有疎密。夔欲折衷其論，故取《漢書・張釋之傳》“廷尉天下之平”語，以名其書。嘉泰癸亥自序云，帖雖小技，而上下千載，關涉史傳爲多。《提要》謂其書考據精博，可謂不負其言，惟第五卷内有考論偶疎者。《墨莊漫録》謂其書本二十卷，舊止鈔本相傳，未及雕刻，所載字號止於“山”字，其“河”字以下亡佚十四卷，竟不可復見。然殘珪斷璧，終可寶也。前人謂小學既廢流爲法書，法書又廢流爲法帖，帖雖小技，上下千載，關涉史傳爲多，故是編條疏而考證之，一一別其真僞，察及苗髮。其餘若《續書譜》《褉帖偏旁考》《保母墓甎》，皆能伐其皮毛，啜其精髓，斯言尤矣。此本板心有“東獻軒”三字，實爲郁氏藏本。東城郁氏禮字佩宣，號潛亭，錢塘諸生。家素封，藏書充牣，潛亭又增益所未備。時小山堂書已散，所餘殘帙尚多異本，潛亭悉力購之。所居駱駝橋，去厲徵君樊榭山房一里而近，傳鈔秘册尤多。徵君歿後，其家出所著《遼史拾遺》手稿，要索厚價，久之不售，潛亭以四十金購得之，中間尚缺五十葉，百計求之不得。鮑廷博以文偶步至青雲街，見拾字僧肩廢紙兩巨簏，檢視之，皆厲氏所棄，徵君所録《遼史拾遺》稿本在焉，亟市歸授佩宣。棼如亂絲，一一爲之整理，閉户

兩月,綴輯成編,適符所闕之數。藏書之室曰東獻軒,軒額爲董香
光書。亭中古桂二株,相傳明萬曆間所植,交柯接葉,清蔭覆檐,室
中牙籤萬軸,都成碧色,潛亭晨夕校録于其間。百年以來,滄桑幾
易,東城郁氏子姓寂寥,里中故老,無復有知潛亭其人者。以上見
鮑廷博《庶齋老學叢談跋尾》及吳氏《焦廓脞録》卷三。又朱文藻
序,鮑刻古文《孝經》,謂渌飲與郁氏東獻軒參考有無,互爲借鈔。
又黃蕘圃題識云,吳槎客家有《笠澤叢書》七卷、附《補遺》一卷本,
有合校諸本之碧筠草堂本七卷、附《補遺》本,當是蜀本。而合校
本則兼集衆長矣,朱黃璨然,幾至迷目,内有朱筆校者,係從錢唐郁
佩宣東獻軒舊鈔本。余取舊鈔本重校刊正四卷,補遺一卷,續補遺
一卷,勘之悉合,槎客云郁本最佳云云,可見郁氏遺本至有足取,此
本書法大佳,絶無俗筆,以此字鈔此書,洵相稱矣。

## 讀史管見三十卷明寫本。

　　宋胡寅撰。寅字明仲,號致堂,崇安人。官至禮部侍郎,謚文
忠。《宋史》有傳。此書乃其謫居時讀《資治通鑑》而作,書成於紹
興乙亥。見其猶子大壯序。序中大壯又稱,寅父安國受知高宗,奉
詔撰《春秋傳》,宏綱大義,日月著明,《通鑑》則事雖備,而立議少,
實因《春秋》經旨。尚論詳評,是大壯以胡傳爲繼《春秋》而作,涑
水鴻編尚未之能逮矣,殊不然也。清《四庫提要》曾述趙與峕《賓
退録》謂,《管見》有所爲而著,言之頗悉。然周密《齊東野語》卷
六,明正德本。於此事亦詳,周氏云,致堂貴顯,不復爲本生母持服,
爲右正言章復所劾,會秦丞相亦惡之,遂謫新州安置,嘗於謫所著
《讀史管見》數十萬言,極意譏貶秦氏。如論桑維翰,雖因耶律德
光而相,其意特欲興晋而已,固無挾虜以自重、劫主以盗權之意,猶
足爲賢等語甚多。及論漢宣帝立皇考廟曰,既爲伯父母、叔父母之

後,而父母亡,則當降所生父母,而伯父母、叔父母之稱,昭昭然矣。稱謂既如此,則三年之喪宜降其服期,又昭昭然矣。稱謂既如此,則情之隆所當隆,殺所當殺,不敢交奪於幽隱之中,又昭昭然矣。其論哀帝議立定陶王後曰,故爲人後者,不顧私親,安而行之,猶天性也。當是時而責爲人後者,絕私親之顧,彼反得以旁緣不孝之似而責之,顧私親者至以孝自居,不顧者反蹈於罪辟。其論晉出帝追封敬儒爲宋王曰,服而或加或降者,以恩屈於義也。屈所生之恩而伸所厚之義,則恩輕而義重矣,恩輕而義重,則所生父母固可名之曰伯父母、叔父母矣。爲此論者,皆欲借此以自解,然持論太過,所謂欲蓋而彌彰,前輩蓋嘗評之。伯驥按:王荊公《送河中通判朱郎中迎母東歸詩》,李雁湖注云,蘇內翰亦有此,詩中有云,"感君離冷我酸辛,此事今無古或聞"。荊公薦李定爲臺官,定嘗不持母服。臺諫、給舍皆論其不孝,不可用。內翰因朱郎中作詩貶定也。宋時,主持清議者,往往若是。朱郎中名壽昌,世所傳廿四孝之棄官尋母者也。然據陸渭南所論列,則王詩注説似誤。《老學庵筆記》云,仇氏初在民間,生子爲浮屠,即佛印也。後爲李問妾,生定,又出嫁郜氏,生蔡奴,工傅神,是仇氏已三適人。其死時與李家恩斷義絕久矣。孔氏不喪出母,見於《禮記》,況妾母耶! 以此律之,即不爲服,亦不爲過。況仇既死於郜氏,則定所云實不知爲仇所生,疑不敢服者,實在情理之中,而定猶不忍,竟不爲服也,而託侍養以解官,以行心喪焉,亦可謂情至義盡者矣。且爲安知非定之父,不許其子爲棄妾持服耶! 伯驥考《邵氏聞見録》,大畧亦與李注同。梁任公撰《王安石評傳》第十八章曰,荊公之用人及交友,引《宋史·定傳》,辨定非不孝,並述渭南情至義盡之説以佐之,謂當時攻新法者,無賴至此。但蘇、王詩事,任公尚未及援用《定傳》。稱定於宗族有恩,家無餘貲,得任子先兄息,徒以附王安石,驟得美官,又陷蘇軾於罪,是以公論惡之,而不孝之名遂著。夫陷蘇則不忠於朝廷耳,若不孝固非事實,當時之議可謂不清矣。余愛誦東坡、朱郎中詩,格調與他章别異,因胡氏書憶及定前事輒記之。此固吾國倫理學史所應采及也。周氏又云,致堂,文定公安國之庶子也。將生,欲不舉,文定夫人夢大魚躍盆中,急往救,則已溺將死矣,遂抱以爲己子。少年黠難制,父閉之空閣中,其上有木,過數旬,寅盡刻爲人形。安國曰,當思所以移其心。遂引置書數千卷於其上，年餘悉能成誦，不遺一卷，遂爲名儒。據周氏之言，宜乎其言論之刻酷矣。清《四庫》以此書存目，張氏《書目答問》亦不采。伯驥謂其可備前人論史一格，且胡氏事實又足見當時學者之諷議也，故著錄之。致堂遺著，此書外有《崇正辨》，有《斐然集》，中有自辨不持所生母服語。明章懋《楓山語録》云，吾生平一切玩好之物，皆無所好，惟好古書而已。昔在閩，胡文定公子孫有一部寫本致堂《管見》來與，因問其家，再有重本否？彼云衹有此本。遂發還，俟我有力當爲刊而與衆共之。伯驥嘗得明刻，頗工雅，此爲明寫綿紙精繕，爲先及焉。

# 子　部　一

## 顔子七卷附録一卷<sub>元刊本。</sub>

前題文安後學李齎元鎮編集補注。後有自序云，僕留滯江南，近以校正《大學衍義》，受知於平章紫微史公，猥以庸愚，疊叨薦舉，值公分省贛城，挈之俱行。暇日論及聖門諸弟子，僕以所聞者對。公曰，聖門三千之徒，或升堂或入室，聞道有淺深，傳道有言語。顔子去聖人才一間耳，何獨無書以垂後世耶？僕避席曰，孔顔之道一也，聖人久同乾坤，明普日月，其大無外，其小無内，凡見於聖門問答、門人言論，皆此道之寓也。□在於書，抑孔子嘗曰，予欲無言，逮夫傳道而見於言語文字，非聖人之得已也。公曰，雖然，顔子言行散見群籍者，子爲我萃成編，吾將服膺焉。僕再辭不獲，乃采摭經史子集、伊洛格言，萃爲一編，以成公之志。仍次第章句，以註付其下。大德甲辰，後學文安李齎書於卷末。伯驥按：《漢志》《曾子》十八篇、《子思子》二十三篇，其書佚已久矣。宋紹興間，新安曾晫編《曾子》十二篇、《子思子》九篇。吳草廬序高安李純仁所編《顔子言》，宋儒有以《論語》諸書合《大戴記》十篇爲《曾子》書，又輯子思所言，爲《子思子》，此皆後來所輯録，非原書也。元人輯傳道四子書，《顔子》二卷、《曾子》二卷、《子思》二卷、《孟子》二卷，題吳郡後學徐達左編。每書各立内外篇，内篇載經書，附以周、程、張、朱之言，外編載傳記，附諸子百家之論。《顔子》《子思子》

《孟子》篇目皆十，《曾子》篇目十四。《曾子》全載《孝經》，而有分析移易，《孟子》僅取二十餘條入內篇，殊近于妄。陸氏藏元本，此《顏子》七卷與陸氏元本不同。明武進薛應旂輯《顏子》二卷，有吳維嶽後跋，范氏天一閣著錄之，然卷數不及此元本之富。此類述作，頗爲無謂，亦陋巷志之類耳，以其舊本存之。半葉九行，行二十字，間有不及二十字者。

## 新語二卷　明兩京遺編本，明千頃齋舊藏。

漢陸賈撰。賈，楚人，有辯才，以客從高祖定天下。使南越，招諭南越尉趙佗。還，拜太中大夫。諸呂用事，病免家居，後爲陳平畫策除諸呂，其後復使南越，令佗去帝制。《史記·賈傳》言，賈陳說《詩》《書》。高帝罵之曰，迺翁居馬上而得之，安事乎此？賈曰，居馬上得之，寧可以馬上治之乎？賈乃粗述存亡之徵，凡著十二篇。每奏一篇，高祖未嘗不稱善，號其書曰《新語》。其事功最著者爲使粵一節，蠻夷大長老夫臣佗，因賈言而撤王號，今吾粵人所稱爲開越大夫者也，其才當有大過人者。還朝後，以粵裝分其子，家庭之內饒有歐風，頗爲讀史者所樂道。《漢書·藝文志》著錄陸賈賦若干篇，今不見遺。著《楚漢春秋》亦已佚，清世頗有輯本，前人亦謂《新語》頗有疑問。清《四庫提要》引《戰國策》《論衡》《穀梁傳》，以爲前三書所述，按之今本，或無其文，或時代牴牾，《新語》殆出後人依託，非賈原本。據《文選註》，知其僞猶在唐前。又謂，《玉海》祇云此書僅存七篇，今有十二篇，反多於宋本，爲不可解。唯嘉慶間烏程嚴氏可均則以館臣所論爲不諦，雖不明斥《提要》，然已針鋒相對矣。嚴云，此書《藝文志》作二十三篇，疑兼他所論譔計之。《史記正義》引梁《七錄》，《新語》二卷，陸賈撰。《隋志》，舊、新《唐書》同，《崇文總目》《郡齋讀書志》《直齋書錄解

題》皆不著録。王伯厚《藝文志考證》云，今存《道基》《雜事》《輔
政》《無爲》《資質》《至德》《懷慮》七篇，蓋宋時此書佚而復出，出
亦不全。至明弘治間，莆陽李廷梧字仲陽，得十二篇足本，刻板於
桐鄉縣治。此後有姜思復本、胡維新本、子彙本、程榮何鎧叢書本，
皆祖李廷梧。或疑明本十二篇反多於王伯厚所見，恐是後人因不
全之本補綴五篇，以合本傳篇數，今知不然者。《群書治要》載有
八篇，其《辨惑》《本行》《明誡》《思務》四篇，皆非王伯厚所見，而
與明本相同。《文選》張協《雜詩》注引“建大功於天下者，必垂名
於萬世”。古詩《行行重行行》注引“邪臣之蔽賢，猶浮雲之鄣日
月”，今在《辨惑篇》。王粲《從軍詩》注引“聖人承天威，承天功，
與之爭功，豈不難哉”！今在《本行篇》。《意林》所載“衆口毀譽，
浮石沉木。群邪相抑，以直爲曲”。今在《辨惑篇》。“玉斗酌酒，
金椀刻鏤，所以夸小人，非厚己也”。今在《本行篇》。足知多出五
篇，是隋、唐原本。至《論衡·本性篇》引陸賈曰，“天地生人也以
禮義之性，人能察己所以受命則順，順謂之道”。今十二篇無此
文。《論衡》但云陸賈，不云《新語》，或當在《漢志》二十三篇中。
又，《穀梁傳》孝武始立學，非陸賈所預見。今此《道基篇》引《穀梁
傳》曰，“仁者以治親，義者以利尊”。乃是《穀梁》舊傳，故今傳無
此文，因知瑕丘江公所受於魯申公者，其本復經改造，非穀梁赤之
舊也。漢代子書，《新語》最純最早，卓然儒者之言，史遷目爲辨
士，未足以盡之，其詞皆協韻云。見《鐵橋漫藁》卷三。伯驥又按：
近人《青學齋集》二十三云，王充《論衡·本性篇》引陸賈曰，“天地
生人也，以禮義之性，人能察己所以受命則順，順謂之道”。今《新
語》無此文，似非元書。考《藝文志》陸賈二十三篇，殆統賈之論述
計之，《新語》則定著爲十二篇。《論衡》兩引，安知非在《新語》外
十一篇中。《意林》引《新語》八條，其見《文選注》五條，雖或與此

本微異，大致無甚懸殊，是唐人所見《新語》，即此十二篇本矣，亦足爲嚴氏之應聲。又易氏順鼎《經義莛撞》卷三云，陸賈《新語·道基篇》云，《關雎》以意鳴其雄，按此《魯詩》説也。《漢書·杜欽傳》佩玉晏鳴，《關雎》歎之。李奇曰，后夫人雞鳴佩玉去君所，周康王后不然，故詩人歎而傷之。臣瓚曰，此《魯詩》也。是《魯詩》以《關雎》爲刺康王后，作意后夫人佩玉晏鳴，不能爲脱簪待罪之舉，故借《關雎》能以義鳴其雄，喻康王后不能以義警其君。《魯詩》益解《關雎》爲鳴聲相警之意，故《新語》謂以義鳴與《毛詩》以關關爲和聲者不同，然毛謂摯而有別，則亦有義意矣。知陸賈所述爲《魯詩》者。《新語·資執篇》云，鮑丘之德行，非不高於李斯、趙高也，然伏隱於蒿廬之下而不録於世，利口之臣害之也。鮑丘即浮丘伯，申公所從受《詩》者。《鹽鐵論·毀學篇》，李斯與包丘子俱事荀卿，李斯入秦，取三公，包丘子不免於甕牖蒿廬。正本《新語》之文或作“浮”，或作“包”，作“鮑”，古字相通，據此疑賈本浮丘門人。《新語》所稱《詩》必皆魯義，近人輯《魯詩》未見及此也，是易氏亦絶重此書矣。至於焦氏《易餘籥録》四云，《新語·輔政篇》，天道以小制大，以重顛輕。此“顛”字乃“鎮”字之假借，如《説文》天，顛也。《白虎通》云，天之爲言鎮也，顛與鎮通，則其爲西漢故書，此亦一證也。時賢胡氏適之以謂《新語》一書，思想近於荀卿、韓非。《道基篇》叙文化演變尤有特色，賈親見始皇、李斯急進政策失敗之後，故主張無爲。然其所云聖人不空出，賢者不虚生，殊足表示賈之生活態度，故第六篇特攻擊當時避世人士。得唐校本重爲校讀，頗信此爲楚漢間書，並檢《司馬遷傳》以正《四庫提要》之誤。蓋館臣謂遷取《戰國策》《楚漢春秋》、陸賈《新語》作《史記》，今《漢書·遷傳》實非如是云云也。胡之言亦有特見，故節録之。《西京雜記》云，樊噲問陸賈曰，自古人君受命於天，云有瑞應,豈有是乎? 賈曰,目瞤得酒食,燈花得錢財,乾鵲噪而行人至,蜘蛛集而百事喜。小既有徵,大亦宜然。按:《漢書·藝文志》有《嚔耳鳴雜占》十六卷,俗說以人嚔爲有人說,固古語也。《嬾真子》《容齋隨筆》均著此事,此殆賈之軼聞歟! 清四庫館臣以《西京雜記》爲梁吳均依託劉歆名,然如賈所言,亦里巷所恒習聞者,蓋古風俗之一節也。此本刻於明萬曆十年,即世所盛稱之胡維新《兩京遺編》本,繆氏藝風堂亦藏此刻,稱其板刻猶有古意。《術事篇》至要不作致要,《資質篇》名不作資執,殊勝他本,校讐之審,又可見矣。此爲前明晉江黃氏千頃齋所藏,首有"居中"、"名立"二小章,末有"黃氏虞稷"、"俞邰"二小章。案:朱氏《明詩綜小傳》云,黃居中字明立,晉江人,有《千頃齋集》。又,錢氏謙益有《黃氏千頃齋藏書記》,謂明立自爲舉子,以迄學官。脩脯所入、衣食所餘,未嘗不以市書也,藏書約六萬餘卷。其子衰錄而互益,又不下數千卷。見《有學集》。其子謂俞邰也。秦瀛《己未詞科錄》云,黃虞稷字俞邰,號楮園,著有《千頃堂書目》三十卷、《楮園集》十卷。王氏《池北偶談》云,金陵黃俞邰以諸生召入明史館,食七品俸。予時向其借書,以漁洋而猶與之作一瓻之假,則其架上可知矣。又《桐溪話舊》稱,俞邰嘗建古歡社,與同志校刻群書,故古籍多賴以傳。伯驥案:黃氏刻本尠見,吾家藏胡氏《兩京遺編》全部,以此本爲黃氏仍世守藏,故別著之。前清宋翔鳳有校本《新語》,稱精核。

## 鹽鐵論十卷明刊本,有校筆。

漢桓寬撰。漢武帝四征諸夷,財用日匱,迺興鹽鐵之利,民以爲病。清杭氏世駿記西漢鹽鐵,謂《食貨志》不專言鹽鐵事,以詳於《地理》也,大約産鹽者凡三十四處,産鐵者凡四十七處。見《鴻辭所業》上。考昭帝始元六年,奉詔問民所疾苦。賢良文學請罷鹽鐵、榷酤，昭帝從焉。迄宣帝時，汝南桓寬次公推衍鹽鐵之議，著書六十篇，即今所傳之《鹽鐵論》是也。當時與御史大夫桑弘羊等互相詰難，後榷酤雖罷，而鹽鐵如舊，故此書以鹽鐵爲名，言皆述先王稱六經，而於桑弘羊、車千秋有微詞。此論舊有注，北宋時猶存，其後乃佚。明嘉靖間，雲間張之象繼爲之，刻於猗蘭堂，今通行張氏注本，頗有刪節，非之象原書。清乾隆間，四明盧氏嘗校張注，是正不尠，其後顧氏千里亦嘗校明涂禎十卷本，附以考證，涂刻勝於張書，久有定評。光緒間，長沙王氏又嘗究心此書，剖析疑滯，用力至勤，後起者復多創獲。近者楊氏復有校注之作，疏證出處，校正誤文，近代諸儒之書有涉及桓書者，亦加甄采，可云有功古人，有益來者矣。半葉九行，行十八字，有前人校筆。張氏頗喜編校書本，吾家收得明刻《唐雅》二十六卷，亦題張之象編。

## 論衡三十卷通津草堂本。

漢王充撰。充字仲任，上虞人，嘗受業太學，師事班彪，博覽而不守章句。家貧無書，游雒陽市肆，閱所賣書，一見輒能誦憶，遂博通眾流百家之言，著《論衡》八十五篇，二十餘萬言。蔡邕入吳始得之，恒秘玩以爲談助，後王朗爲會稽太守，又得其書，及還許下，時稱其才進。或曰，不見異人當得異書，問之果以《論衡》之益，由是遂見傳。見范曄、袁山松所著書中。郭氏登峯編《歷代自敘傳文鈔》一百四十篇，《論衡自紀》亦在其中，如司馬遷、班固等作，固是可誦。但金王若虛《文辨》第四云，古人或作自傳，大抵姑以託興云爾，如五柳、醉吟、六一之類可也。子由著《潁濱遺老傳》，歷述平生出處言行之詳，且詆訾眾人之智以自見，始終萬數千言，可謂好名而不知體矣。既乃破之以空相之說，而以爲不必存，蓋亦自覺其失也歟！按此可知自傳文，有時固不甚可信也。此書東瀛藏有宋刻殘本，半葉十行，行十九字至二十一字不等，板心記刻手名氏，謂其文字遒勁，筆畫端正，絕有顏魯公筆法。卷中如完、慎、貞、桓、徵、匡、朗、竟、恒、讓、玄、殷、弘、照、構、敬、樹等字皆闕末筆。《累害》篇夫如是市虎之訛云云一章，諸本並脱，唯此本獨存，當補其闕，尤爲可貴。虞山瞿氏則藏宋刊元明補本，謂爲慶曆中楊文昌刊，迨元至正間紹興路總管宋文瓚補之，故有至元七年安陽韓性後序。目録後有墨圖記二行云"正德辛巳四月吉旦，南京國子監補刊完"，則明補之證也。至平江黃氏所藏錢東澗評校本，爲宋刻元明脩補者，蕘圃云，以校程榮本，知其佳處不少。程本實據通津草堂本，通津本乃從此本出，蓋此本文字之勝於他本者特多也。朱氏結一廬得明鈔本於京都書肆，謂爲明人從宋槧本傳録。卷一《累害篇》增多四百餘字，其餘異同亦以鈔本爲長，然《招致》之缺、倉光之訛，則兩本俱同也。朱氏謂此書自宋已無善本，慶曆五年楊氏合校諸本，改補一萬一千二百餘字，始爲完書。乾道乙亥，洪文惠始鋟諸會稽，至元間又刊之，正德之初板存南雍，今俱不可得見矣。世所通行者，通津草堂本爲最古，而脱誤則無從是正云。此本首有目録，卷端體式與宋本同，半板十行，行二十字，板心有"通津草堂"四字，卷末題曰"周慈寫"。攷嘉靖中袁褧刻宋本六家《文選》亦題周慈寫，可證此本亦嘉靖刊。《累害》篇内一張脱去，蓋其所據本亦偶佚也，文句不屬，增一毫字以接前後，程榮以下諸本沿而不改，貽誤後來不可以讀，今特將此葉補録書中。朱氏稱，仲任自謂庶幾之才，正俗決疑，每多争辨，雖失之煩冗，而解頤者亦多，至謂孔壁中得《尚書》百篇、《禮三百》、《左氏傳》三十篇，又謂壁中《論語》得二十一篇，齊、魯、河間得九篇，本三十篇。此與晋楊所言《周官》出自孔壁中者，皆疏舛之甚，恐學者以仲任爲漢人，其言可信，故附辨之。李氏慈銘謂《論衡》爲蔡中郎帳中物，理淺辭複，漢人之文尟有拙冗至此者，中郎之事顯出附會，惟言多警俗，不嫌俚直，以曉愚蒙，間亦有理解,故世争傳之。其《亂虚》《論死》《紀妖》三篇最有名理,乃一書之警策,《紀妖篇》論鬼神會易之情狀,可作中庸義疏。朱氏士端謂,《論衡·正説篇》云堯老求禪,四岳舉舜,堯曰,我其試哉!又曰,女於時觀厥刑於二女。又曰,四門穆穆入於大麓,烈風雷雨不迷。又曰,舜知佞,堯知聖。堯聞舜賢,四嶽舉之,心知其奇而未必知其能,故言我其試哉,試之於職,妻以二女,觀其夫婦職修而不廢,烈風疾雨終不迷惑,堯乃知其聖,授以天下。據此,則王氏所見安國真古文《堯典》本爲一篇,並無曰"若稽古帝舜"二十八字横互於中,此條可補馮氏《解春集》,江氏《尚書集注音疏》所未引。汪氏之昌述《示兒編》引經誤條《立政》曰,以乂我受民。《論衡·明雩篇》引之曰,以友我愛民。案:今《論衡》與《尚書》同,則非宋人所見之本矣。見《青學齋集》二十七。宋陳騤文則謂王氏《問孔篇》中於《論語》多所指摘,未免桀犬吠堯之罪。又有人謂《論衡》中如《問孔》《刺孟》二篇,奮其筆端以與聖賢相軋,論辨新穎,務求繁辭盡意,僉謂王氏不當如是。伯驥按:後來如金李純甫、明李卓吾著書,每與孔孟爲難,當導源於此。言論解放,不爲古今人束縛,表現懷疑派哲學精神,王氏實開其端。蓋吾國人奉前言爲偶象,界域心思,封蔀靈府,遂成爲一尊之學術,倘能如印度之龍樹提婆,多所辨論,當日益昌明,其時彼中學派近百種,詰難既多,劣者敗退,優者長存,而哲理因之演進,固實例也。王弇州曰,余心服江陵之功,而口不敢言,以世所曹惡也。予心誹大函之文,而口又不敢言,以世所曹好也。無奈此二屈事何,蓋一時風氣已成,偏宕既寅畏於時賢,復蒙惑於古説,而自由淪胥以亡矣。弇州之言殊痛。歐洲中古教會專制人群,文藝復興後,大哲如卜魯諾、笛卡兒,皆以著述科學哲學之言,致蒙殺身焚書之酷。洎達爾文《種源論》、達氏創進化説,生存競争之理互相傳導,人人能言之。其後俄人克魯泡特金因著《互助論》以資救濟,謂競争能使人類趨於滅亡。生物界之進步,與人類發達之真因，非互助不可。論者又以此説，即爲無政府主義之來源。雷能《耶穌基督傳》兩書先後行世，全歐心靈始爲盪動，雄雞一聲天下白，大海回風生紫瀾，思想界因之大搖，基督教尤受其影響。吾國幸無此種教例鉗抑，然帝王之力尤有加焉。吾嘗怪元太祖集諸方瓌異人才，以謀軍略之進行、政權之發展，而曾不以之教國人。吾尤怪清聖祖延諸方絕特學人，以求自身學藝之日新、知識之日益，而不以此設科開校以智我漢蒙諸族。馬哥孛羅反國，歐人遂連袂東漸，而我漢族之蒙陋如故。法國史學家之主張，謂馬哥孛羅撰《遊記》一書，其關係不讓哥侖布之西航美洲。歐人讀《遊記》，見所繪羅盤針圖，有謂此物作於中國，而歐洲述之式樣已比馬圖爲精。意作始者歷數百年，進步當逾百倍，及游中國過市買之，則與書之圖無差焉，乃索然興歎而反。數理精蘊，幾暇格物，諸書流布而後，漢蒙諸族之狂獉依然。當葛利畧、李文厚望遠鏡、顯微鏡以次研究有成之日，而我國顧氏《音學五書》、閻氏《古文尚書疏證》方在草創討論之年。顏習齋大聲呼生存一日，當爲生民辦事一日。而戴東原則方讀十三經，舉其辭無遺，且語其弟子段玉裁曰，余於疏不能盡記，經注則無不能背誦也。惠士奇則方闇念九經四史，對客誦《史記·封禪書》，終篇不失一字，而吳、皖二大學派遂占斷我國百年。凡若此，皆君天下者愚民之果也。大凡真好讀古書者，鮮有不嗜新學新理者也，而御世宰物者不導之研精新學新理，而別以一物焉。衡其慮困，其心如此，則其心不雜，心不雜則皆爲我用矣。開敏者式古訓以銷其志意，謹愿者用舉業以耗其神明，於是天下遂莫予毒。合政教而統一之策，寧有善於斯者乎！此予往讀清帝卧碑，而悁悁然悲，後則讀王氏書，而躍然以起也。宋黃東發讀《論衡》云，王氏謂天地無生育之恩，而譬之人身之生蟣虱，欲以盡廢百神之祀，雖人生之父母骨肉，亦以人死無知，不能爲鬼而忽蔑之。清杭氏世駿謂，范史之傳王氏也，曰王氏少孤貧，鄉里以孝稱，但吾所聞於王氏者有異焉。王氏世族孤門，父誦任氣滋甚，在錢塘以勢凌人，《論衡》不諱其事。臨川陳際泰小慧人也，而闇於大道，作書戒子，而以村學究刻畫其所生，禾中無識之徒，刊其文以詔，而以斯語冠首簡，承學胥喜談而樂道之，而其端實發自王氏。軍機處奏准《全燬書目》有陳際泰撰《已吾集》《太乙山房文集》，吾家所藏，則有《已吾》而無《太乙》。此皆後來掊擊仲任之意見也，因與朱、汪諸說並述於此，以待攻論。梁任公先生謂《論衡》爲漢代批評哲學第一奇書，蓋就全體而言，諸君子則論其支節耳。任公稱俞蔭甫、孫仲容校此書祇數十條，蔣生沐從元刊本校補今本，脫文三百餘字，全書應加董治處尚不少，望好學者任之。今孫氏人和、楊氏樹達均有校讀之本，或足慰厥所蘄矣。《論衡》中有云，廣漢楊偉能聽鳥獸之音，乘蹇馬之野，田間有放馬者，相去數里，鳴聲相聞。偉謂其御曰，彼放馬目眇。其御曰，何以知之？曰，罵此轅中馬曰蹇。此馬亦罵之曰眇。御往視之，目竟眇焉。伯驥按：《春秋左氏傳》僖二十九年，介葛盧聞牛鳴，曰是生三犠，皆用之矣。其音云，問之而信。洪氏詁引《周禮疏》賈逵云，言八律之音，聽鳥獸之鳴，則知其嗜欲，生死可知。伯益明是術，故堯舜使掌朕虞，周失其道，官在四夷矣。賈、王均爲漢人，豈鳥語、獸鳴，古人果有解此者歟！公冶長辨鳥雀語，見《論語疏》。秦仲知百鳥之音，與之言皆應。見《史記》。南美洲有新人種，所操土語有五百餘種區別。人類愈卑陋，語言愈複雜，固世界公例。此人種，則美總統游南美時發見者也。鳥獸之聲不審，比新人種如何謂能辨之，當非易易矣。又《史記》卷一百五《扁鵲倉公列傳》，視見垣一方人。《索隱》言，能隔牆見彼邊之人，則眼通神也，亦古軼聞。

## 申鑒五卷 明刊本，有墨筆校。

漢荀悅撰，明黃省曾注。前有正德乙卯省曾序，略云，荀悅建安初辟於操府，遷黃門侍郎。時從弟或適守尚書令，而孔融自山東徵來，以是得同侍講中禁，但政移曹氏，雖有嘉猷，將安用之？悅恐意蘊終不得披露，遂拾漢故新事，及所欲獻替者，爲《申鑒》五篇以進。余嘗悲其所遭，而讀其書，間窺其要領，遂爲之注，浹旬而成，

共爲萬四千餘言,以笥藏之,雖不能無揭竿求海之病,而事可證引
者亦略具矣。半葉九行,行十七字。歸安陸氏藏明本,有何屺瞻跋
曰,仲豫之文,擬《法言》而爲也,其謂匹夫匹婦處畎畝之間,必禮
樂存焉,雖聖門亦必取諸。又陸氏跋云,《申鑒》黃省曾注本,以
《群書治要》所引校勘一過,知今本奪略甚多,此外如傅子《帝範
注》所引、《困學紀聞》所引,亦當有可補此本之缺。是書刊於正德
中,當時宋本必多,省曾意在作注,以抒寄託,不暇訪求善本,故訛
奪如此耳。陸氏此書,見歸日人岩崎氏,此題記見《靜嘉堂秘籍
志》。仲豫,悅字也。省曾,字勉之,弱冠與兄魯曾散金購書,覃精
藝苑。先達王鏊、楊循吉,皆爲延譽。負笈南都,游尚書喬宇之門。
嘉靖辛卯,魁鄉榜,累舉不第。交遊益廣,王守仁講道越東,省曾執
贄往見,作《會稽問道錄》,又從湛若水游。李夢陽以詩雄於河洛,
又北面稱弟子受學焉。爲文學六朝,好談經濟,每月朔望,必陳五
經而拜之。所著有《五嶽山人集》,又有《經說》《易繫奧旨》《懷賢
錄》《詩言龍鳳》等書。見《蘇州府志》卷九十九。

## 纂圖互注揚子法言十卷宋刊本。

　　前題晉李軌、唐柳宗元注,聖宋宋咸、吳祕、司馬光重添注。前
有宋咸序及《進廣注〈法言〉表》、司馬溫公序、篇目、《渾儀圖》《五
聲十二律圖》。宋咸序後有木記云"本宅今將監本四子纂圖互注
附入,重言重意,精加校正,殆無謬誤,謄作大字刊行。務令學者得
以參考,互相發明,誠爲益之大也,建安□□謹咨"共六行。前清
王氏頌蔚嘗以世德堂本校此本,其間脫誤甚多,然勝處亦復不少。
如《學行篇》"丘陵學山而不至於山",司馬光注"故曰學海"下,
"有丘陵,亦山之類而小,故曰學山"十二字,世德堂本並脫。又
"市井相與言則以財與利"注,咸曰彼利我義,祕曰言當以義。世

德堂本作"秘曰彼利我義,言當以義"。誤合爲一。《吾子篇》"或問蒼蠅白黑",注,"蒼蠅二蠅字,此本俱誤爲繩。間乎白黑紅紫,似朱而非朱"。咸曰,言欲辨蒼蠅白黑與紫亂朱之義也。世德堂本作"蒼蠅間乎白黑紅紫,似朱而非紫,亂朱之義也",脫十一字,又合李軌、宋咸注爲一,文義不可通矣。《問道篇》"捥提仁義",司馬光注"提,徒計切,亦擲也"。此七言世德堂本脫。又"惟聖人爲可以開明,佗則芩",李軌注,開,發。與治平本同,世德堂本混入正文,誤。《五百篇》"在德不在星"節,吳秘注,"應有德,無德而已,聖人知其然,務在修德,豈在星乎? 德之隆盛,然後規星無不順,規星之隆盛,亦規德而已"。世德堂本作"應有德,無德之隆盛,亦規德而已"。中脫二十八字。《重黎篇》"趙程嬰、公孫杵臼",吳祕注,"屠岸賈殺趙朔、趙同、趙括、趙嬰齊,皆滅其族。朔妻成公姊也,有遺腹子,走公宮居,程嬰、杵臼不死"。世德堂本自"齊皆至程嬰"廿一字並脫,尤蹖駁之甚者。凡此諸條,皆足正世德之誤,其餘文義兩通,及文字之得失,尚不能更僕也,以是知舊槧之可貴,雖麻沙如此本,其佳處猶有不可没云。陸心源曰,司馬公《法言注》十三卷,本名集四家注,見《宋史·藝文志》。故《直齋書録》李軌注《法言》,解題有"建寧四注不同"之言。振孫,寶慶時人,是理宗初建寧已有刊本。至景定時,龔士卨刊入《六子全書》,改題纂圖互注,而襲四家注之名,遂不可見矣。《提要》未及李、宋、吳三人仕履、里貫。陸氏考之至詳,此略之。半葉十一行,行二十一字,小字雙行,行二十五字。

**中説十卷**明刊本,明紐氏世學樓舊藏。

舊題隋王通撰,宋阮逸注。通之書《隋志》不載,知唐初其書尚未出,新、舊《唐志》始載其書,作五卷,《通志》《崇文目》作十

卷，《郡齋讀書志》作《阮逸注》十卷，《書録解題》既載《中説》十
卷，又有《阮逸注》十卷，《通考》作《文中子》十卷，《宋志》同。注
云，宋阮逸注。命名《中説》，比之《法言》《中論》，皆擬“論語”二
字也。《通考》《宋志》皆改作《文中子》，殆沿刊本之誤。晁氏云，
隋王通之門人共集其師之語爲是書。通行略無徵，《隋唐通録》稱
其有穢行，爲史臣所削，未知確否。明鄭氏井觀《瑣言》稱，宋咸作
《駁中説》，謂《文中子》後人所假託，實無其人。按：王績有《負苓
者傳》，陳叔達《答績書》有曰，賢兄文中子恐後之筆削陷於繁碎，
宏綱正論暗而不宣，乃興元經以定真統。陸龜蒙《送豆盧處士序》
亦曰，昔文中子生於隋代，知聖人之道不行，歸河汾間，修先王之
業。又云，後司空圖、皮日休俱有《文中子碑》，五子皆唐人，績乃
文中子之弟，而叔達又親及門者也，文中子果不誣矣。但史失其
傳，其書亦出後人所增益，在唐時已不甚爲人所尊仰，故韓、柳諸賢
俱無稱述，或謂即宋阮逸偽作亦非。李翱《答王載言書》云，理有
是者，而辭章不能工，王氏《中説》是也。宋龔鼎臣嘗得唐本《中
説》於齊州李冠家，則《中説》之傳久矣。然陳同父類次《文中子》，
云分十篇，舉其端三字以冠篇，篇各有序，惟阮逸本有之。又云，阮
氏本與龔本文各不同，則逸或不能無增損於其間，以啓後人之疑
也。又前清鄭氏中孚謂，見此書所述李德林、關朗、薛道衡事，然後
知其皆妄也。通生於開皇四年，而德林卒於十一年，通適八歲，固
未有門人。通仁壽四年嘗一到長安，時德林卒已九載矣。其書乃
有予在長安，德林請見，歸，授琴鼓《蕩》之什，門人皆霑襟。朗在
太和中見魏孝文，自太和丁巳，至通生之年甲辰，蓋一百七年矣，而
其書有問禮於關子朗。《隋書·薛道衡傳》稱，道衡仁壽中出爲襄
州總管，至煬帝即位召還。《本紀》仁壽二年九月，襄州總管周摇
卒，道衡之出，當在此年也。通仁壽四年始到長安，是年高祖崩，蓋

仁壽末也。又《隋書》稱，道衡子收初生，即出繼族父孺，養於孺家，至於長大，不識本生。其書有內史薛公見予於長安，語子收曰，汝往事之。用此三事推之，則以房、杜輩爲門人，抑又可知矣。考自宋以來，辨是書之僞妄者，莫先於晁氏，其餘諸家辨僞之說，莫備於《經義考》所引。又按：所謂《文中子》者，據楊盈川、杜樊川兩集所載，則實有其人，至所謂《中說》者，蓋其子福郊、福疇等依託爲之。迨天隱作注時，又加以傅益，而冠以序，適成爲僞中之僞矣。卷末附序一篇，及杜淹所撰《文中子世家》一篇，福疇《錄唐太宗與房魏論禮樂事》一篇，東皋子《答陳叔達書》一篇，《關子朗事》一篇，《王氏家書雜錄》一篇，亦皆福郊等所僞作耳。中孚之言蓋比前說爲詳確矣。中孚，烏程人，號鄭堂，嘉慶拔貢，著《讀書記》數十萬言，曾主上海李筠嘉，又爲其斠訂經籍。道光中舉副貢，卒，著書多散佚。李氏有書四千七百種，龔定庵序其《藏書志》。明有馮渠字謙川，新城人，萬曆癸未進士。撰《進修錄》三卷，全仿《論語》，復仿《論語》分爲二十篇，蓋亦僞《文中子》之故智也。書序前有“紐氏世學樓圖籍”章。伯驥按：黃氏宗羲《天一閣藏書記》云，越中藏書之家，紐石溪世學樓其著也。余見其小說家目錄亦數百種，商氏之《稗海》皆從彼借刻。崇禎庚午間，其書初散，余僅從故書鋪得十餘種。又，商濬《輯稗海自序》謂，取紐氏世學樓本選校付梓，所謂吾鄉紐石溪先生藏書至數千函，予爲先生長公館甥，故得縱觀是也。而郎氏廷極序云，《稗海》纂於會稽紐黃門石溪，其甥商景哲雕之。景哲，濬之號也。錢氏《讀書敏求記》有會稽紐氏世學樓藏本《墨子》。全氏《鮚埼亭文集前編》卷十一《梨洲先生神道碑》云，公憤科舉之學，思所以變之，既盡發家藏書讀之，不足則鈔之同里世學樓紐氏、澹生堂祁氏，南中則千頃堂黃氏，吳中則絳雲樓錢氏。又，光緒己亥丁氏《八千卷樓書目序》稱，吾浙藏書之家，曰范氏天一閣、項氏天籟閣、紐氏世學樓。又按：明張時徹時徹字惟静，號東沙，鄞人，嘉靖進士。歷官南京兵部尚書，以日本入犯，勒歸。著有《芝園集善行録》《明文範》等書。《皇明文範》有周文燭《贈石溪紐仲文之祁門序》，略謂，今子由書生一旦宰煩劇邑而不懼，意者其有所預定於胸中乎！石溪子曰，勤以撫之，莫如以寬，寬而有制，政是以立；矯寬之過，莫如以嚴，教而不虐，政是以宜。清嘉慶間周源撰《山陰後村周氏淵源録》，稱文燭號六峯，爲明嘉靖間進士，歷官國子監祭酒。著《六峯文集》二十卷，然則石溪固亦正德、嘉靖時人矣。丁氏編《善本書室藏書志》，以里中後進，亦不詳石溪之爲人，謂須待訪，故稍詳之。查氏《人海記》則稱會稽鈕氏萬卷樓，沈氏《水曹清暇録》則稱爲世學堂，亦恐有誤。

## 新刊音點性理群書句解後集二十三卷
宋刊本。

此爲宋麻沙刊本，每半葉十三行，每行大字二十四、小字二十五六不等。前題晦庵先生朱文公集編，東萊先生吕成公同編，考亭後學熊剛大集解。卷一至卷十二《近思録》，卷十四至卷二十《近思續録》，卷廿二、廿三《近思別録》。《續録》爲節齋蔡模所編，取朱文公之格言，依《近思録》門類編録，故曰《續録》。《別録》亦節齋所編，所取皆南軒、東萊之格言，故曰《別録》。其題語云，以上《近思録》，迺文公朱先生、東萊吕先生、淳熙乙未夏，於寒泉精舍，相與共讀周、張、二程之書，歎其廣大閎博，懼初學不知所入，因共掇取其關於大體，而切於日用者，集爲是編。以謂窮鄉晚進，有志於學，而無明師良友，得此玩心，亦足以得其門而入矣。《續録》乃蔡先生髣髴文公之纂集遺意，即其格言，依其門類編集。《別録》亦蔡先生編集南軒、東萊二先生格言，學者得是一編，上沂濂洛，近酌考亭，伯驥按：《閩小記》云，世以考亭稱文公，余見晦翁後人所藏家譜，知考亭是黃氏之亭。五季之亂，黃端公子稜隨父禮部尚書入閩，見建陽山水秀麗，遂家焉，沒而葬於三桂里，子稜乃築亭於半山，以望其考，因名曰望考。文公近居其地，世乃以考亭稱之。又，查氏《敬業堂詩》自注，朱文公之父韋齋先生愛建陽山水，未及卜居，公築考亭以承先志，正取侍御之意，後人專以考亭屬文公，侍御之名湮矣。與夫南軒、東萊之浩博，閎辭奧語，盡在是書。此書清《四庫》著錄前集，陸存齋有後集，繆小山則前、後集俱有之，故能知其原委。若《拜經樓藏書題跋記》，則題爲《近思正續錄》，而不明始末，當是未加考覈也。蓋《宋元學案》亦未及剛大之名，則吳氏之疏略，固無足怪矣。《紅雨樓題跋》云，客遊衢州，旅寓祥符寺，於佛座後敗篋拾《性理群書句解》一册，視之，元板也。卷首有像有贊，字畫不類本朝。余所藏元板書字畫多類此本云，未審與此異同何如耳。

## 朱子語類一百四十卷宋刊配明本，仙蝶齋錢氏舊藏。

宋朱熹撰，宋導江黎靖德類編。前有黃榦《池州刊本序》，李性傳《饒州刊續錄序》，皆嘉定間所撰也。次有蔡抗《饒州刊後錄序》，吳堅《建安刊別錄序》，則淳祐咸淳間撰也。又有黃士毅後序、黃士毅跋，魏了翁《眉州刊本序》，蔡氏《徽州刊本序》，王祕《後錄序》。黎氏識語略云，《朱子語錄》之行於世也盛矣，蓋本其舊，本其舊者有三，而從以類者二，靖德嘗受讀而病其難也。昔朱子嘗次程子之書矣，著紀錄者主名，而稍第其所聞歲月，且以精擇審取，戒後之學者。李公道傳之刊池《錄》也，蓋用此法。黃公榦既序之矣，後乃不滿意，蓋亦懼夫讀者之不得其方也。二公之心，其亦韓子所謂堯舜之利民也大，而禹之慮民也深者乎！是以黃公不自出其所錄，其後李公性傳刊《續錄》于饒，以備池《錄》之所未備。蔡公抗刊《後錄》又益富矣，然饒《錄》最後三家，李公嘗附致其疑，而其四十二卷，元題《文說》者，以靖德考之，疑包公楊所錄。蓋公之子尚書恢嘗刻公所輯《文說》一編，視此卷雖略，而饒《後錄》所刊包公《錄》中，往往有此卷中語，是知謂爲公所錄亡疑，獨所載胡子《知言》一章，謂書爲溺心志之大穽者，爲最疑忌後學，使不知者謂爲先生語，是當削去亡疑，而李公不能察也。《語錄》之難讀如此，黄公之慮豈爲過哉！昔張宣公類洙泗言仁，祖程子意也，而朱子以滋學者入耳出口之弊疑之，魏公了翁援是爲學者慮，當矣。蔡公乃曰，《論語》諸篇，記亦以類，則議者亦莫能破也。然三錄、二類，凡五書者並行而錯出，不相統壹。蓋蜀《類》增多池《錄》三十餘家，饒《錄》增多蜀《類》八九家，而蜀《類》《續類》又有池、饒三錄所無者，王公謂蜀《類》作於池、饒，各爲錄之後者，蓋失之。而今池《錄》中語尚多蜀《類》所未收，則不可曉已。豈池《錄》嘗再增定邪？抑猶有遺邪？子洪所定門目頗精詳，爲力厪矣。廉叔刻之不復讐校，故文字甚差脱，或至不可讀。徽本附以饒《錄》《續類》，又增《前類》所未入，亦爲有功，惜其雜亂重複，讀者尤以爲病。饒《後錄》新增數家，王公或未之見未及收也。靖德忘其晚陋，輒合五書而參校之，考其同異，而削其複者一千一百五十餘條，越數歲編成，可繕寫。景定癸亥，後學導江黎靖德書。黎氏又云，李公性傳敍饒《錄》，謂先生有《別錄》，多談炎興大事，未敢傳而亡於火，猶幸存一二。頃嘗問諸其家，則所云存者亦不存矣，甚可惜也。因讀蔡公所刻包公《錄》凡四卷，其一卷既與元題《文說》者相出入，而他三卷所言大抵多炎興間事，疑即李公昔藏而今亡者，但略無互見於諸家之所錄，則與其子樞密所跋《文說》謂，“公所錄多且詳，與世所傳大概無異，故藏而不出云者”不相似。樞密又謂公所錄已亡於建安之火不復存，而湯氏乃有藏本，是皆不能使人亡疑焉者。靖德來旴，樞密甫下世，恨不及質之也。近歲吳公堅在建安又刊《別録》二册,蓋收池、饒三録所遺,而亦多已見他録者,併參校而附益之,粗爲定編。靖德適行郡事,因輒刻之郡齋,與學者共之。咸淳庚午正月辛亥,靖德再書。此爲宋咸淳刊本,補修之葉則在宋後矣。半葉十四行,行二十四字。版心有字數,每卷下有計若干板等字,每卷有"仙蝶齋"白文章。此當是嘉定錢氏遺書,惜多殘缺,配以明本。按:錢儀吉字靄人,嘉慶戊辰進士。庶常散館,授户部主事,升刑科給事中,主講粤東學海堂、河南大梁書院。著《經典證文》《説文雅厭》《三國晋南北朝會要》《甄録》《魏吴都城金墉城圖》之類,無慮數十百篇。仿焦氏竑《徵獻録》哀集國朝文集千餘家,節録名人事狀,輯《先正事略》。病徐乾學《通志堂經解》采摭未備,搜羅宋元來説經家彙《經苑》一編,皋比數十寒暑。有仙蝶齋藏書所。以上節録蘇源生撰次《遺事》《錢氏行狀》)。

## 朱子成書不分卷元刊本。

元廬陵黄瑞節輯。《吉安府志》云,瑞節字觀樂,安福人。舉鄉試,授泰和州學正。元季,棄官隱居,嘗輯《太極圖》《通書》《西銘》《易學》《正蒙》《家禮》《律吕精義》《皇極經世》諸書,並加釋注,名曰《朱子成書》。《陰符經》及《參同契》蓋亦其中之二種,《府志》豈以其學涉道家,故諱而不載歟! 此書目録如下:《太極圖》濂溪先生周敦頤茂叔撰,晦庵先生朱熹元晦解;《通書》濂溪先生周敦頤茂叔撰,晦庵先生朱熹元晦解;《西銘》橫渠先生張載子厚撰,晦庵先生朱熹元晦解;《正蒙》橫渠先生張載子厚撰,晦庵先生朱熹元晦解;《家禮》晦庵先生朱熹元晦撰;《律吕新書》西山先生蔡元定季通撰,晦庵先生朱熹元晦校正;《皇極經世指要》西山先生蔡元定季通撰,晦庵先生朱熹元晦校正;《周易參同契》漢魏伯陽撰,晦庵先生朱熹元晦解;《陰符經》唐李筌述,西山先生蔡元定季通解,晦庵先生朱熹元晦校正。凡書各爲集,不分卷目,各書本文下大字爲朱子解,解之下小字爲附錄,附錄以朱子爲主。他書之互見,同時之講明,門弟子之疑難,後來之闡説俱附焉,間有一二聞見,得之父師者,復附錄後,以"按"字別之。凡目共九條,節錄四條如上。首有大德乙巳廬陵劉將孫序,序云,君友黄觀樂取晦庵朱氏書在四書外者,粹爲十,加博注增説,名之曰《朱子成書》。《太極圖》《通書》,此所爲異象山而費論辨者也;《正蒙》由《易》以起,而《啓蒙》又《本義》之所以本也;《西銘》則天地萬物之同,所以施之天下,國家之道也;《皇極指要》則西山相與沈潛,超悟天人之要,而門弟子之不得聞者也;冠、昏、喪、祭折衷三千年之異同而歸之一,莫備於《家禮》;陰陽水火流行造化之妙,度量權衡統和天人之本,莫博於《參同契》《律呂》書。若《陰符》之説,所以祛世惑而反之正者,皆不可以不之知也。伯驥按:《家禮》爲僞書,前人久有論定,黄氏輯付諸書之内,目錄家又稱此書爲元刊本,今姑仍之。半葉十一行,行二十字。

## 黄氏日鈔分類九十七卷 元刊本,江飛濤舊藏。

前題慈溪黄震東發編輯。半葉十三行,行二十四字。語涉宋帝皆空格,蓋仍宋本舊式,前有至正三年廬江沈逵序,下有印曰"肩吾子"。是書原本百卷,東發身前已梓行,元初兵燬。至正中,孫禮之搜輯補刊,僅存九十七卷,即今所傳本也。卷八十一、八十九注曰,原官板無文字,則元以後版片缺失矣。前人謂東發傳朱子之學,於書無所不讀,與空談性命、專攻語錄者不同。《日抄》於經史子集皆有所發明,摘要訂訛,兼補其闕,又以其所見者,真北宋本也,其書之價值如此。震字東發,慈溪人,寶祐進士。歷官州縣皆有聲,擢史館檢閱。對言當時大弊,曰民窮,曰兵弱,曰財匱,曰士大夫無恥。時宮中建內道場，震言乞罷度僧道牒，使其徒死老即消弭之，收其田入，無難富軍國、紓民力。後知撫州提點刑獄。比卒，門人私諡曰文潔先生。此本前有"飛濤"二字章。按：江聲字飛濤，號白沙，詩文之外，尤以畫竹、篆刻有名邑中，有《匏葉齋稿》。性嗜書，得秘本輒手錄，校讐精確。曾從蕭姓，故有《蕭江聲讀書記》，及"飛濤"、"白沙"諸朱記。見《常昭合志稿》。

## 武經直解二十五卷　明成化間刊本。

明劉寅撰。前有成化間李氏序，略云，曩予奉命巡撫大同，日親戎馬之事，自恨軍旅未學，始求孫吳之書觀之，迺知用兵自有法度，將不學而兵不教，其能取勝也難矣。越三載，召爲兵部右侍郎，佐理軍政。欽惟皇上銳意治理，文武並用，設武學於都城之內，自公侯而下，咸遣入學，設官以教之，給廩以養之。月命總兵一員，會兵部文臣詣武學，閱試弓馬謀策，歲終次其等第，聞於上，賜楮幣有差。無非作養將材，爲邊方計。一日予與英國張公樊親臨會考，見武生讀誦者，皆市肆板行《孫武》舊注，間有不明，《吳子》諸書尤多舛謬。張公患之，迺出其家藏拱辰劉先生《武經直解》示予，見其注釋詳明，引據切當，將謀鋟梓以廣其傳。會余遘疾，賜告歸養於鄉，而志不果。既而以左副都御史召，命撫巡畿內，提督邊關，遂携此書偕往，駐節保定，託守制知府清苑王琮校正繕寫，既成。適監察御史趙英來知府事，命工刊行，請予序其端。予惟此書成於劉先生之手，計其時已百年，曁余得之又數載，今始傳焉。或曰，公以儒發身，當事仁義道德，權謀功利之書，奚尚焉。余曰，不然，古人安不忘危，雖文武成康之世，猶拳拳以戎兵是詰，矧夷狄奸宄世常有之，不有良將，孰能戡定禍亂而輯寧邦家也哉！湯武用之則爲仁義之師，孫吳用之則爲譎詐之術，仁義得之愈久而愈昌，詐術取之隨

得而隨失，觀之前代，概可考矣。成化二十二年賜進士通議大夫都
察院左副都御史襄城李敏敍。次有洪武戊寅劉寅序，次讀兵書法。
次凡例略云，《直解》爲初學者作，若失之略，恐未能曉，不若不解
耳。七書次序，宋國子司業朱服校定，先《孫》而後《六韜》，亦未知
何義，今姑因其舊。《孫武子》舊注互有得失，今選其理明而辭順
者取之。《孫子》張預注，論道字甚重，諸家説得極略，軍爭九變，
錯簡處預皆訂正，今從之。《漢書·藝文志》云，《吳孫子》八十二
篇，《吳起》四十八篇。今《孫子》止有十三篇，《吳子》止有六篇，
恐是後人删而取之，篇章只依舊日，次序並不改易。次《武經直解
引用》畧云，《孫子》舊註一十一家，魏武帝、杜牧、張預、李筌、陳
皞、賈林、孟氏、杜佑、梅堯臣、王皙、何氏，以上十一家注，今止有魏
武、杜、張三家而已，餘未之見也。張預注，予少時避兵山谷間，受
讀於先人菊齋處士，亡其書已四十餘年，今但能記其大略耳。儒書
十一家，《易》《書》《詩》《春秋左傳》《胡傳》《論語》《孟子》《中庸》
《通鑑綱目》《宋鑑》《元史》，次陣圖，次國名，次目錄，次附錄。半
葉十行，行十九字。伯驤按：此書范閣著録嘉靖崇明恒齋施一德編
本，而楊氏《日本訪書志》卷七著録明萬曆刊本，伯驤又按：崇禎間，義烏
虞國鎮應召對，措置兵餉等事稱旨，授檢討，後奉敕脩纂《武經七書》，是萬曆後仍有校
刊此書，然罕傳本矣。七書完全，雖較清《四庫》之僅録《三略》一種、阮
氏僅進呈《司馬法》《尉繚子》二種爲勝，然祇有劉氏序，而無李敏
序，然則此固罕見之本也。山谷曰，書囊無底，不其然乎！


## 武經直解十二卷日本重刊明萬曆本。

　明劉寅撰。凡《孫子》三卷，《吳子》一卷，《司馬法》一卷，《李
衛公問對》二卷，《尉繚子》二卷，《三略》一卷，《六韜》二卷。首自
序，次萬曆五年張居正《增訂序》，次翁鴻業序。劉氏自序云，洪武

三十年,年在丁丑,太祖高皇帝有旨,俾軍官子孫講讀武書,通曉者臨期試用。寅觀舊注數家矛盾不一,學者難於統會,市肆板行者闕誤亦多,雖嘗口授於人,而竟不能曉達其理。於是取其書刪繁撮要,斷以經傳所載先儒之奧旨,質以平日所聞父師之格言,訛舛者稽而正之,脫誤者訂而增之,幽微者彰而顯之,傅會者辨而析之。越明年藁就,又明年書成,凡一十二卷,一百一十四篇,題曰《武經直解》。嗚呼,兵豈易言哉!觀形勢,審虛實,出正奇,定勝負,凡所以禁暴弭亂,安民守國,鎮邊疆威四夷者,無越於此也。聖人於是重之,故仁義忠信,知勇明決,兵之本也;行伍部曲,有節有制,兵之用也;其潛謀密運、料敵取勝者,兵之機也;一徐一疾,一動一靜,一予一奪,一文一武,兵之權也。不有大智其何能謀,不有深謀其何能將,不有良將其何能兵,不有銳兵其何能武,不有武備其何能國,欲有智而多謀,善將而能兵,提兵而用武,備武而守國,舍是書何以哉!兵者詭道,是以孫吳之流專爲詐謀,《司馬法》以下數書,論仁義節制之兵者,間亦有之,在學者推廣默識心融而意會耳。雖然,兵謀師律,儒者罕言,譎詭變詐,聖人不取,仁義節制,其猶大匠之規矩準繩乎,大匠能誨人以規矩準繩,而不能使之巧。寅爲此書,但直解經文,而授人以規矩準繩耳。出奇用巧,在臨時應變者自爲之,非寅所敢預言也。狂斐踰僭,得罪聖門,誠不可免,然於國家戡定禍亂之道,學者脩爲戰守之方,亦或有所小補云。洪武戊寅歲律中太原劉寅序。伯驥按:《續資治通鑑長編》三百二,元豐三年四月乙未,詔校定《孫子》《吳子》《六韜》《司馬法》《三略》《尉僚子》《李靖問對》等書,鏤板行之。晁氏《郡齋讀書志》亦稱,宋元豐中以《六韜》等書頒行,號曰《七書》。蓋宋仁宗時嘗建武學,既而中輟,神宗時復置。元豐中,《七書》始定爲官書。伯驥按:嘉祐間,胡瑗上疏請興武學云,頃歲,吳育己建議興武學,但官非其人,不久而廢。今國子監直講梅堯臣曾注《孫子》，大明深義，孫復以下，皆明經旨。臣曾任邊陲，頗知武事，若使堯臣等兼蒞武學，每日祇講《論語》，使知仁義忠孝之道，講孫吳使知制勝禦敵之術。於武臣子孫中選有智畧者二三百人教習之，則一二年間必有成效。臣已成《武學規矩》一卷進呈。時議難之。至劉寅《直解》之明瞭，學者亦久有定論，比諸施氏講義，其博奧不及，而《武經》善本劉著實足當之。清《四庫提要》著錄寅《三略直解》一種，據《太學進士題名碑》，知寅爲崞縣人。阮氏《經進書錄》論寅以兵家言注兵書，猶儒者之以經注經，又謂寅多切實近理之言。今讀此書，洵爲不謬。藏書家鮮有明本《七書》全備者，此本爲東瀛重刊，《七書》俱有之。

## 孫子三卷 寫校本，王文敏舊藏。

　　周孫武撰，魏武帝注。孫子，齊人，《史記》有傳。陳氏《書錄解題》《孫子》下云，孫氏事吳王闔廬，而不見於《左氏傳》，未知果何時人也。是直齋因《左傳》不見孫子，遂疑《史記》之無據矣。近人補釋，姚氏《僞書考》言之頗詳，此略之。《三國志・魏書・武帝紀》裴注，引孫盛《異同雜語》云，太祖博覽群書，特好兵法，抄集諸家兵法，名曰《接要》，又注《孫武》十三篇，皆傳於世。《隋書・經籍志》著錄《兵書接要》十卷，又《兵法要論》七卷，又《兵法接要》三卷，又《兵法略要》九卷，並云魏武帝撰。《太平御覽》八及十一，均有引魏武《兵書接要》。伯驥按：魏武所集兵法今不傳，惟《孫子注》猶存。唐杜牧《注孫子序》云，武所著書凡十數萬言，曹魏武帝削其繁剩，筆其精切，凡十三篇，成爲一編。曹自爲序，因注解之曰，吾讀兵書戰策多矣，孫武深矣。然其所爲註解十不釋一，此者蓋非曹武不能盡注解也。予尋《魏志》，見曹自作兵書十餘萬言，諸將征伐，皆以新書從事，從令者尅捷，違教者負敗。意曹自於新書中馳驟其説，自成一家事業，不欲隨孫武後，盡解其書，不然者曹豈不能耶！今新書已亡，不可復知，予因取孫武書備其注，曹之所注亦盡存之。今爲上、中、下三卷。見《唐文粹》九十五。是魏武之注爲牧所深許，吾家藏《洪武實錄》中有云，上與侍臣論《孫子》，或曰，武之書自易以及難，其法先粗而後精，其言約而要，故叩之而不窮，求之而益隱。或曰，武之術，其高者在於用常而知變，若實在彼則變而爲虛，虛在此則變而爲實，機妙莫測，此用武之權衡，千古不可易也。或又曰，武之術于詭道勝，至於用間，苟遇不可間之君，無可乘之隙，將何以得其情哉！人各持其説。上曰，以朕觀之，書雜出於古之權書，特未純耳。其曰不仁之主，非勝之至，此説極是。若虛實變詐之説則淺矣，苟君如湯武，用兵行師，不待虛實變詐，而自無不勝。虛實變詐之所以取勝者，特一時詭遇之術，非王者之師也，然其術終亦窮耳。蓋用仁者無敵，恃術者必亡。觀武之言與其術，亦有相悖，武之書必有所授，而武之術則不能盡如其書也。是孫氏書，用兵者頗引以爲重，故宋刊《武經七書》以之爲首。宋刊始於宋元豐二年至元豐六年，國子司業朱服言承詔校定《孫子》《吳子》《司馬法》《衛公問對》《三略》《六韜》，諸子所注《孫子》，互有得失，未能去取，他書雖有註解，淺陋無足采者，臣謂宜去注，行本書，以待學者之自得。詔《孫子》止用魏武帝註，餘不用註。見李氏《續通鑑長編》。《宋史》，朱服字行中，烏程人，進士甲科。紹聖初，爲中書舍人，謫萊州，再爲廬州，徙廣州。又坐與蘇軾游，貶海州團練副使，蘄州安置。《吳興備志》，服有文集十三卷，校定《六韜》六卷、《孫子》二卷、《司馬法》三卷、《吳子》二卷、《三畧》三卷。唯陸氏心源藏宋本《七書》，其題跋謂《孫子》無魏武注，或因朱説而削去云云。則是魏武註盛行於唐，而衰於宋矣。今考明嘉靖乙卯錫山談愷刊於虔州本，則有十家註，曹操、李筌、杜牧、陳皞、賈林、梅堯臣、杜祐、張預、王晢、何氏是也。清《四庫》未錄，惟《道藏·太清部》收之，收藏者多萬曆本，而談刊則罕見焉。

至前人有論《孫子》之文者，如宋呂氏《童蒙訓》云，《孫子》十三篇，論戰守次第，與山川險易、長短、大小之狀，皆曲盡其妙，摧高發隱，使物無遁情，此尤文章妙處。又明人所撰《文斷》引《文章精義》云，《老子》《孫武子》，一句一理，如串八寶珠瑰，間錯而不斷，文字極難學。又引《緯文瑣語》云，戰國文章，孟、莊子而下，孫武、韓非所爲最善，餘人莫及。《孫武》十三篇，戰國時書也，以比春秋時文差不類。以上皆論文之言，出於各註之外者也。若夫《孫子算經》一書，舊説以孫子爲孫武，清《四庫提要》據書中有長安、洛陽相去九百里，及佛書二十九章、章六十三字兩言，證作者爲漢明帝以後人。然書中説度之所由起云，五十尺爲一端，四十尺爲一疋。古制，布帛二丈爲端，兩端爲疋，疋四十尺。唐制，調法布五丈而當疋絹，故布五丈爲端。又云今有棊局一十九度，問用棊幾何？據邯鄲淳《藝經·棊局》十七道，此云十九道，可證其爲晋宋以後人語。蓋此書實爲先秦舊本，其中或有後人增益，近人《緗齋讀書記》亦有此説，謂此書是武撰，或非武撰，尚無確實之證。至孫氏《兵法》則出自武手，似無疑義也，惟有謂爲孫臏作，或戰國末人作。此爲福山王文敏懿榮所藏，前後有其題字及藏章不少，蓋擬以此刻《齊魯遺書》者，卷中並述及喬鶴儕之言。伯驥按：鶴儕名松年，山西徐溝人，道光乙未進士。官至河道總督，著作甚多。已刻者《薜摩亭雜記》《論語淺解》《緯廬》。見吴昆田《漱六山房集》卷十一。文敏藏章有“廉生登來”四字，廉生文敏號也。按：《公羊·隱五年傳》云，登來之也。何休《解詁》云，登讀爲得，得來者，齊人語也。齊人名求得爲得來，作登來言，其言大而急，由口授也。又按：康熙間王芝藻著《周禮訂釋》古本，以爲《考工記》之文奇變而軌乎法，非周公莫能爲之。前人謂書内有鄭之刀、秦無盧等文，而鄭封於宣王時，秦封於孝王時，周公安得稱之。且周公亦非以奇變之文著也，書中如荂、椑、終、古、戚、速等字，鄭注皆以爲齊人語。江永以爲東周後齊人所作，亦尚近於理。劉氏《助字辨略》卷二云，今山東人呼得字爲德歸切，與登字音近，故以得來爲登來。劉名淇，號南泉，碻山人。康熙初年成此五卷書，自錢氏《讀書雜記》、劉氏《通義堂集》稱許南泉之作，學人遂多推服其精確。通義集以其書中佳處與高郵王氏比勘，每多相合，蓋通義每有此類著作。如説元吾衍《閒居錄》，有爲清世戴、段諸君子先導者，亦其一也。南匯于鬯《香草校書》五十三云，《孟子》使虞敦匠。案，敦蓋讀爲督。朱駿聲《説文通訓・屯部》云，敦督一聲之轉。然則敦匠爲督匠矣，疑此乃齊之方俗語。督之爲敦，蓋亦由其言大而急耳。敦督、登得並雙聲也。《荀子・榮辱篇》云，以敦比其事業。敦亦當訓督，《荀子》居齊最久，故其書亦有齊語。文敏山東人，是以其章云爾。錢氏大昕云，孟子書使虞敦匠事，朱注謂董治作棺之事。敦、董聲相近，但與古注不合。此當從趙氏説，敦匠謂厚作棺也，事嚴謂喪事急也，依文義當以使虞敦匠爲句，事嚴二字爲句。卷首有"孫武"二字古章捺上，吳氏大澂有題字。伯驥考顧氏《思適齋集》三，有《孫武私印詩》，蓋爲淵如孫氏作者，詩云"宮中教戰事依然，此印沈埋定幾年。天與文孫重管領，猩紅鈐上十三篇"。自注云，時方刊宋本《孫子》。明胡氏《真珠船》云，魏文帝《典論論文》，徐幹時有齊氣。李善注，言齊俗文體迂緩，而徐幹亦有斯累。按《漢書・地理志》齊詩子之旋兮，遭我乎猱之間兮。又曰，俟我於著乎，而此亦其舒緩之體。又云，齊至今其士舒緩闊達而足智。《朱博傳》，遷琅琊，齊部舒緩。博奮髯抵几曰，觀齊兒欲以爲俗耶？《寰宇記》，齊州人志氣緩慢，是則齊俗自來舒緩，故文體亦然。按近人某君著書，述古書多説宋人可笑事實，則各地方均有積重處。此因齊言而連及之。

## 趙注孫子五卷 日本舊刻本。

題趙本學解引類。並有二行云"原本薊遼舊刻，明季亡逸，謄傳極少，舊題孫子書，今更冠趙注二字"。伯驥按：趙，明人，能以《易》推衍兵家奇正虛實之權。世宗時，俞大猷嘗從其受業。清會稽邵氏念魯嘗得趙氏陣圖，日夜講習不輟，每走四方，潛以狼牙棍自衛,門人陶金鐸覘之以問,念魯曰,往在吳淞與梁化鳳部將某游,偶學之,今已忘矣。其器八面鋒棱,弓刀矛戟,有時鈍折,而此器不壞。見邵氏《思復堂文集》及近人所編《邵氏年譜》。趙,閩人,當再詳之。前有日人序,略云,宋梅堯臣評《孫子》,以爲戰國相傾之說。余則以謂仁於用兵者,莫若孫子。其言曰,用兵之法,全國爲上,破國次之,至軍旅卒伍亦云爾。兢兢然常以多殺爲戒,惻怛憫恤之意,往往見諸篇中。其猶未免乎譎詐用數者,則又出勢之不得已焉耳矣。夫虎豹出山,跳踉咆吼,以逞搏噬之威,欲速除之,弓矢矛戟之用,固弗若陷阱誘殺之便。古今論兵者,推孫吳以爲武經之冠,非過論也。修業堂窪田先生藏明趙虛舟所注《孫武子》一部,余嘗讀之,解義簡明,引類的確,諸注家蓋莫能及也。先生潛神韜略,武技精妙,齡已踰七十,心力克壯,適值大朝振起武風,竭力訓練,以副上命,晨入暮歸,日不暇給,遂欲梓是書以公之於世,一何其幸也。雖然,所貴於讀者,在獲作者之心,倘學者不以孫子之心爲心,而徒殺伐討滅爲快,是豈先生改刻之本旨哉! 文久癸亥,昌平學儒員若山拯撰。次有郭氏序,略云,楚故彊國,將材號前茅,年來銳氣銷於紈袴,奘毳茸乎尺籍,洞庭青草,竊伏修蛇,槃瓠廩君,包藏封豕,尤非可晏然忘武服之地也。不佞雖軍旅未學,平居常蒿目腐心,圖未雨之備久矣。比於梁李官處,得看薊遼舊刻《孫子》書,乃出自吾同邑人趙虛舟所校者,章句有解,解有引類,解之使意顯,引之使事覈。趙君不知何時人,聞之爲草澤也,彼不擔一爵,猶然以匹夫懷世慮,肆力是篇,期貽人國之安。吾儕責在封疆,寧能諱兵不譚計,反出趙君下耶! 雖其所疏者法也,而非其所以法也。書中如所謂藏於九地之下,動於九天之上,微乎微至於無形,神乎神至於無聲,此猶規矩中之巧,亦惟孫子能自得之耳。賜進士第中憲大夫奉勅巡撫湖廣提督軍務兼制黎平等處地方都察院右僉都御史晉江郭惟賢譔。次有梁氏序，略云，歲乙未，希宇郭先生假節鉞鎮湖湘，時方泰寧，不忘武服，亟取不佞笥中《孫子》書，付之剞劂，嘉與材官良家子共圖誦習，以備緩急。不佞校讐，隱括無復訛，稱善本，越二十歲，濫膺全楚封疆之寄。追惟往事，物色前刻，化爲烏有，遺書在焉，不勝簪履之念。屬郎守若理覆刊成書，視前加精，頒示諸材官家子，以廣郭先生之志。賜進士第中憲大夫奉勑巡撫湖廣提督軍務兼制黎平等處地方都察院右僉都御史保定梁見孟譔。末有俞大猷後序，長山貫《孫子考》附。按：日本人好研究中國古子，如武内義雄《老子之研究》，甕谷岡松、辰君盈《莊子考》之屬，吾家多藏之。

## 少林棍法闡宗三卷蹶張心法一卷
## 長鎗法選一卷單刀法選一卷明刊本，大冊子。

明程宗猷撰。宗猷字冲斗，海陽人。此書少見著錄，張氏《適園藏書志》有此書。張志云，少林者，元至正間有神僧以棍法傳人，至今呼爲少材林派。伯驥按：少林寺有唐太宗爲秦王時賜寺僧教，可證少林僧兵所由起。《魏書》《舊唐書》《宋史》均有述。嵩、雒之間，世有異僧。明嘉靖間，少林寺僧月空受都督萬表檄，禦倭於松江。《日知錄》卷二十九述各節頗詳。予少時，翻《嵩山志》《登封志》，亦稍知其畧。又，清田雯《遊少林寺記》稱，一碑刊唐太宗爲秦王時討王世充寺僧御劄。當時僧之立武功者十三人，唯曇宗授大將軍，其餘不欲官，授紫霞袈裟各一襲。此可補《唐書》之缺。蓋亭林曾畧錄賜寺文字，而田氏則摩挲遺石讀史，而知其缺漏，故記其所見也。流俗所傳少林武勇派別固有自來，《佛祖統紀》言，唐時洛都陷，寺宇宮觀悉爲灰燼，荷澤大師神會和尚權創一院，都資苦蓋，中築方壇，所獲財帛，頓支軍費。代宗時，郭子儀收復兩京，神會濟用頗有力焉。《釋氏通鑑·新脩科分六學傳》亦詳其事，神會雖非出力而能助財，庶幾無愧曇宗矣。冲斗爲書並圖以傳之，刊刻至精，有益學者。包慎伯言，鎗法通於字學。又言，習武者色潤澤而不肥，亦可通於養生之術。伯驥按：此書統名《耕餘剩技》，所言楊家鎗及楊安兒棒矛等事，雖涉瑣屑，然其中遺軼，頗資故實,爲詳考之。《宋史》楊業有子曰延昭、延浦、延瓌、延貴、延彬。其後延昭改名延朗,史稱其知勇善戰,在邊防二十餘年,契丹憚之,目爲楊六郎。《續文獻通考》云,使鎗之家十七,一曰楊家,三十六路花鎗。《小知録》曰,槍法之傳,始於楊氏,謂之梨花鎗,天下盛尚之;即其證也。李全在《宋史・叛臣傳》,略云,李全者,濰州北海農家子,弓馬趫捷,能運鐵鎗,時號李鐵鎗。初,元兵破中都,金主竄汴,賦斂益橫,遺民保岩阻思亂。於是楊安兒起掠莒、密,後元兵至山東,全母及其長兄死焉。全與仲兄福聚衆數千,元兵退,金乃命完顏霆爲山東行省,討安兒誅之。安兒無子,從子友偽稱九大王,不閑軍務。安兒妹四娘子狡悍善騎射,收潰卒,稱曰姑姑,衆尚萬餘,掠食至磨旗山,全以其衆附楊氏,通焉,遂嫁之。後全授武翼大夫、京東副總管,又以化陂湖之功進達州刺史,妻楊氏封令人。以上皆讀此書者所宜知也。《清異録》曰,槍材難得十全,魏州石屋林多有之,最佳者爲聖龍筋,此即今世所謂白蠟杆也,以爲槍甚貴重。若卒伍所持者,多以竹爲之。今皖北人所用矛極長,皆竹竿也。陳眉公《見聞録》云,高帝御用槍,其大者長丈六尺,正與今皖北人所用相似。委巷小説嘗謂宋太祖以一棒取天下,其言極鄙陋。《鐵圍山叢談》,天子講武,以二物從,一鐵棒也。棒乃藝祖微時,以至受命後,所持鐵桿棒也。以上皆見《蘿摩亭札記》。俚語尉遲用鞭,叔寶用鐧。王圻《續通考》列之軍器圖,學者多謂爲無稽。然《宋史・王珪傳》云,珪,開封人也,少拳勇善騎射,能用鐵杵、鐵鞭,可知此類故實,前史已有之矣。《漢書・申屠嘉傳》,申屠嘉以材官蹶張,從高帝擊項籍。如淳曰,材官之多力,能脚蹋強弩張之,故曰蹶張。師古曰,今之弩以手將者曰擘張,以足蹋者蹶張。《後漢書・光武紀》注引《漢官儀》説,高祖令天下郡國選能引關蹶張、材力武猛者,以爲輕車、騎士、材官、樓船,常以立秋後講肄課試，此則蹴張之來由也。伯驤別藏《儒張銷譜》，係清康熙間人録明隆慶二年撰者，此書陋甚，不若程著矣。按：其後又有所謂鏢，鏢與鑣同。《武術匯宗》云，鏢鋼製，三角鋭形，攙射以擊人者，長短輕重不一，通常長三寸六分，重六兩。發鏢時，以大指按鏢背，四指成槽狀榼之，勁在腕部，有塗毒於鏢尖者。《天禄識餘》云，臨清爲天下水馬頭，南官爲旱馬頭，鏢客所集。天禄所謂鏢客者，蓋恃嫻鏢術以爲保衛商旅者也。

## 管子纂詁二十四卷　日本刊本。

日本安井衡撰。前有元治紀元鹽谷世弘序，略云，《管子》書多精語良猷，間成乎門人手者，雖踳駁不一，要亦可考其蹟，善讀者擇而致諸用，可以參《周官》而匹孟、荀焉。自科舉之學興，古書束諸高閣，加以舊註疏謬，傳寫又多訛誤，遂至使人不樂讀焉。歙肥安井仲平識高天下，其於諸子最好《管子》，研鑽數年，終作《纂詁》一書，管子之言由此而昭矣。韓昌黎有言，求觀聖人之道者必自《孟子》始。余謂求觀三代制作之意者必自《管子》始，善攷制度者觀意於法外，唐虞夏殷之制作周公善酌而裁之，周公之制作管子又變而通之。遡其流而討其源，審損益之故，而知繁簡之宜，於治平之道蓋思過半矣。仲平於《周官》《儀禮》等書亦嘗有撰述，周公之所裁宜，《管子》之所應時，必有所洞觀而通悟。然此其意中事，《纂詁》之書，固不及筆之也。次有安井氏自序，題昌平學儒員，蓋斯時正官於昌平也。其凡例畧云，一舊本題房玄齡注，先儒多疑之，至《四庫全書總目提要》定爲尹知章注，伯驤按：《管子》原本八十六篇，今佚十篇。舊本以明趙用賢刻爲有名，舊注題房玄齡撰。晁公武《讀書志》則謂爲尹知章作。明劉績有補注，亦未爲至善。清世有王念孫、孫星衍、洪頤煊、俞樾、孫詒讓、戴望等商榷攷校，各有善處。如有好學深思及洞明理財原理，及一切術語者，補諸先進所未逮，當更能令此書可讀。嘗見報牘説，某君新校注本頗爲巨編，當較王、戴本爲後來居上矣。時賢胡適《中國哲學史大綱》云，《管子》書裏的《心術》《白心》幾篇在老子之前，忽然有那樣詳細的道家學説；《內業篇》《弟子職篇》在孟子、荀子之前數百年，忽然有那樣深密的儒家心理學；法家之前數百年忽然有《任法》《明法》《禁藏》諸篇那樣發達的法治主義。若果然如此，哲學史便無學説先後演進的次序，竟變成靈異記、神秘記了。伯驥以謂校釋《管子》書，清嘉慶以前爲一時期，嘉慶後爲一時期，最近爲一時期。安井作述，則我國嘉慶前後之見解也。今從之。享元而降，文運日旺，物徂徠嘗著《讀管子》，其他或亦有訓釋者，然予未經見。昌平學有一本無注，其粹者勝今本，蓋元刻也。明學未興，古本之存於世者猶多，豈元時有不慊於尹本者梓而付之與！注中所稱古本者，即是書也。明趙用賢校《管子》，自云所改三萬餘言，正其訛誤，然參考其説，殊少發明，安知其無誤改哉！幸有是本，得以訂證趙誤。伯驥按：日人蒲生重章《近世偉人傳》三卷，上編云，衡字仲平，安井人，號息軒，又號半九子，飫肥藩士。弱冠游江户，入昌平黌，師事古賀精里，學成歸鄉，闔藩敬信，藩主伊東祐相亦深信之。初，飫肥之俗，有洗子之弊，藩王用先生之建議，凡婦人受胎五月，告之有司，伍家保之，墜胎洗子者有罪。弘化、嘉永間，洋夷事起，先生作《防海策》數篇，人以比諸老泉審勢審敵。皇政維新時，嘗有諸生來説歐米共和政事之美，先生力辨其非，又作《辨妄論》五篇，以闢洋學。<small>伯驥按：日本稱自荷蘭傳來之西洋學術曰蘭學，蓋其國自寬永鎖國以來，惟與荷蘭仍繼續通商。至德川家宣時，有新井君美者，就荷蘭人詢海外事，著《采覽異言》《西洋紀聞》等書，始有蘭學。朕兆泪修天文曆法，知西洋學説之有益，則在德川吉宗時矣。</small>年七十八，於書無所不窺，著書甚衆，《左傳輯》《管子纂詁》二書傳至清國，邱濬、恪應寶時皆嘆賞。又《安井息軒遺稿》，明治戊寅甕江川田剛序云，先生家世仕飫肥侯，篤信好古，研精六經，旁治子史。嘗爲侍讀，尋參機務，釐革諸弊法。俗吏不喜，乃東遊，授徒江户，四方才俊來執贄者年多一年。列侯往往延爲賓師，或有就詢國政者。晚爲霸府所辟，列儒員，念天下多故，先生屬獻之當路，不報，遂告老致仕。專力著述，三禮、《國語》《戰國策》諸書漸次就緒,而《管子纂詁》《左傳輯》《釋論語集》先經刊行,學者爭誦,遠傳播海外。又《成齋文集》卷三云,江户幕府二百有餘年,文運之盛,前推元禄享保,後稱寬政文政,有二大儒生長於二政之間,碩學鴻文,誘掖後進,以資國家異日之用,其人謂誰?安井、鹽谷宕陰是也。又鹽谷世弘《宕陰存稿》卷三云,仲平於歲之甲午來入昌平學,讀書眼透紙背,議論出人意表。歸鄉後講學益勤,是從師友出其新得,讀書日必盈寸,作文年可以囊計。古人云,性敏者多不好學,仲平以最敏之質,嗜學甚於食色,故格致日新,自治家推至邦國天下利病得失,確有成算,咸可施行云。世弘字毅侯,號宕陰,江户人,著有《丙丁炯戒録》《丕揚録》《阿芙蓉彙聞》《籌海私議》《隔鞾論》《大統歌》《鞭駘録》《視志緒言》《學制彙集》《文集》《日垂》《享保叢書》《昭代記》若干卷。蓋安井與鹽谷均於吾國之學有所攷論者也。此書清世譚氏獻已論及之,今按其中亦有可存之處,故著録焉。

## 韓非子廿卷附顧氏識誤

**三卷**清嘉慶二十三年重刊宋乾道本,曾剛父過録,陳蘭甫簽注。

　　周韓非撰。書共二十卷,亦稱《韓子》,計五十五篇。大旨尚法術、明賞罰、厲刑名,多非難儒學,采取道家之旨,以自輔飾。其《存韓》一篇,終以李斯駁非之議,及斯上韓王書,其事與文皆爲未畢。或疑非著書,本各自爲篇,非殁後,後人收拾編次以成者,其注相沿已久,不審何人所爲。清世則有湘人王氏先慎作《集解》,王氏以前如盧氏《群書拾補》、王氏《讀書雜志》、俞氏《諸子平議》、孫氏《札迻》均有考訂此書。先慎爲先謙弟,先謙撰《荀子集解》勝此書矣。日本宫内鹿川有《韓非講義》、久保天隨有《韓非子新釋》、加賀津田有十卷書,均校刊於東瀛也。吾家有之。梁任公稱嘗見宮內鹿川所著,校勘訛錯者不少,但未注明所據以校者爲何本,語誠然也。此爲全椒吳氏四世學士堂重刊宋乾道本,前有吳鼐序,略謂,翰林前輩夏邑李書年先生,好藏古書精槧,而宋乾道刻本《韓非子》尤其善者。嘉慶辛未,先生方爲吾省布政使察賑鳳、潁,鼐以後進禮,謁於塗次,求借是書。又六年,先生督漕淮上,專使送是册來,迺屬好手景鈔一本,以原本還先生。明年丁丑,攜至江寧,孫淵如前輩慫恿付梓。又明年,刻成是本,爲明趙文毅刻本所自出,卻有以他本改易處。元和顧君千里實爲余校刊,千里別有《識誤》三卷,出以贈余,附刻書後。書衣有曾氏朱筆題記云,四年前得東塾先生簽注《韓非子》,喜甚,匆匆檢閱一過,即寄奉節庵師武昌,久思照録一册,以資誦習。頃節師持入京,命付工重裝,遂以兩日之力,移録此本。案:簽注各條,皆顧氏《識誤》所未及,此本誠秘笈矣。甲寅七夕蟄庵。題記下有“經”字朱文章,《目録》前有“剛甫”二字朱文章。卷一前有“蟄盦藏書”方形章、“潛齋”二字小章、“校定”朱文章。曾名習經,故其章曰“經”。梁鼎芬字星海,又字節庵,番禺人,光緒進士。官至湖北按察使,曾劾李鴻章、袁世凱。中華民國八年卒,有詩集流傳。歷任端溪、豐湖、廣雅各書院山長,於各院均創立儲書庫藏。游鎮江,居焦山西庵,亦捐書焦山書藏中。清宣統間,由京回粤,曾於宅中設梁園圖書館,以延衆覽書,閣號葵霜,藏叢書至富。湖北省府縣志均備,近代詩文集亦豐。身後,其子學劬以閣書捐入廣東省立圖書館,計六百餘櫥,實足愧秘藏不出,及廢棄先代遺書者也。梁曾充崇陵種樹大臣,蓋不忘清德宗,故清室有文忠之諡。烏程劉翰怡承幹捐巨貲以助種樹,故奉欽若嘉業之諭,因名藏書處曰嘉業堂。此二者皆鼎革前後事,嘉業於儲書外並多刻佳書,所刻諸經疏爲阮本未見,覆刻宋本《漢書》亦精。在南潯鷗鴣溪上得地二十畝,營建書堂,收儲約六十萬卷。

傳曰，日中必熭，操刀必割，言時不可失也。吾人有書當法梁，有錢當法劉矣。

## 棠陰比事原編不分卷補編不分卷

### 續編不分卷<sub></sub>寫本，振綺堂舊藏。

原編前題宋四明桂萬榮輯，明海虞吳訥刪正。《補編》《續編》則吳訥撰也。原編前後有桂氏自序，《補編》有正統間吳氏序。包孝肅杖吏一條，桂氏原載之篇中，吳乃取以終篇，蓋欲讀者知所警也。吳氏之言曰，孝肅由進士除大理評事，出知建昌、天長二縣，拜監察御史，歷三司判官，改工部員外、直集賢院，出知端、瀛、揚、廬、池五州，四爲京東、陝西、河北轉運使，遷二司副使、天章閣待制知諫院，陞龍圖閣直學士，知江寧府，由江寧召拜京兆，歷練不爲不深，聲望不爲不重，資稟不爲不高，然爲吏人所賣若此，況初學古入官之士云云。改易舊書次第，固明人通弊也。原編後有按語云，桂氏前序題曰，重光協洽是辛未之歲，乃宋寧宗嘉定四年也。後序題曰端平改元，則理宗甲午歲也。兩序相去二十有四載，蓋萬榮自釋褐筮仕縣尉，敭歷三十年，乃知是郡，惜乎史册無傳，莫能攷其履歷之終始也。桂氏自序曰，暇日取和魯公父子《疑獄集》，參以開封鄭公《折獄龜鑑》，比事屬詞，聯成七十二韻，號曰《棠陰比事》。凡與我同志者，類能上體歷代欽恤之意，下究諸公編劘之心，研精極慮不謂空言，則棠陰著明教，棘林無夜哭，曷勝多禮之幸。是用弗嫌於近名，擬鋟諸本，以廣其傳，此其著作之旨也。書中按語稱，桂氏履歷終始莫攷。按：萬榮字夢協，慈谿人，慶元二年進士。授餘干尉，邑多豪右，一裁以剛介，而御小民以慈愛。秩滿，調建康司理，尋通判平江。時守朱在政尚嚴刻，因鹽課拘繫甚衆，萬榮書告，在不從，乃挾行裝與所拘人同寢。在愧，即委縱遣焉。陞守南康，

檢吏奸、省浮費，征稅以法。進直秘，遷尚書右丞奉祠。見《成化
四明郡志》。則夢協固懷刑剛直君子人也。訥，常熟人，字敏德，
號思庵，累官南京左副都御史，著《群書補注》《北溪字義》《晦庵文
鈔》《文章辨體》等書。此書前有"汪魚亭藏閱書"、"振綺堂兵燹
後攷藏書"兩章。汪憲，號魚亭，錢塘人，有《振綺堂書目》不分卷，
板心下有"金石錄十卷，人家鈔書"九字，凡鈔本書均標明，間有校
字。近有汪氏家刊四卷本，以廚架格位排次，卷末有光緒十三年丙
戌汪維曾跋。其藏書印云"聚書藏書良匪易事。善觀書者，澄神
端慮，淨几焚香。勿捲腦、勿折角，勿以爪侵字，勿以唾揭幅，勿把
穢手，勿展食案，勿以作枕，勿以夾刺。隨損隨修，隨開隨掩。後有
得吾書者，並奉贈此法"。蓋楷書方木記也。其後刻有"振綺堂遺
書"，則爲汪遠孫所自著，及其妻梁端、繼室湯漱玉之作。遠孫上
溯憲已三世，振綺堂則四世藏書之所也。

## 農書三十六卷寫本。

元王禎撰。禎字伯善，東平人，官至永豐令。見《泰安府志》。
此書凡《農桑通訣》六卷、《農器圖譜》二十卷、《穀譜》十卷，并及
南北治農、治鹽之法。前有嘉靖庚寅山東臨清閻閎爲序，後有顧應
祥《刊行文移》一通，內稱梨板刻字畫匠工食銀兩，於司庫貯泰山
頂廟香錢內動支。附載禎前任宣州旌德縣尹時，方撰《農書》，用
活字印行之法，因字數甚多，難於刊印，故以己意命匠創制，試印一
如刊板，實爲印書省便之方。蓋自宋畢昇創泥字新法，爲我國第二
次活字製造者禎也。禎不特農事有所解悟，實工科之發明家矣。
此書於目集之一附說云，古之文字皆用竹帛，逮後漢始用紙成卷
軸，以其可以舒卷也。至五代，後漢明宗長興二年，詔九經版行於
世，俱用集冊，今宜改卷爲集。卷二十二有附錄發明活字印書法頗

詳,分爲造活字印書法、寫韻刻字法、鎪字修字法、作盔嵌字法、造輪法、取字法、作盔安字刷印法。其末云,前任宣州旌德縣尹時,方撰《農書》,因其字數甚多,難於刊印,故尚己意,命匠創活字,二年而工畢,試印本縣志書,約六萬餘字,不一月而百部齊成,一如刊版,便知其可用。後二年,予遷任信州永豐縣,挈而之官。是時《農書》方成,欲以活字嵌印。今知江西見行,命工刊板,故且收貯以待別用。然古今此法未有所傳,故編録於此,以待世之好事者,爲印書省便之法,傳於永久。本爲《農書》而作,因附於後云。鄒氏《午風堂集》卷五云,宋鄧御夫隱居不仕,作《農曆》二百卷,較《齊民要術》爲詳,濟守王子韶上之於朝,其書不傳。元世祖時,司農司撰《農桑輯要》七卷,頒之於民。有至元十年王磐序。見《永樂大典》中。其書分典訓、耕墾、播種、栽桑、養蠶、瓜菜、果實、竹木、藥草、孳畜等目,末附以歲用雜事,博採經史及諸子雜家,益以試驗之法,考核詳贍,而一一切於實用。今所傳王氏《農書》,殆不足云。又歸安陸氏藏本,題爲《原本農書》,其識語云,與聚珍本分卷異,而大旨多同。《農桑通訣》首農事起本、牛耕起本、蠶事起本三條,列于集一之前,上圖下説。《穀譜》集一之前,有《神農嘗穀圖》《黄帝火食圖》,每集之前各有總目。《農桑通訣》目首有雙行注五十餘字,言所以名集不名卷之由,聚珍本所無。楨自序云,爲集三十有六,目二百有七十,則集之名爲禎原本所有,非明人妄加也。凡遇國家皆頂格,當從元刊翻刻者。《提要》云,今外間所有王禎《農務集》,即從是集摘抄。又云,《永樂大典》所載併爲八卷,割裂、綴合已非其舊,則原本之罕見可知矣。徵引古書,多本《齊民要術》,而不著所出,已開明人勦竊之習,惟《要術》久無善本,脱訛幾不可讀,當藉此書校正之。吾家邵亭云,明萬曆末,鄧溪刊删併爲十卷,固屬不完。《四庫》本依《永樂大典》重編,亦不及此本猶是王氏原帙，則此本爲鄒氏及館臣所未見矣。

## 重刊孫真人備急千金要方三十卷

元刊本，蔡一帆舊藏。

唐孫思邈撰。思邈，京兆華原人。周宣帝時隱居太白山，隋文帝徵爲國子博士，不起。唐高宗召見，賜鄱陽公主邑司以居焉，學殫數術。自云年九十三，鄉里咸云數百歲人。註《老子》《莊子》，撰《千金方》。子行，天授中爲鳳閣侍郎。見《舊唐書》。至《仙傳拾遺》所説思邈事，則未必確。前題朝奉郎守太常少卿充祕閣校理判登聞檢院上護軍賜緋魚袋臣林億等校正，每卷首均如之。首列綱目，次目録，又次爲高保衡等校正《備急千金要方序》，又次後序，序末列高保衡、孫奇、林億、錢象先四人銜名，次爲《凡例》。《目録》後有墨圖記七行，云"醫家之書不爲不多，獨孫真人《千金方》決不可闕。真人以千金名之，則其珍之也明矣。口證方論、鍼灸孔穴、瘡毒制度，靡所不載。近得前宋西蜀經進官本，不敢秘，重加校正，□□繡梓，與世共之。凡以醫鳴者將見家扁鵲人叔和，孰不曰衛生之一助云爾"。序中涉及宋帝事皆提行頂格，猶宋本舊式，可證其出於蜀刻也。半葉十二行，行二十二字。卷首有"蔡泳"二字朱文章。考《經韻樓集》卷九，有《蔡一帆傳》略云，一帆先生一字珠淵，諱泳，金壇人，姓蔡氏。先生生而穎異，時義、詩辭、律賦，髫年即工爲之。弱冠爲名諸生，於書篆隸真草皆工，圖章尤工絕，逼雪漁、三橋諸名手，自當代先輩達人，以及一時髦俊，無不推服。五十拔貢，入都以考職第一，例銓州同。卒於乾隆二十三四年間，年蓋未七十，身後著述星散。玉裁弱冠時從先生遊，得詩賦、時義之説。先生於詩，有《唐詩欣遇集》之選；於時義，有《裁僞集》《舉業適中》之選；晚歲於詩餘有《辭式精華》之選。《辭式精華》

者，取萬紅友《辭律》以正諸譜之訛。簡唐宋元明辭之最佳者，以
正《花間》《草堂》之失，蓋言詩餘者至善之本也。其於韻學，著有
《律韻辨通》，言律韻者謂近體律詩、律賦所用，無需奇古鄙俗字，
專取可用字也。曰辨通者，病下里坊刻小韻書，說通轉最謬，故本
諸宋鄭庠分六部者而詳別之。玉裁之言古韻，實權輿於是云。此
書當是其遺本，其章絕精。據懋堂先生撰傳文，當是其手刻也。

### 新刊補注釋文黃帝内經素問十二卷
### 素問遺篇一卷運氣論奧三卷
### 黃帝内經靈樞十二卷元古林書堂刊本。

　　《素問》總目後有木記曰"是書乃醫家至切至要之文，惜乎舊
本訛舛漏落，有誤學者。本堂今求元豐孫校正家藏善本，重加訂
正，分爲一十二卷，以便檢閱，衛生君子，幸垂藻鑑"。又《目錄》後
刊有題記，曰"元本二十四卷，今併爲一十二卷刊行"。又末有木
記題"至元己卯，菖節古林書堂新刊"。《靈樞目錄》後題"元作二
十四卷，今併爲十二卷，計八十一篇"，並有"至元己卯，古林胡氏
新刊"。第一卷牌子末題"至元庚辰，菖節古林書堂印行"。《目
錄》及卷二題云"《黃帝素問靈樞集注》，每注末附音釋"。首有史
崧序。伯驥按：此書爲秦漢相傳最古之醫籍，前人久有定論，不必
繁徵，但如宋司馬文正所云，謂《素問》爲真黃帝之書，則恐不可，
黃帝亦治天下，豈可終日坐明堂但與歧伯論醫藥、鍼灸耶？此周、
漢間醫者依託以取重耳。《與范景仁書》。則其說未能盡確，國之大事
在於民生，神農嘗草，軒轅創醫，自是古史事實，苟先哲無啓發文明
之制作，則後日之光輝篤實何自而來，不過依託附會者多，其中不
少失實，難盡爲傳信而已。蓋神農嘗藥，而今之《本草》非其書；黃
帝創醫，而今之《内經》非其本。梁任公先生謂，現存之《本草》稱

神農作,《素問內經》稱黃帝作,《周禮》號稱周公作,《六韜》《陰符》號稱太公作,《管子》號稱管仲作,假使此書而悉真者,則吾國歷史便成一怪物,蓋社會進化說全不適用,而原因結果之理法亦將破壞也。文字未興時代,神農已能作《本草》,是謂無因,《本草》出現後若干千年,而醫學藥學上更無他表現,是謂無果,是謂無進化如是,則吾儕治史學為徒勞,《歷史研究法》。則通古知今之論也。伯驥按:西洋哲學史家審訂伯拉圖著作,凡屬其弟子亞里斯多德書中所曾稱述者,可斷為伯拉圖遺說,然假定弟子之稱述亦有傳訛,又假定他人或無弟子之稱述可為依據者,又當施用他法矣。予以為哲學上之蓋然論、論理學之比論,此時實為合用。蓋然論為懷疑論之一種,謂吾人不能得到絕對正確認識,或知識所可獲得者祇是較為確實者而已。比論又謂之類比推論,以兩物之相同點或相似點為根據,而推論其信於此者亦信於彼,故斯二者皆足為審訂古人遺說之一助也。我國古籍其經前人辨偽者已足證明。清儒之方法及成績尤冠絕前代,蓋宋儒勇決,清儒慎密,已為學人同認,徒勇決而不以縝密、謹慎濟之,輒恐有厚誣前人、蔑視舊學之弊,故古書至清世多可讀也。此書自為依託之一種,然《抱朴子》謂,不宜以蟻鼻之缺損無價之淳鉤。吾人但當研究書中事理如何,不得以中有玷累,遂謂為無用,此則葛氏之所許矣。許行為神農之言見於《孟子》,故《漢藝文志》標依託之例,實為讀古書者應具之常識。而疑古尤以宋人為最,歐陽脩之疑《易十翼》《周禮》《儀禮》,朱熹之疑《古文尚書》《周禮》,多能發古人所未發。司馬公亦嘗疑《孟子》,故於《內經》亦有此明決之推論,是以伯驥述而辨之。清世錢氏熙祚有精校本,胡氏澍有校義,張氏琦有釋義,皆比舊刊為佳。此書當感易讀,斯為元人遺槧,著錄其本以為他日再校之資,庶乎其可也。元姚燧《牧庵集》稱,元人重醫學,凡醫者皆經選試著籍,以此元代多有名之醫，<sub>卷十三。</sub>故元刻醫籍亦多流傳。

## 重刻外臺秘要方四十卷<sub>明刊本。</sub>

　　唐王燾撰。前有賜進士出身翰林院庶吉士奉命參佐軍務欽授
山東道監察御史金聲序。次有江西等處提刑按察司副使奉勅提督
學政當湖陸錫明序，略云，天寶王司馬燾有《外臺秘要方》，縷晰條
分，採摭幾備，沿及政和，有《聖濟總録》二百卷，迄元大德重加訂
梓，惜貯之内府，不落人間。新安程生衍道購得家藏善本，矢願訂
讎，不計歲月，且謀棗梨以公海内，請先從王司馬《秘方》始。次有
奉勅巡撫湖廣等處地方提督軍務都察院右僉都御史唐暉序。次程
氏序，略云，上古之世，方不如醫，中古之世，醫不如方。甚矣，醫與
方之並重也，世降而方愈凌雜，莫不各據一家言，彼此各相是非，間
有一二驗方，亦惟是父師傳之子弟，絶不輕以示人。而其鑴行於世
者，率皆依樣葫蘆，時或改頭換面，以博名高則已矣。唐有孫真人
者，初著方三十卷，晚復增三十卷，自珍其方曰《千金醫方》，較明
備焉，蓋大宗也。乃前後乎孫真人者，門分派別，編帙浩繁，從未有
綜而輯之者，獨刺史王燾先生前居館閣二十年，採摭群書，彙成方
略，唐以前之方，靡有遺佚，《千金》則多焉，卷凡四十，方餘六千，
蓋集醫方之大成者，題曰《秘要》。自宋皇祐詔諭刊布後，無復鋟
梓，以廣其傳。向購寫本，訛缺頗多，因復殫力校讐，十載始竣厥
工。次有宋皇祐三年校正《外臺秘要方》公文，次王氏原序。前題
唐銀青光禄大夫持節鄴郡諸軍事兼守郡史上柱國清源縣開國伯王
燾撰。<sub>伯驥按：葉氏石林《避暑録話》云，唐以金紫銀青光禄大夫皆爲階官，此沿漢</sub>
<sub>制，金印紫綬、銀印青綬之稱也。丞相太尉金紫、御史大夫銀青，皆以印綬言。《夏侯勝</sub>
<sub>傳》取青紫如拾芥，蓋謂此也。顏師古以青紫爲卿大夫服，不知漢時蓋未服青紫也。</sub>
<sub>又，歐陽脩《集古録·唐崔能神道碑》云，拜御史中丞，持節觀察黔中，仍賜紫衣金印。</sub>

按：唐世無賜金印者，官制古今沿革不同，而其名號尚或相襲。自漢以來，有銀青、金紫之號，當時所謂青紫者綬也，金銀者乃其所佩印章耳。綬所以繫印者也，後世官不佩印，此名虛設矣。隋唐以來，有隨身魚，而青紫爲服色，所謂金紫者，乃服紫衣而佩金魚耳，謂賜金印者謬也。今世有以踢緋銀魚袋、賜紫金魚袋，而階至金紫光祿大夫者，遂於結衡去賜紫金魚袋，流俗相承不復討正久矣。卷九。序中有云，余幼多疾病，長好醫學，遭逢有道，遂躡亨衢，七登南宮，兩拜東掖，便繁臺閣二十餘載，久知弘文館圖籍方書等，由是覩奧升堂，皆探其祕要。以婚姻之故，貶守房陵，量移大寧郡，提攜江上，冒犯蒸暑，自南徂北，既僻且陋，染瘴嬰痾十有六七，死生契闊不可問天，賴有經方，僅得存者。神功妙用，固難稱述，遂發情刊削，庶幾一隅，凡古方纂得五六十家，新撰者尚數千百卷，蓋天寶十一年作也。次有將仕郎守殿中丞同較正醫書孫兆《校正外臺祕要方序》，略云，外臺者，刺史之任也；祕要者，祕密樞要之謂也。以出守於外，故曰外臺。臣謂三代而下，文物之盛，必曰西漢，止以侍醫李柱國校方技，亦未嘗命儒臣也。臣雖濫吹儒學，但盡所聞見以修正之，有所闕疑，以待來哲。蓋奉詔校正此書，序而上之也。前題宋朝散大夫守光祿卿直祕閣判登聞簡院上護軍林億等上進，奉政大夫同知徽州府事陜陽許倜一彥父校，新安後學程衍道通父訂梓。卷一後題朝奉郎提舉藥局兼太醫令醫學博士臣裴宗元校正，右從事郎充兩浙東路提舉茶鹽司幹辦公事趙子孟校勘。卷二後題右迪功郎充兩浙東路提舉茶鹽司幹辦公事張寶校勘，猶仍宋式。伯驥按：《唐書》言，燾性至孝，爲徐州司馬，母有疾，彌年不廢帶，視絮湯劑。數從高醫游，遂窮其術，因以所學作《外臺祕要》，討繹精明，世寶焉。見《王珪傳》。燾，珪之孫也。《唐志》又載其書四十卷，別有《外臺要略》十卷，則已佚矣。《郡齋讀書志》及《中興書目》並言燾居臺閣二十餘年，久知弘文舘，得古今方書數千百卷，則其人固思而又學者也。歸安陸氏藏宋刻完本,其題記云,黃蕘圃孝廉宋刊之富,甲於東南,僅得《目録》及第二十三兩卷。見《百宋一廛賦注》。此本宋刊初印,無一斷爛,書中"痰"字皆作"淡",明本改作痰;"擔"字皆作"檐",明本改作擔。案:《説文》無"痰"字,《廣韻》始有"痰"字,云胸中水病。《一切經音義》卷三,淡,飲胸上液也,其字作"淡",不作"痰",與此本合。伯驥按:《華嚴經》"入法界品風黃淡熱"。慧苑《音義》引《文字集略》曰,淡謂胸中液也。又引騫師注《方言》曰,"淡"字又作"痰"。王弇州藏右軍真蹟三帖,《干嘔帖》"痰乾"二字作"淡干",此"淡"字與宋刻書合。惟云真蹟之出於右軍者,則當別論。前清儀徵阮氏辨僞於前,順德李氏文田更述《世説新語・企羡篇》劉孝標注所引不同,以證王氏蘭亭之不足信,不特字蹟傳訛,文亦非其真。阮説有五六首文字暢言之,見集中,謂王書來處皆不可究,詰言最有據。李説則見於《跋汪容甫本蘭亭序》也,李云古稱右軍書者,曰龍跳天門,虎卧鳳闕,曰銀鉤鐵畫,故世無右軍之書則已,有則必與爨龍顔爨寶子相近而後可,然今之王書,則不然也。李又有《題明官本蘭亭絶句》,今録二首云,"右軍自有《臨河》序,摭拾零殘得孝標。此物唐初方突出,多時賞鑒不曾瞭。""若還考據初唐物,《聖教懷仁》集尚留。試出永和波磔看,憑何定武説風流"。原四首,今不繁徵。此事關於吾國書學源流,傳訛已久。尹子文曰,名稱者,別彼此而檢虛實也,謂今日流傳之王書刻字爲右軍之實,則失於檢矣。宋人言,殷鐵石梁武帝時人,今法帖大王書有鐵石字。世所收吳道子畫,多朱繇筆,夫僞蹟固僞而不知,所謂真者,亦非真也。予謂能多讀漢魏六朝碑版,於王氏前後書蹟瞭然,則阮、李之言爲更有證。後魏開封人鄭道昭,官至光州刺史,清嘉、道間,山東平度天柱山發見鄭所書之石刻甚多,包世臣、張琦等亟稱之,鄭書遂爲習北魏書者所宗。他日或發見王書石刻以證其僞,未可知也。《説文》亦無"擔"字,人部儋,何也,即今"擔"字。《漢書・貨殖傳》漿千儋,《西域傳》負水儋糧,此儋之正字也。《楚辭》"哀時命負檐,荷以丈尺兮"。《史記・虞卿列傳》檐、簦皆從木作檐。《禮記・喪服四制》或曰檐主。宋本注疏亦從木作檐,與此書合,此儋之假借字也。明刻改"淡"爲"痰",改"檐"爲"擔",此明人不識字之通病也。是此書不但有功醫學,並可參正小學,宋本之可貴如此。燾書原有雙行夾注,明刊往往於原書夾注上加"通按”二字，竊爲己説，尤可笑云。此本雖不及宋刊，然亦可讀，半葉十行，行二十二字。

## 太平惠民和劑局方十卷用藥總論
### 上中下卷藥性總論一卷<sub></sub>元高氏日新堂刊本。

前有陳承、裴宗元、陳師文上書表文，陳結銜云將仕郎措置藥局檢閲方書，裴結銜云奉議郎守太醫令兼措置藥局檢閲方書，陳結銜云朝奉郎守尚書庫部郎中提轄措置藥局。表文略云，爰自崇寧增置柒局，揭以和劑惠民之名，俾夫修製給賣，各有攸司，又設收買藥材，以革僞濫之弊，比詔會府咸置藥局。自創局以來，或取於鬻藥之家，或得於陳獻之士，可見當時政府慎重醫藥之至意矣。次《目録》，卷一治諸風，卷二治傷寒，卷三治一切氣，卷四治痰飲，卷五治諸虛治痼冷，卷六治積熱、治瀉痢，卷七治眼目、治咽喉口齒，卷八治雜病、治瘡腫瘍折，卷九治婦人諸疾、治小兒諸疾，卷十諸湯諸香。《目録》後有“建安丙午年高氏日新堂刊行”一行。朱氏《曝書亭集》有此書跋文，亦稱高氏刊本，惟無《藥性總論》一卷耳。每一方之標目，皆以黑質白文表之，其每類之目則跨兩行，而其上則別以雕鏤之文別異之，凡十四門七百七十八方，與陳氏《書録》及《玉海》作五卷，爲二十門二百九十七方不合。瞿氏《書目》，謂陳氏、王氏所載，爲師文原本，此則紹興以後增修本是也。《文獻通考》作十卷，殆即此本。《玉海》稱，紹興六年正月置藥局四所，其一曰和劑局，至紹興十八年又八月，始改熟藥所爲太平惠民局。大觀中，詔通醫刊正藥局方。師文等所校正者，初止五卷，其後添入紹興、寶慶、淳祐諸方，遂爲十卷，此則置局及校方之源流可考者也。張氏海鵬《學津討原》刊有此書，原出同里舊鈔本，多“增廣”二字。《瞿目》曾校出張本脱誤處數十條，末附《指南總論》二卷，題勅授太醫助教前差充四川總領所檢察惠民局許洪編,張氏本固無此,而並以《圖經本草》一種爲《用藥總論》,宜《瞿目》之議其失矣。蓋瞿藏亦元本,《目錄》後有"建安宗文書堂鄭天澤新刊"一行者也。《四庫》著錄本有《用藥總論指南》三卷,而《提要》云,不知何時所加,則庫本未著撰人,當非出自元刻。《學津討原》刊無《指南》,而《藥性總論》較此多二卷,此本則作一卷,張刻所據,殆即後來別撰之本矣。陸氏所收亦此本,而後附者並無之,則此本不誠可貴哉! 瞿氏藏黃琴六從宋槧鈔出《太平聖方》殘本三卷,僅存眼、齒二門,書中"丸"字作"圓",宋諱桓字嫌名也,此本均以圓代丸,猶仍宋本之舊。黃蕘圃藏殘宋本《普濟方》,曾有詩云"版係宋雕何處認,真珠丸已諱爲圓"。自注云,宋刻方書都諱丸爲圓,此書開卷真珠圓是其證云云。然則此本雖元刻,洵與宋槧無異矣。按:宋盛如梓《庶齋老學叢談》卷下云,放翁《與村鄰聚飲詩》"蟹供牢九美,魚煮膾殘香"。自注,聞人懋德言《餅賦》所謂牢九,今包子也。又有《食野味包子詩》"疊雙初中鵠,牢九已登盤"。或謂牢九者,牢丸也,即蒸餅。宋諱丸字,去一點,相承已久云云。蓋爲宋諱嫌名,有缺末筆而作九者,有用圓以代之者,前人未及缺末筆一事,特錄之以資談助。清乾隆四十二年勅撰《四庫全書考證》卷三十九《御定月令輯要》卷一牢九。案《初學記》等書引盧諶《祭法》、束晳《餅賦》,俱作牢丸。《酉陽雜俎·食品》亦云,籠上牢丸、陽中牢丸。自歐陽脩《歸田錄》誤爲牢九,而蘇軾《游博羅香積寺詩》、陸游《食包子詩》因之,陰時夫《韻府》並收入上聲,傳訛已久,勢難盡改,今存其說於此。伯驥檢《歸田錄》卷二云,晉束晳《餅賦》有"饅頭薄持,起溲牢九"之號,惟饅頭至今名存,而起溲牢九皆莫曉爲何物。按:《餅賦》牢九,原文當是牢丸。宋時刻本或已缺末筆,故歐陽子照刻本寫之,成原文作牢丸,而《歸田錄》則寫牢九,蘇陸詩亦是如此,並不誤《歐錄》之意,祇謂古今異名,不曉其意於丸、九之異,未嘗及也。陰氏《群玉》不悉宋諱嫌名之故,因而誤入,是此字之誤,應始於陰書。考證諸臣殊欠分曉,注蘇詩者,以清之馮氏合註爲備,於香積寺詩句亦不明瞭,叢述前人之說,迄未中的,今頗繁言之,以見讀古書、考古事之宜精審也。《鼠璞》云,本朝避嫌名,如勾姓本避高宗諱,故改名鈎,或加金於傍,或加絲於傍,或加草於上,或改爲句,增爲勾龍,實同一勾也,今讀勾踐作平聲者本此。又《淳熙文書式》所載一帝之諱,多至五十餘字。《禮部韻略》與廟諱音同之字皆不收。《玉海》例言云,宋極重廟諱,如桓譚爲亘,荀勖爲荀勉,魏徵爲魏證,及貞觀作正觀,胤征作嗣征,宮縣作宮垂,桓圭作植圭,姤卦作遇卦,此類甚多。《五雜俎》云,真德秀原姓慎,因避孝宗諱而改。宋時避君上之諱最嚴,宋板諸書中,凡嫌名多闕不書,皆足參考也。半葉十四行,行二十三字。

## 活人事證藥方二十卷宋刊本。

前有《總目》一葉,有長方牌子云"余幼習儒醫,長游海外,凡用藥救人取效者,及祕傳妙方,隨手鈔録,集成部帙,分爲門類,計二十餘卷,每方各有事件引證,皆可取信於人,並係已試經效之方,爲諸方之祖,不私於己,以廣其傳,庶使此方以活天下也。桃谿居士劉信甫編"。《目録》分諸風、諸氣、傷寒、虛勞、補益、婦人、脾胃、水腫、瀉痢、喘嗽、小腸氣、腳氣、頭風、痔漏、癰疽、瘡瘍、補損、小兒、消渴、通類二十四門,每門一卷。次有嘉定丙子從政郎新監行在惠民和劑局葉麟之棠伯序云,醫家之攻疾,如兵家之攻敵,其術一也。是以古之善用兵者,決機制勝,雖若縱橫出於己,然求其謀計之所施,無不暗合古法。如韓信之背水、虞詡之增竈,往往皆祖孫、吳之故智,此無他,取事之已然者以爲證,果何往而不收效耶!兵家且然,而況於醫家之療病者哉!考之往昔以醫名世者,無出扁鵲、和緩之右,觀其望齊侯而退走,辭晉侯而弗治,亦不過按疾在骨髓膏肓而辭之,然後知不證以古方,而嘗試以私意者,皆非三折肱之良醫也。桃溪居士劉君信父,本儒家者流,原擯名場,而壯志弗就，迺斂活國之手，而爲活人之謀，既而思之囊有妙劑，僅可以濟一隅，曷若鳩千金之秘方，足以惠天下之爲博也，於是此書作焉。夫作非己私，而證以成效，欲使觀者有據，而用者不疑，仁矣哉！信父之用心也。予嘗怪世之庸醫，未必得周官十全之術，設或遇危篤之疾，反欲自珍其藥，以爲要利之媒，貪心未饜，雖七劑而不輕試，尚何望其以祕訣授人哉！斯人也，其不爲孫思邈之罪人者幾希矣，正爾傷夫醫道之趨薄，而深有感於劉君之近厚。此所以伻來請序，兩不敢辭。序後有“建安余恭禮宅刻梓”木牌子，分目共二十六葉，前有木牌子云“藥有金石、草木、魚蟲、禽獸等物，且出温涼、寒熱、酸鹹、甘苦，有毒、無毒、相反、相互之類，切慮《本草》浩繁，卒難檢閲，今將常用藥性四百餘件，附於卷首，庶得易於□藥性也”。卷中薏苡人圓，治腰脚走疰疼痛，人不作仁；郁李人味酸平無毒，人亦不作仁；惟桃仁、杏仁，則均作仁。<small>蘇子瞻過湯陰市，得豌豆大麥粥。《示三兒詩》“夏旱矔麥人”，王注《本草》，蕎麥取人作飯，食之。施注亦作人。陸放翁《埭西小聚詩》“瓦盆盛鹽蛹，沙釺煮麥人”。皆可參證。</small>至於丸均作圓，則與宋刊醫藥各書同，蓋避宋諱嫌名也。半葉十一行，每行字數則有多有少，不能一律。日本宫内省圖書寮藏宋寇宗奭撰、許洪校之《新編類要圖註本草》四十二卷，序例五卷，宋刊本，《目録》前題桃溪儒醫劉信甫校正，並有牌子。《目録》末又有牌子云“建安余彦國刊於勵賢堂”。按：劉氏於前書題儒醫，於此書題居士。此書牌子云“余幼習儒醫，長游海外，”當非鄉曲庸醫矣。勵賢之堂、恭禮之宅，皆建安余氏，當以善槧鳴，又豈獨勤有堂之有聞於世哉！董氏《書舶庸譚》述在日本時，見宋刻許學士《類證普濟本事方》十卷、後集十卷，其序爲清《四庫》本所未有。序中有云，題爲《普濟本事方》者，猶孟啓本事詩，楊元素本事曲之意，皆爲當時事實，庶觀者見曲折也。今桃溪居士之書，亦每方各有事件引證，皆可取信於人，亦是此意。

## 三因極一病證方論十八卷仿宋寫録，

### 日人森立之舊藏。

宋陳言撰。言字無擇，號鶴溪，青田人。《書録解題》及《通
考》俱作《三因極一方》，《宋志》作《三因病源方》。三因者，内因、
外因、不内外因。其説出《金匱要略》，所述方論，多屬古書，全書
條理井井，方論簡要，加以文詞諧雅，無冗雜鄙俚之弊，後來《濟生
方》即根源於此。陳氏原序略云，以醫事之要，無出三因，辨因之
初，無踰脈息，遂舉《脈經》曰，關前一分，人命之主，左爲人迎，右
爲氣口，蓋以人迎候外因，氣口候内因，其不應人迎氣口，皆不内外
因。倘識三因，病無餘蘊，故曰醫事之要，無出此也。因編集分類
一百八十門，得方一千五百餘道，題曰《三因極一病證方論》。蓋
十般病源，不越三因，以此詳之，病源都盡。就此書中尋其類例，別
其三因，或内外兼并，淫情交錯，推其淺深，斷以所因爲病源，然後
配合諸證，隨因所治，藥石鍼艾無施不可矣。昔黄蕘圃嘗言，初在
揚州，書友謂有宋板《太醫集業》四册欲售，後聞已售與他姓。顧
千里謂在揚州郡齋借到此書，尋覽，見板口有"三因"字，遂取《三
因極一病證方論》互勘，知即割裂其殘本爲之。陸氏《佳趣堂書
目》以爲實有此書，誤也。據此跋，則此書舊本頗不易得矣。吳縣
潘氏藏宋刻此書，《滂喜齋題記》謂此書前有陳氏自序，半葉十三
行，行二十三字。卷一至九卷，十四至十六精槧可愛，餘六卷麻沙
本，似元人覆刻，蓋以二本合成，卷末二葉補鈔，墨筆記稱雍正七年
仲夏，影述古堂珍藏宋本補全云云。此爲景宋本，結體完密，用筆
和雅，原刻固佳，摹手亦不俗，當不讓文勤所藏。按：日人亦喜景寫
書本，如齋藤謙撰《養源藤堂影本資治通鑑序》云，君貴爲公孫，食

禄三千石,嘗讀司馬光《資治通鑑》,患其浩瀚難熟,因羅景綸之言云,讀十遍不如寫一過,於是舌筆並用,且寫且誦,數年而畢,可謂勤矣。昔洪容齋兄弟寫此書,特其正文耳,千古猶傳爲談檟。今君則并及胡氏之注,且其始學以來,所手寫《大日本史》以下凡數百千卷,使令不乏人而未嘗假其力,求之千古未見其儔也。今君齡僅弱冠耳,平生所寫且讀者,外則滿架連楹,內則拄腹撐腸。士庶之刻屬者,未之能過,可畏哉!見月性《名家文抄》卷四。月性,日本僧也。此本景寫,出自何人,未有證明,原書爲日人森立之藏本,後歸上虞羅氏,均有題記。

## 新編西方子明堂灸經

**八卷**明山西平陽府重刊,前清怡府、長洲汪氏、獨山莫氏舊藏。

不著撰人姓氏。卷一正人頭面圖、正人胸膺圖、正人腹肚圖,卷二正人手圖,卷三正人足圖,卷四伏人頭圖,卷五伏人手圖,卷六伏人手圖、伏人足圖,卷七正人頭頸圖、側人脅圖、側人手圖,卷八側人足圖。半葉十行,行二十一字。檢古黃周宏祖輯《古今書刻》,平陽府刊袛有《銅人鍼灸經》,而未列此書。前人謂《黃帝內經明堂》十三卷,取《素問》《靈樞》《腧穴鍼灸論治》分十二經編類,而音釋之。此《明堂灸經》大約沿其名本其治而專論灸,故曰《灸經》,與《銅人鍼灸經》不同。楊氏《日本訪書志》著錄卷子本《黃帝明堂》一卷,首題通直郎守太子文學臣楊上善奉敕撰注,前有自序云,是以十二經脈各爲一卷,奇經八脈復爲一卷,合爲十三卷,今僅存第一卷。《舊唐志》有楊上善《黃帝內經明堂類成》十三卷,此無"類成"二字,當別爲一書。按:此書當與西方子書有異。又按:元建安竇桂芳編《鍼灸四書》八卷,明《文淵閣書目》著錄一曰《流注指微鍼賦》,金南唐何若愚撰,集常山閻明廣注。一曰《黃帝明堂灸經》凡三卷。一曰《灸膏肓腧穴法》一卷,宋清源莊綽季裕撰。《灸經》則三卷,又當與此不同。吾國古世鍼灸並稱,《禮記·曲禮》醫不三世不服其藥,疏謂父子相承至三世。又引一説,以《黄帝針灸》《神農本草》《素女脈訣》三世書,釋經三世。前清鄭文焯《醫故》云,《説文》砭,以石刺病也。《漢書》用度箴石,顔師古注,石謂砭石,即石箴也。伯驥按:《山海經·東山經》高氏之山多鍼石。郭璞云,可以爲鍼砭。《南史·王僧孺傳》侍郎金元起欲注《素問》,訪以砭石。僧孺答曰,古人嘗以石爲鍼。古者攻病則有砭,今其術絶矣。《春秋傳》美疢不如惡石。服虔云,石,砭石也。季世無復佳石,故以鐵代之。是季漢始用鐵鍼之證。古法多鍼灸並言,自唐王燾力言鍼害,凡鍼法、鍼穴俱删不録,惟立灸法爲一門。其後西方子撰《明堂灸經》,仍其義例,是鄭氏亦以此書爲古代著名之作矣。前有“樂善堂覽書畫印記”、“汪厚齋藏書”、“汪印士鐘”、“平陽伯子”、“莫氏祕笈”各章,蓋迭藏清怡親王府及吴人汪家、獨山莫氏者也。怡賢親王爲前清聖祖仁皇帝子,有大樓九楹,曰樂善堂,爲儲書處。前明毛子晋、錢遵王所得絳雲樓書,多宋元精本,後散出,爲徐健庵、季滄葦所有,兩家之本嗣爲何焯居間,歸於怡府。《四庫》開舘時,府中並未嘗有所進呈,宋本施注蘇詩,亦有二部,他可知矣。據《儀顧堂題跋》,厚齋名文琛,爲士鐘之父。黄蕘圃云,北宋精刊景祐本《漢書》爲予百宋一廛中史部之冠,非至好不輕示人。郡中厚齋都轉偶過小齋,曾一出示,繼於朋好中一及之。奈余惜書癖深,未忍輕棄,並不敢以議價致蔑視寶物。因思都轉崇儒重道,昔年出資數萬,敬修吾郡文廟,其誠摯爲何如? 知天必昌大其後,以振家聲。故近日收藏古籍,嗜好之篤,訪求之勤,一至於此,則余又何敢自祕所藏,獨寶其寶耶? 君家當必有能讀是書者,敢以鎮庫之物輒贈爲預兆云。黄氏蓋題此文於北宋刻《漢書》者,今此書歸之盇山。蕘

圃又云，閬源觀察英年力學，讀其尊甫都轉厚齋先生所藏書，以爲
猶是尋常習見之本，必廣蒐宋元舊刻，以及《四庫》未經采輯者，於
是厚價收書，不一二年，藏弆日富，猶恐見聞未逮，日從事於諸家簿
錄，計其源流，究其同異，俾古書面目畢羅於心胸。茲則《衢本郡
齋讀書志跋文》也，於此可得其兩世之風流餘韻矣。閬源摹刻宋本
《孝經義疏》《儀禮單疏》、劉氏《詩説》、《郡齋讀書志》，校勘至善，學者珍之。

## 鍼灸擇日編集不分卷舊寫本，
### 日本吉家氏、多紀氏舊藏。

　　高麗全循義、金義同撰。前有正統十二年金氏序云，醫之道有
二焉，曰藥餌也，鍼灸也。而療病簡易之法，莫妙於鍼灸，要在精於
心，應於手耳。苟能審榮衛、辨筋骸、明孔穴之部，定尺寸之分，則
雖沉疴、痼疾何憂乎弗瘳。古人云，知藥而不知鍼灸，而知鍼而不
知灸，不足爲上醫。信乎，鍼灸之爲重也。然鍼灸之法，雜出於諸
方，擇日之際，或述於吉凶，業斯術者，嘗病焉。内醫院醫官護軍臣
全循義、司直臣金義孜孜乎此者也，搜摭群書，裒集一編，人神太乙
之所生，天醫雜忌之所在，條分類析，纖悉無遺，書成以進，命臣序
之。臣竊念鍼灸有劫病之功，而又有立效之能，信斯術之爲重也。
然人受天地之中，稟陰陽之氣，甲膽乙肝，臟腑自分於十干，春井夏
榮，經絡皆通於四時，則時日支干與人身而運焉，吉凶悔吝，隨人事
而應焉。故《鍼經》云，得時鍼之必除其病，失時鍼之難愈其病。
則鍼灸之道，尤莫重於擇日也。是書之廣布，蓋欲使人辨吉凶於過
眼之頃，療膏肓於投手之餘，共挽夭札之患，同躋仁壽之域。凡囿
於聖化者，可不知聖朝仁心、仁政之所自歟！正統十二年正月初六
日，奉訓郎集賢殿副校理知制教兼春秋館記注官世子左司經臣金
禮蒙謹序。引用書名列於卷首，計有孫真人《備急千金方》、《黄帝

明堂灸經補註》、《銅人腧穴鍼灸圖經》、竇漢卿編集《鍼經指南》、
《新刊銅人鍼灸經》《鍼灸廣愛書》《括太平聖惠方》《事林廣記》
《齊人千金》《月令》《元龜集》《龍木總論》《資生經》《素問靈樞
經》《巢氏病源論》《易簡方》龍樹《菩薩眼論》。書內各條皆舉所
出，至爲不苟。伯驥按：董廣川《書龍眠居士韓幹畫馬後》云，世傳
幹畫馬必考時日、面方位，然後定形骨毛色，大抵以馬爲火畜，而南
爲離方，其色青驪驒駱，皆以干支相加，故得入妙，是則畫馬尤須擇
日矣。古今風習不同如此，讀此書可知舊俗。序前有"吉家氏藏"
白文章、"多紀氏藏書"朱文章。此書當是東鄰遺本，楊氏《訪書
志》述日本安政元年，有侍醫尚藥醫學教諭法印臣多紀元堅、侍醫
醫學教諭專督務法眼臣多紀元昕，後有多紀元琰、多紀元佶，皆爲
醫官，校刻永觀二年丹波宿稱康賴撰進之《醫心方》三十卷。其二
十七卷中，引嵇康《養生論》，多溢出今本之外，知《文選》所載爲昭
明删削，蓋多紀、丹波均日東著名醫家。伯驥按：丹波雅忠，阿智使
主裔也，世居丹波，曾祖康賴，賜姓丹波。宿稱以醫術著，任右衛門
佐，兼鍼醫博士。永觀中，著《醫心方》上之。祖重雅，父忠明，亦
爲侍醫。義歷中，高麗王妃疾，王附商舶牒太宰府，以厚幣求雅忠，
朝廷不許，令太宰府報牒，有"扁鵲何入雞林之云"語。自是世稱
雅忠爲日本扁鵲。見日本權忠納言從三位源光圀《大日本史》二
百二十七。多紀元胤撰《醫籍考》八十卷，體例一倣朱氏《經義考》，於見存者則必辨
別其書之內容何如，計共目三千餘種。伯驥所得日本人、高麗人用漢文著
作之書舊本，計共數百種，本擬別編一目，今已亡矣，附記於此。

## 景祐遁甲符應經三卷精寫本。

宋楊維德等奉敕撰。前有宋仁宗御製序，略云，遁甲之書，出
於《河圖》，黃帝之世，命風后創名，始立陰陽二遁，共一千八十局，

迨太公約七十二局。留侯佐漢，議一十八局。朕順天時而陳兵，法神道而設教，有蓬山之藏室，有龍甲之祕經，雖緗帙甚多，而繁文彌猥，因取其書，命太子洗馬兼司天春官正權同判監楊維德、春官副王用立、翰林天文李自正、何湛等，於資善堂撰集。又命內侍省東頭供奉官管勾御藥院仕成亮、鄧保信、皇甫繼和、周維德總其工程，成書三卷，命曰《景祐遁甲符應經》。朕觀其書，陰陽變化百端千緒，賢者豈遂能知？智者豈遂能用？日者豈遽能盡？上之於國家，下之於庶民，一切有爲皆宜用也。卷首有《遁甲總序》云，遁者隱也，幽隱之道。甲者儀也，謂六甲、六儀互爲直符。天之貴神也，常隱於六戊之下，蓋取用兵機通神明之德，故以遁甲爲名。前序述撰書之來由，此則釋遁甲之意義。伯驥按：遁甲推六甲之陰，而隱遁也。見《後漢書·方術傳》註。卷上分三十二節，卷中分四十四節，卷下分二十節。大旨以遁甲衍行軍趨避之說，而分論之。此書《宋史·藝文志》子部五行類著錄。陳氏《書錄解題》陰陽家有《景祐遁甲玉函符應經》二卷，謂司天春官楊維德撰。御製序。當即此書，增“玉函”二字，則不知其何說也。清《四庫總目》未著錄，儀徵阮氏嘗以影抄舊本進呈，其《提要》謂不見於《宋志》，則失檢矣。卷末有“臣楊維德等奉敕修撰、司天少監臣劉天亮校正”字樣，當是源出於宋。阮氏謂末有永樂間欽天監五官司曆王巽序，此本無之。維德附《宋史·方技·韓顯傳》，顯稱其能傳渾儀法，殆精於五行之學者。《養一齋集》卷六云，《景祐乾象新編》惟見鄭氏《通志》，而諸家不著，且鄭以爲楊維德所撰，而所題銜名中不出維德，或者別是一書。

## 禽遁大全四卷 明刊本。

明池本理撰。本理，贛州人。此書著錄黃氏《千頃堂書目》，而《明史·藝文志》載池氏所著,有《禽遁大全》四卷、《禽星易見》四卷。清《四庫》著録《禽星易見》僅一卷,或傳鈔者所併也。伯驥按:禽星之用不一,王棠燕《在閣日知録》云,古者術數有三十六禽,蓋每辰而三:子則鼠也、蝠也、燕也,丑則水牛、黄牛、兕牛,寅則虎、豹、貙,卯則兔、狐、貉,辰則龍、蛟、蚪,巳則蛇、蚓、蛣蜋,午則馬、鹿、獐,未則羊、犴、羚,申則猿、猴、狖,酉則雞、雉、烏,戌則狗、狼、豺,亥則豚、貐、蒿猪。陶隱居略引之。李淳風引《詩緯推災度》,以十五國風應十五星,禽亦此意也。今世祇知十二支各屬一物,及十二宮屬二十八宿之禽耳,不知支屬三十六物云云。蓋十二禽屬之説,散見漢儒所著書中,其後演爲三十六禽,則蕭吉《五行大義》引《六壬經法》詳其理。伯驥按:《五行大義》所列術數三十六禽,與佛家三十六獸之説畧同。《大集經》止十二獸,後則推闡爲三十六也。《琅琊代醉編》引楊氏説。今觀池氏之書,實以三十六禽爲推演。有教諭蕭承流序,略云,隱雲之編《禽遁》欲示後來驗法可用,事雖今古不同,而理合今古一者也。予因隱雲請之至,故序其首,以爲萬世之龜鑑。隱雲,當是本理之號也。中有《禽星出兵論》云,《兵法》曰,將既受命於君,興師動衆,選吉日鑿凶門,而長驅十萬之衆,張設輜重什物軍需之類,穿山涉水過險度關,人馬紛紜,事有萬端,不可不明於禽遁。池氏又云,蓋聞天上禽星,各有落泊之所,世間學者,當明喜忌之宮,遇凶則凶,遇吉則吉,蓋此類之書,不僅爲兵家所取,專以七元甲子局,用翻禽倒將之法,推時日吉凶,以利於用。清《四庫提要》云,或以爲其法始於張良,本《風后》《神樞》《鬼藏》之旨,爲兵家祕傳,蓋好事者附會之説,其實於一切人事得失趨避,無所不占。《四庫》又著録《演禽通纂》二卷,不著撰人姓名,其書以演禽法推人禄命造化,實同斯意。《提要》謂相傳出於黄帝七元之説,唐時有《都利聿斯經本梵書》五卷,貞元中李彌乾將至京師,推十二經

行歷,知人貴賤。至宋而又有《秤星》者,演十二宮宿度,以推休
咎,亦以爲出於梵學。晁公武《讀書志》復有《鮮鸚經》十卷,以星
禽推之吉凶,言其性情嗜好,説者謂本神仙之説,故載於《道藏》。
其書均已失傳,而詳溯源流,要皆爲談演禽者所自祖。今世亦頗有
通其術者,則以爲本於明之劉基,然其中如《甲子寶瓶》之類,與
《回回曆》所載名目相近,似其源亦出於西域,蓋即《秤星》《鮮鸚》
之支流,傳者忘其自來,遂舉而歸之於基,非其實也。其書上卷載
三十六禽喜好吞啗,干支取化,及旬頭胎命流星十二宮行限入手之
法。下卷《鑒形賦》具論窮達、夭壽、吉凶、變幻之理,其詞爲俗所
綴集,大抵鄙俚不文,而其法則相承已久,實符三命之學,故存之以
備一家,可與《壬遁》諸書參覽云。池氏以斗獮爲斗牛蟹,謂其性
最弱,靜而安閑,非獮豸之獮。《四庫提要》謂其足訂星家之訛異。
葉氏德輝謂丑之爲蟹,出《易·中孚》鄭注爻辰,其説在池氏之先。
葉氏喜談此術,或有所見。蓋唐宋以來,此類學説甚爲流行,著之
可以見前代國風民俗,並非侈談之以起信也。此書末有“詹氏進
賢書舍寫正新刊”牌子,蓋明刻本。日本森立之《經籍訪古志》著
錄詹氏進德精舍弘治壬子翻刻南山書院本《廣韻》五卷,陸氏心源
亦有其書,進賢、進德,或昆仲行與。

## 人象大成一册<sub></sub>寫本。

　　明袁忠徹撰。前有自序云,太宗文皇帝在潛邸時,乃遺典膳井
泉等齎楮帛以聘示觀相人之書。諭之曰,夫三才者,天、地、人,是
天有天文之書,地有地理之書,人禀五常,靈於萬物,古之善相者,
亦各有書,當集爲一家,名之曰《人象大成》。爾父袁廷玉曩受異
人之傳,得相人之妙,爾既克紹承家學,當究心是書,今特命爾與内
使哈喇帖本、識字人朱季沈淳、畫士白皙,以類編書,書成録進,爰

述聖諭於編端。伯驥按：廷玉初名珙，鄞縣人，以相術受知成祖潛邸。王錡《寓圃雜記》稱，廷玉在潛藩，屢相有驗，登極授以太常丞。太宗一日出宋、元諸帝容命相，袁見太祖、太宗曰，武英之主。自真宗至度宗曰，此皆秀才皇帝。元自世祖至太宗曰，皆是吃綿羊肉郎主。見順帝則曰，是秀才皇帝也。太宗大笑，厚賜之。蓋相人之妙，固袁氏家學也。《今言類編》云，廷玉少游海上，遇異人授相術，論人吉凶輒驗。成祖聞廷玉名，洪武二十三年九月密召至北平，一見伏地叩頭曰，真太平天子。靖難後，授官。子忠徹序班，未幾，珙請老歸，卒，贈太常少卿。忠徹字靜思，一字公達，能傳父術。成祖朝，官中書舍人，秩滿，爲尚寶司丞，進少卿。識仁宗於藩邸，每多讜諫。宣德初，相帝容相慘肅，謂七日內宗人將有謀叛者，如期漢王果反。後坐事休致，年八十三卒。著此書外有《古今識鑒》《鳳池吟稿》《符臺外集》，家富藏書。清世《天祿琳琅書目》嘗及其軼事，今盔山藏錢塘丁氏善本書室遺本，有袁氏曾藏之明正統覆宋淳化本《漢書》，中有"尚寶司卿袁氏家藏"方印，即其所遺也，聞有鈔配，想非完本。吾家則衹有范書，爲沈十峯舊藏。其矣，舊刻之難於全美也。

## 玉髓真經二十一卷 明刊本。

題國師張洞玄子微秘傳。前有嘉靖間提督兩廣軍務兼理巡撫侯官張經序，略云，周秦之間，宅兆是卜。漢《藝文志》有《地形書》二十卷，則相地之法漸詳於此。厥後有《囊經》，說者謂其文古雅，出自黃初年，至晉郭景純遂得而祖述焉，斯乃相地攸宗。近世惟以楊筠松之《畫筴圖》、劉江更之《金函經》爲準。宋張子微氏洞曉陰陽，推測造化，乃采諸家所長而參以獨見，凡前人所未發者，皆發明無隱，而劉允中之注釋，蔡季通之發揮，皆互相表章。曰玉髓，以其言乎至精，曰真經，以其言乎至當。蓋集其大成，而爲地理全書也。惟書祕鮮傳，間傳或非善本。侍御少嶽陳公按閩，暇乃出所錄本，又以杜給舍及予家所藏者屬郡守吳君校刻而傳。昔者王公設險以守其國，周營洛邑謂居天下之中，是皆擇地以定至計。《周禮》有墓大夫之職，其制甚詳。先儒又謂人子不可不知地理，蓋以其親體魄不宜置於非地，是地理之學，固關治道翊風化，乃聖人之所先務，亦儒者窮理之大端。乃若所謂枯骸得氣，遺體受榮，意之所存，豈專於是。次有紹興丙辰長沙劉允中序，略云，初得開寶國師張子微所傳其徒前後三卷。後漫浪金陵，遇道士郭守一，自稱爲景純之後，因納質北面，願究其學，始獲其書，乃張子微《玉髓經》也。次有紹興弩牧謫隸蔡季通序，略云，得《玉髓真經》善本於子微七世孫駕部公，遂錄而寶之，嘗欲注釋而未暇也，繼以罪謫，離索荒郡，平生所悉既爲僞學，不敢復談義理以速大禍，乃玩閱此經，而允中已釋之矣。余乃爲之發揮，其形象圖錄間有分毫訛謬者，皆以駕部家藏善本正之。次《目錄》，分《玉髓真經總目》共三十論，《玉髓後卷總目》十八論，《玉髓本原》三卷，《玉髓祕傳》三卷。半葉十二行，行二十三、二十四字不等，板匡內無墨綫。別有一本則題《玉髓真經》三十卷，宋張洞玄、劉允中注，後二十一卷後門人等述。前題宋國師張洞玄子微祕傳，蔡元定發揮。有題字云“張洞玄宋初人，太祖將定都，徵地師十七人議之，子微實定汴京之策”。見後二十卷慕容德修序。元貢師泰謂卜宅之法莫善於郭氏，《葬書》莫精於曾揚之學，欲知郭書必求之曾揚，欲知曾揚，必求之《玉髓》。又言朱子嘗篤信而辨論之，至正李仁齋撮其微旨，著爲《圖經》。見《玩齋集》卷第八。是宋元之際此書頗爲儒者所重，乾隆中開四庫館，未見此書。《敏求記》雖著於錄，無後二十一卷，其流傳之罕可知。後第十八卷，張楷所記與朱子論《玉髓》語，名曰《嶽

麓問答》,憑空肊造,黄氏所謂朱子嘗篤信而辨論之者歟！見日人
岩崎《静嘉堂祕籍志》卷二十五。

## 吕氏春秋二十六卷　元刻明修本,張良御舊藏。

　　秦吕不韋撰。吕氏書現所流行而至善者,畢沅經訓堂校本,其
所據以校者蓋元大字舊槧,出盧抱經手。繼此則爲《清白士集》中
之《吕子校補》二卷,蔡雲之《吕子校補獻疑》一卷,陳昌齊之《吕氏
春秋正誤》二卷。王氏之《讀書雜志》、俞氏之《諸子平議》皆嘗校
訂此書,倘能彙集前人訂本,再加研求,集其大成,或可新有所獲,
則集解之作,固吾人所切望也。此本前有方氏讀《吕氏春秋》及自
儆庵識語云,《吕氏春秋》十二紀、八覽、六論,凡百六十篇。吕不
韋爲秦相時,使其賓客所著者也。太史公以爲不韋徙蜀,乃作《吕
覽》,夫不韋以見疑去國,歲餘即飲酖死,何有賓客,何暇著書哉！
史又稱,不韋書成,懸之咸陽市,置千金其上,有易一字,輒與之。
不韋已徙蜀,安得懸書咸陽？由此而言,必爲相時所著,太史公之
言誤也。不韋以大賈乘勢,市奇貨,致富貴,而行不謹,其功業無足
道者,特以賓客之書,顯其名於後世,況乎人君任賢以致治者乎！
然書誠有足取者,其《節喪》《安死》篇譏厚葬之弊,其《勿躬》篇言
人君之要在任人,《用民》篇言刑罰不如德禮,《達鬱》《分職》篇皆
盡君人之道,切中始皇之病。其後秦卒以是數者債敗亡國,非知幾
之士,豈足以爲之哉！第其時去聖人稍遠,論道德皆本黄老,書出
於諸人之所傳聞,事多舛謬。如以桑穀共生於成湯,以魯莊與顔闔
論馬,與齊桓伐魯,魯請比關内侯,皆非其事,而其時竟無敢易一字
者,豈畏不韋勢而然耶！然予獨有感焉,世之謂嚴酷者,必曰秦法,
而爲相者,乃廣致賓客以著書,書皆詆訾時君爲俗主,數秦先王之
過無所憚,若是者皆後世之所甚諱,而秦不以罪。嗚呼,然則秦法

猶寬也。右天台方遜志先生讀《呂氏春秋》作也。先生氣節冠代，
而於是書有取焉，誠不以人廢矣。南雍舊有板刻，蓋自元時歲久刓
闕，余慮其逾久而廢逸也，爰覓善本校補之。顧許、楚二刻，胥倣雍
板，而仍其闕者六，續得舊本迺補其半，餘尚虛木，俟好古者。甲戌
秋日，自倣菴識。次有元鄭氏序及慶湖遺老記語，蓋此本爲元刻，
而明南雍修補者。半葉十行，行二十字。卷末有墨筆題字云“康
熙五十二年七月讀”，捺有“依歸”二字白文章。考《嘉慶揚州府
志·文苑傳》，張符驤，字良御，泰州人，中康熙六十年進士，官庶
吉士。少承家學，著有《自長吟詩集》《依歸草文集》，與陳大始等
論性理，反復辨難，多前儒所未發云。張氏《書目答問》列《依歸
草》於集部，而不詳其人，尚爲疏略。此當是良御藏讀本，蓋良御
之文，實宗法震川者也。

## 法藏碎金録十卷　明遠裔孫璪嘉靖刻本。

　　宋晁迥譔。迥字明遠，世爲澶州清豐人，徙家彭門。官至禮部
尚書，諡文元。前有自序，略云，予爰自弱齡，逮茲暮齒，探古聖之
域，闚衆妙之門，涉獵儒道諸經，必也攷求微旨，修身慎行，著爲箴
規。又於貝典詳觀，倦聞世諦，洞見至理，新新無窮。挂冠之後，棲
息乎浚都昭德坊之舊居，別輯靜齋，翛然獨處，素所樂欲，習以成
性，手不釋卷，筆不停綴，貫微臻極，深入骨髓，消憂釋結，大沃襟
靈，斐然章句，聯翩衍溢，開陳有補，弗忍遐棄，衆製詞律，存乎別
集，每分類例，頗煩命篇。自今聽覽機會，或該演勸，屬文導意，靡
拘詳略，片言鱗次，混而編之，數無預定，興盡當止，奉法寶而推美，
非小智之自矜，故名之曰《法藏碎金録》。內有意涉重出，積習之
故，前輩亦爾，不復刪簡。若其束於教者，或以迦談見誚，亦無憚
焉，不能以外妨內也。時天聖五年丁卯歲季秋望日序云爾。天聖

九年仲冬月,稍量字數,分爲十卷。錢唐丁氏《善本藏書志》謂晁、陳二家俱作《法藏碎金》,文元裔孫璪跋語,及此本版心亦無"録"字,則卷首標題,當是後來臆加。伯驥按:自序已有"録"字,晁氏説之《嵩山集·送郭先生序》亦有此稱,丁志尚考之未審也。《送郭先生序》曰,説之高祖大師文元公,自國初爲聞人仕宦,極禮樂文章之選,逮仁宗即位,始獲如請致仕。著書於八十歲之餘,其書凡三十有四卷,而十卷名之曰《法藏碎金録》,今行於世。其肯熟讀酷好者有二人焉,一曰窮悴之士,爲儒不肆其胸臆,禪侶不私於宗派,道人能厭飛鍊者。其二曰得意方顯仕,而中道逆風垂翅,乃懼富貴而恐無以勝憂患者。與夫白首謝事得歸,而未有以忘平昔之豪習而自勝杜門者,必吾祖是書之好。若慧林覺海冲老每舉揚是書,以勉其學徒。文潞公奉之終身,篤名理之談,則未易可必以得之也。臨邛郭先生敏修早出游中州,與公卿大夫周旋,得是書而三嘆息焉,自謂吾得異人而師之。其語微妙奥密,不若此之璀粲光明,可以衆共之也。先生曰,夫予之所以生生者,智水不可不崇,而禮火則卑之也,此卦之所以既濟也。其崇其卑至於效法天地,而與乾坤並列,乾、坤、泰、否、既濟、未濟皆一卦也。三十輻共一轂,則六十四卦同爲一車之輻也。生死之徒十有三,而乾坤之一二、離坎之六七,則共爲一輻之運萬里也。每恨巴蜀僻陋,不得與上國之禮文,乃以《法藏碎金》委鄉人刻之版。久矣,今幸見其著書主人之孫,子悟語如故舊,則吾之所得者多矣。説之起拜而謝之。觀此則《碎金》之在宋已有盛名,且蜀中亦經板刻矣。日本京都堀川興聖寺藏《北宋惠能六祖壇經》景印本,有晁子健後記云,子健被旨入蜀,回,至荆南於族祖位,見七世祖文元公所觀寫本《六祖壇經》,其後題云,時年八十一,第十六次看過。以至點句標題,手澤具存。公歷事太宗、真宗、仁宗三朝,引年七十,累章求解禁職,以太子少保致位,享年八十四。道德文章具載國史。冠歲過道士劉惟一,訪以生死之事,劉曰,人常不死。公駭之，劉曰，形死性不死。公始悟其說，自是留意禪觀，老而愈篤。公生所學三教俱通，文集外著《昭德編》三卷、《法藏碎金》十卷、《道院集》十五卷、《耄智餘書》三卷，皆明理性。晚年尚看《壇經》，孜孜如此。子健來助蘄春郡，遇太守高公世叟篤信好佛，一日語及先文公所觀《壇經》，欣然曰，此乃六祖傳衣之地，是經安可缺乎？乃用其句讀，鏤板刊行以廣其傳。《壇經》曰，後人得遇《壇經》，如親承吾教。若看《壇經》必當見性，咸願衆生同證斯道。此文頗著文元事實，附記於此。此書晁《志》附載《道院集要》後，陳《錄》列之釋家，然其旨蓋包涵諸家，融會壹是，故此目特錄之雜家，傳本絕罕。明嘉靖乙巳，裔孫翰林檢討瑑始從館閣錄出，鏤板以行，附載文元公逸事。丁氏著錄者亦此刻，舊爲季滄葦藏，有“振宜藏書印”及“古吳王氏印”。黃蕘圃手跋謂，明刻之可貴，直將過於宋元鈔校本，洵不誣也。清《四庫》依陳《錄》列此書於釋家類，殊未諦。此陽湖孫氏、長沙葉氏所以多所變更庫例也。伯驥於孫、葉諸家亦間有訂誤，拙撰《清四庫全書總目提要舉正》屢邑論之，此不復著。

## 芻言上中下卷前清四庫館寫底本。

宋崔敦禮撰。前有翰林院印。卷上有崔氏題首云，敦禮居山間，有書三卷，上卷言政，中卷言行，下卷言學，凡三百有五篇。言簡語樸，不知緣飾，其芻蕘之愚乎！乃命曰《芻言》。卷上第十葉有云，倕作弓，夷牟作矢。館臣案語云，夷牟，徐堅《初學記》引《世本》作牟夷，然《呂覽》及許愼《說文》亦作夷牟，今從原本。書之卷上第十二葉，客有一昔於驛，小註云，一昔一夜也。《列子》昔昔，註訓爲夜夜，亦館臣校語。敦禮，本河北人，南渡後與弟敦詩同登紹興進士，官至諸王宮大小學教授。愛溧陽山水，買田築室居焉。序首所謂居山間有書三卷，是此編固南渡後所作。清《四庫提要》謂此書首卷以道德仁義分析差等，中又以諸經傳注爲蠹道之書。其旨頗雜於黄老，未爲粹然儒者之言。至其間指切事理，於人情物態，抉摘隱微，多中窾要，則亦不可盡廢者。亦平心之論也。

## 鳴道集説一卷明寫本。

　　金李之純撰。之純號純甫，襄陵人。承安中進士，前後三入翰林。正大末出倅，未赴，改京兆府判官，卒於南京。是書列周、程、張、邵、朱、吕、蔡諸人之説，加以條辨，大旨以佛爲歸，因而力駁孔子之道，滔滔翻瀾，主要不外乎此，至號爲中國心學，則李氏創論也。前有明王禕序，略云，古者立言之君子，皆卓然有所自見，其學術不苟同於衆人，而惟道之是合，故其言足以自成一家，有託以不朽。是故聖人没，道術爲天下裂，諸子者出言人人殊，然要其旨歸，未始不合乎道。夫苟合乎道矣，而其言有不傳者，未諸有也。先生資識英邁，天下書無不讀，其於莊周、列禦寇、左氏、《戰國策》爲尤長，文亦略能似之。三十歲後徧觀佛書，既而取道學諸書讀之，一旦有會於其心，乃合三家爲一，取先儒之説，箋其不相合者，著爲成書，所謂《鳴道集説》也。遺山元公嘗以中原豪傑稱之，謂其庶幾古者立言之君子，豈不信乎！世之學者，知守經以篤信，而不知會通以求道，故有以一人之見而決千載之是非者，鮮不群疑而衆駭之。先生是書，其雄辨閎論，以一人之見，決千載之是非，往往而是。予故竊論其大旨，著於篇端。

## 西溪叢語二卷明鸂鳴舘刻本。

　　宋姚寬撰。前有宋紹興間自序，略云，予以生平父兄師友相與談説，屢歷見聞，疑誤考證，積而漸富，有足采者，因綴輯成編，目爲

《叢語》，不敢誇於多聞，聊以自怡而已。次有明嘉靖戊申錫山俞憲汝成氏撰刻此書序。此本缺去俞序第二葉，茲從黃蕘圃題跋中補錄之。序云，宋馬端臨紀載小説家無慮什百，近世每刻輒彙數十家，然雅俗並陳，正靡間出，覽者或不慊云。往過西京馬西玄氏，獲見姚寬《西溪叢語》，文質而達，辨據而晰，事縱而博，義質而新，往往足備攷證，有神經史，匪直括异紀談，啓顔資暇而已。余竊愛焉，久不去於心。頃過三石喬子文復見之，問所從，即西玄鈔本也。第多脱訛，不便披省，遂相與校覆一過，屬臨溪楊子刻之武昌。叙曰，宋姚寬無顯名，觀其自序，蓋博聞多識之士，又自言嘗按嶺外，出守會稽。或曰，寬善天文，言時事有驗，將除郎，卒。官止六部監門。今皆不可攷見，然其書則藝苑不可廢者。别有《西溪集》五卷，見端臨《通攷》。獨此不見於小説，豈以瑣辭綴緝，歷數百載，尚有表著之者，況大於此乎！故君子進以功烈自顯樹，退則與道德爲徒，不得已沈冥述作，亦不失爲一家之言，要不棼棼泯泯，草壤同敝而已。余故於寬書有感也，是刻既出，又必有蒐《居士集》而新之者，因可並傳不朽云。伯驥兒時初讀此書，係得於商濬刻之《稗海》中，訛脱甚多，至爲憾事，後檢漁洋王氏全集於《蠶尾文》卷八，見有此書跋文，謂爲明刻鵜鳴舘本，得之慈仁寺市，上下卷各闕二紙，乃取汲古閣本讐對補完。此書首尾無序，不知刻者誰何云云。今此本原序具存，亦有刻書時代，并知刻者爲臨溪楊子，是漁洋所見本，雖是鵜鳴舊刻，序首當必脱去矣。漁洋解釋鵜鳴之義，引《山海經》及陶詩以證之，其説過簡，未甚明白。今按：此説實見《叢語》卷下第五葉云，柜山西臨流黃，北望諸毗，東望長右，有鳥焉。其狀如鴟而人手，其音如痹，其名曰鵜，其鳴自號，見則其國有放士。放，逐也。此蓋《山海經》文，而姚氏引之以釋陶潛《讀山海經詩》者，陶詩云“鴟鵜見城邑，其國有放士。念彼懷王世，當時數來止。青丘有奇鳥，自言獨見爾。本爲迷者生，不以喻君子"。青丘國有奇鳥不詳其狀，鷗鶄或爲鷦鷯，或爲鳴鵲，皆非也。以上皆姚氏之言，漁洋蓋約舉之而不言其出。漁洋謂以鷦鳴名館，殆正嘉朝士之被放逐者，今考刻書時爲嘉靖，與漁洋之説正合，惜不得臨溪楊子之名號略歷耳。《四庫》本係據江蘇採進而來。《提要》謂，寬，嵊縣人，父舜明，紹聖四年進士，南渡歷官户部侍郎，徽猷閣待制。寬以父任補官，仕至權尚書户部員外郎、樞密院編脩官。其叙寬之行略，俞序所言者，《提要》亦不及，是江蘇之本亦當無俞序，與漁洋本同，若有序而舘臣未見，則未必然也。前人於寬之事實未甚詳，爲考各書以補前人之略。蓋寬少有令望，筮仕之始，一時名流争禮致之，吕頤浩、李光帥江東皆招置幕中。傅崧卿繼至以主管機宜文字辟之，辭不就。崧卿移書交舊，有愧恨之語。秦檜執政，以舊怨抑而不用，寬亦不屈己求進，後以賀允中、徐林、張孝祥等薦，始任職。寬博學强記，於天文推算尤精。完顏亮入寇，中外皆以爲憂，具云虜百萬何可當，惟有退保爾。寬獨抗論沮止，且上書執政，言今八月歲入翼，明年七月入軫，又其行在己巳者，東南屏蔽也。昔越得歲而吴伐越，吴卒以亡；晋得歲而苻堅伐晋，堅隨以滅。今狂虜背盟犯歲，滅亡指日可待。又推太歲熒惑所次，皆賊必滅之兆。未幾，亮果自斃。從上幸金陵，以其言驗，令除郎。召對，上首問歲星之詳，寬敷奏移晷，復論當世要務。奏未畢，疾作，仆於榻前，面諭令優假將理，俟愈復入對。後一日，卒。上甚念之，特官其一子，且用其弟憲於朝。寬詞章之外，頗工於篆隸及工技之事，嘗謂守險莫如弩，因裒集古今用弩事實，及造弩制度，爲《弩守書》以獻，且請用韓世忠舊法，以意增損爲三弓合蟬弩，詔許之。既成，矢激二里，所中皆飲羽。又嘗論大駕鹵簿、指南車，得古不傳之法。所著有《西溪集》十卷，注司馬遷《史記》一百三十卷，《補注戰國

策》三十一卷,《五行祕記》《玉璽書》一卷,注《韓文公集》未畢,尚
數卷。寬每語人曰,古稱圖書豈可偏廢,故其述《史記》《戰國策》
辭有所不盡,必畫而爲圖。見王明清《揮麈後録》等書。黄蕘圃藏
此書有數本,一爲校明抄者,而鵝鳴舘本則有二,其所據以校勘者,
若明沈辨之野竹齋校鈔本,若錢遵王校本,若壽松堂蔣氏藍格抄
本、黑格本,若葉石君藏嘉魚舘鈔本,若吳枚庵臨何小山校本,不一
而足。而其題識則謂鵝鳴舘刻貯諸家塾中,不以爲難得之書。迨
後見壽松蔣氏收顧氏書中,有錢遵王家鈔本並手校者,始知即從是
刻鈔出,遂重之。錢本缺失多同,因視鵝鳴刻爲難得,而登諸舊刻
之列。頃湖估來説,新開環經閣有舊刻《西溪叢話》,甚完全清爽,
果是鵝鳴舊刻,實勝向來所有之本,遂買之,蓋黄氏所藏鵝鳴舘第
二本矣。蕘圃校本後歸茂苑蔣氏,今其書已散,不知歸何人。近世大藏書家有
此書者,丁氏、陸氏均見於其目。丁書爲吳尺鳬舊藏,謂爲華山馬
基中所貽。陸氏《儀顧堂題記》,則見於卷八,謂鮑淥飲據澹生堂
抄本補二條,卷上海上人條後、趙純師孟條前,補“凡木一歲生一
節,來歲後於節再生也”十六字。宣和貴人條後、李商隱條前,補
“《樹萱録》引杜詩云,鬐虬似太宗,色映寒夜春。又云子章髑髏血
糢糊,懷中瀉出呈大夫”三十三字。汲古本即從此本出,而佚令威
自序云。毛子晉刊入《津逮祕書》,校勘未審。清嘉慶間,黄氏廷鑑合商氏《稗海》
本,略加訂正,張氏遂取以付刊,不若嘉靖本之善,若《説郛》本,則更不足取矣。總之
《叢語》一書,有抄本、刻本二種流傳,而《士禮居題跋》則云,最舊
爲鵝鳴舘刻,今閲數年而此本復入吾家,不亦足珍乎!《四庫提
要》謂其書多攷證典籍之異同,並舉數條證其具有根柢,瑜多瑕
少,復引葉水心所撰之《西溪集跋》,謂其著書二百卷,古今同異,
無不賅括,今其書既不盡傳,無從攷覈。然讀《叢語》全書,除舘臣
所舉之外,如卷上第二十葉,訂正黄山谷《牧護歌》之誤,謂祅之教

法蓋遠，而牧護所傳則自唐。此書卷上，唐貞觀五年，有傳法穆護何禄，將祆教詣闕聞奏，敕令長安崇化坊立祆寺，號大秦寺，又名波斯寺。前人多疑姚氏此語，實沿襲贊寧之誤。混火祆摩尼與景教爲一，又以宋敏求《長安志》，崇化坊並無祆寺，遂謂《叢語》有訛。中華民國二十一年，方氏獲唐故米國大首領《米公墓誌銘》，丹書甎中有"長安縣崇化里"字樣，坊與里雖異文，考證者遂謂崇化坊實有祆寺，足見《叢語》不謬。祆教即波斯之瑣羅亞斯德教，亦稱拜火教，其教義謂有陰陽二神，陽善而陰惡，故以火表陽而膜拜之。我國南北朝時，自波斯傳至葱嶺以東。唐貞觀五年，有傳法穆護何禄詣闕聞奏，敕令長安建寺。蓋唐置薩寶府，有薩寶祆正、祆祝等官，掌祀祆官，皆以火教徒任之。陳垣有《火祆教入中國考》，言之甚詳。卷下第三十五葉，謂五臣注《文選》謝瞻《張子房詩》"苛匿暴三殤"一句，引苛政猛於虎爲證，而不引宣遠詩，實爲謬誤。又因葛繁校《蘇州韋刺史集》，而搜求應物之行略，及與詩關係者數百言，與趙氏《賓退録》所言正可互相證明。非富於研求，不能攷辨如此詳確。吾家藏有清人錢圓沙批校本韋集，當以趙氏所舉，及姚氏此條，録於韋集卷首，資爲攷覈，以《唐書》無韋傳故也。杜詩"尚想東方朔，詼諧割肉歸"。社日用伏日事，蘇、黄皆以爲誤。《叢語》引《史記年表》秦德公二年，始作伏，祠社，乃同日也。至漢方有春秋二社，與伏分，以訂正之。明人張鼎思所撰《瑯邪代醉編》已述此事，卷二。此亦足證《叢語》考證之不妄。又前人以《酉陽雜俎》有所謂諸臯、支諸臯，《叢語》引《左傳·襄十八年》中行獻子梗陽之巫臯，以爲取義出此，實爲影響寡聞。蓋《遁甲中經》住山林咒曰，諸臯太陰將軍，則諸臯乃太陰名耳。《抱朴子》亦謂道士入山，禹步三呪，諸臯太陰將軍。據此則《叢語》實誤矣。至《四庫提要》卷一百四十二云，《叢語》謂潘岳《閒居賦》"房陵朱仲之李"，李善注未詳。梁任昉《述異記》乃有其事，遂摭以補善注之逸。今考李善《閒居賦》注此句下引《荆州記》曰，房陵縣有朱仲者，家有縹李，代所希有，並無未詳之語，蓋寬誤也。此則偶然記憶之訛，不足爲寬全書病也。清道光乙丑，扶荔山房刻本《南宋雜事詩》序例稱，翻閱書籍幾及千種，而引用書目又有姚寬《殘語》。此則伯驥所未見。水心又謂姚氏近體詩絕去尖巧，乃全造古律，加於作者一等，惜其集已佚矣。半葉十行，行二十一字。卷上首葉、卷下首葉，均有“宋筠”“蘭揮”兩章。卷末有“賜書堂孫氏藏章”，蓋經前人珍弄，故能流傳至今也。筠，商丘人，宋牧仲犖次子，官至奉天府尹。沈氏德潛集有其墓誌銘。《青綸館書目》，筠所撰也。陸氏《儀顧堂續跋》卷十，著錄元槧大字《白虎通》，有毛晉、宋筠章。克齋謂《汲古閣祕本書目》爲潘稼堂開值，議價不諧，其書多爲商丘宋氏所得，宋氏藏書之富，不亦可想哉。伯驥藏黃蕘圃手校毛氏汲古閣刊本《西溪叢語》，當再詳之。

## 學林十卷清四庫底本。

宋王觀國撰。清《四庫提要》云，觀國字至道，長沙人，其事蹟不見於《宋史》，《湖廣通志》亦未之載。歸安陸氏考觀國，實政和九年進士，簽書川陝節度判官，以招諭逋逃勞轉一官。紹興初，官左承務郎，知汀州寧化縣，主管内勸農事兼兵馬監押，累升祠部郎中。十四年，御史李文會劾觀國與直學士院劉才邵皆万俟卨腹心，出知邵州。據《繫年要録》《宰輔編年録》《群經音辨後跋》、劉才邵《櫪溪居士集》而詳列之。此書本名《學林新編》，稱《學林》者，省文也。《書録解題》《通考》《宋志》及《宋志補》俱不載。書中凡三百五十八則。清周氏中孚云，其間攷書籍之僞脱，證事蹟之歧異，辨文字之正借，審音讀之是非，故取《漢書·叙傳》“正文字惟學林”語名之。所述皆元元本本，不爲嚮壁虛造之談，於宋人説部中最稱精核。蓋宋人説部雖能徧攷四部，而多毛舉雜事、雜説，資其論難，求其專精小學，以發前人所未發，則惟有此書而已。在近儒則專務爲此，如一字音訓，動辨數百言，集以成帙，動輒數十卷，

則又誤認昇轎者爲轎中人，恐未免爲戴東原之所譏耳。此書舊本
流傳頗鮮，武英殿因取浙江吳氏藏本以聚珍版印行，冠以提要二
篇。閩中覆刻本間有訛舛，故陳氏重録開雕，列入《湖海樓叢書》
云。此爲脩《四庫》書時底本，館臣校筆猶存，簽條則略有破損矣，
"翰林院印"捺於首葉。

## 容齋五筆隨筆十六卷續筆十六卷三筆
### 十六卷四筆十六卷五筆十卷明會通館活字本。

宋洪邁撰。邁字景盧，鄱陽人，號容齋，忠宣公皓子，與兄文惠
适、文安遵，皆中博學宏詞科，時人謂之三洪。累官翰林學士，進煥
章閣學士，知紹興。告老，以端明殿學士致仕。卒年八十，謚文敏。
邁以博學受知孝宗，謂其文備衆體。著有《容齋五筆》《夷堅志》
《唐人萬首絶句》《野處類稿》。此本板心上有雙行小字，云"弘治
歲在旃蒙單閼"，下亦有二行，云"會通館活字銅版"，可證爲華氏
活字本也。華序云，博學而詳説，將以反説約也，然博而不約者有
矣，未有不博而能至於約也。《容齋隨筆》書之博者也，提綱挈領，
博而能約者也。書成於宋學士洪景盧，學者歆羨，而未得其真者久
矣。太醫院醫士吳郡盛用美得之於京師，士夫欲板其行，邑宰邢君
傷民用而未行。適僉憲空雷公水利江南巡行吾錫，遂致禮會通館，
以達君志。嗚呼，燧生當文明之運，而活字銅板樂天之成，苟以是
心至應之惟謹。況士夫以稽古爲事，君以愛民爲心，而公禮意兼
至者乎！雖然學者徒務其博，而不能反説以至於約，則是書爲糟
粕，豈公之所望於人者哉！弘治八年中秋，錫山華燧序。初筆前
有何異序，二、三、四筆皆有自序，五筆後有丘橓跋、洪級跋，周某
刊板跋。每半葉十八行，每行十七字。語涉宋帝，或提行，或空
一格，宋諱多缺筆，蓋悉照宋刊摹寫者。當弘治間，李瀚亦有此

書刊本，係以宋紹定間本重雕。陸氏心源曾以兩本互校，謂李本似以宋本上板，故少奪落。此本以活字擺印，略更行款，故奪誤較多，而丘橓、洪緻、周某三跋，則爲活字本所獨有，皆不失爲善本云。

### 疑耀七卷　明刻本。

每卷前題温陵李贄閎甫著，嶺南張萱孟奇訂。清《四庫》改題張萱撰。吾家《邵亭知見傳本目》著録張氏刊本，當與伯驥今藏之舊槧同，而撰人亦題張氏，豈未見原書而不加細察，遽從館臣之説耶！《疑耀》者，蓋取《莊子》"滑疑之耀，聖人所圖"語意。明賈三近有《滑耀編》，鄒迪光有《文府滑耀》十二卷，蓋皆取蒙莊意義。前有張氏序云，萬曆己亥，卓吾先生《藏書》出，一時士大夫翕然醉心，凡操觚染翰之流，靡不爭搆，急於水火菽粟。既而《焚書》《説書》《易因》諸刻，漸次播傳海内。曩予在青衿時，修謁先生之門，出一編見示，屬以訂正。其書上溯黄虞，近該昭代，卷止七篇，倣子輿氏，題曰《疑耀》。若以莊叟自居，皆先生之謙也。戊申歲，余叨以地官，分務吳會，視事之暇，登梓以廣其傳。先生《藏書》諸集，或專揚榷古今，或專研精訓詁，至求上下貫徹，天人會通，當以是編爲首出云。萬曆戊申，嶺南張萱題，太原王稺登書。清《四庫》著録此書，謂舊本題明李贄撰。贄恃才妄誕，敢以邪説誣民，至謂毋以孔夫子之是非是非我。其他著作無一非狂悖之詞，而是編考證故實，循循有法，雖間倡儒、佛歸一之説，其言謹而不肆。至云儒不必援佛，佛不必援儒。又云經典出六朝人潤色，非其本真。且與贄論相反，斷乎不出其手。《提要》又述王士禎《古夫于亭雜録》云，余嘗疑《疑耀》一書爲萱自纂，而嫁名於贄，以中數有"校祕閣書及修玉牒"等語，萱嘗爲中書舍人，纂《文淵閣書目》，而贄未嘗一官禁近也。《提要》又舉温公一條、奉朝請一條、蘭香一條、東坡一條、文天祥一條以證之。蘭香條見本書卷六，原文云，余里中製蘭香，乃以土香曰白木香者爲骨，即今牙香粗幹也，剉成片，以水漬之數日，去其水氣，然後暴烈日下，候乾燥，方採樹蘭與此香片用紙包裹，暴於烈日，凡數易花而後成。今俗云，傳吳商不知此熏香法在宋已有之，自吾廣始，不始於吳也。樹蘭一名珍珠蘭。伯驥按：吾縣人製香之法，則以糖塗於白木香之刀切處，群蟻聚糖中生新變化，遂漸有一部分腐蝕，以火焚之，香氣絶異，俗云牙香。張氏所言遺法，今似不行。張，博羅人，吾縣與之毗鄰，故風物往往符合。館臣謂以上各條多爲廣東人語，與萱之鄉貫相合。贊，本閩人，無由作此語也。知此書確出於萱，士禎所言爲不謬。伯驥按：此書每卷之首均題李氏著、張氏訂。是明示此書爲卓吾起草，而孟奇爲之修訂者。館臣引新城王氏之説，遽定爲張氏僞託，豈所據之本無此標題耶！檢閲全書正不祇如館臣所舉之數條，關涉粵人粵事，且有全涉及張氏本身者。即如卷三云，宋楊敬仲曰，仕宦以孤寒爲安身，讀書以飢寒爲進道，骨肉以不得信爲平安，朋友以相見疎爲久要。此誠理到語，余於仕宦、讀書、朋友請從事矣，獨骨肉一語不能如命。衰慈八十，膝下止萱一兒，宦遠禄微，不能迎養，亡弟一兒猶未成立，平安之耗，兩目欲枯，若於此事，可不相關，尚何事可相關云云。合前數條，皆張氏訂此書之實據也。此爲萬曆間本，蓋原刻也，池北書庫及《四庫》所收，當是別一本，無此兩行標題，故疑之，否則庫本當不致改題張撰矣。或謂爲僞伎倆，其意正謂標題如斯可掩其迹，不知古今人於前人著作，或有考訂引申，往往加以己見。此書亦沿前例，編中張氏明言一己之所歷者，當是於原書外有所附益，不言其別有聞見者，當是原書如此，未嘗有所討論。且張氏有類於《疑耀》之作者，積稿數十册，未嘗刻木，伯驥曾見之順德李氏泰華樓,似不必爲此僞冒之舉。《西京雜記》六卷,舊題漢劉歆撰。
清《四庫》斷爲梁吳均依託,張氏《書目答問》依之,唯盧文弨《新雕
西京雜記緣起》云,此書出於漢人所記無疑,若謂此果出於劉歆,
別無可考,即當以葛洪之言爲據,洪非不能自著書者,何必假名於
歆。若吳均者亦通人,其著書甚多,皆見於《梁書》本傳,知其亦必
不屑託於歆。是以伯驥亦謂張氏不必戴李冠也。翟灝《通俗編·
俳優條》云,孫與吾《韻會》定正于跟字,注云,脚跟也。又跟頭戲
倒頭爲跟也,"觔斗"二字當從跟頭,今作"筋斗",兩字皆誤。翟氏
亦注明引李氏《疑耀》。總之,此書體例不甚分明,故後人謂其有
所假託,倘於原文之外,或用萱按以別前人,或用小字以防淆混,庶
符著作之體。張氏撰述頗多,此書未免囿於明人習氣,殊可惜也。
舘臣又謂此書多由記憶而成,歷舉其訛誤者數事。伯驥以爲卷二
佛字辨一條尤誤,《提要》胡以不舉,蓋佛之原譯實爲佛陀,則譯音
也,佛訓爲覺,則譯其義,著者似未能晰別。按《宋高僧傳·翻譯
篇》論云,譯字、譯音例有四句,一譯字不譯音者,如陀羅尼是;二
譯音不譯字,如佛胸前卐字是;三音字俱譯,即諸經律中純華言是;
四音字俱不譯,如經題上～～二字是。又《牟子》曰,漢明帝夢神
人,身有日光,飛在殿前,以問群臣。傅毅對曰,天竺有佛,將其神
也。《牟子》又曰,佛者謚號也,猶言三皇神五帝聖也。又曰,佛之
言覺也。蓋天竺語音實謂佛陀,所覺之法曰菩提,能覺之人曰佛
陀,固一音之轉。《揅經室集·浮屠説》云,自西晋以前,皆稱曰浮
屠,或稱爲佛圖、佛佗,雖音同字異,而字必相連,在華音爲疊韻,未
嘗但割上一字單稱爲佛。其稱佛者,始於《後漢·西域傳》,未可
深據。蓋范蔚宗爲宋人,宋時始有佛之稱,蔚宗以晋、宋以後之恒
言改漢之舊語也。卷四。《説文叙》云,假借者本無其字,依聲託事,
令長是也。陳澧《東塾讀書記》謂,嘗疑此,以爲出一縣之號令,謂

之令，爲一縣之尊長謂之長，此字義之引申，何以爲假借。必如來本瑞麥，以爲行來之來；西本鳥棲，以爲東西之西，乃假借字也，何以許君舉令長二字乎？反覆思之，乃解本無其字之説，蓋古字少而後世字多，凡後世有一事一物爲古所無者，則創造一字，亦爲古本所無之字，若不創造一字，而即依託古有之字，則謂之假借。縣令、縣長，古本無，而秦漢始有，其最著者也，當時固可創造令長之字，乃即依託古有之令字、長字，是謂假借。若以此例推之，許君生於東漢，東漢所有而古本無者，如佛是也，此亦可創造一字，乃即依託古有之佛字，此即令長二字之例也。其創造一字者，則如僧字是也。卷十一。近人胡適之、陳援庵頗嘗於佛稱有所考論。胡氏云，現存後漢、三國的釋經，從安世高至支謙，均是稱佛，而不是佛稱爲浮屠，最明顯是漢末牟子已博用佛及佛道、佛經、佛寺、佛家等名詞，大概浮屠與浮圖都是初期譯名，因爲早出，故教外人多沿用此稱，但初譯之諸名，浮屠、浮圖、復豆都不如佛陀之名譯音最近原音，且佛字可單用，因爲佛字已成爲有音無義之字，最適宜一個新教之名，故諸譯之中佛陀最合宜於適者生存條件，其戰勝舊譯，決非無故。四十二章《經考》。李氏於此類事理似尚未研討，故多隔閡。《疑耀》原文云，今人以佛爲覺，余嘗求之，不得其説，使此佛字爲西方所製，則譯之爲覺可也。第佛未入中國時，先有此佛矣。《曲禮》曰，獻鳥者佛其首，畜鳥者則勿佛。佛者，拗戾而不從之言也。又《釋名》曰，轡，佛也，言牽引拂戾以制馬也。是佛即爲拂，而古文拂作𢽳，又作𢾇。古人觀象而後制字，以兩弓從一矢，拂之謂也。是佛者，拂人者也，其弃父母、離妻子，山河大地，一切而歸於空，皆拂之謂也，以佛爲覺，蓋譯者專信其説，而故爲此美釋云云。蓋《玉篇》《廣韻》《類篇》等，皆未明佛字之由來，則《疑耀》偶訛，又不足怪矣。著者之意，又喜與新都楊氏爲難，如卷二，古有紛字而無髻字,紛音界,即髻也。《史記·西南夷傳》,魁結即魁髻,乃借結爲髻。韓退之《石鼎聯句》"長頸高結"即用此字,高結之下有"喉中作楚語"句。蘇東坡有云"長頸高結喉",是不知結即爲髻也,故結讀作髻,是也。楊用脩乃欲讀凡結髮皆爲髻髮,似誤。又一條云,人名未有三字者,楊用脩以戰國董之繁菁,是三字名也,余不敢以爲然。《左傳》介之推、燭之武,介與燭皆地名,兩之字皆語助,非名也。董之繁菁,猶之稱楊用脩爲楊之用脩云爾。卷三又有楊用脩妄改杜詩一條,倘非考訂詳確,當不敢大言欺世。館臣曰,其書往往有依據,蓋平心之言,若改題萱名,未免不加細考,是以伯驥詳言之如此,續脩庫書時,應訂正之。溫陵李氏著作頗多,前清多被擯斥,未登祕閣,而此書以改題張撰之,故竟獲著錄,亦奇事也。半葉八行,行十六字。

## 説楛七卷<sub>寫本。</sub>

明焦周撰。周字孝茂,竑子,嘗舉於鄉。楛者,苟且粗略。《荀子》問楛者,勿告是也。此書多考訂前人撰著,其中不無特見,然亦《筆乘》之緒餘耳。清《四庫》存目。此從明刊傳錄,全書大致好抨擊楊慎、王世貞,然未免蘇糞壤以充幃,謂申椒其不芳矣。下文所舉數條,尚可訂正楊、王,今錄之。焦云,用修既謂天禄爲蝦蟆,又謂一角爲天禄,兩角爲辟邪,蝦蟆豈有角耶? 沈約《宋書》純靈之獸,五色光耀,洞明天鹿,疑即天禄。<sub>卷二。</sub>用修謂唐人云,君苗無姓,因引應瑒《與從弟君苗書》,訓人不可不通《文選》。按:陸士龍《與平原書》云,前登城門,意有懷,作《登台賦》,極未能成,而崔君苗作之。又云,君苗文天才中亦少爾,然自復能作文,云惟見其《登台賦》及詩頌,作《愁霖賦》極佳,見兄文輒云,欲燒筆硯,以爲此故,不喜出之。觀此是有兩君苗,一姓崔,一姓應,若唐人所謂

當爲崔。卷四。阮籍《詠懷詩》“西游咸陽中，趙李相經過”。顧延
年以爲趙飛燕、李夫人，固爲説夢。用修謂《漢書·谷永傳》小臣
趙、李從微賤尊寵，成帝常與微行者，則亦非也。按《漢書·何並
傳》，輕俠趙季、李款多蓄賓客，以氣力漁食閭里。何並曰，趙、李
桀惡，當得其頭，以謝百姓。是也。小臣趙李，豈阮之所謂輕薄耶！
班史非僻書，乃瞀瞀如此，以知淹通之難也。卷五。元美謂古有木
蘭無玉蘭，今有玉蘭無木蘭，疑爲一物，此無稽之言，用修謂木蘭即
楠樹，亦似是而非也。按：木蘭，零陵、襄、沅皆有之，狀如楠，皮甚
薄而辛香，益州産者，皮厚如厚朴，氣味爲勝。《圖經》云，樹高數
仞，葉似菌桂，葉有三道縱文，皮如板桂，有縱橫文，入藥用。卷四。
世傳小説最害事，如典則、憲章録中多未確，鄭公《吾學編》、雷公
《大政紀》尚已，二書未出之先，《通紀》獨能入人耳目已久，無識者
多信之。其人性忌而寡學，於高賢名碩，往往輕肆誣衊，業奉旨毀
板。近有《永昭二陵編年》尤極誕妄，王元美《史乘考誤》之作，最
爲審諦，欲倣其書一訂諸説之謬，尚未暇耳。卷七。此條似於元美
有褒詞。然焦氏又云，近日刻蘇長公《外紀》，於公往蹟，搜索無遺
矣。一日夜坐，家君偶舉稗官所載十數事，因並筆之。卷三。《外
紀》亦元美作也，則亦笑其著作之疏矣。卷七云，近庸劣無知之
人，取前人成書，謬加增損，以苟小利，然往往託之名人，最爲可惡。
金陵書坊十數年來有刻必歸家君，曩見新安之墓石、太山之銅碑，
往往皆然。此則稱揚其父澹園之言，固不足爲怪，而世人無識，未
能執錫分銀，操橙證柚，不亦可見乎。焦氏循《易餘籥録》卷十九
云，《本草》芍藥不分赤白，今人分之，相傳赤花者爲赤芍藥，白花
者爲白芍藥，然驗之殊不然，問之采藥者，則曰，芍藥煮一過則白，
未煮者則赤也。按：《説楛》云，劚土取芍藥根濯而暴之，天晴日
烈，抵暮中邊皆燥斷之，雪如也，偶陰雲，信宿後乾，色正赤矣。蓋

得至陽之氣,則色白善補;受陽氣不全者,則色赤善瀉,醫不知也。《説楛》不載所出書名,後閱沈喆《寓簡》,乃知其本此。此則明人著作每没其來源,固通弊矣。明人以楊氏慎、焦氏竑、朱氏鬱儀、方氏以智等爲最博洽。焦氏既有周,而楊氏亦有孫名宗吾,著《檢蠹隨筆》三十卷,清《四庫提要》謂其採掇瑣碎,分條編載,體近類書,而當時邸報及其祖父遺事亦間有附焉。又有數條乃駮陳耀文正楊之非,及陳建《通紀》載楊廷和事之誤。又麗句、瑣語二門專取詩文詞藻,與全書體例皆不相類,殊爲猥雜。見《存目》。是宗吾所作更不如《説楛》。方氏後嗣著作亦不如《通雅》之博通,於以見家學之難傳矣。《提要》所謂《通紀》,當指陳氏之《皇明通紀》,吾家所藏者爲日本板共十二册。建,東莞人,號清瀾,明嘉靖舉人。知信陽縣,後辭歸。正、嘉間,王守仁提倡致良知之學盛行於世,陳氏著《學蔀通辨》以闢之,别著《皇明通紀》《治安要議》《濫竽録》《樂府通考》。顧氏《日知録》謂《通紀》乃梁文康儲之弟億所作,而託名於清瀾,當别有所據。清乾隆四十年諭旨云,查有陳建所著《皇明紀實》一書,語多悖謬,其書板自尚在粵東,着傳諭李侍堯等,即速查明此書板片,及所有刷印之本,一併奏繳,即有子孫不必深罪,設或民間尚有藏者但經獻出,均可以無罪云云。是以國内此書流傳殊尟,須買之日本。《紀實》當即《通紀》,某年内閣大庫檢出《皇明資治通紀》一本,批注陳建編輯,論有明一代政治,體仿《綱目》,中有干犯,應燬。當即此書。據《軍機處奏准全燬書目》已分《明通紀》《明實紀》兩名,又有《明法傳録》,下注云,即陳建《通紀》。其嘉、隆以後,則高汝栻續又有《十六朝廣彙紀》,下注云,即陳建《通紀》,陳龍可所續而稍改之。别有《明通紀直解》,下注云,明張嘉和撰。《明通紀纂》下注云,明鍾惺撰。又《軍機處奏准抽燬書目》有《綱鑑正史大全》一種,下注云,此種於元代體例,踵丘濬謬説，甚乖正理，大抵當時於丘、陳二氏之史學皆不謂然也。邵氏《思復堂文集》《友誼序》《文藝序》《與陶聖水書》均言馬書初《皇明通紀》，想是別一本而同名者也。《通辨》共十二卷，蓋辨陸、王之學，陳氏以謂佛與陸、王爲學之三蔀。《易·豐卦》"豐其蔀"注，蔀，覆曖障光明之物也。陳氏當取義於此。吳鼎則撰《東莞學案》以攻之，意謂所以申陸、王，大抵後來對於《通紀》一書約有二派，李紱、全祖望、曾國藩則攻陳者也。李曰，陳建、呂留良輩，妄附朱子，著爲謬書，詆諆陸、王，至不可忍。故李氏有《學蔀通辨辨》。當塗夏炘嘗論李氏《朱子晚年定論》一書，謂爲不過爲《學蔀通辨》報仇，無他意也。所引朱子書凡三百五十餘條，但見書中有一心字，有一涵養字，有一静坐、收斂等字，便謂之同於陸氏，不顧上下文理、前後語氣，自來説書者，所未有也。全曰，陳，俗儒也，巧狥政府之意，而攻陽明，並隱譏白沙，以自附河汾之統，蓋有窺見其底裹直斥爲小人者。曾曰，天下相尚以僞久矣，陳建之《通辨》，私阿執政，張烈之《王學質疑》附和大儒，反不如東原、玉裁輩卓然自立，不失爲儒林傳中人物。其推重陳氏者，嘉、道間則有阮元，謂其學博識高，爲三百年來之崇議，集中有《通辨序》可證也。見《續集》卷三。全説見《鮚埼亭集外編·端溪講堂答問》，蓋全曾爲端溪山長。陳著《治安要議》，吾家有之，先君子遺本。近年陳子勵先生脩志，曾來吾家徵書，故上之志局。《樂府通考》，伯驥得之杭州，但《濫竽錄》未見。

## 日知録三十二卷<sub>過録李敬堂批校本。</sub>

清顧炎武撰。乾隆覆康熙本，錢唐吳成勳過録，嘉興李敬堂集校語。集字繹初，以進士知鄆縣，少潛心儒先之書，學使者雷鋐謂之曰，當爲正學中不朽人物。在鄆多惠政，晚精經學，著有《周易學編》《尚書信古録》《毛詩無邪訓》《孝經玉律》《六忍居詩文集》。

見《嘉興府志》卷五十。首有吳氏識語云，嘉慶壬申七月，予與張教諭迎煦同客江南學使署，見其行篋中有嘉興李敬堂大令所評是録，依之點定一過。大令簡端識語，率多掊擊紫陽，大令墨守陸、王，自尊所聞，而不覺其愎也。夫亭林固難陸、王以申紫陽者，讀其書背其旨，豈爲善讀歟？然校勘同異，其長亦不可没，其附論於植躬經世之方，更見剴切。嗚呼，前人無口耳之學，言雖偏不失爲可傳，夫予非能別擇夫大令之言也，期不失爲是録之意，故從節取云。此皆吳氏之識語也。朱氏《周易本義》條校語云，按朱子亦讀王氏《易》，故其注《繫辭》云，無經可注，亦以費、王之本爲簡便可循也，後始從吕氏，欲復古《易》。選補條下校語云，按先生是書之例，凡詔勅必書年號，或每朝有重者則必書某朝，如云後魏太和，則以後主曹叡亦號太和也。其一朝有同者，則必書某君，如上元之注高宗，則以肅宗亦號上元也。然分注其下者，從其朔也，若肅宗則必書曰，肅宗上元某年矣，其精密如此。長城條下校語云，按《管子》曰，長城之陽魯也，長城之陰齊也，是春秋時已有長城矣。又《齊記》曰，齊宣王乘山嶺之上築長城，東至海，西至濟州千餘里，此亦失引。全書用朱筆點勘，考訂頗詳，特舉此數條以概其餘耳。其爲顧氏原刻所有者，則用一元字以別之。伯驥考《亭林文集》有初刻《日知録》，序稱初刻八卷，漸次增改得二十餘卷，欲更刻之而猶未敢以爲定，故先以舊本質之同志。又《答曾庭問書》云，《日知録》三十卷已行其八，而尚未愜意。又《與潘次耕書》云，《日知録》再待十年，以臨終絶筆爲定。蓋所謂原刻者爲八卷本，其定本則潘氏於先生身後刻於閩，即康熙本也。段玉裁《娛親雅言序》云，以説部爲體，不取冗散無用之言，取古經史子集，類分而枚舉其所知以爲書，在宋莫著於《困學紀聞》，當代莫著於《日知録》。又嚴氏《悔庵學文》云，《潛邱劄記》攷證經史頗多稗益，然於己所知者，雖甚

微必舖張而揚搉之，且有矜色於人所不知者，雖甚微必指摘而痛詆
之，不覺失儒者謹厚之風矣。論者以《日知録》比之，予謂亭林所
見者大，議論有條貫，閻氏非其倫也。見卷八。故《日知録》一書
至爲學者所重。錢氏《曝書雜記》稱，梅會里李敬堂先生示學徒讀
書法，欲舉讀《困學紀聞》會課，十人爲朋，人出朱提十銖，各置一
部，丹黄手糅，墨守如心，編爲卷二十，覽卷之半約十五葉，四十日
而畢功。每五日一會，持錢治餐具如文課，人出五條問對，似射覆、
似帖經，疾書格紙，俟甲乙既畢，互勘詰難，以徵其失。一會得五十
條，十會得五百條，不洋洋乎大觀也哉！其書簡而愈精，其功約而
愈博，不出數寸，不踰百日，而得學問之總龜，古今之元鑑，夫亦何
憚而不爲也。詳見《願學齋文鈔》。是以敬堂從孫富孫集中有《困
學紀聞書後》云，余弱冠時，讀書願學齋，先從祖敬堂先生教以根
柢之學，嘗謂深寧叟《困學紀聞》博而能精，簡而有要。亭林先生
《日知録》明體達用，具有經濟，於讀經史外，二書不可不熟復也。
有手所評點，及原齋從叔校本，分授孫輩。又《書日知録後》云，
《日知録》三十二卷，三通之精華也。從祖敬堂老人嘗出是録以示
富孫曰，熟此書，學術經濟文章具焉。蓋其於經史、典禮無不稽攷
詳覈，闡發精微，而其規畫時事，國計民生，洞悉利弊，上下古今，實
能鑿乎言其得失善敗之故，後有作者起而行之，直可追三代之盛
治，豈漢唐以下云乎哉！吾里徐敬齋云，《日知録》一書，内聖外王
之學，撫世宰物，措之裕如。雖洪容齋《隨筆》、王伯厚《紀聞》皆不
及也。然即先生當日亦自信其書必可用於世，有與人書云，上篇經
術，中篇治道，下篇博聞，後王復起，當亦見諸施行也，則是録洵非
一世之書矣。此本即依老人所評點，且以先生所詒先徵士公元刻，
勘其異同，分別標記，誠爲善本。富孫覆讀數過，稍得窺其崖略，間
有訛字不合者，輒請正之。後見金山汪君令韓有何義門勘本，讐校

頗精，因與轉假一一校改，自此烏焉亥豕，可差免云云。此則敬堂
重視此書之證也。玫亭林此録既出，閻百詩首先補正五十餘條。
見《潛丘劄記》。其後如王元啓之《舉正》及左暄《三餘贅筆》等，
均有所訂辨。江陰楊武屛名宁，其女季嫁盧召弓爲繼室，甚好學，
亦嘗增訂《日知録》。見《章實齋遺書外編》卷五。今讀李氏評校
之語，可稱詳覈，洵足爲亭林之益友、是編之功臣矣。世行黃氏集
釋本，若以此本及黃本與考訂此書各家，條舉而總録之刊布於世，
則搜羅繙檢之勞，不更可省哉！亭林著述刊行者已多，此外有《區
言》五十卷，何義門稱曾見於東海相國家者；見《菰中隨筆序》。《古今
集論》五十卷，删取其切於經學治術之要者付之梓人，名曰《近儒
名論甲集》；見盛百二《柚堂筆談》。《皇明修文備史》四十帙，中間所輯
書七十五種，皆有明一代之事。見鄒福保《刻日知録之餘序》中。此數書
未審尚易尋求否？又高安朱㑥《古懽齋文録》卷四云，㑥客保定鍾
刺史官城云，亭林著有《明史稿》一百二十卷、《弘光實録》二卷，海
鹽陳刺史笠雨藏有鈔本，《實録》則京師一上官借匿。案，《實録》
即坊刻《聖安本紀》，先生有其後序，文集失載，而謂先生脩明史
者，乃趙收庵之誤，李養一辨之爲可信。至宋史之修，先生有草本
九十餘册，身後歸徐尚書。見《鮚埼堂外集·答李臨川問湯氏宋
史帖》。朱氏之言如此，可見亭林著作遺佚至多。《蘇州府志·藝
文志》所載猶有十四種，爲他書所未見，志爲道光三年石氏韞玉所
修，當必有所依，據計《二十一史年表》十卷、《十九陵圖志》六卷、
《萬歲山考》一卷、《岱嶽記》八卷、《北平古今記》十卷、《建康古今
記》十卷、《營平二州史事》六卷、《莆録》十五卷、《詩律蒙告》一
卷、《下學指南》一卷、《當務書》六卷、《經世編》十二卷、《官由始
末考》一卷、《日知餘録》一卷。又，《乙巳國粹學報》撰録類中，有
李既足雲霖與人論亭林遺書牋，言亭林著作甚富，即以所見者而

言,尚有《熹宗諒陰記》一卷,三大案皆在内。《昭夏遺聲》二卷,昭
夏者,中夏也,選明季殉節諸公詩,每人有小序一篇。又言亭林著
述纂輯各書目,備見山陽徐嘉《亭林詩譜》,亦無《昭夏遺聲》,則亭
林先生遺著缺佚者多矣。又《養一齋文集》卷七云,《皇明修文備
史》疑爲清初人留心明代者所裒録,决不出亭林手。又日本長澤
學士規矩也撰《顧亭林之著書》一種。近聞亭林《肇域志》稿復爲
南潯劉氏收藏,已出現於世,遂牽連述之。

## 十駕齋養新録二十卷餘録三卷
原刊本,毛生甫校讀。

　　清錢大昕撰。大昕字曉徵,號竹汀,一字辛楣,嘉定人。官至
詹事府少詹事。十駕者,蓋取《荀子》"駑馬十駕"之義,楊注言,駑
馬十度引車,則亦及騏驥之一躍,據下云駑馬十駕,則亦及之,此亦
當同,疑脱一句。劉氏台拱曰,十駕十日之程也,旦而受駕,至暮説
之,故以一日所行爲一駕,若十度引車,則不過十步耳,非駕義也。
《脩身篇》云,夫驥一日而千里,駑馬十駕則亦及之矣。此不言千
里者,蒙上騏驥省文,非脱也。見《端臨先生遺書》卷四。考蔣氏
湘南《游藝録》卷二謂,聖人治天下之術,九流並用,不專用儒家
也。儒家乃地官司徒之一術,主教化而已。周室東遷,官司失守,
各家之學皆放失,孔子崛起爲儒宗,取各家精華而會於六藝。爲此
學者,必通天地人而後得名之爲儒。漢代通天地人者祇鄭司農一
人,鄭公而後二千年始得一漳浦黄公,而我朝乃有三人,則黄南雷、
戴東原、錢竹汀也。又,乾隆間上元戴祖啓《答人問經學書》曰,抱
經盧學士、辛楣錢少詹事,此兩公者能兼今人之所專,而亦不悖於
古之正傳,故爲獨出,而辛楣於諸經、列史、古文、詞詩賦、駢體皆精
之,天文、地理、算術、國家之典、世務之宜,問焉而不窮、索焉而皆

獲,可謂當代鴻博大儒矣。又,臧氏鏞堂《上王鳳喈光禄書》云,聞海内有博學通經大儒三人,一餘姚盧學士,一嘉定錢少詹,其一爲閣下,是前人於錢氏之學至爲推重。段氏玉裁《潛研堂文集序》云,先生始以辭章鳴一時,既乃研精經史,因文見道,於經文之舛誤,經義之聚訟而難决者,皆能剖析源流。凡文字音韻訓詁之精微,地理之沿革,歷代官制之體例,氏族之流派,古人姓字、里居、官爵之紛繁,古金石刻、畫象、篆隸,可訂六書故實,可裨史傳者,以及古九章算術,自漢迄今,中西曆法無不瞭如指掌。至於累朝人物之賢姦,行事之是非疑似難明者,大典制度,昔人不能明斷其當否者,皆確有定見。蓋先生致知格物之功,可謂深矣。先生於儒者應有之藝,無弗習、無弗精,其學固一軌於正,不參以老佛功利之言。觀於懋堂此序,則竹汀學術之淵涵,尤爲皦然明白矣。竹汀遺著甚多,此爲緒餘,然前人甚重之。張氏魯巖酌分此書門目如左:卷一、二、三論經義,卷四、五論文字聲韻,卷六、七、八、九攷史,卷十論官職、科舉,卷十一論地理,卷十二辨姓名及同姓名,卷十三、四考論書籍,卷十五講金石,卷十六談詞章,卷十七講術數,卷十八、九、二十爲雜考證。《餘録》則以補其遺也。論古音無輕唇,及舌音類隔之説,謂古讀某、如某,皆博引他書,用作證佐,於古韻、今韻之分辨析昭然。論西遼延國八十八年亡於辛未,而非亡於辛酉,其説爲前人所未及。《元史》潦草成書,疏舛不可枚舉,並能廣搜博討,以增補其所未備。又謂晋元帝建康稱制,僑置徐、兖、青、豫諸郡,未有加南字者,至宋武帝永初九年始詔寓立於南者,以南爲號,而唐初脩《晋書》,諸臣竟以永初之事加諸東晋開國之始,其誤爲更甚。全書似此精審者,不一而足。見《所學集》卷十。魯巖蓋舉此録之最精者以示人也。録中有云,《四庫總目》引《癸辛雜識》楊氏子婦一條,又陳周士一條,予檢汲古閣毛氏所刊《癸辛雜識》無此兩條,未知《總目》所據何本也。陸氏心源謂莆田楊氏子婦一條，見《齊東野語》卷之八，陳周士一條，見《齊東野語》卷之九。《總目》所引雖書名不同，確有所本，錢氏殆未檢云，此則舉其失矣。嶽生字生甫，嘉定人，父際盛從竹汀學。嶽生則從姚鼐游，凡聲音、訓詁、名物、度數、天文、輿地之學，罔不綜貫，書法疏落得古意。上海郁氏刻《宜稼堂叢書》，其本有出自嶽生者，錢塘《淮南天文訓補註》亦其手校。見錢氏《曝書雜記》《光緒嘉定縣志》。又姚椿《晚學齋文集》中《毛生甫墓志銘》言，生甫嘗病《元史》冗漏，見錢詹事大昕所爲殘稿，因加補輯纂錄異冊數十種未已，奔走道路，年又限之，卒未克底於成。吳縣沈恩孚《元書后妃公主列傳後跋》云，此書舊附《休復居文集》後，爲嘉定黃氏西谿草廬刊本。元和陳梁叔跋云，先生撰《元書》雖未竟，按《與李申耆書》中明言諸表皆定，又言成《考辨》數卷，其書當存於家，僅以所見《后妃》《公主》二傳附文集後云。其後《元史》改正之稿先入蔣溥徐氏，繼歸永康應氏。同治初，予外舅楊月如先生曾親見於懷寧汪氏寓所，蓋應氏弗之寶，由書賈挾出傳假者，恐此數十年中，亦在蕩落之數。先生家蓄元代書甚多，其所考辨或當有所發明，而手定諸表，隱於歷代史表外，踵增一席，度爲矍心之作無疑，顧不獲並永其傳，滋可慨耳。今其詩文已不多見，予所藏者非足本，而此二傳幸完好，爰錄出編入叢書。此尤可見生甫於竹汀撰著深喜，輔相而研求。此種校筆，其中可資攷論者，當不尠也。

## 齊東野語二十卷 明正德刊本。

前題齊人周密公謹父。前有密自序，提行猶是宋本原欵，後有正德十年胡文璧序，正德乙亥盛杲序。胡序略云，此編多載南渡以後時事，據其耳目聞見，與實錄互有同異，客謂所書苟離、富平等役,頗涉南軒之父,若唐陳之隙,生母之服,則晦庵、致堂有嫌焉。書似不必刻,刻則請去數事,夫一時之見,未定固也。千載而下,猶有所顧忌而弗之敢承,是非於何而始定哉!瞽瞍頑嚚,鯀以殛死,述典謨者,略不爲堯舜諱,假令今作周孔傳,則於命管、蔡,評魯昭諸篇,悉削除不録矣。嘗怪實録一朝臣相列傳,多就其家取行狀、碑銘、贈記、贊述,稍加粉飾即爲直筆。夫即文字之表,儘士夫之稱述,則其人品制行,皆古聖賢之所不能爲者而獨爲之,而聖賢光明俊偉事業,獨不見於後世,豈非紀事之不足憑哉!盛序略云,宋季士大夫議論多而成效少,小有得失,彼此相軋,若聚訟然,國勢不競,不當專責之秦史輩也。是書正以補史傳之缺、國家之是非、人才之進退、議論之是非,種種可辨,下至詞章、技藝之末,靡不具載。郡伯石亭胡公懼夫愈久而愈失其真也,命杲姑鋟諸梓。蓋文璧時官鳳陽府知府,而杲則其所屬知縣事者也。每葉二十二行,行十八字。卷四以上,每行空二格,卷十以上,每行空一格。此書明刻不多見,若《稗海》本則更無足觀,斯刻洵明槧之上乘也。有"費莫氏鑒賞圖書"白文章,"偉人珍藏"朱文章,當是清代滿人費莫文良所藏。同治九年刻《四庫書目略》者,即其人也。滿人費莫氏,嘉慶間有文蔚,道、咸間有文煜、文慶,皆以科名仕宦著。同治間有舉人文海,充駐藏大臣。洪、楊發難時,首創重用漢人之議者,則文慶也。咸豐初,文慶官大學士、軍機大臣,頗裁抑端華、肅順,而賽尚阿等又無應變之才,失律獲咎,故有此議。後來成所謂中興之局者,蓋關係於此焉,費莫氏蓋深有造於清而延長其歷史者也。濮蘭德白克好司所著《慈禧外紀》稱,曾國藩所以能成此大業者,實慈禧知人善任,明於賞罰,有以拔識之。當無事之時,盈廷濟濟,而獨賞鑒於言行之表,尤非具卓識者不能,蓋外人固以此時賴西太后之重用漢人而成功也。

## 庶齋老學叢談上中下卷周季貺校寫本。

前題從仕郎崇明州判官致仕盛如梓,蓋元人盛氏撰也。清《四庫提要》云,如梓,衢州人,庶齋其自號。鮑校則云,庶齋,揚州人,曾爲衢州教官。庫本分三卷,而第二卷則析一子卷,實爲四卷。此本中卷無子卷之別析,當與庫本有異同。末有林氏佶跋云,右《庶齋老學叢談》三卷,乃宋從仕郎崇明州判官致仕盛公如梓著,其於經史、天文、地理、名物以及文章流派、儒先格言,引證辨駁,皆有根據,足以覘其學之有本也。觀《叢談》語氣,知公是揚州人,其談賈平章佚事數則,似曾受賈之知者,要其晚年誤國之罪,亦未嘗爲之諱也。大抵宋末諸公流入元者,率隱居以著述自適,如盛公輩何可勝道,然有傳有不傳,即如此集其存者,亦幾希矣。但卷帙無多,倘有好事君子爲重刊之,介夫先生宜爲留意也。康熙己亥十月大雪前三日,鹿原林佶借觀力疾跋。又云,或疑開卷即頌元受命之符,似公非仕宋者,予以爲書成於元之世,安得不出此,且崇明稱州寺判官,皆宋制也。惜客寓藏書少,不能博徵廣引以證,尚其俟諸他日乎。佶又跋。最末有周氏跋云,同治乙丑閏月十九日,禱雨城隍廟,歸以知不足齋校本對勘,鮑以文是據錢功父手鈔校郁潛亭贈本,其校語曰,郁本作某者與此悉同。以文跋中有善本借不肯出,僅錄林吉人之跋相授云云。蓋謂汪氏啓淑也,此本林跋具在第二跋,低一格,當是元式如此,或即出自汪本也。其藉鮑本校補脱誤者固多,而與鮑本互異處亦復不少,宜以文以不見爲恨矣。校畢記此。時亢旱不雨已兩月,自十六設壇連禱,每日皆雨,新涼藉人,几硯生潤,坐中隱堂,煩憂盡釋,此樂雖萬金不易也。星詒在邵武記。館臣稱其書多辨論經史、評隲詩文之語,而朝野逸事亦間及之,大抵皆隨時掇拾而成。如載陸游《姚將軍》《趙宗印》二詩,惜不得姚名字,而《渭南集》有《姚平仲傳》,王士禎《居易録》已摘其疎。他若引晋景公病,如厠陷而卒,謂國君何必如厠,而以爲文勝其實。不知《國策》趙襄子、《史記》慎夫人皆載有此事,古人朴質不以爲怪,豈可執此以證《左傳》之誣哉!又於賈似道有豪傑之譽,載曹東畎媟俚之詞,皆爲失當。然如駁《吹劍録》謂《廣陵散》不始於王陵、毌邱儉,以故姑蔑墓證韋昭註《國語》之非,此類亦頗見考據。又各條之下間註出某人説,蓋如梓猶及與元初故老游,故所紀多前人緒論,頗有可採云。伯驥以爲此書尤以元人遺聞軼事爲多,間有他書所未見者,其可珍處實在此。卷首有"漢潛室手校"、"周印星詒"、"祥符周氏瑞瓜堂圖書"、"茂苑香生蔣鳳藻秦漢十印齋祕篋圖書"、"敦夙好齋珍藏書畫"、"武昌柯逢時收藏校定本"諸印,蓋迭經名家收藏者。某年柯氏書散出,北平書友以多種餉我,此其一也。林佶,字吉人,號鹿原,侯官人。康熙間成進士,授内閣中書。喜藏書,徐氏鋟《經解》,朱氏選《明詩綜》,皆求借本。遺書有《璞學齋集》。周星詒,字季貺,山陰人,官福建知府。所得書多陳蘭鄰帶經堂本,有《書鈔閣行篋書目》《窳櫎詩稿》,後一種則金氏板刻之。如皋冒鶴亭廣生,周氏外孫也,以詩名於時,來粵游羅浮歸,曾顧予樓縱觀群書,冒著《陳後山詩箋》有新印本。敦夙好齋,當是漢陽葉名澧。武昌柯氏,則清季官廣西巡撫者也。

## 七脩類藁五十一卷 明刊本,
### 前清天禄琳琅舊藏。

明郎瑛撰。前有浙縣知事雲間張之象序,略謂先生他作,如《七脩彙稿》等書凡十種,大半行世,著述繁富,固不止此。嘗鼎一臠,可知餘味。若先生志行高潔,安貧樂道,居然有林宗孺子之風,其詳見於本傳。讀其書當攷其人,恐世之不知者,徒以文士視先生也,故并著之。《目録》二十三葉。《目録》後有牌子云"拙稿初爲備忘謬陋不計討論,相知展轉録出。昨承諸公刊之於閩,愧罪不勝。字有乙者、漏者、魯魚者,《目録》不對而間斷失款者,由書者非人,而刻非一時,貧賤不能更也,願覽者情照而教焉。仁和郎瑛頓首告"。每本首有"天禄繼鑑"、"乾隆御覽之寶",末有"乾隆御覽之寶"、"天禄琳琅"四章。檢《天禄琳琅書目續》卷十六著録此書,分裝二十四册,適相符合,書分七門,曰天地、曰國事、曰義禮、曰辨證、曰詩文、曰事物、曰奇謔。之象字月麓,上海人,官浙江按察同知事。半葉十一行,行二十三字,每行各字均低一格。繆氏藝風堂有此書,首有陳仕賢序,亦有牌子,惟行款不知如何,而此本則不見陳序,或别一本也。繆藏之牌缺字六,此則完整。伯驥案:《明文海》有許應元撰《草橋先生傳》,其略云,先生姓郎氏,名瑛,字仁寶,仁和人。生有異質,少長,與邑人王一槐蔭伯相友,兩人既高才,素重期許。自以寡儔,又淺少當世之爲舉子。學者乃相與馳騁古昔,以踔厲廣博,絶出庸近爲奇。家故餘財,自奉親外,一以購書,所藏經籍諸子史文章雜家言甚盛,奇記、逸篇、古圖書、金石之刻,寖以益富。而資日以貧,先生不顧,獨危坐諷誦,攬要躋華,刺抉眇細,摘瑕指類,辯同異得失,而著爲書,凡類種數十百篇。先生爲人率直,言議不能阿貴人,亦時時搤擥談天下事。正德末年,寧藩計始萌芽,未有覺之者,獨先生以爲憂。其後聞陽明先生在汀贛,曰豎子不足圖矣。在顧公座論士習,頗詆訾吳人,然顧公故吳人,亦無諱也。所著詩文及聯句若干卷,訂正《孝經》《大學》《格物傳》各一卷,《萃忠録》二卷,《青史衮鉞》六十卷,《七脩類稿》若干卷。《明文海》四百八十二卷,蓋黄梨洲閲明集將及二千家而撰集者,可稱明代文章淵藪。桑悦《北都》《南都》二賦,朱彝尊撰《日下舊聞》時,搜尋不可得,而《文海》已輯之。梨洲史家選文,自有鑒裁,讀此當得史料不尠。吾家藏李伯璵、馮厚所編之《文翰類選大成》百六十三卷,可云繁富,然其時尚早,其識頗陋,不及《文海》遠矣。予以巨資得李、馮編本,而《文海》迄不可獲。某日金陵書估以庫本之殘缺者寄來,恣意繙閱,得《草橋傳》,案上適陳《類稿》,因節之以附此書後。予小字楷寫至拙,强爲之,薑芽欲折矣。梨洲又嘗續《宋文鑑》《元文鈔》,以補吕、蘇二家之缺,惜不得其本。

## 味水軒日記八卷戴松門手寫本。

　　明李日華撰。日華,字君實,號竹嬾,嘉興人。萬曆壬辰進士,官至太僕寺少卿。《明史·文苑傳》附載《王維儉傳》中。此書行世不多,近年南潯劉氏始刻之。此爲嘉慶間戴氏手寫本,前有其識語云,吾鄉李竹嬾先生著述甚富,大半已刊刻行世,此未刊《味水軒日記》八卷,迺先生養親家居時藁本,其圈點塗書處,皆先生手筆也。所記評賞書畫爲多,而前言往行,有關吾禾掌故者不少,世無副本,故知之者少。嘉慶庚申,余分纂郡志於鴛湖志局,友人吳餘山承慶得此書於倦圃曹氏舊居,索重值求售,余因其中有可補志乘採擇者,亟購而藏之。越歲,淥飲鮑丈廷博見是書,必欲購去,且許另繕副本寄余,越今十有餘年,徒往來余懷耳。壬申二月,客武林,于趙晋齋魏齋頭復見是書,蓋淥飲已轉售他人。晋齋復借鈔其副,欲售者因促其刻,期鈔竣,鈔費頗重,傾囊償之,并假原本悉心讐校。其圈點處,悉照舊硃,因得展閱一過,非惟足廣見聞,而竹嬾先生之流風餘韻益可想見矣。是歲六月十日,同里後學戴光曾識於從好齋。次有君實子識語云,《味水軒日記》起萬曆己酉正月,終丙辰十二月,凡八年,釐爲八卷。其間所紀繙閱書畫、評論翰墨,十居八九,而時事、異聞、奇物、酒蓴、花鳥、寄情,觸目者附之。所絕不涉入者,月旦、雌黃、陞除、寵辱種種俗慮,亦可仰見先大夫篤嗜之曠懷,卓品之一二矣。不孝肇亨謹述。光曾,字松門,嘉興貢生,官至河工同知。有省心齋藏書。《平江黄氏藏書題跋》每及松

門所藏《漁笛小稿》七卷,其識語云,嘉禾戴君松門,余舊交也。數
年來踪跡不甚密,今春有事至禾中,夜訪松門於吳涇橋,閱所藏之
書,兼談彼此心曲。余作詩贈之,有句云"從好招朋共,傷心失子
才"。蓋松門與余嗜好同,而境遇亦相等也。頃來吳中,行篋帶有
叢殘舊本,欲以歸余。又,丁氏八千卷樓藏何義門批校明刻本《菽
園雜記》十五卷,有松門識語,云此七冊舊藏士禮居,予與黃復翁
往還最密,出此贈予,良友之遺,不敢忘也。又程穆衡箋《吳梅村
詩集》鈔本其識語云,歲辛未閏三月三日,有事至嘉興,因訪戴君
松門於吳涇橋。松門愛素好古,圖書滿家。余造訪之夕,挑燈茶
話,祕笈遍觀,松門以此書相示,勾歸錄副云云。程書近年已將景
鈔本活字印行,松門原錄之本不知尚存否? 此《日記》數巨冊,則
松門手跡宛然,結體完密,到底不懈,鈔書工夫如此公者,乾嘉諸老
尚多有之,近則已成《廣陵散》矣。前賢遺墨能勿寶諸!

## 意林五卷從明刊本傳錄。

　　唐馬總撰。前題錫山錢普以德校刊,其前序略云,郡大夫錢公
刻《意林》成,手授余謂曰,此唐右僕射馬總氏所輯語也,語非一家
而叢,其意拔雋永者彙之,雖非諸子全書,而天道、人事、物理之紀,
無不該貫,故稱《意林》云,非稗官小說類也。吾將下其帙於郡,畀
學官弟子讀之。余嘗有《意林語要》一本與此書正相同,元刻在雲
中,年久舛不可讀。今得公善本遂讀之,絕灑然快也。郡刻尚有
《檀弓》《勸善》《居官》《日省》等錄,先是示余,皆公手自爲序,余
已盡讀之。大率《檀弓》志禮,《勸善》檢躬,《日省》明政,皆學問
源頭之大者。公名普,無錫人,別號少虛,時守真定。萬曆六年前
進士郡人楊綵譔。伯驥:按前清周氏廣業有《意林注》,邵氏晉涵
序之,其序可資考證。錄如下。序云,班固序列諸子凡百八十九

家、四千三百二十四篇，以爲合其要歸，亦六經之支與流裔。漢世大儒注經，皆慎取諸子之言爲六經之輔佐，魏晋而降，崇尚空言，爲説經之一變，而諸子亦漸微，然唐人及宋初聚類之書，徵引諸子尚夥，至南宋後而子書之存者益稀矣。唐馬總《意林》鈔撮諸子，多近世所未經見者，嗜古者胥寶之，顧行世無善本。歲在庚子，余從京師友人所見海寧周君耕厓所校註，引證詳贍。周君曰，此書行世者，舊止廖御史自顯本，刻於明嘉靖中，近已尠傳，鈔本多舛互。今據《道藏》本相參定，其中篇册紛糅，如《莊子》割屬《王孫子》，《新序》併歸《説苑》，《中論》雜入《物理論》，此不可不爲釐正也。馬氏祖述庾仲容《子鈔》當得百有七家，今目七十有一，是闕三十六家，而《鶡冠》《王孫子》已有録無書，今取諸書所引《意林》爲今本所無者，彙爲《意林逸文》，洪容齋《續筆》諸書所載《意林》子目、遺文佚句，散存群籍，裒集爲《意林逸篇》，共得十有八家，而究莫能盡復其舊也。近時嗜古者表章子書，悉心校勘，其意誠善，然或過有偏主務伸其説，幾幾乎欲引諸子與六經相詰難，斯非好奇之過歟！此文又見《南江文鈔》卷四。

### 皇朝事實類苑七十八卷<sub>傳録日本舊活字本。</sub>

　　前題左朝請大夫權發遣吉州軍州事江少虞撰。少虞字虞中，常山人，政和八年進士。調天台學官，拒寇有功，擢守饒、延、吉三州。見《衢州府志》。自序略云，我宋肇興，聖神克繼，二百年太平，憲典踵古，治而增華，不刊信史，誠不足表覈萬代，然而祕省邃嚴，非外學所得見。若其遺文、逸説，事美一時，語流千載者，搢紳先生尚能言之、筆之，載録、傳紀無慮數十家，嘗惜其畔散不屬，難人稽考。曩因餘暇備極討論，自一話一言，皆比附倫類而整齊之，合爲一書，名曰《皇宋事實類苑》。聖謨神訓朝事典物，與夫勳名賢達，前言往行，藝術、仙釋、神怪之事，夷狄風俗之殊，纖悉備有，釐爲二十八門。選義按部，考詞就班，如出一家語，不待旁搜遠覽，而太平遺逸之美麗具在，足人觀見當時風政，庶幾乎尚有典型哉！紹興十五年月日序。此書《宋史・藝文志》《文獻通考》俱作二十六卷，漁洋王氏所見則四十六卷，文瑞樓寫本六十三卷，皆與清《四庫》本不符卷數，而庫本與此本較，又觖四門。日人森立之《經籍訪古志》卷四有舊活字本，略云，元和七年六月，勅鑄造銅字數萬，刷印《事實類苑》，賜幕府及公卿諸臣。目錄標題《麻沙新雕皇朝事實類苑》，目錄末記"紹興二十三年癸酉歲中元日麻沙書坊印行"，蓋以紹興麻沙刻爲底本，故活字本人多稱其善也。此本實從之出。

### 自警編五卷 宋刊本。

宋趙善璙撰。善璙，太宗七世孫，家於南海，嘗知江州。前有自序云，嘗讀《詩》之《抑》，衛武公之所以自警者凡十二章，紬繹辭旨，反覆切至，猗歟休哉！予辛巳去國，屏跡龜溪，省愆餘暇，集我朝諸公言行，越三年而成編，名以《自警》。蓋警飭予之所不能，而庶幾古人萬一云耳。書甫成，市書徐生售《典刑錄》，善言、善行臚分品列，間類予所編，因廣教育，攝養好生，使命數門，置之座右，期無負初意云。嘉定甲申正月望，漢國趙善璙。序末有刻書自跋云，噫，是編也，藥石予疢多矣，却掃八年，安之義命，宦馳六載，粗不愧見吏民，皆是編助之也。客有好事者從予抄錄，予曰，單見謏聞，藉是强而進耳，何敢以示人。客曰，蘧伯玉恥獨爲君子，豈用心之未廣耶？予嘉其説，遂鋟木於九江郡齋。端平改元三月旦，善璙再書。書分九類：曰學問、曰操修、曰齊家、曰接物、曰出處、曰事君上下、曰政事、曰拾遺，每類各分子目，凡五十有五，皆編集北宋名臣大儒嘉言懿行，以垂法則，以甲乙丙丁戊分別成編。伯驥按：宋理宗《寶祐四年登科錄》，凡五甲共六百一人，其中出於玉牒者第一甲二人、第二甲二人、第三甲十八人、第四甲五十一人，獨未有在第五甲者，此可證宋室待宗藩之禮。而公族中每多才哲，如善字派之趙善繼，與於汴京石經之役，嘗進《古文篆韻》一書。見《宋史·經籍志》及《玉海》。又《宋史·趙善湘傳》載其說《易》之書，有《約說》八卷、《或問》四卷、《指要》四卷、《續問》八卷、《補過》六卷。其子汝楳亦精《易》學。又趙善譽，字靜之，乾道五年試禮部第一，《宋史·宗室傳》詳之。有《易說》四卷，著錄清《四庫》。《宋史·藝文志》史鈔類有趙善譽《輿地攷》六十三卷。陳氏《書錄解題》云，《南北攻守類攷》六十三卷，監進奏院趙善譽撰進。以三國、六朝攻守之變，鑒古事以攷今地，每事爲圖。又，善湘撰《洪範統一》，前人謂其以大中釋《皇極》，本諸注疏，與陸九淵合。以九疇皆運於君心，發爲至治，與朱子建極之旨合。實能兼朱、陸二家之長，類皆著作斐然，足傳於後。又如趙與旹撰《賓退錄》十卷，前有陳氏序，中有云，吾宋德麟生華屋而身寒士，心明氣肅，文藝亦稱，金枝玉葉中一人而已。及得此，見其包羅今古，抉隱發微，有耆儒碩生所未及者，然後知公族未嘗無人，可爲一證。又楊氏萬里序趙善括《應齋雜著》云，孝宗皇帝一日御正拱殿，顧見廷臣，天顏怡愉，因問左右，宗子在廷者爲誰？凡若干人？皆謹對曰，無之。帝蹇然喟曰，克明俊德，首乎九族，周封八百，同姓孔庶。今吾聖神子孫，枝葉疎俊。詔近臣各舉屬籍之良者二人，而應齋迄不求諸公之舉，而諸公亦無舉應齋者。又可證公族中亦未嘗無甘心淡泊者矣。今觀善璙序稱，去國後屏跡省愆，亦是以恬退自甘者，殆借著述以善全者歟！每半葉十行，行二十字。白口單邊，大字精刊，有顏、柳遺意，下有刻工人名，所引書名猶存，可資校補。明嘉靖四十年，陳善按察雲南,重刊於大理,改編九卷。萬曆元年,姑蘇徐栻巡撫江右,就滇本校刊,四年移撫兩浙,又重刊之,皆不及此之精,且變更卷數,抹去從出之書名,殊不足取矣。或以此書宋諱或缺、或否爲疑,然前人已據周益公《文苑英華序》云,廟諱未祧以前當缺筆,而校正者或以商易殷,以洪易弘,唐諱及本朝諱,仍改不定。官書校刊,蓋有此失,無足怪也。岳刊五經,在宋刊中爲最精,於諱字或缺、或否,亦是一證。

### 畫史會要五卷舊寫本,珊瑚閣舊藏。

前題雲岩默老金賚敷奇撰,顏巷逸人校。此書清《四庫提要》作朱謀垔撰,當即吾家著錄之刊本。而《佩文齋書畫譜纂輯書》作金賚撰,《續編》爲朱謀垔撰,未知所據。《孫氏祠堂書目》亦題撰人爲金賚。伯驥得此寫本,初閱題名,頗以爲疑,書之前序,則刻本與寫本同,而寫本則多後跋,爲金氏表弟所撰者。跋云,表兄敷奇氏撰《畫史會要》,令予校而錄之。兄於丹青家能原本伊始以及支裔,採摭博而比屬精,立諸小傳,必甄量品行後及藝事。兄少負奇志,力自奮於膏粱紈綺中,好苦吟,爲山居百詠,明枕流漱石之意,故其風寄高脱,馳驟筆墨間,蚤擅旭、素之長,更從雙鈎響搨,探得衛、王遺法,登涉之餘,即景成圖。一時能者,驚服其雅不可及。兄既高介自立,無世俗游,寓蒼玉居,吟嘯其間,其詩可求,而人不可得而識。著作日富,歲有成刻,茲其庚申夏五告成者也。是金賚確有其人,朱氏爲明藩,故刊本卷四載樂安靖王孫之多熿則題先子,當即謀垔之父也,而寫本則題朱子諱多熿。刊本載多炡之藝事,則題先從叔,而寫本則直題朱多炡。刊本題石城王孫統鎠,而寫本則直題朱氏,而無王孫字樣。今記刊本三則如下,資參考焉。先子諱多熿,字垣佐,號崇謙,樂安靖莊王孫。好友詩文君子,與之揚搉。

家有清暉樓,法書名畫,盈積几架,春秋晴雨,蒼潤滿簾,披卷臨玩,怡然自遠,善寫墨菊,亦喜作仙道人物。子八人,令各習一雅技。先從叔多煚,字啓明,號履謙,外朴中慧,得全於酒。其時吾宗詩多以名附七子,間從其聲調,叔獨宗尚六朝,苦心琢句,鮮秀自異,有《滋蘭堂稿》數卷,寫墨竹,自謂具真草篆隸四法。石城王孫統鍡,字伯壘,號群玉山樵,爵輔國中尉。父謀瑋以著書擅名,鍡世其業,兼精繪事,山水寫梅花道人,花鳥初學陸叔平,後學周服卿,都入雅品。武林劉奇授以和色之法,所作雖踰數十年,而花色鮮麗如新,其餘異同亦多。如卷一尹長生,寫本缺;張僧繇,刻本四行,寫本多十餘行;寫本僧繇下有十一人,刻本無之;十一人中列釋伽佛陀,寫本於梁後列陳一人曰顧野王,刻本無之;隋曇摩拙义,刻本如此,寫本則作曇摩拙义;刻本唐左全,寫本作尤全;刻本裴諝,寫本作裴請;刻本韋鶠,寫本亦作鶠,墨筆改爲鷗;刻本胡瓌范陽人,寫本作山後契丹人;刻本杜楷一作措,寫本云杜一作措。卷二刻本右武衛將軍,寫本作古武衛;刻本李甲,寫本李申。卷三刻本周廉,寫本則作周兼。卷四程志契下寫本脱"劉原起字我用長洲人"一行;刻本先子諱多㸌,寫本作朱子諱多㸌;刻本多王顯、許寶、米萬鍾三人;張萱,刻本官□□太守,寫本官至郡太守。伯驥按:此書似是金氏手撰久而未刻,遂爲謀亜託名流布者,故後來惟明人流傳寫本,尚題金氏姓名,特留此以窺破朱氏伎倆。近人余氏撰《書畫書録解題》於此節未見説明,蓋余氏僅見文瀾閣傳鈔本,而明刊本、舊寫本或未寓目也。余名紹宋,龍猶人,獨力編纂縣志,著《畫法要録初編》《二編》,則論畫之作也。卷前有"珊瑚閣珍藏印"朱文長方形章,前人每以此爲康熙間納喇性德藏書印,然閱其刀法文字,則爲嘉、道間風氣,當是嘉慶間百齡物,世所稱百文敏公,亦以珊瑚名其閣者也。卷前後並捺有漢滿合璧關防數章,當是藏者所歷之官,此種風氣自前世已開其端。明宋濂《文憲集》四十二云，宋世得以官印識私藏，若非親蒞其官，亦不敢僭用。周益公題所藏歐陽公遺墨，在淳熙十二年乙巳方秉政樞廷，至十四年丁未之二月始登右揆，其借用中書省之印，當在此時。又，潛研堂錢氏著録《江雨軒集識語》云，葉文莊公藏書之富，甲於天下，服官數十年，未嘗一日輟書，雖持節邊徼，必携鈔胥自隨，每鈔一書成，輒用官印識於卷端。此集有巡撫宣府關防，卷末有“公裔孫奕苞”小印，知爲菉竹堂鈔本，<sub>集卷三十一。</sub>皆足徵其雅尚也。

### 程氏墨苑十二卷<small>明刻本。</small>

　　明程大約撰。大約，字君房，自號篠野山人，新都人，衷其家製圖形，輯有《墨苑》十二卷。明萬曆甲辰刊，雕鏤甚精。前有焦竑序云，上古典策，以竹挺染漆而書之，魏、晉所用則延安石液之類，無近世所謂墨也。陸雲與兄書，登三臺，得曹公所藏石墨數十斤是已。陸存中帥鄜延，猶以石燭煙作墨，堅重而黑，在松煙之上，中原近無此物。有唐始立墨官，以上黨松心爲佳，故易水祖氏爲最著，江南奚超父子獨步古今，亦易水産也，然名存而物不可見矣。後世潘谷、張遇常和翁彥卿之倫，代不乏人，如葉世英造仁壽宮墨，葉邦憲造復古殿墨，劉士元造緝熙殿墨，藝冠時流，名澈黼黻，抑何盛也。明興，作者莫踰新安，而羅氏益有聞，然墨之色澤真味，以天質勝而以金珠龍麝雜之，譬諸高材勝而生綺紈之家，寧不損其韻度哉。頃日增雕飾以塗人之耳目，而物料精好，又非羅比，雖馳譽一時，不足貴也。程鴻臚君房，博雅能詩文，而心解和膠默漆之法，自謂古人所未及。近以數十丸與《墨苑》遺余，嘗一再試之，輕乾黝黑，入研無聲，蓋備墨之衆美，而體製精妙，種種擅奇，至令人應接不暇，豈世之所艷在是，雖君有不得而盡廢者耶。昔楊和鬻墨，少室取其贏創三清殿,而不以自給。潘谷者墨既精美,而口不二價,士或不持錢以求,無多寡與之。此其人品要有過人者,而後能不朽於世。相傳和墨歲久鋒可截紙,至於遇不爲五百歲名,而減膠售俗,稅日以下。噫,孰謂一陋麋之細而可苟也哉!君房豪爽磊落之才,不究於用,而一寓其奇於此,宜其非常墨所能彷彿也。余於□交戟內嘗識君,尋余枘鑿於世,君亦投刃南歸,以四詩贊余金陵。蓋崎嶇患難之餘,而得相講於紙墨文字之道,亦足樂矣。瀕行以此編,屬余爲叙,聊述余之所感而歸之。卷首八卷爲墨苑名氏爵里,及墨苑人文目録與同時詠墨之詩文,大旨分玄工、輿地、人官、物華、儒藏、緇黄等爲六類,每類一卷,又析分爲上下二卷。新安程氏家世以墨爲業,而君房又兼工古文詞,復長於詩賦,撰有《圜中集》《志益集》等書。清《四庫》著録《墨苑》,《提要》述沈德符《飛鳧語略》載方、程兩人以名相軋爲深仇。程墨嘗介内廷,進之神宗,方于魯恨之。程以不良死,實方之力。真墨妖,亦墨兵也。姜紹書《韻石齋筆談》則云,方、程以治墨互相角勝,方彙《墨譜》,倩名手爲圖,刻畫研精,細入毫髮,程作《墨苑》以矯之。蓋于魯微時,曾受造墨法於君房,仍假館授粲。程有妾頗美麗,其妻妬而出之,正方所慕,令媒者輾轉謀娶,程訟之有司,遂成隙。未幾,程坐殺人繫獄,疑方陰嗾之,故《墨苑》内繪中山狼以詆方焉。二書所載雖情事稍殊,而其爲構釁則一。夫以松煤小技而互相傾陷若此,方之傾險,固不足道,程必百計以圖報,是何所見之未廣乎。《池北偶談》稱宣城梅清嘗得墨一枚,其堅如石,文曰“程明房造”云。程君房初字明房,此其早年所製。徐氏《康瓠叟墨録》稱程氏圖繪之工,丁雲鵬、吳左千居多,琱鏤之精,爲萬曆時絶作。因夥友方于魯負心,册後附《中山狼傳》並圖四幅,所記負心者,不止于魯,然于魯亦以鬻墨起家,中山狼一出,方氏蒙垢,遂刻《墨譜》一書以相敵,

並出資購燬此書，故傳此者絕少。方氏書刻工不及程氏，即松煙工
料亦不逮。乾嘉年間，藏墨者置程、方二子不加品藻，以其設肆不
足珍賞，第至今又越百年，且遭兵燹，即程、方所製之墨亦不可得。
相傳二子皆有上乘，凡一兩以內者，皆名流託觚，無不佳妙，若大塊
文章，祇堪悦目云。此又關於程、方墨事之軼聞也。

## 方氏墨譜六卷明刻本。

明方于魯撰。于魯，新安人，初名大澂，字于魯，嗣以于魯墨聞
於神宗，上亟稱于魯，遂更以名，製墨入妙品。明人有羅文龍小華、
邵正己格之、程大約君房咸以製墨稱，而于魯所製者最多，凡三百
八十五式，刊成《圖譜》，所造雲箋，非止成都十樣，嘗以百花香露
和墨，自作長歌。汪伯玉嘗招之入豐干社，有《佳日樓詩集》。譜
中分國寶、國華、博古、博物、法寶、鴻寶六類，萬曆癸未汪氏序之。
吳廷字左千，與丁南羽同郡，蓋徽州人也，真蹟少覯，方氏《墨譜》
多出其手，亦甚精雅，見之圖繪譜録中，當不虛也。清《四庫提要》
謂方氏得程君房墨法而製墨，與君房相軋，彎弓射羿，世兩譏之。
鑒古者謂于魯墨品在君房之下，煙微濃膠微重，著紙頗有色澤，蓋
其取煙以松，取油用桐，而膠不免雜皮耳，然世亦重之。明李氏維
楨《大秘山房集》有書于魯事甚詳者，或出標榜，然編庫書時，館臣
當未見。有暇當録附此書。以傳好事君子。《厲樊榭集》有《集谷
林小山堂觀流求國官工松元泰新刻墨譜詩》，知當時屬國亦喜談
此種藝術，詩云“我疑徐市逸書本，只在東溟支島間”。自注云，流
求去日本甚近，故用歐公《日本刀》詩意。按：明以前之流求，概指
臺灣。《島夷志略》校本，藤田豐八據以爲晚至明代始以稱今之
琉球。

## 洞天清録不分卷 明博羅張氏刻本。

前題宋趙希鵠著，明張萱訂。前清顧氏讀畫齋本則作《洞天清禄集》，有何義門跋，謂近刻誤禄爲録，且去集字。此書所論皆鑒別古器書畫之事，凡分十類。前有張氏題辭，略云，余生平無他嗜，獨書淫一痼，老而彌篤，家藏幸踰萬卷，鉛槧可驅蠹魚，既足療飢，亦幸卒歲，此外更有劉原父、李伯時之癖。往家金陵，數遊吴越間，幸通籍輒居長安，數爲海内好事家所妮，苦力薄不能多購藏，而物聚所好，几案中亦頗有一二可供近玩者。及罷歸子舍，温清之餘、耕鑿之暇，得一園於榕水西，構百尺樓，以萬卷貯焉。而竄身其上，時或手倦，拋書畫長攤，飯息疲津以隱几，破睡魔而憑欄，輒出所藏，回環玩弄，第此僅可爲退院僧一拈出耳。希鵠所云以聲色爲受用者，即聞斯語，寧非癡前説夢耶。余嘗嗟海内好事家，非要津之高足，即金穴之素封，雖異寶奇珍森羅駢列，不過以邀貂瑶之浮華，而佐肥酒大肉之餘歡，自明豪舉云爾，與明妃降呼韓、邯鄲嫁廝養何異？年來兒輩稍知手澤，能愛家雞，乃出法書、名畫，重加裝池，詳加題識，以分校之，因采輯古今書畫、譜牒數十百種，蕆爲一書，論次其説，曰《西園翰墨林》，公諸同好。希鵠此録，雖於原父諸人不能什一，即古玉、古窰，未及窺斑書畫二門，寥寥數語，獨其所載，皆几案中不可少。評隲考核，又嗜古之士不可不知者。故授剞劂藏於家塾，亦百尺樓中善讀父書者，大快事也。希鵠，宋宗室子，亦原父、伯時伯驥按：原父當是宋劉敞，好古器物，予於寫本《公是集》著其小史。伯時則宋李公麟也，公麟字伯時，一字叔時，舒城人，舉進士，長於詩文。先世藏法書名畫，伯時自少好之，遂悟古人用筆畫特精絶，氣韻高遠，意造天成。顧陸、張、吴殆不能過，留意三代鼎彝之器，發明奥旨於數千百載之後，博學精鑒，用意至到。聞一器，雖千金不少靳，性嗜玉，見輒以善價求之。晚作《洗玉池》，東坡銘之。又酷愛伯時丹青,見於詩篇,文字不一而足。其仕監奏邸勅令删定官、御史檢法官,後病痹不能運筆,反以厚賫收己所作。見蘇詩施注。按:李又號龍眠居士,宋人每稱之爲李龍眠。之流亞也,史傳未載,履閲莫詳。次有趙氏自序,末附張氏題龍眠居士《博古圖》卷四葉。半葉九行,行二十字。

## 儒學警悟七集四十卷<sub></sub>明嘉靖寫本,盛伯兮、繆小山舊藏。

此爲宋人所編,蓋叢書初祖也。清季發見孤本,近年遂有刊行,茲爲刊本所自出,蓋明嘉靖間精寫,而江陰繆氏朱筆手校者也。末有江安傅氏墨筆題語,此書著録繆氏《藝風堂藏書續記》卷五,題記頗詳。其後武進陶氏刻之,而原日祖本,遂歸吾家。刻者固居傳布之功,而伯驥以重幣獲此原本,永唯明嘉靖之遺帙。又奚翅宋嘉泰之初編,且江陰校筆,藉此而窺見精詳,使古今人面目精神綿綿延延,永留天壤,談書林故實者,當亦謂伯驥與有微勞,不讓繆、傅諸君子焉,敢告稽勳或有取爾也。刻本繆序云,唐以來有類書,宋以來有叢書,朱氏《紺珠》、曾氏《類説》已彙數十種而刻之,然皆删節不全,至取各書之全者,並序跋不遺,前人以左圭《百川學海》爲叢書之祖,顧《學海》刻於咸淳癸酉。先七十餘年已有《儒學警悟》一書,俞鼎孫、俞經編,計七集、四十卷,首爲《石林燕語辨》十卷,玉山汪應辰撰,有石林山人原序,俞聞中跋語。按:《石林燕語》十卷,宋葉夢得撰,其子棟、桯、模編,明正德元年御史楊武重刊,萬曆間商維濬刻於《稗海》中。《四庫總目》云,夢得爲紹聖舊人,徽宗時嘗司綸誥,於朝章國典,夙所究心,故是書纂述舊聞,皆有關當時掌故,於官制科目言之尤詳。又云,陳振孫《書録解題》謂其書成於宣和五年,然其中論館伴遼使一條,稱建炎三年;又論宰相一條,謂自元祐五年至今紹興六年,則書成於南渡之後。振孫之書未核矣。惟夢得當南北宋間，戈甲倥傯，圖籍散失，或有記憶失真、考據未詳之處，故汪應辰作《石林燕語辨》，而成都宇文紹奕亦作《考異》以糾之。應辰之書，振孫已稱未見，蓋宋末傳本即稀，僅《儒學警悟》間引數條，與紹奕《考異》同散見《永樂大典》中。然寥寥無幾，難以成編，惟紹奕之書尚可裒集，謹蒐采《考異》，各附夢得書本條之下云云。咸豐間，仁和胡珽心耘在京師詣清祕堂，親檢《大典》第一萬四千八百卷悟字韻中，鈔得汪氏《辨》目二百有二條，有目無書，歸與葉廷琯調生集《辨》一書，初印於《琳瑯祕室叢書》第五集，後又於印本覆校加數十籤。荃孫見於周荇農師處，曾假副本將各籤編入。光緒壬辰，有書賈自山西得《儒學警悟》全編六册，内有“嘉靖壬辰吉庵王良楝録藏題識”一行，明鈔、明裝，特來求售，則汪《辨》十卷在焉，議價未成，即爲宗室伯羲祭酒購去。向伯羲借觀，伯羲鈔界一帙，而未許見原書。荃孫轉付長沙葉奐彬，并《燕語》及《考異》各校本刻之，固未知其鈔未全也。近數年來，伯羲所藏散出，以重價購得此書，伯驤按：盛昱清，宗室，鑲白旗人，字伯羲，又作伯兮，光緒進士，官至祭酒。楊鍾羲編次《意園文畧》二卷，別有《鬱華閣遺集》《雪屐尋碑録》。所居意園爲藏書之所，壬子始散出。《八旗文經》《雪橋詩話》頗及伯羲。始知俞成序爲嘉泰元年辛酉，正前乎《百川學海》七十二年也。荃孫勘汪《辨》全書二百有二條，與《大典》目合，其中有目無文者止三條。再按：紹奕《考異》五十八條，僅當汪《辨》四之一，而此五十八條中，與汪《辨》同者有四十八條之多，略異者八條，不同者祇二條。卷臣通判劍州，即聖錫所薦，賓僚晉接互相切磋，大旨固然相同，而何以二書展轉吻合，如出一手，豈傳鈔者於名目訛誤耶！館臣以汪《辨》寥寥無幾，難以成編，而《考異》尚可裒集。今汪《辨》二百二條，全書俱在，而《考異》之不同於《辨》者僅二條，寧不異歟！《儒學警悟》既爲叢書之鼻祖，又爲海内之孤帙，其中

《燕語辨》一集，更爲直齋未見，《大典》未録之書，一旦復出，不可謂非人生之幸事也。次爲《演繁露》六卷，新安程大昌撰。淳熙七年庚子自序，八年辛丑陳應行跋，俞成再跋。按：《説郛》本删節不全，嘉靖己酉程文簡裔孫煦刻十六卷，此本六卷，即煦刻卷第十一至卷第十六也。此本條目卷第一止六事，煦刻卷第十一有三十事，其二、三、四卷與煦刻十二、三、四卷同，其五卷内較煦刻卷第十五内多唐世疆境一事，六卷内較煦刻卷第十六内多壓角一事。此鈔本在嘉靖壬辰，而煦刻在嘉靖己酉，相距止十八年，不可謂非同時而卷帙參差，未知孰是。又按：此本目内注明《別録》十卷續刊於乙集，是原書固亦十六卷也，而萬曆間，鄧渼刻本亦十六卷，外有《續集》六卷，張海鵬重刊於《學津討原》中。三爲《嬾真子》五卷，廣陵馬永卿撰。按：《説郛》本亦删節不全，維濬刻入《稗海》作五卷，天一閣鈔本同此本，亦五卷，有篇名目録，足正商本之舛錯。四爲《考古編》十卷，亦程大昌撰，淳熙八年辛丑自序。按：目内《考古編》下注共十卷，《續編》十五卷，再刊於丙集。今李調元《函海》、張海鵬《學津討原》均刻十卷，與此本同。五爲《捫蝨新話》八卷，三山陳善撰。上集紹興十九年乙巳自跋，淳熙元年甲子陳益序；下集紹興二十七年丁丑自跋，淳熙五年戊戌檇李張諫跋。按：《説郛》本删節不全，錢曾藏本有二，一宋鈔本不分卷數，帙末有陳善跋。一影摹宋刻本，標題爲朝溪先生《捫蝨新話》釐爲十卷，不列子目兼名氏，陳繼儒刻入《寶顏堂秘笈》作四卷，毛晉刻入《津逮秘書》作十五卷，按事分類，雖卷次不同，而條目相等，然皆不足二百條。此本上下兩集，有目録、序跋，二百則全，目内注明析爲八卷，與《宋史·志》合，在《敏求記》之上，爲最快事。六爲《螢雪叢説》二卷，即俞成自撰，附於其後，有自序，已開後人以己撰編入叢書之例。按：目内《螢雪叢説》下注共二卷，餘八卷再刊於丁集。

左氏刊於《百川學海》，商氏《稗海》繼之，均作二卷，與此本同，惟此本上卷內聲律及詩題兩條，《學海》《稗海》均列於下卷之末，此外亦無出入。《說郛》刪節不足論矣。共書六種，總四十卷，是爲完書。前四書即甲乙丙丁部，《捫蝨新話》爲續，《螢雪叢說》爲附，而云七集四十一卷者，《捫蝨新話》一種分上下兩集，《螢雪叢說》兩卷并爲第四十卷，而又分上下也，至目內所謂續刊於乙丙丁集者，殆有志未逮歟！在荃孫架首尾五年，汪氏《石林燕語辨》是孤本，《演繁露》《嬾真子録》《考古編》《捫蝨新話》《螢雪叢說》均以各本參互考訂，歸陶君蘭泉付之梓人，固與安印《百川學海》同有功於藝林矣。是書荃孫始表章之，而蘭泉傳古之功爲不可没。缺葉多，訛字亦多，明鈔本往往如是，多讀書者自能辨之。傅跋云，毗陵陶君蘭泉校刻《儒學警悟》七集，既蕆事，徵言於余。余於是書雅有因緣，始也藝風前輩屬以搜訪之役，繼也蘭泉委以校勘之事，茲觀其成，寧可無一言焉。憶壬子之春，宗室盛祭酒遺書散出，余就意園中視之，北室五楹，南室三楹，鈔刻新故錯雜紛糅，賈人第其甲乙，標爲簽記者，凡百有七十餘號，上者充棟，下者委地，曾不之惜。即炫赫一時之宋刻《禮記正義》四十鉅冊，宣綾包角藏經箋，亦散置几下，高可隱人。余竭一日之力，視其刻之古者、鈔之善者、校勘之有名者，粗籍於小冊中，曾不匝月，而駸駸爲廠市巧計篡取以盡。藝風聞之，馳書屬余，物色《儒學警悟》所在。時宋元刻本之有名者，率爲朋輩分攜以去。此書以名字黯淡，巋然尚存於宏遠書肆，乃以重值收之。此以見世人騖名炫實之多，而真賞之難遇有如此也。書留案頭數月，嗣以事至海上，因攜致焉。藝風忻喜過望，因言是乃古今叢書之祖，視《百川學海》早出七十餘年，惟傳世祇此明人寫本。昔商之於意園，欲乞傳鈔一帙而不可得，今幸入吾篋，當付剞劂與世人共之。蘭泉聞之，慨然引爲己任，乃舉藝風所校，就商於余。因爲檢索群書，參訂各本，正其訛誤，補其脱逸，自開梓以迄斷手，凡閲六年，而藝風墓有宿草不及見矣。嗟夫，自唐宋以來，諸家撰述浩如煙海，其目存而書亡者，何可勝數！即幸而厪存，然脱於水火之災者，或不免飽蠹魚之口；能迸逃於悍兵、劇盜、蕩子、孤鏊之手者，或湮没於通人顯宦崇樓邃閣之中。蓋自道、咸以還，號爲藏書者，往往得一祕笈，視同瓌寶，不以示人。或欲録鈔副帙校定異文，亦必多方閉拒，若凛謾藏冶容之戒者，自非與古人爲仇，何至視此一綫之延，聽其斬絶胤嗣，而曾不之恤！今兹得藝風一言而拔之沉霾之中，又得蘭泉一念播之海寰之內，而余得以微力周旋其間，不可謂非是書之幸遇也。蘭泉嗜學媚古，曾續刻雙照樓宋元本詞合四十家，已盛行於時，兹又成此鉅編，復有《涉園雜纂》之輯，其有功於藝林至偉，倘欲爲古人續命乎！余篋中尚有君家之《説郛》百卷本在，決不敢局鐍深藏，以蹈仇視古人之譏也。甲子五月，藏園居士傅增湘書。寫本中之傅氏墨筆題記，所述不及此跋之詳，故不載。

### 百川學海十集方扶南批校明刊本。

宋左圭輯。伯驥按：《揚子·學行篇》百川學海而至於海，丘陵學山而不至於山，是故惡乎畫也。此書當即取其旨以名之。凡彙刻群書百種，分十集，甲：《聖門事業圖》《漁樵問對》《學齋佔畢》《獨斷》《刊誤》《九經補韻》《中華古今註》《釋常談》；乙：《隋遺録》《翰林志》《燕翼貽謀録》《春明退朝録》《玉堂雜記》《揮塵録》《丁晋公談録》《王文正公筆録》《開天傳信記》；丙：《厚德録》《韓忠獻公遺事》《王文正公遺事》《濟南師友談苑》《萍州可談》《龍城録》《前定録》《國老談苑》《晁氏客語》《道山清話》；丁：《畫簾緒論》《官箴》《袪疑説》《劉賓客因話録》《宋景文公筆記》《鼠

璞》《善誘文》；戊：《志林》《螢雪叢説》《龍川略志》《西疇常言》
《欒城遺言》《東谷所見》《雞肋》《談圃》；己：《王公四六話》《四六
談塵》《文房四友除授集》《耕禄稿》《子略》《騷略》《獻醜集》；庚：
《選詩句圖》《石林詩話》《六一詩話》《東萊詩話》《珊瑚鉤詩話》
《貢父詩話》《後山詩話》《許彦周詩話》《温公詩話》《庚溪詩話》
《竹坡詩話》；辛：《法帖釋文》《海嶽名言》《寶章待訪録》《書史》
《書斷》《續書譜》《歐公試筆》《孫過庭書譜》《法帖刊誤》《翰墨
志》《法帖譜系》；壬：《端溪硯譜》《歙州硯譜》《硯史》《刀劍録》
《香譜》《茶經》《煎茶水記》《茶録》《試茶録》《酒譜》《蔬食譜》《筍
譜》《蟹譜》；癸：《荔枝譜》《橘録》《南方草木狀》《竹譜》《劉蒙菊
譜》《石湖菊譜》《史老圃菊譜》《梅譜》《牡丹記》《牡丹榮辱志》
《芍藥譜》《海棠譜》《禽經》《名山洞天福地記》）。前有圭自序。叢
書撰刻，前人以爲始於此書。清光緒間，滿人祭酒盛昱得一書名曰
《儒學警悟》，計其編刊年代，實先於左氏，其本爲前明嘉靖間人手
寫，於是叢書初祖，遂推此種矣。明寫本見歸吾家，左氏所編止及
百種，較陶氏《説郛》不及其博，而卷帙多完，序跋不缺，又較陶氏
爲優，且大字善刻，亦精於《説郛》之槧本。至於明吳永《續百川學
海》百二十種，馮賓可《廣百川學海》百三十種，皆繼此而作，然其
善不及左書遠甚矣。此本爲桐城方氏全部批校，每種卷首多有
"方扶南入京後所得"朱文長方形章，卷中朱字精細，考訂極詳，百
種之書，首尾不懈，可寶也。扶南名世舉，晚年自號息翁，與從弟貞
觀竝以詩鳴，少遊秀水朱氏彝尊之門，多見古書祕本。康熙間，北
遊京師，賢豪長者多就唱和，質疑辨難無虛日。中年以本宗孝標學
士書案牽連，遠戍塞外，後放歸田里。當寓揚州時，朝廷方開博學
宏詞科，某侍郎欲羅致扶南，舉以應詔，婉謝不就。生平所閲古今
載籍，均有評訂，或屢加塗改，上下朱墨交錯，其議論考據多有前人

所未及者。卒於乾隆己卯，年八十有五。著《江關集》《春及草堂詩鈔》《漢書辯注》《世説考義》《家塾恒言》《蘭叢詩話》。其《韓昌黎詩集編年箋注》，兩淮鹽運使盧見曾爲刊於揚州。又有《李義山詩集箋注》，其表弟江都程夢星借刊之。見《方氏詩輯》、蕭穆《敬孚類稿》《桐城耆舊傳》等書。姚氏蕭云，鄉之前輩以文章稱，而年與蕭接者十餘人。蕭自童幼，受書一室，足希出外，苟非常至吾家者，率不得見。若望谿宗伯、襲參司業、南堂息翁諸先生，異鄉學者見其詩文，或生愛慕，恨莫接其形容，而烏知生同里閈者，固亦若是也。

# 子 部 二

## 白孔六帖一百六卷明刊本，巴陵方氏舊藏。

唐白居易撰，宋孔傳續編。前有宋韓駒序。傳字世文，兖州人，孔子五十世孫，精於《易》學。建炎初，與孔端友南渡，寓居衢州，率族人拜疏於闕下，叙家門故事，歷知邠州、陝州、撫州，改知建昌。進《續白氏六帖》《文樞要覽》，詔送祕書省。所著有《東家雜記》《杉溪集》，官至中散大夫。見凌氏《萬姓統譜》。又《漁隱叢話》三十六引《復齋漫錄》云，東魯孔傳，字聖傳，先聖之裔，而中丞道輔之孫也。爲人博學多聞，取唐以來至於吾宋詩、頌、銘、贊、奇編、典錄，窮力討論，撮其樞要，區分彙聚，有益於世者，續白居易《六帖》，謂之《六帖新書》。韓子蒼爲篇引，以爲孔侯之書，如富家之儲材，棟榱枅栱，雲委山積，匠者得之應手，不窮其用，豈小至貪多務得，晦而不出，幸人之不知，以成己之名者，孔侯之恥也。惜乎出於東魯兵火之餘，南北隔絕，其半不傳於江左，使學者不獲增益聞見耳。駒字子蒼，仙井監人。政和中賜進士出身，累官中書舍人，兼權直學士院，贈中奉大夫。《宋史》有傳。考程大昌《演繁露》，謂開元課試之法，裁紙爲帖，白書爲制科特設，故以帖爲名。其載於《宋史·藝文志》者，則稱《白氏六帖》三十卷、《前後六帖》三十卷，注云，前，白居易撰；後，宋孔傳撰。所云《前後六帖》三十卷者，蓋謂前後各三十卷，共六十卷也，故宋世著錄家皆先列《六帖》三十卷，後列《六帖》三十卷，合之皆止六十卷。今本分爲百卷，則不知何時所更，已非宋本舊矣。宋刻《六帖》流傳極尠，段氏《經韻樓集》有宋槧三十卷本，跋語云，白氏之爲是書也，本曰《白氏經史事類》，見《新唐書志》。《玉海》不名《六帖》也。《六帖》者，蓋科舉人以爲帖括之用而名之。陳振孫引《醉吟先生墓志》云，又著《事類集要》三十部，時人目爲《白氏六帖》。唐盛均以其未備，廣之爲十三家貼。貼、帖字同。趙希弁《讀書後志》云，《六帖》，白居易撰。凡天地事物，分門類爲對偶，而不載所出書，曾祖父祕閣公爲之注。世傳居易作《六帖》，以陶家瓶數十，各題名目置齋中，命諸生採集其事類投瓶，倒取之鈔録成書，故所記時代多無次叙。如趙言，是本不注所出，爲之注者乃宋人。此本每卷首署云“新雕添注白氏事類出經六帖卷第幾”，正是初有注，而坊刻行之合本，以俗名而署之也，迨其後則專名《六帖》矣。自宋孔傳《續六帖》三十卷出，或合爲一書，析爲一百六卷，名之《白孔六帖》，而二氏各單行三十卷者，皆不可見矣。國朝紀文達撰《四庫全書目録》云，《六帖》自合併以後，世遂無單行本，蓋人間祇有《白孔六帖》一百六卷，絶無白氏三十卷，則此本文達亦未見。乾隆甲辰，余於江寧承恩寺書肆，廉其爲宋板也，以元絲二定得之，不甚重之也，乃以贈王蘭泉少司寇，亦不之重也。余偶以告周明經漪塘，漪塘曰，噫，世所希有也。索諸蘭泉而得之，遂爲漪塘物。余轉從漪塘借鈔，存其副焉。此跋可資目録家之考證，爲照録之。漪塘名錫瓚，與黄蕘圃爲友，沈大成《學福齋集》有《周漪塘五十壽序》。劉禧延《研六齋筆記》謂錢辛楣、段茂堂諸公常過從漪塘借書。段跋謂其藏書最富，於古今板刻源流變易，剖析娓娓可聽，是也。此本爲巴陵方氏故物，有其藏章，中華民國六年得之金陵。方功惠號柳橋，巴陵人，以通判官廣東，後至道員，寓城北宅中。有碧琳琅館，即其藏書之室，所刊叢書多孤本，陳鴻墀《全唐文紀事》刻本亦精。黃岡王氏在粵刊嚴可均所編《全上古三代秦漢三國兩晉六朝文》七百四十六卷，其稿出於方氏。清末，方後人運藏書至北京，遭義和團亂，中途書多散佚。北京大學堂成立，餘存之書盡歸大學圖書館。湘鄉李希聖《雁影齋題跋》謂，所見多巴陵方氏藏書，庚子後大半散失。希聖字亦元，號雁影齋主。光緒進士，官刑部主事。北京大學及官書局初成時，皆嘗致力。長沙張尚書百熙官管學，每以事寄之，順德羅掞東先生惇曧出長沙門下，嘗薦新會譚仲鸞先生及伯骥於張任官局編譯事，故羅函頗及亦元。清末，亦元力主排滿，著有《庚子傳信錄》《光緒會計錄》等書。伯骥頗獲方氏書，見其多捺圖記，故能知舊主，寫本亦多，久習粵風，以丹紙爲護葉，惟有手跡者少。官潮州時，與丁氏持靜齋後人往還，輒向之借寫。吾家所得宋《劉後村集》一百九十六卷，白紙、無行格，大字巨編，可以覆按。方氏編有書目，端楷分部，惟多有錯亂處，當是未定本。伯骥以書向友易得，數之可十餘册，是以寒家千餘簏之書，有先人遺本，有以書物易得本，有朋好贈本。予生兒翌日，掞東先生適以德清俞氏五百餘卷之叢刊來遺，因名兒曰培樾，其一事也。多數書則買自兩京及各行省，皆錢聽默、宋賓王之流輩所詒，蓋書友之既予厚矣。伯骥覆謝羅函，述遼太祖事，蓋遼太祖之生也，神元皇帝因征塔塔元部，虜其將鐵木真厄格，故名太祖曰鐵木真。遼以武功，予以文事也。羅語人謂，此函殊直得一部書云。羅又字孝通，北游後則曰癭公，書名鵲起於都中，搦管無虛日，與從弟敷庵同以詩稱，有《癭庵詩集》若干卷流傳於世。

## 事類賦三十卷 元翻宋本，藝風堂舊藏。

宋吳淑撰。《宋史·文苑傳》，淑字正儀，潤州丹陽人，以近臣延薦試學士院，授大理評事。太宗賞其學問優博，官職方員外郎。淑喜筆札，好篆籀，取《説文》有字義者千八百餘條，撰《詩文互義》三卷，此書在荆公《字説》前，已不傳。今所傳者惟《事類賦》最顯，

《江淮異人録》則鮑氏叢書刻之，《異人録》所紀多道流、俠客、術士之事。淑外舅徐鉉著作以小學爲精，而《稽神録》一種亦爲藝林所重。此書前有紹興丙寅邊惇德序，後有銜名三行，題“宋紹興丙寅右迪功郎特差監潭州南嶽廟邊惇德、右儒林郎紹興府觀察推官主管文字陳綬、右從政郎充浙東提舉茶鹽司幹辦公事李端民校勘”。惇德字公辯，本開封人，祖珉居蘇城，惇德遂家於崑山。以詩文名一時，屢與石湖唱和，以連五薦就名第三，歷任舉員，及格會舉將，坐累失改秩，年踰六旬，即掛冠。有《脂韋子》五十卷。見宋楊譓《崑郡志》卷四。此書爲藝風堂舊藏，有“江陰繆氏藏書”朱文長方章，著録《讀書記》。

## 海録碎事二十二卷明刊本。

　　前題宋泉州太守葉廷珪集著。廷珪字嗣忠，號翠岩，政和五年進士。紹興中爲太常寺丞，與秦檜忤，出知泉州。《清河書畫舫》有廷珪《茉莉詩》云，“露花洗出通身白，沉水薰成換骨香。近説苗根移上苑，休慙系出小南强”。當是葉氏真蹟。陸氏心源嘗論《武夷學案》列葉廷珪爲同調，而不詳其里貫，以廷珪爲福建甌寧縣人，稱其著有《海録本事詩》《海録選句圖》《海録碎事》等書，惟《海録碎事》今傳於世。觀其自序，《海録》諸書皆爲詩而設，其人亦詩人也。傅自得序稱其無日不作詩，並未講學，亦非治經家，蓋辭章之士也。《萬姓統譜》誤“海録”爲“誨録”，《學案》遂列之武夷同調，濫矣。伯驥按：《檇李詩繫》則以廷珪爲嘉興人，尚待考。前有傅氏序云，予幼學爲詩，嘗從先生長者質問爲詩之利病。或告之曰，詩當博當專，能專能博，未有不造其妙者也。韓退之謂張旭善草書，不治他技。喜怒窘窮，憂倫佚怨，悵慕悲思，酣醉無聊，有動於心，必草聖發之。故其變動不可端倪，謂詩爲當專者之論如此。夫詩之爲用，所以摹狀四時之造化，陶寫平生喜怒哀樂之性靈。前輩言凡天下之書，雖山經地志、花譜藥録、小説細碎，當無所不觀；古今之詩，雖巖棲谷隱，漏篇缺句，當無所不講。謂博者之論又如此。予深然其説，曩時爲高漈者作送行序，私竊識焉，曲折累數千百字，其説甚備。獨恨後學之士或能專而不能博，或能博而不能專，而予於斯二者皆不能致力焉。若今泉州太守前兵部郎中翠岩葉侯嗣忠，其可謂兼之者乎！予嘗得見侯所謂《海録》者，凡十數大册皆親書，蠅頭細字惟謹，蓋無慮十餘萬事，大抵皆詩才也。侯因自言游宦四十餘年，未嘗一日不作詩，食以餄口，怠以怡神，此書之力爲多，其博與專乃如此，以是其詩老而益工。如《題琴泉軒》云，“不是妙音生妙指，只緣流水似流泉”。《無名木》云，“人休清樾摩挲認，烏泊高枝睥睨看”。置於唐人詩集中，殆不能辨。至其和錢起《江行百詩》，用事精當，寓意清高，與起詩甚類，士大夫間多傳録之。故吏部員外郎宋侯喬年與予雅游厚善。喬年有能詩聲，議論高甚，少許可，顧常喜稱侯詩。暨侯來守泉南，而予實客寓此郡，聲聞豫熟，既見歡如平生。雖月卒不過一二還往，然見輒論詩，無他談。凡一歲間，相與更酬迭唱甚樂。間一日，侯誦所作《郡舍羅漢室詩》示予，其斷章言，“幾多雁鶩行間吏，衙退頻來禮釋迦”。韋蘇州詩云，“今朝郡齋間，欲問楞迦字”。某每讀至此，未嘗不廢卷太息，想像應物之風流醖藉，而有以知蘇臺當時之無事也。泉爲劇郡，侯能鎮之以静而不擾，使吏輩優游如此，抑可以見大府辦治而侯之風度矣。侯忻然以予爲會心之友，未幾予來佐臨漳郡事，侯送之以詩，有“戍兵數有流星遞，元白詩筒幸寄將”之句，予益知侯專於詩，未嘗頃刻忘也。雖然，使侯向者不能博極群書，撮其機要，廣録而儲用之，雖能專如此，吾恐發而爲詩，事不足以副力，枯而不腴，華而不實，未必能如是之工也。然則所謂《海

錄》者，其可謂之小補云乎哉！侯既自序此書，登載門類、卷帙之
目詳矣。又以書謁予文，乃爲具道少時所以聞於先生長者之説，及
屬者於侯酬唱論議之益，著之首。夫《春秋》美君子樂道人之善，
況於會心之知乎！此則予之意也，覽觀者其自知之。紹興十九年，
河陽傅自得安道叙。葉氏自跋云，始予爲兒童時，知嗜書。家本田
舍，貧無書可讀，曾大夫以差法押綱至京師，傾行囊市書數十部以
歸，因得盡讀。至其後肄業郡學，升貢上庠，登名桂籍，牽絲入仕，
蓋四十餘年見書益多，未嘗一日釋手卷帙。食以餂口，怠以爲枕，
雖老而不衰。每聞士大夫家有異書，無不借，借無不讀，讀無不終
篇而後止。嘗恨無貲，不能盡得寫，間作數十大冊，擇其可用者手
抄之，名曰《海録》。其文多成片段者，爲《海録雜事》；其細碎如竹
頭木屑者，爲《海録碎事》；其未知故事所出者，爲《海録未見事》；
其事物興造之原，爲《海録事始》；詩人佳句，曾經前輩所稱道者，
爲《海録警句圖》；其有事跡著見作詩之由，爲《海録本事詩》。獨
《碎事》文字最多，初謂之一四録，言其自一字至四字有可取者，皆
信手録之，未嘗有倫次。閲藏既久，所編猥繁，檢閲非易，嘗以爲
病。紹興十八年秋，得郡泉山，公餘無事，因取而類之，爲門百七十
五，爲卷二十有二，雖摘裂章句，破碎大道，要之多新奇事，未經前
人文字中用，實可以爲文章佽助，豈小補哉！左朝請大夫知泉州軍
州主管學事葉廷珪序。此書爲明劉鳳校刻，署銜曰河南僉憲。坊
賈割補明字爲宋，以售其贋。編《天禄琳琅書目》者謂宋地無河
南，官亦無僉憲，是也。

### 漢雋十卷宋刊本。

宋林鉞撰。此書《天禄琳琅續編》四著録宋版兩部，前紹興壬
午鉞自序，後淳熙戊戌魏汝功序。又淳熙十年楊王休題，又記象山

縣學《漢雋》每部二册，見賣錢六百文足，印造用紙一百六十幅、碧紙二幅，賃板錢一百文足，工錢、裝背錢一百六十文足。列銜從事郎知明州象山縣主管勸農公事兼主管王泉、監場蔣鶚、迪功郎明州象山縣主簿徐晟、鄉貢免解進士縣學長章鎔校正，鄉貢進士門生樊三英校正。又一部，楊王休序及附記工價俱脱佚，惟版式、行款未經載入。檢瞿氏《鐵琴銅劍樓書目》載有嘉定本，云有林鉞自序。魏汝功後序，趙時侃題記。半葉九行，大書分注，每行大字十五、小字三十，首行標《漢雋》卷第幾，次行低二格列目，低四格列篇名，下接本文，猶存古本之式。蓋此書成於紹興壬午，魏汝功守徐州序刻之。又五年癸卯，蔣鶚刻置象山縣郡庠，楊王休爲之題。後至嘉定辛未，浚儀趙時侃又重刻焉。徐州本少見著錄，象山所刻，即此本也。篇中宋諱缺筆者匡、桓等字，敦、惇則否，是淳熙原刻之證也。前序及附記已脱失，非楊王休題記尚存，則無以知其爲象山本矣。

## 漢雋十卷 元刊本。

　　前題宋林越撰。越之名實作鉞，《處州府志》及宋版《漢雋》均同，當是元刻誤也。此爲元延祐庚申袁桷序刻本，前有紹興壬午括蒼林越自序。上下黑口，每半葉九行，每行大字十五、小字三十。此書取《漢書》古雅之字，分彙排纂，爲書五十篇，以首二字爲名。每卷首行標《漢雋》第幾，次行低二格列目，次低四格列篇名，下接本文。清《四庫提要》列林氏書入存目，謂其割裂字句，漫無端緒。伯驥以爲此書因詞科而設，與洪邁《史記法語》及《南朝史精語》等書同備修詞，有何不可。明凌迪知因鉞書止於西漢，仿其體例續十一卷至十六卷，改爲《兩漢雋言》，亦是此意。袁氏序論最爲平允，由館臣之言是猶責纖婢耕奴，而謂其不足任經國之大業也。袁氏後序云，昌黎爲文，纂言以鈎玄，故後之爲文者咸宗之。司馬公道

德著當代，其所編纂甚於鈎玄之詳，何耶？文尚理致，漢世所作不
若今之俚，尚論五經，潔浄嚴簡，而其發於情性者彌謹，守不妄語，
則聖賢傳心之祕失，是直致而率爾焉可乎？番陽洪文敏作《法語》
斷自古經，或者議之曰，經其可揀擇耶？旨哉言矣。《漢雋》之作，
蓋爲習宏博便利，文至於此，不能以有進矣。縣舊有刻本，歲久湮
落，先皇帝崇人文、設科舉，是書之設，深有益詞賦，吾徒知之而莫
能爲也。是縣之長撒的迷矢忠顯能首補是書，其意厚矣。集賢之
屬爲典文署，掌天下圖籍木本，桷歸朝廷必以告知邑侯愛儒士，其
廣是書也，願與辟雍學子共之。延祐七年歲在庚申十月囗日，集賢
直學士袁桷書。

## 萬卷菁華前集八十卷後集七十八卷
### 續集三十四卷明藍絲欄精寫本，明項氏萬卷樓舊藏。

　　此書不著撰人，前後亦無序跋。三集俱全者，唯范氏天一閣有
之。清開四庫館時，曾以進呈，故《總目》卷一百三十七有提要云，
觀其體例，蓋宋人科舉之書，前後集皆分一百七十門，每門又分子
目。一目之中，首以名君事要、名臣事要，亦間有增入聖賢事要，及
君臣事要合編者；次事括，則雜録也；次譬喻，次友説；次賦偶；次賦
隔，皆摘録程試之句。《續編》則冠以歷代世系譜，前二十二卷爲
帝王，後三卷爲聖賢，亦各以事實議論隸於諸人之下。館臣謂其皆
餖飣殘賸之學，殊無可取。故祇附存目，不寫其書。唯道光間，吾
粵曾氏釗藏此書殘本，所撰《面城樓集鈔》卷三有跋語云，核其避
宋諱嫌名，匡、耿、恒、徵、讓、樹、頊、桓、構、慎、惇、韐等字，而不避
昀字，則是光宗時太學生徒所作也。《孝經》《論語》自唐時已列爲
經，《孟子》列於經亦在北宋以前，此書引歸子類中，豈當時有此
議，不久而復，故史未詳耶。書中分門極繁瑣，似爲題解而作，取便

查檢而已。近世流傳頗稀，《文淵閣書目》止載十册，《菉竹堂書目》此載五册，惟范氏天一閣前、後、續三集俱全，或以其多習見之書少之。然其中引《孝經鉤命決》《尚書中候》《春秋演孔圖》、劉向《洪範五行論》、《春秋釋例》《三禮義宗》《五經通義》《五經異義》《五經要義》《五經析疑》、薛瑩《漢記》、《東觀漢記》、華嶠《漢書》、劉昭《補後漢志序》、《漢書百官表注》、王隱《晋書》、何法盛《晋中興書》、曹嘉之《晋紀》、劉向《列仙傳》、《帝王世紀》《三輔決録注》《陳書》《耆舊傳》、張隱《文士傳》、《汝南先賢傳》《晋起居注》《漢雜事記》《晋東宮舊事》、魚豢《典略》、《時鑑新書》《劉氏瑞應圖》、顧野王《符端圖》、《環濟要略》、張華《博物志》、《梁元帝纂要》《玉燭寶典》、胡廣《漢官》、《漢舊儀》、應劭《漢官儀》、翼鳳《風角書》、《風俗通》《白虎通》、桓譚《新論》、《唐三朝訓鑒》《唐職林》《慎子》，不下四五十種，核之於今，或全書已亡，其存者或佚其句，此書所引，猶足以資考證，第以碎寶埋沙礫中，難於倉卒識拔耳。此本爲明人舊鈔，較《天一閣書目》，《後集》缺七十九、八十凡二卷，《續集》缺十九、二十、二十一、二十二、二十五、二十六凡六卷。釗暇日披覽，將所引《孝經鉤命決》《春秋演孔圖》《春秋釋例》《東觀漢記》《漢舊儀》、胡廣《漢官》、應劭《漢官儀》、《漢書·百官表注》《風俗通》《白虎通》《慎子》《博物志》諸佚書，鉤沉起墜，簽識於各書中，復詳記此書之後，以俟他日採掇存亡書梗概。可見宋人類書，雖最下者，猶有取如此，不獨《孝經》《論語》列於子類，爲足備異聞已也。曾氏又有《吕衡州集後跋》云，宋人《萬卷菁華》卷之二十九，引《魏鄭公贊》爲唐宗臣、致唐无疆二語，在此集卷九《凌煙閣勳臣頌》中，據頌序之以河間元王爲讚首，則是贊而非頌，審矣。當從《萬卷菁華》題作《勳臣贊》爲確。是此書之可取，自曾氏而論定，蓋幾與《太平御覽》《初學記》等同其價值矣。

武進董氏《書舶庸譚》述在日本訪前田侯邸,見宋槧巾箱本《重廣會史》一百卷,謂所引多唐以前史書,每條冠以書名,可備校讎宋本之一助,不得以類書輕視之。伯騤按:《重廣會史》當爲吾國佚書,而《萬卷菁華》亦幾於絶無僅有,祕典珍聞遺留不尠。館臣棄之,正《吳都賦》所謂翫其磧礫,而不覩玉淵者,未知驪龍之所蟠也。伯騤又按:馮氏《玉谿生詩註》云,《淵鑑類函》州郡部廣西門,引李義山詩三條,城窄山將壓四句,桂水春猶早四句,又有集中所無者四句,云“假守昭平郡,當門桂水清。海遥稀蚌迹,峽近足灘聲”。不知從何採取,似據《永樂大典》,且内府亦多古籍也,可知稍雅之類書,亦資輯佚。曾氏此書遺本,聞尚在粤中某家,惜多殘闕。伯騤此本爲前明項氏萬卷樓藏,綿紙精鈔,首尾完善。嘗以曾氏讀此書之法檢校一過,覺所得尚在其所舉之外者,書價雖昂,不以爲介也。項氏名篤壽,字子長,嘉靖壬戌進士,官廣東參議。見《嘉興府志》。朱氏彝尊謂子長性好藏書,見祕册輒令小胥傳鈔,儲之舍北萬卷樓。見《曝書亭集》。釗字敏脩,又字勉士,道光乙酉拔貢,官欽州學正。讀一書,必將其訛字、脱文校勘精審。喜藏書,其祕本或雇人影寫,或懷餅就鈔。性不喜詩,而購宋槧《李太白集》,讎直至白金四十兩,插架之多,爲郡邑最。有《古輪廖山館藏書目録》《面城樓文存》。見《南海縣志》。曾氏藏書共數萬卷,及身而質於人。見陳氏璞《面城樓集鈔序》。曾書後歸順德龍山温家,温氏族人有澍梁者,喜收藏,有《漱六樓書目》,頗稱富有,而以出自面城樓者爲善本,比聞亦散出矣。項氏藏書事實,曾於經類略及之。

## 新箋决科古今源流至論前集十卷
## 後集十卷續集十卷別集十卷元刊本。

前題閩川林駉德頌編,《別集》題進士三山黃履吉父編。前有黃氏序云,財貨而費於源流之知,德義而取夫源流之喻。治不結繩文籍以生。三代而來，至於我宋，上下三千餘年，帝王代興，聖明繼作，典章文物，宏模懿範。其本末源流所當講明者，奚獨財貨德義！而儒家者流以多閱爲貴，以博聞爲高，塞胸滿腹，頹洞殼昧，而無條貫，或舉其中而不知其本，或原其始而不要其終，高談有餘，待問不足。三山先生林君德頌雅有遠度，志在邦典，博古通今，出於生知始終之要，問而辨之，端如貫珠，舉而行之，審如中鵠。嘻，有大學問而後有大議論，先生以其淹貫之學，發而爲經濟之文，是非品藻，確乎其富。昔漢武帝之策仲舒，欲叩大道至論，先生之論其至論也歟！故名之曰《古今源流至論》，以廣其傳焉。時嘉熙丁酉，三山前進士黃履翁吉父書。《別集》亦有黃序，云昌黎外藁後來所次，坡老數論又文集之續者，至論之作，豈能無遺論耶？予擢第西歸，又有逐海濱之臭者，而求續作，伎癢末歇，不免復爲之索筆。噫，斯集果盛傳於世耶。予不敢效福時《中説》以盜人之名，果未足重於世耶，又安敢爲魏泰《碧雲騢》嫁惡於人哉？特於篇首言之，以自見云。癸巳書雲之旦，合沙西峯主人黃履翁吉父序。清《四庫提要》云，宋自神宗罷詩賦，用策論取士，以博綜古今，參考典制相尚，而又苦其浩瀚不可猝窮，於是類事之家，往往排比聯貫，薈萃成書，以供場屋採掇之用。其時麻沙書坊刊本最多，大抵出自鄉塾陋儒，勦襲陳因，多無足取，惟章俊卿《山堂群書考索》最爲精博。是編於經史百家之異同，歷代制度之沿革，條列件繫，亦尚有體要。雖其書亦專爲科舉而設，然宋一代之朝章國典，分門別類，序述詳明，多有諸書不載者，實考證家所取資，未可以體例近俗廢也。伯驥按：此書不特於宋代典章詳述，即如《續集》卷一衛兵類，云三代畿兵皆有是制，史自遷、固不治兵，而漠南北漫然無考，諸儒議論往往異同。今參訂信史之所互載，及先儒之所發明，緯而爲圖務，可證作者於典制實所究心，與其他類書有異。前人藏此書元本，有虞

山張氏、錢唐丁氏。張氏本爲延祐丁巳圓沙書院刊行。丁氏藏本
《目録》後有大德丁未建陽書林劉克識云，"此書版行於世，因回祿
殘缺，今求到校官孟聲董先生鏞抄本，端請名儒參考無誤，仍分四
集，壽諸梓，與四方共之"，蓋木記也。半葉十五行，行二十五字。
此本行、字與丁藏相同，唯木記已脱。長沙葉氏藏圓沙書院本，爲
孫淵如舊物，《續集》前餘葉有孫氏題識四行，云"《源流至論續集》
所載官制沿革等，頗備掌故。惟卷一載《太極圖》《心學》等，殊屬
不經。宋人積習難除，存之鄴架，子孫切勿惑之。五松居士記"。
又云，"《易》有太極，極之言中，太極函三爲一，未有以分陰陽爲太
極者，謬甚"。又云，"既是性又名氣質之性，甚乖五常所禀，可
恨"。淵如以漢學自鳴，宜其於宋人之説有所彈擊也。管世銘《韞
山堂集・漢學説》云，同里孫觀察星衍本以詩鳴，駸駸入古人之室
矣，忽去而説經，有不奉鄭氏者，驊面棘手而與之争。余未嘗與辨，
而心不以爲然，著是説以糾其失，不必示孫，以免争端存交道。淵
如，星衍字也。

## 全芳備祖前集二十七卷後集三十一卷
寫本，徐柳泉舊藏。

宋陳景沂撰。前題天台陳景沂編，建安祝穆訂正。景沂號肥
遯，天台人，仕履未詳。前有寶祐元年韓境序，略云，類書之作，自
唐率更有《藝文類聚》，白傅有《六帖》，至我朝元獻有《類要》，近
世乃有《建章萬花谷》《事類本末》，諸書大概誇多於品彙，競美於
纂輯，而原本祖萃群芳者闕焉。天台陳君讀書數萬卷，感萬物敷
榮，乃獨致意於草本蕃廡，積而爲書，思襲前賢之躅，以補後來者之
闕，意於是物推其祖，詞掇其芳，數十大家之作具在，而騷人墨客之
詠亦不廢，而《全芳備祖》之書成矣。陳君益斂華就實，由博趨約，

研精洙泗濂洛之書，折衷於渡江諸老，凡昔之泥於物者，今皆反諸心矣。心有經困知有錄，凡昔之會於心者，今皆筆於書矣。名公鉅卿嘉歎不少置，嘗以塵天子之覽。次有自序，略云，古今類書，錄此遺彼不可謂全，取末棄本不可謂備，皆纂集之病也。姑以生植一類言之，史傳新紀之所編摩，騷人墨客之所諷詠，自非家藏萬卷，目閱群書，祇是其擇焉不精，語焉不詳耳。予初館西浙，繼寓京庠，暨姑蘇、金陵、兩淮諸鄉校，晨窗夜燈，不倦披閱，獨於花果草本尤全且備，所集凡四百餘門，非全備乎。事實賦詠樂府必稽其始，非備祖乎。寶祐丙辰孟秋，江淮肥遯愚一子陳景沂謹識。日本圖書寮有此書元刻本，題江淮肥遯愚一子陳景沂編輯，建安祝穆訂正，然書已不全。我國藏書家未見刻本，勞氏校鈔本，校亦不全，未識所據即此本否？《書舶庸譚》卷二。前清武水顧皍誠民有《全芳備祖續編》不分卷，卷首列康熙甲子自序，書分三十一門，子目甚詳，隸事皆用駢語，如吳淑《事類賦》之體，惟不疏出處爲異。據自序所述，其書乃就何士抑《類鎔》刪節成裘，故與景沂書名同實異也，稿本藏王氏頌蔚家。此書爲前清徐氏時棟藏本，有“城西草堂章”，有“柳泉記”三行。又有識語云，謹案此書體例與《群芳譜》無異，乃《四庫書目》入《群芳》於子部譜錄類，而此書則入之子部類書類中，不知以何分別之也。時棟又記。按此書可備輯佚。徐氏之言則目錄學也。時棟字定宇，鄞縣人，道光舉人，官內閣中書。築煙嶼樓，藏書六萬卷，著《煙嶼樓集》《讀書志》及筆記，而《同治鄞縣志》《慈谿縣志》則以爲董覺軒與徐氏合編。

## 誠齋文膾前集十二卷後集十二卷

宋刊本，周林汲舊藏。

宋楊萬里撰。前有逢辰方氏序，所謂方蛟峯先生也。半葉十二行,行十九字,小黑口,有圈點。首行批點分類誠齋先生文膾前集,陰文。次行君心門。三、四兩行君心分占兩行,謹嗜慾作一行。前清《學部圖書館善本書目》著錄殘本,繆氏定爲宋刻。清《四庫總目》一百七十四著錄《後集》十二卷,提要云,不著編輯者名氏,其書分三十二類,取萬里《易傳・千慮策》中之語,摘錄標題,各加批點,殊爲庸俗。又有題見此集而註云文見前集者,亦非完書,相其版式,乃麻沙舊刻,蓋宋末坊本也。《四庫》中又著錄《千慮策》二卷,凡君道三策、國勢三策、治原三策、人才三策、論相三策、論將三策、論兵二策、馭吏三策、選法二策、刑法二策、冗官二策、民政三策。前有自序,已載於《誠齋集》中。本傳稱虞允文爲相,見此策,薦爲國子博士,則此策當時已別行,而策中警練之語又爲《文膾》所采也。伯驥按:此類之書,大抵因制舉而設,《唐書・藝文志》總集類有《文場秀句》一卷,類書類有韋稔《應用類對》十卷、高測《韻對》十卷。《舊五代史・馮道傳》云,道謂任贊曰,兔園册皆名儒所集,道能諷之。今士子祇看《文場秀句》,便爲舉業。《愧郯錄》云,政和四年六月十九日,黃潛善奏,比年以來,求舉者於時文中采摭陳言,區別事類,編次成集,便於剽竊,謂之決科機要。詔立賞錢百貫告捉,仍拘板毀棄。凡此皆爲《文膾》之類,唯前記之書,則選擇諸人之文而成。《文膾》則專就誠齋諸文而薈萃之,以便場屋及臨時掇拾,是則不同耳。別有宋刊殘本《誠齋四六發遺膏馥集》十卷、《續集》十一卷、《別集》十卷,見於某家書目。考乾隆時四庫館從《大典》輯出逸書目載有此書,然僅七卷,著其名於目中,前人謂其書剌取諸家文集中排句及偶字分類編列,以備士子撏撦之用,殆坊賈射利之所爲,託之誠齋諸人以爲重,蓋亦此類也。《文膾》方氏序見《蛟峯集》中,伯驥藏方世德重編《方蛟峯集》十四卷,明刻本,板式古雅。當非僞作。蛟峯中式狀元,科目至顯,或取以見重於世,故蛟峯又有批點《止齋論祖》，四卷尚存。明刻序稱，止齋門人曹叔遠謂其片言落筆，傳誦震響，場屋相師，而紹興之文丕變，即謂此種。前有論訣，曰認題、曰立意、曰造語、曰破題、曰原題、曰講道、曰使證、曰結尾，分甲乙丙丁四體。今邵君清叟復加蛟峯批點，其體制大意，則見於各篇之評；其法度微旨，則見於各段之注腳。一展卷間，義理粲然，甚明且備，論學其得所祖矣。後有淮南冰蘗子朱暟識云，《論祖》一帙，止齋陳先生所作，蛟峯方狀元所批點。成化戊子，余按巡滇南，得廉憲莊公源尚藏本，凡三十九篇，謀刻廣傳，瓜代弗果，持歸。尋擢守嚴郡，校正壽梓，以成初志云，蓋與《文膾》又遙遙相對矣。明顧氏充編《捷錄大成》，其“東周論平王微而周轍東”下引誠齋“西周之轍轉而東，南門之禾徙而北”，則取材於《文膾》之證矣。卷前有“籍書園林汲山人”圖記。林汲，字書昌，名永年，姓周氏，歷城人。嗜古多聞，讀書過目不忘，以薦入四庫全書館，賜編脩。性好書，有僕四人，專爲收掌。王氏培荀云，先王父在都日，寓舍比鄰家僕田升，亦代周料理所刻書，多寄余家代爲消散，其家藏書最多。在館時蒙上垂問家藏書籍，刻有書目二部，遂以進呈，點出一千餘部進之，後印以御寶發還。堂官某求暫留借觀，未數日而其家籍没，遂入大内矣。出門每以五車自隨，在德州書院將歸，以書寄朋好處，逮反而其書盡爲人竊去。在濟宣時，留書某家，爲水漂失。益都李南澗文藻窮經好古，肆力於漢唐注疏，嘗與林汲取經史著述之未傳世者，刻爲《貸園叢書》，未竟而卒。林汲一號書倉，以七品官奉旨國史立傳，異數也。見王氏《鄉園夢憶録》二。又按：桂馥《晚學齋集》有《書昌傳》，稱書昌結茅林汲泉側，因自稱林汲山人，藉書園亦書昌齋名。東莞莫伯驥記。

## 增修詩學集成押韻淵海二十卷

元刊本,前清天禄琳琅舊藏。

　　元嚴毅撰。前題建安後學嚴毅子仁編輯。前有至元庚辰前進
士張復行書序,字有松雪筆意,當是張手寫上版者。序略云,士必
學詩,而詩必須善押韻,況乎賡歌用韻舉世所尚,往往一唱百和,而
較以應之敏鈍,押之工拙,讀不萬卷,烏得不求益于是書。序後有
《凡例》一葉,共四則,第一則云,是編韻銓禮部,句選名賢,每韻之
下,事聯偶對,詩料群分,非惟資初學之用,而詩人騷客亦得以觸長
引申,此著書之旨也。《目錄》、《凡例》之前題《增修詩學集成押韻
淵海》,卷一前題則無“增修”二字,其餘各卷則題“新編”,蓋以元
時書肆舊曾刊盧陵胡氏、建安丁氏《詩學活套押韻大成》,而此則
新加編輯者也。《天禄琳琅》嘗引解縉《大庖西封事》謂,考元吳澄
《支言集》有張壽翁《事韻擷英序》,稱東坡、山谷始以用韻奇險爲
工,伯驥按:作詩押韻,亦曰押字。《梁谿漫志》云,荆公、東坡、魯直押韻最工。儻學
者記誦之博不及前賢,則不免於檢閱,於是乎有《詩韻》等書,是押
韻之書盛於元時,至明成祖最愛《韻府群玉》,故流傳最久云。嚴
氏書,清《四庫提要》歸入存目類,見卷一百三十七,謂其體例與
《韻府群玉》相近,而更爲簡略。每字之下,首列活套,次爲體字。
體字者,如東字下列青、位、震、方四字,童字下列兒、曹二字,即宋
人所謂換字也。次爲事類,次爲詩料,則多采五七言詩句,而不著
其由來,所載惟有上下平聲而無仄聲,蓋專爲近體設計,分二十九
部,而三江一部則删之不載,蓋韻窄、字少故也。舘臣譏爲猥陋,語
誠不誣。然宋元之間此類之書,至爲不少。試觀太學爲育才之地,
而有《璧水群英待問》之編,《易經》爲四聖手定之書,而有《三場通
用周易活法》之作,以較《淵海》可笑更多。伯驥以嚴氏之書,尚屬

古槧,過而存之,當亦通人所莞爾也。此本原藏前清大學士明珠之子揆叙家,故各卷均有謙牧堂各圖記。明珠頗能詩,今鐵保所編之《熙朝雅頌集》有其詩選入,而其子成德揆敘,又受詩法於唐東江、查聲山。查初白一門風雅,蓋滿人之漢化頗深者。或容若凱功初學詩時,以此書爲資糧,亦未可知也。前後有天禄琳琅各章,其蓋有六璽之護葉,則已脱佚。檢《天禄琳琅書目》,謂卷五缺第一葉,卷十四缺第一、第二葉,卷十七缺第一、第二、第三、第四葉,卷二十缺末葉,皆原日抄補,其數適符。謙牧堂舊藏已如此,可想見當時所謂天府之儲者,已極珍祕此書矣。謙牧堂遺籍,吾家收藏頗多,而曾入天禄者僅此。《琳琅目》列謙牧書極多,以謙牧書多由徐氏傳是樓來,故重視之歟。

## 新編古今姓氏遥華韻九十九卷

寫本,陳漁珊舊藏。

元臨川布衣洪景修進可編。共分十集,甲十一、乙十、丙十一、丁十、戊十一、己八、庚十、辛十、壬八、癸十,通九十九卷。清《四庫》未收,阮氏亦未進呈。嘉定錢氏《補元史藝文志》著録揚譓《姓氏通辨》,及不著撰人《排韻增廣事類氏族大全》,皆不傳之本,亦不見是書,其罕祕可想見矣。原缺乙集卷四至丙集卷十一,無從補足。前有程氏序云,譜系之學,古有專門,其書浩如煙海,其言雜如軍市。至唐文帝始删去繁濫,勒成《族志》,不幸火於邪辭,別加紀録,世不尊信,譜學遂荒。洪君進可以韻纂姓,以姓萃事,臧否小大,悉所不損,雖有所祖述,然亦勤且勞矣。又却縮衣食,鋟板布行,其博文之心,亦可謂篤矣。視終日據梧,呻其佔畢,而殊無一字可對人言者,亦有逕庭哉!惜余眼昏且復病暑,未能考其著書之旨、立言之凡,而徒志其太息起敬於篇端而已。至大三年歲在庚戌,立秋後一日庚辰,程鉅夫書。次有晏氏題語,略云,達觀洪先生至元壬午處吾齋三年,授受之際,見其蟲鏤鼊績之書,而幼不識何書也。至大戊申,先生又處吾齋,昔年書者堆案沓几,視之則《姓韻》成書矣。先生於是書,精神寄於歲月之茫茫,姓字承於古今之落落,豈洸洋自恣以適己,將與千金懸之咸陽市門,求一字之增損。予是以述此書之本末。至大元年三月三日,門人晏姓仁題。次自序云,有達尊大雅問僕曰,姓氏有初乎? 曰,有。姓氏源三皇,派春秋,涓濁於《河南官氏志》。黃帝二十五子,得姓十四。春秋國百二十四,爵姓具者四十有七,爵姓俱亡者三十有三,有爵無姓十有七,有姓無爵十有八。富辰曰,管、蔡、郕、霍、魯、衛、毛、聃、郜、雍、曹、滕、畢、源、酆、郇,文之昭也;邗、晉、應、韓,武之穆也;凡蔣、邢、茅、胙、祭,周公之胤也。或地、或官,或王父字謚,若柳下展氏、南宮、司馬,魯三桓、鄭七穆是也。魏以拓跋爲長孫,丘穆陵爲穆,獨孤爲劉,弗忸于爲于。《河南官氏志》,八姓勳族,四姓衣冠,列爲著姓。梁元時,魏九十九姓復如舊,於是古今姓氏涓濁滋甚。王通謂任、薛、王、劉、崔、盧之婚非古也,何以視譜? 唐太宗命高士廉、岑文本志氏族二百九十三姓,首宗室,次外戚,褒忠臣,貶姦逆,至韋述選《開元譜》,柳沖撰《氏族系録》,宋洪忠宣公撰《姓氏指南》,今孰從而見之? 僕生晚學膚,自咸淳戊辰敩半餘力,隨見輒筆,積歲月得姓九百有奇,抄爲《姓氏遙華韻》凡千一百八十九姓,無其人者無信不徵。鄭夾漈《姓氏略》太簡無倫,僕起敬忠臣、孝子、義夫、烈女、英雄、豪傑,師友淵源,家法官箴,相業將略,有益民彝世教,必加詳録。其有風流詼諧,亦可助談資笑,開卷思齊自省,千載對面,又思死節名臣,尚宜表章,以廣唐人褒忠盛心。第慚讀書不多,訛舛曷正,惟冀達尊大雅,特賜貶愚。至大元年歲在戊申南呂月吉,臨川布衣洪景修進可拜手稽首謹志。張氏愛日精廬藏有此書，係從天一閣舊鈔本景寫，月霄謂，戊集王姓末，附載董更生《王烈女傳》一篇，備錄全文，與全書體例不符。是蓋襃揚忠烈傳後世，知宋社淪亡抗節捐生者，自文文山、謝疊山諸人外，宮禁中尚有一王烈女其人也。而賣國降臣如傳中所列張晏然、陳奕、范文虎輩，讀書亦可少媿矣，是殆洪君微意所在，故特表出之。洪君自題臨川布衣，意者入元不仕，以勝國遺民終歟！其所引《元和姓纂》多有出今本外者，是亦足資參考云。卷前有"漁珊"二字朱文章，當是鄞人陳氏僅遺書。僅字餘山，又號漁珊，道光間官陝西，歷延長、紫陽、安康諸縣，有惠政。所著《濟荒必備》一卷、《捕蝗彙編》四卷、《南山保甲書》一卷、《竹林答問》一卷、《讀選意籤》一卷、《文莫書屋詹詹言》二卷、《繼雅堂詩集》二十卷。其《王深寧年譜》一卷，訂錢竹汀王譜之訛，尤四明文獻所繫也。見吳氏慶坻《蕉廊脞錄》卷五。陳氏著述，吾家亦稍備。

## 新編事文類聚翰墨全書一百二十七卷元刊本。

元鄉貢進士劉應李撰。清《四庫提要》存目以此書爲宋人撰，非也。首有大德十一年考亭熊禾序，有"應李與之講學武夷洪源山中十有二年"一語，應李之事實無可考，有據此序定應李爲閩人者，亦不確也。書分前後二集，甲集十二卷，乙集九卷，丙集五卷，丁集五卷，戊集五卷，己集七卷，庚集二十四卷，辛集十卷，壬集十二卷，癸集十一卷。後甲集八卷，乙集三卷，丙集五卷，丁集八卷，戊集九卷。卷中凡事實每半葉十二行，凡文類每半葉十行。其後書估改刻此書，有稱爲"啓制天章"者，有改題爲"翰墨大全"者，然於此書原文固有節削也。此書以對聯套語入錄，固不足語於大雅，然首采經傳，次錄宋元人遺文，凡宋元遺集不存者，猶賴此以見片玉零璣焉。《聖朝混一方輿勝覽》三卷、《潛研堂文集》及《拜經樓藏書題跋》均有題記，而實見於此書後乙集中，宜考古者珍之矣。大致每葉二十四行，行二十字，小字精整，實元時坊刻之佳本也。

## 萬姓統譜一百四十卷附二十卷明刻本。

明凌迪知撰。迪知字稺哲，號繹泉，嘉靖進士，官至兵部員外郎。著此書外，如《左國腴詞》《文選錦字》等，皆爲詩文臨時撏撦用，復有《名世類苑》《名公翰藻》等書。此書《統譜》一百四十卷，前列帝王姓系六卷，後附《氏族博考》十四卷，共一百六十卷。取材正史，博覽群書，凡郡縣之志乘，名家之文集，就其所知者，采録參校而成。清乾隆時修《四庫全書》，館臣既采其書入子部類書，而于四部書撰人，其中多引據此譜，得其大略。孫氏星衍《祠堂書目》亦列此于内編類書之内，唯杭氏世駿所撰《亢宗録》則頗不滿此書。杭氏云，譜稱伯禹少子封於餘杭，爲吾杭得姓受氏之始，然則杭固以地爲氏，他書多引後漢長沙太守抗徐，以當杭氏之望。夫徐在《度尚傳》，史策昭著，抗之非杭明矣。明嘉靖時，吴興凌膳部迪知著《萬姓統譜》迺兩收之，重見疊出，荒謬不足與辨。焦氏循《易餘籥録》卷二十亦譏其不博，蓋二人均舉其姓族之闕失，屬于專家。凌氏以普徧爲宗，則其疏略固無足怪也。焦氏云，《統譜》中，兩漢僅舉焦延壽、焦儉、焦先三人，按《後漢書》有博士焦永爲河東太守。又《鄭宏傳》，宏會稽山陰人，師同郡河東太守焦貺。袁宏《漢紀》稱貺嘗爲博士，後爲河東太守，蓋永即貺也。鄭康成弟子有焦氏名喬，《月令正義》引鄭志，焦喬答王權問高禖云，先契之時，必自有禖氏祓除之祀，位在於南郊，蓋以元鳥至之日祀之矣。然其禋祀及於上帝也，娀簡狄吞鳳子之後，後王爲禖官，嘉祥祀之以配帝，謂之高禖。《詩・生民疏》亦引。又崇精問焦氏曰，鄭云三王同六卿,殷應六卿,此云五官何也？焦氏答曰,殷立天官與五行,其取象異耳,是司徒以下法五行,并此太宰,即爲六官也。《曲禮疏》。崇精問曰,獄周曰圜土,殷曰羑里,夏曰均臺,囹圄何代之獄？焦氏答曰,《月令》秦書,則秦獄名也,漢曰若盧,魏曰司空是也。《月令疏》。又張逸答焦氏問三苗,見《檀弓》疏,焦氏問張逸鳩化爲鷹,見《月令》疏。焦氏以經學顯於西漢者有延壽一人,以經學顯於東漢者有貺、喬二人,而凌氏未知也。此書原版爲毛晋汲古閣校刻,當時已海內風行,近日已少,坊刻翻印訛謬百出,讀者審之。

## 類書三才圖會一百六卷明刻本。

前題雲間王圻纂集,曾孫爾賓重校。圻字元翰,上海籍,嘉靖癸丑進士,湖廣提學僉事,終陝西布政司參議。家中有歲寒亭,其著書處也。拜分陝之命,即請告歸養,既歸松江之濱,植梅萬株,目曰梅花園,仰屋述作,門闥皆安硯席,所著數種,版籍至明清之交猶存。見《嘉定縣志》《靜志居詩話》《吳梅村集》。王氏以馬端臨《通考》止於宋,因續輯遼、元、金四朝之文獻,爲《續文獻通考》一書,並於原例外,增節義、書院、六書、謚法、道統、方外諸門類。前人謂王氏著述以《續通考》爲最佳。此書則前人謂其頗傷駁雜,蓋明人章潢所撰一百二十七卷之《圖書編》亦有圖,實取古人左圖右史之義,凡諸書有圖可考者,皆彙輯而爲之說,分經義、象緯曆算、地理、人道四門,《易象類編》《學詩多識》,則附錄也,其圖不及此書之多。此書前有萬曆臨川周孔教序,略云,雲間侍御王公嗜學好古,沉酣仰屋之業,仲子思義能讀父書,以著述世其家,輯所謂《三才圖會》,上自天文,下至地理,中及人物,精而禮樂經史,粗而宮室舟車,幻而神仙鬼怪,遠而卉服鳥章,重而珍奇玩好,細而飛潛動植,卷帙盈百,號爲《圖海》,未有如此書之創見者也。圖之益有二,圖之窮亦有二,然天下有有用之用、無用之用,世終不以爰居廢鐘鼓,裸國棄冠冕,是輯圖意也。次有陳繼儒序,略云,漢初典籍無紀,自中壘創意,總括分爲《七略》,收書而不收圖,一厄也;武帝置祕閣以聚圖書,明帝別開畫室,董卓之亂,軍人裂縑布爲帷囊以去,二厄也;梁太子綱數夢秦始皇,更欲焚天下書,侯景於漢高善寶,相繼焚劫,圖籍二十四萬餘,悉化煨爐,三厄也;陳之圖史隋得之,隋之圖史唐得之,一覆於揚,一没於砥柱,四厄也;劉裕、楊堅惡符命讖緯之書,凡有圖者,皆指爲圖讖,發使四出搜焚之,爲吏糾者至死,五厄也;徽、欽建稽古、博古、尚古等閣,録所藏大小禮器,裒至萬餘,南渡後,象尊牛鼎、龍瓶雁鐙,悉輦虜地,即高宗好寫五經,宣付畫院補圖,而所圖幾何哉,六厄也;王濬平吳、應詹破蜀、皇甫真之定新都、辛術之克維郡,不取秋毫,但收圖籍,此曹好文,寧可多得,卒付之搶攘狼藉而已,七厄也;任宏、王儉之圖譜,阮孝緒散而歸之雜部,已自可恨,然總記内外篇尚存圖八百七十餘卷,鄭樵去古雖逊,《通志》所記,亦不下二百三十二圖,經勝國而胡與漢文字不相知,八厄也。伯驥按:鄭氏《通志·原學》篇中,提倡圖譜言之至晰,陳氏所述,實見《通志》鄭氏之言,曰見書不見圖,聞其聲不見其形,見圖不見書,見其人不聞其語。圖至約也,書至博也,即圖而求易,即書而求難。後世書籍既多,儒生接武,及乎議一典禮有如聚訟,玩歲愒日,紛紛纭纭,縱有所獲,披一斛而得一粒,所得不償勞矣,何物其然哉?歆、向之罪,上通於天。漢初,典籍無紀,劉氏創意,總括群書,分爲《七畧》,只收書不收圖,蕭何之圖,自此委地。後之人將慕劉、班之不暇,故圖消而書日盛,物希則價雖平,人希則人罕識,世無圖譜,則人亦不識圖譜之學。張華,晉人也,漢之宫室千門萬户,其應如響,時人服其博物,此非博物之效也,見《漢宫室圖》焉。武平一,唐人也,問о魯三桓、鄭七穆,春秋譜系無有遺者,時人服其明《春秋》,此非明《春秋》之效也,見《春秋世族譜》焉。蕭何,刀筆吏也,知漢一代憲章之所自,歆、向大儒也,父子紛争於言句之末,而失其學術之大體,劉氏之學,意在章句,猶逐鹿之人意在於鹿,而不知有山,求魚之人意在於魚,而不知有水。嗚呼,圖譜之學絶紐是誰之過歟!漁仲之意蓋

深以劉氏不及此事爲不當也。吾朝藏書，秘文逸典，次第而出，獨所謂圖
寥寥，十不得一，此王公《三才圖會》之所由作也。次有玉峯顧秉
謙序，次有萬曆丁未王圻自序。總目，天文四卷、地理十六卷、人物
十四卷、時令四卷、宮室四卷、器用十二卷、身體七卷、衣服三卷、人
事十卷、儀制八卷、珍寶二卷、文史四卷、鳥獸六卷、草木十二卷。
半葉九行，行二十二字。王氏所著書，吾家藏者有《續文獻通考》
及《謚法考》。《通考》白棉紙，佳墨，刷工殊精，當是家中早印本。
《謚法》則紙燥而墨浮，近於坊賈所爲，或後來不甚經意者。祁文
友，字蘭尚，《過王園看花詩》"千株紅紫鬭芳研，春到頻添酒債錢。
任是打門官吏急，公家不稅種花田。筆硯精嚴簡編環，列對花命酒
搦筦"。著書比宋子京之美人紅燭，尤樂事矣。

## 山海經十八卷畢氏刻本，楊氏手校。

　　清新城楊希閔匯校本，楊有題識，照錄如下：吾所見《山海經》
凡四本，吳任臣廣注本、畢秋帆校正本、郝蘭皋廣疏本、沈沃田點閱
本。吳啓菙路功，固不細微，嫌説薈譚叢，徵引龐雜，無關大義，反
失簡嚴。畢殫疏通，厥績閎偉，形聲假借，不乖古義，闢此書之康
塗，袪小儒之煩惑，今即以爲柢本。郝有補苴，卻多因襲，有全用畢説
不著名者，其著名十三四耳。間有糾正出畢外者，如獲珠船也。沈本止
點圈，文字無詮釋，顧旨趣張皇，亦益人神智。今合校之，錄各本於
畢本上，皆著明某氏，惟沈本點圈則否，有所見以閔案別之。此書
舊説以爲志怪小説之屬，今得諸家疏通，頓成佳勝，雖非地理正書，
以之輔翼《禹貢》《職方》，譬之《爾雅》之後又有《釋名》《廣雅》也。
此書舊説謂禹、益紀述相傳，然無碻證也，中及文王事與秦漢地名，
則謂劉秀輩遞有附益，亦想當然。大概此書秦漢間人作，而淵源則
自上古，如《素問》《靈樞》亦秦漢間人作，其稱《黃帝歧伯問答》，

淵源亦自上古也，必欲指人以實之固矣。注此書者有一病，經言其
草如葖，其狀如龍骨，其實如楝子、如赤菽，其葉如葵者，蓋如之云
爾，非真是物也。吳注徑以九者釋爲真物，失之遠矣。此書宜有
圖，而自晋唐來已佚之，吳本有圖，出明人意繪不足据，姑附卷末。
郭注外又有圖讚，文義斐然，郝本有之，今亦附後。同治四年歲次
乙丑六月二十五日，江西新城楊希閔息齋書。初用靛筆録吳本，及
隨見各家<sub>無專書，雜見文集者</sub>。與己説附刻，則壹以某氏爲別，不分色
筆。<sub>畢本凡沇曰，改爲畢氏曰，符全書例</sub>。吳任臣字志伊，仁和人，撰《山海
經廣注》。沈大成號沃田，有《山海經》點閱本。畢沅號秋帆，鎮洋
人，撰《山海經新校正》。郝懿行號蘭皋，棲霞人，撰《山海經箋
疏》。以上皆楊氏題記於書上者也。伯虁按：畢氏校注，分考正篇
目、考正文字、考正山名水道，自言涉歷五年，始藏此業。孫氏星衍
謂，見畢氏此書，乃將自撰之《山海經音義稿》毀棄之。吳氏所撰
無甚義例，讀此書當再檢視郝氏本爲宜，後起者勝固常理歟！此書
神話性質小説規模，自是先秦相傳以來之古本，或以爲古世巫書，
亦有理也，蓋書中所記祀神之物，多用稰與巫術合，此外則秦漢間
加以傅益。前人謂新城楊卧雲明經希閔，嘗主講臺陽海東書院講
席，平生著作甚多，其彙集宋元明名儒名臣事蹟，取《孟子》答曹交
"子歸而求之有餘師"之義，名其書曰《餘師録》，《前集》十四卷，
録名儒；《後集》十卷，録名臣。《續集》八卷，前四卷補録名儒，後
四卷補録名臣。光緒四年，太倉孫太守壽銘有福州刊本，則其人固
勤於點勘、編輯者也。

### 玉壺清話十卷<sub>明范氏天一閣寫本。</sub>

　　宋釋文瑩撰。文瑩字道温，錢唐人。《文獻通考》引《郡齋讀
書志》以爲吳僧，今檢晁《志》，則無吳字。《宋藝文志》《郡齋讀書

志》《書録解題》《文獻通考》均題《清話》之名，惟《絳雲樓書目》《讀書敏求記》均題爲《玉壺野史》，蓋舊有此稱。清《四庫提要》謂元人《南溪詩話》已如此，伯驥有此書，爲前明正德刻本，題《南溪筆録群賢詩話》，分前、後、續三集。是其證矣。《四庫全書》著録者亦以《野史》爲題，蓋據兩淮采進本也。《敏求記》著録此書爲抄本，出自牧齋，謂稗官家罕刻，是書行間誤脱字，牧翁一一補録完，蓋居榮木樓時手校本。後來藏家如吳氏繡谷亭、惠氏紅豆山房均屬寫本，黃蕘圃曾藏毛斧季校本，及宋刊元人補鈔本，黃氏嘗取《津逮秘書》本校之，知毛刻尚多訛脱，謂其當日付梓，尚未見及此等舊本，王氏《春融堂集》卷四十五，有此書宋本題記，謂刊於臨安太廟前尹家書籍舖者，未審與蕘圃之宋刊元人補鈔本，有無異同。至於杭州丁氏八千卷樓，有明抄《湘山野録》而無此書，故近世惟《津逮》及鮑氏叢書本流傳最多，宋、明舊刻固渺不可得，明鈔本亦等於祥麟威鳳矣。此本爲四明范氏寫本，且有堯卿先生題字，彌可貴也。前有文瑩自序，略云，玉壺者，隱居之潭也。文瑩收古今文章著述最多，自國初至熙寧間，得文集二百餘家數千卷，其間神道碑、墓誌、行狀、實録及奏議、碑表、野編小説之類，傾十紀之文字，聚衆學之醇郁，君臣行事之蹟，禮樂寶章之範，惜其散在衆帙，世不能盡見，因取其未聞而有勸者，聚爲一家之書。及纂《江南逸事》，並爲李先主昇立傳。古之有史者必欲其傳，無其傳則聖賢治亂之迹，都寂寥於天地間。末題餘杭沙門文瑩湘公草堂序。伯驥按：自古詩僧最多，能文者少，宋之契嵩、元之圓至，其文佳矣。至留意朝章、國故者則絶少其人。文瑩於熙寧中，既在荆州金鑾寺撰《湘山野録》，復於元豐戊子編述此書。明成化間，尹直等奉敕編纂《續宋元資治通鑑綱目》，辨宋太祖、太宗傳禪之誤，曾引《野録》以證李燾之非，則文瑩所述可與史傳印證者，當不尠其事。此書體例與《野録》略同，以之肩隨，實爲璧合。蓋留心當代

故事,泂方外之士之翹然特出者也,惟文瑩談詩之語,張氏魯巖
《所學錄》辨正已有多條。范欽,字安卿,又字堯卿,號東明,鄞人。
嘉靖壬辰進士,官至兵部右侍郎,天一閣主人也。《山海經》謂東
有山曰勾餘,實維四明,蓋浙河以東山水名天下,四明為最。而四
明山東屬鄞,東南屬奉化,東北屬慈谿,西連紹之餘姚、上虞、嵊三
縣,南接天台,北包翠碼,最高有四穴,以通日月之光,故號四明,而
東四明脈七十峯之正派為鄞,又有東明山,黄東發、方達材諸賢曾
讀書于此。見《鄞縣志》《四明文獻集》、全祖望《東四明山脈說》、
徐兆昺《四明談助》等書。堯卿所居適在此山之東,故別自號東
明,實由於此,是以《閣目》所列,如《三場文海》則捺“東明”二字
章,《周易古經》則捺“東明草堂章”,《譚苑醍醐》《寇忠愍公詩集》
《曲洧舊聞》等書則捺“東明山人章”,《乾坤變異錄》則捺“東明外
史章”。此書題識一則曰東明,再則曰東明山人,亦捺章之前例
也。范閣舊本,吾家所得亦有多種,然有其題記者頗少,檢《閣目》
亦少有識語,惟史部著錄之《史通》則有之,略云,是本蓋第三刻
者,萬曆四年二月借他本校之,稍有更正,刪去諸序,視沈本為勝,
然宋本所具者固闕也,因增正之,更取從子大澈宋刻抄本檢對,亦
有更定。昔人云校書如掃落葉,逾掃逾有,泂然。史部第十二葉。吾
家藏有東海藏書樓傳錄庫本宋俞文豹《吹劍錄外集》,其末亦有范
氏識語云,是書余借之揚州守芝山,冗病相纏,禿置几閣亦且數月。
夏五下旬乃抽閑錄之,四日而就。念予善忘,擲筆固不能一一憶
也。辛亥歲,甬東范欽識。是堯卿不特家有寫官,且手自繕校矣。
館臣脩書,往往乙去前人序跋,而此跋不乙者,毋亦珍重司馬遺蹟
歟!上云《閣目》,係據阮氏編本,檢焦氏《經籍志》,有《四明范氏
書目》二卷,范欽撰,或曰其家另有書目,不以示人,今所傳者,特
贗本耳。清乾隆間,沈叔埏《頤綵堂集》又云,《范目》有五千種書

之本，不分門類，不加詮次，祕册絕少，而先牛亥豕，又參錯其問，當
屬尋常官簿，此兩本今不傳，故以阮本爲據也。大澂字子宣，以太
學生再試不第，補鴻臚寺序班，凡七奉璽書，進秩二品。所過名山
大川，留覽題咏，傳于一時。性酷嗜鈔書，與里中賢士大夫品書題
畫，垂二十年，卒年八十七。初，司馬公歸里，于宅中起天一閣，藏
書極浙東之盛，子宣數從借觀，司馬不時應，子宣怫然，益徧搜海内
異書秘本，不惜重價購之，充其家。凡得一種，知爲天一閣所未有，
輒具茗酒佳設，迎司馬至其家，以所得書置几上，司馬取閱之，默然
而去，其嗜奇相尚若此。子宣有從子名汝梓，字君材，官南漳府知
府，性嗜學，所積四部與司馬鴻臚略等，博學好文，著有《落迦山房
集》。見《甬上耆舊傳》。近世葉氏《藏書紀事詩》曾據《鄭寒村
集》以著大澂之好書，而未及此事，故備述之。此書藍格寫本，半
葉九行，行二十字。第五卷後，堯卿墨筆題字云，此五卷得於蘇之
書儈家，爲妄人删節，中有塗抹，乃令書史録出，遂爲此帙。蓋嘉靖
二十六年秋中，東明山人識。第十卷後，堯卿題字云，嘉靖二十五
年秋七月，余從吳門方山吳君岫借録後五卷，於是爲完書矣。東明
識。第十卷後，別有一行題字云，傳海内者止五卷，岫訪於松江士
人家，得十卷。皕宋樓藏有吳翌鳳校本，云此書前明止傳五卷。吳人吳岫訪得後
五卷，乃成完書。第五卷後又有題記去，此五卷多與知不足齋本一本作
某。同，較鮑刻本佳處，尚有數則。第十卷後有題字云，辛丑仲春
重來京師，過琉璃廠脩文堂，坊友以此本見示，並云此真明鈔，自去
歲收得，未敢示人，子能得之否？問其值，則白金六星，予因買之。
歸以知不足齋本對勘，此本脫落、舛錯時復不免，然往往與知不足
齋本所云吳本作某合，此本出於吳鈔，蓋可知也。又云此本一卷至
五，又與知不足齋本一本作某者多同，則此本定爲明鈔本，亦確然
不拔矣。孝劼記。伯驥按：錢氏《列朝詩傳》云，百年以來，老生宿

儒起於古學衰落之餘，笥經蠹書往往有之。吳岫方山非通人也，聚書逾萬卷。又黃氏《千頃堂》著錄《姑山吳氏書目》一卷，即方山簿錄，蓋嘉靖間藏書家也。孝劼名寶康，滿洲人，官至知府，爲祭酒，盛昱女夫。酷好經籍，當時有冰清玉潤之譽。上元鄧氏近刻書目著錄明本《蔡中郎集》有其點勘。又有鈔本《歷代職官表》，前爲半聾道人藏，有孝劼題記，稱道人與文治庵、錫厚庵相友善，同時爲琉璃廠三友，皆滿洲世冑，皆知好書。今之富兒，惟嗜賭博煙酒，可勝浩歎云云。於此可見孝劼平時耆書之癖矣。吾家藏范氏《天一閣集》三十三卷，明刻本，得自揚州吳氏測海樓，當再詳之。

## 程史十五卷 明刊本，謝在杭舊藏。

　前題相臺岳珂著，雲間陳文東批點。前有嘉靖乙酉桐溪錢如京重刊序，略云，今淛臬司故宋岳武穆王故宅也。嘉靖癸未，予來總司事，循其遺跡，則水監之亭、孝娥之井存焉，而金陀之編與《桯史》諸典籍足徵也。用是錄《桯史》校而刊之，因以觀宋治之概，亦以昭岳氏有人也。次有成化十一年建安江沂題記，略云，《桯史》一書所載，皆當時史書不及收者，暨時達詩文、世俗謔語，或倔奇峻怪之事，不純於史體，故曰《桯史》。舊板刻於淛之嘉興，脫落既多，訪求未見其全者。近奉朝命來按廣東，大參劉公欽謨問學該博，良由富蓄，忽出善本，嘗經陳文東批點者，遂命翻登諸梓。卷末附岳鄂武穆王本傳，共二十四葉，傳後附武穆詩文、岳珂《經進百韻詩》《籲天辯誣通叙》，及他人文字數篇，祝鑾、潘旦跋並刊於後。半葉十行，行二十字。卷首有"謝在杭藏書印"朱文長方形章、"遠山樓"長方形朱文章、"見山子印"小方形章、"閩方子端父印"白文方形章，當爲前明謝肇淛遺本。肇淛，字在杭，長樂人。萬曆壬辰進士，官至廣西按察使，歷左布政使。見朱氏《明詩綜》

小傳。至其著作，清《四庫》著録《滇畧》《北河紀》兩種，而《史觿》
《長谿瑣語》《方廣巖志》《文海披沙》《游燕集》則存目。杭氏《榕
城詩話》則述其《小草齋》《下菰居》《東蠻江》諸集外，又有《五雜
俎》《西吳枝乘》《百粵風土記》《支提山志》《郡國職林考》各書。
明世閩人藏書家，如曹學佺能始、徐燉興公均有名，在杭蓋同蜚清
譽者也。

## 清波雜志十二卷別志三卷知不足齋寫校本。

　　宋周煇撰。煇字昭禮，邦彦之子，祖居錢唐，至煇始遷淮海，曾
試宏詞，奏名。《宋志》祇載《別志》二卷，當是脱去《雜志》，而誤
三爲二。自序作於紹熙壬子，畧謂煇早侍先生長者，與聆前言往
行，有可傳者。歲晚遺忘，十不二三，暇日因筆之。時居都下清波
門，目爲《清波雜志》。越三年又裒《別志》三卷。自序謂煇嘗作志
十二卷，復省記平昔見聞，尚多遺佚，乃成此《別志》三卷。清《四
庫提要》謂其書多記兩宋間君臣舊事，並家世舊聞及一人涉歷，而
雜説瑣聞亦參錯其間。煇曾祖與王介甫爲親，故書中頗回護荆文，
然於當時之賢士大夫，亦不至詆斥譏評，猶存三代之直道，説者謂
可補史事遺缺。伯驥按：館臣之言，實本于方回，而不詳其所自，蓋
回詆煇所著《清波雜志》推尊介甫爲非，故館臣述之於《提要》中。
然今觀二志不滿介甫之處正多，不盡如回所言，正不得援引王明清
《揮麈録》多爲曾布解免相比。回之言固誤，而館臣讀不終編，遂
隨意掇拾，亦可謂疏舛之尤矣。鮑氏知不足齋刻本，前有紹熙癸丑
古括張貴謨序，後有紹熙丙寅曹炎跋，而鮑以文之跋亦附録焉。此
爲知不足齋寫本，篇中多以文朱筆校勘，極爲精細，殆刻書時底本
歟！鮑廷博，字以文，一字淥飲，歙人，居杭州，刊《知不足齋叢
書》。高宗題書内《唐闕史》卷首云，“知不足齋奚不足？渴於書籍

是賢乎！長編大部都庋閣，小説卮言亦入厨”。嘉慶間年八十，因進叢書二十六集，賞給舉人。鮑嘗爲陽夕詩，人呼鮑夕陽。阮氏贈句云“清名即是長生訣，當世應無未見書”。以文富收儲，校書最多。伯驥所得有數種以文手寫者，有宋蘇洞《泠然齋集》，書法健勁，想見老人神態。此集予得之杭州。

## 山居新話東園友聞不分卷<small>舊鈔本，<br>吳漫士、黃蕘圃手校。</small>

前有吳漫士、黃蕘圃墨筆手記。吳記云，乾隆丙午五月，買得此本。閲月，借松陵楊慧樓進士藏本校對，補録前後序文，並卷尾脱葉，可稱完本矣。慧樓淡於功名，鈔撮元人説部甚多，又集前賢翰墨，爲《昭代叢書續編》，振奇好古，近日鮮有其人矣。并書於此，亦樂吾道之不孤云。漫士記。黃記云，楊瑀《山居新話》四卷，夏頤《東園友聞》二卷，錢少詹《補元史藝文志》曾收之，頃從坊間買得此二種，是合裝者，皆舊鈔，然俱無卷數，案其文義，非不全者，當是傳本之異。至楊瑀書《四庫》亦收之，夏頤書則未有也。《山居新話》，錢作新語恐誤。蕘翁識。前清周中孚《鄭堂讀書記》亦有此二書，惟《山居新話》則作《山居新語》，係據《知不足齋叢書》本著録。其《提要》云，瑀字元誠，杭州人，天曆間擢中瑞可司典簿，官至中奉大夫、浙東道宣慰使都元帥。是書乃其於至正庚子致仕以後所作，故曰《山居新話》。前有楊鐵厓序，稱其備古訓，類《説苑》，摭國史之闕文，類《筆語》。其史斷詩評，繩前人之愆。天菑人妖，垂世俗之警。視妖詭婬佚，敗世教者遠矣。今觀其書大致似陶南村《輟耕録》，而所記亦頗不猥雜，誠有益於世道，有資於談柄，有助於信史，且有裨於考證，實非陶氏書所可及也。末有自撰後序，《説郛》所載僅節録本云。《東園友聞》一卷，鄭氏則據陸氏

《古今説海》本著録，其《提要》云，此書不著撰人名氏，《四庫全書》存目。按：明正德間，華亭孫景周道昌有《東園客語》一書，皆録名人嘉言懿行，及遷代聞見諸事，於每條下各標其名，凡三十人，皆元之遺老。其書本五十峽，散佚不全，僅存一卷，作僞者剽剟其書，改題此名，陸思豫不知而誤收之，所載凡二十三條，未知有所刪節否。陶珽所增《説郛》僅刪存十條，《歷代小史》則刪存十六條云。伯驥按：《山居新話》極稱道高克恭之爲人，今檢鄧文原《巴西集》，稱克恭字彦敬，其先西域人，後占籍大同。至元十二年由京師貢補工部令史。又王逢《梧溪集》卷五，稱其經理田糧，致甌、婺小梗，遂焚經理册，罷免，民頌其德。又王士熙《高尚書畫跋》，稱其官刑部時，侃侃有所建白，言子不得證父，妻不得證夫，奴不得訐主，著爲令格。則楊氏之書，固非游談無根者可比也。

## 輟耕録三十卷 明成化刻本。

明陶宗儀撰。前有成化十年歲舍甲午協正庶尹國志總裁直文華殿賜一品服改掌南京翰林院事華亭錢溥序，略云，陶九成先生，天台人。少負儁才，一不利於場屋，遂棄去，而來隱於松南横泖之上，故自號南村。著述甚富，而《輟耕録》其一也。紀事必關節義、忠孝之大，纂言必極制度，文爲之詳，幽怪類《左氏》而不誣，風刺合《韓傳》而不妄，博非《六帖》之繁，約有一覽之要。惜傳寫訛舛，久失其真。近得陝右白公大本，由内臺守吾松之又明年，訪求得先生的本，乃質於督學侍御史浮梁戴公廷珍覽而是之，刻置郡横而囑予序。夫史自漢唐以來，莫詳於宋，莫略於元，詳多失之不同，略故病其不足。先生於宋則傳而聞，於元則見而知，故能得其實也。次有至正丙午江陰孫大雅序，次有青溪野史邵亨貞疏。孫序略云，南村田叟陶九成著書三十卷，凡六合之内，朝野之間，天理人事，有關於風化者,皆采而録之,非徒作也。然又能不忘稼穡艱難,蓋有取於聖門餧在其中、禄在其中之旨,乃名之曰《南村輟耕録》。朋游間,咸欲爲之版行,以備太史氏采摘,而未有倡首之者,於是僭爲疏引,以伸其意。次《南村先生傳》,孫作撰。次總目,卷四後第十五葉加刻三葉,其文云《輟耕録》發宋諸陵事未備。謹案元世祖二十一年甲申,桑哥爲相,與江南浮屠總攝楊璉真珈相表裏,嗾僧嗣古妙高上言,欲毀宋諸陵。明年乙酉正月,桑哥矯制可其奏,於是發諸陵,實利其殉寶也。又裒諸帝遺骼建白塔於杭故宫,曰鎮南,以厭勝之,截理宗頂以爲飲器。未幾,髠胡事敗,飲器亦籍入於官,以賜帝師。發陵時,義士唐珏玉潛雷門先生與尚書省架閣林景熙竊痛之,陰相躬拾不盡遺骨,葬別山中,植冬青爲識,遇寒食則密祭之。珏後獲黄袍引兒報德之夢,果生子璜爲名儒。羅雲溪爲傳其事,謝翱爲作《冬青引》。珏又有《感雷震白塔詩》曰"冬青花,不堪折,南風吹涼積香雪,搖搖華蓋萬年枝,上有鳳巢下龍穴。羊兒年,犬兒月,霹靂一聲天地裂"。其後至正十九年,張士誠遣人守杭,壞白塔甃城,塔亡而元亦馴至於亡矣。洪武元年,高皇帝遣人索飲器於西僧,後命啓瘞南歸,藏諸舊陵。是録所載重複,或又不免傳疑。今據史臣宋景濂諸説,訂補其未備。成化己丑中秋,華彦彭緯識。此爲成化本之證,半葉十行,行二十二字。

## 琅邪代醉編四十卷 明刊本,盧德水舊藏。

前題姑蘇張鼎思睿父父輯,暨陽陳性學所養父校。鼎思字睿父,長洲人。萬曆丁丑進士,官至南京太僕丞。在滁州琅邪時,雜鈔諸史百家之言,臚次成書,名曰《代醉編》。歐陽修在滁州時有醉翁亭,鼎思適官其地,以著書代飲酒也。《四庫提要》譏其體例龐雜,然"三水小牘"一條,即他書所未見,披沙采金不可謂中無金,則其書又未可廢也。前有陳氏序,略云,余年友憲副張公睿父,姑蘇之秀,奮羽南宮,讀書中祕。尋爲諫垣長,諤諤讜言,風生丹陛。已而忤執政落職,稍遷留都冏丞,丞故閑秩,署在滁陽,琅邪其州鎮也,茂林翁蔚,叢石蟠踞,紆迴而南,亭曰醉翁,蓋歐陽永叔謫官時觴詠于此,芳標在焉。公牧政之暇,慕其風,想其人,每從僚長躐屐探奇,盤礴於澄潭峭壁之上,恍乎吏隱矣。乃消暑陶情,則嘗對几青山,取賦頌、圖經、傳記、小史百家言,寓之目而獲我心者,悉引毫囊括之,旷分臚列,凡四十卷,命曰《琅邪代醉編》,倣醉翁意也。萬曆二十五年,澗暨陽陳性學所養父序於閩臬之澄清堂。按:清乾隆間《抽燬書目》謂此書内卷十二《書契》一篇,元氏有天下與中國異等句,語極偏謬,應請抽燬。是此書曾煩當日諸公之開讀矣。半葉十行,行二十一字。卷首有朱文"南村病叟"、"杜亭亭長"長方章。按:盧見曾《漁洋感舊集小傳》云,盧世㴶字德水,別號紫房,山東德州人。天啓乙丑進士,授户部主事,知世將亂,無意仕進,請歸養母。母歿,服闋補禮部,旋改御史,巡視漕運,移疾歸。入本朝,即家拜御史,徵詣京師,以疾不起,卜居平原,自號南村病叟。有《尊水園》等集。公早負海内聞望,與虞山錢宗伯牧齋齊名,詩以老杜爲宗,著《讀杜私言》《杜詩胥鈔》。牧齋亦云,余爲《讀杜箋》,應盧德水之請也。《精華錄》論詩絶句,"杜家箋註太紛拏,虞、趙諸賢盡守株。若爲南華求向、郭,前惟山谷後錢、盧"。然與漁洋宗派不同,故所選止一首。又《鄉園憶舊錄》卷四云,德州尊水園,盧户部德水先生所築也。先生酷嗜杜詩,請某鉅公爲杜作箋,園内築杜亭,自稱杜亭亭長。其園後爲田中丞蒙齋所有,移居時作詩以祭南村,齋署盧齋,亭仍杜亭,作四六一篇甚佳。據此三書,則此本當是盧氏遺物,《尊水園集》中,多有爲書題跋之作,書多手寫,故近日山東圖書館刊特表章之。

## 文海披沙八卷 日本舊刻本。

　　明晉安謝肇淛撰。肇淛小史已畧見《榁史》中。此本前有日本寬文三年洞津魚目道人序，畧云，謝在杭《五雜俎》膾炙於世，而《文海披沙》，思一覩其書而不得，後看《百川學海》收載此書，但抄數段而已。此書本因海舶不多齎來，本邦未有刻者，今掃水先生梓以與同志，而予躬校正之勞。次有萬曆間焦竑序，謂研味此書有三益，蓋殫力錯綜，隨方滲漉，即《皇覽》《要略》未易擬倫，而秘府太常靡不捃摭，可以折群言之衷，望果然之腹，一也；古典人所屬心，而時事罕或載筆，乃遇見瞥觀無不疏記，可以備當代之文獻，廣方來之耳目，二也；語怪徵奇曲士所紬，而窮幽極異罔羅不遺，徵感應之不虛，激中人之爲善，不藉弼刑默禆世教，三也。次有萬曆己酉陳五昌序。此本畧有掃水校釋之語，如卷一笟岸一條，在杭引《風俗通》載豫章徐孺子爲太尉黃瓊所辟，初不答命。瓊薨，既葬，負笟岸涉，齎一盤醊，哭於墳前。無有謁刺，事訖去。原書祇如此，而無所考訂。掃水則於卷一目錄後有識語云，笟岸恐誤。篏弇，簊同筥，弇同奔，負筥奔走，跋涉也。謝標二字，何沒説耶？又曰，《風俗通》收之《愆禮》，按禮知死不知生，傷而不弔，徐子或不識子琰，則何須問勞，應劭之糾之，何也？謝蓋欲辨駁不及也。伯驥案：錢氏《養新錄》卷十四云，盧召弓學士嘗寓書問《風俗通義・愆禮篇》載徐孺子子負笟岸涉，齎一盤醊。笟、岸二字何義？予答云，此必算字之訛。《史記・鄭當時傳》其餽遺人，不過算器食。徐廣云，算，竹器也。算與匴同。《説文》，匴，淥米藪也。《士冠禮》爵弁皮弁、緇布冠，各一匴。注，匴，竹器名。本算字誤，分爲兩字，遂不可識矣。此與掃水之説不同。

## 太平廣記五百卷目録十卷<sub>明寫本。</sub>

　　宋翰林學士中順大夫户部尚書上柱國賜紫金魚袋李昉等
編，與昉同修者計十二人，爲扈蒙、李穆、湯悦、徐鉉、宋白、王克
貞、張洎、董淳、趙鄰幾、陳鄂、吕文仲、吴淑。此書凡分五十五
部，所採書三百四十五種，古來遺軼瑣事賴之而存。卷前列昉
《進書表》，附列同修諸臣銜名，及引用書目并《目録》。《表》云，
臣昉言，臣先奉勑撰集《太平廣記》五百卷者，伏以六經既分，九
流並起，皆得聖人之道，以盡萬物之情，足以啟迪聰明，鑑照古
今。伏惟皇帝陛下體周聖啟，德邁文思，博綜群言，不遺衆善，以
爲編秩既廣，觀覽難周，故使采摭菁英，裁成類例。惟兹重事，宜
屬通儒。臣等謬以謏聞，幸塵清賞，猥奉修文之寄，曾無叙事之
能，退省疎蕪，惟增靦冒。其書五百卷，並《目録》十，共五百十
卷。謹詣東上閤門，奉表上進以聞，冒瀆天聽。臣昉等誠惶誠
恐，頓首頓首謹言。《玉海》引《會要》云，先是帝閲類書門目紛
雜，遂詔修此書。興國二年三月，詔昉等取野史小説集爲五百，
二年八月書成，號曰《太平廣記》。六年，詔令鏤版，自《廣記》鏤
本頒天下，而言者以爲非學者所亟，於是收墨版藏太清樓。明嘉
靖丙寅，都察院右都御史致仕十山談愷校刊附記曾論及之，並謂
《崇文總目》不及《廣記》，鄭樵乃以爲《御覽》中別出《廣記》，誤
兩爲一，傳世甚罕。因與秦次山、强綺塍、唐石東同校，尚闕嗤鄙
類二卷、無賴類二卷、輕薄類一卷，酷暴類闕胡渭等五事，婦人類
闕李誕等七事，今從別本鈔足云。此本藍絲欄，小字鈔寫，蓋出
明世，或從談氏刊本過録。

# 三國志通俗演義二十四卷

明嘉靖壬午刻本，潘榕皋舊藏。

　　前題晉平陽侯陳壽史傳，後學羅本貫中編行。貫中，元末杭州人，名本，以字行。性喜編撰説部，流傳於後世者，以《三國志通俗演義》《説唐》《粉粧樓》等爲有名。《水滸傳》自七十回以後，金聖嘆人瑞亦以爲貫中手筆。《平妖傳》又稱《三遂平妖傳》，全四十回，相傳亦爲貫中作。明馮夢龍補叙宋文彦博討平妖人王則事，文境詼詭，用意奇幻，亦佳作也。前人謂明代神怪小説實導源於此，廖燕撰《金聖嘆傳》，謂金所評《離騷》《南華》《史記》《杜詩》《西廂》《水滸》，以次序定爲六才子書，俱出手眼。金昌叙聖嘆《杜詩解》及無名氏《辛丑紀聞》，所列六才子，次序與廖氏説異。今刻《三國演義》有聖嘆序，則定爲第一才子書，近人考定爲清初毛宗岡僞託，至廖氏所撰傳，則見《柴舟集》中。日本印本，吾家有之。此種演義，凡一百二十回，回分上下，得二百四十回，起漢靈帝中平元年，終晉武帝太康元年，共九十七年，除采正史及注以及稗史外，每多臆見。明季有鍾伯敬、李卓吾評本，今不多見，通行本則毛氏得舊本而竄改之者也。若明人所撰之劇曲有名《錦囊記》者，演諸葛亮以錦囊三策授趙雲，亦本演義而來，史志固無此事，此又羅氏之支流餘裔也。按：宋人語録，每以俗語解經，朱之瑜云，宋儒語録多用方言，宋儒多豫人，方言多豫語。見《舜水集》。元監察御史鄭鎮孫撰《直説通略》十卷，取司馬氏《通鑑》以俗語衍之，與小説無異，今猶有傳本，可知研經緯史用通俗語言，前人已開其端，羅氏實沿其例。前有嘉靖壬午孟夏吉望關中修髯子序，略云，客有問於余曰，劉先主、曹操、孫權各據漢地爲三國，史已志顛末，傳世久矣，復有所謂《三國志通俗演義》者，不幾近於贅乎？余曰，否。史氏所志事詳而文

古,義微而旨深,非通儒宿學,展卷間鮮不便思困睡。故好事者以
俗近語隱括成編,俗天下之人入耳而通其事,因事而悟其義,因義
而興乎感,不待研精覃思,知正統必當扶,竊位必當誅,忠孝節義必
當師,姦貪諛佞必當去,是是非非了然於心目之下,裨益風教廣且
大焉,何病其贅耶?客仰而大噱曰,有是哉!子之不我誣也。是可
謂羽翼信史而不違者矣。簡帙浩瀚,善本甚難,請壽諸梓,公之四
方可乎?余不揣譾劣,原作者之意,綴俚語四十韻於卷端,庶幾歌
詠而有所得歟!於戲,牛溲馬勃,良醫所珍,孰謂稗官小説不足爲
世道重輕哉!其所謂四十韻,頗多諷刺,中有云,“人言三國多才
俊,我獨沉吟未深信。鷹太騫騰麟鳳孤,四海徒令蹈白刃。天假數
年壽孔明,山河未必輕歸晋。此編非直口耳資,萬古綱常期復
振”。次列《三國志》宗僚二十葉,蓋《演義》中三國人之小史也。
蜀之費禕,爲魏降人郭循所刺殺事,見《三國志》本傳。而陸氏《入
蜀記》乃據俗傳,謂禕飛升於黃鶴樓,後忽乘黃鶴來歸。未加駁
正,是宋人已有正史外之傳説。又沈氏濤《交翠軒筆記》,述東坡
集記王、彭論曹、劉之澤云,涂巷小兒薄劣,爲其家所厭苦,輒與數
泉,令聚坐聽説古話,至説三國事,聞玄德敗,則顰蹙有出涕者,聞
曹操敗則喜躍暢快,是北宋時已有衍説三國野史云云。蓋平話盛
行於宋元之世,《武林舊事》有演史、説經諢、經小説、説諢話四科,《永樂大典》有
平話一門,所收至夥。明《晁氏寶文堂書目》著錄平話八十餘種。《堯山堂外紀》杭州
瞽女唱古今小説評話,謂之陶真。《七修類稿》淘真本起處,每曰太祖、太宗、真宗帝,四
祖仁宗有道君,可知陶真之名,自宋始矣。蓋評話即以自話在道塗間陳説,不用樂器彈
唱。陶真既云唱,當必如彈詞演出,蓋彈唱兼施也。以話言通俗,既流行於茶
坊酒肆之間,復傳播於谿父園公之口。宋吳自牧《夢粱錄》所記之
小説人,蓋以口舌摹寫,今所傳之演義,則以簡牘形容,而其爲用則
一也。此書爲元羅氏所創作,今日最古之本,則有元至治間建安虞

氏所刊《全相平話三國志》，明弘治甲寅，羅本亦有善槧。此爲嘉
靖壬午開雕者，行格與弘治本同，當以前刊爲祖本，而其序則云，善
本甚艱，想其時弘治本已不可多得，年閲數百，今此本亦不易求，坊
肆通行者，板皆漫滅，蓋多陋刻，明人善本殆稀如星鳳矣。羅氏此
作，原甚風行，故明末李定國、孫可望並爲賊，其後定國殉身緬海，
人亦謂其受《三國演義》之影響。清太宗崇德四年，命大學士達海
譯是書，順治七年告竣。清初，滿洲武將不識漢文者，類多喜讀此
書。魏源《聖武記》謂乾嘉中，紫光名將海額諸人，皆嘗得力於此。
順治七年正月，頒行清字《三國演義》，蓋爲關聖起見。論者以爲可比明文淵閣之《黄氏
女書》。《黄氏女書》則爲念佛其揆一也。其餘如三國英雄之遺事，流傳於
羣衆之談塵者，亦多根據於《演義》焉。甚至士夫且有以《演義》爲
正史者。《三國志·龐統傳》云，先主進圍雒縣，統率衆攻城，爲流
矢所中，卒。按：統致命處在鹿頭山下，今其墓尚存，而《演義》載
統進兵至此，勒馬問其地，知爲落鳳坡，驚曰，吾道號鳳坡，其不利
於吾乎？落鳳坡之稱，蓋小説家妝點之辭，而後人遂名其地。王氏
士禎詩中有吊龐士元之作，竟以落鳳坡三字著之於題，前人所笑爲
謬誤者也。王氏《柳南續筆》，“既生瑜，何生亮”？二語出《演義》，實正史所無。王
漁洋《古詩選凡例》《尤悔庵滄浪亭詩序》並襲用之。清雍正間，有某侍郎保舉
人才，引孔明不識馬謖事，清憲宗責其不當以小説入奏，責四十，仍
枷示焉。見《竹葉亭雜記》。又嘉魚劉氏撰《奇觚室吉金文述·跋
五牧鋸》云，關王青龍偃月刀，一名冷艷鋸，可知鋸亦是兵器。不
意金石書中乃引及《演義》。《竹葉亭雜記》又述，乾隆初，某侍衛
擢荆州將軍，人賀之，輒痛哭。怪，問其故，將軍曰，此地以關瑪法
尚守不住，今遣老夫是欲殺老夫也。此蓋熟讀《演義》而憒憒者。
瑪法，滿洲語呼祖之稱，此則尤可笑也。《東荒民俗見聞瑣記》魚皮達子俗
畏熊虎，稱虎爲瑪法，稱熊爲黑瑪法，漢語老爺之意。此書所列宗僚第二葉云，

關某，字雲長，河東解良人。官至壽亭侯前將軍，去漢而云壽，實不可通。宋洪邁《漢壽亭侯辨》謂，建炎二年，復州寶相院於土中得一印，文曰“漢建安二十年壽亭侯印”，漢壽地名，不應去漢字。雲長以五年受印，不應在二十年。伯驥按：秦法，十里一亭，亭侯乃侯封之最下者。《漢楚春秋》，高祖封許負爲鳴雄亭侯，《漢桓帝紀》封尹勳等七人爲亭侯是也。若亭長不過主亭之吏，《漢書》高祖爲亭長一段，其註甚明。《陳眉公祕笈》中，有謂漢壽亭侯即亭長者，則誤之甚矣。漢獻帝建安二十四年，關侯失事，前人於此事多痛惜之詞，謂當關侯之攻曹仁於樊也，降于禁、殺龐德，威振華夏，曹操且欲遷都以避其鋒，奈孤軍獨立，孫氏謀其後，曹氏謀其前，而司馬懿、蔣濟輩亦復算無遺策，以一人而揸拄于兩大敵之間，處處入於坎窞而不覺。南郡既破，進退失據，而時勢遂不可爲。《演義》於此節亦有摹寫。方氏《望溪集雜著答問》一篇，謂關公遇難時，魏吳之士民群聚而祀之，其君臣必見爲當然，故震動宇宙，而結聚於人心者，深固而光昭。張氏宗泰則謂吳、魏與蜀爲仇敵之國，二國之臣所謂多方以誤公者，不肯爲公稍留餘地，而其民亦似不敢祀公於境内。公之血食祠宇遍天下，當肇始於宋元之間，蓋神理之顯晦興廢，其氣運亦各有其時。望溪之辭未必核也，《魯巖所學集》十三。今《演義》中亦無望溪之説，魏叔子《日録》云，余嘗覽《三國演義》，孔明於空城中焚香掃地，司馬懿遇之而退，若遇今日山賊直入城門，捉將孔明去矣。叔子之言誠是，然孔明空城一事，自出郭冲所紀諸葛隱謀五事，非盡《演義》之説，冲之所記不確，裴松之已駁之。見汪氏《松煙小録》。劉先主謂關侯、張翼德曰，孤之有孔明，如魚之有水也，願諸君勿復言。迨至臨危託孤曰，嗣子可輔則輔之，如其不才，君可自取。孫盛謂先主付託之言爲亂命，又詆其辭涉於詭。今《演義》亦述前説，至呼關侯爲夫子，後世多有此稱。

錢馥《小學庵遺書》四有《關夫子贊》云，孔夫子、關夫子，世之相後七百歲，地之相去千餘里，同此心同此理。按：《陳志》本傳稱侯誦《春秋》略上口，而《演義》遂謂侯通《春秋》，後世且有以志在《春秋》頌之者，夫子之名或由之而起也。清洪氏亮吉集中稱，關神武廟壁繪二神，一署曰平，神武子也。見裴松之所引《蜀記》。一署曰周倉，則宋以前悉無可考，僅見於元人所作《演義》神其説者。或云，近世山西人掘地得周墓有石碣焉，亦附會不足信。吾鄉有里儒撰《神武世系》，據《吳志・魯肅傳》云，爭荆州日，坐有一人，遂定爲周倉。夫陳壽固未嘗標姓名，則百世下何由知之！清諡關侯爲神武，故洪氏云然。《演義》中有呂布、貂蟬及奪戟争鬪事。按：《呂布傳》言布少失意，卓拔手戟擲布，布拳捷避之。又言布與卓侍婢私通，恐事發覺，心不自安，布因朝會，手刃刺卓。侍婢或即貂蟬，元曲亦有此説。此書文體不是純俗語，近於《宣和遺事》，不似《水滸傳》，多方言而難讀。錢氏稱，頃在京師優人有演南陽樂傳奇者，諸葛武侯卧病五丈原，天帝遣華佗治之，病即已，無何遂平魏、吳，誅其君及司馬氏父子，觀者莫不稱快。見《潛研堂集》。觀此則斯書流行之故可瞭然矣。元至治本、明弘治本，海上已有景印。此本雕槧不苟，亦舊刻小説之足珍者也。半葉九行，行十七字，上下黑口，大板本。前序有"水雲漫士"圓形章。按：水雲漫士爲吳縣潘奕雋之別號，奕雋字守愚，號榕皋，官户部主事。著有《三松堂詩文集》《水雲詞》等書。《岳武穆演義》刊本多種，聞海鹽朱教授希祖有明刊本，爲鄒元標編，與今日流傳本大異。聞朱學出自餘杭，章太炎教授廣東時，曾臨寒家觀書。

## 楞嚴經義淵海三十卷明棉紙藍格寫本，畢潤飛、方柳橋舊藏。

前題中天竺沙門般剌密諦譯經，伯驥按：此經名《大佛頂如來密因修證了義諸菩薩萬行首楞嚴經》，原十卷，爲佛所得三昧之名，萬行之總稱也。此經闡明心性本體，爲一代法門之精髓，不載唐、宋、元、明四藏，故有真訛之辨。前人集注首楞，翻一切事竟，嚴者名堅，謂一切事竟而得堅固也。有謂此經思想與吾國爲近，遂以此疑之。《朱子語類》云，四十二章經之説却自平實，如言彈琴弦急則絶，慢則不響，不急不慢乃是，大抵是偷老莊之意，後來達摩出來，一齊掃盡，至《楞嚴經》做得甚好云云。按後來疑《楞嚴》者不少，四十二章經亦有謂其出於陶宏景《真誥》矣。烏萇國沙門彌伽釋迦譯語，菩薩戒弟子前正議大夫同中書門下平章事清河房融筆授，大唐羅浮沙門懷迪證譯，大宋江吴長水沙門子璿集義疏注經并科，大宋渤潭沙門曉月標指要義，大宋吴興沙門仁岳集解，大宋福唐沙門咸輝排經入注。前人謂此書皆長水之流派，月公與長水同參瑯琊得悟，晚居渤潭道濟庵，與其徒應乾論《楞嚴》指訣，其科節一依長水，取其文之精要，删掇附註。乾道中，咸輝書記研究標指，知月公本依長水也，遂取疏義標指排合經文，附以吴興集解，目爲《義海》，雖采集衆解，一以長水爲綱骨，其言曰，諸師師承不同，得失互見，相與抑揚聖教，洗蕩物情，亦庶乎通人之言矣。前有抄録宋朝國史院牒勘合本院恭奉聖旨，開設三教法語寶藏御筆，修輯鈔録《法苑珠林》一百二十卷，訪覓《楞嚴經義海寶典》三十卷，福唐沙門咸輝排經入注，朝廷劄下諸路所管州縣，細查搜羅寶藏事迹，訪藏書之家，如有其書者，仍許投獻，優賜錢帛，候賞，詢其取索。如部委官鈔録申發赴院，以憑參校文字，點對無差漏，備儒士采擇，釋語典故，考據精華，謄寫付梓，以廣其傳。須至公文牒請遵從，已降聖旨。乾道乙酉歲六月十七日頒行。次有乾道八年，左太中大夫參知政司魯郡開國侯食邑一千一百户食實封二百户賜紫金魚袋曾懷序。次有乾道改元乙酉歲，福唐稟釋迦遺教比丘咸輝序，序中有云，一經而具多釋，非摩尼吐輝衆珍自至乎，政所謂百川同匯於海者，其在斯焉，故統名之曰《楞嚴義海》。次有天聖八年中散大夫守御史丞充理檢使權判史部流内銓上護軍瑯琊開國侯食邑一千九百户食實封二百户賜紫金魚袋王隨撰序。次有譯經三藏朝散大夫鴻臚卿光梵大師賜紫惟净上書。次有熙寧六年將仕郎秘書省著作郎洪州監苗米倉兼發遺綱運范峋序。次有嘉祐己亥胡宿撰《集解序》。本書卷三十有《廣州制止寺極量傳》，即譯經祖師也，出《大宋高僧傳》。傳云，極量，中印度人也，梵名般剌密諦，唐言極量，懷道觀方，隨緣濟物，展轉游化，遂達支那。印度俗呼廣府爲支那，名帝京爲摩訶支那，乃於廣州制止道場駐錫。衆知博達，祈請頗多，量以利樂爲心，因敷祕蹟。神龍元年乙巳五月二十三日於灌頂部中，誦出一品名《大佛頂如來密因修證了義諸菩薩萬行首楞嚴經》，譯成一部十卷。烏萇國沙門彌伽釋迦，釋迦稍訛，正云鑠佉，此翻曰雲峯。量翻傳事畢，會本國怒其擅出經本，遣人追攝，泛舶西歸，後因南使入京，經遂流布。伯驥按：宋皇祐間，苗振《新雕補闕楞嚴經白傘蓋真言後序》，知《楞嚴》初譯時，闕失尚不尠。序云，壬辰歲冬，余權知蘇州，有西天中印土摩竭陀國那爛陀寺，伯驥按：《西域記》云，那爛陀僧伽藍，聞之耆舊曰，此伽藍南庵没羅林中有池，其龍名那爛陀，傍建伽藍，因取爲稱。又按：此寺佛教人材最盛，護法、清辨、戒賢等高僧，皆寺中人也。唐玄奘參戒賢，修《唯識法》，亦嘗入此寺。《一統志》云，金蘇陀室利中印度那蘭陀寺僧，慕清涼文殊住處，與弟子七人航海而來，殞者三，還者三，惟蘇陀室利六載始達臺山，時年八十五矣。三藏知吉祥、天吉祥二僧經由見訪，雖言語不同，而傳譯頗曉，同其所能，且日誦神咒、結印各三千六百道，粉壇一百八座，解經論一十七部，余因出《楞嚴經白傘蓋真言》示之，乃曰，是經神呪，頗多闕失，今有梵本，質而可知。余對曰，是書之譯久矣，何歷代未能補之。彼上人曰，唐譯《楞嚴經》主般剌密諦者，南印土人也，譯語者又烏萇國人，去中印土西北二萬五千里，非中印土人，故不能盡通中天語。又譯主三藏不空者，龜茲國人也，嘗游中印土，亦不能盡通中天語言。至今二本差殊，多所漏略。如智吉祥等,即中印土人,本刹帝利之種族、浄飯王之宗裔也,自離中天在路一十六年,凡經十國,余因請梵本校勘唐經《白傘蓋真言》。按:《元史》七十七《祭祀志》,世祖至元七年,以帝師八思巴之言,於大明殿御座上置白傘蓋一,頂用素段,泥金書梵字於其上,謂鎮伏邪魔護安國刹。自後每歲二月十五日於大殿啟建白傘蓋佛事,用諸色儀仗社直,迎引傘蓋,周遊皇城内外,云與衆生祓除不祥,導迎福祉云云。所謂金書梵字,當即寫此真言也。般刺密諦本止有四百二十七句許,少二百七十四句,頭少梵音啟并三歸依。又,不空譯本止有四百八十一句,亦少二百十句,二本俱少十方佛海相、日月相、十吉祥、六大神通等,或句讀顛倒不次。今以中印土梵本,離析詳正,排次補闕,共計七百一句,次請梵書,并刊華字募工雕印,庶廣流傳云云。按:梁僧曼陀羅,扶南國人。齎梵本東來,詔與僧伽跋羅共譯《寶雲法界體性文殊般若經》共十一卷,以不通華言之故,多不達意處,可知譯經宜通中天語,尤宜通此土言也。此蓋考佛藏者之所宜知也。又按:《法苑珠林》《浄飯王太子説》六十四種書中,有支那國書,注即此大唐國。《宋史》天竺國表有支那皇帝之稱。《五燈會元》千歲寶掌和尚,中印度人。魏晉間東遊此土。迄唐貞觀十五年,有"行盡支那四百州,此中偏稱道人遊"之句。潭州石霜慈明禪師章次云,自從靈鷲分燈後,直至支那耀今古。明州瑞巖石富禪師章次云,五天一隻篷蒿箭,攪動支那百萬兵。前人引此以爲外邦稱中華爲支那之證。《翻譯名義集》脂那,一云支那,此云文物國。慧苑《音義》支那,此翻爲思,惟以其國人多所思慮製作,故以爲名。又日人《成齋文集》云,支那,竺語也。我邦浮屠之書,多書曰支那,而儒者則曰漢,曰唐,曰宋、明、清。我之通於彼,始於漢盛於唐,故泛稱曰漢土、唐土,而今則曰支那,從海外各國之所稱也。此亦與前説畧相同,惟法人列維《大孔雀經藥义名輿地考》謂支那一名,舊爲印度雪山以北諸地之稱,後乃爲專稱中國之號,則於沿革較詳。此書近人有譯本,今讀此經,則云名廣府爲支那,名帝京爲摩訶支那,印度俗呼如此。按:唐宋時,海路互市,每行於南方諸海港,廣州號稱繁昌。當時印度呼廣州爲支那，呼長安曰摩訶支那，蓋大支那之意。《法顯傳》云，度領已到北天竺，始入其境，有一小國名陀歷，順嶺西南行十五日，躡懸絙過河，便到烏長。按：陀歷當即《唐書》之大勃律，嶺當是葱嶺，烏長當即朱雲《行記》之烏場，《西域記》之烏仗那，《魏書·外國傳》則作烏萇，《唐書·西域傳》云烏荼者，一曰烏仗那，亦曰烏萇。《洛陽伽藍記》云，烏場國北接葱嶺，南連天竺，土氣和暖，民物殷阜。又云，神龜元年，太后遣崇寺比丘惠生向西域取經，惠生在烏場國二年。見卷五。近年敦煌所出寫本慧超《往五天竺國傳》，日人藤田豐八有箋證，謂烏萇即印度河上游至陀曆之地方。《慧超傳》稱，烏萇國王大敬三寶，百姓村莊多分施入寺家供養，少分自留以供養，衣食僧稍多於俗人，專行大乘法云。則譯語之彌迦釋伽，當即其國人矣。道宣《續高僧傳》云，那連提黎耶舍，隋言尊稱北天竺，烏場國人，天保七年，止於京鄴，文宣皇帝安置天平寺中，梵本千有餘莢，勅送於寺，是唐以前烏場僧已到此土。房融，河南人，則天時爲相，神龍元年貶死高州。好浮屠法。宋人朱昱《猗覺寮雜記》上云，融謫南海，過韶之廣果寺，今之靈鷲也。有詩云“零落嗟殘命，蕭條記勝因。方燒三界火，遽洗六情塵。隔嶺天花發，凌空月殿新。誰憐鄉國思，終此學分明”。融之文章見《楞嚴經》，詩止此一篇。李嶠、沈宋之流，方爲律詩，謂之近體，此詩實近體之祖。又《開元釋教錄》云，懷迪，循州人，往羅浮山南樓寺，遇梵僧賷梵經一莢，請共譯之，勒成十卷，即《楞嚴經》是也。錢氏謙益曰，按譯場有證梵本、譯梵義、證禪義各一員，私譯不具設員，故無證梵等位，迪久習經論，備諳五梵，能兼三譯之任，故兼稱證譯也。伯驥按：《嬾真子》云，顯慶元年，玄奘法師在大慈恩寺翻譯西天所得梵本經論，勅令于志寧、來濟、許敬宗等時爲閱看，有不穩當處，即隨時潤色之，此又私譯所無也。首冊有“巴陵方氏功惠柳橋甫印”、“巴陵方氏碧琳琅館珍藏祕笈”、“方家書庫”三章。

曾氏序前有"寶翰齋"、"婁東畢瀧澗飛氏藏"二章,卷末有"吳農元字長卿"、"延陵吳氏考藏"二章。瀧字澗飛,號竹癡,太倉人,秋帆弟也。博綜金石,酷嗜書畫,凡遇名蹟,不惜重貲購藏,工山水及墨竹,得曹雲西遺意。工詩,見梁溪秦祖永《桐陰論畫》。又,澗飛有筆記一種,秋帆序之。

## 大佛頂首楞嚴經會解十卷

明洪武間寫刊本。

前題天竺沙門般剌密諦譯、烏萇國沙門彌伽釋迦譯,諸菩薩戒弟子前正議大夫同中書門下平章事房融筆受,師子林沙門惟則會解。前有師子林沙門惟則序,略云,《首楞嚴經》者,諸佛之慧命,衆生之達道,教網之宏綱,禪門之要關也。自唐而宋,解者凡十餘家,惟所見或各從一長,乃不能不少異,遂使行者位歧,莫辨良導。今余會諸家要解以通大途,異不公乎衆者節之,異而互通者互存之,互爲激揚者審其的據而取之,間有隱略乖隔處,則又附己意,自爲補注,若合殊流同歸於海,故謂之《會解》。至正二年,廬陵沙門惟則述於姑蘇城中之師子林。次低一格,刊沙門克立題語云,昔天臺智者大師聞西域有是經,夙夜西望,願見而未及見也。唐武后長安末,般剌密諦三藏始持梵本自南海至廣州,令宰相房融知南銓在廣,請制止寺譯出而筆受之。中宗神龍元年乙巳三月二十三日經成,謄寫入奏,適朝廷多故,未遑頒行。有神秀禪師入內道傷,見所奏本傳寫,歸荊州度門寺,時慧振法師訪度門而得之,經始傳。天寶十年,西京興福寺惟愨法師復於故相房融家得其筆受之本,始作疏解而廣傳之,繼是則有長水孤山吳興諸公遞相發明,而解益詳矣。然學者或困於詳,而莫能徧探。今師子林天如禪師《會解》一出,則不待徧探,而衆美具在,不勞辨覈,而群疑自消,誦習之便,莫

便於是矣。愚與師遊從既久，自其搜括諸家參酌去取，凡三年而
《會解》成，皆愚所目擊，蓋亦頗知其深有功於是經者也。兹因募
眾梓以流通，乃復記經來之歲月云。臨川沙門克立題。次《會解》
所引教禪諸師名目，興福法師惟愨、資中法師弘沇、真際法師崇節、
橋李法師洪敏、長水法師子璿、孤山法師智圓、吳興法師仁岳、泐潭
禪師曉月、温陵禪師戒環。第一卷後有識語云，平江在城樂橋北，
菩薩戒弟子張子明施財刊此第一卷，奉爲父親張國英增固壽齡，發
明實相，願欽奉慈嚴以求密義，永離二障所纏，蒙宣示深奧以顯真
心，同問一門超出。第二卷後識語，平江在城樂橋北，菩薩戒弟子
張子明施財刊此第二卷，所冀母親楊氏妙德開大慧目，得如意輪，
因八還以識見元，猶失乳兒忽遇慈母，知五陰不離妙性，若能轉物，
即同如來。第三卷後識語，常熟州承化里何舍土地，渡江大王界居
弟子殷憲同室張氏妙真施財刊第三卷。第四卷後識語，長洲縣石
牌巷居弟子郁文英，發心施財刊第四卷，專用薦導先父正心居士義
甫郁公，長揖娑婆，徑歸安養，如天王賜與華屋，一門深入，無不包
容，遇智者指示神智，願從心致大饒富。以下各卷識語略之。卷末
有惟則《勸持叙》，並有克立題語云，《會解》並前後叙引隨本經通
爲十卷，昨於甲申歲間嘗刊爲梵莢廣行矣，或謂梵莢固佳，惟四方
禪講遊學之士，尚恨包笈中將帶未便。於是吳郡張子明復倡同志，
刊爲方册，書之者同郡羅元也，施梨板者王文勇也，杭州天龍禪寺
住持釋行滿助緣，武林童遵道刊。末有洪武辛酉弘道記重刊始末。
伯驥按：惟則號天如，吉之永新人。爲中峯國師門人，後建刹吳城，
即師子林是也。或曰，中峯倡道天目師子巖，天如爲識其名，以示
不忘本。始天如著有《師子林剩語》五卷、《別録》五卷。《別録》
皆詩文，而《剩語》則禪録也。師子林在蘇州府城内，元至正中，天
如禪師居寺中，倪瓚爲之疊石成山，地址偪仄而起伏曲折，有若窮

谷深巖,遂爲勝地。頂一石狀狻猊,故名曰獅子林。勝流來往題詠
至多,明釋道恂裒集成編,名曰《獅子林紀勝》共二卷,清《四庫總
目》一百九十三卷存目。此書半葉十一行,行二十一字,上下小黑
口,首葉板心記第五,有小字在下云、一、二、三、四在序,每卷後有
音釋。全書筆法圓勁整秀,紙墨俱工,每有去洪武跋以充元槧者。

## 妙法蓮華經八卷<sub></sub>宋刊卷子本,
日人向山黃村、宜都楊惺吾舊藏。

　卷前題《妙法蓮華經》卷第一,全卷共長營造尺四丈二尺一
寸,合數幅而成卷子,共七百六十二行,每行三十三字,槧刻墨印,
均極樸雅。我國中江李氏藏《唐世鬱單越經》、福山王氏藏《轉輪
王經》至有名,均用黃麻紙,其質理至爲堅韌。乙丑六月,西湖雷
峰塔圮,塼皆中空,内藏吳越國王錢俶捨入《一切如來心祕密全身
舍利寶篋印陀羅尼經》一卷,亦黃麻紙印。此卷紙質色近黃而質
璞不脆,與此數種爲近,經字巉巉玉骨,宋刻諸書尟見此體,蓋唐宋
人刻寫經字,或柔媚如簪花格,或排比如算子體,求如此卷之夏夏
獨造,殆不易得。有宋群公往往以行草法破楷法,惟張樗寮則整嚴
峭削,不似蘇、黃諸賢。此經字法與張氏爲近,且字體較小,尤屬難
能。攷東坡《跋王晉卿所藏蓮華經》云,凡世之所貴,必貴其難。
真書難於飄揚,草書難於嚴重,大字難於結密而無間,小字難於寬
綽而有餘。又云,蝸牛之角可以戰蠻觸,棘刺之端可以刻沐猴,讀
未終篇,目力皆廢。見《東坡先生外集》四十九。此卷各字又能飄
揚寬綽,殆符斯語。前人謂宋初去古未遠,書多出於卷子本,界欄
尚是烏絲欄之舊,大抵用單邊畫,惟左右雙邊。南渡流風既遠,於
是始有四周雙邊,刻本如岳氏五經、巾箱《周禮》、景德本《儀禮
疏》、巾箱本《周易》、七十卷《禮記注疏》,則界用四周雙邊,汴本

《尚書正義》則畫以左右雙邊，而修板則多四周雙邊。是四周雙邊固非古法，而左右雙邊亦未可爲得舊樣也。《考槃餘事》云，宋本無四周雙邊之書，不知宋中葉已有之。此卷子則用單邊畫焉，至其黏合數紙而成卷子，糊經久而不脱。上虞羅氏讀敦皇本嘗以此爲疑，伯驥檢《疑耀》卷五，頗得解答。原文云，今祕閣中所藏宋板書皆蝴蝶裝，其糊經數百年不脱落，偶閲王古心《筆録》，有老僧永光相遇古心，問僧前代藏經接縫如線，日久不脱，何也？光曰，古法用楮樹汁、飛麪、白芨末三物調和如糊，以之糊紙，永不脱落，堅如膠漆。宋世裝書，豈即此法耶？又陸烜《梅谷隨筆》謂，修補古書漿黏中必入白芨，則歲久不脱。近購得宋余靖《武溪集》、趙璘《因話録》、施彦《執北窗炙輠》，皆汲古閣物，裝訂極精緻，而於破損接尾處皆脱，蓋不用白芨之故云。按：三物合成或起新變化，而黏結性較大，故能耐久，至白芨一物，吾國久已施用，《抱朴子》已及之。《潛研堂集》云，《抱朴子·論僊篇》，蜻蛉校巨鼇，白芨料大椿。本用《莊子》語，當作日及，今云白芨，字之譌也。予讀《後漢書·田敏傳》，言《爾雅》注日及改爲白及，乃悟《抱朴》之文，亦宋人所改。見卷三十七。此卷有一接縫不脱，其餘略脱，而仍不離，足見前人工巧，當是施用前法。妙法者，此經説不可思議之一乘法。蓮華者，一出水義，以所説之理，超出二乘之泥濁水故；二開敷義，以勝妙之教言，開發真理。故清余氏《集秋室學古録》云，《妙法蓮華經》者，爲佛演一切契經之主，其引蓮爲喻，則以三世同時，十方同會，方其開時即有果，而於果中即有因，蓋其子雖分布而會聚無隔斷，此其所以名蓮也。昔人有誦持此經，至以秦王所贈二物託之母手而降生者。亦有書寫此經，即身爲爛瓜香，舌爲青蓮香者，一皆夙净願堅固力之所致。見卷四。以是之故，歷代書刻此經者頗不少，如明永樂御題小楷《蓮華經》七册，爲唐僧義道書，有道衍跋。見胡爾榮《破鐵網》卷上。又北平圖書館藏西夏文佛經有《妙法蓮華經》凡一册爲卷,然籤題與經文不合,籤題有"增品"二字,籤題譯曰《妙法華净經》,華净者即西夏蓮華之名,此即其證。伯驥得此卷於都門,今所傳磧砂舊本,海上群賢已付景印,伯驥按:南宋紹定間,蘇州磧砂延聖院刊《藏經》六千三百餘卷,始理宗紹定四年,迄元武宗至大二年,今尚藏西安省立圖書館,蓋孤本也。其所舉經文之佳勝於他本者,此卷均與之合。序品名月天子之"名"字,他刻嘗誤作"明方便品";若草木及筆之"筆"字,他刻嘗誤作"蕈";純有貞實之"貞"字,他刻嘗誤作"真";受記品及轉次受决之"及"字,他刻嘗誤作"乃"。或緣形混,或涉音訛,讀者多生疑惑,於此可見宋刻之佳,以宋證宋方册卷子,其善同揆矣。王氏筠《蛾術篇》卷下云,《說文》眊,目少精也,則孟子胸中不正之説也。蔑勞目無精也,則以勞致然也。惟瞀目不明也,與今所謂昏花者近,且唐以前書少言目昏者,韓昌黎文而視茫茫,杜詩老年花似霧中看。然則目之花也,必巾箱五經爲之厲階矣。考《漢藝文志》,説《尚書》一簡或二十二字或二十五字。服虔注《左氏》云,古文篆書一簡八字,則其字之大可知。佛法自後漢入中國,釋典皆作大字相傳,至今不敢改,可知漢時寫書無非大字者,後人以其費筆墨、費時日,而又不便舟車,於是趨於苟簡,紛紛作蠅頭,不知害及於目,爲終身之累也,於是知古人之慮遠矣。按王氏言,釋典皆作大字,殆未閲覽之故,舊刻板匡一寸、二寸之佛經流傳尚有之。卷首有"向山黃村"白文章、"楊氏惺吾海外新得秘笈"朱文章。楊氏《日本訪書志緣起》云,日本收藏家余之所交者森立之、向山黃村、島田重禮三人,嗜好略與予等,其有絶特之本,此志亦多采之。伯驥按:最近日人景印内閣書樣,其中如《無言童子經》二卷二軸,上卷頭有黃村珍藏印記,下卷頭有東大寺印記。明刊《金剛般若波羅密多經》一帖,首亦有"向山黃村珍藏印",宋刊《大般若波羅密多經》,關頭六卷四帖,每帖

首有"向山黃村珍藏印",可知其爲東瀛收藏賞鑒大家,而又於古
刻佛典最所銘心者也。閩人陳氏衍撰《楊氏傳》,其略云,守敬字
惺吾,湖北宜都人。同治壬戌舉於鄉,選黃州府儒學教授,官舍與
東坡雪堂鄰,故又號蘇鄰。守敬治舊地理,早著《歷代地理沿革
圖》《隋書地理志考證》行世,晚成《禹貢本義》《水經注要刪》《水
經注圖》《晦明軒稿》。此外精目錄、金石之學,碑帖及宋元版古
書,經考訂題跋景橅上石付梓者不可勝數,所成《日本訪書志》《續
補寰宇訪碑錄》《留真譜》《泉錄》。《留真譜》者,湖北手民技劣
甚,守敬多方指教刊本,至能景宋元,於是四方刊刻之本,集於武
昌,守敬各印其首葉,留以爲譜。《古佚叢書》數十種,則遵義黎庶
昌屬爲搜刻者。

## 妙法蓮華經七卷宋刊,兩面印摺本。

　《妙法蓮華經》七卷,宋版,摺本兩面印。首有《極樂圖》,宋仁
宗、徽宗、高宗、孝宗御贊。經文前有終南山沙門道宣《述妙法蓮
華經弘傳序》,序云,《妙法蓮華經》者,統諸佛降靈之本致也,蘊結
大夏,出彼千齡,東傳震旦三百餘載。西晉惠帝永康年中,長安青
門燉煌菩薩竺法護者初翻此經,名《正法華》。東晉安帝隆安年
中,後秦弘始丘慈沙門鳩摩羅什次翻此經,名《妙法蓮華》。隋氏
仁壽,大興善寺北天竺沙門闍那笈多後所翻者,同名《妙法》,三經
重沓,文旨互陳,時所宗尚,皆弘秦本,自餘支品別偈不無其流,具
如序歷,故非所述。夫以靈嶽降靈,非大聖無由開化,適化所及,非
昔緣無以導心。所以仙苑告成,機分大小之別,金河顧命,道殊半
滿之科。豈非教被乘時無足覈其高會,是知五千退席爲進增慢之
儔,五百授記俱崇密化之跡,所以放光現瑞,開發請之,教源出定揚
德暢佛慧之宏略,朽宅通入大之文軌化城,引昔緣之不墜,繫珠明

理性之常，鑿井顯示悟之多方，詞義宛然，喻陳惟遠，自非大哀，擴濟拔滯溺之沈流，一極悲心，拯昏迷之失性。自漢至唐六百餘載，摠歷群籍四千餘軸，受持盛者無出此經，將非機教相扣，並智勝之遺塵，聞而深敬，俱威王之餘勛，輒於經首序而綜之。庶得早净六根，仰慈尊之嘉會，速成四德，趣樂土之玄猷，弘贊莫窮，永貽諸後云爾。每卷首均題姚秦三藏法師鳩摩羅什奉詔譯卷第一，末有墨筆題字云，正經計九千一百二十五字，卷第二云正經計九千八百九十九字，卷第三云正經計九千四百三十七字，卷第四云正經計一萬一千三百三十七字，卷第五云正經計一萬七百五十二字，卷第六云正經計一萬三百三十九字，卷第七云正經計八千八百三十八字，並序通計七萬一百三十字，注字不計。末有大德二年歲次戊戌二月，比丘明圓墨筆題字。經半摺五行，行十七字。孫氏從添《藏書紀要》云，宋刻數種中，有釋道二藏經典，刻本行款非長條即闊本，此本爲長條式，自屬釋典通例，惟兩面印刷者流傳頗罕。王氏《春融堂集》稱，宋刊《華嚴經》前鐫兜率忉利他化自在三天，暨逝多園林與夜摩天之普光明殿諸像，是經説于摩竭提國菩提場阿蘭若，藏于龍宮，録于龍樹菩薩，實爲諸佛之密藏，所在皆有梵王帝釋俱胝金剛藥叉大將，諸羅刹王及主林主地神爲守護，雖弃置日久，光氣自發越不可掩云云。此經前後均有《華嚴經》所刻諸像，古拙樸雅，自非明後刻手所能。近人題宋槧本《文殊指南圖贊跋》，謂其雕造畫象甚精，我國乃無傳本，可知此種象，亦研究諸經版刻之要事也。《天禄琳琅續》卷二著録宋刻宋王宗傳《童溪先生易傳》，編者謂宋孝宗諱昚，古慎字。宋本諸《易經》多於“慎不害也”句闕筆，蓋言慎也句改順，此獨作“謹不害也”，蓋言謹也，與諸刻不同。今此經則慎字缺末筆，與宋本諸《易經》同，字體出於顔平原、柳誠懸。明董氏其昌《跋顔氏書送劉太冲序後》，有“宋四家書派皆宗魯公”之

語,則知宋代官刊、私刻諸書其佳本,往往有顏、柳筆意者,良由習
尚使然。觀于此經,其説良信。王氏國維稱,唐代刊書,曆日字書
外,以佛經爲最早。《司空表聖集》有《爲東都敬愛寺講律僧惠確
化摹雕刻律疏》云,自洛城闞遇時交,乃焚印本,漸虞散失,欲更雕
鏤。是惠確以前,東都早有《律藏》印本。近敦煌所出《一切如來
佛頂尊勝陀羅尼》,其二行"大朝灌頂國師三藏大廣智不空譯"十
四字,國字上空一格,蓋亦唐刻本。敦煌所出尚有晋天福十五年歸
義軍節度使曹元忠所刊之《金剛經》,比五代刻本《寶篋印陀羅
經》,其刊僅後於彼六年云云。今此經雖不及唐刻之古,然漢律捕
虎購錢三百,其狗半之,則此天水遺刊,雖非虎而亦非狗也,亦良足
貴矣。近人《碑傳集補》卷四十九,記黃守恒有《定盦年譜》藁本,
謂定盦以佛書入震旦後,校讎者希,乃爲《龍藏考證》七卷,又以
《妙法蓮華經》爲北涼宮中所亂,乃重定目次,分本迹二部,删七
品,存廿一品,惜未得其遺編以爲此經考訂也。至於唐沙門湛然
《妙法蓮華經緒言》十卷,唐天台湛然《妙法蓮華經文句記》三十
卷,明比丘通潤《妙法蓮華經大報》六卷,比丘一如《集注妙法蓮華
經》七卷,此類則明刻頗多,或可爲此經校訂之助。錢塘丁氏立誠
《小槐簃吟》卷四,有《爲雲溪上人題元刊蓮華經詩》云"長二寸許
闊寸許,七卷《妙法蓮華經》。有元至正十一載,老僧慈育居西泠。
是年世臘古稀壽,佛無量壽僧遐齡。同袍我識炬菩薩,助刻經者有慧
炬。咒潮江上驅雷霆。隨喜布施助剞劂,聚沙成塔歸奇零。盥手
開卷不敢觸,字畫初寫如《黃庭》。宋仁宗贊冠經首,三佛祖臂留
真形。直接嘉熙開永樂,不失開元唐典型。明登項氏天籟閣,芝紅
押角鈴瓏玲"。今日披覽此經,鐫刻大佳,字體與北宋爲近,丁氏
所吟元刊,或可彷彿,若永樂本佛典,則不如其樸雅矣。附記丁詩,
以助塵譚。

## 妙法蓮華經七卷 元人磁青紙金銀泥書摺本

用磁青紙以金屑銀泥寫成，七卷均如此，每卷一本，共分七本，皆用摺疊式。卷前佛象數葉，全用金屑，經文凡有佛字皆用金，餘用銀，卷末有大德□年題字，此經當是元人手寫，察其佛象之描寫，亦屬元人風氣也，所寫佛頂之圓光，至有書理。按：《大阿彌陀佛經》云，諸佛頂光不及彌陀頂中光明。又《名畫斷》云，大凡佛之圓光，皆須尺寸先定，然後規圓而成，惟吳道子纔一筆。又云，畫成矣，最後方畫圓光，風落電轉，規成月圓。又，蘇東坡《詠王維吳道子畫》云，"當其下手風雨快，筆所未到氣先吞"。"亭亭雙林間，彩暈扶桑暾"。王注云，扶桑日出之處，暾，日光也。《山海經》云，大荒之中湯谷上有扶桑，日出之始也。初日始出，謂之暾，言此者佛說之圓相耳。今觀此經之佛光，洵與前人之說相合。我國用金字書經，由來已古，考宋王銍《默記》，稱李後主手書金字《心經》一卷，賜其宮人喬氏。喬氏後入太宗禁中，聞後主薨，自內廷出其經，捨在相國寺西塔，以資薦。且自書於後曰，故李氏國主宮人喬氏，伏遇國主百日，謹捨昔時賜妾所書《般若心經》一卷在相國寺西塔院，伏願彌勒尊前，持一花而見佛。其後江南僧歸故國，置之天禧寺塔相輪中。寺後失火，相輪自火中墮落而經不損，爲金陵守王君玉所得，子孫不能保之，以歸甯鳳子儀家。喬氏所書在經後，字極整潔而詞甚悽惋。又，宋周紫芝《太倉稊米集》六十四，《題宗濱師金書妙法蓮經偈》云，涇水西有大道場，賜號崇慶，中有苾芻，名曰宗濱。嘗以黃金書《薩達磨弅荼利迦素咀纜文》，成一大部，緘以縹囊，貯以寶函，具諸莊嚴供養受持。爾時南方群盜徧起，諸有悉皆壞滅，獨是經典或在地上、或在他方，得是經者，各持所得來獻。又，《咸淳臨安志》七十六，記梵天寺金銀書《大藏經》，謂吳越忠懿王建《大藏經》五千四百八卷，碧紙銀書，每至佛號則以金書，牙籤銀軸，制甚莊嚴。又，元《吳澄文正公年譜》，引至治三年七月勅澄撰《金書佛經序》云，時書經於慶壽寺，中書左丞速速傳旨撰序，仍諭上意，一追薦列聖，一祈天永命，一爲民祈福。又，撰《佛祖通載》之元釋念常，史載其至治癸亥嘗驛召至京師，繕寫金字佛經，因受法於帝師帕克巴，是宋元之間寫經之龍象者，實以金銀爲貴。葉氏《緣督廬日記鈔》五云，戊子，黄再同見示宋人書《妙法蓮華經》爲開寶中物，磁青純金銀字，蒼勁盤鬱，魯公嫡乳。開寶去唐不遠，是以能之，若宋中葉以後則不復有此筆矣。首卷前葉書佛，次葉列《妙法蓮華經》弘傳序、終南山釋道宣述序，佛象後有題字三行，曰“信佛弟子杜遇特發志誠，敬寫金銀字《妙法蓮華經》一十部”。卷末有朱筆數行，則永樂三年比丘文彬所題也。每卷、每品首行及譯經述序人題名皆金字，經中凡遇經名及佛字亦金字，餘皆銀字。自開寶至今九百餘年，爛然奪目，非佛力護持，何以得之，爲之讚歎不已。尋繹葉氏之言，所記經卷，實與此本無異，則伯驤之歡喜贊頌，又豈有異於鞠裳耶？日本濟北沙門師諫撰《元亨釋書》卷一，述高僧最澄於延曆二十一年賜入唐求法，二十四年秋，表上西土所得天台密宗諸教云，所獲經論疏記二百三十餘部，並五百卷。其餘金字《法華》《金剛》《般若》等經，智者大師禪鎮白角如意等，隨表奏進。又，日本寬永中，佛眼山竺徹定輯錄《古經題跋》，編爲二卷，於諸色紙金銀泥寫經，言之尤詳，可資考證。田氏汝成記高麗輪藏甚偉，宋時高麗國進金字《藏經》一部，貯其中，到今猶有存者。見《西湖游覽志餘》十四。蓋吾國及日本、高麗皆有金銀泥寫諸色紙經，不過吾國流傳似較尠耳。王氏昶《征緬紀聞》第十二葉，稱僕人吳榮以所得經卷獻，閱之則《大陀羅尼神咒》也，用磁青紙泥銀書，字畫頗質雅可喜。此本經咒，與宋知禮法師懺本異云。蓋蘭泉夙研佛典，故僕人以此爲敬。緬人佞佛，故有銀字之佛經。蘭泉之言曰，今天下士大夫能深入佛乘者，桐城姚南青範、錢塘張無夜世榮、濟南周永年書昌及余四人，其餘率獵取一二桑門語以爲詞助，于宗教之流別、性相之權實，蓋茫如也。見《春融堂》卷四十五。在昔大槐王氏題記革書，塞外無紙，著述以革寫之。溫陵黃氏、新城王氏皆著錄此種。漁洋先世恤貧施粥，人稱大槐王家。見王氏《秤登集》。東海儒家旁羅貝葉，森立之《經籍訪古志》收錄貝多三葉。先民有作，高矩遠貽，迺者型留梵莢，光照連厨。研經者固應見而賞心，妮古者亦當聞而拊掌矣。伯驥記。

## 景德傳燈錄殘本十七卷元刊本。

言佛門之宗系者，夙稱五燈，所謂《傳燈錄》《廣燈錄》《續燈錄》《聯燈會要》《普燈錄》是也，條系詳明，讀者如睹大禹之行河，翕然稱善，惟卷帙頗繁，尋求不易。宋世已有會元之作，然行世者多明刻，宋、元舊槧搜訪綦難，若傳燈諸作舊本尤罕，《景德傳燈》則唯錢塘丁氏藏元延祐本，存卷五至卷九，又十三至十九，又二十三、四，凡十四卷。每半葉十五行，行二十八九字不等。常熟瞿氏《鐵琴銅劍樓藏書目錄》載宋刻本，每半葉十三行，行二十一至二十五字不等，卷二、卷三闕卷鈔補，十至十二闕卷，以別一宋本補，每半葉十五行，行二十八字。清宣統間，貴池劉氏得巴陵方柳橋舊藏元延祐刻本，每半葉十三行，行二十一字至二十五字不等，與瞿氏所藏宋本正同，且宋諱嫌名多有闕筆，黑口單邊，上有字數，間有刻工姓名，字跡樸雅，儼然宋槧，疑即宋紹興刻本，爲元延祐道場山禪幽菴所重刊者，遂以之景印行世。劉氏之言曰，祥符祖本既斷不可求，丁本又歸江南圖書舘，瞿本亦藏之深深，寓目匪易，而兩本並皆殘闕不全。此本猶首尾完整，雖爲元刊，實自宋出，可稱鴻寶，蓋定評也。此元刻殘本，伯驥得自海上，存者僅十七卷，察其篇帙，實元刻而早印之書，未審比劉氏藏本若何？觀其槧刻至精，紙墨古雅，不特爲元刻之上駟，即較諸天水遺籍，亦庶幾曹衣吳帶，當風出水，各具美觀。書前有翰林學士朝散大夫行左司諫知制誥同修國史判史館事柱國南陽郡開國侯食邑千一百户賜紫金魚袋臣楊億撰序，略云，有東吳僧道原者，冥心禪悦，索隱空宗，披奕世之祖圖，采諸方之語録，次序其源派，錯綜其詞句，由七佛以至大法眼之嗣，凡五十二世，一千七百一人，三十卷，目之曰《景德傳燈録》。詣闕奉進，冀於流布，皇上爲佛法之外護，嘉釋子之勤業，載懷重慎，思致悠久。乃詔翰林學士左司諫知制誥臣億、兵部員外郎知制誥臣李維、太常丞臣王曙等同加刊削，俾之裁定。臣等攷其論譔之意，蓋以真空爲本，事資紀實，必由於善，叙言以行遠，非可以無文。其有辭條紛舛，言筌倮俗，並從刊削，俾之綸貫。至有儒臣居士之問答，爵位姓氏之著名，校歲麻以衍殊，約史籍而差謬，咸用删去，以資傳信。若乃但述感應之徵符，專叙參遊之轍迹，此已標於僧史，亦奚取於禪詮，聊存世系之名，庶幾師承之自，然而舊録所載，或掇粗而遺精，別集具存，當尋文而補闕，率加采擷，爰從附益。逮於序論之作，或非古德之文，間厠編聯，徒增楦釀，<sub>楦釀二字，出唐《張燕公文集》，謂冗長也。</sub>亦用簡別，多所屏去，汔茲周歲，方遂終篇。次有《重刊景德傳燈録狀》云，湖州路道場山護聖萬歲禪寺希渭，係慶元路昌國州人氏，俗姓董，每念師恩，未由報効，伏覩從上佛祖《景德傳燈録》三十卷，舊板銷朽無存，爲此發心重刊，思得本路天聖禪寺松廬和尚所藏廬庵古册最爲善本，良愜素志，遂於丙辰年正月初十日，將衣鉢佔唱得統金一萬二千餘緡，是日命工刊行於世，流通祖道。此録總計三十六萬七千九百一十七字，至當年臘月一日畢工，隨即印捨三百部於兩浙安衆名山方丈、蒙堂衆寮各一部，以便湖海辦道禪衲參究，集茲善利，用報四恩，併資三有者。大元延祐三年臘月一日，耆舊僧希渭謹狀。伯驥按：清聖祖《校刻五燈全書序》稱，《五燈會元》後，本朝沙門海寬念其支派繁衍，自宋、金、元、明數百年來，傳述闕然，乃著《纘續》一書，今聖感寺僧超永復慮譜牒漸棼，聞見不一，用是旁蒐心考，折衷於二編而參訂之，刪其頗蕪，增所未備，以成《五燈全書》百數十卷。是吾人欲於曹溪之後，分析五派源流，苟參稽於超永之書，自瞭然於宗門之同異。唯禪宗語錄究以《傳燈》爲最古，李唐一代宗派紀載精詳，尤當披覽。此本雖觖佚之餘，然明徐興公見殘葉斷章，每收篋中，以冀復獲。蕘圃亦聞風悅效，言之津津，前哲微尚，先後同符，晚進區區，輒復慕此。考徐氏《傳是樓書目》宇字二格，有元本《傳燈錄》二十四本、宋本《傳燈錄》七本，丁《目》謂傳是樓、藝芸精舍宋版書目俱載是書，疑徐歸于汪即袛一帙。伯驥以爲宋本恐無完書，以徐氏亦袛七本也。徐氏於清初藏殘宋本，今距徐世已二百年，則殘元亦豈不與之比美耶！伯驥藏宋刻《密庵語錄》，題參學小師崇岳了悟等編一冊子，出自傳是樓。桓譚《新論》引關東鄙語曰，人聞長安樂，則出門而西向笑；知肉味美，則對屠門而大嚼。古刻難求，又詎以不完爲憾哉！又按：日本貞和戊子有覆元延祐本。

## 五燈會元二十卷明嘉靖刻本，天一閣舊藏。

前有至正四年杭中天竺天歷萬壽永祚禪寺住持番易釋廷俊序，序後題江淛等處行中書省左右司員外郎林鏞書。序略云，菩提達磨遡大龜氏於釋迦文佛眴青蓮目，而得教外別傳之旨之二十八代之祖也，既佩佛心印於梁普通之初，至東震旦時，學者方以講觀相高，迺曰吾不立文字，直指人心，見性成佛之爲宗，六傳至曹溪大鑑支而爲五宗，溢于天下。圭峯密公禪原詮曰，禪之目有五，曰外道禪、曰凡夫禪、曰小乘禪、曰大乘禪、曰最上乘禪。若古高僧之功用，與夫他宗之所謂禪者，則皆前四種禪，惟達磨展轉相傳者，頓同佛體，迥異諸門，蓋最上乘禪也。紫陽朱文公曰，達磨盡翻窠臼，倡爲禪宗，視義學尤爲高妙。又曰，顧盼指心性，名言起有無。用是知文公深明別傳之旨要，非言教所及。世之人徒見公衛道植教之語，而於吾氏未能窺斑嘗臠，輒肆詆訾，是不知公也。近時溧人黄氏自負博洽，以教外別傳爲非佛氏之學，而別爲一學，惡得稱通儒哉！是又朱子之罪人矣。別傳之道本無言説，然必因言顯道，顧雖明悟如釋文佛，亦由然燈記別，故知祖祖授受機語，不得無述。宋景德間，吳僧道原作《傳燈録》，天聖中駙馬都尉李遵勗爲《廣燈録》，建中靖國元年佛國白禪師成《續燈録》，淳熙十年净慧晦翁明禪師作《聯燈會要》，嘉泰中雷庵受禪師作《普燈録》，斯五燈之由始，與藏典並傳。宋季，靈隱大川禪師濟公以“五燈”爲書浩博，迺集學徒作《五燈會元》，以惠後學。國朝至元間，于越雲壑瑞禪師作《心燈録》最爲詳盡，特援丘玄素所製塔銘，以龍潭信公出馬祖下，致或人沮抑，不大傳於世，識者惜焉。《法華經》曰，世尊放眉間白毫相光照東方萬八千世界。慈氏發問，文殊決疑，以謂日月燈明，佛本光瑞如此。《維摩經》云，有法門名無盡燈。無盡燈者，如一燈然百千燈，冥者皆明，明終不盡。昔王介甫、呂吉甫同知譯經院，介甫曰，所謂日月燈明佛，爲何義？吉甫曰，日月迭相爲明，而不能並明，其能並日月之明而破諸幽暗者，惟燈爲然。介甫擊節稱善。吾宗以傳燈喻諸心法而相授受者，其有旨哉！韓莊節公每慨《五燈會元》板燬，學者於佛祖機語無所攷見，於是罄衣鉢之資以倡施者。次有嘉靖辛酉陸光祖《重刻五燈會元募緣文》，謂徑山大慈上人以此書殘板燬，欲募緣刻梓以惠後，不遠千里而來謀，因乞一言以爲倡等語。光祖自題爲前禮部郎中三一齋主人。第一卷目

後有"板留嘉興府平湖縣德藏寺"一行，版心有"三一齋"三字，<sub>伯驥</sub>
<sub>按：明密藏禪師謂秀水東禪寺有版流行，當與此本有別。</sub>半葉十行，行二十字。
此書前人定爲宋釋普濟撰，清《四庫》本及瞿氏所藏元本均如此。
惟近人貴池劉氏景刻日人所藏宋寶祐本，其跋語則據宋王楠序
"慧明首座萃五燈爲一集"之言，定此書撰人爲慧明，非普濟。謂
内府本及瞿本當無王楠序，非此宋本復顯，無以訂正撰人之誤。伯
驥按：至正二十四年此書序云，宋季靈隱大川禪師濟公集學徒作
《五燈會元》，是此書非一人手撰，慧明、普濟當是同與斯役者，普
濟當是首事之人，慧明當是總編纂之成，兩題均當於事實，似非顯
然訛誤也。普濟爲靈隱寺僧人，多知其事略。慧明字無晦，鹽官
人，出家祥符寺，了一心三觀之旨。晚居常照寺，日誦《法華》以爲
常課，《楞嚴》《圓覺》諸經亦循環諷讀，持彌陀號，日數萬聲。慶元
五年春，累足而逝。近人衡陽喻氏所編《新續高僧傳》四集，以普
濟入《淨讀篇》。見卷四十二。明密藏禪師道開遺筆《藏逸經書》
謂"五燈"今藏中，止收《景德傳燈》，餘燈未收，而世亦鮮流行，則
《五燈會元》不得不收云云。是前人絶重其書。清《四庫提要》謂
《五燈會元》删掇精英，去其冗雜，考論宗系，分篇臚列，以七佛爲
首，次四祖、五祖、六祖，南嶽青原以下，各按傳法世數載入。於釋
氏之源流本末，指掌瞭然，可與僧寶諸傳同資釋門之典故。固屬定
評。近人況周儀夔笙所撰筆記，謂其可資攷證，曾揭出數條。劉氏
跋語又謂，書中多唐宋人方言及故訓雋字。如九白，即九年，爲唐
時印度方言；活鱍，鱍不作潑；馬人鶴衆、犍稚龜哥，可備詞林攟摭，
則舘臣所謂非諸方語録，掉弄口舌者可比，其言良是矣。而明李棻
《黄谷讔談》，謂《五燈會元》諸僧偈煞有佳者，無論入理也，尤爲讀
此書者針度。九白，見此本卷一第三十一葉，我止林間已經九白。
夾注云，印度以一年爲一白。卷一第五十三葉，述東土祖師達磨凡

三周寒暑，達於南海，實梁普通七年庚午歲九月二十一日也。廣州刺史蕭昂具主禮迎接，表聞武帝。帝覽表，遣使齎詔迎請，十月一日至金陵。夾註云，舊板年甲差誤，今依梁僧寶唱《續法記》、宋嵩禪師《正宗記》前後改正。景宋本則作普通七年丙午，與此不同。所謂舊板，不知何本，景宋本謂武帝迎請，當大通元年丁未歲。注云，普通八年三月改元，下云十月一日至金陵，是達磨丙午歲至南海，丁未歲入金陵。若如嘉靖刻，則庚午九月至南海，十月一日即入金陵矣。以理測之，道里遼遠，表聞齎詔，未必一月即辦，以宋本爲長，此又劉氏所未及也。伯驥按：時賢胡適之撰《菩提達磨考楞伽宗考》云，舊說達磨曾見梁武帝，話不投機，他才渡江北去。見梁武帝年代，或說是普通元年，或說是普通八年，并非事實，《高僧傳》無是說，而僧副一傳可證。梁武帝普通元年，達磨在北方爲日已久，楊衒之《洛陽伽藍記》說達磨曾游永寧寺，此寺建於北魏熙平元年，達磨來游正當此寺盛時，約當五一六至五二六之間。八世紀沙門净覺作《伽藍師資記》，記中《達磨傳》亦不之及。胡君所謂舊說，自是根據前人，即如《傳燈錄》，已言二十八祖菩提達磨自天竺達南海見梁武帝，不契，潛回江北，止嵩山少林寺，面壁九年。《五燈》當是祖述其說。予所校，則就歲月而斟之，胡君則推翻見梁武之事實也。歲月之差池，正足以證其事之傳聞訛誤矣。瞿氏元本，當尚寶藏，安得合此數本，而一勘全書耶！又少林寺僧志明仿李瀚《蒙求》體，撰《禪苑蒙求》三卷，融會釋氏事實，出於《五燈會元》者爲多。日本寬文九年有刊本，此土未見舊本流傳也，亦可取以對勘。此書爲四明范氏天一閣舊藏，每册首有"古司馬氏"朱文方形章。

## 林泉老人評唱投子青和尚

### 頌古空谷傳聲三卷 元刊本，楊理庵舊藏。

前題參學比丘義聰錄。前有至元甲申樂然居士析津姜端禮序，序有云，握空王之利劍，秉佛祖之威權，啟衲子之機關，張叢柯之榜樣。人徒知聲出於谷，而不知谷本無聲；知道在于書，而不知書本非道。蓋一言所捨，已爲雪上加霜；百則機緣，盡是水中撈月。半葉十一行，行二十字。繆氏《藝風堂藏書續紀》卷三，著録元刊本《林泉老人虛堂習聽録》三卷，爲比丘慧泉編，有元貞元年姜端禮序。行數、字數、雙邊白口，上有注明字若干，亦與此同，當是同時刊本。此本前有"楊印泰亨"白文章，檢前清進士題名録，知楊爲浙江慈谿人，同治乙丑科第二名進士，授職檢討。是科狀元爲滿人崇綺，三甲一名則爲桐城吳氏汝綸也。會稽李氏白華《絳柎閣集》有《嶺嶠望雲圖詩》，爲楊理菴檢討泰亨題，又有送楊理菴檢討重典試湖南之作，則楊固當時名士矣。按：李慈銘字悫伯，號蓴客，會稽人，光緒進士。官至山西道監察御史，以直言著。中日事起，感憤敗績，卒於官。著《湖塘林館駢體文鈔》《白華絳柎閣詩初集》，海上景印其手寫《越縵堂日記》，蔡先生元培序之。

## 弘明集十四卷　從明支那本寫録。

　　梁釋僧祐撰。祐姓俞氏，彭城下邳人。初出家揚都建初寺，武帝時居鍾山定林寺。前人謂其所輯自東漢以下至梁代闡佛法之文，其學主於戒律，其説主於因果，大旨則獨伸釋氏之法。六代遺編，此爲最古，梁以前名流著作世無專集者，頗賴以存，即此書也。《唐書·藝文志》著録。清《四庫》本僅有祐自撰後序，而無前序，諸家所藏皆然。此從明釋藏中鈔出，猶存前序。沈氏《匏廬詩話》卷下云，元妙明子《析疑論》五卷，設爲主客問難，其辯論指歸，大抵取諦於牟融《理惑》，篇中兩引牟子，皆在三十七篇之外，則知《弘明集》所録尚非太尉完書矣。又《章氏遺書》云，六朝之人多深於禮，《通典》禮議、諸史禮志、刑法諸篇，駁議文多精鑿，根柢經術大源固出禮經，亦頗參申、韓、名、法家言，戰國之一流也。更有見於《弘明集》中，如夷夏諸論，則清辨言妙，又是一種，蓋莊、列之餘,亦戰國之一流也,則此書之可資攷覈者洵不尟矣。前有自序,略云,余所集《弘明》,爲法禦侮,通人雅論,勝士妙説,摧邪破惑之衝,宏道護法之甄,亦已備矣。然智者不迷,迷者乖智,若導以深法,終莫之領,故復撮舉世典,指事取徵,言非榮華,理歸質實,庶迷途之人不遠而復,總釋衆疑,故曰《弘明》。論云,詳檢俗教並憲章、五經,所尊唯天,所法唯聖,然莫測天形,莫窺聖心,雖敬而信之,猶矇矇弗了。況佛尊於天,法妙於聖,化出域中,理絶繫表,肩吾猶驚怖於河漢,俗士安得不疑駭於覺海哉!既駭覺海,則驚同河漢。一疑經説迂誕,大而無徵;二疑人死神滅,無有三世;三疑莫見真佛,無益國治;四疑古無法教,近出漢世;五疑教在戎方,化非華俗;六疑漢魏法激,晋代始盛。以此六疑,信心不樹,將溺宜拯,故較而論之。夫信順福基,迷謗禍門,而況矇矇之徒多不量力,以己所不知而誣先覺之徧知,以其所不見而罔至人之明見。鑒達三世反號邪僻,事拘目前自謂明智,於是迷疑塞胸,謗讟盈口,輕議以市重苦,顯誹以賈幽罰。言無錙銖之功,慮無毫釐之益。逝川若飛,藏山如電,一息不還,奄然後世,報隨影至,悔其可追。現世幽徵,備詳典籍,來生冥應,布在尊經。但緣感理奥,因果義微,微奥難領,故略而不陳。前哲所辨關鍵已正,聊率鄙懷,繼之於末。雖文非珪璋,而事足瑩鑑,惟愷悌君子,自求多福焉。

## 開元釋教録二十卷 明寫本。

　　唐釋智昇撰。智昇於開元中居長安西崇福寺著此,以三藏經論編爲《目録》。不分門目,但以譯人時代爲先後,起漢明帝永平十年,迄開元十八年,中間傳經緇素,總二百七十六人,所出大小二乘、三藏聖教及聖賢集傳並及失譯,總二千二百七十八部,合七千四十六卷,分爲二録,佛氏舊文,茲爲大備,所列諸傳,尤資考證。

前人謂朱彝尊作《經義考》，體例與此同符，或源出於是編，則其書固不特爲佛教史所取資，亦目録家之針度矣。宋周敦義《翻釋名義集序》謂，閱《大藏》嘗有意效《崇文總目》，撮取諸經要義，以爲《内典總目》。蓋佛法入中國，經論日以加多，自晋道安法師至唐智昇作爲目録圖經，蓋十餘家。今《大藏》諸經猶以昇法師《開元釋教録》爲準，後人但增《宗鑑録》《法苑珠林》于下藏之外，如四卷《金光明經摩訶衍論》及此土《證道歌》，尚多有不入藏者。吾國家常命宰軸爲譯經潤文，使所以流通佛法至矣，特未有一人繼昇之後。翻譯久遠，流傳散亡，真贋相乘，可重歎也。蓋前人久以此書爲有益於攷覈矣。卷一有云，目録之興，所以別真偽、明是非，記人代之古今，標卷部之多少，摭拾遺漏，删夷駢贅，欲使正教綸理金言有緒，提綱舉要歷然可觀。蓋當時佛録存者六七家，然猶未極根源，尚多疎畧。昇既久事披尋，因參練異同，指陳臧否，撰爲二十卷，分爲總録、別録。總録總括群經，從漢至唐，所有翻述，具帝王年代，並譯人本事所出教等，以人代先後爲倫，不依三藏之次，兼叙目録新舊同異。別録別分乘藏，曲分爲七，一有譯有本，二有譯無本，三支派別行，四删畧繁重，五拾遺補闕，六疑惑再詳，七偽邪亂本。就七門中二乘區別三藏，殊科具悉，委由兼明，部屬其後，則有入藏録焉。蓋總録多依前人，別録則創例頗多，爲此書之眉目。書中於辨別偽經尤留意，以爲偽經者邪見所造，以亂真經者也。今恐真偽相參是非一概，今爲件別，庶涇渭殊流，無貽後患，蓋有辨別前人所録偽經，並有智昇搜羅考定之本。其《辨要行捨身經》云，此經題三藏法師玄奘譯，經云王舍城靈鷲山者，靈鷲山名，古譯經及奘法師皆曰鷲峰，今言靈鷲，一偽彰也。經云靈鷲山尸陀林側，按諸傳記，其鷲峰山在摩伽陀國山城之内宮城東北十四五里，豈有都城之内而安棄屍之處，事既不然，二偽彰也。經又云，佛説過去燃燈佛時初願捨身者,燃燈如來是釋迦牟尼佛第二無數劫滿授記之師,豈有得記當成方能死捨,事與理乖,三僞彰也。經又云,若有人殺害有情遍索訶界,四重五逆謗方等經,及盜常住現前僧物,如是等罪,合墮地獄,若能捨身,罪必消滅者,謗經造逆合墮阿鼻,死捨得除便無重報。愚夫造惡,用此除愆,智者審思,勿被欺誑,永淪惡趣,無解脱期,事與理乖,四僞彰也。伯驥按:《一切經音義》尸陀林,此言寒林,其林幽邃而寒,因以名也。在王舍城側,死人多送其中。《翻譯名義集》尸陀林多死屍人入,畏寒也。又名恐畏林,亦名晝暗林。蘇詩王註引《通明七賢女經》云,七賢女者並是諸大國王之女,遇賞花之節,百千衆人各奔趨所游之處,以爲取樂。七賢女中有一女曰,諸姊妹,我與汝等不可一同衆人遊賞塵寰,取其世樂也,却伺諸姊遊尸陀林。諸姊曰,彼處盡是死尸汙穢,有何好事?女曰,諸姊但去,甚有好事。既到林下,遂指死尸謂諸姊曰,尸在這裏,人向什麼處去? 諸姊諦觀,於是悟道。王註並述《西域記》及《三水小牘》,此署之。智昇又有《開元釋教録署》出四卷爲總録,卷十一至十三有譯有本録之簡明目録,蓋删去考訂之語,祇録書名、卷數、譯撰人名,及袠數紙數,用《千字文》字數,比入藏録則較詳,後世刻藏者均依以爲程,不敢異也。

## 貞元新定釋教目録三十卷

從日本享保刊本寫録。

　　唐西京西明寺沙門圓照奉敕撰。其書仿唐釋智昇《開元釋教録》而作,而下止於貞元十六年,凡加一百三十九部、三百四十二卷,亦多有訂定《開元録》者。斯本從日本享保十六年書坊本抄出,卷後多署丙午歲或署丁未歲,高麗國大藏都監奉敕雕造。前有高野山釋妙端序,稱此本得之高麗藏粤山釋迦文院,又以其國祕書本及《開元録》《梁高僧傳》等書校之,題於書楣,而圈記其下。原序爲圓照撰,序云,夫目録之興也,蓋所以別真僞、明是非,記人代之古今,標卷部之多少,撶拾遺漏,删夷駢贅,欲使正教合理,金言有緒,提綱舉要,歷然可觀也。但以法門幽邃,化綱恢弘,前後翻傳,年移代謝,屢經散滅,卷軸參差,復有異人時增僞妄,致令混雜,難究蹤由。是以先德儒賢製斯條録,今其存者殆六七家,然猶未極根源,尚多疎闕。昇以庸淺,久事披尋,參練異同,指陳臧否,成兹部衮,庶免乖違,幸諸哲人,俯共詳覽。今觀先覺所撰,冠絕群英,伏從庚午以來,增七十祀,三藏繼踵,於今四朝。聖上欽明,翻譯相次,一百餘部,經律特明,累降鴻私,許令修述。圓照等才智短淺,思不延文,祇奉皇恩,俛仰若命。今所詳者,約以類分,隨三藏文相次附入,自惟以索繼組,以礫次金,疑則闕之,以俟來哲也。伯驥按:《新唐書·藝文志》述智昇後,有毋煚等奉敕撰《開元内外經録》十卷,收道釋書二千五百餘部、九千五百餘卷。《舊唐書·經籍志》曾引毋煚自序,蓋此書亦據智昇録爲基本也。今此書既不傳,且書中道釋同編,其性質又與大藏諸録別異也。迨德宗貞元十一年,圓照以智昇修書經六十五年之久,中間三藏翻經,藏内並無收管,恐年代浸遠,人疑僞經,故録成三卷,謂之《大唐貞元續開元釋教録》。至貞元十五年,奉敕改《開元録》爲《貞元新定釋教目録》,其分類悉依開元,惟增《特旨承恩録》於總集群經之前,別析《聖賢集傳録》於《乘藏差殊録》之後,畧存智昇原文,添入開元十八年後新譯入藏諸經,分析卷第,爲三十耳。

### 神僧傳九卷 明永樂官刊本,孫淵如舊藏。

明永樂間奉敕撰。前有御製序,略云,神僧者,神化萬變而超乎其類者也。然皆有傳,散見經典,觀者猝欲考求三藏之文,宏博浩瀚，未能周徧，故間繙閱采輯各傳，總爲九卷。如入寶藏，衆美畢舉，遂用刻梓以傳，昭著其迹于天地間，使人皆知神僧之所以爲神者，有可徵矣。用書此于編首，概見其大意云爾。清《四庫總目》云，此書不著撰人名氏，焦竑《國史經籍志》載此書卷帙相符，亦不云誰作。所載始於漢明帝時摩騰法蘭，終於元世祖時國師帕克巴，凡二百八人。蓋元人所撰《帕克巴傳》，稱大德七年卒，皇慶間追封大覺普惠廣照無上帝師，則書成於仁宗以後也。二百八人中，宋僧僅十六人，十六人中，北僧十三人，南僧僅三人，似爲北僧所著，然遼、金竟無人，又不知其何意矣。大旨自神其教，必有靈怪之迹者乃載，故以《神僧》爲名，而諸方大德談禪持律者，則概不錄焉。伯驥按：此書前既有永樂十五年正月初六日御製序，而王圻《續文獻通考》亦云，《神僧傳》永樂間命侍臣輯，實得其真，館臣蓋考之未審也。至錢氏載入《元史·藝文志》，則誤之甚矣。半葉十二行，行二十一字。此本爲孫氏星衍所藏，有"忠愍侯祠堂"章。

## 續高僧傳四十卷明萬曆中徑山寂照庵刻。

　　唐釋道宣撰。道宣姓錢，丹徒人，一云長城人。隋大業中住終南山白泉寺，後遷豐德、西昭二寺，持戒精苦，釋家稱爲宣律師。嘗著《廣宏明集》三十卷，又撰《法門文記》《三寶録》《羯磨戒疏》《行事鈔》《義鈔》等書。唐乾封二年卒，春秋七十二。咸通十年敕謚澄照。是書承梁慧皎之書而作，亦分十科，曰繹經、曰解義、曰習禪、曰明律、曰護法、曰感通、曰遺身、曰讀誦、曰興福、曰雜科。與前書標目稍異，每科系以總論，每卷有音義。自序稱，始梁初運，終唐貞觀十有九年，凡三百三十一人，附見一百六十人，叙述宏贍，不讓皎師。此爲萬曆中徑山寂照庵刻，卷後有墨圖記五行，云"福建福寧州福安縣尹丹陽賀學施貲刻《續高僧傳》，計字若干、銀若干”。清《四庫》未收，則不知其故。此傳卷三稱，融覺寺比丘曇謨最於義學，菩提留支見而禮之，號爲苦薛，讀其《大乘義章》，每彈指贊歎，唱言微妙，即爲胡書寫之，傳之於西域。西域沙門常東向而遥禮之，號爲東方聖人。與《洛陽伽藍記》所述略同。譯此土佛學之書爲他國文字者，此其權輿也，其餘可資考證者不少。明世刻經，分南、北《藏》。《南藏》洪武五年刻，永樂元年成；《北藏》永樂八年刻，正統五年成。而易梵筴爲方册，則萬曆間始焉。真可，一作僧可，俗家吴江達觀，晚號紫柏學人，以兩都大藏印造爲艱，且卷帙繁重，復難於持行流通，遂有方册藏經之擬議。萬曆十七年，馮夢禎、陸光祖等創刻於五臺山，以《北藏》爲底本，校以《南藏》。紫柏居山五年，頗以冰雪爲苦，移此事於徑山，萬曆三十七年刻完，世謂之徑山板，即明藏萬曆板，時紫柏寂後六年矣。夢禎有《方册藏緣起》。紫柏於大藏外，凡古尊宿語録，及所著經論文集，學人所不易得者，每搜羅而流布之。德清嘗集其記文，題爲《紫柏尊者全集》，錢謙益更編《紫柏尊者别集》。紫柏嘗北至房山訪問石經遺跡，復静琬之塔院，並偕德清禮石經静琬者，發願刻十二部經藏之北山，後其徒衆賡續其志，作始則在北齊也。明曹學佺《石倉文集》及今《順天府志》詳其事。

## 宋高僧傳三十五卷明刊本。

宋釋贊寧撰。此書所録僧人自唐高宗時爲始，意欲續唐釋道宣《續高僧傳》之後，蓋道宣之作實繼梁釋慧皎《高僧傳》，迄唐貞觀而止也，凡正傳五百三十三人，而附見一百三十人。清《四庫總目》所謂傳授源流最爲賅備是矣。書爲奉詔而作，《咸淳臨安志》七十云，贊寧受業於祥符寺，學南山律，兼通六籍、史書、莊、老百氏之學。太平興國八年秋，詔撰《大宋高僧傳》，淳化二年預史館集新書，五年爲《右街僧録》，三年遷左卿。崇寧三年，賜號通慧圓明大師。王内翰元之與詩，有"詔修僧史溯江濱，萬卷書中老一身"之句，即其受詔撰書之事實也。晁氏《讀書志》稱，贊寧，吳人，以博物稱於世。柳如京、徐騎省與之遊，或就質疑事。楊文公、歐陽文忠公亦皆知其名。又王元之撰《通慧大師文集序》云，文穆王時，大師聲望日隆，文學益茂。時錢氏公族與大師以文義相切磋，浙中士大夫以詩什唱和。又《十國春秋》稱，贊寧本姓高氏，其先渤海人，隋末徙居德清縣。寶正中，捨身杭州靈隱寺爲僧，已而入天台山受具足戒，習四分律，通南山著述毘尼，時人謂之律虎。<sub>按：</sub>
<sub>《十國春秋》注，錢塘名僧契凝者，通名數一支，謂之論虎。常從義者，文章俊健，謂之文</sub>
<sub>虎大師。多毘尼著述，謂之律虎。又《吳郡志》有贊寧《寄題洞庭山水月禪院詩》。</sub>遂署監壇，又爲西浙僧統。太平興國三年，忠懿王入宋，贊寧奉舍利真身塔以朝。太宗聞其名，召對滋福殿，賜紫方袍，尋賜號曰通慧。纂《高僧傳》三十卷，《内典集》一百五十卷，《外學集》四十九卷，又著《通論》，有駁董仲舒，難王充，斥顏師古，證蔡邕，非《史通》等說，及《筍譜》《物類相感志》諸書。伯驥按：《青箱雜記》謂，贊寧常作七篇以斥顏氏《匡繆正俗》，惜其書不傳，即上文所謂斥顏也。《十國春秋》文與《咸淳臨安志》互有詳略，故一併述之。是贊寧於史事、文學及考訂均有專書，宜其著述之足傳於後也。至宋釋惠洪撰《林間録》，所記高僧嘉言懿行，並非蹈襲前文，可資以訂正贊寧此傳之僞誤者不少焉。

## 諸佛世尊如來菩薩尊者名稱歌曲一卷
### 明永樂刻本。

　　明成祖撰。前有永樂丁酉御製序。伯驥按：《法華經序品》云，梵音微妙，令人樂聞，蓋音韻屈曲升降，歌頌佛德，諷詠佛典法言者,皆曰梵音,又曰梵唄。《楞嚴經》云,梵唄咏歌自然敷奏,蓋梵唄又名浄唄。《梁高僧傳·經師篇》論曰,天竺方俗,凡歌詠法言皆稱爲唄,至於此土詠經,則稱爲轉讀,歌讚則號爲梵唄。《魏書·釋老志》云,梵唱屠音,連篇按響,則以言其盛也。唐時學者均喜披誦佛藏,其時三藏法師玄奘所譯經論千餘卷,中有讚銘偈頌,關於佛教之韻語文,可誦者不少。又按:《十住斷結經》一不男音,二不女音,三不强音,四不耎音,五不清音,六不濁音,七不雄音,八不雌音,是爲八種梵音。可知梵天音聲,佛門所重,然改梵爲秦,失其藻蔚,雖得大意,殊隔文體,有似嚼飯與人,非徒失味,乃令嘔穢也,此又後來所譏。《法苑珠林》云,西方之有唄,猶東國之有讚,讚者從文以結章,唄者短偈以流頌。又宋山陰黄度《書説》注云,予讀《晋書·鳩摩羅什傳》曰,天竺國俗甚重文制,其宮商體韻,以入管弦爲善,凡覲國王必有讚德,佛經中偈、頌,皆其式也。樓大防爲予言,其太師公嘗守括蒼,有樂工善譜曲,凡詩賦序記皆能譜之,有舉子使譜經義亦能成曲。明年又使譜之,與陳譜無差錯。且曰,凡文皆可譜,必作得好乃爾,謬妄之作,不能成曲云云。可知此種曲調,其來已古。明鄭瑗《井觀瑣言》云,永樂四年,迎西僧尚師哈立麻至京師,車駕往視,無拜跪禮,合掌而已。五年,啓建法壇於靈谷寺,薦祀皇考皇妣,尚師率天下僧伽,舉揚普度。十有四日,卿雲天花,甘露甘雨,舍利祥光,青鳥白鶴,連日畢集。一夕,檜柏生金花徧於成都,金仙羅漢化現雲表。白象青獅,莊嚴妙相,天燈導引,幡蓋施繞。又聞梵唄空樂,自天而降。群臣上表稱賀,自是上潛心釋典焉。後御製佛典,並刊佛曲以傳。陳氏建曰,番僧善幻,無亦其幻也歟!然則永樂間佛曲之成,殆由於哈立麻乎。蓋五世紀以下,佛教徒有三種宣傳法,一經文轉讀,二梵吹歌唱,三唱度制度。以此之故,佛理可傳及民間,佛文學亦由是普徧一切矣,

而宰天下，遂借此以行其政策。明僧幻輪編《釋氏稽古畧續集》
云，己亥永樂十七年二月二十八日，賜僧司右《善世諸佛菩薩名稱
歌曲》大小三本，賜《道成大小歌曲》三本，續又命尚書呂震、都御
史王彰齎捧《諸佛世尊如來菩薩尊者名稱歌曲》，往陝西、河南頒
給，神明協應，屢現卿雲圓光寶塔之祥，文武群臣上表稱賀，上甚嘉
悦。中官因是益重佛僧，建立梵刹，以祈福者，遍兩京内外。卷三。
可知當宁與臣工皆欲藉我佛以施政權固政治，史之常例也。此類
歌曲自屬散曲一類，予仍附於經傳之後，以見成祖之用心。明海鹽胡
震亨撰《唐音統籤》，部帙極富，收道家章奏、釋氏偈頌，多至數十卷。清康熙間，輯《全
唐詩》以此爲底本，謂此二門爲冗雜，芟去之。胡，萬曆間人，藏書至富，著作校刊本亦
至豐，所收當可依據。如能校補胡編偈頌，似可與斯種歌曲同備佛門有韻文典故也，
《統籤》近已發見原本。永樂時所刻佛經皆厚若梵箓，板匡逾尺，備致尊
崇，流傳數百年，尚多其本，吾家亦有數種，此種亦作如是式，偶附
記之。

## 纂圖互注老子道德經二卷
### 宋刊本，明張德載舊藏。

　　《道經》一卷、《德經》一卷，題曰河上公章句注釋，宋景定刊
本。此爲《六子》之一，前有景定改元龔士禼《六子全書序》、葛元
《道德經序》，初真之圖，金丹之圖，《老氏聖紀圖》《混元三寶圖》，
蓋南宋國子監先有荀、揚、老、莊四子小字本，建安書坊加以纂圖互
注，寫作大字爲此本，號《四子》。見揚子序後木記。景定中，龔氏
又加《文中》《列子》爲《六子》。其書先河上公註；次解，“解曰”二
字以黑質白章小字別之；次互注，“互注”二字以黑質白章大字別
之；次音釋，以圜圍之；次重言重意，以黑質白章小字別字。音切皆
本陸氏《釋文》，而不全録。所稱解曰者，不著作者姓名，徧攷王

弼、蘇子由、王雱、林希逸各注，乃知出林希逸《鬳齋老子口義》。
希逸，福建人，士卨，亦福建人，書亦建寧書坊所刊也。士卨，字子
質，號石廬子。不標明者，校刊人之陋也。前人以此書當刻自建
寧，以龔氏、林氏皆閩人故知之。半葉十一行，行二十一字，注雙
行，行二十五字。卷首有"吳江張基德載圖書"朱文長印。《吳江
縣志》云，張基字德載，于書無所不窺，尤邃於經術，著述甚富，崇
禎時贈翰林院待詔。

## 老子鬳齋口義□□卷元刊本，
### 濮州李氏、北平孫氏舊藏。

前題鬳齋林希逸，蓋林著《三子口義》之一也。前有林氏序，
則稱《發題》，序云，老子姓李氏，名耳，字伯陽，以其耳漫無輪，故
號曰聃。楚國苦縣人也。仕周，爲藏室史。當周景王時，吾夫子年
三十，嘗問禮於聃，其言屢見於《禮記》，於夫子爲前一輩。《語》曰
述而不作，竊比於我老彭。太史公謂夫子所嚴事，亦非過與也。及
夫子没後百二十九年，有周太史儋嘗見秦獻公，言離合之數。或曰
儋即老子，非也。儋與聃同音訛云。周室既衰，老子西遊，將出散
關，關令尹喜知爲異人，强以著書，遂著上下篇五千餘言而去。其
上下篇之中，雖有章數，亦猶《繫辭》上下，然河上公分爲八十一
章，乃曰上經法天，天數奇，其章三十七：下經法地，地數偶，其章四
十四。嚴遵又分爲七十二，曰陰道八、陽道九，以八乘九得七十二，
上篇四十，下篇三十二。初非本旨，乃至逐章爲之名，皆非也。唐
玄宗改定章句，以上篇言道，下篇言德，尤非也。今傳本多有異同，
或因一字而盡失其一章之意者，識真愈難矣。大抵老子之書，其言
皆借物以明道，或因時世習尚就以諭之，而讀者未得其所以言。故
晦翁以爲老子勞攘，西山謂其間有陰謀之言。蓋此書爲道家所宗，

道家者流,過爲崇尚其言,易至於誕,既不足以明其書,而吾儒又指以異端,幸其可非而非之,亦不復爲之參究。前後註解雖多,往往皆病於此。獨潁濱起而明之,可謂得其近似,而文義語脈未能盡通,其間窒礙亦不少,且謂其多與佛書合。此卻不然,莊子宗老子者也,其言實異於老子,故其自序以生與、死與爲主,具見《天下篇》,所以多合於佛書。若老子所謂無爲而自化,不争而善勝,皆不畔於吾書。其所異者特矯世憤俗之辭,時有太過耳。伊川曰,老氏《谷神》一章最佳。胡文定曰,五千言如我無事,我好静,我有三寶,皆至論也。朱文公亦曰,漢文帝、曹參只得老子皮膚,王導、謝安何曾得老子妙處? 又曰,伯夷微似老子。又曰,晋宋人多説莊、老,未足盡莊、老實處。然則前輩諸儒亦未嘗不與之,但以其借寓之語,皆爲指實言之斯,未免有所貶議也。自前清汪容甫撰《老子考異》後,近數十年來,學人對老子頗多異説,日本人考論此事者,亦不少刊書行世,余每讀而藏之。此序中亦有考論老子異同,故全録之。大抵古子之爲後人箋注者,《老子》一書當居多數。口義之作,似不支離,存之正不獨因其古本也。此從來一宗未了疑案,若研究推尋得其初意,真所謂千載而下,知其解者旦暮遇之也。此書爲明濮州李氏廷相遺本,有其藏章。廷相號蒲汀,家多藏書。明王氏《寄道原弟書》一云,李蒲汀家好書甚多,其子若相識,可時與之借録,不必求好,只以有此書爲貴,又要抄字不訛,須着吏查考參對。大抵蒲汀家書好者第一是板好,此不足喜。但是宋儒經義及查考制度、樂律、水利、兵刑等項,名數之書爲上,文集次之,至於雜家小説又次之。此一事須着意。如飲食乃可得,若游游泛泛,決不可得也。見《王遵巖集》家書類、《李氏小史》,又詳本目集部《歐陽文忠集》題記。此書又有孫氏萬卷樓章,蓋清初北平孫氏承澤舊藏也。承澤,號退谷,宛平人,明崇禎辛未進士。官給事中。入清

朝,官至吏部侍郎。藏書處曰萬卷樓,與項篤壽同。此本有前人題
記,謂爲淵如遺本,殆誤。書前並有項城袁寒雲墨筆題記一葉。袁
克文爲前大總統世凱第二子,字抱存,亦曰豹岑,龜庵、寒雲則壯歲
後所署也。專究詩文、金石、書法,畫筆亦足動人。生平嗜聲色,常
袍笏登場。父死後,遨遊江河南北,曾賣文以自養,卒於中華民國
二十年。著《洹上私乘寒雲集》。吾國人以龜爲名號者,唐宋時多
有之,元明後則少,近人顧氏考之頗詳。李龜年名也,王龜父號也。
龜郎爲白行簡子,樂天送其歸華詩,誤收入《義山集》。龜兒爲梅
聖俞子,有詩見《宛陵集》,皆唐宋人也,故予署及之。寒雲以龜庵
別署,足見其不爲俗囿也。

## 列子八卷明世德堂刊本,
### 黃蕘圃據宋本校,海源閣舊藏。

此爲世德堂顧氏刊本之一,蕘圃據宋本校之者。有題語三,則
均在卷末,其一云,此所校宋本《列子》,殷敬慎《釋文》未行以前本
也,其中間附作注者舊音。此本字句,往往與《釋文》所云一本作
某者合,洵古本也,惜中多修板及補鈔處,一一注明,而通體描寫粘
補,字不無涉而致誤矣。丙子,蕘圃記。又云,校訖,并鈎勒每行起
訖,前二卷於小注不到底者,亦鈎勒之。三卷後止鈎勒到底行歇
矣。又云,校宋本訖,偶檢盧抱經《群書拾補》有專校《列子》張湛
注,其所校都有與宋本合者,用墨圈識之,而余因取補爲證,復取宋
本讎之,又得數字,始知校書不易,讎書爲急也。天壤間物,莫能兩
全,能讀書矣,而不能藏書,故雖能讀書如抱經,而所見非宋刻,故
區別《釋文》於張湛注外。如賈逵《姓氏英覽》用綦十二,故二條尚
誤。仍,《釋文》爲注,坐藏書不多故也。而余幸藏有宋板矣,坐不
能讀書,故藏宋板《列子》二十餘年,未經用力,直至日暮途遠,始

究心焉,得無爲炳燭之明乎！書此志憾。時丙子五月二十二日。
莪圃又記。卷第一首葉,莪圃墨筆題記云,宋本無序目,每葉二十
八行,每行大二十七字、小三十一字,大小二十六至二十九字不等,
篇名上空二格,後同。有"東郡楊氏鑑藏書畫印"、"宋存書室聊城
楊氏所藏"、"楊印以增"、"至堂"、"臣紹和印"、"彥合珍玩"各章。
海源閣遺聞軼事,予於《孫可之集》題記詳之。

## 冲虚至德真經解八卷 明刊本。

前題杭州州學内舍生江遹撰,蓋宋人遺著也。解注《列子》之
本,據錢氏《曝書雜記》云,秦氏刻盧重玄注《列》,蓋得於金陵道
院。坊間所刻《道藏目錄》僅有林希逸《口義》,江遹解、宋徽宗御
注、高守元集解、殷敬慎《釋文》,盧注及張湛注,均未著錄。秦氏
謂張湛注、殷敬順《釋文》,宋碧虚子陳景元補其遺,《道藏目錄》亦
僅錄陳景元《南華真經章句音義》及《章句餘事》,而無《列子》,則
所見不全矣。又云,明刻張湛注附殷氏釋文,淆亂不可辨別,《道
藏》有《釋文》單刻本,惜未能借校。又云,蕭山汪氏繼培從錢塘何
夢華元錫得影宋鈔本《列子》張湛注,又錄《釋文》專本於吳山《道
藏》,刻於湖海,盧注及《釋文》各自爲卷。又云,興化任氏大椿從
淮瀆廟《道藏》得殷氏《釋文》,刻於燕禧堂,附《考異》一卷。又
云,汪氏所刻在任氏後而不及參校,殆未見印本,惜宋陳景元補遺,
皆不分別於殷氏元本,猶未見真面也,是錢氏似尚未見江書。又
《道藏》本有《冲虚至德真經四解》二十卷,爲金大定中平陽逸民和
光散人高守元善長,取晉光禄勳張湛處度、唐通事舍人盧重玄、宋
徽宗皇帝及宋左丞范致虚謙叔之注,勒爲一書者。清《四庫提要》
謂《列子》注本存於世者,張湛、殷敬慎以外,惟林希逸、江遹二書,
似尚未見《道藏》本,故以江書著錄。惟日人島田翰《古文舊書考》

則江書之外，復標吳澄、朱得之、焦竑等書，謂林、朱二氏及焦氏所解，極爲淺陋，但張氏得其玄旨，江、吳二氏頗領其意義。卷四。館臣謂江之解，文詞都雅，思致玄遠，殆不誣也。《提要》又稱通注仿郭象注《莊》之體，擺落訓詁，自抒心得，領要標新，往往得言外之旨，唯於《周穆王篇》注云，穆王亦丹臺之舊侶也，謫降人間，塵俗之氣尚未深染，故能安棲聖境，此雖下乘之所居，豈胎生肉人所能到哉！此數言殆似杜光庭、林靈素輩，未免自穢其書，是又剔其疵累矣！通自署杭州州學内舍生。《提要》引《宋史》，徽宗時，始立三舍法，言之不詳。伯驥按：《文獻通考》神宗熙寧四年，釐太學生爲三等，初入學爲外舍，外舍升内舍，内舍升上舍。《續通鑑長篇》熙寧八年十月詔，國子監上舍生安惇如不得解與免解，已，得解免禮部試。李心傳《朝野雜記》稱，太學養士最盛於崇、觀間，紹興中詔以七百人爲額，上舍生三十員，内舍生百員，外舍生百七十員。每三年科場，率四人而一，若即行校藝而升上者，則不待選舉而徑釋褐焉。《宋史·選舉志》，畫人入院，由太學法試補其居職，升降士流。始入學爲外舍，外舍升内舍，内舍升上舍。《貴耳録》稱成均舊規引試，凡先在三等而今在四等者，謂之退舍。宋施氏《會稽志》卷一云，終神宗一朝，三舍之法止行於太學。崇寧初，始議頒太學三舍於天下，議者謂方三舍之法行，士子無敢以禿巾短後之服行道上者，遇長上無敢不避道拱揖者，茶肆酒壚無敢輒遊者，市人不逞者、醉者、或凌嫚之，士子皆避去，無與較者，則不可以爲無補於教養。以上於當時太學三舍故事，言之至晰。若江氏則州學之内舍生也。今本《列子》非《漢志》著録原帙，自宋高似孫、黃震後，疑者紛紛，近人何氏治運曾證爲晉人僞作，馬氏叙倫又列二十事以攻其僞，此又讀《沖虛至德經》者所宜攷覈矣。列禦寇三字初見《莊子》書中，或係寓言，而《漢志》中居然有《列子》八篇，當非實有其人述作者。今存

之書，或以爲晉張湛作，自作自注，近於滑稽，書内言西方化人言論
與佛藏頗多脗合，謂爲佛教輸入後始有此作品，當不誣也。

## 抱朴子内篇二十卷外篇

**五十卷**<small>清嘉慶癸酉金陵道署校刻本，陳蘭甫校讀，曾剛父舊藏。</small>

　　晉葛洪撰。洪，句容人，字稚川，玄姪孫，世稱小葛仙翁，自號
抱朴子。好神仙導養之法，受煉丹術於玄弟子鄭隱，著《抱朴子》
《神仙傳》及碑誄詩賦雜文數百卷。《漢志》分道教、僊教爲二門，
用漢以後方士家言傅會先秦道家學説，此書實爲先河，讀此可知其
衍變之迹。前人以此書列雜家，實由於此。本編仍以之附《列子》
後，《列子》僞託，稚川雜糅前人及一己之見，皆同一機杼也。此本
前有清嘉慶十七年方維甸校刊序，次有癸酉歲孫星衍《新校正抱
朴子内篇序》，次《内篇目録》。孫氏《叙録》云，右《目録》，依《道
藏》本定。按：《抱朴子内篇》叙云，别爲此一部，名《内篇》，凡二十
卷，《外篇》五十卷。又云，其《内篇》言神仙方藥、鬼怪變化、養生
延年、禳邪却禍之事，屬道家；其《外篇》言人間得失、世事臧否，屬
儒家。《隋書・經籍志》，《内篇》亦屬道家，與《外篇》分行，《道
藏》雖并收《外篇》，原未合爲一部，觀其《内篇》之後，《外篇》之
前，以《抱朴子别旨》一種間隔之，可曉然矣。明人刻此書，從《道
藏》取出而不知其爲三種，遂總名曰《抱朴子》，非也。今校刊《内
篇》二十卷，不連《外篇》，以復葛氏之舊，兼正明人之誤。《舊唐
書・經籍志》及各家書目俱爲二十卷，《隋志》二十一卷、《音》一
卷，或加序目及《音》爲二十二卷也，《音》久不傳，《道藏》序或在
第一卷前，故不復列數云。或疑《别旨》既自爲一種，何以不見於
自序。考《道藏》所收，又有《抱朴子養生論》及《稚川真人較證
術》一卷、《抱朴子神仙金汋經》三卷、葛稚川《金木萬靈論》，俱不見

於自叙，然則《別旨》正同斯例，蓋皆非稚川所撰也。今按孫氏校本乃據《道藏》本精勘，而盧抱經、顧千里助之，嚴可均校筆則在孫後。此本《內篇序》前有"陳澧之印"、"蘭甫"二章，末有"蘭甫校讀章"，書中朱筆點勘，每有校語識於書眉。原書爲曾氏習經所藏，今歸予家。伯驤記。

## 抱朴子內篇二十卷外篇五十卷明魯藩刊本。

前題晉丹陽葛洪稚川撰。前列洪序，《內篇》論神仙修練、符籙、劾治諸事，純爲道家言。《外篇》論時政得失、人事臧否，多作排偶之體，前人謂其詞旨辨博，饒有名理。此明嘉靖乙丑魯藩從正統十年《道藏》本繡梓，版心題"敕賜承訓書院"六字，雙列排行。前人於葛氏之書頗有校訂，如顧澗薲謂《外篇》中《百家》《文行》與《尚博》篇，文有複出，應刪併改定，合自序恰得五十篇之舊。後孫淵如刻入《平津館叢書》，即權輿是本，然亦祇刪《內篇》末之《別旨》一篇，及於《詰鮑》篇內二百七十字，疑當移易云云。餘則小小校正，無大異同也，故古刻此書，除《道藏》本，應以此本爲最善。焦氏《易餘籥錄》卷二十云，《抱朴子》引陳仲弓《異聞記》稱，某郡人張廣定遭亂常避地，有一女子年四歲，不能步涉，又不可擔負，計棄之，固當餓死，不欲令其骸骨之露。村口有古大冢，上顛先有穿穴，乃以器盛縋之下此女於冢中，以數月許乾飯水漿與之而捨去。候此平定，其間三年，廣定乃得還鄉里，欲收冢中所棄女骨，更殯埋之。廣定往視，女故坐冢中，見其父猶識之甚喜，而父母初猶恐鬼也。入就之，乃知其否。及問之從何得食，女言糧初盡甚飢，見冢角有一物，伸頸吞氣，試效之，轉不復飢，日月爲之，以至於今。廣定乃索女所言物，乃是一大龜耳。女出，食穀，初小腹痛嘔逆，久許乃習。蘇軾《志林》亦云，富彥國在青社，河北大饑，民爭歸之。有夫婦襁負一子，未幾，迫於飢困，不能皆全，棄之道左空冢中而去。歲定歸鄉，過此家，欲收其骨，則兒尚活，肥健愈於未棄時，見父母，匍匐來就。視冢中空無有，惟有一竅滑易，如蛇鼠出入，有大蟾蜍如車輪，氣咻咻然出穴中。意兒在冢中常呼吸此氣，故能不食而健。自爾遂不食，年六七歲，肌膚如玉。其父抱兒來京師，以示小兒醫張荆筐。張曰，物之有氣者能蟄，燕、蛇、蝦蟇之類是也，能蟄則能不食，不食則壽，此千歲蝦蟇也。決不當與藥，聽其不食、不娶，長必得道。父喜攜去，今不知所在。張與余言，蓋嘉祐六年也。此事與前事同當是張荆筐之詆言，東坡未見《抱朴子》，受其欺耳。

伯驥按：蘇集《和陶讀山海經詩》目中謂《讀抱朴子有得詩》有云，"亂離棄弱女，破冢割恩憐。寧知效龜息，三歲號穀山。長生定可學，當信仲弓言"。施注引《抱朴子》，故太丘長陳仲弓篤論士也，撰《異聞記》當即此事，理堂之言殊誤。宋人每喜道家言，歐、蘇二家尤著。如《西清詩話》及《青瑣高議》皆嘗言歐陽永叔曾游嵩山，於絕壁上見苔蘚成文云，神清之洞，明日復尋不見。而《欒城集》有《示歐陽叔弼詩》云，"思穎求歸今幾時，布衣猶在老劉詩。龍章舊有世人識，蟬蛻惟應野老知。昔葬衣冠今在否，近傳音問不須疑。曾聞圯上逢黃石，久矣留侯不見欺"。尋繹詩意，一似永叔六十六歲死時即爲登真而去者，大蘇著述流傳，所采《三洞道文》尤博。元趙沨《東山集·跋東坡過大庾嶺詩墨跡》云，公中歲始留心佛乘，晚節播遷嶺海，遂欲陰學長生，超然遐舉，故此詩云"仙人拊我頂，結髮受長生"。《抱朴子》爲道家佳書，東坡當亦必讀，理堂殆未之思耳。理堂，甘泉人，乾隆舉人，隱居不仕，著《易通釋》《易章句》《孟子正義》《尚書補疏》《天元一釋開方通釋》《雕菰樓集》等書。阮雲臺所稱爲通儒者也。陳仲弓《異聞記》，漢人小說，書久佚。《抱朴子·論仙篇》又引董仲舒撰《李少君家錄》，《至理篇》引孔安國《祕記》，今皆無存，然則讀此書又可輯佚，此說前人未及，故述之。魯藩觀熰爲奉國將軍健根子，字中立，爵鎮國中尉，被服儒素，雅好著述，嘗繪《太平圖》一卷上獻，世宗皇帝嘉獎之，賜承訓書院名額並五經諸書。所著《濟美堂稿》《書法權輿》若干卷，又輯齊魯名士詩二十一卷，名《海岳靈秀集》。見朱謀埠《藩獻記》卷二。明賈三近《滑耀編傳類》第一百一葉,有魯藩中立所撰《清風君傳》云,姓善名行可,字叔存。贊曰,賢哉行可!清風佳契,能卷能舒,不剛不貳。非珪璋而有溫潤之資,非琴瑟而有中和之氣。賢哉行可! 道高德備,惜哉行可! 不出其位。此文或亦《濟美堂稿》所收歟。

## 道書十一種十二卷明寫本,二册子,天一閣舊藏。

此爲范氏天一閣遺本,綿紙藍絲欄抄録。計《丹房奧論》,學仙子程了一撰,有天禧四年自序。如一,《指歸集》,高蓋山人吳悟撰,前有自序。如二,二篇同卷,《還金述》,陶埴撰,分上、中、下三篇;《大丹鉛汞論》,唐金竹坡撰,中分九節,九節之外另有論述。如三,《真元妙道要略》,真人妙思遠撰。如四,《丹方鑑源》上下卷,紫閣山叟獨孤滔撰,分爲二十五節。如五,《延陵先生集新舊服氣經》,前題桑榆子評。命一,《諸真聖胎神用訣》;命二,二篇同卷,《胎息抱一歌》《幻真先生服内元氣訣》;命三,二論同卷,《胎息精微論》《服氣精義論》;命四,《氣法要妙至訣》,訣云,要妙氣訣真道者,用之其壽與天地齊矣。人自有六種導引,而不知吹、呵、噓、呬、呼、嘻,吹去寒氣,呵去煩氣,噓去痰積,呬去疲勞,呼去温熱,嘻去風氣。四篇同卷,《上清司命茅真君指迷訣》《神氣養形論》《存神煉氣銘》《保生銘》。《存神煉氣銘》,唐思邈孫真人述,《保生銘》同。《神仙食炁金匱妙録》,京黑先生撰。命七以上各書,皆道家言,如一命七者。《道藏》以《千文》編號,此蓋從之寫出也。其中有不可究詰者,亦有妙義存焉者。如孫真人云,人若勞於形,百病不能成;飲酒忌大醉,諸疾自不生。又云,强知是大患,少欲終無累。此皆守身至言。至云每去鼻中毛,常習不唾地。上句則與科學違迕,下句亦至言也。清《四庫目》著録道家書不少,以上各種亦多未見。道家類小序謂後世神怪之迹多附於道家,道家亦自矜其異,如《神仙傳》《道教靈驗記》是也。要其本始,則主於清浄自持,而制以堅忍之力,以柔制剛,以退爲進,故申子、韓子流爲刑名之學,而《陰符經》可通於兵。其後,長生之説與神仙家合爲一,而服餌導引入之。房中一家近於神仙者,亦入之。鴻寶有書,燒煉入之。張魯立教,符録入之。北魏寇謙之等又以齋醮章呪入之。世所傳述多後附之文,非其本旨。此則館臣甄綜道家學術之言,而析説其源流派别者也,偶附記之。以上各書核之嘉慶間阮刻《范閣書目》,則目中漏載數種,蓋阮目不無訛誤,如風水書之《雪心賦》編入集部之類,此則漏脱鈔目也。明刻《雪心賦》,葉郎園舊藏,今歸吾家。

## 三洞群仙録十卷天一閣舊寫本。

前題正一道士陳葆光撰。集前有紹興甲戌年中元日礜里竹軒序,略云,嵇康謂神仙禀之自然,非積學所致,吴筠謂神仙可學而成,二人矛盾如此。僕謂未學之夫,謂神仙非積學所致,而怠於勤脩者,自賊其身者也;謂可學而能致者,欲磨磚爲鏡,坐禪成佛者也。修真之士虚緣葆真,抱一冲素,以慈爲寶,以静爲基,其要不離於老子、莊周之書,捨是皆矯誣之論,非聖之書也。秦漢之君,侈於嗜慾,慕神仙之術。欲長年而保其尊榮,信金丹之説,資藥力以濟其荒淫,於是方士並出,而幻譎變化之術始彰,乃有合鈆汞結丹砂,而名大藥,嚥津氣存龍虎,以爲内丹。木公金母之名,姹女嬰兒之號,黄芽白雪之稱,七返九還之訣。其上則玄都絳闕之異,赤明龍漢之紀,三洞符籙之科,九壇齋醮之式,下逮尸解鑑形,投胎奪舍,飛符布炁,劾鬼治邪之術,悉由恍惚而立象,從虚無以課有,及其成功,則殊途同歸,百慮而一致也。虚緣葆真,抱一冲素本也,變化飛昇,尸解布炁末也。江陰静應庵道士陳葆光憤末學之失,怠於勤脩,果於自棄,乃網羅九流百氏之書,下逮稗官俚語之説,凡載神仙事者,裒爲此書。使知夫列仙修真之勤,濟物之功,奉天之嚴,得法之艱,勤苦勞勩,卒能有成,使開卷洞然,知神仙之可學云。全書體例略如遼李瀚所撰之《蒙求》,四字爲句,每行兩句,對偶成文。次行低一格,列引用之書,分註其下,每八句同韻,頗爲大雅。所引述者,如《晋逸史》《賢己集》《仙傳拾遺》《高道傳》《詫異記》《廣異記》《七命注》《野人閒話》《續仙傳》《西山真君傳》《詩史》《蘇仙傳》《王氏見聞録》《道學傳》《丹臺新録》《雅言》《忠定公録》《西山記》《五代逸史》《搜神祕覽》《丹訣》《實賓録》《翰府名談》《茅君記》《女仙傳》《三洞珠囊》《隱居傳》《漁歌記》《原化記》《散仙傳》《郡閣雅談》《翊聖傳》《西清詩話》《真境録》等,頗有人間所罕見者。卷三有老子函谷韓湘藍關一聯,引《青瑣高議》云,韓湘字清夫,文公姪也。嘗取土聚之以盆,俄頃開碧蓮二朵,類牡丹花,葉上有小金字云,“雲横秦嶺家何在,雪擁藍關馬不前”。公莫曉句意。後言佛骨謫潮州,時大雪,塗中遇湘曰,憶向花上之句乎? 詢地名,乃藍關也。公方驚悟。然清王氏昶《商洛行程記》第二葉,考此事頗詳,知前説實有謬誤。王云,湘爲公從子,老成之子,號介孫。長慶三年進士,賈島寄湘詩有“過嶺行多少,潮州瘴滿川”之句,是文公赴潮,湘實從行,非解後遇於藍關,而湘第進士,去是年纔四年。後官至大理丞,亦未嘗仙舉也。考文公遺集,贈族姪詩云,“擊門者誰子,問之乃吾宗。自言有奇術,妙探知天工”。意開頃刻花者即其人。《酉陽雜録》亦云,韓侍郎有從子從江淮來,有奇術而不著名,其非湘明矣。湘爲公從孫,相從於患難,其孝謹有足道者。以上皆蘭泉之言,以其可訂前人之誤,故全録之。《太平廣記》引《仙傳拾遺》作韓公外甥,忘其姓名。清顧嗣立注《昌黎示姪孫詩》,引《青瑣高議》則作公姪,前人謂證以《年譜》及詩集中之題與詩註，湘固爲昌黎之姪孫，不如《韓仙傳》所云爲姪。《青瑣高議》諸書謂，愈因雪擁藍關二句而足成一詩，然細讀全詩亦無足成之蹟，故趙甌北《陔餘叢考》亦謂，此詩中亦不言湘有道術。俞曲園引姚氏答湘詩，則謂湘爲功名之士，世傳爲仙，非其實也。《韓仙傳》一卷，題唐瑤華帝君韓若雲自撰。清《四庫存目》彙祕笈有刻本，傳中所叙事實，即湘也。湘稱祖爲仲卿，父爲會，叔父爲愈。《唐宰相世系表》，湘字北渚，此題若雲，皆不合。

## 真仙體道通鑑前集三十六卷後集六卷寫本。

　　《前集》軒轅黃帝至趙元陽止，《後集》無上元君至孫仙姑止，蓋以女仙之故而列於後歟！浮雲山道士趙道一編，前有表進之昊天上帝，則夸誕之詞矣。胡氏《破鐵網》著録《歷代真仙體道通鑑》三十六册，舊寫本有竹垞私印、王愷名印，又有康熙四十年何義門朱筆跋，未審與此有無異同。錢氏《元史補志》有趙道一《歷代真仙通鑑前集》六十卷、《後集》四卷，與此寫本卷數不符。考薛氏大訓有《列仙通紀》六十卷，亦始於黃帝下至孫仙姑，凡八百七十七人，先刊於明崇禎間，至前清板燬，乃改此名，入《四庫存目》。薛書似即用道一書增補而成，館臣未見道一原書，故無所論列也。錢氏《敏求記》所録乃明鈔本，首題"浮雲山聖壽萬年宮道士小兆臣趙道一編修"一行，目後無年月。玉真子手跋云，爲遵王所贈，已缺二十四至三十二，共十卷。此本江安傅氏收之，《後集》六卷，補以正統《道藏》本。

## 雲笈七籤一百二十二卷明清真館本。

　　宋張君房輯并序，首標學幾，源出《道藏》總目，次行題張萱補,蓋藏本無總目也,其書采掇《道藏》菁華,述而不作。曰七籤者,三洞、四輔,道家舊目也。道門大論云,三洞者,洞言通也,通元達妙,其統有三,故云三洞。天寶君說洞真部爲大乘,靈寶君說洞玄部爲中乘,神寶君說洞神部爲小乘,《道藏經》據此三部以擬佛家之三藏。三洞者,洞真、洞玄、洞神。四輔者,《太清經》輔洞神部金丹以下仙業,《太平經》輔洞玄部甲乙十部以下真業,《太玄》輔洞真部五千文以下聖業,《正一》法文宗道德崇三洞,遍陳三乘。蓋君房采輯此書,實乘當時奉勑脩理《道藏》之便。初,真宗以祕閣道書出降餘杭郡,俾知郡戚綸、漕運使陳堯佐選道士朱益謙等專脩,然綱條部分多有參差,歲月坐遷,未竟其緒。久之,除君房著作佐郎,君房盡得所降道書,並續取到蘇州舊《道藏》經本千餘卷,越州、台州舊《道藏》經本亦各千餘卷,及朝廷續降到福建等州道書、明使摩尼經等,與諸道士依三洞綱條、四部録畧,品詳科格,商較異同,以銓次之,都盧四千五百六十五卷,起《千字文》天字爲函目,終於宮字,號得四百六十六字,且題曰《大宋天宮寶藏》。天禧三年春,寫録成七藏以進之。以上畧見此書序中。蓋宋藏爲現存《道藏》之祖,而君房實總其成,故既溯編藏之由,而又釋其十二部先後次序之誼,曰本文是生法之本數,自居前。既生之後,即須扶養,故次辯神符,八雲會篆、三元玉字,若不諳練,豈能致益?故須玉訣釋其理事也。衆生暗鈍,直聞聲教不能悟解,故立圖像助以表明,聖功既顯,若不祖宗物情,容言假僞,故須其譜録也。此之五條生物義定將欲輔成,必須鑒戒惡法文弊,宜前防止,故有戒律。既捨俗入道,出家簉於師寶,須善容儀,故次明威儀也。又前乃防惡宿罪未除,故須脩齋軌儀,悔己生惡也。儀容已善,宿根已淨,須進學方術理,期登真要。假道術之妙,顯乎記傳,論聖習學,以次相從也。亦有學功既著,名傳竹帛,故次記傳。始自生物終於行成,皆可嘉稱，故次有讚頌。又前言諸教多是長行教説，今論讚頌即是句偈，結辭既切，功滿德成。故須表申靈府，如齋訖言功之例，故終乎表奏也。又前十一部明出世之行，後之表奏，祛世間之災，如《三元塗炭》《子午請命》之流，皆關表也。三乘之中，乘各有十二部，故合成三十六部。又君房之言曰，因茲探討，遂就編聯，掇雲笈七部之英畧，寶藴諸子之奥，總爲百二十卷，名曰《雲笈七籤》。其卷八、卷九《三洞經教部》則性質近於目録家之解題，頗足挈道經之要緒，故欲知道教之大畧，此書實爲資糧也。萱自號清真居士，故板心有“清真館”三字，萱略歷見前《六書統》。君房字尹才，方壯始從學，逮游場屋，甚有時名。登第時已四十餘，以校道書得館職，後知隨、郢、信陽三郡，年六十三分司歸安陸，年六十九致仕。嘗撰《乘異記》三編、《科名定分録》七卷、《儆戒會最五十事》《麗情集》十二卷，又《朝説》《野語》各三篇。泊退居，又撰《脞説》二十卷。年七十六，仍著詩賦雜文。其子百藥當纂爲《慶曆集》三十卷。見王得臣《麈史》。又，宋王銍《默記》稱君房同年白積者，有俊聲，亦以文名世。畨卒，有文集行於世。常輕君房爲人，君房心銜之，及作《乘異記》，載白積死，其友行舟，夢積曰，我死罰爲黿，汝來日舟過，當見我矣。如其言行舟，見人聚觀而烏鵲噪於岸，倚舟問之，乃漁人網得大黿，其友買而放之江中。《乘異記》既行，君房一日朝退，出東華門外，忽有年少拽君房下馬奮擊，冠巾毀裂，流血被體，幾至委頓。乃白積之子，問“吾父安有是事，必死而後已”。觀者爲釋解，且令君房毀其板，君房哀祈如約，乃得去。晁公武《讀書志》以張唐英與張君房合爲一人。按：君房太宗時人，唐英乃商英之兄，字次功，蜀之新津人也，何得爲一人乎？楊氏《丹鉛録》卷十四，已糾其誤。又《湘山野録》云，本朝嘗召處士种放爲司諫以論事，公卿惡之，賜金歸華山。又有紫微舍人者，素不能文，制誥嘗令張君房代之。一日，賜日本國正史詔書,紫微已受到詞頭,而君房方與所親飲醉都市中,使促之,紫微不勝其困。暇日,楊大年與錢若水賡《閒忙二令》,楊曰:"世上何人最得閒? 司諫賜金歸華山。"錢曰,"世上何人最得忙? 紫微失卻張君房。"張氏軼事之多如此。

書目題跋叢書

五十萬卷樓羣書跋文　下

中華書局

莫伯驥　著
曾貽芬　整理

# 集　部　一

## 楚辭章句十七卷明夫容館重刻宋本。

　　前題漢劉向編集，王逸章句。《目録》三葉，《目録》末幅有"隆慶辛未豫章夫容館宋板重雕"一行，次史傳、序騷、辨騷十二葉，次《楚辭疑字直音補》五葉。半葉八行，行十七字。前有秦氏朱筆題記云，此本最爲精善，而傳本甚稀。往在湖中見一本，爲葉郎園從子定侯購去。余後十年，客居海上，始求得之，亦可謂難矣。近代藏家惟范氏天一閣、朱氏結一廬、繆氏藝風堂，森立之《經籍訪古志》、楊守敬《日本訪書志》載有此本。《藝風藏書記》云，卷一末有"姑蘇錢世傑寫，章芝刻"，雙行而無序，與予此本同。葉氏所得本，頃定侯來申，攜在行篋，因從借歸對讀一過。彼本首有王弇州序，無書刻人姓名，宋諱皆闕筆，驟觀之似若迥異，及諗其字之點畫，與夫邊闌格線，自首徹尾，無一不合，但印本彼略後耳。然後知此書初印本無序，有書刻人姓名，宋諱不闕筆，迨後增入王序，剷去書刻人姓名，又將宋諱字末筆剷去，惟元、沉等字亦缺筆，未知何據？或謂避欽宗嫌名。按：完字乃以同聲而嫌，非以偏旁嫌也，似元、沉字無所用其闕避，殆剷削之誤歟？要之，兩本實係一板，非有二刻也。弇州序言，宗人用晦得宋《楚辭》善本，梓而見屬序云云。刻書者姓字賴此著之，特爲拈出。其序載《四部稿》六十七，今亦不復繕補，以存初本真面。丁卯七月嬰闇。卷首《目録》上有"嬰閣秦氏藏書"朱文方形章一，下有"曾在秦嬰閣處"小長方形朱文章。卷一首葉有"秦印更年"、"秦曼青"二小章。前人謂此本字體方正而清爽，猶與宋刻爲近。首行題《楚辭》卷之一，次行題漢劉向編集，三行題王逸章句。明刻別本題校書郎王逸章句者，特據《隋志》改題，未必舊本如此也。又謂晁公武《讀書志》稱王逸續爲《九思》，取班固二序附之。今此本班序不入卷中。又，公武始以本傳冠首，則知此本編次出於公武之後，然《楚辭》莫古於是本。嘉慶間，大雅堂雖重刊是本，而草率殊甚。近日武昌書局重刻洪氏《補注》及朱子《集注》，而此本傳世頗罕，亦缺事云。目後有"夫容館刊"字樣。伯驥按：夫容當即芙蓉，《漢書·司馬相如傳》外發夫容，《史記》作芙蓉，是也。祁氏《澹生堂書目》著録明楊一葵《芙蓉館集》十四卷。一葵，漳浦人，今刻書者署豫章，當非楊氏。明芙蓉泉屋刊本《韓詩外傳》夙著名，此則署芙蓉館，似又非其人所刊，記此待考。

## 楚辭八卷後語六卷明成化刊本，陸潤之舊藏。

前有成化間何氏序，略云，《楚辭》八卷，紫陽朱夫子之所校定。《後語》六卷，則朱子以晁氏所集録，而刊補定著者也。蓋《三百篇》之後，惟屈子之辭最爲近古，漢王逸嘗爲之章句，宋洪興祖又爲之補注，而晁无咎又取古今詞賦之近騷者以續之，然王逸之望文生義，未有能白作者之心，而晁氏之書辯説紛挐，亦無所發於義理，朱子乃取王氏、晁氏之書删定以爲此書，又爲之注釋，顧書坊舊本，刓缺不可讀。及承乏汲臺，公暇與僉憲吳君原明論朱子著述，偶及此書，吳君欣然出家藏善本，正其訛，補其缺，命工鋟梓以傳。成化十一年，賜進士第嘉議大夫河南按察司按察使盱江何喬新書。半葉八行，行十七字，大字精刻，有"陸時化章"。伯驥按：《庶老齋叢譚》中云，漢武帝《秋風辭》見於《文選·樂府》《文中子》，晦庵附入《楚辭後語》，而《史記》《漢書》皆不載。《藝文志》又無漢武歌，不知祖於何書。又《續停驂録》卷二十一云，朱子注《楚辭》，在今餘干之東山，其意蓋爲趙汝愚作也。復爲《後語》以選古人之辭，世有議其去取之未當者，蓋《楚辭》之文至東漢而病矣，況後世乎！文公之旨，則以無心而冥會，賢於不病而呻吟者爾，此爲第一義也。又蕭穆《敬孚類稿》云，余以爲千古之第一知騷者莫如太史公，至本書注事詳確莫如王、洪兩注本。學者但熟讀太史公《屈原列傳》，可深得屈原各篇精義之所在，再讀王、洪注本，可知屈子用古之通博，而朱注本實未能高出前人，但偶有獨得處，采取之可也。若尊朱者因其一序，概將前人抹摋，則大謬云。此皆前人論朱注之得當者也。前人於《楚辭》之研究，多注重名物、音韻，朱子則加以議論。清世如毛奇齡、祝德麟、蔣驥、戴震諸作，雖多辨證宋明舊著，別無新説也。近人鎮江陳直撰《楚辭拾遺》引劉向《九歎》云，“伊伯庸之末胄兮，諒皇直之屈原”。《禮·祭法》鄭注，皇考曾祖也，以爲屈之曾祖。此外諸家更有異軍蒼頭突起者，證以歐人事理，而其畺域乃大。趙氏景深以謂屈子與意大利之但丁可相對照，舉四例爲比，亦巧合也。取玉甚難，越三江五湖至崑崙之山，《尸子》之言也。可知取之易則無玉矣，學固有新舊、中外之界畫哉！四例云，一，二人地位相等，均是偉大詩人；二，二人地域相同，均生長於花光愛的南國，伯驥按：思想與氣候地帶有關，已成定論。世界史中盛德大業均由温帶人成之，羅馬人之法律創造，希臘人之科學開闢，印度、波斯、埃及猶太之宗教思想哲學原理，皆其例也。屈子所創文章，與北方有別，亦頗符此理。三，均關懷政治，但丁是擁護皇帝之吉柏林派，受擁護教皇之歸爾富派反對；屈原則爲親齊派，受親秦派反對；四，但丁《神曲》是一首長詩，上天下地無所不屆，《離騷》也是一首長詩。伯驥按：屈子與但丁皆古人，所謂高步野鶴不嚇腐鼠者。趙氏比擬庶幾同符，唯屈未嘗投筆執戈耳。但丁與荷馬、莎士比亞、歌德，歐人以爲世界四大詩聖。
吾國譯文，但丁又曰丹第。埃及開羅博物院藏伊利亞得稿本殘葉，
爲荷馬真迹。歐洲中古時，各國皆用俚語，以拉丁文爲文言，但丁
諸文豪始以其國俚語著書。路德創新教，亦以德文譯《舊約》《新
約》，蓋路德夙工文學，今其本猶爲德文學中之典型。屈子之文亦
創作，而爲後世則效。又，日本學人亦不尠論校《楚辭》者，甕谷岡
松辰君盈《楚辭考》四卷，長井江沆江氏《離騷傳》二卷，吾家藏之。
時化，姓陸氏，號聽松，字潤之，太倉州國子監生。嗜法書、名畫，精
鑒別，嘗集生平所見數百種，記其紙絹，詳其行款，識者比之退谷
《江村消夏錄》。又聚書數萬卷，購善本而手校讎之。有"陸潤
之"、"嘯雲軒潤之所藏"、"陸時化印"、"聽松老人"等朱記。乾隆
四十四年病没。子一，愚卿，克承其家。見王氏昶撰墓志銘。又潤
之著《吳越所見書畫錄》，自序云，於越余祖宗邱墓之鄉也，至宋渭
南公益著，又八世遷吳。前明參政孟昭公、侍御晋川公復以文章事
業顯於吳會。至大父匡我公，世次秩然，遺經在笥，未嘗失墜。是
潤之固以藏書世其家者也。

## 曹子建集十卷 明活字本，王文簡、沈椒園舊藏。

魏陳思王曹植撰。王爲魏武帝操第四子，操死後丕嗣位，是爲
文帝，後封植爲陳王，給粟三千五百石，植常怏怏不樂，終於病死，
時年四十一歲，謚號陳思王。《三國志》本傳稱，王前後所著賦、
頌、詩、銘、雜論凡百餘篇。《隋·經籍志》《唐·藝文志》均云三十
卷，《通志·藝文略》同。陳氏《書錄解題》二十卷，唯《文獻通考》
作十卷，蓋宋末已有闕佚也。黃蕘圃嘗稱宋板曹集載諸《述古堂
書目》，今未見其書，所見者以明活字本爲最古。罟里瞿氏實藏南
宋刊本，《鐵琴銅劍樓書目》稱其字大悦目，凡賦四十三篇、詩六十

三篇、文九十篇，與嘉靖郭刻本次第不同，卷四無《述征賦》，卷五無《七步詩》，卷七《班婕妤贊》在《禹妻贊》前，《漢高帝贊》在《巢父贊》前，卷八《謝賜柰表》在《求自試表》前。今按之此活字本，凡篇數及文字次第，實相符契，稍有差忒者，惟《禹妻贊》則先於《班婕妤贊》耳。菉圃藏明銅活字本《開元天寶遺事》，其跋語云，古書自宋元板而外，其最可信者莫如銅板活字，蓋所據皆舊本，刻亦在先也。此活字本曹《集》與宋板無甚異同，可證黃説之不謬。瞿《目》又有明刊曹《集》，謂此書舊藏馮氏，嘉慶間曾假同里張子謙所藏明初活字本對勘一過。張氏《適園書目》又稱，明長洲韓氏有活字本。今此本半葉九行，行十七字，當與張子謙所藏之明初活字本相同，而與韓氏本異，蓋韓本半葉十行，行十九字，則別一印本也。菉圃又稱，諸書中有會通館、蘭雪堂、錫山安氏館等名目，皆活字本也。此《開元天寶遺事》則爲建業張氏本，是書外未見張氏再印他書，然則畢昇遺法，菉圃已甚矜重之，惟未悉其活字曹《集》與此同異耳。卷末有王文簡墨筆題字云，宋刻《陳思王集》十卷，康熙乙酉八月余誕日，德州謝郎中方山以此書及陳氏《樂書》爲壽，故人之貽也。漁洋山人記讀其識語，是文簡實以此爲宋刻，蓋明活字本多於版口上方記刊書人名，此本無之，字畫灑脱，洵便版之至精者，行款紙墨之佳，尤其餘事。菉圃夙稱宏覽，而曹文尚未得宋鋟，則文簡之老眼偶花，當非如《抱朴子》所謂以蜥蜴爲神龍，乃如蔡家婦之認兄公爲夫壻矣。伯驥藏唐人詩《李頎集》上、中、下卷，《包何集》不分卷，《陳子昂集》上下卷，《沈佺期集》四卷，亦舊活字本，紙墨沈着，規模與宋刻不差豪髮。焦明鳳皇非精於動物學者，固未易剖晰也。文簡名大官高，時簡於見客，來叩門者，閽人多却之。徐健菴謂人當訪之廠肆，客如教果得晤，可知其閙市蘊櫝，實過於人，人而其言如此，人可以老斲輪手自多哉。近日曹《集》已有宋刻見於世，而上元朱氏緒曾嘗謂，子建之文有裨於經，有資於史，著《子建集考異》十卷、《敍錄》一卷、《年譜》一卷，縱不無訛誤，然校訂甚詳。聊城楊氏擬於刻《蔡中郎集》後刊之而未果，今別有印本，讀之極資考證，他日當據此及各舊本以校此書。卷首有"大司馬印"、"吳興"、"廷芳印信"、"沈氏藏書"四章，卷末有"沈印廷芳"、"古柱下史"二章。前二章未詳何人，或謂大司馬，當屬四明范氏，然天一閣之書，其章多捺"古司馬氏"，不作大也。蓋先藏王氏許，後歸仁和沈氏，則題記捺印可覆按矣。此爲前明印本，閱一二百年而歸池北書庫，又閱一二百年展轉而歸五十萬卷書樓，晴窗把翫，同符尼父之聞韶，誤書日思，頗笑葛亮之大略，勝緣清福，豈偶然耶！王士禎，新城人，字貽上，號阮亭，又號漁洋山人。順治進士，康熙間，官至刑部尚書。康熙五十年卒於家。有《帶經堂集》。乾隆三十年，賜謚文簡。家有池北書庫爲儲書處，當其時如虞山之錢，秀水之朱，崑山之徐，皆以收書名，集中多有與文簡倡和詩及往還函札。廷芳字畹叔，一字萩林，號椒園。監生舉鴻博，官至河南按察使。著有《十三經注疏正字》《隱拙齋集》。杭氏世駿所謂萩林以隱拙名其齋，即以齋名其集，求余一箋以施屋壁是也。萩林弱冠從學查氏慎行，查氏以氣靜卜其有成。沈氏德潛序其詩，稱其典而能清，真而不膚，骨幹森立，無雉竄文囿之誚。實定評云。楊氏《楹書隅錄》著錄沈氏舊藏宋刊《黃先生大全集》，後附萩林跋尾，有"吾家世藏宋本，僅留此種"之語，蓋世守青箱矣。

## 曹子建集十卷明郭氏刊本。

半葉九行，行十九字，前有吳郡徐伯虬序，略云，魏鄴中數子，文學牧茂，若曹子建之徒。鍾參軍曰，曹、劉文章之聖，陸、謝體貳之才。今集中五言詩及賦表等作，是爲建安之冠也。宛而不嶮，質而不靡，蓄而不虛，節而不巧，幽憤而有餘悲，其可謂古之遺聲也已。究原作者,未有祖漢氏之風,而不本之魏也耶！然陸平原、謝康樂二子,則又並祖於子建。按,景初中,植著凡百餘篇,隋爲三十卷,今卷止十,詩文反溢而近二百篇,郭子萬程雅好是集,遂姑仍之,刊布以傳焉。伯驥按:劉鳳《續吳先賢讚》卷十一曰,徐禎卿昌穀,吳縣人,初與唐寅文璧游,則其詩逸麗。追舉進士,見李何制作,遂變而益逌,研極詩之變。吳之文自昌穀始而爲六代,子伯虬亦名能詩,蓋伯虬固吳中之詩人也。《金樓子》卷三稱,子建善屬文,武帝見其文,謂植曰,汝倩人邪? 植跪曰,臣言出爲論,下筆成章,故當面試。時鄴銅爵臺新成,武帝悉將諸子登臺,使各爲賦。植援筆立成,文采可觀。至於《七步詩》則見之《世説新語》,後人稱子建爲《七步詩》,人以此傳說,謂文帝丕曾命子建在七步中作詩,子建應聲吟二十字詩,曰"煮豆然豆萁,豆在釜中泣。本是同根生,相煎何太急"！丕聞之有愧色。此詩前人以爲非子建作,丁氏晏《曹集銓評》云,此詩僅有四句,張氏據《世説》卷四所引爲正文,又以四句者爲附註,蓋傳者不同,故有詳略之異,非有二詩也。詳者於"萁"字下有"漉汁以爲汁萁在釜下然"十字。清嚴鐵橋《曹集校輯》有詩百二十一首,但求其富。朱述之攷異詩樂府一百又一首,而《妒詩》《七步詩》等皆入録,蓋不若舊本之慎矣。俗刻本有可疑者三十三首,辨僞訂訛,固讀書之要務也。鍾嶸《詩品》云,陳思王植詩,源出國風,骨氣奇高,詞采華茂,詩兼怨雅,體被文質,粲溢今古,卓爾不群。故孔氏之門如用詩,則公幹升堂,思王入室,是前人絶重其詩,然子建詩文固建安之白眉也。《晉書·曹志傳》志,植之孽子也。帝嘗閱《六代論》,問志曰,是卿先王所作耶? 志對曰,先王有手所作目録,請歸尋案。還奏曰,案録無此。帝曰,誰作? 曰,以臣所聞,是臣族父囧所作。又,《朔風詩》,《文選》作一章,集中則分爲五章,可知遺集流傳既久,不無錯亂觖佚,如楊升庵所舉之《棄婦篇》即其一證。見《丹鉛録》二十一。又《寰宇記》云，酈食其墓在雍丘西南二十八里。《陳思王集》云，植獵於高陽之下，過食其墓，傾以斗酒，陳藻薦於座。讚曰，野無旨酒，惟茲行潦。食無嘉殽，宴用蘋藻。此文今所傳曹《集》亦失載，此刻亦無之。又《丹鉛録》云，古書不可妄改，如子建《名都篇》，“膾鯉臇胎蝦，寒鱉炙熊膰”，此舊本也，五臣妄改作“臱鼈”，蓋“臱鼈膾鯉”，《毛詩》舊句，淺識者孰不以爲寒字誤而從臱字邪，不思寒與臱字形相遠，音呼又別，何謂誤至於此？《文選》李善注云，今之時餇謂之寒，蓋韓國饌用此法。《鹽鐵論》羊淹雞寒，《崔駰傳》亦有雞寒，曹植文寒鵤蒸麏，劉熙《釋名》韓雞爲正，古字寒與韓通也。見卷十三。今此集尚未誤改。又沈氏水曹《清暇録》卷八云，古人詩多複韻，如曹子建《美女篇》重押難字，木難蓋鳥名，一是難易之難，原有兩音。如杜子美《飲八仙歌》重押船字，一是衣領，一是舟楫，亦是兩意。但謝靈運《述祖德詩》押二人字，阮籍《詠懷詩》重押歸字，江淹《雜體詩》重押門字，王粲《從軍詩》重押人字，皆無二義，興之所到，不拘拘也，此又論詩者所宜知矣。

### 嵇康集十卷明寫本，邵僧彌舊藏，姚茫父補寫。

晋嵇康撰。康字叔夜，譙國銍人。性恬淡，嗜老莊學説，婚於魏宗室，拜中散大夫。嗣被讒繫獄，有太學生三千人請爲師，不許，終受誅。詩文在當時與阮籍齊名，鍾嶸評其詩頗似魏文，過爲峻切訐直，露才傷淵雅之致，然託喻清遠，良有鑒裁。《詩品》之言頗得其實，然其詩較遜於阮，學則比阮爲富也。此集無宋本流傳，衹有明刻。黃蕘圃所藏舊鈔本，其題跋云，六朝人集存者寥寥，苟非善本，雖有如無。此《嵇康集》十卷，爲叢書堂鈔本，且匏菴手自讎校，尤足寶貴。歷覽諸家書目，無此集宋刻，則舊鈔爲尚矣。余得此於知不足齋，祿飲年老患病，思以弄書爲買參之資。去冬曾作札往詢其舊藏殘本《元朝祕史》，今果寄余，并以此集及元刻《契丹國志》、活字本《范石湖集》爲副，余贈之番餅四十枚。觀張芑塘徵君跋，知此書舊出吳門，而時隔三十九年，又歸故土，物之聚散，可懼可喜云云。此爲前明寫本，藍格疏行，字近樸拙一路。卷一首行下有墨筆大字記云，七月二十六日較，公遠。卷十末行下云，崇禎己巳五月，弟夏爲僧彌世兄校，時避暑雲東淨室，驟雨初過，北窗涼氣如秋中，啜□□□，捉筆記此。蕘圃又藏黃省曾刊本，其題記云，嘗以舊鈔本校之。即謂伯驥此本，檢繆刻《蕘圃題識》即可知之。《三國志·王粲傳》注引《嵇康集目錄》，此本無序及總目，蓋至明世，此集以吳匏庵本爲甲，明刻爲乙，舊鈔亦乙類也。蕘圃謂黃本非宋元板刻可比，而上有《楊五川圖記》，則當時已爲珍祕。是蕘圃以吳鈔第一，此鈔本及黃刻第二矣。閱時既久，卷帙略有殘蝕，近人姚茫父補字若干，重裝之，樸雅可喜。邵彌字僧彌，清吳偉業《邵山人墓誌》述僧彌長洲人，於畫仿宋、元，性舒緩有潔癖，僮僕患苦，妻子竊罵，終其身不爲改。殆其迂僻如此。梅村《畫中九友歌》亦及邵氏，前清天祿琳琅藏宋刻《孫可之集》，末有墨蹟，題辛未十又二月，惠山石樵贈瓜疇，捺長圓章文曰“種五色瓜”，乃用邵平故事，以彌又號瓜疇也。又，周氏《鄭堂讀書記》著錄《平藩奏議》一卷、《平蠻奏議》二卷，爲王陽明撰。鄭堂謂錢遵王偶得邵僧彌所藏，遂蓋一藏書印，不矜爲創獲，故《讀書敏求記》《述古堂書目》俱不載，則僧彌固藏書家矣。《漢書·蕭何傳》云，邵平者，故秦東陵侯，秦破爲布衣，貧，種瓜長安城東，瓜美，故世謂東陵瓜，從邵平始也。天祿琳琅所謂邵平故事，即指此。姚華字茫父，精鑒別書畫，嘗言僞迹之成不外三事，一出影摹，神情雖離，形迹未失，草稿在手，變化從心，譬之觀帖，其佳者袛下真蹟一等耳；二出臨倣，雖有出入，猶見師承，具體而微，非盡優孟，常有能品直堪入室，有若似聖，亦可圭臬；三出假託，或與並世，或屬後時，豈盡才殊，當緣望淺，遂籍羽儀，俾增聲價，昱之於礨，其尤著也。京師故有琉璃廠，即海王村舊地，貳三百年積爲市廛，文人玩好咸萃於此，而書籍、書畫、碑帖、拓本，尤投衆好，故其業特盛。其中僞品十嘗七八，餘者二三殆真鼎矣。一代之藝術，常囿於一代之風氣，大約風氣五十年必有一變。至於百年，則人事迥非，濡染不同，筆墨縑素頗多殊異，久觀内感，劃然今昔，加以名流操縱，嗜好酸鹹，此中轉軸，冥不之覺，百年以往更相遠矣。原文據某雜志，文頗繁，此節錄之。

## 梁昭明太子文集五卷　明遼府寶訓堂刻本。

　　梁昭明太子蕭統撰。明遼府刻本，大題《梁昭明太子文集》，卷第一至卷第五同。次有大明遼國寶訓堂重梓，三行梁昭明太子撰，四行明成都楊慎、周滿，五行低一字，東吳周復俊、皇甫汸校刊。半葉八行，行二十六字，版心"昭明集"三字，首載簡文帝、劉孝綽《昭明太子集序》，簡文帝《上昭明太子集別傳等表》，蕭子範《求撰昭明太子集表》。後有淳熙八年袁説友跋。蓋宋時與《文選》雙字二書並刻於池陽郡齋，嘉靖乙卯成都周滿與楊慎校正刊於滇中。此本卷首有"大明遼國寶訓堂重梓"一行，則又遼府重刊本也。《梁書》本傳稱，統有集二十卷，《隋書·經籍志》《唐書·藝文志》竝同，《宋史·藝文志》僅載五卷，已非其舊。《文獻通考》不著，想宋末已佚矣，清《四庫》著錄爲明嘉興葉紹泰所刊，凡詩賦一卷、雜文五卷，賦每篇不過數句，蓋自類書採掇而成，皆非完本。詩中《擬古》第二首、《林下作伎》一首、《照流看落釵》一首、《美人晨妝》一首、《名士悦傾城》一首，皆梁簡文帝詩，見於《玉臺新詠》。其書爲徐陵奉簡文之令而作，不容有誤，當由書中稱簡文帝爲皇太子，輾轉稗販，故誤作昭明。又，《錦帶書十二月啓》亦不類齊梁文體，其《姑洗三月啓》中有"嗁鶯出谷，爭傳求友之聲"句，考唐人《試鶯出谷詩》，李綽《尚書故實》譏其事無所出，使昭明先有此啓，綽豈不見乎？是亦作僞之明證也。張溥《百三家集》中亦有統集，以兩本互校，此本《七召》一篇與《東宮官屬令》一篇、《謝賚涅槃經講疏啓》一篇、《謝敕齎銅造善覺寺塔露盤啓》一篇、《謝賚魏國錦》《賚廣州氆》《賚城邊橘》《賚河南菜》《賚大菘啓》五篇，與劉孝儀、與張纘、與晉安王《論張新安書》三篇、《駁擧樂議》一篇，皆溥本所無。溥本《與明山賓令》一篇、《詳東宮禮絕旁親議》一篇、《謝敕鑄慈覺寺鐘啓》一篇，亦此本所無。然則是二本者，皆明人所掇拾耳。遼府本出自宋池陽舊刻，較葉氏本爲有來歷。孫氏星衍《平津館鑒藏書籍記》明版類，亦載此本。《藩獻記》卷二，遼恭王寵涊，惠王子也。弟光澤王寵瀯，已嘗出閣別邸。王飲膳服御珍玩文繡必與光澤共之，事靡巨細，恒相咨而後行。正德十六年薨，子致格嗣位，是爲莊王。嘉靖七年冬，光澤王上言，聖製燕弁忠靖冠服，頒賜中外臣工，服者咸以爲榮。按：明藩刻本遼府不多見，各家書目尠見著錄。嘉靖戊子，光澤王得江陵毛秀《林霽山集》，宋林景熙號霽山，曾收宋陵道骨，有集五卷。曾重刊之。伯驥有其本，爲季滄葦舊藏，得之廠肆，挖去序末“嘉靖”字樣，全集大字樸雅，挖者殆別有會心歟！《昭明集》未審爲光澤抑他王所刊，然善本也，重編庫書當舍彼取此。伯驥所得明藩雕本，頗不寂寞，以德藩最樂軒本《漢書》爲罕見之書，此種爲無注者，出自葉郋園家，估人索直頗重，以吾家先有殘本若干卷，得見完書，不嫌其昂也。此外，若魯藩之《抱朴子》亦頗有名，趙藩之《四溟山人集》曾著錄之，衡藩之《胥臺先生集》亦罕見本，予得於粵中芋花庵。惟寧藩則除《白玉蟾集》外，多自著之本，予所得亦有若干種焉。楚藩大字劉向《說苑》册子頗大，其餘唐藩、瀋藩、徽藩等刻本，吾家多有之。或稱書院，或稱堂，趙府則有居敬、冰玉之別。蜀藩之活字本《欒城集》尤冠絕諸藩，以紙墨皆佳，校勘亦善也。

## 楊盈川集十卷附錄一卷明童子鳴校刊本，丁氏八千卷樓舊藏。

唐盈川令華陰楊炯撰。《唐詩紀事》卷十七云，炯，華陰人。

永隆二年，皇太子已釋奠，求豪俊，充崇文館學士，後爲盈川令。張燕公説以箴贈行，有"君服六藝，道德爲尊。君居百里，風化之源。才勿驕悋，政勿苛煩"之言。炯至官，果以嚴酷稱，不爲人所多，卒於官。中宗時，賜著作郎。《朝野僉載》稱，炯每呼朝士爲麒麟，楦曰，今假弄麒麟者，必修飾其形覆之驢上，及去其皮還是驢。近人況氏周儀曰，盈川序《王子安文集》云，薛令言朝右文宗，託末契而推一變；盧照鄰人間才傑，覽清規而輟九知。所謂九知者，蓋用《漢書》"九變復貫，知言之選"之語。其推許若是，何以又云愧在盧前，恥居王後也。見其所著筆記中。范氏《天一閣書目》著錄《盈川集》五卷，明永嘉張遜業校正，並署錄其序云，炯揮文宏富，平生著作惟存是帙，三十卷者惜未見之。此十卷爲明萬曆中龍游童佩校刊，後附本傳、祭文、《唐會要》《文獻通考》數條，比范閣本爲勝。《焦氏筆乘》續三云，炯《集》二十卷，今不傳，第詩數十篇耳。近童氏搜訪遺文合爲十卷，中有《王子安集》稱及《文中子》，可爲《文中子》非僞書一證，然則澹園固見及此本矣。《文中子》不僞，明人不獨焦氏如此云云也。佩字子鳴，以詩名，有集六卷，吾家藏之。此爲錢唐丁氏舊藏，猶是原日裝訂。吾家藏明刻楊昱輯本《牧鑑》十卷，亦爲八千卷樓舊物，書中有圖記，有丁氏墨筆題字數行。

## 元次山集十二卷明武定侯郭勛刻本。

唐元結撰。結，河南人，字次山，少居商餘山。著《元子》十篇，因自稱元子。避亂入猗玗洞，乃稱猗玗子。天寶中，舉進士，官至容管經畧使。爲文一變排偶綺靡之習。《唐書》本傳，結嘗自稱浪士，人稱爲漫郎，後又呼爲聱叟。結《自釋》曰，彼誚以聱者，謂其不相聽從，不相鉤加。又曰，吾不從聽於時俗，不鉤加於當世，誰是聲者,吾欲從之。能學聲斷,保宗而全家,聲也如此,漫乎非邪!浯溪在今湖南省祁陽縣西南,北入湘水,結嘗家於此,作《浯溪銘》,並築亭臺曰峿臺,曰庼亭。峿、庼,結製字也。此本前題武定侯郭勛刊,前有陳氏獻章序。宋郭思撰《千金寶要》八卷。明景泰六年武定侯郭勛刻木於粵東,侯有序。楊氏守敬有其本,《訪書志》記之。《野獲篇》,武定侯郭勛在世宗朝,號好文多藝。周亮工《書影》故老傳聞,羅氏《水滸傳》一百回,各以妖異語冠其首。嘉靖時,郭武定重刻其書,削其致語,獨全本傳。今按:嘉靖本《水滸傳》有人謂託名郭刻,以郭當時固喜從事剞劂也。吾家邵亭嘗言,《次山集》於十二卷外,蒐得《冰泉銘》及《再讓容州表》與載本傳之《自釋》凡三首,使其子繩孫別紙寫附卷尾,異日當仿爲之,此則輯集之佚者。沈氏家本《日南隨筆》卷五云,唐律,諸道士女冠,宋本律文作女官,孫奭《律音義》女官,《昇元經》云女官如道士也。流俗以其戴冠,改作冠字,非也。據宣公此說,其字當作女官。然唐人詩如元結《九疑峯》云,“何人居此處,云是魯女冠”,顧況云,“崦裏桃花逢女冠,林間杏葉落仙壇”,竝作女冠,玩顧氏冠字又讀作去聲矣,蓋此集之可資考訂者不少。集中有《引神送神小曲序》,知宋以前之龍神廟,皆祀豢龍氏,及地祇中之制龍者,至宋始竟祠龍。清陸氏隴其撰《靈壽縣志》乃采其說。又《文斷》引《觀堂志林》云,元氏之文,如山人道士,高古可仰,但非經世之文,至《中興頌》語含譏刺,婉而不露,可爲法則。容齋云,次山有《元子》十卷,李紓作序,凡五百篇,大抵澶漫矯亢,而第八卷中所載寓方國二十國最爲譎誕,次山《中興頌》與日月爭光,若此書不作可也。又《困學紀聞》云,元次山惡圓,曰寧方爲皂,不圓爲卿。范文正《靈烏賦》曰,“寧鳴而死,不默而生”。其言可以立懦,此則論其人矣。

## 權載之文集五十卷摭遺一卷

### 附録一卷海源閣藏，孫淵如舊寫本。

　　唐權德輿撰。德輿字載之，天水人。初辟河南幕府，歷中書門下平章。《唐書》有傳。前有銀青光禄大夫充集賢殿大學士楊嗣復撰序，末有海源閣楊氏墨筆跋云。案：是集《四庫全書》所載，乃明嘉靖二十年楊慎得之滇南，僅存《目録》及詩賦十卷。劉大謨序而刻之之本，五十卷之原帙，久佚不傳。近祇漁洋《居易録》所稱無錫顧宸有藏本，劉體仁之子寫之以贈，而其書亦不存。乾隆間，大興朱竹君學士得舊鈔全本，彭文勤公從朱文正假之，親爲校勘，於嘉慶丙寅重付剞劂。文正序謂，詢之姪錫庚，問其所得之由。曰，五柳居陶書賈告予父曰，有不可得之書在某公處，公能以宋槧名本易之，可得也。予父允之，陶果得其書，請假鈔一部，以原書歸予父，然則海内不過二本耳，不敢輕以示人云云。則其珍寶可知。此本乃孫淵如先生所藏，當與朱本同出一源，惟新刻本板式俗劣，校尤草略。如卷一先賦後詩，故《目録》卷一後標賦詩二字，新刻竟倒作詩賦。又《目録》每題自爲一行，新刻即分作兩重，遇題目字多者，任意芟削，幾不成語。又，卷中一作云云者甚多，固未必盡是，然存之足資參考。且原書所有應從其朔，而新刻悉經刊落，不識何以舛誤乃爾，微特非朱本之舊，恐並失彭校之真矣。此本幸尚存廬山真面，卷中用朱筆勘正處，亦極詳密，卷末從《文苑英華》《文粹》《古今歲時雜詠》《全芳備祖》《萬首絶句》《全唐詩》，搜輯集中所無者，爲《摭遺》一卷。又集新舊《唐書》本傳、韓昌黎《墓碑》，楊於陵、李直方、王仲舒、蕭籍《祭文》，並采《唐書·藝文志》《郡齋讀書志》《直齋書録解題》《經籍志》《居易録》《欽定四庫全書總目》著録是集語，及明刻本楊慎序、劉大謨跋，此二篇漏未寫入，予亦未有刻本，故無從補錄。爲《附録》一卷，《附録》之目尚是淵翁自書，當即淵翁所摭録，故朱本無之，以世間僅有之祕籍，復經前賢手訂，亟當寶重，毋因其已有刻本而忽輕之也。東郡楊紹和識。《楹書隅録》卷四著録此本，並以此跋録之目後。伯驥按：《唐·藝文志》權《集》分《童蒙集》五十卷、《文集》五十卷、《外制集》五十卷，宋《崇文總目》、晁《志》、陳《録》、《宋志》著録均五十卷，元明以來則已散佚，諸家著録，遂並五十卷而無之。清康熙時，新城王氏鈔本於劉考功公獻之子，則詩賦十卷、文四十卷，而又云碑銘八卷、議論二卷、記二卷、集序三卷、贈送序四卷、策問一卷、書二卷、疏表狀五卷、祭文三卷，於詩賦文五十卷外，又別記此三十卷，故《四庫提要》謂爲八十卷。若謂此三十卷即分文類記，則又少十卷，疑莫能明。《四庫》著録劉大謨十卷本，僅詩賦，又删其無書之目，權《集》遂不可考。惟近日江安傅氏所藏本則云有目，傅氏又藏殘宋本四十三至五十，凡八卷。而長沙葉氏啓勳則藏康熙時舊刊，無刻書人姓名，謂校朱刻權《集》，覺其中多强爲分析，不無參差，故疑朱刻爲從殘宋本出，分湊成帙，以其四十三至五十八數卷，與康熙本無甚出入，其餘則不如康熙本之善也。朱刻第十三卷目有《陸贄翰苑集序》，第三十四卷目有《左武衛冑曹許君詩集序》，而文則刻入《補遺》。又有卷首有目，目後即接本文者。又有目録與卷中文叙次先後者，又有有文而無目者，當是朱氏强湊期符《宋志》原卷，或朱氏從劉本之目采獲他書以足成之，謂其源出宋槧，恐未必然。蓋朱刻之不善，楊氏已言之，而尚未罄，故葉氏再述之如此。人間既無宋刻完書，則海源寫本固權《集》之最善者矣。宋蔡寬夫《詩話》謂，《權文公集》皆不避其父名皋，此不可解。明吳安國《甓瓦編》又論其以古人姓名藏詩句中，創爲此體。伯驥於讀書私記詳之，此不著，蓋予於權《集》曾點勘一過也。有"東魯觀察使者"、"孫星衍印"及"楊氏印"。

## 宋之問集上下卷 明翻宋本，黃蕘圃、繆小山舊藏。

　　唐宋之問撰。之問，汾州人，字延清，一字少連。武后時歷官尚方監丞、左奉宸内供奉。後貶龍州，再起爲鴻臚主簿，遷考功員外郎。之問初附張易之，後媚武三思，睿宗時賜死。《隋唐嘉話》稱武后遊龍門，命群官賦詩，先成者賞錦袍。左史東方虬既拜，賜坐未安，之問詩復成，文理兼美，乃就奪錦袍衣之。杜詩所謂"詩成奪錦袍"是也。《全唐詩話》稱，中宗正月晦日幸昆明池，群臣應制百餘篇，帳殿前結綵樓，命上官昭容選一篇爲新曲，須臾紙落如飛，惟沈、宋二詩不下移，時一紙飛墮，乃沈宋詩也。評曰，二詩功力悉敵，沈落句辭已竭，宋詩猶陡健舉，沈乃服，不敢復爭。《新唐書·文藝傳》云，建安後迄江左，詩律屢變，至沈約、庾信以音韻相婉附，屬對精密。及宋之問、沈佺期又加靡麗，回忌聲病，約句準篇，如錦繡成文，號爲沈、宋。傳贊又云，陳、隋風流浮靡相務，至沈、宋等研揣聲音，浮切不差，而號律詩。蓋五言律詩，六朝陰鏗、何遜、庾信已開其體，但至唐沈佺期、宋之問始，可稱律則。王氏《藝苑巵言》之説也。《唐書·杜審言傳》云，審言病甚，宋之問、武平一等省候何如，答曰，甚爲造化小兒所苦，尚何言？然吾在，久壓公等，今且死，固大慰，但恨不見替人。此則杜不服沈、宋之證也。之問曾南貶，故其詩有曰"南溟作逐臣，前後無序跋"。卷上爲《秋蓮賦》《太平公主池山賦》，次五言古詩、次七言古詩十六首，卷下爲五言律詩、五言排律、七言律詩、五言絶句、七言絶句、七言古詩。中有目曰《桂林三月三日》，明刊《搜玉小集》作《桂陽三日述懷》；詩中"登高望不見"，《搜玉》作不極；"曾爲人所羨"，《搜玉》曾作常；"二紀陪遊宴"，《搜玉》陪作歡；"千春獻壽多行樂"，《搜玉》作

"萬壽";"賜金分帛駐光輝",《搜玉》駐作奉;"晨趨北闕鳴珂至",《搜玉》作朝天去;"夜出南宮把燭歸",《搜玉》宮作官;"越中山海高且深",《搜玉》越中二字墨釘;"永和九年刺海郡",《搜玉》刺作佐;"主人絲管清且悲",《搜玉》作管弦;"曲水何能更祓除",《搜玉》作春水;"願得佳人錦字書",《搜玉》作家人;蓋異同頗多。伯驥嘗校之此首,其尤著也。本事詩云,宋之問遊靈隱寺,夜月極明,長廊行吟曰,"鷲嶺鬱岧嶤,龍宮鎖寂寥"。第二聯搜奇,思終不如意。有老僧問曰,少年夜久不寐,何耶? 曰,偶題此寺,興思不屬。僧曰,何不云"樓觀滄海日,門對浙江潮"。之問愕然,訝其遒麗。有知者謂此僧爲駱賓王,未能證實也。此本有"求古居"、"繆荃孫藏"兩章。按繆氏藏元刊曾世榮《活幼心書》三卷,爲蕘圃舊藏本,缺葉皆蕘翁手補。封面蕘圃題云,五硯樓舊藏,求古居重裝。黃氏跋此書,蓋謂得於五硯樓,重付裝池,而識其緣起。求古居實爲黃氏齋名,葉鞠裳氏列蕘圃齋名頗富,尚未及此也。蕘圃有《求古精舍金石圖序》云,余以求古名其居,爲藏宋刻書籍也,因自號佞宋主人。古人一事一物必有精神命脈所係,故歷久不敝。然世遠年湮,不無顯晦之異,又有待於後人網羅散失,參考舊聞,此古之所以貴乎求也。余之求古,介於汲古、述古之間,自求在昔先民有作,凡事皆當作與古爲徒之想,與求則得之,舍則失之。凡人皆當凜,何求弗獲之戒與! 可證"求古居"章爲蕘翁所捺矣。

### 韓昌黎集四十卷 明陳明卿校刻本,前人朱筆校。

唐韓愈撰。明陳仁錫校刻本,前有陳氏序,略云,公之德行具載本傳。考其政事,策淮西與裴中丞同上章及請先入汴,説韓弘擒元濟。已守潮而鱷魚遠,守袁而賣子贖。三爲侍郎,一拜祭酒,皆能於其官焉。其文學則奧衍閎深,沛然若有餘,卒澤於道德仁義,獨所謂言語者，世俗頗不解，或誤言語爲政事，或誤言語爲文學，甚或誤言語爲德行，然則言語如之何？其列於四科也耶！以公叱王廷湊數語知之，彼且誇先太師血衣，公直曰，以爲爾不記先太師也，若猶記之，固善。未幾，摜甲者皆爲侍郎言是，廷湊泣受命，天子聞而悦之。郭令公見虜數語皆此類也。大敵在前，語言一亂，禍患助之，實關學力，歐陽文忠不云乎，苟得禄矣，當盡力於斯文，以償其素志。故韓文得之尹師魯，乃在擧進士後。嗚呼，宋人以時文爲古文，其體弱；今人以古文爲時文，其體僞。且時嘵嘵慕古，一旦矢爲古文辭，皆八股之唾餘也。顧安所得古乎！伯驥按：陳序所述王廷湊一節，實本於李翱所爲《韓公行狀》，《唐書》亦用此文爲傳。狀畧云，詔公往宣撫王廷湊，既行，衆皆危之。元稹奏曰，韓愈可惜。穆宗亦悔，有詔令至境觀視，無必於入。公曰，安有受君命而滯留自顧？遂疾驅入。廷湊嚴兵拔刀弦弓矢以送，及館，甲士羅於庭，公與湊、監軍使三人就位，既坐，廷湊言曰，所以紛紛者，乃此士卒所爲，本非廷湊心。公大聲曰，天子以爲尚書有將帥材，故賜之以節，實不知公共健兒語未得乃大錯。甲士前奮言曰，先太史爲國打朱滔，滔遂敗走，血衣皆在，此軍何負朝廷，乃以爲賊乎？公告曰，兒郎等且勿語，聽愈言。愈將爲兒郎，已不記先太史之功與忠矣。若猶記得，乃大好。安禄山、史思明、李希烈、梁崇義、朱滔、朱泚、吳元濟、李師道復有若子孫在乎？亦有居官者乎？衆皆曰，無。又曰，田令公以魏、博六州歸朝廷，爲節度使，後至中書令，父子皆受旌節，子與孫雖在童幼者，皆爲好官，窮富極貴，寵榮耀天下。劉悟、李祐皆居大鎮，王承元年始七十亦仗節，此皆三軍耳所聞也。衆乃曰，田宏正刻此軍，故軍不安。公曰，然汝三軍亦害田公身，又殘其家矣，復何道？衆乃讙曰，侍郎語是。廷湊恐衆心動，速麾衆散出，因泣謂公曰，侍郎來，欲令廷湊何爲？公曰，神策六軍之將如

牛元翼比者不少，但朝廷顧大體，不可以棄之耳，而尚書久圍之，何
也？廷湊曰，即出之。公曰，若真耳，則無事矣。因與之宴而歸。
而牛元翼果出，及還，於上前盡奏與廷湊三軍語，上大悦曰，卿直向
伊如此道。由是有意欲大用之。王武俊贈太師，呼太史者，燕趙人
語也。李氏此文，蓋近於語體，而《唐書》用此爲公傳者，亦以其情
節逼真耳。皇甫湜爲公墓誌記此事，不及翰文詳盡。《資治通鑑》
記郭子儀見回紇，不爲其子所阻事狀，與此畧同。廷湊本回紇阿布
思之族，隷安東都護府，曾祖五哥之爲李寶臣帳下驍果，善鬭，王武
俊養爲子，故冒姓王。生駢脅，沈鷙少言，田宏正至鎮州，廷湊搆煽
其衆殺宏正，自稱留後。穆宗遣使討之不克，乃赦廷湊，授武德軍
節度使。見《唐書》二百十一。唐蕃人多以部落稱姓，如哥舒翰乃
突騎施首領哥舒部落之裔，可爲一證。王則爲人養子，故從其姓。
宋劉弇云，唐之文字固無出退之者，其入王廷湊軍也，視若軒渠小
兒，則足以知其氣矣。若夫持正褊中，禹錫浮躁，元稹緣宦人取寵，
呂温茹便僻規進，而宗元戚嗟於放廢之湘南，皆其氣之不完者，故
其文章終餒於理。見《龍雲先生文集》卷十八。是弇之言，又似爲
陳氏所本，故節之。清洪氏亮吉《更生齋詩》中唐風節數韓公，詎止文章一代雄。
異類強藩盡低首，王廷湊與鱷魚同。見卷八。此本全部用朱筆點勘，上方有
識語，多是論文者，書内夾入字條二事。其一云，姁字疑是嫗字，考
《字書》煦嫗覆育，以氣曰煦，以體曰嫗，與下濟附叶，此文身人叶
功於叶，末句□迻叶功於嫗濟附叶。其一云，《樊川集》自作墓志
内有年月日時。曉嵐説，昌黎作《李虚中墓志》云，君深於五行書，
以人之始生年月所直日辰支干，相生尅衰死，互相斟酌，推人壽夭
貴賤利不利。舊以所直爲句非是。上條不知何人手寫，下條則舊
藏此書者，定爲大興翁氏方綱遺筆，閲之良是。紀氏之説，蓋謂虚
中命術兼用年月日時。伯驥按：宋人朱昱《猗覺寮雜記》則謂虚中

命術不用時,謂虛中以人生月日所值日辰支干衰勝王相,推人禍福
死生,百不失一,宜於自己禍福尤精可安之也。乃燒水銀爲黃金,
冀不死,卒不免於發疽,豈靈於人不靈於己耶!虛中命術不用生
時,今之閱命者乃并與時參考,宜其尤精,乃鮮有中者,蓋李術不傳
久矣。其未死時就傳其術者,已卒然失之也。卷上。前清乾隆間,
洪氏騰蛟亦謂虛中不用時,洪云禄命之説,世言昉於李虛中,非也。
貞觀十五年,太宗命吕才訂陰陽雜書,已有禄命一家。《北齊書》
有魏寧者,善推禄命,武成親試之,以己生年月託爲異人以問。寧
曰,極富貴,今年入墓。武成驚曰,是我。寧變詞曰,若帝王又當別
論。未幾,武成崩。是其術由來久矣,但寧僅推年月,李虛中兼推
日,徐子平兼推年月日時,法日以密,而卒多不驗,宜吕才之辭而闢
之也。《壽山叢録》卷二第三葉。顧亭林謂古無以一日分爲十二時之説,
《洪範》言歲月日不言時,《周禮·馮相氏》掌十有二歲、十有二月、
十有二辰、十日,二十有八星之位,不言時。屈子自序其生年月日
不及時,吕才《禄命書》亦止言年月日不及時。又謂李虛中以人生
年月日所值支干,推人禍福生死,百不失一,初不用時也。據謝氏
《五雜俎》謂,自宋而後,乃並其時參合之,謂之八字,是亭林亦謂
虛中不用時也。惟近人陳士芑《黃學廬雜述》則述河間紀氏説,謂
天有十二辰,故一日分爲十二時,日至某辰即某時也,故時亦謂之
日辰。《國語》星與北辰之位皆在北維,是也。《詩》"跂彼織女,終
日七襄",是日辰即時之明證。《楚辭》"吉日兮辰良",王逸注,日
謂甲乙,辰謂寅卯,以辰與日分言,尤爲明白。紀氏又謂韓公作
《李虛中墓誌》,"所值日辰"四字,應連上爲句,如屬下文爲句,即
不用時之説所由生也。卷三。伯驥按:《朱子文集》卷七十五,有
《贈徐端叔命序》,謂世以人生年月日時所值支幹納音,推知其人
吉凶壽夭窮達者,其術雖若淺近,然學之者亦往往不能造其精微,

是謝氏宋後乃有八字之説，似確。惟紀氏以日辰二字連讀，且有《國語》《楚辭》爲據，則用時之法，已自古有之，自以紀言爲當矣。陳氏所述曉嵐之言，與翁氏字條相合。清《四庫》著録李虚中《命書》三卷，謂後世傳星命之學者，皆以虚中爲祖。此書義例，首論六十甲子，不及生人時刻干支，其法頗與韓愈墓誌所言始生年月日者相合，而後半乃多稱四柱，其説實起於宋時，與前文殊相繆戾。見卷一百九卷。而一百二十一著録宋陳郁《藏一話腴》，謂李虚中以年月日時推命，而不知韓愈作《李虚中墓誌》其推命實不用時。又，劉氏毓崧《通義堂集》卷十二云，紀氏《閲微草堂筆記》疑虚中推命亦以八字，或昌黎略其詞，或韓文傳寫漏一字。觀方崧卿《舉正》、朱子《考異》，韓文訛脱原多也。今以各書參互考之，古人推算星命者，本兼用時。其證有六：《詩·小雅·小弁》云，“天之生我，我辰安在”？《周禮·春官》馮相氏、《秋官》硩蔟所掌，鄭注云，日謂從甲至癸，辰謂從子至亥。《左氏昭七年傳》云，何謂六物？曰歲時日月星辰，論者以服氏之所謂十二辰，即每日之十二時。《昭五年傳》云，故有十時，亦當十位。《舊唐書·吕才傳》引《漢武故事》，武帝以乙酉之歲七月七日平旦時生。《太平御覽》三百六十二引晋何禎《元壽賜名序》云，新婦荀氏所生女，以歲在丁丑四月五日始出時生，謂爲令月吉日善時云云。綜上文而論之，紀氏於官書則主不用時之説，《四庫提要》之言是也。於私著則主用時，《閲微草堂筆記》及翁氏字條所述是也，稍詳之以志舊俗，劉氏所述六證尤確，可以爲紀氏私説之應聲矣。仁錫，字明卿，長洲人。天啓壬戌進士第三，官至南京國子監祭酒。事蹟見《明史·文苑傳》，有《繫辭十篇書》十卷、《易經頌》十二卷，清《四庫》存目。明卿喜校刻古書，及批點前人著作，刻本坊間多有流傳，其批點者，吾家亦藏有若干種。

## 孟東野詩集十卷 明弘治仿宋刊本，
五硯樓舊藏。

　　前題山南西節度參謀試大理評事平昌孟郊。郊字東野，洛陽人。初隱嵩少稱處士，性介不諧合。韓愈一見，爲忘形交。貞元十二年，李程榜進士，時年五十矣，調溧陽尉。縣有投金瀨平陵城，林薄翁蘙，下有積水，郊間往坐水傍，命酒揮琴，裴回賦詩終日，而曹務多廢。縣令白府，以假尉代之，分其半俸。辭官家居，李翺分司洛中，日與談讌，薦於興元節度使鄭餘慶，遂奏爲參謀，試大理評事，卒。餘慶給錢數萬營葬，仍贍其妻子者累年。張籍諡爲貞曜先生，門人遠赴心喪。郊拙於生事，一貧徹骨，裘褐懸結，未嘗俛眉爲可憐之色，然好義者更遺之。工詩，大有理致，韓吏部極稱之。多傷不遇，伯驥按：如“惡詩皆得官，好詩空抱山”之類，皆嗟卑傷時語。年邁家空，思苦奇澀，讀之每令人不懂。如“借車載家具，家具少於車”。如《謝炭》云“吹霞弄日光不定，暖得曲身成直身”。如“愁人獨有夜燭見，一紙鄉書淚滴穿”。如《下第》云“棄置復棄置，情如刀割傷”之類，皆哀怨清切，窮入冥搜。其初登第，吟曰“昔日齷齪不足嗟，今朝曠蕩恩無涯。春風得意馬蹄疾，一日看盡長安花”。當時議者亦見其氣衰窘促，卒漂淪薄宦，詩讖信有之矣。李觀論其詩曰，高處在古無上，平處下顧二謝云。有《咸池集》十卷行於世，見《唐才子傳》。《東野集》傳世今所知者，黃蕘圃百宋一廛藏有北宋蜀本，半葉十二行，行二十一字。陸存齋《儀顧堂續跋》載藏汲古閣影宋精本，題銜作平昌，不作武康，與此同。後有宋敏求題，題後有“臨安府棚前北睦親坊南陳宅經籍鋪印”一行，前有《目録》。半葉十行，行十八字。此本前有《目録》，後有宋敏求題，行、字與宋刻同，惟無臨安府棚前一行，可證其爲翻雕棚本矣。序中有提學按察遼庵先生以全集不多見，出藏本屬商州梓木行之，惟時同知於君霄奉命惟謹，閱兩月工完等語。蓋弘治時，楊氏一清刊於陝西商州者，海上曾以此刻影印。此爲五硯樓舊藏，有章在卷首，蓋袁氏廷檮遺本。廷檮字又愷，又字壽階。世爲吳縣著姓，家饒於資，置不省，不事制舉業。遺書萬卷，點勘考索，不少休。聞有善本必得乃快，與周明經錫瓚、黃主事丕烈、顧明經之逵，號藏書四友。主事多宋槧本，往復商榷尤契合。得遺硯五，其一清容居士硯，王侍郎所贈，奚布衣岡作《歸硯圖》，士林豔稱之。以五硯名其書樓，歲終陳硯，設酒脯以祭，作《祭硯文》勗其子。著有《紅蕙山房集》《五硯樓書目》《金石書畫所見記》《漁隱錄》諸書。其婿貝墉，次第剖劂，墉固傅君之學者也。見丁氏子復撰傳。

### 孟東野詩集十卷 明嘉靖刊本，
玉磬山房舊藏，沈寶硯過錄，何義門手校。

　　前題唐山南西道節度參謀試大理評事武康孟郊著。明進士文林郎知武康縣事無錫秦禾重刻。禾字子實，無錫人，嘉靖癸丑進士。除武康知縣，官至金華、永昌知府。前有嘉靖丙辰秦禾重刻序，稱宋學士敏求摘去重複及體制不類者，得五百十一首，彙爲十卷。宋景定間，武康令國材成德用舊本刻之，曩得其集於都氏元敬，因其宋刻而寶之。癸丑冬，承乏武康，繙閱邑志，國令無聞焉，爰令杭士趙伯觀正訛重鋟，并錄國材原序及宋敏求序，前人所稱爲槧印極古雅者也。《梁谿漫志》卷七云，自六朝詩人以來，古淡之風衰，流爲綺靡，至唐爲尤甚。退之一世豪傑，而不能脱於習俗，東野獨一洗衆，其詩高妙簡古，力追漢魏作者，政如倡優，雜沓前陳，衆所趨奔，而有大人君子垂紳正笏，屹然中立。此退之所以深嘉屢歎，而謂其不可及也，然亦恨其大過，蓋矯世不得不爾。當時獨李習之見與退之合，後世不解此意,但見退之稱道東野過實,爭先讒誚,東野反爲退之所累。
惜乎,無有原其本意者也。又,《臨漢隱居詩話》云,孟郊詩蹇澀窮
僻,琢削不假,真苦吟而成,觀其句法格律可見矣。其自謂"夜吟
曉不休,苦吟神鬼愁"。而退之評其詩云,榮華肖天秀,捷疾愈響
報。何也?《對牀夜語》卷四云,退之序孟東野詩云,東野之詩,其
高出魏晉,不懈而及於古,其他浸淫乎漢氏矣。退之進之,而東坡
貶之,豈所見有不同耶?《歸田詩話》卷上云,遺山論詩云,"東野
悲鳴死不休,高天厚地一詩囚。江山萬古潮陽筆,合卧元龍百尺
樓"。推尊退之而鄙薄東野至矣。東坡亦有"未足當韓豪"之句。
又云,"我厭孟郊詩,復作孟郊語"。蓋不爲所取也。東野詩如"食
薺腸亦苦,强歌聲無歡。出門即有礙,誰謂天地寬"。氣象如此,
宜其一世踽蹖也。此皆前人論東野詩,而兼及其品格者。前清翁
氏方綱亦謂郊詩不可讀,實則郊與李賀、盧仝、張籍、王建、姚合、賈
島諸人或親受業韓門,或介於師友之間,而薰習親炙,專就文學史
一面而言,諸遺集皆當翫索,以知其風尚。韓固爲大宗,諸集亦導
源而來,造成一家精神面目。歐陽子詩"古人相馬不相皮,瘦馬雖
瘦骨法奇"。郊詩當作如是觀。後之人每以寒瘦名其齋或集,豈
無意耶!此本爲前清何義門弟子沈寶硯岩過録其師所校宋本。顧
千里云,惠松崖假陸敕先校宋本《國語》於寶研,寶研祕不肯出。
前人又稱寶研居士藏明刻本《事物記原》《書類》二十卷。雍正癸
丑,曾借何小山手校宋本對勘,是其人固喜校讎書卷者,宜此本之
字精嚴如是也。原書爲前明文氏舊藏,故有"停雲"圓章及"玉磬
山房"章。文徵明初名璧,以字行,更字徵仲,別號衡山。正德末,
巡撫李充嗣薦授翰林院待詔,乞歸。嘉靖十八年卒,年九十矣。見
《明史》。據秦氏序,知此書爲丙辰刻,而王弇州撰《文先生傳》則
曰,己未爲嚴御史母書墓志已,擲筆而逝,翛然若蜕者。是此書初

印即爲先生所藏，其時間年已近九十大年，篤學，古之袁伯業、沈麟士不能及也。後生怠傲，奪於盤游酒食，聞先生之風，能毋汗媿。弇州稱先生好爲詩，傅情而發，娟秀妍雅，出入柳柳州、白香山、蘇端明諸公，而不知東野篇章，亦先生所好也。仲子嘉所爲行畧，謂先生解官後到家築室於舍東，名玉磬山房，樹兩桐於庭，日徘徊嘯咏於其中，人望之若神仙焉。錢氏《列朝詩集》曾畧述之。孫從添《藏書紀要》謂文氏夙以鈔本書見稱，世人每與吳鈔、毛鈔等同其珍異。吾家收得葉郋園舊藏文家寫本《廣川書跋》十卷，裝四册，葉氏跋稱，曾以錫山秦氏雁里草堂鈔本校過，則文本不如秦云。先生藏畫，引首皆用"江左"二字長方印，或用"竺塢印"，或用"停雲"圓印，此外尚不揣。《鐵琴銅劍樓書目》著録宋本《資治通鑑》爲文氏藏本，有題字云，丁亥九月玉磬山房閱。清李氏福《花嶼讀書堂文鈔》卷二《文待詔贊》云，玉磬一聲，到今未已。蓋謂文氏之聲譽，至今不衰也。

## 孟東野詩集十卷明凌氏朱墨本，
### 清何子貞批讀。

唐孟郊撰。前有景定成德序，次舒岳祥《和韓昌黎贈詩》，次宋敏求序，次韓愈《貞曜先生墓誌銘》。次有吳興凌蒙初題字云，余既刻劉須溪所批諸家詩矣，已而思吳鄉孟東野，其奇險可與長吉鬼怪對壘，且須溪評詩爲最廣，而唐諸選中，亦時見有評其數首者，意必有其本如諸家，而無從見也。遍索之，偶獲一宋雕本於武康故家，上有評點，以爲必須溪無疑，及閲其序，則宋景定時，天台國材成德以宰武康，爲梓行其集而評之者。國於時無所表見，今世亦罕知之，宜其未必有當，乃字櫛句比，其雌黃處，亦時時得三昧焉。宋人不能詩而能言詩，亦其偏有所至耶！獨其劇貶休文之品，而崇尚

東野，謂其行吟溪曲，泊無宦情，然味其詩，亦未免感時傷世，幽憤
過多，如所謂"空將淚見花"等語，與襄陽之孟純是曠達者，局器大
小固有別也。余梓其詩以配長吉，亦因附其評以作須溪之未遂，并
言其所見如此。蒙初字玄房，《湖州府志》避清諱作元房。號初成，《四庫
提要》作稚成。烏程人，生於萬曆間。崇禎四年，始以副貢授官，歷任
上海縣、徐州判。甲申，死流寇之難。有朱墨本各書，流行至今。
蒙初刻有《西廂記》等書，人頗愛讀。明時別有閔齊伋亦多印朱墨本，此類書頗饒藝術
與味，但其書之種子則未必佳耳。齊伋著《六書通》十卷，往時篆刻者多依之。清代小
學盛行，印人每通其說，齊書已減聲價。《三國志·魏志·王肅傳》注，董遇善《左氏
傳》，更爲作朱墨別異。《宋史·范冲傳》，冲修《神宗實錄》，爲《考異》一書，明示去取，
舊文者以墨書，刪去者以黃書，新修者以朱書，世號朱墨史。伯驥謂此當爲後世朱墨本
五色筆之始。此本爲何子貞氏批讀，或用木刻選字朱印於目下，其批
校於書眉之上者，頗不尟。字甚工，語亦諦也。何氏讀本至爲世
重，長沙葉氏藏舊本《樊川集》，其題記謂此本經何子貞太史句讀
圈點，太史以書名海内，且工於詩，凡古人集經其批評，可以使後學
作詩得無數門徑。雖王漁洋之評杜、朱竹坨之評玉谿、紀文達之評
蘇詩，正不多讓也。書面題《樊川集》上、《樊川集》下，總評出奇無
窮四字。卷中各詩逐句皆有圈點，匡闌上間有評語，想見先輩讀書
之用心，於古人集全不肯滑口讀過，是固可師云云。當不盡鄉黨之
私也。伯驥又藏何氏批校本《積古齋鐘鼎款識》，眉端字如攢蟻，
細若牛毛，考正、校補、識解，每有過於原著者，尤足珍也。何氏喜
寫書，河間龐氏際雲藏何氏手鈔《歷朝東華錄》共四大厨，聞已散
失矣。何氏寫此，日五千言。見曾文正手寫日記。

### 鮑溶詩集六卷集外詩一卷寫本，
曹秋嶽、張拱端校。

唐鮑溶撰。溶字德源，元和四年第進士。初隱江南山中避地，

家苦貧，勁氣不擾，羈旅四方，登臨懷昔，皆古人絶唱。過隴頭古天山，大阪泉水嗚咽分流四下，賦詩曰"隴頭水，千古不堪聞。生歸蘇屬國，死別李將軍。細響風凋草，清哀雁入雲"。其警絕大概如此。古詩、樂府稱獨步，蓋其氣力宏贍，博識清度，雅正高古，衆才無不備具云，卒飄蓬薄宦，客死三川。有集五卷。見《唐才子傳》。按：《元豐類稿》卷十一，有《鮑溶詩集目録序》云，《鮑溶詩集》六卷，史館舊題云《鮑防集》五卷，《崇文總目》叙別集亦然。知制誥宋敏求爲臣言，此集詩見《文粹》《唐詩類選》者，皆稱鮑溶作。又防之《雜感詩》最顯，而此集無之，知此詩非防作也。臣考之，知敏求言良是。又，參知政事歐陽修所藏《鮑溶集》與此集同，然後知爲溶集決也。溶詩清約謹嚴，而違理者少，亦近世之能言者也。伯骥按：《東坡志林》稱，近見曾子固編《李太白詩》，有懷素《草書歌》及《笑矣乎》數篇，皆五代貫休以下詞格，可見曾氏喜收録前人遺集。清《四庫簡明目録》卷十五云，鞏所編本凡二百首，而益以《外集》三十三首。此本《外集》之數與鞏本同，正集比鞏本多一卷，而詩止一百四十五首，蓋殘闕之餘，重爲編次，已非鞏本之舊，故庫本《鮑詩》六卷、《外集》一卷，汲古閣《六家唐人集》之《鮑溶集》附集外詩，大略無甚差異。庫本蓋出於江南葉裕家鈔本也。此本藍字爲曹秋嶽校，紅字孟公按明毛鈔校，墨筆不知何人照明本校。卷六末有"康熙五年曹氏溶"題字一行。伯骥按：《吳縣志》張孟公字孟恭，太原人。父慶，昭勇將軍，官於吳，遂家焉。孟恭以諸生應徵辟，授職方主事。好奇任俠，游楊廷樞、徐汧之門。國變後逃於禪，易名興機，築別墅於虎丘，棲隱其間，以其學授二子、七女，皆工詩善畫。晚年失明，年九十餘卒。《明遺民詩》卷十六云，釋興機，字震岩，山西太原人。住金陵天界寺，即張孟公。孟公一字拱端。《馮鈍吟集》有贈張孟公詩，言從予學符篆。葉氏《藏書紀事詩》卷四於張氏一節，尚多影響之詞,未能切實,故稍詳焉。

## 李文公集十八卷 宋刊本,明錢叔寶舊藏。

　　唐李翱撰。翱字習之,隴西成紀人。貞元十四年進士,官山東
東道節度使、檢校户部尚書。《唐書》有傳。《唐詩紀事》云,鄭州
嘗掘地得刺史李翱《戲贈詩》,此自一李翱,非習之也。《唐書·習
之傳》亦不記爲鄭州。王深甫編次《習之集》乃收入此詩,錢氏《養
新録》卷十二正之。習之學術出於昌黎,後世至加推重。有《易
詮》七卷,《宋·藝文志》著録之,《唐志》不載,《玉海》則云三卷。
《論語筆解》二卷,舊本題韓愈、李翱同撰。《易詮》已佚,而《筆
解》猶存,舊刻有之,前人以爲僞書,張氏《書目答問》亦不録。吾家
所藏《筆解》爲前明寧波范氏天一閣刻本,分上、下卷,題四明范欽訂,范氏富收儲,刻書
則頗少。二十種奇書外,《天一閣集》三十三卷,當亦家刻。予得范氏手寫諺語稿本,當
是未成之書,故未付雕,其名則見之阮編閣目中。杜文瀾之《古謡諺》、林柏桐之《古諺
箋》自較范爲宏富,范書草創未就,本非完編,重其名賢手蹟,曾以叢殘,請鄭君整理
别箋。鄭能變書之面貌,振書之精神,有似獺髓治美人之瘢,龍宫肉已死之骨,真粤
中好手也。鄭名邦,家住廣州市外大涌口,予恒呼爲兄,非親屬卑幼不當以其名稱之。
一切混名即非面其人,亦輒不許出諸口。吾先太夫人遺教也。宋歐陽修《書李翱
集後》云,予爲西京留守推官,得此書於魏君,讀《復性書》三篇,
《中庸》之義疏爾。智者誠其性,當讀《中庸》,愚者雖讀之不曉,不
作可也。先乎翱,有道而能文者莫若韓愈,愈嘗有賦矣,不過羨二
鳥之光榮,歎一飽之無時爾。此其心使光榮而飽,則不復云矣。翱
獨不然,《幽懷賦》“衆囂囂而雜處兮,咸歎老而嗟卑。視予心之不
然兮,慮行道之猶非”。又怪神堯以一旅取天下,後世子孫不能以
天下取河北爲憂,使當時諸君子皆易其歎老嗟卑之心,爲翱所憂之
心,則唐之天下豈有亂與亡哉!見《歐集》卷七十二、七十三。又

明李氏袞云，李翱《復性書》謂致知在格物，曰物者萬物也，格者來也、至也，物至之時，其心昭昭焉、明辨焉，而不應於物者是致知也，是知之至也。此解亦通。翱書解《中庸》性命之旨，有非宋儒所班者，而反謂淪於佛氏，知言之選，難矣。見《黃谷謙談》一。孟子言性善，情亦善，即情因可見性。釋氏以情動最能害性，世儒遂據以排佛，然姑勿辯，而試求之孔氏，《語》曰，性相近，習相遠也。習固情矣，曰相遠焉，豈復性之本耶！《記》曰，人生而靜，天之性也，感於物而動，性之欲也。感於物情也，曰性之欲焉，豈復性之靜耶！則夫孟之言非孔子之言也，而區區於排釋氏過矣。後之君子有爲滅情復性之說，如李習之者甚衆，人一舉而揮之曰，是皆沈於釋氏而不思。漢人多有是說，亦聞之釋氏耶！故善觀於尼父之言，則在夷狄者可進矣。見《黃谷謙談》二。此則專就《復性書》而論也。《石林詩話》云，人之材力信自有限，李翱、皇甫湜皆韓退之高弟，而二人獨不傳其詩，不應散亡無一篇存者，計非其所長，故多不作。《苕溪漁隱》曰，余讀《傳燈錄》言，朗州刺史李翱謁藥山，問如何是道，師以手指上下曰，會麽？翱曰，不會。師曰，雲在天，水在瓶。翱遂贈以詩曰"練得身形似鶴形，千株松下兩函經。我來問道無餘說，雲在青天水在瓶"。余以《唐書》翱本傳考之，翱嘗爲朗州刺史，則《傳燈錄》所載是也。《傳燈錄》有此詩，石林以爲翱詩散亡無一篇存者，但一見遠遊聯句而已，何也？見《苕溪漁隱叢話》卷二十。是則前人固有以習之不能詩爲誚矣。《左傳》宋襄公母弟敖仕晉，敖之孫即伯宗，而李之《柏良器神道碑》云，柏氏系自有周，叔虞封晉，其支子食邑於周，因以爲氏。後世生宗，其子州犂奔楚，改伯爲柏，則又爲姬姓矣。前清范氏照藜《左傳釋人》卷七，謂爲未之敢信，此則以習之之考覈爲疏舛矣。至習之《答開元寺僧書》見《文苑英華》，而《文粹》亦載之，此集見遺。韓退之作《歐陽詹哀辭》，謂習之有《詹傳》，此本亦闕此篇，是則日久缺佚，固常例也。《雲谿友議》載，李翱在潭州席上，有妓舞柘枝者，顏色憂悴，問知爲蘇州韋中丞女。段堯藩當筵贈詩云"姑蘇太守青娥女，流落長沙舞柘枝"。李乃於賓榻中選士而嫁之。王氏士禎謂好事者爲之，媢嫉君子，污衊大賢。不知漁洋烏從而知其不實也。習之所撰有《五木經》一卷，范氏藏本有《羅浮外史》識後云，古之言樗蒱者凡八，爲《經》、爲《采名》、爲《象戲》、爲《廣象戲格》、爲《樗蒱格》，總是經爲八部。今鄭俠漈之志《藝術》悉載焉，但初不錄作者姓氏，至馬貴與作《經籍考》迺收《五木經》於字類，稱唐李翱撰，元革注，而署其卷目爲一，復及其圖例云者，今且軼脱，不可得而見矣。是卷幸載《李文公集》，其盧梟雉犢之采，備紀帙中，後之癖染劉毅容寶之好者，當一披豁而嘉賞焉。清《四庫提要》謂此書是翱戲作，借古樗蒱、盧白雉犢之名，以行打馬之法，實非古之五木。所引之《後漢書·梁冀傳》注及《列子·楊朱篇》注，考證甚詳，則是書爲翱自出新意云云。此又習之之餘事也。習之文出於韓，《唐文粹》卷八十四有《裴晉公與習之論文書》云，昔人有見小人之違道者，恥與之同形貌、共衣服，遂思倒置眉目，反易冠帶以異也。不知倒之、反之非也，故文之異在氣格之高下、思致之淺深，不在礫裂章句、隳廢聲韻也。人之異在風神之清濁、心志之通塞，不在倒置眉目、反易冠帶也。習之學於昌黎公，爲習之言，不僅爲習之之文言也。又洪容齋云，劉夢得、李習之、皇甫持正、李漢皆稱頌韓公之文，各極其摯。習之云，建武以還，文卑質喪，氣萎體弱，剽剥不讓，撥去其華，得其本根，包劉越嬴，並武同殷，六經之文，絶而復新，學者有歸，大變於文。又《緯文瑣語》云，習之韓之徒也，作《復性書》時，年未三十，可謂豪傑特出之士，以如斯之才，終身從事於學問，間用工夫於文章，不爲不至，然不能並驅於韓。人才高下，信乎其有定限也。又云，習之質而緩，持正奇而不工。又云，韓、柳、李、皇甫四人，皆於叙事中用力。又云，韓文縱横奇正，皆不可名狀，當時學者李習之只得正，皇甫持正祇得奇。《童蒙訓》云，學退之不至李翱、皇甫湜，然二人之文，足以窺測作文用力處。容齋云，李習之《答朱載言書》，論文最爲明白周盡。以上皆論習之文章得力於韓，而蘇氏洵謂李文味黯然而長，光油然而幽，俯仰揖讓，有執事之態。見於《上歐陽公書》中者，則似謂其下啓廬陵矣。此本黑口版，半葉十行，行十九字。《目録》前題《李文公集》，下云總一十八卷，凡一百三首，二首原闕。下一行云，唐山南東道節度使檢校户部尚書，又下一行云，李翱字習之。版心有“李文”二字，在上黑口下、魚尾上。書賈求售時，不敢定爲何時本，惟云紙墨甚古，紙薄而有羅紋，字體古茂疏勁，當非明刻，索價頗奢。伯驥曾藏明本，每半葉十行，行二十字，版心有卷一、卷二等字，而此則否，心遂度此爲宋元本。良由張氏愛日精廬、陸氏皕宋樓所藏宋本極富，而李《集》均爲明本，《四庫》著録亦由毛刻而來，估人不審此本爲宋，固無足怪也。錢氏天樹《跋李文公集》云，余昔藏有兩本，審其字畫是明成弘間所刻，《目録》之前無銜名一行。張氏鈞衡云，《目録》有官銜，五、六卷首尾相接，皆宋本之徵，以上皆見《適園藏書志》卷十。此本五、六卷相聯，銜名亦詳，叙與張氏之説脗合，遂以重幣得之。間出此書與友欣賞，友從海上歸，時葉氏《郋園讀書志》初出版，友檢卷七出示，與此本合如符節，益可證明，然猶以黑口爲疑，以昔人謂宋版無黑口也。惟《儀顧堂集》卷二十有云，愚見十行本《北史》《景定嚴州續志》《中興館閣録》、咸淳板《揮塵録》、王注《蘇詩》，皆黑口，然則黑口之興，當在宋季，而不始於元，可知葉氏定爲南宋刻，誠非無見也。葉書爲湘鄉曾文正公舊藏，吾家邠亭定爲南宋本，文正跋語及之。見葉氏《讀書志》中。此本卷首有

"中吳錢氏考藏印"、"縣罄室"兩章，卷末有"錢氏叔寶"、"三吳逸民"等章。明錢穀，字叔寶。少孤貧，游文待詔門下，日取架上書讀之，晚葺故廬，讀書其中。聞有異書，雖病必强起，匍匐請觀，手自鈔寫。子允治酷似其父。見《列朝詩集》小傳。此即其藏本也。文震孟《姑蘇名賢小記》云，叔寶先生不爲家，家愈貧，先太史過而題其室曰"縣罄"。先生笑曰，吾志哉！而其嗜讀日益甚，手録古文、金石書幾數千卷，所纂輯有《三國文類鈔》《南北史摭言》《隱逸集》《長洲志》《三刺史詩》《續吳都文粹》。伯驥按：縣罄二字蓋取《左傳》語。又《静志居詩話》云，叔寶晚葺敝廬曰縣罄室。王元美爲賦詩，所謂"空梁頗受落月色，北窗静竢涼風眠"者也。天樹號夢廬，張文虎《舒藝室詩存》稱其爲當湖老名士，以嗜古好客，貧其家。錢氏《曝書雜記》謂夢廬篤嗜古籍，嘗於《愛日精廬書志》眉間記其所見。伯驥按：黄氏蕘圃題跋又屢及夢廬，是其人積學媚古，言當可信矣。

## 歐陽先生文集十卷附録一卷
### 明焦澹園藏寫本。

　　唐歐陽詹撰。詹字行周，晋江人。舉進士，官四門助教，詹《上鄭相公書》云，四門助教，十年方易一官，自茲循資歷級，然後得太學助教。率其徒伏闕下，舉韓愈爲博士，年四十餘卒。詹家泉州，其先人皆爲本州州佐、縣令。地肥衍，有山泉禽魚，雖能通文書史事，而不肯北宦。顧氏《日知録》述之韓昌黎《歐陽生哀詞》，詹之事業文章，李翺既爲之傳，故作哀詞以抒予哀，以傳於後，以遺其父母，而解其悲哀，以卒詹志。然則詹逝世時，其雙親固健在也。此本前有李贄德序。按：詹《集》有宋十卷本，有明弘治十七年莊㮚翻宋十卷本，蔡清序。有正德間重刻十卷本，有嘉靖慎獨齋重刻十卷本。其後徐興

公烱從《文粹》《文苑》輯出另編，只《秋月賦》一篇爲刻本所無。<sub>伯</sub>

<sub>驤按</sub>：《閩書》云，永福之澄潭山，去城六十里。五代時，陳嵩居此，嵩嘗出游，有《辭父墓詩》云，"高蓋山頭日影微，野風吹動錢紙飛。墳前滴酒空垂淚，不見丁寧道早歸"。《萬首唐人絶句》又作陳去疾詩。《大明一統志》載此詩於南安縣高蓋山下，以爲歐陽詹作，閱《歐陽集》無戴。按《唐書·詹傳》云，詹舉進士，與韓愈、李觀、李絳、崔群玉、王涯、馮宿、庾承宣聯第，皆天下選，時稱龍虎榜，故先達詩曰，"一舉首登龍虎榜，十年身到鳳凰池"。世以爲榮。歐陽修《集古錄》卷八，《唐馬寔墓誌銘》歐陽詹撰並書，文不工而字法不俗，或此文偶不佳歟！蔡氏《寬夫詩話》云，唐自常袞以前，閩中未有讀書者，袞教之，而歐陽詹之徒始出，而終唐世，亦不甚盛。今中舉子常數倍天下，而朝廷將相公卿每居其四五，然則四門助教，固閩中科名仕宦之先河矣。詹有《贈妓詩》，真蹟至邵伯溫時猶在，而錢氏《讀書敏求記》以爲寄懷隱士之作，不悉確否。顧廣圻《思適齋集》跋此集云，第五卷《韓域西尉廳記》云，列縣出於千，乃文集最妙處。《文苑英華》八百六、《文粹》七十三於千上多五字，皆大誤。舊《唐志》貞觀十三年定簿縣一千五百五十一，新書《志》開元二十八年，户簿帳縣一千五百七十三，行周此記作於貞元十五年，已非復貞觀、開元之盛，其決無五千縣之多，明矣。宜據集删《苑》《粹》衍，而何義門校葉鈔，反據以添《集》，何也？沈氏水曹《清暇録》卷三云，歐陽詹詩"并州細侯直下孫"，又"誰敵留侯直下孫"。直下，猶言本支嫡派。以上皆讀此集者所宜考論者也。詹有孫名澥。見宋計敏夫《唐詩紀事》六十七。此書卷前有小章，文曰焦竑，紙墨極舊，鈔手甚工。竑字弱侯，一字澹園，上元人。萬曆己丑賜進士第一，授翰林院修撰，謫福寧州同知，追諡文憲。黄氏《千頃堂書目》著録《焦氏藏書目》二卷，自著有《易筌》《禹貢解》《老子翼》《莊子翼》《國史經籍志》《中原文獻》《澹園集》。

## 孫可之文集十卷

宋刊本,海源閣舊藏,黃蕘圃、顧千里批校。

　　唐孫樵撰。樵字可之,又字隱之,里貫無考。大中九年進士,廣明中,授職方郎中。自序署衘曰朝散大夫尚書職方郎中上柱國,賜緋魚袋。此則並其階而書之也。以伯驥耳目所睹記,《可之集》惟前清天禄琳琅有宋本,此外大家如瞿《目》則著録明王刻本,顧澗薲以宋本校過,丁氏則藏明王刻本外,別有天啓吳馥序刻本、舊鈔本,而天禄本則《目録》後刻“大宋天聖元年戊辰祕閣校理仲淹家塾”字,編者謂其字畫濃重,與通部有異,當是書賈僞爲,詳其增印之作僞,與編者言語之游移,則天禄本是否確爲宋槧,尚未可定。武進董氏近著《書舶庸譚》中,言日本御藏之書,其佳處往往過於前清天禄琳琅,或亦確有所見也。楊氏《楹書隅録》卷四,著録宋刻《昌黎先生集》,楊氏有跋語云,南宋初,刻唐人集,每半葉十二行,行二十一字之本,凡數十種,與北宋蜀本,伯驥按:宋張真源《雲谷雜記》,東坡云,近世人輕以意改書,鄙淺之人好惡多同,故從而和之者衆,遂使古書日就訛謬,深可忿疾。孔子曰,吾猶及史之闕文也。自予少時見前輩皆不敢輕改書,故蜀本大字書皆善本。蜀本《莊子》云,用志不分,乃疑於神。此與《易》陰疑於陽,《禮》使人疑汝於夫子同,今四方本皆作凝。又《邊州聞見録》云,孟昶嘗立石經於成都,又恐石經流傳不廣,易以木板,宋世書稱刻本,始於蜀。今人求宋板尚以蜀本爲佳。又按:《石林燕語》云,印書以杭州爲上,蜀本次之,福建最下。福建多以柔木刻之,取其易成而速售,故不能工。每半葉十一行,行二十字,唐人諸集並稱,最爲精善,顧今世流傳絶罕,偶或遇之,率已損闕,求完帙不易得也。藏予齋者凡三,一浩然,一可之,皆完帙,一殘本鈔補者,則爲《昌黎文集》。據楊氏之言,是孫《集》實爲南宋初刻本,今以各家藏本較之,孫《集》洵以此本爲首屈,天禄本不可信爲宋,固無庸論矣。此外正德王鏊本、林茂之閩本、毛子晋虞山本更在其下，惟丁氏所藏之舊鈔本，尚比前數本爲可讀。即如集中《書出將軍邊事》云，南蠻果大入成都，門其三門，四日而旋，而正德本脱去"其三門四日而旋"七字，吳馡重訂本云，"大入成都"是一句，"門其三門"是一句，《文粹》削"其三門"三字不成語，《文苑》可證。此鈔本不誤，較正德本爲優，故《善本書室書目》特拈出之，然亦一節之長，仍不可與此宋槧絜比也。前清吾粤南海馮氏校刻《三唐人集》流行頗廣，然可之一集考楊氏《日本訪書志》十四云，馮某自言得見澗薲兩校本，又見黃堯圃校本。顧氏且云，有《唐文粹》辨正之役，遍搜唐集勘正，知必於《文粹》所載可之文一一校錄，馮氏參校重刊，宜夫折衷一是。今以馮氏本對勘，不唯《文粹》佳處不能從，即此本是處亦多改刊，如書"何易于城嘉陵江南"，蓋謂益昌縣城在嘉陵江南耳，馮本從俗本作河南刺史，而以"城嘉陵"斷句，爲不辭矣。且有各本不誤，而馮本獨誤者，此由重寫未得覆勘之故。由惺吾之言觀之，是馮刻似未嘗取校此本。迺歷數十年而此宋刻竟歸於我，是孫《集》善槧與吾粤人究有夙緣，不可謂非事之巧合者矣。按：《困學紀聞》稱，孝宗問周益公云，唐孫樵讀《開元録》雜報數事，内有宣政門宰相與百僚廷諫十刻罷，徧檢新舊唐史及諸書，並不載。益公奏《太平御覽總目》内有《開元録》一書，祖宗朝此本尚存，近世偶不傳耳。容臣博加詢訪。此則集内之可資考覈者。《捫蝨新話》云，孫樵嘗言自得爲文真訣於宋無擇，無擇得之於皇甫持正，持正得之於韓吏部，據其所言，似有來處。然樵之文牽强僻澀，氣象絶不類於韓作，而過自稱許，嫫母捧心，信有之矣。唯明震澤王文恪整論學古文之法，則謂學古文必宗昌黎，當取徑韓門李習之、皇甫持正及後來能傳韓法之孫可之。又，乾隆間江都馬榮祖《辨本文集自序》云，太初之後，韓吏部獨立大宗，亦越懿、僖。去韓已遠，孫可之克自振拔，竟嗣元和。慶曆雖盛,未能或之先也。吏部生平少所推服,至於紹述,則擬於地負海涵,獨怪古今著述之富,莫過於樊,而至今不傳隻字。《絳守居園池記》,係僞譔。可之苦心孤進,雖沉埋掩蝕,至數百年之久,而所自定三十五首,卒大著於明,此則論其文矣。可之自序謂閱所著文及碑碣、書檄、傳記、銘誌得二百餘篇,蕅其可觀者三十五篇,編爲十卷。今按每卷之文只三篇,半其文篇幅亦甚短,以每篇三四百言計之,一千餘言即成一卷,其文集卷一、二,卷四、五,卷九、十,每卷僅三篇,卷三六篇,卷六二篇,卷七四篇,卷八五篇。僖宗廣明元年詔曰,行在三絶,右散騎常侍李潼有曾、閔之行,職方郎中孫樵有楊、馬之文,前進士司空圖有巢、由之風,伯驥按:孫氏之文誠有近子雲、相如風格者,至司空氏則毀譽相半。據王禹偁《五代史缺文》,圖字表聖,自言泗州人,咸通中登進士第,躁於進取,從事使府,洎登朝驟歷清顯。巢賊之亂,車駕播遷,圖自禮部員外郎避地中條山,以詩酒自娱,屬天下板蕩士人多往依之,互相推獎,由是聲名籍甚。昭宗反正,以户部侍郎召至京師,圖負才謂當爲宰輔,時人惡之。圖謝病歸。惟《唐詩紀事》則謂,圖當柳璨爲相,臣僚多被放逐,圖尤加畏慎。昭宗郊禮畢,上章懇乞致仕,上特賜歸山。詔畧曰,既養高以敖世,類移山以釣名。心惟樂於漱流,仕非顯於食禄。匪夷匪惠,特忘反正之朝。載省載思,當徇遯樓之志。宜放歸中條山。詔乃璨之文也。僧虚中詩云,"道裝汀鶴識,春醉野人扶",言其操履檢身,非遯世者也。又云,有時看御札,特地掛朝衣,言其尊戴存,誠非遯君也。《紀事辨》駁王氏之説頗詳,此不繁徵。列在青史,以彰唐中興之德,其旌異如此。清四庫館臣以刻意求奇議之,過矣。按:清胡天游自言,所爲古文學韓愈,在儲大文、方苞、李紱之上,然險怪處乃有類唐劉蜕,元元明善者,蓋唐文以蜕爲別異,可之則實具漢賦氣體,故謂館臣之言未諦。明清之交,寧化李世熊嘗從學黄石齋,著《寒支詩文集》,文學孫樵、劉蜕,中如上石齋先生諸書,擬閩督院與海上書呈郭令君,詳免衛官書回,詳丁方伯揭等作,皆追步可之、牧之集中俊雄之篇者也。至前人引陶穀《清異録》摘可之《送茶與焦刑部書》,語近誹諧,蓋屬僞託,然當時著述固不應止此十卷云云。此則考辨可之遺文之訛觚。明謝氏肇淛《五雜俎》云,書所以貴宋版者,不惟點畫無訛,亦且刻畫精好,若法帖然。凡宋刻,有肥瘦二種,肥者學顔,瘦者學歐,行款疏密,任意不一,而字勢皆生動,篆古色而極薄不蛀。王世貞《朝野異聞》云,嚴嵩家有宋版書六千五百八十三部。《式古堂書畫彙考》,嚴氏書品册頁目,手鈔宋元書籍二千六百十三部。按其富如此,當是暮夜而來。明高深甫《燕閒清賞箋》,又有假造宋版書者神秘莫測之言,知佞宋風氣已開自四五百年前,近則尤視宋本如鳳皇麒麟之在郊藪矣,故辨之不可不審。謝氏此言,則專就形貌言之。今觀此集字畫界於歐、顔之間,骨肉停勻,調節環婉,雕鏤精美,捫之有稜,選楮用墨,咸臻佳妙,與在杭之言,適相符契,且朱字粲爛,新若未觸。蕘圃、澗薲既評鷺於前,四經四史齋復收藏於後,歷年六七百,時直二三千。中華民國二十年三月,山東省立圖書館季刊第一集第一期,有王氏獻唐所撰《海源閣藏書之損失與善後處置》一文,稱楊氏售書單發見於北平,最昂者爲宋本《柳先生文集》,直一萬元,最低者爲宋本《會稽三賦》,直一千三百元,而宋本孫《集》則介於低昂之間,厥直爲二千八百元,即此本也。《晉書·陸機傳》稱桂生幽壑,終保彌年之丹。此書之能保至今,未必不藉黄、楊諸君子爲幽壑也。楊氏藏書爲吾國百年來南北四大家之一,其書多出於吴中黄氏百宋一廛、汪氏藝芸精舍、清宗室端華樂善堂。洪楊之役,江以南圖書爲兵燹所子遺者,南則歸仁和朱氏、豐順丁氏、湘潭袁氏、歸安陸氏,北則連騎接軸盡入聊城,今所傳書録,可按籍而稽也。天降喪亂,海源卷帙近多散出,此爲閣中有名之本,北估不遠數千里求售於吾家,祕笈在前,能毋心動。當時楊閣軼書,伯驥所見不下數百種,所得亦有若干種,然實以此爲巨擘焉,大弓在弨,美玉韞櫝,其可忽乎哉!

茲將黄蕘圃、顧千里墨筆題語附録如下:

《孫可之文集》,毛刻《三唐人集》而外,世無刻本,即毛氏所本亦云,震澤王守溪先生從内閣録出者,究未識其爲刻與鈔也。余友顧抱冲得宋刻本於華陽橋顧聽玉家,楮墨精良,首尾完好,真宋刻中上駟。爰從假歸,校於毛刻本上,實有佳處,悉爲勘定。内卷二、卷三與毛刻互倒,自當以宋刻爲是。其脱落,如卷八《唐故倉部郎中康公墓誌銘》，楊嵩已下二十四字，宋刻獨全，知内閣本非宋刻也。雖宋刻亦有訛脱，然無心之誤，讀者自知。卷中朱筆所校改，已得其大半。夫抱冲與余之生後守溪、子晉者幾何年，而所見有勝於前人者，不誠幸與。還書之日，因誌數語於卷端，藉抱冲小讀書堆以並傳不朽云。大清嘉慶元年正月上元日，書於讀未見書齋。棘人黄丕烈。在卷首。

　　王震澤於正德丁丑刻《孫可之集》，而自序之，謂獲内閣祕本，手録以歸，毛子晉合習之、持正爲三唐人文者也。此宋槧前在小讀書堆，今藏藝芸主人。丁亥夏閏，假來細勘正德本，知傳之多失。卷中絶無賞鑑諸家圖記，或皆未見歟！凡取《文粹》所有若干條入辨證。顧千里記。在卷末。

　　澗薲居士曰，《龍多山録》云，樵起辛而遊，洎《思適齋集》誤泊。甲而休，此用書辛壬癸甲也。《刻武侯碑陰》云，獨謂武侯治於燕奭，此用《左傳》管夷吾治於高徯也，見宋刻而後知正德本之謬。校定書籍，可不慎哉！又曰，道光丁亥，因有《文粹》辨證之役，徧搜唐賢遺集，得王濟之所刻孫可之内閣本，復從長洲王氏借宋槧勘正，視汲古閣《三唐人》遠過之矣。右二則亦居士跋此本者，見於《思適齋集》，故補録之。

　　予齋藏唐人集二十餘種，皆宋元槧之致佳者，而浩然、昌黎兩集並此本同出一刻，尤精古絶倫，蓋即復翁云南宋初年鋟版者也。予年來海上仙船，風輒引去，昏波慧業，昇墜何常，青簡浮名，正未知幾生修到。然而謨觴斟液，宛委搜奇，僕何人斯？居然津逮，則如述古主人所謂駭心悦目，不數蓬山矣。秋雨初霽，新涼襲人，偶理縹囊，漫志於後。時癸亥八月之二十有四日也，彦合主人。以上兩節，見《楹書隅録》。

　　護葉有朱文“海源閣”方形小章，蒬圃題記葉有“宋存書室”四

字白文長形章、"世德雀環子孫潔白"八字朱文方形章。序前有
"東郡楊紹和彥合珍臧"朱文方形章、"汪印士鐘"白文小章、"三十
五峯園主人"朱文小章。《目錄》前有"關西節度系關西"白文長形
章、"楊以增字益之又字至堂晚號冬樵行一"朱文方形章。卷第一
板匡上有"宋本"二字橢圓形章,前有"汪氏"小章、"紹和筠碞"
"秘閣校理"兩方形章。卷第四末有"彥合珍存"、"海源閣藏書"
兩章。卷第五板匡上有"宋本"二字小章,下有"汪氏"小章、"宋存
書室"、"東郡揚二"、"彥合珍玩""楊印以增""至堂"各章。卷第
十末有"顧千里經眼記"朱文章、"聊城楊保彝監臧印"朱文大方形
章。顧氏題記末有"顧千里以字行"白文長形章、"東郡楊氏宋存
書室珍藏"白文方形章。按:楊以增,山東聊城人。清道光進士,
官至江南河道總督,嘗得宋本《毛詩》、三禮及《史記》《兩漢書》
《三國志》,因顏其室曰四經四史之齋。在聊城城內觀街路北建海
源閣,刻有《海源閣叢書》。其子紹和別築宋存室以庋宋元舊刻,
凡四百六十餘部。紹和字彥合,清咸豐二年舉鄉試,官郎中。邃於
漢學,精研訓詁,《毛詩》《公羊》皆有劄記。見《山東通志》《聊城
縣志》。所謂"世德雀環子孫潔白"者,當是楊氏家世遺事。《後漢
書·楊震傳》注引《續齊諧記》,漢楊寶九歲時,在華陰山北,見一
黃雀爲鴟梟所搏,墜於樹下,爲螻蟻所困。寶取而飼之,毛羽成,乃
飛去。夜有黃衣童子銜白環四枚,再拜曰:我西王母使者,君仁愛
拯救,實感成濟。令君子孫潔白,位登三事,當如此環。海源章云
云,實取此義。夫枳首異蛇,楚相埋之;觳觫堂牛,齊王止釁。此皆
佛學尚未東來之故實,惟寶事則有似於開簾放燕、穴紙出蠅,頗與
小乘學說爲近矣。毛寶在武昌,軍人有於市買得一白龜養之,漸大,放諸江中。邾
城之敗,養龜人被鎧持刀,自投於水中,如覺墮一石上,視之,乃先所養白龜,送至東岸,
遂得免焉。見《晉書》八十一《寶傳》。或報在己身,或報在未來,歷史中此類不少,蓋

皆佛說流行後所有。《法苑珠林》專列此門，狀元宰相基於救蟻埋蛇，又民間宣示之好資料也，今則此風稍替矣。蓋吾國楊氏爲漢唐衣冠盛族，《漢書‧武帝紀》，元鼎三年，徙函谷關於新安，以故關爲宏農縣。應劭曰，時樓船將軍楊僕數有大功，恥爲關外民。上書乞徙東關，以家財給其用度。武帝意亦好廣闊，於是徙關於新安，去宏農三百里。又《水經注》云，楊僕以家僮七百人築塞徙關。《後漢書‧楊震傳》震，字伯起，宏農華陰人也。少好學，受歐陽《尚書》於太常桓郁，明經博覽，無不窮究。諸儒爲之語曰，關西孔子楊伯起。《舊唐書》紀傳述楊嗣復於太和七年檢校禮部尚書、東川節度使，九年移西川。汝士於開成元年檢校禮部尚書、東川節度使。時嗣復適鎮西川，同宗兄弟對居節制，人以爲榮。而《長安志》則分列楊氏宅坊，蓋唐楊憑居履道坊，於陵居新昌坊，汝士居靖恭坊，所謂三楊也。唐李肇《國史補》云，楊氏自震號關西孔子，葬於潼關亭，至今七百餘年，子孫猶在閿鄉故宅，天下一家而已。海源刻章曰“關西節度系關西”，殆亦食舊德誦先芬之誼歟！宋劉攽曰，楊有兩族，赤泉氏從木，子雲自敘其受氏從才，而楊修書稱曰，修家子雲，又似震族，亦是揚氏。今書中華陰之族，從木、從才相半。伯驤今按：海源各章則皆從木，至於《目錄》前“博依齋印”四字白文章，則不知爲何人所捺。《禮記‧學記》不學博依，不能安詩。鄭注博依，廣譬喻也。依或爲衣，是鄭以廣釋博，以譬喻釋依。恐讀者未達依訓譬喻之義，故又引或本爲衣。刻章者當取義於此。顧廣圻，字千里，以字行，號澗薲，自號思適居士，元和縣學生。論古書訛舛處，細若毛髮，棼如亂絲，一經剖析，刲然心開目明。張古愚、黃蕘圃皆推重之，延之刻書。君博極群書，而研窮義理，昌明絶學，而留意文章。少以江處士聲爲師，長與孫兵備星衍爲友，晚而獨有所得，議論宏通於亭林爲近。以上三語似近誇大。伯驤記。世徒以其勤於考證，遂共目爲章句之學，蓋未足以知君也。君以諸生屢應鄉試不利，孫兵備舉爲衍聖公典籍，封贈其親，以學官弟子爲素王家臣。數百年來，惟君爲克稱其官云。明人讀書鹵莽，鏤板絶無善本，傳布既久，訛脱滋多，君讎校最精，爲當世所貴。道光十五年卒，年六十有九。見李兆洛《顧先生墓誌銘》、葉氏《吹網録》、夏寶晉《奎文閣典籍》《顧君墓誌銘》。

## 孫可之集十卷 明正德王氏刊本。

唐孫樵撰。每卷目録在前。前有樵自序，序云，樵家本關東，代襲簪纓，藏書五千卷，常自探討。幼而工夫得之真訣，提筆入貢士列，於時以文學見稱。大中九年，叨登上第，從軍郊國，忝歷華資，久居蘭省。廣明元年，狂寇犯闕，駕避歧隴，詔赴行在，遷職方郎中。朝廷以省方蜀國文物，攸興品藻，朝能旌其才行，詔曰，行在三絶，右散騎常侍李潼有曾、閔之行，職方郎中孫樵有揚、馬之文，前進士司空圖有巢、由之風。列在青史，以彰有唐中興之德。樵遂閱所著文及碑碣、書檄、傳記、銘誌，得二百餘篇，蘗其可觀者二十五篇，編成十卷，藏諸篋笥以貽子孫。是歲中和四年也。次有王鏊序云，近世文章家要以昌黎公爲聖，其法所從蓋未有知其所始者，意其自得之於經，而得之鄒孟氏尤深，同時自柳柳州外，鮮克知者。昌黎授之皇甫持正，持正授之來無擇，無擇授之可之，故可之每自詫得吏部爲文真訣。可之卒，其法中絶，其後歐、蘇崛起，百年之後，各以所長，振動一世，其二人卓絶，顧於是有若未暇數數然者，而亦多脗合焉。其時臨川荆公得之獨深，考其儲思注詞，無一弗合，顧視韓差狹耳，而後之爲文者，隨其成心而師之，予竊病焉。少讀《唐文粹》，得持正、可之文，則往返三復，惜不得其全觀之，後獲內閣祕本，手録以歸。户部主事白水王君直夫，請刻以傳，遂授之。

庶昌黎公不傳之祕，或有因是而得者。正德丁丑，震澤王鏊序。末有己丑王諤跋，諤當即王序所云直夫也。鏊字濟之，號守溪，吳人。户部尚書、文淵閣大學士，贈太傅，諡文恪。弘治初，充講官，中官李廣導帝遊西苑，鏊講文王不敢盤于遊田，帝爲動容。正德元年四月，起左侍郎，與韓文諸大臣請誅劉瑾等八黨。鏊取士尚經術，險詭者一切屏去。見《明史》。半葉十二行，行二十一字。此種板刻亦佳，宜都楊氏嘗得王刻孫《集》，謂以《文粹》所載樵文十策校之，至多脱誤，惟勝於汲古本，然楊謂樵自序前不標《孫可之文集序》，題銜在序後，猶是舊式，異於妄改者。此數語則不諦，但王刻實接宋槧，亦足珍矣。

## 李嘉祐集上下卷明活字本。

　　唐李嘉祐撰。嘉祐字從一，趙州人。天寶七年楊譽榜進士，爲祕書正字，以罪謫南荒。未幾何，有詔量移爲鄱陽宰，又爲江陰令，後遷台、袁二州刺史。善爲詩，綺麗婉靡，與錢郎別爲一體，往往涉於齊、梁時風，人擬爲吳均、何遜之敵。見《唐才子傳》。丁氏《善本室藏書志》二十四，著録何夢華舊藏活字本，謂東山席氏得影宋本李嘉祐所著之《臺閣集》於吳郡柳僉家，刊入《百家唐詩》，有建炎三年正月郡守陽夏謝克家序，而此活字本無之。至黃蕘圃所藏李《集》，則題《臺閣集》，共一卷，爲汲古閣鈔元本。其跋語云，向藏精鈔本惟無目與序，此皆有之。又藏一本，題《李嘉祐詩集》，則五卷也，卷首題監察御史河中劉成德編，命名、分卷不如此集之古，分卷始於七言古詩，次以五言律詩，又五言排律，以五言絕句、七言絕句終之。大抵皆劉之所編也，編類既不古，且五言後附六言，不別標題，殊爲疏忽，其所以分五卷者，特分體耳，然不及一卷爲是。後檢諸家藏書目，亦有標題《李嘉祐詩集》者，知與《臺閣集》并稱也,特五卷乃明人所編耳。是黃氏所見,有一卷本,有五卷本,而此兩卷本,則蕘圃未見也。伯驥嘗檢謝序有云,李肇記王維"漠漠水田飛白鷺,陰陰夏木囀黃鸝"之句本於嘉祐,今卷中不復見此詩矣,可知嘉祐遺詩已有散佚。按:《石林詩話》云,詩下雙字極難,須使五言、七言之間除去五字、三字外,精神興致全見於兩言,方爲工妙。唐人記水田、夏木二句爲李嘉祐詩。王摩詰添陰陰、漠漠四字,如李光弼將郭子儀軍,一號令之精采數倍。如老杜"無邊木葉蕭蕭下,不盡長江滾滾來","江天漠漠鳥飛去,風雨時時龍一吟"等句,乃爲超絶。閻百詩云,韓康伯名伯,潁川長社人,殷浩之外甥也。官太常。《晋書》有傳。唐李嘉祐詩"輔嗣外孫還解《易》,惠連群從總能詩"。王輔嗣年二十四卒,無子絶嗣,未聞有外孫,誰何傳其學,此必殷浩外孫之誤,詩人多不契勘耳。劉希向《三冬識餘》卷上亦述此説,此則訂正其誤者也。嘉祐爲大曆十才子之一,宋人江鄰幾所列,則連嘉祐共十一人,王阮亭嘗疑之,然《唐書·文藝傳》所列大曆十才子,則爲錢起、韓翃、盧綸、李端、吉中孚、司空曙、苗發、崔峒、耿湋、夏侯審。阮亭《分甘餘話》則有李益、郎士元、李嘉祐。《滄浪詩話》則有冷朝陽。按:嘉祐詩在唐時久有聲華,如《御覽》詩則選録《鄱陽暮秋》《漢江春》,原題《春日淇上》二首。高仲武《中興間氣集》卷上,則選録八首,並稱嘉祐自振藻天朝,大收芳譽。如"野渡花争發,春塘水亂流"。又,"朝霞晴作雨,涇氣晚生寒"。文章之冠冕也。又"禪心超忍辱,梵語問多羅"。假使許詢更出,孫焯復生,窮極筆力未到此境,則洵不愧才子之稱矣。席本"送冷朝陽及",而此本下多"第歸江寧"四字;席本"送越州",而此本下多"新法曹之任"五字,前人謂書貴兼蓄,不信然歟!至蕘圃謂明刻五卷本六言詩不別標題,此則標之,亦較劉編爲善。此本得自北平廠肆,半葉九行,行十七字,魚尾下題《李嘉祐集》卷上、下,左右黑綫,小黑口,板式甚雅,不意前人之所珍異者。伯驥乃於無意中得之。

## 桂苑筆耕集二十卷<small>高麗舊活字印本，<br>葉郎園舊藏。</small>

　　此爲長沙葉氏藏本，其題記云，唐高麗崔致遠《桂苑筆耕集》二十卷，余向有番禺潘仕誠刻《海山仙館叢書》本，後於友人處見有影鈔高麗活字印本，知高麗舊有刻本，留心訪求，未獲見也。書估某持求售書目一紙中有此書，亟取閱之，乃知即高麗活字印本，因雜他書，并購取焉。集中以《討黃巢檄文》最爲傑作，蓋致遠曾爲高駢淮南從事，檄即是時作也。據集後附進狀，知其年十二入中國觀光，六年金名榜尾，是年十八，登唐進士第。中調授宣州溧水縣尉，及罷秩，從職淮南高侍中，專委筆硯，軍書輻至，竭力抵當。四年用心，萬有餘首，是全集幾乎盡在淮南時作。<small>伯驤按：高駢頗好文，故崔氏能與之契合。《搜采異聞録》云，高駢在四川築城禦蠻，朝廷疑之，徙鎮荆南，作《風筝詩》以見意，曰“昨夜筝聲響碧空，宮商信任往來風。依稀似曲才堪聽，又被吹將別調中”。又，《劉後村集》云，唐人崇尚文墨，臺閣公卿未有不工此者，風俗既成，雖藩帥節將如于頔、高駢之流，皆以吟咏自喜。明楊氏慎亦嘗録駢《夜聽風筝詩》於筆記中。</small>狀後稱中和六年正月日，前都統巡官承務郎御史内供奉賜紫金魚袋臣崔致遠狀奏，皆在中國時官銜。中和爲僖宗三次改元，然只四年無六年，此其回國後所奏進，不知中和六年已爲光啓二年也。按：前人於崔氏事實頗有述及者，朱氏述之《讀書志》尤詳。伯驤《讀東國史略》又得數條，輒付録於此。權近曰，《後漢書》以爲卞韓在南，辰韓在東，馬韓在西。其謂卞韓在南者，蓋自漢界遼東之地而云耳，非謂卞韓在辰、馬二韓之南也。崔致遠謂馬韓麗也，卞韓百濟也，誤矣。光宗大成王贈崔致遠文昌侯，初，太祖在潛邸，致遠贈書，有”雞林黃葉，鵠嶺青松”之句，故謂有密贊，乃加是命。

前條見卷一，後條見卷三。又卷五云，檢校成均大司成崔瀣卒。瀣，致遠之後，平生不治家人生業，自號拙翁。爲文章不資師友，超然自得，務合於古人，至論同異，雖老師宿儒，必詰而折之。性亢，少許可人，不苟合於俗，排斥異端，善說人善惡，故輒舉輒斥。卒，無子，家甚貧，朋友致賻乃克葬。

## 廣成集十七卷　晚晴軒陳氏傳録知聖道齋本。

蜀杜光庭撰。每卷首均題"上都太清宫内供奉應制文章大德賜紫杜光庭撰"一行。光庭字聖賓，括蒼人。王建據蜀，除諫議大夫，進戶部侍郎，歸老青城山。阮氏《四庫未收書目》著録杜氏《玉函經》一卷，其題銜稱特進檢校太傅太子賓客主管徽國公，蓋建時加授也。錢氏《讀書敏求記》有光庭《了證歌》一卷。明人殷仲春《醫藏目録》曾載《玉函經》，列之無上函中，此二書自是不同，光庭著作多有在《道藏》者，如《墉城集仙録》之類，此書亦然。伯驥按：《宣和書譜》云，懿宗設萬言科選士，光庭試，其藝不中，乃棄儒衣冠入道游，意淡漠。著道家書，頗研極至理至條列科教。自漢張道陵暨陸修静撰集以來，始末備盡，羽流宗之。僖宗臨御，始充麟德殿文章應制，一時流輩爲之斂衽。嘗撰《混元圖》《紀聖賦》《廣聖義》《歷帝紀》暨詩歌雜文共百餘卷。又，《全蜀藝文志》録其《仙居觀詩》。又《古今詩話》云，巴蜀三紀以來，藝能之士精於詩詞者衆矣，沙門曇或學陽冰篆，道士張嗣昭學柳公權書，工部員外昭嘏仿韓擇木八分，皆杜光庭門人也。又，《北夢瑣言》云，五代唐相國孫偓，曾乘轎至蜀，詣杜光庭受籙，後有詩寄杜云，"蜀國信難遇，楚鄉心更愁。我行同范蠡，師舉效浮丘。他日相逢處，多應在十洲"。舉此數則，可見光庭不徒留神道教，而其聲氣亦廣於一時矣。下文附録之無名氏序，有與《書譜》同者，當亦出於此。此本末有過録彭氏識語云，《廣成集》十七卷在《道藏》中，雖多齋醮之詞，然頗足考見王蜀時事。予方撰《五代史記注》，向姑蘇玄妙觀借鈔之，十國諸人著述，今存者吳越羅隱、閩黃滔、南漢王定保、荆南孫光憲與光庭此集而已。癸卯重陽前三日芸楣。此本係泰州陳氏文田硯香從知聖道齋本傳録，藍格精鈔，清《四庫》作十二卷。此從《道藏》出，卷一至卷十二列藏中"敢"字，十三至十七則列"毁"字，自當以此爲正也。文勤識語所舉羅、黄、王、孫著述。伯驥按：《吳越備史》云，隱字昭諫，新登人，本名横。凡十上，不中第，遂更名。始謁武肅王，不見用，以所爲《夏口詩》標於卷首云，"一箇彌衡容不得，思量黄祖漫英雄"。王覽之大笑，因加殊遇，復命簡書辟之曰，仲宣遠託劉荆州，都緣亂世；夫子辟爲魯司寇，只爲故鄉。王初授鎮海節度，命沈崧草謝表，盛言浙西繁富，以示隱。隱曰，今浙西兵火之餘，日不暇給，朝廷執政方切賄賂。此表入奏，豈無意要求耶。乃請更之，略曰，天寒而麋鹿常游，日暮而牛羊不下。朝廷見之曰，此羅隱之詞也，乃爲賀。昭宗更名表曰，左則虞舜之全名，右則姬昌之半字。當時京師稱爲第一文。《全唐詩話》云，隱，隱池之梅根浦，自號江東生，有《江東集》。《閩書》云，滔字文江，乾寧二年進士，除四門博士。朱梁移國，因歸閩不復西，以監察御史裏行充威武軍節度推官。王審知據有全閩，而終其身爲節將者，滔規正有力焉。中州名士避地於閩者，悉主於滔，有《泉山秀句集》及文集行世。洪邁序滔文贍蔚典，則策扶教化，詩清淳豐潤，若與人對語，郁郁有貞元、長慶風。楊萬里稱，滔詩與韓偓、吳融輩並游，未知何人徐行後長者也。《蜀中詩話》云，光憲蜀之資州人，事荆南高氏爲從事。著《北夢瑣言》，其詞見《花間集》一，"庭疎雨濕春愁秀"句也，李後主之"細雨濕流光"本此。又《三楚新録》云，光憲每患兵戈之際，書籍不備，遇發使諸道，未嘗不厚與金帛購求焉。於是三年間收書及數萬卷，常慕史氏之作，自恨諸侯幕府不足展其才力，每謂交親曰，安知獲麟之筆，反爲倚馬之用。是孫氏尤博洽，至王氏所撰《摭言》爲攷史迹佳書，前人久有定論矣。《郡閣雅談》云，定保唐光化三年及第，其後南游湖湘，無北歸意，嗣爲馬氏不禮，奔五羊，依劉氏，官至卿。陸氏著録十二卷舊鈔本，有無名氏序曰，光庭字聖賓，號東瀛子，或云括蒼人，爲時巨儒。唐懿宗朝與鄭雲叟賦萬言不遂，入道，事天台山應夷節。嘗謂道法科教，自漢天師暨陸修静撰集以來，歲月緜邈，幾將廢墜，遂考真誥條例始末，故天下羽襏永遠受其賜。鄭畋薦其文於朝，僖宗召見，賜以紫服象簡，充麟德殿文章應制。爲道門領袖，當時推服。中和初，從駕興元道遊西縣，適遇術士陳匕子名禮復，洒然異之，披榛穴地，取瓢酒酌之曰，以此換子五臟。遍遊成都，喜青城山白雲溪氣象盤礴，遂結茅居之，溪蓋薛昌真人飛昇之地也。一日，忽謂門人曰，吾昨夢朝上帝，以吾作岷峨王司，恐不久於世。時後唐莊宗長興四年，年八十四歲，一旦披法服作禮，辭天陞堂，趺坐而化，顏色温晬，宛若其生，異香滿室，久之乃散。蜀主王建初欲大用之，爲張裕所阻，賜號廣德先生，又欲優於名秩，以爲諫議大夫，封蔡國公，進號廣成先生。此序可資考證，故附録之。

# 集　部　二

## 武溪集二十一卷明嘉靖修成化本，
### 清王文簡舊藏。

　　宋余靖撰。卷第一前題"工部尚書充集賢院學士贈尚書左僕射累賜少師諡襄余靖"，二十四字分兩行。靖字安道，韶州曲江人。天聖二年進士，累除左正言知制誥，出知吉州，經略廣西南路安撫使，遷工部侍郎，官至工部尚書。《宋史》有傳。伯驥按：《續通鑑長編》載，仁宗朝，策試賢良方正、能直言極諫科，計何詠、蘇紳、田況、張方平、錢彥遠、奎吳、錢藻、王介、蘇軾、蘇轍共十人，又茂才異等科富弼，及其他科吳育、錢明逸、夏噩、陳舜俞共五人。《東都事畧》《宋史》均謂之賢良科。《困學紀聞》所記制科十五人，與《長編》同。至余靖、尹洙嘗於天聖八年試書判拔萃科，但此科據《長編》記景祐元年已罷御試，是以王氏不列入制科也。前人考之頗詳，故附錄其語。前有嘉靖四十五年奉勅整飭南韶兵備兼分巡廣東按察司副使前南京駕部郎中衡陽仁山劉穩序，《目錄》前題"重刻武溪集"，其序署云，余奉命治兵南韶，首憤士習不端，乃擇鄉之有德行道誼者主會書院中，群多士而摩之以學，亦彬彬然變矣。暇取張、余二公文集讀之，張《集》幸不殘缺，余《集》則漫無所考。及索舊守鄭驪所刻於郡者，已磨滅不可讀，故於軍旅之餘，稍爲校讎重刻，以示多士。集中雖未能粹然盡合於道，然其博物洽聞，馳騁今古，亦有補於世。次有周源撰《余少師襄公武溪集序》，謂嗣子尚書屯田員外郎仲荀編公遺稿，得古律詩一百二十，碑誌記五十，議論葴碣表五十三，制誥九十八，判五十五，表狀啓七十五，祭文六。次成化九年丘濬序，略謂嶺南人物首稱唐張獻公、宋余襄公，二公皆韶人也。韶郡二水夾城流，自灌來者曰武溪，湞水自庾嶺下，與武溪合，是爲曲江，張公既以曲江名其集，余公之集名以武溪，殆有意以匹張。明陳氏獻章《韶州風采樓記》云，宋仁宗朝除四諫官，其一人余忠襄公也。蔡君謨詩"必有謀猷裨帝右，更教風采動朝端"。弘治十年春，韶守錢君鏞始作風采樓，與張文獻風度樓相望。忠襄之十八世孫英《走白沙謁文》以表之，夫自開闢達唐，自唐達宋至於今，不知其幾千萬年，吾瞻於前泰山北斗，曲江公一人而已耳。吾瞻於後泰山北斗，公與菊坡公二人而已耳。噫，士生於嶺表，歷兹年代之久，而何其寥寥也。見《韶州志》。伯驥按：吾粤人有以武溪、文溪同稱者，文溪謂宋李昴英也，白沙則不及。李氏菊坡謂宋崔與之後人編定遺事、遺文，吾家有前明唐胄序刻本，題宋丞相崔清獻公全錄，計十卷，行字甚樸雅，估人以爲難得之本。末有紹興丁巳韓璜題記，常郡蘇輶書後。蘇云，張文獻公、余襄公二集，皆得於翰林學士瓊臺丘公仲深，蓋世久無傳，公得祕閣本而錄之，於今乃復見也，亟求以歸刻之於梓。伯驥按：歐陽公撰公《墓志》稱，趙元昊以夏叛，師出久無功。慶曆四年，元昊納誓請和，將加封册，而契丹以兵臨境上，遣使言爲中國討賊，且告師期，請止毋與和。朝廷患之，欲聽，重絕夏人，而兵不得息。不聽，生事北邊，議未決。公獨以謂中國厭兵久矣，此契丹之所幸，一日使吾息兵養勇，非其利也，故用此以撓我爾，是不可聽。朝廷雖是公言，獨留夏册不遣，而假公諫議大夫以報。公從十餘騎，馳出居庸關見虜，從容坐帳中，辯言往復數十，卒屈其議，取其要領而還。朝庭遂發夏册，臣元昊。西師既解嚴，而北邊亦無事。而契丹卒自攻元昊。明年使來告捷，又以公往折坐習虜語，出知吉州，怨家因之中以事。《墓志》見《居士集》卷二十三。蓋公以習虜語左官事，見《宋史》及《通鑑長編》等書。《長編》一百五十五云，慶曆五年五月，知制誥余靖前後三使契丹，益習外國語，嘗對契丹主爲蕃語詩，侍御史王平、監察史劉元瑜等劾奏靖失使者體。歐陽發等《述先公事迹》云，仁宗增諫官爲四員，先公與蔡公襄、余襄公靖、今致政王尚書素，同時選用。又云，自范文正公之貶，先公與余襄公等坐黨人被逐，朋黨之説遂起，久而不能解，一時名士皆目爲黨人。見《歐陽文忠公集》。附録於此，可見爲官之不易。今按：所謂蕃語詩，見葉隆禮《契丹國志》、劉攽《中山詩話》及《詩話總龜》等書。《總龜》卷二述原文云，余靖尚書使虜，爲胡詩，契丹愛之，再往情益親。余詩云"夜筵設羅侈盛也。臣拜洗，受賜也。兩朝厥荷通好也。情幹勒。厚重也。微臣雅魯拜舞也。祝若統，福祐也。聖壽鐵擺嵩高也。俱可忒"。無極也。虜舉大杯，謂余曰，能道此，余爲卿飲，復舉之。虜復大笑，遂爲酬觴云。伯驥按：《渌水亭雜識》嘗述遼宴宋使，酒一行齎簺起歌，酒三行手技入酒，四行琵琶獨彈，然後食入雜劇進，繼以吹笙、彈箏、歌擊架樂、角觝。王介甫詩云"涿州沙上飲盤桓，看舞春風小契丹"。蓋紀其事也。至范致能北使，有《鷓鴣天詞》亦云，"休舞銀貂小契丹，滿堂賓客小關山"。則金源宴賓或沿爲故事耳。此可畧知當時宴客之大概。《前清文獻通考》云，明正統四年，賜瓦剌達達克汗花梨木虎撥思一，六年又給之。十四年，帝在迆北額森賜宴，必自彈虎撥思，唱曲奉酒。此又當時帝王宴彼之一宗，故實也。蓋朝廷意謂皇華載詠之時，既有舌人爲之佐使，可無須自行熟習，以貶損旄節風儀。朱子《五朝名臣言行録》前集卷四，引《政要》云，處士魏野贈寇準詩曰，"有官居鼎鼐，無地起樓臺"。及上即位，北使至，賜宴兩府預坐。北使歷視坐中，問譯者誰是"無地起樓臺"相公？丁謂令譯者謂曰，朝廷初即位，南方須大臣鎮撫，寇公暫撫南夏，非久即還。可知外人之至中邦與華使之出外域，均有譯者以通彼我之郵，而其語言之意可得而達也。清《四庫提要》稱宋人武備不修，鄰敵交侮，力不能報，乃區區修隙於文字之間，又不通譯語，竟以中國之言求外邦之義。如趙元昊自稱兀卒，轉爲吾祖，遂謂吾祖爲我翁。蕭鷓巴本屬蕃名，乃以與曾淳父作對，以鷓巴鶉脯爲惡謔，積習相沿，不一而足。館臣之説，蓋櫽括宋事而言之，實則當時朝廷固深慮國人以文字語言觸犯外族，其意蓋至切矣。歐陽公《歸田録》載夏英公《辭免奉使啓》云，"義不戴天，難下穹廬之拜；禮當枕塊，忍聞韎韐之音"。《梁谿漫志》六，又舉其中一聯云，"王姬作館，接仇之禮既嫌；曾子回車，勝母之遊遂輟"。是當時士夫既不欲聞外族之語言，並不願履外邦之土地。伯驥按：《叢苑》云，晉天福三年與戎和，當遣輔相爲使，趙璟、桑維翰同堂皆未言，以戎反覆難測，咸懼於將命。堂吏前白北使事，色變手顫。馮道索一幅書云，道去。即遣寫敕，及還，賦詩中有云"去年今日奉皇華，只爲朝廷不爲家。殿上一杯天子泣，門前雙節國人嗟"。讀此詩，可悉其時以赴北爲難事。至宋則非奉使不至幽州，當時尤以履北地爲苦。王荆公《伴送北朝人使詩序》云，某被勑送北客至塞上，語言之不通而與之並轡十有八日，亦默默無所用吾舌。時竊咏歌以娛，愁思當笑語。又，蘇氏兄弟尤以赴北爲不樂，子瞻初奉論辭不行。其後子由得旨，子瞻以詩送之，子由詩有"畏寒用道家法以禦之"之語，蓋均以爲北道非坦坦也。若《演繁露》所述，馮道《使契丹詩》曰"曾叨膴月牛頭賜"，史謂契丹眞以牛頭賜之，非也。契丹主率以膴月打圍，因敲冰鈎魚，則牛頭者正《本草》所云東海之魚，其頭如牛者也。此則可證馮之心地坦夷，絕不以北行爲畏途矣。蓋外侮易召，當寧深防使臣於矢口間，或有侮慢鄰交，致失體制者，故寧通譯於象鞮，不宜以英簜重寄，言涉侏僳，此則襄公左官之由來也。《唐書》稱駙馬武延秀嘗質於突厥，解其國語，當時未聞以此去官。蓋唐宋之制不同如此。王闢之《澠水燕談録》云，元豐中，高麗使朴寅亮至明州，象山尉以詩送之，寅亮答詩序有"花面艷吹，愧鄰婦青脣之斂；桑間陋曲，續郢人白雪之音"之句，有司劾中小官不當外交夷狄。此宋事又與襄公相類，而實不同者。《詩話總龜》又稱，漢史記《槃木白狼詩》，漢語則協，夷語則否。其實夷人先作詩，反用夷語譯出，不如余公用眞胡語。此則有誤，大抵槃木白狼之詩，多用漢語爲之，由史臣潤色而協之耳。致外族又喜讀吾國文人之詩，如《欒城集》有子由《奉使契丹寄子瞻詩》云，"誰將家集寄幽都，每被行人問大蘇"。《東坡詩話》云，昔余與北使會食，劉霄誦僕詩，"痛飲從今有幾日，西軒月色夜來新"。曰,公豈不飲者耶?《宋史·范鎮傳》鎮少時嘗賦"長嘯卻胡騎"。晚使遼,遼人目曰,此"長嘯公"也。鎮《賦幽州詩》有"邊日照人如月色,野風吹草作泉聲"之句,未悉使遼時所賦否耳。又《澠水燕談錄》云,張芸叟奉使大遼,宿幽州館中,有題蘇子瞻《老人行》於壁間者。伯驥以爲襄公奉使時,如用華文爲詩,彼中當亦深喜,而必以虜語出之,致觸雷霆萬鈞之怒。此則至可慨矣。明楊慎以《穆天子傳》《西王母詩》是當時文人所作,然不著其原詞。《說苑·越鄂君歌》獨並列楚越之音,且明著楚譯,今人謂爲譯詩之始。其越人歌詞原文云,濫兮抃草濫予昌擅澤予昌州州鍖州焉乎秦胥胥縵予乎昭澶秦踰澡堤隨河湖。其楚譯云,今夕何夕兮,搴中洲流。今日何日兮,得與王子同舟。蒙羞被好兮,不訾詬恥。心幾頑而不絕兮,知得王子。山有木兮木有枝,心說君兮君不知。夫楚越語言相習已久,實與胡虜之須重譯不同,以虜則國土相隔頗遙,其語習之匪易。伯驥按:《後漢書·西南夷·莋都夷傳》載,《夷樂德歌》"甘美酒食"之下注,推潭僕遠。《東觀漢記》載此歌,既載夷人本語,並重譯訓詁爲華言。又《樂府詩集》云,後魏之世,有《簸邏回歌》,其曲多可汗之詞,皆燕魏之際鮮卑歌,歌辭虜音不可曉,蓋《大角曲》也。《世說新語·政事》云,王丞相拜揚州,賓客數百人並加霑接,人人有悅色。惟有臨海一客姓任及數胡人爲未洽,公因便還過任邊云,君出,臨海便無復人。任大喜悅。因過胡人前彈指云,蘭闍、蘭闍。群胡同笑,四坐並懽。按:蘭闍二字,《朱子語類》引作蘭奢。正可見公之天賦過人,勤學好問爲不可及也。《經濟類編》云,上皇離青城,金人以牛車數百乘載諸王、後宮,皆金人牽駕,不通華言。此可證言語之隔閡矣。歐陽公稱公自少博學强記,至於歷代史記、雜家小說、陰陽律曆外,暨浮屠老子之書,無所不通,雖在兵間,手不釋卷。其說良信。公有文集二十卷、《奏議》五卷、《三史刊誤》四十卷。今流傳之《漢書》古本尚多刊誤之舊文,蓋讎勘之澤遠矣。宋滕元發著《孫威敏征南錄》一卷,專記皇祐四年孫威敏泝平儂智高事,自四月迄十二月,本末頗詳。孫與狄青同事征討,而襄公勒銘於長沙,滕以其文意頗側重狄氏,滕嘗受知於孫,故撰此以記公論,此錄今猶有流傳。又《揅經室四集》云,襄公《平蠻京觀碑》及《平蠻三將題名碑》,皆言正月己未狄青至歸仁鋪,賊舉衆出城拒戰,大敗之。《宋史・仁宗紀》則以爲戊午日,當以碑爲得實。《宋史》皇祐五年正月壬寅朔,己未正是元宵後三日,乃正月十八日也。余氏碑志又言,追奔十五里,是也。《宋史・狄青傳》言追奔五十里亦誤,由歸仁至城僅二十里,此碑之所以勝於史也。卷十一。蓋阮氏開府粤省,嘗躬至其處,觀厥遺蹟,故能糾史文之謬,所謂讀萬卷書,尤當行萬里路也。《藝苑雌黄》云,閩、廣榕木大而多,陰可蔽百木,故字書有寬芇廣容之説。比觀余襄公靖詩"有語嫌雙燕,無虞羨大楠"。注,横蔭數畝,斤斧不加。正説此木,而用楠字,按字書樠楠本中箭笴,似非此榕,豈襄公之誤云云。記此俟攷。此本舊爲新城王文簡所藏,丘序之後有文簡墨筆題記云,宋余襄公靖《武溪集》二十卷,成化間丘文莊所得祕閣本,嘉靖中衡陽劉穩重刊之韶郡者,有宋尚書屯田郎中周源序。余過曲江,秦令熙祚以此本見遺,乃購之一老儒家。秦,山西聞喜人,孝廉,其祖爲先太師門生,有孔李之誼云。康熙二十四年孟夏,王士禎記於韶石舟中。書中眉端,並多文簡識語。據文簡《南來志》云,康熙二十三年十月十九日,上東巡狩祭岱宗,謁先聖闕里,先期布告中外,遣官祭岳鎮海瀆之神。余以詹事府少詹事兼翰林院侍講學士有事南海。今此書所署則爲二十四年孟夏,而朱氏彝尊集《送王先生代祀南海詩》,有"郵籤雖越一萬里,計程七月當來還"句,節候恰合當時南北來往之驛程,與今日遲速之比,亦由此可見。中華民國二十年秋,伯驥得此書於北平估客,距文簡來粤訪書時,已二百餘年矣。《居易錄》二十二云,予昔使粤過韶州,得《曹溪誌》讀之,載靈通使者事,知文簡於軺車時,求書之興不淺也。

# 范文正公集二十卷別集四卷尺牘二卷

宋乾道丁亥刻本。

宋范仲淹撰。仲淹字希文，大中祥符進士。晏殊薦爲秘閣校理，每感激論天下事。仁宗朝，權開封府。趙元昊反，以龍圖閣直學士副夏竦經略陝西，夏人相戒，不敢犯境。旋拜樞密副使，進參知政事，後出爲河東陝西宣撫使，遷戶部侍郎。會病，請潁州，未至卒。贈兵部尚書，謚文正。《宋史》有傳。前有元祐四年蘇氏序。又俞氏識語云，鄱陽在江右號古郡，昔之爲守者固多，以賢稱者僅九人，而傑出於九賢之中，又止唐之顏魯公，本朝之范文正公，可謂難得也已。二公名氏在史官，大節在天下，至於文章散落人間，雖筆端游戲之餘，而典雅純實，可以經世而出治，垂久而行遠，蓋其所養得天地之正氣，故文亦如之。然是邦實二公舊治，獨無墨本，而間見於他處，誠缺典也。翊攝乏此來，首訪而得之，鳩工鏤板以傳不朽，斯人之眷眷二公，雖不繫於文集之有無，然使學士大夫家有其書，如潮人之於退之，柳人之於子厚，因書以致其師仰敬慕之意，不猶愈於甘棠之思乎！乾道丁亥五月既望，邵武俞翊謹識。又有綦氏跋云，鄱陽郡齋州學有《文正范公文集》《奏議》，歲久板多漫滅，殆不可讀。判府太中先生嘗謂，此郡太守名德如日月之照，終古不泯者，在唐則顏魯公，本朝范文正公。文正之集，士大夫過郡者，莫不欲見，其可不整治乎？於是委屬寮以舊京本《丹陽集》參校，且捐公帑刊補之。又得詩文三十七篇爲遺集，附於後，其間尚有舛誤，更俟後之君子訪善本訂正焉。淳熙丙午十二月日，郡從事北海綦煥謹識。半葉十二行，行二十字，版心有字數及刻工姓名。綦煥跋後有“嘉定壬申仲夏重修”一行，蓋南宋乾道饒州路刊，元天曆刊即從此出，惟此本字皆方整，元刻則趨於圓活矣。淳熙嘉定補刊之葉,亦與原刊有異。

## 鐔津文集二十二卷

明弘治刊本,劉燕庭舊藏。

　　宋釋契嵩撰。《浙江通志》云,契嵩字仲靈,自號潛子,藤州鐔
津李氏,伯驥按:鐔江在藤縣東南,唐武德初,有宣撫使至此,艤舟游慈聖寺,其井有
流杯浮劍之異,名其地曰鐔津,又曰劍江。見《輿地名勝志》。授記荆於洞庭聰
公。未幾遊衡岳歸,著《禪宗定祖圖》《傳法正宗記》,伯驥按:《付法藏
因緣傳》所列禪宗二十三代,自摩訶迦葉至師子尊者,契嵩《正宗記》列爲二十八祖,則
於二十三代外,增入婆須蜜,又於師子下加婆舍斯,多四代也。《景德傳燈錄》則同。
《正宗記》至《達摩多羅禪經》所表列之西域諸祖,又與契嵩記不符。書成,遊京
師。仁宗覽之嘉歎,付傳法院,編次入藏,賜號明教。韓琦、歐陽修
俱尊禮之。後居錢塘佛日禪院,應蔡公襄所請也。卷首有《如蚤
序引》,《目錄》後有陳舜俞撰《鐔津明教大師行業記》,蓋即契嵩事
略也。記稱契嵩於慶曆間入吳中至錢塘,當是時天下之士學爲古
文,慕韓退之排佛而尊孔子,東南有章表民、黃聱隅、李泰伯尤爲雄
傑,學者宗之。契嵩作《原教論》十餘篇,明儒釋之道一貫,以抗其
説,諸君讀之,既愛其文,又畏其理之勝,而莫之能奪也,因與之游。
遇士大夫之惡佛者,契嵩無不懇懇爲言之,由是排者寖止,而後有
好之甚者,契嵩唱之也。著書自《定祖圖》而下,謂之《嘉祐集》,又
有《治平集》凡百餘卷,總六十有餘萬言云。明宋濂《夾注輔教編
序》云,嵩禪師以二氏末流之弊或不相能也,取諸書會而同之,曰
《原教》,曰《廣原教》,曰《勸書》,曰《孝論》,而《壇經贊》附焉。復
恐人不悉其意,自注釋之。宋又有《傳法正宗記序》云,嵩禪師博
采《出三藏記》,泊諸家紀載釋迦及持法者爲分家傳畧,而旁出宗
證繼焉。復畫佛祖相承之像,明其世系,名曰《定祖圖》;申述禪經

及西域諸師爲證，以闢義學者之妄，名曰《正宗論》，共十二卷。復有《金剛般若經新解》，爲契嵩奉詔作。宋序署云，此書參用古註而定其說，既成，諸師重加校訂，始入奏於華蓋殿，皇上覽而可之，勅同新箋二經鋟梓流通，是則契嵩著述之大署也。契嵩廣交游，蘇子瞻《贈治易僧圓周詩》亦云與之相知。此書每卷後有釋音，釋音後有助刊題名，卷五後有題名云，秀水縣名遠庵輔教比丘至璠，暨徒屬永謐、如珪、智觀。右璠仗此殊勳，奉酬恩有專，冀揭慧日於中天，照昏衢於萬世也，出生功德莊嚴師、祖玉庭瑄法師、師東白曙講師、考文斌處士計公，姚、張氏二媽媽讀之。亦可考見當時風氣矣。前清新城王氏著錄者爲十五卷本，王氏云，嵩作《非韓》三十篇在集中，其詩多秀句，如"習忍如幽草，觀身類片雲"。"桑柘雨中綠，人烟關外疏"。"天岸日將出，田家雞更啼"。"好山沿岸去，驟雨落花來"。"雲迷飛鳥道，雨出古龍湫"。"明月出已滿，白雲歸未多"。皆工，此則專論其詩也。吳縣潘氏藏舊刻殘本《鐔津集》二卷，板寬一尺四五寸，疏行大字，即非宋刻，亦明槧之出於宋刻者也。文勤謂契師化於熙寧五年，伯驥按：契嵩沒期，見《湘山野錄》及《事實類苑》。與老泉同時，又與韓魏公蔡君謨游，乃其集則名《嘉祐》，豈獨不識明允耶！江安傅氏曾見日本藏元刊本中，版式十二行、二十四字，細黑口，左右雙闌，每卷後列捐資助刊人姓名，一行或數行。前屏山居士李之全序，次高安沙門釋德洪序，卷尾有至大己酉比丘永中重刊此集疏，又法珊跋，又林之奇跋，又至大仰山比丘希陵跋。永中跋如左，《鐔津集》諸坊板行已久，惟傳之未廣，因細其字畫，重新鋟梓，工食之費，荷好事者助以成之，其名銜具題各卷之末。惟冀義天開朗，性海宏深，庶有補於見聞，抑普資於教化者矣。至大己酉春，吳城西幻菴比丘永中謹誌。此書寫刻工麗方整，極似宋刻，然考《經籍訪古志》，求古樓藏宋刊本十行、十八字，與此板式

不同云。附記於此。此爲明刻黑口本，半葉十行，行十九字。舊爲
諸城劉氏藏，有"文正曾孫劉印"、"喜海""燕庭"各章。劉喜海，
諸城人，字燕庭，喜藏書，嗜金石學，手輯金石文字五千通，室中別
無他物，唯經籍碑版而已。曾祖統勳，雍正進士，乾隆間官至東閣
大學士，累充國史館及《四庫全書》總裁，謚文正。伯驥撰《四庫全
書撰人及脩書人考》，頗詳其遺事。

## 趙清獻公文集十卷　明刊本。

宋趙抃撰。抃字閱道，衢之西安人。景祐元年進士，曾公亮以
臺官薦，召爲侍御史，號鐵面御史，後知成都。神宗即位，召知諫
院，上謂曰，聞卿匹馬入蜀，以一琴一鶴自隨，爲政簡易，亦稱是耶！
居三月，擢諫議大夫、參知政事。元豐二年，加太子太保，致仕，退
居於衢，東南人士多從之遊。卒，謚清獻。見蘇軾撰《趙氏神道
碑》。至葉石林則稱其所蓄爲雷氏琴。《夢溪筆談》則稱其行部坐
時，則看鶴鼓琴。史稱趙參知政事，時王介甫行新法，趙屢斥其不
便。最後上言，制置條例司遣使者數十輩，騷動天下。安石強辯自
用，詆天下之公論以爲流俗，違衆罔民，順非文過。奏入，懇去位，
拜資政殿學士，知杭州，實由於此。前有陳氏序，略云，開慶己未
冬，湖廣蠻興，仁玉自講廈受遣，馳至太末，未至城里許，見有表曰
孝弟里者，知爲清獻趙公故所居也。題顏漫漶，門堠欹傾，亟遣葺
之，而以蘇長公所書扁刻之石。及邊氛既息，頗諏公之遺文逸事，
而故府無傳焉。既乃訪得章貢所刊集本，旁搜散軼以補足之，刊成
乃序所以刊之意。或以公之學多出於佛，及得濂溪爲僚而有聞焉。
仁玉謂公之堅清超卓，可以離塵絕欲者，偶與佛氏合，至其發言制
事，立朝治郡之迹，皆中度合則，守常達變，非蔽於佛者之爲也。嘗
試考濂溪措諸用者觀之，有以異乎？蓋自濂洛教法未大彰明以前，

諸公往往以其性之所近，而有得於佛者固多矣，不當以是議公也。景定元年，郡守天台陳仁玉謹序。末有跋，略云，予忝臺檄循察省治，覆實憲蹟。由浙歷閩，海道輶過太末郡，郡乃清獻公之里也。公宋朝名臣，屹立臺端，謹言正操，確乎其不可拔，挺然其不可奪，諫必納，劾必黜，泰彰臣道，日新君德，雖憲秩移牧，寬猛濟事。予宿仰休風，咨訪公文，得諸郡庠，手閱簡集奏狀等篇，如雪冤正法，折大臣陳執中之抗獄。精論明辯，斥宣徽王拱辰之辱命。釋爇婦以安外寇，納歐陽以充內輔。披裂忠肝，張揚義氣。它如抨釋權幸，誅鋤强悍，摘姦燭幽，發政施令，皎如星月，厲若雷霆。宜哉，公在熙、豐間正色立朝。伯驥按：朱子云，國家自熙、豐、元祐以來，人才政事分爲兩途，是此者非彼，鄉左者背右，既可得而同矣，而於同之中又有異焉。則若元祐之朔黨、川黨，而熙、豐之曾文肅、趙清獻、張丞相，又與張、蔡自不同也。公之子峴伯驥按：峴字景仁，清獻公扑子，曾倅溫，迎清獻就養，作堂名戲綵。元豐六年，官太僕寺丞，嗣官監察御史，以父年高乞免，從之。元祐三年，官都官員外郎，尋改考功、太僕少卿。峴篤行君子，官御史時，論事知治體。見《東都事畧》《續通鑑長編》《蓉塘詩話》。至《丹淵集》之《趙秘書墓誌》則名岘，字景山，亦清獻公子也。請隧碑銘於廟。哲宗嘉歎骨鯁敢言之氣，以愛直名其碑。後之司言秩者，聞鐵面之名，挹蓮峯之青，不覺凛然。不知何幸而復出斯人。時至治首元仲冬，蒙古晋人僧家奴鈎元卿拜跋。伯驥按：《續通志・氏族畧》云，元時蒙古統一中國，後凡别部人來降，編入蒙古軍者，均在其本姓之上，冠以蒙古二字，此其一例。半葉十一行，行廿字，上下黑口。此集有元刻本，凡詩七卷、文七卷、補遺一卷、附録一卷。明成化七年，順天府尹閻鐸重刻本，則亂其卷第，附録一卷亦未載。此本當是成化刻行，估人以至治跋置前，希充元刻，故揭其謬如此。

## 公是集五十四卷寫本，過録王惕甫批校。

宋劉敞撰。敞，新喻人，字原父，世稱公是先生。慶曆進士，直集賢院,判尚書考功。擢知制誥,嘗草制將下值,會追封王、主九人,立馬卻坐,頃刻九制成。奉使契丹,遼人服其熟知山川道徑,及異獸形狀。官至集賢院學士,判南京御史臺。平素究心《春秋》,著《春秋權衡》《春秋傳》《春秋意林》,其《七經小傳》三卷,雜論《書》《詩》《周禮》《儀禮》《禮記》《公羊傳》《論語》七經之義,宋人說經之決然與先儒異者,自此書始。又,《公是先生弟子記》四卷,所論多攻王安石新學,事規程頤、蘇軾諸人,超然於朔洛蜀黨之外。官長安,得古器數十,愛其款識,文字奇古,因以考知三代制度,與先儒所説不同者。蓋嘉祐中,敞以翰林學士出守永興,喜收蓄古器珍玩之物,因著一書號《先秦古器記》。見《東都事略》、歐陽《集古錄》、蔡絛《鐵圍山叢談》。敞,《宋史》有傳,歐陽集有《墓誌》,而《清江三孔集》謂,吾鄉劉原父,雄文博學,爲天下師表,則尤加推重矣。原序後有惕甫識語云,原甫以博辯稱,而健於文辭,其文實能浸淫於兩漢,以自名一家,又不止於能讀書也,反復讀之,或迅而不可留,或衍而入於冗。至於叙事之作,則尤其所短,惟制辭及諸官文章應奉所爲者,杰然蓋代,自是當時館閣宗師云爾。乾隆癸丑秋八月惕甫記。卷四首葉識云,五古頗極意學古,而俊脫不能深入也。七古高健,與歐、蘇近,特無異境耳。近體則無甚可觀。卷三十首葉識云,宋元祐制辭多可觀,然爾雅深厚,直追盛漢,未有如原甫者也,以此見司馬溫公以古文散制易排偶之爲功大矣。末葉識云,原甫之文,當以制辭爲第一,荊公内外制都極古戀,略少雍容之度,蓋原甫得之。卷三十三《論讓官疏》識云,此殆爲介甫而設,亦確中爾時士大夫積習。卷三十八末識云,原父論古之文頗多杰特,昌黎所謂氣盛則言之短長,與聲之高下,皆宜者是也。然析義或未甚精,不能適愜乎人心之所同然,故概無所取,此意又不專以文辭論也。卷四十一《奔喪議》,丁憂不停俸,極得王者教治之宜,惜世無舉此議者，區區丁憂，數員之俸無損於度支，而所全於臣下者多矣。卷四十三第七葉識云，原甫駢文亦自與歐、蘇同，在當時自足抗手於荆公，餘非其匹也。所惜集中無大篇，然宋四六自不以大篇擅長，此處不得以六朝三唐併論。卷四十八第十七葉識云，今傳短篇，謹嚴中自出排宕，欲奪介甫之席矣。卷四十九首葉識云，如此文，覺昌黎去人不遠，銘辭尤哀感動人。卷末識云，原甫不能自下於歐公，故其文體能自立於歐之外，然其文迅疾無涵漾之趣，不能使人低徊留之。此其所以卒成原甫，不過與子美、伯長較其顯晦，而不能與歐、蘇、曾、王同登爼豆也。一曰歐九，再曰歐九，當爲原父惜之恨之，不當爲原甫護。

## 都官集十四卷

清四庫傳鈔本，巴陵方氏舊藏。

宋陳舜俞撰。舜俞字令舉，秀州人。《宋史》云，烏程人。《光緒烏程縣志》謂舜俞子孫猶宅於烏鎮，亦以舜俞爲烏程人，並謂韋氏《梅磵詩話》以舜俞籍嘉禾，實因其嘗居白牛村而訛。惟嘉興錢氏《衍石齋記事稿》，謂韋氏貫烏程，不云舜俞爲其縣人，而定舜俞爲嘉禾籍，宜可據信。嘉禾置郡在政和中，神宗時猶爲秀州，故今言秀州人。居白牛村，自號白牛居士。村在今嘉善縣境。以慶曆六年登進士乙科，嘉祐四年中制科第一，授光祿寺丞、簽書壽州判官。原集散失，清乾隆間從《永樂大典》輯成，今著録《四庫》者是也。檢沈氏叔埏《頤綵堂集》，知《都官集》即爲叔埏所輯，今沈《集》卷九有文述其事，並以辨前人之誣焉。文云，甚矣，《宋史》之訛，與《續通鑑綱目》之舛也。白牛居士陳舜俞，貫吾禾，僑雲渚。李公擇爲郡時，與東坡俱作碧瀾堂六客。見孫覿《鴻慶集》、韋居安《梅磵詩話》、陳振孫《書録解題》及《文獻通考》《方輿勝覽》《至元嘉禾志》等書。伯驥按：《至元嘉禾志》卷十三，極詳令舉之爲人。而史以爲烏程人，熙寧初，以屯田員外郎宰山陰，上書詆新法病民，謫監星江市税，偕太傅劉渙乘犢往來匡廬山中，窮泉石之勝。遇赦，歸秀州。元豐中卒。事具本集，而《續通鑑綱目》以謫後復上書言新法實便，識者笑之。斯言也，昧居士出處皭然之大節，而誣衊橫加。烏乎，可夫！居士之爭新法，當與司馬、文、富、歐陽、大程、大蘇輩先後齊名焉。有自變其説作兩截人之理，蓋誤於《宋史》後出之一言，又從而甚之耳。集三十卷，居士壻周邠所輯，曾孫杞曾刊於四明，久佚不傳。乾隆辛丑冬，余從《大典》鈔出，僅十四卷，因取一時贈答哀輓諸篇，并後人懷古之作，悉附焉。嘉興錢氏《記事稿》中有《舜俞傳》，亦從夏侯泰初稱東方朔平原厭次人也之例，定舜俞爲秀州人，與沈氏同。上文已舉之。錢氏且謂李燾《長編》以舜俞爲人矯激不情，仕宦頗齟齬，嘗躁忿棄官，已而不能忍，復仕。夫罷官不得其事，而目爲躁忿、仕宦齟齬，賢士大夫莫不皆然，而咎以矯激，古之棄官而復仕者亦多矣，而謂之不能忍，此言實不足以傳信。燾又謂，既謫南康，其後乃上書，稱青苗法實便，初迷不知爾。馮京欲錄此復用之。王安石曰，爲人反覆，何可用也？當是時安石多引憸薄新進，以行新法。不孝如李定，無行如章惇，明知其不足齒於人，而皆力薦之，度未必能惡反覆者。且燾之書，皆以事繫日，此再上書，竟不能舉其時，是不出於朱本、墨本之實錄明甚。且舜俞方以外吏召試館職，誠躁進也不於此時，附安石求富貴，而乃於放廢之後謀之，雖至愚者不至是。舜俞之没，蘇軾哭之，稱其學術才能兼百人之器，而望其任天下之事。此同時賢俊之言，以視燾所述何不侔也。明正德中曲靖胡潔宰嘉善，慕舜俞遺蹟，爲之撰《表賢録》。至今所居鄉曰奉賢，水曰清風涇，皆以舜俞也。然則燾之詆諆，固無足辨焉爾。錢氏之意，蓋亦爲舜俞辨誣也。《通典》魏置都官，隋改都官爲刑部。宋梅堯臣，字聖俞，宣城人，累遷尚書都官員外郎，人故稱爲梅都官，此集名都官，當同其例。書爲巴陵方氏舊藏，有章鈐於卷首，猶是吾粵裝訂。

## 擊壤集二十卷 元翻宋本，清汪秀峰、黃壽玉舊藏。

宋邵雍撰。雍字堯夫，共城人，後籍河南，卒後贈秘書省著作郎，元祐中賜諡康節。卷一第二行題伊川邵雍堯夫，前有治平丙午自序，後有元祐辛卯邢恕序。恕字和叔。《宋史》有傳。自序略云，予自壯歲業於儒術，謂人世之樂何嘗有萬之一二，而謂名教之樂，固有萬萬焉。況觀物之樂，復有萬萬焉，雖死生榮辱，轉戰於前，曾未入於胸中，則何異四時風花雪月，一過乎眼也。誠能以物觀物，而兩不相傷，蓋其間情累都忘，所未忘者獨有詩在，雖曰未忘，實亦若忘之矣。何者？謂其所作異乎人之作也。此集流傳，明刻已不多見，宋刻惟聊城楊氏、邵里瞿氏有之。楊《目》稱所藏作《內集》十二卷，《外集》三卷，序後有蔡氏弼題語一則，蓋由公手訂二十卷本出。卷一前後木記，題"建安蔡子文刊於東塾之敬堂"。《龜山語錄》所稱，"須信畫前原有易，自從刪後更無詩"，諸本所佚者，此本在卷十二中。瞿《目》稱其本有道光間張芙川題字，略云，《擊壤集》宋刻罕見，昔年由士禮居得三至六四卷，即《百宋一廛賦》所載得季滄葦舊藏，所謂證擊壤於泰興是也，全部首尾完整。汪氏藝芸書舍散出，得之愛不能釋，展讀三復，以血書佛字於空葉，惟願此書流傳永久，得慈光覆護，消水火蠹食之災。今檢瞿氏所傳書影，察其行款字畫，與此元本相同，可證元本實翻宋刻。此集亦有宋刻殘本，係季滄葦家物，首二卷亦季氏舊鈔，蕘圃得之嚴二酉，自第十一卷至第二十卷，以元時翻宋本補之，尚缺第七至第十卷。復假愛日精廬所藏元鋟本鈔足，遂成完璧，其後歸之張芙川，又其後歸之適園，所謂宋刻配元刊本也。元本則前清天祿琳琅、歸安陸氏均有著録，此本爲長沙葉氏舊藏，有“啓淑印信”白文章，蓋出新安汪氏，《郋園題語》詳之。唯卷一第一葉有“壽玉”二字朱文小章，葉氏則未之及。伯夔按：陳氏《頤道堂文鈔》卷八《王井叔傳》云，先娶黄氏字壽玉，比部蕘圃女，比部藏宋板書最富，壽玉盡能讀之，並能道宋槧與今本異同。婚一年卒，君賦悼亡詩百篇，寫《眉奩殘月圖》，以寄哀思。是書當即黄氏藏本。井叔名嘉禄，王氏苣孫少子也。見《宋翔鳳詩集》自註。又宋氏《洞簫樓詩記》卷一有《題王井叔詩本詩》二首。又宋氏《懷山堂詩録》卷八，有《答王井叔即以録別》二首，有“奇童久聽鄉人論，名父曾傳世業無”之句，伯夔按：翔鳳字于庭，一字虞庭，長洲人。嘉慶舉人，官湖南新寧縣。從母舅莊述祖受業，得今文學家法，後從段氏治許、鄭學。《浮溪精舍叢書》即其治學所得。《過庭録》十六卷，爲宋氏讀書所得之札記，深有依據。蓋井叔雖負時名，秀而不實故云爾也。蕘圃云，苣孫幼子，予第三婿也，大抵年少風流，誤入煙花之隊。臨歿，以《嗣雅堂稿》廿五册授其繼室曹左芬。左芬堅守不輕示人，聞近已刊行矣。見其題跋中。又蕘圃云，予幼子同叔及子仙令郎苞之，一以壽鳳名，一以一鳳名，今春十試，俱未售，不勝鳳兮鳳兮之感。又云，宋刊《群玉》《碧雲》兩集，送考玉峯時所得，壽鳳鑴小印曰“碧雲群玉之居”鈐於長牋短札。蓋蕘圃子壽鳳，曾著《説文部首歌》，吾家有之。其女子子並擩染家學，留意縹緗，而陳碩甫奂亦曾爲王伯申借宋本子部於比部之孫，可想見其世誦清芬，不失舊物。抱玉者連肩，握珠者踵武，平江黄氏有焉。事閲百十年，風流不至泯滅者，皆賴後人稱述而表章之。此伯夔拾補前人遺闕之微意也。郋園丙申題語，今附此書卷首，壬寅再題，則刊在《讀書志》中。謂其字畫活潑中有勁秀之致，爲元版中之上駟。往年得此書，初以爲宋本，後又定爲明本，再細審紙料、墨色，始確定爲元本。《晁志》稱其邃於《易》數，歌詩蓋其餘事，亦頗切理，盛行於時。

《朱子語録》伯驥按:《朱子語類》云,問康節於《易》何如? 曰,他又是一等説話,但與聖人之學自不同。卷六十六。康節坐地默想,推將去便道,某年某月某日,當有某事,聖人決不恁地。卷六十七。《先天圖》傳自希夷,希夷又自有所傳,蓋方技術用以修煉。卷一百。問康節與楊氏爲我之意何異? 先生笑而不言。同上。康節之學近似釋氏。同上。此爲陳道澧所述,今録於此,以資參核。朱子亦好佛道家言,惟與邵子有别,故其言如是。稱其學骨髓在《皇極經世書》,其花草即是詩,蓋先生之詩,天真爛漫,純任自然,譬如吕岩寒山子之歌詩,伯驥按:唐貞觀中,有僧寒山隱居天台。唐興縣西七十里,寒巖恒往來國清寺遊覽。寺有隱僧拾得者,亦好詩,故寒山遺下有詩三百首餘,拾得亦有五十餘首。國清别有僧豐干亦饒詩興,後人各將三人詩編成流傳至今。其詩都是大乘佛教思想,可謂之宗教詩,亦可謂爲哲學韻文。宋之邵子明之、莊定山、陳白沙皆承其流風,而成爲一派者也。在唐人風氣中自成一種别派,正不得以尋常格律相繩。郇園蓋愛其紙墨槧刻之佳,而並論其詩之别致矣。前人論康節詩多以自然稱之,伯驥按:後世之學擊壤詩者,人皆知明之、白沙、定山。然元《金仁山集》六卷中,其詩亦彷彿邵子。新城王氏極稱其《箕子操》一篇。錢牧齋與王氏書云,唄讀之餘游戲,諷詠禪則寒山,梵志儒則擊壤,江門可以助發道情,假年送老。是錢亦以邵、陳並稱。惟宋人孫奕則述其六言《四賢吟》云,彦國之言鋪陳,晦叔之言簡當,君實之言優游,伯淳之言條暢。四賢洛陽之望,是以在人之上。有宋熙寧之間,大爲一時之壯。今盡去其之字爲五言亦可,乃見有不爲剩,無不爲欠。至如前日之事,今日不行,今日之事,後來必更。此又是有韻散文也,施之文卷中,人將罔覺前輩於詩得《三百篇》微旨,蓋如此。見《示兒篇》。陸氏心源嘗以毛氏汲古閣《道藏八種》刊本互校,謂毛本脱落甚多,不及元本遠甚。卷一《寄謝韓子華舍人詩》後脱《韓絳答》五古一首。卷二《賀人致政》後脱《放言》五律一首,《名利吟》後脱《何事》七律一首。卷六《愁花吟》後脱《張嶠觀洛陽花》七絶一首。卷七《和劉職方見贈》後脱《王益柔寄萊石茶酒》七古一首,《寄吕獻可諫議》後脱《吕誨答》七律一首。卷八

《和任比部憶梅》後脱《初春吟》七絶一首,《仁聖吟》前脱《一室吟》五絶一首,後脱《邢恕留別》七律一首,《自訟吟》後脱《司馬溫公花庵》七絶二章。卷九《謝寧寺丞》後脱《溫公花庵獨坐》五律一首,《種穀吟》後脱《溫公贈堯夫》《改韻呈堯夫》五律二首,《秋日登石閣》後脱《富鄭公答》七律一首、《司馬公和七律》一首、《李復圭行至龍門》七絶一首,《招司馬君實游夏園》後脱《溫公和五絶》一首,《謝人惠石笋》後脱《富鄭公登白雲臺》《臺上再成》五律兩首,《看雪後》脱《富鄭公正旦書事》七絶一首,《答富鄭公》後脱《司馬公上元書懷》原唱五絶一首,《打乖吟》後脱富鄭公、王拱辰、司馬公、尚恭遠、程子、吕希哲《和打乖吟》六首,又脱《司馬公登石閣》五絶、《送京醞》七絶二首。卷十《年老逢春》後脱《司馬公和詩》三首、《崇德久待》七絶原唱一首,《一室吟》後脱《溫公洛陽偶成》七絶原唱二首,《東軒前添色牡丹》後脱《溫公招看牡丹》七絶二首。卷十一《春去吟》後脱《李中師留別》七絶原唱一首,《和李和錫書懷》後脱《溫公走筆》七絶一首,《大筆吟》後脱《仁聖吟》五絶一首。卷十二脱《心耳吟》《幽明吟》五絶二首,《月陂閑步吟》後脱《程伯子和七律》二首。卷十三《謝王宣徽惠酒》後脱《溫公看花》原唱四絶,《和君實看花》後脱《送酒》原唱七絶二首。卷十四《王勝之惠文房四寶》後脱《王益柔答》七古一首,又《和七絶》一首。卷十七《留題水北楊郎中園》後脱《吕公著和七律》二首,《誡子吟》後脱《乾坤吟》五絶二首。卷十八《安分吟》後脱《由聽吟》四言四句。卷十九,《小人吟》後脱《覽照吟》三言四句,《牡丹吟》後脱張子厚七律原唱一首。其他序次之不同,字句之訛謬,更難枚舉。是集爲康節手定編次,必無參差,毛刊爲近時善本,不應脱落如是之多。蓋毛刊出於《道藏》,必經道流妄削,又不得原本取正,故踵其謬。此則猶康節原本也。存齋校語甚核,特附錄之。汲古藏弆鼎鼎有名，斯集舊雕，迄未摉獲，校刻既竟，致有纇玭。予生輓近，迺得環寶，覽明代之遺編，成化乙未二十卷本，隆慶丁卯八卷本，均嘗借校。讀儀顧之校筆，胡元流貽，實爲精槧。兩刃相割，利鈍乃知；二論相訂，是非乃見。仲任之言，斯不誣也。半葉十行，行二十一字。

## 重刻節孝先生文集三十一卷

明嘉靖刻本，桐城蕭氏舊藏。

宋徐積撰。積字仲車，山陽人。少孤，事母至孝，四十不婚不仕，鄉人勉之就舉，遂偕母至京師。既登第，未調官而母卒，遂不復仕。監司上其行，以爲教授，久之，致仕，歸山陽，於是始娶，後以壽終，諡曰節孝處士。見《東都事畧》。又王資深《仲車行狀》稱，仲車父名石，神童出身，知羅城縣。父卒，仲車始三歲，既冠，從安定胡先生學。又《續通鑑長篇》，元豐八年六月，賜孝子徐積絹三十匹、米三十石。又《畫墁集》稱，路振通判楚州，爲仲車娶妻，生子小名路兒。又《蘇東坡集》謂，仲車爲古之獨行人，於陵仲子不能過，然其詩文則怪而放如玉川子，此一反也；耳聵甚，畫地爲字乃始通，終日面壁不與人接，而四方事無不周知，此二反也。昔王蕭三反，而斯人有其二，亦可謂異云。蓋仲車之學堅苦卓絕，與羅馬之斯多噶派爲近矣。希臘哲學家安地善爲昔匿克學派之創造者，遊於蘇格拉底之門，取其克己之說，衍爲節欲主義，敝衣垢面以表異於人，蘇頗誚其慕虛榮，仲車則非其倫也。此集前有劉祐序，略云，嘉靖癸亥，余來守淮郡，展謁先正祠宇，節孝先生祠乃在郭之東郊，見其木偶清光，猶蕭蕭動人心骨，顧棟宇周垣悉就摧毀，稍葺而新之。乃取節孝先生之文以程學者，郡故有刻，日久板湮缺難觀，余爲之剔其湮，補其缺，字畫完好，觀者可琅琅徹矣。先生之文淵淳颷發，不可覊禦，蒼蒼正色，爛溢於筆鋒之表。朱長文在宋時與徐積齊

名,積文怪偉,長文則明白坦易,不務爲奇崛之言,各肖其人。伯驥記。長歌短詠,
悠然鏗然,間從而想像之,又綽有春風沂水之趣,所謂美而愛,愛而
傳者,信矣。史稱其純孝天成,篤行卓犖,貞不絶俗,和不比人,以
是襟抱而一吐之於文也,豈與戔戔命觚之士較妍醜乎! 故今日重
刻之意,不徒以其文,願與爾多士求先生之德,因以求先生之文也。
次有宋淳祐間王夬亨序,略云,《節孝先生文集》,山陽舊板燬於
兵,四世孫坦家藏嘉禾墨本,字畫磨舛,先後失序。夬亨再叨鄉部
退食之暇,從而訂證編次之。他如皇朝名臣之録,東都卓行之傳,
及先生與門人問答之辭,蘇、黄諸老往來之帖,莫不附見,再用板
行。觀者不待旁搜遠討,而瞭然在目矣,藏諸鄉校,壽於無窮。王
之結銜爲朝請大夫淮南東路提點刑獄公事兼淮南東路轉運判官。
半葉十行,行廿字。序前有遺像,并有元人讚詞七首,蓋重刊元本
也。此爲桐城蕭氏藏本,卷前有"敬甫"二字朱文章。陳衍《蕭穆
傳》云,穆字敬甫,安徽桐城人。同治初年,曾國藩督兩江,注意文
事,延攬學人,穆以縣諸生上書幕府,時上海方創立機器製造,附設
翻譯館,譯歐美史學、輿地、天算、聲光化電諸書,用文筆雅馴者,討
論修飾,穆首與焉。嗜積書,大亂初定,價極廉,書賈多集上海,穆
節省衣食之餘,益以賣文所得,一用市書,日夜考求,遂熟於目録板
本之學。士夫之説學而宦游東省者,多從之求,則販賣所贏益市
書,故一寒士而積書至數萬卷,間多善本。長沙王先謙任江蘇學
政,刊《皇清經解續編》,又續姚氏鼐《古文辭類纂》,取材出於穆者
十八九。爲文長於考證,叙跋居多,楷書粗拙,得祕本校勘、迻寫,
夜静目昏,不少休,晚年用時患目疾。所刊若羅願《鄂州小集》、徐
鉉《騎省集》,皆札記精詳,未有刻本者。其餘則以屬大通李氏、貴
池劉氏。與祥符周星詒、大興傅以禮、瑞安孫詒讓,交久而摯,詒讓
刻《札迻》《周書斠補》皆穆任校讎。光緒末年卒於家,年七十矣。

子不能有其書，遽鬻於嘉興沈氏、貴池劉氏。劉氏爲搜集遺文刊焉。

## 歐陽文忠公全集一百五十六卷

明天順刊本，汲古閣舊藏。

宋歐陽修撰。修字永叔，廬陵人，進士及第。爲西京推官，歷龍圖閣學士，其時曾撰《朋黨論》，風刺朝士，補貶滁州知州，自號醉翁。嗣復見召，任翰林學士，進參知政事。歷仁宗、英宗、神宗三朝，進太子少師，卒，後追贈太子太傅，諡文忠。前有錢氏序，略云，廬陵舊有公全集本，既而收上内府，而天下遂不復得是全集久矣。海虞程君宗，自秋官知府事之明年，廣求之而得於故文穆公家，蓋内出本也，亟命工番刻於郡橫。適予使交南至廬陵，其郡博鄭鋼首進而請，願一言序其首。士非文章之難也，而以文章救世爲難，商楹既奠，齊轅不返，而荀、韓、黄、老之術起，斯道遂亡於秦，鑿於漢而靡於隋唐矣，豈復知其七篇仁義之説哉！幸而韓愈氏出，慨然以斯道爲己任，其文章足以革弊而拯弱，嘗曰軻之死不得其傳焉，則亦隱然自任其傳矣。後又變而爲五季衰陋之習，雖宋興七十有餘年，而學者亦未易遽復於古。一旦歐陽子出，以文章道德爲師，若范仲淹之貶於饒也，一時名士目爲黨人，公在諫院，爲《朋黨論》以獻，群言遂息，不然黨鋼之禍成矣。嘉祐學者争尚怪僻爲奇，文體大壞，公知貢舉，黜險怪而録雅正。士初喧然騰謗，其後不五六年，文格遂變而復古，不然弊將若何而止哉？此所謂文章必以救世爲難也。天順六年，翰林侍讀學士奉直大夫後學雲間錢溥謹書於螺川驛。末有彭氏後序，略云，海虞程君繇刑部員外郎擢知吉安府事，以俸市特牲，分祀郡之諸賢，實肇舉也。明旦諸賢子孫咸詣謝，乃謐於衆曰，文忠公之文章可見者，惟《六一居士集》，板行四方，全集則未之見，於是胡文穆公子永肅持其家藏内閣明本以獻，君遂捐堂食資，購板募工，刊置郡庠之藏書閣，且屬教授鄭鋼正其字之訛。君名宗，字源伊，嘗以《詩經》中辛未柯潛榜進士云。天順辛巳賜同進士出身中憲大夫山東按察副使致仕郡後學彭勗謙序。計《居士集》五十卷、《外集》二十五卷、《易童子問》三卷、伯驥按：公撰《易童子問》，謂《十翼》不是孔子手撰；於《三百篇》則多疑難《毛傳》《鄭箋》，故有《詩本義》之作；而文則於五代後，韓、柳派衰落之時，柳開穆脩復興明而未融之際，由尹洙傳公，遂呈光大氣象：至《唐書》《五代史記》及《集古録》之改作輯録，則其史學之眼光可備見也。公於詩尤自負，嘗謂七古中之《廬山高》，今人莫能爲，惟李太白能之；《明妃曲後篇》太白不能爲，惟杜子美能之；至其前篇子美亦不能爲，惟吾能之。蓋公於經學每立一異於漢唐相傳之説，不爲後來所稱，然其辨僞之言固甚的，餘則前人亦久有定論矣。前清馮氏班云，夫子曰信而好古，宋人讀書未聞好古，只是一肚皮不信。按：宋人如歐陽氏，蓋疑古之心極熾者，讀集中可見。《外制集》三卷、《内制集》八卷、《四六集》七卷、《奏議》十八卷、《雜著述》十九卷、《集古録跋尾》十卷、《書簡》十卷、《附録》五卷。前有胡柯所作《年譜》，《居士集》有蘇軾序，全集後有周必大序，每卷後有"熙寧五年秋七月男發等編定，伯驥按：元黄溍《序道園遺稿》云，昌黎之集成於門人，河東之集託於朋友，惟廬陵歐陽公之集，其嗣人能致其力。紹熙二年三月郡人孫謙益校正"二行。《考異》皆另葉起，不與正文相連。每半葉十行，行二十字，粗黑線口。天禄琳琅元版集部有此本，稱其字仿鷗波，深得其妙，定屬元時重刊宋本，觀其撫印之精，非好古者不能爲此本，字畫與元刻爲近，故爲藏家所重。每卷首多題《歐陽公文集》卷幾，每卷末或題《歐陽公文集》或題《居士集》，蓋《居士集》五十卷，實公所手定。此五十卷實爲《居士集》，故不忘原名也。《禮記·玉藻》居士錦帶。鄭氏玄解居士爲道藝處士，非朝廷之士。《黄氏日鈔》云，前輩道尊德盛爲世所宗仰，恬於仕進者，則有道號，如濂溪則追記其舊地也。明道則其身後門人所以尊其師也，伊川則門人不敢指其師，而以其地稱之也。六一居士則致仕後，自戲之言也。東坡涪翁則罪謫中，自託於蕭散者也。觀於東發之言，而公自號六一居士，及自題《居士集》之意可知矣。前清夏荃《退庵筆記》卷十六云，得《瀧岡阡表》拓本，上有沙谿巡檢司印者，案公在大中祥符四年葬崇公於吉州吉水縣瀧岡。後至和元年，析吉水縣之報恩鎮置永豐縣，瀧岡遂隸永豐之沙谿。表中回首乳者劍汝而立於旁，拓本正作劍，足證坊刻古文作"抱汝"之訛，然吕氏《宋文鑑》久作《抱居士集》，劍字下註一作抱，坊刻殆沿其誤云云。今此本則云家作抱，然而劍作抱相沿已久矣，惟仍以劍爲古，此則可資校讀之一事也。此爲毛氏汲古閣舊藏，有朱文、白文章各一捺於卷首。江氏熙《掃軌閒談》云，毛潛在先生晉，家隱湖，創汲古閣，刻經史諸書。中爲閣，閣後有樓八間，藏書板者。樓下及厢廊，俱刻書所。閣四圍有綠君、二如等亭，招延天下名士校書於中，風流文雅，江左首推焉。潛在第四子斧季扆最知名，又補刻書數百種。許吟亭云，毛氏本有三閣，汲古閣在載德堂西，以延文士；其雙蓮閣在問漁莊，以延緇流；一失名，俗呼爲關王閣，在曹溪口，以延道流者，今俱廢。又有一滴庵，爲潛在父子焚修處，揭一聯云，"三千餘歲上下古，八十一家文字奇"。爲王新城先生手書

## 新刊歐陽文忠公集考異殘本三十四卷

### 明洪武刻本，陳蘭鄰舊藏。

宋歐陽修撰。前題"臨川後學曾魯得之考異，番陽後學李均度校正"兩行。前清《學部圖書館善本書目》亦藏此集，行、字與此相同，惟首行《居士集》下則題"臨川曾魯得之考異，古舒後學蔡玘行素訂定，番陽後學李均度校理，古溧後學俞允中校正"四行，然所存卷數僅十一之三十，則殘缺亦甚矣。此本前有均度序云，予幼

時讀歐陽先生文集迺蘇本，中間遺脱不可一二數，每至訛缺，未嘗不爲之嘆息。洪武辛亥秋，予忝丞永豐，實先生之舊鄉也。首謁學宫，得蔡侯行素新刊先生文集，予甚嘉之曰，侯之德亦至矣。夫當兵燹煨燼之餘，文物凋喪之後，乃能留心斯文，捐俸鋟梓，以廣其傳，及之四讀。又惜其斷簡訛字有模糊而不衆辨者，因與蔡侯及俞侯允中、邑庠李實、胡啓復參互考訂，頗知其説，俾斷者續之，訛者正之，缺者補之，計三十餘簡，歷三越月，五十卷僅完。嗟夫，公之文，議論正大，變化不測，凛然而秋霜嚴，郁然而慶雲麗，實與韓、柳比肩，更千古而不磨也。今幸與蔡侯諸君完集是編，非惟有益於後學，歐陽公實有賴焉。末題洪武六年龍集癸丑秋九月鞠節後八日，番陽李均度謹叙。有“番陽世家”、“隴西郡”二木刻章。次有署名古溧者題字，略云，讀公文集，有吉、蘇二本，兵後罔求全帙。洪武辛亥，予官盧陵，屬邑曰永豐，有歐鄉焉，始知爲公生長之地。洎閱蔡侯新刊公之文集，遂大欣慰，迺與李侯均度續其斷章，正其訛字。洪武昭陽赤奮若冬十月古溧。末有“俞氏允中”木刻章，次有《目録》廿一葉。上下黑口，上魚尾下題文集卷之幾，下魚尾下記葉數。半葉十一行，行廿三字。楊氏《楹書隅録》著録此種，引鄒氏曉屏《午風堂叢談》云，《歐陽文忠集考異》五十卷，臨江曾魯撰。以綿本、蘇本、家本、宣和本、吉本參攷成編。前有蘇序，所云得公詩文七百六十六篇，於其子棐序而論之者。文忠詩文，惟《居士集》五十卷爲所自定，此當即公自定本，《考異》亦精核。魯字得之，至元十六年舉於鄉。洪武初，召脩《元史》，歷官禮部侍郎。徐尊生嘗曰，南京有博士二人，以筆爲舌者宋景濂也，以舌爲筆者曾得之也。時咸重之。此本尚是元刻，藏書家不多見。伯驥按：錢氏《列朝詩集》云，魯，新淦人。年七歲，暗誦九經，一字不遺，稍長，取三史日説，尋及其餘，數千年間國體、人材、制度沿革，咸能言之。

國朝應召纂修《元史》、編類禮書，入儀曹爲祠部主事，超六階拜禮部侍郎。洪武五年，以病乞歸，未及抵家而卒。則於得之小史尤詳矣。蓋午風堂所藏當與此本不同，故認爲元刻本，而海源閣藏此書，行款、序跋不見著明，而題明初刻本。楊氏紹和有跋語云，謹考《四庫全書總目》《居士集》云，舊本每卷有熙寧五年子發等編次數字，而軾序謂得於其子棐，乃次而論之，蓋序作於元祐六年，時發已卒，故序中不及耳。周必大編修《集》通一百五十三卷，此篇僅三之一，然出自修所手輯。《文獻通考》引葉夢得之言曰，文忠晚年取生平所爲文自編定，今所謂《居士集》者，往往一篇閱至數十過，有累日去取未決者，則選擇審矣。按：歐公詩文以《居士集》爲最精，此本每葉末題云熙寧五年秋七月男發等編定，尤可證爲文忠自定之舊，而得之《考異》之刻，自來藏書家殊少著録，洵稱罕祕矣。惟卷末有“時柔兆攝提格縣人陳斐允文重校訛謬”一行，以得之之時考之，當是洪武十九年丙寅。《叢談》云，元刻偶未審耳。黃復翁謂書有不必宋元刻而亦可珍者，正此類也。楊固重視《考異》之作矣。蓋《歐陽公集》宋刻流傳者有廬陵本、京師舊本、綿州本、吉州本、蘇州本、閩本、衢本諸名，自慶元二年周益公與曾三異、孫謙益、丁朝佐等重編校定，風行海內，嗣後翻板皆從此出，從前各刻，因此不彰。近世唯前清天禄琳琅有吉州刊一百卷，而天一閣有廬陵刊六十四卷，今歸適園張石銘許。此外如北平圖書館藏宋本二部，瞿氏藏宋《居士集》一部，咸爲慶元遺刊也。王氏《古夫于亭雜録》云，國初，曹貞吉爲內閣典籍，文淵閣著録散失殆盡，貞吉檢閱，見宋槧歐陽修《居士集》八部無一完者。張氏鈞衡《內閣書目》跋云，宣統己酉，內閣修葺大庫，發出閣録舊藏二萬餘冊，書本完缺與前目尚堪印證。歐《集》宋本八部同，無一全者亦同，如國初及修《四庫全書》時，能通體檢查，當不至缺爛若此。觀此可知，宋刻

歐《集》之難得矣。蓋慶元十行本之盛行一時，實因益公與其門下
輩校勘之精善，故元明之間重雕者繼世相仍，然今觀得之所考覈，
其精善處之突過前人者，頗不尟焉，則此書之可貴，固不獨以其罕
祕，而實以其勘對之精也。伯驤得此本於京估，檢其校刊歲月，實
題洪武六年，是刻木尚在楊閣藏本之前，蓋楊本考定爲洪武十九年
校刊，實在此本之後也。考黃氏《千頃堂書目》卷三十二箋注類，
著錄曾魯《六一居士集正訛》《南豐類稿辨誤》兩種，《正訛》當即
《考異》，而何義門《讀書記》嘗謂未見得之《南豐類稿辨誤》一書，
想得之遺著，久已無存，則《考異》遺編，義門當亦未嘗目覯，無惑
乎楊氏以罕祕稱之矣。高郵《王文簡集·曉屏墓誌》云，鄒炳泰，
字仲父，號曉屏，無錫人。官至協辦大學士。博物洽聞，爲朋輩所
推服。著《午風堂詩集》《文集》《外集》及《叢談》行于世。又，王
氏昶《午風堂詩集序》云，鄒君曉坪以博聞強記之學，裕旁搜遠紹
之功。乾隆辛卯，詔求遺書，搜《大典》，金匱玉版之陳，充溢棟宇。
以君充纂修官，讀人間未見之書。又《午風堂叢談序》云，先生早
預石渠之選，徧窺延閣之藏，吉茂力學，恥一物之不知，董遇就書，
得三餘而自足。既而翶翔九列，揖讓三雍，癖嗜湘緗，不殊寒素。
休沐而未嘗釋卷，退食而便已下帷。蒲牒堆牀，墨書盈掌，精力所
聚，咫聞遂多，積有餘年，編成卷帙，是前人於鄒氏固心折久矣。鄒
氏與於編摩《四庫》之役，《直齋書錄解題》廿二卷，亦由其搜輯而
成。宋吳興陳振孫《直齋書錄解題》列經史子集，中分五十三類，視晁公武《讀書志》議
論較爲精核，馬氏《經籍考》多援之而作，其書久佚。《永樂大典》載之，余校纂成編列
入《四庫》，曾以聚珍版印行，購者珍如星鳳。見《午風堂集》卷一。生平雅意儒
素，見於詩集及《叢談》者甚詳。而葉氏《藏書記事詩》竟遺其人，
伯驤所撰補正已及之。得之墜緒，賴其鉤沉，固屬藝林美事，而楊
氏之尋軼搜奇，保藏罕祕，又《易林》所謂江有寶珠，海多大魚，宜

其名之日盛也。據前文之攷論，此書槧刻已有三次，而著録者自
鄒、楊而外，乃寡見於他家。今距鄒氏之世已二百年，所謂元本，固
未必無恙，海源珍祕，尤多散亡，則伯驥之收此叢殘，其亦陸儼山以
薪他日復完之遺意也。羽陵之簡重尋，延津之劍再合，予日望之
矣。有蓮花印及“壬戌進士敬勝閣印”、“范熙玉印”各藏章。藏書
家如明之項篤壽、李廷相，清之陳徵芝，均爲壬戌科進士，項則嘉
靖，陳則嘉慶也，然檢覈此書之章，察其刀刻，定爲前清，故此書當
爲陳氏所藏。李廷相字夢弼，濮州人。弘治壬戌進士第二，忤劉
瑾，改兵部主事，官至南京戶部尚書，諡文敏。徵芝字蘭鄰，福州府
閩縣人。嘉慶七年壬戌科進士二甲七十名。見《國學題名記》。
徵芝爲令浙江，藏書甚富，後盡散出，多人間未見本。有《帶經堂
書目》五卷。繆氏藏愛日精廬從天一閣鈔本之《後村居士大全
集》，其前有“壬戌進士臣陳徵芝”朱、白文兩大方印、“帶經堂陳氏
藏書印”。見《藝風堂藏書記》，皆可證也。

## 臨川先生文集一百卷宋刊本。

宋王安石撰。安石字介甫，撫州臨川人。慶曆三年進士，累除
知制誥、翰林學士。熙寧三年，拜中書門下平章事。七年罷，八年
再入相。九年罷，諡文。其壻蔡卞之兄京，崇寧初秉政，詔配文宣
王廟，後撤。《宋史·藝文志》《書録解題》同載王《集》一百卷。
公曾孫右朝散大夫提舉兩浙西路常平鹽茶公事珏，於紹興辛未孟
秋旦日謹題云，曾大父之文籍舊所刊行，率多舛誤。政和中，門下
侍郎薛公、宣和中先伯父大資皆被旨編定，後罷兵火，是書不傳。
比年臨川龍舒刊行，尚循舊本。珏家藏不備，後來遺稿於薛公家，
是正精確，多以曾大父親筆石刻爲據，其間參用衆本，取舍尤詳，至
於缺斷，則以舊本補校足之，凡百卷，庶廣其傳。瞿氏恬裕齋藏宋

刊百卷本，每半葉十二行，行二十字，與此本行款同。又有總目，惟載某卷之某卷某體文，其細目載每卷前，目後即接本文，書中桓字作淵聖御名，構字作御名，慎、敦、廓字不闕筆，雖有後來修板，謬誤不少，而原書尚是紹興舊刻。覈之明繙詹太和刻本，卷第皆同，惟輓詞彙中少《蘇才翁輓詞》二首，集句中少《離昇州作》一首，而多《移桃花》一首，詩云"舍南舍北皆種桃，東風一吹數尺高。枝柯蔫綿花爛漫，美錦千兩敷亭皋。晴溝漲春綠周遭，俯視紅影移漁舠。山前邂逅武陵客，水際鬖髿秦人逃。攀條弄芳畏晼晚，已見黍雪盤中毛。仙人愛杏令虎守，百年終屬樵蘇手。我衰此果復易朽，蟲來食根那得久。瑤池紺色誰見有，更值花時且追酒，君能酩酊相隨否"。案：此詩不似集句，疑當時誤編入也。前明華中父真賞齋有文公集百六十卷本，何義門言其不可見，未必在天壤間，當以一百卷本爲最全，其作百六十卷，或分析其卷第耳。陸存齋據《宋文鑑》《宋文選》《播芳大全》《能改齋漫錄》補十餘篇。日本國庫有殘宋本七十卷，佚文多至四十七篇，鈔得副本，如有續梓此本，可據補足云。蓋明詹太和本，有《離昇州詩》，有《蘇才翁挽詞》，無《移桃花詩》；宋刻本無《離昇州詩》，無《蘇才翁挽詞》，有《移桃花詩》。此二本之別如此，既據宋刊又加陸補，而王《集》庶幾無憾矣。《朱子大全集》卷三十八《與周益公書》云，熹先君子少喜學荆公書，收其墨跡爲多，其一乃《進鄞侯家傳奏草》，味其詞旨，玩其筆勢，直有跨越古今，開闢宇宙之氣，然與今版本文集不同，疑集者乃刪潤定本，而此紙乃其胸懷本趣也。又《中吳紀聞》四云，方子通一日謁荆公未見，作詩云，"春江渺渺抱牆流，煙草茸茸一片愁。吹盡柳花人不見，春旗催日下城頭"。荆公親書方冊間，因誤載《臨川集》，後人不知此乃子通作也。《能改齋漫錄》又稱，荆公嘗爲鄞縣令，昔見一士人，收公親札詩文一卷，內有兩篇今世所刻文集無之。《漁隱叢話》又稱，魯直書荆公集句《菩薩蠻詞碑本》，"花是去年紅，唯開一夜風"。閱《臨川集》乃云，"今日是何朝，看余度石橋"。謂不如魯直句爲勝，是王《集》在宋已有差異缺佚之處，其有待於後人之訂定者不少。至存齋陸氏而加以校補，真快事也。明陸深《儼山外集》稱，國監舊有《荆公文集》板，介谿嚴禮侍維中爲祭酒時，重爲修補，予踵介谿爲祭酒，命典簿廳模印數部，以分遺朝士。時學録王玠署典簿，至朝房中，蹙額言曰，好好世界，如何要將王安石文字通行，怕有做出王安石事業來。予憮然遂止。讀《儼山詩集》又有一詩目曰，吳中新刻《臨川集》甚佳，雙江聶文豹持以見贈，賦詩爲謝，詩云"荆文丞相宋熙豐，國監所遺舊嘗刻。猗予謬司六館成，手許校磨工未即。當今楔棗稱吳中，唐模宋板俱奇特。蘇州太守古鄞侯，貽我遠勝黃金億"。是明人固甚重王《集》，惜未能徧搜明刻本耳。郋園所藏明本，見歸予家，當再校録之。

## 元豐類稿五十卷續附一卷 明正統間刊本，佐名文庫、方氏退一步齋舊藏。

宋曾鞏撰。鞏字子固，南豐人。嘉祐二年，歐陽脩知貢舉，鞏兄弟四人同登科，治平中與蘇軾同在館中。進士及第後，爲太平州司法參軍。歲餘，召編修史館書籍，嘗爲《英宗實録》檢討官。踰年，罷出，通判越州。《宋史》有傳。韓氏撰《神道碑》特誌其遺事。集中有《上歐陽氏》二書，蓋初謁文忠者。蘇氏《送子固倅越詩》有云"醉翁門下士，離沓難爲賢。曾子獨超軼，孤芳陋群妍。但苦世論隘，聒耳如蜩蟬。安得萬頃池，養此橫海鱣"。《烏臺詩案》云：熙寧三年内送到曾鞏詩簡，是年准勅通判越州。臨行，館閣同舍舊例餞送，衆人分韻作詩，軾探得燕字韻，譏諷近日朝廷選用多刻薄之人，議論褊隘，聒喧如蜩蟬之鳴，不足聽也，又以橫海鱣比鼇橫才。前有宋元豐八年中書舍人王震序，首題《南豐文集序》，末有大德甲辰丁思敬書於卷尾云，公先亦魯人，常欲袖瓣香、修桑梓，敬而未能。大德壬寅春，假守是邦，既拜公墓，又獲展拜祠下，摩挲石刻，知爲魁樞千峯陳公名筆，至品藻曾、蘇二公，則獨以金精玉良許曾文之正。公餘進學官諸生訪舊本，謂前邑令黃斗齋嘗繡諸梓，後以兵燬。迺致書□仍留盱，公亟捐俸，倡寮屬及寓公士友協力鳩工，摹而新之。次有正統十二年趙琬識語云，近世士大夫少得見曾氏全集，予鈔録此本，藏之巾笥久矣。比宜興縣尹樂安鄒旦、孟旭考秩來京，因出所藏以相示，遂屬其回任取梓刻焉。次有正統十二年樂安善洪序云，洪家食時嘗覩《元豐類稿》於邑之元氏，欲手鈔之而未暇，其後宦游京師，閱館閣雖有此書目，而其帙皆留玩於他所。歲四月過宜興訪友人鄒大尹，爲洪道其始得藁寫本於國子司業毗陵趙公琬，謀刻之，繼又得節鎮南畿工部左侍郎廬陵周公忱示官本，彼此參校，梓成屬序。次有鄒旦重刻《元豐類稿》付録，有聶大年詩一首，略云，"南豐刻本兵燹餘，内閣所藏天下無。世儒欲見不可得，誰是世南行祕書。義興茂宰江西彦，兩度鳴琴宰花縣。首捐官俸再刊行，要使流傳天下遍"。聶爲常州郡學司訓，以詩促鄒刻成，故鄒記之也。伯騹按：曾文頗少宋元本流傳，清天禄琳琅有宋小字本、有元刻本，據其識語所云，元本者，淡墨麻紙，則深有類於此本，蓋此本前序爲宋人撰，而丁思敬跋則撰於大德間，且字畫、板刻、紙質三者與元槧無絲毫之異，去正統間後序，則可號爲元刻也。清《四庫提要》云，今世所行《元豐類稿》有二，一成化本，一康熙重刻本，可知正統本流傳極稀。此本清同治間爲方氏濬師所藏，方氏有題記，略謂正統去成化二十餘年，《提要》所稱成化楊本，當是據鄒本而重鐫之，前王震序，後丁思敬跋，均仍舊，惟删去趙、姜兩序，及臨川聶大年七古短章、鄒旦自跋，未免掠人之美。伯驥又按:清道光朱少河庚跋其先人所藏宋本《元豐類稿》，引前明何椒丘之言，謂正統本字多訛舛，讀者病之，成化本亦踵訛承謬，無能是正。余曾取《文粹》《文鑑》諸書參校，乃稍可讀。少河並謂趙琬所得《類稿》全書，亦未言其得自何本，想亦轉相傳錄。烏焉三寫，難免訛舛，不知正統本前序已謂得鈔本，授宜興令鄒旦，旦復從侍郎周忱得官本，參校付梓。陸氏心源跋此書云，所謂官本者，當即元刊，實爲破的之論。蓋元刊之後，以此本爲最古，雖間有疏失，然此本既從舊槧參校，故藏者珍之。書賈往往割去鄒、姜兩跋，以充元刊，亦有由矣。撰序之王震，字子發，大名莘縣人，文正公旦之曾孫，第進士。熙寧初調興平縣尉，六年爲中書習學公事。元豐元年，檢正禮房公事，四年編修諸路學制，五年試右司員外郎，尋爲中書舍人，八年試給事中。王巖叟論震不孝，尋出知河中府。元祐四年知鄭州，八年知永興軍。見《通鑑長編》、王鞏《甲申雜記》。檢《儀顧堂題跋》頗詳於王氏小史，因並錄之。朱氏宋本後歸海源閣，此書有“佐名文庫”章，蓋曾流出東瀛者。又有“退一步齋藏書圖記”，蓋方氏文集亦名退一步齋也。卷首並有官印，時方氏正官吾粵，別有白文長方形章，曰“有斐齋圖書”，一朱方形章曰“我思古人令聞令望”。半葉十一行，行廿二字，《續附》第十八葉末有“姑蘇章敬張祥毛文晟刊”一行。方濬師，字子嚴，定遠人。有《退一步齋文集》四卷、《詩集》十六卷、《蕉軒隨錄》十二卷、《續錄》二卷。

## 石室先生丹淵集四十卷拾遺上下卷
### 續編諸公詩文一卷明萬曆刊本。

前題宋尚書司封員外郎充祕閣校理新知湖州軍事兼管內勸農事上輕車都尉文同著，每卷首多有此二行。同字與可，梓潼人。

《東坡集‧石室先生畫竹贊序》云，與可，文翁之後也。蜀人獨以石室名其家，今集題石室先生，當以此。前有楚人魏説序，略云，余觀石室先生爲政事則政事，爲詩文則詩文，爲篆隸行草則篆隸行草，爲水石松竹則水石松竹。在在標致，事事清絶。閲道稱其詩，景仁、<sub>伯驥按：景仁當是范鎮，鎮字景仁，成都華陽人。年十八爲薛奎所知，自益州還朝，載以俱。或問，入蜀何所得？曰得一偉人，當以文學名世。仁宗天性寬仁，言事者獨爲激訐，鎮知諫院，獨務大體。帝未有嗣，鎮奮曰，天下事有大於此者乎？拜疏至十九，須髮爲白。鎮三入翰林爲學士，知通進銀臺司。王氏得政，改常平爲青苗，鎮言其不可。最後指陳介甫用喜怒爲賞罰，介甫大怒，持其疏至手顫，自草制極詆之，使以本官致仕。哲宗立，起用，固辭。在成都日與鄉人樂飲，散財於親舊之貧者。見《宋史》及《司馬温公文集》。公詩話中亦及之，集中《范傳》云，凡人有所不能，而人或能之無不服焉，如吕獻可之先見、范景仁之勇決，皆余所不及也，余心誠服之，故作《范景仁傳》。今讀《司馬公集》，知其不輕易爲人撰傳，可見其作《范傳》之誠一矣。</sub>介甫稱其文，蘇氏兄弟稱其字畫吏治，而予則以爲一本於襟韻高遠灑脱，晴雲秋月，塵埃所不能到。君實斯言，尤最爲先生傳神也。先生全集具在，刻者不完不精，鹽亭蒲令點正校集，捐資剞劂，因書數語識之。次有雲間王徹所撰《文氏傳》，末附《年譜》《雜記》，並萬曆壬子知鹽亭縣事蒲以懌序。清《四庫總目》一百五十三，著録此集，據集中誠之跋謂，與可詩文中所謂胡侯、所謂蘇子平，即指子瞻，蓋其家忌蜀黨而易之，而館臣無所發明。伯驥按：《石林詩話》稱，與可與子瞻爲中表兄弟，相厚。熙寧初，時論既不一，士大夫好惡紛然，與可同在館閣，未嘗有所向背。時子瞻數上書論天下事，退而與賓客言，亦多以時事爲譏誚，與可以爲不然，每苦口戒之，子瞻不能聽。是與可平時已虞黨禍，故後人於其詩文亦加以改易，葉氏之言固確。且文、蘇又爲昏媾，《東坡集》有小簡詒與可云，姪女子獲執箕帚，聞舍弟談壻之賢，公之子固應爾，姪女子粗知書、曉義理，計亦稱公家婦也。詩中亦屢及與可子，然則與可屬其檢點於文字之間，固其宜矣。伯驥按：前人謂與可爲人靜深，操韻高潔，超然不擾，故熙寧初，王介甫得政，時論紛然，與可時爲集賢校理，請遠郡以去。東坡忠憤所激，數上書論天下事，退而與賓客言，與可每苦口戒之，逮其倅杭，與可寄詩云，"北客若來休問事，西湖雖好莫吟詩"後來得罪，果如其言。見蘇詩施注。又《明道雜志》云，蘇氏出守錢唐，來別潞公。公曰，願君至杭少作詩，恐不爲相喜者誣謗，再三言之。臨別上馬，笑曰，若還興也便有箋云。至郭功甫詩所謂"夜來應有採珠人"，則尤寓意深婉也。與可之意實同於此。蘇《集》有《書文與可墨竹詩小序》云，亡友文與可有四絕，詩一、楚辭二、草書三、畫四。與可嘗云世無知我者，惟子瞻一見，識吾妙處。文、蘇相與之深如此。館臣謂與可文章馳騁於黃、陳、晁、張之間，未嘗不頡頏上下，特以墨竹流傳，爲畫所掩，故世人不甚稱之。蓋以《宋史》列與可於《文苑傳》，故館臣專論其文也。子瞻《題與可墨竹屏風贊》，有好其德如其畫者乎？與可没時，子瞻有詩"君詩與《楚辭》，識者當有取。但知愛墨竹，此歎吾已久"。又《祭與可文》"孰爲詩與《楚辭》，如與可之婉而清乎"，蓋唯蘇氏乃能說與可之真也。楊氏海源閣藏與可《丹淵集》爲明修金本，卷末有木記云"金泰和丙辰晦明軒張宅記"。惟卷中板號有注大德、至正、正統者，蓋經元、明補修之本。楊跋並稱明本，已不易得云。

## 欒城集五十卷後集二十四卷三集十卷

明嘉靖蜀府活字本。

宋蘇轍撰。轍字子由，洵次子，年十九與兄軾同舉進士第，舉直言，擢商州推官，以兄罪謫筠州監酒。宣仁臨朝，相溫公，擢中書舍人，代兄爲翰林學士，旋拜尚書左丞。紹聖初，責置雷州，後北還。政和二年卒。見《宋史》本傳。此本爲明嘉靖辛丑時蜀王刊行，有例七則，首録謚議，三集後有宋淳熙時鄧光及其曾孫詡、開禧時四世孫森跋語。前有劉大謨、王珩兩序，後有廷槐跋。明世，此集有清夢軒本,爲東吳王執禮子敬、顧天叔禮初校刊,頗多誤字。此刻校對細致,復然不同。清《四庫提要》引陸游《老學庵筆記》稱,轍在績溪贈同官詩,有"歸報仇梅省文字,麥苗含穟欲蠶眠"句,譏均州刻本輒改作仇香之非,今蜀本仍作仇梅,則所據猶宋時善本矣。清夢軒本亦作仇梅,與《提要》所引陸游説合。長沙葉氏藏清夢軒本,謂庫本所謂舊刊,必是此本,實則蜀藩舊槧,較清夢爲勝,庫本未必不是蜀刻,葉氏之言未免武斷。子由《次子瞻聞不赴商幕詩》"閉門已學龜頭縮,避謗仍兼雉尾藏"。自注雉藏,不能盡尾,鄉人以爲諺。又《戲作家釀詩》"一醉汁滓空,入腹誰能告"?自注諺有"入腹無臟"之語,二語皆今鄉諺,不意宋時已有之,知其來久矣。又,《寓居六詠詩》有"後庭花草盛,憐汝計興亡"之句,自注或言矮雞冠即玉樹後庭花。案:矮雞冠今俗名波斯雞冠,其高不過數寸,玉樹之名甚雅,殊覺不稱,不審穎老此語何本? 雞冠花汴人謂之洗手花。見《楓牕小牘》。此近人校讀《欒城集》之可資攷論者也。錢鈒《病叟漫記》云,天下王府惟蜀府最富,楚府、秦府次之。楚府昭王,太祖高皇帝愛子,田地最多故富。其他如韓府襄城范德最貧,至有喪不能舉,衣服不能完者。伯騤按:明李璣《西野遺稿》卷一云,祖宗時廣建宗藩,豐其祿秩者,非以天下爲私,奉直以行其親愛富貴之心耳。且當時支派未盛,固不容豫爲之限。亦曰,後世自有增飾者,今則支派之盛大非昔比,而宗藩之需,動稱不足,及今不爲之計,數世之後,將益耗竭而不可救。伯騤又按:明初舊制,宗室子不與内外銓除嗣,以御史李日宣等請,皇族宜通籍,得旨許之。天啓辛酉,晉藩裔孫始有舉山西鄉試者,已在叔末之時矣。又清趙翼云,一在以王府之尊而居於外郡,則勢力足以病民;一在支庶蕃衍皆仰給縣官,不使之出仕及别營生理,以至宗藩既困而國力亦不支。此語亦是明時實情。璣字邦在,號西野,豐城人。嘉靖進士,官至南京禮部尚書。《遺稿》頗有政治史、政治思想史資料,吾家有明刊棉紙本。是以嘉靖間,蜀藩刻《長春競辰稿》十三卷,爲蜀王朱襄栩撰,遺本流傳至今,則蘇《集》之巋然巨編,猶供今日之諷誦者,吾人固深拜其賜也。江安傅氏見日本宋刊《類編增廣潁濱先生大全文集》一百三十卷，其中詩文皆以類列，記行、述懷、雷雨、風雪、冰霜、四時、元日、上元、寒食、除夜、晝夜、古跡、山洞各門分類多不倫，斷爲坊賈所爲。又謂《欒城集》後有其曾孫詡跋云，欒城公集刊行者建安本頗多缺謬，在麻沙者尤甚。德化李氏有《類編增廣山谷先生大全文集》五十卷，版式字體正與此同，書名標題咸與潁濱匹配，必爲閩中書坊同時合刊行世者。《山谷大全集》目前有牌子數行，題爲"乾道□午，麻沙鎮水南劉仲吉識"。附記之以廣見聞。伯驥以大蘇《集》有注多種，此集無注，故發願注之，積料已不少。

## 後山先生集三十卷 明弘治間刻本。

宋陳師道撰。前題彭城陳師道履常著，茶陵陳仁子同甫編校，南陽王鴻儒懋學重校，彭城馬暾廷震繡梓。凡詩十二卷、文八卷、談叢六卷、理究一卷、詩話二卷、長短句一卷。末有潞州儒學廩膳生員郭銘繕寫一條。前有弘治間王鴻儒序，略云，《後山集》余昔録之於仁和陳氏者也，先生天資方毅，好學不倦，故其形之於言，典重峻潔，法度森然，如天球綴輅，陳列廣庭，大劍高冠，班侍左右，其孰敢狎而玩之？雖大儒先生如晦庵者亦咨重不置，至取其《與林秀州書》列之《儀禮經傳通解》之中，以補禮文之闕，是可見矣。然先生並世有二程夫子者，倡明道學於河洛之間，摳衣之士幾徧天下，而先生方且學文於曾南豐，學詩於黃山谷，伯驥按：師道年十六，以文謁曾鞏，後從黃庭堅學詩。元祐初，以蘇軾薦舉，得棣州教授。後被召爲祕書省正字，世人謂其詩勝於其師黃氏。因黃氏所有者他皆有之，黃氏所無者，他皆精造，惟嗟卑歎老之作集中每見，黃氏則無此，則關乎學養也。此外字句間，時露艱澀處，亦是一短。周旋於蘇東坡、秦淮海之間，而不知遊二程之門，以學其道，是以雖有所成，而人猶有所憾。伯驥按：王氏之言頗不以無己不講道學爲然，但《朱子語類》云，先生看《東都事畧》曰，只是説得箇影子，陳無己傳好處都不載，他最好是不見章子厚，不着趙挺之錦襖。傅欽之聞其貧甚，懷銀子見他欲以賙之，坐間聽他議論，遂不敢出銀子。按人能如此，即不談太極、心性，亦算得如陸子静所謂，還我堂堂一箇人矣。潞守馬君曘者，字廷震，先生同郡之名家也，景仰高風，購求遺稿近二十年矣。比聞予有是集，欣然請録，既付於梓，而併蘄序之。憶昔弘治癸丑春，余以南京户部主事考績如京師時，冢宰盧氏耿公方爲大宗伯，余往候焉。公問頃在江南有新收書否？予對以所得《稽古録》、范《唐鑑》、《後山集》。公驚曰，是數輩書以爲亡且久矣，歸日幸録以相惠。因循未報，而公逝矣。今馬君許梓以傳，實不朽之盛事。是書無別本，校證訛字頗多，觀者以意讀之可也。其每卷之首，載賤姓名，而題曰重校者，蓋太史公所謂附驥之意，非事實也。先生姓陳氏，名師道，字履常，一字無己，號後山，彭城人。其言行之詳，官閥之次，《宋史》有傳，門人魏衍有記，兹不復列云。王之結銜爲奉議大夫山西等處提刑按察司僉事，王氏有集流傳，集名《凝齋》，予家有之。後山學行文章，久有論定，惟其集中有書札二首，可資攷論。其《答李端叔書》云，足下謂僕之文類兩蘇，人情喜於自伸，蔽於自知。至於擬之非其倫，譽之非其情，亦知避矣。兩公之門有客四人，黄魯直、秦少游、晁無咎，長公之客也，張文潜少公之客也。僕自念不敢齒四士，而足下遽進僕於兩公之間，不亦汰乎！伯驥按：蘇門四學士，黄庭堅、張耒、晁補之、秦觀，合陳師道、李薦二人，則稱蘇門六君子。蓋黄氏學問，文章天成，性得於詩尤高。東坡所以推揚汲引，如恐不及。與張耒文潜、秦觀少游、晁補之无咎俱出其門，天下號元祐四學士，而黄氏名幾配東坡，故世稱蘇、黄，此皆宋人之説也。又《答秦觀書》云，僕於詩初無師法，然少好之，老而不厭，數以千計，及一見黄豫章，盡焚其稿而學焉。豫章以謂譬之奕焉，弟子高師一着，僅能及之，爭先則後矣。僕之詩豫章之誨也，豫章之學博矣，而得法於杜少陵，其學少陵而不爲者也，故其詩近之，而其進則未已也。故僕嘗謂豫章之詩如其人，近不可親，遠不可疏，非其好莫聞其聲，而僕負戴道上，人得易之，故談者謂僕詩過於豫章云云。此皆論後山詩文者所宜考也。二書均見卷十四。又吾家藏元板《壽親養老新書》卷三云，子弟儲書，正以備侍旁檢閱，陳后山左右圖書，日以討論爲務，其志專欲以文章名後世。夜與諸生會宿，忽思一事，必明燭繙閱得之乃已。或以爲可待旦者，后山曰，不然，人情樂因循，一放過則不復省矣。故其學甚博而精，尤好經術，非如唐人諸子作詩之外他無所知。魏衍昌世亦彭城人，從后山學，年五十餘，見異書猶手自鈔寫，藏數千卷云。今按此集卷十四，有《論國子賣書狀》云，伏見國子監所賣書，向用越紙而價少，今用襄紙而價高，紙莫不迫，而價增于舊。臣愚欲乞計工紙之費以爲之價，務廣其傳，不以求利。臣惟諸州學所買監書，係用官錢買充官物，價之高下，何所損益，而外學常苦無錢，而書價貴，以是在所不能具有國子之書。今乞止計工紙，別爲之價，所冀學者益廣見聞。及乞依公使庫例，量差兵士般取。然則後山於書籍之流通與搜取，固甚留意者也。半葉十一行，行二十字，精刻。

## 倚松老人詩集二卷寫本，繆小山手校。

宋饒節撰。節，臨川人，夙有大志，既不達，又與曾布論法不合，往往登屋危坐，浩歌慟哭，達旦乃下。又嘗醉臥汴水，遇客舟救免，乃祝髮於靈隱。張泰嘗爲小傳。又按：《梁谿漫志》卷九云，節字德操，以文章著名。曾丞相布禮爲上客，陳了翁諸公皆與之遊，往來襄、鄧間。始亦有婚宦意，遇白崖長老與之語，欣然有得，乃與僕爲浮屠。德操名如璧，僕名如琳遍乔諸方，後往襄陽天寧。夏均父倪爲請疏，其略云，無復挾書，更逐康成之後；何憂成佛，不居靈運之先？又云，豈惟江左公卿，盡傾支遁；獨有襄陽耆舊，未識道安。時稱其精當。德操自號倚松道人，所爲詩文皆高邁，號《倚松集》云。《宋史·藝文志》稱《倚松集》十四卷，此二卷大半爲僧以後所作，卷首別題“江西詩派”四字，殆從宋人編《江西詩派集》中摘出者。《江西詩派集》，《宋史·藝文志》著録爲一百十五卷，《續宗派詩》二卷。《書録解題》著録正集一百七十三卷，續集十三卷。《文獻通攷》著録與《解題》同，《解題》詩集類，饒節《倚松集》二卷，今集與之合。嘉興沈氏曾植有景宋本跋，稱宣統壬子盛伯希祭酒家書散出，中有殘宋《倚松集》，爲吳君昌綬所得，藝風通信津門，屬章式之吏部借校一過。余復從嘉泰《普燈録》中搜得《如璧大師傳》一篇，爲向來詩苑所未見者，録付卷後云云。此本舊鈔爲繆氏朱筆校過，或其時對勘之書也。昌綬字印丞，仁和人。善屬文，尤長於公牘，刻宋元明詩詞多種，以善槧稱。式之精目録學。

## 張文潛文集十三卷
### 明嘉靖仿宋本，毛子晋、方柳橋舊藏。

前題起居舍人張耒著。耒字文潛，楚州淮陰人，舉進士，爲臨淮簿、壽安尉、咸平丞，召爲太學録。元祐初，爲正字，遷著作郎，兼史院檢討，擢起居舍人，知潤州，徙宣州。責監黃州酒税，徙復州，起爲通判黃州，移知兖州，復知汝、穎兩州。再坐元祐黨落職，主管明道宮，又貶房州別駕，黃州安置。尋得自便居陳州，主管崇福宮。年六十卒。《曲洧舊聞》稱，東坡嘗語子過曰，秦少游、張文潛才識學問爲當世第一，無優劣。二人者，少游下筆精悍，心所默識，口不能傳者，能以筆傳之。而氣韻雄拔，疏通秀朗，當推文潛。此文潛文字之定評也。前有嘉靖甲申江都馬騂序，署云，文潛文雄健秀傑，類子由，視長公渾涵光鋩，雖若不及，而謹嚴持正，自其所長。梅溪嘗以謹嚴病長公，是其文正自不可少也。龍渠子嘗得宋集本，取而刻寘山房。駙從觀於龍渠子，是集蓋昔人選，有文無詩。文潛慷慨豪雋，其論有取於漢武，蓋徵本朝兵弱受侮二虜，它文蓋三致意焉。禮論擴新意於古義，用大純正簡切，超然敏妙，論退之則全爲東坡發也。其當在湖州被逮，齊安放置之際乎。龍渠子清敏好古，博藏能用，刻成屬識數語於首。《目錄》前題《張文潛文集》，《目錄》次行題起居舍人張耒文潛。末有識語云，予刻《文潛集》，愛其文也，而紫泉之論主於意，予豈有是心哉！古人有言，文以意爲主，若紫泉則得之矣。龍渠山人郝梁識。梁，江都人，曾刊《楊子太玄經》者也。護葉有巴陵方氏墨筆題記云。謹按：《欽定四庫全書總目提要》，《張宛丘集》在南宋初已有四本，一本十卷，一本三十卷，一本七十卷，一本一百卷，此外胡應麟有十三卷本。此本明人所刻，適十三卷，殆與胡氏所見之本同。前有毛子晋圖記，雖與《四庫》所收之七十六卷本不同，然亦希有之册。伯驥按：此十三卷本，內《慮遠》《擇將》《審戰》諸篇，七十卷之《宛丘集》中無此文，此可證文潛遺稿散佚者不尠。方氏所云，僅就卷數而數之，未及其內容也。半葉十行，行十八字。有毛子晋、方柳橋藏章。

## 石門文字禪三十卷<sub>明萬曆丁酉徑山</sub>
興聖萬壽寺刻本，屬樊榭點讀。

　宋釋德洪覺範撰，門人覺慈編。明萬曆丁酉徑山興聖萬壽禪寺刻本，每半葉十行，每行二十字，半葉一墨闌邊，板心上刻"支那撰述"四小字，中刻《石門文字禪》卷數，下記葉數。清《四庫全書總目》著錄，提要目爲釋藏所刊，即此本也。德洪亦名惠洪，筠州人，大觀中游丞相張商英門，商英敗，洪坐謫朱崖，著有《冷齋夜話》十卷。伯驥按：德洪參真净克文禪師而得悟，著《禪林僧寶傳》《林間錄》。高宗建炎二年寂，賜號寶覺圓明。《僧寶傳》括臨濟、潙仰、曹洞、雲門、法眼五宗於禪門宿望，各具述其事迹始末，凡八十一人爲之傳贊。《楞嚴經》云，我無欲心，應汝行事，於横陳時，味如嚼蠟。德洪《楞嚴合論》引司馬相如《好色賦》曰，花容自獻，玉體横陳。今此賦不傳，前人以德洪此語爲假託許彦周《詩話》。德洪作《冷齋夜話》有曰，詩至義山，謂之文章一厄。僕讀至此，蹙頞無語，渠再三窮詰，僕不得已曰，夕陽無限好，只是近黄昏。德洪曰，我解子意矣。即時删去。今印本猶存之，蓋已前傳出者。前有萬曆間序，畧云，夫自晋、宋、齊、梁學道者，争以金屑瞖眼，而初祖東來應病投劑，直指人心，不立文字，後之承虚接響，不識藥忌者，遂一切峻其垣，而築文字於禪之外。由是分疆列界，剖判虚空，學禪者不務精義，學文字者不務了心。德山臨濟棒喝交馳，未嘗非文字也；清涼天台疏經造論，未嘗非禪也。逮於晚近，更相笑而更相非，嚴於水火矣。宋寂音尊者憂之，因名其所著曰《文字禪》。明萬曆丁酉八月望日，釋達觀撰。宋陳振孫《直齋書録解題》謂德洪文俊偉，不類浮屠氏語。許氏彦周《詩話》稱，其所作似文章巨工，仲殊、參寥輩皆不能及，一時推重，似爲定評。然四庫館臣謂其求名過急，則舍其文字而論其人品矣。又豈獨浪子和尚之稱，見譏於《能改齋漫録》而已哉！此集卷二十三云，李北海以字畫之工而世多法其書，北海笑曰，學我者拙，似我者死。當時之人不知其言有味，余滋愛之，蓋學者所貴其知意而已，至於踪蹟繩墨，非善學者也。德洪有《和賀方回青玉案詞》，屬樊榭謂爲淺陋，故論詞絶句有云，“難會寂音尊者意，也將綺障學東山”。樊榭復有《德洪畫梅詩》，起四句云，“古來畫梅誰最好，僧中獨數花光老。花光衣鉢付何人，石門釋子得其真”。此則德洪於詩文外别騁伎倆也。此爲前清厲氏鶚讀書，有朱筆、藍筆點勘，并有其藏章。

## 嵩山集二十卷 鈔宋本，讀易樓舊藏。

宋晁説之撰。前後無序跋、目録，每卷首第二行題“嵩山景迂生晁説之，字以道，一字伯以"，《老學庵筆記》云，近世名臣李泰發光，一字泰定；晁以道説之，一字伯以；張全真守，一字子固；周子充必大，一字洪道；朱元晦熹，一字仲晦。人稱之多以舊字，其作文題名之類，必從後字。《筆記》別一節云，晁氏世居都下昭德坊，其家以元祐黨人及元符上書籍記，不許入國門者數人。共十五字。卷一、二、三奏議，卷四、卷五古詩，卷六、七、八、九律詩，卷十《易玄星紀譜》，伯驥按：戴東原氏有《興丁升衢杰書》，論晁以道《易玄星紀譜》，謂晁氏此書未之見，蓋以揚子《太玄》演爲圖，凡八，八層以傅合曆法者。戴氏指摘其於算法、曆法不合處，纖入無倫。今已刻諸《經韻樓戴氏年譜》，又及之。卷十一、十二別著，卷十三儒言，卷十四雜著，卷十五書，卷十六記，卷十七序，卷十八後記，卷十九傳，卷二十墓誌銘，卷二十後雜文。集中有《晁氏世譜》，稱景迁爲文元玄孫，官至中書舍人，兼太子參事，坐請補外，落職，提舉西京嵩山崇福宮。生平慕司馬文正公爲人，自號景迁生。晚年留意天台教，日誦《法華經》，則又稱天台教僧，亦號老法華，復以昭陵所賜文莊飛白國安字名堂，而號國安堂主，觀此可悉其名集爲嵩山、取號爲景迁之故。集中之文，往往署名國安堂老法華，亦有自來也。陸游《渭南文集》卷十八，有《景迁先生祠堂記》云，先生文如《汪家更哀辭》《祭鄒忠公文》皆傅天下，亦間與爲佛學者延慶明智師游，論著所謂天台教，至今其徒以爲重。又云，公之學深且博矣，於《易》自商瞿下至河南程先生，於《書》自伏生下至泰山姜先生，於《詩》雜以齊魯韓三家，不限於毛鄭，於《春秋》考至賈誼、董仲舒，不膠於啖趙。又云，公之文章本二百卷，中原喪亂後，其家復集之，益以南渡至没時所作，僅得六十卷。據渭南言，則後存之集已佚去多數矣。《渭南集》二十九《跋以道書傳》稱，晁氏著書專意排先儒，故其言多而不通，然亦博矣。又云，景迁《鄜時排悶詩》云"莫言無妙麗，土稚動金門"。蓋鄜人善作土偶兒，精巧雖都下莫能及，宮禁及貴戚家爭以高價取之。喪亂隔絶，南人不復知,此句遂難解云。渭南與晁世交,集中有目云,先少師宣和初有《贈晁公以道詩》云,"奴愛才如蕭穎士,婢知詩似鄭康成"。晁公大愛賞。今逸全篇,偶讀《晁公文集》泣而足之,此可證其事,故集中拳拳於以道也。至於《曲洧舊聞》所記"一時雞犬皆霄漢,猶有劉安不得仙"。《雪浪齋日記》所稱,"清霜下牛羊,凜然北固秋"。謂其全似選詩,則皆論晁詩者也。《土稚詩》,予撰《塑述》嘗采之,此種爲四述之一,頗繁富,曾以一部份刊於《東方雜志》。景迂之學,最不喜者《周禮》,最心折者《太玄》。集中雜著云,導其名而不覈其實,玩其讀莫適於事者,《周禮》之爲書也。其出爲最晚,劉歆初獻之新莽,適莽之嗜也。莽所用以戕天下之民,而鉗天下之口者,是書之奉也。集中《送郭先生序》云,自古解經之士多,而著書之士寡。揚雄特著《玄》乃所以明《易》也,學《易》者不可不學《玄》,知《玄》則知《易》矣。故集中又有《揚雄別傳》,歷稱揚子傳孔子之道,立言明教,宜其行事甚大,昭著無遺,而有不見於本傳者,得之於諸子書、傳記,因次第之,爲《別傳》,有與本傳異同甚者疏之。清《四庫提要》稱其辨證經史,多極精當,蓋謂此類歟!此集爲其孫子建所編,清《四庫》題爲《景迂生集》,振綺堂鈔本則題《嵩山集》。此本傳寫精審,文中遇慎字,易寫今上御名,當由宋本抄出。陳直齋謂景迂詩文散佚已多,瞿氏書目著錄抄本,舉《風月堂詩話》錄景迂七絕一首,《墨莊漫錄》記景迂感事詩,皆今集所無,以爲散佚之證。今觀此集,編帙完整,景迂學行之大凡,犖然具在,詩文固有缺漏,然讀之則沾益已多矣。王漁洋《蠶尾文》卷七,有《宋刻嵩山集跋》稱,景迂《神女賦》最奇麗,詩在叔用、无咎之間,如"人生漢南樹,風物劍西州";"秋江水清不勝綠,還與漢江顏色同";"一年風物倉庚報,萬里鄉心杜宇知"等句,皆佳。十九卷有《邢居實墓誌》,立言婉而直。此皆就其詩文論之,漁洋書跋每多如是也。大

蘇《集》有《題以道考牧圖詩》，山谷有《題以道雪雁詩》，是餘藝尤
精繪事矣，特爲拈出。漁洋跋本，係宋刻五十四卷，今庫本及各家
著録皆二十卷本，未審與此宋刻有無異同，館臣亦未及。王氏所云
之宋本也，卷首有"玉棟之印"白文方形章、"讀易樓祕笈"朱文長
形章，當是前清滿人玉棟所藏。《王芑孫集》有《讀易樓記》稱，吾
友玉棟筠圃于今輦下爲藏書家，讀易樓其所貯書處也。予過樓中，
怪其插架不著標題，曰，吾能目識之也。其好之之勤如此。《法式
善集》中有詩咏筠圃，翁方綱亦有《題筠圃讀易樓圖詩》，王翁詩
文，葉氏《紀事詩》已及之。法式善詩尤資攷證，葉或未見，故未録
入也。法式善詩云"南有天一閣，北有讀易樓。得一賢子孫，勝蓄
千琳琅。閣尚巍然存，樓今爲墟邱"。見《存素堂詩續集録存》卷
一。又卷五有詩云"買書容易到斜陽，讀易樓中萬卷涼。零落都
門諸梵宇，鮮紅小印辨王黄"。自注云，玉筠浦藏書多收自漁洋、
崑圃二家，今零落矣。法式善小史《稼軒詞題記》著之。

## 姑溪居士文集五十卷後集二十卷

小山堂寫本。

　　宋李之儀撰。之儀字端叔，景城人。元豐中舉進士，元祐初爲
樞密院編修官，通判原州。元符中，監内香藥庫，罷，後提舉河東常
平。天台吴芾序其集曰，李公端叔以詞翰著名，元祐間余始得其尺
牘，頗愛其言思清婉，有晋宋人風味。乾道丁亥，假守當塗，因訪古
來文士居此邦而卓然有聲於世者，惟李太白、郭功甫與端叔三人。
郡舊有太白、功父《集》，而端叔獨闕然，求於其家，而子孫往往散
落無復遺藁，間得之邦人類之，命郡士戴覺訂正，釐爲五十卷，鋟板
於學。昔二蘇於文章少許可，尤稱重端叔，殆與黄魯直、晁无咎、張
文潛、秦少游輩頡頏於時。今觀其文，信可知已。或謂端叔晚節鋭

於進取,有所附麗,雖若可疑,然范忠宣公遺奏,極於鯁切,詆斥不顧,一時用事者,欲實忠宣之子於理。端叔慨然自列,謂實出其手,既而公所爲忠宣行狀復出,由是得罪南遷,廢錮以終,曾不少悔。其勇於義若此,詎可以微瑕掩之哉! 余固愛其文,又表其行誼之可嘉者,併以詔於後云。端叔其先景城人,既謫而南,始居姑溪,自號姑溪居士,今以名其集云。後集二十卷不題編輯姓氏,然馬氏《文獻通考》已及之,相沿亦甚古矣。汲古閣毛氏刻《姑溪詞》一卷,有題記云,凡四十詞,共八十有八闋,惜卷尾《踏莎行》爲鼠所損耳。中多次韻小令,更長於淡語、景語、情語。如“鴛衾半擁空牀月”,又如“步懶恰尋牀,臥看游絲到地長”,又如“時時浸手心頭熨,受盡無人知處涼”,即置之《片玉》《漱玉》集中,莫能伯仲。至若“我住長江頭,君住長江尾,日日思君不見君,共飲長江水”,直是古樂府俊語矣。叔暘不列之南渡諸家,得無遺珠之恨耶! 此則專論其詞也。芾字明可,紹興二年進士。史稱芾與秦檜有舊,檜專政,坐不附檜論罷,薦授御史,力詆和議。累遷刑、吏、禮三部侍郎,前後倅處、婺、越及知臨安、太平、隆興六郡,並治因其俗。晚退閒者十有四年,自號湖山居士。有表奏五卷,詩文三十卷。周益公序稱,其次子洪守嘉興,裒公遺文號《湖山集》三十五卷,長短句三集、別集一卷,奏議八卷,與本傳小異。趙希弁《讀書附志》、焦氏《志》又與史及周序有異同,今從《大典》內鈔出,見沈氏叔埏集中。小山堂者,仁和趙谷林、意林兄弟藏書處也。谷林名昱,字功千,意林名信,字辰垣,乾隆丙辰薦試博學鴻詞,藏書數萬卷。山陰祁氏澹生堂遺本大半歸之,儲藏之富,校勘之勤,冠於杭城云。杭氏世駿撰《翟江東皋雜詩序》云,小山堂圖籍坿於祕省,益之以四明范氏、廣陵馬氏之借抄,加之以吳君繡谷之伙助,窮蒐博討,傾筐倒庋而不惜。此本則其家所流出者也,有其藏章。

## 北湖集五卷 傳鈔清四庫底本。

宋吳則禮撰。陳振孫《書録解題》略記則禮事蹟，而不甚詳，蓋則禮字子副，富川人。官至直祕閣，知虢州，自號北湖居士云。《書録解題》著録《則禮集》十卷，長短句一卷，原集久佚，清四庫館本從《永樂大典》裒輯，中有由館臣訂正原文者。如卷二《坰邀公卷煎茶》一首，第一句“阿坰手持都堂胯”，按語云，宋姚寬云，茶之極精好者，每胯工價近三十千。唐庚《鬭茶記》，茶不問團胯，要之貴新。周必大集以詩送北苑八胯，皆從月不從金，原本胯作銙，今改正。卷三《至青陽先寄韓子蒼》一首，第二句“樹頭樹底鳴栗留”，按語云，陸璣《疏》，黃鸝留俗呼黃離留，或謂之黃栗留。《説文》鶯一名鸝鶹，未有以鵗鶹稱者。若鶹鵗，梟也。《爾雅》鳥少美長醜爲鶹鵗，注一作留離。陸璣《疏》，自關而西，謂梟爲流離，亦作留離，是鶹鵗與栗留，判然兩物也。原本作鵗鶹，今改正。又，《提要》謂其所作《歐陽永叔集跋》《曾子固大般若經鈔序》，知其於古文一脈，具有淵源云云。今讀卷五《六一居士集跋》有云，文有叙事、有述志、有析理、有闡道。叙事之文難於反覆而不亂，述志之文難於馳騁而不乏，析理之文難於雄辯而委曲，闡道之文難於高妙而深遠。是則禮於記事、論理、抒情三者之外，不免有文以載道之見橫於胸中，故又稱闡道之文。蓋宋、明以來，此語已成通例，唐李漢序《韓集》云，文者貫道之器也。宋周敦頤《通書》云，文所以載道也。杜詩所謂“萬牛迴首丘山重”者也。清曾氏國藩《致湘鄉劉霞仙蓉書》中有云，道與文竟不能不離而爲二，鄙意欲發明義理，則當法經説語窟，及各語録、劄記，如讀書録、居業録、困知記、思辨録之屬，欲學爲文，則當掃蕩一副舊習，赤地新立。將前此所業，蕩然若喪其所有，乃始别有一番文境。此則當時之通論矣。史志吳則禮《北湖集》

十卷,陳氏、焦氏並同,焦氏又有長短句一卷,其一云三十卷者,衍文也。東萊《文鑑》《誠齋詩話》並及其詩。

## 竹隱畸士集二十卷<sub>寫本,巴陵方氏舊藏。</sub>

宋趙鼎臣撰。清《四庫》從《永樂大典》各韻中蒐采彙輯而成,此本又從閣本傳錄者也。《宋史·藝文志》著錄《鼎臣集》四十卷,陳氏《書錄解題》謂鼎臣孫立綱刊於復州,本百二十卷,刊至四十卷而代去遂止,然則《宋史》所云之四十卷,亦非足本,流傳數百年,蓋非《大典》編入,則趙《集》不可復覩矣。《四庫提要》云,鼎臣字承之,衛城人,自號葦溪翁。元祐間進士,紹興中登宏詞科,後知鄧州,召爲太府卿。又引劉後村之言,謂其詩才氣飄逸,記問精博,警句巧對,天造地設,殆非溢美。雜文古雅可觀,亦非儉陋者可望,雖未能齊軌蘇、黃,可驂靳於唐庚、晁補之諸人。《提要》評校諸集,每好論文,實則此集於古事多可參證,不徒如館臣之所云也。卷二有詩序云,余少時嘗種竹於所居之南,號竹隱,今二十年矣。孫志康善篆,嘗欲得"竹隱"二字題其上,因叙所以爲詩以乞之,且呈好事諸君子,各乞一詩,以爲舊隱光華。此則名集之由來,而館臣不及此,何也? 宋宋庠《元憲集》著錄清《四庫》,其提要云,《書錄解題》及《文獻通考》俱載是集,《通考》於是集之下又附注曰,一作《緹巾集》,其名又異,然《永樂大典》實祇標《元憲集》,則非《緹巾集》甚明,故今仍舊目,不取《通考》之名。伯驥按:《元憲集》卷三十六有《緹巾集記》云,余幼學爲文,尤嗜篇什,然每自陋其辭,未嘗綴緝。一日忽得新舊詩十餘卷於几案間,乃小兒充國等所次覽,而笑謂之曰,此燕石也,雖緹巾什襲,庸足寶乎? 命去之。兒曹懇留,因取凡百餘首勒成十二卷,命曰《緹巾集》。莒國公記。是則緹巾之名當是其朔,《通考》已不清晰,當據集以辨之。館臣編

纂群書，每於内容多未繙閱，證之《竹隱集》而益明，否則胡以略之
歟？伯驥撰《清四庫全書總目提要舉正》已及此節，因著録趙
《集》，復綴之於此。卷首有"巴陵方氏碧琳琅館珍藏祕笈"朱文
章、"巴陵方氏功惠柳橋甫印"白文章、"方氏書庫"朱文章、"熙徵
私印"朱文章、"誠齋居士"朱文章。

## 孫仲益大全集七十卷 寫本，王昧蘭舊藏。

宋孫覿撰。覿字仲益，晋陵人，登大觀四年進士，七年再中詞
學科。歷官龍圖閣直學士，知平江府，最後提舉江州太平興國宫，
改提舉南京鴻慶宮，以敷文閣待制致仕。乾道五年卒，年八十九。
考覿於徽宗末由蔡攸薦爲侍御史，其後蔡氏失勢，乃率御史劾之。
金人圍汴，李綱罷御營使，太學生伏闕請留，覿復劾綱要君。孝宗
時，洪邁修國史，謂靖康時人獨覿在，請詔下覿，使書所見聞靖康時
事上之，覿遂於所不快者，如李綱等，率加誣詞。《朱子大全集》謂
靖康之難，欽宗幸虜營，虜人欲得某文，欽宗不得已爲詔，從臣孫覿
爲之，陰冀覿不奉詔。覿一揮立就，過爲貶損以媚虜，詞甚精麗，虜
喜，至以大宗城鹵獲婦餉之。其後每語人曰，人不勝天久矣。古今
禍亂，莫非天之所爲，而一時之士，欲以人力勝之，是以多敗而身不
免。或戲之曰，子之在虜營也，順天爲己甚矣，其壽而康也，宜哉！
覿憖無以應。卷七十一。前清朱氏學勤謂，覿力主和議，以趨權相，
又受張楚偽命，《宋史》不爲立傳，故其行事莫能詳，然所媚悦者則
秦檜、黄潛善、莫儔、万俟卨之流，而所彈劾者則李綱、陳東、李光，
可謂無是非之心者。《結一盧遺文》。伯驥嘗檢岳珂《桯史》、趙與峕
《賓退録》，皆鄙覿之爲人。陳振孫《書録解題》亦謂覿生平出處至
不足道。然迄今數百年，讀其所遺詩文，未嘗不嘆爲精工。四六一
事亦與洪邁、周必大同符翰藻，專就詞華而論，不無片長。立身雖

敗，萬事瓦裂，猶堪節取，故遺稿天留，每多傳誦。宋宣政間，文人稱翟汝文、葉夢得、汪藻、孫覿四人。覿嘗自評曰，吾之視浮溪，浮溪之視石林，各少十年書，石林視翟忠惠亦然。錢竹汀謂其駢偶之工，自汪彥章藻而外，殆罕其匹。譬之河魨江瑤柱，雖則有毒，不能不一朵頤，非阿所好也。《大全集》見《文淵閣書目》，《鴻慶居士集》四十二卷，見《宋史·藝文志》。若清《四庫》著錄，即四十二卷本也。《鴻慶居士集》中有序，宋李賓老撰《押韻》二十四卷云，李師武悉取杜工部、李翰林、韓吏部、柳儀曹四家詩，以禮部四聲之次集而錄之，以類相從，號李、杜、韓、柳押韻，實開後來杜、韓集韻之例，其餘可資攷核者亦多，吾家有此集寫本。伯驥記。《大全集》，前明唯王文恪家有鈔本，後歸虞山錢氏，而馮己蒼從虞山錄副，以故流傳。吳中竹汀謂爲足本。結一廬本亦從虞山錄出，末有葉石君跋可按也。朱氏又謂宋人如丁謂有集八卷，又《虎丘錄》五十卷；呂惠卿有集百卷，又《奏議》百七十卷；夏竦有集百卷，又《策論》十三卷；《王安中集》一百卷；《曾布集》三十卷；《汪伯彥集》二十五卷；王欽若、章惇、蔡京、蔡卞、黃潛善、史彌遠、万俟卨，類皆有所著述。而秦會之之鑒別，賈悅生之評古，雖專精者，有所不逮。奸回之士，每多能文博雅，有著述之才，然易世之後，文章著作存焉者寡，惟孫氏文事則巋然流布，不可謂非幸也。孫《集》舊刻流傳頗少，此本鈔手荒率，亦尚可讀。前有"蔭槐"二字白文章，考《光緒盱眙縣志》卷九，王蔭槐，字子和，號味蘭，嘉慶癸酉丹徒舉人。以父銘賈於盱眙，遂移籍焉，生平邃於詩。家有偶園在第一山麓，藏書數萬卷，沈酣其中，杜門不出，著有《蠙廬詩鈔》十卷。此書當是味蘭藏本也。

### 岳王集五卷 明徐氏編刊本。

宋岳飛撰。前題浙江按察僉事華亭徐階編，眉山張庭掖校，宛陵焦煜刊。徐氏早歲已編岳集,宜其後來對北虜不勝切齒痛恨矣。飛字鵬舉,相州湯陰人。解樞柄後,還兩鎮節充萬壽觀使、奉朝請。紹興十一年歲暮,秦檜書小紙付獄,即報飛死,時年三十九。伯驥按:前清凌氏廷堪《校禮堂集》卷三十一《書宋史史浩傳後》,於秦檜、史浩皆平反前人之説。然據宋陸游《老學庵筆記》云,秦會之以孫女嫁郭之運,《自答聘書》曰,某人東第華宗,南宮妙選,乃肯不卑於作贅,何辭可拒於盟言?其夫人欲去作"贅"字,曰,太惡模樣。秦曰,必如此,乃縛得定。按此可證檜妻鮮有不與大小事者。《岳鄂王精忠類編》記檜妻言,捉虎易放虎難,檜遂定意殺飛,當不虛也。凌氏集中喜作駢偶散行,非所留意。《書唐文粹後》稱昌黎爲文章之別派,則可謂爲文章之正宗,則不可語亦大異前人。孝宗詔復飛官,以禮改葬,建廟於鄂,號烈。淳熙六年,諡武穆,嘉定四年追封鄂王。事蹟見《宋史》本傳。按:《武穆集》,《書錄解題》作十卷,佚已久。此徐氏編本,凡上書一編、劄十六篇、奏二篇、狀二篇、表一篇、檄一篇、跋一篇、盟文一篇、題識三篇、詩五篇、詞二篇。前列顏度《奏諡議》、宋寧宗《封誥》、謝康成《紀略》一卷,後附其孫倦翁《籲天辨誣疏》《雪冤詩》《跋高宗批乞出師奏》及趙子昂、高季迪、李空同詩爲一卷。前明別有華亭陳繼儒輯、門人單恂訂本,前列本傳較徐刻劄多十一篇,奏多四篇,記多三篇,詩多四篇,恂爲之序。版心梓"浄名齋"三字。清嘉慶間,梁氏玉繩有輯本實爲大備。梁自序云,嘉慶癸亥,元和馮給諫培纂《西湖岳廟志略》,玉繩既讀其書,因念忠武王集傳布絕少。前明嘉靖間,歸安茅元儀嘗刊之,旋被燬。我朝乾隆己丑,彰德知府同安黃邦寧據茅氏殘帙彙綴,鐫於湯陰,今行世者惟茲而已。乃取黃本與《金陀粹續兩編》,《桯史》附錄參校訛異,類分八卷,重付剞劂。夫王之撰著散失多矣,當宋嘉泰時,王之子孫竭數十年蒐訪之力,未覩其全,劖閱六百餘載，烏從撼其佚而補其遺耶！史稱王北伐至朱仙鎮，奉詔班師，王自爲表答詔，忠義之言，流出肺腑，有諸葛孔明之風，是元之史臣曾見此表也，而王孫鄴侯珂經進家集，僅詳七十八字，其故何歟？明錢士升《南宋書》謂《謝講和赦表》乃張節夫筆。案：《家集序》云，先臣出師奏《謝赦表》，天下傳誦。《天定別録序》云，謝赦之表，斯文炳如，則爲王自作無疑。王有密奏皆親書，軍旅之暇，每習寫小楷，雖侍膝之子弟、入幕之賓僚且不與知，況肯倩人搦管，而王之文不加藻飾，忠義憤發之忱，亦非門客所能代其披瀝云。梁本近雖刻，然亦不多流傳也。伯驥謂岳王、放翁、文山等集，皆宜擇善本付印，以廣諷誦，而激忠憤。岳《集》則梁輯爲佳矣。

## 莆黄知稼翁集十一卷詞一卷寫本。

宋黄公度撰。公度字師憲，莆田人，唐御史滔之後。紹興八年省元，免御史試，賜進士第一人。初任平海軍節度判官，除祕書正字。秦檜當國，坐與趙鼎往來，謫通判肇慶府。檜死，高宗更代，召還，爲考功員外，尋卒。前有陳俊卿序，略云，乾道五年冬，順昌令黄君沃書抵中都，來告曰，先君考功，力學半世，雖得一第，而仕不克顯。平生所爲文僅十一通，願得序引，以冠其首。又明年，順昌使弟洧來，責前諾，因取考功文徧觀之，典重温雅，如其爲人。其詩格律森嚴，興寄深遠，雖未盡追古作，要自成一家。間與予里居唱和數篇，余讀而深悲之。公以文章魁多士，有盛名於時。胸中灑落，議論宏壯，識者期之甚遠，而官止外郎，年四十八以殂，所以傳世垂後者止此而已，是可傷也。莆陽陳俊卿序。次有洪邁序，略云，莆田黄公初登第，以行卷忤秦相，君並爲趙忠簡公禮接，益衒之弗舍，坎壈摧揠，無復有爲天下惜人材之意。一旦遇主，則死及之。悲秋之句曰，"迢迢別浦帆雙去，漠漠平蕪天四垂。雨意欲晴山鳥

樂,寒聲初到井梧知"。不知謫傗少陵以還,大曆十才子尚能窺其
藩否。公既歿,其嗣子郜州君沃,收拾手澤,彙次爲十有一卷,詩居
大半焉。憶四十年前,與公從容於番禺藥洲之上,予作《素馨賦》,
公蓋戲而反之,異於不相知聞者,茲不宜辭。伯驥按:公度事跡,詳
龔茂良所作《行狀》、林大鼐所作《墓誌》,與《宋史》合,其集中詩
居大半。朱氏述之稱,其五七言律詩,趨步唐音,不爲江西生硬之
體,如"列郡奔馳紛羽檄,聖朝哀痛下芝泥。盟寒關隴無來使,春
晚江淮有戰鼙"。"傷心廢宅枌榆老,滿目寒塘菡萏秋。馬鬣未平
餘葬地,蛾眉不見但妝樓"。"萬里窮途雙白鬢,一尊濁酒對黃花。
頻年奔走哀王粲,落日登臨憶孟嘉"等語,與陳去非格調相近,洵
不誣也。

## 太倉稊米集七十卷寫本。

宋周紫芝撰。前有左朝議大夫充敷文閣待制知江州軍州提舉
學事兼管内勸農營田使眉山唐文若序。次有陳氏序,略云,宣人之
爲詩,蓋祖梅聖俞,聖俞以詩鳴慶曆、嘉祐間,歐、范、尹、蘇諸鉅公
皆推尊之。後百餘年,復得竹坡先生繼其聲,而周與梅在宣爲著
姓,且親舊家也。竹坡同時有王次卿、僧彦邦、道常三人者,皆能
詩,王死於兵,不復傳。彦邦學為詩而未至,道常筆力頗過彦邦,其
後亦無聞,惟竹坡之詩聲,厭服江左。天麟未第時,從竹坡游,公謂
余曰,作詩先嚴格律,然後及句法。予得此語於張文潛、李端叔,故
以告子。且言郭功父徒竊虛稱,在詩家最無法度。天麟欽佩此語,
在山谷後山派中亦爲小宗矣。彼郭功父輩執鞭請事可也,官晚而
名不達,自興國守罷居九江,貧不能歸宣城,而江山之勝益爲晚助
云。充京西南路安撫使馬步軍都總管兼提領措置屯田陳天麟序。
次有自序,略云,昔者山谷先生書告其甥曰,文章直是太倉一稊米

耳。黃公之文可與馬遷、揚雄、劉向之徒相爲表裏,若其詩則杜子
美、蘇子瞻而下不數也,而猶小之如此,況不逮其萬有一者乎！末
有陳公紹重刊跋,時淳熙癸卯也。集中有句云,"江風獵獵吹紅
旗,舟人結束誇水嬉"。又"飯筒角黍纏五綵,楚俗至今猶未改。
日暮空歌誰在斯,不見三閭憔悴時"。此詩言錢塘江中競渡也,他
志只言在西湖耳。紫芝官臨安久,其言當有據。見吳焯《南宋雜
事詩注》。又前人云,周氏《論麴院書》酒與麴相須而成,在乎擇水
之佳者。西湖之水清甘如飴,其外則如龍山鴻雁池水,南外用巡檢
司大井水,江漲北外用湖水。若今日湖水,則不知比宋時何如耳？
紫芝字少隱,號竹坡,宣城人。家貧,苦學,得法於張文潛、李端叔。
建炎初貢京師,應詔上書,言今金人盛强,憑侮中國,雖驅天下之力
以脅之,不足以當其强;竭天下之財以餌之,不足以厭其欲;盡天下
甘言以悦之,不足以回其意。臣深思之,不過一言,曰上策莫如自
治而已,自治之策無他,在力救前日之敝耳。李綱危言説論,天下
聳聞,朝廷知其爲賢,既委以輔相,豈當責以將帥之事,遂致覆師以
貽竄逐,綱之用舍,係一時之輕重。願陛下盡以國計傾心付之,勿
惑於訛訾不根之言,毋責以勝負不常之勢。六賊之惡,暴著遠邇,
當時猶且遷延歲月,處以善地。元惡有如蔡京猶得保其腰領而死,
其同惡之臣,非特不能盡去,方且依以爲用,或付以兵柄,或委以重
鎮。凡今日弃軍之將、亡國之大夫,皆前日姦佞可誅,而尚在要路,
則幾何而不致於喪師割地誤國欺君者哉！紹興十二年,始以廷對
第三,釋褐。十五年五月,設六部架閣閣官,紫芝以迪功郎掌禮、兵
兩部。十七年十二月,以承奉郎爲樞密院編修官,旋進右宣教郎兼
實録院編修官,嘗和御製詩。二十一年,知興國軍,政崇簡静,終日
焚香課詩而事不廢。秩滿,乞祠,寓居九江之廬山以終。著《太倉
稊米集》《竹坡詩話》。見《江西》《江南通志》。

# 竹洲文集二十卷

明弘治間十世孫雷亨刻本，葉氏郋園舊藏。

　　此爲長沙葉氏藏本。葉氏識語云，《竹洲文集》二十卷，附《棣華雜著》一卷，宋吳儆撰。此書明有三刻：一十四世孫繼良刊本，見吳氏《繡谷亭薰習録》；一萬曆甲辰刊本，見丁氏《持静齋書目》；一弘治刊本，見陸氏《皕宋樓藏書志》，即此本也。《四庫全書總目》著録卷數相同，此書在明刻中最爲精善，字畫雅近柳體，閲之如對宋槧，坊估往往將弘治六年程敏政序撤去，僞充宋本。此爲吾邑家舊書，未落估人之手，故前程序猶存，足稱完善也。乙未除夕，麗廔主人輝記。伯驤按：集内有其曾孫《進集表》，文采可觀，讀之可知竹洲小史，可見宋時進書體制。表云，臣資深言，臣曾祖臣儆所著文集二十卷，繕寫成帙，謹詣登聞檢院投進者。哀輯陳編，悵祖風之攸邈；遭逢聖世，希宸渥之褒揚。進瀆闕庭，退忘鄙野。臣實惶實懼，頓首頓首。臣竊以唐宗覩故笏，猶思魏徵之賢；孝廟序遺文，誕錫蘇軾之諡。或睠求於數世，或褒表於再傳，伊人之懷，惟道所在。臣念曾祖臣儆生而坎壈，志則激昂，抱膝長吟，以伊吕而自許，著書垂世，非孔孟則不談。才狹垓紘，氣吞中外，係單于之頸，視表餌之策非疏；寢淮南之謀，於社稷之臣爲近。挺若偉節，著於當時。載觀乾淳之間，實號人物之盛。朱熹鳴於古歙，張栻顯於長沙，浙左二吕之典刑，江西兩陸之標致，靡不相友，咸與齊聲，故在膠庠則其行尊，歷州縣則其用顯。府臺論薦，交章公車，旒扆歡嘉，興思當宁。雖懷才之甚遠，竟賫志以莫施。然禮樂彬彬，尚多河汾之弟子，而日月炳炳，猶存屈氏之《離騷》。倘待時而獲彰，庶流芳之不泯。恭惟皇帝陛下，綱維治統，痌瘝英賢，聞鉅鹿良將之名，思得復用，讀《上林》《子虛》之賦，恨不同時。蓋嘗振發潛光，褒録往哲，凡曰先臣之雅舊，皆蒙謚典之徽稱，忍令太陽之華，尚遺枯骨，獨使九泉之恨，空結營魂。臣隕涕潛然，緘書惕若，敢冀燕間之賜覽，特昭鴻霈以易名，起地下之修文，死猶可作，效身後之結艸，義其敢忘。臣所繕寫曾祖臣儆文集，總爲一十册，謹囊封隨表上進以聞。臣冒犯天威，無任激切屏營之至。臣實惶實懼，頓首頓首，謹言。嘉熙二年十一月一日，徽州布衣臣吳資深上表。宋王氏元之《小畜集》有《還揚州許書記家集詩》云，“高陽許公精六義，獨向聖朝生後嗣。因將先集進九重，高步金臺曳珠履”。自注云，許渾孫進家集得官，當時進書受賞若此，可謂重矣。《夢溪筆談》又稱，韓偓有手寫詩百餘篇，在其四世孫奕處，偓天復中避地泉州之南安，子孫遂家焉。慶曆中，余過南安，見奕出其手集，字極淳古可愛。後詣闕獻之，以其忠臣之裔，得司士參軍。

## 羅鄂州小集六卷桐鄉汪氏裘杼樓寫本。

　　宋羅願撰。此集原本十卷，鄂人嘗以刻板其州，新安鄭氏家亦有刻本，歲久皆廢軼。今存者五卷，其七世孫宣明力搜訪之，復得雜文若干首，附於五卷之末，而郡人趙汸氏、新喻趙壎氏皆爲訂其訛舛，而重刻板以傳。此明王氏褘序羅氏集後之言，見於王氏集中者也。王氏又云，羅公諱願，字端良，新安人也。初穎悟，强記絕人。比長，落筆動輒千言，若不經思者，既乃悚焉自悔，力探精索，或數月不妄作一語，刊落世俗陳腐之習，悉取法於秦漢，蓋其學號稱宏博，而其文雄深典雅，幾於古矣。公蚤以蔭補官，紹興末調臨安府新城縣監稅，又監饒州景德鎮稅，尋監南嶽廟，非其志也。乾道二年擢進士第，歷知饒州番陽縣，不上，予祠主管台州崇道觀。八年，除通判贛州，攝其守事，以簡爲治，贛人化之，部使者列其治行以聞。淳熙六年，知南劍州，陛辭奏疏，其言剴切，深中時弊。孝宗嘉納之，從臣又交薦其才，改知鄂州。既至郡，上疏言，鄂自古用武之地，下流陽羅堡尤險要，城壘皆不可不治。民饑，以田質穀而本息不侔,宜爲立其中制。强盗法當死而貸之者,諸州所配隷其數不實,當究其數,以絶姦宄。瀕湖曠土,新舊佃種者皆有弊,覈其實而定著之,則租税可易集。其政事若此類,多所施設,而尤以勸學劭農爲先,久之績用大著,藹然有循吏風。適天旱,禱雨,立日中,得暴疾卒,《宋史》羅汝楫作御史,助秦檜劾岳飛,後其子願知鄂州,以父嫌不敢入岳廟,然治鄂有善政。一日自念怨不及嗣,過岳廟入拜,竟死。考曹涇作願本傳,引《新安縣志》,謂鄂州大旱,願立日中請禱,致疾而卒,與《宋史》不符,而與王氏合。年四十有九。鄂人懷其德,圖其象靈竹寺祠焉。公兄弟六人,兄籥,通判福州,頡通判夔州,頌知郢州,弟頑通判蘄州,亦皆以文學名,而其後子孫復彬彬多可稱道者,故論新安之世家,未有盛於羅氏者也。公平生所爲文甚多,此所謂《小集》,特存十一於千百。朱徽公蓋嘗深服其文有經緯,而亦惜其傳之不能多也。史闕其傳,余故序其書,特述其履官行事,以補史氏之闕。公所著別有《爾雅翼》若干卷,《新安志》若干卷行於世云。此爲前清桐鄉汪氏森藏本,板心有"裘杍樓"三字,抄手至精,藏章有"碧巢祕笈"白文印。嚴元照《蕙櫋雜記》云,桐鄉汪晉賢家有裘杍樓,蓋取《韓詩外傳》"君子之居也,綏若安裘,晏若覆杍"之語。抱經先生謂杍字實杅之誤,杅即盂也,覆之乃安,若杍柚不可以覆言。案:《莊子·山木篇》有云,孔子辭其交遊,逃於大澤,衣裘褐,食杼栗。此則裘杍之可連文者,而義則遠矣,毋寧取於是乎! 伯驥按:汪文桂官中書舍人。其弟森字晉賢,官户部郎中,自號碧巢,藏書甲於浙西。見沈大成《大理府知府汪君墓志銘》。朱竹垞《小方壺存稿序》云,休寧汪晉賢氏,徙居桐鄉,營碧巢當吟窩,築華及之堂,以燕兄弟賓客,建裘杍樓以藏典籍,其曰小方壺者,郡城東角里之書屋也。汪氏有《裘杍樓書目》傳鈔本。張氏《適園藏書志》謂爲汪文柏藏書,似有誤。文柏字季青,藏書處曰摛藻堂,藏書畫處曰古香樓,又有屧硯齋。

## 白玉蟾文集六卷續集二卷

明正統間臞仙編刊本。

　　宋葛長庚撰。前題明正統間南極遐齡老人臞仙編。《揅經室外集》有此書識語，蓋阮氏以此爲《四庫》未收書，故補呈而識其意見也。長庚字白叟，閩清人，父亡母嫁，棄家游海上，至雷州，繼白氏，後改姓白，名玉蟾。從陳泥丸，受仙訣，居武夷山，遂號海瓊子，其後人以爲仙去。《武夷山志》稱，長庚於嘉定末詔徵赴闕，對御稱旨，命管太乙宮。一日不知所往，即此類也。都卬《三餘贅筆》謂，今之道家有南北二宗，南宗者，謂自東華少陽君得聃之道，以授漢鍾離權，權授唐進士呂巖，進士授劉操，操授張伯端，伯端授石泰，泰授薛道光，道光授葛長庚，長庚授彭耜。又前人謂，《陰符經》《道德經》皆黄老之言，無所謂丹法也。自夏尚鼎始以《陰符》言内丹，長庚又以《道德經》言内丹，而宗旨大變，是長庚於道家言似有研究者，然《後村詩話》卷下言，黄天谷與長庚皆不言得道，後死乃無他異。二人頗涉文墨，所至牆壁，淋漓揮掃，能聳動人。嘗訪之，值其出，題壁云，“怪訪怪，怪不在。茅君山，來相待”。又，《常清觀建道藏疏》，觀乃玄帝祈雨道場，長庚作記。見元釋《圓至集》。而道家四種子書，《道德經》《文始真經》《參同契》《函三經》皆長庚等註，是其人固以文墨見重於當世矣。至元人劉壎《隱居通議》謂，朱子與道士葛長庚游，始知讀書爲徒勞，則妄語也。此書前有彭耜所撰《長庚事實》千數百言，宋彭耜有《道德真經集注》十八卷、《道德真經集注釋文》，又《集註雜說》二卷。謂其詩文遺集四十卷，黄氏《千頃堂書目》亦著録之。《天一閣書目》有寫本《脩真十書》，内有《瓊琯白玉蟾上清集》八卷、《白先生玉隆集》六卷。《上清集》別有刊本。臞仙輯録此編，搜及三集之外，故與四十卷本不同。海昌胡爾榮《破鐵網》上云，元版《瓊琯白玉蟾上清集》二册，紙版不及宋版《五百家播芳文粹》，蓋《文粹》紙色雖不甚舊，而沈静處大非近世劣紙可比。又，盤山甲庫藏元刊本八卷，《目録》前有"建安余氏刻於静菴"八字，是其集固有元刊流傳，此則爲明刻也。據《直齋書録解題》謂，長庚嘗得罪亡命，蓋姦佞之流。余宰南城，有寓公者稱其人云，近嘗過此，識之否，余言不識也。此輩何可使及吾門。李士寧、張懷素之徒皆殷鑒也。是以君子惡異端云云。今觀其詩文頗有瀟灑出塵之致，倘所謂不食人間煙火者。阮氏元表章其集，或亦由此。自《書録解題》一書既從《永樂大典》編出，知長庚之爲人已爲陳氏所議，即有進此書者，亦當駁斥，援姚廣孝《逃虚子集》前例屏棄不登，阮氏於《書録解題》此節或未寓目，故以進呈，否則胡以不慮嚴諭而遽以上聞歟！乾隆間敕王太岳等編纂《四庫全書考證》，卷八十四有宋葛長庚《瓊琯集》，是葛集已著録《四庫》，但《考證》書末有光緒乙未大興傅以禮跋云，此書體例本按《四庫》，所收經史子集各種考證異同得失，然所載有二十八種出《四庫全書》之外，雖其中亦有《總目》附存其目者，究非《四庫》著録之書也。按此可證《玉蟾集》先著録，而後奉抽，阮氏於奉抽一節當亦未悉，否則以進書時爲嘉慶間，不如高宗之有意挑剔，故葛《集》亦得厠於進本之列也。集有端平間潘牥序，牥，阮氏誤作汸。嘉熙間，彭耜所撰《海瓊玉蟾事實》，阮氏又脱去彭字，致不成文，未審何故？按牥字庭堅，號紫岩，端平二年進士第三，歷太學政，通判潭州，有《紫岩集》。《齊東野語》稱，庭堅富沙人，初名公筠，後夢有人持方牛首與之，遂易名牥，跌宕不羈，是庭堅之易名爲牥，實緣夢話。阮氏誤寫爲汸，蓋考之未諦也。伯驥撰《揅經室外集考正》嘗著此條。清光緒間，仁和徐錫祉，字小齋，以進士官臺灣知縣，著《榕陰讀書志》，論古書卷帙及文字異同，又續阮氏《四庫未收書目》。予未得其本，不審有印行否？徐則續阮所未備，予則訂阮之譌也。牥嘗爲福建帥司機宜文字，醉騎黃犢歌《離騷》於市，人以爲仙。才高氣勁，讀書五行俱下，終身不忘。文未嘗起草，尤長於古樂府。慨慕先隱，集老子以下，迄於宣靖，各爲小傳，名曰《幽人景範》，其雅尚如此。餘具劉克莊所爲墓志。此書前有明正統間朧仙序云，且夫夷牟之作矢也，非揮氏之爲弓，雖有決術不能發也，雖有弩銳不能以威天下，故一舉而兩利焉。今以我而成是書，猶矢之得弧也審矣。與先生非有夙契仙靈，曷能續是書於既絕，於是焚香祝筆而爲之敍曰，先生葛姓繼白氏，母以玉蟾應夢，遂爲之名。諱長庚，字白叟，一字衆甫，一字如晦。自幼慕長生久視之道，伯驥按：王陽明《與陸元静書》云，神仙之學與聖人異，亦惟欲引人於道。《悟真篇後序》中，所謂黃老悲其貪著，乃以神仙之術漸次導之，試取而觀之，其微旨亦自可識。自堯、舜、禹、湯、文武、周公、孔子，其仁民愛物之心，蓋無所不至，苟有可以長生不死者，亦何惜以示人，如老子、彭篯之徒，乃其禀賦有若此者，非可以學，而至後世如白玉蟾、丘長春之屬，皆是彼學中所稱述以爲祖師者，其得壽不過五六十，則所謂長生之説，當必有所指矣。是陽明不以長生之説爲然也。喜飛騰變化之術，長遊方外，參究性命之旨，師事翠虛泥丸陳先生，而學其道焉，盡得翠虛之旨，出乎陰陽陶冶之表，故祈禳禱旱，叱風鞭霆，咳唾風雨，迅乎掌握而神異離奇，不可誕書。或自蓬頭跣足，敝褐雲水，或自章甫縫掖，霞遁靈岫，隱顯不一，人莫之測。但神氣靈爽，驚世駭目，異於常人，方知其神仙中人也。況先生博洽儒術，出言成章，文不加點，時謂隨身無片紙，落筆滿天下，其言語皆囊括造化之語，儒者謂出入三氏籠罩百家，非世俗所能也。余自乙亥於江浦過純陽，明年於樂安與先生邂逅一遇，兩載之間兩遇天真，倏爾四十七年。近自甲寅得三峯張真人信，知先生上居太清，職司運會。間忽又復遇先生於豫章，自稱王詹，乃知玉蟾之隱名也，與余相對罄欬一咲，人莫之識。自是別後，莫知所往。秋乃得是書，皆先生平昔所作之詩文數十萬言。昔先儒囑其徒鶴林緝之行於世久矣，歲久煙沒，而世無所傳。今偶得是書，如親覲師面，誦之再三，油然心與鈔融，恍然置身於太清之境，苟非大羅之霞客，曷能語於是哉！蓋原本篇叙不一，《上清》《玉隆》《武夷》三集内未入者皆收之，今重新校正，定爲八卷。《附録》一册，乃霞侣奉酬之玄簡，仍綴諸卷末，摹寫成集而壽諸梓，以永其傳焉。使先生之有知，必不棄我於塵壤也，將有望於挈飄笠、負琴劍同遊於太清者焉。時在正統壬戌孟秋一日也，南極遐齡老人臞仙書。按：臞仙爲明太祖第十七子宣獻王之號，所謂寧藩也。日與文學士往還，有志冲舉，故以臞仙自號。見《明史·諸王傳》。吾家所藏臞仙編著之書，除此書外，有《活人心》及《肘後經》二種。《活人心》則署玄洲道人，《肘後經》則署涵虚子，蓋漢、唐以後，凡厭亂懼禍者，多託神仙以自韜晦，宣獻亦由此道，而明藩之號每多若是，益可證也。《朱氏藩獻記》所舉宣獻著述，計有《通鑑博論》二卷、《漢唐祕史》二卷、《史斷》一卷、《文譜》八卷、《詩譜》一卷、《神隱》《肘後神樞》各二卷、《壽域神方》四卷、《活人心》二卷、《太古遺音》二卷、《異域志》一卷、《遐齡洞天志》二卷、《運化玄樞》《琴阮啟蒙》各一卷、《乾坤生意》《神奇祕譜》各三卷、《采芝吟》四卷，又作《家訓》六篇、《寧國儀範》七十四章，其在此外者多見於《范氏閣目》中，錢氏《列朝詩集·乾六》云，臞仙於洪武二十四年册封，之國大寧。文皇帝踐祚，改封南昌，恃靖難功，頗驕恣，多怨望不遜。晚年深自韜晦，益慕冲舉，自號臞仙。凡群書有祕本，莫不刊布國中。又明胡奎《斗南老人集》前有臞仙序，爲明初寧王府文英館所刊。見於《寧藩書目》。此書或亦有文英館槧本歟？前人稱臞仙爲成祖所忌，移置南昌。後日求出世之學，令人至廬山絶頂，囊雲於甕，以蠟封固，每當邸中宴屬官時，在後室放雲，濃厚氤氲，至對面不能見人，以爲笑樂。所著之

書,徐氏康曾藏《貫經》一册,乃推廣投壺譜而作,雖爲游戲三昧之
書,而亦見心靈手敏云。《四庫總目》稱臞仙本封大寧,爲燕王所
劫,置軍中使草檄。會有謗之者,乃退講黄老之術,别構精廬,顔曰
神隱。並作《神隱志》以明志,永樂六年上之。蓋借此以免患,非
真樂恬退,皆實録也。

## 網山月魚先生文集八卷

寫本,查昇山舊藏。

　　宋林亦之撰。前有劉氏序,略云,隆、乾間南方學者皆師艾軒
先生,席下生常數百人,去而貴顯者相望。然自先生在時,言高第
必曰網山,後先生卒六十載,學者論次先生嫡傳,亦必曰網山。余
嘗評艾軒文,高處逼《檀弓》《穀梁》,平處猶與韓並驅,它人極力摹
擬,不見其峻潔而古奥者,惟見其寂寥而稀短者。縱使逼真或可亂
真,猶虎賁之似蔡邕,優孟之似孫叔也。有若之似夫子也,形也。
至於網山論著其律詩高紗者,絶類唐人,疑老師當避其鋒,它文稱
是。然甫五十而死,子名簡子,字綺伯,客死,其後遂絶。余童子
時,師事綺伯,又與網山之嫡孫行林侯蕭翁交友,蕭翁既序其遺文
矣,克莊復識其後。網山林氏,名亦之,字學可,福清人,一字月魚
先生。前史官劉克莊序,次有林希逸序,并有識語。序云,先生吾
邑龍江人,受道於艾軒,自號網山山人,月魚氏。生高宗丙辰,終孝
宗乙巳。今上辛卯,後先生之生百有三年。承學從事郎新平海軍
節度推官林希逸謹序。識云,希逸甲申客壽陽,嘗集艾軒、月魚二
先生之詩,序而名之曰吾宗詩法,今十有五年,躘甫以是集來求余
文,俾書其首,故帙偶遺,追憶不得手,重有所感,因更叙數語云爾。
前清吴氏《繡谷亭薰習録》著録此書,祇有劉氏序,而不云林氏有
序。又謂集中多誄辭銘歌,疑出後人哀集者。其所著《浮屠氏論》

謂,孟氏當辨楊墨,韓子不必攻釋氏。楊墨之學,猶近儒者,孟氏辨之所以鍼其蔽。至釋氏本西方之俗,與中國不同,韓子之辨,益其熾也。林氏學於艾軒,艾軒之學,朱子獨尊信之,不知何爲而著斯論? 惟詩篇佳麗,後村稱其絕類唐人,所傳不多,泠泠可誦,蓋吳氏之意見如此。其書則題《網山集》云。此本卷前有"查聲山章"。聲山名昇,字仲韋,一字聲山,浙江海寧人。康熙二十七年進士,官至詹事府少詹事。著有《静學齋集》《澹遠堂四六》《尺牘》《姓氏譜》諸書,書法有《蘭亭考》《山居篇》諸石刻。見沈氏《隱拙齋集》四十九。沈氏家藏宋本《類編增廣山谷先生大全文集》係南宋刊本,其題記云,吾家世藏宋本,僅留此,是可寶也。子孫其善守之。乾隆壬戌除夕,隱拙翁廷芳志。各冊有"查昇之印"。仁和沈廷芳,字畹叔,一字荛園,印按"荛園",爲聲山官詹外孫,或查氏所藏,而後歸沈氏者,世無二本,宜其寶之。

## 東萊詩集二十卷<sub>寫本。</sub>

宋吕本中撰。前有陸氏序,略云,宋興,諸儒相望,有出漢、唐之上者,迨建炎、紹興間,承喪亂之餘,學術文辭猶不愧前輩,如故紫微舍人東萊吕公者,<small>伯驥按:朱氏《經義考》稱,吕氏自好問稱東萊公,而居仁作《江西宗派圖》,學者亦稱爲東萊先生,然則吕氏三世皆以東萊爲號。《四庫全書考證》四十七,據《新唐書·藝文志》有《東萊吕氏家譜》一卷,則吕氏之號東萊,蓋遠在唐世云。宋南渡後,十大夫流寓不常,其里貫仍署舊籍,如韓氏居上饒,而自稱潁川,吕氏居婺州,而自稱東萊,是其例也。</small>又其傑出者也。公自少時既承家學,仕愈躓,學愈進,因以其暇盡交天下名士,其講習探討,不極其源不止,故其詩文汪洋閎肆,備兼衆體,間出新意,愈奇而愈渾厚,震輝耳目,而不失高古,一時學士宗焉。晚節稍用於時,在西掖嘗兼直內,廷草趙丞相鼎制,力排和戎之議,忤秦丞相檜,秦公自草日曆,載公制辭以爲罪，而天下益推公之正。伯驥按：陸氏於宋時和戎及檜之奸邪一節，《集》中屢以爲言，故此序又暢言及此，所謂每飯不忘君國也。《集》中有云，陳阜卿先生爲兩浙轉運司考試官，時秦丞相孫以右文殿脩撰來就試，直欲首選，阜卿得予文卷，擢置第一，秦氏大怒。予明年既顯黜，先生亦幾陷危機，偶秦公薨，遂已。又夜讀范至能《攬轡録》，言中原父老見使者多揮涕感其事，作絕句詩云“公卿有黨排宗澤，帷幄無人用岳飛。遺老不應知此恨，亦逢漢節解沾衣”。《聞武均州報已復西京》云，“胡兒敢作千年計，天意寧知一日回”。《醉中感懷》云，“古戍旌旗秋慘淡，高城刁斗夜分明。壯心未許全消盡，醉聽檀槽出塞聲”。《秋夜泊舟亭山下》云，“羽檄未聞傳塞外，金椎先報擊衙頭”。自注，聞虜酋行帳爲壯士所攻，幾不免。虜語謂酋所在爲衙頭，皆可證也。公平生所爲詩，既已孤行於世，嗣孫祖平又盡裒他文凡若干首，爲若干卷，而屬游爲序。慶元二年，中大夫提舉建寧府武夷山冲佑觀山陰陸游序。末有曾氏題識，略云，東萊呂公居仁以詩名一世，使山谷老人在，其推稱宜不在陳無己下，然即世多歷年所，而編次者竟無人爲。儀真沈公宗師名卿之子，少卓犖有奇志，方黨禁未解時，不顧流俗專與元祐故家厚。沈公之子公雅以通家子弟從公游，公稱之甚。乾道初元，幾就養吳郡時，公雅自尚書郎擢守是邦，暇日裒集公詩，次第歲月，爲二十通，鋟板置之郡齋，幾亦受知於公者也。公雅用是囑幾題其後。紹興辛亥，幾避地柳下，公在桂林，是時年皆未五十。公之詩固已獨步海内，幾亦妄意學作詩，作書請問句律。今三十有六年，顧視少作，多可愧悔，因記公教我之言於篇末。乾道二年，贛川曾幾題。伯驥按：曾字吉甫，其先贛州人，徙河南府。高宗時，提舉浙西提刑，因忤秦檜，去位僑居上饒茶山寺，號茶山居士。檜死，奉召爲秘書少監及權禮部侍郎。致仕，卒，諡文清。有《茶山集》。曾詩於古學杜，於時人學黃，而又學韓駒，故爲江西詩派，亦出於蘇，南宋之四大家皆導源於曾。陸氏《贈應秀才詩》云，“我得茶山一轉語，文章切忌參死句”，則以得之於師者，示於晚進也。錢大昕《陸氏年譜》稱，放翁三十一歲從曾游，曾稱其文辭有作者餘風。本中字居仁，祖希哲師程頤，本中聞見習熟，少長從楊時、游酢、尹焞游，三家或有疑異，未嘗苟同。初，本中與秦檜同爲郎，相得甚歡。檜既相，私有引用,本中封還除目,檜勉其書行,卒不從。趙鼎素主元祐之學,謂本中公著後,又范冲所薦,故深相知。會《哲宗實錄》成,鼎遷僕射,本中草制有曰,合晋、楚之成,不若尊王而賤霸;散牛、李之黨,未如明是以去非。檜大怒,言於上曰,本中受鼎風旨,伺和議不成,爲脫身之計。風御史蕭振劾罷之。提舉太平觀,卒。學者稱爲東萊先生,賜諡文清。有詩二十卷,得黃庭堅、陳師道句法。《春秋解》一十卷、《童蒙訓》三卷、《師友淵源録》五卷行於世。見《宋史》本傳。集中各詩,前人有舉其佳句者,如卷一《暮步至江上》"樹陰不礙帆影過,雨氣卻隨潮信來"。《上元》"春愁不作遊人地,細雨殘梅過上元"。《宿州初暑》"春盡茆蒼深着燕,日高田水故飛鷗"。卷三《呈愚上人》"萬里更行看鬢裏,一枝才足賦鷦鷯"。卷十九《寒食》"今年春物更怱怱,野杏山桃取次紅。底事無錢作寒食,可無新語寄車公"。《偶出謝客》"雨侵田水連溪白,春入山花帶蜜香"。皆足稱述。又有《疏食》三首、《戒殺》八首,蓋宋世士夫多有此習尚。晁、吕、蘇、黃集中,每見此類詩文也。《清波雜志》卷八云,從叔知和隨侍九江,嘗以詩見吕東萊居仁,後以書請教。答云,廬江咫尺,讀書少休,必到山中,所與游者誰也?古人觀名山大川以廣其志意,而成其德,方謂善游。太史公之文,百氏所宗,亦其所歷山川有以增發之也。惜其所用只在文字間,若使志於遠者、大者,雖近逐游夏可也。又爲作《求諸己齋詩》,見集中云,蓋吕氏好遊,故其言云爾。今集中之詩,可以覆按。紫微論詩,須參活法,以彈丸爲喻。劉後村、朱子咸議之,然其詩固有獨到處也。吕作《江西詩杜宗派圖》,列陳師道、潘大臨、謝無逸、洪芻、饒節、僧祖可、徐俯、洪明、林敏修、洪炎、江革、李錞、韓駒、李彭、晁冲之、江端本、楊符、謝薖、夏倪、潘大觀、林敏初、何顒、王直方、僧善權、高荷等二十五人,其源皆出黃庭堅,此圖之序頗繁,稱惟此二十五人以詩傳者無幾，如潘大觀、何顗不見有詩遺後，且其人亦多非江西籍，是則所謂江西詩派者，實緣山谷爲分寧人耳，取舍不大分明，議論亦不平允，宜學人之議其後也。別有一本題《紫微集》，卷數、詩章無異，但鈔手荒率。此則較工，且有校筆，故舍彼録此。

## 蠹齋鉛刀編三十二卷明寫本。

宋濟北周孚信道撰。前有陳氏序云，余之師友周公孚，字信道，自號蠹齋。天資穎悟，七歲通《春秋左氏傳》，既長，於書無所不闚，博聞彊記，而尤邃於楚騷、遷史、唐韓、杜氏之詩文，國朝諸公名世之作，出入貫穿。始刻意於詩，以後山爲法，其後由陳而黃，黃而杜，少而工，壯而新，晚而平淡。爲文長於叙事，簡潔而峻厲，不喜襞積雕繪，循理而言，理盡言止。登第十年，始爲真之郡博士，竟卒於官。仕止於一命，壽不登五十。公既没之二年，平陽解君伯時得公之遺文、古賦、古律詩、表牋、啟書、序記、疏、青詞、贊、碑銘共三十卷，目曰《鉛刀編》者，屬余爲之序。余少從公游，其學蓋得於公。伯時，公之死友也，嘗仕爲尚書省監門，聞公一言，棄歸力學，其志操有足尚者。公之自真歸葬也，伯時營護之力爲多。淳熙己亥京口陳珙序。第十四卷以前賦與詩，第十五卷、十六卷表牋，十七、十八卷書簡，十九、二十卷啟，二十一卷《春秋講義》，二十二卷策問，二十三、二十四卷記，二十五卷序，二十六卷疏，二十七卷青詞，二十八卷碑銘、誌銘、行狀，二十九卷文，三十卷雜文，三十一卷、三十二卷《非詩辨妄》《拾遺詩》。目後有題字云，百禄與蠹齋先生從游，辱知遇最深。男瑀受業於先生之門，積有歲時，盡得先生家藏詩文三十二卷。先生平日盡力於斯文於詩，尤刻意舊句，多所更定，與昔少異，不敢私藏於家，命工鏤板，以廣其傳。學古君子覽之，始知余拳拳之志焉。淳熙己亥，郯延解百禄伯時書。友人陳珙德厚、宋廓子大校正,友人解百襴伯時編集。伯驥按:卷末《拾遺詩》有《次韻答周子及同年》一首,中有云"窮年蠹魚癡,吾伎止此耳"。或周氏以書卷爲資糧,故有蠹齋之目歟! 仁和丁氏善本書室曾録其"蚊睫""牛腰"二語,以爲楹帖。見《藏書志》中。今按:此詩實見卷一古律詩類,乃贈蕭光祖者,詩云,"之子固殊俗,少年甘寂寥。田園一蚊睫,書卷百牛腰。雪徑晴猶凍,煙紅晚不潮。箇人勤著語,老耳欲聞韶"。蓋其饒清興也。三十一卷名《非詩辨妄》,其第一節云,鄭子曰漢之《詩》者三家耳,毛公趙人,最後出,不爲當時所取信,乃詭誕其説,稱其《詩》傳之子夏,蓋本《論語》所謂"起予者,商也。始可與言《詩》已矣"。非曰斯言也。仲尼亦嘗以稱子貢矣,然先儒不以《詩》爲子貢叙者,蓋賜不傳《詩》也,彼商其自傳《詩》耳,不係乎仲尼之稱揚也。蓋鄭氏樵素攻《詩序》,周氏從而辨之,其言頗詳。卷三十有云,辛棄疾始字坦夫,後易曰幼安,作詞以祝之,詞曰"言不中律,行不適實,惟德之疾。以今之學,思古之士,唯疾之藥。凡吾之疾,攻不遺力,迨其去矣。吾膚自碩,瘝憂未亡。正氣以殘,小過不作,大德可完。中無所媿,其體則胖,祝子無止,豈惟幼安"。按:辛氏坦夫之字前人多略之,得此可補其闕。孚世爲濟北將家,避亂南居丹徒,既長喜讀書,過目輒成誦。時有鄧氏張書肆,孚日往游焉,因得盡閲天下書。爲詩屬思高遠,鍊句精穩。辛棄疾少壯,兄事之。擢乾道二年進士第,爲真州教授。郡守延璽武人,欲薦之,介學職以意。學職喜以告,孚不答。退復以書扣可否,孚答書陳誼甚高,聞者韙之,在任以疾卒。京口之士多從游,其最厚者朱叔瑶,字德裕。陳珙字德厚。見《京口耆舊傳》。

## 象山先生全集三十六卷明嘉靖刊本。

宋陸九淵撰。九淵字子静,金谿人。乾道八年進士,官知荆門

軍,諡文安。見《宋史・儒林傳》。集三十六卷,凡書十七卷,表奏
一卷,記一卷,序贈一卷,雜著四卷,詩一卷,祭文一卷,行狀一卷,
誌銘一卷,程文三卷,拾遺一卷。其後四卷則爲孔煒撰諡議、丁端
祖覆議、楊簡行狀,及其門人所編語録。原有袁燮、楊簡二序,逮明
正德辛巳,撫州知府李茂元重刻,王守仁序之。此本嘉靖四十年再
刻,王宗沐序稱,德安吉陽何先生撫江西之明年,丕闡理學,乃改刻
之是也。附録華亭徐階《學則辯》,乃辯朱、陸二子之學,同歸一致
之理,爲閩尤溪廖恕所附,是時徐氏以講學家執政,故引其言以爲
重。知金谿縣事會稽馬蓂相識語,並列於後云。伯驥按:元方回
《桐江續集》卷三有《送繆鳴陽六言詩》云,《陸象山文集》二十八
卷,袁燮序、《外集》四卷、楊慈湖所爲《行狀》、孔熔所爲《諡議》、
附《與人書》,凡十七卷,可議極多。第十九卷記八篇,王荆公祠堂
疵病爲甚。葉靖逸《四朝聞見集》記象山三事,一爲僧光庵所喝,
二謂危逢吉氣粗,三學子焚香欲下拜,持其手曰,未可。此皆朱文
公所謂陸子静分明是禪學者也。鳴陽重刻《象山集》流布北方,
所至作詩,盛稱其學。紫陽晚學方回,未敢以爲然,賦六言八句
送之,"象山之學超詣,水心之學刻畫。後村之詩卑陋,樗寮之字
怪僻。舉世隨聲雷同,衆啞啞我愬愬。此四者皆不可,尤不可第
一癖"。蓋象山之學以超悟爲宗,宋人已有訾議,不獨方氏之言
也。至其集之卷數,又與明刻不同,故略述之,陸學又豈方氏所
能議哉!

## 盤洲文集八十卷目録二卷
景宋本,洪氏振安舊藏。

　　宋洪适撰。陳振孫《書録解題》載《盤洲集》八十卷,題曰,丞
相惠公鄱陽洪适景伯撰。适,忠宣公皓長子。忠宣使金時,适年甫

十三。紹興壬戌,與弟遵同中博學宏詞。其後自淮東總領入爲太常少卿,旋入右府,才半年而拜相,未幾去位。閒居十六年而終。前有淳熙十二年壻許及之狀云,公既歸,得附郭地百畝,剪除荆棘,列岫如鶩,洲渚窈深,花木映帶,位置臺榭,隨力興作,野服瘦筇,終日婆娑其間,人視之不知其爲丞相也。目其地曰盤洲,一卉一椽,皆有題詠,雜親朋醻唱爲一帙,曰《盤洲編》。又有周必大《碑銘》云,文華天賦,濟以力學,步驟經史,新奇富贍,兄弟鼎立,自成一家。罷政後,論著益多,四方傳誦,則其集固可貴矣。王氏《蠶尾文》七曰,《盤洲集·和景盧野處解嘲詩》"園池如此休言小,但放芻蕘雉兔行",但字注平聲,與徐騎省"莫折紅芳樹,但知盡意看"同音,二公皆精《説文》之學云云。可謂深知盤洲者。卷四《還李舉之太平廣記詩》云,"稗官九百起虞初,過眼寧論所失誣。午枕黑甜君所賜,持還深愧一瓻無"。知其又好小説家言,此《夷堅支志》五十卷,所以又出於其弟也。王氏藏此集十三卷本,有詩無文,十卷以下皆挽歌、樂章、詩餘,八卷、九卷皆雜詠盤洲山水草木,擬李衛公平泉諸詠。池北書庫夙以藏書名,而八十卷不可得,蓋罕有傳布。毛氏汲古閣所藏,是影摹宋槧者。此本亦摹宋,是爲足本,末有嘉慶甲戌孟冬雄川三派振安書後曰,《盤洲文集》雕本罕有於世,聞宋刻尚在商丘宋氏,是一、是二之物,斷難購覓,知世間即有舊鈔,亦可貴也。余向見朱氏潛采堂、宋氏青綸館二家宋元集目内此集,或云十三卷,或云十二卷,所儲皆非足本。彼富於收藏,如東城顧氏,亦僅見末册三卷,并拾遺而已。近日購得此本,係東皐隱蔣氏珍藏,的是影宋舊鈔,可無異議,惜紙板毁敗,兼有蠹蝕處,爰借黄復翁本校補空字,倩味書吴君重鈔,並付裝訂,頗覺完善,其中尚有殘缺錯誤者,與黄本無異,想宋刻亦復爾爾。

## 誠齋集百三十三卷

寫本，過錄宋賓王題記及前人校筆。

　　宋楊萬里撰。誠齋小史已見《易傳》中。此本前有清雍正間宋賓王題記二則，係寫書人過錄者。記云，《誠齋集》向無序，《浦星躔錄》《宋史》傳置其首，傳中載地震應詔所上書，緣已見第六十二卷，故刪之。雍正庚戌仲春記。又云，《經籍志》，《楊誠齋集》一百三十三卷，閔公贈誥有文規堯姒，百三十卷之多，詩到陰、何，積四千二百首之富，則此爲集之全無疑矣。末卷乃錄公歷官之誥，附錄也。公集實百三十二卷，向無目，浦先生創之，其間卷帙不均，似無不可，蓋略見標識，以俟續抄者改之。雍正八年臘月東倉宋賓王記。賓王，賈人而知書，黃蕘圃書跋曾及之，此寫本多有校筆，不記姓氏，筆法頗潦草，或校其字，或釋其文，或考其故實，頗有價值。偶記數則如下，卷十一《謝葉叔羽總領惠雙淮白詩》"情知此味飲中瓌，暖律何緣到死灰"。瓌與瑰同。卷十七《筠庵詩》"我來驗幽討，意尚疑俗譴"。一作尚疑俗諺譴。《尋樾亭前鸎巢詩》"啄菢雙雙子，經營寸寸巢"。菢音暴，鳥伏卵也。韓愈詩"鶴鴿不天生，變化在啄菢"。卷二十六《過三衢徐載叔採菊酒夜酌走筆》，元載酒下有"秉燭"二字。卷三十一《謝余處恭送七夕酒果密食化生兒詩》"踉蹌兒孫忽滿庭，折荷騎竹臂春鸎。巧樓後夜迎才女，留鑰今朝送化生。節物催人教老去，壺觴拜賜喜先傾。醉眠愛得銀河鵲，天上歸來打六更"。唐《歲時紀事》，七夕，俗以蠟作嬰兒形浮水中以爲戲，以爲婦人宜子之祥，謂之化生。薛能《吳娃詞》"芙蓉殿上中元日，水拍銀盆弄化生"。卷三十三《和謝石湖先生寄二詩韻》"康鼎才來頓解頤"，《漢書·匡衡傳》諸儒語曰，無說詩，匡鼎來，匡說詩，解人頤。宋板作康字，諱也。卷三十八《雪後寄謝濟翁材翁聯騎來訪》進退格，"急尋爐火温雙手，自喚兒郎共一杯"。爐火一作火種。《題族弟道鄉貧樂齋詩》"雪茹冰餐入骨香，漫欹臞瘦儘詩狂"。欹，一作欺。《和虞君使易簡字知能所寄唐律》二首"文工獨步過應徐"，文一作詩。《四十二甲子初春即事》"徑裏渾濃白，山桃半淡紅"，裏作李，無疑。又卷三十七末，有李原之主簿《投贈長篇謝以唐律》一詩，詩後低一格云，慶元丁巳，季父初筮，文江執贄文節公之門，辱報以詩，集中偶未登載，輒附於此卷之末。淳熙丁未，豫章李義山識。卷末有"嘉定元年春三月，男長孺編定。端平元年夏五月，門人羅茂良校正"二行。附録《謚文節公告議》云，切觀國朝文章之士，特盛於江西，如歐陽文忠公、王文公、集賢學士劉公兄弟、中書舍人曾公兄弟、李公泰伯、劉公恕、黃公庭堅，其大者，古文經術足以名家，其餘則博學多識，見於議論、溢於詞章者，亦皆各自名家也。又謂誠齋之文，辯博雄放，晚年所著，益復洪深。其為詩始而清新，中而奇逸，終而平淡。末又有二行云，"以卷計一百三十有三，以字計八十萬七千一百有八，鋟木於端平初元六月一日，畢工於次年乙未"。蓋羅茂良校正後，曾經付刊者。宋刻本日本有之，宋後未嘗再刻，故藏家多是鈔本。有影宋鈔者，江陰繆氏曾藏之，當今海内藏鈔本者，亦不多覯。此最足本，且有校記，可貴也。

## 勉齋先生黃文肅公集四十卷

### 附録一卷景宋本，臨海洪氏百里舊藏。

宋黃榦撰。榦字直卿，號勉齋，福州閩縣人。受業朱子，朱子嘗語人曰，直卿志堅思苦，與之處甚有益。以其子妻之。寧宗即位，朱子命榦奉遺表，補將仕郎。朱子竹林精舍成，遺榦書，有"他時可請代即講席"之語。病革，以深衣及所著書與榦，訣曰，"吾道之託在此，吾無憾矣"。訃聞，日行百里至考亭，為護喪事，持心喪三年。歷知漢陽軍、安慶府，主管亳州明道宫。致仕，授承議郎。後謚文肅。《宋史》列《道學傳》。第一卷詩，第二卷書，第三卷書，第四卷書，第五卷書，第六卷書，第七卷書，第八卷書，第九卷書，第十卷書，十一、十二、十三、十四、十五、十六卷書，十七卷銘記，十八卷記，十九卷序，二十卷題跋，二十一卷啟，二十二卷昏書、疏、祝文、奏狀，二十三卷擬奏、代奏論，二十四卷講義，二十五卷講義，二十六卷經說，二十七卷策問、公劄，二十八卷公劄，二十九卷公劄，三十卷公狀，三十一卷公狀，三十二卷公狀，三十三卷行狀，三十四卷行狀，三十五卷誌銘，三十六卷祭文，三十七卷雜著，三十八卷判語，三十九卷、四十卷判語。卷十九第一葉下魚口下，有“延祐二年刊”，卷二十一、二十九葉有“延祐二年刊”，補《目錄》第七葉、第八葉，有“延祐二年刊補”字樣，二十四、二十五葉亦有之，蓋補葉於後來者也。半葉十行，行十八字，卷首前有“震煊百里”朱文章。前清臨海拔貢生洪震煊，字百里，與其兄頤煊同佐儀徵阮氏編《經籍纂詁》，著《夏小正疏義》四卷，此當是其藏本，籤題“景宋本”三字，當亦其遺筆。伯驤按：鄭康成於《易·豫卦》注曰，震爲雷，雷震百里，諸侯之象。又於《震卦》注曰，雷發聲聞於百里，古者諸侯之象。又考《逸禮王度記》《孝經援神契》皆云，諸侯封不過百里，象雷震百里也。《太平御覽》《初學記》引《論語讖》亦同。學人名字，固與尋常異矣。

## 漫塘劉先生文集二十二卷舊活字本。

宋劉宰撰。宰字平國，金壇人。紹熙元年進士，官至浙東倉司幹官。以北伐釁起，退隱不仕。卒，賜謚文清。《宋史》有傳。此集共二十二卷，其分體曰賦、曰楚辭、曰五言絕句、曰七言絕句、曰五言八句、曰六言八句、曰七言八句、曰雜言、曰長篇詩、曰辭免狀、曰書問、曰劄子、曰七幅劄、曰表、曰啟、曰四六劄、曰雜文。前有趙葵序，極爲推尊。葵字南仲，淳祐中右丞相兼樞密使，封魯國公，諡忠靖。事實見《宋史》。清《天禄琳琅續目》卷七有宋刊本，謂集中門目頗爲恢詭，詩首今體而後古體，謂之長篇詩，又有七幅劄之名，其四六劄又別於啟，皆諸家文集所未有，或當時體製如此。至以一葉爲一卷，應越行，字皆空一格，而通部每行上空一格，版式特異，然嫌名闕筆極謹嚴，紙墨俱古，考今通行本，乃明王臬所梓云。淳祐初，王遂裒其遺稿，名曰《前集》，理宗收入祕閣，世遂無傳。明正德間，大學士靳貴從內閣鈔出付雕，其附録重刻之由甚詳，而無一字及於趙葵曾編刻《漫塘集》，此真罕見之書云云。此本編類及板式，與天禄本相同，所謂空格避嫌名等事，皆與之符合，惟察其板式，爲活字印成。如完、竟、鏡、境、讓、真、敬、殷等字，皆缺末筆，又明時活字本之少見者，紙墨極古樸，或爲宋時活字印行歟！趙氏序云，近世以文名者不一，雖高談闊論，雅足動人，而行不掩言者居多，惟金壇劉公學術本乎伊洛，文藝勝於漢唐。其居鄉也正直溫和，其服官也明敏仁恕，誠一時之奇才，而道學之宗派也。無何世事多艱，竟不樂仕，告歸田里，朝廷屢召不起，自號漫塘病叟。隱居三十年，澹如一日。不事家業，惟好讀書，生平著述不勝記，然皆散佚不存矣。今姑就所見所聞者傳之於世，以見斯文之未喪云。嘉熙四年三月庚午，同知樞密院事趙葵序。半葉八行，行十五字。卷一前有"辨雕堂"朱文長形章、"恪靖侯第五孫藏書"朱文章。比年南潯劉氏有劉集刻本，未審已得此本比勘否耳。

## 重校鶴山先生大全文集一百九卷
明錫山安國活字本。

宋魏了翁撰。此集有吳淵序，吳潛後序，又有跋，題開慶改元

五月成都府路提點刑獄,以下姓名闕,平江黃氏藏宋本魏《集》如
此。黃氏云,明邛州刊本,而又雜入錫山安國刊本影寫者,明本
《目録》全無,安本自九十八至一百九十,與宋刻存卷並同,又知明
時所存已不全矣。向疑一百二卷内末有缺,今觀安刻亦如是,當非
殘缺,一百九十卷安刻有首葉,及後葉四行俱存,因影摹存覽,後跋
提點刑獄公已下無文,安刻正同,惟吳潛後序完善,宋刻俱失。錢
氏大昕跋云,據此跋,舊有姑蘇、温溪兩本,皆止百卷,至高氏始以
《周禮》折衷師友雅言,並它文增入,爲百有十卷,故有《重校大全
文集》之稱,其中有合兩卷連爲一卷者,亦不無魯魚亥豕之訛,然
世間止此一本,可寶也。蓋嘉靖辛丑四川兵備副使高翀始有一百
九卷之刻,題曰重校,刻於邛州,同時太子少保李公以平江撫治,故
爲鶴山贈第,尤切仰止,嘗求所著《九經要義》不可得,得其文集若
干卷,知無錫縣隴西楊華請摹以行,末綴一跋,而錫山安國即以活
字印傳,今傳本亦不多也。前有嘉靖間邵寶序,略云,鶴山先生文
靖《魏公集》若干卷,故有刻本,自宋迄今凡三百餘年,廢缺鮮傳。
今太子少保工部尚書内江李公以公蜀人,爲鄉邦先正,撫政之暇,
訪而得其什九,輒用勘校,命吾邑義士安國以便版從事,伯驥按:邵氏
撰《温硯銘》,安國爲之製刻,安重建膠山李忠定祠,邵爲作記,今刻魏《集》又邵序之,
邵二泉與安氏殊有交契。吾家所藏明刻邵《集》,得自芋花庵辛氏,紙墨頗精。其什
之一,尋又得而補焉。宋之有道學也,始於周子,盛於兩程子,而邵
子、張子同時並作,繼乃成於朱子。其後偽學之論起焉,而謗遂及
乎大儒君子。當是時公與西山真公二人者,雖罹娼嫉,屢見疏斥,
而講明之功,持守之力,弗替益勤,立朝領鎮,忠言嘉政,歸焉爲吾
道衛翼。公家食時,讀書白鶴山下,在靖州有鶴山書院,及登政府,
賜第平江。至厪理宗御書院額之賜,所至學徒不遠趨赴平江。今
蘇州府,公生所遊,死所歸藏也。次有劉瑞序,略云,鶴山魏文靖公

事宋寧宗、理宗，知其賢而不用，用亦不克專且久。公每入朝，輒侃侃論天下事至數十萬言，皆剴切正大，用是忌於群小，累進輒知外郡。晚歲與西山同召，群小愈忌之，陰肆排擯，公於是復去國而遂不起。公所至，興學校、作人才，講明程朱之學，著書考古無虛日。《九經要義》百卷，有儒先所未發者，與西山《大學衍義》同功，然卒莫之傳也，豈非敏哉！末有淳祐己酉吳淵序，則是集之原序也，略云，藝祖救百王之弊，以道理最大一語開國，以用讀書人，一念厚蒼生，文治彬郁，垂三百年。而文章亦無慮三變始也。厭五季之萎薾而崑體出，漸歸雅馴，猶事組織，則楊、晏爲之倡，已而回瀾障川，斲雕返樸，崇議論、厲風節，要以關世教、連國體爲急，則歐、蘇擅其宗，已而濂溪周子出焉，作《通書》，著《太極圖》，大本立矣。餘有所及，雖不多見，味其言藹如也。南渡後，惟朱文公學貫理融，訓經之外，文膏史馥，騷情雅思，體法畢備。又未幾，而公與西山真公出焉。魏公薨背十二年，而二子曰近思克愚，粹遺稿刻梓，屬淵序。發之公文，視西山理致同，醇麗有體同，而豪贍雅健則所自得，故近世言文者曰真、魏。吳氏此言蓋以文論矣，以魏配真，亦自吳氏始也。

## 可齋雜稿三十四卷續稿八卷

### 續稿後十二卷 寫本，繡谷亭、愛日精廬舊藏。

前題覃懷李曾伯長孺撰，嗣男杓編次。曾伯字長孺，號可齋，本懷州人也，丞相邦彥之孫，寓居嘉禾。自登膴仕，早以能稱，持繡斧督餉運，兩分漕節，七開大閫，官轍幾徧天下。儒而知兵，素有雅量，所至得將士歡心，遠人聞風敬憚，戒勿開隙，天才卓絕，爲一代偉人。有《可齋類稿》行於世，以觀文殿學士終於家，贈少保開府儀同三司。見《至元嘉禾志》十三。此志吾家有寫本。此稿前有自序云，稿以雜名，非純也。余自弱冠共子職，既而從諸公幞歷中外，浤穎不靈，終其身吏俗。中間隨事以醻應託意於模寫，自少而壯，壯而老，夭閼剗藤者多矣。其棄而醫蒙藥褚，不復可記憶，篋中斷語零落，本無足采，年來憂患摧折，思致愈不逮前。一日與塾親友偶閱舊作一二，有勸以刊諸梓示兒曹者，姑俾芟次之。杜園綴緝，淺近卑陋，終不及君房語。譬諸山肴野蕷，聊爾雜陳，倘俎諸五侯之鯖，當釅然一笑。淳祐壬子夏可齋書。次有尤氏序，略云，士君子生斯世，功業之盛，莫如韓、范忠獻。《春雨》《桔槔》之篇，膾炙人口。至《辨論新法》一疏，精於經術，諸儒有所不逮，而上之人以出於強至疑之矣。文正《岳陽樓記》精切高古，而歐公猶不以文章許之，然要皆磊磊落落，確實典重，鑿鑿乎如五穀之療飢。余曩與朝夕一別將二紀，而公功業赫奕於時。一日貽書，以其在荆襄著述二編見示。且曰，蠹魚活計，我尚願留情焉。余熟觀而嘆曰，功業、文章難兩全久矣，而公之志欲兼之。顧今邊事孔棘，公以一身橫當荆蜀之衝，屹然如長城萬里，上之倚公，不啻韓、范，豈當復與書生文士校短長於繩尺間哉！余既以此意復於公，仍書以遺湖北倉使劉和甫籲，俾刊之編首，益相勉屬，以盡朋友之義云。寶祐二年，翰林學士中大夫知制誥兼祕書監兼修國史實録院修撰兼侍讀尤熷序。次有其子識語，略云，先公少保觀文《可齋雜續》三藁，杓侍官荆渚時，竊伏會梓而鋟之梓，繼而庾使介軒、劉公籲又刻之武陵，端明木石先生尤公熷序於篇首，二刻之行乎世也久矣。昔我先公羽中翼明，簡知當宬，入儀著作，出更幹方於淮、於荆、於蜀、於湘、於嶺、於鄞海，嘉謨勝略，指陳手奏，靡不援據古誼，鋪繹事情，炳然如丹，其勳在王室，書在國史。至於春頌賦詠，游戲非偶，足跡所至，篇帙隨積，其間代廷闈、參幞畫、掾都曹，凡廟堂間府諸所製作，多出公手。生平爲文，初若不經意，或時掀髯散步，俄頃抽思泉湧，口授筆吏，有脫腕者，五六十年間，所作何限，散逸亦不少矣。
歲戊辰，先公棄諸孤，今所傳者手澤存焉。大懼弗能讀以閟於前文
人光，嘗欲手鈔小帙未果，會書市求爲巾笥本，以便致遠。杓曰是
區區之心也，亟命吏楷書以授之，棗刻告成，用識於後。咸淳庚午，
嗣男杓百拜謹書。《續稿》有寶祐甲寅自識曰，《雜稿》鋟梓，出於
兒輩哀次，中多少作，未嘗不動壯夫之悔，一二年間復應醻，又欲從
而續之，姑徇其意。然軍書鞈午中，安有好語，徒重作者笑。伯驥
按：宋參政婁機著《班馬字類》二卷，曾伯與蜀人王揆補之，原本有
其字而補其注者，亦有原無而補其字者，共一千二百三十九字，別
爲《補遺》於各韻之後，合兩書以觀，則班馬假借古字，犁然具在
矣，是李氏固長於小學也。書爲繡谷亭吳氏、愛日精廬張氏舊藏，
有藏章，著録《愛日精廬藏書志》。寫字甚精工，裝訂甚樸雅。

## 劉後村先生大全集一百

**九十六卷**從賜硯堂本傳録，巴陵方氏舊藏。

　　宋劉克莊撰。克莊字潛夫，莆田人。以蔭入仕，官至龍圖閣直
學士，諡文定。後村者，因其居以自號。見本集林氏希逸序中。後
村遺文，前人以及清《四庫》著録者多爲五十卷本，宋氏犖《西陂類
稿》卷二十八，有《題後村集》云，右《劉後村詩文》鈔本五十卷，爲
豐城楊宗伯文恪公廉手閱。康熙庚午三月，得之豫章官舍。《後
村集》流傳頗少，文恪嘗薦李文正、王文恪諸公，太原王端毅被讒，
又力爲伸捄，其品最高，手澤尤堪寶愛云。宋氏素號藏家，而其言
如此，則五十卷本傳世亦稀矣。唯范氏天一閣有宋抄一百九十六
卷本，其後虞山張氏乃從之傳録。張月霄云，克莊有前、後、續、新
四集二百卷，見《墓志銘》。此蓋其合編之本也。案：《隱居通議》曰，
後村卒，其家盡薈萃其生平所著，別刊小本，爲《大全集》，則是書

即出後村之家。宋時曾有刊板，天一閣本蓋從之傳錄者，凡詩文、詩話、內外制、長短句合一百九十三卷，其一百九十四至一百九十六則行狀、諡議、墓志銘各一卷也。諸家書目止有林秀發編五十卷本。此本則絕無著錄者，惟《文淵閣書目》有《劉後村詩》二部，俱五十册殘闕，卷帙繁重，或即是書。盧氏抱經《林本後村集跋》曰，《後村集》有百九十六卷，求之數年卒不見。又云，石門吳氏《後村詩鈔》亦無出此集外者，是其全者非獨余不及見，即前輩亦未之見耶！則是書之罕觀久矣。見《愛日精廬藏書志》。黄蕘圃云，近日常熟張月霄有《後村大全集》一百九十六卷，從天一閣舊鈔影寫，係錢唐何夢華爲阮宫保訪求遺書，備《四庫》所用，故搜羅及此，而爲張月霄錄其副也。伯驥近得此本於海上，爲前清光緒間巴陵方氏從吾粤丁氏持靜齋傳錄賜硯堂舊抄本，一卷至四十八卷詩，四十九卷賦，五十卷油幙牋奏，五十一、二卷奏議，五十三卷至五十九卷內制，六十卷至七十五卷外制，七十六卷至七十九卷奏申狀，八十卷、八十一卷掖垣繳駁，八十二卷、八十三卷玉牒初草，八十四卷、八十五卷諸經講義，八十六卷、八十七卷進故事，八十八卷至九十八卷雜著，九十九卷至一百十二卷題跋，一百十三卷至一百十五卷表牋，一百十六卷至一百二十六卷奏啟，一百二十七卷上梁文、樂語，一百二十八卷至一百三十四卷書，一百三十五卷祝文，一百三十六卷至一百四十卷祭文，一百四十一卷至一百四十七卷神道碑，一百四十八卷至一百六十五卷墓誌銘，一百六十六卷至一百七十卷行狀，一百七十一卷疏，一百七十二卷青詞，一百七十三卷至一百八十六卷詩話，一百八十七卷至一百九十一卷長短句，一百九十二卷、一百九十三卷書判，一百九十四、五、六卷則後人附錄後村之行述、墓誌銘、諡議等目也。《持靜齋目》云，此據宋刻過抄，爲《後村集》最足之本，宋以後未有刊刻，即抄者亦僅五十卷而已，真可寶貴。方氏有墨筆題記云，余初得《後村集》爲蔣氏□嬴館藏本，僅五十卷，已詫爲希有。及余分笏潮嵯，閱丁禹生中丞所贈《持靜書目》，知其家藏有舊抄足本，欲借錄而未果，中丞旋歸道山。余亦以受代去潮，無從問訊矣。歲戊子，忝膺典郡，重涖韓江，得晤中丞文孫芝田明府，詢及中丞遺書，完善如故，因乞借抄是集，並杭董浦之《續禮記集説》等書，芝田忻然見許。急覓鈔胥，分別録存，書中行欵悉仍其舊，計共一百九十六卷。惟展轉傳鈔，必多訛舛，因命長兒大森用蔣本細校一過，凡改正之字，以硃筆識之。其中如題跋、詩話、長短句三種，並用《津逮秘書·六十家詞》復校，此外無從校補者，尚餘三分之一，他日倘遇善本，使此書得復舊觀，則深幸矣。校竣，並録蔣本舊序於卷端，而以丁氏書目所注卷數抄附於後，俾易檢查，用誌其原委如此。光緒戊子十月，方功惠識於潮郡官廨之寶雲樓。近年《四部叢刊》景印《後村集》亦用賜硯堂抄本，唯舊缺咸淳六年林希逸序、八年劉希仁序，從無錫孫氏小緑天藏愛日精廬鈔本補足，其餘闕行、脱字，則無從補。此本卷首闕劉序，而有林序，且從蔣本校過五十卷，他日當再以《叢刊》本對勘。《續稿》有後村跋語云，《續稿》五十卷，起淳祐己酉至寶祐戊午十年間之所作也。余少喜章句，既仕，此事都廢。數佐人幕府，歷守宰庚漕，亦兩陳臬事，所決滯訟疑獄多矣，惟懶收拾，今摘取臬司書判稍緊切者爲二卷，附於《續稿》之後，蓋儒學吏事，麤言細語，同一機捩，不可得而廢云。其餘各卷則無後村序跋也。後村之詩，有聲於南宋。清《四庫提要》謂其詩派近楊萬里，大抵詞病質俚，意傷淺露。方氏《瀛奎律髓》極不滿之。又謂後村年八十，乃失身於賈似道。集中如《賀賈相啟》《賀賈太師復相啟》《再賀平章啟》，諛詞諂語，不一而足。王漁洋《蠶尾集》有是集跋，加以指摘，謂較陸放翁《南園記》猶存規戒之旨者，抑又甚焉。蓋前人多於後村有貶詞，唯清道光間，琴川女士姚畹真藏宋刻殘本《後村先生詩集大全》十一卷，《題詩數章》有云，“一襟哀郢淚酸辛，詩思分明樂去官。無人可論南園事，留得丹心與後看。墨林萬卷劫灰飛，古本流傳此絕希。八十詩翁高格調，伊川錢壞想依稀”。則與方氏及館臣之意見有異。又前人謂後村詩詞及各體文皆有法度，卓然爲南宋一大作手。七言古風初喜摹長爪生，《詩人玉屑》所載三篇，酷與之肖，集中此體亦不多見，唯有《築城》《開壕》《運糧朝》六七篇而已，風格蒼老，頗近老杜。今集則律體居多，因其言考其人，亦庶幾無愧真氏之門者。乃《宋史》無傳，柯氏《新編》亦不爲之補，《文獻通考》於他人之集，則嘗采用後村之言，而其集亦未著錄，幾疑於名之晻晦矣。雖然《唐書》不爲韋應物傳，而蘇州之名常在天壤間，文章自可傳，不仗史筆垂，後村亦復何憾哉！此則與姚氏同其意旨也。竹汀錢氏又述，後村詩“未必朱三能跋扈，祇因鄭五欠經綸”二語謂爲耳食之論。竹汀云，朱溫之跋扈久矣，昭宗始立，頗有削平方鎮之志，乃誤用張濬爲相，欲倚汴以圖并，及濬出師挫衄，溫竟未遣一卒。唐之亡，濬之罪也。鄭綮之相，在乾寧元年，其時國事已不可爲，尋即辭疾去官，綮於出處無玷矣。厥後作相時事可知，乃綮自謙之辭，平情論之，則昭宗一時相臣，無出其右者。後村道聽塗説，豈真有論世之識哉！此則專就其論事不當言之。又方氏虛谷《桐江續集》卷三十有《七十翁吟》云，“南岳五稿出，豈無劉後村。老妓風水僧，兩詩太不然。三生感容堂，晚節尤可憐”。自註云，後村《老妓詩》“卻羨鄰妓門户熱，隔樓燈燭到天明”。得罪名教。《贈風水僧》“誦得山經如念咒，預將禪笠去尋龍”。陋句甚拙。容堂，賈似道晚年自稱。後村七十以上造朝八座，有詩云“三生不可忘容堂”，蓋虛谷《續集》撰於罷官後，皆晚歲之言論，實則虛谷亦何嘗不失身秋壑。所謂一丘之貉昧於謀己，而明於論人者也。柳橋題記稱，初得《後村集》爲蔣氏囗贏館藏本。伯驥按：此當是烏程蔣氏物，蓋道、咸間，烏程蔣子屋藏書之所曰儷籛館、曰茹古精舍。子屋之子曰書箴，孫曰孟蘋，名汝藻，世守家風，有《傳書堂書目》。想其本於蔣氏下缺一字，而籛字又缺竹頭，柳橋未察其爲誰，祇得照録也。姚氏畹真，一字芙初，爲張蓉鏡芙川室人，夫婦均喜藏書，有"雙芙閣章"，其殘宋本《後村集》後歸昊縣潘氏。伯驥藏明范氏天一閣寫本《後村詩話》八卷，綿紙楷寫，當出舊槧，應與此集對而校之。

## 後村居士集五十卷宋刊明印本。

宋劉克莊撰。前有淳祐九年龍集己酉中春既望竹溪林希逸序，書法頗工，當是以手書上版者。後有"迪功郎新差昭州司法參軍林秀發編次"一行。半葉七行，行十三字，語涉宋帝皆空格。卷一至十六皆淳祐庚戌臘月以前所作之詩，卷十七、十八詩話，卷十九、二十詩餘，卷二十一以後皆文也。清《四庫》所收卷數與此本同，未悉是由宋槧出否耳？此本卷第十八詩話，卷下末葉云，余涉世齟齬，每誦歐公平生名節，爲後生描畫略盡之言，輒爲慨然，晚逐於朝，交遊皆掉臂去，惟《湯伯紀寄詩》云，"唐朝空自貴宮詞，科目何嘗得退之？掌制徒聞誇子厚，殘編僅見命敦詩。堪嘆實録無完傳，太息淮西有後碑。寄語莆田紫微老，文章蓋世例如斯"。敦字、完字，皆缺末筆。陸氏心源所藏宋本，則每葉二十行，行二十一字，亦五十卷。其題記稱，余初疑五十卷本從《大全集》選擇，及以《大全集》校對，詩凡四十八卷，今祇有庚戌以前十六卷；詩話分前、後、續、別、新五集，祇有前集二卷，詩話五卷、記六卷、序四卷、題跋十三卷，今各得兩卷；啟十一卷，今祇得四卷；墓志十八卷，祇得五卷；祭文五卷，書七卷，行狀五卷，各得三卷；表版四卷，祇得一卷;而内制、外制、奏議、油幕箋奏、神道碑、駁狀、判狀、《書》《易》講義、進故事各類,則不登一字。考洪天錫撰《後村墓志》,稱後村早負盛名,晚掌書命,每一制下,人人傳寫,號真舍人。達官顯人欲銘先世勳德,必託其文以傳。江湖士友爲四六及五七言,往往祖後村氏,於是前、後、續、新四集二百卷,流布海内,巋然一爲代宗。是《後村集》宋時刊行已有前、後、續、新四集二百卷,此本當爲四集之一,以不收淳祐庚戌以後詩證之,其爲前集無疑云。若丁氏善本室所藏則爲景宋本云,曩在蘇垣見宋刻本,購未就,可知宋槧固不易得矣。此本字法圓健,惜紙墨不大佳耳。

## 玉楮詩稿八卷 明刊本。

前題相臺岳珂蕭之著,十六世孫岳元聲之初、和聲爾律、駿聲季有藏墨,元聲字之初,號石帆,嘉興人。萬曆癸未進士,官至兵部侍郎,著《聖學範圍圖説》一卷。自序稱,圖昉孟子指點楊墨歸儒之義而攝之象,不忍令二氏角立門外,欲以王氏良知之緒論,引誘二氏,令歸於孟子。伯驥有其本。後學門人周念祖令孺、駱雲程天游讐訂。前有嘉熙庚子自序,略云,予自戊戌西遡沔鄂,庚子東遊當塗,凡三周哀彙詩稿得三百五十有八,名以《玉楮》因爲之序。昔宋人有刻玉爲楮,三年而成一葉,雜於楮葉中而莫能之辨,工蓋如是其巧也。今夫發於性情,著於詠歌,旬鍛月鍊,以求其大巧,夫誰不然?至於風行水上,涣以成文,雲出岫間,了非有意,澄江浄練,風雨滿城,尚絅去華,貴乎直遂,茲巧也蓋寓乎至拙之中,匪徒工之所能孋。夫以他山之攻昆吾之切,追硺毫芒以取其象似,故必待積月以致其力,則其成也難。遇物感形因時言志,不貴以浮靡,惟取其自然,故不待引日以存其天,則其成也易。彼三年而僅成一葉,此三年而爲篇者幾四百,其巧與拙,將誰實辯之?目後有字數行,云此集既成,遣人謄錄,寫法甚惡,俗不可觀,發興自爲，手日書數紙，通計一百零七版。珂撰有《寶真齋法書贊》，想其自寫詩必甚佳矣。卷一有詩目云，"聞韓正倫檢正掛冠，感歎故交偶成三首"，正倫京口放燈，余作詩及祐陵事，正倫疑誚其失，基怨於此。正倫向在京口，每折簡必以恩門見稱，予爲漕時嘗舉之。予癸巳在京口，因郡中元夕張燈，偶閱國史，靖康丙午，祐陵南巡，事因涉筆，以記大略。而僧有冲希者，乃攜以示正倫，彼謂予諷己，遂架大怨，迄興妄獄，聖明察知其冤，予復張指，前漫盡白。卷四有云，邵伯溫《聞見録》載范忠宣帥慶陽時，總管种詁無故訟於朝，上遣御史按治，詁停任，公亦罷帥。至公爲樞密副使，詁尚停任，復薦爲永興路軍鈐轄，又薦知隰州。公每自咎曰，先人與种氏有契義，某不肖爲其子孫所訟，寧論事之曲直哉！予在山中讀書偶見此而表之。卷六有云，上高趙宰同叔遺以集本，開卷偶見《答徐宋臣監丞書》云，來帖告訴門生排根，嘗聞前輩謂，受人之恩而不忘者，爲子必孝，爲臣必忠，蓋推是心而信其人也。又聞惟以怨報德者爲不可測，蓋以有人之形者，必有人之情也。故盧杞之於顏公，敏中之於文饒，之奇之於永叔，邢恕之於君實，孰測其報恩一至此極哉！昔孟嘗君有一客，孟嘗遇之甚厚，而客每毁孟嘗，或問其故？客曰，人皆譽君而我獨毁，人必以我爲小人，而以君爲長者，此吾所以報君也。前五子者，其意將無出於此歟！蓋珂於紹定癸巳元夕京口觀燈，因作詩及祐陵事，韓正倫疑其借端諷己，遂搆怨陷以他罪，會事白得釋，至戊戌復召用。詩中每及此事，以上皆其證也。《宋史》珂事實附《鄂王傳》甚略，而《徐鹿卿傳》珂守當塗，制置茶鹽，自詭興利，橫斂百出，商旅不行，國計反絀於初。命鹿卿覈之，吏爭竄匿，躬自鉤稽，親得其實，珂坐是罷。又《杜杲傳》珂爲淮東總領，杲以監崇明鎮事隸之，議不合求去，珂出文書一卷，曰舉狀也。杲曰，比而得禽獸，雖若丘陵弗爲。珂怒，竟以負蘆錢劾之，朝廷察其無虧,三劾皆寢。又《袁甫傳》珂以知兵財召,甫奏珂總餉二十年,焚林竭澤,珂竟從外補。《宋史》附傳之寥寥數語,殆亦有所諱而然。全謝山援《春秋》責備賢者之意,頗致譏斥,而丁氏書志詳之。伯驥按:《宋史》仿《漢書》之例,爲賢者諱過。如周必大之附曾覿,不見本傳,而見附曾傳。寇準之詆訐求進,不見本博,附《宋白傳》及宦者《周懷政傳》。蔡襄、張方正之傾蘇子美附《王拱辰傳》。虞允文、梁克家阿附外戚,排擯直言,則見《張幼學》《張栻傳》。此則前清袁隨園所筆述者也。新城王氏得安丘張杞園寫本《玉楮集》,乃衡府高唐王鈔本。王氏稱高唐王號岱翁,工篆隸,癖嗜古書,寫錄多祕本。鼎革後,散落市肆,紙墨精好,裝潢工緻。康熙乙巳,予歸自揚州,一日至青州,與杞園觀書市中,得劉貢父《春秋權衡》《意林》二書,亦高唐府中物。杞園云,曾見岱翁篆書《藥鏡》一篇,淳整茂密,亦希有也。伯驥按:此集明刻本不多見,故衡府以寫本著錄。此本半葉十行,行二十字,提行離字,尚仍宋刻之舊,蓋明刻之佳本也。

## 晞髮集十卷從明萬曆刊本博錄。

宋謝翺撰。翺字皋羽,一字皋父,福之長溪人,徙建之浦城。父鑰民,以孝稱。咸淳初,翺試進士不第,慨然求古,以文章名家。文丞相逾海至閩,檄州郡大舉勤王之師,翺以家貲率鄉兵赴難,遂參其軍。迨天祥被執,翺隻影浙水,東登子陵臺,哭酹丞相,悲思不已,以竹如意擊石,作楚歌以招魂,竹石俱碎,聞者傷之。尋汗漫游山水間,至元甲午,家武林,明年以肺疾死,年四十七。瀕死,屬其妻劉氏曰,吾交游惟方韶卿、吳子善最親,慎收吾文及吾骨授之。前有張蔚然序、吳仕訓序、徐燉序、陳鳴鶴序、崔世召序。徐序略云,宋社既屋,忠臣義士感憤激烈之氣,往往發於詞章而不可遏,毋論委質詞臣,如文山、叠山者,其所著作一本於忠君報國之忱,即落魄布衣，丁流離困苦之際，而牢騷不平之念，每寫之於詩歌文字間，吾鄉於宋遺民得兩先生焉，一爲長溪謝翶皋羽，一爲連江鄭所南思肖。伯驥按：思肖字憶翁，又字所南，初名某。宋亡，乃改思肖，即思趙，憶翁與所南皆寓意云。所南太學生，侍父游吳，爲寓公。元兵南下，叩閽上太皇太后、幼主疏，辭切直，忤當道，不報。宋社既墟，適息緇黃，號三外野人，終身不娶，而其眷眷君父愛國懷同種之志，一形之於詩。善畫蘭，宋亡，爲蘭不著土根，無所憑藉。或問其故，則曰，地已爲番人奪去，汝猶未知耶？歲時伏臘，輒野哭南向拜，人莫測。識聞北語，必疾走，坐臥不北向。所南晚好佛學，故其憤世嫉讐，甘自滅絶，乃至貸其所居，以濟人，舍其田於僧刹。當是時，趙孟頫才名重當世，所南惡其以宋宗室而受元官，故孟頫數往請見，不可得。而嘗與天目本中峯禪林之白眉説法，疾亟，屬其友唐東嶼曰，思肖死矣，爲書一碑曰，“大宋不忠不孝鄭思肖”。語訖而絶，年七十有八。嘗著《大無工十空經》一卷，去空之工而加十，則大宋云。又著《釋氏施食心法》一卷、《太極祭煉》一卷、《謬餘集》一卷、《文集》一卷、《自叙一百二十圖詩》一卷。鄞全祖望云，所南《錦綫集》，明崇禎中尚存，梨洲先生曾見之，今求之不可得，但從《永樂大典》中得其奇零者云。見順德黃節《黃史》。按：《黃史》所述所南事實，係采集各書而成，故録之不再考論。黃號晦聞，有《曹子建詩注》《蒹葭樓集》等著作。思肖有《錦綫集》，歲久軼弗傳，獨皋羽《晞髮集》行於世，脩詞之士喜誦之，尤爲楊用修太史所稱賞。先後數集編次紊亂，魯魚不同。虎林張維城先生來令福安，正皋羽所生之地，下車首徵文獻，郭君時鏘乃取予所訂《晞髮集》以進。先生復加考核，梓而傳之。若夫思肖遺言可與皋羽凌駕，予求之四方，二十年而不能得，或有發名山之藏，出帳中之祕，予將稽首而受之，庶知吾閩宋有兩義士，皆以詩稱也。卷首於此五序之外，並彙録前人序言，有弘治間儲巏、馮允中序，嘉靖間繆一鳳、吳勳、王景象、程煦序，隆慶間凌琯、邵廉序，其萬曆間游朴、繆邦珏、李叔元、真憲時等序，當是新撰者。方鳳撰《皋羽行狀》，稱皋羽慕屈原託遠遊，以晞髮自命其詩。游朴序云，其名晞髮者，蓋《楚騷》沐咸池晞髮之義也，或可得皋羽命集之旨歟！卷一樂府，卷二五言古體，卷三、四七言古體，卷五五言近體，卷六五言排律，卷七七言絶句，卷八文，卷九、卷十附録。謝氏詩文、傳贊、圖譜、歌曲、記述，原本共二十八卷，久已殘佚。《四庫》著録者《晞髮集》十卷、《遺集》二卷、《天地間集》一卷、《西臺慟哭記注》一卷、《冬青引注》一卷，乃平湖陸大業以意釐定。又嘉靖乙卯新安程煦校刻有五卷本，宋學士濂文集謂謝氏有手鈔詩八卷、《雜文》二十卷、《唐補傳》一卷、《南史補帝紀贊》一卷、《楚辭芳草圖譜》一卷、《宋鐃歌鼓吹曲》《騎吹曲》各一卷、《睦州山水人物古蹟記》一卷、《浦陽先民傳》一卷、《天地間集》五卷、《東坡夜雨句圖》一卷、《浙東西游録》九卷。仿《秦楚之際月表》作《獨行傳》及《左氏傳續辨》《歷代詩譜》皆未完，所選唐韋、柳諸家詩，及東都五體詩，不在集中。明檇李李氏《六研齋筆記》云，皋羽嗜佳山水，雁門鼎湖，蛟門候濤，沃州天姥，望霞碧雞，四明金翠洞天，搜奇抉祕，造游録，持以誇人。又慨朋友道喪，合同志姓名，作《許劍録》云，惜多不傳。

# 集　部　三

## 湛然居士集十四卷<sub>清吳穀人寫本。</sub>

元耶律楚材撰。楚材字晉卿,上世遼人,從元太祖平定四方,太宗時官至中書令。追諡文正。《元史》有傳。耶律《遼史·國語解》,《本紀》首書太祖姓耶律氏,有謂始興之地曰世里,譯者以世里爲耶律,故國族皆以耶律爲姓。或作移剌,焦竑志以移剌楚材與耶律楚材爲二人,誤甚。今集中詩多有書爲移剌者,如移剌子春、移剌國寶、移剌繼先皆是,蓋譯語不同。例如晉王甘麻剌,或作噶瑪喇,類此者頗多。《元祕史》云,成吉斯狗兒年再征金國,要自取潼關,命者別攻居庸關。金主聞知,命亦列等三人領兵守關。按:亦列又耶律之別譯。錢大昕《補元史藝文志》著録《文正集》三十五卷。伯驥檢范氏天一閣及各家書目,不特三十五卷本不可得,即十四卷本亦無之,流傳之稀,當如星鳳。錢牧齋《致龔芝麓書》云,搜采釋門文字,急欲得耶律楚材集,長安中尚有人藏内閣鈔本,可得一訪求否? 見錢集。黄蕘圃初藏衹七卷,後得王西莊鈔本,而十四卷乃完。張月霄、陸存齋兩家均藏鈔本,陸氏《藏書志》別有查初白手跋景元刊本,《儀顧堂題跋》有跋文,謂其訛字甚多。日人岩崎得陸氏書,所編《静嘉堂祕籍志》<sub>卷三十九。</sub>謂陸本已佚,而江陰繆氏亦藏景元鈔本,前爲黄俞邰書。近日海上印行《叢刊》則由孫氏小緑天景元鈔本借景,蓋桐廬袁氏未刻《漸西村舍叢書》以前,此集多是傳鈔本無疑矣。袁書,刻於清光緒乙未。

清《四庫總目提要》據《元史》，稱文正旁通天文、地理、術數及二氏醫卜之說，元盛如梓《庶齋老學叢談》上云，世祖皇帝欲平江南，諸老以東南爲諫者數人，耶律獨不諫，曰此舉必取，今諫者日後必羞了面皮。公明天文、知氣運曆數而然。又俞氏《癸巳存稿》引《輟耕録》云，耶律文正於星曆、筮卜、雜算、内算、音律、儒釋、異國之書，無不通究也。嘗言西域憲五星密於中國，乃作《麻答把憲》，蓋回回憲名也。明初譯出漢書，則在《元史》既成之後。先是文正《麻答把法》增益《庚午元法》，《萬年法》而爲《授時法》所本，作《元史》者謂《萬年法》不傳，豈有《庚午元法》尚在，萬年器存，法反不傳，蓋史遺漏多矣。伯驥按：元太祖時有西域人與文正爭論月蝕，西法不勝，文正乃作《西征庚午元曆》。清初梅氏《定九有考》一卷，專論斯事，俞氏尚未及此。本集有云，用之侍郎遺書，戒以無忘孔子之教，予謂窮理盡性莫如佛法，濟世安民無如孔教，用我則行宣尼之常道，舍我則樂釋氏之真，如何爲不可？此則文正立身行己之大端也。《西遊録》亦頗涉三教邪正之辯，蓋文正實多能，而後人附會之說，亦當不少。宜其多所發揮，而存文無多，不敵詩之三四，當有遺佚。伯驥嘗檢明李言恭《貝葉齋稿》，有《萬曆丁丑遊西山記》，内稱入華嚴寺，壁間鑴耶律楚材《鷓鴣天詞》，先相國夏公和之云云。今《湛然集》不載此詞，可爲文正詩詞遺佚之證。王氏國維所編《文正年譜》謂文正四十七歲至五十五歲之詩文均不在此集，當不誣也。伯驥按：元謝應芳《龜巢稿》十七卷，吾家有寫本，卷一至卷五爲詩，卷六至十五爲文，十六、十七兩卷復爲詩，大約詩分前、後集，後人合編時而繫其後集於文後。文正此集，乍閲之，似近於《龜巢稿》，而細覈之，則缺佚也。近人葉氏昌熾著《藏書紀事詩》，論耶律氏爲遼東丹王後，東丹王曾市書至萬卷，藏於醫巫閭之絶頂望海。通陰陽、知音律，工遼、漢文章，嘗譯《陰符經》，善本國人物。事見《遼史》。故文正著《湛然居士集》，其子鑄著《雙溪醉隱集》，未始非醫巫閭萬卷之爲詒謀。伯驥按：《内閣書目》《絳雲樓書目》均著録《耶律文獻集》爲文正父履著。履官金尚書右丞。見《元史》。而《庶齋老學叢談》謂，耶律氏四世皆有集共百卷，行於世，蓋連宣慰使《柳溪集》而言，柳溪文正孫也。漠北大族，以蕭氏、耶律氏爲最顯，文正家學擩染，實有自來，誦芬佑啓，播爲佳話，惜鞠裳未能徧舉耳。履《集》我未之見，履有《史院從事日感懷詩》，"不學知章乞鑑湖，不隨老阮醉黃壚。試從黃閣諸賢問，肯屑蘭臺小史無。一戰得侯輸妄尉，長身奉粟愧侏儒。禁城鐘定燈花落，坐撫塵編惜壯圖"。見《中州集》。陸烜《梅谷行卷》有履《秋原牧馬詩》云，"一一皆神駿，秋原獨散閒。會須勤汗血，嘶度玉門關"。而鑄《集》先後爲正定王氏、順德龍氏鋟木，與《文正集》均足爲學人考覈之資。西北地理、風俗及遺事軼聞，往往可俯而拾，例如《金史·世宗紀》二十八年，禁糠襌、瓢襌。施氏國祁《金史詳校》曾據《文正集》中《西游録序》所言，西域九十六種，北方毘盧，糠瓢白經香會之徒，釋氏之邪也，以爲證。張昱《輦下曲》，"肩垂緑髮事康襌，淡掃蛾眉自可憐。出入内門妝飾盛，滿宮爭迓女神仙"。案：此習，至蒙古始盛。唯集中有《河中府詩》十首中有云"救旱天爲雨，無衣壠種羊"。按《唐會要》有壠種羊之説。《輟耕録》云，漠北種羊角能産羊，其大如兔，食之肥美。《樂郊私語》云，楚石大師言，大漠迤西俗能種羊，凡屠羊用其皮肉，留骨以初冬埋地，至春陽季月，爲吹笳咒語，有子羊從土中出。凡埋骨一具，可得羊數隻，特非中國所有，致生疑耳。後讀浦江吳立夫《西域種羊皮書褥歌》，知又以脛骨種之，蓋波斯國別有種法，如吳詩所云。今日究觀數説，倘能見諸實事，當可補畜牧工夫所不逮也。洪氏曉《讀書齋雜録》亦頗證實其事，但以科學言之，則實無此理。集卷一有《鹿尾詩》"鑾輿秋獮獵南岡，鹿尾分甘賜上方。韭花酷辣同葱薤，芥屑差辛類桂薑"。袁氏刻本按語云，朱竹垞直南書房，賜鹿尾述思詩、東丹王子畫、移剌楚材詩。今讀桂薑葱薤句，知文正於經訓小學夙有研求，尤可知南北飲食習尚，蓋與其他文士徒爲風月之談，槧帨之繡者，截然不同。前人於《文正集》研究者頗少，郭氏《廙爨餘叢話》卷三，引文正《贈蒲察元帥詩》云，"素袖佳人學漢舞，碧髯官伎撥胡琴"。初疑碧髯字爲誤，後有戲作云，"屈眴輕衫裁鴨綠，葡萄新酒泛鵝黃。歌姝窈窕髯遮口，舞伎輕盈眼放光"。《贈高善長一百韻》中又云，"佳人多碧髯，皎皎白衣裳"。則當時實事如此，亦可異矣。伯驥考《三國志》裴注引《魏書》司馬景王奏永寧宮曰，皇帝日延小優郭懷、袁信於廣望觀下，作遼東妖婦。《隋書·柳彧傳》請禁正月十五日角觚戲曰，人戴獸面，男爲女服。按此則男可裝女，反言之則女亦可裝男，佳人之髯並非異事。伯驥按：《樂府雜錄》云，唐范傳康、上官唐卿、呂敬卿等弄假婦人，即裝旦之謂。又《枝山猥談》宋雜劇有裝旦，謂假裝爲婦人也。又《莊嶽委談》宋雜劇有戲頭、有引戲、有次净、有副末、有裝旦。以今憶之，宋之所謂戲頭，即生也，以上皆言男裝女。又廖瑩中《江行雜録》女優有弄假官戲，其綠衣秉簡者，謂之參軍椿，此則女裝男之證也。又《西河詞話》云，金作清樂仿遼時大樂之制，有名連廂詞者，帶唱帶演，以司唱一人，琵琶、笙、笛各一人，列坐唱詞，而復以男名末泥，女名旦兒，並雜色人等，入句欄扮演，隨唱隨作舉止。北人至今謂之連廂，亦曰打連廂，此則合男女而演唱也。況自元劇盛行之後，男優與女伎並行不悖。當時有旦末雙全之說，女子可兼旦末，則碧髯之施於佳人，似不足怪。《說郛》內有《青樓集》一卷，記元代女伶遺事，今髦兒戲，或以爲導源於此。前人謂髦兒當稱貌兒，以其貌似男兒也。且蒙古之俗，夙喜長髯，即如文正本傳謂，蒙古太祖稱文正爲吾圖撒合里，即蒙古語長髯之謂，可知當時好尚以長髯爲美，按：《三國·蜀志·關羽傳》，諸葛亮答羽書曰，孟起一世之傑，黥、彭之徒當與益德並驅爭先，猶未若髯之絶倫逸群也。羽美須髯，故亮謂之髯。此集有文正《戲秀玉詩》，"落句臨風，休忘老髯郎"。自注，清溪常戲呼予爲髯郎。又，文正自贊鬚髯垂到腰間，眉目儼然眼上。則歌姝之遮口，亦必以髯爲無上美觀矣。郭氏又以文正詩多言把欖爲異。伯驥按：文正所著《西遊録》云，《西遊録》一卷，日本內閣藏，江户時代鈔本，別有昭和二年神田氏鉛印本。《西遊録》世有傳本，三教辨全缺，此從元刊本傳鈔云。芭欖城邊皆芭欖園，故以名。其花如杏而微淡，葉如桃而差小，冬季而花，夏盛而實。又，宋朱弁《曲洧舊聞》卷四云，巴欖子如杏核，色白褊而尖長,來自西蕃。比年近畿人種之亦生,樹似櫻桃,枝小而極低,惟前馬元忠家結實,後移植禁藥,予嘗游其圃,有詩云,"花到上林開",即此也。又元楊允孚《灤陽雜咏》云,"杏子何如巴欖良"。清江藩《舟車聞見録》以爲巴欖即叭噠,然則杷欖亦豈足異乎! 又按:此物爲薔薇科,中亞細亞原産之,落葉樹,高四五丈,葉披針,形似桃葉而差小,花無梗,雄蕊甚多,果實亦似桃,惟少液汁,成熟則果皮乾燥而開裂。《本草》作八檐杏,今作八達杏,或叭噠杏。日本目曰扁桃,明李時珍云,巴旦杏出回回舊地。今關西諸土亦有之,新近之植物學頗詳。郭氏曾遊惜抱之門,然究屬文人,宜於《文正集》無能爲役矣。陸氏《儀顧堂題跋》卷十三,謂《文正集》有《壽其子鑄十五歲詩》,以爲創聞。伯驥按:宋人別集如周紫芝《太倉稊米集》卷十八《小兒生日詩》有"相看只有身長健"之句,宋蘇泂《泠然齋集》卷三吾家所藏《泠然齋集》爲鮑涤歙手寫於杭州兩廣會館者,字甚樸勁,校勘精嚴,俟再詳之。《壽暹姪詩》云,"行年過二十,不可恃青春。再此爲中宿,三之即老人。詩書先足己,壽禄後榮親。當日癡頑叔,從師雪水濱"。即以元人而論,如成化本《張文忠公文集》卷三有《壽子詩》四章,一章三十六句,一章三十二句,一章二十五句,一章十四句,造語極爲莊重。文正之詩蓋同前例,家庭祝禱,實爲至情。固不特雪白花紅,祈生兒之貌美,無災無難,望其子之乘風,見於古歌及蘇詩而已也。存齋似未詳考。文正器識,最爲後世所欽慕。明孫慎行輯《事編》六卷,摘録古人行事可法者,始子産終文正,各數則。又高麗金忠文《楓皋集》卷十六云,大人者不世出,然亦未嘗不世出也。漢得一人曰武侯,晉得一人曰淵明,隋得一人曰王仲淹,唐得一人曰郭令公,宋得一人曰明道,元得一人曰耶律文正,明得一人曰徐中山。大人者,心無適莫者也,此即其證。《玉堂嘉話》卷一,記吕遜嘗談趙著、吕鯤以詩鳴燕趙間,二人皆出耶律相門下,可知文正詩學當時已甚有名。吳氏謂文正於詩功力極深,嘗論《中州集》與元詩絕不相類,讀《湛然集》猶存餘響,在元人中,別是一種氣骨也。見《繡谷亭薰習錄》。此又論元詩者所當攷矣。明宋濂《潛溪集》卷六,有《跋耶律文正王送劉陽門詩後》云,右《送劉陽門詩》一章,中書耶律文正王楚材之所作也。王生於金明昌元年庚戌,貞祐三年乙亥始歸國朝,今詩後寫云庚子之冬,則王年已五十一歲。其事我太祖、太宗兩朝,亦二十有五年矣。然不書某年,而直題以庚子者,當是時政尚簡質,未有所謂紀元之事也。距庚子不過二年,而王薨矣。此蓋其晚年所作,字畫尤勁健,如鑄鐵而成,剛毅之氣至老不衰,於斯亦可想見。陽門諸孫師稷來爲浦江主簿,以此卷求題目,爲疏其歲月如此。錄此又可見文正藝事之餘,猶足令人起敬矣。集中《與劉陽門詩》有數首。伯驥按:汪氏《水曹清暇錄》卷十一云,文正貌魁梧,長髯輪車。予向見其遺象,長髯分三繚,身披紅只孫。晚年得楊文秀造墨法,用桐油煤,命子鑄造一萬錠,名玉泉萬笏。卒,葬瓮山南麓。前明有人造園,曾發其冢,頂顱大倍常人,幸有人爲之解救,得仍掩埋。乾隆庚午歲,奉旨建祠,命家文端爲碑記,此則文正軼事之可考者也。汪氏所述觀遺象、建祠廟各節,可見前清上下頗崇敬文正。洪氏亮吉《卷施閣詩》卷一,亦有程編脩《晋芳齋觀耶律文正畫象》七古一首。今按錄中所謂只孫者,爲元時一種服式。元周伯琦《詐馬行》序云,乘輿北幸上京,歲以六月吉日,命大臣近侍服所賜只孫,珠翠金寶,衣冠腰帶,盛飾名馬,各持彩仗,列隊馳入禁中。上御殿臨觀,乃大張宴,爲樂名之曰只孫宴,俗呼曰詐馬筵。又《元史・輿服志》云,質孫,漢言一色服也,內庭大宴則服之。冬夏之服不同,然無定制,凡勳戚大臣賜則服之,下至於樂工、衛士,皆有其服。粗精之制、上下之服,雖不同,總謂之質孫,又作濟遜。《元史・怕克斯巴傳》詔省臺院官以及百司庶府,並賜銀鼠濟遜。至《長安客話》則作只遜、只質、濟遜,蓋譯文之異。元柯九思詩"千官一色真珠襖,寶帶攢裝穩稱腰"。觀一色二字當亦指只孫也,禮服之只孫,裝飾之固姑,皆元人冠服之恢詭者。婦女戴固姑於頭上,最高者數尺。見《蒙韃備錄》《黑韃事畧》《析津志》等書,固姑又曰罟罛。近人王氏國維有《文正年譜》之作,然如《大明一統志》卷一,記文正晚年號玉泉老人,卒後,追封廣寧王等事,《年譜》均以失載,不無缺略。伯驥於數年前,發願爲《文正集》旁證,朱墨叢雜,削稿未遑。今日曉起,從事筆硯,偶披吳氏此本,輒題記之。吳氏所寫用筆圓折,繕録精工,自是翰林風度,想見當時士大夫游神册府,樂此不疲,故訛脱之迹,不易尋覓。我輩撫此琅函,愛護當不讓隋侯珠矣。每册首有"錢塘吳錫麒手寫"七字,題記有"吳印錫麒"、"穀人"二小章。有王紹蘭藏章,章上刻"玉音"二白文。《湖海詩傳》云,吳錫麒字聖徵,號穀人,錢唐人。乾隆四十年進士,官祭酒。著有《正味齋集》。按:吳曾爲四庫全書館纂修官。又,鄭文焯《南獻徵遺録》著録《兩漢文評》四卷,爲穀人手鈔,鄭氏謂其點勘參校,具見精識,蓋其承學課本,然則吳氏固以寫書擅美矣。沈豫《補今言》云,蕭邑藏書之富,穀胜王經師家築十萬卷樓,陸氏寓賞樓。此外如王中丞南陔、汪吏部蘇潭,皆大族,俱充棟盈車,不假南面百城。至校讐精工,分析真偽。王、汪諸公皆精於鄭孔小學,非炫飾斯文、徒誇排比者可比。伯驤按:紹蘭字南陔,著有《讀書雜記》《潛夫論箋》《管子地圓篇註》等書,學人尤稱其《説文段注訂補》。胡氏燏棻序首,謂福建巡撫王公罷職歸里,乃覃思儒業,署其門曰許鄭學廬,論著廣博,多詁經之言,遺書至二十餘種云。

## 張文忠文集二十八卷

籍書園寫本,羅臺山手校。

元張養浩撰。養浩字希孟,濟南人,仕元,至陝西行省御史中丞,贈賓國,謚文忠。致仕後游螵山,築雲莊。第一卷賦,第二卷儗雅,第三卷古詩,第四卷五言古詩,第五卷七言古詩,第六卷五言律詩,第七、八、九卷七言律詩,第十卷五言絶句、七言絶句,第十一卷、第十二、十三卷序,第十四、十五、十六卷記,第十七、十八、十九卷碑銘,第二十、二十一、二十二卷碑銘、表誌,第二十三卷表傳、書、疏、露布、操,第二十四卷文詞,第二十五卷經進牧民忠告,第二十六卷經進風憲忠告,第二十七卷經進廟堂忠告,第二十八卷經進經筵餘旨。前明著錄文忠之集,或稱《雲莊傳家集》,或稱《文忠集》,或稱《歸田類稿》,名稱既異,卷數亦不同。清《四庫》著錄張集名《歸田類稿》計二十四卷,從《永樂大典》輯出,謂明季有刻本二十七卷,既多漏畧,編次亦失倫類,故據此而別採《大典》所載,删重補闕,得詩文五百八十四首。此本詩文與庫本之數不相上下,後來刻本當是據庫本付雕者。希孟長於樂歌,艾俊序《雲莊休居樂府》謂,凡所接於目,而得於心者,皆作爲小令,因集爲《雲莊休居》自適。小樂府今日猶有傳本。別有《風憲忠告》一卷、《牧民忠告》上下卷,則政治家言也,今別有大字傳本。庫本《提要》謂文忠爲元名臣,本不以文論,讀其集如陳時政諸疏,風采凛然,《哀流民操》《長安孝子雲海詩》諸篇,又忠忱悱惻,藹乎仁人之言,即論文亦未嘗不卓然可傳。伯驥按:集中所謂《時政書》者,乃舉害政十事陳之,皆切中時弊,極能盡言。《流民操》此本作《哀哉民操》,每韻以哀哉流民冠首,如所謂“死者已滿路,生者鬼爲鄰”,“一女易斗米,一兒錢數文”者,其詞皆極動人。葉氏《水東日記》以蘇氏《元文類》不載文忠《諫燈山疏》爲非。今此本有之,疏爲至治元年上,謂正月十五夜,上欲於宮中結綺爲山,樹燈其上,盛陳諸戲以爲娛樂,故上書陳諫也。《目錄》後有墨筆題字一行,云“乾隆四十二年春,借汪氏振綺堂藏本影鈔,晉涵記”。卷十五末有朱字一行,云“四月二十一日校,有高記”。卷二十一有朱字一行,云“四月二十三日過江飯後校完,有高記”。卷末有墨筆三行,云“柔兆涒灘辜月,借振綺堂家藏《張文忠集》鈔本,傭人影鈔。強圉作噩,余月鈔畢,適有修志之役,未及校勘,深用爲愧。晉涵識於宗陽道院”。目前有“籍書園本”方形章。書分五册,每册首均有“林汲山人藏書”、“傳之其人”兩章,此書當爲邵二雲傳鈔,而羅臺山所校者，自始至二十一卷，均用朱筆勘正，極爲精密，惟自二十二卷後尚未動筆。籍書園者，蓋歷城周氏藏書室名。臺山名有高，瑞金人，王氏謂其於儒書宗宋五子書，而群經主注疏，小學主《説文》，史主裴氏、張氏、小司馬氏，皆參稽古訓，句櫛而字比，歸於一是。於釋也，皈心折《磬山語録》，而禪不掩教，尤以净土爲歸。古如梁補闕、白文公、晁文元、蘇文忠、宋文憲，皆以通内外教典稱，至於覃思搆精，神悟妙頤，蓋未有如臺山者。見《春融堂集》五十八。又《章氏遺書》有《臺山傳》，稱其精小學，尤善《説文》，其爲古文辭，清樸健舉，能自道所見，然時雜浮圖家言。與長洲彭進士紹升交最善，彭亦好佛，工古文辭。君之殁也，彭爲收拾遺文，刻以傳世。見卷十九。又，前人稱臺山精六書、小學及古韻，以所著書晚年散失，人多不之知。其序江慎齋《古韵標準》可稱真學識，其辨音韻精於江慎齋，辨翻翳纛精於段若膺。近代之論小學者，足與王懷祖父子及桂、段二家爲比肩云。

## 虛谷桐江續集三十二卷孔氏微波榭藏寫本。

元方回撰。回字萬里，號虛谷，歙縣人。宋景定壬戌，別省登第，官提領池陽茶鹽，遷知嚴州。入元，爲建德路總管。當其在宋也，奔走賈似道之門，賈敗又劾之，世皆笑其反覆無恥。宋覆亡日，適官太守，乃以城降，晚景無聊，竟隨人脚跟，以講學爲文飾，亦豈足以欺人哉！回所遺文字不尠，其整部著述流傳於今者，計尚有多種。如《續古今考》《瀛奎律髓》等，頗爲學人稱道。詩文初集題曰《桐江》，間有鈔本，儀徵阮氏曾以八卷本進呈，錢唐丁氏、罟里瞿氏則四卷本也。《續集》則清《四庫》所著録者，爲元刊殘本，不少闕佚。此本亦有觖卷，計存卷一、卷二、卷四、卷五、卷六、卷七、卷八、卷九、卷十、卷十一、卷十二、卷十三、卷十五、卷十六、卷十七，卷十八、卷十九、卷二十、卷二十一、卷二十五、卷二十七、卷二十八、卷二十九、卷三十、卷三十一、卷三十二、卷三十五、卷三十七、卷三十八、卷四十二、卷四十三、卷四十四,綜三十二卷。其編次及存佚當與庫本異同頗多,俟他日再考之。卷一《海東青賦》,皇帝大元嗣聖等字擡行,仍照原式,或亦出於元刻,然無從考覈矣。回之遺文見於他處者,多不見於此集,而賴此《續集》以存回詩文者,正自不少,固奡然宋元間一巨集也。今觀其集,卷九有一詩末題云,計《桐江續稿》九卷二百首,書其末。卷十二有一詩爲《編續集戲書》者,中有句云,"一事差強今晚董,《桐江續集》又千篇"。是回固以《續集》之成,爲可喜。其集所以名桐江者,讀其詩可以見之。卷二十五有《寄題桐君祠》云,余守桐江七年,解官留居五年,凡一紀,而復去猶數往來桐君祠下,然則蓋以官桐江之故而名集也。卷十六有自注云,吾州左史竹坡呂公、吏部秋崖方公皆謂回可教。卷二十一有《丞相大觀文馬公先生廷鸞挽詞》三首并跋,題門生方回。按:廷鸞即撰《文獻通考》貴與氏之父,今所傳《碧梧玩芳集》即其遺著,呂、方、馬三人於宋季皆有名,回以此數人爲師友,宜其人雖無足取,而其著述尚多可傳也。回暮年以講學爲名高,故其最崇重者爲朱晦菴、魏鶴山、真西山數人。卷三十七有《送白廷玉常州教授序》云,漢董、唐韓未也。宋儒歐陽文忠文章第一,范文正事業第一,司馬文正踐履第一,然亦未也。王半山申韓而佛老者也,蘇長公儀秦而佛老者也,黃與陳、李、杜而佛老者也,人品非不高,道則皆未也。其求諸《極圖》《通書》《定性》《傳易》《正蒙》《經世》之作乎,《真文忠公集》及《大學衍義》《讀書記》類聚仁學也,《魏文靖公集》及《九經要義》《十七家周易》集義學也。陳同甫、葉正則之議論,陳祥道、鄭漁仲之類聚,晏叔原、秦少游、辛幼安、姜堯章之長短句,張子韶以至二陸、楊、袁直入頓悟,祖磨宗能,皆非學也。卷十二有云，周、二程、張四人，文公、宣公、成公三人，爲近世七君子，故其詩云，"堂堂七君子，如日常在天"。卷十六有詩云，"近代一人耳，吾鄉朱老先"。自注云，朱先者謂先生也，本《漢書》例。卷三十五《送紫陽趙山長詩》有自注云，淳祐郡守上饒韓公，創建紫陽書院於舊南門外舊尉司衙，《桃符》二句曰，"四海共宗朱子學，萬山環繞紫陽祠"。佳句也。卷三十五有《讀魏鶴山先生渠陽集》五首，其一云，"漢唐臺閣畫功臣，何似宣尼從祀人。欲繪兩賢繼張、呂，臨卭魏老建安眞"。卷三十七有詩云，"吾師魏華父，菴以自爲名。自菴有類稿，其文世盛行"。皆可證也。惟陸象山之學，則回雖嘆其超詣，見卷三《送繆鳴陽六言詩》。然其序云，鳴陽重刻《象山集》流布北方，所至作詩盛稱其學。紫陽晚學，方回未敢以爲然，以其平時既尊朱則其黜陸，固無足怪矣。既尊朱學，故卷四十四有《蕭齋記》云，河南程氏教學者求道、入德曰敬，爲之訓曰，主一之謂敬。又曰，無適之謂一。至紫陽朱氏集註《論語》第一篇之第五章，亦曰敬者，主一無適之謂。至爲《敬齋箴》，則曰不貳以二，不參以三，則主一無適之義始明。晚節別爲之訓曰，敬之爲義，惟畏字足以盡之。朱氏高第曰勉齋黃氏，又以蕭訓敬，引《洪範》之蕭，以明其義，蓋朱子以主敬標宗旨，故回《悟言》之卷十有《先天易吟》三十首、《大衍易吟》四十首。卷二十八有《偶讀易兌卦》衍朋友之義，《送歷陽廣文倪耕道詩》，是回生平於易道固所究心者，因之而又旁及全眞教，故卷三十七有《全眞教隨喜詩》云，"全眞遺教契清寧，一身土木已忘形。陳言不用參同契，祕法何須急律令"。伯驥按：金時王中孚倡全眞教，朝廷使管領道教事，其教旨係欲合儒釋道而爲一。近世則全眞與正一皆留神經典科教，全眞道徒所誦持者則爲《高上玉皇本行經》《玉樞寶典》《全眞全功課經》等。今舊京白雲觀揭示之清規，所署爲全眞演教宗壇者，則清咸豐六年所榜也。中孚弟子最著者爲丘處機，元太祖時封長春眞人,主領天下教事。清《四庫提要》謂回見聞賅洽,故所撰《續古今考》終多可取。今觀此集,如卷十二有云,劉向《列仙傳》非向所著,有曰武之不達,漢儒豈敢斥宗廟乎?卷二有《送汪復之歸小桃源序》云,《漢藝文志》存神仙十家,芝菌之書爲服餌,兼有導引按摩,斷之以爲索隱行怪。後世如《黄庭内景外景大洞真經》《西昇經》《步虚經》《定觀經》《大清經》《陶隱居真誥》之類不一,而晁公武《讀書志》以《度人經》爲第一,殊不知《度人經》偽,蜀王氏時王喬之所撰也。古書有七王喬,而偽撰《度人經》者,非周之王喬、漢之王喬,然則神仙其可信乎?卷十六有《讀素問》十六首,中有云“針石有不用,祝由足移精”。自注云,祝由者,王冰謂祝説病由而已。《周官》音呪,或音注謂傅藥,非是,上古未有也,酒醪湯液猶備而不用。卷十六有云《淵明讀山海經詩》,“精衞銜微木,將以填滄海。形夭無千歲,猛志故常在”。此四句皆以指精衞也,謂此禽之壽,焉有千年,而報冤之家,未嘗泯耳。若所謂刑天,獸名,口中好銜干戚而舞者,《山海經》信有之。曾紘偶見此,即改形夭無千歲,爲刑天舞干戚,然辭意不相諧合。蓋近世讀書校讎者,好奇之過也。予謂不當輕改。此蓋回辨淵明詩而自注者,是回於考訂固嘗留意之證也。至其自述學詩之宗尚,則卷四十二《思家》五首自注云,回詩初學文潛,晚參黄、陳。文潛,蓋謂張耒,黄則山谷,陳則後山。卷八有《三日陪明府飲次前韻詩》云,“聞其禪老居西堂,豈有門人拈瓣香。葛巾漉酒笑元亮,石室紬書輸子長。勿嫌臨邛家四壁,猶堪樊川金一箱。寄□麒麟閣上客,我自簑衣君金章”。自注云,近人專學許渾,乃爲此老杜、山谷變體以矯之。此則回撰《瀛奎律髓》一祖三宗之説所由來也。集中有《學詩吟》十首,其自注云,南渡後,詩人尤延之、蕭千巖、楊誠齋、陸放翁、范石湖,其最也,韓南澗父子可繼之,嘉定以來,止有趙章泉耳。葉水心獎提永嘉四靈,而天下江湖詩客學許渾、姚合,僅能爲五七言律,而詩格卑矣。固不謂世無人,如灰中種火,窮而在下,不見知於當世,故詩云"奈何近百載,種火灰中深"。蓋回深歎南宋詩格之卑,則平時之排西崑而主江西者,固宜以生硬爲健筆,以粗豪爲老境,以鍊字爲句眼矣。三語本清《四庫提要》。錢唐丁氏藏鮑以文校鈔本《桐江續集》,卷首有以文題記云,《新安文獻志》載虛谷文二十九首,惟二首載《續集》,九首載《桐江集》,餘當別鈔附後。此爲微波榭寫本,蓋曲阜孔氏荍谷遺書也。微波榭舊在春及園,後移於城第,刻有《微波榭遺書》。春及園蓋荍谷因聚芳舊址拓成云。孔憲彝《對嶽樓詩續錄》卷二有微波榭詩,所謂"退歸老園林,遺書滿前榭也"。葉鞠裳稱在嶺嶠時,見郎亭侍郎所得宋元人集,如《太倉稊米集》《夷白齋集》,凡數十種,皆微波榭鈔本,荍谷先生以朱筆點勘,間有跋語。

## 剡源集二十八卷明初刻本。

元戴表元撰。前有戴氏自序云,先生姓戴氏,名表元,字帥初,一字曾伯。其世譜可知者,六代祖居奉化縣南小方門,三傳而徙坊郭,又再傳而徙剡源之榆林。先生生淳祐甲辰,五歲知讀書,六歲知爲詩,七歲知習古文,十五始業詞賦。十七試郡校,連優,補守六經諭。即厭去,游杭,作書言時政,激摩公卿大人無所避。杭學每歲貢士得三百員試禮部,中者十人入太學,謂之類申。二十六歲己巳用類申入太學。明年庚午,試中太學秋舉,歲終校外舍生試優,升內舍。辛未春,試南省中第十五名。五月對策,中乙科,賜進士及第。授迪功郎、昇學教授。癸酉冬赴昇,及乙亥春以故歸舊廬,改除杭學教授,辭不就。既而以恩轉文林郎,都督掾行户部掌故、國子監主簿。會兵變走辟鄰郡,及丁丑歲兵定歸鄞,至是三十四歲矣。家素貧,燬劫之餘,衣食益絕,乃始專意讀書,授徒賣文,以活老穉。鄞居度亦不可久,遂買榆林之地而廬焉,如是垂三十年。執政者知而憐之,薦授一儒學官,因起教授信州。噫,老矣。大德丙午冬歸自信州,時體氣積衰,而昏嫁漸已畢,即以家事屬諸子,使自力業以治養具。然性好山水,每杖策東遊西眺,遠不一里,近才數百步,不求其勞,意倦輒止。忘懷委分,自號剡源先生,因以名其集,或稱質野翁、充安老人云。伯驥按:前人謂戴《集》始刻於明初,宋氏濂序之,凡二十八卷,即此本也。惜宋序脫去,至隆、萬間,四明周儀得先生全集之目,銳意搜輯,勒成三十卷,文與此稍異。萬曆辛巳,後裔戴洵梓行於南雝。清《四庫》著錄即此刻,至鈔本流傳多從周本錄出,而卷首或有《剡源先生年譜》,題蛟川陳景沛編次,又板心有“巾山陳景沛草創”七字,則《年譜》是景沛所作,補周本所未及也。戴《集》之行於今者,以上海郁氏《宜稼堂叢書》本爲最著,郁本比周本增多文二首,卷十八《題雙溪王晦仲讀易筆記後》、卷二十一《蠅虎賦》是也。惟詩則兩本大不同,郁本五言古增多五十三首,七言古、五言律並增多一首,惟五言排律郁本一首而周本十六首,則特爲完備,此二本之異同也。盧氏《抱經堂文集》十四,有《剡源集跋》云,余舊讀蘇伯修所輯《元文類》、劉欽謨所輯《中州文表》,略識元人所爲文,古辭奧句,礓砢斑駁,大率取材於先秦兩漢,其體裁則昌黎之《曹成王碑》、柳州之《晉問》,庶幾近之。當宋之末年,其文多流於漫衍荏弱,嘽緩骪骳而不能振,若元閬靜軒、王秋潤、姚牧庵、許圭塘諸人之文,差可矯其弊矣。然古於文者,不必古於辭也,若第以辭之古爲古文,則又恐以形貌求之,而非精神命脈之所在,是乃贗古非真古也。繼得黃梨洲所錄《剡源文鈔》,則大好之,其文和易而不流,謹嚴而不局,質直而不俚,華腴而不淫,此非徒古於字句之末者也。明初宋景濂氏重其文,在史局爲下本路即家謄其集,入祕閣,《元史》列之《儒學傳》中。景濂又爲其集作序，推崇甚至。三百年來，唯梨洲遴擇其文，以傳之學者，而其全集，殊不多見。金陵陶孝廉衡川以是詢余，余愧未能答也。南潯朱君文游多蓄古書，余因求之，乃得明神廟時版本，其上有何義門先生評校，乃其弟子沈穎谷名岩所傳録者。何氏得嘉靖以前舊鈔，爲文祇六十五篇，以校版本，改正甚多，如《唐畫西域圖記》脱去後半篇二百六十五字，賴以補全，其詩亦得舊鈔刊正。余見之大喜，屬友人爲臨一本，但此集爲卷三十，文雖視舊鈔本爲多，亦有鈔本有而版本無者十有三篇，何氏已爲補録，而朱君本無有，不知又落誰氏矣。詩源出江西，視山谷爲稍渾融，余師桑弢甫先生讀之，目爲狷士云。剡源嘗爲建府教授，而《元史》乃作建寧，考其自序云，爲昇學教授，建康實唐之昇州，然則《元史》誤也。後來序其文者，亦多沿誤，當正之云。日人岩崎《静嘉堂祕籍志》三十九，著録此集爲三十卷本。義門何氏康熙辛巳跋語云，帥初爲學，自六經百氏無不貫串，而得之《莊》《騷》者爲深。文格猶近子厚，其間似蘇門者所從出，均也能從容於窘步，萌苗於枯條，若高山大川之觀，桑麻菽粟之用。乃其所少則賦才者殊，而亦遭遇變故，無自發耶！然綵筆妙吻，宋季以來莫有匹敵。宜乎，伯長所專師，晉卿所深推矣。蓋盧氏則加以考訂，何氏則專論其文也。此爲明初本，字猶法松雪體，半葉十行，行二十字。

## 松雪齋文集十卷外集一卷

元刻本，汪秀峯、孫淵如舊藏。

元趙孟頫撰。孟頫字子昂，宋秦王德秀之後。五世祖子偁生，孝宗賜第湖州，故爲湖州人。年十四，以父蔭補官。宋亡，家居。程鉅夫奉詔搜訪遺逸，得孟頫以入見，世祖顧之喜。延祐中，累拜翰林學士承旨，卒，封魏國公，謚文敏。事蹟見《元史》本傳。明李氏《六硯齋筆記》稱，松雪以宋之公族仕於維新之朝，議者每以爲恨，然武王伐紂，箕子爲至親既受其封，而復授之以道，千載以下不以爲非，然則松雪獨不可引以自蓋耶！公書《洪範》不可謂無意，蓋李藏趙書而述其意見也。又，前人每稱松雪入元後，見其從弟孟堅，孟堅幾不欲見之，比相晤，不及數語即去，去而滌其坐位。至於《題宋太祖遺容詩》，則人人見之矣，故後世每以官元爲松雪病。《佩楚軒客談》述松雪論作詩，因虛字殊不佳，中兩聯填滿方好出處，纔使唐以下便不古，則一人之見也。此集計《目録》一卷，《外集》一卷，前有戴表元序。後有至元後己卯何貞立跋云，松雪翁詞翰妙天下，片言隻字人輒傳玩。公薨幾二十年矣，而平生所爲詩文，猶未鏤板，今從公子仲穆求假全集，與原誠鄭君再加校正，亟鋟諸梓，置之家塾，俾識者得共觀焉。至元後己卯良月十日花谿沈璜伯玉書，四明阮子陽刊。後附至治二年八月日承務郎饒州路同知浮梁州事載撰《行狀》，至順三年三月文敏謚，文集爲趙仲穆所編。文敏歿後二十年，尚未付梓，至元己卯，沈璜始從仲穆假本刻於家塾，前人謂此事頗不可解。花溪在今歸安縣治東六十里。璜蓋歸安人，當與沈夢麟一家，均有連於趙氏也。陸氏藏《元敕賜開府儀同三司上卿輔成贊化保運元教大宗師志道宏教冲元仁靖大真人張公碑刻》，題至治壬戌，趙孟頫奉敕撰，並書丹篆額，而此集及《松雪外集》文之爲僧道作者甚多，獨不收。陸氏謂文與字，恐皆仲穆代筆，故字與湖州府治碑絶類，不然煌煌大篇，刻集時反遺之耶！《行狀》稱至治壬戌春，遣使傳旨俾書《孝經》，而未及奉敕撰碑事，豈以其方外而諱之歟！恐亦未必然也。此本爲汪氏啓淑、孫氏星衍舊藏，有其藏章“孫宗愨侯祠堂記”則捺於卷首。汪啓淑字秀峯，號訒庵，官至工部侍郎，有開萬樓爲儲書處。乾隆間開四庫館，進書六百餘種，著《烊掌録》《水曹清暇録》《小粉場雜識》《飛鴻堂印譜》等書。《焠掌録》板刻古雅，字樣近宋本，板心有"開萬樓"三字，《清暇》刻本不如《焠掌》，然予所得，亦須二十餘金。予屢獲秀峯遺本，趙《集》外則有元仿宋刻《擊壤集》，皆爲善槧云。清世居官以例與吏爲骨幹，自身大可蕭疏，好學者多假此爲讀書著作之地。南省公餘《水曹清暇》其最明顯者，京曹外如開府大寮，亦往往綽有餘閑，得以披尋經籍，悦心詩篇。嘉慶中，南康謝啓昆撫桂，開省志局，以志事當著書，條例固精，編纂尤善，爲後來脩地方志者之鵠的。關中之畢，楚粤之張，覈其所爲，比謝尤廣，其餘開藩陳臬以及宰官末史不少，斐然述作，寫布人間，古人有以一官爲一集者，梁茝林自列著書年表，則幾以一官著一書焉。秀峯縱遜梁多，然亦不尠矣。但清之初葉，如知伏羌縣事蔣薰、知陝西成縣事吳山濤，皆以提倡風雅被列彈章。蔣之罪過則爲處凋殘之地，雖無苛政及民，然性近迂闊，賦詩立碑，宜加處分，爲曠職之戒。吳則以唐杜甫寓同谷縣作歌七首，清時同谷在成縣内，乃建七歌堂祀甫，爲巡撫所劾。當其時，二人先後罷官，清政嚴酷滋可痛矣。蔣、吳遺事，予於《錢唐縣志》《杭州府志》《海寧縣志》得之。陽湖孫氏喜收書，編《平津館》《廉名居》兩目，實書祠堂中，畀子姓誦習，故有《忠愍祠圖記》。此本蓋汪、孫遞爲收藏者也。

## 草廬吳文正公文集五十三卷

明成化本，明無夢園舊藏。

元吳澄撰。澄，崇仁人，字幼清。至大初，官國子監司業，遷翰林院學士。泰定初主講經筵，總修《英宗實録》，書成，即移疾歸，講學爲事。著《易書春秋禮記纂言》、《學基》《學統》二篇，校定《皇極經世書》，校正《老》《莊》《太玄經》《樂律》《八陣圖》、郭璞《葬書》。前有伍氏序，略云，先正草廬吳先生，一代真儒，天禀異常，自齠齔，群書過目悉不忘。年十四五，即厭舉業，致力聖賢之蘊，任天下斯文之重。周、程、張、朱以來，進學之勇、見道之真，未有能過之者。是時宋運垂息，胡元亂華，意者天使闡明斯道，以救世俗利欲之禍。大臣以布衣薦起，累階三命，至内相之貴，與覃懷魯許公齊名，而著述之功尤多，出處久出，一於道義之正，心清氣和，聰明康健。壽終八十有五，加臨川郡公，謚文正。見虞、揭二學士作《先生行實》《神道碑》與《元史》列傳，登載詳矣。我聖朝太宗文皇帝纂修《五經》《四書》《性理大全》諸書，其言皆備録矣。宣宗章皇帝復采儒臣公議，表章先生位列孔廟，天下通祀，間氣之英，豈吾邦山川所得而私哉！先生少時私録三卷，自叙道學之傳，平日支餘之言，雜著、叙録、字説、序記、問答、碑銘、詩章之屬，長或千餘言，短或十數語，援據精切，理義融貫，闢俗學之淺陋，發前言之未發，如布帛菽粟之資世，卓乎一家之言。宣德中，諸玄孫燿輩嘗繡梓於家，藏久細字昏蝕，殆不可讀。成化十八年夏，巡按江西監察御史曹南陳公孟安留意重刻，次年秋，按察僉憲淳安方公大本按臨撫郡，恐因循荒墜，遂移文稽官中羡泉，資給工費。謂予請老於鄉，屬爲詳校，予因得先生裔孫興化縣令鑑家藏録本，凡舊所刻誤舛悉爲是正。類分五十三卷，郡貳守虞江陳公輝克任其勞，亟命繕書程公刻梓，字畫明顯，視舊弗侔。成化二十年，中議大夫贊治尹奉勑提學校陝西等處提刑按察司副使致仕臨川後學伍福書。目前序後有《從祀孔廟議》《元史・澄傳》，傳後附澄孫《當傳》。傳有云，當幼承祖訓，長通經文，澄既捐館，四方之從澄學者，悉就當卒業。半葉十行，行十九字、二十字不等。卷末有"無夢園章"，當爲前明長洲陳氏仁錫遺本。蓋無夢者，陳氏之別墅也，其址在葑門東道橋之南，中有荷池數畝，饒有園亭之趣。周忠介、文文肅、姚文毅諸公嘗唱和於其間。園故爲陳氏世居，家多藏書，所刻書籍碑板多係以園名，書板多藏於茲園之四飛閣上，迄清世而園零落，書籍亦散失不復存云。陳氏亦以無夢園名其集。

## 筠溪牧潛集不分卷

從元槧精鈔本，鮑淥飮、陳玉几舊藏。

元釋圓至撰。圓至字牧潛，號天隱，高安人。其集有元、明兩刻本，清《四庫》著錄者，爲子晋毛氏所刻七卷本，有洪喬祖跋及明河題語，無方回、姚廣孝二序。明河又稱嘗讀《虎邱舊志》，見圓至《修隆禪師塔記》，歎其文字之妙，今此記不見七卷本中。聊城楊氏藏有元本，《楹書偶錄》云，此本題曰《筠溪牧潛集》，方序、洪跋俱在。共分七類，曰詩、曰銘、曰碑記、曰序、曰書、曰雜著、曰榜疏，每類以天干字甲至庚記之，無卷數。《修隆禪師塔記》作《虎丘塔頌序》，在丁字類中，蓋子晋所刻已多脱佚，此則大德間之原槧也。伯驥按：明本分七卷，而元本則分七類，其編制已有不同，而明本又缺方、姚二序，自以元本爲善。此爲玉几山人所藏精鈔本，其編制及《虎丘塔頌序》與楊氏本相同，當是從元槧鈔出，而又加錄姚序者。蓋姚爲明人，元本自無其序，是可貴也，爲照錄之。姚序云，自唐宋以來，浮屠氏文之善鳴者，獨鐔津翁一人而已，文之合作固不在言，其爲善者，以神聖道德、性命死生變化，發前人之所未發，輔其教而爲文也，非特雄於僧中。士林中，歐陽子者文名冠於當世，見翁之文亦歎服而言曰，不意僧中有此郎也。南渡後，僧非無文，而其文也縟駮萎薾，而不足以耀宗工秀士之目。至於元善鳴者，盛稱三隱，曰天隱、曰笑隱、曰覺隱，雖三隱並名，而居最者天隱耳。天隱之文，雖未見如長江大河，浩汗無際，波濤洶湧，魚龍騰躍，駭膽慄魄之勢，然其規矩準繩，精密簡古，削去陳言，爲可愛爾。使歐陽子見之，亦必點首而稱道之也。余少好於文，得天隱之文讀之，

耽翫不舍,至有忘其餐寢者。每下筆欲少效之,駑鈍實劣,雖竭其
力而弗能及,未嘗不置筆而歎也! 蘇州府磧砂寺僧嗣詵以天隱
《筠溪牧潛集》版刻不存,欲載鋟梓以永其傳,來徵予序於卷端。
吁,天隱之文,予少欲學而似之不可得,恒有媿於其心,又奚敢以鄙
詞而加其首乎! 雖然天隱之文,流布於世,猶水之在地,豈藉人言
而後行耶! 詵懼其版泯而不傳,重爲刻之,其意不可孤也,故勉而
爲序。詵,長洲人,靈谷幻居和尚弟子,出世鎮江丹陽縣之孝感云。
末題永樂十四年歲在丙申夏四月十有三日,太子少師吳郡姚廣孝
序。伯驥按:李贄《續藏書》有《文皇帝答曹國公李景隆書》,贊謂此必姚恭靖爲之,他
人未必能辦。是姚氏能文,明人已心折之矣。恭靖,廣孝謚也。方序略云,天隱
之文,紆餘曲折,反覆旋環,若不可卒解驟決,而有若《相州堂記》
《潮州廟碑》,各兩起句,"截分其綱之綱,屹乎其明堂之柱",未嘗
不若大劍利刀之斬鐵切玉也。非特南渡後僧無之,南渡後士大夫
亦未至此。末題大德三年。清《四庫總目提要》謂六代以來,僧能
古文者不三五人,圓至獨以文見云云。今觀其集所載《答某官書》
云,辱書訪以古釋子之文,且求觀其能者,釋之道寡文,故爲者亦
少,則其能者固加少矣。獨契嵩禪師不學無能,嘗爲書折世之嫚佛
者,獻諸昭陵,歐、曾之徒蓋莫之敵也。其下有惠洪則爲之而不至
者,已降則無足觀。蓋圓至之文,當出於契嵩矣。又,前人謂圓至
工於古文,而詩尤清婉,其《寒食》云,"月暗花明撥竹房,輕寒脈脈
透衣裳。清明院落無燈火,獨繞迴廊禮夜香"。《曉過西湖》云,
"水光山色四無人,清曉誰看第一春。紅日漸高絃管動,半湖煙霧
是遊塵"。《送人》云,"送子江頭水亦悲,更能隨我定何時。垂楊
但謂秋來瘦,不爲秋來有別離"。他如《再往湖南》云,"春路晴猶
滑,山亭晚近涼。竹枯湘淚盡,花發楚魂香"。《涂居士見訪》云,
"並坐夜深皆不語,一燈分映兩閒身"。其造語之妙,當不減於惠

勤、參寥輩也。伯驥按：《咸淳臨安志》，惠勤，餘杭人。又東坡《錢唐勤上人詩序》云，佛者惠勤從歐陽公遊三十餘年，公嘗稱之爲聰明才智有學問者。又，蘇詩施注云，東坡守錢唐，見歐陽公於汝陰，而南公曰，西湖僧惠勤甚文，而長於詩。吾昔爲《山中樂》三章以贈之，子間於民事求人於湖山間，而不可得，則往從勤乎。東坡到官三日，訪勤於孤山下賦詩。坡又有《勤罷僧職詩》。宋制，兩街僧名有正有副，勤爲何職，則未審也。參寥亦見《臨安志》，稱其爲於潛浮溪邨人，名道潛，字參寥，本姓何，幼不茹葷，以童子誦《法華經》，爲比丘，於内外典無所不窺。崇寧末，示寂，賜號妙總大師。《墨莊漫録》稱其還俗編管克州。《風月堂詩話》則稱其復薙髮。《甕牖閒評》則謂“參寥”二字乃道號。然胡以又稱參寥子，實則本無所謂也，有集傳至今。又方回《虚谷桐江續集》有《次韻吳僧魁一山詩》云，“筠溪四十三歲歿，師弟與兄傳夜衣。國手棋高更有着，百年政恐疾於飛。已學故學天隱説，多因誤剃鏡中頭。戲拈關某顔良案，兩足何堪踏兩舟”。又有《賦高安僧寶姚圓至詩》云，前住建昌軍能仁禪寺僧圓至，癸丑廷魁，姚公勉之猶子。寶祐丙辰生，咸淳甲戌年十九出家。至元、元貞間住前寺二年，棄去卧廬山。大德二年丁酉，圓寂。有《天隱禪師文集》若干卷。又曰《筠溪牧潛集》，文近世僧之所無，而歿可痛也。其友吳僧行魁一士上人，求予序其文。且賦十絶，將隱於天月山之西峯，依韻和以送之。見卷三十五。是方氏於圓至及吳僧固有緣者也。焦氏《易餘籥録》卷十二云，圓至集中《方蛟峯祠堂記》云，儒佛之鬪古無有，其禍始於韓愈、歐陽修之好名，然二子競於外而事其末，故争止於教而不及道。伊洛學出，始竊吾意，以飾堯舜孔子之言，其建號立名，又二子之智計所不及，既竊之則諱之、絶之。筠溪雖以沙門詆儒士，然謂伊洛竊其意則得之。理堂之説，蓋又不僅論其文矣。圓至遺作，此書而外，有《周弼三體唐詩註》，有《唐詩説》。《詩注》多有其本，《詩説》則不多見也。南雷黄氏嘗謂，今日釋氏之文，大約以市井常談、兔園四六、支那剩語三者和會而成，相望於黄茅、白葦之間，以爲甕中天地，章亥之所不步也。讀之者亦不審解與不解，疑其有教外微言，落於矗野之中，蟬諫在東，莫之敢指。嗟乎，言之不文不能行遠，夫無言則已，既已有言，則未有不雅馴者。彼佛經祖録皆極文章之變化，即如《楞嚴》之敍十八天，五受陰、五妄想，與《莊子》之《天下》、司馬談之《六家指要》同一機軸。蘇子瞻之《溫公神道碑》且學《華嚴》之隨地湧出，皎然學於韋蘇州，覺範學於蘇子瞻，夢觀學於楊鐵崖，夢堂學於胡長孺，其以文名於一代者，無不受學於當世之大儒，故學術雖異，其於文章無不同也，奈何降爲今之臭腐乎！此又論明世釋子之文，最透闢之言矣。今日學者盛稱佛經爲最佳文字。南雷中間教言，已道着不少。卷首有“曾在鮑以文處”、“曾經玉几考藏”兩朱文章。陳撰字楞山，號玉几，鄞縣人，僑居錢唐，性孤潔，不肯因人以熱。蓄書最富，精賞鑑。客儀徵，長年不歸，意思蕭澹，屏絕人事。乾隆元年，徵舉博學鴻詞。見杭氏《道古堂集》《鄞縣志》。山人有《南宋雜事詩題辭》，其略云，宋社既屋，南渡事跡俱湮，予本鄞人，僑居是地，屢欲搜討勒成一編，而遺文放失，祕籍莫窺，無已，而閲市借人，掌題舌舐，迄今數閲寒暑，尚未卒稿。論者以爲山人有《聽雨録》一卷，真蹟尚留於今。以上所云當指此録，然玉几研討之勤，好學之篤，於此亦可見矣。此本書法秀挺，絕去塵俗，與《聽雨録》遺筆爲近，或亦出於玉几手録。

### 雙溪醉隱集六卷 文瀾閣傳鈔本。

元耶律鑄撰。鑄，楚材子，字成仲，號雙溪，善屬文，工騎射。楚材既歿，繼領中書省事，上言宜疏禁網，采前代政要之合於時者以進，計八十一章。中統間，拜中書左丞相，法令三十七章，其時所進也。後坐事罷免，卒，謚文忠。此集前有吕氏序，略云，中書省掌書記李暐，一日袖書一編詣余曰，此雙溪之歌詩也，約千首，并附近作，共得一百五十餘篇，釐爲五卷，今欲廣傳之，庶在綺紈者，見而思齊焉，請子文以引其端。余受而觀之，如“金檠夜延螢燭暗，翠簾風窣月鈎間”。伯驤按：韓詩“長檠八尺空自長，短檠二尺便且光”。平讀檠字。

《西溪詩話》云，古詩"燈檠昏魚目"，讀檠爲去聲。《集韻》檠，渠映切，有足所以几物。
又檠音平聲，榜也，非燈檠字。韓退之云，牆角君看短檠棄，亦誤。自東坡用之，後人遂
不復辨別矣。東坡《姪安節遠來夜坐》三首，落句皆用檠字，一云"白頭還對短燈檠"，
一云"笑看飢鼠上燈檠"，一云"已覺世翻不受檠"，第三句施注引《漢書》註檠，謂輔正
弓弩也。翁氏《蘇詩補注》曰，"燈檠昏魚目"，係唐彦謙詩。彦謙晚唐人，尚在韓文公
《短燈檠歌》之後，而庾信《對燭賦》"蓮帳寒檠窻拂曙"，江淹《燈賦》"銅華金檠錯質鏤
形已"，皆作平聲矣。豈可因唐人有作仄用者，遂併疑前後諸家耶！至以爲始於東坡，
尤不然。陸放翁《老學庵筆記》云，"《考工記·弓人》寒奠體注，奠，讀爲定，至冬膠堅，
內之檠中，定往來體。《釋文》檠音景。《前漢·蘇武傳》注師古曰，檠言檠，又巨京反。
東坡作平聲押，蓋用《漢書》注也。伯驥按：李商隱詩云，"六曲屏風江雨急，九枝燈檠夜
珠圓"。亦作仄讀。此時年十五耳。"兩漢水乾秋飲馬，五城霜重夜屯
兵"。此又十七時語也。公以東丹王之後、右丞文獻公之孫、中書
令玉泉老之子，鑠盡貴氣，屈己以下人，刮去驕佚，折節讀書，及所
爲詩文又如此。庚辰年上巳日，龍山居士雁門呂鯤書。次有趙著
序，略云，國朝自取魏以來，詩人益盛，余嘗在貞祐季年親玉泉大
老，《懷親詩》云，"黃犬不來愁耿耿，白雲望斷思依依。欲憑鱗羽
傳音信，海水西流雁北飛"。又云，"黃沙三萬里，白髮一孀親。腸
斷邊城月，徘徊照旅人"。所以見哀思之情極矣。又和人詩云，
"仁義説與當途人，恰似春風射馬耳"。此見感憤之懷，亦已極矣，
思之有以見唐人之餘烈焉。雙溪成仲，生長北溟，十三作歌詩，下
筆便入唐人之閫奧，嘗作《高城曲》云，"城高三百丈，枉教人費力。
賊不從外來，當察城中賊"。又曰，"將出帶將來，小胡笳擬回"。
《文暮春曲》《磨劍行》《春夜吟》《獨倚門》之類，皆十三時作也。
又《陰雨惜花吟》《琵琶詞》《公子行》《廣陵散》，十五、六作也。又
《贈坐竿道士》《水平橋》《題籃采和》《早行吟》，十八、九作也。又
《山市吟》《暮春對花》《寄故人》《題牧牛圖》二十一、二作也。此
詩向時往往傳至熙臺，人初未深信。及其去歲秋八月來自北庭，大

葬既已，明日首禮於香山寺，元呂及余從行，禮成，長老拂几捧硯，請各賦詩。雙溪即書古詩云，"渺渺入平野，悠悠到上方，雲開見天闕，回首超凡鄉"。既而雙溪復次元韻云，"人去豪華山好在，夢回歌舞水空流"。又次余韻云，"翠輦不回天地去，白雲飛盡海山秋"。會九日登瓊花島，用呂香山詩韻留題云，"蓬萊宮殿遺基在，休對西風仔細看"。未幾，復書途中之所作，大傳燕市，使向之未深信者，私作慚怍。自是與燕之士大夫唱酬無虛日，惜乎，李子取之不多，執此過余，求爲後引。其經國圖遠之略，推賢去惡之心，已形諸歌詠。余雖老矣，猶可拭目而待，續勒銘於雙溪未晚云。次有麻革序，略云，趙虎巖、呂龍山世雄於歌詩，爲之序引甚備，余辭其贅歟！今雙溪已嗣行中書事，將見沛然爲文，黼爲卿雲，蒸爲雨露，以芘澤天下，此特其土苴耳。末有王萬慶跋。伯驥按：此集多資攷證，吾人讀之，不當如呂、趙前序所稱述祇以詩言詩也。洪氏《元史譯文證補》卷一云，突厥轄部最廣，元世突厥已久滅，而《西域史》猶列蒙古於突厥族類中，從其朔也。《雙溪醉隱集》屢言突厥《取和林詩》註，原註云，和林城，苾伽可汗之故地也。歲乙未，聖朝太宗皇帝城此，起萬宮，城西北七十里有苾伽可汗宮城遺址，城東北七十里有唐明皇開元壬申《御製御書闕特勤碑》。伯驥按：屠寄《蒙兀兒史記》，和林一名哈喇和林，今外蒙古土謝圖汗本旗牧地西南之額爾德尼昭，即和林遺址，但日本桑原隲藏所著《東洋史要》則以爲即今外蒙古三音諾顏汗右翼左末旗，布兒罕山東北之哈喇尼敦。引《唐開元闕特勤碑》，謂諸突厥部之遺俗，猶呼其可汗之子弟爲特勤。特，謹字也。《涿邪山詩註》，突厥諸部遺俗，至今猶呼其磧鹵爲朱邪紅叱撥，賛序諸突厥部遺俗，呼今之諸色桃馬花爲叱撥。《後突厥三臺詩註》，突厥凡征戰，惡馬噴馬嘶，以爲將敗之徵。伯驥按：《清史·格爾泰傳》云，太祖征噶爾丹，格爾泰隨行，馬有白鼻者，格欲得之，或言此馬固雄駿，然白鼻自古所忌，恐不宜用。格曰，効命疆場，吾夙所願也，何忌焉？遂乘馬行。據此可知戰馬於出征時，有禁忌矣。又洪書卷二十六云，《元史·巴兒木阿兒忒的斤傳》敍畏吾兒部落之始起甚詳，謂其與唐人攻戰，唐以金蓮公主妻玉倫的斤之子。李吏部謂《元史》此傳全係杜撰，一以歲次太遠，一以金蓮公主《唐書》無徵，不知元和林有金蓮川，見《雙溪集詩註》，金蓮公主之稱似有由來。元歐陽圭齋《高昌偰氏家傳》亦溯發祥於和林三水。虞氏集撰《高昌王世勳碑》曰，畏吾兒之地有和林山，二水出焉，曰虎忽剌，曰薛靈哥，與《元史》同。唐遣金蓮公主和親，後遷交州等語並同。伯驥案：薛靈哥水即今俄羅斯之色稜格河，禿忽剌水即今之土拉河。蓋洪氏言《西域史》列蒙古爲突厥族類，亦自有故，宋趙珙《蒙韃備錄》云，韃靼族出於沙陀別種，其種有三，曰白、曰黑、曰生，今成吉思皇帝及相將大臣皆黑韃靼也。按：沙陀爲突厥之一種，故金人亦謂蒙古爲韃靼，柯氏《新元史》亦主此說。突厥族今中國稱回族，西人則稱突厥，或土耳其族。至洪氏，因此集有金蓮川語述之，以證金蓮公主，謂李吏部不信有此公主爲非。伯驥謂唐有金城、文成公主與吐蕃和親故實，前人不大詳明。前清綿州李氏調元頗欲研究此事，見李《集》中，則金蓮尤足引起吾人思考也。蓋文成事與唐蕃盟會，及西藏佛教史有關。唐太宗貞觀十四年，吐蕃要求通昏，許之。次年，妻以文成公主。中宗神龜元年，亦請通昏，以所養雍王宗禮之女爲金城公主嫁之。蓋太宗時吐蕃強大，其王松簪檳布內侵，唐兵敗績，故始有此舉，後遂沿之。松簪檳布又娶尼泊爾拜薩公主，兩后均信佛教，於是吞米桑布札赴印度求經，創造藏文翻譯佛典，由此濫觴矣。金城出降時，中宗謂侍中郎處訥曰，卿識蕃情，又有安邊之畧，可爲朕充此使。閻朝隱《送金城公主適西蕃詩》"還將貴公主，嫁與僞檀王"。《唐書·藝文志》有閻立德畫文成公主降蕃圖。今拉薩爲唐時邏娑城，今音轉爲拉薩，藏語聖地之義。中央有大召寺，藏名却康，爲文成公主建，南樓有藏王普贊及公主像。拉薩西北五里有一山，布達拉宮建於此，亦爲文成遺構，達賴喇嘛駐錫地也。戴院長建築首都蒙藏會舘之設計，舘外建三銅象中爲女聖文成公主，旁爲巴思巴大師、宗喀巴大師。見中華民國廿七年冬黃奮生《蒙藏新志》。李氏固欲加以了解金蓮事，亦必於史事之大者有若干連繫。伯驥嘗撰唐代公主之研討，於此固未能詳也。《北史・突厥傳》大官有葉護次特勒,《周書》亦云。《唐書・突厥傳》子弟曰特勒。因蒙古地方發見《闕特勤碑》,吾人方知前史文字之誤。今此集亦作特勤,或特蓳,更足與遺碑相證矣。此碑在土謝圖汗、三音諾顏兩盟交界處,距額爾德尼昭二百里許。清光緒十九年,俄羅斯使臣喀西尼以俄人拉特祿夫《蒙古圖志》中《唐闕特勤碑》《突厥苾伽可汗碑》《九姓回鶻受里登囉汨没密施合毗伽可汗聖文神武碑》三種景本,<sub>吳士鑑歌咏此碑,則謂用洋布拓。</sub>送總理各國事務衙門,請爲考釋。時沈子封曾植官譯署,因作三碑跋,以復俄使。俄人譯以行世,西人書中屢引其說,謂之總理衙門書。其時他塔拉志銳官、烏里雅蘇臺將軍亦拓《闕特勤碑》,以遺祭酒盛昱,祭酒跋之,沈復書其後。未幾三多駐庫倫,乘邊之暇復拓之,稱可讀者四五百字,逾年重拓二百紙,有一二字又爲風霜漫漶,因建亭覆之。今有三多此碑跋文傳世,跋畧云,此碑自元耶律鑄以來,世所罕覯。雖經俄人暨志將軍先後發明,中外談金石者,又各有考證,然碑陰並左右側附刊突厥文字,無一流傳,亟命廣拓,以公藝林。最近則岑氏仲勉研究此碑,有《突厥文闕特勤碑跋》,就漢文碑合校異同。見《輔仁學志》六卷一二期。中華民國廿七年十月,海鹽張氏《校史隨筆》出版,書中亦及此碑,謂元刊《隋書》、宋刊新、舊《唐書》,明聞人詮本《舊唐書》皆勒、勤互見,傳刻之時同一,不通其義,因蕃語多卷舌,故頻用勒字。隋唐諸書種名、人名、地名,多有用勒者,爲讀者習見,校刊之時,遂不免以此例彼意爲去取,而勒字日見其多,勤字日見其少。《闕特勤碑》爲明皇御製御書,耶律鑄既以特蓳之音互印於前,盛昱復以台吉之稱申證於後,余更以隋、唐諸書僅存之數字爲之證補,此字争端庶可定矣。張述諸書共八種,而於三多、岑仲勉諸說則尚未及,三多以迭勃極烈與德特台吉爲證,頗疑作勒者爲唐人臆改,又以闕特勤非名而爲官,

蓋古碑例書官而不名也。今耶律氏《集》則曰，闕特勤骨咄禄可汗
之子、苾伽可汗之弟也，名闕。可汗之子弟，謂之特勤，其碑額及碑
文，特勤皆是殷勤之勤字，唐新舊史凡書特勤，皆作衛勒之勒字，誤
也。是以張先生特主此説，以校史焉。此集《行帳八珍詩》有“駝
蹄羹麈沆”，自注麈沆，馬湩也。麈沆，奄蔡語也，國朝因之。洪氏
《元史譯文補證》卷二十七《西域古地名考》引此謂奄蔡，不見《元
史》，蓋即阿速明，後始爲俄羅斯所併，日人白鳥庫吉西域史的新
研究，引《西陲總事畧》卷十二“回俗紀聞”條云，牛馬乳釀酒，爲阿
拉占酸乳，爲氣格，即馬湩也。又引《三洲輯畧》卷七，西輄牧唱詞
六十首條中云，皮囊取醉賀豐年，準人縫皮爲袋，中盛牧乳，久而成
酒，味微酢，謂之湩酒。可知馬湩爲牛馬乳所釀之酒，回語稱之爲
阿拉占，此語與其他突厥語、蒙古語、滿洲語同一語源。又按:《史
記正義》引《括地記》曰，奄蔡酒國也，黑海之濱，氣候暄和，故能廣
植葡萄，多釀美醞。若北海之濱，雪窖冰天，漢魏之時窮荒未闢，安
得有酒國於此哉！洪氏云，黑海之境，葡萄味美，甲於天下，鈞在俄
都，實親嘗之，俄國之酒，皆此處所出，洵酒國也。洪語亦見卷二十
七。然則既有動物酒，又有植物酒矣。白鳥説，見中華民國二十九
年一月出版《塞外史地論文譯叢》第二輯。朱晦庵曰，若是如此讀
書，如此聽人説話，全不是自己做工夫，全無巴鼻。《語類》。故曰不
當以詩言詩，蓋讀古人遺書而沾沾於章句之末，固識者之所不歉，
而學者之所不宜也。此集順德龍氏知服齋有刊本，甚精核，板已燬。

## 秋澗先生大全文集殘本七十一卷

影寫元刊本。

　　元王惲撰。惲，汲縣人，字仲謀，嘗應詔上書論時政。累擢中
書省都事，治錢穀，議典制，咸盡所長。成宗時，官至通議大夫、知

制誥。此集首署《秋澗先生大全文集》一百卷，《目録》五卷，元至治中嘉興學刊本。前有至大春二月翰林學士承旨中奉大夫知制誥兼修國史王構序，又構子王士熙跋，又秋澗庶子承務郎同知磁州公儀跋，至治壬戌春孟嘉禾郡文學掾羅應龍書後。葉末有“右計其工役始於至治辛酉之三月，畢於至治壬戌之正月”三行，又有“嘉興路司吏楊恢監督，嘉興路儒學學録余元第董工，前蘭溪州判唐泳漄校正”三行。卷一爲頌賦，卷二至三十四爲古今體詩，卷三十五爲書議，卷三十六至四十爲記，卷四十一至四十三爲序，四十四、四十五爲辨説，四十六爲雜著，四十七爲行狀，四十八、四十九爲傳、爲墓志銘，五十至五十九爲碑銘，六十、六十一爲碣銘，六十二爲文，六十三、六十四爲祭文，六十五爲辭，六十六爲銘箴贊，六十七、六十八爲翰林遺稿、表牋、青詞，六十九、七十爲疏約、上梁文，七十一至七十三爲題跋，七十四至七十七爲樂府，七十八、七十九爲《承華事略》《守成鑑》，八十至八十二爲《中堂事記》，八十三爲《烏臺筆補》，八十四爲論列事狀，八十五至九十二爲事狀，九十三至一百爲《玉堂嘉話》。是書爲其子公孺所編，有聞於朝者，咨江浙行省刊行，行省委之嘉興學，故刊於嘉興。半葉十二行，行二十字，蓋影寫原刊者，惜七十二卷以下殘缺。集前有公文一事，略謂議得翰林學士《王秋澗文集》合准監察御史所言，比依郝文忠公例，移咨江浙行省有儒學錢糧内就便刊行，如法刊畢。伯驥按：明陸氏深《儼山外集》十二云，勝國時郡縣俱有學田，其所入謂之學糧，以供師生稟餼，餘則刻書，以足一方之用，工大者則糾數處爲之，以互易成帙，故讎校刻畫頗有精者，初非圖鬻也。國朝下江南，郡縣悉收上國學。今南監十七史諸書地理，歲月勘校，工役並存，可識也。今學既無田，不復刻書，而有司間或刻之，然以充餽贐之用，其不工反出坊本下，工者不數見也。善乎，胡致堂之論明宗曰，命國子監以木本印書，所以一主義去舛訛，使人不迷於所習，善矣。頒之可也，鬻之不可也。或曰，天下學者甚衆，安得人人而頒之，曰以監本爲正，俾郡邑皆得爲焉，何患於不給，國家浮費不可勝計，而獨靳於此哉！此馮道、趙鳳之失也。據陸氏言，惟元時有學田，餘資可以刻書，故前列公文如此，迄明而此事遂廢矣。伯驥所撰《經籍故》二十餘卷，第十二卷頗詳此事，茲略及之。

## 石田集十五卷 影寫元刊本。

元馬祖常撰。祖常號伯庸，元色目人，高祖爲鳳翔兵馬判官，子孫因號馬氏。延祐初中第，卒諡文貞。伯驥按：王氏《梧溪集》卷四，叙伯庸先世頗詳，集中有《題馬季子懷靜軒詩》云，懷靜軒，居延馬季子所創也。季子之先曰月哥，曰理尥，自雍古部族居靜州天山。一傳爲習禮吉思，仕金死節，諡忠愍，血食汴之襃忠廟。二傳爲月忽那，北入見憲宗皇帝，以白衣官斷事，從世皇南征，以勞拜禮部尚書，諡忠懿。三傳爲世昌，尚書省郎中。四傳爲禮宣政都事。五傳爲祖中，浙西監倉使。仲氏祖常，由進士第一人，官至翰林大學士。六傳爲馬季子，隨都事公居於松之竹岡，軒以懷名，示不忘本。又，錢氏《補元氏族表》，雍古有馬氏，《世系表》帖穆爾越哥、把造馬野禮屬、錫禮吉司、月合乃、馬世顯、馬世昌、馬世禄、馬世宗及馬世吉。錢表名號有與《梧溪集》畧異者，蓋錢從《元史》文也。近人馮承鈞譯《多桑蒙古史》，其序言云，月忽難可作月合乃，這箇月合乃，在《元史》卷一三四誤作月乃合，諸本《元史》皆然。可是此人的《神道碑》實作月合乃，這箇名稱，大概也從突厥語轉販而來的，在蒙古語中，則變作尥忽難。元代文章極盛，色目人尤多著名者，伯庸其一也。伯驥按：《類篇》云，瓷爲陶器之堅緻者，故漢鄒陽《酒賦》"綠瓷既啓"，晋潘安仁《笙賦》"傾縹瓷以酌醽醁"。均作瓷。《隋書·何稠傳》，時中國久絶玻璃之作，匠人無敢措意，稠以緑瓷爲之，與真無異，亦作瓷。《集韻》則有窰、甖、瓶三文。伯庸詩"貢篚銀貂金作籍，官窰磁盞玉爲泥"。則以《説文》磁可以引針之磁作瓷矣。磁石不可爲食器，蓋伯庸偶誤也。李氏《疑耀》引《宣和格古論》，古人稱磁器皆曰某窰器，某窰器不稱磁也，惟河南彰德府磁州窰乃稱磁耳，此又一説。伯庸曾扈從文宗登龍虎臺，有《應制詩》云，"龍虎臺高秋意多，翠華來日似鑾坡。天將山海爲城壍，人倚雲霞作綺羅"。周穆《致懇黄竹賦》"漢高空奏《大風歌》，西京巡省非行幸，要使蒼生樂至和"。此詩則大爲當時欣賞。伯庸文五卷，劉欽謨《中州文表》有之，有文而無詩，王文簡得朱竹垞寫本，而十五卷始完，計詩賦五卷，文十卷，蓋出自元本。至元五年江北淮東道肅政廉訪司奉旨刊行，至明弘治中，都御史熊翀有重刊本，翀與伯庸皆光洲産也。平津館所藏則從熊氏刊本影鈔。淮東路學刊本，首有至元五年淮東道肅政廉訪司事古揚州路總管府刊板牒，有王守誠、陳旅、蘇天爵序。後有附録，虞集《桐鄉阡碑》、許有壬撰《神道碑》《石田山房記》爲一卷。蘇序謂，其接武隋唐，上追漢魏，後生争慕效之。其時文章爲之一變云。徐氏康謂元刻之精者，不下宋本，曩在申江見元《馬石田集》十二册，其紙潔白如玉，而又堅韌，真宋紙元印。余爲作緣，歸之宜稼堂郁氏，當即此本所出也。半葉十行，行二十一字。

## 至正集八十一卷舊寫本，張月齋手校。

元許有壬撰。有壬字可用，湯陰人。延祐二年進士，累官集賢大學士、中書左丞兼太子左諭德。致仕，卒，諡文忠。《元史》有傳。伯驥按：《元史·徹里帖木兒傳》治書御史普化詬許有壬曰，參政可謂過河拆橋者矣。有壬科目出身，至元元年詔罷科舉，有壬贊其議，普化故詬之。同知遼州時，關中有警，鄰州聽民出避，棄嬰孩滿道，有壬獨率弓箭手閉門以守，卒無虞。有追逮，不許胥隸至村，惟執信牌，令里役呼之。遇寃獄皆平翻。行部廣東，劾貪墨廉訪副使哈齋蔡衍，奏雪王毅、高昉、趙世延寃。上正始十事，請發糧四千萬斛，賑京畿饑，其他治績尚多。立朝五十年，三入政府，偉著風節。《至正集》本一百卷，繕錄方畢，有壬捐舘。子楨忽遭起遣，倉皇棄擲，稿遂淪亡。明弘治間，五世孫顒刊《圭塘小稿》時，亦未之見。楊文貞雖收其副本，究不知即此八十一卷否，尚闕十九卷，與黃氏《千頃堂》所載卷數相同，然箋、表、傳、狀、簡及疏稿，皆無一存，是散失尚不少也。集中史料不少，《籸麵詩》自注云，南鄉蕎麨黑甚，熟則堅實若瓦石，可代陶盞貯膏火。某年吾國人有在法國以豆質爲器皿者，此集所云似較易成也。朱氏述之《讀書志》卷五云，《至正集·上京十詠沙菌》云，"牛羊膏潤足，物產借英華。帳脚駢遮地，釘頭怒戴沙。齋厨供玉食，毳索出氈車。莫作垂涎想，家園有莫邪"。注云，此物喜生單帳車歇之地，夏秋則環繞其迹而出。按即今之口蘑。《馬田上京書懷詩》云，"六月椒香駝貢乳，九秋雷隱菌收釘"。亦指口蘑。伯驥按：吾丘衍有《菌耳徧沃野》五言詩。又，胡助《宿牛群頭詩》云，"蕎麥花開草木枯，沙頭雨過茁蘑菇。牧童拾得滿筐子，賣與行人供晚厨。"説出更爲明顯。又，清高士奇《西巡扈從日記》云，五臺山有杉叢生，下視若薺，土人目爲落葉松。又曰，柴木雨過，產菌如斗，其色乾黃，是曰天花。其在陰崖叢薄，落葉委積，蒸濕怒生，白莖紫縷，是曰地菜。宋朱弁有《謝崔致君餉天花詩》云，"地菜方爲九夏珍，天花忽從五台至。堆盤初見瑶草瘦，鳴齒稍覺瓊枝脆。赤城菌子立萬釘，今日因君不知貴"。伯驥按：此亦菌類。故其集亦頗關細碎考覈也。月齋，姓張氏，名穆，一字石洲，平定人。清道光後，徐星伯松、何願船秋濤與月齋皆喜爲實學，月齋爲壽陽祁相國鄉人，居京師，主壽陽最久，身後遺籍多蘦落壽陽邸第，其後始散出。吾家得之亦不尠，則展轉而來矣。蓋月齋之學，精於考證，故校勘一事，實擅專長，此集則其手所勘定也。

## 青陽文集六卷附録二卷

明正統刊本,季滄葦舊藏。

　　元余闕撰。闕字廷心,廬州人。元統元年進士,授同知泗州事,爲應奉翰林文字,遷刑部主事,棄官歸。召入修史,拜御史,遷翰林待制,後爲淮西宣慰副使、僉都元帥府事,分兵守安慶、江淮。《昭代典則》卷二云,戊戌春正月,徐壽輝將陳友諒破安慶,蒙古淮南行省左丞余闕死之。事聞,贈闕平章政事,追封豳國公,諡忠宣。闕於五經皆有傳注,爲文淳古有氣,詩尚江左,高視鮑、謝、徐、庾,以下不論也,爲篆籀亦工。闕獨守孤城逾六年,大小二百餘戰,戰必勝,其所用者,不過民間兵數千,激之以忠義,故甘心効死而不可奪,雖不幸城陷以死,闕亦人豪矣。此本《目録》前題門人淮西郭奎子章輯,前有宋濂撰《余左丞傳》。次有正統十年淮南高穀引,略云,先友張君彦剛好古尚賢,嘗裒集公之遺文,鏤板以傳,然其所作散佚四方,弗克盡覯其全,恒以爲憾。予宗姪沅陵縣丞誠復取忠宣公集,訛者正之,僞者去之,損者補之,遺者益之,壽諸梓云。此集洪武初有張彦剛刻本,有張仲剛增輯本,前有青城王汝玉、番陽程國儒、雲陽李初、宏農許贊序。《附録》二卷,採集記傳慨悼追挽之作。又有明嘉靖戊戌鄭錫麒刻本,後附鄭識語,略言,公之正集,青陽前守海岱張中丞刻之矣而弗存,維陽張仲剛氏採而成編附刻之,而復傷於殘缺。余公暇取二集校閲,正集釐爲四卷,又以付刻之二卷續諸後,繡梓以行。是此書在前明已經屢刻,信乎公之斯文若元氣矣。清《四庫全書總目》別集類祇四卷,提要不詳何本,恐非佳刻,庫本之宜易善本者,固甚多也。此本半葉十一行,行十九字,全書寫刻,字頗近顔、柳一派。卷二末有"農民嚴時茂寫"六字,舊爲季滄葦所藏,有章。

## 潞國公張蛻菴詩集四卷<sub></sub>寫本。

元張翥撰。翥字仲舉，晋寧人。至元末，以隱逸薦。至正初，
召爲國子助教，徵修遼、金、宋三史，起爲翰林國史院編修，史成，轉
拜翰林承旨、嶺北行省平章政事。卒，年八十二。《元史》有傳。伯
驥按：蛻菴詩法得自仇遠。遠字仁近，一字近父，宋咸淳時以詩名。元至正中，官溧陽
教授。有《金淵集》，著録清《四庫》，時人以爲宋人，而有金音者也，"山分秋色歸紅葉，
風約蘋香入畫船"。人每誦之。此集前有釋氏來復序，略云，詩逮於元静
修劉公復倡古作，一變浮靡之習。子昂趙公起而和之，格律高深，
視唐無媿。至若德機范公之清淳，仲弘楊公之雅贍，伯生虞公之雄
逸，曼碩揭公之森嚴，更唱迭和於延祐、天曆中，足以鼓舞學者而風
厲天下。伯驥按：劉因字夢吉，號静修，應州人。講程朱之學，而其詩則自宋末諸儒
無能及之者，有《静修集》，詩法盛唐。自大德、延祐以來，詩人飈起，初以虞集爲大宗，
其次則范梈、楊載、揭傒斯，皆有盛名，號元初四大家。虞號道園，字伯生，出吳澄之門。
官至國子祭酒，謚文靖。元好問以後，虞即爲元詩人首屈，有《道園集》。梈字亨父，一
字德機，由左衛教授歷官閩海道知事，有《德機詩集》。載字仲宏，終於寧國路總管府推
官。有《仲宏詩集》。揭字曼碩，富州人，官至侍讀學士，封豫章郡公，謚文安。有《曼碩
詩集》。蓋元人承江西詩派之後、金詩粗獷之餘，能擺脱而空之者，以虞、楊、范、揭爲翹
楚，故來復舉之。河東仲舉張公學於數君子之後，以詩自任，五十餘年
造語命意，一字未嘗苟作。至正丙午春，其方外友廬陵北山杼禪師
以公手稿選次而刊行之，來徵言爲序。余託契於公非一日，而又重
北山之高誼，不得辭。豫章沙門釋蒲菴來復序。末有洪武十年天
界善世禪寺住持天台釋宗泐識語云，潞公於元季多故之際，薨於燕
都，由其無後，北山爲之經紀喪事。未幾，天兵北伐，燕都不守，北
山取其遺稿歸江南，凡選得九百首，將刊板以行於世。或有問於余
曰，北山釋之有道者，宜視身爲外物，而乃汲汲於故人詩集，得非未
能遺情乎？余謂之曰，至人不遺情，古之高僧猶不能免。如梁慧約

以苦行得道爲帝王師,而哭其亡友甚哀。至賦詩曰"我有兩行淚,不落三十年。今日爲君盡,併灑秋風前"。北山念潞公無後,平日交友,又皆異世淪謝,懼其泯没無傳,故仗義而爲之,然亦何害於道,其與約之情則一也。當元統甲戌間,余識潞公於金陵,後會於燕都、於錢塘,蓋三十餘年,固非一日之好。觀北山斯舉,豈能無動於中,謹書卷末如此。按:丁氏善本室所藏爲鮑氏鈔本,有蘇伯衡序,鮑氏題記謂其詩五百餘首。今讀此本,適符其數。宗㵤識語稱九百首,九字當是傳寫之訛。半葉十三行,行二十四字。字極精勁,當是從舊刊影寫。

## 金臺集一卷 汲古閣影元本。

前題南陽迺賢易之學,臨川危素太樸編。分兩行。每半葉十一行,每行二十二字,上下黑口,上偶記字數,中縫標《金臺集》一,前有至正壬辰七月初古鼇扉老人歐陽玄,又同時無日。魏郡李好文,此序後半葉有至正十年四月六日,黃晋書,十一行小字。至正甲辰二月乙未翰林學士承旨榮禄大夫知制誥兼修國史河東張翥、臨川危素,無年月,序後半葉有至正辛卯,史官新安程文書,篆文十二行,並有格。至正十二年八月望日監察御史宣城貢師泰等序。卷中新鄉嫗後,有南臺中執法濮陽蓋苗耘夫書十行;集末詩後有禮部侍郎汝陰李黼子威書三行、臨川危素書二行。俱小字,低詩三格。末有至正八年三月余闕序,九年二月五日趙期頤書。穎川老人歌跋易之詩僅一卷,仍標次第,殊爲失檢。據危素等序,《金臺集》本有前稿,此爲後稿,清《四庫提要》作二卷,當是合二稿言之,惟各序略有不同,或别一刊本。考《四庫總目》著録迺賢《河朔訪古記》,述元劉仁本《羽庭集》有是書序曰,今翰林國史院編修官郭囉咯氏納新案:郭羅洛原作葛邏禄,納新原作迺賢,今改正。易之,自其先世徙居鄞,至正五年挈行李出浙渡淮,溯大河而濟,歷齊、魯、陳、蔡、晋、魏、燕、趙之墟,弔古山川、城郭、邱陵、宮室、王霸人物、衣冠文獻、陳迹故事,暨近代金、宋戰爭疆場更變者,或得於圖經地志,或聞諸故老舊家,流風遺俗,一皆考訂,夜還旅邸,筆之於書,又以其感觸興懷,慷慨激烈成詩,歌者繼之,總而言曰《河朔訪古記》,凡一十六卷。則此書實爲納新作。納新族出西北郭囉洛,因以爲氏。郭囉洛者,以《欽定西域圖志》考之,即今嗒爾巴哈台也。元時色目諸人散處天下,故納新寓居南陽,後移於鄞縣,初辟爲浙東東湖書院山長,以薦授翰林編修官,出參桑戩實理原作桑前失里,今改正。軍事,卒於軍,所著《金臺集》尚有刊本,惟此書久佚,散見《永樂大典》中者,僅一百三十四條。館臣於他書提要又云,元托克托等修宋、遼、金三史,多襲舊文,不加刊正,考其編輯成書已當元末,是時如台哈布哈號爲文士,今所傳納新《金臺集》,首有所題篆字,亦自署曰泰不華,居然訛異,蓋舊俗已漓,併色目諸人亦不甚通其國語,宜諸史之訛謬百出云云。此則廼賢宜改納新,讀是集者所當考也。伯驥按:廼賢本葛邏禄氏,世居金山之西,後散處內地,漢姓爲馬,隨兄塔海仲良宦江浙,遂家明州。長於詩歌,時浙人韓汝玉能詩,王子充善古文,人目爲江南三絶。見邵氏《元史類編·文翰傳》。至正間,用薦爲編修官,有《金臺集》《海雲清嘯集》行世,亦傳中語也。洪氏《元史譯文證補》卷二十六上云,《新唐書》云葛邏禄本突厥諸族,在北庭西北金山之西。《元史》無葛邏禄之部,必是柯耳魯,廼賢考《唐書》自知即葛邏禄人,故以爲氏。《四庫全書提要》謂葛邏禄當即塔爾巴哈台,案提要之考地是矣。唐時葛邏禄兵强地廣,塔爾哈台自宜在其境內,若元初則塔爾巴哈台爲太宗分地,葛邏禄必更在西,多桑《地圖》列此部於巴勒喀什淖爾東南,與《唐書》《元大典》圖合,《祕史》古出魯克往西遼,經畏兀兒哈兒魯以往程途亦合,故知柯耳魯即葛邏禄也。洪氏著此書時,方官兵部侍郎,總理各國事務衙門行走,明知《四庫提要》有誤,特迁其詞,以訂正之。考清乾隆三十六年御撰《翻譯名義集正訛》謂和闐爲自古及今不易之回部,回部本自有回經,不信佛教。而《四庫總目》於晋法顯《佛國記》提要内則云,於闐即令和闐,自古以來崇回回教法。《欽定西域圖志》考證甚明,而此書藏其有十四僧伽藍衆僧數萬人,則所記亦不必盡實,不知《魏書·西域傳》及《水經注》明言於闐俗重佛法,僧尼甚衆,豈能以當時新撰之書抹殺古來舊事,似此羌無故實,以出自御製,即不敢辨別其非,帝王威力固若是其可畏也。洪氏之小心翼翼,夫豈無故而然哉!《正訛》之言,實見《西域圖志》中。瞿氏《鐵琴銅劍樓書目》著録此書爲金侃亦陶手鈔本,有歐陽玄、李好文、貢師泰、揭傒斯、楊彝、危素、程文諸序,虞集、張起岩題詞,與毛本同,惟卷二末增多補遺,爲毛本所無。如《次韻元復初春思》三首、《送邵元道》四首、《賣鹽婦仙居縣杜氏二真廟詩》《錢塘留别康里丞相之會稽》《代祝使歸張員外光弼先生》《奉楊公之命函香浦陀洛伽山瑞相示現使節今還》,輒成長律四章。少寓餞忱取校毛本,共增多五古七首、七古二首、七律六首,不知從何處得之。伯驤今藏此書係影元本,爲毛氏原物,金鈔惜未見傳本耳。張氏起岩曰,《居易録》謂元代文章極盛,色目人著名者尤多,曾列舉馬祖常、趙世延等輩。檢顧嗣立《元詩選》,元代色目人著名者尚有耶律楚材著《湛然居士集》,子耶律鑄《雙溪醉隱集》,揭傒斯著《文安集》,迺賢著《金臺集》,余闕著《青陽集》,丁鶴年著《丁鶴年集》,吉雅謨丁、愛理沙二人附。泰不華著《北顧集》,揭佑民著《盱里子集》,月魯不花著《芝軒集》,偰玉立著《世玉集》附弟偰哲篤。昂吉著《啓文集》,雅琥著《正卿集》。又錢大昕《元史藝文志》,耶律希亮著《愫軒集》,沙剌班著《學齋吟藁》,又《也先忽都詩集》十卷,《瞻思文集》二十卷。又《四庫》藝術類,盛熙明著《法書考》八卷,均當爲補其未備云。伯驤按:新會陳垣著《元人華化考》,援據尤富,應爲檢覈。毛氏父子最喜影鈔古本,如子晋初借得嘉祐四年蘇州郡守王琪刻本《杜工部集》,曾命蒼頭劉臣影寫二十餘年,後斧季買得《浣花集》刻本,復教導其甥王爲玉影寫甚精,覓舊紙從鈔本影寫而足成之。此書後歸吳縣潘氏,所謂《浣花全集》以此爲最古者也。又張氏愛日精盧藏毛氏鈔本《無爲集》,有子晋識語云,偶過白門,向屯部周浩若索異書，首出楊次公《無爲集》十五卷見眎，鏤板於紹興癸亥年，亟命童子三四，窮五日夜之力，依樣印書。此皆藏書家所豔説爲毛鈔者也。

## 僑吳集十二卷明弘治間張企翔刻本。

元鄭元祐撰。元祐字明德，遂昌人。父石門高士，元初徙家錢塘。省臺宣闔憲府交章以潛德薦，至正丁酉薦授本路儒學教授，又陞浙江儒學提舉。集前有至正間謝徽序，謂明德生於杭，無書不讀，作爲文章，綽有古作者風，既壯，來僑於吳，比老乃彙其所作之文，曰吾在杭亦嘗有作，茲僑吳久而作之爲多，故曰《僑吳集》。卷首題括蒼鄭元祐明德著。卷一四言古詩、五言古體、五言聯句，卷二七言古風，卷三長短句體，卷四五言律、排律，卷五七言律、排律，卷六五、七言絕句，卷七銘箴贊、題跋、書疏，卷八序，卷九、卷十記，卷十一碑，卷十二行狀、哀詞、墓誌銘。各大藏書家著録此書多是鈔本，丁氏善本書室所藏亦據弘治本寫録，他家可知。伯驥以重價得此本於海上，而前明張習之跋不存，蓋以謝徽之序既作於至正，而書之字體，又極類鷗波，容易認爲元本。元世至明初，我國刻書每用趙體，即高麗亦然。日人島田《古文舊書考》卷四云，宋時高麗刻本多是精絶，自胡元有天下，降忠烈王以公子忽都魯迷作甥舅，其後歷世諸王皆娶妃元室。又建征東省，置達魯花赤，事皆關決。衣冠禮樂一均以元俗爲準的，於是其刻書亦多吳興筆意。徐氏康謂元代官本刻經史，私家刊詩文集，皆摹吳興體，至明初四傑高、楊、張、徐集，尚沿其法，以刊板所見，如《茅山志》《周府袖珍方》皆狹行細字，宛然元刻，字形仍仿子昂。見徐所著之《前塵夢影録》。徐又稱乾隆朝士人沿明季書帕習氣，往往重價購宋元板書，以充羔雁，而書估黠者，又割去明之紀元，冒爲元刻，曾見《周府袖珍方》兩部，皆割去正統年號，觀此可知是書去張習跋尾之故矣。原書有

秦氏墨筆跋語,亦資考證。附録之跋云,右弘治丙辰張企翔重刻
《僑吳集》也,初書估以此來售,謂爲元刻,索價甚昂。余檢《菉圃
藏書題識》載鄭元祐《僑吳集》十二卷,乃弘治中張習重刻也。就
張跋語,鄭有《遂昌山人集》《僑吳集》,是元時實有兩種,今不可得
見,所存者重編本耳,字跡古雅,與張來儀、徐北郭諸集悉同。第十
一卷《前平江路總管道童公去思碑》脱去五、六兩葉,惜無刊本可
録,仍當缺之云云。此本卷十一正缺五、六兩葉,與菉翁跋適合,是
必弘治刻本無疑,張跋無存,殆舊時估人所損。余因詳舉以告售
者,乃得成議,舊估之去跋,冀充元槧,今估之誤認元槧,實皆此刻
書法生動,紙墨古雅,有以使之然也。菉圃言此集爲張習重編,蓋
本於《四庫提要》。余閱謝徽至正二十年序云,凡文□百□篇十二
卷,則此尚是謝氏作序時原第,不得謂爲習重編也,豈四庫館臣及
菉翁皆未見謝序耶? 嬰闇居士秦更年記於海上寓居之石藥簃。伯
驥按:菉圃之《僑吳集》,實顧千里代爲收得,其後千里借得朱文游
藏張習刻本影寫補入第六葉,其第五葉仍闕。見顧跋。是菉圃本
初缺二葉,其後實缺一葉也。秦跋尚未細考。

## 青村遺稿一卷叢書樓寫本。

　　元劉涓撰。涓字德原,義烏人,本姓劉,先世避吳越王錢鏐嫌
名,改爲金氏。嘗受經於許謙,又學文章於黃溍,嘗爲虞集、柳貫所
知交,薦於朝,皆辭不赴。明初,州郡辟召,亦堅拒不起,竟教授以
終。所著有《湖西》《青村》二集,共四十卷,兵燹不存。嘉靖中,其
六世孫魁始掇拾散亡,編爲此本,魁子江始刊版印行,以所傳無幾,
非涓手定之原集,故題曰《遺稿》。前人謂涓於宋濂、王褘爲同學,
褘贈涓詩有“惜哉承平世,遺此磊落姿”句,頗嗟其沈晦,而涓《送
李子威之金陵詩》云,“若見潛溪宋夫子,勿云江漢有扁舟”。乃深

慮其薦達,志趣頗高。然其詩則不出江湖舊派,摹寫山林,篇篇一律,殊無超詣。觀集中有《錢塘行在》一篇,以元統、至正間人,何至指錢塘爲行在,知由耽玩宋末諸集,以習熟而誤沿舊語矣。特以託意蕭閒,不待矯語清高,自無俗韻,又恬於仕宦,疏散寡營,亦無所怨尤,故品格終在江湖詩上耳。詩道關乎性情,此亦一證云。府志、縣志作金涓,涓隱居青村,學者稱爲青村先生。此本爲叢書樓舊藏,叢書樓者,祁門馬曰琯,字秋玉,號嶰谷;曰璐字佩兮,號半槎,兄弟藏書之所。全祖望《叢書樓記》云,揚州馬氏嶰谷、半槎兄弟居之南,有小玲瓏山館,園亭明瑟而巖然高出者,叢書樓也,迸疊十餘萬卷。予官於京師,從館中得見《永樂大典》萬册,驚喜貽書告之,半槎即來問寫人當得多少,其直若干。罷官歸途過之,則屬予鈔天一閣所藏遺籍,蓋其嗜之篤如此。嶰谷著《沙河逸老集》,半槎著《南齋集》。見杭氏所撰墓誌及《鶴徵後録》。

### 鶴年先生詩集四卷<sub></sub>舊寫本。

元丁鶴年撰。鶴年以字行,一字永庚,西域人,明永樂間卒。集中有《夢得先妣墓詩序》云,己未夏五月還武昌遷葬,兵後陵谷變遷,先妣封樹,竟迷所在,久尋不得,露禱大雪中。冬十一月二十日夜,忽感夢,翼日遂得其處。又《仰山脞録》云,鶴年嘗卜日葬其父,雨至十日不止,仰天悲泣,翼日而止,葬畢如初。時兵亂後失母墓所在,悲慕深切,夜夢母告以葬所,鄰翁韓重者亦夢焉,即其地求而得之。見母屍正中一齒如漆,復嚙指血試之,良驗。人呼丁孝子。《脞録》所言與集中序合,至於以指血試母齒,則近於《洗寃録》檢驗之,爲吾國固有此法,今則已加改作矣。卷一曰《海巢集》,題門人四明戴稷編次;卷二曰《哀思集》,題門人四明戴習編次;卷三曰《方外集》,編次姓氏闕;卷四曰《續集》,題門人修江向誠編次。後附鶴年兄吉雅謨丁、愛理沙及鶴年表兄吳惟善三人詩一十三首。前有至正甲午九靈山人戴良序云，昔者成周之興，肇自西北，西北之詩，見之於國風者，僅自豳、秦而止。豳、秦之外，王化之所不及，民俗之所不通，固不得繫之列國矣。我元受命，亦由西北而興，西北諸國若回回、吐康里、畏吾兒、也里可溫、唐兀之屬，伯驥按：元時威稜所及西域，則爲畏兀兒，即回鶻，今新疆大山南路。葛邏禄今伊犁河吹河流域，又有斡亦剌吉利吉斯失必兒，乃蠻花剌子模。欽察阿速奇加賽思康里。康里，古高車之後，在欽察東花剌子模北、西北，則爲今之保加利亞、阿羅斯、波蘭、匈牙利，蓋莫斯科、威尼斯皆其兵力所至也。若東南則高麗、大理、吐蕃、安南、占城、緬甸、南洋群島，尤世所熟知矣。洪氏《元史譯文證補》卷二十六上云，畏吾兒亦作畏兀兒，《元史》屢見，所謂高昌國王亦都護是也。此爲部名，自別失八里至哈喇火州以南，皆其轄地。畏吾兒即唐之回紇，《元秘史》作委兀兒，又作委吾。丘長春《西遊記》至昌八剌城，其王畏午兒，中國北方讀回如輝，統覈諸書，實應作畏、作委，不當作回，其誤由於《唐書》至訖與兀吾，北方字音無大區別。今西人書作畏孤兒，西人無訖兀等字音，故作孤阿卜，而嘎錫書訓義爲聚言，其氣類合聚，不復渙離，可爲《唐書·回紇傳》注解。又卷二十九云，也里可溫，爲元之天主教，有鎮江北固山下殘碑可證。多桑譯注《旭烈傳》，有蒙古人稱天主教爲阿勒可溫一語，始不解所謂，繼知阿剌伯文、回紇文，也，阿二音往往互混，阿勒可溫即也里可溫。《元史》中統三年，括本速蠻、也里可溫、答失蠻等户丁爲兵。四年敕，也里可溫、荅失蠻、僧、道種種田入租，貿易輸税。至元元年，命儒、釋、道、也里可溫、荅失蠻等户舊免租税，今並徵之。天曆元年，命也里可溫於顯懿莊聖皇神御殿作佛事。《經世大典·馬政篇》中統四年，諭中書省，於東平、大名、河南路宣慰司，不以回回通事斡脱並僧、道、荅失蠻、也里可溫、畏兀兒諸色户人，每鈔一百兩，通滾和買堪中肥壯馬七匹。不以，猶言不論也。蓋清世之考論也里可溫者，錢詹事外，實以洪氏爲最詳。近年新會陳援庵垣則後起而益加明晰，陳氏《也里可溫考》述日本田中萃一郎、坪井九馬三及屠寄説畧云，按阿拉伯語，也，阿二字之互混，《元史譯文證補》常言之，阿拉伯語稱上帝爲阿羅，《唐景教碑》稱無元真主阿羅訶。《翻譯名義集》卷一曰，阿羅訶，秦爲應供，大論云應受一切天地衆生供養。故吾確信也里可溫者，爲蒙古人之音譯阿拉伯語，實即《景教碑》之阿羅訶也。阿卜而嘎錫者，蒙古人尤赤裔孫，明崇禎末爲鹹海之南機窟部主，即《元史》西北地附録之花剌子模地，著書本於拉施特兒哀丁，突厥文也,見洪書卷首。往往率先臣順,奉職稱藩。其沐浴休光,霑被寵澤,與京國内臣無少異,積之既久,文軌日同,而子若孫遂皆舍弓馬而事詩書,至以其詩名世,則貫公雲石、馬公伯庸、薩公天錫、余公廷心其人也。論者以馬公之詩似商隱,貫公、薩公之詩似長吉,而余公之詩則與陰鏗、何遜齊驅而並駕。他如高公彦敬、獲公子山、達公兼善、雅公正卿、矗公古柏、斡公克莊、魯公至道、王公廷圭輩,亦皆清新俊拔,成一家言。此數公者皆居西北之遠國,其去幽、秦蓋不知其幾千萬里,而其爲詩乃有中國古作者之遺風。鶴年亦西北人,其視數公差後起,家世以勳業著,而鶴年兄弟俱業儒,伯氏之登進士第者三人,鶴年乃泊然無意於進。遭時兵亂,逃隱海上,邈不與世接,凡幽憂憤悶哀痛之情,一於詩焉發之。觀其古體歌行諸作,要皆清麗可喜。而注意之深、用工之至,尤在於五七言律。但一篇之作,一語之出,皆所以寓夫憂國愛君之心、愍亂思治之意,讀之使人感憤激烈,不知涕泗之横流也。第以祖宗涵煦百年之久,致使遐方絶域之詩,俱得繫之天子之國,而鶴年之所著明王化民俗之盛,以與數公並傳於斯世者,將遂泯無聞矣,不亦重可悲夫! 故取其吟藁若干卷序而傳之。《蟬精雋》稱鶴年詩律極工,楚藩爲叙,謂其庶幾老杜。《歸田詩話》稱,方氏據浙東,深忌色目人,鶴年畏禍,遷避無常居,故有"行踪不異梟東徙,心事唯隨雁北飛"之句,然則鶴年固嘗欲復還西域歟。

## 石初集十卷附録一卷

舊寫本,王文簡、彭文勤校讀。

元周霆震撰。霆震字亨遠,吉之安成人,先世居石門田西,自號石田子初,又省呼石初。前人稱石初於延祐復科舉時,勵志舉業,累以《書經》試不偶,乃篤志古文辭,謝絶薦舉,杜門授經,以道自任。至正壬辰，江南失太平，安成尤甚，乃潔身澡行，忠君愛國，彰善嫉惡，一以文辭發之，皆可補國史。是集門人晏璧所編，并製行述、墓銘，<sub>伯驥按：晏璧字彦文，廬陵人。洪武時官武昌訓導，與同郡顏伯瑋友善。建文元年，顏官沛縣知縣，及燕兵攻沛，顏以身殉，晏爲顏傳其事。永樂間，修《大典》，晏爲副總裁。見李氏《續藏書》及《廬陵縣志》）</sub>。同時費集又銘其墓。前有洪武癸丑劉玉汝成之，洪武六年陳謨心吾，七年葛化誠夫、梅間張瑩序。後有洪武辛酉晋安林氏跋。成化九年六世孫正方由秋官出僉浙憲，鋟木以傳，同邑彭時、劉宣，淳安商輅各序其後。伯驥按：楊復吉《夢闌瑣筆》云，周氏《石初集》較他本多幾倍蓰，張損持先生任興國時所鈔。壬寅歲，鮑淥飲過訪見而愛之，余因持贈。後有《元文選》之役，向淥飲索之，久無以報，存亡不可必矣。由楊氏之言，是此集流傳有篇帙多寡之别，此本曾爲王文簡、彭文勤所校讀，當非陋本。今記二公識語如下：王氏《墨筆題記》云，周處士《石初集》詩、雜文各五卷，七言歌如《金城》《豫章》《潯陽》諸篇可以庀史，近體朴直無足觀者，文詞亦多陳腐，不甚洗鍊，大抵鄉塾老儒本色耳。王士積借觀偶書。文勤朱筆題記云，癸卯夏，坊估以馬氏叢書樓此殘帙來鬻，中有阮亭手題，詞甚貶斥。石初生前至元，歿洪武，年八十有八。身閱有元一代興亡，當庚申君末造，吏貪將殘，兵驕寇熾，生民流離塗炭之苦，身丁患難，一發之於篇什，視少陵《三吏》《三别》酸楚過之，有《小雅·大東》告哀遺意，垂爲世鑑，是謂真詩。阮翁但解流連光景，修飾句法，嵌一二稀用字爲工而已，此詣奚足以知之。芸楣校竟且識，以俟論定。伯驥按：集中如《古金城謡》《李潯陽死節歌》《普顏副使政績歌》《過王成砦城關西宿州歌》諸篇，多有小序，述當時情事。知晏氏所撰行述，稱江南野史誰復健筆，《石初集》中隱散見，皆可爲國史補，洵非虚也。

## 梧溪集□□卷　寫本。

元王逢撰。前有至正己亥周伯琦序，略云，原吉中年築草堂於松之青龍江上，以吟詠自娛。追維其大母徐夫人嘗手植雙梧於故里橫河之上，今世遠地殊，因自號梧溪子，示不忘也。次有汪澤民序，略云，原吉學詩於延陵陳漢卿，陳與柯敬仲俱事邵庵虞公，得其傳，其詩多録忠孝節義，可稱詩史。他本有楊維楨序，此本缺之。楊序略云，予讀梧溪詩，悼家難憫國難，採摭貞操，訪求死節，網羅俗謡，與民謳如《帖木侯》《張武略》《張孝子》《費夫人》《趙氏女》《丙申紀事》《月之初生》《天門行》《竹笠黃官》《柳場無家》《無家燕》諸篇，皆爲他日國史起本，亦杜史之流歟！《列朝詩集》云，洪武七年，遣元幼主之子買里的八剌北歸，故梧溪詩有云，“秦地舊歸燕質子，瀛封曾界宋孤兒”。太祖封買里的八剌爲崇禮侯，故曰瀛封曾界宋孤兒也。《風月堂雜識》云，銀瓶烈女，古今歌詠其事者甚衆，惟梧溪《節孝辭》可誦。此則論其詩之與史有關者也。伯驥按：叙事詩又曰史詩，以記叙人物事實爲主，在西洋多運用歷史傳説及神話，而含有戲劇性質，若荷馬之《易利亞德》《奧德賽》是其顯例。我國古世若《三百篇》，叙事之作頗多，然其中語含風刺，今日未能解説者，固由託諷之旨不易探得，而世代綿邈，傳説每多訛異，亦其原因也。唐代如杜甫，如李商隱，亦每有此種詩，惟詩多叙實與西洋詩有別，此則中西文心之別、流派所由分也。集前附録《江陰志》云，王逢字原吉，居黃山，號席帽山人，又號梧溪子。初，至正間江陰盜起，城東八鄉之民多脅從，浙東帥孫克復欲兵之，問故於逢，逢曰，民非樂亂，無父母耳。帥悟一言，而活生人之命若干，無錫之人橫罹鋒刃，收其骨埋之。素多奇行，金陵臺臣、浙西分憲、僞吳張士誠薦辟，皆不就。洪武中，亦不就郡縣官之薦辟。又附録《松江志》云，梧溪精舍在青龍江上，中有蘿月山房、冥鴻亭、小草軒，皆自爲記，別有

《席帽山人小傳》。集末有景泰七年錢塘陳敏政跋，謂其子掖，洪武初任通事司令，轉翰林博士，兼文華殿經筵事，卒於官，勅葬故隴。先生未歿，而是集已珍傳於世。先生嘗自標題其微辭奧義，及今人名、地理之難曉者於各詩之首，其第七卷則先生既没而掖之所刊也。卷五《讀宋俞文豹録一事有感詩》，其序云，《吹劍録》載括蒼梁民懷首倡民兵，捍禦方臘有功，郡縣議上聞，民懷不肯，既得子名安世，年十九登科，民懷以壽終。《鄉先達江朝宗挽詩》有"氣概劍三尺，義方書五車。陰德看桃李，無言春自華"等句。安世字次張，官至司農丞、廣西漕。予竊感江陰東八鄉得免兵禍者再，此人所共知，出於予言，已略見周侍御《梧溪集序》。又，秘書鄉貢公《題揚提學梧溪子小傳後》云，"洛下忘年友，兵間著義名。片言回楚祲，千里系周正。奴返前州牧，金辭巨室甥。猶聞多士感，蘇學與常城"。蓋補書遺事，罕有聞者，今漫録民懷序後，非以安世望子，而全家亂餘，身老海上，用以自慰云云。此可與《江陰志》相證，蓋王氏之詩可證史事者，固甚多也。王氏於禮教風俗亦極留意，如卷四有《浦東女詩》云，"浦東巨室多豪奢，浦東編戶長咨嗟。丁男狗俗各出贅，紅女不暇親桑麻"。又《經楊節婦故居詩》有序云，丁丑夏彗星見，天下童男女皆成配。時楊年十三，贅張都水子裕，十五生一女，十七裕早世，楊誓守節，今幾五十矣。卷六《送楊生出贅》云，生字士初，爲芝泉先生孫，又從遊予門。出贅請行，贈以言曰，秦俗行雲間弊滋甚，近見巨室壻某老且有孫，而家廟僅有妻祖禰神主。因評曰，若承外宗，則歲時饗先將若何。某哽泣不能對。他日可知焉。生永嘉蠆步世儒族，幸鑒此毋蹈。生拜受已，徵詩。伯驤所撰《風俗史》於出贅一事言之頗詳，此數詩尚未録入也。至其論詩之旨，則卷五有附記云，凡作詩忌俗欲清，忌熟欲生，忌肉欲骨，骨去露生，怪清去薄，本之六義，參諸經史，詩道備矣。

又卷一有目云，江陰王庫使家藏黃荃《雀哺雛》後有後村詩跋，嘗聞古院畫率有名義，是三雀者殆取《詩》《禮》《春秋傳》三爵之義歟！詩中附記云，方宋末，王衢軒、劉後村文章聲錚錚相頡頏。衢軒《元宵詩》首押秤科，末押民膏，後村此《雀詩和韻》乃竄入雛韻。王以詞賦高科第二人及第，劉以名臣子孫有文辭賜及第，真西山爲中舍舉之自代，皆非不諳韻者，直狃於閩人聲音，不覺跌宕，是王氏於音韻亦能訂前人之失也。王氏於當時名流，皆與之爲友。卷四有目云，覽周左丞伯溫《壬辰歲拜御史扈從集》感舊傷今敬題五十韻。又云，楊鐵崖先生嘗擬古操十見寄，且徵同賦，逢豈敢當，姑以尹伯奇一首答之。卷五有目云，天台陶氏九成，名宗儀，號南村居士，明經博學，養高雲間，與予友善。嘗爲贊騎牛像，今復爲之題濯足小像。其餘貢玩齋、柯敬仲等皆梧溪子之友也。王氏又喜友日本人，《題日本大藏大徹上人眇海軒詩》，見卷四。又日本進上人將還懷鄉國，爲錄予所注《杜詩本義》。留旬日，贈以句云，"重譯歸有母，僧中獨爾能。上方雲一鉢，滄海月千燈。雀軸蒙衝艦，龍函最上乘。杜詩書法隱，毋惜授諸藤"。又有《寄題日本飛梅詩》，其自序云，國相管北埜者，剛正有爲，庭有紅梅雅好之。一日被誣謫宰府，未幾梅花飛至。北埜卒死謫所，國人立祠梅側。僧進得中云，又有《送日本僧遊小山詩》。卷五有目云，日本月千江長老《攜其國僧裔竺蜂級禹門徵詩》二首，皆可證也。此集爲鮑刻以前寫本，頗有異同。

## 竹素山房詩集三卷附錄一卷

寫本，繆小山舊藏。

前題魯郡吾衍子行。吾衍衢州人，字子行，嗜古，通經史百家，精音律、篆隸，著《周秦刻石釋音》等書。明宋濂《文憲集》卷四十有《吾衍傳》。《西湖游覽志》云，子行隱居教授，居一樓，坐學童樓下，遣高第弟子遞授之。客至，童子輒止其登，使登乃登。廉訪使徐琰聞子行名，訪之，衍從樓上呼曰，此樓何敢當貴人登也，願明日走謁謝。琰笑而去，明日竟不謝。《輟耕録》稱子行年四十未娶，宛丘趙天錫爲買酒家孤女爲妾。年飢，女嘗事人，後夫知妻在先生所，訟之，因逮妾父母，父母至客先生家，又僞楮幣，事覺，因言舍主人子行固弗知。因邏倅辱子行，南出數百步，録事張景亮識子行，叱邏者曰，是不知情，攝之何爲！即解縱遣歸。子行不勝慚，明日持玄絛緇笠詣仇山村，別值晨出，留詩一章，意將欲從靈均於西泠橋外。明日有得遺履於橋上者，多寶院僧可權從子行學，聞其死，哭甚哀，乃葬子行遺文於後山。此本前有金華胡長儒《吾子行文塚銘》、宋濂《鄎衍傳》、王禕《吾丘子行傳》、王行《吾衍傳》，傳後則爲詩、記葉數，下有“臥雲山居”四字，末有“嘉靖戊申秋董子元校勘於寒玉堂”一行，有“雲輪閣”、“荃孫”章，爲江陰繆氏舊藏，與《藝風堂藏書記》合。又有“漢軍漢廣”小章。伯驥按：杭氏《道古堂集》卷二十七，稱子行寓杭生花坊，精小學。於《閒居録》辨酢、醋二字，謂酢即古醋字，即古人酬酢，酢字皆今人所未察。集中如黃良佑《字説》，辨佐、佑即左右，亦此理。此集吾浙藏書之家皆無其本，維揚馬涉江從姑蘇購鈔，予僅得見。又劉氏毓崧《通義堂集》卷四云，《閒居録》謂韻書之作，實本於《説文》之諧聲字，如瓏、籠、灃、𧂃、怩、泥、靡、霏、廬、鑪、份、粉、邗、駻等類，皆以龍、豐、尼、非、盧、分、干爲諧聲，而韻書中皆分析爲各韻，若能依《説文》諧聲之法，別爲通韻，則《毛詩》《楚辭》古賦選詩之韻了然可知，蓋吾氏謂《説文》諧聲爲韻書之本。其説蓋與北宋沈括右文左類之説、南宋張世南義在右旁之言相同，可知以聲爲主，並非清代戴、段諸君所創，然則子行固不必以詩傳矣。《閒居録》，子行遺著也。

# 集　部　四

## 高皇帝御製文集二十卷<sub>明萬曆刊本。</sub>

明太祖高皇帝撰。前題賜進士巡按直隸督學御史臣姚士觀、南京戶部督儲主事沈鈇仝訂。卷一、二詔，卷三、四制誥，卷五書，卷六、七、八勅，卷九勅命，卷十策問、論，十一樂章，十二樂歌，十三文，十四碑記，十五序説，十六雜著，十七、十八祭文，十九、二十詩。有姚氏識語云，我太祖高皇帝萬幾之暇，躬灑翰墨而筆之汗青者，當是時操觚之士，如劉基、宋濂、陶安、王禕諸君子雲集闕下，而詔誥表勅，以洎祀奠樂章，咸御筆親裁之，即諸臣非無作者，皆莫之能及也。譚者謂帝王之學，韋布不同，然矣。伏讀斯集之醇雅莊重，仰逼商周，純粹精密，俯际濂洛。雖史佚程朱生同其時，與之敷斁廟謨，演迤道真，且猶讓一籌也，况韋布乎？是集曩刻之維揚，迺中都爲聖祖龍興之邦，翳獨缺焉。偶於年友沈□氏獲覩舊本，持以歸之署中，炳蕭盥沐器，誦數遍，祇覺聖謨洋洋盈耳忘倦也。用是侍史染翰，闕人供役，冀與都人士共焉，聊綴數語，附於目錄之下，以識歲月。萬曆十禩長至日，臣姚士觀稽首拜首謹識。半葉十行，行十七字，端楷寫刻。按：《明太祖集》見於焦竑《國史經籍志》者凡二部，見於黃虞稷《千頃堂書目》者凡四部，清《四庫》所著錄者爲焦志所列之第一部，即此本也。清《四庫提要》謂《太祖集》初刻于洪武七年，<sub>伯驥按：《宋濂集》卷十七《鑾坡別集·恭題御賜文集後》云，洪武八年春</sub>

三月壬辰，帝御乾清宫，上忽顧内史張淵曰，汝往取新刊《文集》一部賜學士宋濂。臣謹叩頭謝。淵引臣至典禮紀察司，與司副李彬言紀臣氏名於籍，始頒受焉。蓋文集係御製，凡三帙，入梓雖訖，尚祕藏禁中。當時受賜者惟太師李韓公善長、中書右丞相胡惟庸與臣爲三人，故内臣致謹之如是也。此可證館臣謂《太祖集》刊於洪武七年，爲不誤。太祖多年戎馬，大寶久登，始以集付刊。然如清世諸帝多有詩文集，咸豐元年曾國藩奏云，前者臣工奏請刊布御製詩文集，業蒙允許。臣考高宗文集刊布之年，聖壽已二十有六，列聖文集刊布之年，皆在三十、四十以後。皇上春秋鼎盛，若稍遲數年再行刊刻，亦足以昭聖度之謙冲，且明示天下，以敦崇實政，不尚虛文之意，似此則甫登極而即擬宣示文章矣。古今人不相及又如此，愈不識字人，愈喜掉書袋，愈喜賣弄文墨，此語當不吾欺。**劉基及宋濂文集所載序文，俱云五卷，然黃虞稷《書目》已不著録此本，其著録三十卷本，又與此本不符。焦竑《國史經籍志》有二十卷本、三十卷本兩種。此則二十卷，刻時蓋萬曆間也。又按：范氏《天一閣書目》著録嘉靖劉氏刻本。劉序云，奉命出按雲南，從黔國公得其先世所藏抄本，因屬提學按察副使臣唐胄校正入刻。可知《太祖集》雖曾在洪武間發刻，而嘉靖間已須以寫本重刊，其流傳不多，已可概見。《孤樹裒談》卷一云，嘗見紀國初事跡者，内載洪武間設有殿閣大學士其職，不過代草詔令，然有犯輒罪黜，凡制誥、碑文、祭文多出御製。伯驥按：歐陽修《歸田録》云，楊文公億以**文章擅天下，在學士院，忽夜召見於一小閣，深在禁中。久之，出文稿數篋以示楊公，卿識朕書蹟乎？皆朕自起草，未嘗命臣下代筆也。楊不知所對，頓首再拜而出，乃知必爲人所譖矣。卷一《世傳》。前清沈氏德潛每爲高宗作詩文深合帝意，帝又慮他人發覺，故沈之升沉榮辱異於他人，皆出於帝之一時喜怒也，觀楊事而益明。又歐陽修《居士集》卷十四，有《仁宗御集序》自注，英宗皇帝密旨代作序詔，詔吕公著悉發實文之寶藏，而類次之以爲百卷。夫命文臣撰一序，何煩密旨，意謂文出，人皆以爲己手筆也。然蓋代之文，帝胡能作，而帝何知焉？前清趙翼云，明太祖文學明達，博通古今，今所傳御集，雖不無詞臣潤色，然英偉之氣，自不可掩至。如《鳳陽皇陵碑》粗枝大葉，通篇用韻，必非臣下代言也。趙氏歷舉帝之能爲散文，兼習駢體，熟於史事。見《廿二史劄記》。明楊氏《藝林伐山》云，太祖御製《平西頌》，有傅一廖二語，謂傅友德之功第一，廖永忠之功第二，是太祖於文學似確有研鍊工夫。明黄佐《翰林記》云，太祖嘗出御製詩文以示詞臣，太子正字桂彥良即於上前大聲誦之琅然，左右驚愕，學士承旨詹同戒之。上知之謂曰，儒者事君正當誠意，毋事矯揉也。按：此則太祖必時以文字詩示臣僚矣。伯驥所藏寫本《翰林記》為著者裔孫培芳手校。培芳字香石，清嘉慶副貢，有詩名，與張維屏、譚敬昭稱粵東三子，已刻之著作有十九種，吾家所有之《香石詩話》，則得之南京也。先人有寶書樓在省會，香石即故址，為嶺海樓以儲書，有書目流傳。此記校筆，聞為官四庫館時所勘對，不審確否。朱字至精細，寶書蓋文裕公佐藏書處。錢氏《列朝詩集》卷一云，《太祖高皇帝御製文集》共五卷，翰林學士樂韶鳳、宋濂編錄。濂之言曰，臣侍帝前者十有五年，帝為文或不喜書。館臣濂坐榻下操觚受辭，終日之間，入經出史，袞袞千餘言，嘗為濂賦《醉學士歌》，二奉御捧黃綾以進，揮翰如飛，須臾成《楚辭》一章。上聖神天縱，伯驥按：天縱二字專謂孔子用之，皇帝宜用天亶，所謂天亶聰明，作元后也。《清波雜志》云，陳瑩中為太學博士，薛昂、林自之徒為正錄，皆黨蔡卞，競尊荊公排元祐，戒士毋得習元祐學術，卞方議毀《資治通鑑》板。陳聞之，因策士題，特引序文，以明神宗有訓，於是林自駭異，而謂陳曰，此豈神宗親製耶？陳曰，誰言其非也。自又曰，此亦神宗少年之文耳。陳曰，聖人之學得於天性，有始有卒，安有少長之異乎？自是不敢復議毀。按：如瑩中之言，可稱皇帝為聖人，自可用天縱矣。自來少有誹議本朝御製文章者，故附記林自之言，至稱皇帝為聖人，則不自宋始也。形諸篇翰，不待凝思而成，自然度越今古，誠所謂天之文哉！解縉曰，臣縉少侍高皇帝，早暮載筆墨楮以俟，聖情尤喜為詩歌，睿思英發，雷轟電燭，玉音沛然，數千百言，一息無滯。臣輒草書連幅，筆不及成點畫，上進纔點定數韻而已，或不更一字，故常喜誦古人鏗鉤炳朗之作，尤惡寒酸呷嚶齷齪鄙陋，以為衰世之為不足觀。詩僧宗泐進所精思刻苦，以為得意之作百餘篇，高皇一覽不竟日，盡和其韻，伯驥按：和韻則皇帝常有之，蓋與應制為對面也。若如歐陽修《歸田錄》卷二所記，則並改臣下之文矣。《錄》云，楊為學士時，草答契丹書云，鄰壤交歡。進草既入，真宗自注其側云，朽壤、鼠壤、糞壤，楊遽改為鄰境明旦。引唐故事，學士作文書有所改，為不稱職，當罷，因亟求解職。真宗曰，楊億不通商量，真有性氣。雄深閎偉，下視泐詩，大明之於爝火也。臣謙益所撰集，謹恭錄內府所藏弄御製文集，冠諸篇首，以昭文化之始，其他稗官小説、委巷流傳及掇拾亂真者，皆削而弗敢載焉。以上二節，自是臣子尊王之義，然檢集中遺文，每有傷樸拙而含意未申者，當非其時文學侍從所代擬，且由斯推論，又可見帝王自尊態度。前朝所傳陛下書爲帝王第一，臣書爲臣工第一，其言當亦不誣也。魏武倩人自代立牀頭以懾敵，後來遂借"捉刀"二字爲假手撰文之代名辭，然則秉旄鉞、握鼋鼎以臨天下者，每欲藉王言以表其聖神文武意，固非與華藻之士絜豪髮之短長矣，因讀斯集而偶論之如此。《漢・藝文志》詩賦一百六家，首著録《高祖歌詩》二篇，《武帝自造賦》二篇。隋顏之推稱，自昔天子而有才華者，唯漢武帝、魏太祖、文帝、明帝，宋孝武帝，然皆負世議。《家訓》今考帝王著述之富，無如梁武帝，計《通史》六百卷、《金海》三十卷、《制旨》《孝經》《周易》《毛詩》《尚書》《春秋》《中庸》《孔子正言》等講疏二百餘卷，吉、凶、軍、賓、嘉五禮千餘卷，贊、序、詔誥等文一百二十卷，《佛經義記》數百卷。武帝固好佛之君也，然宋世宋庠《元憲集》有《傳法院乞降御集編入經藏表》云，欲望聖慈許以自來御製應干釋宗文字，降賜傳法院，令釋經三藏、試光禄卿沙門惟净等，依例編綴竝入《經藏目録》。見卷十九。尤足見帝王文字與佛有緣矣。《宋志》載《太宗集》一百二十卷，而書庫碑則分言《太宗御製文集》四十卷，又集十一卷，《怡懷詩》一卷、《回文詩》一卷、《逍遥咏》一卷、《至理勤懷編》一卷、《棊勢局》《琴譜》各二卷、《蓮花心漏回文圖》若干卷。鄭氏《藝文略》第八云，《真宗御集》三百卷，又宋綬、錢易、李淑等注三百卷；《仁宗御集》一百卷；《神宗御集》一百六十卷；《哲宗前後集》若干卷。御集注之富如此，蓋前所未見矣。宋任氏《陳後山詩註》稱，元祐中，蘇轍等上所編《神宗皇帝御製集》內四十卷，皆賜中書密院及邊臣手札，言攻守秘計。哲宗爲之序曰，其指授諸將應變制宜，雖在千萬里外，而盡得其形勢之要，先後緩急之機，皆如在目前，而無遺畫，故陳氏《古墨行》有"自書細字答邊臣，萬里風雲入長算"之語，則神宗又較諸帝爲知兵矣。明文氏徵明《甫田集》有《跋宋高宗御書序文》一首，蓋御製徽宗御集序也。跋云，杭宋内府寶文等十閣，並貯諸帝御集，宋多右文之主，真宗而下，多有御集，今皆不傳。見卷七。然則明太祖集流傳數百年，寧不幸事耶！

## 陶學士先生文集二十卷 明弘治間刊本。

明陶安撰。安字主敬，當塗人。元至正初，中江浙鄉試，授明道書院山長。明太祖渡江，安敷陳大業，力贊攻取，留置幕府。歷左司郎中，出知黃州，降桐城令，移知饒州，仍改知黃州。明初，翰林院首召爲學士，御製門帖賜之曰，“國朝謀略無雙士，翰苑文章第一家”。洪武元年，擢江西行中書省參知政事，卒於官。《明史》有傳。前有弘治十二年費宏序，略云，當元之末，南士類擯不用，先生爲貧而仕，低徊散地，其精華銳果之氣，一寓於文辭，而不得見諸設施。及聖祖渡江，先生首率父老迎謁，聖祖善先生之謀而用之，蓋國初才智之士，乘時效其尺寸者多，而實先生爲之倡。又云，此集刻置太平郡齋，距先生之卒已百三十餘年，可見明初文人集本，尚不妄爲刊行也。末附安事蹟二十葉，並有張祐跋尾。半葉十行，行十八字。

## 東維子文集三十卷附錄一卷

原出四庫，震无咎齋黑格鈔本。

　　明楊維楨撰。維楨號廉夫，諸暨人。泰定丁卯進士，署天台尹，罷去。張士誠據浙西，屢致不能屈。早歲屏居吳山鐵冶嶺，父宏築萬卷樓，轆轤傳食，讀書其上，故以鐵崖自號。又得鐵笛於湘江，亦號鐵笛子，著有《古樂府》《復古詩》《麗則遺音大全集》。此集前有華亭孫承序，後有王俞跋，首有《正統論》，是清乾隆修庫書時別采入錄者，此本當是從庫本傳錄。前人謂《羅鄂州集》有《帝統論》一篇，言光堯內禪事。《餘冬序錄》云，金之高陵楊興，《宋史》不著名，元裕之記其當宋渡江而著《龍南集》，以見正統之所在，不以身之所生而有限也，可謂卓識之士。後楊廉夫《正統辨》其說本此。清《四庫》著錄本從《輟耕錄》補《繼統論》一篇，其說以元繼宋而不繼遼、金，明刊本均無之。《菽園雜記》云，廉夫高才博學，攻古文辭。國初名重吳下，從游者極其尊信，觀其《正統辨》

《史鉞》等作，可謂無愧古人矣。若《香奩》《續奩》二集，則皆淫褻
之詞，印本自序至以陶元亮賦《閒情》自附，乃知其素所留意也。
《閒情賦》發乎情，止乎禮義者也，鐵崖之作，去此遠矣。近時序和
靖詩者，謂鐵崖《西湖竹枝》固非雅製，使其見此鄙薄，又當何如？
鐵崖《樂府》，福建、崑山皆有刻本，《香奩》《續奩》惟崑山本有之，
後有楊東里跋語，好事者盜其名也。卷九。又李氏《味水軒日記》於
鐵崖軼事頗詳，稍述之。如云臧顧渚來，談近日所刻異書，有《夢
游》《仙游》二錄，非詞、非傳奇，乃瞽媼彈琵琶調也，而有深致，相
傳為廉夫避地江南時所作，尚有《俠遊錄》未見。卷一。馬生衡皋持
元楊鐵崖手書《大笑居士傳》來評閱，蓋為易履安道作也。履，宋
純孝先生之後，本并州人，善騎射，中歲强力學問，陰陽、律曆、書數
之術靡不究知。兵變陷寇中，昔年斬其將，函其首獻大藩，承制授
都司不受，更調浙漕亦辭，其人蓋山東雄俊，而有隱操者也。署款
云，鐵史者，李忠愍榜第二甲進士，今作官雲間，人呼江南鐵史，會
稽楊維楨也。卷八。客有以姚雲東楷書《鐵篴道人傳》見示者，愛
而錄之，鐵篴道人者會稽人，積書數萬卷。泰定間，以春秋經學擢
進士上第，任赤城令，轉錢清令，又轉鐵州市監，建德李官皆不信其
素志，轉棄官。將妻子游天目，放於宛陵、毗陵間，雪中雲間山水最
清遠。又自九龍山泝大湖、大小雷澤，上縹緲七十二峯，東抵海，登
小金峯，冠鐵葉冠，服褐毛寬博，手持鐵篴一枝，自稱鐵篴道人。晚
年，同年交有以文白於上，用玄纁物色道人於五湖之上，道人終不
起，云其文之驚世者，有《三史正統論》五千言、《太平綱目》二千
策、《上皇帝書》一萬言、《碧峯記》、《歷代史鉞》二百卷、詩有《瓊
臺集》《洞庭集》及《古樂府琴操》等五十卷，藏於鐵崖山云。《節錄》
卷八。皆足資譚柄者也。此本捺有"巴陵方氏章"、"毗陵董康藏
章"，蓋先為柳橋所收，後歸董氏者。董氏名康，武進人。喜刻古

書,通法學,所刻《吴梅村集》等最精,遊日本時著《書舶庸譚》,已刊行。

伯驤按:五十萬卷樓原藏有楊《集》兩種,此爲震无咎齋黑格寫本,原出前清《四庫》,爲楊《集》最善之本。予所撰跋文,曾著録《書目初編》,劫後矔得原書,乃録跋文於卷首,以資後人考核。弘治刻本,雖僅五卷,亦知校訂惜不可復得矣。此本卷首録乾隆御旨及館臣提要於前,讀者當爲考論。御旨係申明補録楊氏《正統辨》之意,楊氏大旨,説明金、遼不能上接宋統,應以元爲正。高宗意謂明自南都後,便不足謂之正統,當以清承明,諭旨又稱他人以金爲滿洲,欲令承遼之後,故曲爲之説,不知遼、金皆起自北方,本無所承繼,尋味此數言,實欲辨其先代非出於金,不知日人稲葉君山等及高麗舊籍皆云滿洲爲金人之後。予得高麗本權生所著《史要彙選》一書,載崇禎末年清兵戰勝明兵事,皆書金人敗明兵於某地,予嘗以此書际時賢朱念祖先生,亦大以爲然。予所依據尚多,曾在他文述之,此不煩徵矣。館臣於楊《集》提要引朱國楨《湧幢小品》,謂王彝常譏楊氏爲文妖,其説甚確。吾家藏有王《集》四卷寫本,出於錢求赤家,《書目初編》曾著録此書,其譏楊氏之言曰,天下所謂妖者,狐而已矣,然而文有妖焉,殆有過於狐者。夫狐也,俄而爲女婦,世之男子不幸而惑焉者,莫不謂爲女婦,則固見其黛緑朱白、柔曼傾衍之容,所以妖者無乎不至,故謂之真女婦也,由其狡獪幻化爲之,此狐之所以爲妖。文者道之所在,曷爲而妖哉!浙之東西言文者,必曰楊先生。予觀其文,以淫辭譎語裂仁義、反名實,濁亂先聖之道,乃柔曼傾衍、黛緑朱白、狡獪幻化,奄然以自媚,是狐而女婦者也,宜夫世之男子之惑之也。予故曰,會稽楊維楨之文狐也、文妖也。見王《集》卷三雜著類。館臣當是未見王《集》,故僅述朱氏筆記。求赤爲牧齋族子,亦以藏書著名,故有此秘册。予跋文所述《味水軒日記》，爲前明李君實遺著，李氏著作多刻行於明，獨此《日記》則清季始刻之。予所藏則爲戴松門寫本，精鈔巨帙，高可數寸，經此浩劫，板本未審尚在人間否？戴本則以友之力而贖回，可謂厚幸矣。《味水軒日記》謂《正統辨》五千言，而諭旨謂《輟耕錄》所采楊文僅二千六百餘言，是陶氏嘗删節其文，亦未可定。弘治本楊《集》前有弘治間馮允中序，序後有傳。卷一前題會稽楊維楨著，毘陵朱昱校正。朱氏並有題後。《書目初編》亦嘗著錄。

## 王忠文公文集二十四卷附繼志齋稿二卷
## 瞳齋稿一卷齊山稿一卷明刊，清四庫底本。

明王褘撰。褘字子充，義烏人。少與宋景濂同出柳貫、黄溍之門。元季隱青岩山中，明太祖徵爲中書省録事，進《平江西頌》。詔修《元史》，與宋濂同爲總裁，書成，拜翰林待制。奉使招吐蕃，至蘭州，召還，改使雲南，抗節死，年五十有二。建文元年，贈翰林學士，謚文節。正統中，改謚忠文。伯驤按：《皇明大紀》卷九云，褘以編脩使滇，既伏節，門人俞恂輩私謚文節，其後子紳言於朝，贈學士，謚文節。後用義烏丞劉傑言，更謚忠文。著有《華川集》《玉堂雜著》《續東萊大事記》。褘文醇樸而宏肆，具北宋之遺。景濂稱其體凡三變，可謂深知甘苦。初著《華川前集》十卷，胡翰、胡行簡爲序，又著《華川後集》十卷，宋濂、蘇伯衡爲序。正統五年，義烏丞劉傑既請於朝，易謚，復合輯其集，而乞楊甲辰、温陵張惟樞重鋟，自爲序爲傳，並刻吴寬撰《祠記》、李默撰《祠墓記》，而附其子國學博士王紳《繼志齋文稿》二卷、王稌《瞳齋詩稿》、王汶《齊山文稿》各一卷。此爲清四庫館底本，多有校筆，首卷前有貼式一葉，可見館中體製，摹録如下：

　　　　　第　　　卷底本　　頁
武英殿於　　　月　　日發出
　　分校處於　　　月　　　日簽出　　　處發交謄録
　　寫成　十　頁於　　月　　日收到寫本於　　月　　日校
畢交覆收訖
　　覆校處於　　　月　　　日收於　　　月　　　日覆校畢交


　　此卷計　　萬　千　　百　　十　　字
　　連前共交過　　萬　千　　百　　十　　字

## 誠意伯文集二十卷明林富編本。

　　明劉基撰。基字伯温，青田人。元至順間舉進士。明太祖下
金華，定括蒼，聞其名，以幣聘。陳時務十八策，太祖大喜，寵禮甚
至，問征取計。其後太祖取士誠，北伐中原，遂成帝業，畧如基謀。
太祖即位三年，授基開國翊運守正文臣資善大夫上護軍，封誠意
伯，禄二百四十石。明年，賜歸老於鄉，嗣因事奪基禄。正德九年，
加贈太師，諡文成。前題處州府知府林富重編，前有正德己卯林富
《重鋟誠意伯劉公文集序》，略云，公豪傑之才隆於帝授，而天人之
祕洞之素深。遭元末運，沈於下寮，故得肆力於文，逮高皇帝龍興
淮甸，遂起而從之，受心膂之寄，驅夷奠華，廓清寰宇之功，曠世而
僅見，所謂超世之學術，著於文者，鑿鑿乎親試之。公文梓行久矣，
歲遠寖湮，字不復辨。富承乏括蒼，典型在目，視篆之暇，訂其訛
落，重加編輯，捐俸再鋟諸梓，俾公孫指揮瑜等守之。次有成化六
年四明楊守陳《重鋟誠意伯文集序》，略云，國初誠意伯劉公伯温
嘗著《郁離子》五卷、《覆瓿集》并《拾遺》二十卷、《犁眉公集》五
卷、《寫情集》暨《春秋明經》各四卷。其孫廌集御書及狀序諸作，

曰《翊運録》，皆鋟行於世，然諸集焕而無統，板盡久而寢湮，學者病之。巡澠御史戴君用與其寀薛君謙、楊君琅謀重鋟，迺録善本，次第諸集，而冠以《翊運録》，俾杭郡守張君儁成之，屬守陳序。卷一爲《翊運録》共六十二葉，前有誠意遺像，附孤子仲璟及彭韶贊，録分御書、詔誥、祭文、頌表、雜録、附録各門。前有永樂二年王景序，略云，《翊運録》蓋取誥文開國翊運之語也，其孫廌等集其詔誥、祭、行狀、事實等文而名之。卷二至卷四爲《郁離子》，前有翰林國史院編脩官諸生吳從善序。洪武十九年門生徐一夔序，略云，《郁離子》者，劉公在元季時所著之書也。棄官屏居青田山中，發憤著此。卷五至十四爲《覆瓿集》，前有宣德五年吉永羅汝敬序，略云，先生諸集壽諸梓者久矣，惟《覆瓿》一編未有序之者，其孫刑部照磨貊間以屬予。先大公弘文館學士復仁公與先生俱以佐命顯，余於照磨爲通家子弟，故不辭而序之。卷十五、卷十六爲《寫情集》，前有洪武十三年永嘉儒學訓導固紫華山葉蕃叔昌序，略云，《寫情集》者，誠意伯括蒼劉先生六引三調之清唱，四上九成之至音也。先生經濟之大則垂諸《郁離子》，詩文之盛則播爲《覆瓿集》。風流文彩英餘，陽春白雪雅調，則發泄於長短句也，或憤其言之不聽，或鬱乎志之弗舒，感四時景物，託風月情懷，皆所以寫其憂世拯民之心，故名之曰《寫情集》。先生既薨，其仲子仲璟與其長孫廌謀以是編鋟梓，命爲之序云。卷十七、卷十八爲《春秋明經》。卷十九至二十爲《犁眉公集》，前有宣德五年金陵李時勉序，略云，《犁眉公集》者，開國功臣誠意伯劉先生既老，所著之作，取此以爲號。先生於書無所不讀，凡天文、地理、陰陽、卜筮、諸子百家之言，莫不涉獵。元末登第，爲瑞之高安縣佐，縣耆英有稍知天文術數者，其書甚具，先生召與之語，盡以書相付，先生遂得究觀其説而領其要。是故仁義積中發而爲言，可以方駕古人者，則於《郁

離子》見之；傷今悼古，牢籠百態，可以超邁當世，則於《覆瓿集》見
之。若乎優游閑雅，託興微婉，而有以盡其自得之趣者，則於是編
見之。此集爲成化中巡按浙江御史戴壆等合誠意伯遺著編成，其
後正德間，處州府知府林富復刊之，爲劉氏著作最足之本，清《四
庫》即用此著録。館臣謂卷首冠以《翊運録》，此書究屬贋編，用此
編入卷數，使此集標基之名，而開卷乃他人之書，殊乖體例，今移綴
是録於末簡，以正其訛，餘十九卷則悉戴本之原次，以存其舊。伯
驥以爲《翊運録》所編多是詔旨制敕，揆以尊王之義，冠諸簡端，當
時本無不協。館臣又謂《郁離子》四卷等，原各自爲書。伯驥按：
此刻以全書計，則第二、第三、第四卷爲《郁離子》，分爲三卷編次，
固非四卷之數，而楊守陳重鋟全集序則云五卷。徐一夔序則云，
《郁離子》編爲十卷，分爲十八章，散爲一百九十五條。一夔自言
早受教於公，後謁公金陵官寺，出是書以見教，語當不誤。四卷之
説，似非其舊矣。明永樂、成化、正德、嘉靖、隆慶間劉《集》皆有刻
本，中有分爲十八卷者，此本實稱爲佳刻，而永樂間所刻爲最先，有
翰林學士王景爲序者，不可得見，著録者以隆慶六年陳烈重刻嘉靖
本爲多，此刻不多見。《犂眉公集》第三葉《謝恩表》有云，基一介
愚庸，生長南裔，疎拙無知，其能識立於未發之先者，亦猶巢鵲之知
太歲，園葵之企太陽。其後又云，至于仰觀乾象，言或有驗，無惑乎
世之言神怪者，多託於誠意，蓋術數占驗，誠意固素所服習也。又
《翊運録》第四十六葉云，監察御史李鐸以上旨取其觀象玩占諸
書。孟藻即日出書石室巾橐，從李御史赴闕，奏曰，臣先臣基臨終
屬臣以書，戒之曰慎勿泄也。喪葬畢，臣未及上，重煩使來取，臣罪
當萬死。今悉送官矣。此又一證也。集中有《春秋明經》，前人謂
科舉之途闢，經學愈晦，經義漸失。段武昌《毛詩指南》，指科舉
之南也；林泉爲《詩義矜式》，矜科舉之式也。劉青田爲《春秋明

經》，明科舉之經也，則此書固無可取矣。初次合編《誠意集》之戴氏黌，字時重，號東石，浙江鄞縣人。官都察院右副都御史，有《東石遺稿》九卷，其子士充所編。著錄《千頃堂書目》，清《四庫》存目類則題《戴中丞遺集》，謂其集中諸作，多傷率易云。林富，莆田人。弘治壬戌進士，官至兵部侍郎，兼僉都御史，總理兩廣。嘉靖間，黃佐修《廣西通志》，署名參修之林富，即其人也。近人泗陽張星烺云，中國文明事業最有關係者三代上惟周公，三代下惟唐太宗，無斯二人，吾國安有今日！次則漢明帝之迎佛入中國，又其次則明太祖之逐蒙古。最害於中國文明者則爲漢武帝之黜百家，明太祖之創八股，百家黜則種種科學無進步矣，八股創則五六百年來士夫無限聰明才力化歸無何有之鄉矣。見《德國旅行記》。伯驤按：《春秋左氏傳》云，晉韓起聘魯觀書於太史氏，見《易象》與《魯春秋》，曰《周禮》盡在魯矣。吾今乃知周公之德與周之所以王也。《家語》曰，孔子適周，歷郊社之所，考明堂之則，察廟朝之制，於是喟然曰，吾乃今知周公之聖與周之所以王也。蓋漢以前多盛推周公，清人章實齋亦云，周公經綸制作集千古大成。張氏之言自有所本。吾家別有《誠意集》，爲嘉靖端拜重刊本，《書目初編》已著錄之。原序有云，昔之入主中國者，皆用夏貴儒，惟胡元不然，高皇帝一掃而空之，是果孰啓其衷。此序文頗繁，大旨推重誠意能以孔道翊贊太祖掃蕩胡塵也。前清醒醉生《莊諧選錄》卷八稱，江陰繆藝風購得明寫本《今古奇觀》，以黃綾爲書面，是書爲洪武中敕撰者。凡三集，一《今古奇觀》、二某、三《拍案驚奇》，中多言蒙古人穢事，至國朝盡將蒙古人事刪去。明祖之意，遂不可見云云。蓋明太祖驅逐蒙人，實爲漢族之福，張氏所謂蒙古人倘久居中國，則黃帝子孫將胥爲游牧之民是也。按：《元祕史》開卷即說寡婦生子，以嫂爲妻，殺弟報怨。太祖之父也該速爲人毒害，母是人家有夫之婦，妻爲人污辱，生長子尤赤。近日林孟工譯《成吉思汗帝國史》，說成吉思汗法典所謂札撒克者，祇對蒙人生效，其他以敵人待之，沒有權利享受云云。此皆可證張說，然張蓋就當時言之，今則諸族一家，文軌大同矣。聞張與金華何炳松從事元史學甚專，但未見其書本。林譯則中華民國二十九年出版。

## 丹崖集八卷附錄一卷　舊寫本，黃蕘圃朱筆校。

　　明唐肅撰。肅字處敬，山陰人。博通經史，旁究陰陽、醫卜、書數之學。元至正間，中浙江鄉試，官至嘉興路儒學。洪武三年，召修禮樂書，擢應奉翰林文字，兼國史院編修。旋以疾失朝免官，謫佃濠之瞿相山，自號丹崖居士。蕭之未徙濠也，與上虞謝蕭齊名，時號會稽二蕭。子名之淳，求蕭遺文，雖荒郵敗壁、高崖斷石，靡不蒐訪纂録，時時伏讀，聲淚悽咽。見朱氏《曝書亭集》六十三。又姚福《青溪暇筆》云，洪武間，翰林應奉唐蕭有《應制賦海東青一絶》云，“雪翮能追萬里風，坐令狐兔草間空。詞臣不敢忘規諫，却憶當時魏鄭公”。自記云，是日上御奉天門外西鷹房，觀海東青，翰林學士宋濂曰，禽荒古所戒。上曰，朕聊玩之耳，不甚好。濂曰，亦當防微漸。上遂起。今此詩不見集中。《㩆樊榭集續》卷七《題方正學先生雙松圖㰅》云，洪武八年花朝寫，祝丹崖老先生嵩壽，後學方孝孺。㩆詩有云，“是年嚴君戌侻悤，初事潛溪角猶㲚”。自注云，洪武八年，先生父克勤戌浦江，先生初從宋景濂游。讀此圖㰅，可證唐氏在明初盛名。集中有《孝女曹娥論》云，按《故漢曹娥碑》文，孝娥者，上虞曹盱女也。盱能撫節按歌，婆娑舞神，以漢安二年五月五日，時迎伍伯，逆濤而上爲水所淹。娥年十四，號慕思盱，哀吟澤畔旬有七日，遂自投江。文，邯鄲淳作也。伯驥按：淳名竺，字子叔，穎川人。元嘉元年，以作《曹娥碑》知名。初平中，寓居荆州，曹操禮之。所著《笑林》三卷，不傳，《玉函山房輯逸書》中有之。《笑林》與隋侯白《啓顔録》爲此種書最古之作矣。淳之遺文則見於《太平廣記》中。《晋書·夏統傳》曹娥沉後，國人哀其孝義，爲歌《河女》之章，是曹事最有名於世者。然《水經注》云，縣長趙祉遣吏先尼和以永建元年十一月詣巴郡，没死成濡灘，子賢求喪不得。女絡年二十五，有二子，五歲以還，至二年二月十五日，尚不得喪。絡乃乘小舟至父没處，哀哭自沈。見夢告賢曰，二十一日與父俱出。至日，父子果浮出江上，郡縣上言爲之立碑。知此類流傳之軼聞，固不一其事，蓋與緹縈、花木蘭故實皆所以敬

孝云。曹娥、趙絡皆女子身至奇事矣。盱雖系出姬姓,乃輕身惑鬼
夭於非命,何德之有? 今祀之曰,聖父某侯藉使父以子貴,未聞因
舜而帝瞽瞍,因禹而王鯀也。按唐氏此言甚正大,而盱在後漢時則
因其俗而爲巫,固未能脱時世而自樹者也,蓋吾國古世巫風頗盛,
其盛當在方士神仙之前。《國語·楚語》觀射父已有在男曰覡,在
女曰巫之言。《後漢書·張衡傳》注,齊肅聰明神或降之,在男曰覡,在女曰巫。當
即引此。又曰,少皥之衰也,九黎亂德,民神雜糅,不可方物,夫人作
享家爲巫史,觀射父推論巫覡事神之作用,至百數十言,意周時巫
覡皆由官審定,頗慎其選,不許人民隨意充任雇用,其後定制不行,
民間乃有違迕而橫決者。《説文》釋巫字云,巫祝也,女能事無形
以舞降神者也,象人兩褎舞形一,似制字之始,先有巫,而覡文當是
後起,以覡亦巫旁也。今觀殷墟貞卜之文有巫,而不易覡,亦是一
證。然傳記所載,則以覡之事實爲多,而多稱巫,最著者如巫咸、巫
賢,皆爲殷商相臣,豈其人仍爲母系,而其母以巫事神,遂用巫爲氏
族歟?《禮記·檀弓》所言沈巫事,亦是女巫。《周禮》及《史記·
封禪書》所列舉,亦女巫之所爲也。盱自爲男子身,或如後世高麗
之花郎以男身爲女巫,亦未可知。觀婆娑舞神一語似非武斷也。
《集》又有《跋跛奚詩卷》云,右會稽楊先生作《跛奚詩序》一首,跛
奚,先生家奴也,先生不愛其跛,而愛其勤恪、善記誦。一時與先生
遊者,悉寵以詩,而先生復爲之序,且自比涪翁焉。賢人君子之澤,
非惟及其宗族里閭門人弟子,雖奴隸僕御之徒,亦得以霑濡造就,
而託名於不朽,若玄真子之漁童樵青,王褒之便了,陶侃之胡奴,顏
真卿之銀鹿。又,揭文安有鄒福,陳莆田傳之;貢文靖有朱老,程新
安傳之。今跛奚不假他人而得於先生,若此其實,無異涪翁之跛奚
矣,蓋唐氏或欲於寒門貴族之界,書有所決破也。前元帝中國,色
目人之服屬者,其姓名上須加蒙古二字。見《續通典·氏族畧》。

吾家所藏舊刻宋《趙清獻集》有僧家奴序，其上則赫然著蒙古二字。伯驥著録趙《集》，曾述《續通典》以釋之。今唐氏亦及僧家奴，集中有《故福建等處行中書省檢校官高君墓志銘》云，噫，檢校君世出唐兀古黄河西銀夏之域，君諱昂吉，字曰起文。其先武職，國初有勳，曰蒙古兀爲君，曾祖筦庫甘邢户實千户。祖探馬赤宰邑羅源，克字其民，譽於越嶠，諱僧家奴，則君之父，試吏東甌，遂爲編伍。其於僧家奴之家世頗詳。又福建《烏山志石刻》有憲使崞山僧家奴元卿公、僉憲奧魯赤文卿公、申屠駉子迪公諸人暇日燕集聯句。末有至正九年經歷趙譚識語云，譚備憲幕重，惟諸公皆文章名士，南北隔數千里，同仕於閩，蓋與唐撰《墓志》福建云云合。僧家奴句曰，“萬井人家鋪地錦，九衢樓閣畫幃屏。波摇海日添詩興，座引天風吹酒醒”。可見色目人之漢化固甚深矣。肅《集》清《四庫》未著録，而其子之淳集則著録之，提要云，之淳，肅子也。陸氏心源嘗以謂肅《集》當日原爲庫録，其後不知何故失收，以庫例，著録父集，而子集提要始云某人之子，此云肅子，當是《丹崖集》曾經寫録始如此，今不見肅《集》實不可解云。伯驥按：清《四庫》書有編定後而抽出者，有寫定入録而抽出者，《丹崖集》當是後例，蓋提要既云肅子，則肅《集》必已著録，後不知何故被抽，而之淳集提要則仍而未改，故留此，以啓人疑竇。吾家所得被抽之書，有前清李清所撰《南唐書合論》，“古稀天子之寶”、“乾隆御覽”，猶猩紅在目也。乾隆五十二年上諭，《四庫全書》處呈續繕三分，内有李清所撰《諸史異同》一種，語多妄誕，總纂官未經掣燬，命交部嚴加處分。又曰，閻若璩《尚書古文疏證》一書，有引李清、錢謙益諸説，未經删削，蓋禁燬之書，不是一次完全抽除，其引述及之者，亦分次删削。吾鄉倫哲如云，李清論述《南北史》《南唐書》等本，原已著録，曾見提要稿本述及此書，後以他書牽累，李著各書概不録庫，所謂因一書而牽連他書，他書雖非忌諱，亦遭擯斥。見《續修庫書芻議》，倫曾向國務院上書者也。按：清字心水，號映碧，興化人。崇禎進士，官至吏科給事中。南都時，官工科都給事中，失守後，乃歸故園。當道屢薦不起，晚年著書自娱。見徐乾學撰《李氏墓表》。李著《南渡録》《諸忠紀畧》等書，當是記南都前後事，故朱彝尊《壽李詩》有“東京舊事孟元老，北盟新編徐夢莘”之句，世以顧氏《讀史方輿紀要》、梅氏《曆算全書》、李氏《南北史合鈔》爲三大奇書,然《合鈔》實非顧、梅比也。清乾隆間,應熜李清所著書目《諸史同異論》《歷代不知姓名録》《南北史合注》《南唐書合訂》。陸氏藏肅《集》明刻本今歸日人岩崎。見《静嘉堂祕籍志》四十三。此集始刻於洪武八年,丁氏八千卷樓所藏即依此刻本鈔録者。至天順間,繼有刻行,然流傳不多,故藏家均是寫本,范閎著録藍絲闌鈔本。而亦未易覯也。此本爲平江黄氏舊藏,有朱筆題語云:此鈔本《丹崖集》,余藏之篋中久矣,疑是影寫本,頃訪同年友於琴川,出所藏古籍相欣賞,見有黑口板天順本《丹崖集》,伯驥按:天順間,廣州知府沈琮曾刻《丹崖集》於粤,薆圃所謂黑口板,即爲沈刻。琮字公禮,平湖人。宣德戊午舉人,正統壬戌進士。檢吴永祥《志》於《選舉表》得其人,蓋志無傳也。有《石窻漫稿》《東宇稿》《廣遊集》《紀行稿》《宦遊筆録》,著録黄氏《書目》。遂攜歸手校一過,卷中空格皆墨釘,有題無詩處亦同,鈔所誤者,可據刻本正之,行款間有與刻本殊者,當是鈔所改耳,此實照寫非影寫也。余以元末、明初人文集頗蓄黑口板,今此集得友人藏本可以校正。甚矣,人之有同嗜也。友爲誰,張其姓,燮其名,子和其字,薆友其别號也。庚申冬季十有二日,薆圃黄丕烈識。按薆圃所藏影宋本《永嘉四靈詩》題語云,昭文同年張子和藏書也。余與子和相知以同年,其相得則彼此以藏書,故猶憶癸丑同上春官,邸寓各近琉璃廠,每於暇日即徧游書肆,恣覽古籍,一時有兩書淫之目。既而子和即於是科得翰林,散館改部,余下第歸,連丁内外艱,杜門不出,與子和蹤跡殊疏,然彼此書札往還,無不以賞奇析疑爲勗。又薆圃藏影寫金板蕭閒老人《明秀集注》題詩云,“琉璃廠裏兩書淫,薆友薆翁是素心”。末云道光四年九月,薆翁爲芙川世講書於百宋一廛,兩人好書之篤,研討之勤於兹可見矣。子和撰有《味經書屋詩稿》十二卷,附録其子定球述《行狀》云,府君居蘇州府常熟縣之西鄉,乾隆癸丑會試,賜進士出身,點庶吉士散館,改户部。丙辰,補河南司主事,丁巳選授刑部,雲南司主事,後記名以道府,用次年簡放浙江寧紹道。又孫原湘撰《墓志銘》云，君蒞任甫一月卒于官，平生自奉儉約，惟積書數萬卷，丹黃雜施，詩境冲和。自少經歷蜀道，西上太行，南探禹穴，以及塞外，咸歌咏之。此則子和之行略也。檢薆圃題跋，又稱子和有二丈夫子，皆能繼其家聲，今其冢孫伯元以手鈔《營造法式》見示，屬爲跋尾。伯元少年勤學，不但世守楹書，而又能搜羅繕寫，以廣先人所未備，子和有文孫矣，蓋張氏好書已三世云。此集後有天順八年夏五月朔旦平湖沈琮識語，記此書之由來，並及在廣東附刻。集前則有前太史臨川危素序，洪武四年春金華宋濂序，友生九靈山人戴良序，洪武八年吳郡申屠衡序。卷首、卷末有“薆圃手校”朱文方形章。卷第一前有朱文“春雨樓校藏書籍印”、白文“南錢草堂章”、朱文“陸烜子章之印”、“梅谷”、“江標”各章，蓋曾經藏書家寶守者。烜字子章，一字梅谷，又號巢雲子，平湖人。喜藏書，著《梅谷隨筆》《人參譜》等書，刻《奇晋齋叢書》行世。刻《丹崖集》者爲前明沈氏，平湖人也。梅谷，蓋有敬鄉之意歟！標字建霞，元和人，清光緒間進士，官湖南學政，時與巡撫陳寶箴等創辦時務學堂，延梁啓超講學。嘗刻《靈鶼閣叢書》分六集，皆清人著作也，共分五十八種，最多爲金石書、經義、小學、書畫、目録、各家詩文，涉及西洋學術、風俗之筆記亦有之。嘉慶間洪飴孫撰《史目表》，光緒間江標、王仁俊補之，中華民國初年，錢恂改訂，王鍾麟又加增補。

## 王常宗集四卷補遺一卷 傳録錢求赤寫本。

明王彝撰。彝字常宗，其先蜀人，本姓陳氏，父事元，爲崑山州儒學教授，遂遷嘉定。洪武三年以布衣召修《元史》，書成，遣還。又薦入翰林，以母老乞歸。魏觀知蘇州府事，修孔子廟學，作南門，歲行鄉飲禮，必請彝爲文。觀誅，彝與高啓俱伏法。事見《明史》

及《曝書亭集》。此集爲前清嘉慶間虞山張芙川蓉鏡舊藏寫本，面有題語，謂爲錢求赤所寫，是述古堂故物，可稱別集中祕册，此本乃從之傳錄者。前有弘治十五年都穆序，略謂王先生有遺文一編，穆嘗校定釐爲四卷，劉君子珍世居嘉定，好古博物，謂是集爲里中故物，刻梓以傳，而穆序之。洪武間修《元史》者三十有二人，而出於吳者，高季迪氏、謝玄懿氏、杜彥正氏、傅則明氏，而先生與焉。先生少貧，嘗讀書天台山中，師事孟文長氏，文長蓋蘭谿金文安公弟子，故先生之學饒有端緒云云。當其時，楊維楨以文雄於東南，從游者甚衆。常宗作《文妖》一篇詆之，辭曰，天下所謂妖者，狐而已矣，然而文有妖焉，殆有過於狐者。夫狐也，俄而爲女婦，世之男子不幸而惑焉者，莫不謂爲女婦，則固見其黛綠朱白、柔曼傾衍之容，所以妖者無乎不至，故謂之真女婦也。由其狡獪幻化爲之，此狐之所以爲妖。文者道之所在，曷爲而妖哉？浙之東西言文者，必曰楊先生。予觀其文，以淫辭譎語裂仁義、反名實，濁亂先聖之道，乃柔曼傾衍、黛綠朱白、狡獪幻化奄然以自媚，是狐而女婦者也，宜夫世之男子之惑之也。予故曰，會稽楊維楨之文狐也，文妖也。伯驥按：《唐國史補》云，近代有造謗而著書《雞眼》《苗登》二文。有傳蟻穴而稱李公佐南柯太守。有樂伎而工篇什者，成都薛濤。有家僮而善章句者，郭氏奴。皆文之妖也。李肇此言，實爲防礙思想自由，固築封建門戶，是則孔子可不誅世卿，而釋迦可長爲太子矣。說又與常宗異。見本集卷三雜著類。又卷二《聚英圖序》有云，予觀帙中有自號鐵崖先生者，是爲會稽楊廉夫，其爲人若秋潭老蛟，怪顙異顴，目光有稜，其狡獪變化發諸胸中，則千奇萬詭，動成文章。此圖所寫，蓋得其浪跡斯世，與時低昂，爲文場滑稽之雄，異於世之知鐵崖者。然則常宗之詆楊氏，蓋如錢牧齋之於眉公，章實齋之於子才矣。《補遺》有《送仲謙師序》略云，比予以纂脩《元史》，得聞元之造邦，其國族多雄豪，而惟儒臣之經綸是賴，至於佛老氏，若丘處機及八合巴思者，伯驥按：處機，棲霞人，字通密，自號長春子，年十九爲全真。師事重陽王壽，所謂重陽真人也。成吉思汗在雪山遣使求之，處機應命，足繭萬餘里絕沙漠，自崑崙歷四載而達。問長生、久視之道，以清心寡欲答之。降諭有云，宣差阿里鮮面奉成吉思皇帝聖旨，丘神仙奏知來底公事是也，煞好。我前時已有聖旨文字，與你來，教你天下應有底出家善人都管者。好的歹的，丘神仙你便理合，只你識者，奉到如此。癸未年九月二十四日。蓋自是儒、釋、道三教之人盡歸道教管領，與前時大異矣。丘有《磻溪集》，中有《雪山詩》。其《西遊記》有云，踰嶺而南至蒙古營，宿拂廬，且行，迤邐南山，望之有雪，因以詩紀其行。郵人告曰，此雪山北是田鎮海八剌喝孫也。八剌喝孫，漢語爲城中有倉廩，故又呼曰倉頭。八思巴，元土番薩斯嘉人，七歲能誦經數十萬言，國人以爲聖童，目之曰八思巴。世祖即位，尊爲國師，西藏歷周及隋，猶未通中國，唐貞觀八年，有吐蕃弄贊者，始遣使來朝。元世祖時，置烏斯藏郡縣，其地以八思巴爲大寶法王帝師領之。《元史·釋老傳》云，元初，施用文字，用漢楷及畏吾字。世祖中統元年，命國師八思巴製新字，字僅千餘，其母凡四十有一。其相關紐而成字者，則有語韻之法，而大要則以諧聲爲宗。馬可孛羅，義大利人，來中國時，元世祖召問西方文化，授以官，仕元二十年始歸。當其旅行東方，經君士坦丁堡、克里米、布喀剌入蒙，其後反國，著《東方聞見錄》，稱述中國、日本地方之繁庶。歐人東漸，實以此書爲動機，脩史時於此類事胡不搜羅詳述，此則常宗諸人之識力未逮矣。亦咸有功焉。則凡其徒爲之言，又烏可已哉！此《釋老傳》之所以作也。《續補遺》有《跋張居貞書帖》云，歷代史臣不爲釋老氏立傳，或老氏有可書者，則以置之《方技傳》中，皇明脩《元史》始別有《釋老傳》之目，此常宗脩史之意見也。伯驥按：錢氏大昕謂，明初修《元史》，實錄外，惟奉蘇氏《名臣畧》爲護符，其餘更不采訪。今觀常宗宏論，似當時三十餘人，亦各有貢獻。讀《宋文憲集》知其使車四出，似亦不厭求詳。《文憲集》卷七《呂氏采史目錄序》云，洪武元年冬十有一月，命啓十三朝實錄，建局刪修《元史》。秋，史成，總一百五十九卷。順帝三十六年之事，舊乏實錄，史臣無所於考，於是奏遣使者十又一人徧行天下，凡涉史事者，悉上送官。今之北平，乃元氏故都，山東亦號重鎮，一代典章文獻當有存者，呂仲善時司饘成均，乃被是選。凡詔令、章疏、拜罷、奏請，布在方册者，悉輯爲一。有涉於番書，則令譯而成文，野史、碑碣、群儒家集莫不悉心諮訪。丁丑，開局於故國子監，至冬始完，以帙計者八十，擇高麗翠紙爲之衣。乙未，赴山東，成書又四十帙。壬寅，轝還京師，脩成纘史四十八卷,詣闕上進。見《蠻坡後集》。又,毛奇齡在明史館創《土司傳》,其初稿爲今全集中所刻之《蠻司合志》,此志十五卷,今《明史·土司傳》十卷,則較志爲詳備。土司者,湖廣,貴州,四川,廣東、西,雲南均有之,自古有巨姓爲領袖,明沿元前事,加以統制建設,故此志詳之。常宗之請立二氏傳,蓋亦同例,然《魏書·釋老志》或亦常宗所宗師歟。清季,沈氏曾植校注《皇元聖武親征録》,知《元史》本紀所從來,知作此録者親見《元祕史》,而脩《元史》人未嘗見《祕史》也。見《海日樓文集》上。此則可證其於最要之資料尚未能得矣,前人及時賢每論改脩《元史》事,亦以其不當耳,此不詳。《補遺》有《送殷教諭赴南陽縣序》云,自昔元有中國,而許文正以朱子之學佐天子,自是南北學者咸知有朱子,而朝廷亦以朱子説取士,然北方學者於朱子之微言精義,猶未若江南君子知之爲深,蓋朱子之學授之黃文肅,文肅傳之文定何先生,文定傳之文憲王先生、文安金先生,皆南產也。文安當元世猶存,顧乃窮而在下,若猶有待云,於朱學傳授之由,言之至悉也。《補遺》有《送朱道山還京師序》略云,道山,泉州人也,以寶貨往來海上,務有信義,故凡海内外之爲商者,皆推焉以爲師。卷末有《泉州兩義士傳》,稱孫天富、陳寶生二人約爲兄弟,共出貨泉,謀爲賈於海外諸國。則貨殖及殖民之事,常宗胥留意焉。《四庫提要》徒謂其文醇謹,詩有風格,館臣批尾之學,有似於塾師之課徒,尚爲皮相也。伯驥按:唐宋時,我國與外人互市,大抵分爲二路,曰海、曰陸,分設互市監、提舉市舶司,以舉其職。宋則陸路互市因戰爭阻碍,以海路爲要焉。南方諸海港之商路,自馬來群島之西,經錫蘭入波斯灣,否則沿阿剌伯海岸以至紅海,皆其海綫也。其時如阿剌伯、波斯、猶太諸邦人均來往,絡繹不絶於道,廣州、泉州、杭州、揚州皆其目標也。宋初以廣州、明州、杭州爲互市港,設司收税。北宋末迄南宋,則泉州漸露頭角,頗與廣州相衡,蓋泉近杭,故利其地勢而蒸蒸日上,遞元已占廣州頭上矣。《馬可孛羅遊記》稱述繁富之刺桐城,蓋指泉州。趙汝适《諸蕃志》以其親歷著書,蓋留意泉州通商,各國見聞者,亦好資料也。弘治間浦杲後跋有云,嘗得王先生詩文一編,曰《三近齋稿》,此當是初題。

## 臨安集十卷

明澹生堂祁氏寫本，呂氏講習堂、韓氏玉雨堂舊藏。

明錢宰撰。《文集》五卷，前有洪武二十九年宰自序，前題文林郎國子博士致仕錢宰著，《詩集》五卷，前亦有宰自序。宰字子予，又字伯均，會稽人。元至正間進士。洪武初，徵脩禮樂書。六年，授國子監助教，以年老授國子博士。年九十六乃卒。《曝書亭集》六十三有《宰傳》，《明史》多襲其詞。蓋宰爲武肅王之裔，元老儒也。高廟禮徵，同諸儒脩纂《尚書會選》《孟子節文》，退而微言曰，"四鼓鼕鼕起着衣，午門朝見尚嫌遲。何時得遂田園樂，睡到人間飯熟時"。察者以聞。明日華燕畢，進諸儒而諭之曰，昨日好詩，然曷嘗嫌汝，何不用憂字？宰等悚愧謝罪。未幾，皆遣還。太祖嘗召宰等，諭以欲正《書經》舊註之意，命翰林院學士劉三吾等總其事，開局翰林院，凡蔡氏《傳》得者存之，失者正之，又集諸家之説，足其未備。書成，賜名《書傳會選》，命禮部刊行天下，然今是書世竟鮮行。蓋永樂中翻刊《五經大全》，《書經》一依蔡《傳》，士子專業以爲科舉，蔡説之外，遂不復有所考故也。以上見《餘冬序録》《孤樹裒談》。又邵氏晋涵《南江書録》云，宰學有本原，在元末已稱老師宿儒。入明，經術見知於太祖，嘗命撰帝王廟樂章，又定正蔡氏《尚書傳》，沈潛經訓，同時宋濂諸人，並心折焉。詩文其餘技也，然其詩吐辭清拔，寓意高遠，與楊維楨同郡，而不效其奇崛之體。黃佐稱其刻意古調，心追漢魏。朱彝尊《明詩綜》，亦許其波瀾老成，諸體適合，固明初一作手矣。古文詞亦與詩相稱，操縱有法度，不蹈元末冗長之習，可謂卓然能樹立者。惜遺集久失傳，今從《永樂大典》中采綴編排，參以諸選本所録，尚得六卷，蓋清《四庫》著録宰《集》六卷，即根據此編。此爲前明祁氏澹生堂鈔

録，原刊十卷足本，自是可貴，異時重編庫書，當以此易之。藍格精
鈔，板心有“澹生堂抄本”五字，詩序前有“御兒呂氏講習堂”、“經
籍圖書難得幾世好書人”、“韓氏藏書”三章，《文集》卷一前，有
“玉雨堂”章，並有前三章，蓋前爲呂氏留良父子所藏，後歸韓文綺
三橋者也。明萬曆間，山陰祁氏承爍治曠園於梅里，藏書庫曰澹生
堂，所鈔書多世人未見，如《國朝名臣事略》《勿軒集》《聞過齋集》
《廣筆疇》《許白雲先生文集》，見於黃蕘圃、張月霄、仁和丁氏、海
虞瞿氏各目者，多是藍格竹紙，然流傳不多，此本亦竹紙藍絲欄也。
祁氏小史已畧見，著録祁氏書目中。仁和韓文綺，字蔚林，號三橋。清乾隆
解元，官至左副都御史。好儲書，玉雨堂蓋其藏積之所。其孫泰華
字小亭，官陝西督糧道，著《金石録》《無事爲福齋隨筆》，堂築於金
陵小亭，晚居之。

### 陳聘君海桑先生集十卷<sub>舊寫本。</sub>

　　明廬陵陳謨譔。前題門人楊士奇編，裔孫德文録，有晏璧序
首。次六世孫德文所撰《聘君海桑先生通傳》，略云，先生名謨，字
一德，吉之泰和人。遭元季倥擾，退不復仕，教授鄉郡，爲世所宗。
洪武初，詔起議禮，以疾辭歸，年九十六卒。先生號心吾，一號海桑
學者，稱海桑先生。伯驥按：《明一統志》謂先生著有《書經會通》
《詩經演疏》《海桑集》，所謂《海桑集》當即此本，特省文耳。楊文
貞士奇爲先生外甥，文貞早孤，先生撫之成立，文貞嘗有“報答一
塵無”之句。文貞撰先生子孔碩、孫庶吉士孟潔墓志銘，其叙云，
先生當國初，以碩德正學，嶷然負天下重望，當時尊爲江以西大儒。
三子皆文學偉然，傑出乎士林，蓋以文學世其家者也。晏璧序略
謂，陳先生元大德間敏而力學，猶及登宋元遺老鉅公之門，躬行踐
履，肆於古文辭，鄉人士子從先生講性命道德之懿。予弱冠侍教先

生,時翰林承旨宋公、學士潘公、祭酒許公閱其文而評之曰,湯盤、
禹鼎,器之古也;太羹元酒,味之正也。蓋其文爲當時所重如此。
文貞於明初開臺閣體之先,而不知實源於聘君,此亦談文學史者,
所宜考及矣。

## 全室外集十卷明永樂刊本。

　　明釋宗泐撰。宗泐字季潭,臨海人。洪武初,舉高行,沙門居
首,命住天界寺。尋往西域求經,還,授左善世。先是太祖幸天界,
泐方住持,賞其識儒書、知禮義,命蓄髭髮,欲授以官,固辭。時宋
學士濂好佛,太祖目爲宋和尚,泐好儒,太祖呼泐爲秀才。嘗奉詔
製贊佛樂章,蒙嘉歎,賜和平日所作詩。後智聰坐胡惟庸黨,詞連
泐及來復,有司奏當大辟,詔免死。明初詩僧,如守仁一初徵授僧
錄右善世,著有《夢觀集》。來復見心以高僧徵,仕至左覺義,著有
《蒲庵集》。高季迪《和見心兼簡泐禪師詩》,有“廬岳禪師傳法印,
道園學士許詩名。幾趨北闕瞻天近,獨坐南屏對月明”之句,以泐
與見心並稱。今讀泐《集》,其詩蓋過於《夢觀》《蒲庵》甚遠。集
曰《全室》者,蓋別題所居曰全室,故以此名也。《金陵瑣事》嘗摘
其佳句,如《夢清遠見》云,“劇知情是妄,翻説夢成真”。《往南
陵》云,“人煙千嶂裏,客路百花生”。《間行》云,“幽花不礙路,偃
木自成橋”。《天界寺僧果賦同諸官長遊牛首》云,“官閒何待隱,
僧老欲忘禪”。《和沃州吕公》云,“鳥棲雲外樹,龍護鉢中蓮”。見
卷二。又,《續金陵瑣事》卷上云,“鳥啼紅樹裏,人在翠微中”。
《草木子》載之,以爲太祖佳句。《弇州別集》又辯爲元順帝之詩,
皆不得其實。乃天界寺僧宗泐《送徐伯廉歸南陵作》,其全篇云,
“把酒城南道,離懷去住同。鳥啼紅樹裏,人在翠微中。山雨添秋
色,溪雲渡晚風。倚樓相憶處,明日各西東”。今集中載此詩。一

卷爲和御製及應制之作，二卷爲樂府、讚佛樂章，三卷五古，四卷七
古，五卷五律，六卷七律，七卷七絶，八卷六言五絶，九卷疏，十卷續
集。前有朱石序，略云，師嘗厭世之爲文辭者，識性不高則見地虖
陋，體裁無度則鋪叙失倫，乃杜門坐一室，取古人載籍，矻矻讀之。
比載晤金陵而師之，學已充然自得，沛然不可禦矣。自是遭時多
故，予避地姚、虞間，師出主宣之水西寺，風塵脩阻，欲見無由，茲獲
遇西湖之上，出其平日所著《全室稿》，若古詩、樂府、歌行、唐律，
凡若干卷。予嘗觀晋、唐以來高僧以詩名者，固不少也，若支遁之
冲淡，惠休之高明，貫休、齊己之清麗，靈澈、皎然之潔峻，道標、無
本之超絶，惠勤、道潜之滋腴，雖造詣不同，要適於情性，寓意深遠，
至於今傳誦不衰。季潭師識地高邁，調趣清古，導揚規詠，有風人
託物之思，傳之將來，豈居澈、休輩下！次有徐一夔序，略云，天臺
季潭泐公既釋士服，擇所依歸之地，時廣智禪師訴公學貫儒墨，肆
筆於文事，卓然成一家言。天曆、至順間光膺帝眷，説法金陵官寺，
緇素向往，得其片言隻字，以爲秘寶。泐公既自得師，當是之時，金
陵亦東南都會，内而臺閣名流，外而山林遺老，至其地者，莫不折節
而與廣智交。泐公參請之餘，又得博其聞見，發於聲詩，衆體畢具，
滌去凡情俗韻，四方萬里爭相傳誦，皆曰泐公猶廣智也。會大明混
一，肇隆像教之事，今京師第一禪林，即廣智説法地，桑門上首，非
有宿德重望爲上所知者，不以授之。公以廣智大弟子繼席，佛有遺
書在西域中印土，伯驥按：中印土當謂印度中部，釋藏各書多如此。宋宋庠《元憲
集》卷七有《贈傳法光梵二大卿並述譯場之盛詩》，云"傳法北印土之貴種光梵，故吳王
從子自童子便通華竺"之語。二公自先朝並加卿秩以榮傳譯，雖夷夏有殊，而法性則
一，又可以證也。有旨命公往取。既銜命而西，出没無人之境，往返數
萬里，五年而還。次有永樂元年王達序，稱其詩以理爲主，太祖皇
帝恒稱爲福慧僧，且和其詩百四十五首，美其兼通儒學而神不妄

馳。伯驥按：近人衡陽喻謙所編之《新續高僧傳》四集，以泐入《譯
經篇》，蓋泐少習梵音，能曉唄誼，求遺經時，嘗翻譯文殊等經而
還，今所傳者，即其本云。至泐所官之左善世，乃僧職，嘗考明之左
右善世，蓋與唐之左右街僧録爲近。貞元四年置左右街功德使，總
僧尼之籍。見《百官志》。即此職也。唐世又有左右街道門教授
先生，會昌四年，道士趙歸真曾充之。見《資治通鑑》。知釋與道
之制亦同矣。清之僧綱司亦導源於唐、明，考古者所宜知也。又
按：《廣弘明集》後魏太祖以沙門趙郡門法事爲沙門統，綰攝僧徒，
至文帝以師爲僧統。又《參玄語録》，後秦姚萇之世，羅什入關，學
徒三千餘人，因立道䂮音略。爲僧正，法欽、慧斌掌僧録給事，中國
置僧官自此始。東魏、北齊尚其統，宋、南齊、梁、陳尚其正。元魏
以僧頭爲沙門都統，隋革周命，天下分置十統，唐罷統，立録司於京
邑，謂之僧録，此則溯其始也。《明史》卷一百五十六，李英，西番
人。番僧張答里麻者，通譯書，成祖授以左覺義，居西寧，恣甚。英
發其事，磔死，西陲快之。此則僧官之不法者也。僧録司左右善世
二人，正六品；左右闡教二人，從六品；左右講經二人，正八品；左右
覺義二人，從八品。僧道録司掌天下僧道，俱選精通經典，戒行端
潔者爲之。見《明史》七十四《職官志》。

## 逃虛子集十卷外集一卷

舊寫本，朱竹垞、曾剛父舊藏。

　　明姚廣孝撰。按錢氏《列朝詩集·閏一》云，廣孝幼名天禧，
本醫家子，頗不肯學醫。魁磊高岸，意度偉然，喜爲儒者博貫該通
之學。至正間，削髮居相城之妙智庵。里中靈應觀道士席應真者，
讀書學道，通兵家言，尤深於機事，公師事之，盡得其學。伯驥按：祝
允明《野記》云，廣孝爲文皇治兵作重屋，周繚厚垣，以瓴甋缾缶密甃之，口向内，其上以

鐵鑄，下畜鵝鴨，日久鳴噪，不聞煅聲。又，《孤樹裒談》卷三云，太宗靖難之事，議於姚廣孝，而征伐之功，始於張玉，惜玉早没，然則廣孝雖通兵學，或亦不及玉歟。嘗寓嵩山寺，袁珙見其相而異之曰，公非常僧，劉秉忠之儔也。公初侍燕邸，每夜夢與劉太保仲晦癙語，兩公之賜名一曰秉忠，一曰廣孝，豈非宿乘願輪再世示現者歟！公居吳，爲高啓北郭十友之一。啓嘗叙其《獨菴集》，以爲險易並陳，濃淡迭顯，能兼取衆家，不事拘狹。化後，吳人總刻其詩文曰《逃虛子集》。又，《明太宗實錄》卷一百六云，廣孝，蘇之長洲人，初從釋氏，名道衍，嗜學，喜爲詩文，少與高啓、楊孟載爲莫逆交。朝之縉紳，如宋濂、蘇伯衡輩皆獎重之。洪武十五年，僧宗泐薦其學行，命往北平慶壽寺，事上藩邸，甚見禮遇。伯驥按：《傳信録》云，太祖將封十王，時每王擇一名僧輔之。姚廣孝自請於文廟曰，殿下若能用臣，臣當奉一白帽子與大王戴也。蓋王字加白，爲皇帝之皇字。廣孝意欲弼成燕邸爲皇帝，故云然耳。既而文廟自求於太祖，許之。又，明徐禎卿《翦勝遺聞》云，太祖多疑，每慮人侮己，杭州儒學教授徐一夔嘗作賀表上，有云光天之下。又云，天生聖人爲典爲則。帝覽之，大怒曰，腐儒乃如此侮朕耶！生者僧也，以我從釋氏也，光則摩頂之謂矣。則字近賊，罪坐不敬，命收斬之。禮臣大懼，因上請曰，愚惷不知忌諱，乞降表式，永爲遵守。帝因自爲文，傳播天下。清張氏《蒿庵閒話》稱，明制凡皇太子、諸王生，率剃度幼童一人爲僧。神宗替僧名志善。伯驥嘗撰集明初僧特別史，頗有趣。近人黎光明有《明太祖遣僧使日本考》。上每出，命侍世子居守，嚴固備禦，撫綏兵民，與贊謀策。上即位初，命爲僧録司左善世，及册立皇太子，賜名廣孝，授資善大夫太子少師，俾輔導焉。卒，贈推忠輔國協謀宣力文臣特進榮禄大夫柱國榮國公，謚恭靖。伯驥按：《餘冬序録》云，國初文臣無賜謚者，自永樂間太子少師姚廣孝、大學士胡廣二人始。廣孝嘗著《道餘録》詆訕先儒，爲君子所鄙。若其論文曰，惟韓退之、歐陽永叔、曾子固真儒者之文，今之爲釋老文字，往往勦取釋老之説，甚至模倣其體，以爲儒者不克卓立。其意蓋謂宋、蘇輩，識者亦有取焉。又，《菽園雜記》云，洪武中，大臣爲三公者，皆開國功臣，三孤亦無備員，如劉伯温、汪廣洋寧封伯爵，而不以公孤加之，其慎重可知矣。永樂中，惟姚廣孝爲少師，卷三。可知太宗尊崇廣孝固已極矣。所謂北郭十友者，蓋廣孝合楊基、張羽、徐賁、王行、王彝、余堯臣、宋克敏、陳則九人而足，其數十人皆與高啓友善，惟宋克敏無集，餘俱有之。明曹學佺《石蒼文集》稱，順天孤山有石經寺，寺在絶頂，天然成洞，洞有七，皆藏石經。石經板約方三四尺，層累相成，自北齊至隋，有沙門静琬發願刻十二部經，藏之北山，後其徒續成之，歷唐、宋、遼、金始成其半。今按姚集詩有云，"功成一代就，用藉萬人力。流傳鄙簡編，堅固陋板刻。深由地穴藏，高聳巖洞積。初疑神鬼工，迺著造化迹。延洪勝汲冢，防禦猶孔壁。不畏野火燒，詎愁苔蘚蝕"。蓋即咏此經者。我國以經籍文字刻之石，其來已久，《孝經注序》寫之琬琰，庶有補於將來。疏云，寫之琬圭、琰圭之上，若簡策之爲，或曰謂刊石也，而言寫之琬琰者，取其美名耳。《後漢·蔡邕傳》云，熹平四年，奏求正定六經文字，靈帝許之。邕乃自書册於碑，使工鐫刻，立太學門外，於是後儒咸取正焉。《唐開成石經》其工程尤偉大，計有《易》《詩》《書》《三禮》《春秋》三傳九經，又有《孝經》《論語》《爾雅》，實十二經。又有張參《五經文字》、唐玄度《九經字樣》皆刻之於石，今在西安府學，蓋司業張參《五經文字》始塗於土，繼雕於板，歲久傳寫，點畫參差，於是開成中，沔王友朝議郎翰林待詔唐玄度依司業舊本參詳改正，撰《新加九經字樣》一卷，請附《五經文字》之末，兼請於國學創立石經。今長安所存石經，雖鄭覃輩成之，其議實發於玄度也。蓋宋吕大忠命移唐石經於府學之北墉，元明以來，不加置理，清乾隆中，畢沅巡撫陝西，始爲修復，民國以來，亦嘗修理碑林，庶幾保存古物之盛舉矣。其關於佛學者，順天孤山而外，又太原縣之西五里有山曰風峪，洞中有北齊天保時刻佛經石柱一百二十六，積歲既久，虺蝎居之，雖好游者，勿敢入焉。清初朱氏彝尊留神石墨，集中稱嘗客太原，謀於王方伯曹副使將啓洞，而徙經柱於晉祠，有方使君持不可，遂止，方之識固有愧於姚矣。我國石刻佛經約有三種，一摩崖、二經碑、三經幢。公曆一九〇一年，即清光緒二十八年，法人摩爾根在蘇薩地方發見《合摩拉比法典》，爲公元前二千三百年頃巴比侖王手定者，以楔形文字刻於一圓形黑石柱上，凡二百八十二條，讀之可見上古禮俗人情，世界最古之法典，無逾於此云。此石柱當是別一形狀，與我國之經幢或不同。此集著録黄氏《千頃堂書目》中，而清《四庫》不録其書，祇存其目，《總目》卷一百七十云，廣孝没後，吴人合刻其詩文曰《逃虚子集》，後又掇拾放佚謂之《補遺》，其詩清新婉約，頗存古調，然與嚴嵩《鈐山堂集》同爲儒者所羞稱，是非之公，終古不可掩也。附載《道餘録》二卷，持論尤無忌憚。《姑蘇志》曰，姚榮國著《道餘録》專詆程、朱。少師亡後，其友人張洪謂人曰，少師與我厚，今死矣，無以報之，但每見《道餘録》輒爲焚棄，是其書之妄謬，雖親暱者不能曲諱。姚《集》之不多流通，或由《庫目》之言，遂至寫刊之本，日就泯没。此本爲秀水朱氏舊藏，有竹垞藏章，後歸蟄庵曾氏習經。曾固詩人，宜其愛之也，護葉有蟄庵題字。《明史·方孝孺傳》云，成祖發北平，廣孝以方爲託曰，城下之日，彼必不降，幸勿殺之。殺孝孺，天下讀書種子絶矣。是姚固心折君直者，而胡以不竟其志。又，明戴冠《濯纓亭集》有《題姚少師墨竹詩》。又，《水東日記》云，劉原博嘗見姚榮公小象僅寸許，周遭皆書公詩句。某書又記姚自贊畫象云，這箇秃厮，忒無仁，聞名垂千古，不直半文。此皆姚氏遺軼。

### 夏忠靖公集六卷 明弘治間刻本，金星軺舊藏。

明夏原吉撰。原吉字維喆，湘陰人。《明史》稱其以鄉薦遊太學，選授户部主事，官至户部尚書。遺集著録《明史·藝文志》，若清《四庫總目》别集類二十三所著録者，則謂爲康熙乙酉本。潘宗洛提督湖廣學政時，以其裔孫之所藏重爲校刊者，原本則已久佚云。此本實弘治中原刊，爲館臣所未見，固可貴矣。前有正統八年楊溥序，略云，長沙夏公詩文遺稿，常州太守桂林莫君朴以其餘用鋟梓，公之子尚寶司丞瑄請予序。公立朝四十年餘，每議大政，務從寬厚，處同官未嘗失色，待僚屬取其所長，略其所不足，人多德之。宣宗皇帝爲皇太孫時，公受命輔導，三朝實録皆預監脩。時論朝之大臣有德量者，以公爲冠。詩文平實雅淡，不事華靡。卷一表、頌、賦、贊，卷二五言古詩、五言律詩、五言排律，卷三七言古風，卷四、五七言律詩、七言排律，卷六七言絶句。末附公遺事，則郡人寧鄉袁侍御大倫得諸其孫通政廷章，而刻諸集後者也。《目録》分列六卷，而其版心則分爲上卷下卷。末有弘治八年王恕跋尾，略云，余爲童子，聞公與蹇忠定公齊名，一時公卿無有出其右者，心竊慕之。又有李東陽跋、何喬新跋。何跋略云，公爲尚書時，當永樂二年，雷震奉先殿，詔求言，言者多云建都北京非便，而主事蕭儀言之尤峻，太宗震怒，加以極刑。六科十三道上言者，多云朝廷不當輕去金陵，建都於燕，故有此變。上曰，方遷都時，朕與大臣密議數月而後行，非輕舉也。言者因劾大臣，上命言者與大臣俱跪在門前對辦。公從容奏曰，御史職當言路，給事中朝廷耳目之官，況應詔陳言，所言皆當。臣等備員大臣不能協贊大議，臣等合當有罪。天顔悦懌，遂傳旨令各回原衙辦事。衆謂非公言，又將有蕭儀之誅矣。又有弘治十四年錢福跋，皆因遺事而有言者也。袁經則跋其重刻之由，謂弘治庚申秋七月，予奉明天子命，出按江南，鄉友南京通政使司少參夏君廷章走介持迺祖《忠靖公集》至姑蘇之臺署，請予重刻，乃以集畀姑蘇郡守曹鳴岐鳩工鏤板，置諸祠中。《四庫提要》稱原吉以政事著，不以文章著。洪、永之際，作者如林，以原吉位置其間，尚未能並騖中原、齊驅方駕，然致用之言疏通暢達，猶有淳實之遺風，以之肩隨楊士奇、黃淮諸人，固無愧色。此則專論其文矣。忠靖後人榮文撰《忠靖遺事》一卷，清《四庫》著錄，謂此書於世所傳慈感蚌珠事，删之不載，然原吉治水功在東南，其方略亦不備述，殆以事具國史耶！惟燕王篡位，原吉稱臣，此所謂范質生平惟欠周世宗一死者也，而此云或執之以獻王，是則子孫之詞矣。此則論忠靖之爲人也。永樂初，忠靖治水於吳，朝廷賜以水利書，夏公之書出於中祕，求之不可得。見歸有光氏文集卷三。然則忠靖以治水著績者，固由於内府之書爲之導師也，書固可少乎哉？半葉九行，行十七字，每行皆空一格，以便提行，大字挺健，明初佳刻。前有"金星軺藏書記"朱文長方印、"冰書樓"橢圓朱文印、"古愚"朱文方印。金檀字星軺，桐鄉諸生，後徙婁東，復遷吳。嗜古，蓄異書，家有文瑞樓，爲儲藏所。著有《文瑞樓集》《清暑偶録》。

## 白沙先生全集九卷附録一卷明弘治刊本。

明陳獻章撰。獻章字公甫，新會人。正統十二年舉鄉試，惲氏敬云，白沙自正統十二年舉於鄉，十三年赴會試，景泰二年亦赴會試，後更十五年始赴會試，此何爲哉？蓋明代宗之立，所以守社稷也，於義本甚正。然英宗歸而錮之南内，則君臣之禮廢，而兄弟之恩絶矣，易太子則父子之道舛矣。至英宗復辟，輔之者幾如行篡焉，於是則君臣父子、兄弟之倫不可復，明遂成一攘奪之天下。嗚呼，此先生所以不出也。憲宗則序宜立者也，故先生復出焉。魯定公從亡於乾侯，後昭公薨，季氏扳而立之，與明代宗、英宗不同，故孔子不仕於陽貨執政之時，而仕於季斯悔禍之日，若先生則非祇避有貞石亨也。人倫明而後道學正，故先生爲大儒。見《大雲山房集》。次年禮闈中副榜，入監讀書。以廣東布政使彭韶、總督朱英薦，成化十九年赴京應選，疏陳患病，乞恩終養。奉旨陳獻章自陳有疾，乞回終養，與做翰林檢討，親終疾愈，仍來供職。後屢薦不起。弘治十三年卒，學者稱白沙先生，謚文恭，從祀孔廟。白沙之學以静爲主，教學者但令端坐澄心，於静中養出端倪，海闊魚躍，天空鳥飛，自有沂水春風之樂。蘭谿姜麟稱之爲活孟子。黄氏宗羲則曰，遠之爲曾點，近之爲堯夫。又曰，作聖之功，至白沙而始明，至文成而始大。然明人於白沙，每多不滿。章楓山以禪學目之，胡敬齋攻之尤力。羅氏欽順曰，近世道學之倡白沙不爲無力，而學術之誤，亦恐自白沙始，此言其尤著也。清初，陸世儀不喜王、陳之學，然其論白沙曰，世多以白沙爲禪宗，非也。白沙、曾點之流，其意一主於洒脱曠閒，以爲受用，故與静思相近，其静中養出端倪之説，《中庸》有之。白沙所謂自然者誠也，稍有一毫之不誠，則粉飾造作，便非自然，或者以率畧放誕爲自然，非也。見《思辨録》。前明吾粤人丘文莊濬於《大學衍義》中有譏議異學者，前人亦謂其爲白沙而發。白沙《西南驛詩》，人謂其寓意於文莊，入京亦不謁焉。其卒也，白沙祭之以文，意頗不滿，至清世翁氏方綱撰《重刻白沙集序》，猶斤斤爲之辨論，蓋學術史之常例也。伯驥按：丘氏學術不與白沙同其旨趣，讀其遺著，如《大學衍義》《補瓊臺會稿》等，亦誠質實不浮、雅飭可誦，然陳尊德性，丘道問學，楊子、荀卿同門異户，自屬情勢宜然。丘又頗好劇曲，亦必爲當時講學家指目，所撰《香囊記》演宋張九成事，以謂九成佩一香囊，遺失戰場中，敗軍拾得，誤報九成已死，其妻邵貞娘守節多年，香囊復得。有趙公子得之，遣媒求昏，貞娘控告觀察使，使即九成，因此復合。又伍子胥事，實雄壯酸辛，見於傳記者已甚詳盡，後來文人復加以枝葉，元雜劇吹簫固已可歌可泣矣。丘氏則有《舉鼎記》，與《梁辰魚浣紗記傳奇》不相上下焉。此種筆墨，未免謂其有傷大雅，所好則求鑽皮出其毛羽，所惡則洗垢求其瘢痍，後漢趙壹所由作賦也。丘所撰著有《五倫全備忠孝記》《投筆記》等傳奇，今多未見。宋真氏撰《大學衍義》，因《大學》之義而演之，首以爲治之要爲學之本，隨分四綱，曰格物致知、誠意正心、修身、齊家，皆徵引經義，別述史事，針對時事以立言。丘氏以西山止説四綱未及治平之軌，原書衹四十三卷，乃補編百六十卷，分十二目，采經史百家外，並多録名臣事蹟，間附己見，當時甚有名，其聲價在湛氏《格物通》上。《瓊臺集》亦多實用之言，蓋陳湛則以講學爲務，丘氏則側重於政治也。文衡山《甫田集·毛公行狀》云，大學士丘濬，博學自信，以天下爲己任，而任偏矯正，能以博辯濟其説，人莫能難公。上疏論其偏私，因言天下事，非紙上陳言可舉，而古今異宜，遠近異勢，亦非一己之見。可盡如濬之才，置之翰林則有餘，不可在論思之地。見卷十一。蓋時論如此。今按：《白沙集》中《西南驛晚望詩》云，"曉來花雨濕詩囊，晚上郵亭望大荒。南盡海旁諸郡淺，西來天上一江長。漁歌落日還孤艇，樹隔啼鶯背短牆。料理憑高非一事，樽前誰與共平章"。似不見譏諷之迹。唯集內《奠丘閣老文》中有云，足不至先生之門，目不睹先生之書。比歲得所遺《瓊臺吟稿》纔一編而已，而何足以知先生之大全哉！則似畧示輕之之意。前清阮文達官粤時，築學海堂課士，漢軍某撰堂銘，以謂粤學不興，江門應尸其咎，蓋末流之失，往往訟及原泉。曲謹者流爲空疏，高明者喜其空洞，此固白沙所未能豫計矣。清方植之《書林揚觶》云，兩粤制府阮大司馬既創建學海，落成之。明年乙酉初春，以學者願著何書策堂中學徒，余慨後世著書太易，而多殆於有孔子所謂不知而作者，因誦往哲遺言，與肊見所及，爲十有六論，以諗同志云云。此時殆又矯枉而過直歟！前有弘治十八年門人張詡序云，麟也者，乃天地儲祥星嶽孕秀，應五百昌期而生，希世之瑞也。皇明有道，其瑞應於成化、弘治間，白沙陳公甫先生是也。先生生於宣德戊申者也，今以爲出於成化以來者何哉？蓋其初也麟性雖具，必至是性始完，而頭角始嶄然露，毛毳始煥乎其有文章也。抑以見先生之所以希賢希聖者，由學而至，所以勉進後死之與於斯文也！先生之學，何學也？古聖賢相傳之正學也，其造詣則由知而好、好而樂之者也。其全體之呈露，妙用之顯行，雖不敢以意揣摩而妄爲之説，昔人所謂因言以求其心，考跡以觀其用者，猶幸賴諸詩文之僅存也。知言者由是以求之，則大而出處酬酢，小而語默動靜。顯而孝弟忠信，微而性命道德，亦概乎可考而知也。有能述其旨纂其言爲訓，以羽翼六籍四書，天下之大千，萬世之遼邈，詡安敢絶望，以爲無其人焉？若然則其道脈之正傳，學術之的緒，當渙然自信之矣。詩刻於山東者二十之五，刻於梧州者二十之一耳，而文則子弟門人所鈔録，散在四方，未有會輯成集，刻而傳之者也。弘治癸亥，吉水羅君僑惟升以名進士來知新會縣事。新會，先生之闕里也，惟升下車，首登拜先生遺像，悽然起羹牆之思,慘乎有不及門之遺憾,復能師先生遺教,以治其民,而民戴之。乃於政暇,搜羅先生詩文爲全集,屬諿序其端,以爲天下後世道而傳焉。嗟乎,麟逝矣,是集乃麟之景迹耳,以景迹而求麟,不亦遠乎! 雖然麟在,無庸景迹爲也,麟逝而景迹可並泯乎? 昔詩人以麟之趾定角興公之子姓族也,一則曰于嗟麟兮,二則曰子嗟麟兮,説詩者以爲麟性仁厚,而公之子姓族亦仁厚,是乃麟也,何必麕身牛尾而馬啼者,然後謂之麟哉! 吾固以學至乎聖者爲真麟也。彼投閣而草玄干時而續經之輩,爲麟之贋也,非邪,麟不可見矣。有能因言以得先生之心,而起先生之道,麟接迹於世也。至於用舍,世道之隆替係焉,無麟與也,是言也者,斯道之攸寓也。言存矣麟不死也,況有嗣之者乎! 吾知是集一出,天下後世不徒争先拭目之不暇矣。《白沙詩文集》以此爲初刻,流傳極尠,故全録其序。卷一奏疏,卷二序,卷三記,卷四、五書簡,卷六墓誌銘、表,卷七祭文,卷八賦、贊、銘、啓、説,卷九論、題跋、詩。前人論白沙詩,楊升庵謂其五言冲淡,有陶靖節遺意。然謬解者,篇篇皆附於心學性理,則是癡人説夢。《籠堂詩話》則摘其《厓山大忠祠詩》,以爲極有音韻,和者皆不及,但所刻浄稿者未之擇耳,此刻則采詩極少。彭氏《觀河集》録白沙手書詩卷四首,謂有二首未入集,此刻亦未之見也。詩云,“飛飛蛺蝶花枝午,恰恰流鶯柳市東。睡起西齋讀《周易》,江春如酒醉衰翁。會講堂前草又新,秋風回首特傷神。微君已去巴崟在,遥與門人作主賓”。至《附録》則他人題贈之作也。半葉九行,行十八字,低二字以便提行,實每行十六字。

## 白沙子八卷

明嘉靖間揚州刻本,禦兒吕氏舊藏。

明陳獻章撰。前有嘉靖癸巳前進士西蜀後學高簡序,全書均題白沙子,而無集字。高序略云,夫道貫古今,匪明弗著,孔孟而

後,乃有濂洛,蓋昭如也。唯明嗣興,若白沙先生者,其周、程之徒
與？蓋先生起於南粵,獨悟道妙,而非有能授之者,是故其見道明,
故其體道至;其體道至,故其言論簡易;而弗支且多,夫其弗支且多
也。故凡形諸動靜、存諸語默,播諸詩文,徵諸出處,罔非道妙,而
其文固煥煥乎,莫之繪焉。夫豈雕鏤綴奇,苦思模擬,役心垂後而
故存之簡册哉！其門人張東所采集之梓諸其里矣,四方猶罕睹焉。
予柄維揚教,偶談及茲書,共以未得爲憾,遂出予本刻之,因訪諸吾
友沈汝淵氏,得遺集二三册焉,爰增其未有者,削其不必存者,以付
梓人,題曰《白沙子》,猶孟氏七篇而題曰《孟子》之義也。次節録
湛若水《白沙子論》別刻一葉,後有江都卞崍跋。湛氏論云,夫先
生聖人之徒也,先生詩文其中古之制作乎。其詩歌如風雅頌,其文
詞如謨訓誥,或聞之愕然曰,何哉？若是其大也,不亦少誇矣乎。
今觀其詩歌之體裁,猶夫今之詩也,何取乎風雅頌？觀其文詞之矱
度,猶夫今之文也,何取乎謨訓誥？曰,非是之謂也。孟軻有言,今
之樂猶古之樂也,何謂乎？聖賢之言發乎人心之同然,故與古訓異
體而同道,夫惟求於牝牡驪黃之外者,而后得馬之真相,忘於言語
形似之外者,而後得聖賢之蘊,是故以其中和之性情,發而爲中和
之永嘆,優柔而敦厚焉,是亦風雅頌而已矣。以其自得之精意以發
其未發之蘊,載道而典則焉,是亦謨訓誥而已矣。曰,然則何以異
乎？曰,言詞古今之不同,猶之東西南北之方言聲氣之異耳矣,而
因以爲人情有異可乎？今以詞之古今而疑聖賢之異者,則亦猶求
人性於東西南北之音之類也,求馬於牝牡驪黃之類也。曰,然則果
若是同乎？曰,以《詩》觀之,風殊於頌,頌殊于雅矣,遂謂《詩》果
不同可乎？以《書》觀之,誥殊于訓,訓殊于謨矣,遂謂《書》果不同
可乎？則又何疑于后世之詩、之文也哉？故求先生之詩文者,當求
先生之道於言外之意,以合於古訓,而不當求先生於言詞之間則惑

也夫，然后知先生之詩文，不可以后之詩人文士之詩文觀之矣。湛氏弟子附識云，門人高簡曰，吾師甘泉先生過維揚，謂欒州亦刻是集，乃吾同年友柯侍御意也，先生既手校付之而因序焉。此論是也，簡請觀之，真足以破文人才子之訾矣。因略其序刻之由，而附其要語于此，以俟明者覽焉。卞氏跋云，崟梓是書，既因呈諸吾師鶴阿高子請校焉，遂顧崟曰，世之梓詩文者多矣，然或止乎詞焉而已者也，何益哉？吾欲維揚士究白沙子之心，以達於濂洛、洙泗，故命爾梓之，苟得其心者衆焉，雖廢是梓可也，不然又增一贅疣矣。嗚呼，會吾所以欲梓之心，而得吾所以不欲梓之意，是在二三子。崟曰，天何言哉？四時行焉，百物生焉。天何言哉？是故其梓也，其弗梓也，無加損於白沙子也，而以詞焉視茲書者，其自病也甚矣。崟敢不祗若子之訓，若將終身焉，於是退而跋諸此，以告吾揚同志之士。是歲孟冬望日，江都卞崟謹跋。據高氏序知此書實爲《白沙集》第二次刻本，且題《白沙子》而不云集，蓋與他刻有異也。考《白沙集》有六卷本，吳門顧氏刻；有九卷本，門人湛若水校定，嘉靖間刻本，萬曆間覆之；有《白沙詩教解》十五卷本；又有三十卷本，弘治初刻，正德覆之；有二十一卷本，嘉靖葉友山刻。范《目》著錄《詩集》十卷，弘治甲子重刊本；《千頃堂目》著錄二十二卷本、八卷本、六卷本；祁《目》著錄《文編》六卷本。若清《四庫》著錄則爲萬曆覆刻若水校定之本，而此八卷本，則各家書目絕少著錄，維揚舊槧，碩果僅存，宜夫廠肆估人之高其聲價矣。半葉九行，行十八字。卷首有“禦兒南城呂氏家藏印”朱文方印，又有“佐伯文庫”朱文長方印。禦兒即檇李，嘉興崇德縣有禦兒鄉，有水名語水，語與禦通。據《至元嘉禾志》謂，水在郡西南，去崇德縣東南一里，舊名禦兒中涇，俗名流渚塘，吳越時棲兵於此。《左傳》《吳越春秋》皆作禦，《史記·年表》作藥，西漢易爲語，而《年表》又作蓹。《水

經》曰，由拳西鄉，有産兒便能語，因詔爲語兒鄉。宋朱文長《吳郡
圖經》卷六云，《國語》曰句踐之地南至於句吳，北至於禦兒，禦兒
者地名也，句踐嘗謂吾用禦兒臨之，而俚俗之言以禦爲語。曰范蠡
獻西子於吳，道中生子至此而能語。又，宋史炤《通鑑釋文》卷八
云，禦兒水在古越地，禦或作語。明吳郡黃省曾《五嶽山人集》卷
三第十三葉云，語兒鄉故越界，名曰就李。句踐入官吳時夫人從，
道産女於此，養之李鄉。及後勝吳，更名女陽亭，又更就李鄉爲語
兒鄉，今崇德縣東南有其遺跡。蓋此書爲石門呂氏留良藏本，故其
章云爾。此集曾由上海涵芬樓借景印行。

## 耕石齋石田詩鈔十卷明錢牧齋編刊本。

　明沈周撰，錢謙益編。黃氏《千頃堂書目》著録沈氏集凡兩
種，一爲三卷本，一爲錢編十卷本。其十卷本題《石田詩集》實則
詩鈔、文鈔合成，黃《目》偶誤詩鈔爲詩集也。《浙江采進遺書總
録・癸集上》有刊本《沈石田集》八卷，清《四庫》著録則十卷，本題
《石田詩選》，爲明弘治中光禄寺署丞華汝德所編，不標體製，不譜
年月，但分天文、時令等三十一類，吾家《邸亭書目》亦録華本也。
此本卷一、二、三、四古體，卷五、六、七、八今體、詩餘附焉，卷九雜
文，卷十附録石田先生事略，極爲詳覈，共二十九葉。題虞山錢謙
益輯，略云，先生諱周，字啓南，別號石田，人稱石田先生，世居長洲
之相城里。詩初學唐人，雅意白傅，既而師眉山爲長句，又爲放翁
近律，所擬莫不合作，然其緣情隨事，因物賦形，開闔變化，縱橫百
出，初不拘拘乎一體之長，稍綴其餘，以游繪事，亦皆妙詣。伯驥按：
《明史・隱逸傳》沈工畫，評者謂爲明世第一。《蘇州府志》謂瞿氏式耜酷愛沈畫，構一
齋名耕石，藏弄其中。唐志契《繪事微言》謂，沈又號白石翁。先生爲太子太保
三原王公所知，公按吳，必求與語，連日夜不休，每聞時政得失，則

憂喜形於色，人以是知先生非終於忘世者。著有《石田稿》《石田
文抄》《石田詠史》《補忘録》《客座新聞》《續千金方》《沈氏交游
録》若干卷，以上皆錢氏節録他人文字而條舉之。其末則記其先
世與石田交誼，題崇禎壬申謙益附記。卷首有弘治庚申吳寬所撰
《石田稿序》，略云，詩以窮而工，嘗竊以爲窮而工不若隱而工者之
爲工也。蓋隱者同以耕釣爲生，琴書爲務，陶然以醉，翛然以游，有
富貴浮雲之意，又何窮之足云。是以發於吟咏，不清婉而和平，則
高亢而超絶，求之唐人，若陸魯望是已。吳之詩自魯望首倡，盛於
宋，尤盛於元。入皇朝來，承平日久，人情熙熙，士之求仕者，爭治
經義，取科第而出。吾友啓南能接乎宋元之派，以上遡乎魯望。啓
南詩餘，發爲圖繪，妙逼古人，或謂掩其詩名，而卒不能掩也。卷末
有正德丙寅李東陽跋語。又卷八末有《三答吕公見和落花之作》，
後有文徵明跋尾云，弘治甲子之春，石田先生賦落花之詩十篇，首
以示璧，璧與友人徐昌穀屬而和之，先生喜從而反和之。是歲與吕
公義屬而和之，先生又反和，自是和者日盛，其篇皆十，而先生之篇
累三十而未已。昔人以是詩稱者，惟二宋兄弟，然皆一篇而止。伯
驥按：宋庠字公序，有《元憲集》四十卷。宋祁字子京，有《景文集》六十二卷。公序《落
花詩》云，“一夜春風拂苑牆，歸來何處剩凄涼。漢臯佩冷臨江失，金谷樓危到地香。淚
臉補痕勞獺髓，舞臺收影費鸞腸。南朝樂府休賡曲，桃葉桃根盡可傷”。子京《落花詩》
云，“墜素翻紅各自傷，青樓煙雨忍相忘。將飛更作迴風舞，已落猶成半面粧。滄海客
歸珠迸淚，章臺人去骨遺香。何能無意傳雙蝶，盡付芳心與蜜房”。若夫積咏而累
十盈百，實自先生始。此爲詩事雅談故録之。《烏衣佳話》云，吳
中落花詩自沈石田起，一咏三十律，一時詩人唱和者斐然，至有和
韻者未免東坡搗辛之誚。王文恪公《詠落花絶句》一洗山林陳腐
之陋，奚以多爲，此又以少爲貴矣。沈《集》以三卷本爲多，此刻頗
罕覯，固此集至善之本也。半葉十行，行二十二字。

## 王舍人詩集□卷瓶花齋寫本。

前題中書舍人錫山王紱孟端撰。紱字孟端，博學，工歌詩，能書，寫山水竹石，妙絕一時。永樂初，用薦，以善書供事文淵閣，除中書舍人。紱未仕時，與吳人韓奕爲友，隱居九龍山，遂自號九龍山人。於書法動以古人自期，畫不苟作，有投金幣購片楮，輒拂袖起，或閉門不納，雖豪貴人勿顧也。在京師，月下聞吹簫聲，乘興畫《石竹圖》，明旦訪其人贈之，則估客也。客以紅氍毹餽，請再寫一枝爲配，紱索前畫裂之，還其餽。一日退朝，黔國公沐晟以畫請，紱頷之。踰數年，晟復以書來，紱始爲作畫，既而曰，我畫直遺黔公不可。黔公客平仲微者我友也，以友故與之，俟黔公與求可耳。其高介絕俗如此。《四庫總目提要》云，紱工於畫，妙絕一時，其詩雖結體稍弱，然神思清曠，蕭散自如，氣韻天然拔俗。論者方以倪瓚，亦幾幾乎近之。新城王氏曰，孟端爲人狂簡，今集中詩，蕭灑不如倪元鎭，沈鬱不如王元吉，磊砢不如孫大雅，差與浦長源伯仲耳。二説不同如此。《集》附曾棨、王璉二序，翰林修撰王洪撰傳，中書舍人章炳如撰《行狀》，翰林學士胡廣撰《墓表》。此爲吳氏瓶花齋寫本，卷前有吳氏題記云，是集余家舊藏，闕曾棨原序一首，今從倦圃曹氏鈔本補入。乾隆癸亥冬日，吳城記。城字敦復，號甌亭。六世祖占籍錢唐，考尺鳧翁喜聚書，凡宋雕、元槧與舊家祕册，若飢渴之於飲食，求必獲而後已。君克承先志，殫心群籍，插架所未備者，復爲搜求，暇即校勘訛脱，並成善本。君嘗客遊京師，于報國寺上見有宋版《許丁卯集》，先公之題跋、私印宛在，不覺狂喜，出豐價購之。一時輦下名流，咸歌詠以紀其事。家有繡谷亭，亭前朱藤一本，爲尺鳧翁手自攜植，出所藏古名甕酒器一百八件以觴客。又作禪龕一座，設於讀書之瓶花齋，杜門却軌，每下幔趺坐龕中。念吾杭郡爲雅材淵藪，昭代以來，有專集者寥寥，爰銳意蒐羅，得二千三百餘家。病中屬季弟玉墀稍爲釐正，繕成副本，藏諸篋笥，没年七十有一。見汪沆《槐塘文稿》三。

## 醫閭集九卷明刊本，明陳明卿校讀。

明賀欽撰。欽字克恭，其先浙之定海人，以戍籍隸遼東義州衛。登成化丙戌進士，授户科給事中，謝病歸。弘治初，起陝西參議，檄未至而母殁，乃上疏懇辭，遂不復出。見《明史·儒林傳》。此編乃其子士諤蒐輯遺藁竝生平言行，都爲一集。前三卷爲言行錄，四卷爲存稿皆雜文，第八卷爲奏稿，第九卷爲詩稿。欽自號醫閭山人，故以此名集。欽嘗讀書醫無閭山，集中屢及之。《四庫總目》謂欽之學出於陳獻章，然獻章之學主靜悟，欽之學則期於反身，實能補苴其師之所偏。伯驥按：陳氏集中有《贈羊長史寄遼東賀黄門欽詩》云，“此心自太古，何必生唐虞。此道苟能明，何必多讀書。寂寂委山澤，于來京師。斯人各有分，彼此何能逾。抄秋風日清，呼兒理肩輿。聊爲玉臺游，言笑誰與俱。屈指意中人，一坐一踟躕。歸來看四壁，四壁光如如。聖道日榛塞，誰哉剪其蕪。夫子久不見，吾生何以娱。常恐歲月晚，况與音問疎。申以伐木章，一日三卷舒”。又有《得賀黄門克恭書詩》云，“一封初展制中書，萬里遼天見起居。何處江山還著我，斯文今古正關渠。傷心日夜思賢母，老眼當年識鳳雛。濂洛諸公傳不遠，風流衣鉢共團蒲”。讀此知白沙屬望於賀氏者深矣。嘗言爲學不在求之高遠，在主靜以收放心而已。故集中所録言行，皆平易真樸，非高談性命者可比。而所上諸奏疏，亦無不通達治理，確然可見於施行。在講學諸人之中，獨爲篤實而純正。文章雖多信筆揮灑，不甚修詞，而仁義之言，藹然可見，固不必以工拙論云。此爲前明陳氏仁錫校讀本，大字勁草，書法大佳，蓋明卿每喜發言，固是本色。全書點讀其精勤，又可敬也。

## 震澤先生集三十六卷明刊本。

　　明王鏊撰。鏊小史已見《孫可之文集》題記，文氏《甫田集》卷十三有《太傅王文恪公傳》，稱公爲文淵宏博贍，而意必己出。時翰林以文名者吳文正公寬、李文正公東陽，皆傑然妙一世，公稍後出，而實相曹耦。此集前有董其昌撰序。次有嘉靖十五年南京禮部尚書南海霍韜序，略云，文之傳三，人品一也，學力二也，才格三也。守谿先生早年詞氣，如風檣駕濤，如逸驥馳野，如銀河注溟，如長虹橫漢，如列趹劃雲，如馽颸之嘯六合，可謂雄矣。晚年脫枝落英，尚淡崇實，蓋雄而古者也，然公之文可傳在才格。先生早學於蘇，晚學於韓，折衷於程朱，故公文可傳在學力。公於壽寧侯舊也，壽寧戚密椒宮，大臣無恥者趨焉，公自壽寧顯後不通字姓；劉瑾權橫赫，無恥者趨焉，公決去，是公之文可傳在人品。或曰，公在孔門如何？渭厓子曰，公若及孔門，宜列游、夏之間，性善之對或式孟氏，人心道心之論，宜式程朱。董序題《震澤先生集》，霍氏則題叙《文恪公集》。韜字渭先，始號兀厓，後更號渭厓，正德進士。世宗時大禮議起，毛澄力持考孝宗，韜駁之，罷官禮部尚書。卒，諡文敏。遺著有《詩經解》《象山學辨》《程朱訓釋》《渭厓家訓》《西漢筆評》《文敏集》。卷一賦詩，卷二、三、四、五、六、七、八、九皆詩，其第九卷則聯句也，卷十、十一、十二、十三序引，十四序說，十五、十六、十七記，十八內制，十九、二十奏疏，二十一、二十二、二十三傳，二十四碑，二十五行狀、墓表，二十六表碣，二十七、二十八、二十九、三十誌銘，三十一誌銘、哀辭、祭文，三十二頌、贊、箴、銘，三十三、三十四雜著，三十五題跋，三十六書。清乾隆間，沈氏叔埏《頤綵堂集》卷十有此書題記，略云，王文恪嘗序《吳匏庵集》，以爲文章不難于奇麗，難於醇，難于典則。又云，明興，作者代興，獨楊文貞爲第一，爲其醇且則也。文恪此言殆自道其得

力之深者歟！又云，文恪同時如邵二泉、徐子容諸君子爭重先生之
文，以爲規撫昌黎以及秦漢，雄偉俊潔，體裁截然振起一代之衰。
逮後王、李等七子，握鉛槧繼起，壇坫中原，走儒生學士如狂，而先
生之文竟置弗講，甚矣，世之矜耳而賤目也。又云，姚江作傳，則著
其性善之説，文待詔作傳則著其群經之説，並揭其學之所得之最醇
者著於篇，宜備録以冠斯集云。於王氏之造詣，庶得其真矣。近人
沈氏曾植曰，嘉、隆以前士大夫自有一種韻度，王文恪之文、石田
詩、完菴畫、李貞伯書，工力自不及後來，而天真自適，轉覺餘味挹
之不盡，此亦論古有識者也。半葉十一行，行二十二字。伯驥別藏
《文恪集》，有孫淵如氏題字，再詳。

## 式齋文集三十七卷 精寫本，太倉季氏舊藏。

　　明陸容撰。護葉有墨筆識語云，此太倉先輩陸式齋參政容文
集，當日州中藏書家陸潤之所抄藏者，向藏金氏文瑞樓，入書目中，
後藏寶山李氏，近歲歸余，崑山老友潘晚香曾借抄一部。今按《葉
涵溪札》，知其家已遭兵火，抄本未必猶留，則此本真至寶矣。見
者當慎藏而珍護之，功德無量矣。此余小子百叩以求者也。參政
與陸鼎儀釴、張滄江泰齊名，爲婁東三鳳。辛酉六月，鄉後學季錫
籌謹誌。前有王鏊序，略云，始吾蘇之仕於朝者最名多文學之士，
其在崑山則有若故翰林修撰張君亨甫、太常少卿兼翰林侍讀陸君
鼎儀、浙江布政使司右參政陸君文量，三人皆能文，而特工於詩，亨
甫、鼎儀皆官翰林，文量官兵部，頗以政務妨世，知之者益少。久
之，文量出參政浙藩，坦然直躬，不事表襮，竟罹讒口，歸林下，疽發
背卒。予乞告歸省，舟未發，文量之子伸哀其父之遺文曰《式齋
集》爲三十七卷，作長書且萬言貽予，乞予叙。予閱之，則平生倡
和之作咸在，又得其文讀之，多余所未見者，敷腴閎達，如其爲詩，

而奏議尤有經世之志焉,亦其所以見嫉於時者。末題弘治壬戌嘉議大夫吏部右侍郎前詹事府少詹事兼翰林侍讀學士同郡王鏊序。文量,容字也,此本爲季氏鈔藏。季氏名錫疇,字菘耘,太倉州人。爲文謹守先正,出入震川、堯峯之間。晚年館虞山瞿氏,館中多善本書,得於黃氏士禮居者爲多,君悉跋尾,遂成《藏書志》若干卷。見張星鑑《懷舊記》。又《常昭合志稿》云,錫疇校書盈千種,異同舛誤,靡不悉心攷證。咸豐十年,避寇李墅,抑鬱以終,遺書悉燼於火。

## 空同集六十三卷　明嘉靖刊本。

　　明李夢陽撰。前有嘉靖十年王廷相序,嘉靖九年五嶽山人黃省曾序。後學睦榑撰《空同先生傳》,傳略云,公字獻吉,年十八舉鄉試第一,明年弘治癸丑登進士第,授户部主事。是時海宇清寧,部寺多暇,諸薦紳先生雅事文墨,公與信陽何公景明、姑蘇徐公禎卿倡爲古文辭,以變衰陋之習,斷自秦漢而止,學者尊爲宗匠。伯驥按:黃省曾有"往匠可凌,後哲難繼,明興以來一人而已"之譽。見本集卷六十一。所著有賦、頌、樂府、古今詩三十六卷,書疏、碑誌、記序、雜文二十七卷,《空同子》八篇行於世。末有嘉靖十一年高陵吕柟後序,略云,空同遺文,其甥曹仲禮守鳳陽將梓行,問序焉。序末有睦榑識語云,初右使曹君刻其舅氏《空同集》藏於家塾,及右使没,鏤板散失。歲辛亥,宮直與槐謝公田參汴垣,謂余曰,李《集》乃中州之文獻也,盍亟收之。余求其家無有,及訪之他所,僅得十之三四。余乃取吳本補其闕者,正其訛者,增其所未刻者,視舊刻頗完整,因又取予曩撰公傳置之卷首。睦榑《空同傳》稱獻吉之先爲扶溝人,國初徙居慶陽,父正以阜平訓導補封丘温和王教授,遂家大梁。王氏《池北偶談・談獻》云,空同山在禹州,獻吉本扶溝人,且生於汴,故取爲號，没即葬焉，非平涼之空同也。張氏宗泰《所學集》據《明詩綜》李夢陽下引曹溶説云，獻吉雖生於秦，其父正教授封丘，遂徙家大梁，故《登科記》直書河南扶溝人，居於康王城，葬於大陽山麓。又，《四庫提要》於《梁園風雅》下，亦稱夢陽爲秦産，則謂其産於汴者，誤矣。且夢陽生於秦而遷於豫，取不忘故土之意，而以空同爲號，所謂空同者，安知其非即平涼之空同，魯巖之言似較有理。獻吉倡言復古，毀譽參半。王氏又謂，宋明以來詩人學杜者，退之得其神，子瞻得其氣，魯直得其意，獻吉得其體，鄭繼之得其骨，人亦不以爲知言。伯驤以爲明清兩代論獻吉之爲人與其詩文，其最當者未有過於清之陳氏文述也。《頤道堂文鈔》卷二云，世皆稱夢陽之詩爲復古，其名在前後七子上，非直稱其詩兼稱其人。余讀其詩文核其本傳，參以諸家所紀載，蓋譎變狂謬者流，無所謂正直忠鯁也。即其言詩亦甚乖謬，夫詩宗漢魏似矣，然漢魏之詩不一家，唐人宗少陵似矣，然唐之名家不少，即少陵詩亦不一格，夢陽詩全以摹仿爲能，夫摹仿則未有不流爲剽竊者也。觀其《與徐氏論文書》迪功也，《駁何氏論文書》仲默也，以元、白、韓、孟、皮、陸爲入市攫金，登場角戲，申柔澹沈着、含蓄典厚之旨，而薄俊語亮節，豈知元非白比，韓、孟與皮、陸不可同年語，而仲默之所自立者，正在俊語亮節也。夢陽詩尊杜，論者震於其名，每以爲少陵功臣，不知少陵詩所以獨絶者，全在尊君愛國之心，觸物感事油然而生，不在佞哀詐泣、俚質生硬也，若以生吞活剥爲學杜，斯則杜之罪人耳。或以提倡七子爲夢陽功，夫七子則有七子之本色在，今觀諸人所作，似夢陽者皆不佳，則夢陽之爲功亦僅矣。或言夢陽復古之功不可没，然如集中樂府《禽言》云，“東有木公西王婆”。《君馬黄》云，“大兵拆屋梁，中兵搖楣櫨，小兵無所爲，張勢罵蠻奴”。《五言雜詩》云，“狐心生暗思”。《南湖僧》云，“湖僧騎牝馬”。《七絶》

云，“汝雖天生剛直物，豈容出地頭尖尖”。隨手掇拾，爛然盈紙，
何其言之不文也。是以李濂以文受知後，即不屑附和。高叔嗣亦
受知夢陽，而爲詩不宗其説，其不足服人可知已。其眞心推服者，
不過王維楨、黃省曾之流。全文數千言，此節其要，所評眞得其允。
清同治間，山陽丁晏撰《曹集銓評》，曹《集》係據明萬曆休陽程氏
刻本，有李夢陽序，謂魏操以雄詐智力盜取神器，丕席父業，逼禪據
尊，乃不應時改行効重本敦族之計，而顧凋剪枝葉，委心異族。有
弟如植，俾之危疑，禁錮轉徙，悲歌不能自已，予於是知魏之不競
矣。魏之不能用植，固亦天棄之矣。然予又獨怪操之能生植焉，豈
亦所謂不係世類者哉！丁氏謂此序不爲空言，蓋明人之有學識者
極有關繫之文，北地第一篇文字其理勝也。此則專論李氏撰《子
建集序》之可取者也。至王氏《藝苑卮言》稱李空同晚爲其甥曹嘉
所厄甚苦，朱竹垞力辨其不然，謂空同是爲其兄與姊所辱，嘉在都
聞之，惶懼不安者旬日，專人以書慰空同，終身以父事之勿衰。梓
行舅氏集，選吳下以善書名者繕寫，而全氏謝山集内仍沿弇州之舊
説，似尚欠分曉。睦㮚識語明云，其甥刻《空同集》，豈厄之於前而
厚之於後歟！竹垞見聞甚富，當不誤。睦㮚，明宗室，萬卷堂主
人也。

## 李空同集六十八卷明東莞鄧氏刊本。

　明李夢陽撰。前有萬曆壬寅吳文策序。次有五嶽山人黃省曾
序，謂空同於戊子之冬，以手編全集寄我姑蘇，殷勤札書，屢貽叠
受，既而空同問醫南下，邀余京口，千里不遲，命僕爲序。次有重録
門人永豐聶豹《空同子小序》。次有馮夢禎《重刻空同先生集序》
云，《空同先生集》有晉陵鄒氏板，燬於火業數十年，東莞鄧玄度令
長洲，斥俸梓之。夫詩道至今卑甚矣，閭巷之子豔一青衿不得，即

摇筆學爲詩，遊大人以媒食，士大夫或不意於名場，而後染指焉。以其灰冷無用之精神，問津萬里之途，安能遠到，詩道安得不卑！其間非無有志縉紳與獨行布衣，銳志以詩爲事者，而患無命世作者，如空同先生以倡之，此又不可幾之數也。先生嘗述王叔武之言，夫詩者天地自然之音，今途咢而巷謳，勞呻而康吟，一唱群和者，其真也，真詩在民間。而文人學士往往爲韻言謂之詩，情寡詞多，詩於何有？先生之詩，五七言律與七言歌行，家稱擅場，蓋先生所深嗜而冥契者杜陵，故得其神理。玄度令長洲三年，以文學飾吏治，爲詩清神翩翩，有拔俗之韻云。又鄧雲霄序略云，潘君景升校讐半載，深窺作者心苦。景升雅善詩，名傾江左，其皈依正覺，則猶余志也。潘之恒箋云，壬寅春末，鄧明府玄度過予，語明詩盛於弘、德間，而北地李獻吉實奮起爲正始之音，仲默晚出欲奪前茅，于鱗登場代興自擬。於是李何前李、後李之稱，皆先生所不屑居，而聲譽幾爲掩矣。今《仲默集》既重繡於申陽，于鱗亦有吳中近梓，獨北地寥寥，乃以所購浙本授校，余退與王生元邁謀，出吳本、燕本、鳳陽本、大梁小字本，校甫完，並訂定《空同子》而後殺青焉。鄧玄度云，刻李《集》貴傳其真，慮僞者雜之，蓋其慎也，計一、二、三爲賦類，四至三十七爲詩類，三十八至六十六爲文類，卷六十七、卷六十八則附錄也。前題東莞鄧雲霄、歙潘之恒蒐輯。末一行則題癸卯孟夏南昌劉一燝參閱。半葉十行，行二十字。雲霄字元度，東莞人。萬曆戊戌進士，官至廣西布政使參政。有《百花洲集》二卷、《解弢集》一卷。《百花洲集》官長洲時所作，又著《冷邸小言》，論詩以妙悟爲宗，以自然爲用。之恒字景昇，歙縣人。嘉靖間官中書舍人。《明史‧藝文志》著錄之恒《黃海》二十九卷，而《四庫》著錄者則定爲六十卷，又有《名山注》一種，《四庫》存目。見卷七十八。伯驥所藏者有潘著《江南諸山志》十册。吾鄉鄧爾雅爲玄度先生後人，好吟詩，精小學篆刻，曾爲伯驥制藏書章數事，其用巴比侖古文者尤古拙，予以此書歸之，頗洽其意。法人歸化英國之拉阿貝利，曾刊行巴比侖與東方記事雜誌，主張中國文化最古是發源巴比侖，且謂中國民族亦從巴比侖移來，著《中國古文化西方起源論》，但結語則謂見已不用此説。爾雅之意，當非拾其餘瀋，蓋偶爾試用耳。爾雅比年又喜仿寫歸善鄧鴻臚承修書法，鴻臚爲人以品節清剛成名，爾雅則恬退淡遠，似宋之文石室，皆濁世所難能也，嘗以前人著書已多，今日難於下筆語。鄉人盧子樞用此意戒伯驥，毋輕編纂，且屬以少作之。大同天籟重刊傳布，蓋清季頗有創國音新字者，此編爲同學劉、陳二君作始。伯驥實貢獻微末，其時曾刊本印行，久而忘之，故爾雅重提舊話也。溯劉、陳没已四十年，同人永逝，遺筆煙飛，書之以志黄爐之痛。

## 儲文懿集十六卷 寫本。

　　明儲巏撰。巏字静夫，柴墟其别號也，泰州人。成化二十年進士，歷官吏部左侍郎。卒，謚文懿。前有嘉靖乙酉冬，南京禮部尚書詔許有疾調理前户部左侍郎都察院右副都御史總督漕運友生句吴邵寶序，略云，儲公既卒之十有三年，其從子台州貳守平甫以公集若干卷刻於沔陽郡齋者，謁余二泉山中，請爲之序。其爲詩，或恬淡平雅，或雄渾跌宕，或灑落清遠。其爲奏疏、碑表、記銘諸作，繫天下國家大體，關乎古今治亂者，則方正嚴毅，斬截崛奇。故觀公之爲人者，雖未嘗執簡披閲，可以知其言，觀其言者亦然。乃若近事，自宋、金、元季至我國初，諸老之遺言逸跡，旁詢壽耉，徵之故府，歷能道之。集初名柴墟，刻既成，而賜謚命下，遂稱之。上以昭聖崇奬名德不遺遐故之典，下以慰公于九原云爾。台州名洵，辛未進士，由沔陽知州遷今官。卷一、二、三、四、五詩，卷六、七、八序文，卷九墓誌，卷十、十一雜著，卷十二奏疏，卷十三、十四、十五書簡，卷十六附録。張氏海房稱此集有兩刻本，十五卷本，乃公從子洵官台州貳守時所梓，邵二泉序所稱刻於沔陽郡齋是也，時爲嘉靖乙酉，此刻久無傳本。海房生康熙初，蓋猶及見云。其一乃公曾孫耀因舊刻漫漶重刻，取顧華玉《靈徵記》，趙叔鳴《靈徵詩》，鄭澹泉、歐楨伯所撰《傳》，及文懿軼事散見諸書者，合邵序爲一卷，共十六卷，即此本也。新增目次附録鄭澹泉《傳》、顧華玉《靈徵記》、趙叔鳴《靈徵詩》《靈徵三文木圖》、歐楨伯《傳》、《皇明世説新語》七則、《大政紀斷》。王弇州《別集》説李卓吾《續藏書》評啓墓遷葬之時，其棺上變發黝墨，成繪畫文，具有畫家鱗皴烘染之法，所謂靈徵也，故附著之。歐氏《廣陵十先生傳》謂李夢陽、何景明倡古文辭，執政者嫉才，欲擯斥之，文懿以文章復古爲國家元氣，故於何、李極其扶植，得不傾陷。李氏《續藏書》謂公視陽明居然前輩，陽明中弘治十二年進士，時公則已太僕少卿，而往來問學若弟子。此公之所以益不可及也，後泰州有心齋殆聞風而興起者歟！觀此附録二則，可以想見儲氏之爲人。伯驥又按：《堯山堂外紀》稱儲氏初遊州庠，少循矩度，學官示以句云，賭錢、喫酒、養婆娘三者備矣。儲應聲曰，齊家治國平天下，一以貫之。已而舉應天癸卯鄉試第一，甲辰會試第一。比廷對，巇以三元自期，内閣聞其自負，抑至二甲第一，自後勵行檢，務文學，得全終身名。又《明人詩鈔續集》稱儲氏清節，介然嫉惡，得之天性不可奪。化、治之間長沙登高而呼，天下四應，經其指授，皆卓然成家。虞山推崇長沙，以排擊北地，故長沙之派獨詳録石少保寶、羅侍郎𡐛，邵尚書寶、顧尚書清、魯祭酒鐸、何侍郎孟春六家詩，比之蘇門六君子，一時淵源所及，固有不可得而没者。然羅侍郎詩不近正聲，其爲詩文，或棲樹巔，或閉一室，冥心獨造，似亦不欲依傍門户。儲文懿實出長沙之門，虞山以空同在郎署日，首與唱和，故不入六公之列。余鈔石、邵諸家詩，益以文懿而去羅侍郎於長沙派别，似爲允當，主持風雅，幸有斯人，讀明詩者，不可不知有文懿也。以上皆讀儲氏《集》所應參證者，以附録卷中未及，故再述之。至《明詩綜·閨門》收儲氏《雨後七絕》一首，小傳云儲氏，泰州人，大學士瓘女，嫁興化舉人成學。誤巏爲瓘，惟《列朝詩集》則作文懿公巏之女。

## 渼陂集十六卷續集三卷 明嘉靖刊本。

　　明王九思撰。九思字敬夫，鄠縣人。弘治丙辰進士，官至吏部郎中，爲弘治七子之一。《明史·文苑傳》附見《李夢陽傳》中。正集嘉靖癸巳九思門人監察御史王獻所刊，《續集》三卷，乃九思晚年之作，嘉靖丙午巡撫翁萬達續刊行之。清《四庫總目》卷一百七十六存目稱其詩文體格與李夢陽、康海二人相似，而詩之富健不及夢陽，文之粗率尤甚於海，蓋樂府是其長技，他皆未稱其名云。前有自序稱，始爲翰林時，詩學靡麗，文體萎弱，其後德涵、獻吉導予易其習，獻吉改正予詩稿今尚存，而文由德涵改正者尤多，是敬夫生平所服膺勿失者，惟李、康二氏。故館臣以此兩人絜比之。王士禛《花草蒙拾》稱敬夫初作北曲，自謂極工，徐召一老樂工問之，不見許，於是爽然自失，北面執弟子禮，以伶爲師，久遂以曲擅天下，此則非李、康二人所可比擬矣。伯驥按：《明史·文苑傳》康海字德涵，武功人。授脩撰，與九思同里同官，同以劉瑾黨廢。每相聚沜東鄠、杜間，挾聲伎酣飲，製樂造歌曲，自比俳優，以寄其怫鬱。九思嘗費重貲購樂工學琵琶，海搊彈尤善。後人轉相仿效，大雅之道微矣。《明史·藝文志》著録海《樂府》二卷、九思《樂府》四卷。吳氏偉業《梅村詩集》云，琵琶急響多秦聲，對山慷慨稱入神。同時渼陂亦第一，兩人失志遭遷謫。絕調王、康並盛名，崑崙摩詰無顏色。蓋海撰《沜東樂府》多用本色，爲元人之豪放，擺脫明初積習，有功明代散曲作風。李氏《閒居集》云，是時西涯當國，倡爲清新流麗之詩，軟靡腐爛之文，士林罔不宗習其體，而渼陂亦隨列其中，以是知名，得授翰林院檢討。及李崆峒、康對山相繼上京，厭一時詩文之弊，相與斟訂考正，文非秦漢不以入於目，詩非漢魏不以出諸口，而唐詩間亦倣效之，唐文以下無取焉。故其自叙曰,崆峒爲予改詩稿今尚在,而文由對山改者尤多,然亦不止於予,雖何大復、王浚川、徐昌穀、邊華泉諸詞客,亦二子有以成之。是時崆峒方以詩文雄壓都會,乃卒遇而響應之,改白坡而號大復,棄時尚而脩古辭。猶夫唐荆川之值王遵巖,如江河將決,一撤其防,而沛然莫之能禦。而大復之作流布函夏,始刻長安,久而在處有之,但識字者即心慕其人,而口誦其辭。或與邊華泉及崆峒稱爲海內三才,或與安陽崔後渠稱爲中州二俊,或與關中諸公并吳下徐迪功稱爲弘德七子,聲愈振而禮愈謙,求識面願卜鄰者,自舉貢以至公卿無不然。按此可以考見當時文風之升降,故備載之。張氏之序不及其詳也。前有嘉靖丙午揭陽東涯翁萬達序,略云,《渼陂續集》集渼陂先生垂老之作也,國朝有作莫盛於敬皇帝時,時則李、何首倡,徐、鄭繼踵,邊、殷、王、薛翩翩羽翼,今數雄已没,先生獨振逸響。次有太微山人張治道序,略云,余聞先生在翰林時以文名稱,是時西涯在內閣,一時文人才士罔不宗習誦法,而先生亦隨列其中,其詩往往爲人傳布。當時縉紳語曰,上有三老,下有三討,蓋是時先生爲檢討也。無何,崆峒、對山、大復諸先生相繼至都下,厭一時爲文之弊,又相與斠訂考論,脱去近習,遠追往古,故今詩文之變,蓋自諸先生發也。《續集》卷下有《渼陂鎮重脩石橋記》云,渼陂鎮在縣西三里許,人有數百家,因住陂水之上,故自古稱爲陂頭,鎮之西南七八里有泉水,灌溉秔稏之田,又合諸泉水流於鎮之東南,鍾而爲陂。唐杜子美詩所謂"半陂以南純浸山"者是也,陂魚美,故名之曰美陂。美字從水,後人加之也,夫此渼陂者,關中之奧區也。自有子美之詩而其名益著,予非鎮人,心切愛之,嘗自謂渼陂山人云,此則渼陂名集之由來也。按東坡有《渼陂魚詩》云,"霜筠細破爲雙掩,中有長魚如臥劍。故人遠餽何以報,客俎久空驚忽瞻"。可見陂魚之美,蓋久有名矣。半葉十行，行廿一字。

## 莊渠魏先生遺書十六卷明刊本。

明魏校撰。校字子才，號莊渠，崐山人。官至太常寺卿，遷國子監祭酒，未上，卒，謚恭簡。事蹟具《明史・儒林傳》。前題蘇州知府太原王道行校刻、崐山縣知縣清河張焊同梓、門人歸有光編次。前有嘉靖辛酉滁上胡松序，略云，先生仕正德間，當是時凶閹擅朝，士大夫浮湛苟仕，高者留意《春秋左氏》、開元天寶間詩、晉二王帖、唐顏魯公字書，次者圍棋酌酒而已。伯驥按：清初李塨《與方苞書》云，後世行與學離，學與政離。宋後二氏學興，儒者浸淫其説，靜坐内視論性談天，與孔子之言一一乖反，至於扶危定傾大經大法，則拱手張目授其柄於武人俗士。當明季世，朝廟無一可倚之人，坐大司馬堂批點《左傳》，敵兵臨城，賦詩進講，覺建功立業，俱屬瑣屑，日夜喘息著書，曰此傳世業也。卒至天下魚爛河決，生民塗炭。嗚呼，誰生厲階哉！見《恕谷文集》。按：明人容易著作，故李氏有此言，靜坐談天，似指陳、王之學，然陽明則固於傾危時有所補也，大概斥其末流之弊。蓋胡氏序則説正德時世風，此則太急於明季。先生矢心經略，游思宇宙，凡丘氏《衍義》所載經世之略，伯驥按：丘濬《補大學衍義自序》云，爲人君而不知《大學》，無以清出治之源，爲人臣而不知《大學》，無以盡正君之法。必加討論。即如《周禮》，世稱殘闕斷爛不經之書，先生綱分縷晰，發明聖人代天覆民至公無我之心。又自京口渡江，踰淮浮河，覽觀輿地，並著《六書精藴》，是正古文變易俗書，若先生之屢歷政事，則鄭伯魯誄述備之。卷一有《復姓疏》伯驥按：明陸容《涉藩稿》中有云，時制中外仕者，有幼更變，故失其宗姓而冒他姓者，聽復之，著爲常令。然爲世近而可徵者得復之，歷世稍遠，則有司者多寢其奏。稱，臣故李姓，高祖恕刲股救母，鄉人稱爲莊渠李孝子，娶高祖母金氏，生臣曾祖琳，兄弟四人，於行爲二。魏士珣之妻與高祖母兄弟也，無子，養琳爲子，因改姓魏。臣父奎，雅意復姓，弗果。臣登進士，歷官中外，從弟庠由太學入官，皆有籍於朝，不敢輕改。乞敕吏部移文具奏,改正貼黃,户部改附册籍,庶幾子孫相承,不昧本原云。《明史·校傳》謂其本姓李,當即根據此疏。卷六有《廣東鄉試録後序》,卷九有《嶺南學政公移》。魏氏官吾粤有年,集中每可考粤事也。第十一卷以後,則均題《拾遺》,此本十六卷,而清《四庫》著録者則十二卷,惟丁氏《持静齋書目》則十六卷本。

## 田叔禾小集十二卷 明嘉靖刻本。

　　明田汝成撰。汝成錢塘人,字叔禾,嘉靖進士。歷官廣東福建提學、廣西右參議,分守右江。生平留心掌故,勤於著述。歸田後,盤桓湖山,窮遊浙西諸勝,《西湖遊覽志》即著於此時。稱爲《小集》者,其子藝蘅編纂,時別有用意,故取其少不取其多也。前有嘉靖癸亥餘杭蔣灼序,署云,國初文章之傑盡出東南,宜其士習之丕變矣,而二百年來,主故常者襲腐爛而不緝其辭,主新奇者尚怪誕而不根諸理。至弘治、正德間,濟之王公則矯之以純正,伯安王公則振之以雄拔,似足以迴狂瀾拯頹風,而終未見其有翕然從之者,豈非舊習移人之心之所致耶!今聖天子御極,右文更化,叔禾田先生以進士爲禮部郎,又兩爲廣閩提學,刻志復古,博覽旁搜,根柢於六經,貫穿乎百氏,於是及門之士皆倚爲鑑衡,無不刮磨砥礪,以滌其凡陋不經之習。先生以病廢歸田,垂二十餘年,四方學子莫不以得其一言爲寵光。王公貴客、門生故吏往往走書幣候起居,交馳道左,户外之屨可接,有欲面爲請益者,舟輿往返,不以暑雨宵暮爲勞,又每每檄縣官擇能書吏,給餐錢繕録其文以去。是《集》也,其子藝蘅哀其三之一,以應人之求録者也。末題嘉靖癸亥餘杭蔣灼書。次有藝蘅識語,略云,大明東南作者自劉伯温、宋景濂、方希直而下,寥寥百五十歲,廼有家君焉。武進唐公應德嘗謂藝蘅曰,小子識之，而翁文昌星精也。家君喜讀書，垂老病廢，兩手捧卷不忍釋。平時屬文畢，遽持其草與人，多不蓄副本，四方宦遊，復漸散軼。故嘗自詠云，“一從桂海驂鸞去，零落珠璣爛未收”。殆紀實也。今之所存，海內名王上公請梓而行之者再四，家君顧謙讓未遑許也，退而私自繕寫，凡得詩文三百六十九首，分爲一十二卷，先此鋟布，若夫五十已後者，則置而不録。蔣序所謂濟之王公，當是鑾，伯安王公當是守仁。濟之文雖非劉誠意、宋潛溪諸人之比，然掃去陳言，不蹈庸濫，教人學韓文，須從孫可之入手，觀其序孫《集》可見。伯安理學名臣，提倡心學，所爲文亦光明俊偉，行篤敬，故言忠信，其操筆並非無本者所能，爲兩賢之文，叔禾當望而卻步矣。藝蘅識語中述“桂海驂鸞”十四字，實爲叔禾《遊西湖詩》中語，今集中有之。宋范成大撰《桂海虞衡志》，蓋范官廣西時著此書，以紀嶺南山川、物産，原書三卷，今僅存一卷。《驂鸞録》亦范所著書名，蓋取韓昌黎詩意，韓詩云，“遠勝登仙去，飛鸞不暇驂”可證也。當時范出知静江府，即今桂林，叔禾意謂官廣西後，文多散佚，故云然也。藝蘅借唐荆川之言以歌頌其父，此亦人子之師所不容已者，但叔禾恐非唐歸之比。藝蘅又列其先人所著書，有已刻雜集《藥洲先生文集》凡六卷，嘉靖十三年公爲廣東提學僉事時刻。《藥洲詩集》凡六卷。《學約》凡三章，廣東刻。《講章》凡二卷，廣東刻。以上板，俱存藥洲崇正書院。《講章》在福建時，又入《學政集》。《斷藤峽紀》一卷，公爲廣西左參議時刻，公分守左江道，以平斷藤峽功奏聞，有旨襃美，賞公白金五十兩、紵絲四表裏，陞官一級云。《西湖遊詠》一卷，嘉靖十七年公與黃勉之作，板存積善毓慶堂。《學政集》《講義》二卷、《策問》二卷，嘉靖十九年公爲福建提學副使時刻。《征南碑》一卷，福建刻。《立後論》二卷，福建刻。《南遊賦》一卷，福建刻。《釐正丁祭禮樂彝典》一卷，福建已上板，俱存養正書院。《武夷遊詠》一卷，嘉靖二十年公與蔡子木作板，存武夷山豫陽講宇。《西湖遊覽志》凡五十卷，嘉靖二十年刻，板存杭州府。《炎徼紀聞》凡四卷，其一惠安魯公英遇刻板，存鄞縣；其一黃州周公元服刻，板存餘杭縣；其一福清陳公邦憲刻，板存布政使司，又併入《皇明經濟文錄》。《大觀堂策目》卷二，積善毓慶堂刻。其未刻者則有《楊園集》三十五卷、《藥洲九畧》九卷，不全。《九邊志》九卷，不全。《唐詩人苑》，二十卷，不全。以上藝蘅所列其父著作甚詳，關於吾粵故事者亦不少。所謂藥洲即今西湖街、仙湖街一帶地方，舊日提督學政衙門當亦在其内，崇正書院初在其地，後則遷徙數處，予撰《明崇正書院板本兩漢書跋文》頗詳其事，異時續修省志，當特記崇正書院一節，則必取崇正板兩《漢書》及叔禾此集以爲證矣。叔禾所著書最流通者《西湖志》與《炎徼紀聞》兩書。《紀聞》之作，前人有謂其譏王伯安治苗爲過於姑息者，實則治苗姑息固不可，然過於嚴厲亦易滋反動，楚固失矣，齊亦未爲得也。《九邊志》既云不存，故列入未刻類，此書當已湮没，杭州書估嘗以明板《九邊考》一種寄予，索價過昂，因而不買，忘其卷數若干，何人所撰亦未記存，大抵明人此種著作不少，留心防邊者往往及之。清修《四庫書》時，以其每談建州事實，謂爲違礙加以燒毀，故庫書著錄此種頗罕也。集中文字可資考核者當不少，卷一序類有《賜閒堂稿序》一首，第一語少師夏公歸田時雜著，所謂夏公當是夏言，言初則依附嚴嵩，後則暗中齮齕，卒爲嵩嗾之使去。言之爲人，本不足道，其文章亦不足存，惟填詞一事是其專長，予藏原刻夏詞一册子，大字精刻，頗爲可愛，在明人詞品中亦稱作手，《五十萬卷樓藏書目錄初編》曾著錄之。其餘不足觀也已。乃叔禾序此稿則曰，古之大臣文章、功業鮮克駢美，而明農反服又罕發庸。至如張曲江託賦白羽，志在惕讒；裴晋公緑野沈冥，忘情拯世；白樂天結社香山，晚迷佛旨；疏太傅辭榮遠辱，樂取揮金。叔禾之意一若張、裴、白、疏諸賢皆不及，今日之夏少師，不亦愛今人而薄古人乎？其餘造辭亦涉煩冗謬戾，《易》曰修辭立其誠。叔禾得毋有蔦蘿施喬松之心，而至其言之失實耶！五十萬卷樓藏明《魏校集》及《叔禾集》，其中多足考粵事，但《魏集》則已付劫灰矣，今曠回此集，特將舊日跋文再加修理録而存之。藝蘅字子藝，著《大明同文集》《田子藝集》《留青日札》《煮泉小品》等書。《留青日札》，前人有謂其可比楊慎諸雜著，此書亦頗風行，然辭旨膚淺，實非楊比。

## 念菴羅先生文集十三卷

明嘉靖刊本，江上雲林閣舊藏。

明羅洪先撰。洪先字達夫，號念菴，吉水人。嘉靖己丑賜進士第一，進左春坊贊善，罷爲民。隆慶初，贈光禄寺少卿，謚文恭。學宗陽明，凡天文、地志、經濟、戰陳，下逮術數，均喜究討。此集以金石絲竹匏土革木分編，卷一金，卷二、三石，卷四絲，卷五、六、七竹，卷八、九、十匏，卷十一土，卷十二革，卷十三木。前有無錫俞憲汝序，略云，嘉靖甲子夏五，侍御毅所黃公以《羅念菴先生集》授邑侯甄君重刻成，問序於余。讀之，類皆性命道德之微，天理民彝之則，充其意欲人人皆窺理奥探聖域者。往予行部江右，嘗訪先生桐江之上，嗣後論地方利弊、政事失得，簡牘往復不下數十，及先後贈予詩亦累册，今皆不載集中。又嘗檢諸序中，無《外臺集序》。《外臺集序》者，先生嘗題驚予詩，而因詩論政者，今亦無之。先生蓋示人以崇本尚實，反視精修之指，不徒文焉爾也。念菴先生，江右吉水人；毅所黃公，金谿人；甄君，我溪東魯之魚臺人。後有胡松序，略云，近世白沙陳先生論學，旨深語約，非上智未易究竟。惟陽明王先生致良知之説，至爲明切，蓋良知即良心之别名。然自指出此竅以來，學者樂其簡捷，謂知即行，徒知執靈明以爲用，假精魂以爲神，而忘其所謂戒慎、恐懼、戰兢、惕厲之功，而其高明穎異者，又或時出微言妙論，以佐其狂，而不知莽蕩空疏，日流於支離波遁而不自覺，此其害不知視楊墨爲何如？惟羅子所撰著，若所與蔣、聶、王、錢諸君子論學諸書，與其記正學書院、《序困辯錄》，若良知、復古、異端諸論，所以憂墮溺、捄波離、正人心、端士習，而防其淫且蕩者，其有功斯世學者侈矣。若其集中歌行似杜子美，近律似王摩詰、劉長卿，序論表志諸文似歐陽永叔、曾子固，則覽者當自得之。集凡十有三卷，内書二卷，雜著一卷，序記、傳狀、銘表各一卷，祭文及雜文二卷，古律詩二卷。考《念菴集》編刻頗多，隆慶元年刻本分三集，門人泰和胡直爲序。《千頃堂書目》載《念菴文集》十三卷，又《石蓮洞全集》二十五卷，若清《四庫》則據雍正間刊本入錄矣。此本與黃《目》合，板刻甚精，爲嘉靖間善本，重編《四庫書》時，當以此校之。半葉十一行，行二十字。有倪模藏章。模，望江人，有讀書處曰二水山房，收藏甚富，積書五萬卷、金石千餘卷，嘗築江上雲林閣，以珍儲焉。

## 海忠介公全集十二卷明天啓間刻本。

明海瑞撰。前題瓊山剛峯海瑞著，南海後學梁子璠彙訂。半葉九行，行二十字，板心有刻工姓名。瑞，瓊山人，字賢汝，爲學以剛爲主，故號剛峯。嘉靖舉人，官至南京右都御史。世宗時，曾上疏切諫，下詔獄。卒，諡忠介。著《備忘錄》《元祐黨人碑考》。陳氏繼儒云，肅廟時直言極諫者，無如忠愍椒山楊公、忠介剛峯海公，楊公死東市，而海公久繫理，賴穆皇帝遺詔出之，後爲南總憲，馭所屬御史如子弟，無假借毫髮。歿於官，不能殮，六卿以下紀綱其喪事，始得還。語見陳《集》。此集前有分守蒼梧道邢祚昌序，略云，世之高視先生者，每以先生爲祥麟威鳳，不可幾及。南海兆瑚梁君令蒼梧，獨毅然以先生爲可師，爰于公餘取先生文集詳加編摩，備諸所未備。予與梁君均去先生之世未遠，而予近先生之居爲尤甚，今梁君既以集成帙，因名其編曰《海忠介公全集》。復有梁氏序，略云，壬戌，邸中吾鄉諸前輩以先生集見委，曾從廣慧齋畢力訂刻，閱數月而集成，第本藏會館不能挈之而南，其所訂者乃興國諸議居多，而平黎等疏，淳安政事及諸序牘，俱未備載其中。癸亥夏，抵梧山辦事之暇，徧搜先生之《備忘集》《續遺忘集》與淳安南平諸刻，合併而彙輯之，復付梓以行於世。先生心性之學，見之甚精，而辨之甚晰，觀其朱、陸之辯一則曰，維天之命在人，爲性而具於心，得此而先，堯、舜、禹有危微精一，允執厥中之傳。得此而後，孟子有求放心先立乎大之論，未有舍去本心別求聖人之道者。又曰，聖人不廢學以爲涵養，是以中庸有尊德性而道問學之説。賢人而下不廢學以求復初，是以孟子有學問之道，求其放心之説。則千聖相傳之統，與乎德性問學之功，固先生之所會悟而超然有得者也。末題天啓乙丑重陽日，蒼梧縣知縣南海後學梁子璠。前清康熙間，有賈棠序刻《忠介集》六卷本，比之此刻，乃一龍而一豬矣。

## 鈐山堂集三十五卷明嘉靖刻本。

　　明嚴嵩撰。嵩字惟中，分宜人。弘治乙丑進士，官至大學士。事蹟具《明史・姦臣傳》中。清《四庫提要》云，嵩雖怙寵擅權，其詩在流輩中獨爲迥出。王世貞《樂府變》云，孔雀雖有毒，不能掩文章。亦公論也。然迹其所爲，究非他文士有才無行，可以節取者比。故吟咏之工，僅存其目，以明彰癉之義焉。見一百七十六。又，《清四庫提要・凡例》云，姚廣孝之《逃虛子集》、嚴嵩之《鈐山堂集》，雖詞華之美，足以方軌文壇，而廣孝則助逆興兵，嵩則怙權蠹國，繩以名義，豈止微瑕。凡茲之流，並著其見斥之由，附存其目。伯驥按：范閣著録嚴氏遺著有《鈐山堂詩選》七卷，嘉靖間大庾劉節序。《鈐山堂詩抄》二卷，趙文華序。《鈐山堂集》十三卷，時爲禮部尚書。《南宮奏謝録》三卷，嘉靖二十一年馬汝驥序。《南宮奏議》三十卷，嘉靖二十四年張璧、唐龍等序。近時錢唐汪氏振綺堂著録嚴介谿《直廬稿》四册十卷，爲官禮部尚書時入直内閣所作，知嚴氏之言固有不可廢者，其中史料不少，且其詩亦良佳也。沈氏《頤綵堂集》卷十一云，分宜入翰林，移疾歸，讀書鈐山者七年。其詩清麗，作錢、劉調，五言尤爲擅長，蓋李長沙流亞，特古樂府不逮之耳。語本沈景倩。清江孫鷺沙偉、蘭谿唐漁石龍爲之點定，猶未厭其心也。復乞升菴品詩於萬里外，志欲爲世聞人，與前後七子共鞭弭壇坫耳。及官禮侍，以獻符瑞稱旨長列卿，以奏賦頌蒙眷。爰立之後，尤以青詞結主知。閱喜稻堂徐氏所藏四十卷、詩詞十六卷，則孫、楊評點在焉。九卷後上載升菴評點語，而於應酬腐惡之作，亦復不贊一辭。集序甚多，像贊首附湛甘泉序，稱焚香再拜、再拜、復再再拜，上以答公禮數之殊也，亦以賀公求言之篤也。伯驥按：前人有謂湛序爲僞託者，而沈氏則未加以考證。又《抱經堂文集》卷十六云，余家舊有《鈐山堂集》，友朋見者，輒命燬之。何令人之深痛恨，越數百年而猶未平，一至於斯也。《椒山先生獄中家書》尚於其集中見之，後有專爲之版行者。近年保定臬使代州郎君若伊詢諸容城後人，手跡猶在，爲鉤摹而勒諸石，余得其本而珍藏之。今此片楮亦楊公在獄中寄海鹽鄭瑞簡，復識數語於後，其家亦世寶之。乾隆壬寅，乃歸於余友海寧吳槎客騫所，新舊題跋甚夥，其視此敝紙與夏鼎、商彝等。嗚呼，孔雀雖有文章，而人終畏其毒，哀然鉅編，徒足供後人唾罵之資。余之不燬，人之欲燬，其異也將無同。今槎客得此零墨，復爲裝潢而什襲之，其欲爲壽諸貞珉之意，亦豈有異哉！盧氏之意，蓋謂分宜文章之不足重也。

## 大復集三十八卷<sub>寫本。</sub>

明何景明撰。景明字仲默，河南信陽州人。弘治壬戌舉進士，授中書舍人，歷官至陝西按察使提學副使。所著有《何氏集》《十二論》《雍大記》。考何氏遺集，在明世有《大復集》三十七卷本，嘉靖三年蘭谿唐龍序、嘉靖十年王廷相序、嘉靖三年康海序、嘉靖乙卯濂渠鄒察跋，其傳狀、墓誌銘則喬世寧撰。有《何仲默集》十卷本，嘉靖三年唐龍序，西安門人費㸃、李文華、种雲漢、張三畏校刊，武功官生康海序。有《何大復集》二十六卷本，任良幹校刊。有《何氏集》二十七卷本，嘉靖十年王廷相序云，辭賦三卷、四言古詩一卷、樂府二卷、使集二卷、家集五卷、京集七卷、奏集一卷、内篇一卷、外篇四卷、通二十六卷，別論若干卷，刻在潞州。此本三十八卷，與清《四庫》合，當從之出。凡賦三卷，詩二十六卷，文九卷，傳誌、行狀之屬附録於末。王氏之外，尚有康海、唐龍、王世貞各序。伯驥按：明項氏稱，弘治初，北地李夢陽首爲古文辭，變宋元之習，文稱左、遷，賦尚屈、宋，詩古體宗漢魏、近律法李、杜，學士大夫翕然從之。同時濟南邊貢、姑蘇徐楨卿及景明最有名，世稱四傑，蓋獻吉尚型范，而仲默貴幼眇，號稱復古，天下嚮風。見項氏《今獻備遺》卷四十二。《今獻備遺》共四十二卷，項篤壽撰，采明代名臣事迹爲列傳，由洪武至弘治凡二百四人，取袁裹舊稿增損之，吾家有寫本，爲南海孔氏三十三萬卷堂遺書，蓋從文瀾閣鈔出者。清《四庫提要》謂正、嘉之間，景明與李夢陽俱倡爲復古之學，天下翕然從之，文體一變，然二人天分各殊，取徑稍異，故集中與夢陽論詩諸書反復詰難，斷斷然兩不相下。平心而論，摹擬蹊徑，二人之所短略同，而夢陽雄邁之氣與景明諧雅之音，亦各有所長，正不妨離之雙美，不必更分左右祖也。景明於七言古體，深崇四傑轉韻之格，見所作《明月篇序》中。王士禎《論詩絶句》有曰"接跡風人《明月篇》，何郎妙悟本從天。王、楊、盧、駱當時體，莫逐刀圭誤後賢"。乃頗不以景明爲然。其實七言肇自漢氏，率乏長篇。魏文帝《燕歌行》以後，始自爲音節，鮑照《行路難》始別成變調，繼而作者實不多逢。至永明以還，蟬聯換韻，宛轉抑揚，規模始就，故初唐以至長慶，多從其格，即杜甫諸歌行，魚龍百變，不可端倪，而《洗兵馬》《高都護驄馬行》等篇，亦不一廢此體。士禎所論，以防浮豔塗飾之弊則可，必以景明之論，足誤後人，則不免於懲羹而吹虀，其言允矣。

# 集　部　五

## 董文僖公集四十二卷精寫本。

明董越撰。前有李東陽序，略云，《董文僖公集》若干卷，其子天錫手自編校，將鋟梓以傳。公初舉鄉薦，游國學時已能古文歌詩。暨及第，入翰林，奉詔與庶吉士肄業，學益博，製作日益工，四方造請酬應，無虛旬月。其直經筵有講讀之章，使朝鮮有述事之録，在南都有紀行之作，并爲一集，蓋皆公所自録。公嘗謂文章貴規矩，尤尚警策，苟執常而不變，雖多而無所用。余感乎其言，古之以文名者，若左氏、司馬氏、韓氏皆預史事，歐、蘇、曾、王氏皆出自翰林，蓋翰林史局，典法所在，理道所出，以爲根幹律度之真正，藻飾之華彩，遞相禪續，若所謂專門而居肆，故雖不中亦不遠。自餘間見獨得者固不乏人，而出盤之珠、泛駕之馬，殆亦多矣。公所爲詩文，大抵皆清峭簡潔，脱去俗塵，不爲詰屈怪誕之語。國朝儒臣出翰林者，類謚爲文，惟劉忠愍從其所重，陳莊靖則避其名。文僖之謚凡四，而其所爲文者不同，張學士士謙尚清，倪禮部尚達，吾師禮部尚書黎尚平正，公之文則如前所云者。二禮部之文，余嘗皆有序述，兹特舉其概而爲之序，故獨詳之云爾。公贛之寧都人，諱越，字尚矩，號圭峯。官至南京工部尚書，贈太子少保，皆大夫士所熟知。余以易名，故集稱其謚云。卷四十二有《朝鮮賦》，以其嘗使朝鮮也。此賦有單行本。

## 黎陽王襄敏集四卷明刊本。

明王越撰。前有嘉靖九年吳江吳洪序，次有萬曆乙酉王鳳竹序，略云，黎陽王公崛起大伓，髫年奮身甲第，歷躋顯榮。中遭姜菲，編置楚安陸。老而好學，摛辭揆藻，品格直逼盛唐，今篇章具存。其忠君愛國之心，懇惻流溢，雖流離顛沛中，初無纖毫尤人忤怨意。先年實錄一切污衊，嗣人以昭雪疏上，隨蒙允下史館削去。次有鄭曉撰《王襄敏公傳》略云，公名越，字世昌，濬人。景泰二年進士，姿表奇邁，慷慨自許，論議英發，見事風生，久膺師寄。又長於史事，判案章奏，口占授史，曲當事情。博學多聞，凡兵法、射藝、象緯、堪輿之說，罔不該究。次《年譜》，則曾孫教授王沿雍、玄孫舉人王正蒙編次也。次李東陽所撰《墓誌》，次崔銑所撰《神道碑》。前題巡按四川監察御史王雄赫瀛登甫選，四川布政司右參議堯山王鳳竹允在校、四川按察司副使郢上周嘉謨明卿校，四川提學副使新安曹樓世登輯、富順縣知縣匡南旦貴元仁甫編。《皇明詩選》卷七稱，越所著有《雲山集》，曾采錄其《次林員外驛壁間韻》，謂其才思敏健，大率不脫兜牟之氣。別有三卷本，爲其曾孫紹思所輯。第一卷爲疏議，皆處置邊務及奏報捷音；第二卷爲雜文；《續集》一卷爲詩及詩餘。考《明史》越本傳，功名頗有可觀，惟以前結汪直，後依李廣，爲士論所不滿，蓋雖以功封威寧伯，而晚節實不能保也。此本半葉十行，行二十字。

## 涇野先生集三十六卷明刊本。

明呂柟撰。呂氏接河南薛瑄之傳官南都，與湛若水、鄒守益共主講席。天下學者不歸姚江，即歸若水。獨守程朱不變者，惟柟與

羅欽順。前人謂其授受有源，故大旨不失醇正。伯驥按：《焦氏筆乘》卷
三云，我朝經筵日講，非徒辯析經史爲觀美也，謂當旁及時務以匡不逮，而近世面奏惟
有兩人。嘉靖甲申，呂柟言，五月十二日獻陵忌辰，是日講筵，君臣不宜華服。己丑夏，
祭酒陸深言，講筵講章不宜輔臣改撮，使得自盡其愚，因以觀學術邪正。呂未幾以論禮
謫解州判官，陸竟以此謫延平同知。又按：《棗林雜俎》云，經筵對御案設几，列講章其
上，直講從御案數陳，即自撰講章也。蓋講章先期呈閣臣閱定，中書舍人録置御前，往
時講官第闡本義，末規數語，不繁引也。崇禎時，好衍時事，輒千百言，如豫章禮部右侍
郎羅喻義講《尚書》，布昭聖武，泛引國朝《三大營志》，烏程屢删之，不受，忬去。錢蹇
庵曰，講官致規不過篇本，今累牘連章，烏程由是與詞臣不協。予所見講官文湛持、倪
鴻寶，學問賅洽，聲容閑雅，真其選也。姚孟嘗次之，姜箴勝有儀度，其學不逮。姜燕及
氣粗，許石門語冗。談氏所述於明代講筵遺事，可以考見並附焉。然其文頗刻
意於字句，好以詰屈奧澀爲高古，貌似周秦子書，其亦漸漬於空同
之説與。前題門人徐紳、吳遵、陶欽皋校刻。半葉十行，行二十三
字。前有嘉靖乙卯徐階序，略云，後世儒者慕道之名，而不得其實，
徒以臆見揣摩，議擬乎其間，譬諸寠人之談珠玉，以爲不極怪奇，不
足明珠玉之爲寶，於是乎侈爲之説，不知説益侈，而其失真乃益以
甚。我朝建學造士，一教之誦法孔子，至於近時，士尤喜言道，意將
發孔子之精蘊，而羽翼其傳。今年秋，先生高第弟子侍御徐君思
行、吳君公路、吳君惟錫相與集先生之文，校而梓焉，予故序之首
簡。先生諱柟，字仲木，高陵人。官至南京禮部侍郎。次有門生李
舜臣序。次有馬理序，略云，涇野子爲漢之文賦，懷其史才，傳其經
學，而無駁雜戾道之失。工晉人之書、唐人之詩，宋人以上之文，而
多純實之語。醇如魯齋而著述則多，確如文清而居業則廣。子之
逝也，諸弟子録其文成集。子仲、子昀及長孫師皋藏之家，西安高
陵嘗梓之，然豕亥之訛尚多，於是門人校正，編次重梓行。集爲卷
凡三十有六，爲編凡一十有六，然尚有遺逸，外此有經説，有語録，
有詩集，有史約，有四子抄釋，爲卷冊頗多，門人與槐謝君少南有刊

於西安者，胡子大器有刊於蕪湖者，茲不與。末有數行，題都察院照磨高陵呂昀藏籍，巡按直隸等處監察御史建德徐紳、海寧吳遵、彭澤陶欽皋編次，直隸定州府知府成都于德昌梓行，武強縣儒學教諭閩中王大經、藁城縣儒學教諭莆田江從春校正。可知其校刊時之審慎矣。

## 舒梓溪先生集十卷明刊本。

前題明翰林院脩撰舒芬著，按察司副使萬虞愷校，門人熊杰輯。前有萬氏序，略云，國朝以制科取士，得人爲多。肇自洪武辛亥迄今幾二百年，歷科五十有八，而吾江右魁大廷者十有六人，乃若出處之同表於天下後世者，則有一峯羅先生倫、梓溪舒先生芬焉。一峯之文久已鋟行，而梓溪之文世未多見，近方刻於廣省，宮端泰泉黃公、方伯蒙谿張公既各爲之序矣。顧尚多闕佚，先生門人文峯、熊子杰衷集數年，收録殆備。予始得縱觀之，乃攜入閩臬，僭加商訂，謀諸學憲鎮山朱君衡深以爲然，而大參南溪丁君以忠、憲副直軒汪君俅、僉憲黎君、徐君，皆誼在同鄉，均切景仰，樂捐奉而共成之。予讀先生制策如董賢良，封事如胡邦衡，其間如論道學則尊濂溪爲中興之聖，而不滿伊川之外師，叙《周禮》則深斥漢儒附會之非，而直責朱子之惑，是殆發前賢所未發。嘉靖三十二年，賜同進士出身中順大夫福建按察司副使前文林郎南京兵科給事中南昌萬虞愷序。次有黃氏序，略云，毅皇帝豫遊時，史官敢諫者惟梓溪舒先生一人，罷杖後，病卧院中。掌院者懼禍，使人摽出之，先生屹不爲動。平生清苦，家無立壁儲，御史良材爲小築會城，居其妻拏，佐曩歲過之。二子奏奉出其文集相示，憶歲丙子，偕陽梅君百一北上，偶論武王伐殷，歲在鶉火，《通考・象緯》弗載。因推步之我聖祖殄平僞漢，丁未改元，星紀吳分也。壬午靖難，析木燕分也，福德所在，其應如響，可弗詳乎？梅嘆曰，向見國裳亦論到此。佐自是知先生。嘉靖三十年前進士史館友末海隅黃佐書。次有嘉靖辛亥賜進士出身正奉大夫廣東布政司左布政使前奉勑提督學校浙江按察司副使翰林院庶吉士郡人張鼇序。次有《舒梓溪先生傳》，則門人南昌熊杰撰也。傳略云，先生舒氏，名芬，字國裳，初字以時，嘗號石灘，後更之曰梓溪，世稱梓溪先生。丁丑策對大廷，頃刻萬餘言，皆經濟人文，澤於道德仁義也，御批第一甲一名，授官翰林院脩撰。戊寅，武廟北狩。二月，先生上《隆聖孝疏》。七月，上《車服疏》，其言天理人欲之分，反覆數千言，諷諭切至也。己卯，南巡，率同院編修崔桐、庶吉士汪應軫、曹嘉、王廷陳、馬汝驥等，伏闕懇疏，杖幾死，遂落職福建市舶副提舉。辛巳，皇上嗣位，召復翰林修撰。逾二年丁亥，先生以疾卒於家，年僅四十四。所著有《易箋問》《太極通書釋義》《周禮定本》《三山紀會》《東觀錄》等詩文凡十卷，先生名與羅公倫齊，是皆以救時行道爲賢，犯顔敢諫爲忠，而心一道同也。自宋熙寧、元豐道術周禮壞爛，而先生慨然希周，以經世宰物爲心，謂六典鑿鑿可行，所謂如有用我，執此以往，惜未見諸行事。半葉十行，行二十字。

## 瑤石山人詩稿十六卷明刊本。

前題南海黎民表惟敬著。民表字惟敬，從化人。嘉靖甲午舉人，授翰林院孔目，遷吏部司務，以能文，用爲制敕房中書，明人所稱爲黎祕書者也，後加官至參議。《明史・文苑傳》附見《黃佐傳》中。朱竹垞《答刑部王尚書論明詩書》極推重惟敬，書云，明自萬曆後作者散而無紀，常熟錢氏不加審擇，甄綜寥寥，當嘉靖七子後，朝野附和，萬舌同聲。隆慶鉅公稍變，而歸於和雅。定陵初禩，北有于無垢、馮用韞、于念東、公孝與暨季木先生，南有歐楨伯、黎惟

敬、李伯遠、區用孺、徐惟和、鄭允升、歸季思、謝在杭、曹能始，是皆
大雅不群，竊謂正、嘉而後於斯爲盛。又若高景逸之恬雅，大類柴
桑，且人倫規矩乃錢氏概爲抹殺，故彜尊於公安、竟陵之前銓次稍
詳，意在補列朝選本之缺漏。伯驥按：季木名象春，爲漁洋山人從
祖。吾家藏漁洋墨筆批訂季木詩稿，攻瑕摘謬，語頗刻酷，然按之
實際，未嘗不是，漁洋論詩不苟如此，尚書當是漁洋，故稱季木爲先
生。季木，萬曆進士，官南京吏部考功郎，有《問山堂詩集》流傳。此集前有萬曆
戊子陳文燭序，略云，惟敬下世，長公君華伯驥按：惟敬與弟民衷、民懷師
事黃佐，民懷工書畫，詩尤清逸。嘉靖歲貢。以吏部郎出參江藩，梓《瑶石先
生集》，屬以序，且曰，先大夫之意也，余卒業焉。先生品流書畫，
徵仲之後一人耳，乃問學文詩，徵仲何可望焉。先生少有異質，過
目成誦，其父侍御公愛之甚。學士黃才伯以文名雄宇内，見先生奇
之，先生遂及其門，無書不讀，後詣公車優游中祕，與諸君子倡和無
虛日。金匱石室之藏，寒士未見者，先生得以游目；深山窮谷之碑，
達人未窺者，先生取以賞心。故駿發而機應，覃思而意弘，瓊山奥
博，鐵橋高古，皆南海之奇也。黃才伯與先生起而承之，受授一道，
得其精華。黃若大河，而先生則砥柱之高峻也；黃若長江，而先生
則中泠之清絶也。至廉介易親學友好施，粤中後起之士，皆先生倡
之。序中所謂黃學士者，蓋香山黃文裕佐也。又檀氏《楚庭稗珠》
卷二云，書共六卷，爲前清檀萃撰，中有云，黔故楚地，而粤爲楚庭大長霸南徼，西役
夜郎，則黔亦粤之所會屬。瑶石曾隱羅浮，其志羅浮最佳，其稱瑶石者，
以羅浮之瑶石臺而名也。又云，瑶石歸田，築山房於粤秀之麓。其
雜詠云，“近卜城西地”，又曰“浮丘吾郭近”。梁蘭汀《過山房詩》
云，“步屧越臺上，誅茆越臺下”。而瑶石除夕前攜子姪步自玉山，
《登大士閣詩》云，“寂歷人煙連浦樹，蕭疎風雪静柴門”。則瑶石
之十載抽身，實返卧羊城也。此節於《瑶石行實》略可考見，故載

之。瑶石於前明實負能詩盛名。伯驥流覽明人集部，與之倡和及投贈者實爲不少，彙之當可成集，然未暇矣。朱氏《静志居詩話》謂瑶石詩讀之似質悶，而實沉着。王氏世貞所取續五子，無愧大小雅材者，以瑶石爲最也。按：明初趙介、孫蕡、王佐、李德、黃哲五人結社於南園抗風軒，是爲南園前五子。嘉靖間，復有歐大任、梁有譽、黎民表、吳旦、李時行五人結社於此，是爲南園後五子。清初就其地設三大忠祠，光緒間張之洞督粤，建南園十獻祠。以上或稱惟敬又曰瑶石，皆據原文如此，以著述之例言之，本當改歸一律，但吾國人素以名號繁多著稱。最近如沈氏曾植別號至四、五十之多，實爲冗贅，雖曰隨意，然令世人苦於記憶，故此文特著之，以與學人研討。前人如葛萬里《別號録》等作，幾成專書，其時人事頗簡，多文本非不美，然今日固當改善之事也。吾家藏日本人《如不及齋別號録》四十八卷，部帙頗稱豐富，過於葛氏數十倍，但其中如子培先生之所爲者亦無之，可謂後起者勝也。卷一第一葉，板心有"徐文錦寫，鄒邦達刻"字樣。集中《雙節賦》有云，"潔俎豆於肦饗兮"，昐饗當是肦蠁之誤。《集韻》九，肦注蠁布也，刊本蠁訛饗，據《廣韻》改。又按：《説文》蠁字當連肦字爲讀，此脱去肦字，以蠁布二字連讀者誤。《册府元龜》二十六《感應門》屑然肦蠁，若有從助刊本作肦饗。元劉壎《水雲村稿·二大田廣佑廟碑》乃肦蠁者明之，若是原本蠁訛響。以上皆見《四庫全書考證》各卷中。《漢書·司馬相如傳》衆香發越肦蠁布寫。師古注，肦蠁，盛作也。王先謙補注云，《文選》李善注，引司馬彪曰，肦過也，芬芳之過，若蠁之布寫也。善曰，《説文》肦蠁布也。案：《説文》肦下蠁布也。今人因李善注《上林賦》《甘泉賦》並引蠁作饗，遂謂肦蠁連文，訓爲布也，而以今本《説文》爲誤。余謂肦自訓蠁布，言聲響四布也，《説文》蠁知聲蟲也。凡言肦蠁者，蓋聲入則此蟲知之，其應最捷，故以喻靈感通微之意。此賦"肦蠁布寫"，及《吳都賦》

“芬馥肸蠁”,皆謂香氣四達,而入人心。《甘泉賦》“肸蠁豐融懿懿芬芬”,謂秬鬯香美通於神明。《蜀都賦》“景福肸蠁而興作”,謂天帝建福,默相孚應,皆靈感通微之意也。司馬釋肸爲過,云芬芳之過,若蠁之布寫,於文義難通。五臣注《蜀都賦》云,肸蠁濕生蟲蚊類是也。按:李善本《蜀都賦》作肸饗,饗乃借字,肸或作肹,誤字也。至若《埤雅》引《類聚》云,帶蠁醒迷物類相感。志云,山行慮迷,挖蠁蟲一枚於手中則不迷,然則蟲有靈應,故有肸蠁之言。此則王氏未述。清《四庫》所著録者爲浙江汪汝瑮家藏本。此本半葉九行,行十八字。明胡震亨《叙録劉禹錫集》云,劉《集》本四十卷,宋逸其半,常山宋次道輯而補之,名曰《外集》。《正集》,吴中有鈔本,訛舛殊甚。《外集》雖楊升庵亦云未見其全。惟嶺南黎民表嘉靖中得自京師藏書家者爲獨備,今取正、外二集合編之,間取一二逸者補焉,仍爲十八卷,以存其舊。

## 弇州山人四部稿一百七十四卷續稿二百七卷

明刊本。

明王世貞撰。世貞字元美,太倉州人。嘉靖丁未進士,官至刑部尚書。見《明史·文苑傳》。元美弱冠登朝,與李攀龍子鱗提倡西京大曆以上之詩文,以鼓舞當世。于鱗業專,專故精而獨至;元美才敏,敏則洽而旁通。于鱗既没,元美著作日多,博大汪洋,令人望海若而嘆。錢謙益《列朝詩集·丁集》五謂,吴國倫才氣縱横,跅跎自負,好客輕財。歸田之後,聲名籍甚,海内瞰名之士,不東走弇山,則西走下雉。晚年入吴訪元美,入苕弔徐子與。及元美卒,而國倫尤健飯。《明史,文苑傳》又謂國倫始與王、李結社,聲譽動朝野,四方之士歸之如雲,聲氣之廣於兹可見。姚、焦諸氏有《四傑詩選》,蓋謂北郡李夢陽、信陽何景明、濟南李攀龍、吴郡王世貞也,而張氏獻翼又有《南北二鳴編》,稱北有李君鳳鳴於歷下,南有王君龍躍於吳中，蓋嘉、隆之際，王、李方負盛名。蒲圻魏裳順甫與南昌余曰德德甫、銅梁張佳胤肖甫、新蔡張九一助甫，實左右之，故當時有四甫之目。張氏序魏《集》，謂其文非《左》《國》兩司馬，詩非建安、大歷，則不以寓目，王、李餘論傳襲不衰，此即其證。《金陵瑣事》卷一謂太守李氏贊嘗云，宇宙內有五大部文章，漢有司馬子長《史記》、唐有《杜子美集》、宋有《蘇子瞻集》、元有施耐庵《水游傳》、明有《李獻吉集》。余謂《弇州山人四部稿》更較宏博，贊曰不如獻吉之古，是當時於元美文章均甚推挹，惟卓吾稍持異議耳。《四部稿》者，賦部、詩部、文部、說部，說部之中又分七種，爲劄記內篇，爲雜記外篇，爲左逸，爲短長，爲《藝苑卮言》、附錄，爲委宛餘篇，蓋巡撫鄖陽時所自刊，萬曆五年新都汪道昆爲序。《續稿》則致仕以後手自裒輯，授其少子士駿，後乃刊行。太原王錫爵、沛國劉鳳、京山李維楨爲序，計賦部、哀辭等一卷，詩部二十四卷，文部一百八十二卷，無說部。姚氏鼐云，近人文集務多最爲可笑，其間不足錄而錄入者幾半，後世自有定論，一時之好尚，何足憑？且多亦難於傳播。王元美之《四部稿》人家得觀者稀矣。伯驥按：明人集部吾家收藏頗多，如汪道昆《太函集》一百二十卷，李維楨《大泌山房集》一百三十四卷，書估又加裝襯，一卷等二三卷，置之櫝中，往往令人生恨，但吾人既以此爲史料，當可砂中揀金。況元美尤與汪、李等輩不同。姚言蓋專就文而論也。吾家收得明刻《弇州史料前集》三十卷、《後集》七十卷，下題華亭後學董復表彙次，竹紙大字本。又有綿紙明本《弇山堂別集》一百卷，善雕精印，粵中重刻本即出於此。《皇明異典述》六卷，亦明刻，紙墨大佳，書友楊君所贈也。以上均元美所著，則皆普通史料矣。考錫爵卒於萬曆三十八年，元美卒於萬曆十八年，則是集刊行亦當在萬曆間，且此書板刻與元美弟《奉常集》無異，當是一時所刊矣。《名山藏・文苑紀・王世貞傳》載，元美與錫爵同里。錫爵有女以守節脫化，其未化時感冥契，立恬憺教門，元美師之，尊曰曇陽大師，焚筆硯謝賓客，梵誦至苦。今考《續稿》有“曇陽大師傳性命仙篆”七十二字，記曇陽仙師授道印上人手迹，記金丹，記上曇陽大師書於曇陽仙跡，言之至悉而以傳爲最詳，語多詭異，與《名山藏》之言正相符合，是元美與錫爵又不僅同里之關連矣。蓋錫爵以侍郎忤張江陵，予告歸。其仲女曇陽子者得道化去，元美與錫爵均居曇陽觀中，女名守真，後來遂即觀以祠女云。沈氏《野獲編》稱，給事牛爲炳有以父師女，以女師人，妖誕不詳，皆當置重典語。徐學謨爲大宗伯，力主毀廬焚骨以絶異端，慈聖太后聞之，亟呼馮璫傳諭政府，江陵驚懼，始罷。《二續金陵瑣事》卷下稱，謝陛字少蓮，歙人也。借《新安文獻志》舊本於澹園先生，因問此書如何？先生曰，淹貫。少蓮謂，畢竟此書方可稱淹貫？若王元美先生《四部稿》前後矛盾處甚多，不可謂之淹貫。清《四庫提要》謂其摹秦仿漢，與七子門徑相同，而博綜典籍，諳習掌故，則後七子不及，前七子亦不及，無論廣續諸子也。惟其早年自命過高，求名太急，虛矯恃氣，持論遂至一偏，故其盛也推尊之者遍天下，及其衰也攻擊之亦遍天下。艾南英《天傭子集》有曰，後生小子，不必讀書，不必作文，但架上有前後《四部稿》，每遇應酬，頃刻裁訂，便可成篇，讀之無不濃麗鮮華，絢爛奪目，細案之一腐套耳。《四庫提要‧集部總叙》云，艾南英以排斥王、李之故，至以嚴嵩爲察相，而以殺楊繼盛爲稍過當，豈其捫心清夜，果自謂然，亦朋黨既分，勢不兩立，故決裂名教而不辭耳。伯驤又按：吳偉業《復社紀事》云，崇禎四年，張天如選庶吉士，天下爭傳其文，而艾氏獨出其所爲相訾謷。艾氏之學雅自命大家，熟於其鄉南豐、臨川兩家之言，未嘗無依據，顧爲人褊狹矜愎，不能虛公以求是。嘗燕集弇州山園，陳卧子年十九，詩歌、古文傾一世。艾旁睨之，謂此年少何所知？酒酣論文，仗氣罵座，卧子不能忍，直前毆之，乃嘿然而逃去。張先生既篤志五經諸史，不復用制藝與艾氏爭短長云，可知艾氏固專以排斥爲事矣。猶憶前清季年，新會梁任公文名滿天下，往往文甫殺青已有襲其言論，摹其口吻，而成爲空套者，古今此例不少同符，艾氏之言當非過刻。錢氏大昕云，《四部稿》第四十卷《庚午元日日食詩》云，"甲寅元日兩不食，庚午正元食稍微"。甲寅者，嘉靖三十三年也，庚午者，隆慶四年也，攷之史志，嘉靖三十二年正月戊寅朔，日食兩不見，而次年元正無日食事。初疑元美述其所見似不應誤，試以大統術推算，嘉靖癸丑正月戊寅朔，入交二十六日七千六百七十七分有奇，則正入食限，而甲寅正月壬寅朔入交二日四千八百二十一分有奇，則已逾食限矣。元美以一代文獻自命，不應差誤乃爾，蓋失於檢照。《潛研堂集》三十一。此則糾其失也。《龍性堂詩話》云，元美再召入京，一時親知出餞置酒金山，醉後有曰，"送客總歸惟日在，游人欲老奈山何"。袁小脩最激賞之，謂《四部稿》中所無語，讀之信然，然自晚年語耳。此則論其詩也。元美父忬以嚴氏陷死，故集中有《哀江流鈐山岡當廬江小吏行》之作，中有云"秋官爱書上，頃刻飛騎傳。一依叛臣法，砆死大道邊。有尸不得收，縱施群烏鳶"。又云，"相公逼飢寒，時一仰天歎。我死不負國，奈何坐兒叛。傍人爲大笑，嗟汝一何愚。汝云不負國，國負汝老奴"。此詩頗長，怨既深，故不覺言之痛也。砆與磔同，《漢書·刑法志》諸死刑皆磔於市，蓋有張開裂剔之義。《文獻通考》二百五十八，公主砆死於社。刊本砆多作吒，誤矣。此詩外，如《鈞州變楚愍王太保歌》等，皆可稱一時史詩。長沙葉氏曰，余於明賢私淑弇州，于其《四部》流覽數過，知其無書不讀，無學不通，大而朝政典章，小而曲詞書畫，談言微中足以啓人神思，又其忠孝傳家，<sub>伯驥按：王氏忠孝事</sub>實見於史傳，記述至爲詳盡，不待件舉。前清李玉撰《一捧雪傳奇》，實演其事。相傳元美父忬家傳玉杯名一捧雪，與張擇端《清明上河圖》皆希世寶。宰相嵩父子索取二物，以贋者致饋，有人摘其非真，嵩子世蕃恨之，於是元美文字語言間有譏刺嵩者。楊公繼盛杖死，元美又爲之經紀其喪，嚴氏父子益恨忬，遂以邊事坐法。《傳奇》所謂莫懷古，蓋指忬也。忬總督薊遼，邊備失事，爲嵩所譖下獄。元美辭官與弟世懋奔走營救，伏闕下爲文伸訴，不蒙見納。忬竟授首。楊公上疏，陳嵩五奸十大罪，被嵩搆陷，廷杖下獄，卒棄市。元美嘗撰《鳴鳳記》劇曲，演楊公劾嵩事。楊下吏，元美時進湯藥，楊妻訟夫冤，元美爲草疏。前人謂《弇州史料·楊忠愍傳畧》與傳奇不合，相傳此記爲元美門人作，惟斬楊一折是元美自填詞。初成時，命人演之，邀縣令同觀，令變色，起謝欲亟去。元美徐出邸鈔示之曰，嵩父子已敗矣。乃終宴。清順治間進士江都吳綺奉詔譜《楊椒山傳奇》，稱旨，官湖州太守，人稱其尚風節，多風力，饒風雅，爲三風太守。椒山，楊公號也。爲儒林師表，世徒重其文章，則亦未知其深。此又近人推重元美之至極者也。明沈一貫有《弇州稿選》十六卷，意在別裁澄汰，擷其菁華，而宗旨所歸，仍尊秦漢而薄唐宋。前清南皮張文襄開府吾粵，闢廣雅書院以教士，院中築冠冕樓藏書，祇有沈選而無全稿，則其書之難得，不亦可想哉。一貫有《删定翰林館課》一種，吾家收之，濃圈密點，有似塾師課徒，自是舉業一類文字。《弇州稿選》專就文論，亦不見佳，吾家有竹紙本。查氏《人海記》云，王元美所著《讀書後》四本，捐館後，公子吏部士騏於貨郎擔中重得，刻以行世。又有《毀論》十本，係先生手書無副本，牧齋宗伯乞於吏部，祕不示人。辛卯九月燔於絳雲樓之一炬，惜哉。然則元美著述，亦有不傳於世者也，因附記之。《四部稿》半葉十二行，行二十字。《續稿》半葉十行，行二十字。《續稿》字不及初稿之大，惜均用竹紙印，似不耐藏耳。

## 世經堂集二十六卷明刊本。

明徐階撰。階字子升，號存齋，華亭人。嘉靖二年，一甲進士，官至建極殿大學士，謚文貞。事蹟見《明史》列傳。別有《少湖文集》七卷，乃外謫延平府推官時，三年考滿，北上延平，士人哀其前後諸作爲之付梓者。此則徐氏之全集也，前有陸氏序，略云，今少師存齋徐公，自弱冠登上第，列職史氏，翺翔著作之庭，已抗疏歷外，洊敭顯序，皆文章禮樂之任，其得專於言宜矣。及公踐列卿，入正台鼎，公條答無不中事宜，以當上意。而其尤著者，穆皇帝初元，公定策圖議國事，稍更弦轍，以新上治理。今勸進諸章，與論奏制草具在，可覆也。今觀公論撰，上自經濟，下迨酬應，鴻鉅纖曲，體

裁各備,何其閎覽博肆,而言之贍耶！公自解機務歸,不忘著述,思
昔勤勞國事未遑也。曰,自余爲執政,所圖議一二大政,即國有掌
記而副藏焉,其寧使無存。因并其前後積而爲言者,以屬梓。梓
成,則公嗣太常君,偕二弟尚寶君屬序樹聲。公集爲奏對,爲視草,
爲奏疏,爲序記,碑志、雜著、語録、古今詩類次之,而總題曰《世經
堂集》,公所自命也。賜進士出身資政大夫禮部尚書兼翰林學士
經筵官實録副總裁邑後進陸樹聲謹序。次有王世貞序,略云,堂者
何？公所憩止也。其名世經者何？公世世以經重,名之志不忘也。
自古之言文者,莫吾夫子若,而其大要曰,辭達而已矣。又曰文明
以止,文於天地間有二,其達者爲經世,止者爲垂世,而雕蟲之技不
與焉。可大之謂達,可久之謂止,其用雖二,其原一而已。公既思
以其學濟天下,而其在史館時,用持先聖典得謫外,公不卑厭小官,
諸郡邑土風吏治,靡不以身試。而大者,若國家典故,名公政績,下
上數百千年之史,而與之參會,歙而融之方寸之際而無罣閡,苟有
所觸,則功與言一發而俱就。乃至部疏覆覈,根理據事,有敬輿之
精,而不爲俳。諸報藩鎮郡國書牘,衡勢審機,有文饒之練,而絀其
倨。公之文所謂達者,其效至於奠社稷、潤民生,而一旦歙而歸之
無何有之鄉。天下徒知嘉、隆之際取治於公,公不明其所以,而庶
猶有可窺見,以茲集在也云云。集中論學術之大凡,亦頗稱有識。
如卷十四云,《中庸》一書當其未經程氏之表章,范文正則首舉以
告橫渠張子。伯驥按:高麗人洪氏《耳溪集》卷二十五《紫霞洞九齋遺墟碑》云,東
方之儒未聞以道學稱,逮於麗代異教熾而吾道微時,則有文憲崔先生首倡性理之説,建
九齋於紫霞之洞講學授徒,如周官成均之制。士之應舉者,必於徒中學焉,咸隸九齋
籍,謂之崔侍中徒,自是儒臣各立門聚徒者,凡十二。東方學校之興,由先生始,世稱海
東夫子。先生諱冲,字浩然,生於高麗成宗丙戌,在中國則宋太宗雍熙三年也。于時
周、程諸賢未出,孔孟之道未明于天下,而先生奮起海外,獨以斯文爲任,其名九齋,如
誠明率性出於《中庸》之訓,則表章《中庸》已先于程子,傳道之功暗合于千載之下。按

此則高麗亦與我同符矣。新泉《問辨録序》云，陽明講學所謂致良知者，蓋謂良知在我，而其要在乎能致，舉知而歸諸良，舉良知而歸諸致，言良知以別聞見之非，言致良知以別定慧之謬。卷十一。又云，聖門之學重踐履而輕文詞，貴身心而賤口耳。降及後世，學術不明，語希聖者以博洽爲先務，論衛道者因亦以著述爲首功，漢儒以區區訓詁之末，而居然食有功之報。愚以爲六經之道具在人心，六經之文坦然明白，縱無訓詁豈遽失傳？若乃訓詁作而誦數之途啓，使凡學者習熟見聞，靡然自足，闊略踐履，遺棄身心，至或談仁義而背居親，口廉節而躬貪佞，則是聖人之道似傳而實絶，漢儒之於道似衛而實壞之，安得反謂有功祀諸孔子之側？又取以爲論漢祀之準乎？卷六。徐氏之意，似以尊德性爲愈於道問學矣。集中又云，凡武官之善戰者多麄率，而撫按兵備等專要責其奉承，一不如意，便尋事論劾，輕者罷官，重者問軍而死。卷二。總兵於地方爲行事之官，而府州縣至與抗禮，參遊爲領勑之官，而巡撫至加鞭撻，其他跪拜、稱呼，咸卑屈太甚，若得如聖諭，所謂不辱不到，公同爲國則誠是矣。卷三。於明代輕武重文之政象，可云痛切言之。卷三又云，京中有一起白蓮妖逆謀，蓋北人媚佛於白社之教，無敢犯者。又訛傳道首有飛刀、飛鎗等法，差去官軍，亦無敢向前，只臣家人及原首登者動手，廠中無訪報，乃由於此。又云，北直隸、河南、山東、陝西、山西、宣大等處皆有黨與，動至千萬人，觀此又可想當時白社教蔓延之廣矣。集中又云，予往來吉、贛間，問其父老，稱宸濠之未叛也，陽明先生奉命按事福州，乞歸省其親，乘單舸下南昌。至豐城聞變，將走還幕府爲討賊計，而吉安太守松月伍公議，適合郡人，又有積穀可養士，因留吉安，徵諸郡兵與濠戰湖中，敗擒之。其事皆有日月可按覆，而忌者謂先生始赴濠之約，後持兩端，遁歸，爲伍所强，會濠攻安慶不克，乘其沮喪，幸成功。夫人情苟有約，其敗徵未見必不遁。凡攻討之事，勝則侯，不勝則族，苟持兩端，雖强之必不留。武皇帝之在御也，政由嬖倖，濠悉與結納，至或許爲内應，方其蹶起，天下皆不敢意其遽亡。先生引兵而西，留其家吉安之公署，聚薪環之，戒守者曰，兵敗即縱火，毋爲賊辱。嗚呼，此其功豈可謂幸成，而其心事豈不皦然如日月哉！卷十四。蓋陽明當時對於宸濠實有陰謀祕計，及一切委曲彌縫之處，故其門人錢德洪有《平濠記》一卷，據師友傳説薈最而成，大旨謂寧藩之敗，由於遲留半月始發，其遲留半月，則由於陽明多設反間以疑之。陽明在日，祕不言，歿後，始得其間書間牌之稿，而駕馭峒酋葉芳，及陰令知縣陳冕詭漁舟以誘擒宸濠，皆當時所不盡知者。則徐氏所述時人之言，謂濠攻安慶不利，陽明乘其沮喪之餘而膚功始奏，固有由矣。又關於嘉靖重録《永樂大典》一事，集中有奏疏五事，可資考鏡。伯驥曾與《夏桂洲奏議》同録於讀書私記中。近人編《永樂大典考》有徐氏奏疏，而桂洲疏尚未及。此集清《四庫》存目，然集中可資考論者，固不少也。集中頗有論北虜者，館臣或以此抑之與！南京金陵大學藏本《應禁書目》云，自萬曆以前，各書偶有涉及遼東及女直、女真諸衛，如查明實止記載地名，應簽出，毋庸擬銷，若語有違礙者，仍行銷毀云云。如此類書本多有胡虜之稱及其事實矣，又安得著録耶。

## 四溟山人全集二十四卷明趙府冰玉堂刻本。

明謝榛撰。前有大明太祖八世孫趙王枕易道人撰《四溟旅人詩叙》略云，皇明孝、武兩朝，哲人挺生，隱書大出。李空同、何大復、邊華泉諸君子倡明古作，大振唐聲，三館染翰之臣，九州抱藝之士，捐其故習，風靡景從。我皇上鋭情經術，存心雅道，乃於隱逸爰取三人，孫太白、張崑崙、謝四溟，孫、張二子不及見之，謝生予得而友焉。其詩得少陵體裁、太白格調，漫山曹均尤所愛重，從而刻其五言，予取其全集刻之。或言，王刻洹詞，復刻謝詩乎？予應之曰，文至後渠，詩至四溟，其盡之也。生名榛，字茂秦，別號四溟，東郡人，卜居於鄴云。此序作於嘉靖丁未。次有趙王恒易道人撰序，題爲《續刻謝茂秦全集序》，略云，嘉、隆之際，七子稱焉，雅道大振。七子者，濟南李于麟、吳郡王元美、廣陵宗可相、武昌吳明卿、吳興徐子與、番禺梁公實。而謝山人茂秦，實以布衣長雄其間。伯驥按：李攀龍、王世貞、謝榛、梁有譽、宗臣稱前五子。余曰德、魏裳、汪道昆、張佳胤、張九一稱後五子，又俞允文、盧柟、李先芳、吳惟岳、歐大任稱廣五子，王道行、石星、黎民表、朱多煃、趙用賢，稱續五子，又李維楨、屠隆、魏允中、胡應麟、趙用賢，稱末五子。蓋枕易道人爲恒易道人曾祖，曾刻《四溟旅人集》四卷，其後遊燕適晉等稿至恒易始任輯校，付梓之役於萬曆丙申焉。序後有"恒易"、"存心殿印"、"趙王私寶"三章。次有嘉靖庚戌東郡蘇祐序，次有萬曆二十三年張泰徵序，次有安肅邢雲路序。卷一五言古體，卷二、三七言古體，卷四、五、六、七、八、九、十五言律詩，卷十一、十二、十三、十四、十五七言律詩，卷十六五言排律，卷十七七言排律，卷十八五言絕句，卷十九、二十七言絕句，二十一至二十四詩家、直說。後跋計三首，則長史司右長史蘇潢及陳善才、程兆相所撰也。半葉十行，行二十字，板心魚尾上有"冰玉堂趙府"五字，魚尾下四溟集卷幾，再下記刊工姓名。明成祖第三子高燧封趙王，洪熙元年以彰德署改建王府，景泰三年以後分封郡王，曰臨漳，曰湯陰，曰襄城，曰洛川，曰南樂，曰平鄉。見《明史》及《彰德府志》。至康王名厚煜，莊王妃曹所生，正德間嗣國，嘉靖庚申王薨，王嗜書帙，積聚充棟，尤躭《易》理，自號枕易道人。屢視郡學，闡論經義，所著有《居敬堂集》，其後有號西國主人羲易者，喜吟咏所著，有《萬卷樓諸章》八卷。見《安陽縣志》。按：查氏《人海記》云，濮州李尚寶先芳，選明朝燕、趙、秦、晋、齊、魯、河洛、淮揚藩邸之詩，附以蜀，曰《明雋》，吳越荆楚不與焉。東阿于文定序曰，自二南以下，十五國風皆楚以北地也，降而春秋，吳越之歌吟乃出，降而戰國荆楚之騷賦始傳，故江以南之聲，則歌吟、騷賦之流而風餘也，非始音也，原音之始以北先也。讀此知藩邸多好詩。康王號枕易，其後多以易爲號，如南樂王味易，廣安王心易，又有承易、恒易、姬易、謙易皆是，天池徐珮詩所謂“繼志一方，崇大易也”。見《安陽縣志》二十八。又《小山筆記》云，謝榛西游彰德，爲趙康王所賓禮，王卒，榛乃歸。萬曆初，遊彰德王曾孫穆王，亦賓禮之，酒闌樂止，命所愛賈姬獨奏琵琶，則榛所製《竹枝詞》也。榛方傾聽，王命姬出拜，光華射人，藉地而坐竟十章。榛曰，此山人俚言耳，請更製以備房中之樂。榛詰朝上新詞十四闋，姬悉案而譜之。明年元旦，便殿奏伎，酒止送客，即盛禮而歸姬於榛。寄園寄所寄云，閱謝山人詩集有《天寧寺同王元美李于鱗餞別李伯承還宰新喻得春字詩》，蓋作於未被王、李擯棄之前。及山人既没，吳明卿過鄴，有詩弔山人，味其詩意，固欲自擬温子昇。然同社交情存没無間，亦於此可見云。

## 張愈光詩文選八卷明刊本。

明張含撰。含字愈光，永昌衛人。正德丁卯舉人。此本爲成都楊慎用脩批選，前有序云，吾友永昌張子愈光生有異質，穎秀出群，未卯而能詩，有警人句。及長，益肆力于古，博極群書。慎與張子自少爲詩文，觀槩架而染丹青者五十年餘矣。張子詩日益工，文日益奇，余瞠乎其後者，張子不鄙，謂余，乃屬余選其自少至老之作，的然必傳者凡八卷，總名曰《張愈光詩文選》。嗚呼，愈光於斯藝，可謂極平生之心力矣，惟其不試於用而專門於蘇，故能必其傳而稽古之效，於是不誣矣。愈光之少始爲古詩、古文，有不知而嗤且駭者，自信益深，中而驚且詫，晚而信以服。噫嘻，古言之難，合

若此,況行古道於今,其嗤且駭,當奚狀乎。愈光之爲人,工於求
古,昧於適俗,方試場屋,名動京師。父執白岩喬公欲其速仕,令從
銓選,立躋清要。公不肯就,歸居久之。逆將北上,所如不合,浩然
回輈,以遯野荒民自號,足跡不入公府。常自言凡於吐辭寄贈,在
窮困節義之處,頗有萬言不竭之才,於通達周旋之友,輒有片言即
窮之拙。清《四庫總目》謂含之學出於李夢陽,又與楊慎最契。有
《禺山文集》一卷、《詩集》四卷,皆慎所評定,推挹甚至。然其襞積
字句,而乏鎔鑄運化之功。明人別有雕鏤堆砌一派,含其先聲歟!
蓋慎在雲南,無可共語,得一好奇之士,遂爲空谷足音,不覺譽之過
當,且慎名既重,聞者咸推波助瀾,而贗古之文又足以駭俗目,含遂
盛爲文士所推,實則塗飾之學,與其師同一病源,各現變證也。見
卷一百七十六。於此可見明文風氣之一斑。含弟合,有《臺閣名
言》六卷。合字懋觀,一字賁所。嘉靖十一年進士,官至湖廣按察
副使。含、合爲户部侍郎南園先生志淳子,户侍有《南園漫録》十
卷、《續録》十卷,吾家所藏爲舊寫本,近有《雲南叢書》刻本。合書凡二十八
門,前人謂其言皆明確有據,其記載如楊一清、馬理、湛若水等,俱
不諱其過,稱爲明人雜事之翹楚,非虚語也。合並有《賁所詩文
集》,罕傳本。此本半葉八行,行十七字。

## 王奉常集六十九卷明萬曆刻本。

　　明王世懋撰。凡賦詩詞十五卷,文五十四卷。第五十二卷曰
《澹思子》,第五十三卷曰《藝圃擷餘》,第五十四卷曰《經子臆解》
《易爻解》,皆雜説筆記。清《四庫全書總目》集部入存目,即此本
也。前有李維楨序,略云,明興,才士無如太倉司寇王先生,而其弟
奉常公晚出,而與之齊名。登第三十年,里居强半,肆力於文,自北
地信陽肇基大雅,而司寇諸君子益振之海内,詩薄大曆、文薄東京,

然大抵皆有所依託摸擬，而公神境傳合，無階級可尋。司寇末年，
縱橫自如，公覃精極思，字練句琢，終其身不易。嘗爲予言，天地間
物皆足供吾兄之用，某則必有取舍，而公之所以弟司寇者亦坐此。
又有萬曆己丑陳文燭序，略云，詩與文，天地自然之聲氣也。襲二
京之遺者，北或失之豪，沿六朝之習者，南或失之靡，崆峒大復起而
振之。迪功復鷹揚江左，國朝文體一時丕變，然獻吉之沉雄，仲默
之雋永，昌穀雖號鼎足，而南音不無少遜也。嘉靖間，李于麟起歷
下，元美起姑蘇，而徐子與、吳明卿、宗子相、張肖甫起吳楚巴蜀，獨
張助甫起河洛，敬美後出，諸公異之，謂爲王氏二難。中原正聲翕
然海内，皆在大江以南，較北地時差勝。伯驤按：維楨號本寧，有集
流傳，所謂《大祕山房》者也。當時富於文譽，素爲王氏所悦服。
《奉常集》文部卷六，有胡元瑞《詩小序》，謂余所呶呶稱文章之士
曰李本寧、胡元瑞。本寧余畏友，矯矯無前，即其證也。故此集即
由維楨序首。文燭序，則奉常卒後由其兄弇州請撰者，序中曾及
之。《明史·文苑傳》云，世懋字敬美，嘉靖三十八年成進士。即
遭父憂，父冤雪，始選南京禮部主事，歷陝西、福建提學副使，再遷
太常少卿。好學，詩文名亞其兄，世貞力推引之，以爲勝己。李攀
龍、汪道昆輩因稱爲少美，蓋世懋官至太常少卿，故題其集爲奉常
也。按：《班志》，奉常，秦官，應劭曰，常典也。師古曰，常，王者旌
旗也，畫日月焉。王有大事則建以行，禮官主奉持之，故曰奉常。
後改曰太常，掌宗廟禮儀，非復秦官之舊，而或仍以奉常爲稱，失之
矣。此集題爲奉常，蓋仍古稱也。錢氏《列朝詩集》云，敬美論詩，
本朝獨持昌穀、高子業二家，以爲更千百年，李、何尚有廢興，徐、高
必無絶響。其微詞奉寄，雅不欲奉歷下壇坫，則其於大業亦可知
也。朱彝尊《静志居詩話》云，敬美才雖不逮哲昆，習氣尚未陷溺。
清《四庫書目提要》云，世懋名亞於其兄，而瀟于聲氣，持論較世貞

謹嚴。厥後《藝苑卮言》爲世口實，而《藝圃擷餘》論者乃無異議，高明、沈潛之別也，但天資學力皆不及世貞，故所作未能相抗。以上專就奉常詩文言之，至爲篤論。其中所謂《澹思子》者，誠無精要語，然《經子臆解》其糾正前人之失，亦有數條可備采擇者。《藝圃擷餘》一卷，則《四庫》別附詩文評類，蓋謂其成書在《藝苑卮言》以後，已稍覺摹古之弊，特録存之云爾

## 金子有集二卷舊寫本。

明金大車撰。大車字子有，上元人。嘉靖乙酉舉人，黄氏《千頃堂書目》著録《子有集》及其弟大輿《子坤集》，蓋子有兄弟均學詩於顧華玉璘，華玉官高有詩名。伯驥按：弘治間，李夢陽、何景明、徐禎卿、邊貢、朱應登、顧璘、陳沂、鄭善夫、康海、王九思等十人，文主秦漢，而與韓、歐争長，號十才子。見《明史·李夢陽傳》。璘字華玉，號東橋。弘治九年進士，累進南京大理寺卿，有《顧東橋集》，與同里陳沂、王韋合稱金陵三俊。李中麓《閒居集》則盛稱其藏書之富，蓋與李同好也。金氏昆仲遠道師之，遂與吴中諸君子相識。《二續金陵瑣事》云，東原金賢，字士希，長身脩髯，有鉅人度，年四十舉進士，爲給事中，奉命勘淮南重獄，秉憲正辟，不爲逆瑾軌法。避仇請外，出知大名府，在郡稱治，改延平。武廟末造，四方多故，自以年至上疏，不俟報，竟歸。重倫睦族，賙故卹貧，人歸其厚。少與太僕王公韋交好，同之白首。王公嘗有所貸，卒即取券焚之。平生雅好《春秋》，病諸傳戻經旨，以所自得著爲《紀愚》十卷、《或問》百篇，今行于世。又云，賢本西域人，官給諫時，科中每舉書語回字以相戲，至云賢哉回也，并及其名矣。東原失偶新娶，科中舉賀，特令戲子搬演蔡伯喈，唱到“這回好箇風流壻”之句，合坐絶倒。長子大車，外若朴茂，中則朗慧而文，詩學孟襄陽、劉隨川，雜篇大類《檀弓》《左氏》，匪直科舉之作可述而已。篤於倫誼，東原公遺産

悉讓諸弟，束脩自好，無過可舉。五十上禮部不第，竟旅卒於揚州。
予嘗刻其詩百篇以傳云。又《鈞詢録》云，子有家居，從不知握算，
人有負所貸者，召讓之，已而聞其赤貧，更以金遺之。博綜藝文，周
秦以下無不研究，屬文非古弗程。《山亭詩》"石泉當户瀉，山鳥入
雲呼"。《雨花台觀月》"燈懸村落昏初見，帆出江煙遠欲迷"。
《弘濟寺》"飛閣俯臨秋水闊，懸崖平對暮潮生。龍蟠古洞噓雲氣，
風撼長波雜雨聲"。《盧龍山》"百尺重岩草木齊，古藤垂引躡雲
梯。塞鴈橫空迷北固，淮流帶雨入清溪"。皆好句也。《静志居詩
話》云，子有其先西域默伽國人，明初歸義，賜姓居南京。伯驤按：
默伽又譯麥加，蓋回教所從出之地也。<small>《明史·天方傳》天方又曰默伽，回
回教祖馬哈麻葬焉。</small>明時多有外族在金陵等處流寓，後遂從而漢化，且
爲官以行其所學者。陳伯雨《金陵通傳》云，伍儒字德全，其先西
洋人，精曆術。明洪武中，徵儒授刻漏科博士，命占籍上元，賜第古
天津街，後屢掌欽天監事。如此類者正不少也。《異域歸忠傳》爲
唐李德裕撰，集秦漢以來至唐，去絶域歸中國，以名節自著功業保
忠者，勒成二卷。序見《會昌一品集》卷二。伯驤以此傳專述慕功
名之異族來歸者，今日應繼衛公而輯録之，其嚮服吾華文化而來，
或有助於我國者，亦不可無一詳確之著作，國内史家不妨深蘄從事
焉。整理國故有三途，曰索引式，曰總賬式，曰專史式，此事則深符
後二式也。<small>英國國教會堂，譯名威士敏士達，爲國家與王室大禮堂，歷代君主加冕、
大葬均舉行於此，又爲國葬地，數百年國中有名人物墳墓均在此，而法人大畫家尼爾拉
墓亦巍然在其中，以其於十七八世紀時曾助英人藝術發展，故此事與李衛公意略同。</small>
《明律集解》卷六，凡蒙古、色目人聽與中國爲婚姻，務要兩相情
願，不許本類自相婚嫁，違者杖八十，男女入爲奴。<small>《古今圖書集成·職
方典》卷一三八〇云，崖州番俗，本占城人，宋元間，因亂揭家而來，散泊海岸，今編户入
所三亞里，即其種類、言語、象貌與回回相似，姻嫁不忌同姓，惟忌同族，不與同族爲昏，</small>

人亦無與爲昏者，其人多蒲姓，不食豕肉。又，《西湖游覽志》云，先是宋室徙蹕，西域夷人安插中原者多從駕而南，元時内附者又往往編管江浙閩廣之間，而杭州尤多，號色目種，隆準深眸，不啗豕肉，昏姻喪葬不與中國相通。見卷十八。按此或宋元時如是，抑明雖定律，而亦行之恕歟！其中國人不願與回回欽察爲婚姻者，聽從本類自相嫁娶，不在禁限。《纂注》云，蒙古即達子，色目即回回欽察，伯驥按：欽察又稱奇布察克突厥族，建國於烏拉嶺西，裏海、黑海以北，元時速兀台進兵破之。洪鈞云，《元史》謂欽察去中國三萬里，夏夜極短，日暫没即出，今考其地在赤道北四十七八度，三萬里之説殊誤。《元史類編》言欽察俗勇猛，青目赤髮。按：欽察人髮睛皆黑，入中原多位將相。順帝答納失里皇后，亦欽察人，必無青目赤髮正位中宮之理，即彼時俄國亦是黑髮黑眉，惟王族由瑞典、挪威而來，則當是青目赤髮。以上見《元史譯文補證》卷五。今按：狄后戎女，當吾國周時雖有禍階之説，然隋唐之世如文帝之獨孤皇后、太宗之長孫皇后，均出自鮮卑，則順帝詎有嫌疑於乞卜察兀之族，至髮目色采，更無所謂。鈎弋眇目之前事，順帝或無所聞，而人情亦不甚相遠，將相均可爲，而皇后獨不可册立？元人恐亦無此拘迂者。明人定律，當是實見其族之容儀且深黃則近於赤，其相距亦至微也。乞卜察兀《元史》蓋以名欽察部落。又回回中之別種。回回拳髮大鼻，欽察黃髮青眼，其形狀醜異，故有不願爲婚姻者。據《明律集解纂注》，元末明初，中國人所稱之回回界限極爲廣泛云。伯驥按：日本榊原篁洲通我國古學，爲紀州侯儒官時，究中國制度沿革，尤好明律，著《明律釋解》，伯驥有寫本。此外高麗李太王光武九年之《刑法大全》，亦依唐明律而編纂者，書中分五編六百八十條，吾家亦藏之。婚姻如此，則科名仕宦可知，此固統治者之別具深意也。又回回中會試者金賢，中鄉試者金大車，歲貢者馬應龍、范一清、張鋭。見《續金陵瑣事》卷下。伯驥按：《如齋類藁》云，宣德四年，有屯軍三十人盜發閩忠懿王冢，有水碗瑩如金色，不識爲何寶？召回回人辨之，曰，此玻璃鏡也。是當時回回固有以博物著稱者，不徒以文章擅美。固不獨新羅之金可託、高麗之崔致遠、大食之李彦昇，見李唐之賓貢得人矣。按：明洪武辛丑開科，先詔高麗、安南、占城等國，如有經明行脩之士，各就本國鄉試，許貢赴京師會試。高麗金濤中三甲，授東昌安丘縣丞，以不通華言請還本國，詔給道里費送歸。子有弟子坤，高才困諸生，脱粟不厭。南都貴人多訪之，避去不答，少所與遊者。《江上詩》“鳥衝黃葉下，潮帶白蘋歸”。《天界寺》“午香飄石鼎，中飯出胡麻。古樹秋生耳，疎枝晚綴花”。《佛嶺》“疊磴松雲合，斜風花雨來。高低成色相，窈窕入莓苔”。亦《蚠詢録》所摘句也。黃蕘圃藏宋蘭揮舊抄本《子有集》不分卷，而有《子坤集》六卷。此則祇《子有集》，而《子坤集》闕如。近時《金陵叢書》有活字本，然訛字頗多，不及此遠矣。

## 李中麓閒居集十二卷明嘉靖刊本。

明李開先撰。開先字伯華，號中麓，章丘人。嘉靖己丑進士，官至太常寺卿。《明史》有傳。集前有嘉靖丙辰自序，略云，中麓子雖資不敏，而才最下，亦嘗官京師，刻苦爲奇古詩，復欲建功立業。年四十罷歸田里，既無用世之心，又無名後之志，頓然覺悟，詩不必作，作不必工，或撫景觸物興不能已，或有重大事及親友懇求，時出一篇，信口直寫，自稱其集曰《閒居》，以別官居時苦心也。雖然居官之苦多矣，固不獨作詩云爾。吾今閒居不虞得失，作詩不較工拙，其樂有難以言傳者。伯驤按：集中詩文兼有之，而序祇言詩，未喻其故。史稱嘉靖初年，中麓與王慎中、唐順之、熊過、陳束、任瀚、趙時春、吕高稱八才子。當是時以革李、何之習自命者，爲王、唐二人，而佐之者則時春與中麓也，然中麓究以用世爲急，矢志功名，故詩文不甚留意，而成就亦不如王、唐，惟詞曲雜劇則至爲擅場。周氏《賴古堂集》稱，中麓與樂安李慰欽同有文名，時稱二李，同以不合於時，致政歸。欽致力經學，中麓獨對客調笑，聚童放歌，以此自遠於世。中麓集最夥，每擎杯屬筆，對客飛翰，咄嗟而辦，常推王遵巖行文委曲，每欲效之。所藏元人曲有百十種，如馬東籬、白仁甫諸曲，皆手自改訂付梓，又最喜張小山、喬夢符小令，尚刻以

行。嘗作《寶劍記》自言音韻停勻,遠出《琵琶》上,《琵琶》惟《雁
魚錦》《梁州序》《四朝元》及《甘州歌》等六七闋爲可,餘皆鬆懈,
更用韻差池云。中麓常言演其自作劇,座客無不泣下沾襟,恐損道
心,往往逸去。所著雜劇如《園林午夢》類名曰《一笑散》,名噪于
北,江以南猶不深知。近虞山刻《列朝詩選》始爲闡揚,小傳頗悉
公生平。卷十二。觀集中關於此類序述,則欒園之言殊信,如《改定
元賢傳奇序》云,南宫劉進士濂嘗知杞縣事,課士策題,問漢文、唐
詩、宋理學、元詞曲,不知以何者名吾明。刻示其取卷,題曰《風教
録》。夫漢唐詩文,布滿天下,宋之理學諸書亦已沛然傳世,而元
詞鮮有見之者,見者多尋常之作、胭粉之餘。如王實甫在元人非其
至者,《西厢記》在其平生所作亦非首出者,今雖婦人女子皆能舉
其辭,非人生有幸不幸耶? 選者如二段錦、四段錦、十段錦、百段
錦、千段錦,美惡兼畜,雜亂無章,其選小令及套詞者,亦多類此。
予嘗病焉,欲世之人得見元詞,并知元詞之所以得名也,乃盡發所
藏千餘本,付之門人誠庵張自慎選取,止得五十種,力又不能全刻。
就中又精選十六種,删繁歸約,改韻正音,調有不協、句有不穩、白
有不切及太泛者,悉訂正之,且有代作者,因名其刻爲《改定元賢
傳奇》。泰泉黄詹事所謂以奇事爲傳者是已,然又謂之行家及雜
劇昇平樂,今舍是三者,而獨名以傳奇,以其字面稍雅致云。伯驥
按:傳奇名詞實濫觴於唐《裴鉶傳奇》六卷本小説也,至宋則以諸宫調當之,元人則以元
雜劇當之,明則以戲曲之長者爲傳奇,以别於北之雜劇。清黄文暘編《曲海》,遂分戲曲
爲雜劇、傳奇二種,蓋傳奇之名至明,凡四變云。竢有餘力當再刻套詞及小
令,然此猶細事也。如經學止知尊朱子便舉業,勿論漢疏,雖宋儒
之説悉置之不問,問之不知,每經止舉一家,如楊慈湖之《易》,林
之奇之《書》,《詩》則王氏《總聞》,《春秋》則木訥《經筌》,及衛湜
之《禮記集説》,多有高出朱註之上者。此外能發明經旨者,抑又

不止四五十家。宋刻已古，抄冊漸訛，再過百年俱失傳矣，必須題
請之後有京板以及各書坊有鏤板，始可遍行天下，不然則以拘拘背
朱爲嫌，而經術不幸，不减秦火矣。天朝興文崇本，將兼漢文、唐
詩、宋理學、元詞曲而悉有之，一長不得名吾明矣。敬因序刻傳奇，
有所感而爲是説。又後序云，傳奇凡十二科，以神仙道化居首，而
隱居樂道次之，忠臣烈士、逐臣孤子又次之，終之以神佛煙花粉黛。
要之激勸人心，感移風化，非徒作、非苟作、非無益而作之者。今所
選傳奇，取其辭意高古，音調協和，與人心風教俱有激勸感移之功，
尤以天分高而學力到，悟入深而體裁正者，爲之本也。同時編改
者，更有高筆峯、弭少菴、張畏獨三詞客，而始終之者乃誠菴也。譬
諸修書有總裁、有纂修，試場有考試官、有同考，而予則忝爲總裁與
考試官。又《張小山小令後序》云，予自遊鄉校讀書，或有餘力，則
以學詞，詞獨愛張小山之作，以其超出塵俗，不但癯勁而已。當時
苦於無書，止有楊朝英所集《太平樂府》，及檢舊篋，又得《陽春白
雪集》及《百一選曲》兩種。既登仕籍，書可廣求矣，然惟詞書難
遇，以去元朝將二百年，抄本、刻本多散亡。洪武初年，親王之國必
以詞曲一千七百本賜之。對山高祖名汝楫者，曾爲燕都長史，全得
其本，傳至對山少有存者。人言憲府好聽雜劇及散詞，搜羅海内詞
本殆盡。伯驥按：明周憲王有燉，爲周定王長子、高皇帝孫，洪熙元年襲封，史稱定
王。好學，能詞賦，嘗作《元宮詞》百章，著有《誠齋録新録》，尤工樂府傳奇，中原弦索
多用之。前人引李景文詩云，“齊唱憲王新樂府，金梁橋外月如霜”。又引牛左史詩云，
“唱徹憲王新樂府，不知明月下樊樓”。皆足證也。憲王撰《劉盼春劇曲》，演汴梁妓劉
盼春與周子敬相厚事，盼春誓無貳志，後爲假母逼死。又，武宗亦好之，有進者
即蒙厚賞。如楊循吉、徐霖、陳符所進不止數千本，今宜詞曲少，而
小山者更少也。京師積書家，如李蒲汀、沈竹東詞書成編者，不過
十餘部，其小山詞載在《樂府群珠》《詩酒餘音》者，僅有數十曲，他

所更得《仙音妙選》《樂府群玉》《樂府新聲》，則有助於小山多矣。可惜類詞有小山一卷，廖洞野取去堅不復出，而普集元詞在鄒平崔臨溪者，小山詞獨有一本，以負累逋逃，不知所之。今所編次，雖成上下二本，伯驥按：前人論述元代散曲多舉張小山、喬夢符二家。清《四庫》則著錄小山《小令》，今則發見多家矣。小山名可久，《堯山堂外紀》則謂名伯遠，字可久。清《四庫目》則作字仲遠。張氏，慶元人，由路吏轉首領官，以樂府著名。又有《吳鹽蘇堤漁唱》等曲見《錄鬼簿》。而《太和正音譜》評其曲，有不吃煙火食氣之語。中麓嘗記所見，則謂爲清勁瘦至骨立，而血肉消化俱盡，乃孫悟空鍊成萬轉金鐵軀，蓋喬夢符、張小山實爲散曲作家領袖，人稱之曰喬、張，以比唐李白、杜甫。當時有高敬臣名克禮，號秋泉者，亦有名。《錄鬼簿》云，高任縣尹，小曲樂府極爲工巧。顧氏《元詩選》謂，高與張小山爲友，其散曲見於《樂府群玉》，僅四首而已。每樣曲終鏤板不剗空，以待博學君子，詞山曲海不惜寄示，必有增其所未高，而濬其所未深云。親王之國賜以詞曲，明初定制，未見他書。中麓藏書專家，又練習京朝掌故，所言當非謬誤。前人謂元人以詞曲取士，於書無徵，識者已辯其妄，而此事亦無他證，惟茲集述之，洵朱明一代之軼聞矣。此三序可資考核者不尠，故具錄焉。

## 五嶽山人集三十八卷　明嘉靖刊本。

明吳郡黃省曾撰。前有安定皇甫汸撰序，署云，山人諱省曾，字勉之，黃氏季子也。倬彼先考維我舅氏，鏹積既饒，籯貽悉滿。山人幼在紈袴，雅尚墳典，遂散金罄囊，購縝充架，乃與仲氏晞軌二俊，竝駕一時。既而仲氏以明《易》舉南畿第一。山人屢黜，乃棄去，更治《詩》，亦擢置第一。然薄翫軒冕，耽情山水，欲長遊名山，託幕向生，因號五嶽山人。遊玄思甘，不爲家省，鬻書自給，深居却掃，專意述造，總爲若干卷，手自銓勒。厥嗣姬水，授玄肖諸童烏屬草，方於文考，捐彼負郭，壽此遺編。余與山人有中表之戚，號爲相知,故序次不誣云爾。明吴安國《纍瓦二編》卷十二云,吾蘇黄勉之,風流恬雅,博學有辭藻,嘗試春官,適武林田叔禾過其門,與談西湖之勝,遂輟裝不果北上,來游西湖,盤桓累月。勉之自號五嶽山人,叔禾戲曰,子誠山人也。此可證其以山人自號之。故第一卷賦,第二卷周、魯、齊、晋、楚諸賢讚頌,第三卷頌贊,第四卷銘、家訓,第五卷四言詩、五言古詩,第六、七、八卷五言古詩,第九、十卷七言古詩,卷十一、十二、十三、十四五言律詩,十五卷五言排律,十六卷七言律詩,十七卷五言絶句,十八卷七言絶句,卷十九擬連珠,二十卷、二十一卷、二十二卷《説苑》,二十三卷《黄氏家語》,二十四卷序,二十五卷序,二十六卷序,二十七卷小序,二十八卷論,二十九卷論,三十卷書,三十一卷書,三十二卷記,三十四、三十五卷雜文,三十六卷哀、頌、誄、傳、墓碑,三十七卷墓誌、行狀,三十八卷墓碑、記誌、行略、告先文、自祭文、自傳。集中卷二十四、二十五,有《唐太宗文皇帝御譔帝範序》《刻水經序》《老子道德經玉略序》《晋中散大夫嵇康文集序》《晋玄晏先生皇甫謐高士傳序》《魏司空軍謀祭酒掾文學徐幹中論序》《晋葛洪西京雜記序》《唐弘文館學士虞世南北堂書鈔序》《支遁林文集序》《釋迦如來成道記序》《六祖壇經序》《齊管子序》《齊晏子春秋八篇序》《漢校書郎中王逸楚辭章句序》《漢中大夫陸賈新語序》《漢光禄大夫劉向説苑序》《注申鑒序》《晋康樂公謝靈運詩集序》,各書每多黄氏刻行,蓋勉之固以刻書鳴於世者也。集中於藏書人物事實,亦多可考見。《目録》後有“長洲吴曜寫、黄周賢等刻”小字二行,序第一葉,板心下亦有此字樣。半葉十行,行十九字,精槧可愛。江南圖書館藏明刊《孔子家語》卷末,隸書二行云,“歲甲寅端陽望,吴時用書,黄周賢、金賢刻”,涵芬樓借以景入《四部叢刊》。並述明嘉靖本《野客叢書》《二十六家唐詩》卷末,亦有黄周賢名,《提要》謂爲嘉靖時書賈,然則周賢固宋陳道人之流亞也。

## 貝葉齋稿四卷<sub>明寫刻本。</sub>

　　明李言恭撰。前題蘭溪胡應麟元瑞編,壽州朱宗吉汝脩校梓。考《明史》及《盱眙縣志》,知言恭爲明太祖功臣李文忠之後,襲封臨淮侯。言恭字惟寅,守備南京,入督京營,累加少保。好學能詩,工篆書,《屬樊榭集·攝山雜咏十二首》白鹿泉,泉上有明李言恭篆書三字,詩云"誰知臨淮侯,興與苧桑同"。折節寒素,著《青蓮閣集》《貝葉齋集》《游燕集》。子宗城,少以文學知名,清《貳臣傳》有云,順治二年,臨淮侯李祖述與趙之龍俱降,祖述惟寅後也。伯夔按:明岐陽王李文忠爲明太祖姊子,隨太祖起兵輔成帝業。文忠子景隆與於靖難之役,得罪被錮,中葉復侯爵。裔孫宗城,萬曆中奉使册封日本,其後編入清旗籍。乾隆中,復請出旗,隸民籍,世居北都。近年北平中國營造學社會蒐集岐陽家遺物,計有吳國公墨勑,明太祖御帕及紀恩册、《岐陽武靖王别傳》、《平番得勝圖》、李文忠遺下所御殘甲、張三豐畫象、李氏地契等物,大凡五十六種。前有萬曆九年屠隆序,略謂余友李惟寅氏,以《貝葉》名稿。貝葉者禪家言,惟寅曷爲以名其稿? 蓋自貝葉齋所詮次而名也。古之爲聲詩者,率高彭澤右丞、襄陽蘇州諸公,則以其人俱就玄味道,標格軼塵,發爲韻語,亦翛然遠如其人,故足賞也。余聞惟寅築貝葉齋,日踟跌蒲團之上,而誦西方聖人書,與衲子伍,則惟寅之性靈見解,何如哉? 又有王世懋序,署云,惟寅與余交在莊皇帝初,惟寅時爲小侯,詩簡盈寓内,國家重世勛,諸功臣帶礪徧天下,百七十年來,亡慮百千輩,問有能刻意爲詩者,誰乎? 蓋其人既席世封,時從韶齔間起奉朝請,玉帛子女、狗馬之養,靡所不快意,稍持緩步,飾容止,即坐而擁節旄,非有深解篤好者,不能沾沾於是。余所聞詩名世者,郭定襄其人,定襄起將校得之,身披堅執銳,於邊雲塞草間,已復謫戍,老困思歸,而後詩益工,則其詩要爲

有所助之，非諸徹侯比也。伯驥按：定襄名登，字元登，景泰初任都督僉事，封
定襄伯。卒，諡忠武。有《聯珠集》。保定塗中偶成一首，最爲人傳誦，詩云，“白璧何從
擲舊瑕，纔開羅網向天涯。寒窗兒女燈前淚，客路風霜夢裏家。豈有酖人羊叔子，可憐
憂國賈長沙。獨醒空和騷人咏，滿耳斜陽噪晚鴉”。唯寅於好無所待，於功無
所助。明興以來徹侯中一人而已。始惟寅最好予詩，爲捐俸梓其
四集，至是以序屬余，雅不得辭，報施道也。惟寅方春秋鼎盛，其詩
將益工，要以信於後世，故非余所任云。此文又見《王奉常集文
部》卷之六。惟寅詩，如《小桃源》句“山折路疑盡，花深鳥自藏”。
《伏城驛》“亂水斜穿徑，空山曲抱村”。《送友》“夢回芳草遠，人
去落花多”。《芻詢錄》特摘句以著之。而明袁應祺《浮玉山人文
集》卷二有《琳宮雅集序》蓋序惟寅所集琳宮諸社友詩也。袁氏
云，惟寅雖起家勳胄乎，其爲人清修，而好與卿墨士游。一日惟寅
氏偕田子藝袖《琳宮詩》過不佞曰，若其爲諸子評之，其人則嶺南、
江右兩游之儁，而吾鄉大江南以北者，其調則人人殊，要之不詭於
唐。又有《惟寅青蓮閣集序》云，惟寅自髫齓即吟哦唐人詩，積日
累月篇翰成帙。惟寅詩非不浮慕于麟，然紓寫性靈，沖融情境，超
然自得。際夫左袒于麟，愈攻愈離者，寧不迋楗云云。惟寅與黎惟
敬、胡元瑞、周公瑕、盛仲交、田子藝、莫廷韓、屠長卿、王百穀、歐楨
伯諸名士遊，故詩中多及之。末有惟寅所著《遊西山記》七葉，《戊
寅山行記》五葉，版心上方題丁丑稿、戊寅稿，下方刻“玉盤山堂”
四字，半葉八行，行十六字。萬曆中，武將能詩者蕭如薰、杜文煥、鄧子龍、戚繼
光等，皆身歷兵間。若蒙古之吳惟英，其先世把都帖木兒嚮化來歸，賜姓名曰吳允誠，
數傳至惟英，襲恭順侯。爵留心國史，家有墨響齋，藏金石文字，有詩流傳。

## 袁文榮公文集八卷從明刊本傳錄。

明袁煒撰。前題門人由時行、王錫爵、余有丁、王穉登校，太倉

州知州馮孜、長洲縣知縣張德夫梓行。煒字懋中，慈谿人。嘉靖戊戌進士，官至建極殿大學士，諡文榮。事蹟附見《明史・嚴訥傳》。煒《詩集》八卷，《明史・藝文志》著録，清《四庫提要》一百七十七則以《詩略》二卷存目。此本前有萬曆元年王錫爵序，略謂，公平生著作於代言應制爲多。上數有所徵問，夜分出片紙禁中，使中貴人刻燭受公對，對成，以屬其傍侍史，封題記歲月而已。廼其出入風議，洒洒數千百言，自天子左右，蘭臺石室外，閟滅不傳者豈少哉！公没後且數歲，而厥嗣中書君葆佩手澤蒐採廢遺，得什一二，於四方好事者刻之。錫爵間頗聞世儒之論，欲以軋苴觗骳，微文怒罵，闖然入班、揚、阮、謝之室，故高者至不可句，而下乃如蟲飛蝚鳴，方嘵嘵鳴，世以謂文字至有臺閣體而始衰，嘗試令之述典誥銘鼎鐘，則如野夫閨婦强衣冠揖讓，五色無主，蓋學士家溺其職久矣。自錫爵游公門下，公所爲文章，皆肆意衝口，對客立就，古辭古事，如鬼神輸運以供佐使。伯驥按：煒當嘉靖之世，以青詞膺寵，具位台輔，蓋與分宜嚴氏同有醮壇一聯，爲世所傳。帝畜一猫死，命詞臣撰文醮之，煒文有"獅化爲龍"語，帝喜甚。事見《明史》。按：唐肅宗時，王璵以祠禱見寵，驟得宰相。帝嘗不豫，璵遣女巫乘傳分禱天下名山大川，巫皆盛服，中人護領，所至干託州縣，賂遺狼籍。有一巫馳入黄州，刺史左震斬之，籍其贓得十餘萬。震剛決如此，而史不記其他事。《元次山集》有《左黄州表》一篇云。見宋洪邁《容齋詩話》卷三，此事在嚴、袁前。青詞者，李肇《翰林志》云，凡太清宫道觀薦告詞文，用藤紙書字，謂之青詞。今按宋人文集有青詞多至十卷者，歐陽脩《内制集序》云，今學士所作文書多矣，至於青詞、齋文必用老子浮圖之說。又，歐《集》有《太祖皇帝忌辰道場齋文》，《文選》宋玉《高唐賦》醮諸神禮太一，注醮，祭也。後來醮之名詞，則專屬之道教。《靈寶大法》引《廣成》曰，醮者祭之别名也。牲牷血食謂之祭，蔬果精脩謂之醮。《河圖品經三洞》之中，凡有

二十四等醮,與齋法相類,並諸雜醮法,凡五十六門,以太上爲主,
北斗爲宗,是三洞既有二十七等之齋,復有四十二等之醮也。世宗
晚年,專事祠禱,每有賞罰,或聽於神。歲己卯,周太常怡爲給事
中,疏斥時相嚴嵩、翟鑾言甚切,疏中有陛下目事禱祀,而四方水旱
未消之語,嵩以間入,詔廷杖,下錦衣獄。乙巳,始以箕仙言釋之,
未幾,又以熊尚書浹格營箕仙臺,復逮怡。丁未,二殿災,又釋之。
時京師相傳上實聞空中有神語,當釋三人,謂御史楊爵、工部郎中
劉魁及怡,皆以言事同繫也。凡建金籙大醮,則上自躬至新建之清
馥殿,入撰青詞,諸臣皆附麗其旁,即閣臣亦晝夜供事,有進步虛詞
及列上壇中事宜者,蓋君臣上下朝真醮斗幾三十年。以上皆見之
明人筆記者,不繁徵矣。煒自負能文,館閣士出其門者,詩文不當
意,肆口嫚罵,門人多心銜之,甚有上書謂其以時文發甲科,以醮詞
位輔相,不知世有所謂古文者。錫爵序言,未免曲筆。王氏穉登署
名門人者,以賦牡丹詩曾爲煒所激賞,遂遇以國士,引入爲記室校
書祕閣。煒卒,王渡江哭其墓,謁煒祠堂。詩有"馬策叩門唯有
淚,雀羅張戶不勝悲"。"千載何人能下士,斷腸空憶鄭當時"等
句,蓋知己之感亦深矣。王氏有《燕市集》,自稱甲子、丁卯兩至京
師,掇拾詩文釐爲二卷,皆感故相國袁公之知也,名其集曰《燕
市》,取築臺市駿意,此二卷,爲《百穀全集》之一種,穉登字百穀,長洲
人。嘉靖末入太學,及文徵明門。有《野謀集》等著作。惟《朱舜水集》則云,字百谷,
山西人。官中書舍人,鴻臚寺序班。其履歷自無可考。彼時與祝世祿、文衡山輩詩酒
倡和,又長於四六尺牘,故有名耳,豈別有一人耶? 而《天一閣書目》則祇著錄
王《集》此種。當其時無錫人顧可學以甲科官兩司,罷歸,乃從方
士煉童男女溲爲秋石,入京獻之,云可却病延年,上方事長生久視
之術,服之頗驗。三四歲間,超遷至禮部尚書,後加太子太保,縉紳
醜之,弗與交。惟分宜華亭及羽流張永緒、邵元節時時相聚,講房

中術而已。每行長安道上，氓隸輩競觀之曰，嘗尿官來矣。死贈官廕子，謚榮僖。隆慶初削辱，蓋顧爲嚴嵩同年生，嚴方柄國，乃進厚賄，嚴遂言於帝，驟至貴顯。《明史·佞倖傳》十人，顧居末。順德梁有譽《蘭汀存稿·漢宫詞》云，"蕊宫别有歡娛處，春色人間總未知"。梁之意以爲世宗好道，方士設計惑之。如徐學謨《世廟識餘録》、沈德符《野獲編》每録其事實，陶世恩進小涵丹，王兆先進百花酒，以煖丹田，皆由於是。王元美《西域宫詞》則以嘉靖壬子冬命京師内外選七八歲至十四歲者入宫，乙卯九月，又選十歲以下者一百六十人，蓋從陶某言供煉藥用也，謂此藥久進之，良有益云。此吾國婦女史最可痛之事實，聞富豪之家亦有以女子爲采補用者，每見之前人著述中，此則不祇如上文所言嘗尿矣。上述御史楊爵言事繫獄者，蓋當時孫承恩官禮部，齋宫設醮不肯黄冠，楊爵亦不肯從士大夫之後以登壇媚上，故不洽宸衷，皆足令神仙輔弼聞之而皇愧者也。李春芳、嚴訥及煒，時皆有青詞宰相之稱，亦可異矣。煒爲大學士時，從内閣鈔出《翰苑新書》，蓋此書前集爲書啓之用，後集備表牋之用，别集皆類宋人劄狀朱表青詞，續集録宋人書啓。此則煒之兔園册子，亦即煒之巧宧階梯矣。煒《集》不足配《鈐山》，並著録之，以見一時政象。

## 徐文長集三十卷明刊本。

明徐渭撰。渭字文清，後更字文長，山陰人。事蹟見《明史·文苑傳》。前有萬曆甲寅虞淳熙序。次有黄汝亨序，黄序略云，今人見異人異書，如見怪物焉，然天下之尋常人多矣，而竟亡稱何也。古之異人不可勝數，予所知當世桑民悦、唐伯虎、盧次楩與山陰之徐文長其著者也。唐、盧俱有奇禍，而文長尤烈。按其生平即不免偏宕亡狀，偪仄不廣，皆從正氣激射而出，如劍芒波濤，政復不可遏滅,其文與書畫法傳之而行者也。畫,予不盡見,詩如長吉,文崛發無媚骨,書似米顛,而稜稜散散過之,要皆如其人而止,此予所以爲異也。然文長見知督府胡公,胡公被讒收,文長亦以牢騷困厄死,而其詩文與書畫,與胡公之勳伐,至今照鑠,不與其人俱往。當時鄠趙諸人安在哉? 世安可無異人如文長者也。鍾生瑞先嗜異人,常三復其集,因得帳中本,遂喜而校刻之。伯驥按:文長撰《四聲猿》劇曲,頗有名,是劇一本四折,而每折一事,不相聯屬,曰狂鼓史,又曰漁陽弄;曰玉禪師,又曰翠鄉夢;曰雌木蘭,又曰代父從軍;曰女狀元,又曰辭凰得鳳。伯驥所藏《四聲猿》,爲澂道人評本,明末大成齋刊,舊裝二册,不分卷。雌木蘭者,因明有韓貞女事與木蘭相類,文長遂本《木蘭詩》,增飾成劇,爲《四聲猿》之一。田氏《留青日札》頗詳韓事。撰序之黃氏盛稱文長書畫詩句,而不及此,蓋風氣使然也。文長評本《北西厢記》卷首題記云,齋本迺從董解元之原稿,無一字差訛,余購得兩册都偷竊,今此本絶少,惜哉。本謂崔張劇是王實甫撰,而《輟耕録》乃曰董解元,陶宗儀元人也,宜信之,然董又有別本《西厢》,乃彈唱詞也,豈陶亦從以彈唱爲打本也耶? 不然董何有二本。次有參閱姓氏,次有陶望齡所撰《文長傳》,又次有袁宏道撰傳。陶傳略云,文長二十爲邑諸生,試屢雋。胡少保宗憲總督浙江,文長入幕府,筦書記。時方獲白鹿,幕中人擬表獻鹿,表成,召文長視之,覽罷,瞠目不答,具藁進。公乃寫爲兩函,戒使者以視所善諸學士,謂孰優者即上之,果賞文長作。表進,上嘉悦其文。又如唐順之、茅坤皆賞服文長他所作。伯驥按:順之字應德,武進人。《明史》稱其盡取古今載籍,剖裂補綴,區分部居,爲《左右文武儒禪》六編,傳於世。吳氏偉業《梅村詩集・汲古閣歌》"嘉、隆以後藏書家,天下毘陵與琅琊。整齊舊聞收放失,後來好事知誰及"。武進在漢世爲毘陵縣,吳詩蓋謂唐及王世貞也。王,太倉人,與梅村同里,梅村在明清之交,見聞較近,兩家博綜當不虛美。琅琊見《唐書・宰相世系表》。梁任公先生撰《中國近三百年學術史》第八節,清之初期,史學家附列馬宛斯及梅村二人,謂梅村於史學似亦用力甚勤,所著《春秋地理志》十六卷、《春秋氏族志》二十四卷。

二書吾皆未見，恐已佚，若存或有價值云云。此二種書，伯驥有之，爲舊寫本，《書目初編》已著録其一。余嘗謂《梅村詩文集》多現世史，有爲他書所未見者，上兩種則於古史有攷校之助，世徒以文人視之，未爲知梅村也。梅村所著《綏寇紀畧》，朱氏《曝書亭集》及之，《鹿樵紀聞》之標題，則清初唐孫華詩曾用之。朱云，梅村鄉人發雕是編僅十卷，而止餘二卷，未付棗木。《明史》開局，求天下野史，有旨勿論忌諱，盡上史館，於是足本出，唐氏之詩目爲《讀梅村先生鹿樵紀聞有感落句》云，"石頭袞粲真堪惜，自壞邊關萬里城"。自注指東莞督師袁公崇煥。蓋此書原名《鹿樵紀聞》，後爲鄭漪所盜，改名《綏寇紀畧》。任公云原名《鹿樵野史》，未審別有所據否？朱氏復稱"綏寇"之本末，言人人殊。先生聞之於朝，雖不比見者之親切，終勝草野傳聞，庶幾可資國史之采擇，則竹垞於此書似亦未能深信矣。前清《軍機處奏准抽燬書目》云，《綏寇紀畧》叙述詳贍，頗有裨於史學，業經鈔入《四庫全書》，應請毋庸消燬。文長嘗言，吾書第一、詩二、文三、畫四，識者許之。所著《文長集》《闕篇》《櫻桃集》各若干卷，今合刻之。《註莊子內篇》《參同契》《黄帝素問》、《郭璞葬書》各若干卷，《四書解》《首楞嚴經解》各數篇，皆有新意云。文長遺著今存目於清《四庫》者，有《筆元要旨》《路史》《天池祕集》《徐文長集》《徐文長逸稿》等書，館臣謂文長以才俊名一時，書畫有逸氣，詩文已幺弦側調，不入正聲，至考證之功益爲疏舛，故以上各本皆不寫録。《軍機處奏准抽毀書目》，謂嘗客遊宣府，故集中多及征倭及互市等事，內有詞語偏駮處，請抽毀。王氏士禎已極論文長考辨之無稽，而館臣又謂其詩爲公安一派之先鞭，其文亦爲金人瑞等濫觴之始，惟黄氏宗羲則謂爲有奇氣，才不可及。又蔣超伯《榕堂續録》二云，文長狂士也，故詩多兀臬之氣，如《岳公祠》云，"墓門朱戟碧湖中，湖上桃花相映紅。四海龍蛇寒食後，六陵風雨大江東。英雄幾夜乾坤博，忠孝誰家俎豆同。腸斷兩宮終朔雪，年年麥飯隔春風"。此外佳聯，如"客裏經春花作伴，酒中連日雨留行"。"人間何物熱不喘，此地蒼鷹凍欲僵"。"疲驢狹路愁官長，破帽青衫拜孝陵"。"自古男兒嬰臼少，誰家嫠婦帝王知"。皆筆筆特立，別饒況味，此則專論其詩也。卷之一賦,卷之二樂府,卷之三四言古詩,卷之四五言古詩,卷之五七言古詩,卷之六五言律詩,卷之七七言律詩,卷之八五言排律,卷之九七言排律,卷之十五言絕句、六言絕句,卷之十一七言絕句,卷之十二七言題畫絕句,卷之十三詞,卷之十四表,卷之十五疏,卷之十六啓,卷之十七書,卷之十八論,卷之十九策,卷之二十序,卷之二十一跋,卷之二十二贊,卷之二十三銘,卷之二十四記,卷之二十五碑,卷之二十六傳,卷之二十七墓誌銘、墓表,卷之二十八行狀,卷之二十九祭文,卷之三十雜著。每卷前均題公安袁宏道中郎評點,某某校訂。半葉九行,行二十字。

## 北園蛙鳴集十二卷 明刊本。

明鄭瓛撰。前有隆慶元年南京太僕寺少卿姪孫本立序,次有嫡孫國賢識語,次有禮部右給事中姪孫國賓序,次有凌瀚撰傳,次有唐龍撰《墓誌銘》。龍,瓛甥也。誌略云,先生諱瓛,字溫卿,北園其別號,蘭谿人。誌中並述其令山東鄒平時,政績甚多,及著有《綱目撮要補遺》《道德陰符正解》《禮疑纂通》《深衣圖說》等書。此集卷二有《道德經正解序》,謂坊本《河上公章句注釋》卷端又題曰纂圖互註,其隨句訓釋處多支離緩晦,無所發明,大概誤作脩煉之書,而其每章總解處,頗似有見,又與前訓多不貫串,若兩人語,然求之往往迂戾,若皆未得老子真旨所在。近得元人林希逸解本,乃知總解處皆希逸本中語,又多截頭去尾,不用其全,首冠以龔子㝠之序,援老合儒,次以葛立之序以夢解夢,雖各推尊張大,而於老子之真旨亦槩乎未有得也。予反覆究心,似得其彷彿,信筆楷書,不加刪潤,多至二萬餘言,以經解經,不敢傍引曲說,苟有文筆高古君子,用此爲稿,而是正穎鍛,自成一家言,則千古一段未了公案,或可從此結斷也。又有《周易本義口講序》,謂後儒解《易》,失其本根，浮詞蔓語，徒增障蔽。有宋朱子始爲《本義》一書，名此之義，蓋謂卦本有此義，爻本有此義，詞與傳本有此義，吾不過從而發揮之，亦可見前此解《易》者悉非本義，其自任之意，亦有不可掩者。予以所得於先君者爲講章五卷，因名曰《周易本義口講》，見者閱其間，訖無科場時文對仗語，輒胡盧唾去。長孫國賢從予受《易》，請序之以傳於家，是鄭氏之爲學，每好究心哲理者也。卷二《師友遺思序》，略謂師之多莫盛於今日，師道之壞亦莫甚於今日。世之儒生游庠序者，既有堂齋專職之師，又有憲臣提督之師。某自成化癸巳入邑庠，及弘治丁巳作官，家居五十四年間，見吾邑堂齋之師，甲去乙代，無慮三十餘輩，提督之師亦更數十餘人云云。蓋明世爲諸生者，其習尚多如此也。卷三《書種記》，歷叙其家世，讀書仕宦之迹，而述唐裴度、宋黃庭堅之言，以勗二孫。卷四有《均貧富論》，歷言其時長官憐貧之心橫於中，訟多取勝；忿富之心橫于中，訟多受屈。貧民屢勝而日驕以佷，富民屢屈而日怨以吝，富民視貧民之借貸似被劫盜，貧民視富民之吝嗇反爲寇讐。昔日相倚賴相維繫之俗，至是又壞。卷六有《井田不可復議》，又有《井田不可不復議》，亦可見其致意民生矣。按：貧富不均欲求解決，先後哲人所得之方曰井田，曰社會主義，但井田不可行，均田、限田亦不易行，是以宋王荊公欲修《周官》泉府之法，而計畫制置三司條例司。公曰，《周官》之法，後世惟桑弘羊、劉晏粗會此意，蓋置泉府之官，所以權制兼并、均濟貧乏，變通天下之財，學者多不能推明其旨，更以爲人主不當與民爭利，非也。公之意擬以財權集於國家，由當局酌盈劑虛，均諸全國，使國人有所藉手以從事生利。<sub>宋洪邁《容齋詩話》云，荊公不忍貧民而深疾富民，志欲破富以惠貧。見卷三。</sub>當時卒以阻撓者多，未易推行。歐人今日行之而有利者，迺我國大政治家於近千年試爲敷施，轉多窒礙，蓋改革之難如此。明清之交，蜀人唐甄著《潛書》，其《大命篇》極言貧富相形之象，謂天下之亂皆從此起。魏叔子曾撰《限田》三篇，私謂三代後最爲善法，嗣以親知駁議而廢其文。顧氏炎武則力倡收族之説，謂均則無貧，乃至吏部尚書顧琮限田之疏。雍正時。龔禮部自珍平均之篇，意亦與前人不相上下，然虎皮羊羞，豈易謀得？源濁而望流清，事理所不許，紙上文章而已。以歐洲言，斯巴達來喀古士之主張幸能實施，英人葛德文生存權之言論則無多附和，此所以與吾國先進同其感慨也。予嘗讀明人某記鹽之書，附錄前人《哀鹽丁詩篇》，覺其聲與淚俱，不勝憤鬱。俄人屠格涅夫關懷農民生活，深表同情，著爲小説，以申其旨，農奴制度頗因此而蕩夷焉，《獵人日記》是也。然則北園先生固非蛙鳴，而爲高岡之鳳、嘔血之鵑矣。顧氏云，民所以不安，以其有貧有富，貧者至於不自存，而富者常恐人之有求，而多爲吝嗇之計，於是乎有爭心矣。夫子有言，不患貧而患不均，夫惟收族之法行，而歲時有合食之恩，吉凶有通財之義，此所謂均無貧者，而財用有不足乎！蓋顧氏主收族以爲均貧富之進行，是以復稱文正義田，至今猶存，故范氏無窮人以爲之證。吾國大姓多聚族，亭林政論，固按時立言也。《道德經正解自序》頗自矜負，惜不得其本讀之，然明代子學垂絶，至清而校讐討究古誼復明，鄭氏之作，想亦與焦澹園《老莊翼》同科耳。此集當是家刻，已多補板，半葉十行，行二十字。

## 玩畫齋雜著編八卷 明刊本。

明姚翼撰。前有隆慶元年門人沈位序，謂先生師唐荆川，而友茅鹿門，棄去舉子業，而肆志於經史百家之言。後以貢走京師試闈下，得學博以歸。先生之文得之荆川、鹿門爲多，蓋其字翔卿，既老矣，又更號海屋，湖州歸安人云。集爲友人施箕、門人沈位、茅翁精選校，故卷首著之。卷一有《玩畫齋記》，謂藏書千卷，私心所耽好者，獨在羲文之畫，因以名齋，其名集即由於此。卷一《南沙周君

行狀》云，江南土風素惑浮屠之教，親死多從火葬，嘉、湖二郡其染
尤深，非讀書信道之家及貲累千萬計者，鮮能自異。可考見當時風
氣。伯驥按：吾國上古嘗有焚屍之俗，其後則以焚屍為辱，故《易
經》與《周禮》所著略同，唯唐杜君卿則頗以火化為合。《通典》云，
古者送死於中野，衣之以薪而瘞其骨，然則此亦古俗也，未為害義。
今則以法律不復火化矣，然一墳所占不止十步，而有力之人廣圖風
水，遂廣占田為墳，而刀耕火種之人，無從措手，恐非長久之計。至
程子則謂，古人之法必犯大惡則焚其屍，今風俗之弊，遂以為禮孝
慈子孫，亦不以為異云。明宋濂《文憲集》卷三十《芝園續集・傅守剛墓碣》云，
自焚屍沉骨之俗成，雖縉紳之家亦靡然從之，魚爛河決不可救藥，君子每為之太息。守
剛父没，諸兄具棺斂已舁出中野，縱火焚之，守剛勢不能止，哭踊將絕，焚已，編荊成筐，
拾遺骸以歸，守剛欲夜半持筐，守者嚴，不果。明日，諸兄捧筐至大澤投之，守剛解衣入
淵中，泣拾堆沙上，脱所服緼袍裹之，奔告予先子尚書府君。府君命留閒房中設几筵，
使其父之友賈明善徵木造小櫝藏之，守剛備書買地負土成墳。其兄怒，予仲父文友君
將挈守剛，訴縣乃止。傅氏，金華好善里人。今印度及各方焚屍成灰別藏之，此則以所
焚餘者投之水，似又兼水葬，其法不同。讀此碑知當時雖有此俗，多數仍不以為然也。
《明内廷規制考》云，宫人死於宫中，如不是有名者，例不賜墓而行火葬，此則等級使然。
前清袁枚曰，今之習尚有火化其父母之骸以為孝者，遂有裹小其女子之脚以為慈者，敗
俗傷風事同一例。伯驥撰《中國風俗史》於此事至詳，此附及之。卷二有《玩畫齋
藏書目録序》，故清人鄭元慶所撰之《湖録》，即以姚氏入藏書家。
卷四《與朱明虹書》有云，今世用人大都孤寒無援，及不為人士所
推重者，始引南出。卷七《賀黄侯滿考奏留序》有云，今制優異同
姓，不煩以民事，是以諸王國官雖頗尊重，而不持尺寸權，又以嫌終
身不得轉徙。中朝司銓者，往往以淪眇無譽之士，推補此官而入仕
者，亦視為棄置，至諱不欲言。此二條可考見明代用人之史迹。卷
七《胡莊肅公文集後序》有云，近世立言垂訓，莫如陽明夫子，蓋其
良知之學，所得於藏用者已深。當是時與陽明夫子相望而興者，有

甘泉湛先生，蓋王、湛之學爲時所稱，故翼言如此。沈序謂，翼師荆
川，今集中卷七有云，南沙熊公名過者，翼師也，博極群書，不讓古
劉向、揚雄，而其爲文至使人不能句，則翼不衹師唐氏矣。今過
《集》與翼《集》，清《四庫》皆附存目，至館臣謂翼文似茅鹿門，則
非其實也。集中多有萬曆間文字，序題隆慶，係記作序時日，刻本
當在萬曆間矣。

## 童子鳴集六卷寫本。

　　明龍游童珮撰。明萬曆間刻本，伯驥屬館僮傳錄者。此集頗
不著名，然錢氏《列朝詩集》及《王漁洋集》均及之。清乾隆間，浙
江當道曾以進呈，蓋子鳴亦明代一詩人也。集中詩多於文，文亦不
及詩之佳。前列王弇州撰傳，王百穀撰《墓誌銘》，於子鳴行事至
爲詳盡。《浙江采集遺書總錄》謂百穀爲子鳴序集，當是偶訛耳。
百穀謂子鳴上其所輯唐楊炯、徐安貞二人《集》於韓太守，已而太
守敬爲童君鋟之。伯驥所藏明刊楊炯《盈川集》爲丁氏八千卷樓
舊藏，有子鳴序，而此集無之，當是缺佚。楊《集》前有萬曆丙子皇
甫汸序，次爲子鳴序，則萬曆三年撰也。略云，楊侯有詩文二十卷，
世遠遺逸，流傳者僅詩一卷。余每見侯文章於他書，輒自手錄，凡
得若干篇，共十卷，本傳、雜文別爲一卷云云。暇日當錄補此序於
《子鳴集》中。弇州稱子鳴有藏書萬卷，皆其手所自讐校，然葉鞠
裳所撰《藏書紀事詩》以子鳴爲書賈，列載卷七，衹錄《少室山房筆
叢》《列朝詩傳》《帶經堂集》所載事實，而子鳴六卷之集，葉氏未有
述及，蓋傳世之罕可知矣。弇州、百穀之傳志，葉詩亦不詳也。子
鳴更有《佩荑雜錄》《九華游記》《南岳東岱詩》《龍游縣志》等著
述，見百穀志中，未審尚可尋求否？原刻本有"梁溪顧氏天籟堂
雕"八字，讀其集中諸詩，知子鳴與梁溪顧氏游，故從而開雕其集

也。葉氏所列書賈，宋如陳道人，明如童子鳴、胡貿棺可云略備，然如元之李氏種德齋、見《松雪齋詩集》卷四。此本爲宜黃譚潤編集，共七卷，至元辛巳建安虞氏務本堂刊，傅氏《雙鑑樓善本書目》有之。吾家所藏則爲日人木井寫本，詩與至正沈潢本頗多同異，他家頗尟著錄，蓋罕覯之本也。傅《目》未著編者姓氏，故附記之。清之馮駝子，見近人《琅玕館詩鈔》。均應補入。伯驤所撰之《藏書紀事詩補編》已輯録多人，因論子鳴事略記於此。至《浙江采集遺書總録》謂子鳴曾問經學於歸震川，今按《千頃堂書目》卷二十四謂，子鳴一字少瑜，則《震川集》中所言之少瑜，殆即子鳴無疑矣。百穀《金昌集》有《送子鳴詩》，其卷四則有《童君傳》。今録傳以見子鳴之爲人焉。傳云，童君名佩，太末人。家山坂中，山田饒者爲直黃金半鎰，太末人非厚富不能田，童君乃從其父爲書賈人。父娶吳女，生童君，童君遂作吳音，行跡亦多在吳中。買一舫，不能直項，讀書其中，窮日夜不休。爲詩皆性靈，讀之蕭蕭有雲氣，特不善修形骸。人知者知其人，不知者知其詩，甚即白眼視之，蔑如也。其書帆檣上下皆羅列，手一編讀罷，即投置他所，不復歸舊篋，故其書漫無甲乙次第。人來售，又不耐檢校，悉棄去。每慨世人不能讀古書，見一奇士即授之，玄篇奧帙，往往零落不存。性嗜山水，聞武夷山色佳，便囊餱遠遊，歸談於人，謂舟行峽中，上下石壁二十里，皆作翡翠色。食閩中生荔枝，言吳中楊梅不能敵，嘖嘖自咤，以爲奇云。所最善爲無錫秦柱，柱爲人負氣節，有古烈士之風。童君過吳，必主其家。余善秦柱並及君，君面有秀骨，兩頤間蠹如青崖，肌體柔脆若楊柳，相者謂當詩窮。昔荀子非相，嗟嗟童君，夫相烏得非哉！夫相烏得非哉！又李言恭《貝葉齋稿》卷一《送童子鳴歸山中詩》"美人搖落二毛摧，五岳行踪八斗才。白璧自甘投楚澤，黃金誰爲築燕臺。溪邊芳草遥相待，門外浮鷗久不催。我亦日懸滄海夢，一樽翻送片帆開"。其餘諸家集，亦多道子鳴者，聲氣之廣，不又可見乎。王弇州所撰童傳附錄於下：童子鳴者名佩，世爲龍游人，龍游地呰薄，無積聚不能無賈游，然亦善以書賈，而子鳴之父曰彥清者，最稱爲儒雅，不寖然諾。子鳴少貧，不能從師塾，遂依其父游，得書輒問其父字，乙之，已稍遂能旁識，已遂囁嚅誦之屬，已遂能臆解之，已遂叢五七言、古詩，有清韻，而其爲他文亦工，尤善攷證諸書畫、名蹟、古碑、彝敦之屬。其游多梁溪，梁溪諸公子心慕之，爭欲得子鳴一顧以重。子鳴不爲逆時，時有所過從，至欲挾子鳴，不能也。而最後太保朱忠僖公與其兄恭靖王聞子鳴名，而使其交相善者挾之至都，子鳴爲一再過，焚香啜茗，評隲古書畫而已，不復及外事。二公既重子鳴，謀客之，一夕，竟遄去不顧。子鳴面峻削骨立，驟見之，語呐呐不出口。尤篤於交誼，有所期，雖千里不爽。其所營，纖嗇周身之外，贏不能百一，而倉卒以緩急請亡弗應者，至爲德而人負之，若己負德於人，唯恐語及也。爲人孝友自天性，其侍父舟車間，雖寢溲必躬，視養母尤謹。兄珊嘗舉於邑爲諸生，以長者聞。子鳴游多浮期，顧歸必就見書舍，買升酒相勞苦，共枕達旦。至再夕，不强之入不入也。即貫鏹尺縷悉以推其兄，而至子鳴出，而襆被不復問，妻子亦以兄珊撫之，逾於己矣。子鳴既以文行重交游間，而高淳、韓邦憲嘗一識於逆旅，器之，又數從交游，習子鳴名。會出守衢，首行部過其家，龍丘山塢中人不識太守鹵簿，皆擁門矖觀。尉史游徼旁午，顧見案上一柈蕨菜羹脱粟，太守與子鳴共，而烏烏吟，至夕始去。咸莫測何謂？子鳴久之始一入郡報謝，諸丞倅司知爲太守重客，禮之。子鳴逡巡謝，弗敢當。太守急欲捐俸資爲子鳴壽，難發言，而子鳴恒自謂田父，甘田中食，不憂餒也。臺使者以太守故請見子鳴，不得，大索其所著書，子鳴謝亡有，退而上其所輯唐故邑令楊炯、邑人徐安貞集，太守爲鋟梓行之。太守遂下教邑，綱紀南州，杜門文舉，首騶北海爲政康成，標里龍丘逸民之藪，前萇後珮，千載兩賢。萇猶托跡功曹，一試綦組，而童君畢志雲蘿，聲跡俱挫，可謂嚼然不淄，瞻之在前矣。間者一造其廬，談討松桂寥廓之士邈焉寡儔，太守不佞白駒用慨，其樹楔左閭以風在野，子鳴固辭之，邑不得，乃謂其令曰，夫不佞珮者，而敢當我龍丘先生也。夫龍丘先生以一握耒啓不毛之山，而使山至今而借其姓以顯，奈何惜勺漿之享以報之。龍丘先生者，太守所謂萇也。令涂君乃爲祠，祀龍丘萇，而記其事。子鳴生平布素無長物，僅一復陶，而從客所有，呼寒者即解衣衣之，不復徵。薄田數十畝，忍口腹得少羡，輒付義施。族指衆，而俗三男一女，子鳴捐羡粟以給舉女者，又以貧不能延稚子師，則又歲割租若干，俾延師。其所施行類非貧士也，跡所自共養，蓋貧士蹙額所不忍。俄而太守韓君卒，子鳴徒步送其喪，踰嶺憊而病，夢太守邀並駕，子鳴以婚嫁未畢，辭不可。覺而自疑，久之病寢劇卒，年僅五十四。一子尚幼。子鳴有藏書萬卷，皆其手所自讐校者。生平冒雪游九華山，登南嶽祝融，坐雲氣間，泰山日觀峯候夜半出日以爲奇，遂有《九華游記》《南嶽東岱詩》及他文集、《龍游縣志》若干卷。贊曰，吾聞之，太史公季次原憲，懷獨行之德，義不苟合當世，世亦笑之，蓋蓬户疏褐，不厭死而已。四百年而弟子志之不倦，游俠之言信行果，已諾，必誠赴，士阨困而羞伐其德，蓋亦有足多者焉，以爲其兩不相得也。今觀子鳴子子次憲之行，而時有朱家田仲風，豈不亦兼之哉！其恂恂退讓，慘怛乎尹業遁名矣，而名逐之有以也。韓太守者，余同年子也，蚤死，不然其折節下士，庶幾成其聲者哉。見《弇州山人續稿》卷之七十二。

伯驥按：龍游縣，前清屬浙江衢州府，往者梁任公先生自北平函來，嘗述及縣人余君紹宋獨力撰成縣志，曾來飲冰室檢書等語，但未悉尚有子鳴舊志爲底本否，刊成與否？亦無所聞。吾粤當黃晦聞長教育廳時，以電請余君來任廣東通志館總纂，余覆不就，蓋近年來研求地方志者，以善化瞿氏穎宣及余君爲有名，故吾粵有此請也。余君擅繪事，撰《書畫書録解題》，於《畫史會要》五卷之下，題明朱謀垔撰，似於明刊本及庫本尚未寓目，且《佩文齋書畫譜》於此書作金賚撰，續編題朱謀垔撰。孫氏《祠堂書目》亦題撰人爲金氏，余君似亦未嘗考及。予所得爲舊鈔本，則題雲岩默老金賚敷奇撰，曾據鈔本中語意，證明此書爲金氏原本，謀垔竊之以盜名，跋文頗長，見拙著《書目初編》。子鳴雖市兒，能讀萬卷書，與當世士大夫游，成就如此其犖犖，白屋孤寒，其造詣往往賢於朱門子弟，人固可輕量乎哉！知人論世之君子，盍觀覽焉。

## 滄溟集三十卷附録一卷明隆慶刊本，黃氏五桂樓舊藏。

明李攀龍撰，晉陵張弘道成孺校。攀龍，歷城人。嘉靖甲辰進士，官至河南按察使。事蹟見《明史·文苑傳》。伯驥按：攀龍始官刑曹時，倡詩社。王世貞初釋褐，與攀龍訂交，攀龍才思勁鷙，名最高，獨心重世貞。《明史》詳之。而《客燕雜記》又言，李、王及徐中行等俱官西曹，相聚論詩，建白雲樓于四川司中。攀龍與王世貞提倡古學，謂不當讀唐以後書，明代文藝自前後七子而大變，攀龍即後七子之魁傑。殷士儋作《攀龍墓誌》謂，文自西漢以來，詩自天寶以下，若爲其毫素污者，輒不忍爲，故所作一字一句，摹擬古人，驟然讀之，斑駁陸離，如見秦漢間人，高華偉麗，如見開元、天寶間人。伯驥按：殷與李氏同爲山東人，殷有《金輿山房稿》十四卷，吾家所藏明刻本，前題濟南殷士儋正夫著，板槧紙墨亦佳。蓋續前七子之緒者，攀龍實爲之冠，其後弇州名盛，遂駕而上之耳。萬曆、天啓間，袁宏道、艾南英、歸有光詆之不遺餘力，然其中實有可傳。四庫館臣謂譽者過情，毀者太甚，固平心之論也。前有隆慶壬申西蜀張佳胤序，略云，李先生歿，而余撫吳，將以其間梓先生之詩若文，於是元美屬余序。序曰文章關乎氣運,信然哉!說者謂結繩而後,其盛者代不數,代而盛者人又不數,迤至歧,詩與文而對稱之,則未有兼出媲美者,何也?詩文之用異,而氣不備完也。詩依於情,情發而葩,約之以韻。文依事,事實而核,衍之以篇。葩不易約,而核不易衍也,於其體固難之。葩與核左而不相爲用也,則又工言者之所不易兼也。孟氏云,《詩》亡然後《春秋》作。得春秋之緒爲戰國、先秦,而其間《左氏》《短長》《莊》《列》《韓非》《呂覽》,諸君子洋洋乎其言之也,燦然而章,蓋至西京而文則已極也,然而《三百篇》之旨微矣。東京、建安而後,稍稍能取其材而小變其格,以至陶、謝,蓋至唐而詩則已極也,然而西京之旨微矣。北地生迺稍稍知兼出之,李先生之集行,而操觚者可按觀也,代不數而得之明,人不數而得之李先生,詩與文不兼出,而先生俛得之。先生諱攀龍,字于鱗。學者稱爲滄溟先生。卷一、二古樂府,卷三、四五言古詩,卷五七言古詩,卷六、七五言律詩、七言律詩,卷八、九、十、十一七言律詩、五言排律,卷十二、十三、十四七言排律、五言絕句、七言絕句、六言律詩、六言絕句,卷十五賦、頌、序,卷十六、十七、十八序,卷十九記,卷二十傳,卷二十一、二十二墓誌,卷二十三墓誌、墓表、神道碑、行狀、祭文,卷二十四祭文,卷二十五雜文,卷二十六、二十七、二十八、二十九、三十書。而附錄撰者誌銘、傳、祭文、詩於卷末焉。張序所云殷少保、王元美誌傳,即在其中也。半葉十行,行二十字。此集明時有兩刻,一隆慶本,一萬曆本,此則初刻也。卷末有"五桂樓章",當是餘姚黃氏藏本。《椿蔭軒筆記》云,先王父諱澄量,號石泉,築五桂樓,徧購古書善本,置其中,凡五萬餘卷,藏書之富甲越中。阮文達嘗序其目。樓下即七十二峯草堂,爲講學會文之所,取明陳以勤以下數十家文,倣《文苑英華》例,輯《明文類體》百四十冊稿,藏樓中。並著《姚江書畫傳》《賀溪脩禊錄》等書,第二十九葉。兵燹後，浙東論藏書之富，首推黃氏，雖天一閣范氏不及也。第五十五葉。按《五桂樓目》有刻本，所藏不及范。

## 蠛蠓集五卷 明刊本，汪季青舊藏。

　　前題黎陽盧柟少楩著。前有自序，略云，撫錄舊作並獄稿文若干首，騷賦若干首，雜體詩若干首，搆成幾卷，命其集曰《蠛蠓》，蓋嘉靖癸卯春也。柟，滑縣人，家世業農。王氏《四部稿》八十三，有柟傳，此不詳述。柟以諸生負才忤縣令，令以殺人誣之，榜掠論死，展轉經年，莫之能解。臨清謝榛赴都稱冤，其時縣令已罷，陸光祖代其職，始得平反。今讀卷一書類，有《上魏安峯明府辨冤書》，自稱志行狂簡，言頗激越，時時取釁屬，爲世人譏誚。傭工人王隆左手病瘡甚，給直辭退，以張杲代之。後杲因大雨排房塌撲死，其母駕誣邑侯，謂柟毆伊男卒，下柟大名守，擬柟以家長毆雇工至死定罪。又卷四四言古詩，所謂拘幽五載，二靈未葬，宗祧有斷食之憂，皆其事實也。全集分雜文二卷，賦一卷，詩二卷。柟詩豪放，其性光明磊落，故詩亦如其人。雖列入廣五子中，然與王、李異軌，不現塗飾模仿之習，賦尤見賞於王世貞也。謝榛寓鄴下，受趙康王厚遇，後挾詩卷游長安，曾營救柟，上已署及之。《四溟詩話》云，盧氏過鄴，訪予草堂，樽酒款洽，因談作詩有難易遲速，方見做手不同。盧曰，格貴雄渾，句宜自然，吾子何其太自苦耶？刻削有傷元氣耳。又《胡氏詩藪》云，盧華藻不如謝，而氣勝之。謝，謂榛也。清《四庫提要》云，柟生當嘉、隆之間，王、李之燄方熾，而一意往還，不染時習，可謂毅然自立，無所依附，評隲至當。題爲蠛蠓者，以爲潔於自奉，介於自守，蓋自喻云。蠛蠓者，醯鷄也。《列子》蠛蠓生朽壤之上，因雨而生，覩陽而死。少楩之意，蓋取乎此？半葉十行，行十九字。字體方整，板心有刻工姓名。卷前有“屐硯齋圖書印”、“擷藻堂藏書印”，當爲休寧汪文柏季青遺本，讀汪所著《柯庭餘習‧有堂齋詩》，以此知之。

## 謝耳伯先生詩集八卷 明刊本，赤堇山人舊藏。

前題閩綏安謝兆申耳伯著。兆申字伯元，號耳伯，邵武人。萬曆中貢生。朱氏《明詩綜》曾録其詩，徐氏《筆精》稱，耳伯罄家資購書五六萬卷，又多祕册，合八郡二州，未有能勝之者。故此集序首之黄氏亦盛稱其藏書之富，蓋黄氏夙嗜收藏，人多知其子俞邰爲千頃堂主人，實則名父已導其先路也。朱謀㙔《水經注箋序》稱，與綏安謝耳伯、婺源孫無撓，共爲此書。杭氏世駿跋稱，無撓之言不能無誤，而不聞辨論耳伯之言，則謝氏之學固精，不特藏蓄之富矣。黄序略云，綏安謝耳伯，弱冠籍諸生，嘐嘐道古，好深湛谿刻之思，文非秦漢、詩非漢魏無稱者。其治經生言亦然，應省闈，輒報罷，再試京兆，不得一當。耳伯喜交異人，購異書，搜異聞。躭子長遊癖益甚，人自薦紳學士、子墨客卿、黄冠緇流靡不接。書自墳典丘索、經緯流略、稗官璅語罔不收，而遊道殊廣，名山奇壑，跡幾遍。橐中裝半以佞佛，半以市書，不問家人生産，一出輒經年。所樓止輒挾書與俱，有三十乘留僧舍，今亦化爲烏有已。耳伯初遊吳，以文贄劉子威侍御，侍御引之入林，最後於越交虞瞻，於江右楚交湯義，仍並驚詫，以爲奇人、奇文得未曾有。今其人往矣，其文俱在，余所見者古詩，僅窺半豹。無一語不建安、黄初，而不襲其一語，是謝耳伯之詩也。耳伯不爲律，其不屑唐以後語乎。末題溫陵黄居中纂於朝爽閣。後有木刻章曰“成均師表”曰“白門寓客”，蓋黄氏官至南京國子監丞，流寓上元，故云爾也。後有其子元跋語，略云，家先嚴耳伯君，雅攻舉子業，獨擅心匠，絶不寄人籬下，由贇序入辟雍，群以多士冠軍相推許，奈數奇場屋，未膺國士遇。生平遨方以外，一切雜撰盡忝海內，薦紳諸老先生，洎學士諸長者惠垂，授梓氏以刻此集云。全集均是詩，卷一四言樂府，卷二、三、四、五、六、七、八皆五言古詩。卷四有何季穆贈書及詩扇詩，其書一爲《大和正音譜》，一爲《金薤琳瑯》。卷五有馮嗣宗贈詩、名物疏詩，則耳伯好書之篤，略可見矣。半葉九行，行十八字。前有"赤堇山人"朱文方形章，葉元堦字冰心，號仲蘭，慈谿縣學諸生，家富藏書。工詩，有《赤堇山人詩集》。有"得一居珍藏印"，此當是葉氏藏本。鄞有赤堇山，《越絕書》所謂赤堇之溪涸而出銅是也。《方輿紀要》云，赤堇山在紹興府東三十里，一名鑄浦。《國策》破堇山而出錫。又，寧波府奉化縣東五十里有赤鄞山，亦曰鄞城山，相傳歐冶子造劍處。堇，草名，加邑爲鄞。趙氏一清謂漢取山名，以氏縣也。

## 陳白陽先生集不分卷明刊本。

明陳淳撰。淳字道復，號白陽山人，長洲人。文徵明弟子，善書畫。前有錢氏序，略云，先君子嘗言美如冠玉，其人如玉者白陽、雅宜二人耳。余生晚不及見白陽先生，猶及見先生諸弟，及沱江子。沱江子魁梧玉立，灑翰怡然，稱其家兒弇州翁所謂道復二妙，括得其一者也，最後於群從中識明卿孝廉，亦異人也。明卿爲先生三從玄孫，慨然惜先業頹落，先生之集不傳，於是旁搜博采，裒而成裘，都爲若干卷，附錄一卷。問序不佞。先生天才駿逸，援筆立就，少雖學於衡翁，不數數襲其步趨，橫肆縱恣，天真爛然，溢於毫素。今集中如"梧桐半階日，楊柳一簾風"。"晚涼生竹隖，新水溢花渠"。"流水去無住，停雲意自閑"。又如，"身外事機懸不識，眼前光景醉能歌。衰髦已添新白髮，敝裘猶擁舊青氈"。"引興聊堪新釀酒，破愁還檢舊抄書。雞豚得意收成早，囊篋蕭條活計無"。瀟散閑雅，恬淡自然，蓋先生寄情於酒，老於湖鄉。對客揮毫多不留稿,所刻十不得二。明卿紗齡績學,刻意先業,片語隻言,纖悉網羅。萬曆乙卯,鄉後學錢允治撰。次有傅氏序,略云,不佞卬歲游心藝苑,自邃古以迄昭代,無論鼎彝金石、殘碑斷碣,即剩墨餘瀋、寸縑片楮,爲好事家所賞鑒者,願寓目焉。向僅覯白陽先生畫耳,既乃識其書,今讀先生詩而並悉其品,嘗謂先生畫山水如大、小米而骨氣過之,花卉如黃、馬而生色過之,書法淵源羲、獻而出入顛旭、醉素之間,更峭拔遒勁,別創法門。其形之篇什,則本諸高才絕學,而和以天倪,以故獨暢玄情,兼饒逸響。萬曆乙卯,秣陵傅汝霖撰。集中以五言古、七言古、五言律、七言律、五言絕、六言絕、七言絕,題畫聯、詩餘、雜述附錄爲次。前序及卷中之詩,均是寫刻,察其筆跡,各詩與傅序同,當是傅氏手寫。近日金陵鄧氏書目頗醉心是集,謂當與《沈石田集》寫刻本同藏,俾兩畫家合璧,蓋亦以其刊刻之工耳。半葉九行,行十九字。

## 群玉樓集八十四卷明崇禎刊本。

明張燮撰。燮字紹和,龍溪人,萬曆甲午舉人。《千頃堂書目》曾錄其小史及遺書,《浙江采進遺書總錄》著錄燮所撰《霏雲居續集》二十四卷,又述黃氏宗羲之言,謂其文波瀾壯闊,而佐以色澤,實萬曆間一作手。四庫館臣謂《明史·黃道周傳》載其三罪、四恥、七不如。疏在崇禎十年,距燮鄉薦之時已四十四年,尚稱志尚高雅,博學多通,不如龍溪舉人張燮,則燮以舉人終於家也。庫《目》著錄燮撰《東西洋考》,故及其略歷。此集卷一賦,卷二至三十皆詩,卷三十一、三十二送行序,三十三、三十四贈序,三十五至三十八壽序,三十九讌遊序,四十至四十一各序,四十二至四十四集序,四十五、四十六記,四十七、四十八碑記,四十九頌贊、箴銘、辯,五十墓銘誌,五十一傳,五十二、五十三、五十四行狀、誄,五十

五、五十六、五十七、五十八祭文，五十九至七十四尺牘，七十五至七十八啓，七十九奏記，八十題辨，八十一、八十二書後，八十三、八十四引跋、記事。集中所述往來之人，如徐大將軍、丁太僕、俞大將軍、王方伯，以迄曹能始、李長蘅、黃若木、陳眉公、文文起、徐霞客、王季重、焦弱侯，多當時卓有聲譽者。至其著述，則以編輯《七十二家集》爲最大，如汪士賢、如張溥，皆所不逮。各集皆有考訂，不涉訛妄，有稱爲集序者，宋大夫、班蘭臺諸集是也；有稱爲題辭者，楊侍郎、蔡中郎諸集是也；有稱爲引者，賈長沙、司馬文園諸集是也。各文皆見於此集中，可資考覈者不少。贈答之詩附來詩，尺牘之文附來札。本文大字，而來詩、來札則以小字夾註詩札之末，可由此考見言論事實之始末焉。前有自序云，草廬深處舊有小樓，圮而更築之，貯所畜群籍其上。曹氏之倉、陸公之厨，庶幾貼宅焉。當窗散帙，雅多善本，如探群玉之山，此樓所由名也。主人霞朝星晚，坐起自娛，興到濡毫，饒有撰著，即拄笧他往。翰墨間作，歸必篋藏于此間，故亦以群玉名集云。比歲以來，梓行前代諸種，覺梨棗累心，故已所撰著咸束高閣，或以懸門請者，搖首而不敢對。旋又自思年過耳順，萬一身填溝壑，茫茫大地誰爲點定吾文者，暇日間取而差次之，删繁刊誤，滌疵補亡，備嘗苦心。始萬曆己未夏杪，迄崇禎戊辰冬，終十載星霜，幾番壚冶而有斯集，計賦一卷，詩古、近體合二十九卷，唱和諸鴻篇附焉。近代徵言諸序爲多，故刷韻之文以爲篇首，碑記次之，頌、贊、箴、銘又次之，墓文及傳狀、哀誄又次之。音郵者交道所以不枯也，薄蹏幾行，締結酬酢，心曲形影，自爲拈出，在阿堵間。先是見何雅孝爲人立傳，必取其書問，細按之然後舐毫，李雲杜集行不載尺牘，鄒彦吉屢詫爲欠事，故余於寄遠諸牘，務竟首尾，而來械、報械，備列如右。衿契盡英碩，商榷半煙霞，畏羶如焚，嫉惡如梟，他年過目，可當年譜。至於啓奏亦復連

類,若乃集序之外有題詞、有書後、有引、有跋,雜曳後塵共五十有
四卷,合詩與文則八十四卷矣。己巳開山以後,別目爲集不在限內
也。匡濟之士談經綸如指掌,理學之士析心性如列眉。余既株守
槁寂,多瓠落無所可用之語,其所吐納,雖原本於道德仁義,而不能
金口木舌,弘闡宗風,此清夜所稔悉,爰及文心,亦略可言。世逐模
擬,而余自闢其宗門,世安頹唐,而余高開其騰躍。世人胸無臠脂,
空拳應敵,余却畋漁萬彙,全供驅使,如蜂釀蜜,先咀百花。世人事
無的據,背心導諛,余只約略微踪,量加甄飾,如鏡受形,隨宜半面。
幸殊驢券,好謝龍賓,此亦余之所長也。文筆高遠,意在沉含,遡源
甚深,未易得測,而余發語務盡底裹全輸,其內遜者一。文章駿快
者一瞬千里,蕩坂走輪,何等直截,而余取徑易紆迴彎交枕,其內遜
者二。微言多要渺,而余矗笨成性,令音多曲折,而余莽曠踰涯,其
內遜者三。脣脂難燃,螬腸未化,此又余之所短也。崇禎戊寅中秋
石戶農張燮識。此集流傳極尠,所謂《霏雲居續集》亦尠見著錄於
藏書家,黃《目》著錄張氏集,計《霏雲居集》五十四卷、《續集》六
十六卷、《北遊稿》一卷、《藏真館集》四卷、《群玉樓集》八十四卷,
而浙江采進遺書時,僅得《霏雲》二十四卷,想其時亦已殘觖矣。
伯驥得此本於杭州,得《七十二家集》於海上,藏諸篋中,深資考
訂。前歲而世所難得之《七十二家集》,又復見於傅氏《雙鑑樓書
目》,正喜紹和撰本不至散亡,今著錄集目於此,以志吾幸。其《七
十二家集》則俟再詳焉。半葉九行,行十八字。

### 寶庵集二十四卷明刊本,顧淳德批校。

　　前題吳郡顧紹芳實甫著。卷一前有墨筆題字一行云,“道光
二十年庚子,八世孫淳德敬藏於秋雲一眺處”。共裝八冊,每冊首
均有“顧印淳德”白文小章、“得之”朱文小章。全書畧有校語,當

亦出淳德手。紹芳字實甫,別號學海,崑山人。官至左春坊左贊善。卒於萬曆二十一年。事實具王錫爵撰《墓志銘》、張棟撰《行狀》中,均附集末。而集前則有萬曆壬子門人吳應賓序、門人趙標撰《詩序》、馮琦《刻三太史詩序》,全集計詩八卷,餘皆文。檢《顧亭林先生年譜》,先生撫子衍生原本。知學海實爲亭林本生祖父,蓋亭林嗣父名同吉,本生父名同應,同應學海次子也。本集卷十九,有學海所撰《先考行實》,稱高祖耕雲,名珩,曾祖默庵,名鑑,祖刑科給事中思軒,名濟。濟生兩子,一名樅,次即學海之父章志,官至南京兵部右侍郎。子三,紹芳、紹苧、紹芬。紹芳子同德、同應,紹苧子同吉,是亭林以伯之子而嗣仲也。譜稱同吉未娶而夭,聘王氏矢志不更字人,歸執婦道。嗣祖憐之,亭林既生,即抱撫爲之後。王氏即《亭林文集》所稱王碩人也。集中有云,先妣未嫁過門,養姑抱嗣,爲吳中第一奇節,蒙朝廷旌表,國亡絕粒以女子而蹈首陽之烈,臨終遺命,有毋仕異姓之言。《明史》卷三百三《列女傳》云,王貞女,崑山人,太僕卿宇之孫,諸生述之女,字侍郎顧章志孫同吉。未幾,同吉卒。女泣去飾,白衣至父母前,不言亦不泣,若促駕行者。父母有難色,使嫗告其舅姑。舅姑掃庭内以待之。女既至,拜柩而不哭,斂容見舅姑,有終焉之志。姑含淚曰,兒不幸早亡,奈何累新婦。女聞姑稱新婦,淚簌簌下,遂留執婦道不去。後姑病,女服勤,晝夜不懈。及病劇,女入候牀前,出視藥竈,往來再三,若有所爲。群婢窺之莫得其迹,姑既進藥則睡,覺而病立間,呼女曰,向我飲者何藥? 而速愈如是。欲執手勞之,女縮手有難進之狀,姑怪起視,已斷一指置藥中矣。姑歎曰,吾以天奪吾子,常憂老無所倚。今婦不惜支體以療吾疾,豈不勝有子耶! 流涕久之。人皆稱孝女云。前清偃師武億《授堂文鈔》書徐貞姑事後,述《禮記·曾子問》《詩·邶風·柏舟》魯詩説,謂貞姑之義,與顧母同。前文皆題目爲貞女,女在室言之,于號爲非宜,故以易名爲姑,孫叔然云姑之言,古尊老之稱也。見卷三。蓋謂凡言貞女,當改題貞姑也。伯驥按:明歸有光《貞女論》、清毛奇齡《禁室女守志殉死文》、汪中《女子許嫁而壻死從死及守志議》,皆於貞女問題有所論列,蓋原其意則出於從一而終之義,而末流之弊且有以此爲倡,而加弱女子以强迫者,禁之於末流誠是也。清雍正間,史奕昂奏,今見請封生母供結内注並非再醮字樣,殊乖忠厚傷人子之心,按結内既稱某人室女以禮聘娶,則非再醮,可知何必多此詞累。疏入,飭部頒行。蓋清制不禁人再醮,但不予封典,故有此支節。宋以前法制及社會風俗皆不彈擊再醮,但寡婦則力爲保護,古川澤有禁,惟嫠婦得以笱入川。《三百篇》云,滯穗遺秉伊寡婦之利。注,穧禾之鋪而未束者,秉把也。主人不暇取,寡婦得捃拾之也。《漢書·宣帝紀》使女徒復作。注,李奇曰,復作者,女徒也,謂輕罪,男子守邊一歲,女子頓弱不任守,復令作於官亦一歲,故謂之復作徒。此與公曆一九零二年波斯詩賽發見《巴比侖加摩剌比王法典》石柱中,有規定寡婦及其他弱者之保護無異。時賢胡適所撰《藏暉室劄記》,嘗及西人某名畫家《拾穗圖》,亦同此意。清俞正燮有再嫁不應非之説,此説余嘗加以討究,謂夫有未完之志事,而己之力可以完成之者,則不宜再適。例如,洪北江編黃仲則之詩,元遺山撫白寓齋之子,朋友且然,況乎夫婦? 仲則客死異鄉,北江經紀其喪,詩集亦眼見刻成,人多其義。元、白當黍離之會,遺山撫挈仁甫數年,寓齋北歸,父子相逢,恍同隔世,所謂死生之際,乃見交情也。如夫子骨肉未寒,遽爾去而他適,於此誼失之遠矣。餓死事小,失節事大,宋儒之説,誠非通論,明《陳眉公集·祭餓死張烈婦》文中有云,有孤可立則保孤,無孤可立則殉夫,言尤殘酷。但能於尊男卑女之舊誼講論,而使之平義務、權利,互爲擔承,互爲授受,則易易矣。宋袁采於後母再醮一節加深刻之討論，清錢大昕《潛研堂集》、李汝珍《鏡花緣》每多通論，言倫理學、社會史者盍加之意乎！此集卷九有《寶庵集自序》，稱萬曆九年秋，以請告還，料檢篋中積之五年而得詩文凡若干首，命之曰《寶庵集》。寶庵者何，采老氏三寶之義以名吾庵，即以名吾集焉。余上不敢希金石之圖，而下不敢窺世俗之好，是余之集既不足傳於後，又不能徵於今，徒可藏諸庵中，時時以休暇出一篇讀之，自娛而已。學海詩文流動邕達，無明人冗沓苦澀之習，故集中多可誦之作。卷十《贈兵憲餘干李公序》、卷十一《壽表姊王孺人序》皆題代家君作，則學海之父固深許其能文矣。卷十《瞿文懿文集序》其目下署代字。伯驤檢家藏明刻瞿《集》，則此序實署王錫爵名，蓋王氏與學海有故，《行狀》所謂君之始入仕，則以茂苑爲主師，入史館則以婁江爲館師，婁江謂錫爵也。《四庫存目》卷六有八卷本，爲江蘇周厚堉進本，前有馮氏《三太史集序》，稱學海及王敬卿、葛仲明之詩，皆所手定，則此集爲三家之一種，有詩而無文也。朱氏《靜志居詩話》云，學海詩工於五律，不露新穎矜鍊以出之，頗有近於孟襄陽、高蘇門者，今觀其集，覺意境未深云。半葉九行，行十八字，槧刻精工，當萬曆之世刻本如此，頗不多得。卷一板心有“崑山唐伯誠刻”六字，當是其時之良工。此集流傳殊尠，當開館求書時，《寶庵全集》或未求得，故衹以詩集存目，今讀學海之文中有論及北虜者，學海去官亦以虜故，則館臣即得全集遺本，亦必謂爲違礙，而不以入錄矣。本集淳德校筆有云，所謂北胡者，豈指本朝耶？按胡虜之義畧相等，取行文之便耳。《抽燬書目》云，卷八《內塞上謠》八首，語多駁雜，應請抽燬。此則專論其詩耳，是文集果未得也。亭林挺生明清之交，實爲清世樸學先導，然行己有恥，博學於文二語，原包涵漢、宋。當時崑山歸、顧二氏均有文孫，及其成就則歸遠不如顧，諷誦此集，偶附志之。歸莊字元恭，號恒軒，太僕卿有光曾孫，早年入復社。崇禎十三年，以特榜被召，辭不赴。獨與亭林友善，世有歸奇顧怪之目。仲兄昭，官同知參南都史閣部幕府，城破，與難死。恒軒往收其骨，歸葬。清兵攻崑山，縣令檄亭林、恒軒起兵，事敗亡命，後返里爲僧，號普明頭陀，所居扉破至不可闔，椅破至不可移，以蘆葦縛之。書額曰結繩，而治遺集曰懸弓。《牧齋》《梅村集》均有《題恒軒僧服象詩》。國立北平圖書館有此集，寫本他日當借校。

## 珂雪齋前集八卷明刊本，溫鐵華舊藏。

前題公安鼍隱袁中道著，友人濮山夏之令校。前有萬曆戊午中道自序，略云，六經尚矣，文法秦漢，古詩法漢魏，近體法盛唐，此詞家三尺也，予敬佩焉，而終不學之。非不學也，不能學也。古之人意至而法即至焉，吾先有成法據於胸中，勢必不能盡達吾意，達吾意而或不能盡合於古之法，則吾之意其可達於言者有幾？姑抒吾言所欲言而已矣。此八卷皆詩，中道爲公安三袁之一，當時乘李夢陽、何景明、李攀龍、王世貞摹仿漢唐之後，僞體方興。中郎宏道、庶子宗道、郎中中道，遂倡爲輕巧本色之文字，世所謂公安派者也。中道之學不及宏道，而宏道《中郎集》世多有之，此類頗尠流傳，伯驥按：宏道字中郎，公安人。萬曆進士，知吳縣，後官考功員外郎。詩主妙悟，著有《觴政》《瓶花齋雜錄》《袁中郎集》《明文雋》。萬曆間言詩文者，多宗王、李，公安三袁力排之，於唐好白居易，於宋好蘇軾，至宏道益以清新輕俊爲高，學者多舍王、李而從袁，然戲謔嘲笑間雜俚語，讀書不多，頗有空疏之弊，追鍾、譚之説興，而風氣又一變矣。觀于自序之言，則其詩文之成就可知矣。前人謂王、李塗澤，三袁纖佻，欲考前明詩文風氣之變遷，此集雖微，亦文學史之資料也。半葉九行，行十八字。前有“拾香草堂章”。溫曰鑑，號鐵華，烏程人。著《拾香草堂集》二卷。曰鑑爲劉桐女夫，從楊鳳苞、邢典游，好蓄書，嗜金石文字，精輿地之學，著《魏書地形志校異》。見《烏程縣志》。此本當是鐵華遺書。

## 白蘇齋集二十二卷 明刊本。

　　明袁宗道撰。前有海鹽姚士麟叔祥叙，略云，太史公既以明經大魁天下，更自別啓靈竇、別主氣格，與中郎小修，獨唱互賡，陡闢門户。觀此則太史見地已足自雄，奈何前借白蘇名齋，兹更以名其集，豈非以白、蘇兩公，其心忠其學、禪其人、達其官，皆曾翰林，而白無兒、蘇躁勿，俱足以況耶？若曰韻言近白，大篇類蘇，又非被人涎沫，自闢門户之意，第當呼之曰白蘇齋，不當以白、蘇詩文看作《白蘇齋集》可也。卷一、二古詩，卷三、四、五今體，卷六絶句，卷七、八館閣文類，卷九、十序，卷十一誌狀、祭文，卷十二誌狀，卷十三祭文，卷十四記類，卷十五、六箋牘，卷十七、十八、十九、二十説書，卷二十一、二十二雜説。卷一前題公安袁宗道著，弟宏道、中道參校。卷三有目云，南平社六人各一首，其咏外大父方伯公云，“燈前歷歷蠅頭字，篋裏翩翩近體詩”。咏孝廉舅惟學云，“少年經術兼詞學，中歲空門又道家”。則其學固出自外家矣。卷七《刻文中子序》有云，今海内學士欲治子家言，方海錯乎莊、列輩，濡首其中，而薄洙泗正論爲無當。此風不熄，將爲晋朝揮麈諸人之濫觴，其蠹世道而蕩人心，寧有底極，故吾取諸子中若《文中子》之宗洙泗者，付剞劂氏刻之，以風天下。蓋袁氏不以《文中子》爲僞書矣。卷十《嘉祥縣志序》云，庚辰，不肖從舅氏計偕，始集儀部門，門外書賈列肆争授，舅氏獨取大儒語録及一二竺典歸，不肖傍觀匿笑，此何異熱月販絮？既落第，偕歸，宿旅舍，舅亟取前所市書示我，若無憂，第諦觀此，七尺百年不能限也。不佞廿載醯雞，知瓶瓿外別有天地。自兹目始鑽磨至今，十又七年，始從覆中聳身而出，見日月光，其鈍也如此，而舅氏則汗契曾氏之唯久矣。又云，讀此志《儒林傳》益妙，讀至論曾子處，愈驚嘆不已，何也？天壤之間，惟有此一種學問,而春秋以來,亦惟有此一線學脈也。蓋嘉祥爲曾子故里,故袁氏有此言也。卷七《刻文章辨體序》有云,胡寬營新豐,至鷄犬各識其家,而終非真新豐也。優人效孫叔敖抵掌驚楚王,而終非真叔敖也,豈非抱形似而失真境,泥皮相而遺神情者乎？蓋笑摹效者之失其故步也。此爲公安三袁之一。三袁詩文,清《四庫》以宏道《中郎集》存目,而宗道、中道《集》,均無之。伯驥兼收《白蘇齋》《珂雪齋》二集,蓋所以備文學史之考論也。楷寫刻,半葉九行,行二十字。予所得中郎《瓶花齋集》十卷、《瀟碧堂集》二十卷,刻槧亦不苟且,但竹紙燥薄,墨亦浮矣。大抵明自中葉後,書紙多采此種,末季且有裁去無字之半葉者,凡竹紙薄而細潤者能耐久,否則容易作蛺蝶片片飛也。

## 嶽歸堂未刻稿不分卷　明刊本。

明譚元春撰。前有崇禎戊寅李明睿序云,今天下蓋知宗竟陵哉？竟陵詩行,風雅爲之一變,説者咸謂竟陵思以易天下,予謂鍾、譚二子何嘗有易天下之想,亦其世之所趨不得不然也。文士相輕自昔而然,傅毅見小於班固,友夏獨能推服乎伯敬,其風範可欽。友夏文名早盛,歷萬曆、泰昌、天、崇四朝,十履棘闈,暗中摸索幾遍,未有能得友夏者。海内名士如雲,無問識與不識,無不心折友夏,每至通都大邑,人爭慕之。集凡若干卷,《嶽歸》《鵠灣》久已行世,兹其遺稿靈迥超脱,妙絕時人。遠韻來豫章,搜拾遺散,篋中書牘,盡爲親友愛玩者持去。今所存者,皆得之他人,且索數言弁而行之。次有曾文饒序,略云,友夏詩文皆直率,然工巧者不能至也。凡爲詩文依傍則爲奴,不依傍則無主,爲奴不可,無主又不能,故爲詩文甚難。今之爲詩文之成章者,皆有主者也,如友夏絕去町畦,自開户牖,真可謂獨步當時,流聲後代矣。若夫友夏内行醇備,至性過人，風流蘊藉，蔚爲詞宗，此又天下所共知，故不復具論也。次有其弟元聲小引，遠韻當是元聲字。前題竟陵譚元春著。全書不分卷，計分四言古、五言古、七言古、五言律、五言排律、五言絕句、七言絕句數門。半葉八行，行十八字。元春字友夏，天門人。天啓丁卯舉人。《明史·文苑傳》附見《袁宏道傳》中。清《四庫提要》謂隆、萬以後，公安三袁始攻擊王、李詩派，以清巧爲工，風氣一變。天門鍾惺更標舉尖新幽冷之詞，與元春相唱和，評點《詩歸》，流布天下，相率而趨纖仄，有明一代之詩遂至是而極弊。論者比之詩妖，非過刻也。元春之才較惺爲劣，而詭僻如出一手，日久論定，徒爲嗤點之資，觀其遺集亦足爲好行小慧之戒。蓋館臣之見如此。竟陵縣又名天門，今屬湖北。《一統志》云，天門縣在安陸府東南，漢置竟陵縣，雍正四年改爲天門縣。惺，竟陵人，字伯敬。萬曆進士，官至福建提學僉事，以父憂歸，不復出，逃禪而卒。惺與同里譚元春以工詩稱時，號鍾譚，謂之竟陵派，蓋二人之詩，均以幽深孤峭著也。

## 檀園集十二卷 明刊本，岳威信公舊藏。

明李流芳撰。流芳字長蘅，嘉定人。萬曆丙午舉人，三上公車不第，因魏忠賢亂政，遂絕意進取。事實見《明史·文苑傳》，所謂嘉定四先生之一也。伯驥按：《文苑傳》云，四明謝三賓合唐時升、婁堅、程嘉燧、李流芳詩刻之，曰《嘉定四先生集》。前清天祿琳琅有宋本《漢書》，原爲趙孟頫舊物，後展轉爲絳雲樓所藏，嗣售之三賓。三賓牧齋弟子也，有樓曰博雅，築於寧波，頗有名，後與師門爭聘柳如是有嫌，滄桑之際出處亦與錢同，以此鄉人頗惡之。此種《漢書》雍正間由張揩彥進呈，其後遂歸天祿。三賓名象三，三賓字也，殆以字行，又號塞翁。見《甬上耆舊傳》中。全謝山《春明行篋當書記》云，牧齋晚年喪其宋刻《漢書》，三歎於牀頭，黃金盡，壯士無顏色。蓋即貨趙書於謝時事也。近人劉氏《萇楚齋三筆》言，貴池劉氏進呈己所刊書，指索賞給天禄某籍，諸臣忠愛之忱，當不少類此者。乾嘉兩次所編舊本如雲烟之散，此亦一大原因也。《漢書》中有趙氏畫象，有明王世貞跋，跋略云，余生平所購宋本班、范二書，允爲諸本之冠，桑皮紙潔白如玉，四旁寬廣，字大者如錢，有歐、柳書法。見天禄目中。又，内閣大庫發見三賓撰《視師紀畧》一本，簽明書内顯有干犯應燬字樣，則三賓固史家歟。前有崇禎二年謝三賓序，略云，予爲嘉定之三年始謀刻四家文集，於時長蘅已病卧檀園，予躬致藥餌，登牀握手，長蘅爲强起，盡出所著作，手自芟纂，得詩六卷、序記雜文四卷、畫册題跋二卷，合十二卷，題曰《檀園集》，授其姪宜之，以應予之請，遂刻自《檀園集》始。明年正月，長蘅没，予哭其家，爲經紀其喪，已而刻成，因爲之序。長蘅累世簪纓，科名廿載，文章書畫絢爛海内，其徒盜竊名姓，及模勒衒售者，猶足以奉父母活妻子，而長蘅身歿之日，園亭、水石、圖書、彝鼎之外，簏無一金，廩無釜粟，高賢静士之風流，其略亦可覩矣。爲人慷慨，遇不平事，無問朝野，輒義形於色，然慈惠樂易其素性也，喜接後輩，周貧交，尤喜成人之美，未嘗有所怨忌。時或發詞偏宕，或詩文感憤，類於罵譏嘲謔者有之，然言者無罪，聞者足戒，所謂深於風者也。惜其窮老不遇，徒放浪於吴山越水，盱衡奮袂以自鳴其不幸，故僅存兹集以傳世。世人大率珍其畫與書耳，解其詩文之意之所在者，已不可多得，而况其爲人之大概乎！檀園者，長蘅讀書之地也。清四庫館臣謂當啓、禎之時，竟陵之盛氣方新，歷下之餘波未絶，流芳容與其間，獨恪守先正之典型，二百餘年之中，斯爲晚秀。專就文字論，庶爲定評。《吴梅村詩集・畫中九友歌》云，“檀園著述誇前修，丹青餘事追營丘。平生書畫置兩舟，湖山勝處供淹留”。此則專論其畫。半葉九行，行十八字。前有“岳”字章，又有“容齋”二字小章。岳鍾琪，成都人，雅擅詩詞，下筆立就，生平詩稿甚富，撰有《蠻吟集》《薑園集》《復榮集》，久無傳本，其後人刊有《岳威信公詩集》四卷，傳本

亦罕見。公又喜題壁，所過之處，皆有題詩，款署"容齋"二字，此
當是其遺書也。岳字東美，號容齋。清康熙間，以副將平川藏有
功，授四川提督。雍正間，征準噶爾，拜寧遠大將軍，後以事落職。
乾隆間，復起爲四川提督，招降金川，授兵部尚書，封威信公。

# 集　部　六

## 文選六臣注六十卷 元茶陵陳仁子古迂
書院刻本，葉郎園舊藏。

此爲長沙葉氏藏本，葉氏跋云，《文選》李善注，宋蘇子瞻極稱之，故後世皆推爲注書之法。然行世毛晋汲古閣本，《四庫全書總目》雖以其本著録，提要摘其第二十五卷陸雲《答兄機詩》註中有向曰一條，濟曰一條。又《答張士然詩》注中有翰曰、銑曰、向曰、濟曰各一條，謂因六臣之本削去五臣，獨留善注，故刊除不盡，未必真見單行本，其言是也。然自毛晋本行，而六臣注原本轉因之而晦，明翻刻六臣本者，余從子嶧甫藏有明嘉靖己酉袁褧重橅宋崇寧五年廣都縣北門裴宅六臣注本，即《四庫全書總目》著録之本。余所藏則此元茶陵本，每半葉十行，行十八字，小字雙行，字數同。前載諸儒議論，題"大德己亥冬茶陵古迂陳仁子書"，末有長方木牌記"茶陵東山陳氏古迂書院刊行"十二字，《目録》標題爲"增補六臣注文選目録"九字，次行"梁昭明太子蕭統撰"，三行"唐李善、李周翰、劉良、張銑、吕延濟、吕向注"，四行"茶陵前進士陳仁子校補"。正卷大題"注文選卷第一"，次行、三行同《目録》，無陳仁子校補一行。白口本，版心下有刻工姓名。六臣注以善爲首，所謂校補者，但載五臣本異同，仁子並未增注也。元人刻書尚有家法，明人則必妄以己意增竄矣。伯骥按：前清彭氏兆蓀《與劉芙初書》云，善注在唐

傳本匪一，時代綿遠，莫得而稽，逮乎五臣注行，動以意改正文句
字，寖失其真。後來刊選合並六臣，<sub>伯驥按：鄭氏《藝文畧》，《文選》李善注</sub>
<sub>六十卷，五臣注三十卷，公孫羅注六十卷。李善又有《文選辨惑》十卷，《辨惑》及公孫</sub>
<sub>注均不存。昭明又有《古今詩苑英華》二卷，今亦不見，《英華》當是於《文選》外別有搜</sub>
<sub>集也。李注爲卷六十，五臣注爲卷三十，可見初時乃以五臣注分容於李注之中，則六臣</sub>
<sub>本所由來矣。</sub>迷相屢亂，崇賢舊觀，糾錯滋多。北宋單行善本，未之
獲覯，吳門袁褧以家藏崇寧舊籍，影寫刊行，雖併五臣，要爲近古。
茶陵陳仁子本當亦宋末，其所據依，足資考鏡，可證尤刻惟此二書。
彭氏愛古績學，曾爲人勘刊元本《通鑑》，校讐一事，夙素研精，所
舉選注本，以古迂與廣都並列，求貴池本<sub>阮氏《揅經室集》云，元幼爲文選</sub>
<sub>學，昔但得元張伯顏、明晋府諸本，嘉慶丁卯始從昭文吳氏易得南宋尤延之本，爲無上</sub>
<sub>古册矣。是册宋孝宗淳熙八年無錫尤氏在貴池學宮所刻，世謂之淳熙本，元人張正卿</sub>
<sub>翻刻是書，行款一切頗得其模範，翻張本及晋府諸刻則改其行款。</sub>而不得，則熊掌
之外，此其魚矣，讀者保之。仁子字同俌，號古迂，茶陵人。咸淳十
年漕試第一，宋亡不仕。有《牧萊脞語》十卷，《二稿》八卷。著録
清《四庫》。陳著《文選補遺》四十卷，吾家有舊刻本，曾檢讀之，有
陳氏門人譚紹烈識其後云，紹烈夙侍舅古迂翁，指示古文法。舅著
述甚富，有《牧萊脞語》三十卷、《韻史》三百卷、《迂褚燕説》三十
卷、《唐史厄言》三十卷。譚氏稱《脞語》三十卷，而庫本則云十八
卷，待考，然其編篹亦已劬矣。

## 玉臺新詠十卷<sub>明崇禎癸酉趙氏</sub>
### 仿宋刻本，季滄葦舊藏。

陳徐陵撰。陵字孝穆，自陳創業，文檄、軍書及受禪詔策皆陵
所製，爲一代文宗。文宣之時，國家大手筆必命陵草之，每一文出，
好事者已傳寫成誦。見《南史》本傳。又《北史·庾信傳》云，信父

肩吾爲梁太子中庶子，掌管記室，東海徐摛爲左衞率，摛子陵及信
並爲抄撰學士，父子在東宮既有盛才，文並綺麗，故世號爲徐、庾體
焉。當時後進競相模範。伯驥按：前清紀氏容舒《玉臺新詠考異
序》云，六朝總集存於今者《文選》及《玉臺新詠》耳，《文選》盛行，
而《玉臺新詠》則在若隱若顯間，其不亡者幸也。自明以來無善
本，趙靈均之所刻，馮默庵之所校，悉以嘉定宋刻爲鼻祖，然觀所載
陳玉父跋，又稱得石氏録本，補亡校脱，然則竄亂舊本，亦未必不始
於斯時，陳氏茲刻，蓋亦功過參半矣。崇禎癸酉，距今百有餘載，意
其書之不存。乾隆壬申，忽於常熟門人家得之，紙墨完好，巋然法
物，摩挲遠想，如見古人，然亦時有訛字。馮鈍吟云，宋刻是麻沙本
故不佳，信矣。乙亥六月，余自雲南乞養歸，檢點藏書多所散佚，惟
幸是本之僅存。林居無事，稍理舊業，偶取閱之，喜其去古未遠，尚
有典型，終勝於明人臆改之本。由紀氏之言，知此書實僅有此宋
本。容舒字遲叟，號竹崖，獻縣人。昀父，官至雲南姚安府知府。著《唐韻考》《杜律
疏》及此書。前清《天禄琳琅》載有宋本二，《續編》載有宋本二，元本
一，元本下云，與前宋版同，知元本乃繙宋本也。錢遵王《讀書敏
求記》載有宋本云，是趙寒山物，明時繙刻、仿刻版本極多。馮校
本序稱世所行本有四：一爲五雲溪活字本，一爲華允剛蘭雪堂活字
本，一爲華亭楊元鑰本，一爲歸安茅氏重刻活字本。茅氏本刻於正
德甲戌，大率是楊本之祖，楊本出萬曆中，則又以華本意傚者，此皆
二馮所稱衆本也。前清諸家藏書目，《天禄琳琅》於宋、元本外，有
明重刻宋本，張氏《愛日精廬藏書志》有影寫宋本，孫氏祠堂、瞿氏
鐵琴銅劍樓、朱氏結一廬、陸氏皕宋樓諸目，皆有明仿宋本。日本
森立之《經籍訪古志》云，明嘉靖有繙雕宋本。又云，崇禎癸酉趙
靈均刻本，此即可見明時有兩繙本，當爲此本嫡傳，亦可見宋元以
來，所傳祇此一本，故群相仿刻、重刻，蓋宋刻於陳玉父本外，固無

別本。伯驥按：馮登府《拜竹詩龕詩存》卷二有《題宋槧玉臺新詠後》云，"緊薄無痕是宋紙，樊榭《詠宋版智圓閑居編句》。《閑居》之編無乃似。永嘉流傳有數本，此書嘉定乙亥永嘉陳玉父所刻，劉後村、趙凡夫所藏，同是本也。絕勝人間《晞髮子》"。向見有宋版《晞髮子集》。觀馮氏之詩更可證明矣。二馮本跋語云，宋刻是麻沙本，葉氏郋園謂其説不足信，以所見宋時麻沙本未有如此之精妙者，書中如殷、玄、弦、絃、匡、筐、敬、驚、鏡、竟、慎、貞諸字缺筆，無一處漏略，可知其校勘之精，其他佳處已有諸家論載。二馮僅見一斑，宜其不知鑒別云云。可知此本雖明繙，然前人所謂宋刻已無從尋訪，則嫡子爲大宗，比於叔敖之胤，優孟衣冠，爲尤可貴矣。沈氏《匏廬詩話》卷下云，竹垞謂《玉臺新詠》可勘《文選》之僞製。伯驥按：竹垞云《文選》之文不無僞製，所錄《古詩十九首》以《玉臺新詠》勘之，知其裁剪長短句作五言，移易其前後雜糅，置十九首中，没枚乘等姓名，概題曰古詩。要之，皆出文選樓中諸學士之手也。徐陵少任於梁，爲昭明諸臣，後進不敢明言其非，乃別著一書，列枚乘姓名還之作者，殆有微意焉。或者以爲《文選》闕疑，《玉臺》實之以人，非是。當其時昭明聚書三萬卷，大集群儒討論，豈不知五言始自枚乘，而序所云退傅有在鄒之作，降將有河梁之篇，四言、五言區以別矣。注《文選》者，遂謂河梁之別五言此始。鍾嶸《詩品》亦云，逮漢李陵始著五言之目，抑何謬歟？然則誦詩論世者，宜取《玉臺》並觀，毋偏信《文選》可耳。見朱《集》。余謂今本《文選》誤字甚多，亦有賴是書以訂正者。如曹子建《七哀詩》云，"云是客子妻"，《玉臺》"客子"作"宕子"，古宕、蕩通，用宕子妻，即所謂蕩子婦也。陸士衡《前緩聲歌》云，"遊山聚靈族"，《玉臺》"遊山"作"遊仙"。陸士龍《爲顧彦先贈婦詩》云，"佳麗良可美"，《玉臺》"良可美"作"良可羨"。劉休玄《擬行行重行行詩》，"遥遥行遠之"，《玉臺》"行遠之"作"行遠歧"。細閲詩意，皆當從《玉臺》爲是，乃《選》本傳寫之誤。惟顔延之《秋胡詩》云，"戒徒在昧旦"，《玉臺》"戒徒"作"戒途"。案：《選》注引《易歸藏》曰，君子戒車，小人戒徒，爲是。蓋淺人不識戒徒之義，妄改爲途耳。據沈氏之言，可知讀《玉臺新詠》者，不可不求善本也。魏了翁《經外雜鈔》二卷中引古詩《凛凛歲云暮》一首，次句作"螻蛄多鳴悲"，與宋本《玉臺新詠》合，亦足證今《文選》之誤。而近歲敦煌發見《玉臺新詠》殘卷，起張華《情詩》第五編訖《王明君辭》存五十一行，前後尚有殘字七行，諸詩皆在《玉臺新詠》卷二之末，近人嘗以今本與此比勘，異同甚多，亦可與此本互校，故録之。原文云，張華《情詩》第五首，"巢居覺風飈"，今本誤作"風飄"。《雜詩》"容與綠池阿"，今本"綠"誤作"緣"；"同好逝不存，迢迢久離折"，今本"逝"誤作"遊"，"久"誤作"遠"；"無然徒自隔"今本"然"誤作"愁"。潘岳《内顧詩》"忽然攎絺綌"今本"攎"作"振"；"引領訴歸雲"，今本"訴"作"訊"；"不見陵間柏"，今本"間"作"澗"。《悼亡詩》"悵怳如或存，周惶仲驚惕"，今本"悵怳"訛"帳幔"，"周惶"訛"回皇"；"比目中路隔"，今本"隔"作"析"；"長戚命自鄙"，今本作"自令鄙"。石崇《王明君辭》今本題"王昭君"；"序故改也"，今本奪"也"字；"遂入凶奴城"，今本"遂入"作"乃造殺身"；"良不易"今本作"未易"；"英華不足歡，甘與秋草并"，今本"英華"訛"朝華"；"甘與"作"甘爲"。均可是正今本，其兩本均可通者，亦以此本爲勝矣。其與今本尤異者，潘岳詩之前，此本先題潘岳詩四首，下小字夾注《内顧》二首、《悼亡》二首。其《内顧詩》前別出題目，《悼亡詩》前亦然。蓋此詩之例，先題作者姓名及總篇數，下分注各篇篇題、篇數，每詩之前，仍各冠以本篇題目。今本則但書潘岳《内顧詩》二首，而總篇數及小注皆削去，經後人妄改，舊例賴此本存之。至刻書之趙氏靈均爲宦光子，宦光字凡夫，吳縣人，著字學書凡七十餘種，《説文長箋》《六書長箋》其最著者。凡夫創爲草篆體，朱氏竹坨譏其字無所本。然饒於財，卜築城西寒山之麓，淘洗泥沙，俾山骨畢露，高下泉流，凡游於吳者靡不造廬談

讙。吳人語云，"天下歇家王百穀，山中驛吏趙凡夫"。相傳百穀
家居，申少師予告歸里，車騎闐門，賓客牆進，兩家巷陌，各不相下。
凡夫居寒山得卿子爲妻，靈均爲子貴游，廬至幾同朝市，兩君可稱
處士之特矣。然題之曰歇家、曰驛吏，亦頗足見明時山人之風氣
也。見尤氏《艮齋雜説》。尤氏又稱糜道人大隱佘山，與董宗伯齊
名，遠而土司酋長丐其詞章，近而酒館茶樓懸其畫像。亦見《雜
説》中。錢氏《列朝詩》，形容眉公尤工，吳梅村詩云，"知交倒屣傾
黃閣，妻子誅茅住白雲"。謂眉公也。陳名繼儒，號眉公，又稱糜
道人，蓋山人中之有名者。申少師名時行，陳著書多近於破碎，不脱明人
習尚，無足稱者。惟《讀書鏡》十卷，爲隨筆劄記之作，雜論史事，間述懿行嘉言，多出於
一時聞見。足見其通慝人情，了然於世，故處士虛聲之誚，可以雪矣。前清吳郡朱
存孝行先曾編輯《玉臺新詠》十卷，所選之詩以唐人爲斷，卷一爲
初唐古詩，卷二盛唐古詩，卷三中唐古詩，卷四晚唐古詩，卷五初唐
律詩，卷六盛唐律詩，卷七中唐律詩，卷八晚唐律詩，卷九初盛唐絕
句，卷十中晚唐絕句。其意以爲即續《玉臺新詠》，而不以續集自
居，卷端仍題曰《玉臺新詠》，未審如何用意？書之夾縫處則著"朱
選玉臺"等字，選擇不苟，寫刻巾箱本亦工，唯罕傳本耳，偶附記之。

## 文苑英華一千卷舊寫本，有校筆。

　　前題翰林院學士朝請大夫中書舍人廣平縣開國男食邑三百户
上柱國賜紫金魚袋宋白等奉敕纂。白，大名人。建隆進士，官至吏
部尚書。嘗三掌貢士，蘇易簡、王禹偁、胡宿等皆出其門。聚書數
萬卷，圖畫亦多奇古，嘗類故事千餘門，號《建章集》。唐賢編集遺
落者，白多綴拾之，有集百卷。歐陽修《歸田録》卷一云，太宗時，宋白、賈黃
中、李至、吕蒙正、蘇易簡五人同時拜翰林學士承旨，扈蒙贈之以詩云，"五鳳齊飛入翰
林"。其後吕蒙正爲宰相，賈、李、蘇皆參知政事，宋白官至尚書，老於承旨，皆爲名臣。

宋太平興國七年，詔李昉、扈蒙、徐鉉、宋白、賈黃中、呂蒙正、李至、李穆、楊徽之、李範、楊礪、吳淑、呂文冲、胡汀、戰貽慶、杜鎬、舒雅等閱前代文集，撮其精要，以類分之，爲《文苑英華》，伯驥按：周文忠序此書首云，太宗皇帝丁時太平，以文化成天下，既得諸國圖籍，聚名士於朝，詔修三大書，曰《太平御覽》，曰《册府元龜》，曰《文苑英華》。洪文敏序《夷堅三志・癸》亦云，太平興國中，詔侍從館閣集著《册府元龜》《文苑英華》《御覽》《廣記》等四書，考《册府元龜》，乃景德二年編類，至大中祥符六年成，皆真宗朝。前人謂二公言，誠誤。續命蘇易簡、王祐、范杲、宋湜、宋白等共成之，至孝宗朝，周必大建議祕閣本御前校正，遂爲定本，刊於嘉泰改元春，至四年秋訖工。每卷後有登仕郎胡柯、鄉貢進士彭叔夏校正。卷末有“成忠郎新差筠州臨江巡轄馬遞鋪王思恭點對兼督工”二條。迨明隆慶元年，巡按福建御史胡維新檄福州知府胡帛、泉州知府萬慶校梓，有維新自序及塗澤民序，并督刊、承刊等名銜名。胡序略云，是書出於雍熙初，暨孝朝更命删校，反滋舛訛，至嘉泰再讐，乃稱全本。中所紀述，肇梁陳迄唐季，數百年名家，網羅盡之，麗宸奎而資睿覽，宋業之所以隆也。然藏之御府，非掌中祕書不獲見，今並逸之。儒林家傳有善本，又以卷帙繁灝，繕非經年不可，故寒畯士觀且勿能，又何暇録而傳也。丙寅歲按閩，白之督撫仕齋塗公，公嘉贊之，乃肇謀始役焉，不數閱月刻成。此明時校刊此書之始末也。維新，餘姚人。嘉靖己未進士，後官參政。澤民，漢州人。嘉靖甲辰進士，時爲巡撫福建都御史。今嘉泰本不可得見，此舊寫本内有兩卷相連，一葉不另起頭者，皆宋刊之式，當是從舊本傳鈔，而加録胡序者。自《文選》以後，此書實爲文章淵藪，閩本苦多訛闕，莫可是正。《讀書敏求記》云，《王右丞文集》十卷，麻沙宋版，集中《送梓州李使君詩》亦如牧翁所跋，“山中一半雨，樹杪百重泉”。知此本之佳也。又陳氏鱣述，曹野臣嘗言，王户部芥菴有宋刻殘本七十册，購得之廟市者，借觀市月，書中載王右丞詩，與今行槧本小異，如“松下清齋折露葵”，作“行齋”，“種松皆作老龍鱗”，作“皆老作龍鱗”，並以《英華》爲佳。《送梓州李使君》云，“山中一夜雨，樹杪百重泉”，作“山中一半雨”，言其深山晦冥，晴雨相半，故曰一半雨，而續之以蘷女巴人之聯也。崔顥詩《寄語西河使》“知余報國心”，《英華》云“余知報國心”，如俗本，則顥此句爲求知矣。此類甚多。《送李使君詩》起聯“千山響杜鵑”，《英華》作“鄉音聽杜鵑”，蓋蜀中多鵑啼故云爾，俗本鄉、音二字并作響字，妄添千山二字，不但與下山中複，且數目太多矣。見《簡莊隨筆》。惜不得取此叢殘而讀之也，此本全部均有朱墨筆校過。

## 樂府詩集一百卷元刊本，甘荼老人舊藏。

宋郭茂倩撰。茂倩，渾州須城人。清《四庫提要》推此書爲《樂府》中第一，足爲定論。伯驥按：明梅鼎祚有《古樂苑》五十二卷，可補郭氏之遺。梅號禹金，宣城人。有天逸閣藏書，著書多屬文藝一門。予所得則爲白棉紙《古樂苑》、竹紙《禹金集》，其餘若《書記洞詮》《宛雅》二種亦嘗藏之，以易古人書出於篋矣。《古樂苑》板尚雅飭，集則近於坊本。前有元李孝先、周慧孫序，此書名本爲《樂府詩》，非《樂府詩集》，《樂府詩集》乃別一書。孝先序云，太原郭茂倩所輯樂府詩百卷，上采堯舜歌謠，下迄於唐而止，次起漢郊祀，茂倩欲因爲四詩之續耳。郊祀若頌，鐃歌鼓吹若雅，琴曲雜詩若國風，以其起漢，故題云《樂府詩》，此原名《樂府詩》之證也。本書卷八十三《紫玉歌》下引《樂府詩集》曰，紫玉，吳王夫差女也，作歌詩以與韓重。同卷《吳楚歌》下，亦引《樂府詩集》曰，《傅玄辭》一曰《燕美人歌》，此《樂府詩》《樂府詩集》爲別一書之證也。茂倩已引及《樂府詩集》，則以其亡已久，不能考知其撰者及年代，而爲茂倩所據以論輯樂府之書，則毫無疑義。茂倩既知古有《樂府詩集》，則已書不應用舊名。以此二事，可證《樂府詩集》乃別一書，又足證知郭氏書不名《樂府詩集》，其誤名之始，蓋在元末至正初。元周慧孫序曰，太原郭茂倩編類古今歌曲，上際唐虞，下迨叔季，目之曰《樂府詩集》。自是而後，毛晋刻本遂以《樂府詩集》題名，梅鼎祚《古樂苑》亦以樂集稱郭書，下迨有清《四庫提要》沿訛不改，今之治樂府者，遂不知《樂府詩》與《樂府詩集》爲二書矣。此近人羅氏之説，足見其讀書得間者也。宋洪邁《容齋詩話》卷四亦云，郭氏編《樂府詩》，可證羅説有據。清季沈氏曾植藏此書，元本其跋語云，《樂府詩集》宋本，獨見於毛子晋所藏元本校語中，謂以宋校元，促付手民者也。其本今在常熟瞿氏，而諸家著録不復見，雖殘本亦無所聞，意宋世雖有刻本，當時固不盛行，故流傳尠耶。而元刻初印，亦自難得。明自嘉隆七子以後，此書盛行，補板重疊，舊板斷脱，南廱後印者，幾不可復讀。觀愛日精廬所録周慧孫序，闕字至二十餘，汲古閣並無此序，知所據亦非完本矣。此本周序，愛日闕字均存，補板無多，而舊本字畫猶清朗，書習趙體，筆意宛存，檢《南廱志》，《樂府詩集》板脱者二十四面，存者一千三百一十六面，今除抄配二十二卷外，餘七十八卷。嘉靖三十七年補刊，僅十七葉，則此爲梅鷟檢點後最初印本矣。余以九十元購此，宣統戊午余年六十有九，内子李夫人年七十，兒子輩欲於二月二十九日余生辰稱觴爲慶，苦禁不可。適書估以此書來，乃笑曰，曷以此壽乃翁，百卷之書百齡兆也。内子及兒女輩歡喜應之。乃上元鄧氏《書目》稱，江安傅氏借得陸敕先手校《樂府詩集》，以元刻本過校，校畢，旋得閻文介家所藏宋本，不覺多此一校云，然則宋刻流傳有二本矣。文介名敬銘，號丹初，清末葉時官户部，綜核名實，至有時稱，曾懷油煎餅以從公者也。伯驥此本比沈老之值爲昂，然板之漫滅處亦不多見，蓋至正間刻本。半葉十一行，行二十字，黑綫口，單邊上有字數。板在南監，中葉尚印行，脫落缺壞不可勝計，此猶早印或可與沈本比美也。卷首有"甘荼老人章"，當爲清乾隆間蔣編脩士銓家遺物。甘荼，蓋其母鍾氏之號也。壼德素著，兼工文章贈公，非磷先生常出游，太史生四齡，鍾氏授四子書及唐詩，著有《柴巾倦游集》。汪啟淑《擷芳集》曾采之。"誰謂荼苦，其甘如薺"，詩人之言也。蔣母蓋取誼於茲歟！士銓字心餘，號清容，江西人。進士，授編修，在官八年，乞假養母。工詩文，擅南曲，有《忠雅堂集》，與袁枚、趙翼稱乾隆三大家。

### 樂府詩集一百卷明汲古閣刻本，用公牘故紙印。

此書收藏家皆尚元刻，今所流傳之元本，大抵皆明南監補版，闕字脫葉多不可數，不如汲古閣本之精善。中吳許氏藏陸敕先校宋本，跋言毛氏依絳雲樓本重雕，又借郡中欽遠遊宋本比校，遠勝元本，惜乎世無知之者云云。陸氏此言，洵具特識。首有至元六年李孝光序，有闕字，元本亦然，惟毛本闕至元中周慧孫序。海上曾以毛刻影印，特補鈔附入，目中題語可考也。此本用前明公牘背印，板新墨妙，當是初次雕成所印。李氏《疑耀》言顏文忠每於公牒作文稿，黃長睿得《雞林小紙》一卷，已爲人書鄭、衛國風，復反其背，以索靖體書章草《急就》二千一百五十字。余嘗疑之，自有側理以來，未聞有背面皆書者，顏乃惜紙黃或好奇耳。余幸獲校祕閣書籍，每見宋版書，多以官府文牒翻其背以印行者，如《治平類編》一部四十卷，皆元符二年及崇寧四年公私文牒牋啓之故紙也，其紙極堅厚，背面光澤如一，故可兩用，若今之紙不能爾也。又黃蕘圃藏宋刊本《北山小集》四十卷，皆用故紙印刷，驗其紙背，皆乾道六年官司簿帳，其印記文可辨者，曰湖州司理院新朱記，曰湖州戶部贍軍酒庫記，曰湖州監在城酒務朱記，曰湖州司獄朱記，曰烏程縣印，曰歸安縣印，曰監湖州都商稅朱記，意此集板刻於吳興官廨也。錢竹汀跋稱，古人文移案牘所用紙皆精好，事後當可它用。蘇子美監進奏院，以鬻故紙公錢祀神、宴客，得罪，可見宋世故紙未嘗輕棄。今官文書紙率軟薄而不耐久，數年之後黴爛蠹蝕，不復可用。黃氏又藏《五行類事占》，以明時冊籍紙背爲之，毛氏所藏宋本《花間集》十卷，爲宋淳熙丁未鄂州使庫所刻，其紙則皆鄂州使庫公文冊。此書後歸楊氏海源閣，今不知流傳何所矣。陳仲魚所藏《周易集解》，係用明時戶口冊籍，上有“嘉靖五年”等字。近日江安傅氏藏《忠文王紀事實錄》四卷，爲咸淳七年刊本，用洪武官冊紙印，蓋清乾隆乙酉賜禮部尚書紀昀者。伯驥此書，當可同資冊府之清談矣。王修《貽莊樓書目》著錄萬曆二十年廣東軍政掌印署刻戚繼光《紀効新書》十四卷，藍色印本，以廣東海陽縣舊試卷反面印之，背紙寫試士制藝，並有海陽縣印。伯驥藏明刻蘇子瞻《寓惠集》亦藍印本，色淡而板有闕字，與明刻《黃州集》《居儋錄》、清初刻《南行集》，皆蘇《集》之別編一門者也，但均非紙背印。焦氏《說楛》卷七云，《淳化閣帖》是泉州舊搨，家君令工重背，拆下背紙，乃宋初人公移，體式與今絕異，更有陶《詩》背亦宋人公移，此舊公牘紙又一作用也。

## 文粹一百卷 舊刊本。

宋姚鉉撰，并自序。後有寶元二年施昌言序，書名無唐字。其賦、頌等總幾首，即在首行書名下。次行撰人姓名，次二行《聖德》與《含元殿賦》等并列，不分兩行。每半葉十五行，行二十五字。八十二卷後題《唐賢文粹》，八十三、八十四、八十五、八十六、九十、一百諸卷皆同，而八十七、九十三、九十四、九十五四卷，則前後題並有之。八十九、九十二兩卷，則獨前題有之，九十卷則前題《唐文粹》，後題《唐賢》又與諸卷不同。鉉字寶臣，廬州人。太平興國中進士，官至兩江轉運使。《宋史》有傳。《郡齋讀書志》謂其文辭敏麗，藏書至多，頗有異本。緗素之富如此，宜其所著，足以信今而傳後矣。王得臣《麈史》稱鉉謫居連州，嘗寫所著《文粹》，好事者於縣樓貯之，官屬多遣吏寫録，吏以爲苦，以鹽水噀之，冀其速壞，後以火焚其樓。王氏之説，《文獻通考》亦述之，當非無根，又可見當日思讀寶臣書者之衆矣。此書宋刊本，唯前清天禄琳琅有數部，黄蕘圃藏南宋臨安府舊槧，餘如結一廬朱氏、海源閣楊氏、皕宋樓陸氏亦無宋元刻本，杭州丁氏八千卷樓則藏元刻，但鈔配不少，今在盋山，而張氏適園亦元刻而配明本者，最近唯烏程蔣氏、長沙葉氏所藏爲元槧。《郋園讀書志》所云希見者，即無異此本行款者也。罟里瞿氏藏元本，所列行款與此本悉同。據瞿《目》稱，吴中孫古雲家藏宋刻殘本，與其所藏行款相若，惟宋本後有“臨安府今重開雕《唐文粹》壹部，計貳拾策已委官校正訖，紹興九年正月日”一條，又列校刻銜名十一行，監雕者爲右文林郎臨安府觀察推官林恧、左承直郎寧海軍節度推官周公才、右承直郎臨安府觀察判官蘇彦忠也。重校者爲左從事郎浙西安撫司准備差遣劉嶸、左從事郎臨安府學教授陳之淵、右承奉郎特添差簽書寧海節度軍判官廳公事王遜、左承事郎添差臨安府府學教授周孚先也。主刻者爲右朝散大夫簽書事寧海軍節度判官廳公事梁宏祖、左宣義郎通判臨安軍府事朱敦儒、右朝散大夫通判臨安軍事王榕、右朝議大夫充徽猷閣待制知臨安事軍府事兩浙西路按撫使馬步軍都總管張澄若也。康熙中，臨川李穆堂藏有宋本，舊爲趙文敏、邵文莊、季滄葦藏書，印記纍纍，乃宋仁宗十七年刻，有施昌言後序，爲此書初刻本。近聞鄱陽胡氏得一本，祕不示人，不知又何本。此皆瞿氏考論此書

之言也。昌言後序，此本有之。瞿氏謂李穆堂藏宋刻，乃有此序，
則鐵琴銅劍樓所藏元刊本，當無此序矣。近日鄧氏《群碧樓書録》
謂其所藏十五行、二十五字之本，爲宋刻，引諸家著録，謂有題《唐
賢文粹》者俱是宋本，並謂明刻中往往見宋刻，爲坊賈所不知。由
瞿氏之説，則此本當是元刻，而多施氏後序，則又似李穆堂之宋刻。
由鄧氏之説，則此本與其所藏正同，而鄧氏以爲天水舊槧，非並几
細觀未由評定。然其古香馣薆，字畫方勁，墨氣、紙質至爲樸雅，蘭
桂異質而同芳，韶武殊音而並美。《晋書·張褘傳》語。爲宋、爲元任欣
賞者之校論可也。昌言，静海人。官殿中侍御史。《天禄琳琅書
目》曾據明凌迪知《萬姓統譜》而著之。伯驥考宋周琮《乾道臨安
志》卷三，昌言字正臣，静海上多通州二字，歷官亦較詳，似宜引
此，編纂諸臣未見周《志》故耳。京估以此本來售，爰割重直收之，
與孫淵如舊藏之元槧《松雪齋集》同日買得，可謂書福不淺矣。伯
驥既藏前本，曾爲跋語如上。某日，書友又以此種印本相視，板式、
紙墨略同，而字則已多漫滅，蓋後印矣。書中夾吳氏題字箋爲照録
之，以資考證。吳云《唐文粹》宋刊本有二：一爲寶元二年孟琪原
刻，一爲紹興九年臨安府重刻。紹興本末有“臨安府今重行開雕
《唐文粹》壹部，計貳拾策，已委官校正訖，紹興九年二月日”。凡
三行，並有林萲等銜名七行。此即錢牧齋、徐健庵、季滄葦遞藏之
本，後歸百宋一廛，黃蕘圃所云何義門、小山兄弟皆用此以校明
本者也。寶元本，《天禄琳琅》宋本集部有之，云有施昌言後序，
闕鉉自序，亦無《目録》。《續目》又有宋本二：其一有鉉自序，惟
行數、字數皆未詳載。日本森立之《經籍訪古志》載賜蘆文庫，有
宋槧本《唐賢文粹》一百卷，每本首題吳興姚鉉纂，每半板十五
行，行二十五字，界長六寸四分，幅五寸七分，左右雙邊，板心有
刻手名氏。此係市野産光舊藏，有手跋云，審其板式字方而平，

不如元本,每字欹歪帶行體也,定爲宋刻之麁率者。常熟瞿子雍
《鐵琴銅劍樓書目》有元刊本云,此書明刊本,已改行款,是本猶
仍宋刻之舊,書名無"唐"字,其賦、頌等總幾首即在首行書名
下,次行撰人姓名,次二行《聖德》與《含元殿賦》等並列,不分兩
行。每半葉十五行,行二十五字云云。頃姚子梁先生於廠肆得
《文粹》一帙,出以見視,行款字數悉與《訪古志》、瞿氏《書目》
同,卷首有自序而無《目録》,亦與天禄琳琅相同,當是宋本,末
有寶元二年嘉平月殿中侍御史施昌言後序,殿中提行擡寫,亦足
見宋刻之真。每卷首題《文粹》卷幾,卷末亦同,惟九十、一百兩
卷末獨題《唐賢文粹》,始此書本名《文粹》,見《文獻通考》。後乃改
題《唐賢文粹》,及至刊時復删去之,而删之未盡,故此兩卷猶有
"唐賢"二字。臨安足本流轉東瀛,幸賴森氏著録得考其稱名之
異,此亦目録家所不可不知者也。惟張月霄《愛日精廬藏書志》有
宋刊殘本三十四卷,云前有《目録》,分上下兩卷,《目録》後有題識
云,彭城劉空二字。謹白。是書分卷篇數,俱與百卷本不同,詩文則
有少無多,每葉二十六行,行二十五字。月霄所得既係殘本,又與
百卷本不同,且多《目録》兩卷,遂據《郡齋讀書志》初爲五十卷一
語,疑爲五十卷之殘本,然事無左證。此本今又不知流傳何氏,要
未可據爲定論。又,明嘉靖丁酉徐焴重刻宋本,據《訪古志》,每半
板十四行,行二十五字。則寶元、紹興之外,又有十三行、十四行兩
宋本矣。《天禄琳琅續目》有明翻宋本一,不言所據之本。元和顧澗薲嘗校勘
《文粹》,與英山金近圊同撰《辨證》,鈔校罕覯唐集。見秦敦夫
《吕衡州集序》。澗薲自作《文粹跋》,謂胡果泉中丞嘗得宋刻全
部,欲重刊而未果。澗薲校勘詳審,其精神當不泯没,或尚在人
間以俟他日徐訪之耳。光緒丙申九月,吴士鑑跋於宣南寓廬之
倨句室。

## 唐分門別類歌詩殘本十一卷 傳録宋刊本，

丁誠叔舊藏。

　　宋趙孟奎撰。孟奎字文耀，宋太祖十一世孫，寶祐丙辰文信國
榜進士，官至祕閣修撰。原書凡一百卷，其自序云計一千三百五十
二家、四萬七百九十一首，後經散佚，僅存殘本，得天地山川類五
卷，草木蟲魚類六卷。清嘉慶間，阮氏依絳雲樓舊藏過録，曾以進
呈。阮氏謂缺佚雖多，然全書體例，由此可推，且唐人隱僻姓氏，如
書中毛扆跋所記，文丙詳火諸人，未嘗不藉是以傳其後。吳氏《愚
谷文存》亦有記述此書，其文云，南宋祕閣修撰趙孟奎文耀《唐分
門纂類歌詩》十册，昨歲見之吳門舊肆，乃宋槧本，楮墨精好，後有
毛斧季手跋，及王石谷、唐孔明報書，蓋汲古閣中舊藏也。及讀斧
季之跋，歷叙得書源流，至欲求全本，令其戚嚴拱侯宿逆旅，爲失金
者所累，伏公庭，手探沸油，幾於性命不保，不禁爲之詫歎，古來求
書者多矣，未聞有此奇阨。他日與鮑君以文言之，以文負書癖不減
斧季，節往吳中物色之，已不可得。未幾獲此舊鈔本，凡六册，首尾
間有闕，翻約可一十二卷，蓋江都馬氏瓏璁山館所散出者，欣然以
示予，予觀其跋，雖非斧季手書，并少石谷、孔明二剳，然鈔手端整，
猶不失爲中郎之虎賁。因思孟奎當日纂輯此書卷盈百數，詩四萬
有奇，作者至一千三百餘家。自序言上自聖製，下及俚歌、郊廟、軍
旅、宴饗、道塗、感事、送行、傷時、弔古、慶賀、哀挽、遷謫、隱淪、宮
怨、閨情、閒居、邊思、風月、雨雪、草木、禽魚，蒐羅包括，靡所不備。
俾覽者如入建章，而睹千門萬户之富，動心駭目，迷不知其所，網羅
可謂廣且備矣。然自來收藏家舉未見著録，遞明崐山葉文莊公從
雷侍郎景陽鈔得殘本二十餘卷，爲之題跋，著於《涇東稿》，而人始
知有是書，後來琴川錢氏、毛氏，雖皆有之，然全本卒不可得，豈書

之顯晦，亦誠有定數，而予也生後百餘年，無意之中兩得寓目，嘗鼎一臠，固不可謂非厚幸云。於此可知，是書之概略矣。末有"誠叔"二字朱文章。丁健字誠叔，錢塘人，龍泓先生敬子，以詩古文世其家，諸老宿許爲大器，惜不永年。其先世本居金華之塔山下稽靈堂，遷於杭已六世，健歌詠其風土，亦一勝緣也。龍泓先生古心古貌而學古者也，與梁文莊昆季，暨勾山、董浦、椒園、樊榭諸前輩，爲論文講學之友。著述甚富，書籍亦講求古本，多人所未見者，惜燬於火，十不能存其一。見《金華詩錄別集》卷六。此當是其藏本。

## 箋注唐賢絕句三體詩法二十卷

明繙元版本，長沙葉氏舊藏，過録何小山、袁漱六校筆。

宋周弼撰。弼字伯弜，汝陽人，一作汶陽。有《汶陽端平詩集》，又善畫墨竹。此本爲長沙葉氏舊藏，葉氏有跋云，此余傳録何小山、袁漱六伯驥按：漱六名芳瑛，湘潭人。道光進士，官至松江知府，有卧雪廬，藏書甚富。寒家有明刻《公孫龍子》等書數種，爲漱六舊藏，曾大畧校過。兩先生評校《唐賢三體詩》二十卷，何以宋本校，袁以磧砂本校原本，皆用朱筆，以二人字蹟不同，易於辨別，今出余一手，故何校仍用朱筆，袁校改用藍筆，兩人圈點，好尚不同，皆足見其詩力之深、校勘之細。往時科舉取士，隨時隨地皆有此澤古之人，今則無此用功者矣。原校乃元版，余以明繙元版録之，兩本訛文並多，皆據以互相改正，世人耳食宋元，正可不必也。小山名煌，其印文曰何仲子，長洲人，義門先生之介弟，校書本有家學，談詩亦得深微，引據諸書，駁正注文，亦非博洽多聞，不能驟辨。袁氏據磧砂本改校異文甚多，又注明原卷次第，卷一分七卷，卷二分六卷，卷三分七卷。惟未詳其行字，是可惜耳。磧砂，本寺名，僧魁天紀與作注之圓至至交，當時爲之乞序於方回，刻板置寺中，故是書時有《磧砂唐詩》之目。《天一閣書目》《天禄琳琅續編》有明刻本，與此卷數同，瞿鏞鐵琴銅劍樓有元本，陸心源《皕宋樓目》則一元本、一明本，蓋此書在元、明兩朝，三家村授徒課本，頗自風行，故流傳至今，尚非稀見。據何跋云，嘉靖以前兒童皆能倒誦，自王、李盛行，幾無有舉其名者，可知風氣所尚亦莫之爲而爲。王文簡《居易録》譏其惟録格詩，氣格卑下，信非過甚之辭。然視明前後七子貌襲盛唐，流爲空調，又不如此之別具手眼，潛發靈思，初學讀之，易尋詩徑，世以比劉克莊《千家詩選》、方回《瀛奎律髓》，此則校勝一籌矣。時乙卯夏四月既望，葉德輝識。又云，秦漢功令尚刀筆，《漢書·藝文志》引蕭何草《律法》曰，太史試學童，能諷書九千字以上，乃得爲吏。又以八體課之，最者以爲尚書御史、史書令史，故其時《倉頡》《凡將》《急就》《元尚》諸篇盛行於世。今所傳《急就章》爲七字句，《凡將》引見《文選·蜀都賦》注，<sub>引黃潤"纖美宜制禪"一句</sub>。又《藝文類聚》樂部四，<sub>簴簨下引"鐘磬竽笙筑坎侯"一句</sub>。亦七字句，蓋如今村塾書之包舉雜字也。六朝士大夫尚筆札，故有兔園册子一類書，《五代史·劉岳傳》譏馮道遺下兔園册子云，鄉校俚儒教田夫牧子之所誦也。晁公武《郡齋讀書志》云，《兔園策》十卷，隋虞世南撰，纂古今事爲四十八門，皆偶麗之語，至五代盛行於民間，以授學童，故有遺下兔園册子之誚。此亦可見六朝至唐末五代之風俗矣。兩宋士大夫尚詞科，初有神童詩，因元符間汪文莊洙九歲能詩，有詩傳世，人以其詩銓補成集，以之訓蒙。語詳朱國禎《湧幢小品》。南宋以後，民間風行劉克莊所選《千家詩》、周弼《三體唐詩》，元及明初尚然。明時太監讀《千家詩》《神童詩》，劉若愚《酌中志》載其事，宮廷如此，村塾當亦相同。余幼時，初讀《千家詩》，上闌附《神童詩》，所謂千家不足百數，蓋即從千家選出者。後讀《唐詩三百首》，不著編者姓名，惟云蘅塘退士所選，五七古近絕句，皆初盛中唐之菁華，勝於《千家》《三體》百倍。每當夕陽西下，八九村童齊聲高唱，如聞太平歌，此景此情，恍如昨日，滄桑以後，四郊絃誦之聲，寂焉無聞。無論唐宋人詩束之高閣，即往日人人能讀之《千字文》《百家姓》《三字經》諸書，亦有不能舉其名，如小山所云者，噫，可慨已。按郋園之語，每有幽憂，其實太平自有方，袛讀詩亦不可跂也。伯驥附記。伯驥又按：何氏校筆尤長於經，今錄阮氏述記二條如下：阮氏《春秋穀梁傳注校勘記序》云，康熙間，長洲何煌者，焯之弟，其所據宋槧經注殘本、宋單疏殘本，並希世之珍，雖殘編斷簡，亦足寶貴。阮氏《孟子注疏校勘記序》云，吳中舊有北宋蜀大字本、宋劉氏丹桂堂巾箱本、相州岳氏本、盱郡重刊廖瑩中世綵堂本，皆經注善本也，賴毛扆、何焯、何煌、朱奐、余蕭客先後傳校。

## 唐詩鼓吹十卷元至大戊申江浙儒司刊本，明徐氏後樂堂舊藏。

　　金元好問編。好問字裕之，秀容人，系出元魏。興定間舉進士，官至尚書省員外郎。金亡，號遺山真隱。工詩文外，又博通九數天元之學，與李治、張德輝友善，時號龍山三友。李冶、李治，前人多訛，近人已考覈清晰。《陵川集》有《裕之墓志銘》，稱裕之爲《金源君臣言行錄》，往來四方采撝遺逸，於是雜錄近世事，至百餘萬言，捆束委積，塞屋數楹，名之曰野史亭。書未就而卒。然裕之究以詩用力爲深，故成大家。《集》中自稱，初余學詩以數十條自警。又余謙《遺山集序》有云，日課一詩，寒暑不易。郝氏《集》又稱，其當德陵之末，獨以詩鳴，上薄風、騷，中規李、杜，挾幽、并之氣，高視一世。爲古樂府，不用古題，特出新意，以寫怨思者百篇，用今題爲樂府，

揄揚新聲者，又數十百篇。《中州集·王中立傳》云，予嘗從先生
學，問作詩究竟如何？先生舉秦少游《春雨詩》"有情芍藥含春淚，
無力薔薇臥晚枝"。謂詩非不工，若以退之"芭蕉葉大梔子肥"較
之，則春雨爲婦人語矣，蓋其教人爲詩又如此。《月山詩話》云，遺
山詩喜用古人成語，陶、杜句尤多，《論詩絕句》"鴛鴦繡了從教看，
莫把金針度與人"。亦是古句。《全金詩》評裕之《淮右詩》云，
"細水浮花歸別澗，斷雲含雨入孤村。空餘韓偓傷時語，留與纍臣
一斷魂"。上二句全用致光語，即於結聯標出，自成一體。《歸潛
志》稱裕之與李長源同鄉里，各有詩名，由其不相下，頗不相成，此
或少年時事也。《金史·文藝傳》云，天興二年春，崔立變。群小
請爲建功德碑，翟奕以尚書省命召翰林直學士王若虛爲文。若虛
自分必死，以理論之，奕輩不能奪。乃召太學生劉祁、麻革輩赴省，
元好問、張信之諭以立碑事，祁等固辭。促速不已，祁即爲草定，好
問意未愜，乃自爲之以示若虛，乃共删定數字。《金詩紀事》評元
氏《秋夜詩》，謂其含蓄未露其痛切言之者，則見於《集》中《外家上
梁文》及《郝經辨磨甘露碑詩》。伯驥按：功德碑當是遺山被迫參
訂，前人已辨論及之矣。此集前題資善大夫中書左丞相郝天挺注。
前有趙氏序，畧云，鼓吹者何？軍樂也。選唐詩而以是名之者何？
譬之於樂，其猶鼓吹乎？遺山之意則深矣。中書左丞郝公當遺山
先生無恙時，嘗學於其門，親得於指教者，蓋不止於詩而已。公以
經濟之才坐廟堂，以韋布之學研文字，出其博洽之餘，探隱發奧，人
爲之傳，句爲之釋，或意在言外，或事出異書，公悉取而附見之。使
誦其詩者知其人，識其事物者達其義，覽其辭者見其指歸，然後唐
人之精神情性，始無所隱遁焉。嗟夫，唐人之於詩美矣，非遺山不
能盡去取之工；遺山之意深矣，非公不能發比興之蘊。世之學詩者
於是而紬之、繹之、厭之、飫之，則其爲詩將見隱如宮商，鏘如金石，

進而爲詩中《韶濩》矣。此政公惠後學之心，而亦遺山裒集是編之初意也耶！至大元年吳興趙孟頫序。次有姚燧序，略云，鼓吹，軍樂也。伯驥按：李衛公《一品別集》卷一云，鼓吹，本軒皇因出師而作，前代將相有功則假之，今藩閫皆備此樂。余往歲剖符金陵，有童子六七人皆於此藝特妙云云。李氏《集》，吾家於庫本外，又藏明本《李文饒文集》二十卷，前題吳興韓敬求仲甫評點，則近於俗本矣。明袁州刻十四卷本，予舊有之，曾以此換友別書。韓氏當是黨附湯賓尹，見擯於時者。其子純玉以此抱憾，終身不仕，以詩人著名，有《蓬廬集》。聞番禺陶氏有《衛公集》善本，予未得見。大駕前後部設之，役數百人，其器皆金革，惟取便於騎。作大朝會，則置案於宮懸間，雜而奏之，最聲之宏壯而震屬者也，或以旌武功而殺其數。取以名書，則由高宗退居德壽，嘗纂唐宋遺事爲《幽閑鼓吹》，故遺山本之，選唐近體六百餘篇，亦以是名，豈永歌之聲，亦可匹是宏壯震屬者乎！嘗疑遺山論詩於西崑，有無人作鄭《箋》之恨，漫不知何說。心竊疑之，後聞高吏部談遺山誦義山《錦瑟》中四偶句，始知謂鄭《箋》者，殆是事也。參政郝公新齋視遺山爲鄉先生，自童子時嘗親几杖，得其去取之指歸。恐其遺忘，以易數寒暑之勤，既輯所聞，與奇文隱事之雜見他書者，悉附章下，則公當元門忠臣，其又鄭《箋》之孔《疏》歟！次有武氏序，略云，唐一代詩人名家者殆數百，體製不一，惟近體拘以音韻，嚴以對偶，起沈、宋而盛於晚唐，迄今幾五百年，未有能精其選者。國初遺山元先生，爲中州文物冠冕，慨然當精選之筆，自太白、子美外，柳子厚而下，凡九十六家，取其七言律之依於理，而有益於性情者五百八十餘首，名曰《唐詩鼓吹》，然選既精矣，而詩人指趣，非學識深詣者莫能發之。今中書左丞新齋郝公以舊德爲時名臣，蚤嘗講學於遺山之門，念此詩不可無注，於是研覃精思，爲之訓釋，詩人出處皆據史傳，詳著下方，使當時作詩之旨悉浮，浮於辭氣之表，而遺山擇詩之意，亦從是可見。左轄公三十年歷登顯要，而留情鉛綮,抉隱發藏,必欲覽者開卷瞭然,吟諷蹈詠之餘,由是進於溫柔敦厚之教,是亦風移俗美之基也。至大戊申,淛省屬儒司以是編鋟之梓,僕實董其事,工將訖,庸公適以使事南來命僕序,用書於編末。是年六月十又八日,蜀西武乙昌謹序。伯驥按:錢牧齋《與陸勅先書》云,《鼓吹》郝注,乃有兩天挺,荒村無書失考,序須改正。又《池北偶談》云,金、元間,有兩郝天挺,一爲遺山之師,一爲遺山弟子。考《元史·郝經傳》云,其先潞州人,徙澤州之陵川。祖天挺字晋卿,元裕之嘗從之學。裕之謂經曰,汝貌類祖,才器非常者是也。其一受業於遺山,追封冀國公,爲皇慶名臣,嘗脩《雲南實錄》五卷,即注此書者。陸氏心源跋此書,謂遺山詩選於唐,祇取此九十餘家,去取不得謂不嚴,惟胡宿宋人,《宋史》有傳,誤在唐人之列,想由南北隔絕,未得其詳。郝氏當元統一之時,雖不强爲注釋,而不加辨正,何也? 明之廖文炳,國朝之錢朝鼒、王俊臣、王清臣、陸貽典增注此書,自謂正郝氏之失,而亦絕不一及,豈未見《宋史》耶? 天挺字繼先,號新齋,出於朵魯別族。仕元世宗至仁宗,官至河南行省平章。謚文定。見《元史》一百七十四。及武乙昌、姚燧序,非《金史·隱逸傳》之郝天挺。《四庫提要》已據《池北偶談》正陸貽典之謬,惟貽典所見本無武、姚二序及盧摯後序,《四庫》所據本同,蓋完具者亦尠也。丁氏善本室所藏與此本同,可見丁、陸諸家均以此刻爲最善矣。半葉十行,每行二十字,小字雙行,有音有注,注即附於句下,版心有字數及刻工姓名。末卷有"後樂堂章",當是前明上海徐氏故物。蓋後樂堂在徐家匯,爲徐文定光啓故居,堂中有御賜儒宗人表額,旁築東皋草堂、瀼西草堂,董其昌書額。春及堂其耕釣處也,今西人建築天主堂,舊舍移西改置,其孫爾默、爾路後裔世居於此。見王鍾《法華鄉志》七。

## 唐僧弘秀集十卷　明刊本，虞山錢氏、
北平謝氏舊藏。

前題宋荷澤李龏和父編。龏字和父，號雪林，有《剪綃集》。此書前有宋寶祐第六春中和節李氏自序，略云，古之吟詠，情性一本於詩，詩至唐爲盛，唐之詩僧亦盛。唐一代爲高道，爲内供，奉名弘材秀者，三百年間今得五十二人，詩五百首。或取於各僧本集，或出於諸家纂録，皆有拔山之力，搜海之功，風製不塵，一字弗贅，發音雄富，群立峥嶸，名曰《唐僧弘秀集》，不敢藏於巾笥，刊梓用傳。次總目，次分卷目録，序稱五十二人，而總目所列實五十一人。伯驥按：《通志·藝文畧》著録唐僧惠净《詩苑續集》二十卷，所以續昭明太子所輯也，《續集》當及唐時僧人，惜不得本以勘之。此本序首有“御賜清愛堂”、“謙牧堂藏書記”、“五河道人”、“北平謝氏藏書記”、“味經書屋”、“聊城楊氏承訓珍藏書畫印”、“長白馬佳氏尚杰之印”、“馬氏竹銘藏書之印”各章。總目前有“燕庭藏書”，分卷目録前後有“文正曾孫”、“劉氏喜海”、“嘉蔭簃藏書印”各章。卷五及卷十末葉，均有“錢印謙益”、“牧齋”兩白文章，“謙牧堂書畫記”朱文章。末有嘉慶戊辰北平謝寶樹墨筆題詩云，“氣多蔬笋語多禪，宏秀争誇六百年。吳地越山詩句好，卷中處默許孫天。可憐一炬絳雲樓，祕帙珍函散不收。恨殺當年身後死，風流今竟遜緇流”。紀昀《文達公集》有《題同年謝寶樹小照五言詩》。前人藏本如知聖道齋寫本，程氏《宋遺民録》謝氏題記云，鄧牧《伯牙琴》載有所撰《謝皋父傳》，此録未采入。又王氏《詒莊樓書目》有《資暇集》寫本，謝氏跋云，《資暇集》三卷，凡九十五條，刻本多訛誤，長夏無事，手校一過，計改百二十餘字，其不知者則仍之。是書爲唐人舊帙，考證皆明確可喜，而蜀馬一條，乃謂成都府出小駟，是

爲小馬，則臨文偶誤。又毛刻《薛許昌集》十卷，有謝氏朱筆校，宋
本有跋，是其人固喜校書者也。

## 唐宋元名表四卷　寫本。

明胡松撰。松字汝茂，滁州人。嘉靖己丑進士，官至南京吏部
尚書。謚恭肅。事蹟具《明史》本傳。撰《滁州志》四卷。同時又
有績溪胡松字茂卿，正德甲戌進士，官兵部尚書。《明史》以二人
合傳，撰此書者，則汝茂也。前有李氏序，略云，我明設科，以言舉
士，蓋集夫明經新義諸制而爲大成也。我太祖臨御之初，詔誥多
士，即以務爲實學，勿事浮詞爲第一義。成化、弘治間，得人爲盛，
天下號稱治平，蓋學多近裹，文不外求，故其效如此。湮淪至於斯
世，文以採擷爲博，粧綴爲工，以馳騁爲上，先進雅正精實之風微
矣。嘉靖庚子冬，柏泉公督學晋省，所至以真實舉業訓多士，又懼
其遺亡失真，乃首刻《申明勅諭》，以一其趨，次刻《舉業紀聞》，以
示其要，次刻《三場程文選》，以正其的，至是併《唐宋元表》又刻
焉。其於市刻時文，則欲燔燒屏絶，不使其眩心目。或曰他刻宜
矣，四六靡靡，六朝陋習也，亦奚刻爲？四六一也，在宣公則稱之爲
藥石，在耆卿則鄙之爲鷃鸒，存乎人焉已耳，四六奚過焉。前四川
道監察御史奉詔致仕上黨李新芳叙。次有胡氏自序，略云，説者
曰，表之言明也、標也，譬物之標表言、標表事，序要於章顯而已，奚
駢儷之上也。余竊以其言徒取一隅，要未爲通論。今夫人之於文，
猶其之於言語、之於衣服飲食，與其宮室器用者也。且夫言語之於
達意，衣服之於蔽體，飲食之於滿腹，宮室之於安身，器物之於利
用，以今方古，其可得而齊諸？譬則四時之行，萬物之生，江河之流
轉，各因其時以爲變。是學也，昉於漢魏六朝，盛於隋唐，而極於
宋。彼其工拙繁簡，駢儷直致，要之其體不能盡同。然其意同於宣

上德而達下情，明己志而述物則，其後相沿猥下，競趨新巧，爭相衍博，往往貪用事而晦其意，務屬辭而滅其質，蓋四六之本意失之遠矣。余是用悲，乃輯所以式晉士。嘉靖壬寅，前山西按察司提學副使滁易胡松識。伯驥按：前明試士經義之外，又有表焉，定制也。此書刻於嘉靖間，今猶有傳本，此當是從之寫録者，蓋明人手筆。其時陳氏壋官於吾粤，亦有名家表選之刻，然罕見矣。《天一閣目》附存其序，爲照録之。陳序云，四六之體起於六朝，時則文無非四六者。唐宋以來，始專用其體於詔誥表箋啓，而博學宏詞科則以之試士，國家設科，去詞賦聲律，而仍用詔誥表，蓋詞賦無用而詔誥表有用也。近士子應試率多用表取中，然猶嫌其麗而未則，或漫而不工。予謂表莫盛於唐宋，唐表雄渾，然有出入，至於揣摩聲律，剪裁典故，敷陳事情，而意明暢，則惟宋表爲然，故宋人往往以表名家。我朝取録程表高者，不減唐人，其餘渾厚則有之，文采不及也，故表學至於宋人，不可加矣。伯驥按：宋王銍著《四六話》二卷，書中所舉多宋人表啓文字，爲專論四六之始，多就工巧者言之，氣韻格律尚未之及也。至謝伋所撰之《四六譚麈》一書，則比銍較佳，書中以命意遣詞分工拙，南宋四六多用長句，全用成語者亦不少，利弊雜陳，伋尤能切指其失。陳鵠《耆舊續聞》云，表啓之類，近代聲律尤嚴，或乖平仄，則謂之失黏，蓋文章型格演變日多。前清彭氏元瑞之《宋四六話》及《宋四六選》、孫梅《四六叢話》皆可考見也。梅書有阮氏序，梅別有《賦家小傳》上下卷，吾家藏寫本。予校士之暇，取唐宋諸名家所謂表，選其尤工者鈔之，而尤多於宋，類爲八卷，刻之崇正書院，以與嶺海諸士子共之。蓋此序又可與前序參證矣。

## 聖宋文選三十二卷南海孔氏從文瀾閣傳鈔本。

不著輯録人姓名，前後無序跋。檢《天禄琳琅書目》卷四，有此書宋本，謂其小楷書，用法森嚴，密行中自見清朗，蓋巾箱本之最

佳者。陸氏《皕宋樓藏書志》有此書二部，均影寫宋刊本，一爲涉
園張氏藏，一爲朱竹垞舊藏。張藏本有吳兔牀跋語，謂張氏示以祕
藏諸籍，獲觀是書，真生平大快事。是書之罕，已可概見。《義門
讀書記》跋所校《元豐類稿》後曰，閱内府所賜大臣《古文淵鑒》，
有在集外者六篇，有建本《聖宋文選》數册，其中有《南豐文》二
卷，此六篇者皆在焉。而陸氏亦嘗采録此書内荆公文數首，以補
《臨川集》之未備，其餘多有《聖宋名賢五百家》《播芳大全》《文
粹》與《文鑒》各書未録，及與本集異同者，可資考覈者頗多，亦
可貴矣。《目録》前題“聖宋文選全集標目”八字，目之末有“聖
宋文選前集標目”八字。《四庫總目》引張邦基《墨莊漫録》稱，
崔伯易有《金華神記》編入《聖宋文選後集》中，故以此三十二卷
爲前集，其言信矣。一、二卷爲歐陽永叔文，三、四、五卷爲司馬
君實文，六卷爲范希文文，七卷爲王禹偁文，八、九卷爲孫明復
文，十卷、十一卷爲王介甫文，十二卷爲余元度文，十三、十四卷
爲曾子固文，十五、十六、十七卷爲石守道文，十八、十九、二十、
二十一、二十二卷爲李邦直文，二十三卷爲唐子西文，二十四、二
十五、二十六、二十七、二十八、二十九、三十卷爲張文潛文，三十
一卷爲黃魯直文，三十二卷爲陳瑩中文。文潛、魯直皆蘇門中
人，而不録三蘇者，豈以當時蘇文之禁甚嚴歟？抑盡録之後集
歟？不可知矣。陸氏所藏涉園本已歸日人岩崎氏，見所著《静嘉
堂祕籍志》卷四十七。朱氏藏本，則不知流軼何所。江蘇第一圖
書館藏丁氏善本有此書，係宋槧小字本，宋刻僅四卷，餘據朱氏
傳鈔本補全，附記於此。吾家別藏郯城于氏影宋雕本，極工緻。
據江氏瀚《石翁山房札記》卷八，亦述及此書，謂在蜀時蒙于氏見
贈，然傳本亦稀云。伯驥由京估作緣，得南海孔氏書六巨櫥。此種則買之杭州
書肆，蓋皆鈔自文瀾閣中者也。

## 中州集十卷中州樂府一卷 日本五山板本。

金元好問撰。是集録金代之詩，首録顯宗二首、章宗一首，不入卷數。其餘分爲十集，以十干紀之。辛集《目録》旁注別起二字，其人亦復始於金初，蓋欲分正集、續集也。自序略云，魏道明作《百家詩略》，商衡爲附益之，好問又增以己之所録，以成是編。序作於癸巳，爲哀宗天興二年，其例每人各爲小傳，詳具始末，兼評其詩意，欲借詩存史，而選録諸家詩，亦極精審。《樂府》一卷，附詩而行，詩有小傳，不重出，詩未采入者，小傳即在詞前，此爲日本永正年間刊。元氏自序外，有張德輝序，《目録》題乙卯新刊《中州集》，總目卷首題中州甲集第一，每卷有總目，總目後低二字，分目有黑蓋子。張氏序云，百年以來，詩集行於世者且百家，焚蕩之餘，其所存蓋無幾矣。至一聯一詠，雖嘗膾炙人口，既無好事者紀録之，故其隨世磨滅。元遺山北渡後，網羅遺逸，首以纂集爲事，歷二十寒暑，僅成卷帙，思欲廣爲流布，而力有所不足，第束置高閣而已。己酉秋，得真定提學龍山趙侯國寶資藉之，始鋟木以傳。予謂非裕之搜訪百至，則無以起辭人將墜之業；非趙侯好古博雅，則無以慰士子願見之心。因贅數語其後云。作詩爲難，知詩爲尤難，唐僧皎然謂鍾嶸非詩家流，不應爲詩作評，其尤難可知已。半山老人作《唐百家詩選》，迄今家置一本，曾端伯選宋詩不可謂無功，而學者遂有二三之論。予謂裕之此集，今四出矣，評者將附之半山乎，曾端伯乎，季孟之間乎。東坡有言，我雖不解書，曉書莫如我，是則又不知皎然師果爲真識否也。明年四月望日，頤齋張德輝書。德輝字耀卿，山西交城人。丁未，世祖在潛邸時，嘗召見。《元史》傳中，並詳問答之辭。《張參議耀卿行記》一卷，尚有流傳。伯驥按：五山板之書爲日東舊本，酷類吾國宋元槧刻，其本多出僧侶，實爲緇徒文事之一。五山者，蓋合京

都及鎌倉之禪刹而言，如京都之刹，則爲南禪、天龍、相國、建仁、東
福、滿壽也，鎌倉之刹，則爲建長、圓覺、壽福、淨智、淨妙也，高行有
學之僧徒多聚於此。凡奉使中國及交涉文稿，諸僧多舉其職，當其
時並以雕刻佛典及中華經籍爲事，除京都、鎌倉各寺外，凡同其宗
法諸寺所刻各書，總名爲五山板，皆漢文也，有片假名者甚少。招
聘華工以濟其事，楚材晉用，又當時之軼聞焉。此五山板之略史，
吾讀東籍時，每見稱述，吾國著録家多未之及，故稍詳之。汲古本
無張氏序，且字畫紙墨均所不逮吾家《邵亭宋元書目》所載此書，
亦十五行，未審即此刻否耳。此書最早刻本爲至元庚戌平水進修
堂所刊。平水在平陽府，《金史·地理志》及之，元太宗八年，，用
耶律楚材言，立經籍於平陽。事見《元史》。福建廣勤書室繙平水
本，序名《中州鼓吹翰苑英華》，序首葉署《翰苑英華中州集總目》，
詩首葉署《中州甲集》，第一封面題《翰苑英華中州詩集》，上刻廣
勤書室刊，板式古雅，錢牧齋《列朝詩選》仿之。

## 大雅集八卷 舊寫本，黃蕘圃手校，五硯樓、執經堂舊藏。

　　前題天台賴良善卿編輯，鐵雅先生會稽楊維楨廉夫評點。朱
氏云，《赤城續志》不書良姓氏出處，顯晦不可得而知。繹席帽山
人序，蓋曾教授松江云。倪元鎮贈良詩云，"陳詩昔在周盛日，删
詩又在衰周餘"。二語得其概矣，見《曝書亭集》。此本前有至正
壬寅吳興錢肅序，略云，古者天子巡狩，命太史陳詩以觀民風，蓋將
以探民之休戚，以知王政之得失。此周人所以不已於采詩之官也，
故觀民風而必采詩以陳者，民之情因言以宣，猶物因風之動以有聲
也。由是知古之人以情爲詩，而其言莫不麗以則，後之人則以詩爲
情，而言不出於情有矣，況麗而有不則者哉！古之詩多出於民之

心，後之詩多出於士之筆，故後世雖有采詩者，實難其人焉。天台賴先生善卿，以三十年之勞，不憚駕風濤、犯雨雪、冒炎暑，以采江南、北詩人之詩，其采也公矣，情深而不詭則采之，風清而不雜則采之，事信而不誕則采之，義直而不回則采之，體約而不蕪則采之，詞麗而不淫則采之，而未始有不關世教者。會稽楊鐵崖先生評而序之，名曰《大雅集》。而友人盧仲莊手爲之鏤梓。既板行，學者莫不購之，以爲軌式焉。次有賴良自序云，《昭明文選》初集至二千餘卷，後去取不能十之一，今所存者三十卷耳。三十卷中，尚有可汰者，選之難精也如此。良選詩至二千餘首，鐵崖先生所留者僅存三百。古人以詩名世，或一聯一句不爲少也，而有擅雄長作，則大篇長什，又不厭其多也。故今所刊者，或一人一詩，或一人數十詩，蓋不多寡較也。次有至正辛丑楊維楨序。次有王逢序，略云，天台賴善卿客授雲間，課講暇，嘗裒元之詩鳴者，凡若干人，名曰《大雅集》，且鋟以傳，會兵變止。今年，善卿擬畢初志，適有好義之士協成厥美，詣余徵叙後。義士雲間人，陸德昭氏、俞伯剛氏。善卿名良，宋名臣諱好古裔，世業儒云。此爲平江黃氏手校本，全書用朱筆點勘甚爲精核。如卷三《朱堂聾婢辭》"伯勞莫夜鳴"，蕘圃用朱筆校於眉間云，案"作勞耳鳴"有出，見崔鴻《十六國春秋·後趙録·石勒上》，原文作字誤伯，此即一證也。伯驥按：《晋書》卷一百四《載記》云，石勒力耕，每聞鞭鐸之聲，歸告其母。母曰，作勞耳鳴，非不祥也。可證黃説之諦。寒家藏《大雅集》有數種，此本迭藏袁氏五硯樓、張氏執經堂，卷前後有其藏印，並有"彭城中子審定"一章，估人以名家校藏，遂索善價。鄭康成箋《詩》云，將稼者必先相地之宜，而擇其種。讀書不得善本，是謂種不擇也。此本可謂是集之善者矣。張紹仁，字學安，一字訒庵，長洲人。曾居喬司空巷，其藏書處曰綠筠庵、曰執經堂。黃蕘圃題《西溪叢語》張訒庵本,有訒庵校書心到、眼到、手到,在朋友中無出其右之語。

## 元人十種詩集五十卷元刊本,顧氏謏聞齋、葉氏郎園舊藏。

計元遺山、顧仲瑛、陶南邨、薩都剌、宋子虚、二種。倪雲林、張伯雨、迺易之、馬虚中共十種。前有徐氏序云,夫詩以唐爲宗,自宋蘇、黄諸公一變唐調,别出格律。南轅以後,競趨道學,恒以義理入四聲,去風人之旨遠矣。迨夫勝國之世,雖以腥羶而主中華,其間修詞之士蜂起,盡洗陳腐習氣,冲恬者師右丞、襄陽,濃麗者媲義山、用晦奇峭者邁長吉、飛卿,人操寸管,各成一家,不失唐人矩矱。後之評者,謂元詩直接唐響,真千古不易之論也。然八九十年中,善鳴者無慮數百家,其姓名則見於《元音》《皇元風雅》《元詩體要》諸篇,若求其全集,奚啻龜鬚兔角焉。伯驥按:傅大士《金剛經頌》,如龜毛不實,似兔角無形。《翻譯名義集》兔角、龜毛,皆況名假至。《搜神記》所云,商紂之時大龜生毛,兔生角,兵甲將興之象也。此則真以爲有此事矣。海虞友人毛君子晋操雅鏡古,凡人間所未見之書,殫精搜索,雲間眉道人擬之,縋海鑿山,以求寶藏,誠然哉!向於宋人之詞調及金人選詩,咸付殺青。近又取元人十種手自讐訂,希諸宇内如雲林、子虚、仲瑛、伯雨、虚中、南邨輩,皆吴浙英靈,抽毫掞藻,譬之雕陵藴玉,合浦孕珠,其所産者裕,烏足稱奇。至於天錫、易之崛出穹髪不毛之域,乃能變侏㒧之音,流商刻羽,含英咀華,駸駸闖作者之室,豈非奇渥温氏帝天下,而風會極一時之盛歟!然夷考其生平,獨遺山一人與雁門葛邏禄析據圭爵,而江南六君子,咸抗箕潁之節,白衣黄冠,弗爲胡塵之所涴污,又不獨以詞華擅美者矣。子晋家富宛委之藏,所收當不止此十種,乃先行之。予性癖躭書,亦喜蒐先代遺稿,尚有元集五十餘家,不敢自秘帳中,期與子晋公之同好,是則予之志也夫。

崇禎戊寅長至，閩郡徐燉書於吳門之華蓮庵。半葉九行，行十九字。此本爲長沙葉氏舊藏，葉氏有題識云，右《元遺山詩》二十卷、《薩天錫詩》三卷、《集外詩》一卷、《金臺集》二卷、《玉山草堂集》二卷、《集外詩》一卷、《啽囈集》一卷、《翠寒集》一卷、《雲林集》六卷、《集外詩》一卷、《南村詩集》四卷、《句曲外史集》三卷、《補遺》三卷、《集外詩》一卷、《霞外集》一卷，都五十卷。此雖毛刻，然如此十種全者得之頗難，《遺山詩》金元好問撰，《薩天錫詩》元薩都拉撰，《金臺集》元納新撰，原作廼賢。《玉山草堂集》元顧瑛撰，《啽囈集》元宋无撰，《翠寒集》亦宋无撰，《雲林集》元倪瓚撰，《南村集》元陶宗儀撰，《句曲外史集》元張羽撰，《霞外集》元馬臻撰。今按《四庫全書總目》集部別集類著錄者，《遺山集》四十卷、《附錄》一卷，此二十卷，入存目。薩改題《雁門集》即此本。《金臺集》亦二卷，本江蘇巡撫採進，當即此本。《玉山草堂集》爲《玉山璞稿》一卷，兩淮馬裕家藏本，非此本。《翠寒集》爲其子振刻本，《啽囈集》入存目，爲内府藏本。倪《集》著錄《清閟閣集》十二卷，此六卷，入存目，爲明潘瓚校刻本。《句曲外史集》亦此本。《霞外詩集》據《提要》云，亦此本，而誤稱十卷，惟無《南村詩集》，豈當時十種詩集不經見，故未採進耶？遺山爲金人，入元不仕，今乃以爲元集之首，毋乃未審。此本前有崇禎戊寅徐燉序，序稱藏有元集五十家，必有顧嗣立選元詩所佚者，惜未刻而傳之，亦恨事也。收藏有"顧氏敦淳珍藏"四白、二朱文珍藏二字朱文，居中。篆書方印，"臣錫麒"三字白文篆書方印，"家藏北宋印經"白文篆書方印，在《目錄》前又一大方印，上正書九行云，"昔司馬溫公藏書甚富，所讀之書終身如新。今人讀書恒隨手拋置，甚非古人遺意也。夫佳書難得易失，稍一殘缺，修補甚難，每見一書或有損壞，輒憤惋浩歎不已。數年以來，蒐羅略備，卷帙頗精，伏望觀是書者，倍宜珍護，即後之

藏是書者,亦當諒愚意之拳拳也。謖聞齋主人記"。凡一百七字,
此印在徐燉序後。錫麒字竹泉,謖聞齋亦其印記。丁丙《善本書室
藏書目録》時有其收藏之書,但未詳其籍里事迹耳。伯驥按:近時海
上景印毛鈔四卷本《辛稼軒詞》,有三卷出自謖聞齋,張跋謂爲太倉
顧氏遺本,而未及顧氏晜歷,蓋蘇州之顧聲名文物著於一時,伊人步
巖或以文章發名,或以儲藏流譽,竹泉殆其族歟! 吾家收得明刻華
容孫宜撰《洞庭集》五十卷,亦謖聞齋藏,有章在卷首,待再論之。

## 文翰類選大成百六十三卷明刊本,

### 烏程沈氏垚舊藏。

　　明李伯璵、馮厚同編。伯璵,上海人,官淮府長史。厚,慈谿
人,官淮府紀善。凡賦六卷,樂章二卷,樂府五卷,琴操四卷,詩六
十八卷,歌五卷,行四卷,辭三卷,引一卷,吟一卷,騷二卷,雜體二
卷,頌、銘、箴、贊文各一卷,記四卷,序三卷,書四卷,論三卷,諫、奏
各一卷,疏二卷,封事、狀議、解説、辨原、詔敕、制誥、勑檄、謚各一
卷,表二卷,牋啓、策對問、連珠、露布、叙、事略各一卷,碑碣二卷,
行狀、墓誌、墓表、哀挽、弔祭、誄、詞調、題跋各一卷,雜著二卷。前
人謂明初集部之書,若存若没,端賴是編存什一於千百,若以無當
大雅譏之,轉失抱殘守缺之義矣。有成化八年壬辰西江頤仙序,九
年馮厚後跋,弘治辛酉林祥後跋,並李伯璵後跋。林跋在書成鋟木
之後,上距壬辰三十年矣。李伯璵跋無年月者,則以與頤仙同時,
故是書自嘉靖中周弘祖《古今書刻》、朱睦㮮《萬卷堂書目》外,罕
見著録,蓋流傳日稀,頗不易得。周《目》稱江西淮府《文苑類選》,
苑是翰字之訛。朱《目》伯璵誤作伯瑤、伯璵二人。以淮王命輯是
書。《明史·諸王傳》仁宗第七子瞻墺封淮王,國江西饒州,正統
十一年子康王祈銓嗣,即頤仙也。又,嘉靖丙午淮藩坦仙序,傳載

嘉靖十六年,憲王厚熹嗣。丙午爲嘉靖二十五年,坦仙即厚熹,蓋校刊是書者。卷前有沈垚章《兩浙輶軒續録》云,沈垚字子敦,烏程人。道光甲午優貢。又,道光壬寅王鎣《海録序》云,近世多博聞強識之士,其著述每詳於地理,若予所識沈君小苑、徐君星伯、沈君子敦。又,潘氏輯《雅堂詩話》云,道、咸年間,如徐氏松、魏氏源、龔氏自珍、張氏穆、何氏秋濤、沈氏垚,皆能講西北輿地之學。沈氏著有《元史西北地蠡測》二卷,《地道記》十卷,《西游記金山以東釋》一卷,《新疆私議》一卷,附《葱嶺南北河考》、《漳北滾南諸水考》一卷,《西域小記》一卷,《落帆樓集》若干卷。

## 皇明詩選十三卷<sub>明崇禎刊本。</sub>

前題雲間陳子龍臥子、李雯舒章、宋徵輿轅文同撰。子龍字人中,又字臥子,號大樽,青浦人。登進士第,由紹興推官陞兵科給事中,後爲清兵所執,投水死。清謚忠裕。後人刻其集亦以忠裕題之。某書謂陳氏子龍有明代《經世文編》五百八卷,清賀長辭所編,實沿其例,陳編未見,亦不審爲臥子否,偶記之。徵輿字轅文,華亭人。順治進士及第,官至副都御史。雯字舒章,上海人。崇禎壬午舉人,清授内院中書。陳、宋、李合稱三子,惟宋、李詩不及臥子,然皆能脱明末鍾、譚之風習者也。臥子並有《湘真閣江蘺檻詞》,以妙麗稱。見《松江府志》等書。《龍性堂詩話》云,論明人詩,正大和平、折衷風雅,無如陳臥子先生,觀其《答胡學博書》可見。王漁洋云,陳臥子七言沈雄瑰麗,近代作者未見其比,真冠古之才,一時瑜、亮,獨有梅村耳。明季夏允彝與臥子等結文會於華亭,名曰幾社。其時張溥等復結復社於吳縣,卒興黨禍,而幾社於講學外不預外事也。前有三人自序各一首,全書體例自明初迄萬曆、天啓,分體彙選,次以時代,每人各有小傳,各有總評,其評語以臥子、舒章、轅文三人名號標識之,雖爲合選之書,然其所見尚不相淆混。啓、禎間,鍾、譚風習流行甚廣,臥子出始斥之,故所選以前後七子詩爲多。《凡例》稱閲文集四百一十六部、名家詩選三十七部,而所録僅如是,簡鍊之功亦足多矣。此選關於詩學流變,而清《四庫》不録其書,則又何也?按《梅村詩話》云,臥子負曠世逸才,年二十與臨川艾千子論文不合,面斥之。其四六跨徐、庾,論策視二蘇,詩特高華雄渾,睥睨一世。好推崇右丞,後又摹擬太白,而於少陵微有異同,要亦倔强語,非由中也。初與夏考功瑗公、周文學勒卣、徐孝廉闇公同起,而李舒章特以詩故雁行,號陳李詩,繼得轅文,又號三子詩,然皆不及。當是時幾社名聞天下,臥子眼光奕奕,意氣籠罩千人,見者無不辟易。登臨贈答,淋漓慷慨,雖百世後猶想見其人也。嘗與余宿京邸,夜半謂余曰,卿詩絶似李頎。又誦余《雒陽行》一篇,謂爲合作。晚歲與夏考功相期死國事,考功先赴水死,臥子爲書報考功於地下,誓必相從,文絶可觀。而李舒章仕而北歸,讀臥子《王明君篇》曰,"明妃慷慨自請行,一代紅顔一擲輕"。則感慨流涕。舒章久次諸生不遇,流離世故,僶勉一官。遇臥子於九峯山中,期滿北發,未渡江而臥子死,舒章鬱鬱,道卒雲間。有爲詩唁之者曰,蘇、李相交在五言,未嘗不寄慨於此兩人也。讀此可稍悉三人始末。侯氏方域佐南都史督部可法幕府,曾爲史答清攝政睿親王書,此書初不傳於世。迄高宗檢閲親王傳,乃命史官以内庫中所存原檔補入傳中。法式善嘗語禮親王昭槤曰,親王致書出李舒章手筆,答書則侯作也。二公俱當時文章巨手,故致書察時明理,答書義正詞嚴,匪特頡頏一時,實足並傳千古云云。按王猷定亦嘗入史幕府中,當時史公左右文人固不少。王有《四照堂集》。又《午風堂集》卷二云,陳臥子《明詩選》允爲詩家正宗無論,非虞山《列朝詩集》可比,即竹垞《明詩綜》可備一朝文獻,亦非詩壇標準。阮亭謂《明詩選》於弘、正間持擇甚嚴,嘉、隆以來便稍皮相,且以不入湯義仍、曹能始伯驥按:曹學佺,侯官人,字能始,號石倉。萬曆進士,明末事唐王,官禮部尚書。性嗜藏書,嘗謂二氏有藏,吾儒無藏,欲修儒藏與之鼎立,而未能卒業。著《易經通論》《輿地名勝志》。石倉《歷代詩選》《鳳山鄭氏詩選》《石倉集》《曹氏詩選》固佳,自吟以清麗見長。詩品在七子公安、竟陵間,當時閩中詩人曹與徐熥、謝肇淛並稱。熥字惟和,閩縣人,萬曆舉人。有《幔亭集》。平生心慕閩詩人鄭善夫。善夫三十九歲死,徐實同之,亦巧合也。熥與熜兄弟行,熜號興公,以藏書著名。詩爲大誤。卧子此選,力追雅音、格律、聲韻,真是一綫不走。嘉、隆後,詩雖未極變化,要是古風未墜,若《列朝詩集》之於北地、信陽、婁東諸家,棄長録短,恣其排斥,而崇尚纖浮,此何以爲詩人先導? 至如湯義仍之纖縟,曹能始《瓜步》《江空》等聯,最爲阮亭所賞,然神韻雖具,體骨未稱,其他去正聲漸遠,無當美刺,卧子之不録有以也。阮亭謂必當與《列朝詩集》合觀,吾所不取。此言庶爲正確,蓋法人泰納倡文藝批評三原則,此選固已符合而了解矣。三原則云,一著者所屬之種類,二著者之環境,三著者之時代。能詳説此三者,始能明晰其包涵之所在,而下正確之批評,庶乎不差。此書每卷末題同郡夏完淳存古氏校。半葉九行,行十八字,有圈點。

## 列朝詩集乾集二卷甲集前編十一卷
## 甲集三十二卷乙集八卷丙集十六卷
## 丁集十六卷閏集六卷明崇禎癸未汲古閣刊本。

錢謙益撰。謙益字受之,號牧齋。進士及第,授編修,進禮部侍郎。清師平定江南,授祕書院學士、明史局副總裁。後謝病歸,坐與黄敏祺通謀叛清,事露就囚,後得釋。閒居十年,吟詩每有謗清者,所撰《有學集》《初學集》均在禁燬書内。此書《甲集》卷十有云,余撰此集,倣元好問《中州集》故事,用爲正史發端,故搜摭考證,頗有次第。十月之交,不戒於火,三年琬琰盡矣,劫火秦灰,斯文蕩然，行且瘞硯冢筆，以答天戒。庚寅，蒙史謙益書於絳雲餘燼室。此數十言當即牧翁著書之旨。錢氏《集》有《與陸勑先書》云，列朝詩人小傳得加刪削幸甚，然古之神仙但有點鐵成金者，若欲點糞溲爲金銀，雖鍾呂不能，吾恐其勞而無功也。讀此，則牧翁堅強自聖之態度，今猶可想。然前人於此集則譏誚者多，而獎譽者少。如新城王氏云，牧翁撰《列朝詩》大旨在尊李西涯，貶李空同、李滄溟，又因空同而及大復，因滄溟而及弇州，索垢指瘢，不遺餘力。夫其駁滄溟，撰古樂府擬古詩是也，并空同《東山草堂歌》而亦疵之，則妄矣。所録《空同集詩》亦多泯其傑作。黃省曾，吳人，以其北學於空同，則擯之，於朱凌谿應登、顧東橋璘輩亦然。予竊非之，偶著其略於此。牧翁於予有知己之感，順治辛丑序予《漁洋詩集》，有代興之語，寄予五言古詩云，"勿以獨角麟，儷彼萬牛毛"。今三十餘年，先生墓木拱矣。予所以不敢傅會先生以誣前輩者，亦欲爲先生之諍臣云爾。又云，牧齋訾謷李、何，則并李、何之友如王襄敏、孟大理輩而俱貶之，推戴李賓之，則并賓之門生，如顧文僖輩而俱褒之。他姑勿論，《東江集》予所熟觀，詩不過景泰、成化間沓拖冗長之習，由來談藝家何嘗推引，而遽欲揚之王子衡、孟望之之上，豈以天下後世人盡聾瞽哉？又云，牧齋貶空同、滄溟二李先生矣，吳人之師友二李者，如徐迪功、黃五嶽以及弇州皆絶之於吳，且夷迪功於文璧、唐寅之列，比之明妃遠嫁。一日閱馮時可《元成集·辯徐太室二羅集序》云，吳詩清淺而靡弱，不以二李劑之，而何以詩哉。元成吳人也，其言如此，天下後世其又可欺乎？牧翁稱文徵仲詩，近同年汪鈍翁注歸熙甫詩，人之嗜好實有不可解者，付之一笑可矣。又清康熙間，雄山王企埥編著《明詩百三十家集鈔》，其序例云，牧齋選伯温之詩，歧元末、明初爲二集，且謂沉淪下僚作爲詩歌，魁壘頓挫，使讀者償張興起，及佐命帷幄，其所爲詩，皆悲窮歎老，無復飛揚硾矶之氣。牧齋此語，蓋借伯溫以自寫照也。牧齋何人，乃敢希聲附響於伯溫乎？又云，牧齋於北地弇州與夫鍾、譚等《集》皆力爲攻擊，若有深怒積怨而不可解者，氣勝而近於驕，詞屬而傷於激，黨枯仇朽，殆亦過矣。又云，牧齋取元末之詩附於甲前，於是原吉、叔能、廉夫、鶴年皆得入選，竊謂紫陽《綱目》於張良則書韓，於陶潛則書晋，皆取其不忘故君也。王不就徵，戴不受職，楊白衣以歸老，丁廬墓而終身，安得以元末之遺民指爲明初之詞客乎。又，清李林松《易園集》卷二云，《明詩綜》史材也，其聚精會神，並見於詩話中。以視漫訾李、何，而奉松園一老爲標準者，用心有公私之別，蓋嘗覼其議論，有三長焉：明詩教中衰如蜂腰，前後七子始得名太盛，而後受彈射亦過多。平心而論，摹擬篡竊，莫甚於于鱗，而宏博渾灝，弇州未可過非，世徒以震川妄庸二字視之，冤矣。先生起而持其平，一也。革除奪門大禮諸事，國是日非，而有識之士，未嘗無昌言讜論聞於朝者，一一表章之，俾不没於世。二也。勝朝僞譔滋多，如《從亡》《致身》等録皆是，至豐氏僞經出，幾欲上淆聖籍，其他著述，率多憑臆而造，無一足據。先生力剪榛蕪汰，存者其事皆可信。三也。國朝纂修《明史》時，先生上總裁七書，見《集》中，而不知某紀、某傳出先生手。乾隆初，重修定本，則先生之書已刊布，斯其有功於史學，匪淺鮮也。以上皆抨擊牧翁之言，或謂評論朱、錢二家之選，當以郎園葉氏所論爲最允。《讀書志》卷十六，稱《明詩綜》乃鄉愿之所爲，《列朝詩》乃選家之詩史，二語尤爲破的云。此本倣元遺山《中州集》版式，半葉十五行，行二十八字。言板本者多舉之。

## 金華文統十三卷明正德刊本。

明趙鶴撰。鶴，江都人，字叔鳴，弘治進士。累官金華知府，以忤劉瑾謫官,終山東提學僉事。著《書經會注》《維揚郡乘具區文集》《金華正學編》《金華文統》諸書。前有鶴序,略云,愚既爲《金華五先生正學編》以示諸生,語生復謂鄉郡文獻殆不止此,願輯其文以著其人。愚爲考焉,得賢而有文者二十六人,其文正而粹者一百三十五篇,題曰《金華文統》。序之曰,由有宋建炎逮皇朝成化幾三百年,而海内之文萃於金華矣,然因書論世,而得金華之文殆三變焉。周漢間,金華越在於越,不得齒上國文物,而爲俗最荒陋。自梁孝標始工文章,唐駱賓王、舒元輿、馮宿繼之,俱以詞藻發聞,然孝標沿六朝浮麗,賓王、元輿競聲律之末,宿始追古,而未脱駢偶,固爲一變矣。宋建炎以來,范賢良始論心性,吕太史邃於經史,陳龍川好兵律事功,皆内有所主,出之以理,輔之以學,故爲文揄揚反覆,詳覈辨博,而有以明其志,是爲再變矣。咸淳之間,大儒繼作,如何文定之醇正精確,王文憲之雄毅深邃,金文安之明暢嚴密,許文懿之和平沈實,則又本於玩索之精、封殖之厚,雖不期爲文,而文不可掩。及其規模,皆以明天理淑人心,紹正學黜邪説爲主,嗣是而後,作者紛出,若柳道傳、吴正傳之深於經,張子長之長於史。入國朝,宋景濂、王子充、蘇伯衡、胡伯申又以其文翊贊鴻業,爲時宗工。然考其淵源之自、道德之歸,未有或外於四賢而立法者,而文之變至是極矣。序末行題正德六年賜進士出身中順大夫金華府知府江都趙鶴書。序後有《金華文統例訓》,略列如下:吕成公脩文鑑法,見《宋史》,以黜浮崇雅爲主。朱文公取文字之法,見《王魯齋文集》,文勝而義理乖僻者不取,贊邪害正者文辭雖工不取。王魯齋先生曰,貴多不貴精,後世文集之通患。吴正傳作《敬鄉錄》有云,其或人文俱顯,錄所不及者,亦不無微意焉。吴正傳又曰,剽竊緒餘,掇拾淺陋,無關於義理,無裨於正教,逞私説,肆不根,習非聖以自詭,反前人以爲高,所謂詖淫邪遁。趙氏蓋借前人成説，以明其録文之旨也。又云，此集止二十六人，文一百三十五篇，宋景濂文二卷，以其備述聖代功德爲詳。卷第一，宗澤、梅執禮、潘良貴、鄭剛中、賈廷佐，卷第二、卷第三范浚、陳亮、呂祖儉、徐僑、何恪、時少章、喬行簡，卷第四、卷第五、卷第六以下，則爲柳貫、張樞、吳師道、胡助、黃溍、吳萊、宋濂、王禕、蘇伯衡、胡翰、戴良、吳沉、王紳、章懋諸賢之文也。伯驥嘗讀諸賢之文，益知趙氏之意，蓋欲以文統爲學統矣。編中所列諸賢，類皆名著史策，多爲後人所共悉者。其中如梅執禮嘗於靖康之難，謀劫二帝不遂，爲虜帥所害。執禮並通諸經，尤深於《易》。賈廷佐爲桐廬主簿，時兩上書論虜不可和，欲斬王倫，其憤激不減胡銓。徐僑受業朱子之門，累除直寶謨閣待制兼侍講，建言子思宜配享，二程、趙汝愚宜列從祀，悉從之。何恪字茂恭，義烏人，紹興進士。陳龍川評其文，謂爲山峙玉立，地圓海涵，目空宇宙。時少章字天彝，年六十始登寶祐癸丑進士，博極群書，尤精史學。諸君子均學行絶人，凜然風節，足頡頏於宗、陳、范、呂諸公者也，故稍著之。

## 重刊二程全書六十五卷明弘治間刊本，明行人司舊藏。

　　宋程顥、程頤撰。頤小史畧見《易傳》中。顥字伯淳，第進士。熙寧初爲監察御史裏行，神宗數召見，恒進正心、窒欲、求言、育才之言。後與王安石議新法不合，出簽書鎮寧軍判官，知扶溝縣。爲學先泛濫諸家，出入老釋，反求之六經，而後得之。與其弟合文彥博采納衆論，題其墓曰，明道先生顥，學出於周敦頤，尤能廣大而推明之。大旨以識仁、定性爲主，識仁則心量自弘，定性則不累於物。先儒謂其學近於顏子，所謂明道學派也。前有總目，計《遺書》二十八卷、《附録》一卷、《外書》一十二卷、《經説》八卷、《文集》一十三卷、《文集拾遺》一卷、《續附錄》二卷。有弘治戊午間序，略云，當時二程子一言一行，門人争相紀録，各自爲書，傳之於人，若《遺書》《外書》《經説》《文集》在宋時固已板行，號《程氏四書》。自時迄今幾四百年，昔在人間各相珍襲，好事者往往刻其所藏本。天順間國子監丞洛陽閻君子與求得《四書》，及臨川譚元之所蒐輯遺文、遺事合爲一書，大師南陽李文達公題曰《二程全書》，而爲之序。今學士泌陽焦君爲編脩時，嘗爲校正，南陽知府陽曲段君可久實刊行之，頃訪得各本，遂屬參議康君孝隆重爲編輯，僉事彭君性仁復從而校正焉。又採程氏家講象贊揭於前，《宋史·程珦傳》及謚議制詞諸文係於後，以見二先生之道，前有所啓。河南知府東嘉陳君文德樂承繡木之任云。卷一前題河南布政司左參議武定康紹宗重編，河南按察司僉事清江彭綱校正，河南府知府平陽陳宣刊行三行。半葉十行，行二十一字。明刻二程著作，別有一本，計《遺書》二十五卷、《附録》一卷、《外卷》十三卷、《明道先生文集》五卷、《伊川先生文集》八卷、《附録》二卷、《周易傳》四卷、《經説》八卷、《粹言》二卷。蓋閻禹錫刊，則五十一卷；徐必達刊，則六十八卷；固有多種也。此本卷首有"行人司圖書記"、"萬曆戊申春行人司查明"兩朱記。明制，行人司隸鴻臚寺，凡出使官屬，必采書籍歸之，每歲查檢蓋戳卷端。事見《明史》。此蓋明時官書也。朱彝尊《史舘上總裁第二書》云，故事，刑部恤刑行人，奉使還，必納書於庫，以是各有書目。

## 三蘇文粹七十卷　宋刊小字本，

葉林宗、趙次侯舊藏。

不著纂輯姓名，前有標目，無序跋。選老泉文六十八首，東坡文二百七十九首，潁濱文三百十二首。卷四有《目録》云。張文定公撰《老蘇先生墓表》云，嘉祐初，王安石名始盛，黨友傾一時，其命相制曰,生民以來數人而已,造作語言以爲幾於聖人。歐陽脩亦善之,勸先生與之游,而安石亦願交於先生。先生曰,吾知其人矣,是不近人情者,鮮不爲天下患。安石之母死,士大夫皆往弔,先生獨不往,作《辨姦論》一篇。按:前清李紱《穆堂初稿》謂,蘇洵《辨姦論》與紹興十七年沈裴編《老蘇文集》附錄二卷中所載張方平作《老泉墓表》及東坡《謝張公作墓表書》皆是僞撰,蓋宋本《嘉祐集》無此論,郎曄進呈本《東坡集》,亦無此謝書也。此論始見於宋《邵氏聞見錄》,時賢胡適之更據葉夢得《避暑錄話》,以證其作僞之跡。伯驥嘗檢陳善《捫蝨新話》,亦嘗論及《辨姦》文字,至邵氏所以記錄此僞文者,蓋夙有怨於荆公。公知制誥時,繳還邵雍除試將作監簿不理選限詞頭。《聞見錄》固言之。作此錄者,雍之後也。此本雖爲宋刻,然在邵氏成書之後,毋怪卷四有此贅言矣。梁任公先生撰《王安石評傳》,據蔡氏上翔説,力辨此等文字爲非,出於小人儒僞作,其言尚簡,此更詳之。卷首目後有真書墨圖記云,"婺州東陽胡倉王宅桂堂刊行",字仿率更體,極工。虞山瞿氏藏本與此同,張氏適園亦藏此本,謂與《歐陽文粹》板式相若,當是同時所刊。紀文達未見宋本,訛認明人輯錄,故不獲與《歐陽文粹》並列。每半葉十九行,行二十六字。敬、殷、匡、恒、貞、徵、讓、樹、桓、構、慎字皆闕筆,而淳字不闕,光宗前刻本也。老泉文有《洪範三論》及《後序》《辨姦論》,爲《嘉祐集》不載,東坡文有《邇英進讀》《評史》《評文選》等篇,爲七集本不載,當取諸大全集本,潁濱文有諸論爲四集本不載者,皆取諸古史,文中字句多與集本不同,亦互有得失,可資參校。明嘉靖中有重翻本,頗清整,訛字亦不多,惟東坡文《去姦民篇》"持吏短長而不可詰者",詰訛誥。《省費用篇》"徒兵之衆",徒訛徙。《蓄材用篇》"是其必然者,終不可得而見也",終訛然。《練軍實篇》"故兵常驕悍,而民常怯",而訛於。

潁濱文《禮以養人爲本論》"有司請定法令"，請訛謂。《新論》"上以濟其所不足"，不訛而。餘皆無訛，板式與宋同，亦足爲善本云。張氏以明翻爲工，則此本之精可知矣。黃蕘圃云，思適居士既成《百宋一廛賦》，予又別得紹興本《管子》殘小字本、《三蘇文粹》、李復言《續幽怪録》之屬，凡數十種。是小字本，爲蕘圃所喜。而陸氏心源所藏則爲宋蜀大字本，計卷一至卷十一老泉先生文，卷十二至四十三東坡先生文，卷四十四至七十潁濱先生文。每葉二十行，每行十八字，版心有刊工姓名，語涉宋帝皆空格，宋諱避至桓、構止，蓋紹興初蜀中刊本也，未審與小字本有無異同。伯驥按：宋本《周禮》有題婺州市門巷唐宅刊，有題婺州唐奉議宅，瞿氏藏宋刊殘本《禮記》五卷，愛日精廬藏宋巾箱本《禮記·月令》一卷，書後皆有婺州義烏酥谿蔣宅崇知齋刊本印，蓋當時刻槧婺州頗多。王氏國維《浙古本考》稍詳其事。《老學庵筆記》稱建炎以來，尚蘇氏文章，學者翕然從之，有語曰，"蘇文熟，吃羊肉；蘇文生，吃菜羹"。蓋自紹聖年禁蘇、黃文字，至紹興而上下爭購求之，燬廢之餘，流傳更盛，即如《三蘇文粹》蜀本，三蘇文東萊標注各各不同。伯驥按：《續通鑑長編》元祐七年四月，范祖禹薦蘇軾文章爲天下第一。又《宋史·常安民傳》云，董敦逸再爲御史，欲劾蘇軾兄弟，安民謂二蘇負天下文章重望，恐不當爾。至子由詩則曰"逢見胡人問大蘇"，東坡詩則曰"時時鳩舌問三蘇"，蓋三蘇之題品，自宋已然。孝宗贈軾太師，制詞云，人傳元祐之學，家有眉山之書，前人每述此言，以爲不誣者也。此類刻本在宋世頗多有之。清《天禄琳琅》著録《重廣分門三蘇先生文粹》巾箱本，不著編者姓名，書一百卷，彙三蘇文，分門纂輯，曰五經論，曰六經論，曰書解，曰洪範論，曰中庸論，曰春秋論，曰南省講三傳，曰論語解，曰論語拾遺，曰孟子解，曰太玄論，曰帝王君論，曰帝王臣論，曰聖賢論，曰列國君論，曰列朝臣論，曰歷代君論，曰歷代臣論，曰歷代論，曰歷代土風

論,曰衡論,曰史論,曰諡法論,曰祕閣試論,曰試策,曰策略,曰策
別,曰策斷,曰進策,曰策,曰策問,曰私試策問,曰上書,曰奏議,曰
表狀,曰書,曰啓,曰記,曰叙,曰引,曰字説,曰雜書,曰雜説,曰邇
英進讀,曰評史,曰評文選,曰頌,曰贊,曰碑,曰銘,曰傳,曰祭文,
曰行狀,曰神道碑,曰墓誌銘,而以潁濱《遺老傳》終焉。又有蜀本
標題《三蘇文》,亦巾箱本,不著編者姓名,書六十二卷,彙三蘇文,
分門纂輯,序次與前不同,唯此則割併,毫無體例,此皆可證其時蘇
文之盛行者也。清《四庫》据明刊本存其目於總集中,是當時尚未
見天禄本矣。此書有"林宗"朱文章,又"□山樓"朱文章,此章脱
去一字者,當是舊字,爲趙氏次侯舊山樓遺物。葉樹蓮字林宗,明
諸生,國亡棄去,改名萬。世居洞庭山,嘗游虞山,樂其山水因家
焉,所至必多聚書。會鼎革,獨身走還洞庭,已,復居虞山,購書倍
多於前。每遇宋元抄本,收藏古帙雖零缺單卷,必重購之,世所常
有者勿貴也。得書分部居,精辨真贋,手識其所由來。見徐乾學
《憺園集·葉林宗傳》。又,《七十二峯足徵集》稱,林宗好學多藏
書,名與石君上下。按:石君名樹廉,亦喜收書,與林宗爲兄弟行。
《讀書敏求記》稱林宗篤好奇書,搜訪不遺餘力,君亡來三十餘年,
遍訪海内收藏家,罕有如君之真知真好云。蓋姑蘇葉氏,有明一
代,崑山文莊家最著,此外又有林宗昆仲。菉圃所藏明本《王狀元
荆釵記》卷末,有"姑蘇葉氏戊廿梓行"八字,或亦與林宗有連歟。

## 二妙集八卷<sub>舊刊本。</sub>

　　金段克己、段誠己撰。前有吴澄序,讀之可知二段之始末。節
録其略云,中州遺老值元興金亡之會,或身没而名存,或身隱而名
顯,其詩文傳於今者,竊聞一二。河東二段先生者,豈徒從事於枝
葉以爲詩爲文者之所能及哉! 於時干戈未息,殺氣瀰漫,賢者避

世，苟得一罅隙地，聊可娛生，則怡然自適，然形之於言間，亦不能自禁。若曰寃血流未盡，白骨如丘山；若曰四海疲攻戰，何當洗甲兵；則陶之達、杜之憂蓋兼有之。伯氏諱克己，字復之，人稱遯庵先生，在金以進士貢，金亡餘二十年而卒，終身不仕。仲氏諱誠己，字誠之，人稱菊軒先生，在金登進士第，主宜陽簿，年過八秩，至元間乃卒，雖被提舉學校官之命，亦不復仕。遯翁之孫輔由應奉翰林，敭歷臺閣，今以天宣侍郎知選舉。解後於京師，出其家藏《二妙集》以示，一覽如覿靖節，三復不置。昔之耆彥嘗評二翁，謂復之磊落不凡，誠之謹厚化服，摹寫蓋得其真，予亦云然。後題翰林學士資德大夫知制誥同脩國史臨川吳澂序。伯驥按：虞氏《道園集》有《河東段氏世德碑》中有云，克己、誠己之幼也，禮部尚書趙公秉文識之，目之曰二妙，以之名集，或由於此。又，房祺《河汾諸老詩集序》云，近代詩人遺山先生爲之冠，與元老或詩或文數相贈遺者，有稷亭二妙之目，可知二妙之名由來已久。吳序所述金詩“寃血流未盡，白骨如丘山”，原詩作“生民寃血流未盡，白骨堆積如丘山”，詩題爲《癸卯中秋之夕與諸君會飲山中感時懷舊》，情見乎辭，末云，“我欲排雲叫閶闔，再拜玉皇香案前。不求羽化爲飛仙，不願雙持將相權。願天早賜太平福，年年人月長團圓”。庶幾杜、白之長裘廣厦矣。半葉九行，行十八字。卷之一五言古詩，卷之二七言古詩，卷之三五言律詩、七言律詩，卷之四五言律詩、七言律詩，卷之五五言絕句，卷之六雜言，卷七、八樂府。前人謂卷八菊軒《贈呼延長吉句》，“雖云符詛師，頗異尋常人。疾苦在力救，貴賤情一均”。又云“功成不責報，第恐傷吾仁。曠懷寓杯酒，不計醨與醇”。此符詛師，即所謂祝由科云。此本板刻字畫頗雅，估人以爲元刊，雖無證，然亦非明中葉後刊本也。近世有此集新刻，出自海豐吳仲怡石蓮庵，孫益庵特倣魯訔杜《集》、洪興祖韓《集》之例，輯《二妙年譜》二卷，正史無徵，則旁攷《河汾諸老集》，又博采劉京叔、元遺山、虞道園諸家，鈎稽歲月，絲聯繩貫，生卒仕隱，顯然明白。葉鞠裳氏爲之序，讀斯集者更多攷證矣。梁任公云，翁覃溪、李恢垣之《遺山譜》，孫益庵之《二妙譜》，資料本極缺乏，而搜羅結果乃極豐富。蓋任公於史學一門，謂年譜效用極大，歷史之大部分，實以少數人之心力創造而成，而社會既産一偉大之天才，其言論行事，恒足供千百年後輩之感發興奮，然非有詳密之傳記，以寫其心影，則感興之力亦不大，此名人年譜之所以可貴。初入手治史學者，最好擇歷史上自己所敬仰之人，爲作一譜，可以磨鍊忍耐性，可以學得蒐集資料、運用資料之法。以上節録任公論年譜之言，近世言此學者，以梁氏爲最通博矣。益庵名德謙，又號隑堪，此譜題《稷山段氏年譜》，上文蓋簡言之。孫氏又著《太史公書義法》《漢書藝文志舉例》《劉向校讐學纂微》《六朝麗指》，有刊本。恢垣名光廷，番禺人。咸豐進士，官員外郎。著《漢書西域傳圖考》《普法戰紀輯要》，並有詩文集流傳，蓋粵中近世有名學者也。

# 集　部　七

## 湖湘校士録八卷明刊本。

前有萬曆甲寅巡按湖廣監察御史晋陵錢春序,略云,予奉命視楚,服暇與博士弟子雍容譚藝,以爲制舉之業,本性情而傳經術,故輶軒所至,必下郡學焉。徵其尤異者進之,用示廣厲,茲且告成,彙集尤之尤,授諸梓,爲《湖湘校士録》。次有萬曆甲寅湖廣等處承宣布政使司左布政使劉之龍序,略云,古天子巡狩,太師陳詩以觀民風,閭巷謳吟,出婦人孺子之口,而忠孝貞信,率寓於比物託興間,學士大夫受而讀之。千百載之後,王圻、侯甸恍若生其時,而知其風之始,與其風之極致,言之所入也深哉。今之世,孔孟而外,人各治一經,爻象典謨、經曲筆削之旨,俛俛曰有孜孜,奚啻詩其吐於辭華,窺乾坤之易簡,述帝王之馳驟,抉聖賢之奧渺,窮理亂之得失,宜過於婦人孺子尋常歌咏之上,是故文章關乎世運,互爲否泰,則亦互爲高下,觀於文,化成天下易易耳,而風思過半矣。伯驥按:自明以來,士大夫刻集,每喜以制藝載入,然此風實始自北宋劉安節撰《劉太史集》四卷,内有經藝十七篇,劉安上撰《劉給事集》五卷,内有經藝八篇,蘇軾撰《東坡大全集》一百五十卷,内有經藝十三篇,南宋胡宏撰《五峯集》五卷,有經藝三種,吕祖謙撰《東萊集》四十卷,内有《外集》五卷,爲程試文,魏了翁撰《鶴山全集》一百九卷,内有制舉文三卷,方大琮撰《鐵菴集》三十七卷,中亦有經藝,此皆專就別集而言。若總集，則呂祖謙編《宋文鑑》一百五十卷，内録張才叔經藝二篇，明何氏《明文徵》亦有時藝選入。惟朱氏《經義攷》有何夢申等《周禮義》一卷，引王圻説，謂元東陽内舍生何夢申與弟參知政事夢然所作。按三舍法行於宋世，前人謂元時未有舉行，夢然參知政事在宋景定二年，亦非元時所授官。《續通考》所云實爲訛誤，竹垞蓋未及辨正。攷宋以《周禮》試士，此必何氏兄弟科舉之文，不當溷入經義，蓋時藝入集，則自宋已有之，若混淆經説，則甲部實無此體制也。宋濂《芝園後集》云，番陽何氏宋季多以科目發身，内舍生夢申與其弟參知政事夢然所作《周禮義》各一首，皆近道之言，較之吕成公之《文鑑》所編張廷堅《尚書義》二篇，未見其不及。《校士》之刻，流傳最尠，此爲明世舊本，讀之可考見當時風氣。明徐氏階云，國家以文取士，宣德以前，場屋之文雖間失朴略，而信經守傳，要之不牴牾聖賢。至成化、弘治間，則既彬彬盛矣。正德以降，奇博日益，而遂以入於楊墨老莊者，蓋時有之。見《世經堂集》卷十二。若此編所載，則尚爲雅正也。伯驥按：紀昀《甲辰會試録序》云，竊惟經義取士，防自宋王安石，然俞長城所刻安石諸作，寥寥數行，如語録、筆記、程試之作，定不如斯，其出自何書亦無從考證，疑近時好事者所爲。惟《宋文鑑》載張才叔《自靖人自獻于先王》一篇發揮明暢，與論體略同，當即經義之初式矣。元延祐中，定科舉法，經義與經疑並用，其傳於今者，經疑有《四書疑》，節經義有《書義卓躍》，可以畧見其大凡。明沿元制，小爲變通，吴伯宗《榮進集》中尚全載其洪武辛亥會試卷，大抵皆闡明義理，未嘗以矜才炫博相高。成化後，繩裁漸密，機法漸增，然北地變文體、姚江變學派，而皆不敢以其説入經義。其以佛書入經義，自萬曆丁丑會試始，以六朝詞藻入經義，自幾社始，於是新異日出，至明末而變態極矣。見《文達公集》。歸氏有光曰，天下之學者，莫不守國家之令式，以求科舉，然行之已二百年，人益巧而法益弊，相與剽剥竊攘，以壞爛熟軟之詞爲工，而六經聖人之言，直土梗矣。見《震川文集·陸元清墓誌銘》。又《潛丘劄記》述崑山吴喬《論八股時文》曰，自六經以至詩餘，皆是自説己意，未有代人説話者，惟元人就古事作雜劇,始代他人說話。八比時文,雖闡發經,非注非疏,代他人說話亦然,故曰俗體也。伯驤按:《明史·選舉志》云,四子書命題,代古人語氣,體用排偶,謂之八股。又按:《魏禧二集自序》云,余甲申遭烈皇帝之變,竊歎制科負朝廷如此,既思朝廷以八股取士,曲摹口語,正如婢代夫人,即令其肖,要未有所損益,繩趨矩步,使人耳目無所見聞,是制科之不善也。按:八股又云八比,歸吳之說,皆鄙棄時文,惟焦氏循引《雲麓漫抄》云,唐代舉人先藉當世顯人,以姓名達之主司,然後以所業投獻,踰數日又投,謂之溫卷,如《幽怪錄傳奇》等皆是也。伯驤按:唐時傳奇風行,文人容易有作,投謁時,以此為行卷者不一其人。《太平廣記》中尚存此類文字。蓋此等文備衆體,可以見史才詩筆議論,至進士則多以詩為贄,今有唐詩數百種行於世者是也。伯驤按:《全唐詩話》唐舉子投所業於公卿之門,謂之行卷。裴說祇行五言十九首,至來年秋賦復行舊卷,人有譏之者,說曰,祇此十九首,苦吟尚未有人見知,何假別行卷哉! 又,《韻語陽秋》云,自唐以來,主司重素望,故文場一啓而投卷紛然。又,《太平廣記》引《集異記》,述王維由公主致意,京兆府取得解頭事,尤寫得有聲有色。公主顧謂維曰,子誠取解,當為子致力焉。召試官至第中,遣宫婢傳教,維遂作解頭,而一舉登第,蓋公主讀維詩、聆維樂而後薦也。按:此則唐人傳奇小說乃用以為科舉之媒,此金元曲劇之濫觴也。詩既變為詞曲,遂以傳奇小說譜而演之,是為樂府。雜劇又一變,而為八股。舍小說而用經書,屏幽怪而談理道,變曲牌而為排比。此文亦可備衆體,可見史才詩筆議論,其破題、開講,即引子也。提比、中比、後比,即曲之套數也。夾入領題、出題、段落,即賓白也。習之既久,忘其由來,莫不自詡為聖賢立言,不知敷衍描摹,亦仍優孟之衣冠。至摹寫陽貨、王驩、太宰司敗之口吻,叙述庾斯抽矢,東郭乞餘,曾何異傳奇之局段耶?而莊老、釋老之怡,文人藻繢之習,無不可入之,第借聖賢之口以出之耳。八股出於金元之曲,伯驤按:阮元《揅經室三集·書昭明太子文選序後》

云，班孟堅《兩都賦序》白麟、神爵二比，言語、公卿二比，即開明人八比之先路。八比之文，真乃上接唐宋四六爲一脈，爲文之正統也。阮氏嘗稱理堂爲通儒，而此論則互異。曲劇本於唐人之小説傳奇，伯驥按：洪容齋説唐人小説不可不熟，小小事情悽惋欲絶，洵有神遇而不自知者，與詩律可稱一代之奇。而唐人之小説傳奇爲士人求科第之温卷，緣迹而求，可知其本。見《易餘籥録》十七。焦氏又云，詞之體盡於南宋，而金元乃變爲曲，關漢卿、喬夢符、馬東籬、張小山等爲一代鉅手，乃談者不取其曲，仍論其詩，失之矣。有明二百七十年，鏤心刻骨於八股，如胡思泉、歸震川、金正希、章大力數十家，洵可繼楚騷、漢賦、唐詩、宋詞、元曲，以立一門户，而李、何、王、李之流乃沾沾於詩，自命復古，殊可不必者矣。伯驥按：理堂之言甚是。清吳敏樹《歸震川文集别鈔序》云，自匹子書之文興，而文章不及於古，豈人才固使然哉！天下能爲文章之士，必皆有聰敏傑特非常之才，而是人者自其少時固已學爲四子書之文，而其爲文之道，亦誠有可以自盡其心，而有未易可窮之致，乃其心固猶不安於是，則爲時時習爲傳論之作，以追逐唐宋之能者，而與之後先，雖足以名於一時，而其氣力亦衰減矣。此予所以録震川氏之文，而爲之三歎也。蓋明朝始以四子書之文取士，而其文莫盛焉，三百年間傳者數十家，而震川歸氏爲之雄，而明之言古文者，亦未有如歸氏者也。余觀歸氏之文遠宗乎司馬，近迹乎歐、曾，其所爲精博，而其意見亦絶高，豈區區甘爲帖括者，徒以老困場屋而從游請業之徒，舍是亦無問焉者，故出其餘而遂絶一代矣。至其古體之文，乃其盡意以爲，然擬之古人，猶若不逮。借使歸氏不生於明，而出於唐貞元、宋慶曆之間，無分其力而窮一生以成其文，豈在李翱、曾鞏之後哉！見《柈湖文集》。又，清方苞《進四書文選表》中有云，竊惟制義之興七百餘年，所以久而不廢者，蓋以諸經之精藴匯涵於四子之書，俾學者童而習之，日以義理浸灌其心，庶幾學識可以漸開，而心術群歸於正也。臣聞言者心之聲也，古之作者，其人格風規，莫不與其人性情相類，而況經義之體，以代聖人賢人之言，自非明於義理，挹經史古文之精華，雖勉焉以襲其貌，而識者能辨其僞，過時而湮没無存矣。其間能自樹立各名一家者，雖所得有深有淺，而其文具存，其人之行身植志，亦可概見，使承學之士能由是而正，所趨是誠，所謂有關氣運者也。蓋方氏以制義名家，而其時且讚其以時文爲古文，曾奉詔選四書文以式多士，故表陳所見如此，理堂專就前明立論，以見其時制義之精，實則康、雍間亦傳襲前明風氣也。閩人梁氏章鉅已有《制義叢話》之作，而番禺侯氏康等集《四書文話》，其目亦甚備，原書未悉尚存否。伯驥所纂《文學史》於此事頗詳，或足備前人所未備，蓋皆舉其大者也。夫一代有一代之所勝，舍其所勝，以就其所不勝，皆寄人籬下者耳。余嘗欲自楚騷以下至明八股撰爲一集，漢則專取其賦，魏晉六朝至隋則專錄其五言詩，唐則專錄其律詩，宋專錄其詞，元專錄其曲，明專錄其八股，一代還其一代之所勝。見《易餘籥錄》十五。可知應舉文字，雖不足語於通人，然綿歷數百年，關於歷史甚巨。朱舜水云，明朝之失，非韃虜能取之，諸進士驅之也。進士之能舉天下而傾之者，八股害人也。見本集。集中有《陽九述畧》一篇，首一節曰致虜之由，中有云，明朝以制義舉士，初時功令猶嚴，後來數十年間，大失祖宗設科本旨，主司以時文得官，典試以時文取士，惟以剽竊爲工，掇取青紫爲志，誰復知讀書之義。此節數百言，皆極言八股之害。上所述數言，則尤切直而沉痛也。清初，祕書院大學士陳名夏《石雲居士文集》十五卷，前爲序三卷，而爲人序制義者過半，必如此，然後可爲文人可爲大學士，可知清仍踏明覆轍，初則害漢人，後則非漢人而亦害之也，固非細故矣。清季國人多謂八股不足治國，然以上所云之文字事實，似未有述及，輒附於此。名夏籍溧陽，崇禎進士，官給事中。後附李自成。福王時，定入從賊案。清初歸降，官至祕書院大學士。張煊劾其十大罪、兩不法，尚書譚泰祖之，得無事。後復爲人所劾，絞死。清廷初制有此種大學士官，如錢牧齋初降，亦受官祕書院學士。康熙間，舉人顧貞觀曾官祕書院典籍。世傳吳兆騫因科場案戍寧古塔，納喇性德見顧作之《金縷曲》，爲之泣下，因而營救吳氏。顧固清詞十大家之一，祕書院專搜羅名士，於此可見。此伯驥所撰《中國文學史》特采理堂之説，而書目並錄斯書也。章實齋云，前明制義盛行，學問文章遠不古若，此風氣之衰也。國初崇尚實學，特舉詞科，史館需人，待以不次，通儒碩彥，磊落相望，可謂一時盛矣。其後史事告成，館閣無事，自雍正初年至乾隆十許年，學士又以四書文義相爲矜尚。僕年十五六時，猶聞老生宿儒自尊所業，至目通經服古謂之雜學，詩古文辭謂之雜作，士不工四書文，不得爲通，又成不可藥之蠹矣。《遺書》卷四。魏叔子云，余治四子之文，有暇間爲雜體，或觸於事會之所遭，率爾抒其胸臆。文集自序。丘邦士云，私竊謂文惟經義中可以無所不盡，蓋所以變易秦漢以來諸文之面貌,而化糟粕以爲其神且奇也。是故吾與冰叔時爲古雜文,而冰叔第取足其意而已,未嘗專攻之。其予之用心於古文者,又凡以爲經義也,經義工而古文詞則以其餘力及之。丘集。由丘、魏二人之言觀之,以散文爲雜作、雜文,自清初已如是,不特實齋時爲然,而邦士尤推崇四書文至極,以清初實有此種文風,有若方靈臯苞、韓慕廬菼諸人,每用時文氣體爲古文面目,及其後多有於庸腐制義外,雖搦管作短篇小札,仍襲其吐屬而不能別出機杼,洋洋纚纚暢所欲言者,蓋束縛其心思,杜塞其聞見,篋衍無書本,出門無師友。顧亭林所謂八股興而六經廢,十三房興而廿一史廢,觼觼言論,豈不誠然! 由此而推鑽火求冰,種豆思麥,曷云能得? 施愚山曰,近世詞人比户駢肩,權輿於八比,優孟於八家。《學餘堂集》。一若不經八比塗徑,即不能進牘摘詞,而吾鄉有老學究曾於朝旨停廢時藝後,仍命其子弟先學破承起講,以爲國文入門,可笑彌甚。近世編吾國文學史者,乃於明清兩朝應制之文事掌故闕而不談,顧氏某且謂其内容非文學,全不成語,故所撰《史綱》於此事概從省畧,但其文之佳否,别爲一問題,而本身之歷史綿延,烏可以缺? 至於政策愚民,英雄入彀,甚至交趾襲其餘風,歐洲客卿之官於吾華者,亦嘗命愛子研習,以蘄弋獲科名。此類史料,又當筆之,以資談往,而告將來。羊比齊魯大邦,魚比邾莒小國,唯史之性質則事無大小,而以實爲歸者也。前清廢八股功令施行,兩次上文云云,則在予所見世。此爲萬曆甲寅,錢氏所試湖廣全省十五府、四州及各縣前列諸學廩增附生時文,擇尤刊出。往者士子應試之作,海内風行,然日久則胥歸消滅,則此歸然獨存之卷帙,洵足爲徵文考獻之資,正當珍重收儲,不得以敲門磚見譏,與宋板《公羊》同裹玉佩也。《郋園讀書志》謂全省之中,著書傳世者,僅陳士元一人,成就之難,洵有披沙揀金之慨,此則楚人言楚,感歎係之固其宜矣。斯編爲前清湖湘刻本,用綿紙印，槧工亦佳。徐興公嘗稱，王文恪彙輯春秋詞命，屠使君田叔愛其詞簡古，之官沅陵，乃授梓以行。楚中紙煙殊佳，余小齋中復增一種奇書，是明代湘中刻本不劣之證，清世則似較蘇、閩爲次矣。

## 西崑酬唱集上下卷

傳録明嘉靖丁酉高郵張綖序刊本，文選樓舊藏。

宋楊億編。前有張綖序，略云，論詩者類知宗盛唐，黜晚唐，斯二體信有辨矣。然詩道性情，古人采之，觀風正樂，以在治忽者也。如不得作者之意，徒曰盛唐，盛唐予不知，直以盛唐亦何以也，杜少陵盛唐之祖也，李義山晚唐之冠也，體相懸絶矣。荆國乃謂唐人學杜者，惟義山得其藩籬，此可以意會矣。楊、劉諸公倡和《西崑集》，蓋學義山而過者。伯驥按：《丹陽集》云，咸平、景德中，錢惟演、劉筠首變詩格，而楊文公與之鼎立，號江東三虎。詩格與錢、劉亦相類，謂之西崑體，大率仿李義山之所爲，豐富藻麗，不作枯寂語。又嘗以錢詩二十七聯，如“雪意未成雲著地，秋聲不斷雁連天”。劉詩四十八聯，如“溪賤未破冰生硯，鑪酒新燒雪滿天”之類，皆表而出之。六一翁恐其流靡不反，故以優游坦夷之詞矯而變之，其功不可少，然亦未嘗不有取於崑體也。徂徠冷齋著爲怪説詩厄，和者又從而張之，崑體遂廢，其實何可廢也？次楊億序，次列西崑倡和詩人姓氏，共十七人。前人謂自宋以來，試士易制詩各一塗，遂將李唐一代制作四分五裂，有江西體、有九僧四靈體、有西崑體，要皆自宋人分之，而唐初無是説焉。元和、太和之代，李義山傑起中原，與太原溫庭筠、南郡段成式，皆以格韻清拔，才藻優裕爲西崑三十六，以三人俱行十六也。《後村詩話》卷下云，楊、劉諸人師李義山可也，又師唐彦謙，唐詩雖雕斯對偶，然求如一杯三尺之聯，惜不多見，五言《叙亂離》云，“不見泥函谷，俄驚火建章。剪茅行殿急，伐柏舊陵香”。語雖渾成，未甚破碎。若《西崑酬唱集》對偶字面雖工，而佳句可錄者殊少,宜爲歐公之所厭也。後村又云,錢、劉首變詩格,錢詠漢武云,"立埃東溟邀鶴駕,窮兵西極待龍媒"。劉詠明皇云"梨園法部兼胡部,玉輦長亭復短亭"。工則工矣。余按首變詩格者文公也,文公咏漢武云"力通青海求龍種,死諱文成食馬肝"。咏明皇云"河朔叛臣驚舞馬,渭橋遺老識真龍"。比錢、劉尤老健。後村詩人,其言至允。所謂西崑者,取玉山册府意義以名之,當其時億正官兩禁也,各詩均慕效玉溪氣體,其後歐、梅崛起,體格既變,此派遂衰。然如楊序所謂雕章麗句,膾炙人口,而馮氏武謂梁有徐、庾,唐有溫、李,宋有楊、劉,去其傾側,存其繁富,則爲盛世之音,庶幾崑體定評矣。又,前人謂此集自勝國名人,逮牧齋老叟,皆以不得見爲歎息。西河毛斧季從吳門拾得抄白舊本,狂喜而告於徐司寇,司寇遂以付梓刻成,而以剖劂未精,祕不示人。吳門壹是堂又以其傳之不廣,而更爲雕板。今又得朱閬仙而三梓之,見馮氏武序中,則清初刻本也。蓋此集毛氏有影宋本,卷中有斧季識語,謂南朝、漢武等篇,僅見於《瀛奎律髓》。先君每以不見此書爲恨,今見錢功甫鈔本,乃與借歸。定遠先生匍匐而來,倉茫索觀,陳書於案,叩頭無數而後開卷,揣當年原本定係宋刻,何子道林書法甚工,屬擬宋而精抄之,今流傳轉寫,遍滿人寰,要必以此本爲勝也。毛本後歸聊城楊氏,則是集流傳之端緒也。又,是集倡和人姓名,清世祝氏刻本略其結銜,此本有之。清刻此集有五,以祝本爲最通行。此本序前有"文選樓"、"揚州阮氏琅嬛僊館藏書印"、"瀋陽黄海長六十歲後眼見經籍書畫印"。楊序前有"藝風堂藏書"章,卷上有"荃孫"二字章,卷下有阮氏兩章。

## 雲巖詩集六卷　明刊本,天一閣舊藏。

前題致仕道會齊雲觀徐必元、同觀潘鎮元、汪泰元、吳璉真、張

慶真、汪世和、程仁和重刊,休寧道會澹然子朱素和編集,翰林院編
脩貴溪畢濟川校正。卷一文,卷二以下全詩,末則詩餘焉。卷一有
宋德祐元年朝列大夫沿海制置使司參議行在文思院裏人金大鏞所
撰《白嶽中和山齊雲佑聖殿開闢興復碑記》,稱休寧縣西三十里有
山曰白嶽中和,有巖曰齊雲,備載《新安圖志》。齊雲一石插天,真
可與雲齊也,有巖在其下,是曰齊雲。齊雲雄壓萬山,尊居巍巍,從
侍名峯三十有六,岩洞七十有餘,無名者莫能悉紀,蓋名勝也。卷
末有正德九年潘相跋跋,後有《古杭孟尚文壽梓》一行。正統八年
葉綦跋語,亦占數葉。正德九年朱素和跋,略云,齊雲岩舊有詩集
板本,更革後散失無幾,往來名勝,每以不聞山中勝槩爲恨。正德
己巳,予忝任休寧道,會節推張公登茲山,書程學士《記雲岩碑
陰》,謂予曰,《雲岩詩集》盍重整刊行乎。後賴好事者裒集古今名
賢士夫之所著述,釐爲六卷,稿呈畢內翰校正鋟梓。半葉九行,行
二十一字。卷末有題字一行,爲前明四明范侍郎欽筆跡,蓋此書由
天一閣散出也。

### 叢書堂投贈集二册明寫本,吳文定公手題。

不著編輯姓名,有墨筆題字於絹籖云,叢書堂鈔名公巨卿所作
詩精選本,分上、下二册,上册以田莊、屋宇分類,共六十有七葉,下
册以簡寄、慶賀、辭別、慰問、書畫、贈送分類。末有朱字題記云,右
詩集二本,皆成、弘間名公鉅卿所作,及迭相唱和,以遺我祖文定公
者。卷首分題猶係公手筆,倘有餘貲,當擇其佳者刊爲吳氏外集,
以備觀覽可也。戊寅三月八日,新塘館齋識。家楨。共八十葉。
叢書堂爲成化、弘治間吳寬齋名,題記所云文定公,蓋謂寬也。寬
字原博,號匏庵,長洲人。成化中會試、廷試皆第一,授修撰官,至
禮部尚書。卒,諡文定。《家藏集》七十八卷,吾家有明刻本,大字

精雕,此集上册田莊門,有陸容《題東莊詩》云"一家食貨封堪比,四世圖書棟已充"。文定素以藏書名,讀此詩可知其淵源已遠矣。又有李東陽《東莊記》云,蘇之地多水,葑門之内,吳翁之東莊在焉。莊之爲吳氏居數世矣,由元季逮於國初,隣之死徙者什八九,而吳歸然獨存。翁少喪其先君子,徙而西,既乃重念先業不敢廢,謹其封瀯,課其耕藝,而時作息焉。翁仲子原博,以狀元及第入翰林爲修撰,朝士與修撰游者,多爲東莊之詩,李氏之言如是。知東莊可耕之地固不少,文定固以耕讀世其家者也。文定號匏庵,其家修竹書隱中六題,匏庵其一也,此書録陳章詩云"公庵以匏名,謂若匏繫然。我於秋省中,日誦匏庵編。公今世大儒,所學有本源。草廬百年後,貞下當起元。俗學久汩没,正如在深淵。濟者無一二,墮者恒百千。公有濟時具,舍公孰能援。道濟天下溺,公無讓前賢"。草廬謂元吳澄氏以理學名,文定非其比,陳氏蓋以此望之,而欲其以教澤益人也。婁江顧昌《送翰林院修譔吳公原博服闋之京序》云,世謂文學肇顯,魁南宮者以才,魁選廷者以德,何以云然?南宮合試經書子史時務,凡百優於衆士斯得首列,廷試則治道一策,上協聖心,乃得冠於群英,將由天祐,匪力所及。此以形跡概論,深究其故,有德則必有才,而無德者未必能享大名也。南宮首捷,衆耳目所注,非德素積,殆亦弗克至云云。此殆與前明袁了凡陰騭之説相近矣。袁黄,吳江人,一字了凡。凡天文、河洛、律吕、水利、軍政以及一切術數之學,均所究心,律己嚴密,行功過格,以紀善惡。萬曆中進士,知寶坻縣,旋擢兵部主事。日本侵朝鮮,從提督李如松往援,李得其助,後李忌之,中察典免歸。著《雨行齋集》《曆法新書》《皇都水利立命論》。清世士大夫有遵袁説,以功過格自律,謂於科名、仕宦有裨者,近則鮮行其法。其餘可資集中攷論者不尠,讀《家藏集》時當取以對勘也。版心有"叢書堂"三字,卷前有"吳寬"二字方形朱文章,卷後有"吳氏家藏"長方形朱文章,並有"潘叔潤圖書記”、“潘印介祉”、“玉荀”各章。原題未有，伯驥謬稱爲投贈云爾。

## 朝鮮詩選七卷 <sub>寫本，盛伯兮舊藏。</sub>

前題會稽吳明濟子魚選。前有韓氏序，略云，丁酉秋，余督餉朝鮮，冀一訪朝鮮禮義文物之盛，時率率戎事間未遑及。次歲徐及之，朝鮮以敗亡之餘，荆棘盈野，國人難其書以爲恨。會稽吳君訪余於白岳之陽，出其所選朝鮮詩，余讀之忘倦焉。吳君喜曰，嘻，先生我同志也，爲我校之。時薊門賈司馬、新安汪伯英，咸客朝鮮，相與校政。余復序其首，而屬剞劂氏。明萬曆庚子，東萊韓初命撰。次有吳氏自序，略云，徐司馬公以贊畫出軍，濟以客從，及辭歸，值雨休於村。舍有朝鮮李文學者能詩、解華語，坐語久之，因賦詩相贈。次日期訪我於龍灣之館，且治漿待之，果如約，遂與醉於杏花之下，復賦相贈。於是文學輩稍稍引見，日益盛。其人率謙退揖讓，其文章皆雅淡可觀。濟因訪東海名士崔致遠諸君集，皆辭無有。小國喪亂，君臣越在草莽間幾七載，首領且不保，況於此乎！然有能憶者輒書以進，漸至一二百篇。及抵王京，聞多文學士，乃數四請司馬公，願館於外，得與交，尋更入蓮花幕也，許之。濟乃出館於許氏，許氏伯仲三人：曰筈、曰篊、曰筠，以文鳴東海間，筈、筠皆舉狀元，筠更敏甚，一覽不忘，能誦東詩數百篇。於是濟所積日富，復得其妹氏詩二百篇，而尹判書根壽及諸文學，亦多搜殘編，遂盈篋。頃之，司馬公以外艱歸豫章，濟亦西還長安，縉紳先生聞之，皆願見東海詩人詠及許妹氏《遊仙》諸篇。居無何，濟復館於李氏，李氏朝鮮議政德馨也，雅善詩文，濟益請搜諸名人集，前後所得自新羅及今朝鮮共百餘家，披覽兩月不越户限，得佳篇若干篇，類而書之。然未聞其世家年譜，稍有未次，而所得率爐餘，其全帙不二三家，或不能無遺珠之歎。時萬曆二十七年己亥，玄圃山人吳明濟書於朝鮮王京李氏議政堂。末有朝鮮人許筠後序，略云，唐時朝鮮崔致遠、崔匡裕輩，咸游學中華，接踵舉進士，顯於當時。宋元不替，高皇帝握符乘運，東方首修厥貢，若金濤輩猶赴試及進士第，我康獻王開國，文教視前代爲尤盛，士知被服禮義爲貴。會稽子魚先生博雅士也，從戎東土，筠獲私良厚，以筠所憶詩歌數百篇進李議政，亦拾斷簡佐之。時皇朝萬曆二十八年庚子，朝鮮許筠頓首再拜。書計五言古詩、七言古體、五言律詩、五言排詩、七言律詩、五言絕句各一卷。卷首末均有“伯兮所藏金石書籍記”朱文章，當是前清國子監祭酒盛昱舊物。伯羲按：高麗權忖《遂初先生集》卷五有《習齋重刊跋》云，吾家以文章鳴於世，高祖習齋公繼祖陽村公而起，雄渾絕特之才，卓立於明宣之際，於時鴻匠鉅公迭主詞苑，而莫之或先，至以吟壇老將推之，所著《曉行篇》流入中華，登諸詩選，此偏邦詞翰家所鮮聞者，是其國人以詩卷流傳中華爲幸事。權氏《遂初集》中文字，酷類吾國唐宋八家，而權固高麗著名氏族也，彼中著作每言之，如云安東之大姓曰權，其土居而世其業者，爲族益清，雖掾吏之微，非有他郡生貴所能跂者，其人皆服習詩書、敦實，是以北方人士多貴之。高麗洪元爕《太湖集》。東方氏族之盛，莫如我權，自始祖太師諱幸，後簪纓相承。高麗權忖《遂初先生集》七。又云，安東之權，甲於三韓。卷四。又，元朱氏澤民《存復齋集》卷八，有《別後懷權贊善詩》，贊善名漢功，蓋與李齊賢皆澤民之友也。朱彝尊《高麗權秀才應制集序》云，權近字叔思，別字陽村。洪武中至南京，高皇優禮待之，賜衣賜食，又賜以御製之詩。此集有天順元年朝鮮本。上虞羅氏所藏《高麗墓志》，其中有《權適志》云，王父諱德輿，皆足證也。前清嘉定孫致彌字愷似，以太學生使朝鮮采詩，後成進士，官編脩，所采者不審已有傳布否。又，吳氏《蕉廊脞録》卷五云,先工部兄手鈔《朝鮮詩録》凡四册,蓋從洪洞董研秋檢討文渙借鈔第一册,自偰遜、鄭夢周以下,至女道士許景樊,各詩皆全録《明詩綜》。自王徽而下,至高麗妓德介氏止,凡十家,似是入國朝後詩人。其後又録鄭夢周詩幾盈二册,繁簡失當。又,自柳得慕至李豐翼二十九家,多同治初來遊京師者。二百年來,列朝詩人奚止此數。董君采輯固未博也,是此輯或可續吳氏之選,惜未得其本。朱氏述之《讀書志》六,著録《越南詩選》六卷,越南裴璧編。璧字希章,號存庵,青池定功人。黎氏景興三十年正進士,後出爲監軍,亂後,以疾退休。安南舊有潘孚先《越音詩集》《楊德欽精選集》、黃德良《摘艷集》,至黎貴懷編《全越詩録》,自李氏有國至黎氏洪德,蒐録特備。經亂後,璧取而節之,自景統迄璧自作,及阮廷簡、范立齋、裴軸終云,亦可資考論也。

## 苕溪漁隱詩評叢話前集六十卷
### 後集四十卷呂无咎寫本。

　　宋胡仔撰。清《四庫總目》云,仔字元任,績溪人,舜陟之子,以蔭授迪功郎,兩浙轉運司幹辦公事,官至奉議郎,知常州晋陵縣。後卜居湖州,自號苕溪漁隱。伯驥按:清《四庫》著録《孔子編年》五卷,提要云,舊本題宋胡舜陟撰,考書首有紹興八年舜陟序,乃自靜江罷歸之日,命其子仔所撰,非舜陟自著。是元任於此書外,別有編年之作。近人胡氏撰《金華經籍志》云,按《金華府志》《永康縣志》均未載仔姓名,仔自署苕溪漁隱。《四庫總目》作績溪人,《四庫簡明目》復摘題父舜陟之誤,舜陟績溪人,則仔固非績溪籍,攷明正統間,江西張懋丞撰《苕溪漁隱圖序》云,浙東胡元任以《苕溪漁隱圖》名天下。又云,元任諱仔,兵部侍郎則之從孫,是仔爲永康人,確有明徵。且《苕溪漁隱叢話自序》明云,紹興丙辰,余侍親赴官嶺右,後十三年居苕水,是仔原籍永康,後徙湖州,其署苕溪

漁隱,即張志和浮家泛宅之意。胡氏又謂仔官至臨江知府,均足補
館臣之所不及。前有自序,謂阮閱《詩話總龜》所載者皆不録,故
二書可相輔而行,考北宋前之詩話,大略稍備,蓋《總龜》成於宣和
間,蘇、黃文禁方嚴,故元祐諸家不見録。此編則北宋人語爲詳,
《玉屑》所載皆南宋人語,合是兩編,宋人詩話畧具矣。《前集》卷
五十五有云,余卜居苕溪,日以漁釣自適,因自稱苕溪漁隱。臨流
有屋數椽,亦以此命名。僧了宗善墨戲,落筆瀟洒,爲余作《苕溪
漁隱圖》,覽景攄懷,時有鄙句,皆題之左方。《前集》卷十四有云,
余纂集《叢話》蓋以子美之詩爲宗,凡諸公之説悉已採摭,仍存標
目,各誌所出,今更拾遺,類次爲一,以便觀覽焉。又《前集》卷十
三有云,先君平日尤喜作詩,校老杜集,取正舛誤甚多句法,暮年深
得其意味,嘗泛歙溪,用老杜詩“青惜峰巒過”爲韻作五詩。《後
集》卷三十四,有一條引《復齋漫録》云,《荆楚歲時記》冬至一百五
日,即有疾風甚雨,謂之寒食。王君玉詩云,“疾風甚雨青春老,瘦
馬肥牛緑野深”。又見《周明老詩稿》云,“疾風甚雨悲游子,峻嶺
崇岡非故鄉”。苕溪漁隱曰,余亦云“飛絮落花春向晚,疾風甚雨
暮生寒”。凡上各條皆可稍見其志趣及家學之大凡。元任詩集無
存,得此亦可略知其所詣之深淺也。庫本題《苕溪漁隱叢話》,此
本則題《苕溪漁隱詩評叢話》,題名與庫本及通行本不同,當是原
題如此,後來或有訛脱耳。前序末有“紹熙甲寅槐夏之月陳奉議
刊於萬卷堂”兩行,可爲從宋刊寫録之證。明清之交,呂氏以藏書
名,宋元善雕當必豐積,此蓋從舊刊傳鈔矣。卷末有“禦兒呂氏南
陽講習堂鈔藏墨筆”一行,有“呂印補忠”白文章、“无咎”朱文章。
全書爲呂氏留良第五子補忠手寫,書法從清臣、誠懸二家出,圓勁
精湛,極類小字《麻姑仙壇記》,百卷之書到底不懈。編中學字、留
字俱缺末筆,蓋補忠本生祖諱元學,官繁昌知縣,留字則其父諱也。

此例前人有之，如宋王象之父名師古，故今日流傳景宋鈔本象之所撰《輿地紀勝》，書中師字缺末筆作䀃，古字缺末筆作㝷，呂氏蓋用其例。留良字莊生，別號晚村，浙江石門人，生於明崇禎己巳，享年五十有五。教人大要以格物窮理，辨別是非爲先，以爲姚江之説不息，紫陽之道不著，其議論壹發之於四書時文評語。門人周在延、陳鏦伯驥按：晚村《四書講義》四十三卷，爲呂之門人陳鏦編次。鏦之言曰，先生當否塞之後，慨然以斯道自任，於諸儒語録佛老家言，無不究極其是非，而於朱子書，信之最篤、好之最深，又以爲欲使斯道復明，舍此幾個讀書識字秀才，更無可與言者，而舍四子書亦無可講之學。是以晚年點勘文字，發明集注章句，無復剩義，用是編爲講義一書，間與同學蔡大章雲就、嚴鴻逵庚臣、董采載臣及先生嗣子葆中無黨，更互商酌，時則康熙丙寅也。伯驥所藏爲寫本，字極草率，頗嘗讀之。梁任公則藏雍正御撰《駁呂氏四書義》，此本予未見。各以己意編次，雖不無互異，均之發明章句集注之奧，又著《呂子近思録》。康熙戊午，有博學宏詞之舉，浙省屈指以其名薦，自誓必死以免，後三年郡守又欲以隱逸舉，聞之噴血滿地，乃剪髮易僧伽服，改名耐可，字不昧，號何求老人。伯驥按：《呂氏家訓》云，昨橙齋得燕中信云，薦舉事近復紛紜，夜長夢多，恐將來又意外，奈何吾意及事至則難爲計，欲先期作披緇出世之舉，庶可倖免。晚村七子公忠、主忠、寶忠、誨忠、補忠、納忠、止忠。後公忠改名葆中，成康熙丙戌一甲二名進士，官編修。雍正間曾静獄興，伯驥按：静，湖南靖州人，應試至城，市得晚村評選時文，中有論及夷夏之防，與井田封建者，因遣人往呂家求其餘著作，書中多激烈語，静感動，遂介張熙與晚村弟子嚴鴻逵等書問往還，種族革命之志意，因之而起。雍正七年，静遣熙投書川陝總督岳鍾琪，陳世宗九大罪，乞舉兵反正。鍾琪得主名，事聞世宗，宥静而窮治呂、嚴，連染者多人。諭旨云，朕向來謂浙江風俗澆漓，人懷不逞，如汪景祺、查嗣庭之流，皆謗訕悖逆，甚至民間氓庶亦喜造言生事，皆呂留良之遺害。蓋因静而追及呂，因呂而連浙人，鷗鴉之毁，城火之殃，當日情形，其何以異。維時世宗撰有二録，一曰《揀魔辨異》，二曰《大義覺迷》，前書爲世宗與僧人弘忍辯論，後遂下令以弘忍著述焚燬，而其門徒則着直省督撫詳細察明，盡削支派，其書殿板存大内，外間少見。中華民國四年，揚州藏經院始刊行，讀之則其言於臨濟宗之五宗，原五宗教不少搔着痛癢處，然態度之刻酷，文字之尖酸，則其雄驁何異歐洲中世教皇耶！後書則爲面審曾靜之親供，辨論夷夏及封建問題，次及逼母弑兄殺弟諸罪過，則皇帝自身事也。當時論旨謂靜供稱自悔從前執迷不悟，萬死莫贖，今乃如夢初覺，是則題此録之名，亦取於靜供矣。録後有《歸仁説》，日本稻葉君山《清朝全史》斷爲清世宗僞撰，實則供詞，亦何嘗純是靜語？録中謂靜聞帝言而心服，於是赦之。洎乾隆朝，靜始授首，帝嘗以此録刊發學官，着令諸生諷誦。迨高宗時，則命收書燬板，列入禁書中，以當代神宗聖祖皇皇頒布之書，亦禁人閲讀，固罕聞矣。猶憶雍正十三年對於弘覺忞禪師《北游集》一事，亦有上諭，諭云，昔年世祖章皇帝時，木陳忞大有名望，深被恩禮，而其所著《北游集》則狂悖乖謬之語甚多，已蒙皇考特降嚴旨，查出銷燬。閲陳援庵著《湯若望與木陳忞》一編，謂曾得見此書，讀之則清初宮庭許多問題均可解決，然則元、明、清三代締造之初，皆若與僧有緣，唯其結果則不同耳。葆中已先死，晚村及葆中皆戮屍，又一子毅忠斬決，毅中當亦是改名，不知晚村第幾子也。伯驥按：世傳清廷嚴治靜獄時，晚村女四娘負母遁，不知所終。以上見張氏符驥撰《晚邨事狀》及《閔氏碑傳集補》。葆中字无黨，補忠字无咎，皆有鈔本流傳，然清《四庫》著録《朱子文語纂編》十四卷，爲呂氏門人嚴鴻逵所輯，以呂氏著述奉令禁燬。《軍機處奏准全燬書目》呂留良八種。嚴氏之學出於晚邨，采訪時削其名，故提要無撰人姓氏。日本大坂尼崎孝德藏鴻逵原本，久而始刊，東人備述其事，而嚴氏之姓名乃著。況无咎爲晚村子，其書籍手跡當時亦必在痛絶深惡之列，則此本之歷二百年而流傳至今者，蓋亦白蟬趁趨之子遺矣。諸大藏書家間有无黨遺筆之書本，虞山瞿氏藏宋刊補鈔本王黃州《小畜集》三十六卷，原刊者凡十二卷，餘皆石門呂無黨據謝氏小草齋本鈔補，凡留字皆缺末筆。又，梁伯鸞藏舊鈔本《後村居士集》，爲黃蕘圃舊物，中有黃跋，述海鹽黃椒升言此集爲呂无黨鈔，謂所見呂氏鈔本，遇留字皆缺末筆。此集卷二《挽陳湖州詩》，留字正缺末筆，版心又有講習堂字，其爲無黨手鈔無疑。見《葉鞠裳文集》。若无咎本，則不多見。得此以見前人寫書之勤，所謂堯作大章，一夔已足者也。乾隆三十二年，禮部侍郎齊召南因族子周華黨呂留良遺戍，歸刻其書，呈於巡撫周學鵬，並列召南十罪，學鵬上其書於朝，讞定磔周華，其近支弟姪子孫論大辟者凡十人。逮召南至京，法司以狗隱罪之，籍產革職，呂案之連繫可云瓜蔓矣。

## 詩人玉屑二十卷<sub>元刊本，蔣冬友舊藏。</sub>

宋魏慶之撰。慶之字醇甫，號菊莊，建安人。前有淳祐甲辰黃氏序，板心上署玉屑幾，又有署玉幾，闌外有子目。此書分二十八門，曰詩辨，曰詩法，曰詩評，曰詩體，曰句法，曰警聯，曰口訣，曰初學蹊徑，曰命意，曰造語，曰下字，曰用事，曰壓韻，曰屬對，曰煅煉，曰沿襲，曰奪胎換骨，曰點化，曰託物，曰諷興規戒，曰白戰，曰含蓄，曰興趣，曰思致，曰體用，曰風調，曰圓熟，曰平淡，曰閑適，曰變態，曰詞勝綺麗，曰富貴寒乞，曰知音，曰詩病害理，曰考證，曰品藻古今人物，曰古詩律詩，曰絕句，曰三百篇，曰楚辭，曰兩漢，曰建安，曰兩晋，曰六代，曰盛唐，曰開元天寶以後，曰晚唐，曰西崑，曰本朝，曰中興諸賢，曰禪林，曰方外，曰閨秀，曰靈異，曰詩餘終焉。宋人詩話除《漁隱叢話》外，此爲最富矣。半葉十一行，行二十一字。卷首有“丹徒蔣氏一號冬民”朱文章，蓋蔣春農之遺書也。吾家藏《春農文集》寫本，有寶山李保泰撰傳云，春農先生字星巖，晚號冬民。乾隆十七年舉於鄉，後成進士，授內閣中書舍人，選入軍機處行走。先世多藏書，先生增購益富，余嘗從先生乞假《丹黃歷錄》，卷帙峻整。晚年猶矻矻不止，聞人家有秘本，必借錄之而後已。讀書不事浮華，力探根柢。今四庫館開，江浙藏書諸大家各爲錄目上之，館閣諸公推揚州所進爲第一，皆先生所別擇手定者也。輯《丹徒縣志》未及成書，今存文集若干卷，詩集有《索居》《南歸叢稿》各二卷，<sub>按：江浙搜采遺書時，陽湖洪亮吉適館安徽，學使署特聘亮吉總書局事，時學使爲朱筠。</sub>又，翁氏方綱撰《春農文集序》署云，乾隆壬申，禮部試同榜成進士者，以古文名家二人，曰餘姚盧弨弓，曰丹徒蔣春農。春農授中書，趨直禁近，每來座中，手搜篋櫝，快辨橫飛。有與商古籍者,則屈指唐鐫、宋槧,某書、某板闕某處,某家鑒藏某帖,如貫珠、如數家珍,問者各得其意以去。此序後復有王芑孫序,後有章學誠跋語。

## 批點稼軒長短句十二卷 明嘉靖刊本,
何子貞、葉郎園舊藏。

宋辛棄疾撰。棄疾字幼安,一字稼軒,歷城人。耿京聚兵山東,節制忠義軍馬,留掌書記。令奉表南歸,高宗召見,授承務郎,累官浙東安撫使,加龍圖閣待制,進樞密都承旨。德祐初,以謝枋得請,贈少師,諡忠敏。有詞十二卷傳於世。此本前有嘉靖丙申李濂序,略云,稼軒,辛忠敏公,幼安,少與黨懷英同師蔡伯堅,筮仕決以蓍,懷英得《坎》,因留事金,稼軒得《離》,遂浩然南歸。紹興末,屢立戰功,嘗作《九議》暨《美芹十論》上之,皆切中時務。晚年解印綬歸,僑寓鉛山之期,思帶湖瓢泉渚烟谿月,吟嘯其間。余家藏《稼軒長短句》十二卷,信州舊本也,視長沙本爲多。伯驥按:宋刻十二卷之信州本,近世已無存,黃蕘圃所藏之元大德廣信書院本,後歸聊城楊氏。王幼霞四印齋據以翻雕,海豐吳氏石蓮庵本亦出於此。毛氏四卷刻本,則割裂信州本,以求合《通考》所云卷數,若長沙本則一卷也,故此序謂信州本視長沙本爲多。陶氏比年景印宋元詞,辛詞所據之本,以甲、乙、丙分三集,固與前刻多異。梁任公讀明吳訥《唐宋名賢百家詞》得辛詞本,則拍案叫絕,知《通考》所云四卷本尚存人間,撰跋語,作《稼軒年譜》,每據此本。蓋陶刻本、吳輯本、毛鈔本皆同出一源矣。四卷本甲集卷首有淳熙戊申門人范開序,署云,開久從公游,暇日裒集冥搜,才逾百首,皆親得於公者,以近時流布於宇內者率多贗本,故不敢獨閟,將以袪傳者之惑。任公稱四卷本含有編年意味,故辛之年齒及生平、仕歷可由此推知。又謂甲、乙集皆范輯,丙、丁集似非,因四集中丙、丁集所甄采,似不如甲、乙集之精嚴也,然四集皆稼軒生存時編成,則可斷定云。伯驥按:《繫年要錄》說稼軒爲詞壽韓侂胄,《謝疊山集》中詰駮之,《要錄》之言與《宋史》合,蓋《宋史》言稼軒因韓而起用也。范序所云,辛詞贗本固其一證,《宋史》之應改撰,此亦一端也。歙縣汪允宗德淵藏元大德己亥孫粹然、張公俊廣信書院刊本辛氏《長短句》十二卷，讀其《貨書記》，知已出售於粵估，汪因中國外交事以電報爲公平之爭論，賣書爲電費，至可敬也。稼軒有逸才，長於填詞，平生與朱晦菴、陳同父、洪景盧、劉改之輩相友善。晦菴答稼軒啓，有曰，經濟事業，股肱王室之心；游戲文章，膾炙士林之口。晦菴之没，黨禁方嚴，稼軒獨爲文哭之。《長短句》凡五百六十八闋，余歸田多暇，稍加評點。惜乎，世鮮刻本，開封貳郡歷城王侯詔讀而愛之，請壽諸梓。序後有目四葉，卷一首題歷城辛棄疾漫著，大梁李濂批評，歷城王詔校刊。濂事蹟見《明史·文苑傳》，少年嘗作《理情賦》，爲李夢陽所見，大嗟賞之，訪濂吹臺，自此聲馳河洛。其後益肆力於學，遂以古文名於時。著有《祥符先賢傳》及《嵩渚集》一百卷。此批點本半葉九行，行二十字，版心魚尾上無字，魚尾下記卷幾葉數。護葉有何氏紹基墨筆題字云，東坡、稼軒兩家詞。同治乙丑春正月，顧子山同年贈我於蘇州旅寓。蝯叟記。伯驥以重直得此東坡詞，則不知流落何處，書爲長沙葉氏舊藏，有"郋園過目"、"葉德輝鑒藏善本書籍"、"觀古堂"三章。

### 辛稼軒詞八卷 清厲樊榭手寫本，葉郋園舊藏。

宋辛棄疾撰。此本爲前清厲樊榭手寫，老樹着花，醜枝少矣。梟没鶩浮，人各有好。厲爲詞人，宜其嗜之篤，而書之細也。厲樊榭手抄周密《澄懷録》二卷，緑格精寫，後有手記。見丁氏《善本書室藏書志》卷十九。李氏《舊學庵筆記》云，舊藏《十二家詩簡》一册，而樊榭先生一紙、尤爲罕覯。樊榭不工書，故手跡最爲難得。前藏長沙葉氏，有跋語附卷末。唯葉氏所論辛詞板刻尚未清晰，蓋辛詞自宋迄元有三刻：一曰長沙刻一卷，見《直齋書録解題》今已佚；二曰，信州刻十二卷，即《宋·藝文志》所著録者也，元大德己亥廣信書院刻本，明嘉靖間大梁李濂評點本則從之出，而明毛氏汲古閣重雕此本，已併爲四卷；三曰四卷本，見馬氏《通考》。清嘉慶間法式善自《永樂大典》錄出稼軒佚詞，伯驥按：法式善，蒙古正黄旗人，姓伍堯氏，字開文，號時帆。乾隆進士，官侍讀。所著《存素堂稿》刻自揚州，板甚精，中有文述其未嘗從師習漢文，由母授訓。詩清峭，爲時所稱，與鐵保、百齡號三才子。遺著《清秘述聞》《槐廳載筆》則關於故事，可資參考者也。《存素堂稿》中有《校水樂大典記》，謂嘗以唐人張燕公、陳子昂、顔魯公、權載之、獨孤至之、韓昌黎、柳柳州、劉賓客、李義山諸氏之文取校《大典》，較通行本各有增益，其不習見者，蓋往往而有云。前清禁蒙人用漢人姓名及習漢文，公文不得用漢字，蒙古婦女毋得與漢人昏姻。時帆旗籍，其不從師習漢文者，則不在此例也。清制，自國子監外有宗學、旗學，皆滿、蒙、漢三文並授。宋王介甫弟安國，號平甫，自丱角未嘗從人受學，操筆爲文，語皆驚人。介甫稱其於書無所不該，於辭無所不工。舉茂材異等，神宗召試，賜進士及第。見《東都事畧》及《臨川集》，時帆之言固不欺也。《洞仙歌·爲葉丞相壽》一闋，已見信州本第六卷及四卷本甲集，《鷓鴣天》二闋，爲朱淑貞詞，餘則見四卷本者，僅《菩薩蠻·稼軒日向兒曹說》《南鄉子·贈妓》《塘多令·淑景鬥清明》《踏歌》《鵲橋仙·送粉卿行》等首，其他《生查子》等二十八首，諸本俱未載，故辛詞以嘉慶本爲最備。此爲前人校語。今按信州本共得詞五百七十二首，明李濂校刊本共得五百六十八首，海上新景印毛鈔本甲、乙、丙、丁四集合計，除其複重，共得四百二十七首，但其中有二十首爲信州本所無者，内四首嘉慶本有之，尚須校定，互相補苴。海上景印本成於中華民國二十九年，夏氏敬觀、張氏元濟均有題志。夏云，稼軒詞往往以鄉音叶韻，全集中不勝枚舉，他本多誤改，毛鈔則否，他本妄增之字，此皆無之，足證此鈔之優於元大德本。微論毛、辛兩刻。張云，夏氏定此本於宋槧，其説良信，得見此本，殊令人有猶及闕文之感，蓋以其行間多有闕字，不妄添上也，惟書末所附校記，似尚未得梁任公所讀之吳訥輯《唐宋名賢詞》本勘對，猶有餘憾。吳本蓋假自直隸圖書館，或不可再得耶。稼軒當宋孝宗時，銳意恢復，作《九議》上之，竟阻，病亟，大呼殺賊數聲而終。朱子謂其將用人填海，以其不量力也，然忠憤壯烈之氣，又何可磨滅！疊山謝氏枋得過其墓，有聲呼於祠堂，爲文祭之，文成而聲息，英靈如在。是稼軒本不必以詞名世，故其詞每多散

佚。《清波別志》云，稼軒樂府，辛氏酒邊游戲之作也，詞與音叶，
好事者争傳之。在上饒屬其室病，呼醫對脈，吹笛婢名整整者侍
側，乃指以謂醫曰，老妻病安，以此人爲贈。不數日果勿藥，乃踐前
約，整整既去，因口占《好事近》云，"醫者索酬勞，那得許多錢物。
只有一個整整，也盒盤盛得。下官歌舞轉悽惶，賸得幾枝笛。覷著
這般火色，告媽媽將息"。一時戲謔，風調不群。稼軒所編遺此。
見卷下。伯驥按：此首及下文《寄丘宗卿》一首，均毛鈔四集本所無。梁任公曰，《唐
宋名賢百家詞》本丙集有《六州歌頭》一首，丁集有《西江月》一首，皆諛頌韓平原作。
《西江月》之非辛詞，吳禮部詩話引謝疊山文已明辨之。《六州歌頭》當亦是嫁名。本
傳稱朱熹歿，僞學禁方嚴，門生故舊至無送葬者，棄疾爲文往哭之。時稼軒之年亦已六
十一矣，其於韓不憚批其逆鱗，如此以生平淡榮利、尚氣節之人，當垂暮之年，而謂肯作
此無聊之媚竈耶！范序謂懼流布者多贋本，此適足證丙、丁集之未經范手釐訂爾。以
上皆任公跋吳輯四卷本之言，可知集中既有僞篇，亦必有佚文。毛刻四卷本有《寄丘宗
卿》一首，但其目則曰《京口北固亭懷古》，且字句微有異同。《好事近》一首，則毛刻本
無之，豈范序所云贋本歟？《鶴林玉露》所云《晚春詞》，毛氏兩本皆云淳熙己亥，自北
漕移湖南，同官王正之置酒小山亭爲賦，而《玉露》不同，此張氏所以望更勝之本也。
又，《鶴林玉露》卷四云，辛氏《晚春詞》云，"更能消幾番風雨，匆匆
春又歸去。惜花長恨花開早，何況亂紅無數。春且住，見說道，天
涯芳草迷歸路。怨春不語，算只有殷勤，畫簷蛛網，盡日惹飛絮。
長門事，准擬佳期又誤。蛾眉曾有人妬，千金縱買相如賦，脉脉此
情誰訴？君莫舞，君不見玉環飛燕皆塵土，閒愁最苦，休去倚危闌，
斜陽正在煙柳斷腸處"。詞意殊怨，使在漢唐時寧不賈種豆、種桃
之禍哉！愚聞壽皇見此詞頗不悦，然終不加罪，可謂盛德也已。其
題《曲江造口壁》云，"鬱孤臺下清江水，中間多少行人淚。西北是
長安，可憐無數山。青山遮不住，畢竟東流去。江晚正愁予，山深
聞鷓鴣"。蓋南渡之初，虜人追隆祐太后御舟至造口，不及而還，
辛氏自此興起聞鷓鴣之句，謂恢復之事行不得也。又《寄丘宗卿

詞》云，"千古江山，英雄無覓孫仲謀處。舞榭歌臺，風流總被雨打風吹去。斜陽草樹，尋常巷陌，人道寄奴曾住。想當年，金戈鐵馬，氣吞萬里如虎。元嘉草草，封狼居胥，祇贏得倉皇北顧。四十三年，望中燈火，猶記揚州路。可堪回首，佛狸祠下，一片神鴉暮鼓。憑誰問，廉頗老矣，尚能飯否"。此詞集中不載，尤雋壯可喜云云。特附錄數詞於此，以資考訂。其《爲人慶八十席上戲作》有云，"人間八十最風流，長貼在兒兒額上"。郎園述顧氏校語，以爲兒兒或是奴家之稱，而無所發明。伯驥所藏元刻《壽親養老新書》引述此詞，亦作兒兒，或改爲兒孫，謬矣，且當時通俗之語，稼軒每於詞中及之。《十駕齋養新錄》云，北方小兒乳名多稱柱兒，或稱鐵柱兒，予讀辛稼軒《清平樂詞》爲兒鐵柱作也，則鐵柱之名，宋時已有之。見卷十九。此即一證。《清波志》稱稼軒以婢名整整贈醫者。今按陶九成《書史會要》卷六云，田田、錢錢，辛氏二妾也，皆因其姓而名之，皆善筆札，常代辛氏答尺牘，是其家之婢妾多用雙名，抑稼軒姬侍固不少，如集中有一目曰《侍者阿錢將行》，賦錢字贈之云，"杜陵真好事，留得一錢看。從今花影下，只看緑苔圓"。又《貴耳錄》稱呂婆即呂正己之妻，有女事稼軒，以微事觸怒逐之，今稼軒《桃葉渡詞》因此而作，故《祝英臺近》有"寶釵分桃葉渡，煙柳暗南浦"之句，皆可證也。稼軒之客有盧陵劉改之過，以詩鳴江西，厄於韋布，放浪荆楚，客食諸侯間。嘉泰癸亥歲，改之在中都，時稼軒帥越，聞其名，遣介招之。適以事不及行，因傚辛體《沁園春》一詞，併緘往，下筆便逼真。辛得之大喜，致餽數百千，竟邀之去。館燕彌月，酬唱疊疊，皆似之，逾喜。詞語峻拔，如尾腔對偶錯綜，蓋出唐王勃體，而又變之。見《桯史》卷二及《游宦紀聞》卷一。蓋改之家於西昌，自號龍洲道人。小詞每與稼軒相混，花庵謂其詞學辛氏，然毛子晋則謂，如"別妾天仙子""詠畫眉""小桃紅"諸闋，稼軒集中當無此纖秀語。見毛氏《龍洲詞跋》中。伯驤按：黄氏《花庵詞選》謂，過詞多壯語，蓋出於辛，然過惟和辛者用辛體，他作實不盡然，如《貴耳集》所取《南樓令》一首，頗爲婉秀。《輟耕録》所取《沁園春》一首，未嘗非香奩媟語。當時劉克莊《後村別調》亦與稼軒相類，楊升菴謂壯語足以立懦。伯驤考《後村大全集》卷九十八，有《稼軒集序》，序中盛稱其詞橫絶六合，掃空萬古，穠纖綿密，不在小晏、秦郎下，豈非聲氣相同，而言之親切乎！按劉氏題跋云，近歲放翁、稼軒一掃纖艷，不事斧鑿，高則高矣，但時時攛書袋，要是一癖。至元丁亥王博文序金白樸《天籟集》謂，樂府始於漢，著於唐，盛於宋，大概以情致爲主。秦、晁、賀、晏雖得其體，然哇淫靡曼之聲勝，東坡、稼軒矯以雄辭英氣，天下之趨向始明。伯驤按：《漁隱叢話》述宋女詞人李易安語，則於東坡有不滿處。李云，本朝柳屯田永變舊聲作新聲，出《樂章集》，大得聲稱於世，雖協音律而詞語卑下。又有張子野、宋子京兄弟、沈唐、元絳、晁次膺輩繼出，雖時時有妙語而破碎，何足名家！至晏丞相、歐陽永叔、蘇子瞻學際天人，作爲小歌詞，直如酌蠡水於大海，然皆句讀不葺之詩耳，又往往不協音律。王介甫、曾子固文章似西漢，若作小歌詞，則人必絶倒不可讀也。乃知詞別是一家，知之者少。後晏叔原、賀方回、黄魯直出，始能知之，而晏苦無舖叙，賀苦少典重，秦少游專主情致而少故實，譬如貧家美女雖極妍麗豐逸，而終乏富貴態。黄即尚故實而多疵病，譬如良玉有瑕，價自減半矣。明王氏《藝苑卮言》則云，詞至辛稼軒而變，其源實自蘇長公。清周濟《宋四家詞選序》論蘇、辛並稱，東坡天趣獨到處，殆成絶詣。稼軒則沉着痛快，有轍可循其言。似爲人所從同。毛子晉跋稼軒詞，謂蔡元長工於詞，靖康中陷虜庭。稼軒以詩詞謁見，蔡曰，子之詩則未也，他日當以詞名家。故稼軒晚年來卜築奇獅，專工長短句，累五百首有奇，但詞家爭鬭穠纖，而稼軒率多撫時感事之作，磊砢英多，絶不作妮子態。宋人以東坡爲詞詩，稼軒爲詞論，善評也。清王士禎《花草蒙拾》引張南湖論詞派有二：一曰婉約，一曰豪放。僕謂婉約以易安爲宗，豪放惟稼軒稱首。二安皆吾濟南人，難乎爲繼。清山陰周元樞《調香詞自序》云，詞家兩派，秦、柳、蘇、辛而已，秦、柳絶媚，而蘇、辛以宕激慷慨變之，近於詩矣。詩以風骨爲主，蘇分其詩才之餘者也，辛則併其詩之才之力，而專治其餘。見《詞科掌錄》卷五。又李氏《鄉園憶舊錄》卷四云，余生平不喜觀詞，嫌其綺靡，昵昵作兒女語，獨愛稼軒詞，揚眉吐氣，如見英豪鬚眉，其《賀新郎詞》集許多怨事，與李太白《恨賦》相似，昔岳珂議其詞用事太多，究竟大氣包舉，不覺累墜，如項王用兵，縱橫莫當，其氣盛也。以上皆論辛詞而有當者。至臧氏《元曲選》卷首，述《燕南芝庵論曲》云，近世所謂大曲，蘇小小《蝶戀花》、鄧千江《望江潮》、蘇東坡《念奴嬌》、辛稼軒《摸魚兒》、晏叔原《鷓鴣天》、柳耆卿《雨淋鈴》、吳彥高《春草碧》、朱淑真《生查子》、蔡伯堅《石州慢》、張子野《天仙子》，此又論曲者所宜詳矣。上文言清嘉慶間法式善因辛文而搜《大典》，今按法式善《存素堂詩續集錄存》卷九云，辛敬甫乞余代訪稼軒詩文，其志甚堅，予搜諸《大典》散編中，遂終其願。又，《存素堂續集》三有《讀辛稼軒集詩》云，"忠敏豪傑士，餘事工文章，不知《稼軒集》，輾轉何年亡，獨留長短歌，悲壯兼激昂。毛晉所鏤刻，視他本較詳，《十論》及《九議》，全帙誰收藏？《南燼紀聞》書，體例殊荒唐，斷非稼軒筆，焚棄庸何傷。遺珠付滄海，甌錄心茫茫"。蓋辛氏族裔名啓泰，號敬甫者，屢請時帆采錄稼軒遺文，後如願以償，故時帆有此作。時帆詩並謂《南燼紀聞》一書，非稼軒手筆。清《四庫提要》一百七十四曾論《藝閣集》一卷，謂亦決不出辛氏手，可知稼軒遺文缺佚固多，後之述作僞冒其名者又豈尠哉？明李氏日華云，得觀稼軒行書《劄子》一卷，渾厚沈婉，有蘇欒城風氣，絕無拔劍罵坐之態。《劄子》云，棄疾自秋初去國，倏忽見冬，詹詠之誠，朝夕不替。第馳驅到官，即專意督捕，日從事於兵車羽檄間，坐是倥傯，暑無少暇，起居之間，缺然不講，非敢懈怠，當蒙情量也。指吳會於雲間，未龜合并，心旌所向，坐以神馳。右謹具呈

宣教郎新除秘閣脩撰權江南西路提典刑獄公事辛棄疾。見《六硯
齋三筆》卷三。又，明張大復《梅花草堂集》卷十第十三葉云，往時
見閣本《辛稼軒集》，用真行篆隸雜書之，鐫刻遒潤，類名手新落墨
者。或云稼軒自爲之，凡二本，而詩餘得半，然則稼軒固書法卓絶
矣。杭氏世駿撰《江玉屛詞序》云，吾鄉人士無不工爲倚聲者，而
余則否，每有所作，輒爲石友厲君樊榭所壓。他人以詞見工，余獨
以詞見醜，遂止不復爲。樊榭出而與竹垞翁争黄池之長，横絶一
代。江淮間騁風騒之逸軌者，朝竹垞而夕樊榭，若驂之在靳，不能
偏廢。由杭氏之言可知樊榭詞名之盛。樊榭名鶚，字太鴻，爲北鄉
厲氏馮家漕派，寄籍錢塘。康熙庚子舉人，徵舉博學宏詞，時相招
之，不赴，卷被抑。生平詩逾萬首，有《樊榭山房詩文集》行世，又
著《遼史補遺》《宋詩紀事》《東城雜記》。博極群書，與胡稚威、全
謝山頡頏齊名，迄今杭人專祠於西湖。樊榭無子，故阮相國有句云
"多分神仙無子在，但憑天地有詩留"。見《谿上遺聞》卷八。厲以
樊榭山房名集者，以其先世家於慈谿，故以慈谿山樊榭爲號，猶之
梅氏曾亮以宣城山栢梘爲號，嘉興錢氏泰吉以甘泉爲號，皆示不忘
故土之義。《寧波府志》卷七云，四明山有樊榭，後漢上虞令劉綱
妻樊氏雲翹仙昇處也，此又樊榭之史矣。莫伯驥記。

　　茲將郎園題記附録如下：

　　《辛稼軒詞》，宋時有二本，陳振孫《直齋書録解題》著録爲四
卷本，又云信州本十二卷，視長沙本爲多，然則《直齋》著録之四卷
本，當是長沙本。明毛晋汲古閣刻《宋六十家詞》中有《辛稼軒長
短句》四卷，後跋不言出自何本，而《目録》注原本十二卷，則是信
州本矣。《宋史·藝文志》云十二卷，必據信州本入載。明嘉靖丙
申王詔所刊，及近時桂林王氏四印齋重刊元大德信州書院本，皆此
本。黄丕烈《士禮居題跋記》有元本十二卷，今歸聊城楊氏海源

閣,桂林王氏假以重刊,王跋謂毛氏汲古閣本之四卷,即十二卷之合併,是固然矣,特未考原目,當時已注明耳。士禮居又有校元本,即以信州本校於王詔本之上,其本亦歸聊城楊氏。黃跋云,卷十《爲人慶八十席上戲作》有云,"人間八十最風流,長貼在兒兒額上"。校者云,下兒字當作孫,顧澗薲以爲兒兒或是奴家之稱,二語之意以八字作眉字解,如此則改兒爲孫,豈不可笑。今按毛晉、王詔兩刻皆已改兒爲孫,可見通人難遇,古今同慨。此本八卷爲屬樊榭徵君鸚手鈔,兒兒未改爲兒孫,知所據必是善本。全謝山撰《徵君墓碣》,稱其詞深入南宋諸家之勝,王述庵《蒲褐山房詩話》稱其詞直接碧山玉田。今觀此冊,知徵君用力之勤,嗜書之篤,宜其與朱竹垞並爲浙西一代詞宗,豈僅書法古拙,足供清玩已哉! 光緒丙午夏六月,葉德輝識。

## 虛齋樂府上下卷明汲古閣毛氏景宋本,<br>朱竹垞、黃蕘圃舊藏。

宋趙以夫撰。以夫宋宗室,居長樂,字用父。嘉定進士,歷官資政殿學士。著有《易通》及此種,當時有名。庚夫者,莆田人,字仲白,舉進士不第。刻意爲詩,嘗自刪取五百首。既歿,劉後村摘鈔百首爲《山中集》屬以夫序而傳之,當是一善詞而一攻詩也。此本連序目共三十一葉,半葉十行,行十八字,卷末有字一行曰"臨安府棚前北睦親坊南陳解元書舖刊行"。宋陳起,字宗之,錢唐人,開書肆於睦親坊,今所傳宋本書稱臨安陳道人家開雕者,皆起刻也,蓋起又自號陳道人,起能詩,刊有《江湖集》。南渡以來,詩家不顯者,賴斯集以傳,談書本故實者輒及起,以其書種之精,槧刻又不苟也。此本由起刻本景寫,故神采特佳,毛氏又以景寫著名,兩美之合,宜其傳數百年而如新矣。《天祿琳琅前編》卷二云,毛

晋宋本最多，其有世所罕見而藏諸他氏不能得者，則選善手以佳紙
墨影鈔之，與刊本無異，名影鈔，一時好事者争相仿傚，而宋槧之無
傳者，賴以傳之不朽。伯驥此編著録毛氏景元本《金臺集》，固嘗
述汲古閣景寫之一二軼聞矣。序前有"汲古閣"長形章、"子晋書
印"方形章、"黄印丕烈"、"菱圃"二章，均朱文。卷上目前有"茶
烟閣"長形章、"竹垞"二字方形章。卷上正文前有"毛晋私印"、
"汲古閣主人"兩方形章，卷下正文前有"子晋"二字章，卷下末有
"子晋之印"、"毛氏子晋"朱文章，均方形。其"平江黄氏圖書"方
形章，則在"曹氏藏書"、"松谿珍賞"兩方形章之上。卷末有黄菱
圃墨筆跋半葉，跋末有"黄印丕烈"方形朱文章，與序前所捺者同。
"茶烟閣"章當亦朱氏所捺，其刻本詞集有茶烟爲别者可證也。卷
首有趙氏自序云，唐以詩名者千餘家，詞自《花間集》外不多見，而
慢詞尤不多。我朝太平盛時，柳耆卿、周美成羨爲新譜，諸家又增
益之，腔調備矣。後之倚其聲者，語工則音未必諧，音諧則語未必
工，斯其難也。余平時不敢强輯，友朋間相勉屬和，隨輒棄去，奚子
偶於故書中得斷稿，又於黄王泉處得録數十闋，共爲一編。余笑
曰，文章小技耳，況長短句哉！今老矣，不能爲也，因書其後，以志
吾過。淳熙己酉中秋芝山老人。黄跋云，此《虚齋樂府》，毛鈔景
宋本也，先是書友攜來索重值，余因有錢遵王家鈔本，遂屬顧千里
手校其佳處而還之，不知其售於何所也。此嘉慶丁巳秋事，及歲己
巳秋，余姻袁壽階病殁，所遺書籍不免散失，余檢點及此，方知是書
歸宿，遂復收之。余思藏書如毛、錢可云精矣，而汲古較勝於述古，
即一書已分優劣，其他不從可知乎。余所收詞本極富，故不厭其重
複云爾。甲戌仲春復翁。此本當是清初曾藏秀水朱氏潛采堂，朱
以詞名，宜其寶此。《厲樊榭集》稱元張炎叔夏《山中自雲》八卷，
吾鄉龔侍郎蘅圃得鈔本於秀水朱檢討，竹垞因鏤板以傳，可知朱氏

藏罕傳本之詞集必多矣。遵王名曾,爲牧齋族子,壽階名廷檮,藏書處曰五硯樓,蓋與蕘圃姻誼而同好者,前文頗曾述之,此不多及。卷上有《徵招》《角招調》,徵字觖末筆。按《詞律》云,此調爲姜白石自製曲,當以姜詞爲正格。姜詞自序云,越中山水幽遠,予數上下西興錢青間,襟抱清曠,欲家焉而未得,作《徵招》以寄興。《角招詞自序》云,予每自度吹洞簫。《硯北雜志》曰,白石喜自度曲,吹洞簫小紅歌而和之,蓋不依舊譜,所作之詞曲,則名自度曲。《漢書·元帝紀·贊》已有此名辭矣。又《詞譜》云,角招詞見趙以夫《虛齋集》自注。今按:集中《角招調》下云,姜白石製《角招》《徵招》二曲,僕賦梅花以《角招》歌之,蓋古樂府有大小梅花,皆角聲也。《徵招》則歌雪焉,集中頗見麟紅、紅麟等字,大抵是説獸炭,獸炭非如今日所用之骨炭,祇以木炭制成獸形耳。陸游詩“朝爐獸炭騰紅燄”,是宋人已以之入詩。《晋書·羊琇傳》,性豪侈,屑炭作獸形以温酒,洛下豪貴競慕效之。《唐書·德宗紀》罷九成宫貢立獸炭,是也。《周禮·天官》賓客供其形鹽,鹽人朝事之籩,其實形鹽。注形鹽,築鹽爲虎形也。《春秋左傳·僖三十年》所謂虎形鹽亦同。《洛陽伽藍記》所説畫卵雕薪當是此意。吾鄉有昏娶事,皆畫鴨子以爲聘禮,知其來舊矣。蘇子瞻《贈月長老詩》“白灰如積雪,中有紅麒麟”。尤可見宋時喜用麟紅語意。《開元天寶遺事》,楊國忠屑炭塑作鳳形。《老學庵筆記》,故都御爐炭率斲作琴樣,胡桃紋,鶉鴿青。高宗紹興初,巡幸臨安,詔嚴州進炭,止令用土産,勿拘舊制,蓋既經變故,漸減其侈也。此雖細故,然國政民風因之而見,故頗詳述於此。《萬年歡》本唐教坊曲名,《宋史·樂志》中吕宫,《元史·樂志》名《舞隊曲》,此調有三體,平韻者始於宋王安禮,仄韻者始於宋晁補之,平仄互用者則以元趙孟頫爲始焉。《三體唐詩》注云,宋徽宗興畫學,嘗試諸生以萬年枝上太平雀爲題，時無中程者，或問中貴，答曰，冬青木也。而《丹鉛録》則辨萬年枝爲冬青之非，引《草木疏》云，檍木枝葉可愛，二月花開，白子似杏，今官園種之，取億萬之義，改名萬歲樹即此。此集卷上第一首爲《萬年歡慶元聖壽》末句云，"萬年枝上長好"，當是用此。《齊東野語》揚州后土祠，瓊花天下無二本，絶類聚八仙，色微黃而有香。仁宗慶曆中，嘗分植禁苑。明年輒枯，遂復載還祠中，敷榮如故。淳熙中，壽皇亦曾移植南内，逾年憔悴無花，仍送還之。其後宦者陳源命園丁取孫枝移接聚八仙根上，遂活，然其色香則大減矣。今后土之花已薪，而人間所有者特當時接木髣髴似之耳。又，蔣子正《山房隨筆》亦有此説。此集卷上《揚州慢》目云，瓊花惟揚州后土祠前一本，比聚八仙大率相類，而不同者有三，瓊花大而瓣厚，其色淡黃，聚八仙花小而瓣薄，其色微青，不同者一也；瓊花葉柔而瑩澤，聚八仙葉麄而有芒，不同者二也；瓊花蘂與花平不結子而香，聚八仙蘂低於花結子而不香，不同者三也。友人折贈數枝云，移根自鄱陽之洪氏，感而賦之，如趙氏説，則不衹揚州有此花，然接木移根往往不如其本矣。卷上有《大酺調》，所以唱歎牡丹者。《後漢書·顯宗紀》永平十五年，禁群飲，令天下大酺五日。注云，《前書音義》曰，漢律三人已上無故群飲，罰金四兩，今恩詔横賜得令聚飲食五日。酺，布也。言天子布恩於天下。又宋洪邁《容齋詩話》卷五云，唐開元、天寶之盛，見於傳記歌詩者多矣，而張祐所記尤多，皆他詩人所未傳及者。又有《大酺樂》《邠王小管》《香囊子》等詩，皆可補開、天遺事。絃之樂府者也，大抵此調之意，蓋取於是歟。卷上《四明除夜》用探春慢詞，有"鯨海停波，鶴譙賓月"語。《莊子·徐元鬼》"君亦必無盛，鶴列於麗譙之間"注，高樓也。成玄英疏，言其華麗嶕嶢也。《漢書·陳勝傳》，陳勝攻陳，戰譙門中。師古曰，譙門，謂門上爲高樓以望耳，樓一名譙，故謂美麗之樓，爲麗譙，亦呼爲巢，所謂巢車者，亦於兵車之上爲樓，以望敵也。譙、巢聲相近，本一物也。鶴譙當取其誼。得此書日開讀，既竟，曾志以小詩，今附於此。　諧音工語宋猶難，觀海歸來論不刊。此是虛齋參透處，卻將鍼度與人看。　時父東溪並後村，一時陶寫夢留痕。酒朋詩敵餘奚子，偶爲瓊花返舊魂。　遺春恰好讀君詞，春到人間我亦知。但願春風時顧我，萬年歡唱《萬年枝》。　爐焰麟紅寒力減，紅麟初暖助銜栖。詞人有意嘉名錫，獸炭從茲永不灰。　麗譙悲角不堪聞，波靜樓岑月可賓。樓一名譙原古誼，譙巢聲韻實相鄰。　天水校雕遺祖本，化身新樣出虞山。歷年三百如星鳳，炯炯冰花几案間。　藏家祕籍貴毛鈔，天禄臣工語未淆。艷説解元生肖子，爭誇名馬出蒲梢。　優孟儀型摹楚相，虎賁容止肖中郎。唐臨晉帖何神似，薄紙居然比硬黄。　宋人寫本流傳尠，僅有琱鎪暨聚珍。絶愛毛家妙手腕，校讐可倚倚留真。　景鈔自是麟兮角，不及螽斯子姓多。九十九兒孳乳廣，比年景印漸駢羅。　樓名五硯閲興亡，薶圃搜將善本藏。縱有絳雲傳述古，何如汲古富琳琅。遵王本子歸何處，思適專家苦用心。定有蟲尤勤護守，長辭五厄壽書林。　宋家宗法敦宗室，玉葉金枝睦所親。棚北坊南鐫槧好，一行題字墨如新。　徵招歌雪角歌梅，白石當年創別裁。徵字未完留觭筆，尊王避諱有由來。　毛、錢二氏豐儲弆，士禮居中實至精。欲識舊雕真面目，瓣香宜向此師承。　縈縈圖記發猩紅，想見銘心一捺中。潛采主人曾插架，朱文古鈢色彌濃。

## 元遺山新樂府五卷　南昌彭氏知聖道齋寫本。

金元好問撰。前有彭氏手書識語，此略之。按遺山著作有《集》四十卷，舊刊有明弘治間本，汲古閣則刊其《詩集》二十卷，《新樂府》雖著録《文淵閣書目》，尚未見槧本流傳。清《四庫》祇著録遺山《續夷堅志》及其遺集，而《樂府》未收。儀徵阮氏曾以進呈，今《揅經室外集》有此提要，據《御定歷代詩》載詞人姓氏，謂此爲明人凌雲翰編輯，所録之本無凌名字，當是誤脫，實則凌編乃遺山詞選，與五卷本不同，蓋阮氏誤也。阮氏引《錦機集》云，僧李菩薩洒酒作花開牡丹二株，遺山爲賦《滿庭芳》，傳誦一時，並引張氏炎之言，謂遺山詞風流蘊藉，不減周秦，玉田當非妄語者。而文勤乃曰，此公於此事全無解處。見此書題識。則又何也？竹垞曾選凌《選》入《詞綜》，有出此本外者。近人威遠周岸登以陽泉山莊本《遺山集》，校彊村朱氏覆弘治高麗本《遺山樂府》，得增添詞五十四首，據《輟耕録》録出一首，次爲《補遺》一卷；又以石蓮庵《九金人集》本補刊《新録府》第五卷校之，除去絙複，得詞百十四首，什九壽人之作，次爲《外集》一卷；合之朱刊三卷，詞二百十九首，共得詞三百八十八首，《遺山樂府》之傳於今者，具是矣。周氏云，遺山詞，張氏炎稱其深於用事，精於鍊句。余謂其切實發揮，抑揚頓挫，如詩家之有老杜，實開兩宋詞家未有境界，非第如杜善夫所述，中邊皆甜已也，此則《遺山樂府》之定評矣。金白樸，字太素，有《天籟集》二卷，吾家藏舊寫本。有至元丁亥王博文序，畧云，元、白爲中州世契，兩家子弟每舉長慶故事，以詩文相往來。太素即寓齋仲子，於遺山爲通家姪。甫七歲，遭壬辰之難，寓齋以事遠適。明年春，京城變，遺山遂挈以北渡。嘗罹疫，遺山晝夜抱持凡六日，竟於臂上得汗而愈，蓋視親子弟不啻過之。太素親炙遺山，聲欬談笑，悉能默記。數年寓齋北歸，以詩謝遺山曰，"顧我真成喪家狗，賴君曾識落巢兒"。無何，父子卜築於溠陽。遺山每過之，必問太素爲學次第，嘗贈之詩曰，"元白通家舊，諸郎獨汝賢"。伯驥按：寓齋名君舉，陝州人。泰和中，以詞賦中進士第。北渡後，卜築溠陽。《全金詩》作君舉，失其名。《元詩癸集》則云白賁，字君舉，然白與遺山友善。今檢《中州集》，白賁下未云字君舉也，編者或別有所本。寓齋爲太素之父，讀此集王序可瞭然無疑。唯□□□□□□□則以太素爲華子，似有訛誤。元人王逢《梧溪集》述李冶序寓齋詩云，龍韜雷萬於紛拏之頃，玉唾川流於談笑之餘。逢觀其《題靖節圖詩》，風節可概見矣。弟文舉亦登進士第，馮西巖内翰有"科第聯飛光白傅"之句，蓋文舉名華，爲寓齋之弟，太素於華自屬從子，不知撰此書者，胡以誤也。寓齋子三人，伯誠甫，仲仁甫，叔敬甫。朱氏《曝書亭集》有《天籟集序》，頗詳白氏家世，應檢之，仁甫則太素也。侯官陳氏衍輯《元詩紀事》，於寓齋詩録《梧溪集》所述《題靖節圖》酬元遺山，及《遺山集》所述《寓齋酬李定齋》等作，而於《太素集序》，喪家狗、落巢兒一節尚未録及，當是未見也。太素一字仁甫，號蘭谷生，金末國亡，後力辭徵辟。優游詩酒，尤喜劇曲，與馬致遠、鄭光祖、關漢卿稱四大家，有雜劇十餘本，《秋夜梧桐雨》尤盛傳於世。《太素集》他日當再詳，以此爲遺山軼事，偶附記之，伯驥記。

## 蟻術詞選四卷精寫本，知不足齋舊藏。

　　元邵亨貞撰。卷首題元雲間邵復孺著，明新都汪稷校。復孺者，亨貞字，不題名者，汪氏之陋也。目録葉有“世守陳編之家”、“老屋三間賜書萬卷”、“歙西長塘鮑氏知不足齋藏書印”各章，卷首有“長塘”圓形朱文章、“鮑家田”方形朱文章、“知不足齋藏書”白文方形章，別有“巴陵方氏碧琳琅館珍藏祕笈”朱文方形章，當是鮑淥飲、方柳橋前後收藏者。邵所著《野處集》著録清《四庫》，而詩選、詞選，《四庫總目》則謂世無傳本，又謂其詞世不多見。惟陶宗儀《輟耕録》載所作《沁園春》二首，雋永清麗，頗有可觀，蓋所長尤在於是，惜詞選今已久佚云。嘉慶間，儀徵阮氏始得舊抄影寫進呈，今《揅經室外集》及之，唯未言此書有無前後序。鮑氏此本有隆慶壬申沈明臣跋，略謂復孺生勝國時，卒於洪武間，才名籍甚，以薦起家，訓導松江府學，卒年九十三。志稱其通博敏贍，嫻於文辭，陰陽、醫卜、佛老書，靡弗精核。集得三種，《蟻術詞選》實通宋詞三昧，《蟻術詩》蓋習勝國語者，《野處集》蓋雜著。復孺書法尤精篆隸，其私印朱文有“邵復孺氏獨冠元人印章”。余蓋聞之王幼朗文云云。於此可見邵氏之事略，而阮氏不言，當未見此跋矣。明臣，鄞縣人，太學生。有《豐對樓詩選》四十三卷、《越草》一卷。朱氏彝尊云，沈在胡少保宗憲幕府，嶽嶽不阿，少保遙望見必起立。

嘗讌將士於爛柯山，酒酣樂作，沈於席上賦凱歌十章，吟至“狹巷短兵相接處，殺人如草不聞聲”，少保起捋其鬚曰，何物沈郎，雄快乃爾。命刻石山上。《列朝詩集》於復孺事實頗詳，可參訂。

## 桂洲詞六卷明刊本。

明夏言撰。言，貴溪人，字公謹。正德進士，授兵科給事中，累遷至禮部尚書。嚴嵩與言同鄉，事言甚謹，後言漸失帝意，嵩用事卒排言使去，誣以納賄，坐棄市。前有嘉靖辛丑費寀序，略云，桂洲相公，歷諫垣詞苑，進秩宗，以登元相，文章禮樂固已達之天下矣。乃復於賡歌之暇，感事述情，發玄摛藻，而製爲詞調，久之成帙，命曰《玉堂餘興》。次有吳一鵬序，略云，予自歸田，不通朝貴之間者將十年。少傅桂洲公獨念一日之雅，悉以登仕以來奏議、應制諸集十餘卷見示，嘉靖戊戌冬，乃序詩餘焉。古之善詞者，溫庭筠、韋莊、馮延己之流，失之浮豔；周美成、柳耆卿、康伯可之流，失之淺近；辛幼安、劉改之、陳同甫之流，失之粗豪。如公之作，華而有則，樂而不淫，一編之中，許國之志，憂時之誠，溢於言表。巡按侍御陳君蕙以公詩餘，命吾郡守王侯儀刻焉，俾予序之。末有皇甫汸跋，略云，戊戌之秋，汸承譴出理楚黃時，桂洲元相贈之以詞，並以內閣所録一編畀之曰，吳匠氏善梓，爾其謀諸，且爲我紀之。乃郡守王公儀樂任其事，汸也校而刊焉。又有大明府知府石遷高氏識語，略云，先是侍御陳公蕙曾刻之吳，吳之人珍傳。嗣扈蹕渡河，諸詞未布也。時侍御樊公得仁按歷畿南，風紀之餘，雅重文教，迺亟命遷高曰，子知乎桂翁扈蹕諸作乎？其言指而遠，其事肆而隱，其理典而則，有裨世教多矣，盍併刻之，以溥厥傳。遷高弗穀，祇若命焉。伯驥按：明代詞人數之得三百有奇，如高啓《扣舷集》、楊基《眉庵集》、張綖《詩餘圖譜》《南湖集》，及升庵、弇州均有名。末葉陳大樽尤以妙麗見稱,此外轟大年、周白川、唐子畏、徐文長、沈天羽一輩,每以新詞見風華。今讀夏作,差與唐、沈、轟、白倫比,諸序未免抑揚過情,殊乖脩辭立誠之旨。尤氏撰《梅村詞序》中有云,有明才人莫過於楊用脩、湯若士,用脩親抱琵琶度北曲,而詞顧寥寥,若士四夢爲南曲,野狐精而填詞,自賓白外無聞焉。伯驥以謂楊編《百琲真珠》《詞林萬選》等,弇州稱爲詞壇功臣,然衡讀楊所自爲,頗不逮王之生動,蓋明詞初則爲蛻巖派,後則沿襲花間草堂,隨波逐流,傑作頗罕,楊、湯且然,豈况其他。大樽文名不及梅村,但湘真江蘺終爲壓倒一切,公謹則小巫而已。曹子建謂劉季緒好詆訶文章,掎摭利病。吾謂隨人脚跟,學人言語,亦非所以論文也。明朱氏《湧幢小品》云,夏貴溪妾蘇廣陵人,其父曰綱。少女適石塘曾銑,與貴溪爲聯衿。綱出入兩家,傳石塘復套之説,夏大喜,主其策。綱益自負,與巡倉御史艾朴通賄作奸,爲衆所嫉。分宜一一刺其陰事,伏毒深,夏不悟,妄度河套指日可復,得意甚,作《漁家傲》一闋。適黃泰泉至,掀鬚示之,索和,黃有"千金不買陳平計"句,蓋諷之也。夏大詬詈,喋言者逐之去,去三日而禍作。然則夏雖無嚴氏相厄,其所設施亦未必於邦家有裨矣,何憂時許國之足云。泰泉,謂香山黃佐也。劉繪,光州人。嘉靖進士,官户部給事中。兩劾夏,夏憾之,出爲重慶知府,其後夏屬言者論罷之。繪有《嵩陽集》,刻印亦工,蓋原槧也。吾家有其本,附記之,以見權臣之可畏。卷一首行題《桂洲集》,版心亦同。半葉十二行,行二十字,實十九字,空一格,以備提行,大版本,精刻。吾家藏《桂洲奏議》二十卷,左鎰編,明刻,當再詳之。

## 雍熙樂府二十卷明刊本。

明郭勛輯。嘉靖刻本,清《四庫存目》者十三卷,題海西廣氏編,不著姓名。館臣謂明李元玉《北詞廣正譜》訂正諸調頗爲綜覈,其體例皆原本是書。此則二十卷,知館臣所見者別一本矣。卷一曰仙呂調,卷二、卷三曰正宮調,卷四、五曰仙呂宮調,卷六、七曰中呂宮調,卷八、九、十曰南呂宮調,卷十一、十二曰雙調,卷十三曰越調,卷十四曰商調,卷十五曰大石調、小石調、南曲,卷十六曰南曲,卷十七至二十曰雜調。此本前有一序,乃用墨筆寫於首葉者,序云,太傅武定侯蒼嵒郭公當太平無事之時,偃武脩文之日,徧閱宋元迄我朝文人所作詞曲,採而輯之,凡二十卷,將鋟梓以廣其傳,題曰《雍熙樂府》。間以示余,余讀之如坐虞廷,五音並奏,六律齊鳴,洋洋乎盈耳,如入御厨,水陸畢陳,調和大備。第恐太羹之味,或不適於衆口;希聲之樂,或不諧於俗耳。好惡不同,固非譾陋之所知也。若夫樂府命名之意,則似有以得其彷彿焉。竊維雍者和也,熙亦和也,是稽古唐虞,雍熙是已,蓋以上有堯舜之君,下有禹稷之臣,百度具新,四方風動,可為雍熙者矣。故康衢之謠,明良之歌,其稱頌太平,揄揚功德者不一而足,雖然有雍熙之世,而無雍熙之曲,詎能以享雍熙之福哉!今公當雍熙之世,傳雍熙之曲,是得以鳴雍熙之盛,而享雍熙之福者,乃又不私所有,欲使天下之人皆歌雍熙之曲,而樂雍熙之化,益卒見公之獨樂不若與人,與少不若與衆之盛心也。自是閭閻里巷家傳而人誦者,咸以雍熙之治不在唐虞而在今日矣。況公為國元勳,受知明主,退食之暇,必有移宮換羽之製作,鋪張治功,以鳴國家太平之盛,殆與古之賡歌訓誥頡頏於宇宙間者,當倍於今日,則俟別刻以傳。嘉靖辛卯歲秋春泉居士王言書於望槐庭。序末有"君實"、"金吾仙吏"、"秋天虛翠屏"三印,并朱文。次有安肅春山序云,夫樂府之名起於漢,是後代有作者體製漸嚴,至於今日,獨益精,斯乃文詞之最工,聲律之大備也。其體製有十七宮調,曰仙呂調、曰南呂宮、曰中呂宮、曰黃鐘宮、曰正宮、曰道宮、曰大石、曰小石、曰高平、曰般涉、曰歇指、曰商角、曰雙調、曰商調、曰角調、曰宮調、曰越調，皆因天地自然之音定腔命名，各從其屬。一句之內不可亂下一字，一調之中不可混施一曲。自非高才博學、妙解音律者，不能按腔填詞，使情明語暢，穩諧樂府，何者？蓋前人閱歷既多，腔譜已定，聲分平仄，字別陰陽，至精至備，本不可易，故於措詞之間，其字、其音一有出入，即非家法，弗愜人心。求其究心精專，獨臻其妙者，代不數人而已。由是傳授既寡，樂教遂微。予生長中州，盍入內禁，中和大樂時得見聞，又嘗接鴻儒承論說，似若彷彿其影響者。比見舊刻，彙輯國朝并金、元以來諸名公鉅卿佳詞、妙曲、套數、小令凡若干章，宮分調別，燦然具備，作非一手，調出一腔，信皆樂府之指南，先得我心之同然者也。竊自愛之，乃於直侍之餘，禮文政務之暇，或觀諸窗几，或命諸聲歌，臨風對月，把酒賞音，洋洋陶陶，久而忘倦。自惟際世雍熙，仰受隆恩，和平安樂，斯能樂此。爰鋟諸梓，用廣其傳，仍其舊名曰《雍熙樂府》。雍熙云者，蓋采唐虞時雍咸熙之語，以昭盛世之治和也。嘉靖丙寅歲中秋日，安肅春山謹識。有圈句，遇皇朝等字頂格，餘俱低一字。半葉十行，行二十一字。丁氏善本室著錄此書，唯無春泉居士序。丁氏云，自金、元以迄明正德，凡名人以及樂工院本，小令、長套約略在是，可稱曲海，蓋深許此書矣。伯驥按：《宋史·樂志》云，雲韶部者黃門樂也。開寶中，平嶺表，擇廣州內臣聰警者得八十人，令於教坊習樂藝，賜名蕭韶部，其後改曰雲韶，此則官戲之可徵於宋者。迄明世神宗時，選近侍三百餘名於玉熙宮，學習戲劇，歲時陛座，則承應之，如《盛世新聲》《雍熙樂府》《詞林摘艷》等詞，皆當時之院本也。明世正德刊本《盛世新聲》，嘉靖刊本《詞林摘艷》《雍熙樂府》均有流傳，其中民歌多有文人改作者。《雍熙樂府》內有汪元亨《歸田錄》百篇，此百篇與張雲莊《休居自適樂府》畧同，皆名作也。近人論此書，謂錄南曲套數僅第十六一卷，其中祇有七十七套，證之南曲《九宮正始》《南宮詞紀》，可知其中各套都是套數，不是南戲，或爲散套耳。又可見其常有割裂及任意配置套數，或小令各情事削去作者名字，令人無從捉摸，雖間有及之者，祇百分之一，此則議其未能全美也。譽其美者則謂《詞林摘艷》中北曲套數者三百七十五套，未被《雍熙樂府》者僅四十四套，其餘三百三十一套已完全收入。所采之本如王實甫《西廂記》、朱有燉《誠齋樂府》、楊朝英《太平樂府》《陽春白雪》、王伯成《天寶遺事諸宮調》，皆其來源也。臧氏《元曲選》之妄改，可据此本見之，元明雜劇之未刊者，今日搜集爲難得，此可窺見一斑，其餘善處當更不尠云。祁氏《書目》著錄《雍熙樂府》二十卷，周藩獻王輯《雍熙樂府選》十三卷，亦周藩獻王輯。清《四庫存目》者當是後一本。此書，人皆謂郭武定撰輯，祁《目》乃云周藩，不審其故。

### 琵琶記二卷 明朱墨本。

前題元高東嘉填詞。前有弘治戊午白雲散仙序，第一行題《重訂慕容喈琵琶記序》，下有小字云，見江陰徐充暖妹由筆白雲散仙序，略云，白雲散仙歸自蓬萊，爲酒食演《琵琶記》以娛客，客曰，此南戲之祖，妙哉。伯驥按：周德清《中原音韻》云，南宋都杭，吳興與切鄰，故其戲文如《樂昌分鏡》等，唱念呼吸皆如約韻。葉子奇《草木子》云，俳優戲文始於《王魁》，永嘉人作之。蓋南曲亦稱南戲，以其淵源於南宋之戲文。徐渭《南詞叙錄》云，南戲始宋光宗朝，永嘉人所作，《趙貞女》《王魁》二種，實首之，其盛行則自南渡，號曰永嘉雜劇，又曰鶻伶聲嗽。其曲則宋人詞而雜以里巷歌謠，祝允明所謂温州雜劇是也。自元代盛行北曲，而南曲遂輕棄，不爲世稱。《琵琶記》出，南曲始盛流行江浙諸地，於是而海鹽腔、餘姚腔、弋陽腔、崑山腔，自崑山腔盛，而元曲遂廢。今所傳元人雜劇皆北曲，多雜胡語，始於金，盛於元。董解元《西廂記》、馬致遠《岳陽樓》爲北曲正宗，若南曲正宗，則高則誠《琵琶記》、施君美《拜月亭》也。惟蔡伯喈三世同居，父子同朝，侍母病不解衣，廬母墓致瑞，非貧仰於鄰，而賴妻治葬者。前人謂此爲伯喈而作，不免誣詆。前賢散仙就枕，嘗夢一儒者揖而言曰，予元進士，永嘉高則誠也。嘗編《琵琶記》以刺東晉慕容喈之不孝、牛金之不義，時爲柳文蕭公所責，稿隨焚矣。不意好事者猶錄斷稿，中間殘缺，妄意增補，至訛慕容爲蔡邕，則尤可怪。按：慕容複姓，名喈，字伯喈，鮮卑慕容廆之族，自廆受晉命爲平州刺史，而鮮卑人多入中國，喈之祖占籍陳留。喈有文學，應元帝詔爲議郎。時牛金以小吏私幸母后，竊秉相權，招喈爲婿，喈棄父母於陳留，連遇饑荒，所在盜起，音問不通，卒爲餓殍。其妻趙氏克養克葬，報夫同歸。事載野史。牛金敗績，國史佚之。今錯爲蔡邕，蓋慕字相似，而容、邕聲相近故也。東漢無牛相，東晉有牛金，自有不能錯者，此蓋辨其非漢之伯喈耳。《凡例》十則。爲即空觀主人識，略云，此記爲庸妄人强作解事，大加改竄，大約起於崑本，爲罪之魁。厥後徽本盛行，則又取其本而以意更易，世遂不復覩元本。偶獲舊藏臞仙本，大爲東嘉幸，亟以公諸人，毫髮畢遵，有疑必闕。又云，歷查諸古曲，從無標目，其有標目者，皆後人僞增也。且時本亦互相異同，俱不甚雅，從臞仙本不錄。伯驥案：臞仙爲前明寧藩，所謂獻王是也。予於《白玉蟾集》詳載其人，此則略之。《凡例》又云，近時有贗李卓吾批點本，夫真卓吾且不解曲，況效顰拾唾者。又云，弘治間有白雲散仙者，以東嘉見夢，謂蔡伯喈乃慕容喈之誤，改之行世，以爲東嘉洗垢。附載其序，以發好事者一笑。序三葉，《凡例》四葉，《目錄》二葉，首題《琵琶記》，卷一次行題元高東嘉填詞，其中朱字眉批，有可資考證者。如卷一第十葉，末扮張大公相，元曲多大公、大郎之稱，俗作太公，謬。卷一第六葉，只見老姥姥和惜春養娘舞將來做。養娘稱公頭之別名，元人小説多如此，俗本作姐，非。卷一第二十葉，《凡鷓鴣天》後不得用落場詩，俗添者謬，皆足供考論者也。半葉八行，行十八字，小字雙行亦十八字。

别有一種爲陳繼儒評，亦四十三齣。明萬曆間，蕭慶雲六合同春本舊裝二册，吾家曾藏。伯驥於此門學問實屬外行，已與友换别書矣。其後友復以此種請改换别一書，故猶存櫃中。高明字則誠，永嘉平陽人。登至正四年進士，歷任慶元路推官。方國珍據慶元，辟鄞社，以詞曲自娱，後來遂以《琵琶記》爲則誠有名之作。則誠有《柔克齋集》，《輟耕録》記其《和趙承旨題岳王墓韻詩》云，”莫向中原歎黍離，英雄生死繫安危。内廷不下班師詔，朔漠全歸大將旗。父子一門甘仕節，山河萬里竟分支。孤臣尚有埋身地，二帝游魂更可悲”。《西湖游覽志》云，趙氏《岳墳詩》支韻難和，徐孟岳、高則誠尚佳。其撰述此記之原因有數説，《閩中古今記》則謂高氏因劉後村有“死後是非誰管得，滿村聽唱蔡中郎”之句，乃編《琵琶記》，用雪伯喈之恥，其曲調拔萃前人。”入國朝，遣使徵辟，辭以心恙不就。使復命，上曰，朕聞其名欲用之，原來福薄。既卒，有以其《記》進者，上覽畢曰，五經四書如五穀，家家不可缺，高明此記如珍羞百味，富貴家其可缺耶？明黄溥《簡籍遺聞》，記明太祖謂六經爲五穀，《琵琶記》爲珍饌，與此略異。田氏藝蘅《留青日札》則云，時有王四者能詞曲，高則誠與之友善，勸之仕。登第後，即棄其妻而贅於太師不花家，則誠悔之，因借《琵琶記》以諷。名琵琶者，取其四王字爲王四。元人呼牛爲不花，故謂之牛太師，而伯喈曾附董卓，乃以之託名也。太祖微時嘗賞此記，及登極，乃捕王四置之極刑。至前清許氏宗彦則謂，《琵琶記》殆指宋蔡卞事也，卞棄妻而娶荆公之女，故人作此以諷之。其曰牛相者，言介甫之性如牛。見梁氏《兩般秋雨菴隨筆》。梁氏以爲宋之《琵琶記》，乃刺蔡卞而作，元之《記》則刺王四，可兩説並存也。朱氏《静志居詩話》述楊廉夫有《送沙可學序》略云，某官來總行省時，求從事掾之賢能者，首得一人曰沙可學氏，又得一人焉曰高則誠氏，又得一人焉曰葛元哲氏，三人者用而浙稱治。朱氏又稱顧仲瑛輯元耆舊詩爲《玉山雅集》，稱其長才碩學，爲時名流，可知則誠不專以詞曲

擅美,據廉夫之言,可知則誠又有吏才矣。《堯山堂外紀》謂,撰
《琵琶記》者乃高拭,其字則成,別是一人。《涵虛子曲譜》有高拭
而無高明,《外紀》或有所據。明刻本明賈三近《滑耀編》傳類第一
百六十一葉,有高則誠氏所撰《烏寶傳》,附録於此:《傳》云,烏寶
者,其先出於會稽楮氏,世尚儒,務詞藻,然皆不甚顯。至寶,厭祖
父業,變姓名從墨氏游,盡得其通神之術,由是知名。初,寶之先有
錢氏者,亦以通神之術顯,迨寶出而錢氏遂廢,然其術亦頗相類,故
不知者猶以爲錢云。寶輕薄柔默,外若方正,内實污垢,善隨時舒
卷,常自謂得聖人一貫之道,故無入而不自得,流俗多惑之。凡有
謀於寶,小大輕重、多寡精粗,無不曲隨人所求,自公卿以下莫不敬
愛。其子孫蕃衍,散處郡國者,皆官給廬舍而加守護焉。其有老死
者,則官爲聚其屍而焚之,蓋知墨之末俗也。寶之所在,人争迎取
邀,致苟得至其家,則老稚婢隸無不忻悦,且重扃邃宇敬事保愛,惟
恐其他適也。然素趨勢利,其富室勢人,每屈輒往,雖終身服役弗
厭,其寠人貧民有傾心願見,終不肯一往。尤不喜儒,雖有暫相與
往來者,亦終不能久留也,蓋儒墨之素不相合若此。寶愛儉素,疾
華侈,常客於弘農田氏。田氏朴且嗇,寶竭誠與交,田氏没,其子好
奢靡,日以聲色宴游爲事,寶甚厭之。隣有商氏者,亦若田氏父之
爲也,遂挈其姪往依焉。蓋墨之道貴清浄故也,然其爲人也多詐,
反覆不常,凡達官勢人無不願交,而率皆不利敗事,故其廉介自持
者,率不與寶交。自寶之術行,挾詐者往往僞爲寶術以售於時,後
皆敗死,故寶之術益尊。是崑崙抱璞公、南海玄珠子、永昌從革生
皆能濟人與世俯仰,曲隨人意,而三人者亦願與寶交,苟得寶一往,
則三人亦無不可致,故時譽咸歸於寶焉。寶族雖多,然其狀貌技術
亦頗相似,知與不知,咸謂之烏寶云。論曰,烏氏見於《春秋》《世
本》《姓苑》,若存餘技烏獲,皆爲顯仕,至唐承恩重胤始盛,迨寶而

益著。竇裔本楮氏，而自謂烏氏，則變詐亦可知矣。竇之學雖出於墨，而其害道傷化爲尤甚，雖孟軻氏復生不能闢也。然使竇生於唐虞三代時，其術未必若是顯，然則竇之得行於志者，亦以其時有以使之。嗚呼，豈獨竇之罪哉！

## 玉茗新詞四種 明刊本。

卷一前題臨川湯義仍撰，吳興臧晉叔訂。封面題雕蟲館校定，本衙藏板。湯顯祖字義仍，號若士，臨川人。萬曆進士，官禮部主事，抗疏劾朝廷任用私人、塞言路，謫廣東徐聞縣典史，尋遷遂昌知縣，投劾歸，不復出，築玉茗堂，故有《玉茗堂集》。伯驥藏《玉茗堂全集》明刻通行本，其題吳興沈何山先生點正之。《玉茗堂尺牘》分裝八册，亦同置櫃中。性嗜詞曲，著《臨川四夢》至有名。侯氏方域往金陵，其友張天如語之曰，金陵有女妓李姓，能歌《玉茗堂詞》，尤落落有風調。侯氏因與伎相識，間作小詩贈之。見侯《集》中，其動人如此。四夢者，《南柯記》《邯鄲記》《紫釵記》《還魂記》是也。伯驥按：《牡丹亭還魂記》二卷，五十五齣，有明萬曆間刊及清乾隆間冰絲館刊。前清陳、談、錢三人，合評清芬閣刊數種。吾家有冰絲館本，白紙大字，有小簽夾於書口，估人謂爲王肈安手筆，多索若干書直，以靜安曾編《曲錄》。文章有價，信然。《還魂記》即《牡丹亭》，演杜麗娘夢中與秀才柳夢梅相遇於牡丹亭，致罹疾而死，後麗娘得慶再生，卒與夢梅昏配。臨川詞曲尤以《牡丹亭》本爲世所稱，前人謂《睽車志》載士入三衢佛寺，有女子與合，其後發棺復生，遁去。又，《齊東野語》載有宰宜興者，於縣齋前紅梅樹下見一紅裳女子，自此怳然若有所遇，後發掘樹下得一女屍，舁至密室，日與之接。此二事與《牡丹亭》始末胥符，知四夢皆有所本。《邯鄲夢》演呂洞賓度盧生事，大指本《枕中記》，邯鄲呂翁與盧生事而多所增飾。《紫釵記》事本唐蔣防《霍小玉傳》，但傳奇至李益與霍小玉重逢而止，以劍合釵圓，節鎮宣恩作收場，益就婚，盧氏事尚未之及，劇中情節不少，而最要者爲釵圓，故目之爲紫釵。此種劇曲全據《霍傳》，至《紫蕭記》則言小玉觀燈至華清宮，拾得紫玉簫，因以爲名，與《紫釵記》關目有異，蓋罟引《霍傳》事實，點綴生情。《野獲編》謂紫簫因爲人所議，改爲紫釵，惟其後則紫釵行世甚盛，而紫簫不流行耳。按：《太平廣記》蔣防《霍小玉傳》云，大曆中，李生名益，隴西人，第進士，自矜風調。長安有婢鮑十一娘者，言故霍王女字小玉，婢出也。諸兄弟以其母微，分貲遣居於外，易姓爲鄭氏。女美甚，生悦之。二歲餘，歸而別娶，小玉思之成疾，生再至長安，不顧也。小玉使侍婢賣紫玉釵，欲略人爲通消息，生之密友勸生顧鄭。忽有豪士衣輕黄紵衫挾生之鄭所，報云，李十郎來也。其前夕，小玉夢黄衫丈夫抱生來，令小玉爲脱鞋。解之者曰，鞋者諧也，脱者解也，其來合而永訣乎。及見生曰，我爲女子薄命，如斯君是丈夫，負心若此，我死必爲厲鬼，使汝妻妾不安。遂慟而死。後李生之妻妾無一不反目者。又《舊唐書》有《益傳》，謂其防閑妻妾過爲苛酷，而有散灰扃户之談。時人謂妬癡，爲李益疾。明馮夢龍據《牡丹亭》本改竄成編，曰《風流夢》，其自序云，若士先生千古逸才，所著四夢，《牡丹亭》最勝，獨其填詞不用韻，不按律，識者以爲此案頭之書，非當場之譜。余竊聞其略，僭改以便當場，梅柳一段因緣全在互夢，故沈伯英題曰合夢，而余則題爲《風流夢》云。梅柳者，此種劇曲，蓋演柳夢梅、杜麗娘事也。明末吴炳撰《石渠五種曲》曰《畫中人》《綠牡丹》《西園記》《情郵記》《療妬羹》，亦名《粲花五種》，所爲詞曲，師法湯氏，此五種中尤以《療妬羹》爲勝，題曲一折，酷似《牡丹亭》筆法，《蜩盧曲談》曾及之。清蔣士銓撰《九種曲》，而《臨川夢》爲九種之一，演湯氏《臨川四夢》故事。清梁廷枏《曲話》廷枏字章冉，順德人。道光副貢，嘗爲粤大吏林則徐、祁墳、徐廣縉規畫海防，辦理團練，歷著成績。著《論語古解》《金石稱例》《碑文摘奇》《蘭亭考》《南越五主傳》《夷氛聞紀》《藤花亭詩文集》《曲話》等書。事實見《清史·文苑傳》《順德縣志》。文集稱藤花亭散體文，與桂人鄭小谷《補學軒文集》均用散體字樣。小谷名獻甫，象州人，與番禺陳蘭甫京卿同時，嘗至廣州與京卿往還，爲學大畧亦差近。獻甫《補學軒全集》哀然巨編，寒家有之。京卿爲《鄭傳》，比之於漢人王符、仲長統，蓋謂其留意於經世也。梁勤學通識，好著述，嘗集刻《藤花亭十種》。此外，《東坡事類》一種別刻。伯驥爲《王荆公事類》，義例頗仿此。《曲話》五卷今最流行，梁自撰《藤花亭雜劇四種》四卷，曰《江梅夢》、曰《曇花夢》、曰《斷緣夢》、曰《圓香夢》，俗稱小四夢，蓋以配湯氏《玉茗堂四夢》焉。清道光間有刻本，王氏《曲錄》、盧氏《明清戲曲史》、日本青木正兒《近世戲曲史》列吾粤之曲家，明數丘濬，清則數梁氏，蓋專家矣。餘如南海所謂被革舉人劉華東編《六國封相》，曼殊室主撰粤語之《班定遠平西域》中，有援引英、日文語者，以及梁壬公之《劫灰夢》《新羅馬俠情記》，皆時流所稱道也。《夷氛聞紀》原本不署姓名，閱者多不知誰作，市上亦鮮其本。臨海洪倦舫謂廣東人買書者少，頗覺不謬。伯驥能盡讀梁氏遺作者，則以從兄任衡與梁後人故舊，得盡借之。《曾文正集》於張保仔寇海一事不詳，《藤花亭集》始具本末，尤當日所沿心也。最近黃氏炎培著《蜀道》一書，謂距今八十八年以前，有一位不署姓名的寫一本叫做《夷氛聞紀》，專寫清道光三十一年英人通商經過，以及道光二十七年與英人訂二年後入城之約，二十九年英人以文來請踐約，廣州商民堅請勿許云云。是黃亦不知梁作也。任公云，清人筆記有價值者多屬考古方面，求其記述親見、親聞之大事，稍具條理，如吳仲倫《聞見錄》、薛叔耘《庸庵筆記》之類，蓋不一二覯，故清人不獨無清史專作，並其留詒吾曹之史料書亦極貧乏。竊計自漢晋以來，二千年私家史料之疏缺，未有甚於清代者，任公斯言蓋不勝慨嘆，而於吾粤之史家章氏，反覺漠然若忘，則《夷氛》一編之不顯，可知已矣。任公嘗稱說吾鄉陳子勵先生之《遺民錄》，謂不讀此書，幾失吾老友。伯驥嘗以拙著《中國近五十年史》中有一事須叩之大匠而始明者，承即答述，並促早成。蓋任公於史實舊聞，殊表饑渴之望，以爲現世史事，不肯記載以詒後人，則爲罪甚大，皆由奪於考古之興味，而幂乾嘉學派所籠牢，專喜捃撦殘編，不思創垂今錄，固嘗以此責人而責己者也。任公先生極推許章冉《曲話》，謂爲文學上有價值之書，而《聞紀》則未之及焉，毋亦其素所云，真先天的支配耶！鴉片戰爭一役，紀事以梁書爲最詳，確若外人所著，或有佳本，如摩斯氏著《中國國際關係》，蓋述道光二十至二十二年中英鴉片戰爭者，並附戰時圖畫，及在南京城外江中停泊英軍艦上訂立條約時景片，近人著作亦有述之者，歐人著此類書當不少。莊子云，周與蚨蝶，則有分矣。謂，此最爲離奇變幻，竟使若士先生身入夢境，與四夢中人一一相見，請君入甕，想入非非。又乾隆間進士、官廣州同知之屠紳，生平雅慕湯氏，著《蟬史》二十卷，以桑蠋生自況，且假傅鼐扦苗之事爲骨幹，描寫以才藻見長，此皆聞玉茗之風而悅慕者也。臧懋循字晋叔，長興人,選集元曲,分甲乙至壬癸十集,共一百種,每集又分上下,每種爲一卷。元人曲本至多,藏選大抵皆名噪當時,奇情壯采,如人意所欲出者。今萬曆間博古堂本仍有流傳,寒家藏之,圖尤工甚。此本前有《玉茗堂傳奇引》云,臨川湯義仍爲《牡丹亭》四記,論者曰,此案頭之書,非筵上之曲,夫既謂之曲矣,而不可奏於筵上,則又安取彼哉!且以臨川之才,何必減元人而猶不足於曲者,何也?當元時,所工北劇耳,獨施君美《幽閨》、高則誠《琵琶》二記,伯驥按:《幽閨記》,元施惠撰。《藝苑卮言》曰,《琵琶記》之下《拜月亭》亦佳,元朗謂勝《琵琶》,則大謬也。因《幽閨記》中有拜月一折,故又名《拜月亭》,演貢生蔣世隆其妹瑞蓮,丞相海牙子興福、王尚書女瑞蘭,遭金元戰亂,幾經離合,終成美滿昏姻。《錄鬼簿》謂,惠詩酒之暇,惟以填詞度曲爲事,有《古今趣話》篇成一集云。又前人謂《荆釵記》劇曲模仿《琵琶》,惟詞章則遠不及,然音律無差,且出天潢貴胄之手,因之盛行。元明以來所傳院本,上乘遂有"荆劉拜殺"名目,荆謂《荆釵記》、劉謂《白兔記》、拜謂《幽閨記》、殺謂《殺狗記》也。或又以《琵琶記》加入,謂之"荆劉蔡殺",則剔去《拜月》矣。蓋嘉靖以還,李開先中麓、王世貞弇州之論,均如此。聲調近南,後人遂奉爲矩矱,而不知《幽閨》半雜贗本,已失真多矣。即《天不念》《拜新月》等曲,吳人以供清唱,而調亦不純,其餘曲名莫可考正,故魏良輔伯驥按:《鎮洋縣志》云,魏良輔居邑之南城,善聲律,轉音若絲。時張小泉、季敬坡之屬,爭師事爲肖,而良輔自謂不如過百户,雲適有得,必往請過,稱善乃行,不則反覆,數更不厭。崑山梁辰魚效之,作《江東白苧浣紗》諸曲譜行世,天下謂之崑腔。辰魚字伯龍,善度曲,轉喉發響聲出金石。魏良輔造曲律,世所謂崑山腔,自良輔始,而伯龍獨得其傳,著《浣紗傳奇》,梨園子弟喜歌之。見《列朝詩傳》。而《明詩綜》又稱良輔能喉轉音聲,始變弋陽、海鹽故調爲崑腔,伯龍填《浣紗記》付之。王元美所云"吳閶白面冶游兒,爭唱梁郎雪艷詞"是已。同時又有陸九疇、鄭思笠、包郎郎、戴梅川輩,更迭唱和,清詞艷曲,流播人間,今已百年,傳奇家曲別本,弋陽子弟可以改調歌之,惟《浣紗》不能,固是詞家老手。又《香祖筆記》引《樂郊私語》云,海鹽少年多善歌,蓋出於澉川楊氏,其先人康惠公梓與貫雲石交善,得其樂府之傳。今雜劇中《豫讓吞炭》《霍光鬼諫》《敬德不伏老》,皆康惠自製,家僮千指皆善南北歌調,海鹽遂以善歌名浙西。今世俗所謂海鹽腔者，實發於貫酸齋，源流遠矣，偶因崑曲而類及之。止點《琵琶》板，而不及《幽閨》，有以也。《琵琶》諸曲頗爲合調，而鋪敘無當，如登程折、賜宴折，用末凈丑諸色，皆涉無謂。陳留、洛陽相距不三舍，而動稱萬里關山、中郎寄書高堂，直爲拐兒紿誤，何謬戾之甚也。至曲每失韻，白多冗詞，又其細矣。今臨川生不蹈吴門學，未窺音律，豔往哲之聲名，逞汗漫之詞藻，局故鄉之聞見，按亡節之絃歌，幾何不爲元人所笑乎？予病後一切圖史悉已謝棄，間取四記，爲之反覆删訂，事必麗情，音必諧曲，使聞者快心，而觀者忘倦，即與王實甫《西厢》諸劇並傳樂府可矣。雖然，南曲之樂無如今日，而訛以沿訛，舛以襲舛，無論作者第求一賞音人不可得。此伯牙所以輟絃於子期，而匠石廢斤於郢人也。刻既成，撫之三嘆。序末題萬曆徒維敦祥之歲，東海臧晋叔書於雕蟲館。伯驥按：楊子雲曰雕蟲小技，壯夫不爲。而韋縠《才調集序》則曰，雖秋螢之照不遠，而雕蟲之見自佳。館名雕蟲，或取此誼。半葉九行，行十九字。

## 新編目蓮救母勸善戲文不分卷

明刊本，張月霄妻季静芬舊藏。

明鄭之珍編。此書共戲文一百齣，爲元明傳奇中最宏富之作，清乾隆間又擴充之爲《勸善金科》。近人謂最有名之《尼姑思凡》《和尚下山》插曲，即出於行孝戲文。《綴白裘》題作《孽海記》，實在無此名目，其説至確。《勸善金科》爲前清宫庭戲文，《蓮花寶筏》《鼎峙春秋》，皆其時之佳作，板刻亦甚精，蓋與明之玉熙宫諸戲劇畧相仿焉。聞前清昇平署儲存戲曲底本至多，予家所藏者亦有刻本若干種，白紙佳墨，所用之朱色尤美，二三百年色采如新。我於曲爲門外漢，然文義亦畧能解，佳刻尤思把玩也。《勸善金科》二十卷、二百四十齣，撰人爲張照。乾隆間，内府五色套印，極藝術之能事矣，屬於宫譜類者。伯驥有新編《南詞定律》十三卷，清吕士雄等撰，

亦乾隆間內府刊本,朱字畧淡而不鮮,大抵套印之色與紙質有關,此本用紙不如各書
也。吾國俗文學,近人分爲詩歌、小説、劇曲、講唱、文彈、鼓詞,而
戲曲又分三類,曰戲文、曰雜劇、曰地方戲。戲文出世最早,殆受印
度戲曲影響而生,自敦煌千佛洞石室遺物發見後,鄭氏《插圖中國文學史》遂以中
國正式戲曲由來,爲受印度影響。迨明中葉,崑山腔發展後,戲文更多撰
作,其時所謂傳奇是也。清世之《勸善金科》等,則屬於齣數最多
者,清末仍有此種戲文之寫作,然一種亦不下二十齣也。此書百
齣,故是偉觀。《劉知遠傳》述劉知遠事,《文戲殘文》一册,現存四十二葉,藏俄京
研究院亞洲博物館。一九零七年至一九零八年,俄國柯智洛夫探險隊攷察蒙古、青海,
發掘張掖、黑水故城,獲西夏文甚多,古文湮沉至是復發。此殘本即黑水故城所得古書
之一也。柯氏所得有時次者,有乾祐二十年刊《觀彌勒上生兜率天經》《金剛般若波羅
密經》《大方廣佛華嚴普賢行願經》,二十一年刊《骨勒茂材之藩漢合時掌中珠》,又有
平陽姬氏刊《歷代美女圖板書》,大都爲十二世紀之物。此節見海上《東方雜誌》及近
人鄭氏所著書中。前有萬曆己卯賜進士第知金華府事鶴墩葉宗春序,
略云,目犍連者,釋而翹也。夫釋氏無我,相人相衆生,壽者相而連
也,急急於父母之恩,死生之際相甚矣。何釋之道也,高石鄭子世
儒哉,廼取而傳之。神以輪廻,幻以鬼魅,鼓以聲律,舞以侏儒,不
啻傳注之訓聖經,然是何儒哉? 鄭子曰,人情饜藜菽則思甘脆,足
麻枲則慕綺縠,何者? 喜新也。故聽古樂則思睡,而聽鄭、衛之音
則終日而不厭,人情大都然也。吾以此勸善也。夫人之惡生於忍,
忍生於吝,而吝生於無所感。於戲,聖人所以象感也。伯驥按:明《陳
眉公集》中有云,婁江報本寺塑西方景,使善者頓生信心;塑十王象,使惡者頓改舊習。
即此一念,非目連地獄不空不願成佛者耶! 此數語,實足表現一時風尚。此傳行,
則遠者裹糧而近者效役矣,富者損財而病者起卧矣。感傳相之登
遐,則勸於施佈;感益利之報主,則勸於忠勤;感曹娥之潔身,則勸
於烈節;感羅卜之終慕,則勸於孝思。人之所崇者釋,而釋亦急親
矣。釋之罪儒者無親,而急親則儒矣。由是而夷不亂華,墨可歸

夷,是余之心也。鶴墩子曰,由前之説,吾取其術;由後之説,吾取其心。次有陳昭祥《勸善記序》,略云,鄭子幼爲諸生時,負高世之雄才,擅凌雲之逸響,而屢困於藝場。於是退而深惟曰,吾身不用矣,何可以名没世而不稱也。乃令眩惑人耳目,而淫蕩人心志,以蠹害吾先王禮樂之教者,莫甚於俳優之習。吾聞先王之教人也,莫深於孝,故即目犍連救母事而編次之,而寓勸懲之微旨。目犍連在釋迦牟尼時,居然一大阿羅漢,稱摩訶薩。至於救母事略,襃善惡諸節目,雖未盡然,所謂藉外論之者也,以法眼觀,何幻不真,奚必盡規陳迹泥往實,而後能爲教於世也。次有萬曆壬午高石山人鄭之珍自序,次有萬曆癸未倪道賢《讀鄭山人目連勸善記》,次有壬子進士陳瀾《勸善記評》。卷前題《新編目連救母勸善戲文》,次行題新安高石山人鄭之珍編,館甥葉宗泰校。按:敦煌千佛洞所得宋初藏書,其屬於俗文體之故事者有數種,爲唐末五代人手寫,關於勸善類者,曰《唐太宗入冥記》、曰《孝子董永傳》、曰《秋胡小説》、曰《伍員入吳故事》。蓋故事等則爲無韻之勸善文,此編則爲有韻之勸善文。伯驥按:目連佛弟子,名曰目犍連,曰大目犍連,曰目連,異文而同一也。目連故事見於佛經者,有《經律異相》《撰集百緣經》及《雜譬喻經》。至《佛説目連所問經》一卷,則爲宋法天譯。《佛説目連五百問經畧解》二卷,則爲明性祇述。《佛説目連五百問戒律中輕重事經釋》二卷,則爲明永海述。皆見《大藏》及《續藏》中。若《盂蘭盆經》一卷,則爲西晉竺法護譯。此經之緣起,以目連之母墮餓鬼中,食物入口即化烈火,目連求救於佛,佛因説此經,教以於七月十五日作盂蘭盆以救其母。大抵目連事實之傳入吾華,此書當爲前導。至演繹目連故事之書,今所流傳者,除鄭氏此種外,我國則北平圖書館有《大目犍連變文》三種,倫敦不列顛博物院亦有一種,首有序,説明七月十五日,天堂啓户,地獄門開,盂蘭會緣起,至種爲《大目乾連冥間救母變文》者,則巴黎國家圖書館藏之。按：所謂變文者，近人目之爲講唱文學，以散文講述故事，同時又以韻文歌唱之，講與唱互相間雜，既悦聽者之耳，而其心又通解故事之由來。其法初從印度輸入，以講唱佛教故事爲多，故有《目連變文》等作。其後則吾國故事亦多講唱，如伍子胥、王昭君等變文是矣。近人鄭氏撰著，頗詳此節。此皆見於近人紀載者也。《釋氏要覽》云，梵云盂蘭，此云解倒懸，盆則此方器也。華梵雙舉，自目連救母始也。《唐六典》言，中尚署七月十五日進盂蘭盆，蓋唐時中元日大設道場，並於京城張燈。《舊唐書》言王縉好佛，屢啓奏代宗設立内道場，七月望日造盂蘭盆，所費百萬，自是而寺觀歲以爲常。唐人詩中亦每及此事，如意元年七月望，宮中出盂蘭盆，分送佛寺，則天從洛陽南門與百寮遠望大喜。楊炯作《盂蘭盆賦》獻上，詞甚雅麗，蓋此舉先從士大夫行之，後乃普及民間也。《政和五禮新儀》卷五云，士庶每歲中元節折竹爲樓，編作偶人，如僧居其側，名曰盂蘭盆。釋子曰，薦嚴亡者，辭脱地獄，聿生天界。又云，盂蘭盆本梵語，譯以華音即救倒垂器也。釋氏之説以爲大目犍連爲其母墮餓鬼趣中，乃於僧自恣之日，具飯五果八味置盆中，以供十方，而母得食，蓋具飯以度苦趣，設器以救倒垂，其説尤明晰。《熙朝樂事》云，七月十五日，俗傳爲中元節，地官赦罪之辰，人家多持齋誦經，僧家建盂蘭盆會，放燈西湖及塔上、河中，謂之照冥官府。張伯雨《西湖放燈詩》即咏此事，此則元時軼聞也。蓋盂蘭盆之舉，流布於吾國者已千年，以七月十五日爲衆僧結夏完滿之期，結夏九旬，參學得道者多，此日修供其福百倍，故佛教人於是日作盂蘭盆，施佛及僧，以報親恩。《東京夢華録》云，以竹斫成三脚，上織燈窩，謂之盂蘭盆，買素食擦米飯享先，以告秋成。此兩節所云又別有用意，與譯經署異矣。又按：《竹素園叢談》稱，津海關稅務司好威樂，市得一銅章，方一寸五分，篆曰知者樂，其紐爲一僧騎一怪獸，徵求識者。余曰，此地藏王也。獸曰諦聽，此獸之名，或有專書載其中出處，余則但見諸《西遊記》中。謂此獸伏在地下，一雯能將四大部洲羸鱗羽毛昆蟲、天地神鬼、五仙一切善惡可以照鑑，賢愚可以察聽，常伏在地藏王經案之下。地藏王名目連，爲新羅國僧，一稱王舍城僧，本名傅羅卜，嘗師如來，始藏盂蘭盆救其母於餓鬼道中。《重增搜神記》《明一統志》俱載其事。盂蘭盆譯言，解倒懸也。七月十五日，聚集衆僧具百味五果以著盆，供養十方大德，如施主咒願，七代父母，行禪定意，然後受食，目連母乃得脱餓鬼之苦。唐肅宗至德年間，目蓮渡海來居皖江，九十九年蚨坐函中而逝，其身不壞。以七月三十日爲其誕辰，吴越一帶比户炷香於地，至中元節盂蘭之會，幾於遍中國通行，嶺南尤甚。其赴青陽縣朝九華山進香者，男婦不遠千里而來，香火之盛，寺宇之多，僧人之衆，蓋與山西五台不相上下。據此，則銅章或僧寺之物也。好君遂以英文譯其事焉，此亦足資考論，故附記之。又英人斯坦因《西域考古記》稱，在千佛洞發見乞叉底蘗婆繡象，向達譯本第一五九葉云，遠東佛教諸神中，在普通方面可以與觀自在菩薩分庭抗禮者，爲乞叉底蘗婆，中國稱此爲地藏王菩薩，在畫幡中表示化緣，裝束補釘直裰，望而知經過無數化身，但所努力是救渡生靈，結跏趺坐於盛開蓮花寶座上，右手持化緣時手杖，左手持發光球，燭照幽冥。世間之崇拜地藏王菩薩者，以其爲六大天王之主，連及地獄衆生，可用其權力赦免獄中鬼魂，所以能立於十殿閻王之上云。今并節録之。明王世貞《觚不觚録》云，腰間中斷以一線道横之，謂之程子衣，無線道者，則謂之道袍，又曰直裰。清全椒吴氏《儒林外史》道及此二字不少。向氏譯文當是用此。此本半葉十行，行二十四字。末有“景和”二字朱文章、“静芬”二字白文章。孫原湘《張月霄妻李孺人傳》云，孺人姓李氏，名景和，字静芬，既嬪月霄，琴鳴瑟應，雖雖如也。月霄連試不得志，自奮於古，慨然思爲杜、鄭、馬、王之學，日購奇書，讀之。遇宋刊、元槧不惜多方羅致，積書至八萬餘卷。孺人濡染既深，遂能别識。月霄每重價購得祕籍，必相對鑒賞，孺人知其難爲繼也，從容進曰，蓄之富何如讀之熟耶？其明識婉順如此。卒年四十。按：《天真閣集》五十四卷、《外集》六卷，孫原湘子瀟撰，孫以詩鳴，固大家矣。此本當是愛日精廬中璇閨寶玩也。葉氏《藏書紀事詩》有雙芙閣事實，而未及月霄妻，當補之。《唐書·藝文志》貞觀中，購天下書繕寫，藏於内庫，以宫人掌之。宋趙明誠《金石録後序》稱夫婦每獲一書，即共同校勘、整集、籤題，此類固昔日之雅談也。

# 五十萬卷樓主人所著書 <sub>附記其目</sub>

經學文獻　　　　　　　　　五十萬卷樓藏書目錄初編續編

萬姓統譜補續　　　　　　　清代女子著述攷

資治通鑑校記　　　　　　　歷代廣東書徵

五代史記校記　　　　　　　葉氏藏書紀事詩補續

歷代名臣奏議拾遺　　　　　書城馨逸

官史　　　　　　　　　　　舞述

職官分紀校證　　　　　　　塑述

中國風俗史料類編　　　　　貝龜石玉金五述

中國先民生活史　　　　　　校碑日札

歷代文人生活史　　　　　　王荊公事類

唐詩人生活史　　　　　　　王荊公年譜補正

滿人漢化史　　　　　　　　辛稼軒事類

元高僧傳　　　　　　　　　曾文正公年譜

中國近五十年史　　　　　　中國文學史料類編

萬邦黎獻畫象述贊　　　　　古器物詩鈔

經籍故　　　　　　　　　　全北宋文

清四庫全書總目提要舉正　　權載之集校記

清四庫全書撰人攷附編纂人攷　王文公文沈註商

孳經室外集攷正　　　　　　湛然居士集旁證

張氏書目答問述補　　　　　曾文正公文集旁證

歷代詩方言孜　　　　動物名實圖孜

全唐詩方言攷　　　　福功堂隨筆

當世文編　　　　　　福功堂日記節存

夕陽人語　　　　　　群書索引

廣東故　　　　　　　廿四史索引

　以上各種全係稿本，有用五十萬卷樓藍格寫者，有用貢宣紙及京文紙寫者，大致再須修理便可付印。中華民國二十五年秋間，正在印成《書目初編》，預計繼續付印各種，正在計劃間，而廣州亂作，各稿均隨壹千三四百篋之書蕩然無存。此五十種之目，已附刊《書目初編》之後，現特刊出以待尋訪，倘有以原稿還我者，當附記其始末，以拜仁人之賜。往者厲太鴻撰《遼史拾遺》，有買其稿者尚缺若干卷，後得於僧人字紙簍，遂能全璧。有此幸運，余日望之。

# 四角號碼書名索引